Das bayrische Heimatrecht

mit dem einschlägigen Rechte

der Verehelichung und des Aufenthalts

systematisch dargestellt von

Theodor Kutzer,
I. rechtsk. Bürgermeister der Stadt Fürth.

München 1905
J. Schweitzer Verlag (Arthur Sellier)

K. b. Hof- und Univ.-Buchdruckerei von Junge & Sohn, Erlangen.

Vorwort.

Als ich im Sommer 1902 auf Wunsch des Verlags eine systematische Bearbeitung des bayrischen Heimatrechtes übernahm, die vorzugsweise der Praxis dienen sollte, unterschätzte ich den Umfang der Arbeit und ihrer Materialien, nicht minder aber die Schwierigkeit, über der Erreichung des angegebenen Zweckes die wissenschaftliche Betrachtung des Stoffes nicht zu vernachlässigen. Neben einer reichlichen beruflichen Tätigkeit geschaffen, muß daher das Buch Nachsicht erbitten, wenn die eine oder die andere Aufgabe ab und zu mehr in den Hintergrund tritt. Erleichtert wurde die Arbeit durch die Darstellung, welche das Heimatrecht in dem herrlichen Werke von Seydels „Bayrisches Staatsrecht" bereits gefunden hat und durch die vorzüglichen Kommentare Regers und Freiherrn v. Riedel-Proebsts; die bayrische Gemeindezeitung und die Blätter für administrative Praxis, nicht zuletzt die Rechtsprechung des Verwaltungsgerichtshofes erwiesen sich als schier unergründliche Fundgruben praktischer Fälle und theoretischer Durchforschung des Rechtsgebietes.

Daß die Erwerbung und der Verlust der Staatsangehörigkeit und des Bürgerrechts in das Buch einbezogen wurde, war bei dem engen Zusammenhang dieser Materien mit dem Heimatrecht nicht wohl zu vermeiden.

Die Beifügung des Gesetzestextes mit Hinweisen auf die Stellen im Buche und eines reichlichen Sachregisters dürften der Praxis nicht unwillkommen sein.

Möge denn das Buch sich Freunde erringen und Nutzen bringen.

Fürth, im November 1904.

Kutzer.

Inhaltsverzeichnis.

Abkürzungen.

A.G.	= Gesetz über die Ansässigmachung und Verehelichung vom 11. September 1825 oder = Gesetz, betreffend die öffentliche Armen- und Krankenpflege vom 29. April 1869 — je nach dem Zusammenhang.
B.G.B.	= Bürgerliches Gesetzbuch.
B. Gemeindezeitg.	= Bayerische Gemeindezeitung. Begründet von Dr. Th. v. Hauck, jetzt herausgegeben von Dr. Gg. Schmidt.
Bl.	= Blätter für administrative Praxis. Nördlingen, später München.
B.St.A.G.	= Reichsgesetz über die Erwerbung und den Verlust der Bundes- und Staatsangehörigkeit vom 1. Juni 1870.
Cahn	= Das Reichsgesetz über die Erwerbung und den Verlust der Reichs- und Staatsangehörigkeit von W. Cahn. 2. Auflage. Berlin 1896.
Dernburg	= Das bürgerliche Recht des Deutschen Reichs und Preußens von Dr. Heinrich Dernburg. 2. Auflage. Halle a/S. 1889/1903.
E.G.	= Einführungsgesetz.
Gem.O.	= Bayerische Gemeindeordnung für die Landesteile diesseits des Rheins (Gesetz vom 29. April 1869).
Grill	= Die Reichsgesetze über die Erwerbung und den Verlust der Bundes- und Staatsangehörigkeit vom 1. Juni 1870 und über die Freizügigkeit vom 1. November 1867 rc. von L. A. Grill. 2. Auflage. München 1901.
H.G.	= Gesetz über Heimat, Verehelichung und Aufenthalt vom 16. April 1868 in der Fassung der Bekanntmachung vom 30. Juli 1899.
von Kahr	= Bayerische Gemeindeordnung für die Landesteile diesseits des Rheins, erläutert von Dr. Gustav von Kahr, Präsident des kgl. Verwaltungsgerichtshofes. München 1896.
K.O.	= Konkursordnung.
Krais	= Handbuch der inneren Verwaltung im diesrheinischen Bayern von Dr. Wilhelm Krais. 4. Auflage. München 1897.
Lindner-v. Hauck	= Lindner und v. Hauck, Erläuterungen zur bayr. Gemeindeordnung für die Landesteile diesseits des Rheins. 3. nach dem neuesten Stande der Gesetzgebung bearbeitete Auflage.
M.E.	= Entschließung des k. b. Staatsministeriums des Innern.
Pf. Gem.O.	= Gesetz vom 29. April 1869, die Gemeindeordnung für die Pfalz betr.
P.St.G.B.	= Das Polizeistrafgesetzbuch für das Königreich Bayern.
Rauchalles	= Das Reichsgesetz über die Erwerbung und den Verlust der Bundes- und Staatsangehörigkeit vom 1. Juni 1870 von Heinrich Rauchalles. Ansbach 1901.
Reger	= Handausgabe des bayerischen Gesetzes über Heimat, Verehelichung und Aufenthalt vom 16. April 1868, herausgegeben von A. Reger. 6. Auflage. Ansbach 1902.
Reger-Dyroff	= A. Regers Handausgabe des bayerischen Verwaltungsgerichtsgesetzes. In 3. Auflage herausgegeben von Dr. Anton Dyroff. Ansbach 1902.

von Riedel = Dr. Freiherrn v. Riedels Kommentar zum Gesetze über Heimat, Verehelichung und Aufenthalt, in 7. Auflage herausgegeben von Max Proebst. München 1898.

R.St.G.B. = Reichsstrafgesetzbuch.

von Seydel = „Bayerisches Staatsrecht" von Max von Seydel. 2. Auflage. Freiburg i. B. und Leipzig 1896.

v. Seydel-Graßmann = Das Staatsrecht des Königreichs Bayern. Von Dr. Max von Seydel. Dritte Auflage nach des Verfassers Tod herausgegeben von Dr. Josef Graßmann, Legationsrat. (Handbuch des Oeffentlichen Rechts II. 4.) Tübingen und Leipzig 1903.

St.P.O. = Strafprozeßordnung.

V.G.H. = k. b. Verwaltungsgerichtshof; ferner Entscheidung des Verwaltungsgerichtshofs.

Weber = „Neue Gesetz- und Verordnungen-Sammlung für das Königreich Bayern" von Karl Weber. Nördlingen, später München.

Z.P.O. = Zivilprozeßordnung.

Berichtigungen und Ergänzungen.

Seite 2 Zeile 11 v. o. statt Ersetzung der: Ersitzung des.
„ 16 „ 7 (Text) v. u. statt den Nachweis: der Nachweis.
„ 28 Anm. 8 Zeile 7 v. o. statt welcher: welchen.
„ 32 Zeile 5 v. o. statt B.St.G.B.: B.St.A.G.
„ 40 Anm. Zeile 1 v. o. statt in Zeitpunkt: im Zeitpunkt.
„ 61 Zeile 4 (Text) v. u. statt G.On.: Gem.O.
„ 82 Zeile 11 v. o. statt zweite die: die zweite.
„ 84 Anm. 4 Zeile 5 v. o. statt des: das.
„ 189 „ 9 Zeile 5 statt die nicht: nicht die.
„ 190 Zeile 4 (Text) v. u. statt einen Formmangel: einem Formmangel.
„ 202 Anm. 16 v. o. statt Dieser: Diese.
„ 205 Zeile 7 v. o. statt Die: Dies.
„ 205 „ 11 (Text) v. u. statt dieselben: dieselbe.
„ 227 Anm. 39 Zeile 9 statt weiteren Immobilienbesitz verbundenem: weiterem Immobilienbesitz verbundenen.
„ 231 Anm. 8 Zeile 1 statt von: vor.
in derselben Anm. Zeile 10 statt einen: einem.
„ 235 Anm. 16 Zeile 6 statt Er: Es.
„ 255 „ 26 „ 2 „ die Freiheitsstrafe: der Freiheitsstrafe.
„ 326 Zeile 5 (Text) v. u. statt verlangt: erlangt.
„ 340 „ 6 v. o. statt ihn die Heimat: ihm die Heimat.
„ 352 „ 7 v. o. „ seiner Familie: seine Familie.
„ 387 Anm. 13 Zeile 4 statt welche: welcher.
„ 391 Zeile 2 v. o. statt in: mit.
„ 450 „ 17 v. o. „ Gemeinden: Gründen.
„ 455 „ 6 (Text) v. u. beizufügen hinter Heimatscheines: zu.
„ 476 Anm. 28 Zeile 6 v. u. statt bayrischen: bayrischem.
„ 499 „ 12 (§ 57) Zeile 13 v. u. einzuschalten hinter abschreckenden: oder ansteckenden.

1. Buch.

Die Staatsangehörigkeit.

§ 1.

Einleitung.

Die „Heimat", wenigstens die wirkliche Heimat im Gegensatz zu der vorläufigen, können nur bayrische Staatsangehörige besitzen. Freilich läßt die Rechtsprechung des V.G.H., worüber an anderem Orte näheres darzulegen ist, auch die Heimat eines nicht Staatsangehörigen zu, falls derselbe vorher ein heimatloser „Angehöriger" des bayerischen Staates gewesen ist. Allein selbst wenn diese Anschauung richtig ist, beeinträchtigt sie nur wenig den obigen grundlegenden Satz. Dieser gehört nicht nur dem Heimatgesetz vom 16. April 1868 an[1]), sondern auch dem früheren Heimatrechte[2])[3]).

Da nun gemäß Art. 47 Abs. V des Gesetzes vom 16. April 1868 in der Fassung vom 30. Juli 1899 die am 1. September 1868 bereits erworbenen Heimatrechte „nach den bisherigen Bestimmungen zu beurteilen sind" und ein gleicher Vorbehalt zugunsten der vor dem 26. September 1825 erworbenen Heimatrechte gemäß § 10 des Heimatgesetzes vom 11. September 1825 besteht, so kann die Erledigung zahlreicher Heimatfragen auch heute nicht ohne Würdigung der gesetzlichen Bestimmungen erfolgen, welche für den Erwerb und den Verlust der Staatsangehörigkeit zur Zeit des Erwerbes und des Verlustes der Heimat im einzelnen Falle maßgebend sind oder gewesen sind.

Im folgenden sollen diese Bestimmungen kurz erörtert werden, die älteren etwas kürzer, die geltenden etwas eingehender, immer aber nur, soweit sie bei Beurteilung von Heimatfragen von Bedeutung sein können.

---

[1]) Art. 15 des geltenden Heimatgesetzes „Die Heimat geht verloren mit dem Verluste des bayrischen Indigenats."

[2]) Vgl. Art. 3 und 7 des Heimatgesetzes vom 11. September 1825.

[3]) Vgl. Bettelordnung vom 3. März 1780 Z. 6 bei Weber Band 1 S. 190; Bettelmandat vom 20. Juli 1726 ebenda; in früheren Zeiten waren die Erwerbsgründe für Heimat und Indigenat häufig identisch.

§ 2.

Der Erwerb der bayrischen Staatsangehörigkeit vor der Einführung des Reichsgesetzes vom 1. Juni 1870.

A. In den Zeiten vor Erlaß des Indigenats-Ediktes vom 6. Januar 1812[1]).

a) Einen allgemeinen Titel, der weitere Nachforschungen überflüssig macht, stellt die Bettelordnung Karl Albrechts vom 20. Juli 1726 § 20 auf, indem sie anordnet, daß Auswendige, „wenn sie sich nähren können und bereits 10 Jahre im Lande aufgehalten haben, für Landsinwohner zu halten sind“[2]). Darum ist auch im Cod. Max. crim. Teil I cap. XI § 1 von der Ersetzung der domicilium die Rede[3]).

Das Indigenat besitzt ferner:

b) wer „gebornes Landskind“[4]) ist, d. h. wer aus der Ehe bayrischer Eltern stammt oder von einer bayrischen Mutter außerehelich geboren wurde;

c) wer von der zuständigen Behörde das Indigenat (jus indigenatus) verliehen erhielt (Aufnahme), endlich

d) die Ausländerin, welche sich mit einem Bayern verehelicht hat. —

Als besonderer Erwerbsgrund wird auch die Okkupation eines Landes oder eines Teiles eines Landes durch Bayern angeführt. Die Okkupation gehört jedenfalls nicht zu den ordentlichen Erwerbs- und Verlusttiteln der Staatsangehörigkeit. Für die künftige Staatsangehörigkeit der Angehörigen der okkupierten Gebietsteile entscheiden vor allem die Staatsverträge. Bestehen solche nicht, so entscheidet das Gesetz des Eroberers oder Erwerbers. Im Zweifel ist hierbei anzunehmen, daß bei Okkupation ganzer Staaten die bisherigen Staatsangehörigen nun dem neuen Staate angehören; daß aber bei Einverleibung von Teilen eines bisherigen Staates diejenigen, welche in dem abgetretenen Teile wohnen, Angehörige des neuen Staates werden[5]).

---

[1]) Vgl. hierzu insbesondere v. Seydel Bd. 1 S. 271; ferner Bl. Bd. 33 S. 280, Bd. 40 S. 323 f.

[2]) Weber I S. 190.

[3]) v. Riedel, Einleitung S. 7 Anm. 3; s. auch Rehm, Der Erwerb von Staats- und Gemeindeangehörigkeit in seiner geschichtlichen Entwicklung, in Hirths Annalen 1892.

[4]) cap. I § 3 der Gerichtsordnung von 1753 bei Weber Bd. 1 S. 190.

[5]) Vgl. v. Seydel Bd. I S. 273; Cahn S. 16—18, Grill S. 14, Note 9 (Option), Rauchalles § 2 Note 2 Abs. IV und V, § 13 Note 1; in Bl. Bd 40 S. 324 sind einige Einverleibungen erwähnt und die Verhältnisse der standesherrlichen Familien besonders erörtert.

B. Während der Zeit vom 6. Januar 1812 bis zum 26. Mai 1818[6]).

In der Zeit zwischen dem Erlasse des Indigenatsediktes ersteren Datums und der Verfassungsurkunde wurde die bayrische Staatsangehörigkeit erworben

a) durch Abstammung von bayrischen Eltern (einer bayrischen Mutter),

b) durch Naturalisation, welche erfolgte durch Verheiratung einer Ausländerin mit einem Bayern, durch 10jährigen Wohnsitz in Bayern, durch Aufnahme auf Grund Allerhöchsten Dekrets,

c) durch Renaturalisation, d. i. durch Eintritt von Tatsachen, welche das verlorene Indigenat wiederherstellen; so insbesondere: Rückkehr einer Bayerin, welche durch die Heirat Ausländerin geworden war und nun als Witwe ihren Wohnsitz in Bayern nimmt ꝛc. —

Ueber Gebietserweiterungen als Erwerbstitel s. o. zu A.

C. Während der Zeit vom 26. Mai 1818 bis 13. Mai 1871.

Die bayrische Verfassungsurkunde, deren Bestimmungen galten bis zur Einführung des Reichsgesetzes vom 1. Juni 1870 „über die Erwerbung und den Verlust der Bundes- und Staatsangehörigkeit" in Bayern, sieht in der ersten Beilage (Indigenatsedikt) folgende Arten des Erwerbes der bayrischen Staatsangehörigkeit vor:

a) Geburt; „vermöge der Geburt steht jedem das bayrische Indigenat zu, dessen Vater oder Mutter zur Zeit seiner Geburt die Rechte dieses Indigenats besessen haben." Eheliche Kinder und durch nachfolgende Ehe legitimierte Kinder sind bayrische Staatsangehörige, wenn der Vater zur Zeit ihrer Geburt bayrischer Staatsangehöriger gewesen ist; außereheliche Kinder, wenn die Mutter zur Zeit der Geburt bayrische Staatsangehörige gewesen ist. Von einem Bayern arrogierte, adoptierte, eingekindschaftete Ausländer erwerben dagegen die Staatsangehörigkeit nicht, ebenso nicht Kinder, welche auf andere Weise als durch nachfolgende Ehe legitimiert wurden[7]).

b) Durch Legitimation infolge nachfolgender Ehe; s. zu a.

c) Durch Verheiratung einer Ausländerin mit einem Bayern[8]). In den Fällen a bis c wurde das Indigenat unmittelbar kraft Gesetzes erworben.

---

[6]) Näheres s. Bl. Bd. 40 S. 325/326.

[7]) Siehe Bl. Bd. 40 S. 328 und die dort zitierte M.E. vom 21. August 1851; vgl. ferner V.G.H. Bd. 17 S. 129.

[8]) Eine mit einem Bayern, jedoch ohne Verehelichungsbewilligung außer Landes abgeschlossene Ehe konnte der Frau nach früherem Rechte (Ziff. 16 und 17 der Verordnung vom 12. Juli 1808 „Die Beförderung der Heiraten auf dem Lande betreffend", § 8 des Gesetzes über Ansässigmachung und Verehelichung vom 11. September 1825), die bayrische Staatsangehörigkeit nicht verschaffen; unter der Herrschaft des Art. 33 des Heimatgesetzes vom 16. April 1868 in älterer Fassung erwarb die Ehefrau die bayrische Staatsangehörigkeit in der

d) Durch Einwanderung[9]). Die Einwanderung setzt ein Doppeltes voraus, nämlich

1. die Entlassung aus dem fremden persönlichen Untertanenverband und die „Beibringung" dieser Entlassung. Von letzterem Erfordernis wurde abgesehen, wenn der bisherige Heimatsstaat Urkunden nicht erteilte;

2. die Ansässigmachung in Bayern. Hinsichtlich dieser waren die jeweiligen gesetzlichen Bestimmungen zu beachten[10]). Die Einwanderung wirkte auch zugunsten der (ungeschiedenen) Ehefrau und der noch unselbständigen ehelichen oder durch nachfolgende Ehe legitimierten Kinder des Ausländers, falls sich die Entlassung auf diese erstreckte. Vorausgesetzt ist, daß die Ehe nach dem Rechte des bisherigen Heimatsstaates gültig war.

Zur Erwerbung bedurfte es auch in diesem Falle einer besonderen Urkunde unter der Herrschaft des Gesetzes von 1825 nicht. Mit der Ansässigmachung war, falls die „Entlassung" beigebracht war, die Erwerbung des Indigenats ipso jure verbunden. In dem Ansässigmachungsbeschlusse brauchte der Aufnahme in den bayrischen Staatsverband keine Erwähnung zu geschehen. Bl. Bd. 40 S. 330.

e) Durch ein besonderes nach erfolgter Vernehmung des Staatsrates ausgefertigtes königliches Dekret. —

Die unter c—e aufgeführten Fälle werden im Gesetze unter dem Namen „Naturalisation" zusammengefaßt[11]). —

Gegenüber dem älteren Rechte fällt insbesondere der Wegfall des Titels der „Ersitzung" durch 10jährigen Aufenthalt auf. Die an seine Stelle getretene Einwanderung setzt nicht nur die Entlassung aus dem früheren Staatsverbande voraus, sorgt demnach dafür, daß in der Regel kein Bayer auch noch Untertan eines anderen Staates ist, sondern knüpft die Erwerbung des Indigenats auch noch an einen formalen, mit der Erwerbung einer Gemeindezugehörigkeit eng verbundenen Rechtsvorgang.

Regel nur dann, wenn für die Ehe das obrigkeitliche Verehelichungszeugnis erteilt worden war. Dies gilt nicht mehr gemäß Art. 31 Abs. III des Heimatgesetzes in neuerer Fassung (Art. 7 der Novelle vom 17. März 1892); Ehen, welche bis dahin aus dem angegebenen Grunde die Erwerbung der Staatsangehörigkeit nicht zur Folge hatten, ist diese Wirkung nunmehr mit rückwirkender Kraft beigelegt, auch wenn die Ehe nicht mehr besteht — s. v. Seydel Bd. 3 S 105 ff.

[9]) S. insbes Bl. Bd. 40 S. 329/330 und die dort zitierte M.E.

[10]) In der Zeit vom 1. September 1868 ab bewirkte die Heimatverleihung gemäß Art. 9 des Heimatgesetzes in seiner ursprünglichen Fassung, in der Zeit vom 1. Juli 1869 auch die Verleihung des Bürgerrechts gemäß Art. 14 der diesrheinischen und Art. 12 der pfälzischen Gemeindeordnung den Erwerb der Staatsangehörigkeit, falls der Ausländer die nach seinem heimatlichen Rechte erforderliche Auswanderungsbewilligung beigebracht hatte. S. v. Seydel Bd. 1 S. 272; M.E. vom 29. Juni 1868 II Ziff. 4, Weber Bd. 7 S. 353.

[11]) § 4 und 5 des Indigenatsediktes bestimmen, daß der bloße Besitz liegender Gründe, der Betrieb eines Handelsgeschäftes, einer Fabrik, der Aufenthalt in Bayern zu Bildungs- oder Erwerbszwecken, ohne Ansässigmachung nicht genügen.

Die Erwerbung findet nicht statt, trotz des Vorhandenseins eines Titels für dieselbe, wenn der Erwerbende die bisherige Staatsangehörigkeit beibehält. Nur kraft besonderer königlicher Bewilligung konnte die bayrische Staatsangehörigkeit trotz der Beibehaltung der fremden erworben werden.

§ 3.

Der Verlust der bayrischen Staatsangehörigkeit vor der Einführung des Reichsgesetzes vom 1. Juni 1870.

A. In den Zeiten vor Erlaß des Indigenats-Ediktes vom 6. Januar 1812[1]).

Das Indigenat ging verloren:

a) durch Verehelichung einer Bayerin mit einem Ausländer,

b) durch Entlassung aus der Untertanenpflicht. Die Auswanderung allein genügte nicht; sie war überdies ohne erholte Erlaubnis streng verboten.

Ein weiterer Verlustgrund war Gebietsabtretung. Vergleiche hierüber oben § 2.

In den im Jahre 1806 mit Bayern vereinigten Gebietsteilen bestanden auch noch andere Verlustgründe; so verlor nach Würzburger Recht derjenige die Staatsangehörigkeit, welcher ohne Genehmigung in fremde Kriegsdienste trat.

B. Während der Zeit vom 6. Januar 1812 bis 26. Mai 1818.

Das Edikt vom 6. Januar 1812 kannte zahlreiche Verlustgründe, nämlich:

a) Naturalisation im Auslande,

b) Annahme fremder Zivil- oder Militärdienste ohne königliche Genehmigung,

c) Annahme eines Gehaltes, einer Pension oder eines öffentlichen Ehrenzeichens von einer fremden Regierung ohne Allerhöchste Erlaubnis,

d) Auswanderung,

e) Niederlassung im Auslande von mehr als einjähriger Dauer ohne Allerhöchste Erlaubnis,

f) Reisen im Auslande mit einem Aufenthalte von mehr als einem Jahre ohne Allerhöchste Erlaubnis,

g) Anerkennung einer fremden Gerichtsbarkeit,

h) Heirat einer Bayerin mit einem Ausländer,

i) bürgerlicher Tod,

---

[1]) Vgl. v. Seydel Bd. 1 S. 271 Note 3—7.

k) Gebietsabtretung, sofern die Bewohner nicht in das bayrische Gebiet innerhalb der im Abtretungsvertrage bestimmten Frist ausgewandert sind.

C. Während der Zeit vom 26. Mai 1818 bis 13. Mai 1871.

a) Die bayrische Verfassungsurkunde kennt einen Hauptgrund des Verlustes der bayrischen Staatsangehörigkeit, nämlich die Erwerbung eines fremden Indigenats oder die Beibehaltung eines solchen ohne besondere königliche Bewilligung[2]). Es erschien, abgesehen von ganz besonderen Ausnahmefällen, in welchen der König seine besondere Bewilligung gab, nicht denkbar, daß jemand gleichzeitig Angehöriger zweier Staaten sei.

Die Erwerbungsgründe des bayrischen Indigenats bleiben ohne Wirkung, wenn die bisherige Staatsangehörigkeit nicht gleichzeitig entfällt (s. o. § 2).

Ob jemand eine fremde Staatsangehörigkeit erwirbt, und ob und welche Folgen eine solche Erwerbung für die Familienangehörigen hat, das regelt das bayrische Staatsrecht nicht; das ist ausschließlich Sache des Staatsrechtes des fremden Staates. Das bayrische Recht erkennt hierin ohne Einschränkung das fremde Staatsrecht an. Ob ein fremder Staat einem bisherigen Bayern die Staatsangehörigkeit verleihen darf, kann durch Staatsverträge geregelt sein.

Bewirkt beispielsweise die Legitimation eines bisherigen bayrischen Staatsangehörigen den Erwerb einer fremden Staatsangehörigkeit, so bewirkt sie auch den Verlust seiner bayrischen Staatsangehörigkeit. Bewirkt sie den Erwerb der fremden Staatsangehörigkeit nach dem Rechte jenes Staates nicht, so auch nicht den Verlust der bayrischen Staatsangehörigkeit[3]).

---

[2]) G. Bl. Bd. 40 S. 359/360.

[3]) V.G.H. Bd. 17 S. 129, wobei auch ausgesprochen ist, daß in Oesterreich zur Legitimation unehelicher Kinder der Beweis ihrer Erzeugung durch den Ehegatten der Mutter notwendig ist, welcher geführt werden kann durch richterlichen Ausspruch und dann, wenn der uneheliche Vater sich als solcher bei der Taufe oder später in das Tauf- oder Geburtsbuch hat eintragen lassen. Die Entscheidung stellt fest, daß wenn die Bestimmungen des Indigenats-Ediktes die Legitimation als Verlustgrund nicht aussprechen, dies nicht die Bedeutungslosigkeit der Legitimation beweise. Es wäre aber genügend gewesen, wenn die Entscheidung auf die Bedeutung der Legitimation für die Erwerbung der österreichischen Staatsangehörigkeit hingewiesen hätte.

V.G.H. Bd. 24 S. 558: Die (bayrische) Staatsangehörigkeit (und Heimat) gingen unter der Herrschaft des Indigenats-Ediktes vom 26. Mai 1818 für ein (außereheliches) Kind verloren, wenn dasselbe durch Anerkennung seitens seines französischen Vaters auf Grund der einschlägigen französischen Gesetzgebung die französische Staatsangehörigkeit erwarb.

Die Gründe tun dar, daß das als Bayer von einer pfälzischen Mutter geborene Kind durch die gültige Anerkennung seines Vaters Franzose wurde, da nach Art. 10 des code civil das Kind, welches von einem Franzosen geboren ist, Franzose sei — was nach französischer Rechtslehre auch für das anerkannte

b) Als zweiten Grund des Indigenatsverlustes führt die Verfassungsurkunde die „Auswanderung“ auf (Indigenats-Edikt § 6 Ziffer 2). Auswanderung ist das Verlassen des Staates in der Absicht, sich von dem Verbande dieses Staates zu trennen[4]).

Ob ein solches Verlassen des Staates wirklich genüge, darüber ist lange Zeit lebhafter Streit geführt worden. Die Praxis ist insbesondere seit der Entschließung des Staatsministeriums des Innern vom 22. Januar 1854 die gewesen, daß die „Auswanderung“ die Erwerbung einer fremden Staatsangehörigkeit voraussetzt; s. v. Riedel S. 163, Bl. B. 4 S. 85.

Für diese Auffassung spricht die Analogie aus § 3 des Indigenats-Ediktes, welcher auch bei Einwanderung nach Bayern für die Erwerbung der bayrischen Staatsangehörigkeit die Entlassung aus der fremden Staatsangehörigkeit voraussetzt (s. § 2 C); freilich nimmt wunder, daß in § 6 Ziffer 2 l. c bei „Auswanderung“ ein solcher Zusatz gänzlich fehlt, wiewohl sonst das Gesetz so wichtige Grundsätze nicht verschweigt.

Nicht für jene Auffassung ist verwertbar § 14 des IV. Titels der Verfassungsurkunde, in welchem den Bayern das Recht eingeräumt wird, in einen anderen „Bundesstaat“, „welcher sie erweislich zu Untertanen annehmen will,“ auszuwandern; denn für das verfassungsmäßig garantierte Recht der Auswanderung in deutsche Staaten und für die Rechtsfolge des Verlustes der bayerischen Staatsangehörigkeit bei „Auswanderung“ können immerhin verschiedene Voraussetzungen bestehen.

Nicht ist endlich § 12 des Indigenats-Ediktes zugunsten der Uebung der Praxis anzuführen, welcher bayerischen „Untertanen“ erlaubt, in fremden Staaten Grundbesitz zu haben und geschäftlich tätig zu sein, „wenn keine bleibende persönliche Ansässigkeit in dem fremden Staate damit verbunden ist“ — demgemäß lediglich feststellt, daß Indigenatserwerb in einem fremden Staat mit der Eigenschaft eines bayrischen Untertanen unverträglich ist.

Gegen die herrschende Praxis spricht, daß „Auswanderung“ als besonderer Titel des Indigenatsverlustes gegenstandslos würde, weil ja die Erwerbung eines fremden Indigenats einen selbständigen Verlusttitel bildet; auch würde dem im Edikt ohne jeden Zusatz gebrauchten Worte „Auswanderung“ Zwang angetan[5])[6]).

---

natürliche Kind gelte. Damit habe das Kind gemäß § 6 Ziff. 1 des genannten Edikts die bayrische Staatsangehörigkeit wieder verloren.

[4]) Brater legt in Bl. Bd. 1 S. 70 ff. dar, daß diese Trennung in der Regel durch eine zweiseitige Erklärung erfolge — indem die Auswanderungserlaubnis nachgesucht und erteilt werde; es genüge aber auch schon eine einseitige Erklärung in Verbindung mit einer konkludenten Handlung und ebenso eine konkludente Tatsache allein Auswanderung ohne Genehmigung sei zwar verboten, enthalte aber einen Verzicht auf den Staatsverband mit allen seinen Folgen.

[5]) Andere Meinung: v. Riedel S. 163, V.G.H. Bd. 21 S. 82.

[6]) s. Bl. Bd. 3 S. 337 u. ff., insbesondere S. 343.

Der Verwaltungsgerichtshof hat die bei Würdigung zahlreicher Heimatstreitigkeiten wichtige Frage zuletzt in Bd. 21 S. 82 dahin entschieden, daß „wie nach seiner bisherigen Rechtsprechung die sogen. heimliche, d. h. ohne behördliche Bewilligung erfolgte Auswanderung, so auch die mit Bewilligung erfolgte Auswanderung erst vollendet werde durch Aufnahme des Auswandernden in einen anderen Untertanenverband und daß demgemäß erst in diesem Zeitpunkte der Verlust der bayrischen Staatsangehörigkeit eingetreten sei.

Es mache keinen Unterschied, ob die Auswanderungsbewilligung vorbehaltlos erteilt sei oder nicht[7]). Die Auswanderungserlaubnis habe wohl Strafen und sehr erhebliche Vermögensnachteile abgewendet[8]), auch den Erwerb der fremden Staatsangehörigkeit erleichtert, nicht aber habe sie den Verlust der Staatsangehörigkeit bewirkt[9]).“ — Der Verlust des Indigenats muß sich auch nach dieser Lehre auf alle Personen erstrecken, welche kraft des Rechtes des fremden Staates eine neue Staatsangehörigkeit mit erwerben (s. a); ob dieselben tatsächlich mit „ausgewandert“ sind oder nicht, muß gleichgültig sein[10]).

c) Eine Bayerin, welche einen Ausländer (Nichtbayer) gültig heiratet, verliert die bayrische Staatsangehörigkeit. (Indigenatsedikt § 6 Ziff. 3.) In der Regel ergibt sich dieser Verlustgrund schon nach lit. a, weil nach dem Recht der meisten Staaten Ausländerinnen die Staatsangehörigkeit des Mannes durch Heirat erwerben, somit § 6 Ziff. 1 l. c. verwendbar ist. Eine einen Ausländer heiratende

---

[7]) Vgl. noch V.G.H. Bd. 3 S. 132: ein noch so langer Aufenthalt im Auslande ohne „rechtsförmliche“ Auswanderung genügt ebensowenig wie der Umstand, daß sich ein bayrischer Staatsangehöriger seiner gesetzlichen Militärpflicht entzog.

Bd. 4 S. 511 heimliche Auswanderung hat den Verlust des Indigenats nur zur Folge, wenn der Auswandernde ein fremdes Indigenat erwarb; durch den Eintritt in fremde Kriegsdienste geht das Indigenat nicht verloren;“

Bd. 8 S. 161 „eigenmächtige Auswanderung nach den Vereinigten Staaten von Nordamerika hatte vor dem 13. Mai 1871 für sich allein keinen Einfluß auf die Heimatberechtigung“; ferner

Bd. 12 S. 233.

Siehe auch Bl. Bd. 5 S. 253 ff. Bd. 6 S. 364 ff., Bd. 18 S. 78 ff.

[8]) Erst die Ministerialentschließung vom 10. November 1862 verbot den Polizeibehörden Vermögensbeschlagnahme wegen unerlaubter Auswanderung. Weber Bd. 6 S. 104.

[9]) Nach M.E. vom 22. Januar 1854 sollte die Auswanderungserlaubnis nach Staaten, in welchen gesetzlich eine Naturalisationsfrist bestand, nur erteilt werden nach Ablauf der Frist; vorher sollte nur eine Bescheinigung erteilt werden, daß dem Vorhaben des Gesuchstellers, durch einen Aufenthalt von gesetzlicher Dauer das auswärtige Indigenat mit Aufgebung des bayrischen zu erlangen, kein Hindernis entgegenstehe. Die Nichtbeachtung dieser ministeriellen Anweisung (bedingungslose Erteilung der Bewilligung) hatte nach obigen Entscheidungen des V.G.H. keine Bedeutung für den Indigenatsverlust.

[10]) Bei Auswanderungsgesuchen spielte die Dispositionsfähigkeit, Einwilligung des Vaters oder der Mutter, Zustimmung des Vormundes oder der Vormundschaftsbehörde eine Rolle. S. M.E. vom 2. Februar 1868, Weber Bd. 7. S. 188.

Bayerin würde aber die bayrische Staatsangehörigkeit auch dann verloren haben, wenn sie durch die Ehe nicht Angehörige eines anderen Staates geworden wäre.

Nach § 3 Abs. 5 des Staatsvertrages vom 15. Juli 1851 (Gothaer Uebereinkunft) sind für die Frage der Gültigkeit der Ehe die Gesetze des Staates maßgebend, dem der Ehemann zur Zeit der Eheschließung angehört, bei Indigenatslosen die Gesetze des Staates, in welchem die Eheschließung erfolgt. Dieser Grundsatz ist nach V.G.H. Bd. 8 S. 132 für die Frage des Indigenatsverlustes durch Ehe anzuwenden.

d) Verlust der bayrischen Staatsangehörigkeit seitens des Mannes hat auch für die Frau den Verlust zur Folge. Das folgt aus dem Grundgedanken der Bestimmung des Indigenatsediktes: „Eine bayrische Staatsangehörige kann nicht die Ehefrau eines Nichtbayern sein.“ v. Riedel S. 164.

Bei Scheidung der Ehe erlangt die Ehefrau die bisherige bayrische Staatsangehörigkeit nicht zurück.

e) Ist die Entlassung aus dem Staatsverbande ein Verlustgrund? Brater bejaht dies in Bl. Bd. 3 S. 338, indem er davon ausgeht, daß es einen natürlichen Verlustgrund gebe, welcher der Regelung nicht bedürfe, nämlich den Tod, und einen selbstverständlichen Verlustgrund, welchen der Gesetzgeber nicht anzugeben brauche: dieser sei die auf beiderseitigem Einverständnis beruhende Lösung, d. i. die nachgesuchte und gewährte Entlassung aus dem Staatsverband. Der Natur der Sache nach könne die Entlassung aus keinem anderen Grund begehrt werden als zum Zwecke der Auswanderung. — Richtig dürfte sein, daß, da die Entlassung als Verlustgrund im Gesetz nicht aufgeführt ist, sie nicht erteilt werden durfte, wenn nicht einer der übrigen Verlustgründe vorlag.

f) Ueber den Verlust der Staatsangehörigkeit durch Gebietsabtretung spricht sich das Indigenatsedikt gelegentlich in § 5 aus. Darnach verlieren Individuen die Staatsangehörigkeit, welche mit ihrem „Domizil“ den an andere Staaten übergegangenen Landesteilen angehören, vorbehaltlich der vertragsgemäßen Rückwanderung. Vgl. das oben bemerkte und v. Riedel S. 164.

§ 4.

Der Erwerb und Verlust der Staatsangehörigkeit seit Einführung des Reichsgesetzes über Erwerbung und Verlust der Bundes- und Staatsangehörigkeit vom 1. Juni 1870 in Bayern (13. Mai 1871).

1. Der Erwerb durch staatliche Verleihung.

a) Wird die bayrische Staatsangehörigkeit einem Angehörigen eines anderen Bundesstaates verliehen, so heißt dies „Aufnahme“.

§ 6, 7 B.St.A.G.; wird einem Nichtdeutschen die bayrische Staatsangehörigkeit verliehen, so spricht das Gesetz von Naturalisation. (§ 8 l. c.)

In beiden Fällen erfolgt die Verleihung durch eine von der höheren Verwaltungsbehörde (Regierung, Kammer des Innern) ausgefertigte Urkunde (Aufnahmsurkunde, Naturalisationsurkunde).

„Die Verleihung ist ein staatliches Rechtsgeschäft, welches dadurch abgeschlossen wird, daß die höhere Verwaltungsbehörde auf Grund eines an sie gerichteten Gesuches eine Urkunde ausfertigt und sie dem aufzunehmenden Bürger aushändigt" (Laband, Das Staatsrecht des Deutschen Reiches, 3. Aufl. 1902 S. 37). Beruht somit die Verleihung auf einem Vertrage, so ist andererseits bei Vorhandensein des beiderseitigen Willens die Ausstellung der Urkunde die unerläßliche Form, die aber ausreicht, um die Rechtswirkung zu begründen. Oder mit den Worten v. Seydels Bd. I S. 275 ausgedrückt: Die Verleihung durch Urkunde ist ein Formalakt; „sie ist auch dann wirksam, wenn sie in einem Falle erfolgt ist, in welchem sie nach den gesetzlichen Bestimmungen nicht hätte erfolgen sollen."

Durch die Aushändigung der Urkunde, welche auch durch einen rechtmäßigen Vertreter erfolgen kann, erwirbt der Aufzunehmende die Staatsangehörigkeit. Der Zeitpunkt der Absendung der Urkunde oder die sonstige Mitteilung an den Gesuchsteller sind belanglos. „Die Urkunde begründet mit dem Zeitpunkte der Aushändigung alle mit der Staatsangehörigkeit verbundenen Rechte und Pflichten." (§ 10 l. c.) Die v. Seydelsche Auffassung ist die überwiegende. Sie wird durch die Darlegungen bei Rauchalles S. 18 Nr. 3 nicht widerlegt.

Folgt man dieser Lehre, so sind im Rahmen dieses Buches weitere Darlegungen nicht nötig. Entsteht bei der Feststellung einer Heimat die Frage, ob die Person durch Aufnahme oder Naturalisation kraft § 6—8 B.St.A.G. Bayer geworden sei, so ist lediglich zu ermitteln, ob die Aufnahmsurkunde von der zuständigen Stelle erteilt und ausgehändigt worden ist. Daß ein Gesuch gestellt worden ist, ist zu vermuten. Denn ohne vorgängiges Gesuch stellen die Behörden Aufnahmsurkunden nicht aus. Uebrigens würde die vorbehaltslose Annahme der Urkunde das Gesuch ersetzen. Unter welchen Voraussetzungen ein Anspruch auf Verleihung der Staatsangehörigkeit besteht, oder wann diese nicht verliehen werden darf, hat somit nicht den Gegenstand der Darlegungen dieses Buches zu bilden.

Lediglich eine Art der Verleihung ist die Wiederverleihung der Staatsangehörigkeit im Falle des § 21 Abs. IV des B.St.A.G. und die Wiederverleihung an frühere Angehörige eines Bundesstaates im Falle der Niederlassung in einem Bundesstaat gemäß § 21 Abs. V l. c. Auch in diesen beiden Fällen begründet die Aushändigung der Urkunde den Erwerb der Staatsangehörigkeit.

Die Form der Urkunden ist in Bayern geregelt durch Ministerial=

entschließung vom 9. Mai 1871 Nr. 4756, Weber Bd. 9 S. 6. Die Formulare sind abgedruckt bei Grill S. 74—76, Rauchalles S. 116—118.

Mit Rücksicht auf die bayrische Heimatgesetzgebung hat die Ministerialentschließung vom 9. Mai 1871 Nr. 4756, Weber Bd. 9 S. 6 in Ziff. 5ª verfügt, daß Ausländern d. i. Nichtdeutschen die Naturalisation in der Regel nur dann zu erteilen sei, wenn sie nachweisen, daß sie für den Fall der Naturalisation sofort die Heimat in einer bayrischen Gemeinde erhalten. Dieser Nachweis kann erbracht werden durch eine Erklärung der betreffenden Gemeinde, oder durch rechtskräftiges Erkenntnis, wonach eine Gemeinde verpflichtet ist, dem Gesuchsteller die Heimat zu verleihen. (Art. 10 des H.G.) Nach der Rechtsprechung des bayrischen Verwaltungsgerichtshofes kann übrigens ein Nichtbayer die Heimat auf Grund Art. 11 des H.G. bereits erworben haben (vgl. § 1). Eine Ausnahme von dem Grundsatze, daß der zu naturalisierende die Sicherung einer bayrischen Heimat nachzuweisen hat, ist nur mit Genehmigung des Staatsministeriums des Innern zulässig. — Nichtbeachtung dieser Vorschrift begründet, wie oben bereits erwähnt, keinerlei Anfechtung der trotzdem erfolgten Naturalisation.

Die Gemeinde des Niederlassungsortes ist im Falle der Naturalisation gemäß § 8 des B.St.A.G. mit ihrer Erklärung zu hören, ob die zu naturalisierende Person einen unbescholtenen Lebenswandel geführt hat, an diesem Orte eine eigene Wohnung oder ein Unterkommen findet und nach den daselbst bestehenden Verhältnissen sich und ihre Angehörigen zu ernähren imstande ist. Auch die Nichtbeachtung dieser Vorschrift begründet kein Anfechtungsrecht.

Die Aufnahme Reichsangehöriger darf keinesfalls von dem Nachweise des Heimaterwerbes in einer bayrischen Gemeinde abhängig gemacht werden (vgl. M.E. vom 9. Mai 1871 Ziff. 4 lit. f). Dagegen ist bei Aufnahmegesuchen die Einvernahme der Gemeindeverwaltung des Niederlassungsortes über das Vorhandensein etwaiger Gründe geboten, welche nach § 4 und 5 des Freizügigkeitsgesetzes die Abweisung eines Neuanziehenden oder die Versagung der Fortsetzung des Aufenthaltes rechtfertigen. (Ziff. 4 lit. c der M.E.) Auch diese Vorschrift ist nur eine Ordnungsvorschrift. —

b) Wer in den „unmittelbaren oder mittelbaren Staatsdienst, in den Kirchen-, Schul- oder Kommunaldienst Bayerns aufgenommen wird“ und hierüber eine von dem König, einer Kreisregierung oder einer den Kreisregierungen übergeordneten oder gleichgeordneten Behörde[1]) vollzogene oder bestätigte Bestallung erlangt hat, ist bayrischer Staatsangehöriger, soferne nicht in der Bestallung ein entgegenstehender Vorbehalt ausgedrückt ist. (§ 9 Abs. 1 B.St.A.G.)

---

[1]) S. M.E. vom 9. Mai 1871 (Weber Bd. 9 S. 61 Ziff. 6.)

Auch wird mit gleichem Vorbehalt ein vom Kaiser, dem Bundesrate oder einer höheren Reichsbehörde in den Reichsdienst berufener und mit Bestallung versehener Ausländer[2]) Bayer, wenn er in Bayern seinen dienstlichen Wohnsitz hat. § 9 Abs. 2 B.St.A.G. —

Nicht jeder, der in ein Vertragsverhältnis zum Staat, der Kirche rc. eintritt, demzufolge er Dienste leistet, ist in den „Staatsdienst, Kirchendienst rc." aufgenommen. Es müssen formelle und materielle Voraussetzungen hinzutreten.

Die erste ist die Aushändigung einer Bestallung, d. i. einer Anstellungsurkunde. Die Bestallung muß von einer oben angegebenen Stelle unterzeichnet oder bestätigt sein. „Bestätigung" ist aber nicht eine Bescheinigung darüber, daß eine andere Behörde rechtsgültig eine Anstellung vollzogen hat, sondern die Kundgebung des Willens, durch welchen eine von einem Dritten vorgenommene Berufung in einen solchen Dienst erst Kraft erlangt. In Bayern kommen Bestätigungen vorzugsweise im Gemeinde- und Kirchendienste vor. Nirgends aber kommt es wie auf die Form der Bestallung, so auch auf den Namen der Bestätigung an. Eine Urkunde im Kurialstil ist nicht erforderlich; jede schriftliche amtliche, gehörig vollzogene Mitteilung ist ausreichend. Die „Genehmigung" eines vom Bischof ernannten Kanonikus, ebenso die Genehmigung der Vergebung einer Pfarrei an einen Geistlichen ist eine Bestätigung im Sinne des Gesetzes. Nur muß es sich um die Billigung der Person handeln. Die etwa erforderliche Genehmigung zur Schaffung der Stelle eines öffentlichen Dieners macht den mit ihr Bedachten noch nicht zum bestätigten öffentlichen Diener.

Die materiellen Voraussetzungen sind dreifache: einmal, daß die Anstellung rechtswirksam ist, dann, daß der Angestellte dem öffentlichen Dienstrechte unterworfen ist und endlich, daß er berufsmäßig in den Dienst eintritt[3]). Die Uebertragung eines einzelnen, noch so wichtigen Geschäftes ist nicht Uebertragung eines Staatsdienstes. Es muß sich vielmehr um die Uebertragung eines von der

---

[2]) Ein Deutscher würde die bayrische Staatsangehörigkeit nicht erlangen.

[3]) Vgl. v. Seydel Bd. 1 S. 282 Note 83. Beides liegt im Wort „Bestallung", beziehungsweise in seiner Anwendung in den preußischen und Reichsgesetzen. Der infolge öffentlich-rechtlicher Verpflichtung geleistete Dienst kann hier nicht in Betracht kommen. Im allgemeinen ist dieser Dienst ohnehin an die Staatsangehörigkeit geknüpft. Aber auch die Uebernahme eines Dienstes, für welchen nicht die Vorschriften des öffentlichen Dienstrechtes, sondern lediglich jene des Privatrechtes gelten, würde nicht genügen. In Bayern unterstehen u. a. auch alle Beamten und Bediensteten des Staates, auf welche die kgl. Verordnung vom 26. Juni 1894, „Die Dienstverhältnisse der nichtpragmatischen Staatsbeamten und Staatsbediensteten betreffend" Anwendung findet, dem öffentlichen Dienstrecht. Bei den Gemeinden würde die Ausscheidung schwieriger sein als beim Staate; hier fehlt es aber ohnehin an der erforderlichen „Bestätigung". Während also den Sachsen die Berufung zum Diener einer Kreisregierung zum Bayern macht, bleibt der zum Baurat einer unmittelbaren Stadt berufene Lübecker Lübecker.

Staatsgewalt bezw. der Kirche, Gemeinde rc. geschaffenen Amtes handeln. Dagegen ist nicht erforderlich der Eintritt in eine sogen. pragmatische (unwiderrufliche) Dienststellung; auch die Berufung auf Zeit oder in widerruflicher Weise oder auf Kündigung ist Aufnahme in den Dienst. Gleichgültig ist, ob die Widerruflichkeit den Zweck hat, die Befähigung eines Beamten für den Dienst zu erproben, oder einen anderen; ebenso, ob dieser Zweck ausdrücklich bemerkt wird oder nicht[4]. —

Das Geschlecht macht selbstverständlich keinen Unterschied; die aus Baden gebürtige Volksschullehrerin wird bayrische Staatsangehörige.

Zum Staatsdienst gehört auch der berufsmäßige Militärdienst; s. v. Seydel Bd. 1 S. 282 Note 79 und die dort angeführten Schriftsteller.

Dagegen gehört nicht zum Staatsdienst der Hofdienst.

Das Reichsgesetz stellt den mittelbaren Staatsdienst und den unmittelbaren gleich, erwähnt aber gleichzeitig noch den Kommunaldienst. Vgl. hierzu v. Seydel Bd. 1 S. 282 Note 79 am Anfang, Rauchalles S. 39 Ziff. 4. Im Dienste der bayrischen, politischen Gemeinden tätige Nichtbayern erlangen aber die bayrische Staatsangehörigkeit nicht, wenn sie als niedere oder höhere Gemeindebedienstete, ebenso nicht, wenn sie als technische Magistratsmitglieder ernannt werden; denn sie bedürfen in dieser Eigenschaft einer „Bestätigung" nicht, auch dann nicht, wenn sie unwiderrufliche Anstellung erlangen. Bezüglich der Schulräte kommt übrigens deren Doppelstellung als Gemeinde- und Staatsbeamte in Betracht. Zu den im Gemeindedienste stehenden Beamten gehören an sich auch diejenigen der bayrischen Distrikts- und Kreisgemeinden. Jedoch bedürfen die Distriktsgemeindebeamten keiner Regierungsgenehmigung; die Kreisgemeindebeamten aber sind staatliche Beamte. v. Seydel Bd. 2 S. 169. — Ob als „Kirchen"diener im Sinne des Gesetzes nur die im Dienste von öffentlichen Glaubensgesellschaften stehenden, oder auch jene von staatlich zugelassenen Privat-Kirchengesellschaften in Betracht

---

[4]) Ebenso Cahn S. 89; Grill S. 33 will vorübergehende, widerrufliche, zeitlich begrenzte Anstellung nicht gelten lassen, verlangt aber pragmatische Rechte nicht; die Berufung in das bayrische nichtpragmatische, statusmäßige Personal würde somit gemäß § 8 der Verordnung vom 26. Juni 1894 die bayrische Staatsangehörigkeit nicht gewähren können; Rauchalles S. 39 teilt im allgemeinen die obige Auffassung, hält jedoch die Berufung auf Probe oder „vorbereitungsweise" für nicht ausreichend. Bl. Bd. 32 S. 72 erachten eine Anstellung für notwendig, „welche die dienstliche Verwendung des Betreffenden in dauernder Weise wenigstens beabsichtigt." Aber von den Absichten wird häufig nichts gesagt, manchmal sind gar keine vorhanden. Soll in Preußen ein Oberbürgermeister, der gesetzlich immer auf 12 Jahre gewählt wird, nicht durch die Wahl preußischer Staatsangehöriger werden? M.E. läßt sich keine andere Bestimmung treffen, als die im Texte formulierte. Der nichtbayrische Jurist, der in einer bayrischen unmittelbaren Stadt zunächst widerruflich zum Bürgermeister gewählt und bestätigt wird, würde hiernach bayrischer Staatsangehöriger.

kommen, ist bestritten. v. Seydel, S. 282 ist für die engere, Cahn für die weitere Auslegung. Letztere dürfte die richtige sein. Das Reichsgesetz hat im Hinblick auf die verschiedenen Landesgesetzgebungen in Deutschland einen allgemeinen Ausdruck gewählt und durch das Erfordernis der staatlichen Bestallung ohnehin einer zu weiten Ausdehnung vorgebeugt[5]).

Der Schuldienst ist in Bayern im allgemeinen ohnehin Staatsdienst. Es kommt aber hierauf nicht an; auch der zum Lehrer an einer etwa von einer öffentlichen Stiftung verwalteten öffentlichen Schule Ernannte wird Bayer, wenn die Bestallung bezw. Bestätigung, wie vorgeschrieben, erfolgt. V.G.H. Bd. 6 S. 255 „Durch die vorbehaltlose Ernennung zum Schullehrer an einer öffentlichen Volksschule von der hierfür zuständigen k. Kreisregierung, Kammer des Innern, erwerben Nichtbayern die bayrische Staatsangehörigkeit."

Zur rechtswirksamen Anstellung gehört, daß das Amt angenommen ist. Die Annahme wird sich in der Regel spätestens durch die vorbehaltlose Annahme der Bestallung vollziehen.

Erworben wird die Staatsangehörigkeit in dem Zeitpunkt, in welchem die Eigenschaft des öffentlichen Dieners erworben ist, vorausgesetzt, daß zu diesem Zeitpunkt die Bestallung ausgehändigt ist, sonst zu diesem späteren Zeitpunkt. Nach bayrischem Recht fällt im allgemeinen die Anstellung mit der Bekanntgabe der Anstellungs-Entschließung zusammen. v. Seydel Bd. 2 S. 195.

Die Staatsangehörigkeit wird nicht erworben, wenn die Bestallung einen entgegenstehenden Vorbehalt enthält; derselbe muß innerhalb der Zuständigkeit der ihn aussprechenden Behörde liegen. Eine Form ist für den Vorbehalt nicht vorgeschrieben. Auch der Hinweis auf generelle Bestimmungen, welche einen solchen Vorbehalt aussprechen, genügt. Immerhin aber muß aus dem Inhalt der Bestallungsurkunde der Vorbehalt ersichtlich sein; das gänzliche Fehlen auch jenes Hinweises würde bestehende Bestimmungen für den gegebenen Fall unwirksam machen.

§ 5.

2. Der Verlust der Staatsangehörigkeit durch Entlassung und Ausspruch der Behörde.

a) Die Entlassung (§ 14 B.St.A.G.) wird erteilt durch eine von der höheren Verwaltungsbehörde (Kreisregierung, Kammer des Innern) ausgefertigte Entlassungsurkunde. „Die Entlassung ist, wie die Verleihung, ein die Willensübereinstimmung der beiden Parteien erforderndes Rechtsgeschäft, das zu seiner Perfektion der Schriftform, der Ausfertigung und Zustellung einer Urkunde . . . bedarf." Laband,

[5]) Die Rabbiner werden hiernach als bayrische Staatsangehörige zu erachten sein.

Staatsrecht des Deutschen Reiches, 3. Aufl. S. 38. „Die Entlassung ist gleich der Verleihung ein *Formalakt*, der nachträglich durch ein Nichtigkeitsverfahren nicht mehr rückgängig gemacht werden kann.“ v. *Seydel* Bd. 1 S. 285. Die Entlassungsurkunde bewirkt mit *dem Zeitpunkte der Aushändigung* den Verlust der Staatsangehörigkeit. (§ 18 Abs. 1 l. c.) Solange der sichere Nachweis der Aushändigung der Entlassungsurkunde mangelt, ist der Verlust der Staatsangehörigkeit nicht anzunehmen. B.G.H. Bd. 6 S. 90.

Unter welchen Voraussetzungen die Entlassung erteilt werden darf oder muß, braucht keinen Gegenstand dieser Darstellung zu bilden. Denn im Heimatfeststellungsverfahren kommt es bei der rechtlichen Natur der Entlassung *nur* darauf an, ob die Urkunde von der zuständigen Behörde ausgefertigt und zugestellt wurde. Da die Behörde nur auf Ansuchen Entlassungsurkunden ausstellt, so ist der Wille des zu Entlassenden zu vermuten.

Die Entlassung soll nach den Motiven des Gesetzes der *Auswanderung* dienen. Fingierte Auswanderungen, namentlich solche, welche lediglich zu dem Zwecke nachgesucht werden, um sich lästigen Verpflichtungen gegen das bisherige Vaterland, namentlich der Erfüllung der Wehrpflicht, zu entziehen, ohne daß die Absicht wirklicher Auswanderung besteht, sollen vereitelt werden. Deshalb verfügt § 18 Abs. 2 B.St.A.G. die *Unwirksamkeit* der Entlassung, wenn der Entlassene nicht binnen 6 Monaten entweder seinen Wohnsitz außerhalb des Reichsgebietes verlegt oder in einem anderen Bundesstaate Staatsangehöriger geworden ist.

Die Frist wird bemessen vom Tage der Aushändigung der Entlassungsurkunde an. —

Zur *Unwirksamkeit* der bereits erfolgten Entlassung ist noch folgendes zu bemerken.

1. Verlegt seinen Wohnsitz außerhalb des Reichsgebietes[1]) schon der, welcher seinen inländischen Wohnsitz aufgibt und das Reichsgebiet verläßt? Oder muß die Begründung eines gewöhnlichen Aufenthalts im Auslande hinzukommen? oder genügt auch dies nicht, und muß ein Wohnsitz im Sinne des deutschen juristischen Sprachgebrauches im Ausland gewonnen sein?[2]) Bei der Beurteilung dieser Frage wird man davon ausgehen müssen, daß lediglich eine *fingierte* Auswanderung vermieden werden soll. Zur „Auswanderung“ gehört nun die Begründung eines Wohnsitzes oder gewöhnlichen Aufenthaltes im Auslande nicht notwendig, wenn eine solche auch in der Regel

---

[1]) Die Schutzgebiete gelten im Sinne des § 18 l. c. als Ausland.

[2]) Das Bundesamt für Heimatwesen hat ausgesprochen, es genüge die tatsächliche *Wegverlegung* des Wohnsitzes aus dem Bundesgebiete heraus mit der *Absicht*, den Wohnsitz im Inlande für die Dauer aufzugeben und einen neuen Wohnsitz im Auslande zu begründen. Dagegen erklärt v. *Seydel* Bd. 1 S. 284 und andere Schriftsteller (s. *Rauchalles* S. 75 Note 6) die Verwirklichung dieser Absicht durch Begründung eines neuen Wohnsitzes für erforderlich.

das Resultat der Auswanderung ist; dagegen ist unerläßlich die Aufgabe des inländischen Wohnsitzes und das Verlassen des Reichsgebietes. Die Aufgabe des Wohnsitzes erfordert die (tatsächliche) Aufgabe der Niederlassung mit dem Willen der Aufhebung derselben. B.G.B. § 7 Abs. 3. Bloß zeitweilige vorläufige Aufhebung genügt nicht. Dernburg, „Das Bürgerliche Recht" 1. Bd. S. 144. Verbindet sich eine solche wirkliche Aufgabe des Wohnsitzes mit dem Verlassen des Reichsgebietes, so besteht kein Grund an eine fingierte Auswanderung zu denken. Freilich ist der Anschauung des V.G.H. Bd. 8 S. 136 beizupflichten, daß nach dem Zwecke der Bestimmung „die Verlegung des Wohnsitzes außerhalb des Bundesgebietes" mehr fordert als die einfache Ueberschreitung der Reichsgrenzen; m. E. ist auch die Absicht und zwar die unbedingte Absicht erforderlich, sich dauernd (nicht bloß versuchsweise) außerhalb des Staatsgebietes aufzuhalten und fortzubringen. Dazu gehört aber die Begründung eines Wohnsitzes im Auslande nicht; vielmehr ist die Gewinnung eines solchen innerhalb des gesteckten Zeitraums häufig gar nicht möglich; auch nicht jene eines gewöhnlichen Aufenthaltes. Wenn man sich hingegen darauf beruft, daß bestimmte äußere Kennzeichen — eben die Begründung eines Wohnsitzes — notwendig seien und daß eine „Absicht", die sich doch nicht deutlich erkennen lasse und jeden Augenblick geändert werden könne, nicht ausreiche, so ist zu bemerken, daß auch zu einer Wohnsitznahme eine Absicht gehört, deren Ernstlichkeit in der kurzen Zeit sehr häufig auch nicht erkannt zu werden vermag, und daß die Rechtssicherheit sicherlich weniger leidet, wenn man sich mit der aus den Umständen in der Regel leicht erkennbaren Absicht begnügt, dauernd außerhalb Deutschlands zu leben, als, wenn in jedem Falle den Nachweis gefordert wird, es sei innerhalb 6 Monaten auch irgendwo ein Wohnsitz begründet worden[3]). Ueberdies ist die Auslegung der Worte „seinen Wohnsitz außerhalb des Reichsgebietes verlegen" in unserem Sinne „den Wohnsitz innerhalb des Reichsgebietes aufgeben und das Reich verlassen" zulässig. Der Gesetzgeber hätte es sehr leicht gehabt, zu sagen: . . . „einen Wohnsitz im Auslande begründet"[4]).

---

[3]) Wer die Absicht hat, Wohnsitz und Aufenthalt im Inland aufzugeben, die Entlassung erlangt, zunächst aber keinen festen Entschluß faßt, wohin er seinen Wohnsitz verlegen will, sondern vorerst auf Reisen geht, um auf denselben einen ihm zusagenden (für seine Gesundheit zuträglichen) Wohnsitz zu suchen, ist nicht wieder Deutscher geworden, wenn er diese letztere Absicht nicht binnen 6 Monaten verwirklicht. Wer nach Brasilien auswandert, um im Innern des Landes, etwa an den Ufern des Amazonas, wo es am besten geht, sich niederzulassen —, und diese Absicht bei den schwierigen Verkehrsverhältnissen innerhalb 6 Monaten noch nicht vollendet hat, der ist nicht wieder Bayer geworden; er braucht nicht abermals seine Entlassung zu erbitten oder andernfalls zu warten, bis er durch Verjährung nach Ablauf von 10 Jahren die Staatsangehörigkeit verloren hat.

[4]) V.G.H. Bd. 8 S. 136 „nach der Natur der Sache und dem allgemeinen Sprachgebrauch ist nur derjenige ausgewandert, welcher sich dauernd außerhalb

2. Die herrschende Lehre — v. Seydel Bd. 1 S. 284, V.G.H. Bd. 8 S. 137, Grill S. 51 Note 9 — ist der Ansicht, daß die Rückverlegung des Wohnsitzes ins Inland innerhalb der 6 Monate auch die Unwirksamkeit der Entlassung zur Folge hat. Allein davon steht nichts im Gesetze[5]). Richtig ist nur, daß eine solche rasche Rückkehr in der Regel einen Schluß darauf gestattet, daß jemand die Absicht, den Wohnsitz in Deutschland aufzugeben, gar nicht oder nur bedingt (versuchsweise) gehabt hat[6]). Wenn die Staatsangehörigkeit in einem solchen Falle strittig wird, so werden Umstände dargetan werden müssen, welche diese Vermutung entkräften[7]).

3. Der tatsächlichen Auswanderung in das Reichsausland steht nach dem Gesetze die rechtliche Auswanderung, nämlich die Erwerbung einer anderen Staatsangehörigkeit, aber nur jener eines anderen deutschen Bundesstaates gleich. Der Erwerbung einer solchen Staatsangehörigkeit ist der Besitz einer bereits erworbenen Staatsangehörigkeit gleichzustellen. (Bl. Bd. 42 S. 350.) Dagegen ist die Ansicht zu bekämpfen, daß die Erwerbung einer fremden Staatsangehörigkeit dann nicht genüge, falls innerhalb 6 Monaten die Entlassung auch aus diesem Staate erfolgt sei und daß in diesem Falle die bayrische Staatsangehörigkeit wieder auflebe[8]). Der Wortlaut des Gesetzes unterstützt diese Anschauung nicht. Außerdem würden aber die

---

des Staatsgebietes aufhält und fortbringt, gleichviel allerdings, ob der auf solche Weise dauernd im Auslande Lebende sich dort auch ununterbrochen an einem Ort befindet oder im Auslande den Aufenthalt wechselt."

[5]) Aus dem Präsens „verlegt" (in § 18 l. c.) statt „verlegt hat" kann man m. E. einen solchen Schluß nicht ziehen. (V.G.H. Bd. 8 S. 137) Vgl. den Sprachgebrauch in § 21 des Gesetzes.

[6]) V.G.H. Bd. 8 S. 136 verläßt m. E. den richtigen Weg, wenn er nicht die beim Verlassen des Reichsgebietes bestehende Absicht, sondern den tatsächlichen sechsmonatlichen Aufenthalt für ausschlaggebend erachtet. Wer das Reichsgebiet verläßt in der Absicht, nur den Schein einer Auswanderung zu erwecken, dessen Entlassung ist m. E. unwirksam, auch wenn er erst nach 6 Monaten und einem Tage zurückkehrt; denn er hat den Wohnsitz nicht innerhalb der 6 Monate außerhalb des Bundesgebietes verlegt. Gleiches gilt von dem, der fortzieht, um zu versuchen, ob er irgendwo etwas passendes findet und zurückkehren will, wenn er es nicht findet. Wer aber z. B. nach Amerika reist in der Absicht, sich dort niederzulassen aber von den amerikanischen Behörden wegen Mittellosigkeit an der Aufenthaltsnahme verhindert, wieder zurückreist und die Absicht auszuwandern, aufgibt, ist immerhin ausgewandert. S. dagegen Rauchalles S. 76. Im Gesetz steht eben nirgends, daß die aufgegebene Absicht der niemals gefaßten gleich steht. Das Gesetz verlangt nicht mehr, als daß innerhalb 6 Monaten die Verwirklichung der ernstlichen Auswanderungsabsicht mindestens durch Aufgabe des Wohnsitzes im Reich und durch Verlassen des Reichsgebietes begonnen hat. De lege ferenda mag man einer anderen Ansicht sein.

[7]) Es hat sich jemand in Nordamerika als Teilhaber einer Firma niedergelassen. Vor Ablauf der 6 Monate erfährt er, daß ihm ein Immobiliarvermögen oder ein Kaufmannsgeschäft in Deutschland zugefallen sei. Er kehrt nach Deutschland zurück. M. E. ist er hierdurch nicht wieder Deutscher geworden.

[8]) Diese Ansicht vertritt V.G.H. Bd. 8 S. 137. Vgl. Rauchalles S. 76 Note 7.

Rechte des andern Bundesstaates beeinträchtigt; denn die Verwirkung der Entlassung aus diesem Bundesstaate könnte dann nicht mehr eintreten. Dem Reiche kommt es nur darauf an, daß jemand, der nicht aus dem Reich auswandert, eine deutsche Staatsangehörigkeit habe, nicht darauf, welche diese ist.

4. Wird die Entlassung unwirksam, so ist die Rechtslage so, als ob sie nie eingetreten wäre. Der Entlassene ist immer Angehöriger des Staates geblieben. Demnach sind auch die Heimatrechte nicht untergegangen. (V.G.H. Bd. 8 S. 138.) Die Unwirksamkeit der Entlassung tritt aber nicht vor Ablauf der 6 Monate ein. Eine Erklärung, nicht auswandern zu wollen, nimmt der Entlassung ihre Wirkung nicht. Der Entlassene muß, wenn er vor Ablauf der Frist als Staatsangehöriger gelten will, um Verleihung der Staatsangehörigkeit oder um Zurücknahme der Entlassung nachsuchen.

b) Die Staatsangehörigkeit wird verloren, wenn das Staatsministerium des Innern im Falle des § 20 B.St.A.G. (Ungehorsam gegen den Befehl zur Rückkehr nach Deutschland im Falle eines Krieges oder einer Kriegsgefahr) oder im Falle des § 22 B.St.A.G. (Ungehorsam gegen die Aufforderung zum Austritt aus fremdem Staatsdienste) den Verlust ausspricht. Der Beschluß kann zurückgenommen werden.

Die Verlustigerklärung ist also ein einseitiger Rechtsakt der Staatsregierung, in deren Ermessen es liegt, diese Maßregel zu ergreifen oder sie zu unterlassen.

§ 6.

3. Der Verlust der Staatsangehörigkeit durch Aufenthalt im Ausland.

I. „Deutsche, welche das Bundesgebiet verlassen und sich 10 Jahre lang ununterbrochen im Auslande aufhalten, verlieren dadurch ihre Staatsangehörigkeit." (§ 21 B.St.A.G.)

a) Dieser Wortlaut und die Motive des Gesetzes begründen die Ansicht, daß lediglich die erwähnten Tatsachen vorhanden sein müssen, um den Verlust herbeizuführen. Hiernach ist ein Rechtsgeschäft nicht in Frage; es verlieren auch Geschäftsunfähige und in der Geschäftsfähigkeit beschränkte Personen die Staatsangehörigkeit, ebenso Ehefrauen[1]). Es ist gleichgültig, ob zu Anfang, während des Laufes oder am Ende der Frist Geschäftsfähigkeit vorhanden war oder nicht[2]).

---

[1]) Ueber diese Frage vergleiche auch § 9, außerdem unten II c.

[2]) Nach dieser Ansicht verliert ein Zehnjähriger, der seinen Eltern oder seinem Vormund entläuft und sich im Auslande 10 Jahre aufhält, im Alter von 20 Jahren die Staatsangehörigkeit; tritt während des Laufes der Frist volle Geschäftsfähigkeit ein, so zählen doch auch die Jahre der geminderten Geschäftsfähigkeit oder der Geschäftsunfähigkeit mit; tritt während des Laufes der Frist Geschäftsunfähigkeit (z. B. Geisteskrankheit) oder Beschränkung der Geschäftsfähigkeit ein, so läuft die Frist gleichwohl weiter.

Diese Anschauung teilen v. Seydel Bd. 1 S. 289 Note 53, Laband und einige andere Schriftsteller, insbesondere auch Rauchalles (S. 83—86), ferner die Rechtsprechung des Reichsgerichts in Strafsachen (s. Grill S. 57 Note 6).

Eine andere Anschauung verficht die Anwendbarkeit der zivilrechtlichen Grundsätze vom Verzichte. Der Gesetzgeber habe einem „stillschweigenden Verzichte“, der in konkludenten Handlungen (Aufenthalt im Auslande) zum Ausdruck komme, die Kraft des Ausscheidens aus der Staatsangehörigkeit beigemessen. Verzichten können aber nur Geschäftsfähige. Demnach laufe die Frist nur während der Dauer der Geschäftsfähigkeit; während der Minderjährigkeit, während des Irrsinns 2c. laufe sie nicht. — Dieser Anschauung sind beigetreten das bayrische Staatsministerium des Innern unter Berufung auf die frühere preußische Praxis in der M.E. vom 1. August 1883, M.A.Bl. S. 283 (Weber Bd. 16 S. 334), Cahn S. 154 ff. Note 8, Grill S. 57 Note 6 und die bei diesem zitierten anderen Schriftsteller, ferner der Verwaltungsgerichtshof in seinen Entscheidungen Bd. 4 S. 576, 12 S. 230, 19 S. 201; außerdem folgt ihr die Praxis anderer Bundesstaaten [3]) [4]).

b) Das Verlassen des Bundesgebietes ist zum Verluste nicht erforderlich, wenn jemand Staatsangehöriger geworden ist, ohne das Bundesgebiet betreten zu haben, z. B. bei Abstammung von deutschen, im Auslande lebenden Eltern, oder bei Legitimation eines im Auslande Wohnenden durch Heirat seiner Eltern [4]). Dies ist auch in den Motiven des Gesetzes hervorgehoben.

c) Ausland ist „nicht-deutsches Gebiet“. Die deutschen Schutzgebiete gelten im Falle des § 21 l. c. als Inland. Das offene Meer ist zwar nicht fremdes Staatsgebiet, aber auch nicht deutsches Gebiet. Der Aufenthalt auf deutschen Schiffen wird aber „nach einer

---

[3]) M. E. sind die Gründe für die erstere Ansicht von v. Seydel und Rauchalles a. a. O. so erschöpfend angeführt, daß Neues für dieselbe kaum mehr vorgebracht werden kann. Auch hat V.G.H. Bd. 19 S. 201 neue Gründe für die entgegengesetzte Anschauung nicht beigebracht. Daß man de lege ferenda eine andere Haltung einnehme, ist natürlich nicht ausgeschlossen. — Nach der Ansicht der bayrischen Praxis kann die Frist auch gegen einen Geschäftsunfähigen oder Geschäftsbeschränkten laufen, wenn der gesetzliche Vertreter das Verlassen des Bundesgebietes und den Aufenthalt im Auslande will. — Wäre übrigens die Ansicht der bayrischen Praxis richtig, so müßte eine ausdrückliche Erklärung des Abwesenden, daß er nicht verzichten wolle, die Folge dieses „Verzichtes“ beseitigen. Dies läßt das Gesetz nicht zu. Folglich müßte für den „Verzicht“ des geschäftsfähigen eine zwingende Rechtsvermutung bestehen; eine solche könnte dann ebensogut auch dafür angenommen werden, daß der „Verzicht“ des nicht oder nicht voll geschäftsfähigen mit Zustimmung des gesetzlichen Vertreters bezw. durch ihn erfolgt ist.

[4]) Unterschieden muß selbstverständlich werden zwischen dem Verlust der Staatsangehörigkeit, welchen ein Kind erleidet, weil der Inhaber der elterlichen Gewalt durch 10jährige Abwesenheit die Staatsangehörigkeit verliert, und jenem, welche es durch seine eigene Abwesenheit erduldet. Von ersterem wird in § 7 gehandelt.

völkerrechtlich anerkannten Rechtsfiktion“ als Aufenthalt im Inland betrachtet, solange sich diese Schiffe auf hoher See befinden. Wer also auf einem deutschen Schiffe auswandert, verliert die Staatsangehörigkeit erst 10 Jahre, nachdem er das Ausland betreten hat. S. Cahn S. 152 Note 2, Rauchalles S. 87.

d) Der Aufenthalt im Ausland muß ein ununterbrochener sein. Selbstverständlich genügt der Aufenthalt an irgendwelchen Orten des Auslandes, wieviele ihrer auch seien und wie kurz auch der Aufenthalt an jedem sein möge; die Wahl eines bestimmten Aufenthaltsortes oder gar die Begründung eines Wohnsitzes wird nicht gefordert. Darüber besteht keine Verschiedenheit der Meinungen.

Dagegen gehen die Anschauungen darüber auseinander, wann der Aufenthalt im Auslande „unterbrochen“ wird.

Die einen (s. Cahn S. 153) sagen, daß jede, auch die nur vorübergehende Aufenthaltsnahme in Deutschland den Aufenthalt im Auslande „unterbricht“, weil ununterbrochener Aufenthalt im Auslande im Grunde identisch sei mit ununterbrochener Abwesenheit von der Heimat; andere wie v. Seydel Bd. 1 S. 292 halten eine, wenn auch nur vorübergehende, Rückverlegung des Wohnsitzes nach Deutschland für erforderlich, und demgemäß eine bloße Reise nach Deutschland für ungenügend. Wieder andere, wie Rauchalles S. 87 erklären, einerseits genüge nicht jedes Wiederbetreten des Inlandes, andererseits sei auch die zeitweilige Rückverlegung des Wohnsitzes nicht erforderlich; es genüge „Aufenthalt im Inlande“; ob man aber von einem solchen reden könne, das hänge von den Umständen des Falles ab. Geschäfts- und Besuchsreisen, wenn sie nur nicht gelegentlich und nebenbei erfolgen, dürften genügen. — Der Verwaltungsgerichtshof, der in den Entscheidungen Bd. 6 S. 96 und Bd. 13 S. 339 die Rückverlegung des Wohnsitzes ins Inland als Voraussetzung der Unterbrechung erklärt hatte, nähert sich in seiner Entscheidung Bd. 19 S. 201 der letzterwähnten vermittelnden Auffassung, ohne sie jedoch vollständig zu teilen. Ausgehend von der oben mitgeteilten Anschauung, daß der eigentliche Grund des Verlustes in einem stillschweigenden Verzichte, demnach in einer Willenskundgebung zu suchen sei, erkennt er einer Reise ins Inland die Bedeutung einer Unterbrechung dann zu, „wenn sie nach den begleitenden Umständen mit der Heimat und Staatsangehörigkeit im Inland in unmittelbaren Zusammenhange steht und die Absicht erkennen läßt, sich diese Heimat und Staatsangehörigkeit zu erhalten.“ Demnach erachtet er eine Reise für genügend, die unternommen worden war, um der Militärpflicht zu genügen und so das Hindernis zu beseitigen, welches der Erlangung eines Heimatscheines im Wege stand. Der Gerichtshof (S. 205) bemerkt, daß die an die Reisen ins Inland in Ansehung der Wirkung der Unterbrechung zu stellenden Anforderungen verschieden sein können, „indem namentlich bei Personen, welche einen Familienstand und eine selbständige, gesicherte wirtschaftliche Existenz im Auslande begründet haben, und dauernd besitzen, die Tatsachen, welche die Vermutung des Verzichtes auf die Staatsangehörigkeit entkräften sollen, eine strengere Prüfung erheischen werden, als bei einem ledigen, wirtschaftlich unselbständigen und nicht seßhaften Arbeiter". — Man sieht, wohin das Verlassen des Wortlautes des Gesetzes und das Suchen nach gesetzgeberischen Gedanken führen kann.

M. E. ist die erstere Auffassung Cahns die richtige. Jeder Aufenthalt im Inlande unterbricht den Aufenthalt im Auslande. Diese Auffassung entspricht nach Cahn a. a. O. auch der preußischen Verwaltungspraxis, jener der Reichsämter und derjenigen Bundesregierungen, denen die Frage zur Entscheidung vorgelegen hat [5]) [6]).

e) Keine Voraussetzung des Verlustes der Staatsangehörigkeit ist der Erwerb einer anderen — wie auch der Erwerb einer fremden Staatsangehörigkeit für sich noch nicht den Verlust der deutschen begründet.

f) Wer im Reichs- oder Staatsdienst seinen dienstlichen Wohnsitz außerhalb des Reichsgebietes hat, oder wer mit Erlaubnis seiner Regierung bei einer fremden Macht dient, geht der Staatsangehörigkeit durch Aufenthalt im Auslande nicht verlustig [7]).

g) Die Frist wird berechnet vom Zeitpunkt des Austrittes aus dem Bundesgebiete an. Für Angehörige des bayrischen Staates, welche zur Zeit der Einführung des Bundes- und Staatsangehörigkeitsgesetzes, demnach am 13. Mai 1871, sich im Auslande befanden, begann der Lauf der Frist keinesfalls vor diesem Tage [8]).

II. In bestimmten Fällen mißt das Gesetz dem Aufenthalt im

---

[5]) Das Gesetz spricht von „sich ununterbrochen im Auslande aufhalten". Der Aufenthalt im Auslande wird dadurch unterbrochen, daß man im Inlande Aufenthalt nimmt. Wenn man, wie z. B. Rauchalles (S. 88) unter Aufenthalt im Auslande das rein tatsächliche Verhältnis der Abwesenheit aus dem Bundesgebiet versteht, so darf man nicht dasselbe Wort, das der Gesetzgeber überdies nur einmal gebraucht, bei der Frage des „Aufenthaltes im Inlande" anders definieren. Es mag sein, daß nach der hier vertretenen Ansicht solchen Deutschen, welche in einem Nachbarstaat wohnen, die Beibehaltung der Staatsangehörigkeit leicht gemacht wird. Aber erstens hätte der Gesetzgeber, wenn er dieses nicht gewollt hätte, leicht einen anderen Ausdruck wählen können und dann: schadet diese Folge etwas? Wenn man die Willenstheorie zugrunde legt, warum soll nicht auch eine Besuchsreise zu Verwandten den Willen bekunden können, die Beziehungen zum Heimatlande aufrecht zu erhalten?

[6]) Keiner weiteren Erörterung bedarf, daß bei Unterbrechung des Aufenthalts im Auslande die bayrische Staatsangehörigkeit erhalten bleibt, auch wenn nicht Bayern, sondern ein anderer deutscher Staat oder ein Schutzgebiet betreten wird, ferner daß, wenn nach der Unterbrechung des Aufenthalts im Auslande durch einen Aufenthalt im Inlande, eine neue Reise ins Ausland erfolgt, bei Vorhandensein der gesetzlichen Voraussetzungen eine neue Frist zu laufen beginnt.

[7]) § 23 B.St.A.G.; die Frist beginnt aber zu laufen, wenn jenes Verhältnis nicht mehr besteht, z. B. wenn die Erlaubnis, bei einer fremden Macht zu dienen, widerrufen wird. v. Seydel Bd. 1 S. 291 Note 65 und 66.

[8]) V.G.H. Bd. 4 S. 483; § 25 Abs. II. B.St.A.G.

Auslande die Wirkung, zum Verlust der Staatsangehörigkeit zu führen nicht bei; der Aufenthalt im Auslande ist also unschädlich.

a) „Wenn der Austretende sich im Besitze eines Reisepapiers oder Heimatscheines befindet, läuft die Frist erst von dem Zeitpunkt des Ablaufes dieses Papieres an." (§ 21 Abs. 1 l. c.)

Reisepapiere sind nicht alle jene behördlich ausgestellten Papiere, welche zum Ausweise gegenüber Behörden und Privatpersonen dienen, demnach nicht alle sogen. Legitimationspapiere, sondern nur jene, welche kraft gesetzlicher Vorschrift für Reisen ins Ausland bestimmt sind. Solche sind gemäß § 1 des Reichsgesetzes über das Paßwesen vom 12. Oktober 1867 nur „Pässe und sonstige Reisepapiere", für welche gemäß § 7 l. c. „übereinstimmende Formulare" einzuführen sind. Zufolge Ministerialentschließung vom 9. Mai 1871 sind zu den Reisepapieren nur die Paßkarten und Reisepässe zu rechnen. Dieselben müssen überdies von der zuständigen Behörde ausgestellt sein (Ziff. 7 der Entschließung)[9].

Unter Heimatscheinen sind „Staatsangehörigkeitsausweise" verstanden. Dieselben werden zufolge Bundesratsbeschluß vom 20. Januar 1881 auf nicht länger als 5 Jahre erteilt[10]. Ist in diesen Urkunden, wie es früher vorkam, eine Zeitdauer nicht vermerkt, für welche sie ausgestellt sind und war für ihre Geltungsdauer zur Zeit der Ausstellung eine Norm nicht vorhanden, so gelten sie als auf unbeschränkte Zeit ausgestellt; sie hemmen daher dauernd den Verlust der Staatsangehörigkeit nach § 21 B.St.A.G.[11]. Ist eine Zeit bestimmt, so beginnt die Frist mit dem Ablauf dieser Zeit. Reisepässe können übrigens von den Konsuln verlängert werden.

Wenn das Gesetz von dem Besitz des Papieres beim Austritt spricht, so ist der regelmäßige Fall ins Auge gefaßt. Die gesetzgeberische Erwägung ist aber wohl die, daß die Beschaffung eines Reisepapieres ꝛc. den Willen in förmlicher Weise bekunde, im Staatsverband zu bleiben und daß in einem solchen Falle die an einen Tat-

[9]) Vgl. hierzu V.G.H. Bd. 12 S. 238, wonach ein Dienstbotenbuch nicht als Reisepapier gilt, und S. 245, wonach ein Militärpaß nicht die Stelle eines Reisepapiers vertreten kann. S. auch v. Seydel Bd. 1 S. 291 Note 62, Grill S. 58, Cahn S. 66 und Rauchalles S. 90 stimmen dieser engen Auslegung nicht zu und wollen auch andere „Reisepapiere" gelten lassen. — Cahn führt an, daß in Preußen ein Militärpaß im allgemeinen nicht als Reisepapier gelte, wohl aber dann, wenn er Eintragungen über den dem Inhaber für das Ausland erteilten Urlaub enthalte.

[10]) v. Seydel Bd. 1 S. 291 Note 63. V.G.H. Bd. 10 S. 368. „Unter Heimatschein im Sinne des § 21 Abs. 1 ist nur die von der zuständigen Staatsbehörde (Distriktsverwaltungsbehörde der Heimatgemeinde) in vorschriftsmäßiger Form ausgestellte Urkunde über den Besitz der bayrischen Staatsangehörigkeit zu verstehen. Ein von der Gemeindeverwaltung gemäß Art. 22 des H.G ausgestelltes Zeugnis über Heimat- und Gemeindeangehörigkeit ist nicht geeignet, die erstere Urkunde zu ersetzen."

[11]) v. Seydel Bd. 1 S. 291 Note 64, Cahn S. 167 am Ende.

bestand anknüpfende Regel nicht Platz greifen solle. Demnach wird man die Ausnahme verallgemeinern dürfen: Für wen Reisepapiere mit seinem Willen ausgestellt sind, gegen den läuft die Frist nicht[12]). Da ferner das Gesetz nur den regelmäßigen Fall erwähnt, so hat es auch die Möglichkeit außer acht gelassen, daß jemand erst im Auslande bei einem Reichskonsul oder bei dem Gesandten des Reiches oder des Staates sich einen Paß ausstellen läßt. Dies kann bei Mangel gesetzlicher Hindernisse beispielsweise geschehen, wenn jemand im Inlande aus irgendwelchen Gründen die Erwirkung des Passes versäumt hat, oder aber wenn eine Person erst im Auslande Deutscher oder geschäftsfähig geworden ist. Insbesondere aber kommt auch die Ausstellung eines Konsulatspasses bei Ablauf des im Inlande ausgestellten Passes in Betracht. Man muß annehmen, daß die Ausstellung eines Konsulatspasses den Lauf der Frist unterbricht[13]). Sie beginnt von neuem mit dem Tage nach Ablauf des Papieres.

b) Durch Eintragung in die Matrikel eines Reichskonsulats wird die Frist unterbrochen. Die Eintragung erfolgt nur auf Antrag. Sie beginnt von neuem mit dem auf die Löschung in die Matrikel folgenden Tage.

c) An sich müssen die Tatsachen, welche den Aufenthalt im Auslande unschädlich machen, bei Jedem selbständig vorhanden sein, der sich im Auslande aufhält. Aus der in § 21 l. c. hervorgehenden Absicht des Gesetzgebers, tunlichst die Familienzusammengehörigkeit zu erhalten, läßt sich jedoch folgendes ableiten. Soweit die Frist gegen den Ehemann bezw. den Inhaber der elterlichen Gewalt nicht läuft, läuft dieselbe auch nicht gegen die Ehefrau und gegen die minderjährigen, unter elterlicher Gewalt des Vaters bezw. der Mutter stehenden Kinder, wenn Ehefrau oder Kinder in Familiengemeinschaft des Vaters (der Mutter) stehen. Unter denselben Voraussetzungen wird der Lauf der Frist auch zu ihren Gunsten unterbrochen. So-

---

[12]) „Besitz" ist also nicht wörtlich zu nehmen. Allerdings genügt nicht die Stellung eines Gesuches um Behändigung eines Reisepapieres rc., sondern es müssen auch die Gebühren für dasselbe bezahlt und hierdurch die Ernstlichkeit des Willens bekundet sein; ferner muß das Papier ausgestellt worden sein. Wenn dann der Gesuchsteller die Zustellung nicht mehr abgewartet hat, oder wenn die Zustellung nicht möglich gewesen ist, so schadet dies nichts. Das Papier ist zu seiner Verfügung. Dagegen würde es nichts nützen, wenn etwa ein Dritter ohne Vollmacht einen Staatsangehörigkeitsausweis erbeten hätte. Dritte können hierdurch keinen Einfluß üben auf die Beibehaltung der Staatsangehörigkeit eines anderen.

[13]) Allerdings spricht das Gesetz von „Unterbrechung" nur bei Eintragung in die Matrikel eines Bundeskonsulats. Gleichwohl muß aus den obigen und in der Entscheidung des V.G.H. Bd. 19 S. 142 angeführten Gründen auch im obigen Falle eine Unterbrechung angenommen werden. Es genügt, daß der Staatsangehörige, ehe der Verlust der Staatsangehörigkeit eintritt, die Verfügung über ein Reisepapier oder einen Heimatschein erlangt. S. Cahn S. 167, Rauchalles S. 90. A. M. v. Seydel Bd. 1 S. 292 Note 71.

bald die Familiengemeinschaft nicht mehr besteht, insbesondere auch, wenn die Ehe aufgelöst ist oder das Kind volljährig geworden ist, läuft die Frist auch gegen Ehefrau bezw. Kinder selbst dann, wenn sie gegen den Ehemann bezw. Vater nicht läuft. In diesem Falle müssen also Ehefrau und Kinder Schritte tun, um den Verlust der Staatsangehörigkeit hintan zu halten. Vgl. hierzu v. Seydel Bd. 1 S. 292.

III. Die 10jährige Frist kann gemäß § 21 Abs. III durch Staatsverträge bis auf eine 5jährige vermindert werden. Solche Staatsverträge können jedoch den Verlust der deutschen Staatsangehörigkeit nur für den Fall aussprechen, daß

a) der Aufenthalt in einem Staate des Auslandes mindestens 5 Jahre lang ununterbrochen gedauert hat;

b) daß dortselbst die Staatsangehörigkeit erworben wurde.

Wenn die Verträge nichts Gegenteiliges enthalten, so hat der Besitz eines Reisepapieres oder Heimatscheines nicht die Wirkung, die Frist zu hemmen oder zu unterbrechen. Dagegen hat die Eintragung in die Konsulatsmatrikel auch in diesem Fall die Wirkung, daß die Frist unterbrochen wird.

Zum Abschluß solcher Verträge sind das Reich wie die einzelnen Bundesstaaten berechtigt. Die von Bayern vor Inkrafttreten des B.St.A.G. abgeschlossenen bezüglichen Verträge bleiben in Kraft. Bayern hat einen derartigen Vertrag abgeschlossen mit den Vereinigten Staaten von Nordamerika unterm 26. Mai 1868. (Weber Bd. 7 S. 302). Ueber den Inhalt dieses Vertrages vgl. v. Seydel Bd. 1 S. 292/93, Rauchalles S. 97 (Note 25).

§ 7.

4. Der Erwerb und Verlust der Staatsangehörigkeit aus familienrechtlichen Verhältnissen.

1. Infolge Abstammung.

I. Wenn die Eltern zur Zeit der Geburt des Kindes bayrische Staatsangehörige sind.

a) Das eheliche Kind, dessen Vater zur Zeit der Geburt des Kindes Bayer ist, erwirbt die bayrische Staatsangehörigkeit durch die Geburt (§ 3 des B.St.A.G.). Gleichgültig ist, wo die Geburt erfolgte, ebenso ob das Kind auch noch andere (auch nichtdeutsche) Staatsangehörigkeiten erlangt oder nicht.

Welches Kind ein eheliches ist, entscheidet sich nach zivilrechtlichen Grundsätzen, die hier nicht eingehender erörtert werden können. Nur auf einiges ist hinzuweisen.

Nach Art. 18 des E.G. zum B.G.B. wird die eheliche Abstammung eines nach dem 31. Dezember 1899 — wo immer — geborenen Kindes nach den deutschen Gesetzen beurteilt, wenn der Ehemann der Mutter zur Zeit der Geburt des Kindes Deutscher ist, oder, falls er vor der Geburt des Kindes gestorben ist, zuletzt Deutscher war. Demnach ist also auch z. B. bei einem in Amerika gebornen Kinde, dessen deutscher Vater in Amerika wohnt, hinsichtlich der Empfängniszeit, Anfechtung der Ehelichkeit ꝛc. das deutsche Recht anzuwenden. Unter den geltenden Rechtssätzen ist § 1699 des B.G.B. von Bedeutung, wonach auch ein Kind aus einer nichtigen Ehe, das im Falle der Gültigkeit der Ehe ehelich sein würde, als ehelich gilt, sofern nicht beide Ehegatten die Nichtigkeit der Ehe bei der Eheschließung gekannt haben (Putativehe) oder soferne nicht die Nichtigkeit der Ehe auf einem Formmangel der überdies nicht in das Heiratsregister eingetragenen Eheschließung beruht.

Zur Gültigkeit der Ehe, welche tatsächlich allerdings für die Ehelichkeit des Kindes nicht mehr von hervorragender Bedeutung ist, gehört gemäß Art. 13 E.G. zum B.G.B., wenn auch nur einer der Verlobten Deutscher ist, daß die Eheschließung nach dem Rechte desjenigen Staates gültig ist, dem der betreffende Verlobte angehört.

Die Form einer im Inlande geschlossenen Ehe richtet sich nach deutschen Gesetzen (Art. 13. des E.G.).

Die eheliche Abstammung von Kindern, welche vor dem 1. Januar 1900 geboren wurden, richtet sich nach den Gesetzen, welche zur Zeit der Geburt galten. Nach gemeinem Rechte (auch nach bayrischem Landrechte) bestehen hinsichtlich der Kinder aus nichtigen Ehen ähnliche Grundsätze wie nunmehr nach deutschem bürgerlichen Rechte; anders nach preußischem Landrecht. Vgl. im allgemeinen Roth, Bayrisches Zivilrecht 2. Aufl. Bd. 1 S. 547ff., ferner § 28 dieses Buches. Soweit die Gültigkeit der Ehe für die Ehelichkeit der Kinder in Betracht kommt, beurteilt sich dieselbe nach dem Rechte, welches zur Zeit der Eheschließung gegolten hat. Für die materielle Gültigkeit sind dabei die Gesetze maßgebend, welche am Wohnsitze des Ehemanns gelten. Roth, Bayrisches Zivilrecht 2. Aufl. Bd. 1 S. 160. Dies entspricht einem Grundsatze des sogen. internationalen Privatrechtes und gilt daher auch für die Ehen Nichtdeutscher[1]). Dagegen bestimmt sich die formelle Gültigkeit der Ehe stets nach dem Orte der Eheschließung.

Die Frage, ob der Mangel eines distriktspolizeilichen Verehelichungszeugnisses die Ehe eines Bayern zu einer ungültigen mache und ob Kinder aus einer solchen Ehe die bayrische Staatsangehörigkeit erlangen oder nicht, ist zufolge der Novelle zum Heimatgesetz vom 17. März 1892 in der Hauptsache gegenstandslos geworden. Infolge der rückwirkenden Kraft dieses Gesetzes sind auch alle unter der Herrschaft des B.St.A.G. geborenen ehelichen Kinder eines Bayern,

---

[1]) Ueber die Frage der Nichtigkeitserklärung einer Ehe durch ein nichtdeutsches Gericht s. Bl. Bd. 48 S. 38.

der ohne Verehelichungszeugnis geheiratet hat, bayrische Staatsangehörige. Nur wenn die Ehe gerade wegen des Mangels des distriktspolizeilichen Verehelichungszeugnisses durch rechtskräftiges Urteil gelöst worden ist, wird dieselbe nicht mehr zu einer gültigen[2]). Aber auch für die Kinder aus solchen richterlich gelösten Ehen ist anzunehmen, daß sie bayrische Staatsangehörige geworden sind, falls einer der Ehegatten beim Abschluß der Ehe nicht wußte, „daß der Mangel des Verehelichungszeugnisses einen Mangel hinsichtlich der Wirksamkeit der Ehe bilde." (Putativehe.)[3])

b) Das uneheliche Kind, dessen Mutter zur Zeit der Geburt des Kindes bayrische Staatsangehörige ist, erwirbt die bayrische Staatsangehörigkeit durch die Geburt.

Welches Kind ein uneheliches ist, bestimmt sich wiederum zunächst nach dem zur Zeit der Geburt geltenden Rechte. Um die Staatsangehörigkeit der Mutter erlangen zu können, muß das Kind vor allem eine „Mutter haben". Im französischen Rechtsgebiete (also auch in der bayrischen Pfalz) bestand kein gesetzlich anerkanntes Verhältnis zwischen der Mutter und dem unehelichen Kinde, so lange erstere nicht ihre Mutterschaft in einer öffentlichen Urkunde oder in dem Geburtsakte anerkannt hatte. Dernburg Bd. 4 S. 214, Cahn S. 29. Ein nicht anerkanntes Kind war das Kind „unbekannter Eltern". Es kann dahin gestellt sein, ob ein solches Kind, wenn die Mutterschaft auf andere Weise feststeht, unter § 3 B.St.A.G. fällt, was Cahn S. 30 anzunehmen scheint. Jedenfalls ist nach Art. 20 des E.G. zum B.G.B. das Rechtsverhältnis auch der vor dem 1. Januar 1900 geborenen außerehelichen Kinder zur Mutter nach deutschem Rechte zu beurteilen. Dernburg Bd. 4 S. 214.

c) Findelkinder und Kinder unbekannter Eltern werden als Angehörige des Staates betrachtet, in dessen Gebiet sie geboren bezw. aufgefunden sind. Cahn S. 30. Im übrigen kommt nichts darauf an, ob ein Kind in Deutschland oder im Ausland geboren ist.

II. Wenn die Eltern **nach** der Geburt des Kindes bayrische Staatsangehörige werden oder zu sein aufhören.

Ein Rechtssatz, daß Kinder nach der Geburt die Staatsangehörigkeit erwerben, wenn der Vater sie erwirbt, oder sie verlieren, wenn der Vater sie verliert, existiert nicht und kann auch aus den Motiven des B.St.A.G. nicht erwiesen werden. Dagegen ist in bestimmten Fällen eine solche Folge im Gesetze allerdings ausgesprochen worden[4]).

[2]) B.G.H. Bd. 18 S. 250 auf Grund der Motive zur Novelle.

[3]) v. Seydel in den Bl. Bd. 40 S. 127, 129, 130.

[4]) Wo das Gesetz schweigt, tritt eine Aenderung der Staatsangehörigkeit nicht ein. Insbesondere auch nicht bei Verwirkung der Staatsangehörigkeit seitens des Vaters in den Fällen des § 20 und 22 des Gesetzes; a. M. Cahn S. 143 Note 2, S. 190 Note 6.

A. Nach dem Rechte vor Geltung des Bürgerlichen Gesetzbuches erwerben

1. „unter väterlicher Gewalt stehende, minderjährige Kinder" die Staatsangehörigkeit, welche der Vater durch Verleihung d. i. Aufnahme, Naturalisation, Anstellung im öffentlichen Dienste einschließlich der Wiederverleihung oder Renaturalisation erwirbt; die Folge tritt jedoch nicht ein, wenn durch ausdrücklichen, rechtzeitigen, beiderseitig angenommenen Vorbehalt eine Ausnahme gemacht ist. (§ 11 B.St.A.G.)

Ob das Kind minderjährig ist, beantwortet sich nach dem Rechte seines bisherigen Heimatsstaates, für Deutsche bis zum 1. Januar 1900 nach dem Reichsgesetze vom 17. Februar 1875, demzufolge die Volljährigkeit mit dem vollendeten 21. Lebensjahre beginnt[5]). Volljährigkeitserklärung steht der Erreichung des Alters gleich. Unter väterlicher Gewalt stehen nach den deutschen Rechten nur eheliche Kinder. Wie lange die väterliche Gewalt reicht, beurteilt sich nach dem einschlägigen Zivilrecht. In Bayern endigte nach Roth, Bayrisches Zivilrecht, die väterliche Gewalt außer mit dem Tode des Vaters noch 1. wenn sie zur Strafe entzogen wurde; 2. durch Adoption; 3. durch Emanzipation, welche durch gerichtliche Erklärung des Vaters in Gegenwart des Kindes erfolgte; 4. durch Anlegung eines gesonderten Haushaltes, wozu nach gemeinem Rechte (auch Pr. L.R.) großjährige Hauskinder der väterlichen Einwilligung nicht bedurften, während nach bayrischem Landrecht bis zum 25. Lebensjahr die Einwilligung erforderlich war; 5. durch Verheiratung. — Jedenfalls aber müssen die beiden Voraussetzungen zusammentreffen, um die staatsrechtliche Folge zu erzeugen; eine ohne Vorhandensein der gesetzlichen Voraussetzungen in der Aufnahmsurkunde erfolgende ausdrückliche Erstreckung ist eine selbständige Aufnahme. Rauchalles S. 53 Note 3 am Ende.

2. Unter der gleichen Voraussetzung und sofern nicht in der bezüglichen Urkunde eine Ausnahme gemacht ist, verliert das Kind die Staatsangehörigkeit, wenn der Vater dieselbe durch Entlassung verliert. (§ 18 und 19 B.St.A.G.) Wenn die Entlassung des Vaters unwirksam wird, nach § 18 Abs. 2, so wird auch jene des Kindes unwirksam, und zwar immer, selbst dann, wenn auf das Kind selbst die Voraussetzungen des § 18 Abs. 2 deshalb nicht zutreffen würden, weil es innerhalb 6 Monaten den Wohnsitz außerhalb des Bundes-

[5]) Dies ist die herrschende Ansicht; vgl. v. Seydel Bd. 1 S. 276 Note 24. — Cahn S. 109 nimmt an, daß die Frage der Minderjährigkeit nach deutschem Recht zu entscheiden ist; ebenso Bl. Bd. 48 S. 31 ff.; nach diesen Autoren „erstreckt sich die Naturalisation nicht auf die nach deutschem Rechte großjährigen Kinder des Naturalisierten, wenn dieselben auch nach dem ehemaligen Heimatsrechte des Naturalisierten noch minderjährig sein sollten." Vgl. hiergegen die überzeugenden Darlegungen bei Rauchalles S. 50 Note 3. Man kann für die Beurteilung der Erstreckung der Staatsangehörigkeit auf das Kind nicht wohl ein Recht zugrunde legen, dem das Kind erst untersteht, nachdem es die Staatsangehörigkeit erlangt hat.

gebietes verlegt hat[6]). Denn das Kind verliert die Staatsangehörigkeit nur vermöge der Tendenz des Gesetzes, die Familienzusammengehörigkeit möglichst zu wahren, also weil der Vater derselben verlustig geht; wird diese Aenderung der Staatsangehörigkeit beim Vater beseitigt, so auch beim Kind, ohne daß auf dessen eigenes Verhalten irgend etwas ankommt. Dies gilt auch dann, wenn bis zum Eintritt der Unwirksamkeit des Verlustes die väterliche Gewalt aufhörte oder das Kind volljährig geworden ist[7]). Würde das Kind innerhalb der 6 Monate selbständig eine Staatsangehörigkeit in einem Bundesstaate begründet haben, so würde es von der Unwirksamkeit der Entlassung des Vaters gleichfalls betroffen; es hat dann nur zu der bisherigen eine neue Staatsangehörigkeit hinzu erworben.

Ist der Vater nach der Entlassung vor Ablauf der 6 Monate gestorben, ohne das Bundesgebiet verlassen oder die Staatsangehörigkeit in einem anderen Bundesstaate begründet zu haben, so bleibt selbstverständlich die Entlassung wirksam; sie kann nun nicht mehr unwirksam werden. Denn das Verhalten der Kinder ist gleichgültig; es kommt nur auf jenes des Familienhauptes an; die Kinder folgen demselben ohne weiteres. Ein Vorbehalt wie in § 21 Abs. II B.St.A.G. ist in § 18 nicht gemacht[8]).

Wenn bei der Entlassung, z. B. zufolge der Wehrordnung eine Ausnahme (hinsichtlich der bereits 17 Jahre alten Kinder) hätte gemacht werden sollen, aber nicht gemacht wurde, so gilt die Regel auch für diese Person.

---

[6]) Dies könnte mit Zustimmung des Vaters geschehen, aber auch ohne solche, wenn das Kind mittlerweile großjährig geworden ist.

[7]) Anders, wenn, was auf geeigneten Antrag zulässig ist, für das Kind eine besondere Entlassungsurkunde ausgestellt wurde; hier hat dessen Entlassung eine besondere rechtliche Existenz, welche von jener der Entlassung des Vaters unabhängig ist.

[8]) Anders Bl. Bd. 38 S. 217 und V.G.H. Bd. 11 S. 88, welche besagt: „§ 18 Abs. 2 des B.St.A.G. hat auch für die einzelnen Familienmitglieder, auf welche sich die Entlassungsurkunde erstreckt, Geltung. In Bayern behalten daher Kinder, welche nicht innerhalb 6 Monaten nach Aushändigung der Entlassungsurkunde das Bundesgebiet verlassen haben, mit der bayrischen Staatsangehörigkeit ihre bisherige Heimat bei.“ M. E. ist diese Entscheidung nicht richtig. Der Zweck, welcher das Gesetz bei der Anordnung, daß auf die minderjährigen Kinder der Verlust der Staatsangehörigkeit sich erstreckt, verfolgt, ist der, die Familienbande nicht dadurch zu lockern, daß die unter einem Haupte vereinigten Familienmitglieder verschiedene Staatsangehörigkeiten besitzen. Dieser gesetzgeberische Gedanke ist freilich im Gesetze nicht überall durchgeführt — aber doch bei der Entlassung auf Antrag aufrecht erhalten. Bei der kurzen Zeit von 6 Monaten, innerhalb deren die Auswanderung vollendet sein soll, wäre eine Bestimmung, wie die nach § 21 für die Verjährung durch 10jährige Abwesenheit geltende, nach welcher nur die beim Vater befindlichen Kinder die Staatsangehörigkeit verlieren, auch gesetzgeberisch bedenklich. Ueberdies handelt es sich bei § 18 um den ausgesprochenen und durchgeführten Willen, die Staatsangehörigkeit aufzugeben. Der Familienvater, welcher die Entlassung aus dem Staatsverbande nimmt, um nach Amerika auszuwandern, vorerst aber suchen will, wo er Unterkommen findet und die Familie einstweilen im Lande beläßt, würde staatsrechtlich von seiner Familie

3. Ein minderjähriges, unter väterlicher Gewalt stehendes[9]) Kind verliert endlich die Staatsangehörigkeit, wenn der Vater dieselbe im Falle des § 21 B.St.A.G. wegen Verlassen des Bundesgebietes und 10jährigen Aufenthaltes im Auslande verliert. Hier handelt es sich nicht um diejenigen Fälle, in welchen die Verlustgründe des § 21 auch beim Kinde selbst zutreffen; darüber wurde oben in § 6 gesprochen. Vielmehr steht jetzt in Frage der Verlust kraft des Familienverbandes. Dieser Verlust tritt nun nicht in allen Fällen ein. Das Kind verliert nämlich die Staatsangehörigkeit nicht, trotzdem der Vater dieselbe verliert, wenn es sich im Zeitpunkte, in welchem letzterer der Staatsangehörigkeit verlustig geht, nicht bei ihm befindet. Ueber die Bedeutung dieser Bestimmung besteht Streit. Einige Schriftsteller (v. Riedel, Rauchalles S. 94/95) glauben, daß das Kind im Inlande verbleiben müsse, um im Sinne des Gesetzes sich nicht bei dem „Ausgetretenen" zu befinden. v. Seydel Bd. 1 S. 291 Note 56 und die von ihm angeführten Schriftsteller erklären es für genügend, daß das Kind sich zu jenem Zeitpunkte nicht in der Familiengemeinschaft des Vaters befunden habe. Diese letztere Anschauung hat den Wortlaut des Gesetzes und dessen Zweck für sich. Letzterer ist auf Wahrung der Familienzusammengehörigkeit gerichtet. Ist diese aber ohnehin nicht mehr vorhanden, so soll das Kind, in dessen Person die Voraussetzungen des § 21 an sich nicht zutreffen, seine Staatsangehörigkeit behalten. Die Familiengemeinschaft ist auch bei einer vorübergehenden Abwesenheit des Kindes (krankheits-, studienhalber ꝛc.) gewahrt; sie kann aber völlig gelöst sein, auch wenn das Kind sich im Auslande befindet.

B. Durch Art. 41 des E.G. zum B.G.B. haben die erwähnten §§ 11, 19, 21 des B.St.A.G. eine neue Fassung erhalten. Unter der Herrschaft des Bürgerlichen Gesetzbuches erstreckt sich die Verleihung der Staatsangehörigkeit, der Verlust derselben durch Entlassung oder durch Aufenthalt im Auslande auf „diejenigen minderjährigen Kinder, deren gesetzliche Vertretung dem Aufgenommenen, Entlassenen, Ausgetretenen kraft elterlicher Gewalt zusteht[10]).

---

getrennt, wenn es ihm nicht gelingt, die Familie innerhalb 6 Monaten nachkommen zu lassen. Der Gesetzgeber hätte entgegen den Schlußworten der citierten Entscheidung in der Tat in § 19 ausdrücklich eine Ausnahme machen müssen. — v. Seydel Bd. 1 S. 285 Note 18 bezeichnet obige Entscheidung als sicher unrichtig, „denn die Kinder kommen hier nicht selbständig in Betracht."

[9]) Maßgebend ist, ob diese Eigenschaften im Zeitpunkte vorhanden sind, in welchem der Vater ꝛc. die Staatsangehörigkeit verliert. Selbstverständlich ist hierbei das Heimatsrecht, nicht das Recht des fremden Staates entscheidend. Cahn S. 174.

[10]) Unter denselben Voraussetzungen, wie dies oben hinsichtlich der Kinder, welche unter väterlicher Gewalt stehen, erörtert wurde. Ob ein Kind unter väterlicher Gewalt steht und ob dem Vater (oder der Mutter) die Vertretung des Kindes kraft elterlicher Gewalt zusteht, ist nach dem Rechte zu beurteilen, dem das Kind bisher unterstand.

Minderjährig sind jene, welche das 21. Lebensjahr nicht vollendet haben, sofern sie nicht schon vorher, was von der Vollendung des 18. Lebensjahres an zulässig ist, durch Beschluß des Vormundschaftsgerichtes für volljährig erklärt worden sind.

Die elterliche Gewalt mit der Vertretung des Kindes steht bei bestehender Ehe dem Vater zu (§ 1627 B.G.B.), im Falle die Ehe geschieden ist, ebenfalls dem Vater (§ 1635 Abs. 2), im Falle die Ehe für nichtig erklärt ist, das Kind aber als ein eheliches gemäß § 1699 B.G.B. zu erachten ist, im allgemeinen ebenfalls dem Vater (§ 1700).

Dem Vater steht die elterliche Gewalt nicht zu, wenn er für tot erklärt ist (§ 1679) und wenn er sie verwirkt hat (§ 1680). Ist er geschäftsunfähig oder in der Geschäftsfähigkeit beschränkt, oder hat er einen Pfleger für seine Person und sein Vermögen erhalten, so ruht die elterliche Gewalt; desgleichen, wenn vom Vormundschaftsgericht festgestellt ist, daß er längere Zeit an der Ausübung der elterlichen Gewalt tatsächlich verhindert ist. Wenn die väterliche Gewalt ruht, so geht sie zwar in der Regel zur Ausübung auf die Mutter über; diese übt aber immerhin nur die väterliche Gewalt aus; daher äußert die Erwerbung und der Verlust der Staatsangehörigkeit des Vaters die gesetzliche Folge für das Kind. Die bloße Entziehung der Vermögensverwaltung schadet nicht, weil der Vater die Vertretung der persönlichen Angelegenheiten des Kindes behält.

Steht dem Vater die gesetzliche Vertretung des minderjährigen Kindes kraft elterlicher Gewalt nicht zu, so treten die Folgen des Erwerbes und des Verlustes der Staatsangehörigkeit für das Kind nicht ein, auch dann nicht, wenn es den Wohnsitz des Vaters teilt. Eine allgemeine Ausnahme macht überdies das B.St.A.G. in seiner neuen Fassung (§ 11, 19): Auf minderjährige Töchter, die verheiratet sind oder verheiratet gewesen sind, erstreckt sich die Erwerbung oder der Verlust der Staatsangehörigkeit des Vaters in keinem Falle.

C. Kann ein eheliches Kind nach der Geburt der Staatsangehörigkeit seiner Mutter folgen?

Vor der Geltung des Bürgerlichen Gesetzbuches war eine solche Folge ausgeschlossen. Das Bürgerliche Gesetzbuch sieht Fälle vor, in welchen die elterliche Gewalt und mit ihr die Vertretung des Kindes der Mutter zusteht. Ist dies der Fall, so erwirbt und verliert das minderjährige Kind nach der neuen Fassung des B.St.A.G. im allgemeinen die Staatsangehörigkeit der Mutter in allen denjenigen Fällen, in welchen es, falls dem Vater die elterliche Gewalt mit der Vertretung des Kindes zustehen würde, dessen Staatsangehörigkeit erwerben oder verlieren würde.

Der Mutter steht die elterliche Gewalt zu 1. wenn der Vater gestorben oder für tot erklärt ist, 2. wenn der Vater die elterliche Gewalt verwirkt hat und die Ehe aufgelöst ist. In sonstigen Fällen der Verwirkung steht das Kind unter einer elterlichen Gewalt überhaupt nicht, wie es unter keiner steht, falls beide Eltern verstorben sind[11]). Die Ausübung der elterlichen Gewalt für den Inhaber steht dem Besitze derselben nicht gleich.

Auch die Mutter kann die elterliche Gewalt bezw. die gesetzliche Vertretung des Kindes aus denselben Gründen verlieren wie der Vater; außerdem kommt ihr die Vertretung des Kindes und damit auch eine Einwirkung auf die Staatsangehörigkeit des Kindes nicht zu, wenn sie selbst minderjährig ist (§ 1696). Sie verliert ferner die elterliche Gewalt, wenn sie eine neue Ehe eingeht (§ 1697). Die von einer Witwe durch eine neue Ehe erworbene Staatsangehörigkeit überträgt sich daher nicht auf die Kinder aus der früheren Ehe.

In einem Punkte ist die Folge des Verlustes der Staatsangehörigkeit durch die Inhaberin der elterlichen Gewalt an eine weitere Voraussetzung geknüpft. Ist nämlich der Mutter als Inhaberin der elterlichen Gewalt ein Beistand bestellt, dessen Wirkungskreis sich auf die Sorge für die Person des Kindes erstreckt (§ 1687/88 B.G.B.), so verlieren die Kinder infolge der Entlassung der Mutter ihre Staatsangehörigkeit nicht. (§ 19 B.St.A.G.) Für solche Kinder kann nur die Entlassung beantragt werden. Auf den Fall des Verlustes durch Aufenthalt im Auslande (§ 21) erstreckt sich diese Beschränkung nicht, ebenso nicht auf die Erwerbung einer Staatsangehörigkeit seitens der Mutter. Wenn also eine Witwe die sächsische Staatsangehörigkeit durch Aufnahme erwirbt und die Entlassung aus der bayrischen erlangt, so erwerben die minderjährigen Kinder zwar die sächsische, verlieren aber (wenn nicht ein besonderer gültiger Antrag für sie gestellt ist) nicht die bayrische, sondern besitzen beide Staatsangehörigkeiten. Die oben erwähnte allgemeine Ausnahme, daß auf minderjährige verheiratete oder verheiratet gewesene Töchter die Erwerbung und der Verlust der Staatsangehörigkeit seitens des Inhabers der elterlichen Gewalt sich nicht erstreckt, gilt selbstverständlich auch, wenn die Mutter Inhaberin der elterlichen Gewalt ist.

D. Folgt ein uneheliches Kind der Staatsangehörigkeit seiner Mutter? Weder nach dem Rechte vor der Erlassung des Bürgerlichen Gesetzbuches, noch nach dem neuen Rechte folgt das uneheliche Kind der Staatsangehörigkeit seiner Mutter[12]).

---

[11]) In solchen Fällen kann das Kind nicht der Staatsangehörigkeit eines andern „folgen"; selbstverständlich auch nicht derjenigen des Vormundes. Dagegen kann das Kind eine Staatsangehörigkeit selbständig erwerben oder verlieren. Vgl. § 14 a des Gesetzes in seiner neuen Fassung.

[12]) Vgl. B.G.H. Bd. 12 S. 230, Bd. 19 S. 169.

§ 8.

2. Infolge Legitimation.

a) Ein uneheliches Kind erwirbt durch eine den gesetzlichen Bestimmungen gemäß erfolgte Legitimation die Staatsangehörigkeit des Vaters (§ 4 R.St.G.B.) und verliert die bisherige Staatsangehörigkeit der Mutter (§ 13 Ziff. 4 l. c.).

Daß die „gesetzlichen Bestimmungen", nach welchen die Legitimation erfolgt sein muß, jene sind, welchen der Vater zur Zeit der die Legitimation herbeiführenden Handlung untersteht, darüber besteht kein Streit. Dagegen bestehen Meinungsverschiedenheiten darüber, ob das Recht des Heimatsstaates des Vaters oder jenes des Wohnsitzes des Vaters maßgebend ist. Wenn das Recht des Staates, dessen Angehöriger der Legitimierte werden soll, oder dessen Angehörigkeit er verlieren soll, Bestimmungen darüber getroffen hat, so entscheiden diese Bestimmungen[1]). Sind aber solche Bestimmungen nicht getroffen, so dürfte das Recht maßgebend sein, welches zur angegebenen Zeit am Wohnsitze des Vaters gilt[2]).

Fortan, d. h. seit dem 1. Januar 1900 gilt deutsches Recht, wenn der Vater zur Zeit der Legitimation Deutscher ist. Ist der Vater zu dieser Zeit nicht Deutscher, der zu Legitimierende aber ein Deutscher, so hat die Legitimation nach deutschem Rechte dann keine Wirkung, wenn die nach deutschen Gesetzen erforderliche Einwilligung des Kindes oder eines Dritten, zu dem das Kind in einem familienrechtlichen Verhältnisse steht, nicht erfolgt ist. (Art. 22 des E.G. zum B.G.B., vgl. § 1726 B.G.B.) Das bürgerliche Recht erkärt also deutsches Recht für maßgebend, wenn der Vater, wo immer er wohne, welches Indigenat immer er noch außerdem besitze, wo immer das Kind staatsangehörig sei, zur Zeit der Legitimation Deutscher ist; für den Fall aber der Vater nicht Deutscher ist, z. B. Oesterreicher, trifft das deutsche Recht auch heute keine Regeln. Nach obigem kommt das Recht in Betracht, welches am Wohnsitze des Vaters gilt, also deutsches, wenn der Oesterreicher in Deutschland wohnt. Deutschland gibt aber einen Staatsangehörigen

---

[1]) Ein Gesetz — wie etwa das preußische Indigenatsgesetz von 1842 — kann beispielsweise bestimmen: Nur wer die Voraussetzungen erfüllt, unter welchen das preußische Recht eine Legitimation für wirksam erachtet, ist gültig legitimiert; dies gilt auch dann, wenn ein Preuße der Vater, eine Nicht-Preußin die Mutter des außerehelichen Kindes ist. — Dann kann natürlich kein preußischer Beamter oder Richter eine Legitimation annehmen, wenn eine solche zwar zwischen preußischen Staatsangehörigen nicht eingetreten wäre, wohl aber nach nicht preußischem Rechte. S. Cahn S. 35, v. Seydel Bd. 1 S. 274 Note 7, vgl. Art. 22 des E.-G. zum B.G.B.; s. auch Bl. Bd. 48 S. 30, Rauchalles S. 11.

[2]) Dernburg Bd. 1 S. 96, auch Laband, Rauchalles, v. Roth sind obiger Ansicht; dagegen führt Cahn S. 36 eine Anzahl Schriftsteller auf, welche die Gesetze des Staates für maßgebend halten, dem der Vater als Staatsbürger angehört.

nicht preis, zu dessen Legitimation nach deutschen Rechten die erwähnte Einwilligung erforderlich wäre, wenn diese nicht erfolgt ist. So kann es kommen, daß z. B. ein von einem österreichischen Vater „legitimierter" Sohn einer bayrischen Mutter von Bayern als außerehelich und als Bayer betrachtet, von Oesterreich als legitimiert und als Oesterreicher erachtet wird. Solche doppelte Staatsangehörigkeiten sind auch aus andern Titeln nicht selten.

Unter welchen Voraussetzungen nach den in Bayern vor Geltung des bürgerlichen Gesetzbuches vorhandenen Rechten die Legitimation gültig war, soll hier nicht näher dargelegt werden. Vgl. hierzu § 28.

Seit Geltung des bürgerlichen Gesetzbuches gibt es zwei Arten der Legitimation: die Legitimation durch nachfolgende Ehe der Eltern und die Ehelichkeitserklärung. Wichtig ist, daß alle Kinder, welche nach Eingehung der Ehe geboren werden, auch dann eheliche sind und einer Legitimation nicht erst bedürfen, wenn die Frau das Kind vor der Ehe von dem Manne empfangen hat.

Die Staatsangehörigkeit wird durch Legitimation auch dann verloren, wenn die letztere nicht zugleich eine neue Staatsangehörigkeit verschafft. Dem Gesetz kommt es nicht darauf an, daß niemand ohne Staatsangehörigkeit sei, sondern darauf, daß das Kind nicht Angehöriger eines Staates ist, dem der Vater nicht angehört.

b) Wie die Legitimation eheliche Geburt zu ersetzen bestimmt ist, so ersetzt die Erwerbung der Staatsangehörigkeit durch Legitimation jene durch Geburt. § 4 B.St.A.G. zieht nur die Konsequenz familienrechtlicher Verhältnisse für das öffentliche Recht. Eine rückwirkende Kraft auf den Zeitpunkt der Geburt ist der Legitimation gleichwohl nicht beigelegt. Cahn S. 32.

Aus der familienrechtlichen Natur dieses Erwerbs- und Verlustgrundes der Staatsangehörigkeit folgt eine Verschiedenheit der Wirkung gegenüber anderen Erwerbs- und Verlustgründen.

Die Verschiedenheit ist eine doppelte. Einmal bewirkt die Legitimation nur, wenn die durch die Geburt begründete Staatsangehörigkeit noch vorhanden ist, die Erwerbung der neuen Staatsangehörigkeit und nur unter gleicher Voraussetzung den Verlust derselben. Schon dadurch, daß ausdrücklich die Erwerbung und der Verlust der Staatsangehörigkeit durch Legitimation davon abhängig gemacht ist, daß die Mutter nicht die Staatsangehörigkeit des Vaters besitzt, ist darauf hingewiesen, daß das Kind noch die Staatsangehörigkeit besitzen muß, welche es durch die Geburt von seiner Mutter erlangt hat[3]). Trotz der allgemeinen Fassung des § 13

[3]) Wenn eine württembergische Mutter den bayrischen Vater ihres außerehelichen Sohnes heiratet, der durch Aufnahme oder Bestallung sächsischer Staatsangehöriger geworden ist, so wird er durch die Legitimation auch noch bayrischer Staatsangehöriger; hat er aber die Entlassung aus dem württembergischen Staatsverbande erlangt, demnach die aus seiner Geburt herrührende Staats-

wirkt die Legitimation insbesondere als Verlustgrund nur gegenüber der Staatsangehörigkeit der Geburt; soweit die Staatsangehörigkeit der Geburt mit anderen gleichzeitig vorhanden sein kann und vorhanden ist, kann auch die an Stelle der Geburt erlangte Staatsangehörigkeit auf Grund der Legitimation zu anderen hinzutreten und tritt zu ihnen hinzu. Aus dem Vorstehenden folgt noch, daß die Legitimation auch die schon durch Geburt erlangte Staatsangehörigkeit dann nicht beseitigen kann, wenn dieselbe sich neben dem Erwerbsgrund der Geburt noch auf einen anderen Erwerbsgrund, als welcher vorzugsweise Anstellung im öffentlichen Dienste erscheint, stützt. Durch die Legitimation wird zwar der Titel der Geburt beseitigt; es tritt aber dann sogleich der andere Titel an die Stelle[4]). — Eine zweite Verschiedenheit ist die folgende: Während der Erwerbsgrund der Verleihung und der aus der Verleihung abgeleitete Erwerb Familienangehöriger nicht auch zugleich Verlustgrund gegenüber der bisherigen Staatsangehörigkeit ist, ist Legitimation zugleich Erwerbs- und Verlustgrund; sie beseitigt aber nur die durch Geburt erworbene deutsche Staatsangehörigkeit.

c) Das legitimierte Kind ist dem ehelichen gleich; es folgt der Staatsangehörigkeit des Vaters bezw. der Mutter in allen Fällen, in welchen eheliche Kinder nach § 7 denselben folgen.

d) Da die Staatsangehörigkeit der Legitimation jene der Geburt ersetzt, so werden auch die aus der letzteren abgeleiteten Staatsangehörigkeiten anderer Personen durch jene ersetzt. Die Ehefrau eines Mannes, der nach der Verheiratung legitimiert wird, erwirbt, wenn sie durch die Ehe die Staatsangehörigkeit des Mannes erworben hat, die dem Manne durch die Geburt zukam, nun die neue der Legitimation; ebenso verliert sie im gleichen Falle mit dem Manne die Staatsangehörigkeit, welche dem Manne aus dem Titel der Geburt zustand. Wenn der legitimierende Vater nach der Legitimation selbst legitimiert wird und so seine Staatsangehörigkeit verliert, eine neue erwirbt, so tritt die gleiche Folge bei seinem legitimierten Sohne ein, sofern er die durch seine Legitimation begründete Staatsangehörigkeit noch besitzt. Ebenso verliert das eheliche Kind des

---

angehörigkeit aufgegeben, so erlangt er auch nicht die an die Stelle derselben tretende Staatsangehörigkeit aus dem Titel der Legitimation. Eine außereheliche Tochter, welche durch Verheiratung ihre bisherige Staatsangehörigkeit verloren hat und nun legitimiert wird, erlangt die Staatsangehörigkeit des Vaters nicht, selbst wenn sie bereits Witwe geworden ist; umgekehrt verliert der außereheliche Sohn der württembergischen Mutter seine sächsische Staatsangehörigkeit nicht durch jene Legitimation.

[4]) Wenn eine württembergische Mutter den bayrischen Vater ihres außerehelichen Sohnes heiratet und dieser Sohn ist württembergischer Lehrer geworden, so bewirkt die Legitimation nicht den Verlust der württembergischen Staatsangehörigkeit. Der Sohn hat dann die württembergische Staatsangehörigkeit auf Grund der Bestallung, die bayrische auf Grund der die Geburt ersetzenden Legitimation.

Vaters, das uneheliche Kind der Mutter unter der gleichen Voraussetzung die Staatsangehörigkeit und erwirbt eine neue, wenn beim Vater, der Mutter durch Legitimation jene Staatsangehörigkeit beseitigt wird, deren Existenz für jene des Kindes maßgebend war. So entwickelt sich in beschränktem Umfange aus der Natur der Sache eine Wirkung des Erwerbes und Verlustes der Staatsangehörigkeit durch Legitimation auf andere Personen, welche allerdings im Gesetze nicht ausdrücklich ausgesprochen ist.

§ 9.

3. Durch Verheiratung.

a) Nach § 5 B.St.A.G. begründet die Verheiratung mit einem Deutschen für die Ehefrau die Staatsangehörigkeit des Mannes; nach § 13 Ziff. 5 des Gesetzes verliert eine Deutsche durch Verheiratung mit dem Angehörigen eines anderen Bundesstaates oder mit einem Ausländer die Staatsangehörigkeit.

Das Band, das die Ehefrau mit dem Manne schließt, ist ein so inniges, daß der Verlust der bisherigen Staatsangehörigkeiten in weitestem Umfange eintritt. Wenn der Gedanke m. E. im Gesetze auch nicht vollständig durchgeführt ist, so herrscht er doch vor, jener Gedanke nämlich, daß die Frau mit dem Manne die Staatsangehörigkeit teilen soll.

Durch die Eheschließung verliert die Frau die Staatsangehörigkeit, welche sich auf den Titel der Geburt, der Legitimation, der Verleihung und der Eheschließung stützt; jene der Verleihung übrigens, wenn diese durch Eintritt in ein öffentliches Amt erlangt wurde, wohl nur, falls das Amt niedergelegt wird (s. § 10). Eine nach der Eheschließung erfolgende Legitimation der Frau ist ohne Bedeutung für ihre Staatsangehörigkeit (§ 8).

Der Verlust tritt unabhängig davon ein, ob die Ehefrau eine andere deutsche oder überhaupt keine Staatsangehörigkeit erwirbt, also auch, wenn der Ehemann gar keine Staatsangehörigkeit aufweisen sollte.

Die Ehefrau erwirbt durch die Eheschließung sämtliche (deutsche) Staatsangehörigkeiten, welche dem Manne zustehen; wird jene der Geburt später durch Legitimation verändert, so teilt sie die Aenderung (§ 8).

Die Eheschließung ersetzt nicht, wie die Legitimation die bisherige familienrechtliche Staatsangehörigkeit, sondern beseitigt dieselbe; daher hat die Eheschließung der Frau für jene Personen keine Bedeutung, welche ihr Indigenat von jenem der Frau ableiten. „Auf die Kinder einer früheren Ehe der Frau erstreckt sich die Wirkung der Verheiratung nicht; ebensowenig auf uneheliche Kinder der Frau, sofern nicht mit der Verheiratung der letzteren eine Legitimation der Kinder eintritt". v. Seydel Bd. 1 S. 274.

Diese Folgen der Eheschließung können durch keinen Vorbehalt abgewendet werden.

b) Begründet auch eine **nichtige** Ehe die obigen Folgen? v. Seydel Bd. 1 S. 274 verneint die Frage. „Die Nichtigerklärung der Ehe vernichtet auch deren Wirkung auf die Staatsangehörigkeit". Es besteht demnach, solange die Ehe nicht für nichtig erklärt ist, die Staatsangehörigkeit. v. Seydel folgen Rauchalles und die bei ihm Seite 14 angeführten Schriftsteller. Der **Verwaltungsgerichtshof** hat in seiner Entscheidung Bd. 12 S. 1ff. den Nachdruck auf die formell gültig vollzogene Eheschließung gelegt. „Die formell gesetzmäßig geschlossene Ehe einer bayrischen Staatsangehörigen mit einem Ausländer bewirkt für die Frau den Verlust der bisherigen Staatsangehörigkeit." Es kann nicht geleugnet werden, daß die Ansicht viel für sich hat, der Gesetzgeber habe trotz des Wortes „Verheiratung" weniger den Akt der Eheschließung, als das Rechtsverhältnis im Auge gehabt, welches durch ihn begründet wird[1]. Allein auch wenn man aus der „Verzichtstheorie" (V.G.H. Bd. 12 S. 7) keinerlei Schlüsse ableiten will, so ist doch aus anderen Gründen kaum anzunehmen, daß das Gesetz die **materielle** Gültigkeit der Ehe als Voraussetzung der staatsrechtlichen Wirkung im Auge hatte, wenn auch diese Anschauung zur herrschenden geworden ist. Die Folgen einer solchen Auslegung sind so unbefriedigend, daß man dieselbe nicht ohne Not dem Gesetze unterlegen darf. Nach bisherigem Rechte wie jetzt nach dem Bürgerlichen Gesetzbuch ist zwar eine, wesentliche **Förmlichkeiten** nicht beachtende Eheschließung in der Weise nichtig, daß eine Eheschließung überhaupt nicht vorliegt, die Nichtigkeit demnach von jedermann geltend gemacht werden kann, ohne daß es einer Nichtigkeitsklage bedarf. Das Bürgerliche Gesetzbuch schränkt übrigens diese Folge auf den Fall ein, daß die Ehe auch nicht in das Heiratsregister eingetragen wurde. Dagegen hat das Reichsgesetz vom 6. Februar 1875 in § 36 die Regelung der rechtlichen Folgen einer gegen die Bestimmungen der § 28—35 geschlossenen Ehe dem Landesrechte überwiesen und so den zur Zeit der Erlassung des B.St.A.G. bestehenden, sehr buntscheckigen Rechtszustand in Deutschland belassen. Das Landesrecht, das bekanntlich in den verschiedenen Staaten selbst vielgestaltet war, hatte zu bestimmen, in welchen Fällen die Nichtigkeit der Ehe auch von einem Dritten geltend gemacht werden konnte, oder nur von einem der Ehegatten, oder noch von anderen bestimmten Personen, und ferner, in welchen Fällen eine trotz eines Ehehindernisses geschlossene Ehe nicht nichtig, sondern nur unerlaubt war. Die verschiedenen Landesrechte haben nun diese Fragen außerordentlich verschieden geregelt, (s. v. Sicherer, Personenstandsgesetz) und so würde eine formell gültige Ehe, je nachdem der Wohnsitz des Mannes zur Zeit der Eheschließung beispielsweise im Rechtsgebiete des bayrischen oder des preußischen Landrechts lag, was innerhalb

[1] Auch die Redewendung, daß die „Ehefrau" die Staatsangehörigkeit erwirbt, spricht dafür.

des nämlichen Staates der Fall sein konnte, eine ganz verschiedene dauernde Wirkung in Ansehung der Staatsangehörigkeit geübt haben.

Nach dem Bürgerlichen Gesetzbuch kann die Nichtigkeit einer aufgelösten Ehe ohne weiteres (auch incidenter) geltend gemacht werden[2]). Die Nichtigkeit einer noch bestehenden Ehe jedoch, welcher der obige formelle Mangel nicht anhaftet, kann nur auf Grund der Nichtigkeitsklage geltend gemacht werden. Die Nichtigkeit der anfechtbaren Ehe kann nur geltend gemacht werden, wenn die Ehe angefochten ist; das Anfechtungsrecht hat im allgemeinen nur der andere Ehegatte. Die Bestimmungen des geltenden Rechtes dienen hauptsächlich den Rechten des anderen Eheteiles und der Kinder. Jedenfalls wäre es bedenklich, das Vorhandensein eines staatsrechtlichen Verhältnisses an Voraussetzungen zu knüpfen, welche dem Zivilrechte angehören und deren Geltendmachung zum Teil von dem Belieben des Beteiligten abhängt[3]). Demnach dürfte man sich der Anschauung des Verwaltungsgerichtshofes anschließen und im Hinblick darauf, daß der Wortlaut des Gesetzes diese Auffassung nicht ausschließt, auch der formell gültig geschlossenen Ehe, selbst wenn sie später für nichtig erklärt wurde, bezw. auch wenn ihre Nichtigkeit geltend gemacht werden kann, die erwähnte Wirkung hinsichtlich der Staatsangehörigkeit der Ehefrau beimessen. Die formelle Gültigkeit richtet sich nach dem Rechte des Ortes der Eheschließung[4]).

Folgt man der Lehre, welche materielle Gültigkeit der Ehe fordert, so wird wenigstens für das Recht des Bürgerlichen Gesetzbuches die Ungültigkeit der Ehe auch hinsichtlich der Staatsangehörigkeit nur geltend gemacht werden dürfen, wenn dies nach den Vorschriften des bürgerlichen Rechtes geschehen darf. So lange dies nicht der Fall, müßte die Ehe auch nach dieser Ansicht in Ansehung der Staatsangehörigkeit wie eine gültige Ehe wirken. Sobald aller-

---

[2]) S. Staudinger, Vorträge S. 200.

[3]) Eine Konsequenz wäre z. B. diese:
Ein Mann hat die Frau geheiratet, mit welcher er Ehebruch gepflogen hatte (§ 1312 B.G.B.); Befreiung von dem Ehehindernisse wurde nicht erwirkt. Die Frau ist durch diese Ehe bayrische Staatsangehörige geworden. Sie begeht nun abermals Ehebruch und diesem entstammt ein Kind, das als außerehelich festgestellt ist. Dieses Kind muß als Bayer behandelt werden, solange die Ehe der Mutter besteht. Wird dieselbe nicht für nichtig erklärt, so kann die Eigenschaft als Bayer dem Kinde bei Lebzeiten der Eheleute nicht bestritten werden. Ist die Ehe gelöst, sei es durch Scheidung, sei es durch Tod, so wäre das Kind z. B. im Heimatfeststellungsverfahren als nichtbayrischer Staatsangehöriger zu behandeln. Inzwischen können von diesem Kinde wieder Kinder abstammen, deren Staatsangehörigkeit ebenfalls in Schwebe wäre.

[4]) Das distriktspolizeiliche Verehelichungszeugnis gehörte bis zur Novelle vom 17. März 1892 zum H.G. nach der herrschenden Ansicht zur Gültigkeit der Eheschließung eines Bayern. Nunmehr ist dasselbe für die Gültigkeit der Ehe und demnach auch für die staatsrechtliche Wirkung derselben ohne Belang.

dings die Nichtigkeit der Ehe geltend gemacht werden kann, ist die durch die Eheschließung bewirkte Aenderung der Staatsangehörigkeit von Anfang an, also rückwirkend, aufgehoben. Es ist dann, als ob eine Eheschließung niemals erfolgt wäre. — Ob vom Standpunkte der herrschenden Lehre die Putativehe der Wirkungslosigkeit der nichtigen Ehe nicht unterliegt, ist zweifelhaft. v. Seydel Bd. 1 S. 275 Note 11 u. S. 283 nimmt an, daß die Frau auch bei Putativehe die Staatsangehörigkeit des Mannes erwirbt, die ihrige verliert. Allein man kann aus der Anerkennung der aus putativer Ehe geborenen Kinder als ehelicher keinen Schluß ziehen auf die Anerkennung der Putativehe als nicht nichtiger Ehe. —

Der Umstand, daß nach Staatsverträgen (Gothaer Vertrag) ein Staat die Ehefrau wieder übernehmen muß, ist natürlich ohne Einfluß auf die Wirkung der Eheschließung, begründet also auch an sich nicht eine Wiedererlangung der früheren Staatsangehörigkeit.

c) Die Scheidung der Ehe übt keinerlei Einfluß auf die Staatsangehörigkeit der bisherigen Ehegatten.

d) Teilt die Ehefrau[5]) mit dem Manne diejenige Staatsangehörigkeit, welche derselbe während der Ehe jeweils besitzt?

Nach § 11 B.St.A.G. erstreckt sich die Verleihung der Staatsangehörigkeit (durch Aufnahme, Naturalisation, Bestallung) auch auf die Ehefrau, sofern nicht eine Ausnahme gemacht wird.

Nach § 19 erstreckt sich die Entlassung des Mannes auch auf die Ehefrau. Wenn der Mann gemäß § 18 Abs. 2 nicht als entlassen gilt, so auch die Ehefrau nicht. Hierbei gelten die gleichen Grundsätze, welche oben in § 7 II A 2 für die Folge der ehelichen Kinder aufgestellt sind. Die Entlassung erstreckt sich auf die Ehefrau auch dann nicht, wenn ausdrücklich eine Ausnahme gemacht wurde.

Nach § 21 l. c. verliert die Ehefrau desjenigen Bayern, welcher das Bundesgebiet verlassen hat und sich 10 Jahre lang ununterbrochen im Auslande aufhält, die Staatsangehörigkeit, jedoch nur dann, wenn sie sich mit dem Zeitpunkte des Eintritts des Verlustes in seiner Familiengemeinschaft befindet. Vgl. hierüber das oben in § 7 II A 3 Gesagte.

Aus dem Vorstehenden ergibt sich, daß das Gesetz die Fälle, in welchen die Ehefrau die Staatsangehörigkeit verliert, wenn der Mann sie verliert, und erwirbt, wenn der Mann sie erwirbt, ebenso einzeln aufführt, wie dies bei der Erstreckung des Erwerbes und Verlustes auf die Kinder der Fall ist. Während aber bei den Kindern in der Hauptsache die elterliche Gewalt die Voraussetzung der Erstreckung bildet, ist bei der Ehefrau nicht unterschieden zwischen Fällen, in

---

[5]) Solange sie es ist. Ist die Ehe für nichtig erklärt oder gelöst, so ändert sich zwar nach obigem an der Staatsangehörigkeit der Ehefrau nichts, wohl aber ist für sie der fernere Erwerb und Verlust der Staatsangehörigkeit des Mannes ohne Bedeutung.

welchen sie dem Manne folgen muß und in welchen sie ihm nicht folgen muß[6]). Immerhin ist sie im Falle der Auswanderung des Mannes dadurch geschützt, daß, wenn sie es verweigert, ihm zu folgen, die Verjährung der Staatsangehörigkeit sich nicht auf sie erstreckt. Dieser Schutz kommt freilich auch der ohne Grund ungehorsamen Frau zugute.

Wenn das Gesetz somit von dem Grundgedanken der Wahrung der Familiengemeinschaft auch hinsichtlich der Staatsangehörigkeit der Ehefrau beherrscht sein mag, so ist es doch nicht nur unterlassen worden, einen allgemeinen Satz aufzustellen, aus welchem die Folgen sich im einzelnen ergeben könnten, sondern es ist sogar ausdrücklich vorgesehen, daß die Frau auch bei bestehender Ehe, sei es infolge ausdrücklichen Vorbehaltes in den Aufnahme- bezw. Entlassungsurkunden, sei es infolge Verbleibens im Heimatsstaate eine andere Staatsangehörigkeit besitzen kann als der Ehemann.

Da das Gesetz weder ausspricht, daß die Ehefrau die Staatsangehörigkeit des Mannes schlechthin teile, noch daß sie dieselbe nicht teile, so muß es in jedem Falle auf den Wortlaut der gesetzlichen Bestimmung und, wo es an einer solchen fehlt, auf die Analogie ankommen.

Wird der Verlust der Staatsangehörigkeit des Ehemanns, wie dies nach § 20 und 22 B.St.A.G. geschehen kann, zur Strafe ausgesprochen, so behält die Ehefrau ihre Staatsangehörigkeit bei. Denn das Gesetz spricht unmittelbar nichts aus; bei einer gegenteiligen Annahme aber würden sich Ungleichheiten in der Behandlung der Ehefrau zu deren Ungunsten ergeben, so namentlich gegenüber der Behandlung im Falle des § 21; s. Rauchalles S. 80 oben.

Die Erwerbung einer selbständigen Staatsangehörigkeit seitens der Ehefrau ist nicht ausgeschlossen. Wenn sie die Aufnahme in einen Bundesstaat erlangt, oder wenn sie eine Bestallung für den Staatsdienst, Schuldienst 2c. erwirbt (s. § 9 B.St.A.G.), so wird sie Angehörige dieses Staates. Sie verliert nicht die neue Staatsangehörigkeit sofort wieder, weil sie die Ehefrau eines Nichtstaatsangehörigen ist. Ebenso verliert eine Ehefrau, welche das Bundesgebiet verläßt und 10 Jahre ununterbrochen im Auslande sich aufhält, die bayrische Staatsangehörigkeit, auch wenn der Mann sie behält. Sie erwirbt die bayrische Staatsangehörigkeit nicht sofort zurück, weil sie die Ehefrau eines bayrischen Staatsangehörigen ist. v. Seydel verneint vorstehendes[7]). Vgl. Rauchalles S. 15 Note 3. In den Fällen des

---

[6]) Vgl. § 10, § 1354 B.G.B.

[7]) v. Seydel Bd. 1 S. 276 Note 26, S. 288 Note 46 und 47 leitet aus § 5 und § 13 Ziff. 5 B.St.A.G. ab, daß das Gesetz an dem allgemeinen Rechtsgrundsatz festhält, wonach die Ehefrau die Staatsangehörigkeit des Mannes teilt. Allein dieser Rechtsgrundsatz hätte m. E. ausgesprochen werden müssen. Indem das Gesetz vorschreibt, daß die Ehefrau durch die Verheiratung die Staatsangehörigkeit verliert, wenn der Mann eine andere hat, trägt es zunächst den Verhältnissen

§ 10 Abs. 2 des B.G.B. ist die Frau in der Lage, sogar einen Wohnsitz im Rechtssinne zu begründen, der von jenem des Mannes verschieden ist. Schon bisher und wiederum nach dem Bürgerlichen Gesetzbuche ist die Frau unter Umständen berechtigt, einen anderen Aufenthalt zu haben, als der Ehemann. Mindestens der Fall des § 10 Abs. 1 des B.G.B. hätte Veranlassung gegeben, im Einführungsgesetz zum Bürgerlichen Gesetzbuch eine Aenderung des Bundes- und Staatsangehörigkeitsgesetzes zugunsten der Erwerbung einer besonderen Staatsangehörigkeit der Ehefrau vorzusehen, wie auch infolge der veränderten Rechtsstellung der Kinder solche Aenderungen vorgenommen wurden (s. o.); wenn dies nicht geschehen ist, so muß angenommen werden, daß nach der Meinung des Gesetzgebers die Erwerbung einer eigenen Staatsangehörigkeit seitens der Frau schon jetzt möglich ist.

§ 10.

Mehrfache Staatsangehörigkeit.

Das B.St.A.G. hat den Satz des früheren Rechtes, wonach jeder nur eines Staates Untertan sein konnte, nicht beibehalten. Weder macht es den Erwerb einer deutschen Staatsangehörigkeit von der Beendigung einer fremden Staatsangehörigkeit abhängig, noch schreibt es den Verlust einer deutschen Staatsangehörigkeit für den Fall vor, daß eine fremde Staatsangehörigkeit erworben würde.

Soweit allerdings durch das Gesetz eine Pflicht für den Staat nicht begründet ist, einen Fremden aufzunehmen, noch einen bisherigen Untertanen zu entlassen, kann durch Staatsverträge die Naturalisation, bezw. die Entlassung, von dem Nachweise der Entlassung, bezw. der Aufnahme aus einem oder in einen andern Staatsverband abhängig gemacht werden. Doch kann uns die Frage hier nicht beschäftigen, ob und in welchem Umfange dies geschehen ist.

In weitem Umfange eröffnet das B.St.A.G. die Möglichkeit des Besitzes mehrerer deutscher Staatsangehörigkeiten. Es ist wichtig, daß aus dem Umstand, daß jemand beispielsweise Preuße ist, noch nicht folgt, er sei nicht auch Bayer. Daher erscheint

---

Rechnung, welche in Zeitpunkt der Eheschließung vorhanden zu sein pflegen. Ein Prinzip ist damit nicht ausgesprochen. Hätte allerdings das Gesetz darüber ganz geschwiegen, was gelten soll, wenn der Mann nach der Eheschließung die Staatsangehörigkeit verliert oder eine andere erwirbt, so hätte man vielleicht einen solchen allgemeinen Rechtsgrundsatz konstruieren können. Aber da das Gesetz 1. ausdrücklich zuläßt, daß in bestimmten Fällen ein anderes eintritt, als einem prinzipiellen Satze: „die Frau hat stets nur die Staatsangehörigkeit des Mannes“ entspricht, 2. in anderen Fällen ausdrücklich das ausspricht, was dem Prinzip entspricht, was aber nicht gesagt zu werden brauchte, wenn ein allgemeiner Satz gälte, so zeigt sich eben doch wohl, daß das Gesetz jeden Fall aus seiner besonderen Art entschieden wissen will.

auch für unser Heimatrecht eine kurze Untersuchung darüber veranlaßt, in welchen Fällen mehrere Staatsangehörigkeiten nebeneinander bestehen können, wann mehrere gleichzeitig erworben, welche im einzelnen Falle verloren werden.

a) Die Staatsangehörigkeit der Geburt wird von dem Kinde in jedem Bundesstaate erworben, in welchem der Vater (die uneheliche Mutter) eine Staatsangehörigkeit zur Zeit der Geburt, aus welchem Erwerbsgrunde immer, besessen hat. Das Kind kann also durch die Geburt sehr viele Staatsangehörigkeiten erwerben und diese alle miteinander wieder seinen Kindern vererben.

b) Durch Legitimation werden alle noch vorhandenen Staatsangehörigkeiten, welche durch Abstammung erlangt waren, beseitigt und durch die eine oder mehreren Staatsangehörigkeiten ersetzt, welche der legitimierende Vater aus irgend welchem Titel zur Zeit der Legitimation besitzt.

Wenn also beispielsweise die Tochter eines Beamten, der nacheinander bayrischer, preußischer, sächsischer Staatsangehöriger geworden ist, ein außereheliches Kind geboren hat, so besitzt dieses zunächst die bayrische, preußische, sächsische Staatsangehörigkeit; heiratet die Mutter den Vater dieses Kindes, der nur Anhalter ist, so ist das Kind nur Anhalter; vgl. jedoch c.

c) Zu der durch Abstammung bezw. Legitimation erworbenen Staatsangehörigkeit können hinzutreten: Staatsangehörigkeiten durch Aufnahme, und zwar in beliebiger Zahl, die Staatsangehörigkeiten kraft Anstellung im öffentlichen Dienste, gleichfalls in beliebiger Zahl — nicht aber kann hinzutreten die Staatsangehörigkeit durch Verheiratung. Diese letztere hebt vielmehr die bisherigen auf.

d) Die Staatsangehörigkeit durch Aufnahme wird in so vielen Bundesstaaten erworben, als die Aufnahme erteilen. Gleiches gilt für die Staatsangehörigkeit durch Anstellung im öffentlichen Dienste. Die Aufgabe der Niederlassung in einem Staate bedingt selbstverständlich nicht den Verlust der Staatsangehörigkeit in demselben. Der Verlust der Anstellung in einem Staate bedingt nicht den Verlust der Staatsangehörigkeit in demselben. Ein Vorbehalt, wonach die Aufnahme nur solange gelten soll, als die Niederlassung, die Anstellung dauert, ist unzulässig.

Zur Staatsangehörigkeit durch Aufnahme kann auch hinzutreten die Staatsangehörigkeit durch Legitimation; nicht aber jene durch Verheiratung, mit einer Ausnahme. Die Verheiratung schafft zunächst für die Frau nur die Staatsangehörigkeit des Mannes; eine Ausnahme ist aber nach der Natur der Sache dann anzunehmen, wenn die Frau ein öffentliches Amt bekleidet, für dasselbe die in § 9 B.St.A.G. vorgesehene Bestallung erhalten hat und dieses Amt beibehält. Denn die Staatsangehörigkeit nach § 9 erlangt man, ohne dieselbe zu verlangen, kraft des Amtes. Wer das Amt will, muß, sofern nicht eine Ausnahme gemacht wird, die Staatsangehörigkeit wollen. Amt und Staatsangehörigkeit sind so innig verbunden, daß m. E. die Beibehaltung des Amtes auch der Ehefrau die Fortdauer dieser Staatsangehörigkeit sichert. Man darf dagegen nicht einwenden, daß auch der nach § 9 B.St.A.G. Staatsangehöriger Gewordene die Entlassung verlangen und diese ihm nach § 15 nicht verweigert werden kann; sie kann eben verweigert werden, wenn er nicht Angehöriger eines anderen Bundesstaates geworden ist; dazu gehört aber die Niederlassung in diesem Staate und diese bedingt doch, mindestens für die Regel, das Aufgeben des Amtes im bisherigen Staat.

e) Die Naturalisation gibt zu besonderen Betrachtungen keinen Anlaß.

f) Durch Verheiratung verliert die Ehefrau alle bisherigen Staatsangehörigkeiten und behält m. E. nur diejenige der amtlichen Anstellung bei, falls sie das Amt beibehält (s. d). Sie erlangt alle Staatsangehörigkeiten des Mannes, auf welchem Titel immer sie beruhen. Zu den Staatsangehörigkeiten der Verheiratung kann nicht hinzutreten jene der Legitimation, ferner nicht jene der Verheiratung selbst; die zweite Verheiratung hebt die Staatsangehörigkeit der ersten Verheiratung auf. Dagegen kann hinzutreten die Staatsangehörigkeit der Aufnahme einschließlich der öffentlichen Anstellung.

g) Der Verlust der Staatsangehörigkeit auf Antrag (Entlassung) erstreckt sich nur auf die Staatsangehörigkeit jenes Staates, dessen Behörde die Urkunde erteilt. Die übrigen Staatsangehörigkeiten bleiben bestehen, auch wenn der Entlassene von deren Dasein keine Kenntnis hat.

h) Der Verlust der Staatsangehörigkeit durch Beschluß der Zentralbehörde (§ 20) erstreckt sich nur auf die Staatsangehörigkeit desjenigen Staates, welcher die Entlassung ausspricht, nicht auf die übrigen Staatsangehörigkeiten; gleiches gilt für die Verwirkung nach § 22.

i) Der Verlustgrund der Verjährung (§ 21) erstreckt sich stets auf alle deutschen Staatsangehörigkeiten ohne Ausnahme. Alle gehen gleichzeitig verloren.

k) Wenn Kinder oder die Ehefrau nach § 11 B.St.A.G. eine Staatsangehörigkeit erwerben oder nach §§ 19, 26 verlieren, weil der Vater, die Mutter, der Gatte sie erwirbt oder verliert, so gilt für die Frage, ob dieser Erwerb eine Staatsangehörigkeit neben den bisherigen gewährt oder die bisherigen Staatsangehörigkeiten aufhebt und für die Frage, ob der Verlustgrund gegenüber allen bisherigen Staatsangehörigkeiten wirkt, das, was für den bezüglichen Erwerbs- und Verlustgrund, welcher bei den Eltern (bezw. beim Gatten) eintritt, oben bemerkt wurde. Die Kinder (Ehefrau) erhalten also neben der Staatsangehörigkeit der Geburt (Eheschließung) jene des

Vaters, (Gatten), welche dieser durch Verleihung erwirbt; verlieren bei Entlassung des Vaters (Gatten) die eine Staatsangehörigkeit; verlieren sämtliche, wenn der Vater (Gatte) die Staatsangehörigkeit durch 10jährige Abwesenheit verliert.

§ 11.

Verfahren.

Die Staatsangehörigkeit bildet, wie in § 1 bereits hervorgehoben wurde, eine Voraussetzung des Besitzes der Heimat in einer bayrischen Gemeinde, ist also von großer Bedeutung im Heimatfeststellungsverfahren; dagegen spielt sie m. E. keine gleich erhebliche Rolle für den Anspruch auf Verleihung der Heimat; wenn man freilich, wie die herrschende Lehre fordert, daß bei der Erwerbung des Anspruches auf Grund Aufenthalts der Bewerber die ganze vorgeschriebene Zeit entweder Bayer oder Nichtbayer gewesen sein müsse, so ist die Staatsangehörigkeitsfrage auch für diesen Anspruch von Bedeutung. Weiter kommt die Staatsangehörigkeit für die Frage in Betracht, in welcher Höhe eine Heimatgebühr erhoben werden darf. Endlich ist sie von Belang bei Ausstellung des Verehelichungszeugnisses, wenn nämlich die Ausstellung aus dem Grunde verweigert wird, daß der Gesuchsteller keine Heimat habe, weil er nicht Bayer sei.

In all diesen Fällen bildet die Feststellung der Staatsangehörigkeit einen sogen. Zwischen- bezw. Inzidentpunkt, der im Verwaltungsrechtsverfahren, wie es für Heimatrechtssachen und bei Verweigerung des Verehelichungszeugnisses vorgeschrieben ist, gewürdigt werden muß. In Heimatrechtssachen haben sich somit die Regierungssenate als zweite Instanz auch mit Staatsangehörigkeitsfragen zu befassen, während, wenn die Erwerbung und der Besitz der Staatsangehörigkeit für sich allein den Gegenstand des Verfahrens bildet, die Distriktsverwaltungsbehörde in I., der Verwaltungsgerichtshof in II. Instanz entscheiden.

Die Feststellung der Staatsangehörigkeit ist in den erwähnten Sachen *nur* ein Zwischenpunkt; eine Entscheidung, welche der Rechtskraft fähig wäre, wird über den Besitz bezw. Verlust der Staatsangehörigkeit nicht erlassen. Eine Verweisung der Frage der Staatsangehörigkeit zum gesonderten Austrag durch die hierzu zuständigen Behörden ist unzulässig; die Frage muß *im Heimatverfahren* gewürdigt werden; diese darf nicht bis zur Erledigung des Indigenatsstreites ausgesetzt werden[1]). Eine Ausnahme gilt nur, wenn der

[1]) In Bd. 4 S. 578 hat der V.G.H. die Auffassung gebilligt, daß die Entscheidung über den Besitz der bayrischen Staatsangehörigkeit eine Unterfrage der bestrittenen Heimatfrage bildet.

V.G.H. Bd. 9 S. 95: Wenn die Heimatzuständigkeit einer Person in einer bestimmten bayrischen Gemeinde lediglich wegen angeblichen Verlustes der bayrischen Staatsangehörigkeit bestritten wird, bildet die Heimat dieser Person den eigentlichen Streitgegenstand, deren Staatsangehörigkeit dagegen den Inzidentpunkt.

Ebenso V.G.H. Bd. 10 S. 100 und S. 368/69; Bd. 17 S. 129/30;

Streit über die Staatsangehörigkeit bereits zu der Zeit schwebt, in welcher der Heimatstreit beginnt.

Bei Würdigung der Frage der Staatsangehörigkeit dürfen alle einschlägigen Fragen des Zivilrechts mit gewürdigt werden. Es ist nicht notwendig, eine Streitsache auszusetzen, bis ein anhängiger Zivilprozeß entschieden ist, wenngleich dies unter Umständen geschehen darf. Dagegen ist eine rechtskräftige Entscheidung des Zivilgerichts auch für den Verwaltungsrechtsstreit bindend[2]).

Verschieden hiervon ist jedoch die Vorschrift, daß Rechtsfolgen, für welche die zivilrechtlichen Voraussetzungen fehlen, auch nicht implizite im Verwaltungsrechtsverfahren angenommen werden dürfen. So kann die Nichtigkeit einer Ehe in den Fällen des § 1325—1328 B.G.B. nur geltend gemacht werden, wenn die Ehe für nichtig erklärt oder aufgelöst ist. B.G.B. § 1329. Die Unehelichkeit des in der Ehe geborenen Kindes kann nur unter den Voraussetzungen des § 1593 B.G.B. geltend gemacht werden. Hieran ist auch der Verwaltungsrichter gebunden; kann etwas nach den Vorschriften des bürgerlichen Rechts nicht berücksichtigt werden, so darf es auch der Verwaltungsrichter nicht würdigen. Gehört zur Geltendmachung eines Rechtsverhältnisses, daß ein rechtskräftiges zivilgerichtliches Urteil vorliegt und liegt ein solches nicht vor, so kann der Verwaltungsrichter auch in den Gründen seiner Entscheidung das nicht feststellen, was nur das Urteil des Zivilrichters feststellen darf. Dagegen können alle tatsächlichen und rechtlichen Momente, welche der Zivilrichter würdigen darf, auch vom Verwaltungsrichter gewürdigt werden, — es wäre denn zur Entstehung der rechtlichen Wirkung bestimmter Tatsachen ein Ausspruch des Zivilrichters notwendig. Der Verwaltungsrichter kann beispielsweise als Entscheidungsgrund verwerten, daß eine Ehe wegen Formmangels nichtig ist, oder daß das Kind nach dem 302. Tage seit Auflösung der Ehe geboren ist, — nicht aber, daß ein Kind, dessen Ehelichkeit nicht angefochten ist, das in der Ehe geboren wurde, welches aber die Ehefrau unmöglich von dem Manne empfangen haben kann, ein uneheliches sei. —

Wird in einem Zivilprozeß ein Rechtsverhältnis in anderer Weise ermittelt, als es der Verwaltungsrichter in seiner Entscheidung getan hat, oder wird im Verwaltungsrechtsstreit über die Staatsangehörigkeit etwas anderes festgestellt, als im Heimatstreit zugrunde gelegt wurde, so kann dies einen Grund bilden zur Wiederaufnahme des Heimatstreitverfahrens gemäß Art. 26 V.G.H.G.

Bd. 19 S. 138. V.G.H. Bd. 12 S. 239. „Den eigentlichen Gegenstand des Streites" bildet ausschließend die Heimatberechtigung des . . ., bei deren Feststellung die Frage über den Besitz oder Verlust der bayrischen Staatsangehörigkeit desselben nur als Inzidentpunkt und bezw. als Entscheidungsgrund in Betracht zu kommen hat. Die Sachentscheidung hat sich auf einen förmlichen Ausspruch über den Bestand oder Verlust der Staatsangehörigkeit nicht zu erstrecken; ein bezüglicher Ausspruch im Tenor der Entscheidung ist zu unterlassen." S. auch Reger-Dyroff S. 178 zu Ziff. 1 N. 3; S. 211 Ziff. 6.

[2]) S. näheres bei Reger-Dyroff S. 308 2a.

2. Buch.

Allgemeine Lehren des Heimatrechtes.

§ 12.

Inhalt des Heimatrechtes.

I. Geschichtliche Entwicklung.

Die Reichspolizeiordnung vom Jahre 1530 schrieb vor, daß jede Stadt und jede Kommune ihre Armen selbst zu ernähren und zu unterhalten habe. Damit war eine Verpflichtung der Gemeinden zur Armenhilfe begründet, welche auch in sich schloß, daß die Gemeinde die ihr zugehörigen Armen aus armenpolizeilichen Gründen weder ab- noch ausweisen konnte. Welche Personen aber gehörten einer Gemeinde an? Zwei Arten Zugehöriger hatten sich allmählich entwickelt: Die Bürger und die Beisassen, erstere vollberechtigte Gemeindemitglieder und durch Aufnahme gewonnen, letztere durch Niederlassung an die Stadt gefesselt. Die Niederlassung war anfänglich eine völlig freie; die Aufbürdung der Armenlast auf die Gemeinde führte dann zu Beschränkungen. Das bayrische Recht forderte für den Eintritt in die Gemeinde durch Niederlassung die Zustimmung der Gemeinde unter behördlicher Mitwirkung. Diese polizeilich bewilligte Niederlassung begründet Unterstützungsanwartschaft und (beschränktes) Wohnrecht: die „Heimat".

Im 18. Jahrhundert sehen wir die Erwerbsarten der Heimat näher geregelt, den Inhalt der Heimat aber nicht weiter ausgestaltet.

Im 19. Jahrhundert wird, zumal im bayrischen Rechte, die Erlangung des Heimatrechtes erschwert, letzteres aber inhaltlich bereichert: „Die Heimat gewährt in der Gemeinde den Anspruch auf Wohnsitz" — (H.G. 1825, § 5). Sie bietet nun Schutz und Zuflucht gegenüber jeder polizeilichen Ausweisung und ist Voraussetzung der erlaubten Verehelichung. „Ohne einen Titel der Ansässigmachung (Heimat) soll keinem Staatsangehörigen die Verehelichungserlaubnis erteilt werden." A.G. 1825 § 8 Ziff. 2. Die armenrechtliche Zugehörigkeit bleibt bestehen. Befugnisse, welche früher dem Bürgerrechte anhafteten, werden mit dem Heimatrechte bezw. der Ansässigkeit verbunden (Gewerbsgesetz vom 11. September 1825 § 2). — Während in den übrigen deutschen Staaten durch reichsgesetzliche Uebertragung des in Preußen eingeführten Unterstützungswohnsitzes die Bedeutung der Heimat fast verschwand, ist dieselbe durch die Sozialgesetzgebung der Jahre 1868/69 in Bayern gefestigt worden. Die Heimat verlor zwar ihre Bedeutung als Voraussetzung der Ausübung bürgerlicher Erwerbsarten, dagegen hat sie durch den Zusammenhang mit dem Gemeindebürgerrecht neuen Inhalt gewonnen.

II. **Gegenwärtiges Recht.**

1. Die Heimat bewirkt ein Band zwischen dem Beheimateten und der Gemeinde. Dieses Band ist zunächst ein ideelles, das nur mittelbar rechtliche Wirkungen äußert. Man nennt es „Angehörigkeit zu einer Gemeinde". Dieser Ausdruck ist in die Sprache des Lebens übergegangen. Wo ohne ausdrückliche Beschränkung auf die Gemeindemitglieder (Bürger) von Gemeindeangehörigen die Rede ist, werden die Heimatberechtigten mitverstanden. Wenn z. B. in einem Stiftungsbriefe bestimmt ist, daß die Renten Angehörigen der Gemeinde M. zu einem bestimmten Zwecke zufließen sollen, so sind Bürger und Heimatberechtigte dieser Gemeinde verstanden, nicht bloße Einwohner. Freilich spricht für diesen Sinn des Ausdrucks nur die Vermutung. Würde sich beweisen lassen, daß in einem Falle das Wort in anderem Sinne gebraucht ist, so würde dieser Beweis gelten müssen. Denn nirgends findet sich, daß Gemeindeangehörigkeit und Heimat identische Worte sind.

2. Der rechtliche Inhalt der Heimat besteht vor allem darin, daß „die Heimat in einer Gemeinde das Recht gewährt, im Gemeindebezirke sich aufzuhalten." Art. 14 Ia H.G.

Davon hat das Recht seinen Namen.

Die Heimatgemeinde ist für den Berechtigten die „eigene", jede andere, auch die des langjährigen Aufenthalts, die „fremde" Gemeinde[2]).

Der Inhalt des Aufenthaltsrechtes ist ein negativer: aus dem Bezirke der Gemeinde nicht weggewiesen zu werden. Ein polizeiliches Verbot des Aufenthaltes in einer Gemeinde darf sich nicht gegen den in ihr Beheimateten richten.

Gegen andere als rein polizeiliche (präventive) Maßnahmen schützt aber das Heimatrecht nicht, insbesondere nicht gegen den Vollzug von Strafen, Freiheitsentziehungen[3]), die Erfüllung von Pflichten[4]).

---

[1]) S. Rehm, „Heimatrecht" im Handwörterbuch der Staatswissenschaften, 2. Aufl. Bd. 4 S. 1173, v. Riedel, Einleitung, v. Seydel Bd. 2 S. 48.

[2]) Vgl. z. B. Art. 38 und 39 H.G.

[3]) z. B. prozessuale (Festnahme, Untersuchungshaft, Haft zur Erzwingung des Zeugnisses, des Offenbarungseides).

[4]) Sowohl auf dem Gebiete des bürgerlichen wie des öffentlichen Rechtes. In ersterer Hinsicht ist ein Beispiel die Erfüllung eines Dienstmietevertrages. Wenn dieselbe gemäß Art. 106 IV, V P.St.G.B. polizeilich erzwungen wird, so ist dies keine Polizeimaßnahme im obigen Sinne. Dem öffentlichen Rechte

Wenn freilich eine Strafe (Zulässigkeit der Polizeiaufsicht) teilweise darin besteht, daß die Polizeibehörde Aufenthaltsbeschränkungen anordnen kann, so wird der Charakter einer solchen Anordnung als (präventive) Polizeimaßnahme nicht dadurch geändert, daß die rechtliche Zulässigkeit derselben in Form der Strafe ausgesprochen wird. Der Bestrafte kann dann von allen anderen Orten, nur nicht von seiner Heimat weggewiesen werden. Dies gilt gemäß des bayrischen Sonderrechtes hinsichtlich der Heimatverhältnisse auch gegenüber der Ermächtigung in Reichsgesetzen (z. B. im Reichsstrafgesetzbuche)[5].

Gegen (präventive) polizeiliche Aufenthaltsverbote schützt die Heimat auch, wenn sie auf Reichsgesetzen beruhen[6]). — Bereits verhängte Aufenthaltsbeschränkungen werden **hinfällig**, sobald der Betroffene in der bezüglichen Gemeinde das Heimatrecht erlangt hat. Insbesondere verliert eine nach Art. 39 H.G. verfügte Ausweisung ihre Kraft, ohne daß es einer Zurücknahme des Beschlusses bedarf. Das Aufenthaltsrecht ist nicht bedingt; es steht dem Beheimateten auch zu, wenn er keine Wohnung oder kein Unterkommen sich verschaffen kann[7]).

Das Aufenthaltsrecht ist auch unbeschränkt; der Aufenthalt kann in jedem Teile des Gemeindebezirkes genommen werden.

Durch das Freizügigkeitsgesetz, welches allen Deutschen ein Aufenthaltsrecht in weitem Umfange einräumt, ist die Bedeutung des heimatlichen Aufenthaltsrechtes gemindert worden; so lange dieses Reichsgesetz gilt, würde in vielen Fällen, auch wenn das Heimatrecht nicht zur Seite stünde, eine Abweisung oder Ausweisung nicht erfolgen können. Würde das Reichsgesetz geändert, so könnte das aus der Heimat entspringende Aufenthaltsrecht wieder erhöhte

---

gehören u. a. an die oft nur mit Verlassen der Heimat erfüllbaren Pflichten aus der Wehr-, Schul-, Geschwornenpflicht, die Pflicht, sich von ansteckenden Krankheiten heilen zu lassen, zur Verbreitung einer Seuche nicht beizutragen 2c.; s. v. Riedel S. 157.

[5]) Reger S. 65 Note 1; § 6 Ziff. 2 der Ministerialbekanntmachung vom 25. Februar 1872, Weber IX, 324. R.St.G.B. § 39 Ziff. 1 bestimmt, daß die Nebenstrafe: Polizeiaufsicht die Landespolizeibehörde zur Untersagung des Aufenthalts „an bestimmten Orten" ermächtigt. Ein solcher Ort ist also in Bayern der Bezirk der Heimatgemeinde nicht.

[6]) Wenn ein Reichsgesetz (Jesuitengesetz) die Ausweisung aus einem größeren, über die Heimatgemeinde hinausreichenden Bezirke für zulässig erklärte, so durfte die bayrische Polizeibehörde doch den Aufenthalt in der Gemeinde nicht verbieten. Ausdrücklich ist dies ausgesprochen in der M.E. vom 28. Oktober 1878 zum Vollzuge des (aufgehobenen) sogen. Sozialistengesetzes. In III 12 heißt es dort „Die landesgesetzlichen Bestimmungen über die Heimat- und Niederlassungsverhältnisse in Bayern werden durch das vorliegende Reichsgesetz nicht berührt." Anders, wenn durch ein Gesetz an einen Tatbestand unmittelbar die Pflicht geknüpft wird, einen Bezirk zu meiden. Einer solchen Pflicht ist auch der Heimatberechtigte unterworfen. Vgl. v. Seydel Bd. 2 S. 57 Note 4.

[7]) Vgl. Freizügigkeitsgesetz § 1. Andererseits besteht für die Heimatgemeinde keine Pflicht, Wohnung zu beschaffen (außer nach den Bestimmungen des Armengesetzes).

Bedeutung gewinnen. Immerhin gewährt letzteres auch jetzt besondere Rechte: a) der Aufenthalt in der Heimatgemeinde darf nicht von dem Nachweise des Unterkommens abhängig gemacht werden (s. o.)[8]); b) einen „neu Anziehenden", der in ihr beheimatet ist, darf die Gemeinde auch dann nicht abweisen, wenn die Voraussetzungen des § 4 des Freizügigkeitsgesetzes gegeben wären[9]); c) die im Freizügigkeitsgesetze zugelassenen Aufenthaltsbeschränkungen auf Grund von Bestrafungen dürfen nicht zur Ausweisung aus der Heimat führen.

Das heimatliche Aufenthaltsrecht entbindet nicht von der Erfüllung polizeilich auferlegter Pflichten, welche sich auf den Aufenthalt beziehen[10]).

Das heimatliche Aufenthaltsrecht genießt verwaltungsrechtlichen Schutz[11]).

3. Der bedeutsamste Inhalt der Heimat ist, daß sie „für den Fall eintretender Hilfsbedürftigkeit Anspruch gewährt auf Unterstützung durch die Gemeinde nach Maßgabe des Gesetzes über die Armenpflege[12]). H.G. Art. 14 Ib.

Das bezügliche Recht darzustellen, ist nicht Aufgabe dieses Buches. Nur einiges ist zur Kennzeichnung dieses Inhaltes der Heimat hier zu bemerken.

Eine Verpflichtung gegenüber dem Heimatberechtigten besteht für die Gemeinde trotz des obigen Wortlautes nicht. v. Seydel Bd. 3 S. 120 Note 20. Es ist aber eine durch das Gesetz der Gemeinde zugewiesene, staatsaufsichtlich erzwingbare Aufgabe (Gemeindelast), ihren Armen Hilfe zu leisten[13]).

---

[8]) Vgl. hierzu v. Seydel Bd. 3 S. 30 Note 15. Eine, reichsrechtlich nicht verbotene, polizeiliche Aufenthaltsbeschränkung des kein Unterkommen Findenden würde den Aufenthalt in der Heimatgemeinde nicht treffen dürfen.

[9]) Diese sind: Nichtbesitz hinreichender Kräfte zur Verschaffung des Lebensunterhaltes und Unfähigkeit, denselben aus eigenem Vermögen oder von dazu verpflichteten Verwandten zu erhalten. — Die Ausweisung aus der Heimat ist auch nach § 5 des Freizügigkeitsgesetzes unzulässig.

[10]) Die Meldepflicht besteht nach Art. 38 H.G. nur für fremde Personen. Dagegen müssen Gastwirte ꝛc. auch die bei ihnen wohnenden Heimatberechtigten anmelden.

[11]) Art. 8 Ziff. 3 V.G.H.G. I. Instanz: Distriktsverwaltungsbehörde; II. Instanz: Kreisregierungen K. d. J.; III. Instanz: Verwaltungsgerichtshof. Auch zivilrechtliche Ansprüche können aus Verletzungen dieses Rechtes entstehen.

[12]) Im Streitfalle ist die Heimatzugehörigkeit festzustellen; diese bildet den alleinigen Gegenstand des verwaltungsrechtlichen Verfahrens; die Leistung der Armenhilfe wird bei festgestellter Heimat gegebenenfalls staatsaufsichtlich erzwungen. Nach Plenarentscheidung des V.G.H. Bd. 9 S. 372, besitzt ein rechtskräftiger Bescheid, welcher feststellt, daß eine Person von einem bestimmten Zeitpunkte an die Heimat in einer Gemeinde erworben hat, nicht einen konstitutiven, sondern einen deklaratorischen Charakter. Die betr. Person hat daher die Heimat nicht erst infolge jenes Beschlusses erworben, sondern der Heimaterwerb erscheint als von einem bestimmten Zeitpunkte an bereits erfolgt und es muß daher einem solchen Heimatbescheid rückwirkende Kraft bis zu jenem Zeitpunkte beigemessen werden.

[13]) Die Staatsaufsicht kann auch von dem Hilfsbedürftigen angerufen werden. Gegen die Verfügungen der Staatsaufsicht steht der Gemeinde unter

Die Verpflichtung der Heimatgemeinde zur Leistung von Armenhilfe ist keine ausnahmslose. Nicht gehören hierher die Fälle, in welchen andere dem Bedürftigen zur Hilfe verpflichtet sind — z. B. die Träger der reichsgesetzlichen Kranken-, Unfall-, Invaliditätsversicherung[14]); dagegen bilden wirkliche Ausnahmen

a) die 90tägige Krankenhilfe, welche die Dienstgemeinde Dienstboten, Gewerbegehilfen, Lehrlingen, Fabrik- und Lohnarbeitern zu leisten hat; Armengesetz Art. 12;

b) die vierwöchige Hilfe, welche die Aufenthaltsgemeinde fremden Personen auf Grund sechsmonatlichen Aufenthalts gewähren muß. Armengesetz Art. 14.

Eine Beschränkung der Armenlast kann auch darin gefunden werden, daß die Unterstützungspflicht[15]) nur besteht, sofern der Hilfsbedürftige in Bayern weilt. Denn „eine Verpflichtung der örtlichen Armenpflege zur Unterstützung von Staatsangehörigen, die außer Landes verweilen, besteht nicht, ebensowenig eine Pflicht, außer Landes gewährte Unterstützungen zu ersetzen"[16]). Nur dadurch kann die Heimatgemeinde in die Lage versetzt werden, Hilfe zu leisten, daß sich der Hilfsbedürftige auf bayrisches Gebiet begiebt. Geschieht dies, so hat die bayrische Heimatgemeinde keinerlei Ersatzanspruch, auch wenn der Hilfsbedürftige zugleich Staatsangehöriger eines anderen Deutschen Staates ist, in demselben einen Unterstützungswohnsitz im Sinne des bezüglichen Reichsgesetzes vom 6. Juni 1870 erlangt hat und etwa überdies die Hilfsbedürftigkeit in diesem Staate entstanden ist.

Die Rückkehr eines hilfsbedürftigen Bayern nach Bayern kann auch unfreiwillig erfolgen. Ausweisungen aus außerdeutschen Staaten können nicht gehindert werden, sofern nicht Staatsverträge bestehen. Ausweisungen eines Bayern aus einem anderen deutschen Staate wegen Hilfsbedürftigkeit sind nur nach Maßgabe des § 5 des Freizügigkeitsgesetzes zulässig. Die Ausweisung erfolgt hiernach immer nur aus einer Gemeinde; da jedoch nach § 6 a. a. O. die Aufnahmeerklärung einer anderen Gemeinde vorhergehen muß, so kann sich die Ausweisung zu einer solchen aus dem Staate gestalten. Ist der Hilfsbedürftige nur bayrischer Staatsangehöriger, so kann Bayern bezw. die Heimatgemeinde die Uebernahme im allgemeinen nicht ablehnen[17]).

Umständen Beschwerde zum k. Verwaltungsgerichtshofe zu. Erfüllt die Gemeinde in schuldhafter Weise ihre Pflicht nicht, so können trotz des Mangels eines Rechtes auf Armenhilfe dem Hilfsbedürftigen Ansprüche aus § 823 Abs. 2 B.G.B. erwachsen.

[14]) In diesen Fällen kommt „Armenhilfe" gar nicht in Frage.

[15]) Tatsächlich kommen Unterstützungen nach außerbayrischen Orten nicht selten vor, um Ausweisungen und Heimlieferungen zu vermeiden.

[16]) v. Seydel Bd. 3 S. 119.

[17]) Ein Bayer ist im Gebiet des Unterstützungswohnsitzgesetzes in Ansehung der Armenhilfe stets Ausländer, wenn er nicht auch eine Staatsangehörigkeit dieses Gebietes besitzt. Nur wenn landesrechtlich auch einem Nicht-Staatsangehörigen Anspruch

Ist der hilfsbedürftige Bayer auch Angehöriger eines anderen deutschen Staates, so kann weder Bayern ihn in das Gebiet seiner anderen (dritten) Staatsangehörigkeit, noch dieser Staat nach Bayern verweisen[18]). Aber auch ein anderer deutscher Staat könnte diese Maßregel nicht verfügen. Denn von diesem ist der Hilfsbedürftige nach § 1 des Unterstützungswohnsitzgesetzes zu behandeln; ein Deutscher[19]) kann wegen Hilfsbedürftigkeit aus dem Bundesgebiete[19]) nicht weggewiesen werden, auch nicht nach Bayern[20]). Soweit Ueberweisungen eines Bayern in seine Heimat stattfinden können, gelten die Bestimmungen des Gothaer Vertrages vom 15. Juli 1851 samt den späteren Verabredungen, sowie der Eisenacher Uebereinkunft vom 11. Juli 1853[21]).

4. Gewissen Personen gegenüber, nämlich jenen, welche nach Art. 2 H.G. eine Heimat (sogen. Beamtenheimat)[22]) erwerben können[23]), erleidet die Unterstützungspflicht der Heimatgemeinde unter gewissen Voraussetzungen eine Ausnahme. Das gleiche gilt gegenüber ihren Frauen oder Witwen und Kindern. Zwar besteht die Unterstützungspflicht der Heimatgemeinde, sofern die Beamten, ihre Ehefrauen, Witwen, Kinder **trotz** des Genusses von Gehalt oder Pension, hilfsbedürftig werden[24]), oder sofern den genannten Pensionsansprüche aus einem anderen als dem folgenden Grunde überhaupt nicht oder

---

auf definitive, nicht bloß vorläufige Unterstützung eingeräumt würde (also ein Unterstützungswohnsitz, eine Heimat im Sinne des § 5 des Freizügigkeitsgesetzes), wäre es anders. In Preußen, Württemberg, Hessen ist dies jedenfalls nicht geschehen; vgl. Bl. Bd. 51 S. 70—79; a. M. Gemeindezeitung Bd. 9, S. 438—441.

[18]) Kein Staat kann seinen Angehörigen ausweisen.

[19]) Im Sinne des erwähnten Gesetzes.

[20]) § 5 des Freizügigkeitsgesetzes kann, im Falle ein Bayer, der noch eine andere deutsche Staatsangehörigkeit besitzt, einen Unterstützungswohnsitz hat, nur dahin führen, daß die (nicht bayrische) Gemeinde, in welcher er hilfsbedürftig wird, die Aufnahmeerklärung der Gemeinde des **Unterstützungswohnsitzes** erlangt. Besteht ein Unterstützungswohnsitz nicht, so ist der Landarmenverband übernahmepflichtig. Erstattungsansprüche sind von solcher Uebernahme nicht abhängig.

[21]) v. **Seydel** Bd. 3 S. 29 ff. **Weber** Bd. 4 S. 268 ff. S. 580 f.

[22]) Nach Art. 2 H.G. erwerben die Heimat definitiv angestellte Beamte und Diener des Staates, der Kirche, der Gemeinde, einer öffentlichen Korporation oder Stiftung, Offiziere, Aerzte im Offiziersrange, oder Beamte der Militärverwaltung, Notare. Diese Personen werden in den folgenden Sätzen schlechthin als **Beamte bezeichnet**. Ueber die Schullehrer siehe unten. Vgl. **auch** § 50. Sonstige Beamte, insbesondere die sogen. nichtpragmatischen, folgen der Regel. Ob jemand definitiver Beamter des Staates 2c. gewesen ist, bestimmt sich nach dem zur Zeit des Ausscheidens aus dem Dienste (**nicht** des Unterstützungsfalles) geltenden Rechte.

[23]) Davon, daß die Beamten die Heimat nach Art. 2 H.G. wirklich **erwerben**, ist m. E. die Ausnahme nicht abhängig. Wer eine Heimat an dem Orte seiner Auffassung bereits erworben hat, kann sie nicht nochmals erwerben. Das Gesetz spricht unmittelbar von **Heimaterwerbung** überhaupt nicht. Vgl. Anm. 31.

[24]) v. **Seydel** Bd. 2 S. 248 Note 76, **Reger** S. 66 Anm. 6, v. **Riedel** S. 157 Note 5a und S. 159 Note 9.

nicht mehr zustehen[25]). Dagegen sind solche frühere Beamte, ihre Ehefrauen[26]), Witwen, Kinder[27]), welchen Pensionsansprüche zustünden, wenn diese Ansprüche nicht durch freiwilliges Ausscheiden aus dem Dienste oder zur Strafe verloren gegangen wären, nicht von der Heimatgemeinde, sondern von derjenigen Rechtspersönlichkeit[28]) im Falle der Hilfsbedürftigkeit zu unterstützen, welche andernfalls die Pension zu leisten gehabt hätte. Art. 14 II H.G. Diese Entlastung der Heimatgemeinde dauert aber nur so lange, als der Pensionsanspruch gedauert haben würde[29]). Zur Unterstützung aus dem Dienste getretener Notare, ihrer Frauen, Witwen, Kinder ist der Staat verpflichtet, obgleich dieselben keinen Anspruch auf Pension haben[30]). Art. 14 II H.G.

Diese Bestimmungen haben ihren Grund in der Erwägung, daß Beamte die Heimat ohne Zutun der Gemeinde und ohne vorher in Beziehungen zu ihr getreten zu sein, erlangen, und daß die durch die Anstellung geknüpften Beziehungen möglicherweise nicht von Bestand sind. Diese Erwägungen greifen an sich nur gegenüber einer Gemeinde Platz, welche in der Tat auf Grund des Art. 2 H.G Heimatgemeinde geworden ist. Hat der Beamte gemäß einer anderen Bestimmung des H.G. z. B. gemäß Art. 5, 6, 9 eine andere Heimat als jene der Anstellung (Art. 2) erworben, so greift jene Erwägung an sich nicht mehr Platz. Indes spricht das Gesetz so deutlich und ohne jede Einschränkung von einer Unterstützung durch

---

[25]) So stehen der Witwe und den Kindern eines Staatsbeamten Pensionsansprüche nicht zu, wenn die erforderliche dienstliche Verehelichungsbewilligung nicht erholt wurde, der Witwe eines definitiven Gemeindebeamten nicht, wenn die Gemeinde Pensionsrechte nicht gewährt. S. v. Seydel Bd. 2 S. 252 Satz 2 und 3.

[26]) Geschiedene Ehefrauen sind keine Ehefrauen mehr; ist die Ehe für nichtig erklärt, so ist ebenfalls keine Ehefrau mehr vorhanden.

[27]) Enkeln stehen Pensionsrechte gewöhnlich nicht zu, ebenso nicht den Aszendenten. Wären solche z. B. in einem gemeindlichen Pensionsstatute zugebilligt, so würde ihnen gegenüber gleichwohl Art. 14 II H.G. nicht Platz greifen.

[28]) Vom Staate der Gemeinde, der Universität, Kirche u. s. w.

[29]) Wenn dieser Anspruch unabhängig von Austritt oder Entlassung nicht mehr bestünde, so besteht auch kein Grund mehr, den früheren Dienstverband heranzuziehen. Der Pensionsanspruch der Witwe erlischt z. B. bei Wiederverheiratung, jener der Kinder durch Erreichung eines bestimmten Alters oder einer Versorgung. Im einzelnen Falle sind die einschlägigen Ordnungen (Staatsdienerpragmatik, Pensionsstatute rc.) maßgebend.

[30]) Die Entlastung der Gemeinden gegenüber früheren Notaren und deren Hinterbliebenen ist erst durch die Novelle vom Jahre 1892 erfolgt. Die obige Bestimmung ist nicht rückwirkend. Da die Notare, ihre Witwen und Kinder keinen Anspruch gegen die Staatskasse haben, daher auch kein Endzeitpunkt für eine Pension festgesetzt ist, so müßten Notarskinder auch über das 21. Lebensjahr hinaus unterstützt werden. Man wird aber annehmen dürfen, daß die Bestimmungen der Staatsdienerpragmatik hier analog auch auf Notare anzuwenden sind. Daher erlangt die Familie des Notars Unterstützung aus der Staatskasse auch nur dann, wenn die Ehe, soweit erforderlich, mit dienstlicher Bewilligung abgeschlossen war. v. Seydel Bd. II S. 121 Ziff. 3.

die pensionspflichtige Kasse, daß m. E. eine Unterscheidung nicht gemacht werden darf, ob die Heimat nach Art. 2 noch besteht oder nicht[31]). Wenn also beispielsweise ein definitiver Bürgermeister der Stadt A die Stelle aufgibt, um Bürgermeister in B zu werden, die Heimat in B erwirbt, jedoch während des Provisoriums stirbt, so ist seine Familie von A zu unterstützen. — Aus dem angeführten Grunde muß in Abrede gestellt werden, daß die Unterstützungspflicht des früher pensionspflichtigen Verbandes nur bis zur Höhe der Pensionspflicht reicht; die Unterstützung ist vielmehr „nach Maßgabe des Gesetzes über die Armenpflege", sonach in der erforderlichen Höhe zu gewähren.

Der pensionspflichtige Verband braucht Armenhilfe nicht zu leisten, vielmehr obliegt dies der Heimatgemeinde, wenn die Ehefrau oder die Witwe eines früheren Beamten hilfsbedürftig wird, und die Ehe erst nach dem Ausscheiden des Mannes aus dem Dienstverbande geschlossen wurde. Das gleiche gilt hinsichtlich der Kinder aus einer solchen Ehe und der durch sie legitimierten Kinder. Art. 14 III H.G.

Ist ein früherer Beamter später abermals Beamter im Sinne des Art. 2 H.G. geworden, so entfällt die Verpflichtung des Verbandes, dem er früher angehörte. Verzichtet er später auch auf die neue Stelle oder verliert er den Pensionsanspruch zur Strafe, so ist der spätere Verband, nicht der frühere, unterstützungspflichtig.

Für die Schullehrer[32]), welche in der Gemeinde des Schul-

---

[31]) A. M. v. Riedel Note 157 S. 5a, 10. Nach v. Riedel gilt die Unterstützungspflicht des pensionspflichtigen Verbandes nur „für die Fälle des Art. 2". Wenn öffentliche Diener oder deren Relikten später auf Grund der Art. 5, 6, 7, 9 eine Heimat erwerben, so ist nach v. Riedel die Heimatgemeinde unterstützungspflichtig. M. E. hätte v. Riedel von seinem Standpunkte aus beisetzen müssen: Dasselbe gilt, wenn dieselben die Heimat in der Anstellungsgemeinde bereits erworben hatten. Nach v. Riedel ist also in jedem Unterstützungsfalle festzustellen, ob die „Beamtenheimat" (falls sie überhaupt erworben wurde) noch besteht bezw. ob Frau, Witwe, Kinder ihre jetzige Heimat besitzen, weil sie der Beamtenheimat des Notars folgten, oder aus einem anderen Titel. Letzterenfalls besteht immer Unterstützungspflicht der Heimatgemeinde. — M. E. hätte der Gesetzgeber das sagen müssen, wenn er es gewollt hat. Der Wortlaut des Gesetzes ist klar und einfach. Ihm gegenüber dürften die Motive zum Ansässigmachungsgesetze von 1825 nicht durchschlagend sein. Der Gesetzgeber von 1868 kann sehr wohl die Meinung gehabt haben, es bestehe eine Art von naturalis obligatio des Staates rc., auch für ehemalige Diener wenigstens nach Maßgabe des Armengesetzes zu sorgen. Die Pensionen bilden ja einen „Ergänzungsteil der Gehälter". Dieser moralischen Pflicht des Staates und der sonstigen öffentlichen Verbände gegenüber treten die Pflichten der Heimatgemeinde zurück, gleichviel auf welchem Titel die Heimat beruht. Daß dies auf pragmatische Beamte und Notare beschränkt ist, steht mit der vorgetragenen Auffassung durchaus nicht im Widerspruch. — Für meine Ansicht spricht auch, daß hinsichtlich der Schullehrer in Art. 14 IV eine der v. Riedelschen Auffassung entsprechende Regelung ausdrücklich angeordnet ist. — Der Ansicht v. Riedels ist beigetreten v. Seydel Bd. III S. 121.

[32]) Hierunter ist das gesamte an den öffentlichen Volksschulen angestellte Schulpersonal, soweit es nach Art. 2 H.G. eine Heimat erlangt, zu verstehen.

sitzes gemäß Art. 2 H.G. die Heimat erwerben, ihre Frauen, Witwen, Kinder gelten besondere Bestimmungen. Werden sie hilfsbedürftig[33]), so ist die Unterstützung von der Schulgemeinde[34]), d. i. von der Gemeinde oder den Gemeinden zu leisten, welche den Schulaufwand zu tragen haben[35]). Art. 14 IV H.G. Die Verpflichtungen der Schulgemeinde sind zeitlich nicht begrenzt; eine sinngemäße Anwendung der Bestimmungen für Staatsdiener greift nicht Platz[36]). — Hat der Lehrer eine Heimat nach Art. 2 H.G. nicht mehr, so ist die Heimatgemeinde nach besonderer Vorschrift des Art. 14 IV H.G. unterstützungspflichtig[37]). Verehelicht er sich erst nach dem Ausscheiden aus dem Dienstverbande, oder zwar während desselben, jedoch ohne dienstliche Erlaubnis, so gilt hinsichtlich der Ehefrau, Witwe und der Kinder dieser Ehe, einschließlich der legitimierten, die gesetzliche Unterstützungspflicht der Heimatgemeinde, hinsichtlich des Lehrers selbst die Bestimmung des Art. 14 IV H.G., demnach Unterstützungspflicht der Schulgemeinde. Art. 14 V H.G.

Wird von der Heimatgemeinde die Verpflichtung zur Armenhilfe bestritten, vielmehr die Unterstützungspflicht einer öffentlichen Kasse gemäß Art. 14 II–IV H.G. behauptet, diese aber von der in An-

---

Schullehrer, welche die Heimat in der Schulsitzgemeinde schon vor der Anstellung erworben haben, werden so behandelt, wie wenn sie die Heimat gemäß Art. 2 H.G. erworben hätten. Lehrer, welche in der Anstellungsgemeinde auch noch das Bürgerrecht erwerben, besitzen gleichwohl dort die Heimat gemäß Art. 2 H.G. Das Kind eines Lehrers, der zugleich in der Schulsitzgemeinde Bürger ist, ist daher gleichfalls von der „Schulgemeinde" zu unterstützen. A. M. Gemeindezeitg. Bd. 4 S. 437.

[33]) Es macht hier keinen Unterschied, ob der Lehrer seine Stelle niedergelegt bezw. zur Strafe verloren hat, oder ob er im Amte verblieben bezw. pensioniert worden ist.

[34]) Nämlich von jener, an welcher der Lehrer zuletzt angestellt war.

[35]) Der Schullehrer kann in dieser Gemeinde auch nach Art. 2 beheimatet sein und wird es in der Regel sein. Die Schule kann aber auch außerhalb der Gemeinde ihren Sitz haben; dann ist der Lehrer in der Gemeinde des Schulsitzes beheimatet. Am meisten Bedeutung hat die Bestimmung für Lehrer an Sprengelschulen. Vgl. nunmehr Art. 2 des Schulbedarfsgesetzes vom Jahre 1902. Die Unterstützung gehört zum Aufwand der Sprengelschule. Sie beruht auf dem dienerschaftlichen Verhältnis des Lehrers zum Schulverbande. Ist der Sprengel aufgelöst, so haben sich die früher den Sprengel bildenden Gemeinden nach Maßgabe der Grundsätze über die Aufbringung des ungedeckten Aufwandes der Sprengelschule in die Unterstützung zu teilen. Gleiches gilt, wenn der Bestand des Sprengels ein anderer geworden ist, als er zur Zeit des Ausscheidens (Todes) des Lehrers gewesen ist. v. Riedel S. 160 Note 14. V.G.H. Bd. 14 S. 258.

[36]) Die Schulgemeinde kann daher ein längst volljähriges Kind zu unterstützen haben; vgl. jedoch Anm. 37. Für die Kinder von Kindern braucht die Schulgemeinde nicht zu sorgen. Vgl. auch V.G.H. Bd. 17 S. 282. Auch die Satzungen der Kreispensionsvereine bezw. der Pensionsstatute der Gemeinden können zu einer zeitlichen Begrenzung nicht führen.

[37]) Sind Frauen, Witwen, Kinder bedürftig, welche die Anstellungsheimat des Lehrers nicht mehr besitzen, oder welchen diese Heimat nicht infolge der Heimat des Lehrers, sondern infolge eigener Erwerbung zusteht, so ist ebenfalls die Heimatgemeinde unterstützungspflichtig. V.G.H. Bd. 17 S. 282.

spruch genommenen Kasse nicht anerkannt, so entscheidet in erster Instanz gemäß Art. 24 H.G. die Distriktsverwaltungsbehörde der Heimatgemeinde, in zweiter Instanz die vorgesetzte königliche Regierung, Kammer des Innern, im Verwaltungsverfahren, in letzter Instanz der Verwaltungsgerichtshof gemäß Art. 10 Ziff. 5, 45 V.G.H.G. Nach Art. 26 I Ziff. 3 H.G. gehören die Vertreter der im Art. 14 II H.G. erwähnten Kassen zu den im Verfahren „Beteiligten." Im Falle des Art. 14 IV H.G. ist die Schulgemeinde (der Schulsprengel) „beteiligt"[38]); ihr kommt die Stellung einer Prozeßpartei zu; sie allein kann Beschwerde einlegen, nicht die Verwaltung einer am Schulsprengel beteiligten Gemeinde[39]). Gemäß Art. 1 des Schulbedarfgesetzes vom 28. Juli 1902 kommt die Vertretung der Sprengelschule nach außen der verstärkten Verwaltung der Schulsitzgemeinde zu.

5. Dem im Regierungsentwurfe der diesrheinischen Gemeindeordnung enthaltenen, von der II. Kammer als überflüssig erachteten Satze „Gemeindeangehöriger ist, wer . . . das Heimat- oder Bürgerrecht besitzt" trägt das dem Heimatberechtigten bei Vorhandensein der gesetzlichen Voraussetzungen verliehene Recht Rechnung, das Bürgerrecht zu erwerben. — Das Heimatrecht bildet einen Teil des Inhalts des Bürgerrechtes. Der Bürger ist in der Regel in der Gemeinde auch heimatberechtigt. (Art. 19 Gem.O., Art. 5 H.G.) Jedoch ist, wer in der Gemeinde beheimatet ist, deswegen noch nicht Bürger derselben. Das Bürgerrecht, das nach der Gemeindeordnung zur Teilnahme an der Verwaltung der Gemeinde berechtigt, mußte von anderen Voraussetzungen abhängig gemacht werden, als das Heimatrecht. Jeder Bayer soll eine Heimat haben; nicht jeder kann Bürger einer Gemeinde sein. Abgesehen von der bayrischen Staatsangehörigkeit sind zum Erwerb des Bürgerrechtes im allgemeinen männliches Geschlecht, Volljährigkeit, Selbständigkeit, ständiger Aufenthalt in der Gemeinde, Veranlagung mit einer direkten Steuer[40]) erforderlich. Außer der Staatsangehörigkeit ist für das Heimatrecht nichts von alle dem nötig. Wer aber das Heimatrecht hat[41]), und die vorgeschriebene Befähigung erlangt hat, erwirbt im rechtsrheinischen Bayern zwar nicht das Bürgerrecht kraft Gesetzes, wohl aber nach Art. 13 Gem.O. einen Anspruch[42]) auf Verleihung desselben. Die Gemeinde ist zur Abweisung dieses Anspruches nur aus bestimmten, in Art. 13 II Gem.O. aufgeführten Gründen befugt. Wenn jedoch in der Gemeinde Aufnahmsgebühren eingeführt sind,

---

[38]) Reger S. 87 Anm. 4.

[39]) V.G.H. Bd. 5 S. 294.

[40]) Die Steuern der Ehefrau und der minderjährigen, im elterlichen Unterhalte stehenden Kinder werden dem Familienhaupte zugerechnet. Art. 11 III Gem.O.

[41]) Ob die ursprüngliche oder eine erworbene Heimat in Frage ist, erscheint belanglos.

[42]) Eine Pflicht zur Erwerbung steht dem Anspruche nicht immer gegenüber.

so ist die Verwirklichung des Anspruches von der Zahlung der Gebühr in voller Höhe abhängig. Art. 20 Gem.O. Jedoch darf der Heimatberechtigte, der eine Heimatgebühr[43]) an die Gemeinde bereits entrichtet hat[44]), den bezahlten Betrag an der Aufnahmsgebühr abrechnen[45]). Der Anspruch auf Verleihung des Bürgerrechts ist gemäß Art. 8 Ziff. 26 V.G.H. im Verwaltungsrechtswege verfolgbar. — In der Pfalz gewährt der Besitz des Heimatrechtes den zum Erwerb des Bürgerrechts befähigten d. i. den volljährigen, selbständigen, in der Gemeinde wohnhaften, mit einer direkten Steuer veranlagten Männern das Bürgerrecht unmittelbar kraft Gesetzes.

6. Wenn die Heimat auf Ersitzung beruht, m. a. W. wenn sie von heimatlosen Angehörigen des bayrischen Staates durch Aufenthalt von bestimmter Dauer und bestimmten Eigenschaften kraft Gesetzes erworben wird, so gewährt sie zwar an sich alle Rechte der vollen Heimat; die Gemeinden „können aber gemäß Art. 11 VI H.G. den auf dem Heimatrecht beruhenden Genuß an den örtlichen Stiftungen und Gemeindenutzungen von der Zahlung der Heimatgebühr abhängig machen" — oder anders ausgedrückt, insoweit die Heimat Voraussetzung der Anteilnahme an örtlichen Stiftungen oder an Gemeindenutzungen ist, bleibt, wenn die Gemeinde dies generell (die Beschlußfassung für den einzelnen Fall ist unzulässig!) beschlossen hat, die Heimatberechtigung so lange außer Betracht, der Heimatangehörige wird in dieser Beziehung so lange als nicht heimatberechtigt erachtet, bis die Heimatgebühr bezahlt ist, und zwar jene, welche von einem die Heimat kraft Anspruches in der Aufenthaltsgemeinde erwerbenden Bayern erhoben werden kann. Der Gemeindebeschluß bedarf der Formen eines statutarischen Beschlusses[46]).

Art. 11 VI gilt auch für die Pfalz. Art. 30 H.G. enthält keine Beschränkung des Inhalts des Heimatrechtes. Jedoch kennt das pfälzische Recht eine solche Beschränkung für Personen, welche kraft Art. 2 H.G. eine neue Heimat erwerben, jedoch eine Heimatgebühr nicht bezahlt haben.

7. Im Rahmen des Inhaltes der „Heimat" muß noch auf eine

---

[43]) Die im Falle des Art. 9 des H.G. vereinbarte Gegenleistung für die Verleihung der Heimat ist keine Heimatgebühr im Rechtssinne, daher auch nicht anrechenbar. S. § 41.

[44]) Es muß die Gebühr gerade für das Heimatrecht desjenigen bezahlt worden sein, der das Bürgerrecht erwirbt. Nicht anrechenbar ist die für die Heimat der Ehefrau oder der Eltern bezahlte Gebühr. Dagegen kommt nichts darauf an, wer die Heimatgebühr bezahlte — z. B. die frühere Heimatgemeinde. Ist die Heimat unentgeltlich erworben worden, so ist natürlich nichts anrechenbar.

[45]) Dies gilt auch, wenn das Bürgerrecht nicht infolge Anspruches des Berechtigten, sondern z. B. auf Verlangen der Gemeinde erworben wird.

[46]) Dies steht nicht ausdrücklich im Gesetz; eine höhere Gebühr würde aber den einen Bayern schlechter stellen als den andern. Im Falle des Art. 12 IV besteht Gebührenfreiheit. Wird ein Beschluß überhaupt nicht gefaßt, so hat die Heimat vollen Inhalt auch zugunsten früher heimatloser Personen.

Rechtseinrichtung hingewiesen werden, welche an anderer Stelle ausführlicher zu behandeln ist. Der im rechtsrheinischen Bayern beheimatete Mann bedarf gemäß Art. 31 H.G. zur Verehelichung eines von der Distriktsverwaltungsbehörde ausgestellten Zeugnisses. Erlangt er dieses Zeugnis nicht, so darf die Ehe nicht geschlossen werden; gelingt die Eheschließung außerhalb Bayerns, so ist der Mann straffällig. Art. 36 H.G. Diese polizeiliche Beschränkung der Eheschließung, welche jeden im rechtsrheinischen Bayern beheimateten Mann trifft, dient ausschließlich zur Verwirklichung eines den Heimatgemeinden vorwiegend aus armenpolizeilichen Gründen eingeräumten Einspruchsrechtes gegen bedenkliche Eheschließungen.

Somit bringt die Heimat unmittelbar dem Manne, mittelbar auch der Frau eine Beschränkung der Verehelichungsfreiheit.

In pfälzischen Gemeinden beheimatete Männer unterliegen dieser Beschränkung nicht.

Vgl. das nähere § 17—25.

§ 13.

Rechtliche Natur der Heimat.

1. „Heimat“[1]) bedeutet immer eine Beziehung zwischen einem Bayern und einer Gemeinde. Zwar wird Heimat auch im Sinne von Heimatgemeinde verstanden: A ist die Heimat des B. Aber auch diese Wendung entbehrt nicht des Hinweises auf die erwähnte Beziehung. Heimatgemeinde im absoluten Sinne ist nicht denkbar; sie ist nur als Heimatgemeinde eines, mehrerer oder aller in ihr Beheimateten möglich.

Noch schärfer kommt die persönliche Beziehung in der so häufigen Redewendung zum Ausdruck: B hat seine Heimat in A. Das Wort klingt an ein anderes an: B hat sein „Daheim“ in A. Nur weist „Daheim“ mehr auf tatsächliche, „Heimat“ auf rechtliche Beziehungen hin. Die tätsächlichen Beziehungen sind aber der Ausgangspunkt der rechtlichen.

Heimat ist demnach ein rechtlich geordnetes Verhältnis zwischen einer Person und einer Gemeinde. Man mag dieses Verhältnis als Gemeindeangehörigkeit bezeichnen[2]), darf aber aus dieser Benennung nur vorsichtig Schlüsse ziehen.

2. Die Beziehungen, welche die Heimat schafft, oder der Inhalt des Heimatrechtes betreffen öffentliche Angelegenheiten und zwar vorwiegend der Gemeinden. Zwar ist mindestens das Aufenthaltsrecht auch von unmittelbarem staatlichen Interesse. Aber dieses und das gemeindliche Interesse gehen kaum auseinander. Da-

---

[1]) Vgl. hierzu auch v. Riedel S. 76.
[2]) v. Seydel Bd. 2 S. 57 bei Note 2; siehe § 12.

rum ist die Heimat zunächst der freien Vereinbarung zwischen Person und Gemeinde überlassen, jedoch nur hinsichtlich der Erwerbung. Die „Verleihung“ der Heimat kann man als den vornehmsten Titel des Heimatserwerbs bezeichnen. Allein er genügt nicht. Da jeder Bayer eine Heimat haben soll (s. Ziff. 4), so muß auch, wenn keine Verleihung erfolgt, für eine Heimat gesorgt sein. Sind schon Beziehungen gegeben, welche eine Heimat begründen können, wie bei der Geburt eines Kindes bayrischer, heimatberechtigter Eltern, so knüpft sich an diese Beziehungen die Heimat. Sind ausreichende Beziehungen noch nicht gegeben, so hilft, bis solche vorhanden sind, die eigentümliche Rechtseinrichtung der „vorläufigen Heimat“ aus. Das öffentliche Wohl, insbesondere die Bedeutung, welche es für den Staat hat, daß Gemeinden nicht mit Armenlasten für ihnen fremd gewordene Personen überhäuft werden, und daß Aufenthaltsrechte nicht dauernd an Orten bestehen, zu welchen der Berechtigte in genügenden tatsächlichen Beziehungen nicht mehr steht, erheischen es, daß die Heimat sich ändere. Dies wird bewirkt, indem an bestimmte Tatbestände (Anstellung, Verehelichung, mehrjähriger geeigneter Aufenthalt eines heimatlosen Bayern) die Erlangung einer Heimat kraft Gesetzes sich knüpft, oder indem Ansprüche auf Verleihung einer Heimat eingeräumt werden. Immer aber bleibt auch der so neuerworbenen Heimat gegenüber die Möglichkeit, durch Vereinbarung mit einer anderen Gemeinde diese als Heimatgemeinde zu gewinnen.

3. Die Freiheit der Personen und Gemeinden erstreckt sich nur auf die Erwerbung bezw. Verleihung einer Heimat, nicht auf den Inhalt oder eine gesetzliche Folge derselben. Diese sind publici juris und der vertraglichen Regelung entrückt. Eine Heimatverleihung mit dem Vorbehalte, daß Aufenthaltsrechte nicht bestehen sollen, oder daß der Anspruch auf Bürgerrechtsverleihung entfällt, oder daß die Gemeinde nicht zur Armenhilfe verbunden ist, oder daß die Heimat nicht auf die zukünftige Ehefrau oder die Kinder übergehen soll, ist nicht möglich. Ist eine solche besondere Verabredung im einzelnen Falle als wesentlich zu betrachten, so ist eine Vereinbarung nicht zustande gekommen. Die scheinbare Verleihung ist ungültig. Man kann sonach den Satz aufstellen: Die Heimat ist unteilbar[3]).

4. Die Beziehungen, welche die Heimat ausmachen, sind immer

[3]) Nicht ausgeschlossen ist, daß zwischen der neuen Heimatgemeinde bezw. der, welche es werden soll, und der bisherigen eine Vereinbarung getroffen wird des Inhalts, daß die bisherige der neuen Heimatgemeinde Aufwendungen für Armenhilfe, entweder für alle Zeit oder für bestimmte Zeit oder für eine bestimmte Person ersetzt. Die Vereinbarung muß aber als solche gültig sein und den Bestimmungen der Gemeindeordnung entsprechen. — Nicht ungültig ist auch eine Heimatverleihung, bei welcher der Heimaterwerber verspricht, eine aus der Heimat entstehende Befugnis nicht auszuüben. Er ist aber durch solche Versprechungen nicht gehindert, das doch zu tun. Die Abrede, „Armenunterstützung nicht zu beanspruchen,“ ist schon deshalb hinfällig, weil die Heimatgemeinde auch ohne „Beanspruchung“ zur Leistung der Armenhilfe verpflichtet ist.

nur zwischen einer Person und einer Gemeinde rechtlich möglich. Dies folgt nicht aus dem Wesen der Heimat. In früheren Zeiten war es nicht unmöglich, in mehreren Gemeinden eine Heimat zu besitzen. In Anlehnung an die ethische Grundlage der Heimat und aus Zweckmäßigkeitsgründen hat das Heimatsgesetz nur eine Heimat zugelassen[4]). „Die Heimat geht verloren durch Erwerbung der Heimat in einer anderen bayrischen Gemeinde." Art. 15 I HG. Jede entgegenstehende Vereinbarung ist nichtig. Anderseits will das Gesetz, daß jeder Bayer eine Heimat habe. Notwendig ist dies, sobald Aufenthaltsrechte in Frage kommen. Da ein Bayer aus dem Staate nicht verwiesen werden kann, den einzelnen Gemeinden aber sämtlichen Ausweisungsbefugnisse zustehen können, so muß eine Gemeinde vorhanden sein, aus welcher eine Ausweisung nicht zulässig ist. Dieser Erwägung verdankt die Rechtseinrichtung der „vorläufigen Heimat" ihre Entstehung. Sie bildet einen Notbehelf, wo Verwirrung entstanden ist, oder das Gesetz eine — wenn auch absichtliche — Lücke hat. Vgl. § 58 ff.

5. „Heimat" bedeutet Beziehungen zu einer Gemeinde. Verstanden sind hierunter nur „politische Gemeinden", d. i. Gemeinden im Sinne des Art. 1 der Gemeindeordnungen[5]). In einer Kreis- oder Distriktsgemeinde, in Bezirken, welche keiner Gemeindemarkung zugeteilt sind, kann niemand seine Heimat haben. Aber auch an Ortschaften[6]), die gesondertes Vermögen und besondere Verwaltung haben, können sich Heimatverhältnisse nicht knüpfen. Art. 153 Abs. 1, bezw. 85 der Gem.O. Welche Folgen sich für die Heimat ergeben, wenn der Bestand der Gemeinde sich ändert, ist im folgenden § 14 näher dargelegt.

6. Die Person, welche in Beziehung zur Gemeinde tritt, kann beliebigen Geschlechtes sein[7]). In einzelnen Fällen wird die Fähigkeit der Frauen, insbesondere der Ehefrauen, eine neue Heimat auf Grund eines bestimmten Titels zu erwerben, bezweifelt. Diese Fälle sind an geeigneter Stelle zu erörtern.

7. Die Heimatangehörigkeit können nur bayrische Staatsangehörige besitzen[8]). Vgl. hierzu auch § 1 und § 49.

---

[4]) V.G.H. Bd. 3 S. 392. Ein Angehöriger des bayrischen Staates kann nur in einer politischen Gemeinde, nicht gleichzeitig in mehreren, die Heimat besitzen. — v. Seydel Bd. 2 S. 58 u. Note 16.

[5]) Dies galt auch nach dem Rechte vor 1868. Allerdings sind Fälle bekannt, in welchen die Gemeinden eines Verwaltungsbezirkes sich in die Armenhilfe für eine Person teilten. Allein hier handelte es sich nicht um die Heimat. Vgl. V.G.H. Bd. 3 S. 392 ff.

[6]) V.G.H. Bd. 4 S. 599. Das Heimatrecht kann nicht nach Ortschaften, sondern nur für und mit Bezug auf die ganze politische Gemeinde erworben werden. Die Gesetzwidrigkeit eines hiermit in Widerspruch stehenden faktischen Zustandes kann durch eine wenn auch noch so lange Zeit dauernde Uebung nicht gehoben werden.

[7]) v. Seydel Bd. 2 S. 58 Note 15. v. Riedel S. 84 Note 3.

[8]) v. Seydel Bd. 2 S. 58. Daraus, daß nur Staatsangehörige heimat-

§ 14.

Einwirkung von Aenderungen des Gemeindebezirkes auf die Heimat.

1. Das Gebiet einer Gemeinde ist Aenderungen unterworfen. Art. 4 beider Gem.O. Jede Aenderung des Gemeindegebietes bewirkt an sich das Entstehen einer neuen Gemeinde. Allein diese Folgerung wird, wie Art. 4 a. a. O. erkennen läßt, nicht in allen Fällen gezogen.

a) Wird ein Teil der Gemeinde A von dieser abgetrennt und mit der Gemeinde B vereinigt, so setzt jede dieser Gemeinden ihre bürgerlichrechtliche und öffentlichrechtliche Existenz fort, wie groß oder klein die abgetrennten und zugeteilten Gebiete auch sein mögen, ob sie bewohnt sind oder nicht. Nichts anderes gilt, wenn gleichzeitig ein Teil der Gemeinde A mit der Gemeinde B, und ein Teil der letzteren mit ersterer sich vereinigt.

Schließt die eine Gemeinde mit Angehörigen der andern Gemeinde, wenn auch durch Vermittlung der Verwaltung der letzteren, Verträge über Heimat- bezw. Bürgerrechtsverleihung ab, etwa mit jenen, welche innerhalb des Bereiches des einzuverleibenden Gebietsteiles wohnen, — so ist dies zulässig und nicht selten wünschenswert. Allein von selbst ändern sich Bürger- und Heimatrechte nicht. Die Ansprüche auf Verleihung solcher Rechte bleiben bestehen. Die Aenderung der Grenzen der Heimatgemeinde ist kein Verlustgrund der Heimat.

Freilich kann es kommen, daß der einzelne infolge der Aenderung des Gemeindebezirks Voraussetzungen nicht mehr erfüllt, von welchen der Bestand seines Rechtes oder Anspruches abhängt. Dies gilt vor allem vom Bürgerrechte. Bürger kann im allgemeinen nur sein, wer im Gemeindebezirke sich ständig aufhält. Bleibt nun ein Bürger von A in dem bisherigen Teile von A wohnen, der zur Gemeinde B gezogen wurde, so hört er auf, Bürger von A zu sein, ohne Bürger von B zu werden[1]). Verlegt er vor der Abtrennung seinen ständigen Aufenthalt in das nunmehrige Gebiet von A, so

berechtigt sein können, folgt aber nicht, daß der Beheimatete nur die bayrische Staatsangehörigkeit besitzen dürfe. Der Besitz anderer Staatsangehörigkeiten neben der bayrischen ist vielmehr ohne jede Bedeutung für die Heimat, ebenso der Erwerb eines Heimat- oder ähnlichen Rechtes in einem anderen Staate.

[1]) v. Kahr S. 114 Note 12b sagt, das Bürgerrecht hafte am „Wohnorte"; es gehe, wenn dieser einer anderen Gemeinde zugeteilt werde, von selbst auf letzteren über. Allein das Bürgerrecht haftet am Wohnsitze (ständigem Aufenthalt) in der Gemeinde; das Wohnen in der Gemeinde ist nur eine Voraussetzung der Befähigung zum Bürgerrechtserwerb in dieser Gemeinde; nicht haftet das Bürgerrecht an einem Grundstück oder Haus oder Zimmer der Gemeinde. Wenn jemand in der Gemeinde nicht mehr wohnt, ist er im allgemeinen unfähig, dort Bürger zu sein; ob er es in einer anderen wird, hängt davon ab, ob er das Bürgerrecht in derselben erwirbt. Wenn jemand kraft Art. 15 Gem.O. das Bürgerrecht erlangt hat, so kann er es allerdings zumeist auch in der neuen Gemeinde „ansprechen" und erlangt es, wenn er die gesetzlichen Voraussetzungen erfüllt.

bleibt selbstverständlich sein Bürgerrecht in A bestehen¹, sofern die sonstigen Voraussetzungen des Bürgerrechts fortbestehen.

Für das Heimatrecht ist der ständige Aufenthalt von solcher Bedeutung nicht. Der in A Beheimatete, aber in demjenigen Teile dieser Gemeinde, welcher nun an B kommt, wohnhafte bleibt in A beheimatet. Nur im Falle des Art. 2 H.G. kann eine Aenderung eintreten, falls nämlich nun die Gemeinde der Anstellung, des Schulsitzes, der Garnison oder des Amtssitzes eine andere wird.

Eine größere Bedeutung hat die Aenderung des Gemeindegebietes für den Anspruch auf Verleihung des Heimat(Bürger-)rechtes. Wer durch Aufenthalt in einer Gemeinde und zwar im nun abgetrennten Teile einen solchen Anspruch zu begründen begonnen hatte, kann den Ersitzungsaufenthalt nur fortsetzen, wenn er in dem nunmehrigen Gebiete seiner bisherigen Aufenthaltsgemeinde Aufenthalt nimmt. Bleibt er im abgetrennten Teile wohnen, so erwirbt er den Anspruch gegen die bisherige Gemeinde nicht, weil er den Aufenthalt in ihr nicht fortsetzt; der neuen Gemeinde gegenüber nützt ihm der bisherige Aufenthalt nichts, weil er sich nicht in ihrem Gebiete aufhielt.

b) Wird eine Gemeinde in mehrere neu gebildete Gemeinden aufgelöst[2], so kann dies in der Weise geschehen, daß die eine Gemeinde die rechtliche Existenz der bisherigen Gemeinde fortsetzt und lediglich die andere (und dritte) Gemeinde als ein neues Rechtsgebilde erscheint. Dies wird aus den Verhandlungen und der Entschließung des Ministeriums hervorgehen. Aus den nämlichen Quellen könnte sich aber auch ergeben, daß keine der neuen Gemeinden die rechtliche Existenz der bisherigen Gemeinde fortsetzt, sondern daß diese erlischt und nur neue Gemeinwesen entstehen. Beide Fälle bieten Schwierigkeiten. Im ersten wäre die neue Gemeinde, im letzteren wären sämtliche Gemeinden ohne Heimatberechtigte und Bürger. In der Tat ist die Schwierigkeit im zweiten Falle nicht lösbar — auch aus anderen als den hier angedeuteten Gründen. Eine solche Auflösung einer Gemeinde kann nicht stattfinden, weil das Gesetz keine Mittel gegeben hat, sie durchzuführen. Wenn nicht durch besonderes Gesetz eine Ordnung für den besonderen Fall erfolgt, so muß stets die eine Gemeinde als die Rechtsnachfolgerin der bisherigen Gemeinde bestimmt werden. Auch in diesem Falle ergeben sich Schwierigkeiten; dieselben sind aber nicht unüberwindlich. Durch Vereinbarung zwischen der bisherigen Gemeinde und Beheimateten und Bürgern, vornehmlich solchen, welche im Gebiete der neu zu schaffenden Gemeinde wohnen, werden Vereinbarungen wegen Erwerbes des Heimat- bezw. Bürgerrechts in der neuen, nicht als Rechtsnachfolgerin der bis-

---

²) Der gleiche Fall liegt vor, wenn die neuen Gemeinden in früherer Zeit schon bestanden haben, in eine Gemeinde vereinigt worden sind und nun wieder aufgelöst d. h. in ihren früheren Bestand zurückversetzt werden sollen.

herigen erscheinenden Gemeinde geschlossen. Die bisherige Gemeinde ist kraft Art. 4 IV der Gem.O. als Vertreterin der künftigen neuen Gemeinde zu erachten. Das Staatsministerium des Innern würdigt, ob die getroffenen „Verleihungen" genügen und ob sie den Grundsätzen der Billigkeit entsprechen. Wird die Auflösung genehmigt, so bleiben die nicht mit Heimat und Bürgerrechten in der neuen Gemeinde ausgestatteten Personen Heimatberechtigte und Bürger derjenigen Gemeinde, welche als Rechtsnachfolgerin der bisherigen Gemeinde erscheint, und zwar nach Maßgabe der Darlegungen unter a.

c) Die Aufteilung einer Gemeinde unter mehrere andere bestehende Gemeinden scheint den Untergang aller Heimat- und Bürgerrechte, welche in der aufgeteilten Gemeinde bestehen, zu bewirken. Hier reicht die unter b vorgesehene Regelung nicht aus, weil keine Gemeinde übrig bleibt, welche als Rechtsnachfolgerin der aufgeteilten Gemeinde erscheint. Der so entstehenden Schwierigkeit wird dadurch begegnet, daß die bisherige Gemeinde mit der einen Gemeinde vereinigt (vgl. d) und gleichzeitig ein Teil von ihr abgetrennt und mit der anderen verbunden wird (vgl. a). In diesem Falle gehen die Heimat- und Bürgerrechte nur auf die erstere Gemeinde über. Jedoch erscheint auch der andere Weg gangbar, daß die aufzuteilende Gemeinde mit den sie aufnehmenden Gemeinden Verträge schließt, nach welchen Heimat- und Bürgerrechte nach bestimmten Merkmalen und unter Beachtung der gesetzlichen Voraussetzungen in der einen oder der anderen der aufnehmenden Gemeinden gewonnen werden. Die Merkmale müssen aber gewährleisten, daß *sämtliche Heimatrechte* aufrecht erhalten bleiben und nicht erlöschen. Vgl. Art. 4 IV der Gem.O. Freilich ist eine solche Verfügung über Heimat- und Bürgerrechte den Gesetzen sonst fremd; im vorliegenden Falle dürfte sich eine Ausnahme dadurch begründen lassen, daß das Gesetz die Auflösung von Gemeinden ausdrücklich zuläßt und auf anderem Wege die Erwerbung neuer Heimatrechte, welche das Gesetz gleichfalls fordert, nicht möglich ist [3]).

d) Gleiches gilt, wenn Teile verschiedener Gemeinden zu einer neuen Gemeinde vereinigt werden (Art. 4 I Ziff. 3 G.On.). Den beteiligten Gemeinden wird wohl möglich sein müssen, durch Vereinbarung zu bestimmen, welche Heimatberechtigte und Bürger der neuen Gemeinde angehören sollen. Dem Staatsministerium bleibt

---

[3]) Auch die Anschauung läßt sich verteidigen, daß eine solche Auflösung von Gemeinden, da die ohne den Willen der Heimatberechtigten erfolgende Ueberweisung derselben an eine andere Gemeinde nicht vorgesehen ist, nur dann durchführbar ist, wenn es gelingt, mit allen denjenigen Heimatberechtigten, deren Heimat nicht von jener einer anderen handlungsfähigen Person abhängt, vorher Verträge wegen Heimaterwerbung zu schließen. Sind diese Personen nicht bekannt oder nicht geneigt, die Heimat zu ändern, so bliebe nur der Weg eines Spezialgesetzes übrig. — Die im Texte niedergelegte Anschauung geht davon aus, daß bei der fast immer vorhandenen tatsächlichen Unmöglichkeit, mit sämtlichen Heimatberechtigten Verträge zu schließen, das Gesetz einen Weg gewollt haben muß, die von ihm geschaffene Möglichkeit durchzuführen.

die Prüfung der Vereinbarungen und deren Genehmigung vorbehalten [4]).

e) Bei einer sogen. Einverleibung d. h. Vereinigung mehrerer für sich bestehender Gemeinden, setzen sich die Rechtspersönlichkeiten einer jeden der vereinigten Gemeinden in der nunmehrigen einzigen Gemeinde fort. Keine Gemeinde ist untergegangen. Daran ändert der Umstand nichts, daß der Name der größeren Gemeinde der neuen Korporation zu bleiben pflegt, was übrigens nicht notwendig ist [5]).

Die bisher in einer der Gemeinden beheimateten Personen sind beheimatet in der jetzt einen Gemeinde; die Bürger jeder Gemeinde werden Bürger derselben; die entstandenen Heimatansprüche können geltend gemacht werden, die im Entstehen begriffenen erwachsen gegen die Gesamtgemeinde, gleichviel in welcher der früher selbständigen Gemeinden dieselben vollendet oder begründet wurden [6]). B.G.H. Bd. 20 S. 30.

f) Die Heimat kann in einer politischen Gemeinde nur bestehen, so lange dieselbe im Königreich Bayern liegt. Scheidet das Gebiet derselben vollständig aus Bayern aus, so daß also auch eine verkleinerte Gemeinde nicht mehr übrig bleibt, so werden diejenigen bisher Heimatangehörigen heimatlos, welche nicht ohnehin auf Grund des Staatsvertrages aufhören, bayrische Staatsangehörige zu sein.

2. Durch Vereinbarungen zwischen den bei Gemeindeänderungen beteiligten Gemeinden können, abgesehen von dem unter 1 c und d erörterten Falle, unmittelbar wirkende Normen über Heimatrechte und Heimatansprüche nicht getroffen werden. Dagegen kann die eine Gemeinde der andern zusichern, daß sie die Heimat an bestimmte Personen unter bestimmten Voraussetzungen verleihen werde, obgleich eine Verpflichtung nicht besteht. Wenn z. B. bei Abtrennung der

---

[4]) Die Meinung, daß eine solche Vereinigung der Gebietsteile mehrerer Gemeinden zu einer Gemeinde nur kraft besonderen Gesetzes möglich ist, da die Gemeindeordnung bezw. das Heimatgesetz eine Ueberweisung ohne den Willen der Gemeindeangehörigen an eine andere Gemeinde nicht kennen, läßt sich mit guten Gründen verteidigen.

[5]) Die Uebung, daß die Verwaltung der kleineren Gemeinde in die Hände der Verwaltungsorgane der größeren überzugehen pflegt, und daß demnach die bisherigen Bürger der kleineren Gemeinde bis zu den nächsten Gemeindewahlen ohne Einfluß bleiben auf die Verwaltung der Gesamtgemeinde, ist eben nur eine Uebung, die auf Zweckmäßigkeitsgründen beruht und ihre Entstehung wohl einer Lücke im Gesetze verdankt. Vgl. auch Bl. Bd. 40 S. 49/50.

[6]) Anders liegt die Frage, ob Anspruch auf gebührenfreie Verleihung der Heimat besteht, wenn Arbeitsgemeinde und Aufenthaltsgemeinde, welche früher verschiedene waren, nun vereinigt sind. B.G.H. Bd. 20 S. 28 verneint mit Recht die Frage. Denn solange jemand an einem anderen Orte beschäftigt ist, als er wohnt, kann ein solcher Anspruch zu entstehen nicht beginnen. Die Tätigkeit in der Wohngemeinde ist eine notwendige Voraussetzung des erwähnten Anspruches. Die spätere Vereinigung der Gemeinden wirkt nicht zurück. — Man darf aber nicht verallgemeinernd sagen, der in der einverleibten Gemeinde zurückgelegte Aufenthalt könne gegen die einverleibende nicht nach Art. 6, 7 H.G. verwertet werden. Siehe Gemeindezeitg. Bd. 12 S. 290.

Ortschaft N von der Gemeinde A und Zuteilung an B zwischen A und B vereinbart wird, daß diejenigen in A bisher beheimateten Personen, welche in N wohnen, ihre Heimat in B haben sollen, oder daß jene Personen, welche sich bisher in N aufhielten, bei Beurteilung ihrer Ansprüche auf Heimatverleihung so angesehen werden sollen, als ob die Ortschaft N schon bisher zu B gehört habe, so bewirkt eine solche Vereinbarung allerdings nicht den Wechsel der Heimat der Bewohner der Ortschaft N, noch steht sie der Geltendmachung der Ansprüche solcher, welche bei der Trennung von N nach A übersiedelten, auf Heimatverleihung in A entgegen. Dagegen bleibt nicht nur B der Gemeinde A gegenüber zur Erfüllung der Zusage verpflichtet, sondern auch die Inhaber der Heimatrechte und Heimatansprüche erlangen in analoger Anwendung der Bestimmungen des bürgerlichen Rechtes (B.G.B. § 328 ff.) das Recht auf Erfüllung der getroffenen Vereinbarungen, demnach auf Verleihung der Heimat in B, sobald die vereinbarten Voraussetzungen zutreffen. Freilich müssen die beteiligten Personen ihrerseits Gebrauch machen wollen von den hinsichtlich ihrer Heimat getroffenen Bestimmungen; gezwungen werden können sie nicht [7]). — Das Vorstehende weicht ab von den sonstigen Regeln über vertragsmäßigen Heimaterwerb, nach welchen Dritte nicht über Heimatrechte verfügen und Ansprüche begründen können. Allein bei Aenderungen der Gemeindegrenzen liegt die Gültigkeit solcher Vereinbarungen im öffentlichen Interesse, dem sie sonst widerstreiten. Art. 4 Gem.O.

3. In der Zeit vor Erlaß des Heimatgesetzes von 1868 war der Einfluß von Gemeindebezirksänderungen im wesentlichen der gleiche, wie nach dieser Zeit. Die Heimattitel des Gesetzes vom 11. September 1825 begründen gleichfalls nur die Heimat in einer *politischen* Gemeinde, nicht in einem Teil einer solchen, insbesondere einer Ortschaft. In *einem* Falle, dem der Ansässigmachung auf Grund Besitzes eines bis zum Kapitalbetrage von 45 Kreuzern Steuersimplum schuldenfreien Anwesens, war die Ansässigkeit und mit ihr die Heimat an die Lage eines Grundstückes gebunden. Wäre, so lange diese Bestimmung galt, nämlich bis zum 1. Juli 1834, bei einer Gemeindebezirksänderung dieses Grundstück in den Bezirk einer anderen Gemeinde übergegangen, so wäre auch die Ansässigkeit und mit ihr die Heimat sogleich in dieser erworben worden, weil eben dann die Tatsache, welche ipso jure die Heimat im Gefolge hatte, in der neuen Gemeinde sich erfüllte. Aus ähnlichem Grunde konnte, auch nach 1834, wie auch nach dem jetzt geltenden Rechte die Heimat des definitiven Beamten sich ändern, dessen Amtssitz infolge einer Gemeindegebietsänderung in eine andere Gemeinde fiel. (S. oben.)

---

[7]) Gegen die finanziellen Schäden, welche dadurch entstehen, daß seitens der Beteiligten von den zwischen den Gemeinden vereinbarten Heimatregelungen kein Gebrauch gemacht wird, können sich die Gemeinden vertraglich schützen.

Im übrigen war auch vor 1868 die einmal begründete Heimat in ihrem Fortbestande unabhängig von dem Fortbestehen der Tatsachen, welche bei ihrer Begründung von Bedeutung waren; daher hatte auch eine Gemeindebezirksänderung als solche auf die Heimat keinen Einfluß [8]).

4. Die in Ziff. 1 erörterte Frage hat in Theorie und Praxis mannigfache Beantwortung gefunden. Eingehend wird sie erörtert in Bl. Bd. 43 S. 51, 97, 113: Für den Fall des Art. 41 Ziff. 1 G.O. (Vereinigung mehrerer bisher selbständiger Gemeinden) sei eine gesetzliche Fürsorge nicht getroffen. Das Staatsministerium könne aber seine Genehmigung von dem Nachweise abhängig machen, daß die in der einzuverleibenden Gemeinde A selbständig heimatberechtigten Personen mit dem Zeitpunkte der Einverleibung in der erweiterten Gemeinde B ihre Heimat haben sollen. Diese könne ja die Heimat für diesen Fall zusichern. — M. E. würde diese Zusicherung nicht ausreichen, da die nach dem Standpunkt des genannten Aufsatzes an sich heimatlos werdenden Personen von jener Vereinbarung keinen Gebrauch machen müssen. Indes kennt eben das Gesetz die sogen. „Einverleibung" überhaupt nicht; es kennt nur die Vereinigung der Gemeinden und da ergibt es sich ganz von selbst, daß die Heimat- (u. Bürger-)Rechte nun in der „vereinigten Gemeinde" bestehen. Für den Fall des Art. 41 Ziff. 4 (freiwillige gänzliche Auflösung von Gemeinden) wird die vorgängige Erwerbung von Heimatrechten in einer der aufnehmenden Gemeinden für sämtliche (selbständig) Berechtigte gefordert. Für den Fall des Art. 41 Ziff. 2 (Wiederauflösung der Verbände zu einer Gemeinde vereinigter, früher selbständiger Gemeinden) soll das Ministerium ermächtigt sein, die vor der Vereinigung bestehenden Bürger- und Heimatrechte wieder aufleben zu lassen. Eine schwierige Aufgabe, für die das Gesetz kaum einen Anhalt bieten dürfte! Die Frage, wohin die während der vielleicht Jahrzehnte währenden Vereinigung begründeten Heimatrechte zu verteilen sind, weiß der Aufsatz nicht zu beantworten. S. 104 Note 15. Da die „restitutio in integrum" (S. 103) ganz versagt, wenn aus einer Gemeinde mehrere, früher nicht selbständig gewesene Gemeinden neu gebildet werden, muß eine ministerielle unbeschränkte Organisationsbefugnis eingeräumt werden. Ich sehe für eine solche Organisationsbefugnis im Gesetze keinen Anhalt. Im übrigen sind die Darlegungen m. E. zumeist durchaus zutreffend; namentlich ist trefflich begründet, daß Gemeindebezirksänderungen als solche die Heimat nicht ändern.

v. Riedel S. 85 weist bei Abtrennung von Gebietsteilen einer Gemeinde und Zuteilung an eine andere Gemeinde dem Zwecke ausschlaggebende Bedeutung zu, „die mit dem fraglichen Gebiet im direkten oder indirekten Zusammenhang stehenden öffentlichen Einrichtungen und die auf letztere bezüglichen Rechte und Verbindlichkeiten von der einen Gemeinde auf die andere zu überweisen." Das sei schon im Hinblick auf die Tragung der Armenlasten ohne gleichzeitige Aenderung der Heimatverhältnisse nicht möglich. Zunächst sei es Sache der „Beteiligten", über diese Aenderungen Vereinbarung

---

[8]) Vgl. V.G.H. Bd. 8 S. 1. „Bei einer nach § 2 Z. 4 lit. b u. d A.G. (auf den Titel des „auf solche Weise vollständig und nachhaltig gesicherten Nahrungsstandes") in einer Gemeinde erfolgten Ansässigmachung eines an einem bestimmten Orte dieser Gemeinde stationierten öffentlichen Dieners hatte die Abtrennung des Stationsortes von dem Gemeindebezirke eine Aenderung in dem Heimatverhältnisse jener Person zur letzteren Gemeinde nicht zur Folge.

zu treffen. Liege eine solche nicht vor, so gehe jedenfalls die Heimat der in einer abgetrennten Ortschaft wohnenden Heimatberechtigten auf die neue Heimat über. v. Riedel scheint auch geneigt, die Rechtsprechung des Verwaltungsgerichtshofes (s. unten) zu billigen. v. Riedel, der unter den „Beteiligten" wohl die Gemeinden versteht, da er auf v. Kahrs Gemeindeordnung verweist, will sonach die Gemeinden zunächst über die Zuteilung der Heimatberechtigten entscheiden lassen. — Jedoch kann die Gemeinde ihren Angehörigen neue Heimatrechte nicht aufdrängen (s. Bl. Bd. 43 a. a. O.). Die „Umbildungsbefugnis" der Gemeinden und der Staatsregierung (s. v. Riedel S. 87), d. h. das Recht, Heimatänderungen ohne Zutun, ja gegen den Willen der Beteiligten durchzuführen, kann, wenn überhaupt, so doch nur insoweit anerkannt werden, als diese Befugnis zur Durchführung der im Gesetze vorgesehenen Aenderungen der Gemeindebezirke unerläßlich ist Vgl. oben. Der Anschauung aber, daß mangels Vereinbarungen der Wohnsitz oder sonstige „Beziehungen" entscheidend sein sollen, ist gleichfalls nicht beizutreten. Mag auch der „Aufenthalt" zusammen mit anderen Erfordernissen einen Titel bilden für die Erlangung eines Anspruches auf Heimatverleihung, so ist doch bei den zahlreichen sonstigen Erwerbsgründen der Heimat und der Unabhängigkeit der Fortdauer eines Heimatrechtes von der Fortdauer des Aufenthalts selbst ein „indirekter" Zusammenhang des Heimatrechtes mit dem Gebiete der Gemeinde kaum vorhanden, geschweige denn mit einem Teile des Gebietes. Der Umstand, daß jemand zufällig in dem abgetrennten Teile wohnt, kann nicht genügen, um aus „allgemeinen Rechtsgrundsätzen" einen ohne den Willen des Berechtigten sich vollziehenden Uebergang der Heimat anzunehmen. Die Heimat begründet Beziehungen zur Korporation der Heimatgemeinde, die nicht durch gänzliche und dauernde Entfernung aus der Gemeinde, also auch nicht dadurch beeinträchtigt werden, daß fortan die Wohnung des Heimatberechtigten im Bezirke einer anderen Gemeinde liegt. Die örtlichen Beziehungen bilden immer nur einen Anlaß für die Erwerbung der Heimat in dieser Gemeinde. — In anderen Punkten deckt sich die v. Riedelsche Auffassung im Ergebnis mit den oben vertretenen.

Mit v. Riedel scheint übereinzustimmen v. Kahr S. 103. Vgl. auch die dort angeführten Schriftsteller (Medicus, Wand). v. Seydel schließt sich den Ansichten v. Riedels an; vgl. Bd. 2 S. 71 Note 149 u. 150.

Der Verwaltungsgerichtshof läßt in Bd. 3 S. 240 ff. primär bei Abtrennungen von Teilen eines Gemeindebezirkes eine Vereinbarung zwischen den beteiligten Gemeindeverwaltungen zu (S. 244 am Ende); in Ermangelung von solchen sollen die in den abgetrennten Gebietsteilen „begründeten" Heimatverhältnisse auf die neue Gemeinde insoweit übergehen, „als zwischen jenen Heimatverhältnissen und dem abzutretenden Gebiete besondere Beziehungen bestehen". „Solche Beziehungen werden nicht allein durch den Wohnsitz der Person, deren Heimat in Frage steht, sondern auch noch durch andere Umstände wie z. B. Haus- und Grundbesitz begründet." Nach Bd. 5 S. 149 ist es ohne Belang, ob die Umstände, durch welche diese Beziehungen begründet wurden, zur Zeit der Gemeindebezirksänderung noch bestehen oder nicht. Der Verwaltungsgerichtshof schöpft aus v. Riedel, dessen oben angeführte prinzipielle Begründung er einfach annimmt. Nur hat er, wie oben erwähnt, gegenüber der v. Riedelschen früheren Darlegung den Kreis der Beziehungen erweitert und zugleich bestimmt, daß für das Bestehen solcher Beziehungen der Zeitpunkt der Begründung der Heimat maßgebend ist. Wenn ein Haus in N, das 1903 der Gemeinde M zugeteilt wird, dem A gehörte, als er in N die Heimat erwarb, so erlangt zufolge der Anschauung des Verwaltungsgerichtshofes der Sohn des A, der etwa in Amerika lebt oder die außereheliche Enkelin des A, die irgendwo sich aufhält, die Heimat in M, selbst wenn A das Haus nach kurzer Zeit wieder veräußert hatte. M. E. fehlt es daran, daß Heimatverhältnisse in „Bestandteilen einer politischen Gemeinde" begründet werden. — Vgl. auch Bl. Bd. 32 S. 287 Anm. Anders könnte es sich anscheinend verhalten bei Bürgerrechten, die sich gemäß Art. 15 Gem.O. auf den Besitz eines besteuerten Wohnhauses gründen; vgl. jedoch oben S. 65.

Reger S. 2 Anm. 3 geht radikaler zu Werke als v. Riedel und der Verwaltungsgerichtshof. Auch Reger läßt zunächst die Vereinbarungen zwischen den Gemeinden gelten; fehlen solche, so sollen bei Abtrennungen und bei Bildung einer neuen Gemeinde aus Teilen fortbestehender anderer Gemeinden diejenigen Personen, deren Heimat aus einem zur Erwerbung eines Heimatrechtes dienlich gewesenen, im nunmehrigen Gebiete der betreffenden Gemeinde stattgehabten Vorkommnisse (z. B. Grundbesitz, Gewerbebetrieb) sich ableitet, dieser Gemeinde zugewiesen werden; fehlen solche Vorkommnisse, so soll die Wohnung zur Zeit der Bezirksänderung entscheidend sein; fehlt auch eine solche, so soll die letzte Wohnung gelten. — Vgl. auch Gemeindezeitg. Bd. 12 S. 433, Bd. 3 S. 396/97.

§ 15.

Oertliche und zeitliche Geltung der Heimatgesetze.

1. Das Heimatrecht hat sich bis zum Jahre 1868 in den sieben rechtsrheinischen Kreisen Bayerns einerseits und in der Pfalz anderseits verschiedenartig entwickelt. Erst das Gesetz vom 16. April 1868 hat heimatrechtliche Bestimmungen für das ganze Königreich getroffen; aber auch dieses Gesetz sieht in den Art. 27—30 eine Anzahl Sonderbestimmungen für die Pfalz vor. Dies rechtfertigt es, das Heimatrecht der Pfalz gesondert zur Darstellung zu bringen. Auf einige Grundsätze, welche für die Behandlung von Heimatfragen wichtig sind, wenn eine Gemeinde des einen Rechtsgebietes und ein bisheriger Angehöriger des andern Rechtsgebietes beteiligt erscheinen, muß hier in Kürze aufmerksam gemacht werden.

a) Die Rechtsregeln über die Erwerbung und den Verlust des Heimatrechtes sind nach den erwähnten Gebieten verschieden geordnet; für die Zugehörigkeit zu einer Gemeinde und den Anspruch auf Verleihung der Heimat in einer Gemeinde kommen die Rechtsregeln desjenigen Gebietes zur Anwendung, in welchem die betreffende Gemeinde liegt. Es gilt also nicht das Personalprinzip, sondern das Territorialprinzip. Der bisherige Pfälzer wird im rechtsrheinischen Bayern nicht nach pfälzischem Rechte, der Rechtsrheiner in der Pfalz nicht nach rechtsrheinischen Grundsätzen behandelt. Beispielsweise ging nach dem pfälzischen Recht vor 1868 die Heimat verloren durch Begründung eines Wohnsitzes an einem anderen Orte, weil hierdurch die Heimat in der Wohnsitzgemeinde begründet wurde. Wenn nun der Pfälzer einen Wohnsitz im rechtsrheinischen Bayern nahm, so begründete er hierdurch keine Heimat, da nach rechtsrheinischem Rechte die Wohnsitznahme allein nicht ausreicht. Folglich verlor er aber auch nicht die bisherige pfälzische Heimat[1]).

b) Die Rechtsregeln des einen Rechtsgebietes fassen ihre Bestimmungen häufig so, daß nur die Angehörigen dieses Rechtsgebietes in der Lage sind, auf Grund eines bestimmten Sachverhaltes Rechte zu erwerben, während die Angehörigen des andern Rechtsgebietes entweder den Nichtbayern gleichgestellt sind oder für sie besondere Bestimmungen getroffen werden. Für das Recht vor 1868 läßt sich sogar der Satz aufstellen, daß in Ansehung des Erwerbes einer selbständigen Heimat die Angehörigen von Gemeinden rechts des Rheins in der Pfalz als Ausländer gelten[2]). So ist beispielsweise nach dem vor 1868 in der Pfalz geltenden Rechte der Nichtpfälzer, demnach auch der rechtsrheinische Bayer nicht in der Lage, durch Begründung eines Wohnsitzes eine selbständige Heimat zu erwerben. — Im geltenden Rechte sind zwar die Pfälzer in Ansehung der Heimaterwerbung in rechtsrheinischen Gemeinden den Angehörigen dieser Gemeinden gleichgestellt, nicht aber umgekehrt. Vgl. Art. 28 I H.G. Jedenfalls läßt sich für das gegenwärtige Recht der obige allgemeine Satz nicht mehr aufstellen. Das einzelne ist bei den einschlägigen Rechtsregeln zu erörtern.

c) Bedeutsam ist der Unterschied des polizeilichen Eherechtes wegen seiner Rückwirkungen auf das Heimatrecht. Ein Angehöriger der Pfalz bedurfte zur bürgerlichen Gültigkeit der Ehe niemals eines Verehelichungszeugnisses. Eine von ihm auch mit einer Angehörigen des rechtsrheinischen Bayern abgeschlossene Ehe hat volle heimatrechtliche Wirkung, obwohl ein Verehelichungszeugnis nicht erholt wird; ein Verehelichungszeugnis im Sinne des Art. 31 H.G. kann vielmehr gar nicht erholt werden. Wenn ein Pfälzer nach seiner Verehelichung die Heimat im rechtsrheinischen Bayern erwirbt, so ist die Nachholung des Zeugnisses weder erforderlich noch möglich; die Ehe hat, obwohl ohne Zeugnis geschlossen, auch im rechtsrheinischen Bayern volle Wirkung. Umgekehrterweise ruht der Mangel des

---

[1]) B.G.H. Bd. 10 S. 120: „Die nach den vor . . . 1868 gültigen heimatgesetzlichen Bestimmungen der Pfalz in einer pfälzischen Gemeinde begründete Heimat ging nicht schon durch die Tatsache der Niederlassung in einer Gemeinde des rechtsrheinischen Bayern, sondern nur dann verloren, wenn in der neuen Aufenthaltsgemeinde nach den daselbst bestandenen gesetzlichen Bestimmungen eine Heimat erworben wurde." — B.G.H. Bd. 6 S. 258: „Die zur Regelung der Heimatverhältnisse erlassenen Gesetze können in Ansehung der Beurteilung der bezüglichen Rechtsverhältnisse nur für jene Gemeinden maßgebend sein, welche in dem Geltungsbereich des Gesetzes sich befinden."

[2]) Vgl. für das bis 1868 geltende Recht v. Seydel Bd. 2 S. 56 bei Note 101. B.G.H. Bd. 5 S. 307; B.G.H. Bd. 6 S. 195. „Nach den für die Rheinpfalz vor dem 1. September 1868 bestandenen gesetzlichen Bestimmungen gilt ein Angehöriger der Landesteile diesseits des Rheins in bezug auf Niederlassung, Heimat und Verehelichung in der Pfalz als Ausländer und konnte deshalb durch einfache Niederlassung in einer Gemeinde der Rheinpfalz das Bürgerrecht und folgeweise das Heimatr.cht in dieser Gemeinde nicht erwerben."

nicht erholten Zeugnisses einer von einem rechtsrheinischen Bayern abgeschlossenen Ehe, wenn dieser nach der Eheschließung in einer pfälzischen Gemeinde die Heimat erwirbt; denn nach pfälzischem Rechte ist eben die Erholung eines Zeugnisses nicht erforderlich zur Erzeugung der vollen heimatrechtlichen Wirkungen der Ehe. Allerdings lebt dieser Mangel wieder auf, wenn der zur Zeit des Abschlusses der Ehe im rechtsrheinischen Bayern beheimatete, dann in der Pfalz aufgenommene Mann später wieder im rechtsrheinischen Bayern eine Heimat erlangt. Denn die inzwischen liegende Erlangung einer pfälzischen Heimat macht nicht den Mangel des Verehelichungszeugnisses gut. —

d) Zivilrechtliche Verhältnisse, welche für die Heimatzugehörigkeit von rechtlicher Bedeutung sind, sind nach dem einschlägigen Zivilrechte zu beurteilen[3]). Das bayrische wie das pfälzische Recht erachten beispielsweise das legitimierte Kind dem ehelichen gleich. Die Frage, ob das Kind legitimiert ist, ist aber nicht nach dem Rechte zu beurteilen, welches in der Gemeinde gilt, in der durch Legitimation

[3]) Nach früherem pfälzischen Rechte erwarb das vom Vater anerkannte natürliche Kind den Wohnsitz des Vaters und damit auch dessen Heimat. War nun das Kind von einer pfälzischen Mutter geboren, so kam es immerhin darauf an, ob das Kind in seinem Personalstatus nach pfälzischem Rechte zu beurteilen war; dies war m. E. nicht der Fall, wenn die Mutter nicht im Rechtsgebiete des Code civil wohnte. War es aber nach pfälzischem Rechte zu beurteilen, so teilte es den Wohnsitz des Vaters, wenn dieser Pfälzer war. Es erlangte dann (bis 1868) die Heimat in der pfälzischen Gemeinde seines Vaters, weil der Wohnsitz in der Gemeinde sich mit der Heimat verband. (Seit 1868 begründet auch in der Pfalz Wohnsitz die Heimat nicht mehr.) War der Vater nicht Pfälzer, sondern Angehöriger des rechtsrheinischen Bayern, so konnte das Kind zwar unter Umständen trotzdem gesetzlich den Wohnsitz des Vaters teilen, nicht aber dessen Heimat; denn für die Heimatbegründung in Gemeinden rechts des Rheins war nach a) nur das eigene Heimatrecht maßgebend und dieses kannte keinen Heimaterwerb durch Wohnsitzerwerb. Dies ist der Grund, warum ein von dem Vater anerkanntes natürliches Kind durch diese Anerkennung auch dann die Heimat in einer bayrischen Gemeinde rechts des Rheins nicht erwerben konnte, wenn die Anerkennung rechtsverbindlich und nach den Bestimmungen des Code civil zu beurteilen war. — War das Kind von einer rechtsrheinischen Mutter geboren, so konnte jedenfalls die Anerkennung durch den außerehelichen Vater nur von dem Zeitpunkte an von Bedeutung für das Kind sein, in welchem die Mutter Pfälzerin wurde. M. E. wurde auch das Kind hierdurch Pfälzer, falls es noch seine ursprüngliche Heimat besaß und erlangte je nach den im vorstehenden erörterten Verhältnissen auch die Heimat des Vaters. Die in Bl. Bd. 41 S. 111 ausgesprochene Meinung, daß das Kind der Pfalz gegenüber als Ausländer zu gelten hat, kann ich nicht teilen. Sie ist auch mißbilligt vom V.G.H. Bd. 15 S. 74. „Die Heimat, welche eine in den rechtsrheinschen Landesteilen beheimatete Frauensperson in einer pfälzischen Gemeinde vor dem 1. September 1868 durch Verehelichung erwarb, ging auch auf ihre außerehelichen, nichtlegitimierten Kinder über." Der V.G.H. legt dar, daß die sogen. Ausländereigenschaft des diesrheinischen Bayern der Pfalz gegenüber nicht in Widerspruch geraten dürfe mit den Bestimmungen der Verfassungsurkunde, und wie man beisetzen darf, mit anerkannten Rechtsgrundsätzen, welche im Bereich des ganzen Königreichs gelten. Ein solcher allgemeiner Rechtsgrundsatz ist aber der, daß das bayrische uneheliche Kind die Heimat seiner bayrischen Mutter teilt.

die Heimat erworben werden soll, sondern nach dem Rechte, welches für die Legitimation selbst in Betracht kommt. Danach konnte auch für ein rechtsrheinisches Kind, dessen Vater zur Zeit der Eheschließung in der Pfalz seinen Wohnsitz hatte, pfälzisches Recht zur Anwendung kommen.

2. Das Heimatrecht ist im rechtsrheinischen Bayern geregelt worden

a)[4]) vor dem Jahre 1825 durch eine Anzahl landesherrlicher Verordnungen, welche aufzuführen sind, wo eine Verweisung auf sie erforderlich wird;

b)[5]) durch das Gesetz über die Heimat vom 11. September 1825;

c)[6]) soweit Ansässigmachung die Heimat begründet, durch das Gesetz vom 11. September 1825 über Ansässigmachung und Verehelichung, revidiert durch Gesetz vom 1. Juli 1834;

d)[7]) durch das Gesetz über Heimat, Verehelichung und Aufenthalt vom 16. April 1868 mit seinen Novellen vom 23. Februar 1872, 21. April 1884, 17. März 1892, 17. Juni 1896, ferner durch Art. 154 des Ausführungsgesetzes zum Bürgerlichen Gesetzbuch vom 9. Juni 1899.

Es ist nicht ohne rechtliche Bedeutung, daß die erwähnten Novellen sich selbst nur als Abänderungen (z. T. Auslegungen) des Heimatgesetzes vom 16. April 1868 bezeichnen. Die einzelnen, wenn auch geänderten Bestimmungen erscheinen als Bestandteile des nämlichen Gesetzes und sind aus dem ganzen zu erklären. Dagegen hat die Aenderung des Inhaltes einzelner Artikel durch spätere Gesetze nicht die Bedeutung, daß es nun so sein solle, als ob die Artikel in der neuen Fassung von Anfang an gegolten hätten. Die neue Fassung bleibt gegenüber der früheren späteres Gesetz. —

e) insoweit durch das Bürgerrecht die Heimat begründet wird, durch die Gemeindeordnung vom 29. April 1869.

3. Hinsichtlich der zeitlichen Anwendung dieser Gesetze ist zu unterscheiden zwischen dem Inhalte und der Begründung der Heimat.

Allerdings wirkt nach dem bürgerlichen Rechte das ältere Gesetz in der Regel auf die unter seiner Herrschaft begründeten Rechtsverhältnisse fort. Dernburg I S. 84. Allein diese Regel gilt nur, soweit nicht ein anderer Wille des Gesetzes zu erkennen ist. Für das öffentliche Recht ist aber im allgemeinen anzunehmen, daß der neue Inhalt der Rechtseinrichtungen den bisherigen vollständig ersetzen soll. Das spätere Gesetz hat insofern rückwirkende Kraft, als von seiner Geltung an öffentlich-rechtliche Einrichtungen nur nach ihm, nicht nach dem früheren Gesetze inhaltlich beurteilt werden können. Wenn

---

[4]) Vgl. v. Riedel, Einleitung § 3, 4, 5, 6, 7; v. Seydel Bd. 2 S. 49.
[5]) Vgl. v. Riedel, Einleitung § 8; v. Seydel Bd. 2 S. 51.
[6]) Vgl. v. Riedel, Einleitung § 9, 10; v. Seydel Bd. 2 S. 51, 52, 53.
[7]) Vgl. v. Riedel, Einleitung § 12; v. Seydel Bd. 2 S. 54, 57.

das Wohl des Staates die Neuordnung des Inhaltes einer Rechtseinrichtung bedingt, so ist fortan kein Raum mehr für die frühere Ordnung. Diese in gewissem Sinne rückwirkende Kraft tritt jedoch nur ein, soweit der Zweck des Gesetzes sie erfordert und der Wortlaut des letzteren sie nicht ausschließt.

Daß im nämlichen Staate die Bedeutung der Staatsangehörigkeit nicht verschieden sein kann, je nach dem Zeitpunkte ihrer Entstehung, liegt auf der Hand. Gleiches gilt auch für die Bedeutung der Heimat. Jede bayrische „Heimat" hat heute also gleichen Inhalt und gleiche rechtliche Natur, wann immer sie entstanden ist[8]).

Nun möchte Art. 47 v H.G. Bedenken hervorrufen. „Die an diesem Tage (1. September 1868) erworbenen Heimatrechte sind nach den bisherigen Bestimmungen zu beurteilen." Diese Fassung deutet auf den Inhalt. In der Tat aber sollte nichts anderes gesagt werden, als was schon in § 10 des Heimatgesetzes von 1825 stand, wonach die nach früheren bis 1825 gültigen Verordnungen bereits erworbenen Heimatrechte vorbehalten bleiben, oder, was der Ausschußreferent vorgeschlagen hatte, „Die an diesem Tage nach Maßgabe der bis dahin geltenden Gesetze bestehenden Heimatrechte bleiben in Wirksamkeit"[9]).

Demnach sieht das Gesetz vor, daß das **Vorhandensein** eines Heimatrechtes nach den Gesetzen derjenigen Zeit zu beurteilen ist, in welcher die Tatsachen sich ereigneten, welche die Heimat begründen sollen (s. Ziff. 4). Dagegen richtet sich der Inhalt nach neuem Rechte.

4. Die Heimat ist nur dann vorhanden, wenn die Tatsachen, welche sie begründen, unter der Herrschaft desjenigen Gesetzes zusammentreffen, welches diese Tatsachen als heimatbegründend anerkennt[10]). Da jede spätere Heimat die frühere aufhebt, so ist bei Feststellung der Heimat stets zu prüfen, ob in **neuerer** Zeit der gesetzliche Tatbestand einer Heimatbegründung erweislich ist, und nur im verneinendem Falle auf eine immer frühere Zeit zurückzugehen. Die

---

[8]) v. **Riedel** S. 307 Note 7. B.G.H. Bd. 3 S. 392.

[9]) Diese Fassung wurde nicht angenommen, weil früher auch „Verordnungen" die Heimat geregelt hatten. — Daß übrigens nicht nur die im technischen Sinne „erworbene", sondern auch die ursprüngliche Heimat geschützt werden sollte, unterliegt keinem Zweifel. Bl Bd. 23 S 102.

[10]) **Welche Tatsachen** die Heimat begründen, ist also sorgfältig zu ermitteln. Die **Geburtsheimat** z. B. tritt nach dem Rechte vor 1825 ein, wenn keine Heimat selbständig begründet wurde und auch die Eltern nur die Geburtsheimat besaßen. Die Geburtsheimat besteht also als ursprüngliche Heimat, sofern der Vater (die außereheliche Mutter) keine Heimat erworben hat, so lange, bis dies geschah oder das Kind selbst eine Heimat erwarb. Demnach besteht die Geburtsheimat **sogleich** mit der Geburt und wurde aufgehoben wie eine andere. Die negative Fassung der Gerichtsordnung von 1753 führt zu keinem anderen Ergebnisse. Es darf also nicht, weil das Gesetz von 1825 die Geburtsheimat nicht mehr kannte, einem vor 1825 Geborenen statt eine Geburtsheimat zuerkannt, eine Heimat „angewiesen" werden. Bl. Bd. 27 S. 96.

Heimatbegründung ist für jede Feststellung nach dem Rechte zu beurteilen, welches zur Zeit der **Vollendung** des bezüglichen Tatbestandes gilt[11]).

Beispiele. Das Gesetz von 1825 weist das Kind der Heimat der Mutter zu, wenn die Heimat des Vaters nicht ermittelt werden kann. Wenn die Mutter in diesem Falle am 1. August 1868 die Heimat in A hatte, so hat auch das Kind die Heimat in A. Erwarb die Mutter am 1. Juli 1870 eine neue Heimat in B, so wäre das Kind nach dem Rechte vor dem 1. September 1868 dieser Heimat gefolgt. Seit diesem Tage ist dies nicht mehr möglich. Das neue Recht kennt eine Heimatfolge eines ehelichen Kindes in die Heimat der Mutter nicht. Das Kind behält vielmehr nun die Heimat in A bei, bis es eine selbständige erwirbt[12]). — Das Recht vor 1825 kannte eine „Ersitzung der Heimat" durch 15jährige Dienstleistung als Dienstbote. Das Heimatgesetz von 1825 kennt diesen Titel nicht. Eine bei Inkrafttreten des Gesetzes nahezu vollendete Ersitzung kann daher nicht mehr vollendet werden[13]).

Sind zur Erwerbung einer Heimat verschiedene Tatsachen erforderlich, so müssen sie sämtliche unter der Herrschaft des bezüglichen Rechts zusammentreffen. Dies ist erforderlich, aber auch genügend.

---

[11]) Bl. Bd. 36 S. 394. „Wenn Tatsachen, welche nach früheren Gesetzen Heimatrechte zu begründen vermochten, erst nach dem 1. September 1868 eintraten, so sind die Wirkungen derselben nicht mehr nach dem früher geltenden Rechte, sondern nach dem gegenwärtigen Rechte zu beurteilen."

[12]) A. M. Bl. Bd. 23 S. 103, wo, weil die Heimat des Kindes eine „ursprüngliche" ist, gefolgert wird, daß sie der Heimat der Mutter folgt. Allein auch die Erlangung einer neuen Heimat durch Heimatfolge ist Begründung einer neuen Heimat. Das Gesetz von 1868 spricht aber in Art. 11 von der Heimatfolge nur mit der Beschränkung, die sich aus Abs. II ergibt; dieser bestimmt, daß bei ehelichen Kindern die Heimat das Vaters entscheidet. Eine **neue** Heimat kann im Widerspruch mit dieser Bestimmung nicht begründet werden. Aus der nämlichen Erwägung kann nach pfälzischem Rechte ab 1. September 1868 ein vom natürlichen Vater anerkanntes Kind die **neue** Heimat des Vaters nicht mehr teilen. A. M. Gemeindezeitg. Bd. 9 S. 81.

[13]) Obiger Grundsatz hindert nicht, daß bei Feststellung einer neuen Heimat ältere Gesetze zur Anwendung kommen. Beispielsweise ist bei Feststellung der Heimat des zur Zeit der Geltung des **neuen** Gesetzes geborenen, außerehelichen Kindes einer vor dem 1. September 1868 aus ihrem alleinigen Verschulden geschiedenen Frau nicht Art. 4II H.G., sondern § 1 Ziff. 3 des Heimatgesetzes von 1825 anzuwenden. Allerdings handelt es sich beim Kinde um eine Heimatbegründung nach neuem Rechte, daher gilt für das Kind Art. 1 H.G.; seine Heimat bestimmt sich nach diesem Artikel nach der Heimat der Mutter; diese aber hat infolge jener Scheidung die voreheliche Heimat wieder erlangt.

Die seitens eines im rechtsrheinischen Bayern beheimateten, aber außerhalb Europas wohnhaften Mannes ohne Verehelichungszeugnis etwa im Jahre 1890 **außerhalb** Bayerns abgeschlossene Ehe hatte alle Wirkungen einer vollgültigen Ehe auch hinsichtlich der Heimat der Ehefrau und Kinder. Seit der Novelle vom 17. März 1892 gilt dies für **neue** derartige Eheschließungen nicht mehr; eine solche Ehe hat fortan keine Bedeutung mehr für die Heimat der Ehefrau und der Kinder. Die aus der 1890 abgeschlossenen Ehe nach 1892 hervorgehenden Kinder folgen gleichwohl der Heimat des Vaters, weil für die Begründung der „ursprünglichen" Heimat die volle Gültigkeit der Ehe der Eltern maßgebend ist. Für diese Frage aber entscheidet das Recht des Jahres 1890.

Wenn also Zustände von längerer Dauer nötig sind, so muß diese Dauer vorhanden sein; sie braucht aber nicht vollständig in die Geltungszeit des neuen Gesetzes zu fallen, falls dieses solches nicht ausdrücklich vorschreibt. Eine solche Vorschrift findet sich in Art. 47 IV H.G. Die vor dem 1. September 1868 zurückgelegte Aufenthaltszeit wird bei Anwendung der Art. 6 und 7 nicht in Berechnung gezogen[14]). Dagegen wird z. B. für die nach Art. 6 H.G. in der Fassung der Novelle vom 17. Juni 1896 zur Erwerbung des Anspruches auf Heimatverleihung erforderliche Aufenthaltszeit auch der Aufenthalt vor dem 25. Juni 1896 (Beginn der Geltung dieser Novelle) berücksichtigt[15]).

Wenn jedoch ein früheres Gesetz einer Tatsache entweder ausdrücklich keine oder unter bestimmten Voraussetzungen sogar eine entgegengesetzte Bedeutung zuerkennt, als das spätere Gesetz, so ist, falls letzteres nicht gegenteiliges anordnet, der unter dem früheren Rechte angefallene, aber für eine solche Rechtswirkung ungeeignete Tatbestand für den Tatbestand des neuen Rechtes nicht zu verwerten[16]).

5. Eine nicht unwichtige Ausnahme von der Regel der Ziff. 4 ist durch Art. 31 III bezw. die Novelle vom 17. März 1892 in das Heimatgesetz eingeführt worden. Vorher, d. i. vom 1. September 1868 ab, galt die von einem im rechtsrheinischen Bayern beheimateten Manne ohne Verehelichungszeugnis eingegangene Ehe als „bürgerlich ungültig". Die „selbständige" Heimat erlangt nun ein Mann, welcher zur Zeit der Eheschließung noch die „ursprüngliche" Heimat besitzt, nach Art. 31 I H.G. nur, wenn er eine bürgerlich gültige Ehe abschließt. Wer eine bürgerlich ungültige Ehe abschloß, behielt also die „ursprüngliche" Heimat bei, folgte demnach auch fernerhin der Heimat des Vaters, bezw. der Mutter. Erlangte er später ein Verehelichungszeugnis (z. B. für eine zweite Ehe), so erwarb er gegebenenfalls eine nach dem

---

[14]) Daß auch für Art. 12 IV H.G. (Anspruch auf Unentgeltlichkeit der Heimatverleihung) das gleiche gilt, ergibt sich aus dem Gesetze nicht. Dagegen folgt dies aus dem Zusammenhang zwischen Art. 12 IV und 7 H.G.

[15]) Art. 6 der neuen Fassung fordert einen 4jährigen Aufenthalt zur Entstehung des Heimatanspruches, während die bis dahin geltende Fassung einen solchen von 5 Jahren verlangte. Der vor Geltung der Novelle zurückgelegte Aufenthalt ist weder als nicht vorhanden, noch als nur teilweise anrechenbar zu erachten, sondern hat volle Wirkung, falls er nur im übrigen die verlangten Eigenschaften besitzt. V.G.H. Bd. 18 S. 135; Reger S. 19 Anm. 7; v. Riedel S. 121 Note 21b.

[16]) Führt ein Gesetz einen Tatbestand neu ein, der dem alten Rechte unbekannt war, so steht der Verwertung desselben an sich nichts entgegen, wenngleich einzelne Tatsachen in der Zeit des alten Rechtes begonnen haben. (s. o.) Wenn jedoch das alte Recht beispielsweise einen Aufenthalt zur Erwerbung eines Heimatanspruches für ungeeignet erklärte, während dessen Armenunterstützung erbeten wurde, so kann dieser Aufenthalt auch dann nicht zur Begründung eines Anspruches verwendet werden, wenn unter der Geltung des neuen Rechtes dies Ansuchen um Armenunterstützung nicht oder nicht unbedingt schadet.

Zeitpunkte des Abschlusses der ersten Ehe erlangte ursprüngliche Heimat als selbständige Heimat und dieser Heimat folgten dann Ehefrau und Kinder. Durch den erwähnten Art. 31 III ist aber mit rückwirkender Kraft die bürgerliche Gültigkeit der ohne Verehelichungszeugnis eingegangenen Ehen ausgesprochen worden. Dadurch ist späteres Recht zur Grundlage früherer Heimatbegründungen geworden [17]). Im obigen Falle sind also nunmehr vom Zeitpunkte des Abschlusses der ersten Ehe an Aenderungen der Heimat des Vaters oder der Mutter ohne Wirkung auf die Heimat des Sohnes und seiner Familienmitglieder. — Von anderer rechtlicher, aber von ähnlicher tatsächlicher Bedeutung wie die Verleihung rückwirkender Kraft ist die authentische Interpretation, welche entweder durch ausdrückliche Erklärung oder durch Anwendung des gesetzgeberischen Willens auf einen bestimmten Fall bekundet, in welchem Sinne der Wortlaut des Gesetzes zu verstehen ist. Das Heimatgesetz in seiner gegenwärtigen Fassung enthält mehrfache Beispiele von authentischen Interpretationen der letzteren Art, so Art. 2 II, III, eingefügt durch die Novelle vom 17. März 1892, Art. 6 IV, eingefügt durch die Novelle vom 17. Juni 1896. Heimatbegründende Vorgänge müssen auch für die Zeit vor dem Erlasse der Interpretation so beurteilt werden, wie diese anordnet. Weder mit rückwirkender Kraft ausgestattete Bestimmungen noch Interpretationen tasten rechtskräftig entschiedene [18]) Fragen an, sofern nicht auch dies als Wille des Gesetzgebers zu erkennen ist; zu vermuten ist dieser Wille nicht.

6. Da die Heimatbegründung dem Rechte der Zeit untersteht, in welcher sie erfolgt, so muß in diesem Buche auch der Erwerb und Verlust der Heimat nach früherem Rechte — wenn auch in minder eingehender Weise — dargestellt werden.

§ 16.

Die Arten der Heimat.

1. Die Heimat ist nach ihrem Inhalte stets die gleiche; vgl. hierüber § 12. Eine Ausnahme davon scheint zu bilden die „vor-

[17]) Wenn der Ehemann, der ohne Zeugnis geheiratet hatte, vor dem Erlaß der Novelle vom 17. März 1892 die Staatsangehörigkeit verloren hatte, so wird die rückwirkende Kraft der Novelle trotzdem auch ihn betreffen. Das ist von Wichtigkeit für den Ersatz von Armenunterstützungen, aber auch dann, wenn der Mann nach Auflösung jener ersten Ehe und vor dem Verluste der Staatsangehörigkeit eine zweite Ehe mit Zeugnis abgeschlossen hat, und Frau oder Kinder dieser Ehe die Staatsangehörigkeit nicht verloren. Hat nämlich der Mann nach Eingehung der ersten Ehe eine andere ursprüngliche Heimat erlangt, so wäre diese durch die zweite Ehe seine selbständige geworden; nun aber ist die Gemeinde der ursprünglichen Heimat zur Zeit des Abschlusses der ersten Ehe als Gemeinde der erworbenen Heimat des Mannes und somit unter Umständen auch seiner (zweiten) Ehefrau und Kinder zu betrachten. Vgl. Bl. Bd. 47 S. 205.

[18]) Freilich muß es sich um der Rechtskraft fähige Entscheidungen handeln.

läufige Heimat". Sie bildet jedoch, wie später zu zeigen ist, den Gegensatz zur „wirklichen" Heimat. Vorläufige Heimat ist keine Heimat, sondern eine Rechtseinrichtung, zu deren Bezeichnung der Heimatname lediglich entlehnt ist, weil sie Verwandtschaft mit der Heimat aufweist. Wer eine vorläufige Heimat hat, der ist entweder heimatlos im engeren Sinne oder dessen Heimat ist unbekannt.

2. Unterscheidungen bestehen nur hinsichtlich der Begründung[1]) der Heimat. Die Heimat einer Person ist entweder von jener einer anderen Person abhängig, abgeleitet; dann bedingen Aenderungen der Heimatzugehörigkeit dieser Person auch solche der Heimat der ersteren Person; oder die Heimat einer Person ist in ihrem Bestande unabhängig von jener einer anderen. Im letzteren Falle spricht man von einer selbständigen Heimat, im ersteren auch von einer unselbständigen Heimat[2]).

Die Unselbständigkeit der „abgeleiteten" Heimat, welche ihren Grund im Familienbande hat (v. Seydel Bd. 2 S. 59), besteht de jure so lange, bis eine selbständige „erworben" ist. Der Grund der Erwerbung besteht in Beziehungen, in welche der Erwerber persönlich und unmittelbar zu einer Gemeinde getreten ist. In der Regel hat der Erwerber einer selbständigen Heimat einmal eine unselbständige besessen; erforderlich ist dies aber nicht. Vgl. Art. 10, 11 H.G.

Die selbständige Heimat kann sich nur in einem Falle in eine unselbständige verwandeln: durch Verheiratung einer Frau, welche bereits eine selbständige Heimat erworben hatte. Dies gilt auch, wenn eine Ehefrau, die nach der Eheschließung eine selbständige Heimat erwarb, eine neue Ehe eingeht. Dagegen erlangt eine Person, welche bereits eine selbständige Heimat erworben hat, dadurch, daß sie nach diesem Zeitpunkt die rechtliche Stellung des ehelichen Kindes erlangt — z. B. durch Legitimation —, nicht wieder die Heimat des Vaters als unselbständige, sondern behält die bisherige selbständige Heimat bei.

3. Die unselbständige Heimat ist jene des Kindes und jene der Ehefrau. Erstere wird im Gesetze „ursprüngliche" genannt; auch eine spätere, von der des Vaters (der Mutter) abgeleitete Heimat des Kindes behält jenen Namen, der den Gegensatz bildet zur „erworbenen" Heimat. Ursprüngliche Heimat ist also nicht immer die anfängliche, oder die erste Heimat.

„Erworben" ist die Heimat der Ehefrau und die selbständige Heimat. Die Bezeichnungen „unselbständig — ursprünglich, selbständig — erworben" bedeuten also nicht gleiches.

Eine ursprüngliche Heimat kann tatsächlich zur unabhängigen werden[3]). Auch von einer „ursprünglichen" Heimat leiten sich häufig

[1]) v. Seydel, Bd. 2 S. 58 unten.

[2]) Reger, S. 9 Anm. 1 und S. 10 Anm. 4a.

[3]) Weil infolge von Tatsachen die Möglichkeit der Aenderung durch Aenderung der Heimat Dritter entfällt. v. Seydel Bd. 2 S. 60 Ziff. 1—5. Eine „rechtliche" Umwandlung der unselbständigen in eine „selbständige" Heimat

Heimatrechte anderer Personen ab; insbesondere haben außereheliche Kinder häufig die ursprüngliche Heimat der Mutter. Das Gesetz ist nicht völlig konsequent in der Durchführung der Bezeichnungen. Dies ist nicht von Uebel, weil von rechtlicher Erheblichkeit nur der Unterschied zwischen selbständiger und unselbständiger Heimat ist.

4. Den wichtigsten begrifflichen Unterschied zwischen selbständiger und unselbständiger Heimat hat Ziff. 2 bereits bezeichnet. Beizufügen ist noch, daß die Erlangung einer unselbständigen Heimat niemals zur Zahlung einer Heimatgebühr verpflichtet; dagegen kann bei Erwerbung einer selbständigen Heimat die Gemeinde in bestimmten Fällen und unter bestimmten Voraussetzungen eine solche Gebühr fordern. Art. 12 H.G.

5. Die einzelnen Fälle der Begründung einer unselbständigen und selbständigen Heimat werden im folgenden näher dargelegt werden. Hier sind jedoch die Fälle zu erörtern, in welchen sich die Umwandlung einer unselbständigen in eine selbständige Heimat ohne Aenderung des Heimatortes vollzieht[4]). Ist nämlich mit der Aenderung des Charakters der Heimat auch eine solche der Heimatgemeinde verbunden, so ist ohnehin die Erwerbungsart und mit ihr auch der nunmehrige Charakter der Heimat leicht zu erkennen. Die Umwandlung lediglich des Charakters der Heimat vollzieht sich

a) in den Fällen des Art. 2 H.G., wenn die Gemeinde der Anstellung, des Schulsitzes, der Garnison, des Amtssitzes zugleich die Gemeinde der bisherigen unselbständigen Heimat gewesen ist, oder wenn die Gemeinde der Anstellung nicht in Bayern liegt und der Angestellte noch seine ursprüngliche Heimat hat;

b) in den Fällen des Art. 31 H.G., wenn nämlich ein Mann zur Zeit des Abschlusses einer bürgerlich gültigen Ehe noch seine ursprüngliche (wirkliche) Heimat besitzt; er erwirbt diese als selbständige Heimat[5])[6]); vgl. auch § 41;

---

tritt nicht in allen Fällen ein, die v. Seydel anführt. Insbesondere ist der eheliche Sohn beim Tode des Vaters noch immer Inhaber einer unselbständigen Heimat, auch wenn diese für die Zukunft sich nicht mehr nach jener des Vaters richten kann. Heiratet der Sohn, so erwirbt er erst die selbständige Heimat und hat daher auch nach Art. 12 Heimatgebühr zu zahlen, was nach v. Seydel S. 60 Ziff. 1 nicht der Fall wäre. — Wenn der Vater, dessen Kinder die bayrische Staatsangehörigkeit beibehielten, während er sie verlor, wieder heimatberechtigter Bayer wird, so fahren die Kinder, falls sie noch keine Heimat erworben haben, m. E. fort, dem Vater in der Heimat zu folgen, vgl. § 26. Auch dies wäre nicht möglich, wenn die Heimat der Kinder rechtlich eine selbständige geworden wäre.

[4]) Von einer „Erwerbung" einer Heimat im eigentlichen Sinne kann hier nicht die Rede sein, weil man keine Heimat erwerben kann, die man schon hat.

[5]) Auch beim Mangel des Verehelichungszeugnisses; siehe § 17, ferner v. Seydel Bd. 2 S. 60, v. Riedel S. 232; V.G.H. Bd. 25 S. 110; — über die Bedeutung der rückwirkenden Kraft des Art. 31 II H.G. für die Heimat des Mannes siehe § 15 Ziff. 5. — V.G.H. Bd. 4 S. 491: Ein Heimatloser erwirbt durch Eheschließung die ihm angewiesene Heimat nicht als wirkliche Heimat.

[6]) Ueber die Verpflichtung zur Zahlung der Heimatgebühr siehe § 41; schon

c) durch Erwerbung des Bürgerrechtes in der Gemeinde der unselbständigen Heimat, Art. 5 H.G.;

d) durch Verleihung des Heimatrechtes in den Fällen des Art. 6, 7 H.G., falls die Aufenthaltsgemeinde die Gemeinde der bisherigen unselbständigen Heimat ist. Die „Verleihung“ hat hier nur die Bedeutung, daß sich die unselbständige in selbständige, unabhängige Heimat verwandelt. Es wäre eine ungerechte Zurücksetzung des in einer Gemeinde schon unselbständig Beheimateten, also ihr schon zugehörigen gegenüber dem Gemeindefremden, aber in der Gemeinde sich aufhaltenden, wenn zwar dieser, nicht ersterer einen Anspruch auf Einräumung der selbständigen Heimat haben sollte. Auch wenn das Gesetz an den Fall nicht gedacht haben sollte, so muß man a majore ad minus schließen, daß der unselbständig Beheimatete in den Fällen des Art. 6 und 7 einen Anspruch auf selbständige Heimat hat;

e) durch Verleihung des Heimatrechtes in den Fällen des Art. 9 H.G. an einen in der Gemeinde bisher unselbständig Beheimateten. Hierzu gilt sinngemäß das zu lit. d Bemerkte.

Zwischen diesen verschiedenen Fällen ist übrigens insofern ein Unterschied wahrnehmbar, als in den Fällen a mit Ausnahme des am Schlusse bemerkten Falles, ferner c, d, e, die neue selbständige Heimat nicht mehr abhängig ist von dem Bestande der früheren unselbständigen (ursprünglichen) Heimat, welche also gar nicht mehr erforscht zu werden braucht — während im Falle b und in dem unter a am Schlusse bemerkten Falle die selbständige Heimat sich nur an die Gemeinde knüpft, welche bisher die ursprüngliche wirklich gewesen ist. Irrtum über diese bedingt einen Irrtum über die selbständige Heimat. Hat eine Gemeinde, welche sich fälschlich für die Heimatgemeinde des sich verehelichenden Mannes hielt, die Erklärung über den Einspruch abgegeben (§ 17ff.), und etwa auch die Heimatgebühr eingehoben, so wird nicht sie durch die Eheschließung selbständige Heimat[7]), sondern jene Gemeinde, welche etwa in voller Unkenntnis der Verehelichung wirklich die Gemeinde der ursprünglichen Heimat des heiratenden Mannes war[8]).

---

hier ist zu bemerken, daß diese Zahlung nicht Voraussetzung der Umwandlung der ursprünglichen in die selbständige Heimat ist, daß vielmehr der Gemeinde nur ein Forderungsrecht zusteht. V.G.H. Bd. 18 S. 131.

[7]) Anders eine in Bl. Bd. 30 S. 54 mitgeteilte Regierungsentschließung, die v. Seydel Bd. 2 S. 60 Note 39 mit Recht als falsch bezeichnet.

[8]) Ueber die Rückzahlung der Heimatgebühr seitens der falschen, Berechtigung der wirklichen Heimatgemeinde, die Gebühr nachträglich zu erheben, vgl. § 41. Darüber, daß die Umwandlung der ursprünglichen in die selbständige Heimat sich vielfach unter den Formen der „Verleihung“ vollzieht und über die Bedeutung dieser Form siehe § 52.

3. Buch.

Das Verehelichungszeugnis und seine heimatrechtliche Bedeutung nach rechtsrheinischem Rechte.

§ 17.

Allgemeines. Geschichtliche Entwicklung; der Einfluß des neuen Rechtes auf früher entstandene Rechtsverhältnisse.

I. Nach Art. 3 H.G. erwerben Frauenspersonen durch Schließung einer gültigen Ehe die Heimat des Mannes.

Diese Regel erleidet aber eine wichtige Ausnahme durch Art. 31 H.G; ist nämlich für die Ehe eines im rechtsrheinischen Bayern beheimateten Mannes das „Verehelichungszeugnis" nicht erholt worden, so erwirbt weder die Ehefrau die Heimat des Mannes, noch erwerben die Kinder dieser Ehe die Heimat des Vaters[1]).

Daher erscheint es zweckmäßig und notwendig, zunächst die Bedeutung des „Verehelichungszeugnisses" zu erörtern.

II.[2]) 1. Nach dem Rechte vor 1825 bestand längst das Erfordernis der obrigkeitlichen (ev. gutsherrlichen) Erlaubnis zur Eheschließung. Bettelordnung vom 3. März 1780 § 11—14.

Bei unvermögenden Leuten (Leerhäuslern, Innleuten, Tagwerkern, Handlangern 2c.) war auch die Einwilligung der Gemeinde gefordert.

Die Ungültigkeit der Ehe war bei Heiraten im Inlande zwar nicht die Folge der ohne obrigkeitlichen Konsens erfolgten kirchlichen „Kopulation". Der Staat verstand sich noch nicht dazu, die Ehe-

---

[1]) Dagegen erwirbt der Ehemann auch bei Abschluß einer solchen Ehe, falls er noch die ursprüngliche Heimat besitzt, jetzt diese als selbständige Heimat; nach dem Rechte von 1868—1892 erlangte er bei Abschluß einer Ehe, für welche das Zeugnis nicht erholt wurde, obwohl es hätte erholt werden sollen, die selbständige Heimat nicht. Jedoch ist diese Bestimmung mit rückwirkender Kraft geändert worden. Art. 3 H.G.; s auch § 15 und 16. v. Seydel Bd. 2 S. 60 Note 38; Reger S. 102 Note 11.

[2]) Vgl. v. Seydel Bd. 3 S. 102—103; v. Riedel S. 18 und 19; Rehm im Handbuch der Staatswissenschaften Bd. 3 S. 286 ff. unter „Eheschließung".

schließung einfach nicht anzuerkennen; jedoch bot sich ihm ein scheinbar noch wirksameres Mittel: es sollten die Eheleute ohne weiteres außer Landes geschafft und „gegen sie wie gegen ausländische Vaganten verfahren werden". Bettelordnung 1780 Ziff. 11. Sie sollten also der Staatsangehörigkeit und der Heimat verlustig erklärt werden können. Haftungen der ungehorsamen Geistlichen und der ohne die erforderliche gemeindliche Zustimmung die Heiratsbewilligung erteilenden Behörden sind in § 13 und 14 des Mandates angeordnet[3]).

Eheschließungen außer Landes ohne Erlaubnis waren staatlich ungültig und zogen den Verlust der Staatsangehörigkeit unmittelbar nach sich.

Nach der Verordnung vom 12. Juni 1808 (v. Riedel S. 24ff.) sind alle außer Landes geschlossenen Ehen ungültig. Zur Verehelichung ist nur die Bewilligung der ordentlichen Polizeiobrigkeit des Ortes notwendig, wo die Heiratenden mit hinreichender Aussicht auf ihre Nahrung den Wohnsitz nehmen. Ehen, welche ohne obrigkeitliche Erlaubnis geschlossen wurden, waren aber nicht ungültig und hatten heimatrechtliche Wirkung. Gleiches ist von Ehen zu sagen, welche ohne die durch die Verordnung vom 16. November 1816 bezw. das Gemeindeedikt vom 17. Mai 1818 für erforderlich erklärte Einvernahme des Armenpflegschaftsrates bezw. Bewilligung des Magistrates geschlossen waren.

2. Die Gesetzgebung des Jahres 1825 machte die Verehelichung wiederum von einer Bewilligung abhängig, die häufig genug schwer zu erlangen war, da ein gesetzlicher Titel der Ansässigmachung, d. i. nicht selten die Bewilligung der Gemeinde gefordert wurde (A.G. § 8); aber die ohne Erlaubnis abgeschlossene Ehe war deswegen nicht ungültig. Im Inlande verbotswidrig geschlossene Ehen waren auch in Ansehung der Heimatverhältnisse voll wirksam[4]). Die Ungültigkeit der im Auslande geschlossenen Ehen blieb aufrecht.

---

[3]) Man traute also nicht allzusehr der Durchführbarkeit der erwähnten Vorschrift, solche Eheleute aus dem Lande zu schaffen. — Daß die kirchlich geschlossene Ehe trotz des Mangels polizeilicher Bewilligung bürgerlich gültig war, darüber vgl. auch Bl. Bd. 23 S. 51, wo mit Recht als Folge dieser Anerkennung die Heimatfolge der aus der Ehe hervorgehenden Kinder in die väterliche Heimat festgestellt wird. — War die Ehe ohne Erlaubnis im Ausland geschlossen, so war sie staatlich ungültig. Doch gilt dies nur, wenn am Orte des Wohnsitzes des Ehemannes zur Zeit der Eheschließung die bayrischen Gesetze verkündet waren. In manchen zu Beginn des 19. Jahrhunderts mit Bayern vereinigten Gebieten fand eine solche Verkündigung nicht statt; dann war die Ehe gültig, falls nicht das bez. Recht eine dem bayrischen gleiche Bestimmung enthielt.

[4]) Vgl. v. Riedel S. 31, 36. V.G.H. Bd. 3 S. 647. „Nach der vor dem Inslebentreten des Heimatgesetzes vom 16. April 1868 in Geltung gewesenen Gesetzgebung war eine im Inlande ohne obrigkeitliche Bewilligung rite vollzogene Verehelichung nicht als bürgerlich ungültig zu erachten." Bl. Bd. 33 S. 345. A. Luthardt vertritt in Bl. Bd. 41 S. 343ff. die Auffassung, daß zwar die Kinder aus einer vor 1868 ohne Bewilligung geschlossenen Ehe die Heimat des Vaters erwarben, nicht aber die Ehefrau. Dies wird aus § 1 Ziff. 3 des H.G.

Definitiv angestellte, provisorisch angestellte aber bereits ansässige Beamte, ferner Offiziere und definitive Militärbeamte, endlich ansässige Unteroffiziere und Soldaten bedurften keiner polizeilichen, sondern nur der dienstlichen Verehelichungsbewilligung. Bl. Bd. 12 S. 225.

3. Die Gesetzgebung des Jahres 1868 erleichterte zwar die Eheschließung, hob das Bewilligungsrecht der Polizeibehörden und Gemeinden auf, verhängte jedoch über Ehen, die ohne das erforderliche Zeugnis geschlossen waren, die, bisher nur verbotene Eheschließungen im Auslande treffende „bürgerliche Ungültigkeit", über deren Bedeutung v. Seydel Bd. 3 S. 107/108 und Bl. Bd. 40 S. 113ff. sich eingehend äußern. Vgl. v. Riedel S. 54ff.

Man wollte auf diese Weise dem den Gemeinden in einem „praktisch bescheidenen Maße" verbliebenen Einspruchsrechte gegen Eheschließungen Nachdruck verleihen, welche die Gemeinden mit Armenlasten bedrohten. Eine Folge der bürgerlichen Ungültigkeit war, daß Ehefrau und Kinder der Heimat des Mannes nicht folgten, wodurch die Interessen der Gemeinden gewahrt erschienen.

4. Die Novelle vom 23. Februar 1872 milderte die Vorschriften des Gesetzes von 1868, indem die Ehe eines außerhalb Europas wohnenden Bayern, falls sie außerhalb Bayerns geschlossen wurde, trotz des mangelnden Zeugnisses volle Gültigkeit, also auch in Ansehung der Heimatverhältnisse haben sollte[5]).

---

von 1825 gefolgert. M. E. mit Unrecht; die angeführte Stelle gibt einen Heimattitel für den Mann; daß gleichzeitig für die Witwe, die geschiedene Ehefrau Bestimmung getroffen wird, verschlägt nichts. V.G.H. Bd. 6 S. 1 stellt sich ebenfalls auf den Standpunkt, daß nur eine mit obrigkeitlicher Erlaubnis geschlossene Ehe der Frau die Heimat des Mannes gegeben habe. In den Gründen wird aber bemerkt: „Es müssen sich erhebliche Zweifel aufdrängen, ob die Konsequenzen der strikten Bestimmung in § 1 Ziff. 3 H.G. 1825 gegenüber dem schon den früheren heimatrechtlichen Normen inliegenden und auch in diesem Gesetze nicht aufgegebenen Gedanken der natürlichen heimatrechtlichen Zusammengehörigkeit der durch eine bürgerlich gültige Ehe verbundenen Familienmitglieder von dem Gesetzgeber vollständig überblickt wurden." M. E. konnte der Gesetzgeber, wenn er § 1 Ziff. 3 so verstanden wissen wollte, wie der V.G.H., diese Konsequenz nicht übersehen; er wollte sie aber sicherlich nicht; darum wird § 1 Ziff. 3 wie oben geschehen, auszulegen sein. Folgt man jedoch dem V.G.H. und Luthardt, so behielt die Frau die bisherige Heimat bei; ihre außerehelichen Kinder behielten, falls sie nicht durch die Ehe legitimiert wurden, die bisherige Heimat ebenfalls. Luthardt läßt übrigens auch die ohne Bewilligung getraute Frau der späteren Heimat des Mannes folgen. Nur der Heimatwechsel anläßlich der Eheschließung selbst finde nicht statt. — Reger S. 105 Note 23 folgt der hier vertretenen Ansicht, und bemerkt, daß der Mangel des Zeugnisses nach damaligem Rechte die Gültigkeit der Ehe auch bez. der Heimatfolge der Ehefrau und Kinder nicht beeinträchtigte.

[5]) Nach V.G.H. Bd. 2 S. 173 findet diese Vergünstigung auch auf jene Ehen Anwendung, welche schon vor Erlaß des Gesetzes vom 23. Februar 1872 abgeschlossen wurden, jedoch nur dann, wenn dieselben zur Zeit der Erlassung dieses Gesetzes noch rechtlichen Bestand hatten. Die „bürgerliche Gültigkeit" solcher Ehen sei aber nicht schon vom Zeitpunkte der Eheschließung, sondern erst von jenem der Wirksamkeit des erwähnten Gesetzes an eingetreten.

5. Erst die Novelle vom 17. März 1892 brachte eine neue und befriedigendere Lösung: die ohne Zeugnis geschlossene Ehe ist bürgerlich gültig; nur bewirkt sie nicht die Heimatfolge der Ehefrau und der Kinder. Zugleich legt sich das Gesetz rückwirkende Kraft für bisher als ungültig zu behandelnde Ehen bei. Die vor Geltung der Novelle von 1892 geschlossenen, infolge Mangels des Zeugnisses bisher ungültigen[6]) Ehen sind also hinsichtlich ihrer Gültigkeit und Rechtswirkung so zu beurteilen, als ob Art. 31 H.G. in seiner neuen Fassung zur Zeit der Eheschließung gegolten hätte. Art. 31 III H.G.

III. Demnach gilt nunmehr folgendes:

1. Ehen, welche vor[7]) der Geltung des Gesetzes vom 16. April 1868 ohne die erforderliche obrigkeitliche Erlaubnis geschlossen wurden, sind vollgültig, wenn sie im Inlande geschlossen waren; dagegen haben sie in Ansehung der Heimatverhältnisse der Ehefrau und Kinder die Wirkung einer gültigen Ehe nicht, falls sie ohne Erlaubnis außerhalb Bayerns geschlossen wurden.[8]) Ehen, welche rechtsrheinisch beheimatete Männer ohne Bewilligung in der Pfalz eingingen, gelten als im Auslande geschlossen. Bl. Bd. 35 S. 61 ff.

2. a) Ehen, welche seit Geltung des Gesetzes vom 16. April 1868 ohne das erforderliche gültige Verehelichungszeugnis geschlossen wurden und für welche dieses auch nicht nachträglich erholt wurde, sind gültig, haben aber für die Ehefrau und die Kinder hinsichtlich der Heimat nicht die Wirkungen einer gültigen Ehe. Die Ehefrau behält daher die bisherige Heimat, und die Kinder folgen der Heimat der Mutter[9]).

b) Ist jedoch eine Ehe von der Zeit der Geltung der Novelle vom 23. Februar 1872 d. i. vom 27. Februar 1872 an bis zur Geltung des Gesetzes vom 17. März 1892 d. i. bis zum 18. März 1892 von einem außerhalb Europas wohnenden[10]) Bayern außerhalb Bayerns

[6]) Nicht aber die gültigen; diese bleiben im vollen Umfange und für alle Zeit trotz des Mangels des Zeugnisses gültig und mit voller heimatrechtlicher Wirkung ausgestattet. Vgl. Ziff. 4; v. Riedel S. 235 Note 19b; Bl. Bd. 45 S. 100 ff.

[7]) Reger S. 105 Anm. 22. V.G.H. Bd. 3 S. 647.

[8]) V.G.H. Bd. 9 S. 237. Dies gilt auch von Ehen, welche ein fürstbischöflich Passauer Untertan vor Einverleibung des Fürstbistums Passau mit Bayern (1803), jedoch nach dem Erlaß des Fürstbischofs Firmian vom 17. August 1778 außerhalb des Fürstbistums schloß. Eine solche Ehe war ungültig. Nun ist sie kraft der Rückwirkung gültig, doch ohne Wirkung für die Heimatverhältnisse.

[9]) Im einzelnen vgl. die Folgen der Eheschließung ohne wirksames Zeugnis in § 20; vgl. v. Riedel S. 230 Note 11.

[10]) Der Wohnsitz ist im zivilrechtlichen Sinne zu verstehen und zwar nach den inländischen Rechtsbegriffen. Wurde eine Ehe im Auslande geschlossen, ohne daß ein Wohnsitz begründet war, oder wurde sie dort geschlossen, nachdem der Wohnsitz aufgegeben war, so war die Ehe, welche des Zeugnisses ermangelte, nach früherem Rechte ungültig; nach jetzigem ist sie gültig, doch in heimatrechtlicher Beziehung für Frau und Kinder unwirksam. Bl. Bd. 41 S. 126, Bd. 48 S. 414. Verh. d. K. d. Abg. 1871/72 St.B. Bd. 1 S. 156.

ohne Zeugnis abgeschlossen worden, so hat diese Ehe auch für die Heimat der Ehefrau und der Kinder — und zwar auch der nach dem 18. März 1892 geborenen[11]) — die Bedeutung einer gültigen Ehe. Dagegen haben seit Geltung der Novelle vom 17. März 1892 alle seither geschlossenen Ehen rechtsrheinischer Bayern gleiche Wirkungen hinsichtlich der Heimatverhältnisse, je nachdem für sie ein gültiges Verehelichungszeugnis erholt wurde oder nicht[12]).

3. Art. 31 III H.G. läßt die rückwirkende Kraft obiger Bestimmung im einzelnen Falle insoweit nicht zu, als die erworbenen Rechte Dritter geschädigt werden würden.

Heimatrechte Dritter könnten gemäß Art. 31 II und III in Fällen beeinträchtigt werden, in welchen, weil die frühere, ohne Verehelichungszeugnis geschlossene und darum bürgerlich ungültige Ehe jetzt für bürgerlich gültig zu erachten ist, eine spätere Ehe ungültig sein würde[13]). Folgt man v. Seydels Auffassung über die Bedeutung der vor 1892 geltenden „Ungültigkeit" der ohne Zeugnis

---

[11]) Bl. Bd. 45 S. 102.

[12]) Das Gesetz vom 17. März 1892 hat, wie man sieht, unmittelbar für die Heimat der Ehefrau und der Kinder neues nicht gebracht; denn in Ansehung der Heimatfolge wirkt die bisher schlechthin „bürgerlich ungültige" Ehe nun „wie eine nicht gültige Ehe". Mittelbar sind aber die Wirkungen bedeutende. Vor allem erhält, weil die Ehe gültig ist, nun der Mann die selbständige Heimat im Sinne des Art. 31 H.G. Außerdem aber erlangt die Ehefrau, falls sie bisher Nichtbayerin war, und erlangen mit ihr die Kinder zweifellos die bayrische Staatsangehörigkeit und damit die Möglichkeit wirklichen Heimaterwerbs.

Ein Beispiel: A beheimatet zu N hat 1871 in Preußen ohne Verehelichungsbewilligung geheiratet; seine Frau war Preußin. Er kehrte 1872 nach Bayern und zwar nach N zurück und ist 1876 gestorben. Die Witwe lebt seither in N, die 1873 und 1874 gebornen Kinder gleichfalls. Infolge Art. 31 III H.G. und kraft Art. 11 des H.G. ist nun die Witwe 5 bezw. 10 Jahre nach dem Tode ihres Mannes also im Jahre 1881, bezw. 1886 heimatberechtigt in N geworden; die Kinder erlangen nun gleichfalls diese Heimat. Etwa nach der Eheschließung geborene außereheliche Kinder der A erwerben gleichfalls die Heimat in N. Wäre das frühere Recht in Geltung geblieben, so würden nach der herrschenden Lehre Frau und Kinder gar nicht Bayern geworden sein; die Frau würde dann nur einen Anspruch auf Verleihung der Heimat nach Art. 10 H.G. erworben haben. — Uebrigens ist nicht zu übersehen, daß eine solche durch die rückwirkende Kraft von Art. 31 III vermittelte abgeleitete Heimat nicht erlangt wird, falls schon vorher eine andere Heimat „erworben" wurde. Wenn im obigen Beispiele eine Tochter des Ehepaares A im Jahre 1891 einen Bayern geheiratet hat und dadurch die Heimat in R erlangte, so wird sie nicht heimatberechtigt in N. Oder wenn ein durch die Ehe legitimierter Sohn schon vor 1892 die Staatsangehörigkeit und eine Heimat in Bayern erworben hat, so kann die zufolge der rückwirkenden Kraft des Art. 31 III H.G. ihm etwa zukommende Heimat ihm nicht zuteil werden, — eben weil die abgeleitete Heimat der selbständigen weicht. —

[13]) Es würden dann Frau und Kinder der zweiten Ehe nicht die Heimat des Mannes bezw. Vaters haben.

abgeschlossenen Ehe, so war schon nach bisherigem Rechte der Abschluß einer zweiten Ehe, solange nicht die erste Ehe gelöst war, unmöglich, die zweite Ehe also ungültig und sonach zu Wirkungen in Ansehung der Heimat nicht geeignet[14]). Folgt man jedoch der früheren Lehre, so würden allerdings die aus der zweiten Ehe entspringenden Heimatrechte beeinträchtigt, wenn Art. 31 II schlechthin rückwirkende Kraft hat. Jedoch wird mit Grund zu bezweifeln sein, ob zu den „erworbenen Rechten“ des Art. 31 III, welche geschützt sein sollen, auch „Heimatrechte“ gehören[15]). Jedenfalls kommt der Frage, ob infolge der nun eintretenden Ungültigkeit einer zweiten Ehe die aus ihr nach bisherigem Rechte, wenn dieses zweite die Ehe für gültig erachtet haben sollte, entstandenen Heimatrechte bestehen bleiben oder nicht, nur geringe tatsächliche Bedeutung zu. Denn die zweite Ehe wird zumeist eine Putativehe gewesen sein, so daß Ehefrau und Kinder aus diesem Titel Heimat (und gegebenenfalls Staatsangehörigkeit) erlangten[16]).

Ist durch rechtskräftiges Urteil eine Ehe für ungültig erklärt worden, so würde die rückwirkende Kraft des Art. 31 II der Ehe auch dann nicht mehr Gültigkeit verleihen, wenn der Grund der Ungültigkeit ausschließlich in dem Mangel des Verehelichungszeugnisses liegt[17]). Ist jedoch eine ohne Zeugnis geschlossene Ehe aus einem anderen Grunde durch Urteil gelöst worden, so ist die Frage, ob sie „gültig“ gewesen ist, ohne Rücksicht auf das Fehlen eines Verehelichungszeugnisses zu beurteilen.

---

[14]) Vgl. auch v. Seydel in Bl. Bd. 45 S. 43 ff.; v. Riedel S. 234 Note 17. V.G.H. teilt nun v. Seydels Anschauung, so Bd. 19 S. 317; dort ist die zweite Ehe für rechtsungültig erklärt, welche eingegangen wurde, ehe die erste Ehe, für welche kein Zeugnis erwirkt war, durch Tod oder gerichtliche Scheidung gelöst war. Daher können aus einer solchen zweiten Ehe Rechte, welche der Anwendung des Art. 31 Abs. 3 H.G. entgegenstehen, ohnehin nicht abgeleitet werden.

[15]) Die vom k. Staatsminister der Justiz in der Sitzung der Abgeordnetenkammer vom 27. November 1891 abgegebene Erklärung (s. v. Riedel S. 233 Note 16) scheint dahin zu gehen, daß nur Privatrechte geschützt sein sollen. Rehm (Archiv für öffentliches Recht Bd. 8 Heft 1 — vgl. Bl. Bd. 45 S. 29) beläßt der Ehefrau und den Kindern der zweiten (ungültig gewordenen) Ehe die Heimat.

[16]) Daß die zweite Ehe, welche trotz des Bestehens der ersten Ehe und ohne Zeugnis geschlossen wird, durch Art. 31 III H.G. nicht zu einer gültigen wird, bedarf keiner Erörterung. Sie ist ungültig als Doppelehe, nicht wegen Mangels des Zeugnisses. Reger S. 104 Note 20.

[17]) v. Riedel S. 232/33. — V.G.H. Bd. 18 S. 253 „Es ist ein allgemeiner Rechtssatz, daß das Urteil unter den Beteiligten Recht schafft, und ein allgemein anerkannter Grundsatz, daß eben deshalb Rechtsverhältnisse, welche durch Urteil ihre endgültige Feststellung gefunden haben, von späteren Gesetzen auch dann nicht ergriffen werden, wenn sich diese im allgemeinen rückwirkende Kraft beilegen.“ Demnach bleiben Urteile, welche Ehen wegen des erwähnten Mangels (des Zeugnisses) für ungültig erklärten, in Kraft. Von anderen Mängeln ist weder im Gesetze noch in den Motiven die Rede.

§ 18.

Bedeutung des Verehelichungszeugnisses nach geltendem Rechte im allgemeinen.

1. „Die polizeiliche Einmischung in bezug auf die Zulassung von Eheschließungen steht mit der Armenpolizei in engem Zusammenhange.“ v. Seydel-Graßmann § 94. „Bayern behielt kraft Reservatrechts (Versailler Vertrag vom 23. November 1870 N. III, § 1 mit Schlußprotokoll Ziff. 1) das Institut der Heimat bei[1]). Vom rechtsgeschichtlichen Standpunkte aus ist somit die Aufrechthaltung der polizeilichen Ehehindernisse in Bayern gerechtfertigt. Eine Freigabe der Verehelichung unter Beibehaltung des Heimatrechtes wäre, lediglich vom finanziellen Standpunkte der Gemeinden aus besehen, nur bei gleichzeitiger Uebernahme der Armenfürsorge auf den Staat berechtigt gewesen.“ Rehm im Handwörterbuch der Staatswissenschaften Bd. 3 S. 293. „Das Sonderrecht Bayerns wurde auch durch Einführung des Bürgerlichen Gesetzbuches nicht berührt“[2]).

2. Die rechtliche Bedeutung des Verehelichungszeugnisses ist seit den jüngsten Novellen zum Heimatgesetze eine erheblich geminderte. Während früher das Recht der Eheschließung eines rechtsrheinischen Bayern von einer polizeilichen Erlaubnis abhing, ohne welche die Ehe nicht nur verboten, sondern auch bürgerlich ungültig war, und während die polizeiliche Würdigung auch die bürgerlich-rechtlichen Ehehindernisse umfaßte, bleibt jetzt das Recht zur Eheschließung in polizeilicher Hinsicht nur durch bestimmte Einspruchsrechte der Heimatgemeinde des Bräutigams bezw. des Fiskalates des Regierungsbezirkes, in welchem die vorläufige Heimatgemeinde liegt, beschränkt[3]) und im übrigen die Befugnis und Pflicht des Standesbeamten zur Prüfung, ob die gesetzlichen Erfordernisse vorhanden sind, allein gegeben[4]).

---

[1]) Vgl. v. Seydel Bd. 3 S. 103 und die in Note 21 angegebenen Schriftsteller, v. Seydel-Graßmann S. 272, ferner Sartorius Personenstandsgesetz S. 294 ff., v. Riedel S. 69 ff.

[2]) v. Seydel-Graßmann S. 272 Note 3.

[3]) Im folgenden wird stets nur von dem Regelfalle gesprochen, nämlich daß der Bräutigam eine wirkliche Heimat hat; das für den zweiten Fall — des Besitzes einer vorläufigen Heimat geltende, ergibt sich aus der sinngemäßen Anwendung der bez. Grundsätze.

[4]) Aus anderen polizeilichen Gründen, als dem Vorhandensein des gemeindlichen Einspruchsrechtes darf das Verehelichungszeugnis nicht verweigert werden. Allerdings darf die Behörde den Standesbeamten auf offensichtliche Ehehindernisse aufmerksam machen, ohne daß der Standesbeamte hierauf mehr zu achten braucht, als auf eine sonstige Mitteilung; keinenfalls aber darf aus solchen Gründen (z. B. Mangel der dienstlichen Verehelichungsbewilligung) das Zeugnis verweigert werden. Dagegen erachtet Süßheim in Bl. Bd. 51 S. 95, 96 die Verweigerung des Zeugnisses für möglich, wenn die dienstliche Heiratsbewilligung fehlt, aber auch, wenn andere Ehehindernisse vorliegen. Süßheim unterscheidet zwischen der Aufgabe des Zeugnisses (Feststellung des Fehlens eines

Wird die Ehe unter Vernachlässigung des heimatgemeindlichen Einspruchsrechtes abgeschlossen, so ist sie gleichwohl gültig[5]), äußert jedoch in heimatrechtlicher Hinsicht nicht alle Wirkungen einer gültigen Ehe. Vgl. § 17, 20.

Einspruchsrechte können nur der Heimatgemeinde des Bräutigams, nicht jener der Braut zustehen.

3. Ob gemeindliche Einspruchsrechte gegen ein Ehevorhaben bestehen, und ob infolge derselben nach bayrischem Rechte eine Ehe nicht geschlossen werden darf, das zu würdigen, hätte vom Gesetze an sich auch dem Standesbeamten überlassen werden können. Wenn das Gesetz anders verfuhr, so lag dies nicht nur in der geschichtlichen Entwicklung des polizeilichen Eingreifens in die Eheschließungsfreiheit, sondern auch daran, daß die Würdigung der gemeindlichen Einspruchsrechte häufig eine schwierige ist, eines geordneten, mit verwaltungsrechtlichem Schutze bekleideten Verfahrens bedarf und daß bei der erwähnten verwaltungsrechtlichen Natur der Einspruchsrechte die Anerkennung oder Nichtanerkennung weder dem Standesbeamten noch dessen Aufsichtsorganen übertragen werden konnte. Daher ist die Würdigung der Einspruchsrechte und die Durchführung des Verfahrens den Verwaltungsbehörden und Verwaltungsgerichten über-

---

Einspruchrechtes) und der Pflicht zur Ausstellung. Wenn auch die Behörde nicht prüfen müsse, ob Ehehindernisse gegeben sind, so brauche sie das Zeugnis nicht auszustellen, wenn es doch jener Ehehindernisse halber nicht benützt werden könne. — Dieser Ansicht ist nicht beizutreten. Für die Prüfung von Ehehindernissen sind andere da. Freilich steht im H.G. nicht positiv, wann des Zeugnis ausgestellt werden muß; aber es wird den Distriktsverwaltungsbehörden die Ausstellung der Zeugnisse übertragen und damit die Pflicht auferlegt, das Verfahren einzuleiten, um das Zeugnis auszustellen, oder, wenn ein gesetzliches Hindernis besteht, es zu verweigern. Solche ergeben sich aber nur aus Art. 32 und 33 H.G. — Vgl. Reger S. 106 Note 24 am Ende. Anders liegt die Sache dann, wenn der Antrag von einer Person gestellt wird, die ihn nicht stellen kann — z. B. von einer Frau, von einem Nichtbayern, oder wenn der Antrag einer Person vorliegt, die Anträge an Behörden überhaupt zu stellen nicht vermag. So wenig die Behörde das Gewerbekonzessionsgesuch eines wegen Geisteskrankheit entmündigten materiell zu würdigen braucht, so wenig das Gesuch desselben um Ausstellung des Verehelichungszeugnisses. Vgl. § 19 Ziff. 3 am Ende.

[5]) Die polizeilichen Beschränkungen der Eheschließung üben keine bürgerlichrechtliche Wirkung mehr. Die Berechtigung Bayerns besteht an sich noch fort, seinen Beschränkungen auch solche Wirkungen einzuräumen. v. Seydel Bd. 3 S. 103 bei Note 21. — Der Inhalt der gesetzlichen Vorschriften über das Verehelichungszeugnis ist seit 1868 vielfach geändert worden; man hat aber bei allen Aenderungen an den bisherigen Gesetzestext möglichst angebunden. Die Rechtsprechung ist bemüht gewesen, das Gesetz so auszulegen, daß die strengen Folgen der Nichtbeachtung seiner Vorschriften tunlichst nur eintraten, wo nach der ratio legis es sein mußte. Für die Auslegung des Gesetzes in seiner durch das Ausführungsgesetz zum B.G.B. gewonnenen Gestalt dürfte es sich m. E. empfehlen, den Gesetzestext nur mit seinem jetzigen Zwecke zu vergleichen und nur da „auszulegen", wo eine mehrfache Auffassung des Wortlautes im Hinblick auf diesen Zweck möglich ist.

wiesen. Vgl. § 19. Die Distriktsverwaltungsbehörde stellt nach Durchführung des Verfahrens, zu welchem auch die instanzielle Verbescheidung der Einsprüche gehört, das sogen. Verehelichungszeugnis aus oder verweigert dasselbe[4]).

Ein Mangel der sachlichen Zuständigkeit macht das Zeugnis ungültig[6]).

Wird das Zeugnis ausgestellt, so ermächtigt dasselbe sowohl den Bräutigam zur Eheschließung, ohne daß er bezw. die Braut eine Bestrafung nach Art. 36 H.G. zu gewärtigen hat, als auch den Standesbeamten zur Entgegennahme der Eheschließung. Der Standesbeamte hat lediglich zu prüfen, ob das Zeugnis formell gültig ist. Dies ist der Fall, wenn es von der Distriktsverwaltungsbehörde ausgestellt ist, in deren Bezirk die im Zeugnis als Heimatgemeinde des Mannes bezeichnete Gemeinde liegt, demnach das Zeugnis „von der zuständigen Behörde“ ausgestellt ist, wenn es ferner für die Personen ausgestellt ist, welche die Ehe eingehen wollen, und wenn endlich die Gültigkeit des Zeugnisses nicht durch Zeitablauf (Art. 31 v H.G.) oder zufolge Widerrufes der ausstellenden Behörde erloschen ist[7]).

Ein in diesem Sinne gültiges Verehelichungszeugnis hat für den Standesbeamten die Bedeutung eines Formalaktes. Er hat die materielle Gültigkeit des Zeugnisses, die Einhaltung des gesetzlich vorgeschriebenen Verfahrens nicht zu prüfen. Falls er Kenntnis hat oder erlangt, daß die in der Urkunde bezeichnete Gemeinde nicht die wirkliche Heimatgemeinde des Bräutigams ist, oder daß nachträglich Einspruchsrechte geltend gemacht werden, so darf er gleichwohl die Entgegennahme der Eheschließung weder verweigern noch aufschieben[8]).

Ohne das Vorhandensein des im obigen Sinne gültigen Verehelichungszeugnisses, wo es erforderlich ist, darf der bayrische Standesbeamte, auch jener der Pfalz, bei einer Eheschließung nicht mitwirken. Ob eine solche Ehe außerhalb Bayerns in Deutschland ohne das Zeugnis gültig geschlossen werden konnte und ob der Standes-

---

[6]) Wird also das Zeugnis von der Gemeindeverwaltung oder dem Standesbeamten ausgestellt, so ist es ohne Bedeutung. Die Bescheinigung der Heimatgemeinde des Mannes, daß sie Einspruchsrechte nicht geltend mache, kann das Zeugnis selbst niemals ersetzen.

[7]) In diesen beiden Fällen ist auch für die Brautleute das Zeugnis nicht mehr vorhanden; sie machen sich einer Uebertretung aus Art. 36 H.G. schuldig, wenn sie die Ehe trotzdem eingehen. Im Falle des Widerrufes gilt dies nur für jene Personen, denen der Widerruf zur Kenntnis gelangte.

[8]) v. Seydel Bd. 3 S. 104 am Schlusse erachtet ein Zeugnis für „hinfällig“, wenn in der Heimat des Mannes seit Ausstellung des Zeugnisses und vor Abschluß der Ehe eine Aenderung eingetreten ist. Siehe auch v. Riedel S. 225 Note 6b. Diese Ansicht ist richtig, soweit es sich um die Wirksamkeit der Eheschließung für die Heimat der Ehefrau handelt (vgl. das folgende); dagegen ist der Standesbeamte nicht in der Lage, zu prüfen, ob die Heimatangabe im Verehelichungszeugnisse noch zutrifft. Er ist zur Vornahme der Eheschließung ermächtigt und verpflichtet, so lange ihm kein Widerruf des Zeugnisses bekannt wurde.

beamte die Eheschließung vornehmen durfte, war streitig, insbesondere wenn der Bräutigam außer der bayrischen noch eine andere deutsche Staatsangehörigkeit besaß. Durch die Aenderung der bayrischen Gesetzgebung einerseits und durch Art. 13 des E.G. zum B.G.B. andererseits ist die Frage in der Hauptsache erledigt. Der Standesbeamte eines nichtbayrischen deutschen Staates darf bei der Eheschließung eines (rechtsrheinischen) bayrischen Mannes, der das vorgeschriebene Verehelichungszeugnis nicht vorlegt, auch dann nicht mitwirken, wenn der Mann noch eine andere Staatsangehörigkeit besitzt[9]).

4. Das Verehelichungszeugnis, das dem Standesbeamten gegenüber die Bedeutung eines Formalaktes hat (s. Ziff. 3), hat die Bedeutung, daß die Ehe nun auch die vollen heimatrechtlichen Wirkungen einer gültigen Ehe hat, nur dann, wenn es unter Beachtung der gesetzlichen Bestimmungen zustande kam, wenn es also nicht nur formell, sondern auch materiell gültig ist. Das Zeugnis stellt zwar dem Standesbeamten gegenüber fest, daß der Eheschließung das im Art. 32 H.G. bestimmte Einspruchsrecht nicht entgegensteht, und ermöglicht so die Eheschließung; — nicht aber hat es die Kraft, durch diese Feststellung wirklich vorhandene Einspruchsrechte zu zerstören. Wird die Ehe geschlossen, so können vom Zeugnis nicht beachtete Einspruchsrechte zwar nicht mehr die Gültigkeit der Ehe hemmen, aber doch deren Wirkung in heimatrechtlicher Beziehung. Freilich muß es sich hierbei um Einspruchsrechte handeln, die nicht infolge Nichtgeltendmachung im vorgeschriebenen Verfahren verwirkt sind (vgl. § 19).

Im Einzelnen ist hier folgendes zu bemerken:

a) Das Verehelichungszeugnis soll feststellen, daß der Eheschließung Einspruchsrechte nicht entgegenstehen. Art. 31 I H.G. Dies ergibt sich auch aus der Natur der Sache. Ob der Eheschließung Einspruchsrechte entgegenstehen, läßt sich mit Sicherheit erst im Augenblicke des Abschlusses der Ehe beurteilen. Wiederum aus der Natur der Sache und aus dem Gesetze ergibt sich, daß das Verehelichungszeugnis ausgestellt wird vor der Eheschließung. Das Gesetz steigert zwar, um einer Rechtsunsicherheit möglichst vorzubeugen, die Kraft des Zeugnisses, indem es die im gesetzlichen Verfahren seitens der Heimatgemeinde nicht geltend gemachten Einspruchsrechte für verwirkt erklärt; aber Einspruchsrechte, welche zwischen dem Zeitpunkte der Erklärung der Gemeinde[10]) und dem Zeitpunkte der Ehe-

---

[9]) Vgl. Sartorius, Personenstandsgesetz, S. 296/297, v. Seydel Bd. 3 S. 105 Note 36, v. Seydel-Graßmann, § 94 S. 273 Note 1, bayrische Ministerialentschließung des Staatsministerium des Innern vom 27. Mai 1901 Nr. 11298, abgedruckt in Bl. Bd. 52 S. 222/223.

[10]) v. Seydel Bd. 3 S. 111 erklärt den Zeitpunkt der Aufforderung zur Abgabe einer Erklärung für den maßgebenden; eine solche Aufforderung ergeht aber nicht in jedem Falle.

schließung neu entstehen und von der Behörde nicht mehr berücksichtigt werden konnten, bleiben in Kraft. Das Gesetz will nicht, daß solche Einspruchsrechte ohne alle Bedeutung sein sollen[11]). Zwar schreibt Art. 31v H.G., welcher zufolge Gesetzes vom 9. Juni 1899 beigefügt wurde, vor, daß das Zeugnis seine Kraft verliert, wenn die Ehe nicht binnen sechs Monaten nach der Ausstellung des Zeugnisses geschlossen wird; allein, dies heißt nicht umgekehrt, daß das Zeugnis innerhalb jener sechs Monate unbedingte Kraft, nicht nur dem Standesbeamten gegenüber, sondern auch zur Zerstörung neu entstehender Einspruchsrechte haben solle (vgl. Ziff. 7).

Immerhin muß im Interesse der Rechtssicherheit die Möglichkeit der Geltendmachung nicht ohnehin verwirkter Einspruchsrechte zeitlich begrenzt sein. Dies geschieht, indem das Gesetz die Einspruchsrechte als der „Eheschließung" entgegenstehend bezeichnet. Nicht verwirkte Einspruchsrechte können also geltend gemacht werden, jedoch nur, so lange die Ehe nicht geschlossen ist[12]). Nachher besteht auch dann keine Möglichkeit mehr zu einem Einspruch, wenn die Gemeindeverwaltung ohne Verschulden Kenntnis von dem Vorliegen eines Einspruchsgrundes nicht hatte[13]).

Dagegen führt die vor der Eheschließung erfolgende Geltendmachung eines noch bestehenden Einspruchrechtes unbedingt zur Beseitigung der heimatrechtlichen Wirkung der Eheschließung im obigen Sinne[14]). Die in Art. 33 H.G. bestimmte 14tägige Frist gilt nur gegenüber der dort angeordneten gesetzlichen Aufforderung; es kann nicht etwa durch Analogie jedes später entstehende Einspruchsrecht als beseitigt erachtet werden, wenn es nicht binnen 14 Tagen von der Erlangung der Kenntnis an geltend gemacht wird. Eine solche Annahme ist m. E. willkürlich[15]).

---

[11]) Ueber die Geltendmachung vgl. § 19. Auch Reger S. 120 Anm. 2 hält eine nachträgliche Geltendmachung des später entstandenen Einspruches für zulässig; (allerdings soll dies innerhalb 14 Tagen nach Erlangung der Kenntnis geschehen müssen; hierzu vgl. § 19 und das sogleich folgende). Im Resultate gleich: V.G.H. Bd. 7 S. 282. Diese Entscheidung scheint allerdings die Einspruchserhebung nur dann zulassen zu wollen, wenn sich die Voraussetzungen des Einspruches noch im Laufe des Verfahrens über einen bereits geltend gemachten Einspruch erfüllen. Diese Anschauung wäre zu eng, wie auch der dort erwähnte Gesichtspunkt einer Wiederaufnahme des Verfahrens nicht zutrifft. § 19.

[12]) Siehe V.G.H. Bd. 7 S. 283, Reger S. 120 Anm. 2. — Geltend gemacht ist der Einspruch, wann er der zuständigen Verwaltungsbehörde zugegangen ist. Nichtgeltend gemachte Einspruchsrechte sind ohne Bedeutung. Von Amts wegen hat also die Behörde, wenn sie Kenntnis erlangt, daß noch Einspruchsrechte bestehen, nicht tätig zu sein. Sie hat einen Antrag abzuwarten. War freilich das bisherige Verfahren unwirksam, weil eine unrichtige Gemeinde einvernommen wurde, oder ändert sich noch vor der Eheschließung die Heimat, so ist Anlaß zu amtlichem Einschreiten gegeben.

[13]) Vgl. unten § 19.

[14]) Auch wenn die Erledigung des Einspruches erst nach dem Abschlusse der Ehe erfolgt.

[15]) Dagegen V.G.H. Bd. 15 S. 55; vgl. hierzu Bem. 33 zu § 19. Dem V.G.H. stimmt zu Reger S. 120 Anm. 2.

b) Zwar dem Standesbeamten gegenüber mit Formalkraft ausgestattet, aber ohne rechtliche Wirkung für die Heimat der Ehefrau und Kinder ist das Verehelichungszeugnis, das ohne gesetzliche Einvernahme der zur Zeit des Abschlusses der Ehe vorhandenen Heimatgemeinde des Mannes, oder unter sonstiger Verletzung wesentlicher Förmlichkeiten, als welche z. B. Nichtwürdigung des Einspruches erscheint, ausgestellt ist. Bei dem nachträglich (Art. 31 II H.G.) ausgestellten Zeugnisse muß die im Zeitpunkte der in Art. 33 H.G. vorgeschriebenen Aufforderung vorhandene Heimatgemeinde wirklich aufgefordert sein. Ist die Heimatgemeinde überhaupt nicht aufgefordert worden, sondern keine, oder eine andere, fälschlich für die Heimatgemeinde angesehene Gemeinde, so kann der ersteren Einspruchsrecht nicht beeinträchtigt sein; ebenso, wenn die Aufforderung ohne die vorgeschriebene Fristvorstreckung erging und Erklärung nicht abgegeben wurde. Ist also die richtige Heimatgemeinde nicht oder nicht richtig einvernommen, so ist das Zeugnis hinsichtlich seines eigentlichen Zweckes unwirksam. Es übt keine Kraft — auch dann nicht, wenn die zur Zeit des Verfahrens richtige Gemeinde gehört wurde. Wer vor der Eheschließung eine neue Heimat erwirbt, muß die Ausstellung eines neuen Zeugnisses beantragen; das bisherige ist anlangend die heimatrechtliche Wirkung der Ehe ebenso bedeutungslos, wie das durch Zeitablauf erloschene. Eines Widerrufes des Zeugnisses bedarf es nicht, um es seiner heimatrechtlichen Wirkungen zu entkleiden; allerdings sind die Behörden verpflichtet, zur Klarstellung des Sachverhaltes beizutragen.

Vorstehendes ergibt sich aus dem Zwecke der ganzen Einrichtung; überdies leitet sich obige Forderung auch aus Art. 31 IV und Art. 33 H.G. her, welche von der Zuständigkeit zur Ausstellung des Zeugnisses und dem Verfahren handeln[16])[17]).

---

[16]) Zuständig zur Ausstellung des Zeugnisses ist die Distriktsverwaltungsbehörde jener Gemeinde, in welcher der Mann seine Heimat hat. Art. 31 IV. Wenn auch zur formellen Gültigkeit des Zeugnisses gegenüber dem Standesbeamten, der ja keine materielle Kognition üben soll, hinreicht, daß die Behörde der in dem Zeugnis bezeichneten Heimatgemeinde das Zeugnis ausstellt, so kann doch materiell das Zeugnis nur von Bedeutung sein, wenn es auf Grund einer Erklärung der wirklichen Heimatgemeinde des Mannes ausgestellt ist. Würde die Erklärung der vermeintlichen Heimatgemeinde, oder einer solchen, die es früher war, aber nicht mehr ist, ausreichen, um für Frau und Kinder Heimatrechte zu begründen in der Gemeinde der wirklichen Heimat des Mannes, so wäre diese schutzlos und der Zweck der ganzen Einrichtung vereitelt. Die Distriktsverwaltungsbehörde ist immer nur Organ zur Prüfung und Feststellung erhobener Einsprüche oder zur Feststellung, daß solche nicht erhoben wurden; ihre Entscheidung hat nur deklaratorische Bedeutung. So verstanden ist die zuständige „Distriktsverwaltungsbehörde jener Gemeinde, in welcher der Mann seine Heimat hat" (Art. 31 IV), nicht die Behörde, der jene Gemeinde zugehört, sondern die Behörde, welcher jene Gemeinde zugehört und der gegenüber diese eine Erklärung im Sinne des Art. 33 abgegeben hat. Eine Distriktsverwaltungsbehörde ist nur zuständig, weil sie die Behörde der wirklichen Heimatgemeinde ist. Ein Irrtum über die Heimatzugehörigkeit des Bräutigams ist also nicht dann unschädlich, wenn trotz des-

5. Ein zur Begründung von Heimatrechten der Frau und der Kinder ungeeignetes Zeugnis kann von der Distriktsverwaltungs=

---

selben — weil man eine Gemeinde für die Heimatgemeinde hielt, welche im selben Bezirke liegt — die der wirklichen Heimatgemeinde vorgesetzte Behörde das Zeugnis ausstellte. So lange nicht die wirkliche Heimatgemeinde gehört wurde, kann Art. 33 H.G. nicht erfüllt sein; das Verfahren leidet an einem unheilbaren Mangel.

[17]) Meine Ansicht, daß zwischen einer formellen Gültigkeit und einer materiellen Wirksamkeit des Zeugnisses zu unterscheiden ist, beseitigt die bisher viel erörterte Streitfrage, welchen Einfluß der Mangel der Zuständigkeit der Distriktsverwaltungsbehörde habe. Im Prinzip hält der V. G. H. daran fest, daß das Verehelichungszeugnis ungültig ist, wenn es von einer unzuständigen Behörde ausgestellt ist. War jedoch durch die zur Zeit der Zeugnisausstellung herrschende, später freilich für irrig erkannte Rechtsanschauung die Behörde zu dem Glauben geführt, eine bestimmte Gemeinde sei Heimat des Mannes und sie — die Behörde — daher zuständig, so sei das Zeugnis gültig, die Eheschließung habe volle heimatrechtliche Wirkung. V.G.H. Bd. 5 S. 183 Bd. 11 S. 596. Allein daß jemand glaubt, etwas tun zu dürfen, mag entschuldigen, daß er es tut, berechtigt ihn aber nicht zu diesem Tun. V.G.H. verlangt denn auch, daß jene falsche Rechtsauffassung die herrschende war und daß sie letztinstanziell gebilligt war. Wenn aber keine letztinstanzielle Entscheidung erging? wenn sich nicht nachweisen läßt, daß die Anschauung der Behörde die herrschende war? Dann tritt doch die dem V.G.H. unerwünscht dünkende, mir im Interesse der wirklichen Heimatgemeinde gerecht scheinende Folge ein, daß die Heimatgemeinde des Mannes zu ihrem Rechte kommt. — Der vom V.G.H. in der ersterwähnten Entscheidung konstruierte Obersatz, daß für die Zuständigkeitsfrage „die Umstände entscheidend sind, welche zur Zeit der Ausstellung des Zeugnisses bestanden haben", findet seine Bestätigung und Fortbildung in Bd. 11 S. 595 ff. Dort wird jener Satz ausdrücklich wiederholt (S. 598) und ausgeführt, wenn ein „Zweifel" über die Heimat des Antragstellers nicht bestehe, (in der Regel schon, wenn Bräutigam und die von ihm bezeichnete Gemeinde in ihren Angaben übereinstimmen), so sei die Zuständigkeit der objektiv nicht zuständigen Behörde gegeben. Am Schlusse der S. 599 wird der wohl ausschlaggebende Grund angeführt: Die Furcht vor Störung von Rechtsverhältnissen; damals, 1890, war noch nicht das Zeugnis auf heimatrechtliche Verhältnisse in seiner Wirksamkeit beschränkt. — v. Riedel S. 236 teilt die Ansicht des V.G.H. Für ihn ist die objektiv unzuständige Behörde zuständig, wenn die Umstände zur Zeit der Ausstellung des Zeugnisses die Berechtigung der Behörde zur Annahme ihrer Zuständigkeit ergeben. v. Seydel Bd. 3 S. 104 erachtet das Zeugnis für gültig, wenn die angegangene Behörde sich für zuständig hält und dies durch Ausstellung des Zeugnisses bekundete. v. Seydel verficht diesen Gedanken näher in Bl. Bd. 39 S. 291 ff. Er betont mit Recht, daß die Ausstellung des Verehelichungszeugnisses keine richterliche Entscheidung, sondern ein Akt der Beurkundung sei. Eine Behörde, welche zur Vornahme von Akten gesetzlich berufen sei, habe stets von Amts wegen ihre Zuständigkeit zu prüfen. Es mache keinen Unterschied, ob sie hierbei mit mehr oder weniger Ueberlegung verfahre. Durch die Ausstellung des Zeugnisses sei die Zuständigkeit mit entschieden. Das Zeugnis könne aber zurückgezogen werden, so lange es nicht benützt sei, wenn die Behörde den Fehler der nachträglichen Unzuständigkeit erkenne. Gegen v. Seydel ist einzuwenden, daß, wenn durch Gesetz einem bestimmten und keinem anderen eine Befugnis z. B. jene zu einem obrigkeitlichen Akte übertragen ist, nur dieser wirksam die obrigkeitliche Befugnis ausüben kann. (Vgl. oben.) Immerhin ist v. Seydel konsequenter als obige Entscheidungen, welche im Prinzip den Satz des Gesetzes aufrecht erhalten, in Wirklichkeit ihn zur Ausnahme machen. Reger S. 106 schließt sich der v. Riedelschen und der Auffassung des V.G.H.

behörde widerrufen werden. Ueber das Verfahren und die Voraussetzungen vgl. § 19. Ist die Ehe bereits geschlossen, so ist durch den

---

an. Er deutet übrigens eine Frage an, deren Lösung er als natürlich bezeichnet, ohne daß man dem ohne weiteres beitreten kann. Wenn nämlich seiner Zeit die wirklich zuständige Behörde, die aber nach damaliger letztinstanziell gebilligter Rechtsauffassung nicht zuständig war, das Zeugnis ausstellte? Nach V.G.G. Bd. 5 S. 187 können für die Beurteilung der Zuständigkeitsfrage nicht spätere Verhältnisse maßgebend sein, sondern jene, welche zur Zeit der Ausstellung des Zeugnisses bestanden haben. Da ein solches Verhältnis auch jene Rechtsauffassung ist, so muß nach V.G.H. eine wirklich zuständige, den Irrtum der letzten Instanz erkennende Behörde unzuständig, eine unzuständige allein zuständig sein. Diese Konsequenz ist freilich abenteuerlich, aber folgerichtig; die nach Reger „natürliche", gegenteilige Anschauung ergibt sich aus seinen eigenen Darlegungen nicht. — Hat eine örtlich zuständige Behörde das Zeugnis ausgestellt, so schadet es für die heimatrechtliche Wirkung der Ehe nichts, wenn die Behörde den heimatgemeindlichen Einspruch gar nicht gewürdigt hat — so V.G.H. Bd. 20 S. 11 —, es schadet nichts, wenn im gleichen Falle die Verwaltung einer falschen Gemeinde, die eben zufällig demselben Bezirksamte untersteht, gehört wurde — so V.G.H. Bd. 4 S. 369, nichts also auch, wenn die Einvernahme einer Gemeinde ganz unterblieb, Art. 33 H.G. also ganz unbeachtet blieb. Auch wenn zwischen zwei Gemeinden desselben Bezirkes streitig wäre, welche die Heimat des Bräutigams ist, würde es nach dieser Meinung nichts schaden, wenn das jedenfalls zuständige Amt ohne den Streitausgang abzuwarten, das Zeugnis erteilte. Denn das sind nur „formelle Mängel" — alles soll auf die Ausstellung des Verehelichungszeugnisses durch die zuständige Behörde ankommen. Man mag diese Auffassungen begreiflich finden, obgleich sie die Einhaltung der positiven Vorschrift des Art. 33: es sei an die Heimatgemeinde Mitteilung zu machen, die ebenso positiv ist, wie jene des Art. 31 H.G.: daß die zuständige Behörde das Zeugnis ausstellen muß, wenn es wirksam sein soll, — für nichts achtet; denn es handelte sich um die bürgerliche Gültigkeit der Ehe und die Behörde hatte noch anderes dabei zu tun, als Einsprüche der Heimatgemeinde zu prüfen. Vgl. auch die Ausführungen in den Bl. Bd. 25 S. 151/56. Jetzt ist letzteres der einzige Zweck der Tätigkeit der Behörde; die Vernachlässigung dieser Aufgabe kann unmöglich irrelevant sein. Nicht darauf kommt es nach dem Zwecke des heutigen Rechtes an, welche Behörde das Zeugnis ausstellt; (ist eines da, so erfolgt die Eheschließung); sondern darauf, ob die Heimatgemeinde des Manns ein Einspruchsrecht hat und ob sie dasselbe geltend zu machen Gelegenheit hat. Und nur davon kann es logischerweise abhängen, ob die Ehe die heimatrechtlichen Folgen für Frau und Kinder hat oder nicht. Die Behörde ist Einreichungs- und Prüfungsstelle für Einsprüche; wird diese Aufgabe nicht beachtet, sei es aus Irrtum oder aus Nachlässigkeit, so ist die eine Voraussetzung nicht erfüllt, an welche das Gesetz die Heimatfolge knüpft. Das Unglück ist nicht mehr wie früher ein großes, wenn das Verehelichungszeugnis unwirksam ist; nicht Gültigkeit der Ehe, nicht Staatsangehörigkeit stehen in Frage, sondern nur ob Frau und Kinder die Heimat in N oder in M haben; darum muß andrerseits für diese Folge dem Gesetze genaue Beachtung gesichert sein. — Da bei Annahme der richtigen Heimatgemeinde ein Irrtum in der Zuständigkeit der Behörde fast ausgeschlossen ist, so dürfte, wenn man dem Art. 33 H.G. volle Beachtung schenkt, jene Kontroverse gegenstandslos sein. Freilich bleibt es nach wie vor bei dem Wechsel der Anschauungen in heimatrechtlichen Fragen, der Unrichtigkeit von Einträgen in den gemeindlichen Registern, der Nichtbeachtung ipso jure wirkenden Heimaterwerbs (Art. 11 H.G.) möglich, daß im Verfahren eine unrichtige Gemeinde für die Heimatgemeinde angesehen worden ist, und daß dieser Fehler auch später nicht mehr durch Nachholung des Verfahrens beseitigt wird. De lege ferenda wäre die Beseitigung des ganzen Verfahrens zu wünschen.

rechtskräftigen Widerruf festgestellt, daß die Eheschließung für die Frau und die Kinder in bezug auf die Heimat nicht die Wirkungen einer gültigen Ehe hat.

Auch ohne daß ein Widerruf des Zeugnisses erfolgte, kann im Heimatfeststellungsverfahren die Unwirksamkeit desselben gewürdigt werden.

Der Widerruf kann entweder die Anerkennung eines Einspruchsrechtes in sich schließen; dies ist der Fall, wenn die Heimatgemeinde ein nach ihrer ersten Erklärung entstandenes Einspruchsrecht geltend macht; der Widerruf kann aber auch lediglich einen unheilbaren Mangel des ersten Verfahrens zum Ausdruck bringen.

6. Die Ausstellung des Zeugnisses kann auch nachträglich erwirkt werden. Art. 31 II. Das heißt: es kann auch nach der Eheschließung festgestellt werden, daß der Ehe das Einspruchsrecht der Heimatgemeinde des Mannes nicht entgegensteht, daß demnach die Ehe auch für die Heimat von Frau und Kindern volle Wirkung hat. Der Feststellung muß ein Antrag vorangehen, sofern dieselbe nicht aus dem Widerrufe eines früheren Zeugnisses notwendig wird[18]); letzterenfalls wirkt der frühere Antrag fort. Der Antrag kann von jedem[19]) gestellt werden, der an der Feststellung ein rechtliches Interesse hat, also vom Manne, der Ehefrau, den Kindern, der bisherigen Heimatgemeinde der Frau und der Kinder. Der Antrag kann jedoch nur gestellt werden, so lange die Ehe besteht[20]). Ist er gestellt, so schadet die während des Verfahrens eintretende Auflösung der Ehe nicht.

Der Antrag ist nach dem Zeitpunkte zu würdigen, in welchem das Verfahren durch Erklärungsabgabe der Heimatgemeinde des Mannes oder Ablauf der dieser vorgestreckten Frist beendet ist. Demnach ist die zu diesem Zeitpunkte zuständige Heimatgemeinde des Mannes zu befragen, der vor diesem Zeitpunkte liegende Zeitraum in Betracht zu ziehen[21]). (Vgl. § 19.)

---

[18]) Das ist der Fall, wenn das frühere Verehelichungszeugnis infolge eines Mangels im Verfahren ungültig ist (s. oben).

[19]) v. Seydel Bd. 3 S. 112 und 113 bemerkt mit Recht, es handle sich jetzt nicht mehr um den Abschluß der Ehe, sondern um die heimatrechtlichen Wirkungen der Ehe. Auf die Beseitigung dieser Unvollkommenheit der geschlossenen Ehe haben beide Eheteile gleiches Recht. Die Frau könne die Ausstellung des Zeugnisses auch nachsuchen, wenn der Mann nicht einverstanden sei. Was v. Seydel von der Frau zugibt, wird auch von den übrigen Interessenten gelten müssen.

[20]) Reger S. 102 Anm. 10. v. Riedel S. 231 Note 12b. V.G.H. Bd. 2 S. 180. „Vom Zeitpunkte des Todes des (einen Ehegatten) an war mangels des Fortbestandes der Ehe die nachträgliche Ausstellung eines Verehelichungszeugnisses selbstverständlich ausgeschlossen.“ Bl. Bd. 22 S. 400 am Schlusse.

[21]) Reger S. 102 Anm. 10. v. Riedel S. 232 Note 12c. V.G.H. Bd. 16 S. 193. „Tritt nun aber die Wirkung des nachträglich ausgestellten Zeugnisses erst mit dem Zeitpunkte der Ausstellung ein, so kann auch ein gemeind-

Wird das Zeugnis ausgestellt, bezw. der etwaige Einspruch zurückgewiesen, so gilt die Ehe als von dem Zeitpunkte der Ausstellung des Zeugnisses bezw. der Rechtskraft der Entscheidung an auch in Ansehung der Heimat der Ehefrau und der Kinder als voll wirksam[22]). Ehefrau und Kinder erwerben von diesem Zeitpunkte an die Heimat in derjenigen Gemeinde, in welcher der Vater die Heimat besitzt; sie erwerben alle diese Heimat — auch die vor diesem Zeitpunkte geborenen[23]). Auf das nachträglich erwirkte Zeugnis finden alle Darlegungen Anwendung, welche oben hinsichtlich der unheilbaren Mängel des Verfahrens gegeben wurden. Sonach kann auch ein Widerruf dieses Zeugnisses erfolgen, falls die richtige Heimatgemeinde nicht oder nicht in richtiger Form gehört wurde und findet dann Erneuerung des Verfahrens statt. Auch ohne solchen Widerruf ist das Zeugnis im gedachten Falle unwirksam. Dagegen ist eine nachträgliche Anmeldung von Einspruchsrechten, welche nach jener Erklärungsabgabe entstanden sind, nicht mehr möglich[24]).

7. Zeugnisse, welche nach dem 30. Juni 1899 ausgestellt sind, verlieren jede Kraft, wenn die Ehe nicht binnen 6 Monaten nach der Ausstellung des Zeugnisses geschlossen wird[25]). H.G. Art. 31 v;

licher Einspruch nur auf solche Tatsachen gegründet werden, welche in der Gegenwart gegeben sind und es bleiben folgerichtig die Verhältnisse außer Betracht, die zur Zeit der Eheschließung obgewaltet haben."

[22]) v. Riedel S. 231 Note 12. Reger S. 102 Note 10; die der Ehefrau, den Kindern, vorher gereichten Armenunterstützungen fallen nicht der Gemeinde des Mannes zur Last.

[23]) Man muß also unterscheiden: die nachträgliche Ausstellung des Zeugnisses hat keine rückwirkende Kraft; die Heimatgemeinde des Mannes wird erst von jetzt an Heimat der Frau und Kinder. Dagegen hat das Zeugnis, wenigstens scheinbar, rückwirkende Kraft, indem auch die vor dem Zeitpunkte der Ausstellung geborenen Kinder die Heimat des Vaters erlangen; allein dies geschieht nicht vermöge rückwirkender Kraft des Zeugnisses, sondern vermöge der Heimatfolge ehelicher Kinder. Vgl. auch V.G.H. Bd. 16 S. 193, der ebenfalls die rückwirkende Kraft verneint; dagegen Bd. 6 S. 260. Hat die Ehefrau oder hat ein Kind zur Zeit der nachträglichen Ausstellung des Zeugnisses bereits eine selbständige Heimat erworben, so kann die Heimatfolge nicht mehr eintreten.

[24]) Die Frage, welche an die Gemeinde gerichtet wird, ist: Bestehen jetzt noch Einspruchsrechte? Bestehen zur Zeit der Erklärungsabgabe keine, so ist eben der Grund beseitigt, aus dem die Ehe hinsichtlich der Heimat nicht volle Wirkung üben konnte.

[25]) Die Motive Verh. 1898/99 Bd. 20 Abt. 1 S. 100 sagen: Das Verehelichungszeugnis verliert nach dem (bisherigen) Heimatgesetze seine Kraft nicht durch Zeitablauf. Bei Verzögerungen der Eheschließung kommt es aber vor, daß nach der Ausstellung des Zeugnisses Tatsachen eintreten, welche das Einspruchsrecht der Gemeinde begründen. Im Anschluß an § 1316 Abs. 1 Satz 2 B.G.B. soll daher das Zeugnis mit dem Ablauf von 6 Monaten seine Wirksamkeit verlieren. — Diese Bestimmung ist nicht so aufzufassen, als ob das Zeugnis nun in den 6 Monaten seiner Geltung gegen neu entstehende Einspruchsrechte gefeit sei. Das Gesetz will nur den Gemeinden die Geltendmachung neuer Einspruchsrechte erleichtern, indem nach 6 Monaten das Verfahren des Art. 33 H.G. vollständig wiederholt werden muß und so den Gemeinden äußerer Anlaß gegeben wird, Einsprüche geltend zu machen.

M.E. vom 3. August 1899 Ziff. 6, letzter Abschnitt. — Es ist nach Ablauf der 6 Monate, als ob nichts geschehen wäre; nicht geltend gemachte Einspruchsrechte, welche durch Nichtgebrauch zerstört waren, leben wieder auf[26]).

§ 19.

Verfahren bei Ausstellung des Verehelichungszeugnisses; Form der Geltendmachung von Einspruchsrechten.

1. Der Antrag auf Ausstellung eines Verehelichungszeugnisses[1]) kann nur gestellt werden von einem in einer Gemeinde des rechtsrheinischen Bayern[2]), wenn auch nur vorläufig, beheimateten geschäftsfähigen[3]) Manne oder für einen solchen. Für einen solchen kann das Zeugnis beantragt werden kraft Vollmacht[4]).

Die Ausstellung des Zeugnisses kann (außer vertretungsweise) nicht beantragt werden von der Braut oder einer sonstigen dritten Person.

Von Amts wegen d. i. ohne Antrag wird das Zeugnis nicht ausgestellt. Der Antrag ist an eine bestimmte Form nicht gebunden; er kann auch aus den Umständen erhellen.

Nach Eingehung der Ehe kann die Ausstellung des Zeugnisses, so lange die Ehe besteht, von jedem beantragt werden, der an der Regelung der Heimatverhältnisse der Ehefrau und der Kinder ein rechtliches Interesse hat. Siehe hierüber § 18.

Der Antrag kann nur von einem rechtsrheinischen Bayern gestellt werden[5]).

---

[26]) Dagegen können geltend gemachte, aber rechtskräftig abgewiesene Einsprüche nicht wiederholt werden. Vgl. § 19, Anm. 58.

[1]) Nach dem in § 18 Erläuterten ist es verständlich, daß, gleichviel wo die Ehe geschlossen wird, nur ein im rechtsrheinischen Bayern beheimateter Mann des Zeugnisses bedarf, dieser aber immer. Ein Nichtbayer oder Pfälzer bedarf desselben nie, auch wenn er im rechtsrheinischen Bayern die Ehe schließt. Wird er später Bayer, so schadet der Mangel eines Zeugnisses nicht, das er ja nicht erlangen konnte. Ein noch nicht definitiver, in einer Gemeinde des rechtsrheinischen Bayern angestellter Beamter, der in der Pfalz beheimatet ist, bedarf selbstverständlich keines Zeugnisses. Gemeindezeitg. Bd 8 S. 343.

[2]) Das Gesetz spricht zwar nur von einem „heimatberechtigten“ Manne. „Heimatberechtigt“ ist der nicht, welcher nur eine „vorläufige“ Heimat hat; ein solcher ist heimatlos, und besitzt lediglich (manchmal bedingte) Aufenthaltsrechte. Jedoch zeigt Art. 32 III H.G., daß auch vorläufig Beheimatete des Zeugnisses bedürfen.

[3]) Einen von einem Geschäftsunfähigen gestellten Antrag braucht die Behörde nicht zu beachten. Ein solcher Antrag ist kein Antrag. Ein in der Geschäftsfähigkeit Beschränkter, jedoch nicht ein Minderjähriger kann den Antrag stellen; er bedarf jedoch der Zustimmung seines gesetzlichen Vertreters. Vgl. oben § 18 Anm. 4.

[4]) Die Vollmacht kann in jeder Form, auch nachträglich erteilt werden.

[5]) Ist der rechtsrheinische Bayer, der ohne Zeugnis geheiratet hat, später Angehöriger der Pfalz geworden, so kann auch eine nachträgliche Ausstellung des

Ein Ausländer[6]), wie ein nichtbayrischer Deutscher bedarf des Zeugnisses nicht und kann es schon deshalb nicht erlangen, weil es für ihn ohne alle Bedeutung wäre. Auch derjenige, der unmittelbar nach der Verehelichung Bayer werden will, kann das Zeugnis nicht erlangen, wie der Mangel desselben auch in keiner Weise später die Anwendung der gesetzlichen Regeln über die Heimatfolge der Ehefrau und Kinder hindert.

Jeder[7]) Bayer, der nicht in der Pfalz beheimatet oder in der Pfalz vorläufig beheimatet ist, muß bei jeder Verehelichung — auch bei der Wiederverehelichung — die Ausstellung des Verehelichungszeugnisses beantragen, auch dann, wenn er außerhalb Bayerns die Ehe schließt oder wenn er außer der bayrischen noch eine andere Staatsangehörigkeit besitzt[8]).

Der bayrische und deutsche Standesbeamte hat die Eheschließung eines rechtsrheinischen Bayern[9]) abzulehnen, der kein Verehelichungszeugnis beibringt[10]).

Nur von einem Manne kann die Ausstellung beantragt werden, nicht von einer Frau. Eine bayrische Frau bedarf keines Zeugnisses, gleichviel, ob sie einen Bayern oder Nichtbayern heiratet, und ob die Ehe in Bayern oder außerhalb Bayerns geschlossen wird.

Wo ein Zeugnis nicht beantragt werden kann, kann es auch nicht ausgestellt werden.

2. Die Ausstellung des Verehelichungszeugnisses kann nur beantragt werden für die Ehe mit einer bestimmten Frauensperson. Dies ergibt sich bei der jetzigen Fassung des Art. 32 H.G. schon daraus, daß die Heimatgemeinde des Mannes Einspruchsrechte auch

---

Zeugnisses nicht mehr erfolgen; sie wäre bedeutungslos. Reger S. 102 Anm. 10, v. Seydel Bd. 2 S. 60 Note 30. Von dem Augenblicke an, in welchem der zeugnislose Bayer Pfälzer wird, folgen Frau und Kinder seiner pfälzischen Heimat. Vgl. auch Anm. 1.

[6]) Der Ausländer, welcher in Bayern eine Ehe schließen will, bedarf allerdings auch eines Zeugnisses der Distriktsverwaltungsbehörde, „daß der Eheschließung kein Hindernis im Wege stehe." Art. 34 H.G. Dieses Zeugnis hat aber mit unserem Verehelichungszeugnis nichts zu tun. Vgl. hierüber auch v. Seydel Bd. 3 S. 113 unten; Krais III S. 296 ff.

[7]) Ueber Ausnahmen, welche hinsichtlich der Beamten früher bestanden, vgl. v. Riedel S. 225 Note 2. Jetzt genügt die dienstliche Verehelichungsbewilligung nicht mehr. Auch der Beamte bedarf des Zeugnisses. — Auf die Mitglieder des königlichen Hauses finden die Bestimmungen des Heimatgesetzes über die Eheschließung keine Anwendung. v. Seydel Bd. 3 S. 104.

[8]) Auch dann muß das Zeugnis erholt werden, wenn der Bayer nicht weiß, daß er Bayer ist oder daß er eine Heimat in Bayern besitzt. M. a. W.: auch in diesen Fällen entbehrt die zeugnislose Ehe der vollen heimatrechtlichen Wirkungen.

[9]) Durch Vernachlässigung dieser Vorschrift macht er sich strafbar. Art. 15 des bayrischen Ausführungsgesetzes zur Strafprozeßordnung vom 18. August 1879, § 69 des Personenstandgesetzes; s. Reger S. 125/26 Anm. 6. v. Riedel S. 225 Note 4. v. Seydel-Graßmann S. 273 Note 1.

[10]) Maßgebend für diese Eigenschaft ist der Zeitpunkt der Eheschließung.

aus Tatsachen herleiten kann, die in der Person der Braut liegen. Aber auch nach der früheren Fassung galt gleiches, weil das Zeugnis auch das Nichtvorhandensein zivilrechtlicher Hindernisse zu bezeugen hatte. Die Heimatgemeinde des Mannes hat in jedem Falle Interesse, zu erfahren, wer die Heimat in ihr erlangen soll; von der Persönlichkeit der Braut kann es abhängen, ob sie gegen den Mann bestehende Einspruchsrechte geltend machen will oder nicht[11]).

Das amtliche Formular des Verehelichungszeugnisses sieht denn auch vor, daß der Name der Braut und die zur späteren Feststellung ihrer Person dienlichen Verhältnisse (Alter, Religion, Geburtsort, Geburstag, Zivilstand, Wohnort, Heimat) ebenso festgestellt werden wie beim Manne. Würde das Verehelichungszeugnis eine andere Person als Braut bezeichnen, denn jene, mit welcher die Ehe geschlossen wurde, so wäre das Zeugnis ebenso unwirksam, wie es selbstverständlich unwirksam ist, wenn es einen anderen Mann bezeichnet, als den, welcher die Ehe eingeht[12]).

3. Ueber die Anbringung des Gesuches bestimmt die Entschließung des k. Staatsministeriums des Innern vom 20. Dezember 1899, M. Bl. S. 673ff. unter Ziff. 36 zu a 3, folgendes: „Die Gesuche um Ausstellung des Verehelichungszeugnisses können bei den zuständigen Distriktsverwaltungsbehörden mündlich zu Protokoll erklärt oder schriftlich eingereicht werden; auch ist den Bewerbern gestattet, ihre Gesuche von der Gemeindebehörde ihres Heimat- oder Aufenthaltsortes aufnehmen und nebst den erforderlichen Belegen an die zuständigen Verwaltungsbehörden einsenden zu lassen. Beantragt der Bräutigam unmittelbar bei der Distriktsverwaltungsbehörde die Ausstellung des Verehelichungszeugnisses, so hat er dieser die zur Feststellung der Personalien der Verlobten erforderlichen Urkunden vorzulegen. Die Distriktsverwaltungsbehörde hat sodann gemäß Art. 33ff. H.G. die weitere Einleitung förderlichst zu treffen.

Da wo der Bürgermeister zugleich der Standesbeamte ist, wird es sich im Interesse einer geordneten und beschleunigten Sachbehandlung regelmäßig empfehlen, daß der zur Erlassung des Aufgebotes angegangene Standesbeamte die Ausstellung des Verehelichungszeugnisses vermittelt und zu diesem Zwecke das bezügliche Gesuch des Verlobten mit der Erklärung der Heimatgemeinde nach Art. 33 Abs. 1 H.G. an die Distriktsverwaltungsbehörde derjenigen Gemeinde, in welcher der Bräutigam beheimatet ist, mittelst einer auf Grund der Geburtsurkunden und

---

[11]) v. Seydel Bd. 3 S 104 Note 28. Einspruchsrechte, welche gegen die Eheschließung des A mit der B bestanden, aber nicht geltend gemacht wurden, können geltend gemacht werden, wenn A die C heiraten will.

[12]) Nicht wesentliche Unrichtigkeiten schaden nichts; auch nicht falsche Schreibweise des Namens, so unerwünscht sie ist; selbst unrichtige Namensangabe, die gar nicht so selten ist, ist unschädlich, wenn nur über die Person kein Zweifel besteht. Hierzu ist Würdigung aller Angaben erforderlich.

sonstigen Belege anzufertigenden Mitteilung nach Anlage 11 (d. i. dem bezüglichen amtlichen Formulare) ungesäumt übersendet." —

Die vorzulegenden Belege sind die Geburtsurkunden der Brautleute und die Heimatscheine[13]). Nicht erforderlich ist die Erklärung des Einverständnisses der Braut. Es ist rechtlich möglich, daß die Braut gar nicht weiß, daß ein Verehelichungszeugnis für die Ehe des Antragstellers mit ihr begehrt wird.

Nicht unter allen Umständen kann die Beibringung der Belege verlangt werden. Zwar kann die Behörde die Ausstellung des Zeugnisses ablehnen, wenn die Urkunden aus nichtigen Vorwänden nicht vorgelegt werden; allein wenn der Gesuchsteller glaubhaft machen kann, daß er zur Beschaffung derselben nicht imstande ist, so wird die Behörde die Behandlung nicht verweigern dürfen[14]). Vor allem ist der Gesuchsteller zu belehren, wie er sich die Papiere etwa verschaffen kann. Ist die Geburtsurkunde eines der Brautleute nicht beizubringen, so können sonstige Behelfe zur Feststellung der Persönlichkeit genügen. Läßt sich die Persönlichkeit des Gesuchstellers oder seiner Braut in keiner ausreichenden Weise nachweisen, so ist das Gesuch abzuweisen.

Wird ein Heimatschein nicht beigebracht, so ist zu unterscheiden, ob der Gesuchsteller eine bestimmte Gemeinde als seine oder seiner Braut Heimat bezeichnet und glaubhaft dartut, daß diese den Heimatschein verweigert, oder ob die Heimat dem Gesuchsteller unbekannt ist. Ersterenfalls ist die Gemeinde zur Erklärungsabgabe aufzufordern; erkennt sie die Heimat an, so ist dies Erfordernis schon hierdurch erfüllt, obgleich die Gemeinde auch zur Ausstellung des Heimatscheines angehalten werden kann und zwar auch dann, wenn sie etwa Einspruchsrechte geltend zu machen beabsichtigt[15]). Erkennt sie die Heimat nicht an, so ist zunächst nach Art. 20 H.G. die Heimat auszumitteln. Dieses Verfahren erübrigt sich jedoch, wenn, z. B. durch die Mitteilung der vermeintlichen Heimatgemeinde, die wirkliche Heimatgemeinde in Erfahrung gebracht wird und diese die Heimat auch anerkennt, sofern nicht etwa der Antragsteller auf seiner bezw. seiner Braut Zugehörigkeit zur ersteren Gemeinde besteht. Die Ausmittlung der Heimat ist, wenn dieselbe bestritten oder zweifelhaft ist, auch in diesem Verfahren Amtssache. Vor rechtskräftiger Feststellung der Heimat des Mannes ist

---

[13]) v. Seydel Bd. 3 S. 108 Note 55.

[14]) v. Seydel Bd. 3 S. 108 Note 57. V.G.H. Bd. 7 S. 276 hat die Abweisung eines Antrages aus dem Grunde, weil die verlangten Nachweise nicht beigebracht worden waren, mißbilligt. Im fraglichen Falle war die Identität der Brautleute mit den Personen, welchen vorher eine vorsorgliche Heimat angewiesen worden war, nicht zweifelhaft; dies erachtete V.G.H. als genügend.

[15]) Auch die Verweigerung des Heimatscheines wegen Nichtzahlung der nach Art. 3 und Art. 12 zu leistenden Heimatgebühr ist gänzlich unzulässig. Dagegen kann die vorherige Zahlung von 1 M. Gebühr für den beantragten Heimatschein verlangt werden. Wird diese Gebühr nicht bezahlt, so besteht ein Einspruchsgrund aus Art. 32 Ziff. 6 H.G.

dann die weitere Behandlung des Gesuches im allgemeinen nicht möglich[16]). Dagegen besteht kein Anlaß zur Heimatsfeststellung bezw. Aussetzung des Verfahrens, wenn der Gesuchsteller lediglich Anspruch erhebt oder erhoben hat auf Verleihung der Heimat in einer Gemeinde. Denn in diesem Falle besteht kein Streit und Zweifel über die wirkliche Heimat[17]).

Der anläßlich der beabsichtigten Verehelichung von einer Gemeinde ausgestellte Heimatschein oder das abgegebene Anerkenntnis der Heimat ermächtigt zwar die Distriktsverwaltungsbehörde, falls die übrigen Voraussetzungen gegeben sind, zur Ausstellung des Zeugnisses[18]) und begründet ihre örtliche Zuständigkeit, wenn sie Behörde der im Heimatscheine bezeichneten Heimatgemeinde des Mannes ist — jedoch begründet der Heimatschein oder das Anerkenntnis eine nicht vorhandene Heimat nicht. Erfolgte eine „Verleihung" der Heimat, was irrtümlicherweise nicht selten namentlich dann geschieht, wenn der Bräutigam nach Art. 3 H.G. die selbständige Heimat in der Gemeinde durch Eheschließung erlangt, so kommt es darauf an, ob wirklich ein Wille, zu „verleihen", oder nur ein Vergreifen im Ausdruck vorliegt und ob die Heimat auch ordnungsmäßig verliehen wurde[19]).

Ist die Heimat dem Gesuchsteller unbekannt, und ist zugleich glaubhaft, daß er ein Bayer ist[20]), (was zunächst zu ermitteln ist),

---

[16]) Falls Streit besteht, ob die Gemeinde A oder die Gemeinde B Heimatgemeinde ist, während eine andere nicht in Frage kommt, so kann das Verehelichungszeugnis ausgestellt werden, wenn die beiden Gemeinden einvernommen sind und erklären, keinen Einspruch erheben zu wollen. Doch ist keine der beiden Gemeinden zu einer Erklärungsabgabe verpflichtet.

[17]) V.G.H. Bd. 7 S. 43 „Hat der Bewerber nur eine von seinem Vater hergeleitete Heimat, so kann nicht ein die Ausstellung jenes Zeugnisses verhinderndes streitiges Heimatverhältnis aus der Tatsache gefolgert werden, daß ein vom Vater erhobener Anspruch auf Verleihung des Heimatrechtes in einer anderen Gemeinde noch nicht endgültig verbeschieden ist." — Allerdings kann, wenn ein Anspruch, der im verwaltungsrechtlichen Verfahren schwebt, durchdringt, durch den rechtskräftigen Entscheid festgestellt werden, daß die Heimat vom Zeitpunkte der Stellung des Antrages auf verwaltungsrechtliche Entscheidung an in einer anderen Gemeinde erworben wurde. Allein das hält während des Schwebens des Streites das Zeugnisverfahren nicht auf, wenn auch hierdurch eine nachträgliche erneute Ausstellung des Zeugnisses notwendig werden kann.

[18]) Uebrigens ist die Distriktsverwaltungsbehörde, da sie die Voraussetzungen zur Ausstellung des Zeugnisses von Amtswegen zu prüfen hat, nicht an den Heimatschein gebunden. Hält sie eine andere Gemeinde für die wirkliche Heimatgemeinde, so kann sie die Sache aufklären, und gegebenenfalls nach Art. 20 H.G. verfahren. Dagegen ist sie nicht verpflichtet, ohne erheblichen Grund ein weitaussehendes Verfahren einzuleiten.

[19]) V.G.H. Bd. 2 S. 166. „Aus der Tatsache, daß eine Gemeinde, welche sich irrtümlich für die Heimatgemeinde eines Mannes hält, zur Verehelichung des letzteren ihre Zustimmung erklärt hat, kann für diesen der Heimaterwerb in jener Gemeinde ebensowenig abgeleitet werden, als aus dem Umstand, daß besagte Gemeinde von dem betr. Manne die Heimatgebühr bezahlt erhielt."

[20]) Die Stautsangehörigkeit ist, wenn sich Zweifel ergeben haben, in den Gründen des Beschlusses incidenter zu würdigen.

so hat die Behörde Erhebungen zu pflegen, welche entweder zur Ermittlung der Heimat, sei es ohne oder im verwaltungsrechtlichen Verfahren, oder zur Anweisung einer vorläufigen Heimat führen, worauf das Verfahren seinen Fortgang nimmt.

Ergibt sich im Laufe der Verhandlungen, daß eine andere Behörde örtlich zuständig ist, Erhebungen zu pflegen und Entscheidungen zu treffen, so wird die Sache an diese Behörde abgegeben. Eine Abweisung des Gesuches, weil eine örtlich unzuständige Behörde angegangen wurde, findet nicht statt. Die Feststellungen, welche die angegangene oder die von ihr ersuchte Behörde gepflogen hat, können zu dem Ergebnisse führen, daß dem Antrag nicht entsprochen werden kann, auch wenn keine gemeindlichen Einsprüche geltend gemacht werden sollten, z. B. weil der Antragsteller zum Antrage nicht berechtigt ist, sei es, daß er z. B. geschäftsunfähig ist, oder daß die Braut nachsucht, oder ein angeblich Beauftragter ohne Vollmacht, — oder weil die Braut nicht bezeichnet wird, oder weil ein Verehelichungszeugnis überhaupt nicht erforderlich ist. Vgl. auch oben § 18 Anm. 4. Ist sonach der Antrag abzulehnen, so erübrigt sich das in Ziff. 5 erörterte Verfahren wegen Feststellung von Einspruchsrechten. Der Beschluß, welcher die Ausstellung (a limine) verweigert, ist im verwaltungsrechtlichen Verfahren zu erlassen. Vgl. unten S. 109. Entscheidet die höhere Instanz dahin, daß die Verweigerung des Zeugnisses unberechtigt war, so ist sodann zunächst das Verfahren nach Ziff. 5 durchzuführen.

4. Zuständig zur Ausstellung des Zeugnisses sind die Distriktsverwaltungsbehörden, d. i. die Bezirksämter und die Magistrate der unmittelbaren Städte. Sachliche Unzuständigkeit, z. B. Ausstellung durch die Gemeindebehörde, macht das Zeugnis ohne weiteres ungültig. Oertlich zuständig ist die Distriktsverwaltungsbehörde jenes Bezirkes, in welchem die Heimatgemeinde des Gesuchstellers liegt. Zur formellen Gültigkeit des Zeugnisses genügt, daß die Behörde der im Zeugnisse als Heimatgemeinde des Mannes bezeichneten Gemeinde das Zeugnis ausstellt. Zur materiellen Gültigkeit d. h. zur Wirksamkeit des Zeugnisses in heimatrechtlicher Hinsicht gehört, daß das gesetzlich vorgeschriebene Verfahren beobachtet wurde. Zu diesem Verfahren gehört, daß die wirkliche Heimatgemeinde des Mannes, und zwar jene, welcher der letztere zur Zeit der Eheschließung angehört, über ihre Einspruchsrechte gehört wurde. (Siehe hierzu oben § 18.)

5. Das weitere Verfahren ist in Art. 33 H.G. geregelt. Es besteht in der Ermittelung, ob die Heimatgemeinde des Mannes Einspruchsrechte geltend machen will und in der Feststellung, ob geltend gemachte Rechte bestehen oder nicht. Als Heimatgemeinde gilt für das Verfahren jene Gemeinde, welche der Behörde als solche nachgewiesen oder welche als solche ermittelt wurde. (Vgl. Ziff. 3.) Eine absolute Gewißheit braucht nicht zu bestehen; auch kann das Ver-

fahren dadurch materiell unwirksam werden, daß der Bräutigam vor Eingehung der Ehe eine neue Heimat erwirbt. Die Behörde kann nur förderlich dazu beitragen, daß die Ehe auch volle Wirksamkeit in Ansehung der Heimat entfalte; die eigentliche Obsorge hierfür obliegt dem Bräutigam, der die Behörde, gegebenenfalls durch Erneuerung seines Antrages, in die Lage versetzen muß, ein wirksames Zeugnis auszustellen. Hat er selbst irrige Anschauungen über seine Heimat und teilt die betr. Gemeinde diesen Irrtum, so kann die gesetzliche Folge, daß die Ehe heimatrechtliche Wirkung für Frau und Kinder nicht übt, allerdings schwer abgewendet werden.

Die Ermittlung von Einspruchsrechten erfolgt durch Befragung der Verwaltung der Heimatgemeinde des Mannes, falls dieselbe nicht ohnehin schon erklärt hat, daß sie Einspruch erhebe oder daß sie Einspruch nicht erhebe[21]). Diese Erklärung muß jedoch mit Bezug auf die jetzt beabsichtigte Eheschließung abgegeben worden sein, also zu einer Zeit, in welcher das Zeugnis entweder schon erbeten wurde, oder wenigstens schon vorbereitende Schritte zur Erlangung des Zeugnisses unternommen wurden, so namentlich die Ausstellung des Heimatscheines im Hinblick auf das Ehevorhaben. Auch muß die Erklärung zur Kenntnis der Behörde bestimmt sein.

Daß ohne vorherige Befragung erklärt werden kann, es werde Einspruch nicht erhoben, und dann die behördliche Aufforderung an die Gemeinde entfällt, ist im Gesetz ausdrücklich gesagt. (Art. 33 H.G. am Anfang.) Aber auch die ohne vorherige Aufforderung erfolgende Erklärung, daß Einspruch erhoben werde, muß als zulässig und die behördliche Aufforderung entbehrlich machend erachtet werden. Die letztere hat ja den Zweck, die Gemeinde zu schützen; hat die Gemeinde ihre Rechte schon wahrgenommen, so bedarf sie des Schutzes nicht mehr[22]). — Die Erklärung übt rechtliche Wirkung nur, wenn sie der Behörde zugeht; einer besonderen Form bedarf sie nicht.

---

[21]) Wird eine solche Erklärung auf Antrag des Gesuchstellers abgegeben, so kann die Gemeinde eine Gebühr von 1—25 Mk. erheben; vgl. Gebührengesetz vom 11. November 1899 Art. 199 Ziff. 2, Art. 225 dortselbst, § 2 der Verordnung vom 20. September 1879, die gebührenpflichtigen Angelegenheiten der einer Distriktspolizeibehörde untergeordneten Gemeindebehörden betr.

Wird die Erklärung auf Aufforderung nach Art. 33 H.G. abgegeben, so kann keine Gebühr beansprucht werden. — S. Gemeindezeitg. Bd. 12 S. 167.

Ein Recht auf Abgabe einer Erklärung durch die Gemeinde hat der Gesuchsteller nicht. Weigert die Gemeindeverwaltung sich, so ist hiergegen keine Beschwerde möglich. Es bleibt dann nur der Weg übrig, die Ausstellung des Zeugnisses bei der Distriktsverwaltungsbehörde zu beantragen, welche nach Art. 33 H.G. verfährt. Die vorherige Beibringung der Erklärung der Gemeinde bewirkt lediglich eine Abkürzung des Verfahrens.

[22]) Die Erklärung, aus einem bestimmten Grunde Einspruch erheben zu wollen, schließt den Verzicht, andere vorhandene, wenn auch nicht bekannte Einspruchsgründe geltend zu machen, in sich; nicht aber den Verzicht auf solche Einspruchsrechte, die erst nach Abgabe der Erklärung entstehen. S. oben.

Ist der Behörde eine Erklärung nicht schon zugegangen, so hat sie die Gemeindeverwaltung der Heimat des Mannes von dem Gesuche zu verständigen unter der Aufforderung, innerhalb einer ausschließenden Frist von 14 Tagen einen etwaigen Einspruch geltend zu machen.

Nur in einem solchen Falle erübrigt sich die Einvernahme. Ist nämlich die Behörde der Magistrat einer unmittelbaren Stadt, so ist dieser immer auch Verwaltung der Heimatgemeinde. Sich selbst braucht der Magistrat nicht förmlich zu befragen[23]). Glaubt er aber, daß ein Einspruchsgrund vorhanden ist, oder hat er Zweifel, ob ein solcher besteht, so hat er das Gesuch mit der erwähnten Aufforderung den Gemeindebevollmächtigten zuzustellen. Die Frist läuft von dieser Zustellung an. Die Gemeindebevollmächtigten entscheiden, ob Einspruch zu erheben ist oder nicht; der Magistrat wirkt hierbei nicht mit[24]). Art. 32 II, 33 II H.G.[25]).

Hat die Heimatgemeinde städtische Verfassung, ohne unmittelbare Stadt zu sein, so wird die Aufforderung zur Einspruchserhebung dem Magistrate zugestellt. Die 14tägige Frist läuft von dieser Zustellung an. Der Magistrat hat dann ebenso zu verfahren wie im vorigen Falle. Die Beschlußfassung, ob Einspruch zu erheben ist, steht nur den Gemeindebevollmächtigten zu[26]).

Wird die Aufforderung, eine Erklärung abzugeben, oder, dies innerhalb der Frist von 14 Tagen zu tun, oder der Hinweis darauf, daß die Frist eine ausschließende ist, unterlassen[27]), so gilt die Aufforderung nicht als erfolgt; das Verfahren leidet an einem wesentlichen Mangel, ist nichtig; die Ehe bleibt ohne heimatrechtliche Wirksamkeit[28]).

Die Nichtigkeit wird jedoch geheilt, wenn die Gemeinde, obgleich

[23]) Dies schließt nicht aus, daß der Magistrat die Frage, ob gesetzliche Einspruchsgründe vorhanden sind, im Beschlußwege erledigt.

[24]) Eine Anomalie gegen die sonstigen Zuständigkeitsgrundsätze der Gemeindeordnung!

[25]) v. Seydel, Bd. 3 S. 112. — Nicht darauf kommt es an, ob der Magistrat glaubt, daß Einspruch erhoben werden solle, sondern darauf, ob er glaubt, daß ein Einspruchsgrund nach dem Gesetze besteht oder nicht. Auch wenn er erachtet, daß der Fall zweifelhaft sei, ist die Einvernahme der Gemeindebevollmächtigten geboten. M. a. W.: nur wenn der Magistrat glaubt, es sei unzweifelhaft kein Einspruchsrecht vorhanden, kann er die Zustellung an die Gemeindebevollmächtigten unterlassen.

[26]) Der Einspruch kann m. E. von den Gemeindebevollmächtigten unmittelbar beim Bezirksamte eingereicht werden. A. M. v. Seydel Bd. 3 S. 112 Note 99, wo der Magistrat als zur Erhebung des Einspruches berufen bezeichnet wird.

[27]) Reger S. 119 Anm. 2, v. Riedel S. 259 Note 3; vgl. auch V.G.H. Bd. 7 S. 277.

[28]) Dies gilt selbstverständlich auch, wenn der Magistrat einer unmittelbaren Stadt die Gemeindebevollmächtigten zwar zur Erhebung eines etwaigen Einspruches aufgefordert hat, aber ohne die Frist als ausschließende vorzusetzen. Hat der Magistrat einer mittelbaren oder unmittelbaren Stadt die Gemeindebevollmächtigten pflichtwidrig überhaupt nicht einvernommen, so entsteht nur eine Haftung der pflichtwidrig handelnden Magistratsmitglieder.

sie nicht oder nicht unter Vorsetzung der ausschließenden Frist zur Erklärungsabgabe aufgefordert war, doch vor Ausstellung des Zeugnisses eine genügende Erklärung abgibt. Zweck jener Vorschrift ist ja nur, der Gemeinde die Möglichkeit zu sichern, ihre Rechte zu wahren. Geschieht dies ohnehin, so schadet die Verletzung der Vorschrift nicht weiter.

6. Die Frist von 14 Tagen ist keine prozessuale[29]); ihre Nichtbeachtung zerstört vielmehr vorhandene Einspruchsrechte. Die Frist setzt der Uebung eines Rechtes, d. i. dem Rechte selbst Schranken. Man will nicht nur die Eheschließung nicht allzu lange aufhalten, sondern auch die Heimatzugehörigkeit der Ehefrau und der Kinder nicht nachträglich unsicher machen, wo es nicht notwendig ist. Das Gesetz geht davon aus, daß der Heimatgemeinde des Mannes dessen Verhältnisse bekannt sind und daß vielleicht noch erforderliche Nachforschungen innerhalb 14 Tagen gepflogen werden können. Freilich sind seit 1868 nicht nur die Gemeinden volkreicher geworden, die Lebensverhältnisse schwieriger zu erkennen, der Aufenthalt schwerer zu ermitteln; sondern es sind auch die Einspruchsgründe um solche vermehrt worden, welche in der Person der Braut liegen; diese aber ist der Gemeindeverwaltung der Heimat der Mannes oft gänzlich unbekannt. Grund genug wäre vorhanden gewesen, der Frist ihren „ausschließenden“ Charakter zu nehmen, zumal ja die Bedeutung des Verehelichungszeugnisses so sehr gemindert wurde. Allein diese Konsequenz wurde eben nicht gezogen. Rechte, die obgleich vorhanden, nicht geltend gemacht wurden, müssen kraft jener Gesetzesworte erlöschen, wie ja auch im bürgerlichen Rechte Befugnisse nicht selten untergehen, wenn sie nicht binnen bestimmter Frist verwirklicht werden. Die Folge hiervon ist, daß auch bei Erhebung des Einspruches auf Grund bestimmter Einspruchsgründe die sonst vorhandenen, aber nicht geltend gemachten Gründe untergehen[30]). Dies gilt auch dann, wenn die Erklärung, daß ein Einspruch geltend gemacht werde, abgegeben wird, ohne daß schon eine Aufforderung an die Gemeindeverwaltung ergangen ist. Durch die Erklärung gehen jedoch nur jene Einspruchsrechte unter, welche zur Zeit der Erklärungsabgabe, bezw., falls keine Erklärung erfolgt, bei Ablauf der Erklärungsfrist,

---

[29]) v. Seydel Bd. 3 S. 111.

[30]) v. Seydel Bd. 3 S. 111 „Die Brautleute sind gegen jeden Einspruch unbedingt gesichert, dessen rechtliche Begründung bereits gegeben war, als die Aufforderung zur Erhebung etwaiger Einsprüche erlassen wurde“. Wenn die Heimatgemeinde gegen die Verehelichung Einspruch erhebt, so darf bei dem Willen des Gesetzes, alle vorhandenen Einspruchsrechte vor Ausstellung des Zeugnisses in einem mit verwaltungsrechtlichem Schutz ausgestatteten Verfahren zu regeln, der Gemeinde nicht zugestanden werden, nach ihrem Gutdünken heute den, morgen jenen Grund vorzubringen; diese Möglichkeit hat sie nur innerhalb der gesetzlichen Frist.

vorhanden waren[31]). — Wenn die Gemeinde ohne Verschulden ein vorhandenes Einspruchsrecht nicht kennt und es daher nicht rechtzeitig geltend macht, so gibt es für sie keine Wiederaufnahme des Verfahrens. Es handelt sich eben nicht um die Geltendmachung einer Tatsache im Prozesse, sondern um Ausübung eines Rechtes, welche Ausübung nur innerhalb gesetzlich bestimmter Zeit möglich ist[32])[33]).

[31]) M. E. ist dieser Zeitpunkt maßgebend, nicht jener der Aufforderung (vgl. Anm. 10 zu § 18, wo v. Seydels abweichende Ansicht dargelegt ist). Die Gemeinde soll den Einspruch erheben, den sie zur Zeit der Erklärungsabgabe hat; die Frist von 14 Tagen ist gesetzlich keine Ueberlegungs- und Nachforschungsfrist, wenn sie auch tatsächlich diese Bedeutung meist haben wird. Schließlich fällt wohl auch ins Gewicht, daß die Aufforderung gar nicht ergeht, wenn die Gemeinde erklärt hat, keinen Einspruch erheben zu wollen.

[32]) Vgl. hierzu v. Seydel Bd. 3 S. 111 letzter Absatz u. S. 112. Ist das Zeugnis infolge Ablaufs der Zeit kraftlos geworden, so leben auch verwirkte Einspruchsrechte wieder auf. § 18 Ziff. 7. (Freilich können sie u. U. in einem späteren Verfahren (wegen Zeitablaufs) nicht mehr geltend gemacht werden.) Ebenso können sie in einem späteren Verfahren, wenn eine andere Braut in Frage kommt, erhoben werden.

[33]) Der V.G.H. Bd. 7 S. 283 läßt einen gemeindlichen Einspruch „unter dem Gesichtspunkte des „Wiederaufnahmeverfahrens" zu, wenn die Tatsachen, welche den Einspruch begründen, erst nach dem Zeitpunkte der Ausstellung und Aushändigung des Zeugnisses eingetreten oder bekannt geworden sind. Der Gerichtshof ist der Ansicht, daß eine gemeindliche Einspruchserhebung nach Ausstellung des Zeugnisses „zweifellos" beim Vorhandensein der in Art. 26 des V.G.H.G. statuierten Voraussetzungen zulässig sei, falls ein Einspruchsverfahren und eine dasselbe rechtskräftig erledigende distriktspolizeiliche Beschlußfassung vorangegangen sei. Sei aber ein Einspruch gar nicht erhoben worden und beruhe die Verehelichungsbewilligung also nicht auf einem erstinstanziellen Bescheide, so müsse aus einem inneren Grunde und sogar „noch in höherem Maße" eine nachträgliche Einspruchserhebung nach Analogie des Wiederaufnahmeverfahrens möglich sein, sofern die den Einspruch begründende Tatsache erst nach Ausstellung des Zeugnisses hervorgetreten oder doch bekannt geworden sei ... So auch v. Riedel S. 226 Note 6b. Gegen die Anwendung prozessualer Grundsätze in der vorliegenden Frage hat sich v. Seydel Bd. 3 S. 111 und 112 mit so durchschlagenden Gründen ausgesprochen, daß nichts mehr beizusetzen ist. S. auch Reger S. 120 Anm 2. Im Ergebnisse stimme ich dem V.G.H. bei, wenn es sich um eine neue, d. h. nach der Erklärungsabgabe entstandene Tatsache handelt; diese Tatsache kann jederzeit, sofern die Ehe nicht schon geschlossen ist, also auch, während das Einspruchsverfahren in II. Instanz schwebt, geltend gemacht werden, weil es eben auf den Stand der Dinge zur Zeit der Eheschließung für deren heimatrechtliche Wirkung ankommt. Dagegen ist für eine schon bei der Erklärungsabgabe entstanden gewesene Tatsache auch durch ein Wiederaufnahmeverfahren keine Möglichkeit, sich Geltung zu verschaffen. Ein toter Anspruch (Einspruch ist Anspruch auf Hemmung des Eheabschlusses) kann nicht mehr lebendig werden. Stellt sich nach Ergehen eines rechtskräftigen Bescheides, welcher sagt, daß die Zurückweisung eines Einspruches gerechtfertigt war, heraus, daß der gemeindliche Einspruch am 14. und nicht, wie man bisher annahm, am 15. Tage in den Einlauf der Behörde gelangte, so trifft Art. 26 V.G.H.G. zu. Die Tatsache aber, daß das Einspruchsrecht erloschen ist, weil es nicht geltend gemacht wurde, wird nicht dadurch beseitigt, daß man nachweist, derjenige, welcher die Geltendmachung unterließ, habe keine Schuld an dem Versäumnis. — Auf dieselbe Analogie des Art. 26 V.G.H.G. unter Verkennung des Umstandes, daß der gemeindliche Einspruch keine prozessuale Bedeutung hat, stützt sich V.G.H. Bd. 15 S. 55, welcher einen Ein-

7. Der Einspruch muß geltend gemacht werden von der Verwaltung der Heimatgemeinde, das ist von dem Gemeindeausschusse in Landgemeinden, dem Magistrate bezw. von den Gemeindebevollmächtigten[26]) in Märkten und Städten. Wird vom Bürgermeister ohne die Feststellung, daß er für den Gemeindeausschuß oder den Magistrat handle, Einspruch erhoben, so schadet das nichts. Dagegen ist fraglich, ob der Bürgermeister, wenn er Einspruch erhebt, hierzu durch einen „Beschluß" ermächtigt sein muß, so daß mangels solchen Beschlusses der Einspruch wirkungslos wäre. Die Frage ist dahin zu entscheiden, daß durch Beschluß des Gemeindeausschusses der Bürgermeister ermächtigt sein kann, Einspruchsrechte nach seinem Ermessen oder nach bestimmten Regeln geltend zu machen. Dies kann auch in der Form geschehen, daß die Entscheidung über Geltendmachung von Einspruchsrechten durch die Geschäftsordnung dem Bürgermeister überwiesen wird. Art. 145 VIII Gem.O. Ist ein solcher Beschluß, der jederzeit widerrufen werden kann, gefaßt, so ist der Bürgermeister als ermächtigt zu erachten; wenn nicht, so begründet die Gültigkeit des Einspruches auch Art. 145 VII Gem.O. nicht. Erhebt der Magistrat oder dessen Vorstand Einspruch, ohne daß die Gemeindebevollmächtigten Beschluß gefaßt haben, so ist der Einspruch unwirksam. Vgl. oben Ziff. 5.

Versäumt der Bürgermeister die Erholung eines Beschlusses, oder trägt er für die rechtzeitige Ausfertigung und Zustellung nicht Sorge, und wird hierdurch die 14tägige Frist nicht eingehalten, so ist das Einspruchsrecht verloren, dagegen unter Umständen eine Haftung des Bürgermeisters (oder seines Stellvertreters oder des Beauftragten) oder der schuldigen Gemeindebediensteten gegeben.

Keiner Darlegung bedarf, daß ein ohne Berufung des Ausschusses etwa durch Sammlung von Unterschriften zustande gekommener „Beschluß" nicht genügt, falls ein Beschluß im Rechtssinn erforderlich ist.

---

spruch auch nach Ablauf der 14tägigen Frist noch zuläßt, wenn nur die Gemeinde glaubhaft darzutun vermag, daß ihr die Tatsachen, auf welche der Einspruch gestützt wird, erst innerhalb 14 Tagen vor dessen Erhebung bekannt geworden sind. Zu beiden Entscheidungen ist übrigens die Frage zu stellen: Wer muß eigentlich „Kenntnis" erlangen? Der Bürgermeister oder die verwaltende Körperschaft? Hat die Gemeindeverwaltung schon dann Kenntnis, wenn irgendein zu anderen Zwecken eingehendes Schriftstück, das die Tatsache gelegentlich erwähnt, zu den gemeindlichen Akten gelangt? Dies ist wichtig, wenn man von der „Kenntnis" an eine 14tägige Frist beginnen lassen will, während doch das Gesetz dieselbe mit der Aufforderung beginnen läßt. V.G.H. geht zu weit, wenn er jenem subjektiven Moment eine so erhebliche Bedeutung beimißt, und nicht weit genug, wenn er auch den nach der Erklärungsabgabe entstehenden Einspruch an jene 14tägige Frist bindet. — Eine Folge der grundsätzlichen Anschauung des V.G.H. ist noch die, daß er es für genügend erachtet, daß überhaupt innerhalb der 14tägigen Frist Einspruch erhoben wurde, so daß die Begründung, die allerdings notwendig sei, nachfolgen könne. V.G.H. Bd. 4 S. 420. Vgl. auch S. 107. In Bd. 11 S. 373 scheint allerdings V.G.H. vorstehende Auffassung wieder aufgegeben zu haben.

Der Armenpflegschaftsrat oder dessen Vorstand oder eine sonstige Behörde ist zur Einlegung des Einspruches nicht berechtigt. Hat ein Unberechtigter Einspruch erhoben, so wird durch die nachfolgende Genehmigung durch den Magistrat bezw. Gemeindeausschuß der Einspruch nicht gültig; läuft diese Genehmigung innerhalb der Frist von 14 Tagen ein, so kann sie bei geeignetem Inhalte selbst als Einspruchserhebung gelten.

Damit die 14tägige Frist zu laufen beginne, muß die Aufforderung auch an den Magistrat bezw. Gemeindeausschuß gerichtet und an den Vorstand dieser Behörde bezw. den von ihm beauftragten Beamten oder in sonst ordnungsmäßiger Weise zugestellt sein[34]).

8. Die Erklärung, daß Einspruch erhoben werde, muß bei der Behörde innerhalb der Frist eingehen[35]); das Datum der Erklärung ist nicht von Bedeutung. Ist die Erklärung irrig oder versehentlich bei einer unrichtigen Behörde eingelangt, so ist zwar diese verpflichtet, falls sie den richtigen Empfänger erkennt, das Schriftstück an diesen zu leiten; doch muß dieses innerhalb der 14tägigen Frist einlaufen. Die Deklaration vom 15. Juni 1898 berührt unseren Fall nicht.

Die Frist läuft mit dem Tage der Zustellung an die Gemeindeverwaltung bezw. in unmittelbaren Städten an die Gemeindebevollmächtigten und endet 14 Tage später am Abend jenes Tages, der die gleiche Benennung trägt wie der Zustellungstag. Wurde an einem Sonntage oder gesetzlichen Feiertage zugestellt, so läuft die Frist an dem auf den entsprechenden Tag folgenden Tag ab[36]).

Da die Frist keine prozessuale ist, kann eine prozeßrechtliche Wiedereinsetzung in den vorigen Stand nicht in Frage kommen.

9. Die Einspruchsrechte im einzelnen werden in den folgenden Paragraphen erörtert werden. Im allgemeinen ist hier folgendes zu bemerken:

a) Die Gemeinden haben nicht die Eheschließung zu bewilligen oder zu versagen. Sie können jedoch die Eheschließung eines in ihnen beheimateten Mannes hindern, indem sie hierfür einen vom Gesetze als geeignet bezeichneten Grund geltend machen[37]). Ob eine Gemeinde dies tun will oder nicht, ist ausschließlich Sache ihres

---

[34]) Z. B. durch die Einlegung in den für den „Einlauf" bestimmten Briefkasten.

[35]) Die Abgabe gegen Empfangsbescheinigung ist zu empfehlen. Reger S. 119 Note 2. V.G.H. Bd. 15 S. 57 „Maßgebend für die Frage, ob die Einspruchsfrist des Art. 33 Abs. 1 H.G. eingehalten sei, ist nicht der Zeitpunkt der Beschlußfassung der Gemeindeverwaltung, sondern der Tag, an welchem deren Einspruch bei der Distriktsverwaltungsbehörde eingelaufen ist."

[36]) Dies steht zwar nicht im Gesetze, ergibt sich aber doch wohl aus der Absicht, daß die Gemeinde 14 Tage zur Erledigung haben soll, während am Sonntag nicht anzunehmen ist, daß etwas zur Erledigung der Sache geschehen kann.

[37]) v. Seydel Bd. 3 S. 111.

freien Ermessens[38]). Dieses freie Ermessen ist weder einer staatsaufsichtlichen Einwirkung unterworfen, noch kann dasselbe vertraglich[39]) eingeengt werden. Zusicherungen, welche eine Gemeindeverwaltung etwa zugunsten des Nichtgebrauches eines Einspruchsrechtes gegeben hat, binden die Gemeinde nicht. Denn die Befugnis, wenn auch entsprungen aus der staatlichen Fürsorge für das wirtschaftliche Gedeihen der Gemeinden, ist doch ein Ausfluß der Staatsgewalt und ebensowenig verzichtbar, wie etwa die Ausübung der Polizeigewalt. Dies schließt nicht aus, daß die Gemeinde von ihrem Einspruchsrechte keinen Gebrauch machen zu wollen erklärt, wenn ihr Sicherheit geboten wird, daß die befürchteten Folgen der Eheschließung sie nicht belasten[40]). Wird solche Gewähr geboten und angenommen, so ist freilich die Gemeinde nicht behindert, das Einspruchsrecht gleichwohl auszuüben; sie müßte dann aber die Sicherheit zurückgeben. — Würde aus den Umständen erhellen, daß die Gemeinde lediglich durch Hingabe von Vermögen bestimmt werden sollte und wollte, von ihrem Rechte keinen Gebrauch zu machen, ohne daß die Sicherung der Gemeinde gegen künftige Belastung den wahren Zweck der Vermögenshingabe bildet, so wäre der Vertrag als gegen die guten Sitten verstoßend nichtig.

Will die Gemeindeverwaltung ein Einspruchsrecht nicht geltend machen, so kann dies ebenso in einer Erklärung als durch Nichtabgabe einer Erklärung innerhalb der gesetzlichen Frist geschehen. Aus der rechtlichen Natur des Einspruchsrechtes folgt, daß die Gemeinde zwar die der Behörde gegenüber abgegebene Erklärung, Einspruch zu erheben, zurücknehmen kann, weil ihr Ermessen, ob sie die Eheschließung hindern will oder nicht, auch zeitlich nur zugunsten des Bräutigams beschränkt ist, — daß aber die Erklärung, einen Einspruch nicht zu erheben, wenn sie der Behörde zugegangen ist, nicht widerrufen werden kann. Diese Erklärung der Behörde gegenüber bedeutet in der Tat einen gültigen Verzicht — freilich nur gegenüber einer bestimmten Eheschließung und hinsichtlich bereits entstandener Einspruchsrechte. Der Verzicht wird überdies hinfällig, falls das Verehelichungszeugnis infolge Zeitablaufs kraftlos wird.

b) Um ein Einspruchsrecht auszuüben, muß die Gemeindeverwaltung die Tatsachen kennen, welche nach dem Gesetze ein solches Recht gewähren. Eine gute Führung der Heimatregister und der

---

[38]) Die Behörde darf also einen ihr bekannten, von der Gemeinde aber nicht geltend gemachten Einspruchsgrund nicht würdigen.

[39]) Die Erklärung, welche der Behörde gegenüber abgegeben wird, einen Einspruch nicht erheben zu wollen, wird auch „Verzichtserklärung“ genannt (v. Seydel Bd. 3 S. 111 Note 94); ein Verzicht dem Manne gegenüber ist jedoch hierbei nicht in Frage. Auch hat jede solche Erklärung, der Behörde gegenüber abgegeben, nur Bedeutung für die vorhandenen Einspruchsrechte; auf die Geltendmachung künftiger kann die Gemeindeverwaltung auch der Behörde gegenüber nicht verzichten.

[40]) Reger S. 118 Anm. 16.

Armennachweisungen, der Rückstandsverzeichnisse rc. mag ihr die Erlangung solcher Kenntnisse erleichtern. In vielen Fällen aber wird die Gemeinde entweder überhaupt nichts oder nur unsicheres wissen. Sie muß daher Erhebungen pflegen und hat den Anspruch auf Auskunft gegenüber allen Behörden des Staates. Insbesondere ist auch die Heimatgemeinde der Braut, deren Interesse häufig genug jenem der Heimatgemeinde des Mannes entgegengesetzt ist, verpflichtet, Auskunft zu erteilen[41]). Freilich haben die Behörden nur auf bestimmte und klare Fragen zu antworten und nicht erst selbst durch weitere Erhebungen bei anderen Behörden Material zu beschaffen.

Keine Verpflichtung, Tatsachen anzuführen, welche gegen ihn Einspruchsrechte begründen können, hat der Antragsteller. In keinem Teile des Verfahrens kann ihm auferlegt werden, den Nachweis zu führen, daß ein behaupteter Einspruchsgrund nicht besteht[42]). Das schließt nicht aus, daß es zu seinem Vorteil gereicht, wenn er scheinbar begründete Einsprüche zu entkräften beiträgt. Hinsichtlich der Braut gilt gleiches, wie für den Bräutigam.

c) Aus dem unter a eingangs angeführten Grunde genügt nicht die Erklärung der Gemeinde, daß Einspruch erhoben werde, für sich allein. Diese Erklärung ist wörtlich nicht einmal notwendig; sie kann sich auch aus dem Gesamtinhalte ergeben[43]). Wesentlich ist, daß der Einspruchs**grund** bezeichnet wird, — das ist die Tatsache, der Titel, aus dem sich das Einspruchs**recht** unmittelbar ergibt[44]).

---

[41]) Würde die Heimatgemeinde der Braut wissentlich oder fahrlässig eine unrichtige Auskunft erteilen, so haften die schuldigen Beamten und Gemeindeverwaltungsmitglieder persönlich, die Gemeinde selbst nach Maßgabe der gesetzlichen Vorschrift, für den der Heimatgemeinde des Mannes erwachsenden Schaden. Letzterer **kann** sich daraus ergeben, daß die Geltendmachung eines Einspruchsrechtes unterlassen wurde und nun Armenhilfe zu leisten ist. Vgl. auch Gemeindezeitg. Bd. 12 S. 74/75.

[42]) Er gilt als „beteiligt" und kann auch als Zeuge nicht im verwaltungsrechtlichen Verfahren vernommen werden. Vgl. auch V.G.H. Bd. 13 S. 216. (Der frühere Art. 34 II H.G., nach welchem der „Bewerber" alle zur Würdigung des Gesuches erforderlichen Aufschlüsse zu erteilen hat, ist aufgehoben. V.G.H. hat erklärt, daß der Nachweis nicht entgegenstehender Einspruchsgründe zu solchen Aufschlüssen nicht gehöre).

[43]) In V.G.H. Bd. 15 S. 57 wird z. B. die auf der Rückseite der Verehelichungsbekanntmachung geschriebene Erklärung „die Genehmigung zur Verehelichung wird nicht erteilt, weil für den „Sohn" jährlich . . . M. aus der Armenkassa geleistet werden — mit Recht als ausreichend erachtet. — Wenn die Gemeindeverwaltung unter die Aufforderung des Bezirksamtes setzt „K.H. zurück mit dem Beifügen, daß der Antragsteller wegen Meineids in Untersuchung ist" — so ist dies als Einspruch aufzufassen.

[44]) v. **Seydel** Bd. 3 S. 111 Note 93; **Reger** S. 119 Anm. 2; V.G.H. Bd. 11 S. 373 „Die Gemeinde (das Kreisfiskalat) kann ein Einspruchsrecht nur geltend machen auf Grund bestimmter Angabe derjenigen konkreten Tatsachen, auf welche der Einspruch sich stützt". „Die Distriktsverwaltungsbehörde ist nicht verpflichtet, der einspruchsberechtigten Gemeinde (dem Kreisfiskalate) das zur Einspruchsbegründung dienliche tatsächliche Material durch ein umständliches Ermittlungsverfahren zu liefern." Vgl. auch Anm. 52.

Die Tatsache muß so deutlich bezeichnet sein, daß alle zur Erforschung des Sachverhaltes notwendigen Umstände erkennbar sind. M. a. W.: Das Beweisthema muß klar feststehen — der Klagegrund, um einen ähnlichen Vorgang im Zivilrecht anzuführen, muß lückenlos gegeben sein. Das ist aber im allgemeinen eine sehr einfache Sache. Es genügt zwar nicht, wenn die Gemeinde, wie im obigen Beispiel (Anm. 43) behauptet, daß der Antragsteller A wegen Meineids in Untersuchung stehe, oder daß A im Jahre 1901 zu 5 Wochen Gefängnis verurteilt worden sei, oder daß der Mann oder die Braut arm sei oder daß letztere für ihre Kinder nicht sorge. Da aber die Verwaltungsbehörde befugt ist, den erkennbaren Sinn der Erklärung zu berücksichtigen, so genügt der Einspruch, wenn er etwa lautet: A ist wegen Meineids beim Landgerichte N in Untersuchung; A ist wegen Diebstahls im Jahre 1901 zu 5 Wochen Gefängnis verurteilt worden; die Braut hat im Jahre 1902 für ein Kind bei der Gemeinde N Armenunterstützung erbeten.

Reichen die Darlegungen der Einspruch erhebenden Gemeinde nicht aus, um das Sachverhältnis erkennbar zu machen, auf das derselbe gestützt wird, so **kann** die Behörde eine Ergänzung verlangen; geht diese noch innerhalb der 14tägigen Frist ein (telephonische und telegraphische Anfrage und Antwort sind zulässig) so ist der Einspruch gewahrt.

Liegt bei Ablauf der Frist ein Einspruch vor, dessen Tatbestand **nicht** genügend ist, so ist ohne Beweiserhebung Zurückweisung des Einspruches geboten. — Innerhalb der 14tägigen Frist kann auch noch ein anderer als der ursprünglich geltend gemachte Einspruchsgrund vorgebracht werden[45]).

Nach Ablauf der Frist kann nur ein **nach Abgabe** der Erklärung **entstandener** Einspruchsgrund Beachtung finden[46]).

Eine Beweispflicht für die Einspruch erhebende Heimatgemeinde besteht nicht; die Erhebung, ob der Einspruchsgrund wirklich besteht, erfolgt von Amts wegen. Art. 20 V.G.H.G.[47]).

---

[45]) Die Gemeinde, welche, ohne die Vorstreckung der Frist abzuwarten, Einspruch erhoben hat, ist somit im Nachteil, da zu ihren Gunsten eine Frist nicht läuft. Nach Ablauf der Einspruchsfrist kann eine Begründung des Einspruches, die einen anderen Tatbestand unterstellt, nicht mehr zugelassen werden. **Reger** S. 108 Note 3; v. **Seydel** Bd. 3 S. 111 Note 97. Eine Berichtigung, nähere Ausführung einer Tatsache, die Einspruchsgrund bleibt, sind auch **nach** Ablauf der Frist noch möglich. V.G.H. Bd. 4 S. 420 ist von der Anschauung befangen, als ob der Einspruch ein prozessualer Akt wäre. Es wird daher eine neue Begründung nach Ablauf der Einspruchsfrist zugelassen; ebenso v. **Riedel** S. 260 Note 4c, vgl. jedoch **dagegen**, wie es scheint, V.G.H. Bd. 11 S. 373 in Note 44.

[46]) Die Würdigung desselben muß stets zunächst von der **ersten Instanz** erfolgen, wenn auch das Verfahren wegen anderer Gründe in einer höheren Instanz schwebt. Vgl. das nähere Ziff. 14.

[47]) V.G.H. Bd. 4 S. 619. „Wenn eine Gemeinde . . . Einspruch erhebt, so ist es nicht genügend, daß die Behörde den Gesuchsteller unter Vorsetzung einer Frist zur Vorlage des Nachweises über die Bezahlung der Rückstände auffordert,

10. Das weitere Verfahren gestaltet sich verschieden, je nachdem Einspruch erhoben wurde oder nicht[48]).

Wurde kein Einspruch erhoben, so stellt die Distriktsverwaltungsbehörde, welche die Richtigkeit der vorgelegten Belege, inbesondere den Nachweis der Heimat, schon früher geprüft hat, das Zeugnis aus. Hiermit faßt es keinen Beschluß im verwaltungsrechtlichen Verfahren. Die Behörde bestätigt, daß „der Eheschließung des A mit der B das im Art. 32 H.G. bestimmte Einspruchsrecht nicht entgegensteht“.

Die Ausstellung des Zeugnisses erfolgt durch distriktspolizeilichen Beschluß; derselbe braucht von den Magistraten unmittelbarer Städte nicht in kollegialer Beratung gefaßt zu werden.

Die „Ausstellung“ ist erfolgt mit der Zustellung an den Antragsteller[49]); diese kann auch durch Vermittlung der Gemeindebehörde oder des Standesbeamten geschehen. Die Aushändigung des Zeugnisses erfolgt nur gegen Zahlung der Gebühren; die Gemeinde kann dieselbe auch von der vorherigen Leistung der Heimatgebühr, falls Art. 3 und 12 H.G. zutreffen, abhängig machen[50]).

---

um dann nach fruchtlosem Ablaufe der Frist den Einspruch als erwiesen zu erachten, und dem Gesuchsteller das Verehelichungszeugnis zu verweigern, sondern die Behörde hat in einem solchen Falle den Sachverhalt von Amtswegen zu erheben und dann auf Grund desselben Beschluß zu fassen.“ S. auch Note 52.

[48]) Kein Einspruch ist m. E. dann erhoben, wenn der Einspruch negativ bedingt erfolgte, und die Erfüllung der Bedingung nachgewiesen ist. Man muß jedoch unterscheiden: Wird der Einspruch mit einer dem Bewerber schädlichen Tatsache begründet, die beseitigt werden kann, so ist die Gemeinde zu veranlassen, den Einspruch zurückzuziehen, falls der Behörde die Beseitigung des Hindernisses z. B durch Zahlung der rückständigen Gebühr nachgewiesen wird. Solange der Einspruch nicht zurückgezogen ist, besteht er, auch wenn er jetzt offenbar unbegründet ist. Erhebt jedoch die Gemeinde einen bedingten Einspruch: z. B. es wird Einspruch erhoben, wenn A nicht seine Umlagen mit 1 Mk. 55 Pfg. bezahlt, so will offenbar Einspruch nicht erhoben werden, falls jene Bedingung erfüllt wird. In solchem Falle ist bei Nachweis der Erfüllung der Bedingung der Einspruch als nicht erhoben zu betrachten. Nach dem Gesagten hat es allerdings auch auf die Form anzukommen. — Ueber die Formalien vgl. Beilage 12 zur M.E. vom 20. Dezember 1899 und Reger S. 100 unten und S. 101 oben und die bei ihm angeführten Ministerial-Entschließungen.

[49]) Vgl. v. Seydel Bd. 3 S. 104 Note 26. Die Mitteilung, daß das Zeugnis ausgestellt werde oder worden sei, ersetzt die Ausstellung durch Behändigung an den Gesuchsteller oder den Standesbeamten nicht.

[50]) Reger S. 100 Anm 4; v. Riedel S. 225 Note 6a; V.G.H. Bd. 6 S. 265. M.E. vom 20. Dezember 1899, Ziff. 36 zu a 5 „Das Zeugnis ist dem Gesuchsteller oder auf dessen Wunsch dem Standesbeamten alsbald zuzustellen.“ — Die Gebühr beträgt nach Art. 199 Ziff. 2 des Gebührengesetzes 2—50 M.; der Gebührensatz bestimmt sich nach Art. 280 dortselbst nach dem Umfang und der Schwierigkei der Sache, ihrer Bedeutung und der Leistungsfähigkeit des Pflichtigen. Vgl. auch Art. 231 Ziff. 2 l. c. — Die Gemeinde, welcher die Heimatgebühr nach Art. 3 und 12 H.G. noch nicht entrichtet wurde, hat m. E. zwar hierwegen kein Einspruchsrecht, wohl aber das Recht, die Uebermittlung des Zeugnisses zu verlangen und sodann die Aushändigung von der Zahlung der Gebühr abhängig zu machen. S. auch Gemeindezeitg. Bd. 11 S. 353.

Wird die Aushändigung des Zeugnisses ohne Grund verweigert oder verzögert, so steht die Verwaltungsbeschwerde an die vorgesetzte Stelle offen.

Wurde Einspruch erhoben, so ist eine Verwaltungsrechtssache gemäß Art. 8 Ziff. 5 V.G.H.G. gegeben[51]). Die Magistrate können nur in kollegialer Beratung (auch in Senaten) entscheiden. Die Entscheidung steht gemäß Art. 33 H.G. der Distriktsverwaltungsbehörde in erster Instanz, dem Verwaltungsgerichtshofe gemäß Art. 9 V.G.H.G. in zweiter Instanz zu. Für das Verfahren gelten die Vorschriften des Art. 19 und 20 V.G.H.G.

Demnach erfolgt die Feststellung des Sachverhaltes von Amts wegen. Zunächst ist zu ermitteln, ob der Einspruch in der gesetzlichen Frist und Form erhoben ist. Wird diese Frage bejaht, so ist der Einspruchsgrund daraufhin zu prüfen, ob er das Einspruchsrecht gewähren kann, danach ob die vorgebrachten Tatsachen, wenn bewiesen, das Einspruchsrecht begründen. Wird auch diese Frage bejaht, so ist zu erheben, ob die behaupteten Tatsachen wahr sind[52]).

Hierfür stehen alle Beweismittel des verwaltungsrechtlichen Verfahrens zu Gebote. In der Hauptsache wird es sich um Erholung der Strafliste, Befragung des Staatsanwalts, von Armenpflegschaftsräten, Vormundschafts- und Konkursrichtern, Beischaffung von Akten handeln. In zahlreichen Fällen wird die Befragung des Antragstellers, ob er ihn betreffende Angaben zugibt, weitere Erhebungen ersparen. Diese Einvernahme ist ohnehin unerläßlich[53]). Der Verwaltungsrichter ist nicht verpflichtet, ohne besonderen Anlaß an der Richtigkeit einer Behauptung zu zweifeln, welche von demjenigen zugegeben wird, dessen Vorteil es wäre, daß die Behauptung un-

[51]) v. Seydel Bd. 3 S. 112.

[52]) V.G.H. Bd. 11 S. 373. Die Feststellung der Tatsachen, auf welche der Einspruch sich stützt, hat erforderlichen Falles durch die Distriktsverwaltungsbehörde von Amtswegen zu erfolgen. Vgl. auch V.G.H. Bd. 4 S. 619. Uebrigens ist auch hier das verständige Ermessen der Behörde dafür entscheidend, in welchem Umfange Beweise zu erheben sind. Das Verfahren soll ein schleuniges sein; Tatsachen, deren Richtigkeit nicht ohne umständliches, zeitraubendes Verfahren bewiesen werden könnten, müssen von der Gemeinde mindestens glaubhaft gemacht sein. Beispielsweise wird die bloße Behauptung, der Gesuchsteller sei in Melbourne wegen Fälschung verurteilt worden, nicht genügen, um auf diplomatischem Wege die Feststellung des Sachverhaltes herbeizuführen. Sind mehrere Tatsachen geltend gemacht, von welchen jede ein Einspruchsrecht für sich begründet, so hat die erste Instanz sämtliche zu würdigen. Die zweite Instanz kann sich m. E. mit der Würdigung derjenigen Tatsache begnügen, welche nach ihrer Meinung den Einspruch begründet. Denn die Frage ist immer nur die: kann jetzt das Zeugnis ausgestellt werden oder nicht?

[53]) Entscheidung des V.G.H. vom 8. November 1889 Nr. 113 mitgeteilt in Bl. Bd. 41 S. 6 „Die Unterlassung der Vernehmung des Bewerbers über den gegen die Ausstellung des Verehelichungszeugnisses erhobenen Einspruch hat im Falle der behördlichen Anerkennung des letzteren die unheilbare Nichtigkeit des erstinstanziellen Beschlusses zur Folge."

richtig ist. Eine mündliche Verhandlung wird im allgemeinen nicht zu erfolgen haben, vgl. jedoch Art. 27 II, III V.G.H.G.[54])

Das Verfahren kann sich nur auf den geltend gemachten Einspruch erstrecken. Würde im Verfahren sich ergeben, daß zwar nicht der behauptete aber ein anderer Einspruchsgrund besteht, so ist der Einspruch zurückzuweisen.

Der Entscheidung ist der aktenmäßige Sachverhalt zur Zeit der Entscheidung zugrunde zu legen. Ist also ein am Tage der Erklärungsabgabe vorhandener Einspruch erhoben, der Einspruchsgrund aber zwischen der Erklärungsabgabe und dem Tage der Beschlußfassung weggefallen (z. B. weil die Rückstände, die nach Art. 32 Ziff. 6 H.G. den Einspruch begründeten, bezahlt sind, oder weil die 3 Jahre seit Abbüßung der Strafe nun verflossen sind), so ist der Einspruch zu verwerfen. Es handelt sich nicht um einen Zivilprozeß, sondern darum, ob der Staat einen Staatsangehörigen in Ausübung eines Rechtes hindern soll. Das ist nicht veranlaßt, wenn ein früher vorhandenes Hindernis weggefallen ist. Die obige Regel gilt auch für das Verfahren in der höheren Instanz.

Die Entscheidung, welche mit Gründen zu versehen ist (Art. 21 II V.G.H.G.), lautet auf Zurückweisung des Einspruches oder auf Verweigerung des Verehelichungszeugnisses. Die Entscheidung ist den Beteiligten, d. i. dem Antragsteller und der Verwaltung der Einspruch erhebenden Heimatgemeinde zuzustellen. Vom Tage der Zustellung läuft die Frist von 14 Tagen zur Einlegung der Beschwerde[55]) an den Verwaltungsgerichtshof. In Gemeinden mit städtischer Verfassung sind die Gemeindebevollmächtigten zur Beschwerdeführung allein berechtigt[56]). Sobald die Entscheidung, welche den Einspruch zurückweist, rechtskräftig geworden ist, ist das Verehelichungszeugnis auszustellen; vorher ist die Ausstellung verboten. Art. 33 VI H.G. Das gleiche geschieht, wenn die höchste Instanz den Beschluß der I. Instanz, welcher auf Verweigerung des Zeugnisses lautet, aufhebt[57]).

11. Wird das Zeugnis nach der rechtskräftigen Verweigerung abermals beantragt, so ändert sich am Verfahren und am Wortlaut des Zeugnisses nichts. Die Berechtigung des Antragstellers ist abermals zu prüfen, die Heimatgemeinde gegebenenfalls neuerdings zu

---

[54]) Vgl. V.G.H. Bd. 14 S. 215.

[55]) Auf das Beschwerderecht kann verzichtet werden; dann ist die Entscheidung sofort rechtskräftig.

[56]) V.G.H. Bd. 10 S. 290, woselbst auch ausgesprochen ist, daß die Beschwerdefrist (im Gegensatze zur Einspruchsfrist bei mittelbaren Städten!) erst von dem Tage an läuft, an welchem der betr. distriktspolizeiliche Beschluß dem Kollegium der Gemeindebevollmächtigten ordnungsgemäß eröffnet bezw. zugestellt worden ist. v. Seydel Bd. 3 S. 114 Note 111 glaubt, daß die Beschwerde auf Beschluß der Gemeindebevollmächtigten vom Magistrate zu erheben sei.

[57]) Das Zeugnis kann auch aus anderen Gründen verweigert werden, als dem, daß ein begründeter Einspruch vorliegt. Vgl. hierüber Ziff. 3 am Ende.

hören. Es ist Sache ihres Ermessens, den früher erhobenen Einspruch von neuem geltend zu machen oder nicht. Soweit über eine Frage eine rechtskräftige Feststellung vorliegt, ist die Behörde und auch die höhere Instanz an diese gebunden[58]). Dabei ist jedoch genau zu prüfen, wie weit der neue Tatbestand sich mit dem früheren deckt[59]).

Die nunmehr geltend gemachten Einspruchsgründe sind nach den Verhältnissen zur Zeit des Einspruches, nicht nach dem Zeitpunkte des früheren Gesuches oder der Eheschließung zu würdigen. Gründe, welche schon zum ersten Gesuche hätten vorgebracht werden müssen, aber nicht vorgebracht wurden, können — falls die gleiche Braut in Frage ist — nicht mehr geltend gemacht werden[60]); soll jedoch die Ehe mit einer anderen Braut eingegangen werden, so ist die Gemeinde in der Lage, auch früher unterlassene Einspruchsgründe zu erheben.

Wird das neue Gesuch erst gestellt, nachdem die Ehe (verbotswidrig) geschlossen wurde, so ändert sich auch dadurch nichts an dem

---

[58]) Dies gilt auch m. E. dann, wenn es sich um die Verehelichung desselben Mannes mit einer anderen Braut oder um Wiederholung des Gesuches wegen Fristablauf handelt. Ist beim Gesuche des A, das er behufs Verehelichung mit der B stellte, das Einspruchsrecht der Gemeinde gegen die Ehe rechtskräftig anerkannt, das sich aus einer Diebstahlsstrafe des A ableitet, so ist diese Feststellung auch beim neuen Gesuche des A bindend, wenn es sich jetzt um die Ehe mit der C handelt. — Ist ein Einspruchsgrund im ersten Verfahren nicht erhoben worden, so kann er jetzt geltend gemacht werden.

[59]) V.G.H. Bd. 14 S. 377. Die Entscheidungsformel des Beschlusses wirkt an sich nur für die Gegenwart. Wenn aber der Beschluß in den Gründen eine Tatsache feststellt, und diese Feststellung einen notwendigen Bestandteil des Beschlusses, also eine Teil- oder Unterentscheidung bildet, so erstreckt sich die Rechtskraft des Beschlusses auf diese Feststellung. — Ist also am 11. Juni 1892 festgestellt worden, daß A im Jahre 1891 Armenunterstützung erlangt hat, so ist diese Feststellung auch gegenüber dem Gesuche des Jahres 1893 verbindlich. (Freilich muß die Heimatgemeinde diesen Einspruch neuerdings geltend machen.)

[60]) Beispiel: Der Antragsteller N hat 1899 Armenunterstützung nachgesucht. Das Zeugnis wurde 1900 erstmals erbeten; die Gemeinde hat Einspruch erhoben, aber nur weil die Braut A 1897 wegen Unzucht eine Strafe verbüßte. Das Verehelichungszeugnis wurde denn auch verweigert. 1901 wird das Gesuch erneuert; die Heimatgemeinde erhebt Einspruch wegen der im Jahre 1899 erbetenen Armenunterstützung und wegen der 1897 verbüßten Unzuchtsstrafe. Der Einspruch ist zu verwerfen. Denn obgleich der Einspruchsgrund der verbüßten Strafe rechtskräftig festgestellt ist und sonach nicht mehr geprüft werden darf, ob die Strafe wirklich wegen Unzucht im Sinne 32 I Ziff. 4 verhängt wurde, so sind doch seit Verbüßung 3 Jahre verflossen. Die Armenunterstützung aber ist zwar vor noch nicht 3 Jahren erbeten worden; dieser Einspruchsgrund ist aber durch Nichtgebrauch zerstört, und zwar auch dann, wenn die Heimatgemeinde 1900 keine Kenntnis hatte. Dagegen gibt ein nach der Erklärungsabgabe im Verfahren von 1900 gestelltes Gesuch um Armenunterstützung einen Einspruchsgrund ab.

Gesagten; nur erweitert sich der Kreis der zur Antragstellung Berechtigten. Siehe § 18 Ziff. 6.

12. Wird das Gesuch gestellt, nachdem die Ehe geschlossen ist, und ohne daß ein zurückgewiesenes Gesuch vorherging, so ist das Gesuch zu behandeln und zu verbescheiden, wie dies zu geschehen hat, wenn die Ehe nicht geschlossen ist[61]). Auch in diesem Falle sind nicht die Tatsachen maßgebend, welche zur Zeit der Eheschließung bestanden, sondern jene, welche jetzt vorliegen; hiernach bestimmt sich auch die Zuständigkeit[62]). Im Grunde lautet ja die Frage, die zu entscheiden ist: Bestehen jetzt Gründe, auszuschließen, daß Frau und Kinder der Heimat des Mannes folgen?

Alle vom Gesetze zugelassenen Einspruchsgründe sind nicht absolute, deren einmaliges Vorhandensein die Ehe bezw. ihre heimatrechtlichen Wirkungen für immer ausschließen würde, sondern zeitliche, vorübergehende, zu beseitigende. Ist der Zeitraum abgelaufen, das Hemmnis beseitigt, ohne daß ein neuer Einspruchsgrund entstand, so soll kein Hindernis mehr bestehen weder gegen die Eheschließung noch gegen deren gewöhnliche heimatrechtliche Folgen. Reger S. 109 Anm. 3.

13. Erlangt die Behörde Kenntnis, daß das — nicht ohnehin durch Zeitablauf erloschene — Verehelichungszeugnis unter materieller Verletzung der Vorschriften des Art. 31 oder 33 H.G. bestätigt, daß der Eheschließung das Einspruchsrecht nicht entgegenstehe — ist also eine Aenderung der Heimat des Bräutigams vor der Eheschließung eingetreten, oder war eine unrichtige Heimatgemeinde, wenn auch im Einklang mit früheren Rechtsanschauungen, befragt worden, oder bestanden sonstige wesentliche Mängel des Verfahrens, so ist das Zeugnis einstweilen zurückzuziehen und hiervon, wenn die Eheschließung noch nicht erfolgt ist, der Standesbeamte zu verständigen[63]).

Diese Verfügung der Behörde setzt voraus, daß letztere in einer genügenden Weise[64]) die erforderliche Kenntnis erlangte; der Bräutigam, die neue Heimatgemeinde 2c. sind in der Lage, der Behörde Mitteilung zu machen und Anträge zu stellen. Ein förmlicher Antrag eines Beteiligten ist aber nicht erforderlich, um die Behörde zum Handeln zu bestimmen.

---

[61]) Selbstverständlich hat die Tatsache an sich, daß die Ehe nun einmal geschlossen ist, auf die Behandlung des neuen Gesuches keinerlei Einfluß. Vgl. Gemeindezeitg. Bd. 3 S. 434.

[62]) Vgl. Kobler in Gemeindezeitg. Bd. 5 S. 570/71.

[63]) Dadurch wird das Zeugnis, sofern der Standesbeamte bezw. die Brautleute von der Zurücknahme Kenntnis erlangen, seiner formellen Kraft entkleidet; der Standesbeamte darf bei einer trotzdem verlangten Eheschließung nicht mitwirken.

[64]) Z. B. durch ein Heimatfeststellungsverfahren.

Auch wenn die Behörde nicht handelt, fehlt es dem Verehelichungszeugnis an materieller Kraft. Ehefrau und Kinder folgen nicht der Heimat des Mannes[65]).

Die Behörde soll aber zur Klarstellung der Heimatverhältnisse mitwirken und daher die vorläufige Zurücknahme des Zeugnisses erklären. Gegebenenfalls hat sie die nun zuständige Behörde anzugehen. Der früher vom Manne gestellte Antrag auf Ausstellung des Zeugnisses wirkt fort; das Verfahren ist fehlerfrei nachzuholen. Freilich ist dies nur möglich, so lange die Ehe noch nicht geschlossen wurde und so lange sie besteht; ist sie bereits gelöst, so fällt die Möglichkeit der Ausstellung eines „Verehelichungszeugnisses" weg. Es kann aber Veranlassung zu einem Heimatfeststellungsverfahren gegeben sein.

Das neue Verfahren führt nun zu einem endgültigen Bescheid[66]), welcher das Zeugnis entweder gewährt oder versagt. Die Würdigung der Einspruchsgründe erfolgt nach den Verhältnissen, welche zur Zeit der nunmehrigen Erklärungsabgabe bezw. der neuerlichen Beschlußfassung bestehen[67]). Wird Einspruch nicht erhoben, oder der erhobene rechtskräftig zurückgewiesen, so ist das Zeugnis berichtigt neu auszustellen. Es steht nun fest, daß die Ehe volle heimatrechtliche Wirkung übt.

Ist im neuen Verfahren die Heimatgemeinde eine andere als zur Zeit der Eheschließung, so ist die früher einvernommene Gemeinde nicht mehr beteiligt, die neue anscheinend auch nicht, weil sie erst nach der Eheschließung, welche sie nicht hätte hindern können, Heimat

[65]) Dies gilt selbst gegenüber einem durch letztinstanziellen Entscheid bewirkten Verehelichungszeugnis. Denn auch dieses setzt ein richtiges Verfahren voraus. Die neue Feststellung darf freilich nicht mit rechtskräftig festgestellten Tatsachen in Widerspruch treten.

[66]) In dem Verfahren können auch die Erwägungen bekämpft werden, welche die Behörde zur Ergänzung des früheren Verfahrens führten. Der Gesuchsteller kann insbesondere geltend machen, daß das frühere Verfahren gesetzmäßig war und damit durchdringen.

[67]) Der Zeitpunkt des früheren Beschlusses ist nicht maßgebend, weil die Gemeinde nicht unter dem Präjudiz des Art. 33 zur Erklärungsabgabe aufgefordert worden ist und daher auch die Folge der Nichtbeachtung dieser Aufforderung nicht eintreten kann. Aus diesem Grunde können auch sonstige Zeitpunkte (etwa jener der Eheschließung) nicht in Betracht kommen. Ein Einspruchsrecht der Heimatgemeinde muß also zur Zeit der nunmehrigen Erklärungsabgabe bestanden haben, und zur Zeit der erforderlich gewordenen neuerlichen Beschlußfassung der Behörde noch bestehen. Diese Lösung ist auch nicht unbillig; denn, wenn auch der Gemeinde nun Einspruchsgründe zu Gebote stehen mögen, welche früher nicht vorhanden waren, so konnte sie andererseits auch Einspruchsrechte verlustig gehen, welche, früher geltend gemacht, die Eheschließung verhindert hätten. Es hätte auch keinen Sinn, das Verfahren nach dem Stande zur Zeit des ursprünglichen Antrages bezw. Beschlusses durchzuführen, weil gegenüber damals vorhandenen, jetzt aber weggefallenen Einspruchsrechten sofort ein Antrag auf nachträgliche Ausstellung des Zeugnisses gestellt werden könnte, für welchen dann jene früheren Einspruchsgründe keine Bedeutung mehr hätten.

geworden ist. Gleichwohl ist sie zu hören. Der Fall liegt ebenso, wie wenn nach der Schließung der Ehe die Ausstellung des Zeugnisses nachträglich beantragt wird[68]).

14. Ist seinerzeit die richtige Heimatgemeinde einvernommen, entsteht aber nach der Abgabe der Erklärung, jedoch vor dem Zeitpunkte der Eheschließung, ein neues Einspruchsrecht, so ändert sich vorerst an der Sachlage nichts. Denn das Bestehen eines solchen Rechtes allein genügt nicht; es muß auch ausgeübt werden. Die Heimatgemeinde aber, welche eine Erklärung abgegeben hat, bezw. zu einer solchen aufgefordert wurde, weiß, daß Anlaß besteht, ein Einspruchsrecht geltend zu machen, falls entweder bisher ein Ein-

---

[68]) v. Seydel Bd. 3 S. 104 unterscheidet 1. Ist das Zeugnis mit einem Fehler in der Entstehung behaftet (wie z. B. wenn eine unrichtige Heimatgemeinde einvernommen, oder die richtige Heimatgemeinde, der aber keine Frist vorgesetzt war, keine Erklärung abgegeben hat), so ist das Zeugnis zurückzunehmen. Dies ist jedoch nur bis zur Eheschließung möglich. 2. Aendern sich nach der Ausstellung des Zeugnisses die rechtlichen Verhältnisse, welche auf die Erteilung oder Versagung desselben von rechtlichem Einflusse sind, so ist zu unterscheiden: Das Zeugnis wird hinfällig, ohne daß es einer Nichtigkeitserklärung bedarf, wenn eine Aenderung in der Heimat des Mannes eingetreten ist. Ist jedoch eine sonstige Aenderung eingetreten (z. B. ein Einspruchsrecht geltend gemacht worden), so kann eine Zurücknahme des Zeugnisses erfolgen.

M. E. ist selbstverständlich jedes Zeugnis, das beschlossen, aber noch nicht „ausgestellt" ist, ohne weitere Form zurücknehmbar, wenn sich Mängel zeigen. Ob das ausgestellte Zeugnis einfach zurückgezogen werden kann, möchte man bezweifeln. Jedoch das Zeugnis ist eben nur Zeugnis; der Widerruf kann freilich nur besagen, daß das Zeugnis nach Lage der Sache zu früh ausgestellt wurde. Der Antrag auf Ausstellung des Zeugnisses, falls er nicht etwa zurückgezogen wird, bleibt allemal bestehen und harrt seiner gesetzmäßigen Erledigung. Freilich taugt der Widerruf des ausgestellten Zeugnisses nur, wenn die Eheschließung noch nicht erfolgte, dazu, dieselbe zu verhindern; und auch da nur, wenn der Standesbeamte davon erfährt (die Brautleute, die von den Widerruf wissen, machen sich u. U. strafbar). Aber wenn v. Seydel nach der Eheschließung dem in der Entstehung fehlerhaften Zeugnisse volle Wirkung beläßt, so erklärt sich dies daraus, daß er zwischen äußerer Gültigkeit und innerer Kraft des Zeugnisses nicht genügend unterscheidet. Wie das Zeugnis nach der Eheschließung noch erteilt werden kann, so kann es auch noch nach derselben verweigert werden — beides um jener inneren Kraft willen. Uebrigens macht auch v. Seydel, wie ersichtlich, die Unterscheidung in dem Falle, wenn die Heimat sich nach Ausstellung und vor Eheabschluß ändert. Hier ist das Zeugnis kraftlos. Gewiß — aber warum nicht, wenn bei Entstehung des Zeugnisses die unrichtige Gemeinde gehört wurde, oder die Einvernahme einer Gemeinde unterlassen wurde? Warum soll dies Recht der späteren Gemeinde besser geschützt sein, als jenes der früheren, nicht beachteten? Nach meiner Meinung fehlt dem fehlerhaften Zeugnis die innere Kraft immer. Wird die Fehlerhaftigkeit des Zeugnisses nicht rechtzeitig (d. i. vor Auflösung der Ehe) entdeckt, so wird sie gleichwohl bei Heimatfeststellungen eine Rolle spielen. Wird sie rechtzeitig entdeckt (z. B. in einem Heimatstreite), so hat die Behörde, sobald sie Kenntnis erlangt, den Fehler (es braucht kein Fehler der Behörde zu sein!) gut zu machen. Also: zunächst Widerruf des Zeugnisses, Verfahren, ordnungsmäßiger Entscheid. Man darf sich nicht begnügen, daß das Zeugnis kraftlos ist; eben weil es das ist, muß der Antrag, es auszustellen, als noch unerledigt erachtet und erledigt werden.

spruch überhaupt nicht erhoben oder der erhobene nicht rechtskräftig anerkannt ist.

Will die Heimatgemeinde neuen Einspruch erheben, so hat dies durch Abgabe einer bezüglichen genügenden Erklärung an die Distriktsverwaltungsbehörde zu geschehen.

Für das weitere Verfahren ist wichtig, ob das Verehelichungszeugnis bereits ausgestellt ist oder nicht. Ist das Zeugnis nicht ausgestellt, so ist die Ausstellung zu unterlassen und die mit der Sache etwa instanziell befaßte Behörde zu verständigen. Diese wird das Verfahren so lange aussetzen, bis über den erhobenen Einspruch Entscheidung in I. Instanz ergangen ist. Ist der Beschluß dieser Instanz, welcher auf Verweigerung des Verehelichungszeugnisses geht, rechtskräftig geworden, so wird das bisherige Verfahren gegenstandslos.

Ist das Verehelichungszeugnis bereits ausgestellt, so ist vorerst festzustellen, ob die Eheschließung bereits erfolgt ist. Denn Einspruch kann, wie oben erörtert, nur gegen eine beabsichtigte Eheschließung erhoben werden. War in dem Zeitpunkt, in welchem der Einspruch bei der Behörde einging, die Ehe schon geschlossen, so ist der Einspruch als gegenstandslos abzuweisen. Ist die Ehe noch nicht geschlossen, so darf das Zeugnis keineswegs sogleich widerrufen werden. Die Eheschließung kann vorerst nicht gehindert werden; denn zunächst liegt nichts als eine Parteierklärung vor. Immerhin hat die Behörde die Brautleute von dem drohenden Rechtsnachteil in Kenntnis zu setzen.

Ist nach vorstehendem der Einspruch zu würdigen, so muß in allen Fällen zunächst festgestellt werden, ob die den Einspruch begründende Tatsache vor oder nach der Erklärungsabgabe über die Einlegung eines Einspruches, oder wenn eine solche Erklärung bisher nicht abgegeben wurde, vor oder nach dem Ablauf der nach Art. 33 H.G. gesteckten 14tägigen Frist sich ereignet hat. Ersterenfalls ist der Einspruch im gesetzlichen Verfahren wiederum ohne nähere Würdigung abzuweisen. Letzterenfalls ist der Einspruch materiell zu würdigen und Entscheidung zu treffen. Mit der Entscheidung ist gegebenenfalls das ausgestellte Verehelichungszeugnis zu widerufen. Ist die Ehe mittlerweile abgeschlossen, so ist mit der Rechtskraft der Entscheidung zugleich festgestellt, daß die Ehe für Frau und Kinder keine heimatrechtliche Wirkung äußert. Wird der Einspruch verworfen, so ist das ausgestellte Verehelichungszeugnis zu bestätigen.

15. In jenen Fällen, in welchen nach dem bürgerlichen Rechte Rechtsgeschäfte angefochten werden können, kann die Heimatgemeinde des Mannes (das Fiskalat) auch die Unterlassung des Einspruches, zu dessen Abgabe sie aufgefordert worden war, anfechten, desgleichen die Unterlassung der Anführung bestimmter Einspruchsgründe, wenn sie zwar andere Einspruchsgründe, aber nicht diese geltend gemacht

hat. Dieses Anfechtungsrecht besteht insbesondere in den Fällen des § 119, § 120, § 123 B.G.B.; es ist innerhalb der gesetzlichen Frist auszuüben und zwar nach Lage der Sache durch eine an die zuständige Behörde abgegebene Erklärung[69]). Die Anfechtung hat zum Gegenstande Zurücknahme des Zeugnisses; die Behörde hat im verwaltungsrechtlichen Verfahren über diesen Antrag zu entscheiden. Zunächst ist zu prüfen, ob ein Anfechtungsgrund besteht; wenn nicht, so ist der Antrag zurückzuweisen; wenn ja, so ist das Einspruchsrecht materiell zu würdigen und hiernach Entscheidung zu erlassen. Wird dem Einspruche stattgegeben, so steht fest, daß die Ehe niemals hinsichtlich der Ehefrau und der Kinder heimatrechtliche Wirkung übte. Ist die Ehe noch nicht geschlossen, so ist das Verehelichungszeugnis zu widerrufen[70]). —

16. Die Wiederaufnahme des Verfahrens im Sinne des Art 26 V.G.H. ist nur möglich, wenn im verwaltungsrechtlichen Verfahren (also nicht gegenüber einer einspruchslosen Ausstellung des Zeugnisses!) ein Tatsache nicht hinreichend bekannt war, deren Berücksichtigung zu einem von dem früheren abweichenden Entscheide zu führen geeignet ist. In der Hauptsache handelt es sich um den Nachweis eines erhobenen Einspruches; nicht aber läßt sich das Vorbringen eines neuen Einspruchsgrundes, sei es, daß derselbe erst später entstanden ist, sei es, daß er früher nicht bekannt war, für eine Wiederaufnahme verwerten[71]).

§ 20.

Die Heimat der Ehefrau und Kinder bei Eheschließungen ohne wirksames Zeugnis.

Wie bereits erwähnt, hat die Eheschließung, für welche ein wirksames Verehelichungszeugnis erforderlich wäre, aber nicht vorhanden ist, für die Ehefrau und die Kinder dieser Ehe in bezug auf die Heimat nicht die Wirkungen einer gültigen Ehe. Dies gilt, wie nicht

---

[69]) Beispiel: Der Gemeindevorsteher unterschreibt eine Erklärung, daß die Gemeinde keinen Einspruch erhebe, ohne zu wissen, was Einspruch ist; er unterschreibt eine Ausfertigung, welche die Willenserklärung unrichtig wiedergibt gegenüber dem Entwurfe; der Bräutigam hat die Gemeindeverwaltung arglistig über das Nichtbestehen von Einspruchsgründen getäuscht, oder den Gemeindevorstand durch Drohungen zur Unterlassung der Erklärungsabgabe bestimmt.

[70]) Der Einspruch ist ein Rechtsgeschäft, welches für den Handelnden rechtliche Wirkungen hervorbringt. Ich wüßte keinen Grund, warum die allgemeinen Rechtsgrundsätze über die Anfechtung von Rechtsgeschäften nicht zur Anwendung kommen sollten. Es würde gegen das Rechtsbewußtsein verstoßen, wenn derjenige, welcher z. B. durch Drohung die Unterlassung eines Einspruches erzwingt, die Früchte dieser Drohung dauernd seiner Familie zuwenden könnte.

[71]) Vgl. Reger-Dyroff S. 184 Note 2; v. Seydel Bd. 3 S. 112.

besonders zu begründen ist, auch dann, wenn die Ausstellung des Zeugnisses mit Unrecht verweigert worden ist.

Zunächst entsteht nun die Frage, ob Ehefrau und Kinder die Heimat nur in jenen Gemeinden nicht erlangen, welchen Einspruchsrechte zustehen, oder in keiner Gemeinde. Nach dem Zwecke der Einrichtung wäre man zu ersterer Auffassung versucht. Wenn z. B. die Heimatgemeinde, welcher der Mann zur Zeit der Eheschließung angehörte, Einspruchsrechte besaß, weil er mit Leistungen zur Gemeindekassa im Rückstande war, so besteht an sich kein Grund, die Wirkung der Ehe in heimatrechtlicher Hinsicht zu versagen, falls der Mann später eine Heimat in einer Gemeinde erlangte, gegen deren Kassa Rückstände nicht bestehen und welche sonstige Einspruchsrechte nicht besitzt. Man könnte allenfalls dagegen den Einwand gelten lassen, daß bei der vertragsmäßigen Verleihung es für die Gemeinde von Einfluß sein mochte, ob auch Frau und Kinder die Heimat miterwerben oder nicht. Jedoch hält dieser Einwand nicht Stand, falls die Verleihung infolge gesetzlichen Anspruches erfolgen mußte, oder falls die Erwerbung unmittelbar auf Gesetz beruht. Wird die Heimat auf Grund Art. 6 u. 7 H.G. angesprochen, so hat die Gemeinde kein Mittel, die Verleihung abzulehnen, falls nur die gesetzlichen Voraussetzungen erfüllt sind. Waren zur Zeit der Eheschließung Einspruchsgründe vorhanden, die aber von der Gemeinde nicht geltend gemacht worden sind und ist somit das Verehelichungszeugnis erteilt worden, so folgen Ehefrau und Kinder dem Manne in die neue Heimat. Wurde aber die Erholung des Zeugnisses versäumt oder aus einem seither entkräfteten Einspruchsgrunde verweigert, so sollte die neue Heimat des Mannes für Frau und Kinder nicht gelten, vielmehr deren bisherige Heimat bestehen bleiben und damit die Armenlast dieser Heimatgemeinde aufgebürdet sein? Und doch ist es so. Vorstehende Erwägungen gelten nur de lege ferenda. Der Wortlaut des Gesetzes läßt keine Wahl. „Die Ehe hat . . in bezug auf die Heimat nicht die Wirkung einer gültigen Ehe." So lange also das Zeugnis nicht nachträglich erholt ist, folgen Frau und Kinder der Heimat des Mannes (Vaters) nicht[1]).

Die Heimat der Ehefrau und der Kinder unterliegt denselben Grundsätzen, welche anzuwenden wären, wenn die Ehe nicht bestünde[2]).

---

[1]) Eben darum muß man auch der bisherigen Heimat bezw. dem Fiskalate das Recht zugestehen, das Verehelichungszeugnis nachträglich zu beantragen. Vgl. § 18 und § 19. Für das Recht vor 1868 behauptet A. Luthardt in Bl. Bd. 41 S. 343ff., daß die nach Ansicht Luthardts durch die ohne Bewilligung erfolgte Eheschließung die Heimat des Ehemannes nicht erwerbende Ehefrau dessen Heimat doch geteilt habe, wenn dieser nach der Eheschließung eine neue Heimat erwarb. M. E. erwarb die Frau die Heimat des Ehemannes sogleich mit der Eheschließung, auch wenn diese ohne Bewilligung geschlossen wurde. Vgl. § 17 Note 4. Teilt man jedoch diese Ansicht nicht, so finde ich keine Möglichkeit, die Ehefrau an späteren Heimaterwerbungen des Mannes teilnehmen zu lassen.

[2]) Reger S. 103 Note 15. v. Riedel S. 233 Note 14. „Die Ehe hat heimatrechtlich keine Wirkung." v. Seydel Bd. 2 S. 60.

Die Frau, welche schon eine Heimat erworben hat, behält diese bei, bis sie eine andere erwirbt; die Frau, welche keine Heimat erworben hat, sondern die ursprüngliche Heimat besitzt, folgt der Heimat ihrer Eltern, bis sie eine selbständige Heimat erwirbt. Insoweit hierbei zur Erwerbung eines Heimatanspruches Freiwilligkeit des Aufenthalts bzw. Selbständigkeit gefordert wird und die Eigenschaft einer Ehefrau die Erfüllung dieser Voraussetzung hindert, übt die Ehe ihre Wirkung; denn sie ist gültig.

Erwirbt die Frau durch Verleihung oder besitzt sie die Heimat des Mannes, so folgt sie doch derselben in Zukunft nicht, auch wenn etwa bei einer nach Art. 9 H.G. erfolgenden Verleihung die Gemeinsamkeit der Heimatzugehörigkeit beabsichtigt worden sein sollte[3]).

Die Kinder werden in Ansehung der Heimat (nicht der Staatsangehörigkeit!) wie uneheliche betrachtet; sie folgen der Heimat der Mutter[5]). Im übrigen gilt für sie das oben von der Heimat der Mutter gesagte.

Hat die Ehefrau im rechtsrheinischen Bayern keine Heimat, so erlangt sie durch die Ehe keine Heimat. War sie Pfälzerin, so bleibt sie Pfälzerin. War ihr eine vorläufige Heimat vor der Eheschließung zugewiesen, so behält sie diese vorläufige Heimat bei. Die Kinder folgen dieser vorläufigen Heimat. Hat sie auch keine vorläufige Heimat besessen, wie z. B., wenn sie erst durch die Ehe Angehörige des bayrischen Staates geworden ist, so erhält sie die vorläufige Heimat in der Heimatgemeinde des Mannes, welcher dieser zur Zeit der Eheschließung — wenn auch etwa nur vorläufig — zugehörte; sie behält diese vorläufige Heimat bei, bis sie eine wirkliche Heimat erlangt[4]). Die Kinder erlangen diese vorläufige Heimat ebenfalls und folgen auch der wirklichen Heimat der Mutter. Art. 31 II H.G[5]).

---

[3]) Die Verleihung der Heimat nach Art. 9 H.G. an den Ehemann hat als solche keine Bedeutung für die Ehefrau; es kann aber dieser die Heimat gleichzeitig mit verliehen werden. Dann besitzt die Ehefrau nicht kraft gesetzlicher Heimatfolge die Heimat des Mannes und verliert sie nicht, wenn der Ehemann nachher eine neue Heimat erwirbt.

[4]) Die Ehefrau folgt also mit ihrer vorläufigen Heimat nicht der Heimat des Mannes. V.G.H. Bd. 19 S. 319 „Es hieße den Grundsatz . . . verkennen, wollte man in jenen Fällen, wo der Ehefrau und den Kindern die vorläufige Heimat am Heimatorte des Vaters bloß deshalb zukommt, weil die angeheiratete Ehefrau als Ausländerin eine ursprüngliche Heimat in Bayern nicht besitzt, eine Heimatfolge zugestehen, wie sie durch Art. 1 II H.G. zugunsten der aus einer auch vom Standpunkte der Heimatgesetzgebung gültigen Ehe entsprossenen Kinder festgesetzt ist."

[5]) Daß die Kinder der Heimat der Mutter „folgen," wenn diese eine Heimat hat, steht im Gesetze. Nach dem Rechte vor 1892 war die „unkonsentierte" Ehe bürgerlich ungültig, also jedenfalls zu öffentlich-rechtlichen Wirkungen nicht geeignet. Da ergab es sich denn von selbst, daß die Kinder in Ansehung der Staatsangehörigkeit, der Heimat, wie uneheliche behandelt wurden. Das geltende Recht erklärt die ohne Zeugnis geschlossene Ehe zwar für gültig, will aber hinsichtlich der heimatrechtlichen Wirkungen an dem bisherigen Rechtszustande nichts ändern. Dies wird in dem Satze ausgedrückt „die . . . Ehe hat aber so lange, . . . für

Eine Folge dieser Regelung der Heimat ist, daß Ehefrau und Kinder eine andere Heimat und damit auch in einer anderen Gemeinde

---

die Ehefrau und die Kinder dieser Ehe sowie die durch die Ehe legitimierten Kinder in bezug auf die Heimat nicht die Wirkungen einer gültigen Ehe." In bezug auf die Heimat entstammen also die Kinder nicht einer Ehe; sie sind somit wie uneheliche zu behandeln. Das wird im folgenden noch ausdrücklich ausgesprochen: „Die Kinder folgen der Heimat der Mutter" (was für uneheliche Kinder durch Art. 1 H.G. angeordnet ist). — Das Gesetz behandelt unmittelbar darauf einen Spezialfall. Die Ehefrau erlangt möglicherweise durch die Verheiratung die bayrische Staatsangehörigkeit; es wird bestimmt, daß diese Ehefrau die vorläufige Heimat in der Heimatgemeinde des Mannes besitzen solle. Das mußte ausdrücklich gesagt werden. Nicht brauchte gesagt zu werden, daß die Kinder diese Heimat auch besitzen; denn dies hätte sich für die Regel aus Art. 18 II H.G. ohnehin ergeben. Daß es aber mit den Worten „so besitzt sie „mit den Kindern" dieser Ehe . . . die vorläufige Heimat" . . . doch gesagt wurde, beweist noch nicht die Absicht einer singulären Regelung. Wenn nun die Mutter eine wirkliche Heimat erwirbt, so muß das Kind, da es in heimatrechtlicher Beziehung nicht als eheliches, somit als uneheliches zu erachten ist, die Heimat der Mutter in jenen Fällen erlangen, in welchen ein uneheliches Kind dieselbe erhält. Vgl. hierzu Art. 11 V H.G. V.G.H. Bd. 22 S. 175 erklärt im Gegensatze zu obigem, der Gedanke sei zwar nicht ohne weiteres zurückzuweisen, die aus solcher (ohne Zeugnis geschlossenen) Ehe stammenden Kinder wenigstens in heimatrechtlicher Hinsicht gleichsam als uneheliche anzusehen. Indes sei der Gedanke mit seinen Rechtsfolgen nicht genügend zum Ausdrucke gekommen. — Daraus, daß im Gesetze bei der Eheschließung einer bisherigen Nichtbayerin über die Heimatfolge der Kinder nichts ausgesprochen sei, ergebe sich, daß dieser Fall in grundsätzlich anderer Weise geregelt werden wollte, als jener, wenn die Ehefrau schon vor der Ehe eine Heimat besaß. Die Entscheidung sucht nun aus den Gesetzesverhandlungen zu erweisen, daß für die Eheschließung einer bisherigen Nichtbayerin eine Sonderbestimmung vorliege, die nur nach dem Wortlaute des Gesetzes ausgelegt werden wolle und dürfe. Das Gesetz habe von der Befolgung heimatrechtlicher Grundsätze eine Ausnahme machen wollen. Das Kind folge daher weder der vorläufigen noch einer späteren wirklichen Heimat der Mutter; demnach habe es die vorläufige Heimat in der Gemeinde, welche der Vater zur Zeit der Eheschließung angehört, und behalte dieselbe so lange, bis es selbst eine wirkliche Heimat erworben habe. — M. E. legt die Entscheidung zu wenig darauf Gewicht, daß das Kind in heimatrechtlicher Beziehung entweder als eheliches oder als uneheliches zu behandeln ist und daß das Gesetz auf die letztere Behandlung verweist. Geht man hiervon aus, so bedurfte es eines Ausspruches des Gesetzes, daß das Kind in jenem Falle der Heimat der Mutter folge, nicht. Es war zweckmäßig, daß das Gesetz schwieg, weil sich dann alles aus seinen sonstigen Grundsätzen ergibt. Nach der Anschauung des V.G.H. würde bei zeugnisloser Eheschließung eines Bayern mit einer Nichtbayerin das Kind in Ansehung der Heimat eine allen sonstigen Prinzipien des Gesetzes widersprechende Behandlung erfahren. Besitzt z. B. zur Zeit der Geburt die Mutter etwa kraft Verleihung die Heimat in der Gemeinde A, der nun auch der Mann zugehört, während er zur Zeit der Eheschließung in B beheimatet war, so würde m. E. das Kind als heimatrechtlich uneheliches die Heimat der Mutter in A erlangen, da der Satz 3 in Art. 31 II H.G. offenbar nur die Kinder einer zur Zeit der Geburt derselben noch heimatlosen Mutter sicher stellen will. Dagegen würde nach V.G.H. das Kind die Heimat in B haben, obwohl dort zur Zeit der Geburt weder Vater noch Mutter die Heimat haben. Würde in obigem Falle die Mutter z. Z. der Geburt die vorläufige Heimat in B haben, dann aber die Heimat in A kraft Art. 11 H.G. erwerben, so folgt m. E. das Kind gemäß Art. 11 V in diese Heimat nach. — Uebrigens spricht gerade der Wortlaut des Gesetzes: so besitzt sie (die Ehefrau) mit den Kindern . . . nicht zugunsten der Rechtsansicht des V.G.H. Vgl. zu dieser Frage auch Reger S. 103 Note 17.

Aufenthaltsrechte haben als der Mann und Vater. Eine Ausweisung der Frau oder eines Kindes aus der Gemeinde des Vaters ist bei Vorhandensein der gesetzlichen Gründe zulässig[6]).

Eine Besonderheit ergibt sich aus der Verschiedenheit des pfälzischen und des rheinischen Rechtes. Nach ersterem ist die Erholung des Verehelichungszeugnisses nicht erforderlich. Wenn nun ein rechts des Rheins beheimatet gewesener Mann, der ohne Zeugnis eine Ehe geschlossen hat, Pfälzer wird, so teilen Frau und Kinder die pfälzische Heimat; wird er später etwa wieder Angehöriger einer rechtsrheinischen Gemeinde, so tritt der Mangel des Zeugnisses wieder in seine Rechte; Frau und Kinder erwerben diese Heimat nicht, sondern behalten die pfälzische bei[7]). Vgl. § 15, 1c.

§ 21.

Die Einspruchsgründe.

1. Oeffentliche Armenunterstützung.

Wer öffentliche Armenunterstützung erhalten hat, der ist häufig in sehr zerrütteten wirtschaftlichen Verhältnissen und möglicherweise auch nicht fähig, — sei es wegen des Mangels körperlicher Kräfte, sei es wegen der nicht selten die Armut verschuldenden Willensfehler — sich und eine Familie zu ernähren; es scheint daher gerechtfertigt, daß er an der Begründung einer Familie gehindert werde. Nur wenn eine längere Zeit verstrichen ist, ohne daß erneut die Notwendigkeit von Armenhilfe zutage trat, dann ist jene Vermutung als entkräftet zu erachten und demnach der Eheschließung kein Hindernis in den Weg zu legen.

Solche Motive haben den Gesetzgeber beherrscht, als er in Art. 32 I Ziff. 5 H.G. anordnete: „Die Gemeinde, in welcher der Mann seine Heimat hat, kann gegen die Ausstellung des Verehelichungszeugnisses Einspruch erheben, wenn der Mann innerhalb der unmittelbar vorhergehenden drei Jahre öffentliche Armenunterstützung beansprucht oder erhalten hat.“ De lege ferenda ist diese Bestimmung in mehr als einer Hinsicht anfechtbar; aber damit haben wir uns nicht zu beschäftigen. Der Inhalt dieses Einspruchsrechtes erheischt eine eingehende Betrachtung.

1. Zunächst ist hervorzuheben, daß eine Armenunterstützung, welche die Braut erlangt hat, ein Einspruchsrecht aus diesem Titel

---

[6]) Bestehen gegen den Mann und die Frau Ausweisungsgründe, so können sie auf die Dauer der Ausweisung gezwungen sein, getrennt zu leben — jedes in seiner Heimat (bezw. vorläufigen Heimat).

[7]) Vgl. v. Seydel Bd. 2 S. 60 Note 30. Dagegen würde unter der Herrschaft der Novelle vom 23. Februar 1872 die Verlegung des Wohnsitzes außerhalb Europas nichts genützt haben, weil es darauf ankam, wo zur Zeit der Eheschließung der Wohnsitz sich befand.

nicht gibt. Ist die etwa erlangte Unterstützung von wem immer zurückerstattet, so ist auch ein anderer Titel nicht gegeben. Ist die Unterstützung nicht erstattet, so kann unter Umständen der Einspruchsgrund rückständiger Leistungen an öffentliche Kassen begründet sein, von dem unten zu handeln ist.

2. Wenn der Mann öffentliche Armenunterstützung erlangte und diese, so hoch oder gering sie war, zurückbezahlte, so besteht gleichwohl der Einspruchsgrund, falls nur die Gewährung der Unterstützung nicht über drei Jahre zurückliegt [1]). Wenn also beispielsweise ein mittelloser Mann auf der Wanderung zu seiner neuen Arbeitsstätte erkrankt und einen Tag im Krankenhause für Rechnung der Armenpflege verbringen muß, so hat die Heimatgemeinde durch drei Jahre das Recht des Einspruches gegen seine Verehelichung, auch wenn er nach Erlangung der Arbeit sofort die tarifmäßige Gebühr entrichtet hat. Vgl. jedoch Ziff. 9.

3. Was ist nun öffentliche Armenunterstützung? Zunächst ist das nicht Unterstützung, was jemand kraft eines ihm zustehenden Rechtes zu fordern hat, nicht also die Hilfe eines reichsgesetzlich zur Hilfeleistung verpflichteten Verbandes, z. B. auch der Gemeinde als Organ der Unfallversicherung, nicht auch die Krankenunterstützung im Falle des Art. 21 des Armengesetzes, nicht ferner die Pension, welche z. B. eine Gemeinde einem Arbeiter kraft Vertrages zu gewähren hat [2]). Daß die Hilfe, welcher das Gesetz ausdrücklich die Eigenschaft einer Armenunterstützung abspricht, eine solche nicht sein kann, bedarf keiner Darlegung. So begründet die Befreiung vom Schulgeld nach Art. 15 III des Schulbedarfsgesetzes vom 28. Juli 1902 seit Erlaß dieses Gesetzes in der Regel keine Armenunterstützung.

Ob aber eine Unterstützung, d. h. eine Hilfe, zu der der Geber dem Empfänger gegenüber nicht verpflichtet ist, öffentliche Armenunterstützung ist, darüber entscheidet das öffentliche Recht Bayerns; die bezüglichen Bestimmungen sind getroffen im Gesetz, betr. die öffentliche Armen- und Krankenpflege vom 29. April 1869, kurz auch

---

[1]) Vgl. v. Riedel S. 256 Note 17; V.G.H. Bd. 2 S. 541 „Der Einspruch . . . ist auch dann zulässig, wenn die gewährte Armenunterstützung zurückerstattet wurde."

[2]) V.G.H. Bd. 5 S. 326: Die einem ordnungsgemäß angezeigten Dienstboten von der Dienstgemeinde gewährte Krankenhilfe ist auch dann nicht als öffentliche Armenunterstützung zu erachten, wenn Krankenhausbeiträge in der Gemeinde nicht eingeführt sind. . . . Es handelt sich hierbei um die Auslegung des Art. 21 IV A.G., wonach „die zur Leistung solcher (Krankenhaus-) Beiträge verpflichteten Personen", sobald der Eintritt in das Dienst- oder Arbeitsverhältnis angezeigt ist, ein Recht auf Gewährung der erforderlichen Krankenpflege erwerben, soweit die Krankenverpflegung nicht länger als 90 Tage dauert. Im Gegensatz zum V.G.H. erklärt Henle, Armengesetz, S. 53 nur solche Personen zur Leistung von Beiträgen verpflichtet, von denen die Gemeindeverwaltung, die Beiträge zu erheben wirklich beschlossen hat. So auch Bl. Bd. 45 S. 103.

Armengesetz genannt. Nur die nach den Bestimmungen dieses Gesetzes geleistete Unterstützung kann öffentliche Armenunterstützung sein.

4. Zumeist ist die armenrechtliche Hilfeleistung kenntlich an den Personen, welche sie gewähren. Diese sind in erster Linie die Gemeinden, welche durch die Armenpflegschaftsräte[3]) vertreten werden; der Staat, vertreten durch die Regierungsfiskalate, sofern es sich um die Unterstützung eines in Bayern vorläufig Beheimateten handelt, endlich der Staat, und öffentlich-rechtliche Verbände vertreten durch die in Art. 14 H.G. genannten Kassen, sofern nämlich früheren Beamten, Offizieren, Notaren, Gemeindebeamten, Lehrern oder ihren Angehörigen Unterstützung zuteil wurde[4])[5]).

Die Armenpflegschaftsräte haben Vorstände, Bürgermeister oder Pfarrer, welche auch in anderen Eigenschaften Hilfe leisten; ebenso haben Armenpfleger, Armenkassiere, in der Armenpflege tätige Beamte häufig auch in amtlich oder freiwillig übernommenen Tätigkeiten sich mit Unterstützungsangelegenheiten zu befassen. Darum genügt die Gewährung einer Zuwendung durch Verfügung oder aus den Händen einer in der amtlichen Armenpflege tätigen Person nicht schlechthin, um die Eigenschaft der „öffentlichen Armenunterstützung" einer Gabe aufzudrücken. Die Gabe muß vielmehr aus den Mitteln der öffentlichen Armenpflege geflossen sein[6]).

---

[3]) Nur die von dem zuständigen Organ geleistete behördliche Hilfe kann (vorbehaltlich Ziff. 6) Armenhilfe sein. Wenn die Gemeinde- oder die Polizeiverwaltung statt des Armenpflegschaftsrates Unterstützung gewährt hat, so liegt Armenunterstützung nicht vor. Diese Hilfe verwandelt sich in Armenhilfe nur dann, wenn der Fall des Art. 18 IV A.G. vorliegt und Ersatz beansprucht wird. Vgl. auch V.G.H. Bd. 10 S. 47 „Im vorliegenden Falle ist vom Stadtmagistrat München der Anspruch auf Rückersatz der Lernmittel weder dem Armenpflegschaftsrate überwiesen, noch an die Heimatgemeinde eine Aufforderung im Sinne des Art. . . . gerichtet worden und liegt daher in der Leistung des Stadtmagistrats eine Armenunterstützung nicht vor. . . ."

[4]) V.G.H. Bd. 20 S. 132. Eine öffentliche Armenunterstützung ist nicht gegeben, wenn von einer Kreisregierung auf Rechnung des Kreisfonds Freiplätze in Wohltätigkeits- und Erziehungsanstalten auf Ansuchen gewährt werden. Auch die Unterstützung aus solchen Fonds zur Unterbringung von Geisteskranken in Irrenanstalten ist nicht als öffentliche Armenunterstützung anzusehen. Eine „gemeindliche" Armenunterstützung ist nicht in Frage. Auch der Umstand, daß es sich um eine der nach Art. 41 des A.G. die Kreisgemeinde treffenden Aufgaben handelt, ändert hieran nichts. — V.G.H. Bd. 21 S. 71. Die Gewährung von Freiplätzen in einer Kreistaubstummenanstalt ist keine öffentliche Armenunterstützung, wenn die Kosten der Freiplätze ausschließlich aus Kreisfonds für Erziehung und Unterricht bestritten werden.

[5]) Gewährte das Fiskalat Unterstützung, so ist das Fiskalat einspruchsberechtigt, falls der Unterstützte noch die vorläufige Heimat hat, — die Heimatgemeinde, falls der Unterstützte nach jener Unterstützung eine Heimat erwarb. Bei Unterstützung aus öffentlichen Kassen im Fall des Art. 14 H.G. ist nur die Heimatgemeinde, nicht die Vertretung der Kassa einspruchsberechtigt.

[6]) V.G.H. Bd. 1 S. 209. „Eine öffentliche Armenunterstützung liegt nicht vor, wenn ein Kind des Mannes kostenfrei in einem Waisenhause untergebracht

Ist eine Unterstützung zwar von der Gemeinde, aber nicht zu Lasten und unter buchmäßiger Verrechnung auf die Armenpflege gegeben worden, oder zwar von dem Vorstande des Armenpflegschaftsrates aber nicht aus der Armenkassa, sondern aus ihm zu wohltätigen Zwecken überwiesenen Schenkungen, oder zwar von einem Armenpfleger, aber aus Mitteln eines Vereins für freiwillige Armenpflege, oder zwar vom Armenpflegschaftsrate, aber aus Mitteln einer von diesem verwalteten Stiftung, deren Renten nicht stiftungsgemäß für Armenzwecke verfügbar sind (Art. 191 Ziff. 2 A.G.) —, in diesen und ähnlichen Fällen — liegt Armenunterstützung nicht vor[7]).

5. Nicht vorgeschrieben ist, daß die Unterstützung aus Mitteln der öffentlichen Armenpflege der Heimatgemeinde geflossen ist; in jenen Fällen sowohl — vgl. Art. 12 I, II, Art. 14 IV des Armengesetzes —, in welchen eine fremde Armenpflege endgültig unterstützungspflichtig ist, wie in jenen, in welchen eine solche die Hilfe gemäß Art. 13 des Armengesetzes geleistet hat, den Ersatzanspruch an die Heimatgemeinde aber unterlassen oder versäumt hat, liegt, wenn die übrigen Voraussetzungen vorhanden sind, Armenunterstützung vor.

6. Fließt die Unterstützung somit aus den Mitteln der öffentlichen Armenpflege, so kommt es überhaupt nicht darauf an, ob ein amtliches Organ der letzteren die Hilfe gewährte, falls diese nur gemäß den Bestimmungen des Armengesetzes gewährt wurde. Hierbei ist nicht nur daran zu denken, daß eine Gemeinde die Unterstützung hilfsbedürftiger und die Verpflegung kranker Personen im Wege des Uebereinkommens an Wohltätigkeitsanstalten, Vereine oder Privat-

---

ist, ohne daß hierzu von der Armenkassa der Heimatgemeinde des Mannes oder aus einer anderen Armenkassa etwas beigetragen wird." — In dem betreffenden Falle waren drei Kinder bei Verwandten, eines in einem Waisenhause, das Stiftungscharakter hat, verpflegt; gleichwohl konnte das Verehelichungszeugnis nicht verweigert werden.

[7]) Dazu, daß die Renten von Stiftungen für die öffentliche Armenpflege verfügbar sind, bedarf es einer entsprechenden Verfügung der Stiftungsurkunde oder des sonst für die Stiftung maßgebenden Willens. Teilbeträge der Renten solcher Stiftungen fließen oft ohne nähere Zweckbestimmung der Armenpflege zu, namentlich bei Familienstiftungen. Es ist aber auch möglich, daß die Stiftung bestimmt, daß die Renten (ganz oder teilweise) der Armenpflege überwiesen werden, damit irgendein besonderer Zweck erfüllt wird (z. B. es sollen arme „Bäcker" unterstützt werden). Dann erlangen die Unterstützten (Bäcker) Armenhilfe. Würde bei Setzung einer besonderen Zweckbestimmung die ausdrückliche oder aus den Umständen zu folgernde Verfügung fehlen, daß die örtliche Armenpflege in den Genuß der Renten treten soll (z. B. einer Stadt werden 10000 Mk. zugewendet zur Begründung einer rechtsfähigen Stiftung, aus deren Renten verarmte Gewerbetreibende zu unterstützen sind), so ist die Hilfe aus einer solchen Stiftung keine Armenhilfe. Auch die Renten eines der Gemeinde mit einer Zweckbestimmung zugewandten Vermögens (Fond, nicht rechtsfähige Stiftung im weiteren Sinne) können je nach näherer Anordnung der Armenpflege zufließen oder unmittelbar ihrem Zwecke zugeführt werden.

personen übertragen kann (Art. 18 III A.G.), sondern vor allem an die von einer Privatperson ohne Auftrag geleistete dringende Hilfe gemäß Art. 18 IV, V A.G.

Die von einem anderen als der endgültig verpflichteten Gemeinde geleistete Armenhilfe ist sofort Armenunterstützung, nicht erst in dem Zeitpunkte, in welchem die Heimatgemeinde bezw. die unterstützungspflichtige Aufenthalts- oder Dienstgemeinde zum Ersatz aufgefordert wurde; der Unterstützte kann also nicht durch vorherigen Ersatz den Charakter der Armenhilfe abwehren. V.G.H. Bd. 2 S. 261.

Hat eine fremde Gemeinde, eine Anstalt, ein Verein, ein Privater ꝛc. eine Hilfe geleistet — und zwar nicht als eigene Hilfe, sondern als Hilfe für den gesetzlich Pflichtigen [8]) —, die von der Armenpflege hätte geleistet werden müssen, wenn diese angegangen worden wäre, so ist öffentliche Armenunterstützung gewährt worden und zwar selbst dann, wenn die zum Ersatz herangezogene und diesen leistende Armenpflege den Ersatz aus formellen Gründen hätte ablehnen können, z. B. weil der Armenpflegschaftsrat hätte vorher verständigt werden müssen, oder weil die Anzeige an denselben nicht innerhalb der vorgeschriebenen Frist erstattet wurde. Es würde gegen die guten Sitten verstoßen, wenn der Unterstützte geltend machen wollte, die Armenpflege hätte dem, der unterstützt hat, nicht Ersatz zu gewähren brauchen.

7. Oeffentliche Armenunterstützung hat nur der erhalten, der aus einer bayrischen Armenkassa unterstützt wurde, d. h. also von einer bayrischen Armenpflege, oder der Staatskassa, falls nach dem Armengesetze diese zur Hilfeleistung verbunden war, oder einer öffentlich-rechtlichen Kassa im Falle des Art. 14 H.G. Hat eine solche bayrische Kassa Hilfe geleistet, so ist gleichgültig, wo die Unterstützung gewährt wurde, ob in Bayern oder außerhalb Bayerns. Nur muß letzterenfalls, damit die Hilfe als Armenhilfe erscheine, eine Verpflichtung zum Ersatz an den die Hilfe unmittelbar Gewährenden bestanden haben und die gewährte Unterstützung auch nach bayrischem Rechte inhaltlich eine Armenunterstützung sein. (Art. 16 des Armengesetzes).

Ist die Hilfe außerhalb Bayerns gewährt worden, ohne daß eine bayrische Armenkassa endgültig die Unterstützung bestritt, so liegt eine öffentliche Armenunterstützung im Sinne des bayrischen Rechtes auch

---

[8]) Ob diese Absicht sogleich bestand und nicht vielmehr mildtätige Gesinnung, welche an Ersatz nicht dachte, gegeben war, wird nicht immer leicht zu erkennen sein. Wäre zu erweisen, daß vor der Anmeldung des Ersatzanspruches Schenkungsabsicht bestand, so bestünde Armenunterstützung nicht. Dagegen schadet nicht, wenn der Hilfe Leistende zunächst an Ersatz von dem Unterstützten selbst oder dem Unterhaltungspflichtigen dachte. Jedenfalls aber liegt Armenunterstützung nur dann vor, wenn Ersatz aus den Mitteln der öffentlichen Armenpflege beansprucht und erlangt wurde, — aber nicht erst von diesem Zeitpunkte an.

dann nicht vor, wenn die gewährte Hilfe, in Bayern gegeben, jenen Charakter gehabt hätte[9]). —

8. Zu dem Erfordernis, daß eine Unterstützung aus öffentlichen Mitteln der Armenpflege gewährt wurde, muß zunächst jenes hinzutreten, daß der Unterstützte wußte oder wissen konnte, Armenunterstützung zu erlangen d. h. von der öffentlichen Armenpflege unterstützt zu werden.

An den Empfang einer Armenunterstützung knüpfen sich so schwere Rechtsnachteile mannigfacher Art, daß man mangels einer ausdrücklichen gesetzlichen Bestimmung nicht annehmen kann, es könne jemand auch gegen seinen Willen „Armenunterstützung" empfangen. Dagegen ist nicht notwendig, daß der Empfänger deren rechtliche Nachteile kennt. Es genügt, daß er weiß, von wem die Gabe kommt und daß man ihm zumuten kann, von den Nachteilen zu wissen[10]).

---

[9]) Wer aus öffentlichen Mitteln Hilfe empfing, von dem wird vermutet, daß er nicht in der Lage sei, einen Hausstand zu begründen. Demnach müßte auch die von einem auswärtigen Armenverband geleistete Hilfe jene Bedeutung haben, ein Hindernis der Eheschließung bilden. Allein das Gesetz kann von den Anzeichen bedenklicher wirtschaftlicher Lage nur einige berücksichtigen, jedenfalls nur solche, die einen im allgemeinen sicheren Schluß rasch und ohne allzu viele Weiterungen gestatten. Ob eine außer Bayern von der Armenbehörde gewährte Hilfe auch Armenhilfe in unserem Sinne wäre, vermag die bayrische Behörde nicht immer sofort zu erkennen; es wäre aber unbillig, auf die bloße Tatsache, daß eine Armenverwaltung geholfen hat, das entscheidende Gewicht zu legen. Die Möglichkeit, aus sonstigen Mitteln Hilfe zu erlangen, fehlt außer Landes mehr als im Heimatstaat. Auch die Behelfe sind häufig entweder gar nicht oder nur mit Zeitverlust zugänglich. Dies gilt dann nicht, wenn eine bayrische öffentliche Kassa Ersatz leistete; in diesem Falle hat diese darzulegen, daß eine Armenunterstützung im bayrischen Sinne in Frage stand. In den übrigen Fällen liegt eine Armenunterstützung im Sinne des Art. 32 H.G. nicht vor. — In Bd. 25 S. 110 hat nunmehr der Verwaltungsgerichtshof die entgegengesetzte Ansicht ausgesprochen: Eine außerhalb Bayerns . . . seitens des Mannes erfolgte Inanspruchnahme öffentlicher Armenunterstützung berechtigt zur Einspruchserhebung, wenn die auswärts nachgesuchte öffentliche Armenunterstützung auch nach bayerischem Rechte als öffentliche Armenunterstützung sich darstellt."

[10]) V.G.H. Bd. 23 S. 101. „Um ein Beanspruchen oder Erhalten öffentlicher Armenunterstützung annehmen zu können, ist in subjektiver Richtung erforderlich, daß die Unterstützung in der Absicht erbeten, bezw. mit dem Bewußtsein in Empfang genommen wurde, die Mittel der öffentlichen Armenpflege in Anspruch zu nehmen." E hat von der Armenpflege T 50 Pfg. Reiseunterstützung erhalten, die er ersetzt hat. Es läßt sich nicht mehr feststellen, ob dem E bei der Aushändigung der 50 Pfg. gesagt, oder ihm sonst angedeutet wurde, daß es sich um Armenunterstützung handle. Er selbst bestreitet dies entschieden und erklärt, er würde eine Armenunterstützung niemals angenommen haben. Eine Vermutung zu seinen Ungunsten anzunehmen, ist um so weniger gerechtfertigt, als derartige Reiseunterstützungen vielfach in Form von Ortsgeschenken aus anderen Mitteln als aus solchen der öffentlichen Armenpflege gereicht werden. . . . E hat daher mit seinem Wissen und Willen der Armenpflege Aufwendungen nicht verursacht. — V.G.H. Bd. 24 S. 139. „In der bloßen Tatsache der Nichtleistung einer an die Gemeinde- oder Armenkassa geschuldeten Zahlung, selbst wenn sie in nachgewiesener Mittellosigkeit ihren Grund

a) Daher kann ein Willensunfähiger eine Armenunterstützung nicht erhalten. Ein Willensunfähiger ist allerdings von der Armenpflege unter Umständen zu unterstützen, insbesondere z. B. wenn er geisteskrank ist; aber er hat deswegen nicht „öffentliche Armenunterstützung" erhalten. Allerdings ist ihm Hilfe geleistet worden für Rechnung der Armenpflege; aber er war nur leidendes Objekt dieser Hilfe; zum Empfang der Unterstützung gehört auch ein subjektives Moment, das dem Willensunfähigen fehlt. Eine solche Hilfe könnte auch verständigerweise einen Grund zur Versagung der Verehelichung nicht abgeben.

b) Ebenso empfängt der Armenunterstützung nicht, der nicht weiß, daß er aus den Mitteln der Armenpflege unterstützt wird[11]). Freilich, wer wissen muß, daß die Gabe von der öffentlichen Armenpflege kommt, kann sich auf dieses Nichtwissen nicht berufen. Jeder Staatsangehörige, der willensfähig und volljährig ist, muß die Staatseinrichtungen, soweit sie ihn angehen, kennen. Wer also bei der Gemeinde Unterstützung erbittet, weil er in Not ist, muß wissen, daß die gereichte Gabe in der Regel eine Armenunterstützung ist. Die Regel hat allerdings Ausnahmen, die einer besonderen Erörterung hier nicht bedürfen, weil dann die Unterstützung zumeist aus anderen als Armenpflegemitteln fließt. Wer eine Unterstützung aus einer Stiftung oder ausdrücklich aus nicht zur Armenpflege gehörigen Fonds erbittet, und die Unterstützung gegen seinen Wunsch aus der Armenkassa gewährt erhält, der hat nicht öffentliche Armenunterstützung erhalten, wenn nicht seine Bitte wenigstens eventuell auch auf eine solche ging, oder wenn er nicht wußte, daß er nicht die erbetene, sondern eine Armenunterstützung empfange und sie gleichwohl annahm[12]).

---

hat, kann noch nicht die Beanspruchung einer öffentlichen Armenunterstützung erblickt werden. Eine solche setzt eine Willensäußerung voraus, welche darauf gerichtet ist, von der öffentlichen Armenpflege eine in deren gesetzlichen Wirkungskreis fallende Pflichtleistung zu erlangen." — Gemeindezeitg. Bd. 11 S. 13, erwähnt den Fall, daß für zwei Kinder die Lehrmittel bezahlt wurden ohne Wissen der Eltern. Diese glaubten, die Lehrmittel würden von der Schule freiwillig beschafft. M. E. liegt Armenunterstützung so lange nicht vor, bis der Vater Kenntnis von der Sachlage erlangte und erst für die nach dieser Zeit angenommenen Lehrmittel.

[11]) Eine amtliche Benachrichtigung ist nicht erforderlich, um das „Wissen" herbeizuführen.

[12]) Beispiel: Dem Bürgermeister einer Stadt sind Mittel für „verschämte Arme" zur Verteilung nach seinem Ermessen übergeben worden. Dies ist dem A bekannt und er erbittet schriftlich eine solche Gabe. Darauf wird ihm eröffnet, es sei ihm eine Unterstützung von 5 Mk. zugewiesen worden, welche er bei der Armenkassa erheben könne. Der Bürgermeister hat nämlich zwar aus den bezeichneten Mitteln keine Gabe gewähren zu können geglaubt, aber beim Armenpflegschaftsrat die Bewilligung einer Unterstützung erwirkt. Dem Gesuchsteller ist nicht mitgeteilt worden, daß er aus anderen Mitteln eine Gabe empfange als aus den erbetenen. M. E. hat er, wenngleich die Armenkassa be-

c) Nach dem gesagten kann das Kind, aber auch der Minderjährige „Armenunterstützung“ nicht erhalten. Denn von ihm, dem nicht zugemutet wird, die Willensfestigkeit und das Wissen zu haben, das ihn befähigt, für sich allein Rechtsgeschäfte abzuschließen, kann man auch nicht erwarten, daß er begreife, was es heißt, die Armenpflege anzurufen. Gerät ein noch nicht Volljähriger, dem nicht die Freiheit zusteht, in wirtschaftlichen Dingen nach seinem Ermessen zu handeln, in Not, so kann man hieraus auch keinen sicheren Schluß ziehen auf das wirtschaftliche Gedeihen des selbständigen Mannes.

d) Wer aus Mitteln der Armenpflege unterstützt wurde, ohne daß er es wollte oder wußte, ist nicht schon deshalb als Empfänger einer öffentlichen Armenunterstützung zu erachten, weil er das Empfangene nicht alsbald ersetzt, sobald er willensfähig geworden bezw. von der Herkunft der Gabe Kenntnis erlangte. In vielen Fällen ist der Ersatz gar nicht möglich. Aber auch, wenn er möglich ist, so ist der Umstand, daß jemand einer Ersatzpflicht, die er hat, nicht genügt, nicht geeignet, ihn zum Empfänger einer Armenunterstützung zu machen, wenn er es vorher nicht schon gewesen ist. Wer nicht zahlt, zahlt nicht, aber er empfängt nicht das, was er zahlen sollte[13]). Das Heimat-

zahlte, keine Armenunterstützung empfangen; denn er konnte annehmen, daß die Armenkassa im Auftrage des Bürgermeisters leiste. Wenn freilich noch andere Umstände auf den Charakter der Gabe hingewiesen haben, so kann die Sache anders liegen. Dagegen ändert es an den Charakter der Unterstützung nichts, wenn A nachträglich den Sachverhalt erfährt und das Empfangene nicht zurückerstattet. Siehe das oben folgende.

[13]) Anderer Meinung ist anscheinend der V.G.H. Bd. 10 S. 333 „Leistungen aus der Armenkassa, mögen dieselben auch ursprünglich ohne Wissen und Willen des Unterstützten erfolgt sein, gewinnen den Charakter einer öffentlichen Armenunterstützung beim Vorhandensein der etwaigen Voraussetzungen des Armengesetzes jedenfalls dann, wenn der Unterstützte auch noch nach amtlich erlangter Kenntnis von der für ihn geleisteten Zahlung sich untätig verhält und zum Rückersatz keine Anstalt macht.“ Die Armenpflege hatte dem Vermieter versprochen, etwaige Mietzinsrückstände des N zu berichtigen. Von dieser Haftungsübernahme wußte N anfänglich nichts, später erlangte er Kenntnis. Er nahm auch dann noch die Berichtigung der Schuld ruhig hin und machte keine Anstalt zum Rückersatz. Darin erblickte V.G.H. eine Armenunterstützung. Die Hilfsbedürftigkeit des N ist erwiesen. M. E. liegt Armenunterstützung nicht vor. N ist nicht in die Wohnung von der Armenpflege gewiesen worden, er hat nicht Naturalunterstützung genossen. Zwischen Armenpflege und dem Vermieter bestand ein zivilrechtliches Verhältnis; das würde jedoch den Charakter der Armenunterstützung nicht beeinträchtigen, wenn dem N durch Zuweisung der Wohnung Armenhilfe geleistet worden wäre. Zwischen N und dem Vermieter bestand ein rein privatrechtliches Mietverhältnis. Wenn die Armenpflege eine Haftung für eine Schuld übernimmt, um einen Bedürftigen eine Wohnung zu sichern, so entsteht daraus keine „öffentliche“ Unterstützung. N mochte zu seinem Vergnügen bemerken, daß er trotz Nichtzahlung die Wohnung nicht verlassen mußte. Zwischen ihm und der Gemeinde entstand durch der letzteren Haftung auch nur ein zivilrechtliches Verhältnis. Allerdings kann eine Unterstützung auch ohne ausdrückliche Bitte gewährt werden, indem der Bedürftige sich die Hilfe, die er ablehnen könnte, gefallen läßt. Konkludente Handlungen ersetzen die ausdrückliche Erklärung. Z. B. hat

gesetz hat für das Unterlassen der Ersatzleistung einen besonderen Einspruchsgrund aufgestellt, der weiter unten zu erörtern ist.

e) Verschieden von dem Falle, daß jemand nach Empfang der Unterstützung erfährt, es habe sich um eine Gabe aus der Armenkassa gehandelt, ist jener, wenn der Bedachte während des Bezuges, des Genusses einer Hilfe erfährt, daß es sich um eine Armenhilfe handle. Wer nach erlangter Kenntnis von dem Sachverhalt, bezw. sobald er diesen kennen mußte, in dem Genuß der Unterstützung verbleibt, ist von diesem Zeitpunkt ab Empfänger einer öffentlichen Armenunterstützung. Freilich ist auch diese Regel nicht ohne Ausnahme. Wenn nämlich der Unterstützte gerade durch die Art der ihm gewährten Hilfe in Verhältnisse geraten ist, in welchen er nach Erlangung jener Kenntnis derart festgehalten wird, daß man ihm, ohne die guten Sitten zu verletzen, nicht zumuten kann, die weitere Hilfeleistung abzuwehren, so ist diese insolange keine öffentliche Armenunterstützung. Wer z. B. bewußtlos, bei einem Unfall schwer verletzt, ins Krankenhaus verbracht, und dort operiert wurde, der erlangt, wenn er später erkennt, daß er auf Kosten der Armenpflege hier verpflegt sei, keine öffentliche Armenunterstützung, so lange er ohne Schaden für seine Gesundheit das Krankenhaus nicht verlassen kann.

f) Nicht ist erforderlich, daß Empfänger und Geber der Unterstützung den Willen **erklären**, diese zu nehmen und zu geben. Wie schon aus den zum vorigen gegebenen Beispielen und Darlegungen erhellt, bedarf es solcher Erklärungen keineswegs. Das Bewußtsein, Unterstützung aus öffentlichen, der Armenpflege dienenden Mitteln zu erhalten, genügt, von den obigen Ausnahmefällen abgesehen, — vorausgesetzt, daß die Wirklichkeit dem Bewußtsein entspricht.

9. Nicht jeder, der nach vorstehendem Unterstützung aus Mitteln der Armenpflege erlangt hat, und dem diese auch „angerechnet werden kann", hat nun „öffentliche Armenunterstützung" erhalten. Es muß hinzukommen, daß es sich auch um eine **Armenhilfe im Sinne des Armengesetzes** handelte. Armenhilfe wird aber nach dem Gesetze nur gewährt an „**hilfsbedürftige**" Personen. Art. 11 A.G. Hilfsbedürftigkeit setzt zweierlei voraus: einmal das Bedürfnis nach Hilfe, dann aber die Unfähigkeit, sich diese Hilfe selbst zu verschaffen. Der Hungrige braucht zur Erhaltung des Lebens Brot; der Kranke Pflege,

---

der Hilfsbedürftige, welcher, ohne Hilfe erbeten zu haben, den Laib Brot annimmt, den der Gemeindediener im Auftrage des Armenpflegschaftsrates bringt, Hilfe angenommen. N aber konnte die Zahlung der Armenpflege an seinen Vermieter gar nicht verhindern. Der Armenpflegschaftsrat hat nicht die rechtliche Möglichkeit, durch unerbetene Zahlung von Schulden jemand zum Empfänger einer „**Armenunterstützung**" zu machen. Jedenfalls aber fehlt jede Begründung dafür, daß jemand, der keine Armenunterstützung erhalten hat, dem aber aus öffentlichen Mitteln Hilfe im weiteren Sinne zuteil geworden ist, infolge Nichtersatzes sich in einen Armenunterstützungsempfänger verwandelt. Vgl. auch V.G.H. Bd. 1 S. 5 und Bd. 4 S. 258.

der Nackte Kleider. Die Armenpflege ist das Organ, welches nach Art. 13 A.G. einzutreten hat, wenn sich der Bedürftige das Notwendige nicht augenblicklich verschaffen kann. Sie kann nicht lange fragen und erforschen, ob der Bedürftige eigene Mittel hat; zunächst gilt es zu helfen. Ist der Unterstützte aber imstande, seine Bedürfnisse aus eigenen Mitteln zu bestreiten, und nur augenblicklich nicht in der Lage, diese herbeizuschaffen, etwa weil er ferne von seinem Wohnsitz bestohlen wurde, oder seine Börse verloren hat, oder weil er verunglückte und gar nicht sagen kann, wie die Mittel zu beschaffen sind, aber auch weil er, der voll Arbeitsfähige, vorübergehend seine Kraft in keiner Weise verwerten und somit nicht das Unentbehrliche erwerben kann, so hat die Armenpflege, welche das Erforderliche vorkehren muß, mehr eine Art ihr anvertrauter polizeilicher Tätigkeit ausgeübt. Die Gabe oder ihr Wert ist, zumal die Organe der Armenpflege gar nicht sogleich wissen können, ob der Hilfsbedürftige die Wahrheit sagt, auf die öffentliche Armenpflege zu verrechnen; die Hilfe ist jedoch keine Armenunterstützung, sofern der Bedachte seine Mittel, sobald sie flüssig gemacht werden konnten, seine Arbeitskraft, sobald er sie wieder nützen kann, zum Ersatze verwendet. Würde letzteres nicht geschehen, so wäre der Schluß gerechtfertigt, daß damals nicht eine vorübergehende Notlage bestand, bei welcher lediglich Bedarf und Mittel augenblicklich sich nicht deckten, sondern eine wirkliche Hilfsbedürftigkeit[14]).

---

[14]) Nicht immer läßt es sich von vorneherein entscheiden, ob eine Hilfe Armenhilfe oder Nothilfe ist. Ein häufiger Fall ist der, daß jemand einen Anspruch auf Hilfeleistung gegen einen Dritten hat, der aber augenblicklich nicht liquid ist. Hierbei ist insbesondere an die Verpflichtungen öffentlicher Kasseneinrichtungen zur Krankenhilfe zu denken. Ist der Hilfsbedürftige ganz auf diesen Anspruch angewiesen, so trägt die Hilfe den Charakter der Nothilfe nur, soweit dieser Anspruch zureicht. Wer, mittellos, die Hilfe eines Krankenhauses in der irrigen Meinung aufgesucht hat, seine „Kassa" müsse ganz für ihn bezahlen, erlangt Armenunterstützung für den Betrag, der von der „Kassa" nicht gedeckt wird. — V.G.H. Bd. 2 S. 261. „Eine auf Grund Art. 13 A.G. geleistete Hilfe ist als öffentliche Armenunterstützung zu erachten, sofern nicht aus den Umständen erhellt, daß die fragliche Hilfe nur infolge eines Notstandes gewährt wurde und der Unterstützte im übrigen sich aus eigenen Mitteln und Kräften das zur Erhaltung des Lebens und der Gesundheit Unentbehrliche zu verschaffen vermag...." Ein Arbeiter hatte Reiseunterstützung in Anspruch genommen und Kurkosten verursacht; er war mittellos. Es handelte sich, sagt V.G.H. mit Recht, nicht um eine Nothilfe. Eine solche läge vor, wenn die Hilfe einer Person geleistet wäre, welche bemittelt, jedoch augenblicklich nicht in der Lage ist, ihre Mittel flüssig zu machen. In unserem Falle ist auch die Tatsache der späteren Rückzahlung gleichgültig. — Die nach Art. 11 III des Armengesetzes an arbeitsfähige Personen in Fällen dringender Not geleistete Unterstützung entbehrt keineswegs in allen Fällen des Charakters einer Armenunterstützung. Es kommt darauf an, ob die Arbeitsfähigkeit nach den Umständen genügte, um das zum Lebensunterhalt Erforderliche alsbald zu beschaffen, sonach nur ein ganz vorübergehender Notstand vorhanden war, oder ob eine Arbeitslosigkeit bestand, deren Ende sich vorerst nicht absehen ließ. Vgl. obige Entscheidung und Bl. Bd. 41 S. 3 und 4 nebst Anm. Vgl. auch Gemeindezeitg. Bd. 12 S. 496, wo der Empfang einer Nothilfe nach Art. 11 III l. c. als unschädlich erachtet wird, wenn der Rückersatz erfolgt.

10. Die öffentliche Armenpflege ist vom Gesetze (Art. 1 A.G.) mit einer doppelten Aufgabe belastet; die zweite, ethisch bedeutsamere, tatsächlich minder wichtige ist: der Verarmung entgegenzuwirken. Wenn auf diesem Gebiete eine Tätigkeit sich in der Form von Unterstützungen entfaltet — indem z. B. der Armenpflegschaftsrat einer Witwe Werkzeug gibt (Nähmaschine), damit sie Erwerb finde, so ist keine Armenunterstützung gegeben worden, wie immer auch die Gabe in den Rechnungen der betr. Armenpflege verbucht ist[15]). Freilich ist nicht zu übersehen, daß Armenunterstützungen und Gaben, die der Armut steuern sollen, zeitlich zusammenfallen, ja sich in einer Zuwendung vereinigen können, z. B. es wird eine Geldgabe von . . . Mk. bewilligt, sowohl zur Linderung der augenblicklichen Not, als auch zur Tilgung einer Schuld, in deren Bestand die unmittelbare Ursache dieser Not erkannt wird. Da ist denn diese Gabe auch „öffentliche Armenunterstützung." —

11. Wenn eine Unterstützung gegeben wird, die nicht dem Zwecke dient oder dienen kann, der Armut entgegen zu wirken, so muß sie, um als öffentliche Armenunterstützung gelten zu können, sich unter einen der in Art. 3, 4 u. 11 A.G. genannten Zwecke bringen lassen; die „Hilfsbedürftigkeit" muß vorhanden, der Wille der Armenbehörde, eine pflichtmäßige Armenunterstützung zu gewähren, gegeben und erkennbar sein. Auch darf es sich nicht um freiwillige Gaben, sondern muß es sich um solche handeln, zu denen die Armenpflege nach den gesetzlichen Bestimmungen verpflichtet ist[16]).

---

[15]) Keine Armenhilfe wäre es z. B., wenn einem ins Abwesen geratenen Gewerbetreibenden Mittel gewährt oder vorgestreckt werden, um einen anderen Beruf zu ergreifen, oder wenn einem Bedrängten die schuldige Miete bezahlt wird, damit er nicht aus Wohnung und Werkstätte verdrängt werde und der Armut verfalle. Auch die Mittel, die gegeben werden, damit ein Heimatberechtigter sich an einem anderen Orte niederlasse, wo er bessere Aussicht auf Fortkommen hat, sind keine Armenunterstützung.

[16]) V.G.H. Bd. 1 S. 41. Die freiwillige Gewährung einer Aussteuer von seiten einer Heimatgemeinde ist nicht als Armenunterstützung zu erachten. — V.G.H.E. vom 8. November 1889 nach Bl. Bd. 41 S. 6. Die aus der Armenkassa unter der Bedingung des Verzichtes auf Verfolgung des Verehelichungsvorhabens gegebene Geldleistung, begründet, auch wenn die Bedingung nicht erfüllt wird, kein Einspruchsrecht, da die Kriterien einer öffentlichen Armenunterstützung fehlen. — V.G.H. Bd. 1 S. 241. „Eine öffentliche Armenunterstützung liegt nicht vor, wenn bloß die Tatsache des Genusses einer Leistung aus Mitteln der öffentlichen Armenpflege feststeht, und nicht zugleich die Absicht des Armenpflegschaftsrates, hiermit eine öffentliche Armenunterstützung zu gewähren, durch einen rechtsförmlichen Beschluß desselben bekundet ist." Ein Schneider war im Armenhaus geboren, er verließ es 2 Jahre nach dem Tode seiner Eltern als 31jähriger Mann; er zog aus, als er aufgefordert wurde, Miete zu zahlen. Armenunterstützung, die von dem Manne nie verlangt worden war, liegt nicht vor. — Uebrigens kann m. E. eine „rechtsförmliche Beschlußfassung" auch in der Ermächtigung der Organe der Armenpflege (auch Beamter) zur Hilfeleistung, zwar nur in den Fällen des Armengesetzes, jedoch nach ihrem Ermessen, liegen. — V.G.H. Bd. 5 S. 239. Die Tatsache, daß eine Armenpflege wegen Schulden verpfändete Mobiliargegenstände aus-

Die Bereitstellung von Mitteln aus der Armenkassa, um jedem Schulkind, oder auch jedem bedürftigen Schulkind, welches dies verlangt, im Winter warmes Frühstück zu gewähren, kann für die Bedachten, richtiger deren Eltern keine „Armenunterstützung" bedeuten. Anders, wenn die Eltern, weil nicht fähig, dem Kinde die erforderliche Nahrung zu geben, solches erbeten haben. Wenn aus der Armenkassa den Armen an einem Fest- oder Jubeltage Nahrung gespendet wird, nicht um das zur Erhaltung des Lebens Unentbehrliche zu gewähren, sondern um ihnen einen „guten Tag" zu bereiten, so ist diese Unterstützung keine öffentliche Armenunterstützung.

Keine Form, in welcher Unterstützung im Sinne des Armengesetzes gewährt werden kann, ist das Darlehen, oder, wie man häufig sagt, der Vorschuß. Jedoch kommt es darauf an, ob wirklich die Absicht auf ein solches gerichtet war, oder ob nicht, wo nach Lage der Sache offenbar Armenhilfe zu gewähren war, der mildere Ausdruck (des „Vorschusses") gewählt wurde[17]).

---

löst, auch deren Transport bezahlt und Ersatz für diesen, nur unter Ersatzvorbehalt vorgeschossenen Aufwand von dem Besitzer nicht verlangt hat, berechtigt nicht zur Einspruchserhebung. ... Es handle sich um eine freiwillige Leistung, momentane Kreditgewährung. Als eine Armenunterstützung können solche Akte namentlich dann nicht gelten, wenn es der Gemeinde nicht in den Sinn kam, aus der Armenkassa schenkungsweise zu leisten, vielmehr Rückersatz vorbehalten blieb. M. E. wäre eine Unterstützung wie durch Zuweisung des notwendigen Mobiliars, so durch Freimachung desselben aus einer Pfandverstrickung allerdings möglich; die nur vorschußweise Gewährung des hierzu notwendigen Geldbetrages schließt allerdings die Armenunterstützung aus, sofern es sich nicht lediglich um den allgemeinen, an sich überflüssigen Vorbehalt aus Art. 5 I A.G. handelte. Uebrigens ist die spezielle Frage zufolge § 811 Ziff. 1, 2, 5 Z.P.O. weniger wichtig. Die Erhaltung des zum unmittelbaren Gebrauche nicht benötigten, dagegen für Erwerbszwecke wichtigen Mobiliars wäre allerdings keine Armenhilfe im Sinne des Art. 11 A.G. — V.G.H. Bd. 5 S. 312. Leistungen der Armenpflege zur Anschaffung von Gewerbelegitimationen und Wanderbüchern ... sind keine öffentliche Armenunterstützung. Es handle sich nur um eine Maßregel, welche den Zweck hat, der Verarmung entgegen zu wirken. — V.G.H. Bd. 9 S. 342. Die Tatsache eines bei der Gemeindeverwaltung eingereichten Gesuches um einen Beitrag zu den Kosten der beabsichtigten Auswanderung begründet keinen Einspruch. — Gemeindezeitg. Bd. 11 S. 269. Die Gemeinde hat Bürgschaft geleistet, damit die Forstbehörde Holz an minder Bemittelte zu niederer Taxe abgibt. Die Zahlung muß nun infolge dieser Bürgschaft durch die Gemeinde erfolgen. Armenunterstützung ist diese Leistung nicht.

[17]) V.G.H. Bd. 3 S. 274. Ein zur Abhilfe gegen augenblicklichen Notstand bewilligter, zwar unverzinslicher, jedoch in bestimmten Fristen rückzahlbarer Vorschuß kann nicht als öffentliche Armenunterstützung erachtet werden. Die Gewährung eines Vorschusses sei, so sagt V.G.H., ein wohlbemessener Akt freiwilliger öffentlicher Hilfeleistung seitens der Armenpflege; sie trage nicht den Charakter einer öffentlichen Armenunterstützung, weil die Hilfeleistung durch zivilrechtliche Kreditgewährung einen Empfänger voraussetze, dessen Armut nicht anerkannt werde, die Hilfeleistung durch Armenunterstützung aber einen solchen, dessen Armut und Hilfsbedürftigkeit im Sinne des Gesetzes nachgewiesen sei. — Auch der Umstand, daß der Vorschuß erst zwei Jahre später erstattet wurde, als bedungen war, ist vom V.G.H. mit Recht als unerheblich behandelt worden. — Vgl. auch Gemeinde-

12. Im übrigen kommt es stets nur auf den wirklichen Zweck einer Gabe und ob eine Gabe im Sinne der erwähnten gesetzlichen Bestimmungen wirklich gewährt wurde, an, — nicht auf den Eintrag in der Armenrechnung oder den Katastern. Die Gepflogenheit, rückständige Gemeindegefälle (Umlagen 2c.) aus der Armenkassa zu decken und die säumigen Zahler als mit einer außerordentlichen Unterstützung bedacht, vorzutragen, ist nicht nur unzulässig — sondern begründet selbstverständlich keine wirkliche Armenunterstützung[18]).

13. Daß die Armenunterstützung eine solche ist, ob sie in Geld oder in Naturalien gegeben wurde, bedarf keiner Auseinandersetzung. Auch das bescheidenste Obdach, einem Unbemittelten von der Armenpflege für eine Nacht angewiesen, ist „Armenunterstützung" — nicht aber die Verbringung in polizeilichen Gewahrsam.

Die Armenbehörde kann die Hilfe ebensowohl unmittelbar gewähren, als durch Vereinbarung mit Dritten, welche dann dem Hilfsbedürftigen leisten. Statt Obdach in einem Gemeindehause zu bieten, kann die Gemeinde Wohnungen mieten und in diese die Bedürftigen weisen. Statt Geld zu geben, kann sie Anweisungen erteilen auf Naturalien, die von einem Dritten gereicht werden. Die sogen. Suppenmarken können solche Anweisungen sein; manchmal handelt es sich aber um freiwillige Gaben, die nicht Unterstützungscharakter tragen sollen. Auch die Verköstigung der Armen im Wege des Art. 19 III des Armengesetzes (sogen. Umkost) ist Armenunterstützung, obgleich hier die Armenkasse unmittelbar nicht leistet. In der Tat handelt es sich nur um ein vereinfachtes Verfahren. — Der Name, den die Unterstützung trägt, ist ebenfalls gleichgültig. Manche Armenpflegen geben Mietzinsbeiträge, nicht um damit Schulden zu decken, sondern um den Armen die Befriedigung des Wohnbedürfnisses zu erleichtern.

Nicht selten wird dem Hilfsbedürftigen Arbeit angewiesen und Unterstützung nach Leistung der Arbeit versprochen. Ist dieselbe „Armenunterstützung"? M. E. wird es lediglich darauf ankommen haben, ob der Unterstützte erkennen konnte, daß die Arbeit seitens

zeitg. Bd. 11 S. 288, wo der Fall erörtert wird, daß ein von einem tollen Hunde Gebissener einen „Vorschuß" für die Reise nach Berlin erhält. Ein solcher „Vorschuß" kann sehr wohl Unterstützung sein. — V.G.H. Bd. 4 S. 258. Die Befriedigung von Gläubigern durch die Heimatgemeinde des Schuldners kann letzterem als Armenunterstützung nicht angerechnet werden. „Das Armengesetz kennt keine Verpflichtung der Heimatgemeinde, Haftungen ihrer Heimatangehörigen einzulösen."

[18]) V.G.H. Bd. 1 S. 5. Eine Armenunterstützung ist nicht gegeben, wenn eine Armenkassa für Heimatangehörige vorschußweise ohne Ansuchen Zahlung geleistet hat. — Das Bezirksamt hatte durch Postnachnahme bei der Gemeindeverwaltung für Rechnung des Pflichtigen eine Amtstaxe erhoben, welche für die Armenkassa verrechnet wurde. Der Pflichtige blieb mit dem Ersatz in Rückstand. Der Taxzahlung der Armenkassa fehlen alle Merkmale einer gesetzlichen Armenhilfe.

der Armenbehörde nicht als volles Entgelt erachtet und daher dieses ganz oder teilweise als „Unterstützung" gewährt werde. Vgl. Art. 7 II A.G. Wollte ihm wirklich nicht Unterstützung, sondern Arbeit und für diese das Entgelt zugewiesen werden, so ist ohnehin jene Qualifikation unzulässig; aber auch dann, wenn der Arbeit erhaltende des Glaubens sein durfte, man wolle ihm für seine Arbeit lediglich ein, wenn auch reichliches Entgelt geben, so fehlt das subjektive Moment, das oben als für den Begriff der öffentlichen Armenunterstützung wesentlich bezeichnet worden ist.

Fällt eine Unterstützung nach den im vorstehenden erörterten Merkmalen in die Kategorie der öffentlichen Armenunterstützungen, so kommt es nicht darauf an, ob die Hilfe wirklich unentbehrlich war. Wer, obgleich nicht im objektiven Sinne „hilfsbedürftig", eine öffentliche Unterstützung von den Organen der öffentlichen Armenpflege erbittet oder empfängt, auf den findet Art. 32 v H.G. Anwendung. Manche wohlhabenderen Gemeinden legen überhaupt, manche in einzelnen Fällen, nicht den strengsten Maßstab bei Prüfung der Hilfsbedürftigkeit an. Die bei milder Beurteilung gegebene Unterstützung ist gleichfalls Armenunterstützung[19]).

Unbedingt erforderlich ist die Ernstlichkeit des Willens, Armenunterstützung zu geben und zu empfangen. Die Gabe, welche ohne jedes ernstliche Bedürfnis gereicht wird, z. B. von der Armenkasse der Aufenthaltsgemeinde, um Ansprüche aus Art. 6, 7 H.G. abzuwehren, ist nicht Armenunterstützung.

14. Im vorstehenden ist untersucht worden, wann jemand, der unterstützt wird, als Empfänger einer öffentlichen Armenunterstützung zu erachten ist. Wir müssen uns nun auch der Frage zuwenden, ob jemand, dem eine Gabe nicht unmittelbar zukommt, gleichwohl als durch sie unterstützt, als ihr Empfänger zu gelten hat. Wir sind auf die Frage insofern vorbereitet, als wir gesehen haben, daß der wirkliche Empfänger unter Umständen nicht verantwortlich dafür ist, daß ihm Armenunterstützung zuteil wird.

Eines läßt sich sofort feststellen: Jede Gabe hat nur einen Empfänger. Ein Geldbetrag kann zur Hilfe an eine Mehrzahl von Personen gegeben sein; dann sind eben mehrere Unterstützungen gegeben worden. Aber eine Gabe, die einem zugeflossen ist, kann eine Armenunterstützung des unmittelbaren Empfängers sein oder desjenigen, der für diesen zunächst hätte sorgen müssen oder keines von beiden, nicht beider.

---

[19]) Nach Bl. Bd. 41 S. 6 erging am 15. November 1889 eine V.G.H.E., derzufolge eine aus öffentlichen Armenmitteln gewährte Unterstützung mangels der gesetzlichen Voraussetzungen derselben in betreff der Person des Unterstützten (d. h. wenn die persönliche Hilfsbedürftigkeit fehlt) nicht als öffentliche Armenunterstützung erachtet werden kann. Diese allgemeine Fassung würde in der Tat, wie Luthardt a. a. O. bemerkt, Bedenken hervorrufen müssen. — Vgl. dagegen die in Anm. 32 angeführte V.G.H.E.

Wir haben soeben von demjenigen gehört, der für einen anderen hätte sorgen müssen, aber dieser Pflicht nicht genügt. Man könnte nun sagen: Wenn jemand die Ursache der Notlage eines Dritten ist, der infolge hiervon unterstützt werden muß, so ist er, nicht der Dritte, der eigentliche Empfänger der Unterstützung. In dieser allgemeinen Fassung, die schließlich dazu führte, daß, wer eine Leistung verweigert, die er objektiv schuldet, und hierdurch eine Notlage verursacht, für alle Folgen dieser Notlage selbst armenrechtlich verantwortlich wäre, so daß der Wohlhabende Unterstützungsempfänger würde, wenn der Forderungsberechtigte eine Unterstützung aussprechen muß, läßt sich ein Rechtssatz nicht behaupten. Nichterfüllung von Verbindlichkeiten allein genügt nicht.

Dagegen haben familienrechtliche Verpflichtungen, die auf Gewährung von Unterhalt gerichtet sind, stärkere Kraft. Ihre Vernachlässigung kann in der Tat zur Folge haben, daß eine Unterstützung, die dem Berechtigten gewährt wird, der den Unterhalt nicht erlangen kann, dem „angerechnet" wird, der den Unterhalt nicht leistet, aber leisten sollte. Immerhin muß eine solche rechtliche Verpflichtung bestehen; wenn auch das Familienrecht keine Verbindlichkeit mehr auferlegt, fehlt die Grundlage, um eine Unterstützung aus öffentlichen Mitteln einem anderen anzurechnen, als dem Empfänger. Demnach hängt diese Anrechenbarkeit einer Unterstützung zunächst von dem jeweils geltenden bürgerlichen Rechte ab; wenn dieses sich ändert, und eine früher rechtlich anerkannte Pflicht zu bestehen aufhört, so ist der Tatbestand nicht mehr gegeben, welcher mit der Unterlassung einer Pflicht jene Rechtsfolge verbindet[20]).

[20]) Das bisherige bayrische Recht kannte die Unterhaltspflicht der Eltern gegen Kinder und umgekehrt in größerem Umfange als das neue Recht, vgl. hierzu Roth, Bayr. Zivilrecht Teil 2 Buch 2 § 97. Das bisherige Recht hob die Unterhaltspflicht der Eltern nicht auf, wenn sie außerstande waren, zu unterhalten; die tatsächliche Unmöglichkeit tat der Rechtspflicht keinen Eintrag. Daher war z. B. der Vater, der seinem minderjährigen Sohne nicht Hilfe bot und so öffentliche Hilfe notwendig machte, schlechthin Unterstützungsempfänger, falls nicht einer der besonderen Fälle zutraf, in welchen seine Verpflichtung erloschen war oder ruhte. — Man mag es bedauern, daß gerade der Fall, welcher die wirtschaftliche Unfähigkeit zur Eingehung einer neuen Ehe deutlich bekundet, nämlich die Unfähigkeit des Vaters zur Erhaltung seiner erstehelichen Kinder, nach neuem Rechte in der Regel keinen Grund mehr abgibt für ein Einspruchsrecht der Gemeinde. Allein das Heimatgesetz knüpfte eben das Einspruchsrecht ausdrücklich an den Empfang (das Verlangen) einer öffentlichen Armenunterstützung und versagte schon bisher, wenn es gelang, durch private Hilfe, Vereinsgaben, Zuwendungen aus Stiftungen ꝛc. die Hilfe der Armenpflege zu umgehen, obgleich doch auch in solchen, häufig unschwer zu ermittelnden Fällen die mangelnde wirtschaftliche Fähigkeit, eine neue Familie zu gründen, sich kundgibt.

Daß Armenunterstützung auch die Hilfe an einen unmittelbar nicht Bedachten sein kann, ist ohnehin nicht leicht zu erweisen; ganz unmöglich scheint es mir zu sein, eine solche zu konstruieren, wenn dem Unterstützten gegen denjenigen, der regelmäßig unterstützungspflichtig sein würde, im gegebenen Fall ein Unterhaltsanspruch rechtlich nicht zusteht. Im allgemeinen fehlt dann auch die moralische

15. Nach dem bürgerlichen Gesetzbuche sind Verwandte in gerader Linie verpflichtet, einander Unterhalt zu gewähren. § 1601[21]). Unterhaltsberechtigt ist nur, wer außerstande ist, sich selbst zu unterhalten. § 1602. Da für denjenigen, der imstande ist, sich selbst zu unterhalten, auch die Möglichkeit, Armenunterstützung zu erlangen, im allgemeinen entfällt, so ist diese Bestimmung von minderer Bedeutung. Indes ist zu beachten, daß eine Armenunterstützung, die gegeben würde, ohne daß die Unfähigkeit, sich selbst zu unterhalten, bei dem Unterstützten vorhanden wäre, keinenfalls dem Verwandten (Vater, Mutter ꝛc.) angerechnet werden kann, da dieser dann eben nicht unterhaltungspflichtig ist. Andererseits entfällt der Unterhaltsanspruch nicht schon dann, wenn der Berechtigte selbst daran die Schuld trägt, daß er außerstande ist, sich zu unterhalten. Auch dem ungeratenen Sohne muß der Vater den Unterhalt gewähren; vgl. jedoch § 1611 B.G.B.

---

oder sittliche Pflicht, auf welche man übrigens die Anrechenbarkeit der Unterstützung nicht aufbauen könnte, ohne ins uferlose zu geraten. Es muß dem Gesetzgeber überlassen bleiben, zu bestimmen, in welchen Fällen auch bei mangelnder rechtlicher Unterhaltspflicht dem gewöhnlich Unterhaltspflichtigen eine Unterstützung des gewöhnlich Unterhaltsberechtigten anzurechnen ist. Bisher sind aber solche gesetzliche Anordnungen nicht erflossen. Von den Entscheidungen des B.G.H. vgl. die in Note 25 aufgeführten. Besonders wichtig ist B.G.H. Bd. 21 S. 75. Es heißt dort: . . . muß sich die Anrechnung der seiner Ehefrau gewordenen Armenunterstützungen gefallen lassen, unter der Voraussetzung, daß für ihn überhaupt eine Verpflichtung zur Gewährung des Unterhaltes gegenüber seiner Ehefrau rechtlich bestanden hat. . . . Die Entscheidung untersucht nun, welchem Rechte die Ehe unterstand und ob nach dem maßgebenden Rechte die Alimentationspflicht gegeben war. Es trifft über letztere incidenter Entscheidung. Vgl. auch Reger S. 115 oben Zeile 3—7.

[21]) Im einzelnen ergibt sich folgendes: Der Vater hat seinem volljährigen Kinde, wenn es außerstande ist, sich selbst zu unterhalten, den Unterhalt nur zu gewähren, falls er hierdurch nicht seinen standesmäßigen Unterhalt und jenen seiner Ehefrau und seiner minderjährigen Kinder, soweit Ehefrau und Kinder ebenfalls unterhaltsberechtigt sind, gefährdet. Der Vater hat seinem minderjährigen Kinde, wenn es verheiratet ist, Unterhalt zu gewähren, wie einem volljährigen. Der Vater hat mit einem minderjährigen unverheirateten Kinde, das außerstande ist, sich selbst zu unterhalten, alle verfügbaren Mittel zu teilen. Die Mutter hat den Kindern gegenüber die gleichen Verpflichtungen wie der Vater, wenn dieser nicht mehr lebt: sonst nur, wenn der Vater außerstande ist, den Unterhalt zu gewähren, während die Mutter imstande ist. § 1606. Sind Großeltern vorhanden und imstande, dem Enkel ohne Gefährdung ihres standesmäßigen Unterhalts den Unterhalt zu gewähren, während die Eltern hierzu nicht imstande sind, so sind sie unterhaltspflichtig, ebenso, wenn die Eltern nicht mehr leben. Das Kind, welches ohne Gefährdung seines, seiner Ehefrau und Kinder standesmäßigen Unterhalts den Vater oder die Mutter unterhalten kann, ist hierzu verpflichtet, falls diese außerstande sind, sich selbst zu unterhalten. Leben Vater und Mutter noch, so ist das Kind nur dann zum Unterhalte verpflichtet, wenn der Ehegatte des Bedürftigen ohne Gefährdung seines standesmäßigen Unterhalts den Unterhalt nicht gewähren kann. Das Kind hat unter der gleichen Voraussetzung bei gesichertem eigenen standesmäßigen Unterhalt für die bedürftigen Großeltern zu sorgen, falls der bezügliche Elternteil hierzu nicht imstande ist. Sind Abkömmlinge und Eltern (Großeltern) des Bedürftigen vorhanden, so haften erstere vor den letzteren.

Unterhaltspflichtig ist nicht, wer bei Berücksichtigung seiner sonstigen Verpflichtungen außerstande ist, ohne Gefährdung seines standesmäßigen Unterhalts den Unterhalt zu gewähren. § 1603 I B.G.B. Eltern sind jedoch gegenüber minderjährigen unverheirateten Kindern in der Regel verpflichtet, alle verfügbaren Mittel zu ihrem und der Kinder Unterhalte gleichmäßig zu verwenden.

Der Unterhalt umfaßt den gesamten Lebensbedarf, bei einer der Erziehung bedürftigten Person auch die Kosten der Erziehung und der Vorbildung zu einem bestimmten Berufe. § 1610 Abs. II B.G.B.[22]) Der zum Unterhalt Verpflichtete kann verlangen, daß der Unterhalt, welcher im übrigen in einer Geldrente zu gewähren ist, in anderer Art geleistet werden darf, wenn besondere Gründe dies rechtfertigen. Jedenfalls können Eltern gegenüber minderjährigen Kindern bestimmen, daß der Unterhalt durch Verpflegung in der Familie gewährt wird. § 1612 B.G.B. Dem sich Weigernden gegenüber besteht keine Unterhaltspflicht. — Die Sorge für die Beerdigung gehört nicht zum Unterhalt.

Wer die gesetzliche Unterhaltspflicht verabsäumt und so die Hilfeleistung der öffentlichen Armenpflege nötig macht, ist selbst als unterstützt zu erachten, es sei denn, daß er zur augenblicklichen Erfüllung der Verpflichtung ohne sein Verschulden nicht in der Lage war — z. B. aus dem Grunde nicht, weil er nicht sogleich erkennen konnte, ob der den Unterhalt Fordernde auch unterhaltsberechtigt ist. Jedenfalls kann von einer Verabsäumung der Pflicht nur dann die Rede sein, wenn der Pflichtige aufgefordert worden ist, seiner Pflicht zu genügen oder wenn er sonst sichere Kenntnis davon hat, daß der Unterhaltungsberechtigte seiner Hilfe bedarf[23]). Die Zögerung,

---

[22]) Daher sind die Eltern auch zur Bestreitung der Lernmittel für ein Kind verpflichtet und erhalten Armenunterstützung, wenn sie, zur Beschaffung aufgefordert, diese unterlassen, obwohl sie unter Beachtung des § 1603 II B.G.B. hierzu imstande wären. Die Armenunterstützung ist gewährt, sobald die öffentliche Armenpflege die Kosten bestritten hat, nicht schon dann, wenn die Schulgemeinde, oder der Lehrer oder wer immer die Lernmittel einstweilen beschafft hat. Die Befreiung vom Schulgeld ist in der Regel keine Armenunterstützung (Art. 15 III des Schulbedarfsgesetzes). Die Schule der Gemeinde, welche nicht die Heimatgemeinde des Kindes ist, darf von dieser nicht Ersatz für den Entgang des Schulgeldes des dürftigen Kindes beanspruchen. Die Bestimmung des neuen Schulbedarfsgesetzes hat keine rückwirkende Kraft. Nach früherem Rechte war Armenunterstützung möglich.

[23]) Wenn ein Gatte und Vater während der Sommermonate in der Fremde Arbeit und Lohn sucht und die Familie, sei es durch Ersparungen oder durch Arbeitsverdienst der Frau geborgen glaubt, so daß er mit der letzteren vereinbarte, daß seine Ersparnisse zur Bestreitung der Lebsucht im Winter dienen sollen — und wenn nun, ohne daß der Mann es erfährt, die Frau ins Krankenhaus aufgenommen werden muß, so ist der Mann, dessen Aufenthaltsort nicht bekannt ist, nicht als Empfänger einer Armenunterstützung zu erachten, auch dann nicht, wenn er, heimgekehrt, von dieser (nun beendeten) Armenhilfe erfährt und Ersatz nicht leistet, obwohl er es könnte. Im gleichen Fall ist der Mann, der Kenntnis von der Erkrankung der Frau erlangt und Hilfe nicht leistet, weil es ihm nicht gelungen ist, genügenden Lohn zu erlangen, nicht unterstützt. Dagegen ist er

Ersatz für die dem Unterhaltsberechtigten gewährte Unterstützung zu leisten, kommt der Unterlassung der Unterhaltsgewährung nicht gleich[24]).

Liegt eine wirkliche Pflichtversäumnis vor, so tritt die Folge ein, gleichviel ob Eltern oder Großeltern den Kindern oder Enkeln oder diese den Eltern oder Großeltern den Unterhalt verweigern. — Die Frage ist jedoch seit Geltung des B.G.B. von minderer Tragweite.

Verarmte Eltern, die alles mit ihren Kindern geteilt haben, sind, so lange sie verfügbare Mittel nicht wieder erlangen, ihren Kindern gegenüber nicht unterhaltspflichtig. Nicht so ist die Sache geordnet, daß die Eltern unterhaltspflichtig wären und nur eine Vollstreckung gegen sie tatsächlich unmöglich ist — vielmehr fällt in der Tat die familienrechtliche Unterhaltungspflicht in jenem Falle weg. Doch nur dann, wenn die Eltern außerstande sind, den Unterhalt zu gewähren, sind sie dieser Pflicht ledig, nicht auch dann, wenn sie zwar imstande wären, von ihren Fähigkeiten aber keinen Gebrauch machen, oder vorhandenes Vermögen nicht verwerten. Wie es im Zivilprozeß den Eltern obliegt, darzutun, daß sie nicht imstande sind, der Unterhaltungspflicht zu genügen, so wird gegenüber der von der Heimatgemeinde geltend gemachten Anrechnung einer dem unterhaltsberechtigten Kinde gewährten Unterstützung der Vater darzutun haben, daß er außerstande war, den Unterhalt zu gewähren. Der Fall, daß der Vater schuldhafterweise seine Familie darben läßt, wird nach neuem Rechte den Hauptfall der Zurechenbarkeit von Armenunterstützung bilden.

---

dies, wenn er Kenntnis erhielt von der Erkrankung und, trotzdem er genügende Mittel besitzt, nicht sogleich die Frau unterstützt bezw. sich hierzu bereit erklärt. Vgl. hierzu V.G.H. Bd. 4 S. 287.

[24]) V.G.H. Bd. 1 S 198 gestattet die Zurechnung nur, „wenn erwiesenermaßen die dem Unterhaltsberechtigten gewährte Armenhilfe mit Wissen und Willen beansprucht oder gewährt worden ist." M. E. geht es zu weit, zu fordern, daß der Unterhaltspflichtige die Armenhilfe sogar gewollt haben muß. Es muß genügen, daß der Pflichtige die Unterhaltsgewährung schuldhafterweise verabsäumte; er muß wissen, daß dann für den Berechtigten die Armenunterstützung notwendig werden kann. Auf der anderen Seite geht die Entscheidung zu weit, wenn sie annimmt, daß die erfolglose amtliche Anforderung des Ersatzes den Unterhaltspflichtigen in die Lage bringe, nun die Armenunterstützung sich anrechnen lassen zu müssen, weil er durch die Unterlassung des Ersatzes den Eintritt der Armenpflege in seine Verpflichtung „wolle", und so „wissentlich" die Unterstützung „erhalte". — Diese Annahme ist doch nur eine Fiktion. Nur so lange die Armenunterstützung noch nicht beendet ist, kann eine erfolglose Aufforderung zur Erfüllung seiner Unterhaltungspflicht oder die ohne solche erlangte Kenntnis der Bedürftigkeit des Berechtigten den Pflichtigen zum wahren „Unterstützten" machen. — V.G.H. Bd. 4 S. 286 erklärt die der kranken Ehefrau gewordene Hilfe für zurechenbar, wenn sich der behördlich in Kenntnis gesetzte Mann der Frau nicht annimmt. M. E. ist behördliche Benachrichtigung nicht erforderlich. Auch V.G.H. Bd 21 S. 73 erklärt die amtliche Verständigung des Pflichtigen nicht für unbedingt erforderlich, sondern für ausreichend, daß der Unterstützungspflichtige von der Unterstützung des Berechtigten entweder bereits eigenes Wissen hatte oder von dritter, wenn auch privater Seite in entsprechender, einen begründeten Zweifel ausschließender Weise Kenntnis erlangt hat.

Verschieden ist die Sachlage, wenn der Vater zwar in der Tat „außerstande" ist, diesen Umstand aber durch Verschulden verursacht hat. Wer z. B. durch übermäßigen Alkoholgenuß arbeitsunfähig geworden ist, ist gleichwohl, wenn er nur durch Arbeit die Mittel zum Unterhalt sich verschaffen kann, außerstande, diesen zu gewähren. Der Vater kann dann gemäß § 823 Abs. II B.G.B. im Zusammenhalte mit strafrechtlichen Bestimmungen zum Schadensersatz verpflichtet sein, nicht aber zum familienrechtlichen Unterhalte.

Der Frau hat der Mann Unterhalt nach Maßgabe seiner Lebensstellung, seines Vermögens und seiner Erwerbsfähigkeit zu gewähren. § 1360 I B.G.B. Der Mann darf auch in diesem Falle das zu seinem Unterhalte Erforderliche nicht vorweg nehmen; aber seine Unterhaltspflicht ist erloschen, wenn er das Seinige getan hat, dieses aber nicht zureicht. Wenn beispielsweise die Frau eines Taglöhners im Krankenhause verpflegt werden muß, der Ehemann nicht in der Lage ist, von seinem Verdienste diese Kosten zu bestreiten, so ist die Frau allein Unterstützungsempfängerin.

In den Fällen, in welchen eine Unterstützungspflicht besteht, macht es keinen rechtlichen Unterschied, ob der Unterstützungsberechtigte sich bei dem Pflichtigen befindet oder nicht, ob das Kind selbständig ist, oder nicht. Obschon der volljährige Sohn, den zu unterstützen der Vater nicht in der Lage ist, wenn er seinen, der Ehefrau und der minderjährigen Kinder Unterhalt nicht gefährden will, beim Vater wohnt, ist dieser nicht unterhaltspflichtig und daher auch nicht Empfänger der etwa dem Sohne gewährten Armenunterstützung. Umgekehrt ist der unterhaltspflichtige Vater, der durch seine Saumsal die Gewährung einer Unterstützung an sein Kind notwendig macht, auch dann wie der Empfänger der letzteren zu behandeln, wenn das Kind nicht die Familiengemeinschaft des Vaters teilt[25]).

[25]) Nach v. Seydel Bd. 3 S. 119 ist das Familienhaupt der Empfänger der Unterstützung, welche einem Familiengliede gewährt wird, wenn dieses in einer solchen wirtschaftlichen und Familiengemeinschaft mit dem Familienhaupte sich befindet, daß es den Unterhalt ganz oder teilweise vom Familienhaupte bekommt und nicht aus eigenen Mitteln sich ernährt. — Diese Einschränkung mag nach früherem bürgerlichen Rechte der vermutlichen Absicht des Heimatgesetzes entsprochen haben; heute, da die Unterhaltspflicht des Familienvaters auf die Fälle beschränkt ist, in welchen ihm nach dem allgemeinen Rechtsempfinden diese Pflicht wohl auferlegt werden muß, möchte dieselbe nicht aufrecht zu erhalten sein. Uebrigens ergibt sich aus dem Satze S. 119 bei Note 18, daß v. Seydel die Anrechenbarkeit aus dem bürgerlichen Rechte ableitet, und nicht etwa in Fällen eine solche einräumen will, in welchen dieses eine Unterhaltspflicht nicht kennt.

V. G. H. Bd. 1 S. 41 „Eine Armenunterstützung, welche einem nicht mehr im elterlichen Unterhalt stehenden, sondern einen eigenen Haushalt besitzenden Sohne gewährt wurde, ist nicht als Armenunterstützung des Vaters anzusehen." Eine eingehendere Begründung ist nicht beigefügt.

V. G. H. Bd. 1 S. 202 führt die Anrechenbarkeit einer der Ehefrau geleisteten Unterstützung auf den Ehemann darauf zurück, daß der Ehemann gesetzlich zum Unterhalt der Frau verpflichtet ist.

V. G. H. Bd. 1 S. 364 erblickt den Rechtsgrund der aus bestimmten gesetz-

16. Eine andere familienrechtliche Unterhaltungspflicht als zwischen Ehemann und Ehefrau, und zwischen Abkömmlingen einerseits und Eltern und Großeltern andererseits besteht nicht. Insbesondere besteht keine solche zwischen Geschwistern, auch nicht gegenüber Stiefeltern und Stiefkindern, Schwiegereltern und Schwiegerkindern[26]). Wenn demnach ein Ehepaar die Mutter der Frau aufgenommen hat und derselben Unterhalt gewährt, so kann eine ihr gewährte Armenunterstützung jedenfalls nicht dem Manne angerechnet werden; der Frau nur dann, wenn diese einer vorhandenen Unterhaltungspflicht nicht genügt.

Zusammenfassend ist festzustellen: Wenn nach den Bestimmungen des bürgerlichen Rechtes im einzelnen Falle der mit öffentlicher Armenunterstützung Bedachte unterhaltsberechtigt ist gegenüber einem unterhaltspflichtigen Verwandten, und dieser den beanspruchten Unterhalt ohne Grund verweigert oder verzögert hat, so ist der Unterhaltspflichtige als unterstützt anzusehen. Die genaue Prüfung des einzelnen Falles ist unerläßlich. Dernburg IV, S. 226[27]). Die nicht rechtzeitige Ersatzleistung im Sinne des

---

geberischen Motiven zugelassenen Anrechnung offenbar in der „Alimentationspflicht" (S. 364), will jedoch regelmäßig nur dann die Anrechnung gestatten, wenn der Gesuchsteller (um das Zeugnis) zur unterstützten Person im Verhältnis des Familienoberhauptes steht oder stand. Auch in solchen Fällen könne die Anrechnung durch besondere Umstände ausgeschlossen sein. (Der in dieser Entscheidung erhobene Einwand, daß die Verwaltungsgerichte nicht über die Alimentationspflicht, wenn sie bestritten ist, entscheiden können, genügt m. E. nicht, um bei dem gegenwärtigen Zivilrechte die Zurechenbarkeit in anderen Fällen auszuschließen. Allerdings können die Verwaltungsgerichte nicht rechtskräftig über die Unterhaltungspflicht entscheiden, wohl aber incidenter. Der Einwand des V.G.H. müßte jedenfalls auch bei in Familiengemeinschaft Stehenden erhoben werden.) Reger S. 115 und 116 erachtet auch nach neuem Rechte weder die Unterhaltspflicht noch die Hausstandsgemeinschaft als den geeigneten Ausgangspunkt für die Beantwortung der Frage wegen der Anrechnungsfähigkeit der Armenunterstützung. Ausschlaggebend sei, ob zwischen dem Unterstützten und demjenigen, welchem die Armenunterstützung angerechnet werden soll, eine solche Personeneinheit bestehe, daß letzterer in der Person des ersteren unterstützt gelten könne; diese sei aber nur anzunehmen, wenn die unterstützte Person wegen Minderjährigkeit oder als Ehefrau selbständiger Rechtspersönlichkeit ermangele (!). Nur unter dieser Voraussetzung, dann aber ohne Rücksicht auf Hausstandsgemeinschaft werde die Unterstützung dem anzurechnen sein, welcher nach Maßgabe des bürgerlichen Rechts als nächster volljähriger Ascendent bezw. Ehemann für den Unterhalt zu sorgen verpflichtet war.... Reger läßt also mit Recht die Hausstandsgemeinschaft fallen und erklärt das bürgerliche Recht hinsichtlich der Unterhaltspflicht für maßgebend. Da er aber die einfachen Konsequenzen nicht ziehen will, muß er eine „Personeneinheit" fingieren, deren Gebilde doch wohl in der Luft hängt.

[26]) V.G.H. Bd. 13 S. 95. Eine dem Schwiegervater gewährte Armenunterstützung kann wegen Mangel eines natürlichen Verwandtschaftsverhältnisses und der sich daraus ableitenden Unterhaltspflicht dem Schwiegersohne nicht zugerechnet werden.

[27]) Vgl. A.G. Art. 5 II in neuer Fassung „Desgleichen haben diejenigen,

Art. 5 II des Armengesetzes steht der Unterlassung der Hilfeleistung nicht gleich[28]).

17. Die Verpflichtung des Vaters des unehelichen Kindes zur Gewährung des Unterhaltes für das letztere beruht nicht auf Verwandtschaft. Sie ist daher als eine familienrechtliche im eigentlichen Sinne nicht zu erachten, auch dann nicht, wenn die Vaterschaft anerkannt ist[29]). Die durch Nichtgewährung des Unterhaltes notwendige Unterstützung des Kindes kann daher dem außerehelichen Vater oder dessen Verwandten nicht angerechnet werden, wohl aber der Mutter und unter Umständen auch deren Eltern. Ein an Kindes Statt angenommenes Kind hat die rechtliche Stellung eines ehelichen; daher ist eine Vernachlässigung der Unterhaltspflicht gegen dasselbe oder seitens desselben von gleichen Folgen wie bei einem ehelichen Kinde[30]).

18. Dem Empfange einer Armenunterstützung steht die Beanspruchung einer solchen nach dem Gesetze völlig gleich, auch wenn sie erfolglos war oder zur Gewährung der Bitte aus anderen als Armenpflegemitteln führte[31]). Das in irgend welcher Form gestellte

---

welche einem Hilfsbedürftigen gegenüber nach den Vorschriften des Bürgerlichen Gesetzbuches unterhaltspflichtig waren, Ersatz der infolge der Nichterfüllung ihrer Verpflichtung für dessen Unterhalt gemachten Aufwendungen zu leisten." Nicht in allen Fällen, in welchen diese Ersatzpflicht nach dem Armengesetze besteht, ist die Unterstützung anrechenbar. Es muß hinzutreten, daß der Pflichtige den Unterhalt „ohne Grund verweigert oder verzögert hat". Beispielsweise ist der unterhaltspflichtige Vater, dessen Sohn im Krankenhause ohne Wissen des Vaters verpflegt wurde, ersatzpflichtig; als Empfänger der Unterstützung gilt er nicht, weil er von der Hilfsbedürftigkeit des Sohnes nichts wußte.

[28]) A.M. Bl. 41 S. 1, wo eine nicht veröffentlichte V.G.H.E. vom 21. Februar 1888 angeführt ist, nach welcher sogar das in der Geltendmachung eines Einspruches zu erblickende Ansinnen der Ersatzleistung (eine frühere Anforderung hatte nicht stattgefunden!) hinreichen soll, um den Ehemann zum Empfänger der seiner Frau gewährten Krankenhilfe zu machen.

[29]) V.G.H. Bd. 3 S. 577.

[30]) Anders liegt der Fall, auch nach früherem Rechte, wenn ein Kind bei Eingehung der Ehe durch Vertrag der Ehegatten in die häusliche Gemeinschaft aufgenommen und hinsichtlich der Verpflegung und Erziehung den ehelichen Kindern gleichgestellt wird. Hier handelt es sich nur um eine vertragsmäßige Unterhaltungspflicht. Vgl. auch V.G.H. Bd. 3 S. 291; siehe auch V.G.H. Bd. 15 S. 59.

[31]) Reger S. 116 lit. e: Kann das Beanspruchen zurückgenommen werden? Allerdings ist die Erklärung, Armenunterstützung zu erbitten, von unmittelbarer rechtlicher Bedeutung nicht. Der Vorgang ist ein rein tatsächlicher und was geschehen ist, ist geschehen. Indes dürfte es dem Willen des Gesetzgebers nicht entsprechen, wenn nicht die mittelbare Folge jener Bitte dadurch abgewendet werden könnte, daß der Bittsteller, ehe er einen zusagenden oder abschlägigen Bescheid erhalten hat, die Bitte zurücknimmt. Uebrigens muß das Vorbringen des Bittstellers stets in seinem Interesse ausgelegt werden. Wer eine „Unterstützung" erbittet, der wird, auch ohne daß er es ausspricht, zunächst andere als Armenunterstützung wollen, allerdings, je nach den Umständen, auch solche eventuell verlangen. Wenn also N nicht aus Armenmitteln, sondern aus Stiftungsmitteln etwas erhält, so wird seine Bitte um Unterstützung ihm nur dann schaden, wenn er unverkennbar, etwa durch Brief oder protokollarische Erklärung gerade Armen-

Verlangen nach einer Unterstützung hat sonach dieselbe Wirkung wie die Gewährung einer solchen, falls die gewährte Unterstützung als Armenunterstützung zu erachten gewesen wäre[32]).

19. In beiden Fällen — der gewährten und der nur verlangten Unterstützung, ist zu beachten, daß der Gesuchsteller nicht immer im eigenen Namen handelt, sondern entweder ausdrücklich für einen Dritten Unterstützung erbittet oder empfängt, oder nach Lage der Sache nicht als Empfänger oder Gesuchsteller erachtet werden kann[33]). Man muß hierbei von dem Grundsatze ausgehen, daß eine Unterstützung, die nur einem Dritten zugute kommt, nicht für denjenigen gehört, der sie erbeten hat; denn im allgemeinen wird schon wegen der Rechtsnachteile der Armenunterstützung niemand selbst als unterstützt gelten wollen, wenn nicht er selbst wirklich unterstützt wird. Die Armenpflegen haben die Pflicht, ihre Akten, Rechnungen, Kataster so zu führen, daß der wirklich Unterstützte erkennbar bleibt. Diese Pflicht wird freilich nicht immer beachtet; die Vorträge bezeichnen mitunter einen nicht wirklich Unterstützten; die Gründe der Bitte werden nicht immer verzeichnet. Das ist bedauerlich, zumal der scheinbare Empfänger später nicht immer darlegen kann, daß er nicht der wirkliche Empfänger gewesen ist, ja oft gar nicht weiß, wer als solcher zu betrachten ist.

Einige Beispiele mögen das Vorstehende klarer machen. Von einem kranken Manne, der durch Privatmildtätigkeit sein Leben fristet und das wenige Erworbene mit seinen kleinen Kindern teilt, wird Unterstützung für die Kinder unter Aufklärung des Sachverhaltes nachgesucht. Der Armenpflegschaftsrat beschließt, entweder die Kinder auf die Dauer der Krankheit in ein Waisenhaus aufzunehmen, oder dem Vater eine Unterstützung in bestimmter Höhe zu gewähren. Hier kann von einer Unterstützung an den Vater keine Rede sein; unterstützt sind die Kinder, aber nicht im Sinne des Art. 32v H.G. Anders wäre es, wenn der Vater auch für sich selbst Hilfe erbeten hätte, oder wenn er die gewährte Hilfe auch mit für sich verwendete.

---

unterstützung erbeten hat. Auch in solchem Falle wird eine wohlwollende Verwaltung vor der Gewährung einer Gabe aus sonstigen Mitteln eine Berichtigung des Ersuchens herbeizuführen suchen.

[32]) V.G.H. Bd. 17 S. 273. Gesuche rc. stellen sich als Beanspruchung öffentlicher Armenunterstützung dar, wenn sie auch in tatsächlicher Hinsicht nicht so gelagert und begründet sind, daß die Heimatgemeinde gesetzlich zum Eingreifen verpflichtet wäre, sofern nur die Unterstützung für einen Zweck erbeten wird, welcher an sich in den Rahmen der gesetzlichen Aufgabe der Armenpflege fällt.

[33]) Vgl. V.G.H. Bd. 3 S. 276. Ein Sohn hatte an den Armenpflegschaftsrat die Bitte um einen Vorschuß gerichtet, weil seine Mutter krank darniederliege. V.G.H. konstatiert: Der dem Sohn gewährte Vorschuß bezweckte nicht eine öffentliche Hilfeleistung zu seinen Gunsten, sondern nur zugunsten seiner Mutter. Uebrigens wäre wohl auch deshalb keine Armenunterstützung gewährt, weil es sich eben um einen Vorschuß handelte.

Wenn die Ausgaben für eine kranke Frau die Mittel des arbeitsamen Gatten übersteigen und er auf Grund dieses Sachverhaltes Unterstützung erhält, so ist er nicht als Armenunterstützungsempfänger zu betrachten — selbst wenn die Unterstützung als für ihn gegeben eingetragen wäre. Diese Eintragung wird nur so lange tatsächliche Bedeutung haben, als nicht der Glaube in die Richtigkeit der bez. Vormerkungen des Armenpflegschaftsrates erschüttert ist.

Der Vater ist außerstande, ohne Gefährdung seines und seiner minderjährigen Kinder Unterhaltes, den bei ihm wohnenden volljährigen kranken Sohn zu verpflegen. Die unter Darlegung des Sachverhaltes vom Vater erbetene Unterstützung kann ihm nicht angerechnet werden.

20. Die Tatsache, daß der Mann öffentliche Armenunterstützung erhalten oder beansprucht hat, schadet, was den vorliegenden Einspruchsgrund anlangt, nur, wenn seit dem Empfang oder dem Verlangen drei Jahre noch nicht verflossen sind. Der Zeitpunkt, wann das Verlangen gestellt wurde, ist zumeist ohne Schwierigkeit zu ermitteln, sofern jenes Verlangen überhaupt nachweisbar ist. Für den Zeitpunkt des Empfanges ist zu unterscheiden: War die Armenhilfe von Dauer, so ist der Zeitpunkt der Beendigung z. B. der Entlassung aus dem Krankenhause maßgebend. Besteht die Armenhilfe in einer oder in einer Mehrzahl von Zuwendungen (Empfang von Wochen-, Monatsalmosen), so kommt die Zeit der Aushändigung der Gabe bezw. der letzten Gabe in Betracht, nicht das Ende der Zeit, für welche diese bestimmt war. Nicht maßgebend ist der Zeitpunkt, zu welchem die Verrechnung auf die Armenpflege erfolgte, oder die Ersatzforderung erhoben, oder rechtskräftig festgestellt wurde, daß eine Armenhilfe vorliege. Wenn z. B. das Krankenhaus zunächst eine Krankenkassa für die dem A geleistete Hilfe in Anspruch nimmt und es sich erst nach Monaten rechtskräftig ergibt, daß A der Kasse nicht angehörte, weshalb nun die Armenpflege selbst aufkommen muß, so ist doch der Zeitpunkt maßgebend, zu welchem A das Krankenhaus verlassen hat. Ein späterer Anfangstermin der Frist von drei Jahren würde dem Grundgedanken der gesetzlichen Bestimmung nicht entsprechen. Es muß stets darauf ankommen, wann jemand zuletzt Hilfe erlangte, nicht wann diese als solche erkannt und rechnungsmäßig behandelt wurde[34]).

---

[34]) V.G.H. Bd. 4 S. 621. Die dreijährige Frist nimmt, wenn die Armenunterstützung in Gewährung von Krankenhilfe bestand, mit der Beendigung der Krankenhilfe und nicht erst mit der Bezahlung der hierauf erwachsenen Kosten seitens der Armenpflege den Anfang.

V.G.H. Bd. 7 S. 253. Bei Bestimmung des Zeitpunktes des Empfanges einer öffentlichen Armenunterstützung ist nicht der Zeitpunkt ins Auge zu fassen, in welchem die Ersatzleistung aus der Armenkassa erfolgt ist, sondern jener, in welchem der Mann die Unterstützung wirklich empfangen hat, und nur dann, wenn diese Zeit noch in die der Einspruchserhebung unmittelbar vorhergehenden drei

Die drei Jahre dürfen nicht verflossen sein zur Zeit der Erhebung des Einspruches; dieser ist aber auch dann abzuweisen, wenn die Frist zur Zeit der Verbescheidung des Einspruches abgelaufen ist. — Ob nach Umfluß der drei Jahre der Titel des „Rückstandes mit Leistungen zur Armenkassa“ ein Einspruchsrecht begründen kann, ist eine besondere, unten zu prüfende Frage. Sicher ist, daß die Tatsache der Armenunterstützung als solche nach drei Jahren auch dann nicht mehr zu einem Einspruchsrechte verwertet werden kann, wenn die Unterstützung nicht ersetzt ist. V.G.H. Bd. 4 S. 275. Reger S. 112 am Ende.

21. Ob eine Armenunterstützung vorliegt und ob sie dem Bräutigam anzurechnen ist, bildet den Gegenstand der verwaltungsrichterlichen Feststellung. Eine eingehendere Untersuchung des Sachverhaltes ist jedoch nur dann nötig, wenn etwa der Bräutigam die Tatsache der „Armenunterstützung“ bestreitet, oder sonst Umstände vorliegen, welche nähere Erhebungen rechtfertigen. Bei Würdigung des rechtlichen Charakters einer Gabe ist der Verwaltungsrichter auch in der Lage, die Voraussetzungen desselben incidenter zu würdigen, auch wenn sie dem Zivilrechte zugehören. Vgl. hierzu Reger-Dyroff S. 308ff.

§ 22.

2. Einspruch wegen Rückstands öffentlicher Abgaben.

Die Heimatgemeinde des Mannes ist einspruchsberechtigt, wenn und solange der Mann oder die Braut sich der Gemeindekassa oder

---

Jahre fällt, kann ein Einspruch für begründet erkannt werden. . . . Als Beleg für diese Ansicht führt V.G.H. auch die Verhandlungen des Sozialgesetzgebungsausschusses 1866/9 Abt. I S. 207 an.

Vgl. auch V.G.H. Bd. 14 S. 378.

Siehe auch Reger Bd. 112 Note 12. Reger will bei Unterstützungen, welche für eine gewisse Zeitperiode gewährt werden, den Ablauf dieser Zeit als Beginn der dreijährigen Frist ansehen, bei bloßen Zuschußleistungen den Tag der Unterstützung. M. E. ist diese Unterscheidung nicht haltbar. Die Titel, unter welchen Unterstützungen gewährt werden, sind mannigfach und für dieselbe Sache in den verschiedenen Gemeinden verschieden. Für den Unterstützten ist lediglich die Tatsache von Bedeutung, daß er unterstützt ist; er verwendet die Gabe nach seinem augenblicklichen Bedürfnis, nicht nach ihrem Namen. „Monatsalmosen“ sind ebenso häufig nur „Zuschüsse“, wie die Monatszinsbeiträge. M. E. kommt es also stets nur auf den Tag der Unterstützung an, zumal schon am nächsten Tage die wirtschaftliche Lage des Unterstützten sich vollständig geändert haben kann.

In Gemeindezeitg. Bd. 10 S. 460 wird die Frage des Beginnes der Armenunterstützung bei Schulgeldzahlung durch die Heimatgemeinde gemäß Art. 5 des früheren Schulbedarfsgesetzes erörtert. Es heißt dort, eine Armenunterstützung liege erst vor, wenn die betr. Armenkassa in Anspruch genommen werde. Dies ist richtig. Aber für Art. 32 v H.G. kommt gleichwohl der Zeitpunkt des Empfanges der Unterstützung in Betracht, wenn sich diese auch erst später als Armenunterstützung darstellt. Es kann also eine nicht von der Armenkassa ersetzte Leistung überhaupt nicht in Betracht kommen, die ersetzte aber ist nach dem Zeitpunkte der Gabe, nicht des Ersatzes zu beurteilen.

der Armenkassa der Heimatgemeinde gegenüber mit Leistungen im Rückstande befindet[1]). (Art. 32 I Ziff. 5 H.G.)

1. Während der Einspruchsgrund der Armenunterstützung auf die Tatsache der empfangenen oder begehrten öffentlichen Armenunterstützung des Mannes gestützt ist, und während dieser Einspruchsgrund besteht, gleichviel ob der Mann eine Unterstützung wirklich erhalten hat, falls er sie nur begehrt hat, und gleichviel ob er oder ein Dritter die erhaltene Unterstützung wieder zurückerstattete, und während es belanglos ist, welche Gemeinde Armenhilfe erteilte oder um eine solche angegangen wurde, so ist der Rückstand ein Einspruchsgrund nur, solange er besteht und nur, wenn die Forderung der Heimatgemeinde zusteht; dagegen ist es gleichgültig, ob der Mann oder die Braut Schuldner ist und ob der Anspruch der Gemeinde aus einer Armenunterstützung oder einem anderen öffentlich-rechtlichen Titel entspringt, ebenso, wie lange der Rückstand besteht. V.G.H. Bd. 1 S. 361, Bd. 3 S. 291.

Sobald der Rückstand durch Zahlung oder Aufrechnung beglichen wird, oder durch Verjährung, oder Nachlaß erloschen ist, ist der Einspruch hinfällig[2]).

Die Zahlung kann auch im Wege der Zwangsvollstreckung, des Konkurses oder durch einen Dritten erfolgt sein.

Damit nun ein Einspruchsrecht besteht, muß sich der Bräutigam oder die Braut im „Rückstand" befinden. Der Ausdruck ist nur für Geldschulden üblich[3]). Man wird ferner nicht fehl gehen, wenn man den Ausdruck in die Sprache des bürgerlichen Rechts übersetzt und fordert, daß der Bräutigam oder die Braut sich im Verzuge befinden müsse.

Der Ausdruck „Rückstand" schließt jedoch noch ein weiteres in sich; das ist die Liquidität der Schuld. Vgl. Art. 57 der Gem.O.

---

[1]) Der Einspruchsgrund gegen die Verehelichung ist durchaus nicht immer schon dann begründet, wenn nach den Worten des Art. 6 H.G. „ihre Verpflichtungen gegen die Gemeindekassa und Armenkassa erfüllt haben" eine Ablehnung eines Heimatverleihungsanspruches möglich ist. „Rückstand" besteht nicht immer schon, wenn eine Verpflichtung nicht erfüllt ist. Schulden an eine Gemeindekassa und Armenkassa genügen nicht schlechthin zum Einspruche gegen die Ehe; es muß sich hier um die Kassa der Heimatgemeinde handeln. Andrerseits genügt es, um den Einspruchsgrund zu beseitigen, daß der Rückstand „nicht mehr besteht"; zur Entstehung eines Heimatanspruches gehört, daß die Verpflichtung „erfüllt ist". — Wird im Verfahren über den Einspruch nachgewiesen, daß der Rückstand nicht mehr besteht, so ist der Einspruch auch dann abzuweisen, wenn zur Zeit seiner Erhebung der Rückstand vorhanden war.

[2]) S. v. Riedel S. 256 Note 20.

[3]) Nicht geleistete Gemeindedienste (Art. 49—54 der Gemeindeordnung) als solche begründen keinen Rückstand. Dagegen begründet der Aufwand, welcher wegen unterlassener Dienste dadurch erwächst, daß der Bürgermeister die Leistung anderweitig bewirken läßt, eine öffentlich-rechtliche Schuld des Pflichtigen; dies kann daher auch zu einem „Rückstande" führen. Art. 54 II Gem.O. S. auch Reger S. 26.

Hinsichtlich einer Schuld, deren Dasein oder Höhe bestritten ist, besteht kein „Rückstand". Es würde auch der Meinung des Gesetzes nicht entsprechen, wenn die Eheschließung durch die, lange Zeit erfordernde prozessuale Feststellung eines öffentlich-rechtlichen Anspruchs verzögert werden könnte. Andrerseits genügt auch die bloße Bestreitung des Schuldners nicht, um die Forderung illiquid zu machen; sonst würden schließlich nur dann „Rückstände" bestehen, wenn rechtskräftig festgestellte Ansprüche nachgewiesen werden können; der Schuldner würde es in der Hand haben, den Einspruch, der sich auf eine gemeindliche Forderung stützt, die nicht rechtskräftig feststeht, durch bloße Behauptung, er sei nicht schuldig, zu beseitigen. Eine Abgabe ist vielmehr nur dann illiquid im obigen Sinne, wenn ernsthafte Gründe gegen ihren Bestand und ihre Höhe vorgebracht und glaubhaft gemacht werden können.

2. Der Verzug[4]) setzt voraus eine Schuld, die Fälligkeit der Schuld, und die Mahnung.

a) Die Schuld muß auch einem öffentlich-rechtlichen Titel entspringen[5]). Freilich steht das nicht im Gesetz. Aber es ist nicht anzunehmen, daß der Gesetzgeber den Gemeinden zur Beitreibung einer privatrechtlichen Forderung das Mittel hat einräumen wollen, den säumigen Zahler an der Verehelichung zu hindern. Für privatrechtliche Forderungen sind die Gemeinden nicht besser gestellt, als andere Gläubiger. Sie haben die Gerichte anzurufen und die Zwangsvollstreckung durchzuführen. Es wäre eine unerhörte Ausnützung öffentlicher Gewalt, wenn dieselbe zugunsten eines Privatrechtes des mit dieser Gewalt Betrauten ausgeübt werden könnte[6]).

Dagegen ist es begreiflich, daß für öffentlich-rechtliche Leistungen jenes Zwangsmittel zugelassen wurde. Die Uebung dieses indirekten Zwanges ist der Hauptzweck unseres Einspruchsgrundes. Daneben verrät, wer seine „Abgabe" nicht leistet, offensichtlich entweder bösen Willen oder den Mangel wirtschaftlicher Fähigkeit. Beides bildet einen Grund, die Eheschließung zu erschweren.

Die öffentlich-rechtlichen Abgaben zur Gemeinde sind aber sämtliche geschützt. Hierher gehören nicht nur Umlagen, sondern auch Gebühren für Amtshandlungen, insbesondere Beschluß- und Protokollgebühren, aber auch Gebühren für die Benützung einer gemeindlichen Einrichtung oder Anstalt. (Art. 40 der Gem.O.) Darnach kann es freilich kommen, daß ihrem Wesen nach einer privatrechtlichen

---

[4]) S. auch Reger S. 27 Note 14 am Ende.

[5]) Vgl. v. Riedel S. 256 Note 20; v. Seydel Bd. 3 S. 111 Note 89.

[6]) Vgl. v. Seydel Bd. 2 S. 65 Note 89; ebenso v. Riedel S. 118 Note 16: „nur von solchen Verpflichtungen ist die Rede, welche im Gemeindeverbande wurzeln." V.G.H. Bd. 2 S. 622 „Rückständige Leistungen, welche ... auf einer zivilrechtlichen Verpflichtung beruhen, sind kein gesetzlicher Grund zur Versagung des Heimatrechtes."

Schuld sehr ähnliche öffentlich-rechtliche Abgaben (z. B. Wasserzinse, Kanalisationsgebühren, Eichgebühren) zu einem Einspruche führen[7]).

Was öffentlich-rechtliche Abgaben sind, kann hier nicht eingehend erörtert werden[8]). Einer kurzen Erörterung bedarf jedoch der sehr häufige „Rückstand" an die Armenkassa. Solche Rückstände können zwar auch aus der Nichtzahlung von örtlichen Abgaben, die zugunsten der Armenpflege eingeführt sind, entstehen, (Art. 19 des Armengesetzes)[9]), zumeist aber handelt es sich um Erstattung einer früher dem Gesuchsteller oder der Braut gewährten Armenunterstützung. Der Anspruch auf Erstattung einer gewährten Unterstützung ist öffentlich-rechtlicher Natur, wenn er sich gegen den Unterstützten richtet. Denn die öffentliche Armenhilfe ist Sache des öffentlichen Rechtes; die Voraussetzungen, unter welchen die Gabe als endgültig ohne Erstattungspflicht des Empfängers hingegeben zu erachten ist und jene, unter welchen das Gewährte dem gewährenden Rechtssubjekte wieder zu erstatten ist, bestimmen sich nach öffentlichem Rechte. Das Armengesetz schreibt nun vor, daß Ersatz zu leisten ist, wenn der Empfänger der Armenunterstützung entweder zur Zeit ihrer Gewährung genügende Mittel besaß oder wenn er binnen 10 Jahren nach ihrer Erlangung Mittel erworben hat, welche die Ersatzleistung ermöglichen, unbeschadet der Sicherstellung des eigenen Lebensunterhaltes. Nur wenn diese Voraussetzungen gegeben sind, kann Schuld und Rückstand bestehen (Art. 43 I Armengesetz). Im Streitfall hat

---

[7]) M. E. sind auch Beiträge zur Gemeindekrankenversicherung Leistungen zur Gemeindekassa. Denn die erstere ist eine öffentlich-rechtliche Einrichtung der Gemeinde. Die Beiträge müssen zwar gesondert verwaltet werden; aus ihnen sind die Krankenunterstützungen zu decken; allein dies ist lediglich eine Ordnungsvorschrift, deren Bedeutung auch dadurch gemindert wird, daß die Gemeinde für den Fehlbetrag aufkommt. An dem rechtlichen Charakter der Abgabe kann jene Vorschrift nichts ändern. A.M. Reger S. 26 Note 14; Gemeindezeitg. Bd. 10 S. 410.

V.G.H. Bd. 25 S. 85 „Als Verpflichtungen gegen die Gemeindekassa im Sinne des Art. 6 I H.G. ist auch die Verpflichtung zur Entrichtung des Pflasterzolls anzusehen und zwar auch dann, wenn die Vereinnahmung des Pflasterzolles von der Gemeinde an eine Privatperson verpachtet ist".

[8]) Nach V.G.H. Bd. 22 S. 219 waren Vergütungen, welche für den Besuch einer Volksschule bei lediglich gastweiser Zulassung zu demselben erhoben wurden, nicht „Schulgeld" im Sinne des Art. 5 des Schulbedarfsgesetzes. Anders nach Seiler zufolge Art. 15 des neuen Gesetzes; siehe dort S. 289 Note 10 am Ende. — Daß dem Schulgelde nach dem Schulbedarfsgesetze vom 28. Juli 1902 die Eigenschaft einer Abgabe an die Gemeinde für Benützung einer Gemeindeanstalt zukommt, ist nun ausdrücklich vom V.G.H. in Bd. 25 S. 176 entschieden worden.

[9]) Die Nichtgewährung der gemäß Art. 19 III des Armengesetzes auferlegten Verköstigung Armer begründet nicht unmittelbar einen „Rückstand", da es sich hier nicht um eine Geldschuld handelt. Dagegen ist der durch Verweigerung der Verköstigung der Armenpflege erwachsende Aufwand von den Pflichtigen zu erstatten; diese Schuld ist eine öffentlich-rechtliche; ihre Nichtzahlung kann einen Rückstand herbeiführen.

über das Vorhandensein der Voraussetzungen der Rückerstattung der Verwaltungs-, bezw. Verwaltungsrechtsweg zu entscheiden [10]).

Wer eine Armenunterstützung erlangt, ist oben dargelegt. Wird einer Person Hilfeleistung zuteil, ohne daß diese den Charakter der öffentlichen Armenunterstützung trägt, so entscheiden über die Rückerstattungspflicht die Grundsätze des bürgerlichen Rechtes [11]). In jenen Fällen, in welchen eine Unterstützung einem andern angerechnet wird, als demjenigen, der sie unmittelbar empfangen hat, ist der erstere immerhin nicht der wirkliche Empfänger der Unterstützung und besteht seitens der Armenpflege gegen ihn nur ein zivilrechtlicher Erstattungsanspruch [12]). Dritte Personen sind vermöge einer familienrechtlichen Unterstützungspflicht gegenüber dem von der Armenpflege Unterstützten auf Grund der Bestimmung des Art. 5 II A.G. (Art. 103 E.G. z. B.G.B.) der Armenpflege ersatzpflichtig. Es geht nämlich der Anspruch, welchen der Unterstützte gehabt hat, auf die Armenpflege kraft Gesetzes über, soweit sie Hilfe geleistet hat und soweit die Unterhaltungspflicht des in Anspruch Genommenen bestand.

---

[10]) Sind die Voraussetzungen des Art. 5 I des Armengesetzes gegeben, und die sonstigen Voraussetzungen erfüllt, so ist ein „Rückstand“ vorhanden, der ein Einspruchsrecht begründet — selbstverständlich auch dann, wenn die Armenunterstützung mehr als drei Jahre zurückliegt. Andernfalls besteht kein Rückstand, vor wie langer Zeit immer die Unterstützung gewährt wurde. Vgl. v. Riedel S. 255 oben. Bl. Bd. 22 S. 353. V.G.H. Bd. 4 S. 273: Der Empfang einer öffentlichen Armenunterstützung kann nach Ablauf von drei Jahren in keiner Weise mehr als Einspruchsgrund gegen die Ausstellung des Verehelichungszeugnisses geltend gemacht werden, und auch nicht damit begründet werden, daß der Gesuchsteller sich mit dem Ersatz einer vor mehr als drei Jahren empfangenen Armenunterstützung im Rückstande befinde, sofern nicht die Voraussetzung des Art. 5 I A.G. gegeben ist. — Im Einspruchsverfahren kann die Frage, ob Ersatz zu leisten ist, einen Incidentpunkt bilden.

[11]) Ist die Unterstützung keine Armenunterstützung im Sinne des Art. 11 H.G., wie z. B. bei Gewährung eines Darlehens, so ist auch die Ersatzpflicht keine öffentlich-rechtliche; daher ist der „Rückstand“ nicht geeignet, einen Einspruch zu begründen. Vgl. hierzu oben § 21, ferner V.G.H. Bd. 5 S. 239. „Die Tatsache, daß eine Armenpflege wegen Schulden verpfändete Mobiliarstücke . . . auslöst . . . und Ersatz für diesen nur unter Ersatzvorbehalt vorgeschossenen Aufwand nicht erlangt hat, berechtigt nicht zur Erhebung eines Einspruches gemäß Art. 32 Ziff. 6 H.G.“

[12]) Vgl. v. Riedel S. 256 Note 20. V.G.H. Bd. 1 S. 361: Zur Begründung des Einspruches . . . erscheinen nur Rückstände bezüglich öffentlich-rechtlicher Leistungen geeignet. Den Ersatzanspruch, welchen eine Armenpflege für gewährte Unterstützung gegen die zur Alimentation des betr. Hilfsbedürftigen rechtlich verpflichtete Person erhebt, ist zivilrechtlicher Natur.“

Wenn die familienrechtliche Unterhaltspflicht nach § 21 dazu führt, eine Unterstützung dem Verwandten des Empfängers zuzurechnen, so bestehen doch für diesen nicht die nach Art. 5 I des Armengesetzes dem unmittelbaren Empfänger eingeräumten Vergünstigungen in Ansehung der Rückerstattung. Dies würde auch dem Zwecke des Gesetzes widersprechen. Demnach gilt für die Ersatzpflicht der Angehörigen nur Art. 5 II und muß anderseits auch angenommen werden, daß nur der zivilrechtliche Anspruch des unmittelbaren Empfängers gegen den Unterhaltspflichtigen auf die Armenpflege übergeht. Sonach ist auch der Rückstand nur ein zivilrechtlicher.

Da nun der Anspruch des Unterhaltsberechtigten gegen den Unterhaltspflichtigen ein zivilrechtlicher ist, so ist es auch jener der Armenpflege [12]); sohin eignet sich ein Anspruch der Armenkassa auf Ersatz einer geleisteten Armenhilfe in solchen Fällen nicht zur Begründung eines Einspruches.

Eine Schuld kann auch im Erbwege übergehen. Ist dies der Fall, so ist nun auch der Erbe im Rückstande mit jener Leistung.

b) Die Schuld muß fällig sein. Zu welchem Zeitpunkt die Schuld fällig ist, ist im einzelnen Falle verschieden und kann hier nicht näher erörtert werden. Nur eines ist auch hier hervorzuheben. Die Heimatgebühr, welche der noch „ursprünglich" beheimatete, d. h. die Heimat seines Vaters oder seiner außerehelichen Mutter teilende Bräutigam an seine Heimatgemeinde gemäß Art. 3 und 12 H.G. zu entrichten hat, ist erst fällig im Augenblicke der Eheschließung. Ihre Nichtzahlung begründet also zur Zeit der Erklärungsabgabe der Gemeinde bezw. der Beschlußfassung der Behörde keinen Rückstand und gibt keinen Einspruchsgrund [13]).

c) Es muß aber auch eine Mahnung erfolgt sein. Ist für die Leistung eine Zeit nach dem Kalender bestimmt, so kommt der Schuldner ohne Mahnung in Verzug, wenn er nicht zur bestimmten Zeit leistet. Der Schuldner kommt nicht in Verzug, ist demnach nicht im Rückstande, solange die Leistung infolge eines Umstandes unterbleibt, den er nicht zu vertreten hat (§ 285 B.G.B.). Auch dieser Grundsatz des bürgerlichen Rechtes ist hier anzuwenden; er fällt zum Teile mit der oben geforderten „Liquidität" der Forderung zusammen. Wenn z. B. der Anspruch auf Ersatz einer Unterstützung nicht klargestellt ist, und der Schuldner im berechtigten Zweifel sein kann, ob er zu leisten, bezw. ob er so viel zu leisten verpflichtet ist, so kann von einem Rückstand im Sinne des Art. 32 I Ziff. 5 nicht die Rede sein.

3. Besteht nach dem vorigen ein Rückstand, so muß noch hinzukommen, daß die Gemeinde- bezw. Armenkassa der Heimat forderungsberechtigt ist. Oeffentlich-rechtliche Abgaben, welche der Aufenthaltsgemeinde oder einer sonstigen politischen Gemeinde oder solche, welche

[13]) Dagegen ist es zulässig, das Verehelichungszeugnis bis zur Zahlung der Gebühr zurückzubehalten. Den Anspruch auf Herausgabe dieser Urkunde, die für die Eheschließung bestimmt ist, hat der Gesuchsteller erst im Augenblick der letzteren; in diesem Augenblick ist aber auch die Heimatgebühr fällig. Man kann auch sagen: Der Gesuchsteller hat überhaupt keinen Anspruch auf Aushändigung der Urkunde, sondern nur auf Ueberweisung des Zeugnisses an den Standesbeamten; diesem kann aber von der Behörde das Zeugnis unter der Bedingung behändigt werden, daß er von ihm nur Gebrauch mache, wenn die bei Gebrauch fällige Abgabe entrichtet ist. Jedenfalls muß die Gemeinde, wenn sie sicher gehen will, ausdrücklich um Einbehaltung der Urkunde nachsuchen; ohne weiteres besteht für die Behörde keine Pflicht, sich um Zahlung der Heimatgebühr zu bekümmern. Vgl. auch § 19. — Erfolgt die Ausstellung des Zeugnisses erst nach der Eheschließung, so bildet der Rückstand der Heimatgebühr einen Einspruchsgrund. B.G.H. Bd. 25 S. 110.

der Kirchengemeinde, Bewässerungs- oder Entwässerungsgenossenschaften, vor allem aber solche, welche dem Staate, dem Kreis, der Versicherungskammer zc. geschuldet werden, können keinen Einspruchsgrund abgeben [14]).

Als Rückstände zur Gemeindekassa erscheinen auch solche zur Schulkassa; denn die Schulkassa ist nur ein Teil der Gemeindekassa. Dies gilt auch dann, wenn der Rückstand gegen eine Sprengelschule besteht, da dem Sprengel der Charakter einer eigenen Rechtspersönlichkeit fehlt. (Schulbedarfsgesetz Art. 1 Abs. II.) Die Abgaben (Schulgeld zc.) sind an die Kassa der Schulsitzgemeinde geschuldet. Diese steht mit den übrigen Gemeinden lediglich im Abrechnungsverhältnis.

Die Bestimmung, daß die Rückstände der Braut gegen die Gemeindekassa gleichfalls der Heimatgemeinde des Mannes ein Einspruchsrecht verleihen, war dem Gesetze ursprünglich fremd. Früher war der Grundgedanke, daß eine ungenügende wirtschaftliche Grundlage der beabsichtigten Ehe der mit Armenlasten bedrohten Heimatgemeinde ein Einspruchsrecht gewähren solle, reiner durchgeführt. Die Rückstände der Braut sind für die wirtschaftlichen Aussichten der Ehe nicht von solcher Bedeutung, wie jene des Mannes. Auch nach der jetzigen Fassung des Gesetzes hat die Heimatgemeinde der Braut kein Einspruchsrecht; wenn also die Braut im Rückstande sich befindet, so kann die Heimatgemeinde der Braut lediglich jene des Mannes bitten, ein Einspruchsrecht geltend zu machen; letztere kann nach ihrem Gutdünken verfahren und auch ohne solches Ersuchen Einspruch erheben; eine Einvernahme der Heimatgemeinde der Braut ist nicht vorgeschrieben. Wurde diese daher überhaupt nicht in die Lage versetzt, eine Aeußerung abzugeben, so hat dies keinerlei rechtliche Folge.

Wenn die Heimatgemeinde des Mannes von einem zur Zeit der Erklärungsabgabe vorhandenen Rückstand der Braut an ihre Gemeindekassa nichts gewußt hat, so kann deswegen ein Einspruch nicht nachträglich geltend gemacht werden (s. oben § 18—19). Ein erst nach der Erklärungsabgabe entstandener Rückstand kann bis zur Eingehung der Ehe geltend gemacht werden (s. § 18—19).

Bei der Fassung des Gesetzes gewähren Rückstände der Braut gegen die Heimatgemeinde des Mannes dieser kein Einspruchsrecht [15]).

---

[14]) S. v. Riedel S. 256 Note 20. V.G.H. Bd. 3 S. 255 „Das Recht des Einspruches gegen . . . steht nicht zu, wenn der Mann sich mit den ihm obliegenden Leistungen zur Kirchenkassa der Gemeinde im Rückstande befindet."

[15]) Vgl. Reger S. 117 Ziff. 14. V.G.H. Bd. 15 S. 105. „Ein Einspruchsgrund . . . ist auch dann gegeben, wenn die Braut sich mit den der Gemeindekassa oder Armenkassa ihrer Heimatgemeinde gegenüber obliegenden Leistungen im Rückstande befindet." Der Verwaltungsgerichtshof betont mit Recht, daß die neue Fassung des Gesetzes „der Heimatgemeinde gegenüber", statt der früheren „seiner Heimat gegenüber" nicht zufällig und bedeutungslos sei. Mit Recht leitet der V.G.H. aus diesem Wortlaute und dem Zwecke der Gesetzesformulierung ab, daß Rückstände der Braut gegen ihre Heimat ein Einspruchsrecht begründen. Man

4. Im verwaltungsrechtlichen Verfahren ist zu würdigen, ob Rückstände im Sinne des Art. 32 I Ziff. 5 vorliegen, demgemäß auch, ob eine etwaige Forderung der Heimatgemeinde privatrechtlichen oder öffentlich-rechtlichen Charakters ist, und ob bei Bestehen der Schuld ein Rückstand besteht. Die Behauptung der Gemeinde, daß ein Rückstand bestehe, ist nicht genügend. Sie hat den „Rückstand“ zu bezeichnen. Die Behörde hat darüber den Gesuchsteller, falls der behauptete Rückstand öffentlich-rechtlichen Charakters ist, einzuvernehmen und bei Bestreitung der gemeindlichen Forderung zu prüfen, ob sie in der Lage ist, den Anspruch der Gemeinde incidenter zu würdigen. Ist erst die Durchführung eines verwaltungsrechtlichen Verfahrens notwendig, um zur Erkenntnis zu gelangen, ob ein Anspruch besteht oder nicht, so fehlt es zumeist ohnehin an einem Rückstand im Sinne des Gesetzes. Vgl. oben Ziff. 1 am Schlusse. Jedenfalls darf nicht einfach dem Gesuchsteller mit Präjudiz eine Frist zur Zahlung des Rückstandes gesetzt werden. V.G.H. Bd. 4 S. 619.

§ 23.

3. Einspruch wegen mangelnder Geschäftsfähigkeit und Konkurses.

(Art. 32 I Ziff. 6 H.G.)

1. Wenn der Mann einer Vormundschaft unterworfen ist, so ist dies ein Zeichen, daß er seine Angelegenheiten nicht selbständig zu ordnen vermag. Er bedarf zur Eheschließung ohnehin der Einwilligung des gesetzlichen Vertreters (§ 1304 B.G.B.); gleichwohl ist auch die Heimatgemeinde des Mannes einspruchsberechtigt, wenn und solange dieser unter Vormundschaft steht. Das Einspruchsrecht ist ein unbedingtes und zeitlich unbeschränkt; es ist lediglich an die Tatsache des Bestehens der Vormundschaft gebunden[1]).

Daß die Braut unter Vormundschaft steht, schadet nichts; dieser Fall ist vielmehr häufig, da ja die Braut nicht erst mit der Volljährigkeit ehemündig ist. Aber auch, wenn die Braut aus anderen Gründen einer Vormundschaft unterworfen ist, kann hieraus ein Einspruchsrecht nicht abgeleitet werden; auf ihre Selbständigkeit kommt es in der Ehe weniger an.

---

wird aber auch sagen dürfen, daß ein Einspruchsrecht aus einem Rückstande der Braut sich nur ergibt, wenn er gegenüber ihrer Heimatgemeinde, nicht auch, wenn er gegenüber jener des Mannes besteht. „Die Heimatgemeinde“ ist für jedes der Brautleute nur die eine. Es wäre auch nicht abzusehen, warum ein Rückstand der Braut gegenüber der Heimat des Mannes ein Einspruchsrecht begründen soll, während ein Rückstand des Mannes gegen die Heimat der Braut oder gegen seine Aufenthaltsgemeinde eine solche Wirkung offenbar nicht hat. v. Riedel S. 256 Note 19 scheint anderer Meinung zu sein; er kann aber m. E. diese Ansicht nicht auf die angeführte V.G.H.E. stützen.

[1]) Das Recht vor 1900 wich in manchen Punkten von dem geltenden ab. Vgl. zum folgenden auch v. Riedel S. 257 Note 21 und 22, Reger S. 117/18 Note 15; v. Kahr Bd. I S. 187/8.

Die Fälle der Vormundschaft, welche hier in Betracht kommen, sind Entmündigung wegen Geistesschwäche, Verschwendung, Trunksucht. Entmündigung wegen Geisteskrankheit[2]) macht geschäftsunfähig und damit ohnehin unfähig zur Eingehung der Ehe. Bestellung eines Pflegers — B.G.B. § 1910 — ist nicht Begründung einer Vormundschaft.

Die Bestellung einer vorläufigen Vormundschaft, B.G.B. § 1906 ff., fällt wohl immer mit der Einleitung des Entmündigungsverfahrens zusammen[3]).

2. Ein Einspruchsrecht besteht, auch wenn die Entmündigung zwar noch nicht ausgesprochen, aber doch das Verfahren bereits „eingeleitet" ist. Die Einleitung erfolgt durch das Amtsgericht, bei dem der zu Entmündigende seinen allgemeinen Gerichtsstand hat. Z.P.O. § 648. Zur Einleitung ist erforderlich ein Antrag, ferner ein förmlicher Beschluß oder eine Ermittlungshandlung des Gerichts, welche erkennen läßt, daß das Gericht das Verfahren eingeleitet hat; vgl. § 649 Z.P.O. Die erste Ermittlungshandlung ist regelmäßig die Einvernahme des zu Entmündigenden behufs Bezeichnung von Beweismitteln; Z.P.O. § 653. Die Tatsache, daß ein Antrag gestellt ist, genügt für sich allein nicht, noch weniger, daß ein solcher gestellt werden soll[4])[5]). Das (eingeleitete) Verfahren ist solange „eingeleitet", bis entweder die Entmündigung ausgesprochen (Z.P.O. § 660) oder abgelehnt ist (Z.P.O. § 663). Solange letzterer Beschluß nicht rechtskräftig ist, ist das Verfahren noch eingeleitet.

3. Die Eröffnung eines Konkursverfahrens über das Vermögen des Mannes bildet aus ähnlichen Erwägungen einen Ein-

[2]) Würde ein Einspruch geltend gemacht werden, weil der Mann wegen Geisteskrankheit entmündigt ist, und kann dies von der Behörde festgestellt werden, so ist der Einspruch nicht weiter zu würdigen; denn der gestellte Antrag auf Ausstellung des Verehelichungszeugnisses wäre als gegenstandslos abzuweisen, weil von einem Geschäftsunfähigen gestellt. B.G.B. § 104 Ziff. 3.

[3]) Die Vormundschaft über minderjährige Männer kann nicht in Betracht kommen. Ein Minderjähriger kann nicht heiraten und auch kein Gesuch um Ausstellung eines Verehelichungszeugnisses stellen. Es kann auch nicht mit Zustimmung des Vormundes gestellt werden. Vgl. hierzu § 18/19.

[4]) Die Motive, Landtagsverhandlungen Bl. 1898/99, Beilagen Bd. 20, Abt. 1 S. 100 sagen „. . . es wird ein Antrag vorausgesetzt, auf den die Entmündigung erfolgen kann; ein Antrag, der zurückgewiesen werden muß, ohne daß es zu einem Entmündigungsverfahren kommt, insbesondere der Antrag eines nicht Antragsberechtigten soll das Einspruchsrecht nicht begründen. Da nach Art. 648 Z.P.O. das Gericht aber die Einleitung des Entmündigungsverfahrens zu beschließen hat, ist das Einspruchsrecht davon abhängig gemacht, daß das Entmündigungsverfahren eingeleitet ist."

[5]) So wäre der Beschluß des Armenpflegschaftsrates, ein Entmündigungsverfahren wegen Verschwendung oder wegen Trunksucht zu beantragen, noch kein Einspruchsgrund. Hat der Beschluß nach der Erklärungsabgabe der Gemeinde, jedoch vor Abschluß der Ehe den Erfolg, daß das Gericht das Entmündigungsverfahren einleitet, so kann nachträglich der Einspruch geltend gemacht werden. S. Ziff. 5.

spruchsgrund. Das Konkursverfahren wird eröffnet durch einen Beschluß des Amtsgerichts (vgl. K.O. § 102 ff). Der Antrag auf Eröffnung für sich allein begründet einen Einspruch nicht. — Selbstverständlich ist ein Zwangsvollstreckungsverfahren auch in unbewegliches Vermögen (Subhastation) der Eröffnung des Konkurses nicht gleichgestellt; dasselbe ist demnach ohne Wirkung auf die Ausstellung des Verehelichungszeugnisses.

4. Der Einspruchsgrund besteht nur, solange die Vormundschaft besteht oder das Entmündigungsverfahren in Schwebe ist oder der Konkurs besteht. Nach Wegfall dieser Tatsachen kann der Mann von neuem die Ausstellung des Verehelichungszeugnisses beantragen; ist die Tatsache bereits vor dem Zeitpunkte der instanziellen Entscheidung über den Einspruch weggefallen, so ist der Einspruch abzuweisen.

5. Erfolgt die Entmündigung oder die Einleitung des Verfahrens oder die Eröffnung des Konkursverfahrens nach der Erklärungsabgabe bezw. nach dem Ablaufe der Erklärungsfrist (Art. 33), so kann bis zur Eheschließung nachträglich das Einspruchsrecht geltend gemacht werden. Dagegen ist eine solche nachträgliche Geltendmachung nicht statthaft, wenn der Heimatgemeinde erst nach der Erklärungsabgabe (Fristablauf) die vorhanden gewesene Tatsache bekannt geworden ist. (Vgl. oben § 19.)

§ 24.

4. Einspruch wegen schlechten Leumunds.

(Art. 32 I Ziff. 3, 4 H.G.)

1. Wer schwere Strafen oder Strafen infolge gewisser Verfehlungen erlitten hat, von dem ist nicht zu erwarten, daß er die moralische Kraft habe, eine Familie zu ernähren. Die Heimatgemeinde hat daher das Recht, seiner Verehelichung zu widersprechen. Das Recht steht zu der Heimatgemeinde des Mannes.

Voraussetzung ist, daß der Mann oder die Braut verurteilt wurden. Die Begehung einer strafbaren Handlung, die aus irgend welchen Gründen zu einer Verurteilung nicht führte, reicht nicht aus. Weitere Voraussetzung ist, daß seit Abbüßung oder Nachlaß der Strafe 3 Jahre noch nicht verflossen sind. Die dreijährige Frist beginnt mit dem Tage des Strafendes oder mit dem Tage des Nachlasses. Ist am Tage der Beschlußfassung der Distriktsverwaltungsbehörde die dreijährige Frist bereits abgelaufen, so ist der Einspruch abzuweisen, auch wenn am Tage der Erklärungsabgabe der Gemeinde die drei Jahre noch nicht vollendet waren.

Die vorläufig Entlassenen (R.St.G.B. § 24) verbüßen noch ihre Strafe[1]). Als Verbüßung der Strafe gilt auch die Verjährung

[1]) V.G.H. Bd. 18 S. 50. „Der vorläufigen Entlassung gemäß § 23 des Reichsstrafgesetzbuches kommt, auch wenn der Widerruf nicht erfolgt ist, die rechtliche Wirkung eines Strafnachlasses nicht zu.“ Reger S. 111 Anm. 9.

der Strafvollstreckung (§ 70—72 R.St.G.B.); denn, wenn die Strafe nicht mehr vollstreckt werden kann, kann sie auch nicht mehr verbüßt werden. In diesem Falle müssen drei Jahre seit Vollendung der Verjährung der Strafvollstreckung abgelaufen sein, um das Einspruchsrecht zu beseitigen. —

Gleichgültig ist im allgemeinen, ob ein deutsches oder ausländisches Gericht verurteilt hat. Denn auch ein im Auslande Verurteilter gibt zu Befürchtungen Anlaß. Freilich enthält dieser Satz nur eine Regel. V.G.H. Bd. 6 S. 204. Diese Entscheidung sagt: „Es kann zugegeben werden, daß Fälle denkbar sind, wo ein ausländisches Strafurteil, wenn auch die Straftat so benannt ist, wie in Art. 32 H.G. gleichwohl auf Tatsachen beruht, welche nicht geeignet wären, im Deutschen Reiche eine Verurteilung wegen dieses Reates hervorzurufen". Man wird beisetzen dürfen, daß ausländische Urteile auch dann höchstens nach genauer Prüfung der Strafakten verwertet werden können, wenn in dem betreffenden Staate das Strafverfahren nicht mit dem erforderlichen Schutze des Angeklagten umkleidet ist[2]).

Aberkennung der bürgerlichen Ehrenrechte nach § 32 R.St.G.B. ist zwar eine Strafe, doch keine solche, welche im Sinne des Art. 32 I Ziff. 3 H.G. „abgebüßt" wird. Die dreijährige Frist beginnt daher nicht erst mit Beendigung dieser Nebenstrafe; auch ein der bürgerlichen Ehrenrechte noch Verlustiger kann an der Verehelichung nicht gehindert werden, wenn 3 Jahre seit Verbüßung oder Erlaß der Freiheitsstrafe verflossen sind. Vgl. V.G.H. Bd. 1 S. 45; v. Seydel Bd. 3 S. 110 Note 82.

Die im Falle des § 362 II R.St.G.B. zulässige Unterbringung einer verurteilten Person in einem Arbeitshause oder ihre Verwendung zu gemeinnützigen Arbeiten ist eine polizeiliche Maßnahme, keine Strafe. Die Frist beginnt daher nicht erst mit Entlassung aus dem Arbeitshause. Gleiches gilt von Unterbringung in einer Besserungs- oder Erziehungsanstalt oder einem Asyl. Reger S. 112 oben.

Die einzelnen Fälle des Einspruchsrechtes wegen Verurteilung sind die folgenden, — nachdem verschiedene Novellen zum Heimatgesetze die Vergehen nunmehr vermehrt und insbesondere auch Verfehlungen der Braut einbezogen haben.

a) Das Einspruchsrecht besteht, wenn der Mann oder wenn die Braut zu einer Zuchthausstrafe, gleichviel wegen welcher strafbaren Handlung, verurteilt worden ist. Es kommt also nicht auf

---

[2]) Im allgemeinen sind die Urteile nichtdeutscher Gerichte nicht bekannt. Die Einspruch erhebende Gemeinde wird, wenn der Gesuchsteller die Verurteilung nicht zugibt, diese nachweisen müssen, am besten durch Einreichung einer beglaubigten Abschrift des Urteils. Wird eine schwere Verurteilung wenigstens glaubhaft gemacht, so kann die Behörde auch von Amtswegen tätig werden. Allein irgend eine vage Behauptung oder Vermutung genügt nicht, um die Entscheidung über das Verehelichungszeugnis auf längere Zeit zu verzögern.

die Tat und deren strafrechtlichen Charakter, sondern nur auf die Strafe an. Ein wegen Verbrechens zu Festung oder zu Gefängnis Verurteilter kann, wenn nicht andere Gründe zur Verfügung stehen, an der Eheschließung nicht gehindert werden. Als zu Zuchthausstrafe verurteilt ist auch der anzusehen, dessen Strafe im Gnadenweg von Todesstrafe zu Zuchthaus gemildert worden ist.

Dagegen besteht gegen denjenigen, der zu Zuchthausstrafe verurteilt wurde, der Einspruchsgrund auch dann, wenn im Gnadenwege die Strafe in eine andere Strafe umgewandelt oder ganz erlassen wurde. Denn das Einspruchsrecht einer Gemeinde ist keine Strafe, auch keine gesetzliche Straffolge. Es kann daher im Gnadenwege nicht beseitigt werden[3]).

Ist eine Gesamtzuchthausstrafe erkannt, während eine der einzelnen Strafen auf Gefängnis gelautet hatte, so muß die Gesamtstrafe verbüßt sein, damit der Lauf der dreijährigen Frist beginnen kann[4]).

Bei Verurteilungen im Auslande ist zu ermitteln, ob die

---

[3]) Daß in diesem Falle die dreijährige Frist mit dem gnadenweisen Erlaß beginnt, ist oben bereits bemerkt. Ebenso V.G.H. Bd. 19 S. 21 „Ein gnadenweiser Erlaß der zuerkannten Strafe vermag die Wirkung des Strafurteils in Rücksicht auf das gemeindliche Einspruchsrecht nicht aufzuheben. Erst nach Ablauf von drei Jahren seit dem Gnadenerlasse bezw. Verbüßung der geminderten Strafe erlischt das Einspruchsrecht". Reger S. 111 Note 9. Der gleichen Ansicht ist Riß in Gemeindezeitg. Bd. 13 S. 244.

[4]) A. M. V.G.H. Bd. 7 S. 142 „Im Falle der Festsetzung einer Gesamtstrafe nach § 74 R.St.G.B. ist für die Bestimmung des Zeitraumes, innerhalb dessen der gemeindliche Einspruch zulässig ist, nur jene Freiheitsstrafe, welche auf eine der in Art. 32 I Ziff. 3 H.G. aufgeführten strafbaren Handlungen trifft, und der sich an die zu ihrer Verbüßung erforderliche Strafzeit unmittelbar anschließende Zeitraum von drei Jahren maßgebend". Der V.G.H. gibt zu, daß sich bei Festsetzung einer Gesamtstrafe wegen des einheitlichen Charakters der erkannten Freiheitsstrafe nicht erheben lasse, in welchen Zeiträumen die Strafen für die einzelnen Reate abgebüßt seien. Ergebe sich jedoch aus den Entscheidungsgründen, daß für ein Verbrechen im Sinne des Art. 32 I Ziff. 3 H.G eine bestimmte Strafe festgesetzt sei, während die übrigen Straftaten nicht unter diese gesetzliche Bestimmung fallen, so sei mit Sicherheit zu sagen, daß nur jener Zeitraum auf die ein gemeindliches Einspruchsrecht begründende Strafe falle. Da nun der Strafvollzug an einem bestimmten Tag seinen Anfang nehme, so könne man mit Bestimmtheit sagen, an welchem Tage der Betreffende eine Zeit verbüßt habe, welche dieser Verurteilung entspreche. An diesem Tage sei diese Strafe als abgebüßt zu erachten. — M. E. ist diese Begründung nicht stichhaltig. Man kann nicht sagen, daß von der Gesamtstrafe zunächst die Strafzeit für die strafbare Handlung A, dann jene für B, endlich jene für C verbüßt werde. Würde man solches annehmen dürfen, so würde, weil an jeder Strafe etwas nachgelassen wird (§ 74 III St.G.B.), die Strafe sogar noch früher verbüßt sein als mit der Beendigung der Einzelstrafe. Aber eben wegen des einheitlichen Charakters der Gesamtstrafe wird in jedem Augenblick der Gesamtstrafe die Strafe für jede der zur Verurteilung führenden strafbaren Handlungen abgebüßt; die Strafzeit für jede dieser Strafen endet gleichzeitig, d. i. mit Verbüßung der Gesamtstrafe. Warum sollte übrigens gerade die das Einspruchsrecht begründende Strafe als zuerst verbüßt gelten? Vgl. Reger S. 111 Anm. 9.

erkannte Strafe der deutschen Zuchthausstrafe im wesentlichen an Schwere gleichkommt bezw. sie übertrifft. Ist die erkannte Strafe minder schwer, so liegt Zuchthausstrafe nicht vor. Darauf, ob nach deutschen Gesetzen auf Zuchthaus hätte erkannt werden müssen, oder vermutlich erkannt worden wäre, kommt es nicht an.

b) Das Einspruchsrecht besteht, wenn der Mann oder die Braut zu einer sonstigen Freiheitsstrafe von wenigstens 4 Wochen verurteilt worden ist, sei es zu Gefängnis oder zu Haft, vorausgesetzt, daß es sich um bestimmte Verbrechen oder Vergehen handelt. Diese sind:

α) Verbrechen oder Vergehen gegen die Sittlichkeit (R.St.G.B. XIII. Abschn. § 171—184 b). Die Entführung einer minderjährigen Person, um sie zu unsittlichen Zwecken zu gebrauchen (§ 237 R.St.G.B.) ist kein Vergehen gegen die Sittlichkeit, sondern ein solches gegen die persönliche Freiheit. Konkubinat (Art. 50 des P.St.G.B.) ist eine Uebertretung, kein Vergehen. Die sogen. Zuhälterei wird nach § 181 a R.St.G.B. bestraft und ist demnach ein Vergehen wider die Sittlichkeit.

β) Verbrechen oder Vergehen des Raubes (R.St.G.B. § 249—252). Räuberische Erpressung (§ 255 R.St.G.B.) ist als Raub zu erachten. Dagegen ist einfache Erpressung (§ 253, 254) kein Raub.

γ) Verbrechen oder Vergehen des Diebstahls und der Unterschlagung. (R.St.G.B. XIX. Abschn. § 242—248). Ebenso gehören hierher Vergehen, welche zufolge besonderer Bestimmung anderer Reichs- und Landesgesetze wie Diebstahl verfolgt werden. So ist die rechtswidrige Entnahme von elektrischer Arbeit nach der Fassung des Gesetzes vom 19. April 1900 § 1 als ein Diebstahl zu erachten. Ebenso sind einzelne Vergehen des Forstfrevels Diebstahl. Jagdfrevel, unberechtigtes Fischen und Krebsen (§ 296 des R.St.G.B.) ist nicht als Diebstahl zu erachten. Mundraub (§ 370 Ziff. 5) ist kein Diebstahl, ebenso nicht die Wegnahme von Erde, Rasen, Steinen, Lehm, Sand ꝛc. nach § 370 Ziff. 2; es handelt sich hierbei überdies nur um Uebertretungen. Auch der Gebrauchsdiebstahl und ähnliche Vergehen des strafbaren Eigennutzes (§ 290 R.St.G.B.) sind nicht Diebstahl.

δ) Verbrechen und Vergehen des Betruges (R.St.G.B. § 263, 264, 265; ferner Konkursordnung § 239, 242 (betrügerischer Bankerutt). Dagegen begründet Verurteilung wegen Untreue ein Einspruchsrecht nicht.

ε) Verbrechen oder Vergehen der Hehlerei (R.St.G.B. § 259, 260, 261). Dagegen hat Verurteilung wegen Begünstigung im Falle des § 257 die nachteilige Folge nicht, wohl aber im Falle des § 258 R.St.G.B. Vgl. den Wortlaut dieser Strafbestimmung.

ζ) Verbrechen oder Vergehen der Fälschung (R.St.G.B. § 267—280; XXIII. Abschn. Urkundenfälschung). Ferner R.St.G.B. § 146, 147, 149, 150, 151 (Münzverbrechen und Münzvergehen).

η) Verbrechen oder Vergehen der Gaukelei. Diese Vorschrift ist zur Zeit gegenstandslos, weil es Verbrechen oder Vergehen der Gaukelei nicht gibt. Dagegen gibt es eine Uebertretung der Gaukelei (Art. 174 P.St.G.B.); Uebertretungen begründen aber kein Einspruchsrecht.

Bei allen Verurteilungen nach b) ist, wie aus dem Bemerkten bereits erhellt, der Begriff Verbrechen oder Vergehen im Sinne des Reichsstrafgesetzbuches aufzufassen[5]). Daher ist auch die Verurteilung wegen Teilnahme, sei es als Anstifter, sei es als Gehilfe, an einem solchen Verbrechen oder Vergehen eine Verurteilung wegen des bezüglichen Verbrechens oder Vergehens. V.G.H. Bd. 19 S. 21. Verstößt die Handlung gegen mehrere strafgesetzliche Bestimmungen, so genügt es, daß eine derselben zu jenen gehört, bei welchen eine Verurteilung nach vorstehendem das Einspruchsrecht begründet.

Ist eine Gesamtstrafe verhängt worden (reale Konkurrenz der Straftaten) und ist nur eine oder sind mehrere der verwirkten Einzelstrafen wegen eines nach obigem in Betracht kommenden Verbrechens oder Vergehens ergangen, so ist das Einspruchsrecht begründet, falls diese Einzelstrafen oder eine derselben auf nicht unter 4 Wochen lauten.

Ist eine Gesamtstrafe verhängt, so ist wiederum die wegen eines in Art. 32I Ziff. 3 H.G. aufgeführten Reates verhängte Einzelstrafe erst mit Verbüßung der Gesamtstrafe verbüßt. Siehe Anm. 4.

Daß bei einem gänzlichen oder Teilerlaß der Strafe das Einspruchsrecht besteht, wenn nur das Urteil auf mindestens 4 Wochen Freiheitsstrafe lautete, wurde schon erörtert.

Kaum bedarf der Erwähnung, daß die Verurteilung zur Freiheitsstrafe von 4 Wochen wegen einer einzigen Handlung, bezw. eines fortgesetzten Vergehens erfolgt sein muß[6]). Würden mehrere nacheinander folgende Verurteilungen zwar einzeln nur Strafen von weniger als 4 Wochen aussprechen, in der Summe aber eine Strafdauer von längerer Zeit ergeben, so würde dies kein Einspruchsrecht begründen.

2. Gewisse Uebertretungen lassen ganz besonders den Hang zu Müssiggang und Arbeitsscheu erkennen und sind daher geeignet, Bedenken hervorzurufen, ob die Verehelichung nicht die Gemeinde in Bälde stark belastet. Derartige Uebertretungen sind auf der anderen Seite nicht schwerer Natur und je nach den Umständen entschuldbar; darum soll eine wiederholte Bestrafung innerhalb bestimmter Zeit er-

[5]) Vgl. v. Riedel S. 253 Note 10.

[6]) V.G.H. Bd. 14 S. 337 . . . es genügt keineswegs, wenn die Summe der Einzelstrafen, welche der Mann oder die Braut infolge mehrfacher zeitlich gesonderter Verurteilungen wegen Diebstahls, Unterschlagungen, Betrugs rc. innerhalb der letzten drei Jahre erlitten hat, wenigstens vier Wochen beträgt, vielmehr muß in einem einzelnen Falle eine Verurteilung zu einer Freiheitsstrafe von mindestens vier Wochen erfolgt sein.

forderlich sein. Ein Einspruchsrecht ist begründet, wenn der Mann oder die Braut innerhalb der der Beschlußfassung über die Ausstellung des Verehelichungszeugnisses vorausgehenden 3 Jahre mindestens dreimal wegen Arbeitsscheu (R.St.G.B. § 361 Ziff. 5 7, 8) Landstreicherei (§ 361 Ziff. 3), Bettels (§ 361 Ziff. 4) verurteilt worden ist. Als Verurteilung wegen Bettels ist auch jene anzusehen, welche wegen Anleitung von Kindern zum Bettel oder wegen Nichtabhaltung solcher vom Betteln ausgesprochen wird[7]). Die Höhe und Art der Strafe ist ohne Belang; es genügt die Verurteilung; es ist aber dreimalige Verurteilung eines der Brautleute (Zusammenrechnung der Verurteilungen des Mannes und der Braut ist unzulässig!) und zwar innerhalb der letzten 3 Jahre erforderlich. Der Zeitpunkt der Verbüßung kommt hier nicht in Betracht.

Auch ein Verweis ist eine Verurteilung. (§ 57 R.St.G.B.) — Die Verurteilungen brauchen nicht immer wegen des gleichen Reats erfolgt sein. Es genügt, wenn 3 Verurteilungen vorliegen und jede dieser Verurteilungen irgend eines der genannten drei Reate betraf. Was bei Ziff. 1 von Verurteilungen im allgemeinen bemerkt wurde, gilt auch hier.

3. Die Heimatgemeinde des Mannes ist ferner einspruchsberechtigt, wenn die Braut wegen gewerbsmäßiger Unzucht verurteilt worden ist (Art. 32 Ziff. 4 H.G. § 361 Ziff. 6 des R.St.G.B.), genauer, wenn sie verurteilt worden ist, weil sie, ohne einer polizeilichen Aufsicht unterstellt zu sein, gewerbsmäßige Unzucht getrieben hat.

Bezüglich der Vorschubleistung seitens des Mannes siehe oben unter 1 b *a*.

Sind seit der Abbüßung oder dem Nachlaß der Strafe 3 Jahre verflossen, so ist ein Einspruchsrecht nicht mehr vorhanden. Die Ueberweisung an die Landespolizeibehörde und demnach auch die Verweisung in ein Arbeits-, Besserungs-, Erziehungshaus, in ein Asyl, ist, wie unter Ziff. 1 bereits bemerkt, keine Strafe, sondern eine Straffolge.

4. Die Heimatgemeinde ist einspruchsberechtigt, wenn die Braut während der dem Tage des Beschlusses bezw. instanziellen Bescheides über die Ausstellung des Verehelichungszeugnisses vorhergehenden 3 Jahre irgend einmal wegen gewerbsmäßiger Unzucht polizeilicher Aufsicht unterstellt war. Die Tatsache einer bezüglichen, von der zuständigen Behörde ergangenen, nicht durch höhere Anordnung außer Wirksamkeit gesetzten polizeilichen Verfügung genügt; eine Nachforschung, ob diese Verfügung begründet war oder nicht, findet nicht statt. Die Tatsache kann nur dadurch beseitigt werden, daß die polizeiliche Verfügung (durch Beschwerde) beseitigt wird.

---

[7]) Reger S. 111 Note 10; B.G.H. Bd. 14 S. 330.

Besteht der Einspruchsgrund der Stellung unter polizeiliche Aufsicht wegen gewerbsmäßiger Unzucht, so ist es nicht nötig, irgendeine Bestrafung nachzuweisen, um das Einspruchsrecht zu begründen[8]).

§ 25.

5. Einspruch wegen Unsicherheit der nächsten Zukunft der Brautleute infolge Strafverfahrens.

(Art. 32I Ziff. 1 H.G.)

a) Ist gegen den Mann oder die Braut öffentliche Klage erhoben wegen eines Verbrechens oder Vergehens[1]), so ist die Heimatgemeinde des Mannes einspruchsberechtigt. (Art. 32I Ziff. 1 H.G.)

Denn die wirtschaftliche Lage der Ehegatten erscheint bedroht, eine Hilfeleistung der Armenpflege wahrscheinlicher und eine etwa erfolgende Verurteilung geeignet, das Einspruchsrecht nach Art. 32I Ziff. 3 zu begründen, wenn öffentliche Klage erhoben ist. Daher hat das Gesetz dieses Einspruchsrecht zugelassen, obwohl die Erhebung der öffentlichen Klage als solche noch keinen Makel auf den von ihr Betroffenen wirft.

Der Einspruchsgrund besteht nur solange, als die öffentliche Klage erhoben ist; Privatklage genügt nicht. Die öffentliche Klage wird erhoben vom Staatsanwalt entweder durch einen Antrag auf gerichtliche Voruntersuchung oder durch Einreichung einer Anklageschrift bei dem Gericht (§ 168 R.St.P.O.)[2]); sie kann auch erhoben werden von dem Gerichte im Falle des § 173 der R.St.P.O.

Was vor Erhebung der öffentlichen Klage geschehen mag (Vorbereitung der öffentlichen Klage) ist nicht zur Erhebung eines Einspruchs ausreichend[3]).

Die öffentliche Klage besteht, bis entweder im Falle des § 451 R.St.P.O. die Klage fallen gelassen wird oder der Antrag auf Eröffnung einer Voruntersuchung rechtskräftig abgewiesen worden ist, oder bis (im Falle der Voruntersuchung) der Angeklagte rechtskräftig außer Verfolgung gesetzt wurde[4]), oder bis das Gericht die Eröffnung des Hauptverfahrens rechtskräftig abgelehnt hat, oder bis der Angeklagte rechtskräftig verurteilt oder freigesprochen worden

---

[8]) Reger S. 112.

[1]) Verbrechen und Vergehen ist wiederum im Sinne des R.St.G.B. zu verstehen; aber auch zahlreiche andere Gesetze enthalten derartige Strafbestimmungen. Die öffentliche Klage wegen Uebertretung hat die Wirkung nicht.

[2]) Als solche gilt auch in den Fällen des § 27 Ziff. 2 R.G.V.G. der Antrag auf Erlassung eines Strafbefehls.

[3]) Wird öffentliche Klage nach Abgabe der Erklärung bezw. nach dem Ende der Erklärungsfrist erhoben, so kann die Gemeinde nachträglich Einspruch erheben, wenn die Ehe noch nicht geschlossen ist. Vgl. § 18/19. v. Riedel S. 252 Note 5.

[4]) Die vorläufige Einstellung nach § 203 St.R.P.O. genügt nicht.

ist, oder bis das Verfahren durch rechtskräftiges Urteil eingestellt ist (§ 259 R.St.P.O.), oder endlich bis die Strafverfolgung verjährt ist. (§ 67 ff. des R.St.G.B.)

Welches Verbrechen oder Vergehen den Gegenstand der öffentlichen Klage bildet, ist gleichgültig; es kann z. B. auch ein Vergehen der Beleidigung sein, das voraussichtlich nur mit Geldstrafe geahndet wird. Hieraus mag sich eine Härte ergeben; man muß eben der Einsicht der Heimatgemeinde vertrauen, daß sie je nach der Lage des Falls von dem Einspruchsrecht keinen Gebrauch machen wird.

b) Steht eine Verurteilung des Mannes oder der Braut wegen Verbrechens oder wegen Vergehens fest[5]), so ist ein Einspruchsrecht der Heimatgemeinde des Mannes begründet, wenn der Verurteilte nicht nachzuweisen vermag, daß er die Strafe verbüßt hat, oder daß sie ihm nachgelassen wurde. Straffolgen und Nebenstrafen sind hierunter nicht begriffen; vgl. § 24. Auch die Zahlung einer Geldstrafe ist Verbüßung einer Strafe; dieselbe muß daher gegebenenfalls nachgewiesen werden; v. Riedel S. 252 Note 6. Ueber den Nachlaß und die vorläufige Entlassung siehe das in § 24 Bemerkte. Das Einspruchsrecht besteht, bis der Nachweis erbracht ist. Gelingt der Nachweis während des Verfahrens (auch in höherer Instanz), so ist der Einspruch abzuweisen.

[5]) Wegen Verurteilungen im Auslande vgl. § 4—9 R.St.G.B.

4. Buch.

Die Gewinnung der Heimat durch Familiengemeinschaft im rechtsrheinischen Bayern.

§ 26.

1. Die abgeleitete Heimat des ehelichen Kindes.

A. Nach dem Rechte vor 1825.

In den zum rechtsrheinischen Bayern gehörigen Landesteilen galten vor der Gesetzgebung des Jahres 1825 die altbayrischen gesetzlichen Bestimmungen, demnach insbesondere jene der bayrischen Gerichtsordnung von 1753 und der sogen. Bettelordnungen, sofern nicht in einzelnen Gebietsteilen positive gesetzliche Anordnungen erlassen waren; solche blieben bis 1825 in Geltung. Zu den Gesetzen, welche die Erwerbung von Heimatrechten betreffen, gehörte insbesondere der fränkische Kreisschluß vom 24. März 1791. Vgl. hierzu v. Riedel S. 23 Anm. 1 und 2. V.G.H. Bd. 2 S. 323 (betr. die ehemalige Provinz Schwaben).

Eheliche Kinder hatten nach dem bayrischen Rechte vor 1825, solange sie nicht eine selbständige Heimat erwarben, die Heimat da, wo der Vater sie besaß oder besessen hatte. Wenn aber der Vater in Ermanglung des Nachweises eines sonstigen Heimattitels lediglich die sogen. Geburtsheimat, d. i. die Heimat am Orte seiner Geburt, besaß, so folgte das Kind dieser Heimat nicht nach, sondern erlangte die Heimat an seinem eigenen Geburtsorte, besaß also nun selbst die sogen. Geburtsheimat.

Mit anderen Worten: Jede Art der elterlichen Heimat vererbte sich auf die ehelichen Kinder mit Ausnahme jener, welche die Eltern selbst durch Verweisung an ihren Geburtsort erlangt hatten; v. Riedel S. 16[1]). Die Heimat des Geburtsortes selbst ist also nicht über-

---

[1]) Dies ergibt sich aus cap. I §. 3 der Gerichtsordnung von 1753: Wo der Vater seinen beständigen Wohnplatz hat, da sind auch seine rechtmäßigen Kinder domiziliert und heißt zu Latein „forum originis". Weber I S. 191.

tragbar. B.G.H. Bd. 4 S. 448, Bd. 5 S. 39[2]). Die Einrichtung der sogen. Geburtsheimat bestand übrigens nicht in allen nun bayrischen Gebieten; hinsichtlich des Fürstbistums Passau vgl. B.G.H. Bd. 9 S. 237.

Wer eheliches Kind ist, das bestimmt sich nach den für die sogen. Statusrechte jeweils maßgebenden Gesetzen; vgl. hierzu § 28.

B. Nach dem Rechte von 1825—1868.

Gemäß § 3 des Gesetzes vom 11. September 1825 über die Heimat, welches Gesetz die Heimatverhältnisse für das rechtsrheinische Bayern unter Aufhebung der älteren Gesetze regelt, ist für jeden Staatsangehörigen die ursprüngliche Heimat in der

---

Die erneuerte Bettelordnung vom 3. März 1780 führt aus, daß unter dem domicilio originario nicht so viel der Ort, wo man geboren, als vorzüglich, wo der Vater domiziliert, zu verstehen sei, und sich dieses domicilii jedermann zu erfreuen habe, bis er an einem anderen Ort ein Domizil erlange. Da ersterwähnte Stelle im folgenden vorschrieb, „es sei bei Kindern auf den Ort der Geburt zu sehen, wenn der Vater selbst keinen beständigen Wohnsitz habe", so bildete sich die Meinung, daß, wenn der Vater die Heimat auf Grund eines anderen Titels als desjenigen des beständigen Wohnsitzes besitze, die Heimat sich nicht vererbe. Diese Ansicht ist jedoch irrig. Erwerb eines ständigen Wohnsitzes ist nur der regelmäßige und ursprüngliche Fall des Erwerbes einer Heimat; der Ausdruck „domicilium" ist mit dem Begriff „Heimat" geradezu identisch. „Wenn der Vater keine „erworbene" Heimat hat, so soll das Kind nicht die ursprüngliche Heimat des Vaters erben." Allein es ist zweifelhaft, ob der Satz auch mit dieser Einschränkung gilt, ob also jede ursprüngliche Heimat oder ob vielmehr nur die Geburtsheimat unvererblich sein sollte. Bl. Bd. 11 S. 136/37 treten für ersteres ein. Dagegen betont v. Riedel (S. 16) das Gewicht, welches das Bettelmandat auf die Familienzusammengehörigkeit lege und glaubt, nur für die subsidiäre Heimat des Geburtsortes eine Ausnahme machen zu sollen. Dem ist B.G.H. Bd. 18 S. 60 gegenüber einer Regierungsentscheidung, welche nur die selbständig erworbene Heimat der Eltern übergehen lassen wollte, beigetreten. „Nach den heimatrechtlichen Bestimmungen der bayrischen Gerichtsordnung vom Jahre 1753 und der Bettelordnung vom 3. März 1780, welche in ihrem Geltungsbereich vor dem Heimatgesetze vom 11. September 1825 die maßgebenden Normen für die Begründung von Heimatverhältnissen bildeten, wurde jede Art der Heimat der Eltern bezw. der außerehelichen Mutter — mit Ausschluß der lediglich durch den Geburtsort begründeten Heimat — auf die Kinder übertragen." v. Seydel Bd. 2 S. 49 Anm. 11 vertritt die gleiche Anschauung.

[2]) Die Unvererblichkeit der Geburtsheimat gilt auch für das Gebiet des fränkischen Kreisschlusses vom 24. März 1791. B.G.H. Bd. 10 S. 354. — Auch B.G.H. Bd. 12 S. 462 billigt den Satz, daß im Geltungsgebiete des fränkischen Kreisschlusses die subsidiär in der Gemeinde des Geburtsortes begründete Heimat auf die Nachkommen nicht überging und verficht dabei gegenüber dem Schweigen des Kreisschlusses über die Heimatfolge der Kinder diese „aus der deutschrechtlichen Auffassung der Familiengemeinschaft und des väterlichen Vormundschaftsrechtes über minderjährige unselbständige Kinder" sich ergebende Rechtseinrichtung. — Dagegen scheint es nicht gehörig belegt, wenn B.G.H. ein „Zurückgreifen auf die Heimat des mütterlichen Großvaters zur Bestimmung der Heimat des (unehelichen) Enkels" nach dem fränkischen Kreisschlusse für unstatthaft erachtet. — Ueber die Territorien, welche zum fränkischen Kreise gehörten, s. v. Riedel S. 22 Anm. 1.

Gemeinde begründet, wo dessen Eltern, und zwar bei ehelich geborenen der Vater, ihre letzte Heimat gehabt haben oder wirklich noch besitzen.

Das Gesetz kennt den Heimattitel des Geburtsortes nicht mehr; die Heimat ist unbeschränkt vererblich.

Kann die Heimat des Vaters nicht ermittelt werden, so wäre dem Kinde, das eine selbständige Heimat noch nicht erworben hat, eine Heimat anzuweisen gewesen. Um die Zahl solcher Fälle zu verringern, und dem Kinde eine wirkliche Heimat zu sichern, hat das Gesetz vom 11. September 1825 in § 3 Ziff. 2 beigefügt: „Für ehelich geborene, adoptierte oder durch Einkindschaft angenommene Kinder, bei denen die Heimat des Vaters nicht auszumitteln ist, tritt die Heimat der Mutter ein." Allerdings ist die Heimat der Mutter, zumal das damalige bürgerliche Recht die Begründung einer selbständigen Ansässigkeit der Ehefrau erschwerte, in der Regel mit jener des Mannes identisch; das Gesetz hat wohl die Begründung einer neuen Heimat durch Schließung einer neuen Ehe sowie die Begründung einer selbstständigen Heimat seitens der Witwe im Auge; dagegen darf auf die frühere, der Mutter vor der Verehelichung zustehende Heimat nicht zurückgegriffen werden.

C. Nach dem gegenwärtigen Rechte.

1. Das Gesetz vom 16. April 1868 ändert den Grundsatz des früheren Rechtes nicht. Es spricht aus: „Jeder Angehörige des bayrischen Staates hat seine ursprüngliche Heimat in jener politischen Gemeinde, in welcher seine Eltern heimatberechtigt sind oder zuletzt heimatberechtigt waren." (Art. 1 I H.G.) „Bei ehelichen[3]) Kindern entscheidet die Heimat des Vaters." Die Heimatgemeinschaft soll wiederum tunlichst so lange währen, als die Familiengemeinschaft dauert.

Kraft der Zugehörigkeit zu einer Familie erlangt der bayrische Staatsangehörige die Familienheimat: das eheliche Kind jene des Vaters, das uneheliche Kind jene der Mutter (s. § 29). Erlangt wird diese Heimat kraft Gesetzes, ohne daß es einer Verleihung bedarf; die Gewinnung dieser Heimat ist kein Rechtsgeschäft, sie setzt daher weder einen Willen, noch die Erklärung des Willens voraus. Gerade dem Willensunfähigen eine Heimat zu sichern, ist ein Hauptzweck der gesetzlichen Bestimmung[4]).

Diese kraft des Familienverbandes gewonnene Heimat des Kindes nennt das Gesetz auch die „ursprüngliche" Heimat im Gegensatz zur

[3]) Wer als eheliches Kind zu gelten hat, wird in § 28 näher dargelegt werden.

[4]) Der dauernd Willensunfähige (Geisteskranke) wird häufig die ursprüngliche Heimat zeitlebens behalten. Jedoch ist auch für ihn die Erwerbung einer selbständigen Heimat rechtlich möglich.

„erworbenen" Heimat, zu deren Begründung der Heimatempfänger selbst mitwirkt, während er zur Gewinnung einer ursprünglichen Heimat nichts beiträgt[5]).

Nach dem Wortlaute des Gesetzes erlangt vor allem das als Bayer geborene Kind die Heimat der Eltern; da aber für die ursprüngliche Heimat des Kindes immer nur die „letzte" Heimat der Eltern maßgebend ist, so folgt daraus, daß das Kind auch die den Eltern später anfallende Heimat ebenfalls immer wieder gewinnt, solange bis es selbst eine Heimat erworben hat[6]). Die Heimat der Eltern erstreckt sich ohne weiteres und kraft gesetzlicher Notwendigkeit auf das Kind, welches noch keine Heimat erworben hat; sie erfaßt dasselbe; oder anders ausgedrückt: „das Kind folgt der Heimat der Eltern." Man spricht daher auch von der gesetzlichen Heimatfolge der Kinder.

Die Heimatfolge hört kraft Rechtes auf, wenn das Kind selbst eine Heimat erworben hat[7]); denn dann weicht die subsidiäre ursprüngliche Heimat für alle Zeiten der „erworbenen" Heimat. Die Heimatfolge hört aber auch tatsächlich auf, wenn die Eltern gestorben sind oder keine Heimat mehr besitzen.

Eheliche Kinder eines verstorbenen Vaters haben die ursprüngliche Heimat in jener Gemeinde, in welcher der Vater zur Zeit des Todes heimatberechtigt war. v. Riedel S. 87 Note 6.

Sonstige Beendigungsgründe der Heimatfolge bestehen nicht; die Heimatfolge hört insbesondere nicht dadurch auf, daß das Kind volljährig oder selbständig wird, auch nicht schlechthin dadurch, daß es sich verheiratet. — Der Wortlaut des Gesetzes scheint aber noch ein anderes in sich zu schließen: Gewinnt auch ein Kind, welches erst nach seiner Geburt die Eigenschaft eines Bayern erlangt, oder das bei seiner Geburt heimatloser Bayer gewesen ist, die Heimat seiner Eltern, sobald diese eine solche besitzen oder erwerben, vorausgesetzt, daß es nicht vorher eine selbständige Heimat erworben hat? In der

[5]) v. Riedel S. 84 Note 1 „Der Ausdruck ursprüngliche Heimat wurde aus dem Heimatgesetze von 1825 herübergenommen und bedeutet die von den Eltern hergeleitete Heimat."

[6]) v. Riedel S. 87 Note 6. — Der Vater ist beispielsweise bei der Geburt des Kindes in N heimatberechtigt; später erlangt er durch Anspruch auf Grund Aufenthalts die Heimat in M, sodann durch Verleihung jene in V, schließlich auf Grund Anstellung die Heimat in L (Pfalz). Jedes dieser Heimatrechte erlangt kraft Gesetzes auch das Kind; in keiner Urkunde braucht dieses Erwerbes Erwähnung zu geschehen.

[7]) Das folgt aus dem Worte des Gesetzes „Jeder ... hat seine ursprüngliche Heimat". Vgl. v. Riedel S. 84 Note 4. Wurde für das Kind, selbst im Alter der Minderjährigkeit, eine selbständige Heimat begründet — z. B. die Gemeinde hat dem Kinde die selbständige Heimat nach Art. 9 H.G. verliehen, — so erlangt es nie mehr die Heimat des Vaters durch Heimatfolge. Die minderjährige Tochter, welche Witwe ist, kann aus dem gleichen Grunde der Heimat des Vaters nicht mehr folgen. Nicht ausgeschlossen ist, daß das Kind die Heimat in der Heimatgemeinde des Vaters „erwirbt"; dies hat aber mit der Heimatfolge nichts zu tun.

Tat entspricht dies dem Grundgedanken des Gesetzes. Allein der Satz ist im Gesetze mannigfach modifiziert und kann daher in der obigen allgemeinen Fassung keine gesetzliche Geltung beanspruchen[8]). Vgl. hierüber Ziff. 3ff.

2. Zunächst bedürfen die obigen Sätze noch einiger Darlegungen.

a) Das Wort „Kind" deutet lediglich auf die (eheliche) Abstammung. Das Geschlecht des Kindes[9]), der Ort seiner Geburt (ob in Bayern oder außerhalb Bayerns), sein Alter, insbesondere ob es volljährig, geschäftsfähig, in der Geschäftsfähigkeit beschränkt ist, ob es selbständig oder nicht, ob es im Unterhalt des Vaters steht, ob der Vater zur Zeit seiner Geburt noch lebt, ist völlig belanglos. Ebenso ist gleichgültig, ob das Kind sich bei dem Vater befindet, ob es oder der Vater in Bayern lebt. Leben Eltern und Kinder in verschiedenen Weltteilen und sämtliche außerhalb Bayerns, so ändert dies an der gesetzlichen Heimatfolge nichts, solange die bayrische Staatsangehörigkeit bestehen bleibt. Belanglos ist auch, ob das Kind ledig oder verheiratet ist. Freilich erwerben verheiratete Frauen in der Regel die Heimat des Ehemannes, verheiratete Männer spätestens im Zeitpunkte der Eheschließung die selbständige, demnach von jener des Vaters von da an unabhängige Heimat; allein sofern Ausnahmen von obiger Regel bestehen oder bestanden, bleibt der erwähnte Grundsatz in Geltung[10]).

b) Das Kind folgt der Heimat des Vaters, gleichviel, auf welchem Titel diese beruht[11]). Das Kind, das der Heimat des Vaters folgt, verliert die Heimat, sobald der letztere sie verliert, falls es gleichzeitig eine neue Heimat dadurch gewinnt, daß der Vater eine solche erwirbt. Wenn dagegen der Vater die Heimat durch Verlust der Staatsangehörigkeit verliert, so folgt das Kind, wenn es selbst die Staatsangehörigkeit beibehält[12]), dem Vater in seine Heimatlosigkeit nicht. Denn auch das Kind verliert nach Art. 15 H.G. die Heimat nur, wenn es gleichzeitig eine andere erwirbt. Würde das Kind gleichzeitig mit dem Vater die bayrische Staats-

[8]) Vgl. Reger S. 3 Anm. 5.

[9]) v. Riedel S. 84 Note 3.

[10]) So insbesondere, wenn die Tochter einen rechtsrheinisch beheimateten Bayern heiratet und für die Eheschließung das erforderliche Verehelichungszeugnis nicht erholt wurde.

[11]) „Die im Familienverbande befindlichen Kinder folgen dem elterlichen Heimatrechte in jedem Falle, mag dasselbe ein ursprüngliches oder erworbenes sein; die Heimatrecherchen haben sich daher unter Umständen auf die Heimat der Großeltern auszudehnen". v. Riedel S. 87 Note 7. S. auch Reger S. 3 Anm. 4.

[12]) Ob das Kind die Staatsangehörigkeit beibehält, während der Vater dieselbe verliert, richtet sich nach dem jeweiligen Indigenatsrechte. Vgl. hierüber § 1—11, auch v. Riedel S. 88/89 Note 8.

angehörigkeit verlieren, so wäre der Grund seines Heimatverlustes die Tatsache, daß es die bayrische Staatsangehörigkeit nicht mehr besitzt, nicht jene, daß der Vater die Heimat verloren hat. Man kann dies auch so ausdrücken: Die Heimatfolge bedingt Gemeinsamkeit des Heimatbesitzes zwischen Eltern und Kindern, nicht aber Gemeinsamkeit des Verlustes jeglicher Heimat.

c) Das Kind folgt der Heimat des Vaters auch dann, wenn der Vater die elterliche Gewalt über das Kind verloren, ja sogar, wenn er sie verwirkt hat[13]).

d) Das Kind folgt nach dem Tode des Vaters oder wenn dieser die Staatsangehörigkeit verloren hat, oder wenn er zur Begründung einer anderen Heimat unfähig geworden ist, nicht der Heimat der Mutter, selbstverständlich auch dann nicht, wenn die Mutter durch Wiederverheiratung eine neue Heimat erworben hat und das Kind somit einen Stiefvater erlangte. Die Kinder aus der früheren Ehe der Mutter und jene aus der neuen Ehe stehen in Ansehung der Heimat nicht in Familiengemeinschaft. Der Stiefvater hat keinen Einfluß auf die Heimat seiner Stiefkinder. Möglich ist es, die Kinder erster Ehe rechtlich zu Kindern der zweiten Ehe zu machen, dann folgen jene aus diesem Grunde der Heimat ihres jetzigen Vaters[14]). — Kinder aus verschiedenen Ehen des Vaters folgen sämtlich der Heimat des Vaters; daß die Mütter verschieden sind, bleibt ohne Belang.

Wenn das Kind bei der Geburt den Vater bereits verloren und die Mutter vor der Geburt eine von der letzten Heimat des Mannes verschiedene Heimat erworben hat, so erhält das Kind gleichwohl die letzte Heimat des Vaters.

Die Mutter kann unter Umständen, falls ihr die elterliche Gewalt über das Kind zusteht, Einfluß auf dessen Staatsangehörigkeit gewinnen. Das Kind kann infolge Entlassung der Mutter aus dem bayrischen Staatsverbande die bayrische Staatsangehörigkeit und damit auch die bayrische Heimat verlieren; das ist aber keine Heimatfolge in unserem Sinne; denn eine Aenderung der Heimat des ehelichen Kindes lediglich auf Grund der Tatsache, daß die Heimat der Mutter sich ändert, ist nach dem geltenden Heimatrecht unter keinen Umständen möglich[15]).

---

[13]) Auch wenn alle sonstigen Beziehungen zwischen Vater und Kind rechtlich zerrissen sind, folgt das Kind doch seiner Heimat, bis es selbst eine solche erwirbt.

[14]) Zivilrechtliche Vorgänge, welche die Kinder der verschiedenen Ehen lediglich in Ansehung der Vermögensrechte gleich stellen, sind ohne Belang. S. V.G.H. Bd. 9 S. 57 (Grundteilung nach Würzburger Landrecht).

[15]) Kann die bisher nicht-bayerische Witwe, welche ihren ehelichen Sohn in die neue bayrische Staatsangehörigkeit einbezieht, diesem auch durch „Heimatfolge" ihre neue bayrische Heimat zuwenden? Nein; vgl. unten Ziff. 9.

3. Wir kehren nun zu den in Ziff. 1 am Schlusse erörterten Fällen zurück. Zunächst handelt es sich darum, daß jemand in dem Zeitpunkt heimatloser Bayer ist, in welchem seine Eltern die Heimat in einer bayrischen Gemeinde gleichfalls als bisherige heimatlose Angehörige des bayrischen Staates auf Grund des Art. 11. H.G., d. i. durch geeigneten vier- bezw. siebenjährigen Aufenthalt in einer bayrischen Gemeinde erwerben[16]). Für diesen Fall gilt das gleiche, wie wenn das Kind in dem Augenblick dieser Heimaterwerbung geboren würde. Es braucht lediglich bayrischer Staatsangehöriger zu sein und gewinnt als ursprüngliche die Heimat der Eltern kraft Art. 11 IV H.G. Ob das Kind volljährig oder minderjährig, ob es selbständig ist oder im väterlichen Unterhalte steht, darauf kommt es nicht an. Die elterliche Heimat kommt ihm kraft Gesetzes zu; eine Verleihung der Heimat erfolgt nicht[17]). Eine Ausnahme bildet nur der Fall, daß das Kind bereits eine Heimat erworben hat und diese Heimat in einer bayrischen Gemeinde noch besitzt. Dann kann es die ursprüngliche Heimat nicht mehr erlangen. Dagegen würde ein Kind, das bayrischer Staatsangehöriger gewesen und mit dieser Staatsangehörigkeit auch seine „erworbene" Heimat wieder verloren hat, im Augenblick des Heimaterwerbes seiner Eltern aber wiederum, und zwar heimatloser bayrischer Staatsangehöriger ist, die ursprüngliche Heimat seiner Eltern erlangen. Denn der Verlust der bayrischen Staatsangehörigkeit hat das bisherige Heimatverhältnis getilgt; das Kind „besitzt" keine Heimat mehr in einer bayrischen Gemeinde[18]).

Der Besitz einer vorläufigen Heimat steht dem einer wirklichen nicht gleich; vorläufige Heimat ist keine Heimat. — Nicht anders liegt der Fall, wenn das Kind erst, nachdem die Eltern die Heimat in

---

[16]) Der gewöhnliche Fall ist der, daß ein bisheriger Angehöriger eines deutschen Staates, sei es mit, sei es ohne Beibehaltung der bisherigen Staatsangehörigkeit mit seiner Familie durch Aufnahme Bayer wird und zunächst eine Heimat nicht besitzt. Das Kind, das Bayer geworden ist, aber gleichfalls keine Heimat erlangte, gewinnt in dem Augenblicke die Heimat des Vaters, in welchem dieser sie erwirbt, mag dieser Zeitpunkt auch noch so weit nach jenem des Erwerbs der Staatsangehörigkeit eintreten und mag der Sohn sich zu jener Zeit irgendwo innerhalb oder außerhalb Bayerns aufhalten und etwa keinerlei Beziehungen zu seiner Familie unterhalten. Z. B.: Auch der in Preußen und auch Preuße gebliebene Bayer erlangt die ursprüngliche Heimat. — Wenn jemand vor der Erwerbung der bayerischen Staatsangehörigkeit durch seine Eltern Bayer geworden ist, so ändert dies an der Heimatfolge nichts.

Beispiel: Ein Preuße wird bayrischer III. Staatsanwalt und hierdurch (heimatloser) Bayer. Wenn sein Vater nachher durch Niederlassung Aufnahme in Bayern findet und durch Verleihung die Heimat in N erwirbt, so erlangt auch der Sohn diese Heimat, falls er nicht inzwischen „unwiderrufliche" Anstellung oder eine sonstige Heimat in Bayern erworben hat.

[17]) Vgl. v. Riedel S. 138 Note 8.

[18]) Vgl. jedoch hierzu Note 29, in welcher ein ähnlicher Fall behandelt ist.

einer bayrischen Gemeinde gemäß Art. 11 H.G. erworben haben, bayrischer Staatsangehöriger würde, ohne gleichzeitig eine Heimat zu erwerben. Es ist dann, wie wenn dieses Kind im Augenblicke seines Staatsangehörigkeitserwerbes jenen Eltern geboren würde. Vgl. hierzu unten Ziff. 5b.

Beispiele. 1. Der württembergische Kaufmann A erwirbt 1900 durch Aufnahme die bayrische Staatsangehörigkeit; er hat sich in N niedergelassen. Sein Sohn B ist zur Zeit der Aufnahme minderjährig gewesen und kraft § 11 B.St.A.G. ebenfalls Bayer geworden. Ein Jahr später wird B volljährig und siedelt gleichzeitig nach M über, wo er in ein Geschäft als Gehilfe eintritt. A wird nun 1904 gemäß Art. 11 H.G. kraft Gesetzes in N heimatberechtigt. Diese Heimat erlangt gleichzeitig B, obgleich er selbständig ist, nicht mehr im väterlichen Unterhalte steht und gar nicht in N sich aufhält.

2. Der volljährige württembergische Kaufmann B, Sohn des A, ist im Jahre 1899 nach Bayern übergesiedelt und hat auf Grund seiner Niederlassung in M die Aufnahme in das Königreich Bayern erlangt. B ist ständig in M in Aufenthalt und Stellung. 1900 siedelt der Vater A nach N über und erwirbt die bayrische Staatsangehörigkeit. B erlangt 1903 kraft Gesetzes die Heimat in M, A kraft Gesetzes 1904 in N. B kann nun die Heimat seines Vaters nicht mehr erlangen, weil er bereits selbst eine Heimat in M besitzt.

3. Wie im vorigen Beispiel ist B 1899 nach Bayern gekommen und ist auf Grund seiner Niederlassung in M Bayer geworden. Er hat aber seinen Aufenthalt wiederholt gewechselt (oder er ist nicht mit Steuer veranlagt gewesen) und hatte 1904, als A, sein Vater, die Heimat in N erwarb, keine selbständige Heimat erworben. Nun wird er kraft Gesetzes heimatberechtigt in N.

4. B ist 1892 Bayer geworden und hat die Heimat in M durch Verleihung erworben. 1893 wanderte er aber nach Amerika aus und verlor die Staatsangehörigkeit durch Aufenthalt im Ausland. 1904 kehrt er nach Bayern zurück und wird nach § 21 v B.St.A.G., ohne eine Heimat zu erlangen, wieder Bayer. Nun sind auch seine Eltern Bayern geworden, und zwar zunächst heimatlose und haben dann die Heimat in N erworben. B wird nun in N ursprünglich beheimatet und zwar, wenn seine Eltern schon vor seiner Wiederaufnahme die Heimat erworben hatten, in dem Augenblick dieser Wiederaufnahme, sonst in dem späteren Zeitpunkt der letzteren.

5. Wenn B im vorigen Beispiele als Nichtbayer in Amerika geheiratet hat, so teilen seine Frau und seine Kinder, die mit ihm Bayern werden, die ursprüngliche Heimat in N. Das gleiche gilt, wenn B, ehe er seine bayrische Staatsangehörigkeit verloren hatte, eine Ehe mit distriktspolizeilichem Verehelichungszeugnis abschloß. Wenn er dagegen dieses nicht erholte, so erlangt die Frau, falls sie nicht eine frühere bayrische Heimat beibehalten hatte, in N die vorläufige Heimat. —

4. Wir haben im obigen (Ziff. 3) den Fall erörtert, daß ein Vater auf Grund des Art. 11 H.G. die bayrische Staatsangehörigkeit erlangt hat und zunächst heimatloser Angehöriger des bayrischen Staates geworden ist. Was gilt aber, wenn der Vater zwar heimatloser Angehöriger des bayrischen Staates geworden ist, die Heimat aber nicht gemäß Art. 11, sondern gemäß Art. 9 H.G. durch Ver-

leihung oder gemäß Art. 2 H.G. durch Anstellung erworben hat[19])? M. E. kann dies keinen Unterschied für die Heimatfolge der Kinder üben. Die Frage wäre ganz einfach gelagert, wenn nicht, wie in Ziff. 5 gezeigt werden wird, das Gesetz in Art. 10 hinsichtlich der Erwerbung der Heimat durch einen bisherigen Nichtbayern etwas andere Grundsätze aufstellen würde, wenngleich es den Grundgedanken der Folge eines bayrischen Staatsangehörigen in die Heimat seiner bayrischen Eltern auch in diesen Fällen beibehält. Es sind aber auf die obigen Fälle sicherlich die Grundsätze anzuwenden, welche in Art. 11 aufgestellt sind. Denn offenbar will das Gesetz bisherige Deutsche, welche nun Bayern werden, möglichst denjenigen gleichstellen, welche von vornherein Bayern gewesen sind. Die Kinder solcher Bayern sollen, wie wir aus Ziff. 3 ersehen haben, in Ansehung der Heimat so behandelt werden, wie wenn sie als Bayern geboren wären. Es besteht nicht der mindeste Grund, den Grundsatz verschieden zu gestalten, je nachdem der bisherige Deutsche und nunmehrige Bayer die Heimat nach Art. 11 oder 9 oder 2 H.G. erwirbt. Gerade weil das Gesetz den Fall nicht ausdrücklich behandelt, muß man auf seinen Grundgedanken zurückgehen. Man kann daher für Ziff. 3 und 4 gemeinschaftlich folgenden Satz aufstellen: „Bayrische Kinder von Eltern, welche heimatlose Angehörige des bayrischen Staates geworden sind und in dieser Eigenschaft eine Heimat in Bayern erworben haben, folgen der Heimat der Eltern, sofern sie nicht im Zeitpunkt des Heimaterwerbes der Eltern selbst eine Heimat besitzen oder bei erst später erfolgendem Erwerb der bayrischen Staatsangehörigkeit gleichzeitig mit dieser eine bayrische Heimat erwerben."

5. a) Wird einem Nichtbayern auf Grund Art. 10 H.G. eine Heimat verliehen, erwirbt derselbe sodann die bayrische Staatsangehörigkeit und wird somit die Heimatverleihung wirksam, so erstreckt sich die Heimaterwerbung auch auf das eheliche Kind, „wenn es die bayrische Staatsangehörigkeit erworben hat[20])." Der regelmäßige Fall ist hierbei der, daß das Kind durch die Aufnahme (Naturalisation) des Vaters gleichfalls und gleichzeitig Bayer wird. — Die Heimatfolge

[19]) Ob jemand, der heimatloser Bayer ist, die Heimat N durch Aufenthalt, oder durch Verleihung oder durch Anstellung erlangt, kann für die Heimatfolge der Kinder unmöglich einen Unterschied begründen.

Beispiel: Der Badenser A wird in Bayern zum rechtsk. Bürgermeister in M gewählt. Er heiratet; seine Kinder sind wie er zunächst heimatlose Bayern. Durch die Wiederwahl erwirbt er die Heimat in M kraft Art. 2 H.G. Seine Kinder erlangen zweifellos ebenfalls die Heimat in M.

Die Frage, ob bei vertragsmäßiger Verleihung einer Heimat an einen heimatlosen Bayern die Heimatfolge der Kinder durch Vereinbarung ausgeschlossen werden kann, ist zu verneinen. Vgl. unten Ziff. 5.

[20]) Einer Anerkennung dieser Erwerbung der Staatsangehörigkeit bedarf es für die Heimatfolge nicht.

des Kindes ist jedoch auf den Fall beschränkt, daß es noch „unselbständig“ ist. (Art. 10 II H.G.) Selbständige Kinder können also die Heimat nur als selbständige, bezw. weibliche durch Verheiratung „erwerben“. Die Heimatfolge ergibt sich aus dem Wortlaute des Gesetzes und kraft desselben, wenn dem Vater die Heimat auf Grund Anspruches oder besonderer Vereinbarung verliehen wird. In beiden Fällen braucht also wiederum eine ausdrückliche Verleihung zugunsten der unselbständigen Kinder nicht ausgesprochen zu sein. Demnach kann hier wie im Falle der Ziff. 3 eine ausdrückliche Verleihung zugunsten der Kinder auch nicht beansprucht werden[21]). Ein solcher Anspruch auf Verleihung der Heimat an die Kinder würde sonach mit Grund abgewiesen werden; erfolgt eine ausdrückliche Verleihung an die Kinder doch, so ist zu würdigen, ob der Wille bestand, den Kindern eine selbständige Heimat zu verleihen, oder nur, die gesetzliche Heimatfolge ausdrücklich auszusprechen. Im Zweifel ist letzteres anzunehmen. Es kann ein Heimatstreit entstehen, wenn die Gemeinde die gesetzliche Folge tatsächlich nicht anerkennen will.

Wird die Heimat auf Grund Art. 6, 7, 10 H.G. an einen Nichtbayern verliehen, der später ein Bayer wird, so ist eine andere rechtliche Ordnung als jene der gesetzlichen Heimatfolge des Kindes völlig ausgeschlossen; denn die Heimatverleihung mit ihren gesetzlichen Folgen ist hier völlig der Willkür der Gemeinde entrückt. Möglich bleibt nur, wie bereits bemerkt, daß gleichzeitig mit dem Vater dem Kinde eine selbständige Heimat verliehen wird und somit die „Heimatfolge“ rechtlich ausscheidet. Anders scheint der Fall gelagert zu sein, wenn die Heimatverleihung an einen Nichtbayern auf Grund des Art. 9, d. i. im Wege freiwilliger Vereinbarung erfolgt; man könnte hier den Einwand erheben, daß die Gemeinde ja völlig freie Hand habe, ob sie die Heimat verleihen wolle oder nicht und daß sie daher auch die Freiheit habe, dem Vater die Heimat zu gewähren, für das Kind aber durch ausdrückliche Erklärung die Heimatfolge abzulehnen. Jedoch ist dieser Schluß nicht zulässig. Das Kind, das selbst nicht eine Heimat erworben hat, muß die Heimat des Vaters gleichfalls erlangen, sonst wäre es ohne Heimat. Das Prinzip: „Heimatgemeinschaft, solange Familiengemeinschaft“, gestattet zwar, daß ein Kind eine von der des Vaters verschiedene selbständige Heimat hat, nicht aber, daß es in Bayern keine Heimat hat. Die Gemeinde hat daher nur die Möglichkeit, das Heimatrecht auch dem Vater nicht zu verleihen, nicht aber jene, die gesetzliche Heimatfolge vertragsmäßig auszuschließen. Vgl. hierüber auch S. 57 und § 52.

---

[21]) Die Kinder können, wenn in ihrer Person Art. 6 bezw. 7 H.G. zutrifft, selbst einen Anspruch auf Heimatverleihung erheben; dann handelt es sich aber wiederum nicht um Gewinnung der Heimat durch Heimatfolge, sondern um Erwerbung einer selbständigen Heimat. Die Kinder brauchen einen solchen Anspruch nicht zu erheben.

Die Heimatfolge, welche im Gesetz ausdrücklich für den Fall ausgesprochen ist, daß der bisher nichtbayrische Vater nach Art. 6, 7, und 9 H.G. die Heimat erwirbt, muß auch gelten, wenn der Vater die Heimat nach Art. 2 H.G. durch Anstellung erwirbt. Hierfür sprechen dieselben Gründe, welche oben unter Ziffer 4 für den Fall dargelegt wurden, daß ein bisher heimatloser Bayer durch Anstellung eine Heimat kraft Gesetzes erwirbt.

Wie oben bereits erwähnt, tritt die Heimatfolge des Kindes, wenn ein bisheriger Nichtbayer gleichzeitig mit der Staatsangehörigkeit die Heimat erwirbt, nur dann ein, wenn dies Kind noch unselbständig ist, während in den Fällen unter Ziff. 3 und 4 diese Einschränkung nicht gilt. Wenn also beispielsweise der in Bayern wohnende Preuße A sich die Heimat bedingt (in M) verleihen läßt und dann die bayerische Staatsangehörigkeit erwirbt, so erlangt sein minderjähriger, aber selbständiger Sohn zwar die Staatsangehörigkeit in Bayern, nicht aber die Heimat in M. Wenn dagegen der Preuße A zunächst heimatloser bayrischer Staatsangehöriger durch Aufnahme wird, einige Zeit darauf die Heimat in M erwirbt, so erlangt sein Sohn ebenfalls die Heimat in M[22]). Dies ist offenbar eine unverständliche Verschiedenheit. Art. 10 H.G. bezog sich ursprünglich auf alle bisher Staatsfremden; die in Art. 11 behandelte Heimaterwerbung durch „heimatlose" Bayern ist durch die Gründung des Reiches und die Notwendigkeit, Deutsche in den bayrischen Staatsverband ohne vorhergehende Sicherung des Heimaterwerbes aufzunehmen, veranlaßt worden. Es wäre bei Schaffung des Art. 11 H.G. m. E. angezeigt gewesen, den Art. 10 einer Aenderung zu unterstellen; dies ist aber nicht geschehen; und so ist selbst bei gleichzeitiger Erwerbung von Heimat und Staatsangehörigkeit durch Anstellung (Art. 2 H.G.) die minder ausgedehnte Heimatfolge der Kinder nicht von der Hand zu weisen[23]).

b) Es ist möglich, daß der Erwerb der Staatsangehörigkeit

---

[22]) In den bei Ziff. 3 angeführten Beispielen gestaltet sich die Sache, wenn der Vater die Heimat in Bayern sich vorher sichert, ehe er Staatsangehöriger wird, in folgender Weise.

Beispiel 1: B wird, weil selbständig, nicht in N heimatberechtigt.

Beispiel 2: Die Entscheidung ist die gleiche, wie dort.

Beispiel 3: B wird, weil selbständig, nicht in N heimatberechtigt.

Beispiel 4: B wird in N heimatberechtigt, wenn er nach seiner Heimkehr bezw. bei Erwerb der Staatsangehörigkeit unselbständig ist; sonst ist er heimatlos.

Beispiel 5: Da B als selbständig zu erachten ist, erlangen weder er, noch seine Familienangehörigen die Heimat in N.

[23]) Beispiel: Wird ein badischer Lehrer als Lehrer nach N in Bayern berufen, so erwirbt er Staatsangehörigkeit und Heimat gleichzeitig. Der selbständige Sohn dieses Lehrers erlangt in Bayern die Heimat nicht. Wird dagegen ein Badenser heimatloser Bayer und erlangt er dann, z. B. infolge definitiver Anstellung als rechtskundiger Bürger=

seitens des Vaters und des Kindes zeitlich auseinander fallen. So ist beispielsweise denkbar, daß der Vater die bayrische Staatsangehörigkeit und Heimat in einer bayrischen Gemeinde erwirbt, während auf den nicht mehr in elterlicher Gewalt stehenden Sohn die Aufnahme sich nicht erstreckte. Wird nun letzterer später selbst aufgenommen und zwar, ohne daß er eine selbständige Heimat erwirbt, so trifft Art. 10 II m. E. nach Wortlaut und Sinn zu; der noch unselbständige Sohn wird somit in der Gemeinde des Vaters beheimatet.

Gleiches gilt, wenn der Sohn schon vor dem Vater die Staatsangehörigkeit erlangte und in dem Zeitpunkte heimatloser Bayer und „unselbständig" im Sinne des Art. 10 II H.G. ist, in welchem der Vater nach Art. 10 I eine Heimat erwirbt. Auch in diesem Falle gewinnt das Kind in dem Zeitpunkte des väterlichen Heimaterwerbes diese Heimat.

Es gilt also in den Fällen des Art. 10 H.G. das oben in Ziff. 3 für den Fall des Heimaterwerbs eines bisher heimatlosen Bayern Bemerkte. Die sprachlich verschiedene Fassung des Art. 10 II (erworben haben —) und des Art. 11 IV (besitzen) begründet keine unterschiedliche Behandlung in der Sache[24]). — Der Satz kann also in folgender Weise formuliert werden: Im Falle des Art. 10 I H.G. folgt das Kind der Heimat des Vaters, sobald es die bayrische Staatsangehörigkeit erlangt hat und sofern es unselbständig ist oder wird (s. Ziff. 6). Die Heimatfolge tritt nicht ein, wenn das Kind eine Heimat bereits erworben hat.

c) Das Kind, welches im Falle des Art. 10 II der Heimat des Vaters folgt, wird von diesem Zeitpunkte ab in Ansehung der Heimat wie ein Kind behandelt, welches im Zeitpunkte der Geburt eine ursprüngliche Heimat erlangte. Insbesondere ist die spätere Gewinnung der Selbständigkeit ohne Einfluß auf die fernere Heimatfolge.

---

meister die Heimat in N, so wird sein selbständiger Sohn, der gleichzeitig mit dem Vater oder durch besondere Aufnahme heimatloser Bayer geworden ist, in N beheimatet.

[24]) v. Riedel S. 139 Note 13 meint, daß die Kinder im Augenblicke der Erwerbung des Heimatrechtes seitens des Familienhauptes bereits bayrische Staatsangehörige sein müssen. Erwerben die Kinder die Staatsangehörigkeit später, so teilen die Kinder des Bayer gewordenen Vaters allerdings dessen Heimat, aber auf Grund des Art. 1 des Gesetzes (nicht nach Art. 10). M. E. ist dies nicht ganz zutreffend. Könnte man für die Heimatfolge ehelicher Kinder, welche erst nach ihrer Geburt Bayern werden, sich auf Art. 1 berufen, so bedürfte es der Bestimmungen in Art. 10 und Art. 11 nicht. Diese Bestimmungen sind keine Spezialvorschriften, welche gerade im Falle bereits bestehender oder gleichzeitig (mit dem Vater) erworbener Staatsangehörigkeit des Kindes gelten. Im Hinblick auf den in Art. 1 allerdings zum Ausdrucke kommenden Grundgedanken des Gesetzes müssen aber Art. 10 und Art. 11 so ausgelegt werden, daß auch die spätere Erwerbung des Indigenats der Heimatfolge nicht schadet.

6. Die Bestimmung des Art. 10 II H.G. veranlaßt eine Erörterung, welches Kind im Sinne dieses Artikels als selbständig zu erachten ist.

Das Wort Selbständigkeit wird in verschiedenem Sinne gebraucht. Selbständig ist, wer durch eigenen Willen seine Angelegenheiten ordnen kann; unselbständig, wer dies nicht kann. In diesem Sinne ist selbständig identisch mit „geschäftsfähig", unselbständig mit „geschäftsunfähig" oder „in der Geschäftsfähigkeit beschränkt." Im wirtschaftlichen Sinne unselbständig ist derjenige, der sich nicht aus eigener Kraft ernährt, in einem engeren Sinne derjenige, welcher sich aus Mitteln seiner zur Unterhaltung verpflichteten Angehörigen ernährt. Man gebraucht aber das Wort noch in einem dritten Sinne mit Beziehung auf die Familiengemeinschaft. Darnach ist selbständig, wer nicht in Gemeinschaft mit seinen Eltern oder denjenigen, welche an deren Stelle getreten sind, lebt, unselbständig, wer in dieser Gemeinschaft lebt. Der in der Familiengemeinschaft Lebende kann wirtschaftlich und rechtlich vollkommen selbständig sein; solange er aber bei den Eltern wohnt, an ihrem Tische ißt, ist er unselbständig in diesem dritten Sinne, selbst dann, wenn er zu den Kosten des gemeinschaftlichen Haushaltes beiträgt.

Das Heimatgesetz gebraucht das Wort „selbständig" an anderer Stelle, nämlich in Art. 6 H.G. in einem ganz bestimmten Sinne. Dort sind nicht selbständig „Kinder, die dem elterlichen Hausstande angehören und von dem Familienhaupte unterhalten werden." Aber auch Dienstboten und Gewerbsgehilfen, welche in die häusliche Gemeinschaft des Dienstherrn aufgenommen sind und alle entmündigten Personen sind nach Art. 6 H.G. nicht selbständig.

Die Anschauungen der Schriftsteller stimmen nun nicht völlig überein, ob in Art. 10 H.G., welcher von der Heimatfolge „unselbständiger" Kinder handelt, diesem Worte die gleiche Bedeutung beizulegen ist wie in Art. 6. M. E. kann allerdings bei der Frage, ob ein Kind der Heimat des Vaters folgt, die Selbständigkeit nur im Verhältnisse zur Familie in Betracht kommen. Ein Dienstbote, der, weil er in die häusliche Gemeinschaft des Dienstherrn aufgenommen ist, im Sinne des Artikel 6 unselbständig ist, wird dem Vater gegenüber in der Regel selbständig sein. Ein Sohn, der als Trinker oder Verschwender entmündigt ist, kann dem Vater gegenüber selbständig sein, auch wenn dieser als Vormund bestellt ist. Dagegen wird für die Frage, welches Kind dem Vater gegenüber selbständig ist, die Definition des Art. 6 H.G. beizubehalten sein. Demnach sind unselbständig im Sinne des Art. 10 H.G. diejenigen Kinder, „welche dem elterlichen Hausstand angehören und von dem Familienhaupte unterhalten werden." Die volle wirtschaftliche Selbständigkeit bedingt also auch die rechtliche im Sinne des Art. 10 H.G., auch wenn das Kind dem „Hausstande" noch angehört. Jedoch würde die Annahme des Unterhalts durch den Vater auch den wirtschaftlich Selbständigen zu einem rechtlich Unselbständigen machen; siehe unten.[25] [26]).

Auf das Alter der Volljährigkeit kommt demnach nichts an. Das bayrische Gesetz gibt für die Heimatfolge in Art. 10 H.G. andere Kriterien als das B.St.A.G. für die Indigenatsfolge; das letztere kann nicht zur Auslegung des bayrischen Gesetzes verwertet werden.

Welches Kind gehört nun dem elterlichen Hausstand an? Genügt es, daß ein Kind sich tatsächlich von demselben losgelöst hat? Schwerlich. Nur das Kind, das mit Zustimmung des Inhabers der elterlichen Gewalt sich von dem Hausstand dauernd trennte, oder das sich von demselben trennte, ohne der elterlichen Gewalt mehr unterworfen zu sein, gehört dem elterlichen Hausstande nicht mehr an.

Welches Kind wird von dem Familienhaupte unterhalten? Das ist eine Tatfrage, welche nach Würdigung aller Umstände zu entscheiden ist. Bestreitet der Vater einen Teil der Ausgaben, das Kind den andern, so wird es darauf ankommen, wer den Unterhalt vorwiegend trägt. Nichts kommt darauf an, ob das Familienhaupt freiwillig den Unterhalt übernimmt oder kraft gesetzlicher Verpflich-

---

[25]) v. Seydel Bd. 2 S. 59 Note 23 „Gemeint sind solche Kinder, welche, gleichviel ob volljährig oder nicht, noch nicht für sich und auf eigene Rechnung leben." v. Riedel S. 139 Note 10 legt den Nachdruck darauf, daß die Kinder aus dem elterlichen Hausstand ausgeschieden sein und einen eigenen Hausstand haben müssen. Reger S. 48 Anm. 5 bemerkt mit Recht, daß die „Unselbständigkeit" enger zu nehmen ist, als im Falle des Art. 6 v, insofern auch beispielsweise Dienstboten selbständig sein können; dagegen will Reger die Unselbständigkeit weiter fassen als dies in Art. 6 geschieht, indem er es für genügend erachtet, um Unselbständigkeit zu begründen, daß das Kind im Hausstand des Familienhauptes lebt (auch wenn es sich selbst ernährt) oder daß es den Unterhalt noch von den Eltern erhält, auch wenn es aus dem Familienverband ausgeschieden ist. M. E. ist diese letztere „Verengerung" nicht ausreichend begründet; erstere ergibt sich aus der Natur der Sache, da es sich offenbar nur um Beziehungen zur Familie handelt.

[26]) Beispiele. 1. Der Kaufmann A aus Berlin siedelt nach München über; sein Sohn, Rechtspraktikant, lebt bei ihm Dieser Sohn erlangt die bayrische Staatsangehörigkeit und wird Rechtsanwalt zu München, ohne eine Heimat zu erwerben. Er behält aber Wohnung bei seinem Vater, der ihn vollständig unterhält. Sein Einkommen aus der anwaltschaftlichen Tätigkeit bleibt dem Sohne zur freien Verfügung. Nun läßt sich A in München die Heimat verleihen und wird Bayer. Der Rechtsanwalt ist nicht selbständig und erlangt daher die Heimat in München zufolge Heimatfolge. 2. Der preußische Kaufmann A zu München hat seinen 20jährigen Sohn als Geschäftsteilhaber angenommen. Er erwirbt durch Aufnahme die bayrische Staatsangehörigkeit, und gleichzeitig auf Grund Art. 6, 10 H.G. die Heimat zu München. Der Sohn wird gleichzeitig mit dem Vater Bayer (B.St.A.G. § 11). Wenn nun der Sohn zwar dem elterlichen Hausstande angehört, aber seinen Unterhalt durch Bezahlung eines vereinbarten Bauschquantums aus seinem Einkommen als Teilhaber bestreitet, ist er selbständig und erlangt somit die väterliche Heimat nicht; erhält er jedoch den Unterhalt vom Vater ohne Gegenleistung, so folgt er als unselbständig der väterlichen Heimat, obwohl er als Geschäftsteilhaber selbständig erscheint.

tung, auch nicht, ob das Kind die Mittel hätte, sich selbst zu unterhalten; — erfolgt der Unterhalt tatsächlich durch den Vater, so ist das in häuslicher Gemeinschaft stehende Kind unselbständig. Der in der Familiengemeinschaft lebende Sohn vermöglicher Eltern, der eigenes Vermögen und eigenes Einkommen besitzt, aber von seinen Eltern vorwiegend unterhalten wird, ist demnach als unselbständig zu erachten. Denn das Gesetz will nicht auf die wirtschaftliche Fähigkeit, sondern auf die Familiengemeinschaft den Nachdruck legen. Darum ist aber auch umgekehrt derjenige, welcher dem elterlichen Hausstande nicht mehr angehört, aber von dem Familienhaupte unterhalten wird, gleichwohl als selbständig zu erachten.

Zu welchem Zeitpunkte muß die Selbständigkeit vorhanden sein? Die Regel ist, daß der Vater und das Kind gleichzeitig die Staatsangehörigkeit erwerben und daß demnach von dem gleichen Zeitpunkte an die von dem ersteren erworbene Heimat wirksam wird. Wenn in diesem Zeitpunkte das Kind unselbständig ist, so folgt es sicher der väterlichen Heimat. Ist es jedoch zu diesem Zeitpunkt selbständig, so erwirbt es, auch wenn es bayrischer Staatsangehöriger wird, die väterliche Heimat nicht, sondern wird heimatloser Angehöriger des bayrischen Staates[27]). Wenn das Kind nun später aufhört, selbständig zu sein, wenn beispielsweise der minderjährige Fabrikarbeiter, welcher in einer Industriestadt gearbeitet hat, vielleicht krank, zu seinem Vater zurückkehrt, in den väterlichen Hausstand aufgenommen wird, was gilt in diesem Falle? M. E. ist die Heimatfolge des Kindes nicht davon abhängig, daß es gerade zur Zeit des väterlichen Heimaterwerbs unselbständig ist. Die Selbständigkeit des Kindes ist ein gesetzliches Hindernis der Heimatfolge. Sobald dieses Hindernis beseitigt wird, tritt die gesetzliche Regel, deren Zweck ja ist, mit der Familiengemeinschaft die Heimatgemeinschaft zu verbinden, in ihre Rechte[28]). Freilich darf nicht die Erwerbung einer Heimat seitens des Kindes in Mitte liegen, weil eine solche die Heimatfolge ausschließt.

7. Für die Heimatfolge des Kindes ist der Zeitpunkt von Bedeutung, in welchem der Vater die Heimat erwirbt. Dieser Zeitpunkt wird bei den einzelnen Arten der Heimatverleihung zu erörtern sein.

---

[27]) Beispiel: Der bisherige Oesterreicher A erlangt die Naturalisation in Bayern, nachdem die Gemeinde M vertragsmäßig die Heimat verliehen hat. Sein 20jähriger Sohn B ist selbständig. Wenn eine Ausnahme in der Naturalisationsurkunde nicht gemacht ist, wird B gleichzeitig mit A Bayer, aber nicht heimatberechtigt in M, sondern heimatlos.

[28]) Demnach würde im obigen Falle der Fabrikarbeiter, welcher heimatloser bayrischer Staatsangehöriger ist, vom Zeitpunkte des Aufhörens seiner Selbständigkeit ab der väterlichen Heimat folgen; dies gilt auch dann, wenn er in der Zwischenzeit volljährig geworden sein sollte. Letzterer Umstand würde der Erwerbung der Staatsangehörigkeit hinderlich gewesen sein, für die Heimatfolge ist er ohne Bedeutung.

Im allgemeinen ist hier lediglich zu bemerken, daß das Kind kraft Gesetzes die väterliche Heimat immer genau in demselben Zeitpunkt erlangt, wie der Vater, sofern nicht ein Hindernis entgegensteht. Ist letzteres der Fall, so erlangt das Kind die väterliche Heimat in dem Zeitpunkte des Wegfalls dieses Hindernisses (s. oben).

8. Ein besonderer Fall ist der, daß zu jener Zeit, in welcher der Vater, der früher bayrischer Staatsangehöriger gewesen ist, dann aber die Staatsangehörigkeit aufgegeben hat, die bayrische Staatsangehörigkeit und eine Heimat wieder erwirbt, — das Kind, das die Staatsangehörigkeit in Bayern nicht verlor, zwar nicht selbst eine Heimat erworben hat, dagegen doch eine Heimat in Bayern besitzt, nämlich jene, welche es von seinem Vater kraft Art. 1 des H.G. d. h. kraft der gesetzlichen Heimatfolge erlangte. Ist in solchem Falle der Vater, ehe er die Heimat wieder erwarb, heimatloser Bayer gewesen, so würde das Kind nach dem Wortlaute des Art. 11 IV H.G. nicht die Heimat des Vaters erlangen, weil es eben schon eine Heimat besitzt, während der Wortlaut des Art. 10 Abs. II der Heimatfolge nicht hinderlich ist, wenn der Vater die Staatsangehörigkeit und die Heimat gleichzeitig erwirbt.

M. E. hat jedoch das Gesetz weder den einen noch den andern Fall regeln wollen; man muß daher nach allgemeinen Grundsätzen entscheiden. Aus solchen ergibt sich nun, daß die Heimatfolge des Kindes geruht hat, solange der Vater nichtbayrischer Staatsangehöriger war, daß sie aber wieder Kraft erlangt, sobald das Hemmnis wieder weggefallen ist.

Demnach folgt das Kind der väterlichen Heimat in beiden Fällen, und zwar auch dann, wenn es selbständig ist. Denn Art. 10 II will selbständige Kinder von der Erlangung einer ursprünglichen Heimat ausschließen; haben sie schon eine solche, so besteht kein Grund, die weitere Heimatfolge auszuschließen. Dies wäre vielmehr gegen den Geist des Gesetzes[29]).

---

[29]) V.G.H. Bd. 5 S. 320 glaubt, „mit der individuellen Erwerbung einer anderen Staatsangehörigkeit sei der heimatrechtliche Verband mit dem in Bayern beheimatet bleibenden Kinde vollkommen gelöst worden. Es fehle an einem rechtlichen Stützpunkte für die Wiederherstellung solcher Beziehungen bei späterer Wiedererlangung der Heimat in einer (anderen) bayrischen Gemeinde." v. Seydel drückt dies im Bd. 2 S. 60 Ziff. 3 dahin aus, daß, wenn das Familienhaupt die Staatsangehörigkeit verliere, die Familienmitglieder, auf welche sich dieser Verlust nicht erstreckt, nun die bisherige unselbständige Heimat als selbständige behalten. Vgl. auch § 16. Diese Auffassung wird ausdrücklich gebilligt von V.G.H. Bd. 12 S. 235 oben. M. E. ergibt sich der „rechtliche Stützpunkt" für meine oben vorgetragene entgegengesetzte Anschauung aus dem in Art. 1 H.G. enthaltenen Prinzip. Wenn wieder die rechtliche Möglichkeit besteht, diesem Prinzip zur Durchführung zu verhelfen, so soll es geschehen. Ein Grund, daß ein bayrisches Kind des bayrischen Vaters, das noch keine selbständige Heimat erworben hat, die Heimat dieses Vaters nicht teilen soll, ist im obigen Falle durch das Gesetz nicht vorgezeichnet, — folglich muß es bei der gesetzlichen Regel verbleiben.

9. Wenn das Kind die bayrische Staatsangehörigkeit nach dem Tode des Vaters dadurch erwirbt, daß seine Mutter, welche Inhaberin der elterlichen Gewalt ist, bayrische Staatsangehörige wird, so erlangt das Kind nicht die Heimat der Mutter durch Heimatfolge. Denn das eheliche Kind folgt auch nach neuestem Rechte der Heimat der Mutter niemals. Ein solcher Gedanke ist dem bayrischen Heimatrechtssystem völlig fremd. Aus der Fassung des Art. 10 II H.G. läßt sich gegenteiliges nicht entnehmen. Das Kind wird demnach, wenn es nicht selbst eine Heimat erlangt, heimatloser Angehöriger des bayrischen Staates[30]).

§ 27.

Uebergang des Heimatverleihungsanspruches auf eheliche Kinder.

Wie sich die Heimat vererbt, so kann sich auch der Anspruch auf Verleihung einer Heimat, welchen der Vater gegen die Aufenthaltsgemeinde erworben hat, auf diejenigen ehelichen Kinder vererben, welche nicht bereits selbst eine Heimat erworben haben. Während aber die Heimat des Vaters kraft der gesetzlichen Heimatfolge ohne weiteres auf das Kind übergeht, falls die Voraussetzungen gegeben sind, so könnte an sich ein noch nicht verwirklichter Heimatanspruch, den der Vater hat, dem Kinde nur dann zugute kommen, wenn der Vater den Anspruch bereits klageweise erhoben hat, an der Durchsetzung desselben aber durch den Tod gehindert wurde. Denn der Anspruch auf Verleihung einer Heimat ist ein höchstpersönlicher. Wie es im freien Belieben des Berechtigten liegt, den Anspruch zu erheben oder nicht, so ist der Anspruch erloschen, wenn er von dem Berechtigten nicht mehr geltend gemacht wurde. Rechtlich ist aber der Anspruch erst mit Erhebung der Klage geltend gemacht. Daher haben die Entscheidungen des Verwaltungsgerichtshofes in Bd. 10 S. 66 und Bd. 17 S. 77 mit Recht ausgesprochen, daß nur der rechtshängig gewordene, d. h. durch Antrag auf verwaltungsrechtliche Entscheidung bei der zuständigen Behörde geltend gemachte und später durchgesetzte Anspruch zugunsten derjenigen wirke, welche der Heimat des Berechtigten folgen. Dies erschien aber unbillig in dem Falle, daß der Berechtigte durch An-

---

[30]) Vgl. v. Riedel S. 139 Note 12, welcher die Ansicht zu haben scheint, daß die Witwe, welche den Indigenatserwerb auf ihre ehelichen Kinder erstreckt, auch den Heimaterwerb auf sie ausdehnt; siehe ferner ebenda S. 139 Note 13. V.G.H. Bd. 24 S. 553. „Das durch eine verwitwete Nichtbayrin gemäß Art. 10 I H.G. erworbene Heimatrecht in einer bayrischen Gemeinde erstreckt sich auf ihre unselbständigen, ehelichen Kinder auch dann nicht, wenn diese die bayrische Staatsangehörigkeit mit der Mutter erworben haben." Die Gründe sagen u. a.: „Für die Annahme, daß, wenn eine Witwe, welche eheliche Kinder hat, die Staatsangehörigkeit und Heimat in Bayern erwirbt, das Heimatrecht derselben sich auf diese Kinder erstreckt, ist kein Stützpunkt vorhanden."

meldung seines Anspruches bei der Gemeindebehörde den Willen, sein Recht auszuüben, bekundet hatte, aber gestorben war, ehe die in Anspruch genommene Gemeinde den Anspruch anerkannt hatte, oder ehe bei Ablehnung des Anspruchs die gesetzlichen Wege zur Durchsetzung desselben beschritten waren. Daher wurde zugunsten der Familienmitglieder eine Ausnahme von der bisherigen gesetzlichen Regel durch die Novelle vom 17. Juni 1896 begründet, indem Art. 6 Abs. III dem Gesetze neu eingefügt wurde; vgl. v. Riedel S. 122 Note 22. Derselbe lautet: „Stirbt der Ehemann nach Anmeldung des Anspruches, so geht letzterer auf die Witwe und auf die ehelichen, noch keine selbständige Heimat besitzenden Kinder über" ... [1]).

Im einzelnen ist folgendes zu bemerken:

1. Die Nachfolge in einen Heimatanspruch ist bei den verschiedenen Gattungen der Heimatansprüche möglich. Demnach sowohl bei den Ansprüchen auf entgeltliche Verleihung der Heimat nach Art. 6, 7 H.G., sofern nämlich in der betreffenden Gemeinde in gesetzmäßiger Weise die Erwerbung der Heimat von Zahlung einer Gebühr abhängig gemacht ist, als auch auf unentgeltliche Verleihung, falls entweder eine Gebühr nicht eingeführt ist, oder falls gesetzliche Befreiungsgründe bestehen[2]). Auch die Ansprüche auf Verleihung des Heimatrechtes gemäß Art. 10 H.G., wenn nämlich Nichtbayern unter der Bedingung der Erwerbung der Staatsangehörigkeit einen Anspruch auf Heimatverleihung erworben haben, gehen wie die Ansprüche aus Art. 6 und 7 über. Denn diese Ansprüche sind, wie später gezeigt werden wird, in der Tat Ansprüche aus Art. 6 und 7

---

[1]) Der Ausdruck „noch keine selbständige Heimat besitzenden Kinder" ist nicht ganz genau. Die verheiratete Tochter hat zwar eine erworbene, aber keine selbständige Heimat. Sie „folgt" der Heimat des Mannes. Art. 4 I. Gleichwohl geht auf sie sicher der Anspruch des Vaters nicht über; denn ihre Heimat wird von der väterlichen nicht berührt. Hat die Tochter jedoch eine Ehe eingegangen, für welche ein Verehelichungszeugnis erforderlich gewesen wäre, aber nicht erholt wurde, so geht der Anspruch auch auf sie über.

[2]) Beispiel: Der Fabrikarbeiter A, beheimatet in M, wohnte seit 1895 in N. 1903 hat er bei der Gemeinde N Antrag auf Verleihung des Heimatrechtes gestellt; der Antrag wurde abgewiesen; darauf erfolgte verwaltungsrechtliche Klage. Hierauf starb A. Die Klage nimmt ihren Fortgang, ohne daß es einer Erklärung der Ehefrau bezw. der Kinder bedarf. Mit der rechtskräftigen Feststellung, daß A gesetzlichen Anspruch hatte, tritt kraft der gesetzlichen Heimatfolge die Heimat der Kinder des A, soweit sie noch keine Heimat erworben haben, in N ein. Ueber den Zeitpunkt s. Ziff. 5. Zufolge der Novelle von 1896 gilt der Anspruch auch für erhoben, wenn A schon vor der Erklärung der Gemeinde N verstarb, falls er nur den Anspruch angemeldet hat. Das weitere Verfahren vollzieht sich in beiden Fällen, wie wenn A noch lebte, nur daß die Witwe und die Kinder in die Rolle der Prozeßpartei eintreten. Ob Heimatgebühr zu entrichten ist, oder nicht, kann selbstverständlich nur nach den in der Person des A liegenden Verhältnissen, nicht nach jenen der Familienangehörigen beurteilt werden (s. unten).

Nur eine Einschränkung ist beizufügen. Wie aus § 26 ersichtlich, ist bei Erwerb der Heimat durch bisherige Nichtbayern die gesetzliche Heimatfolge der ehelichen Kinder auf die unselbständigen beschränkt; selbständige Kinder können also der Heimat des Vaters nicht folgen; daher kann auch der Anspruch auf sie nicht übergehen[3]).

Wer im Zeitpunkte der Vollendung des geeigneten Aufenthaltes in einer bayrischen Gemeinde heimatloser Bayer ist, erwirbt die Heimat kraft Gesetzes. Art. 11 H.G. Von dem Uebergange eines Anspruches kann also in einem solchen Falle keine Rede sein.

---

[3]) Wurde ein Anspruch aus Art. 10 H.G. bei der Gemeinde geltend gemacht, so ist nach dem Tode des Anspruchserhebers der Anspruch zunächst von der Gemeinde zu würdigen. Die Würdigung entfällt, wenn nur selbständige Kinder und keine Witwe vorhanden sind. Wird der Anspruch von der Gemeinde abgewiesen, so sind die Kinder und die Witwe zur Erhebung der verwaltungsrechtlichen Klage legitimiert; der Anspruch der Kinder muß aber abgewiesen werden, wenn dieselben „selbständig" sind. Bei der Beurteilung der Selbständigkeit kann es nur auf die Zeit des Todes des Vaters ankommen. Denn die Kinder folgen der Heimat des Vaters. Wenn also die Mutter Inhaberin der elterlichen Gewalt wird, und die Kinder fortan ihrem Hausstande angehören, so ist entscheidend lediglich, ob sie auch dem Vater gegenüber unselbständig gewesen sind. Erheben also nur selbständige Kinder den Anspruch, so braucht eine materielle Würdigung des väterlichen Anspruches auf Heimatverleihung nicht einzutreten. Anders liegt die Sache, wenn auch unselbständige Kinder oder die Ehefrau den Anspruch erheben; hier ist der Anspruch auch materiell zu würdigen; er hat nur für die selbständigen Kinder keine Bedeutung. Wird dem Anspruch rechtskräftig stattgegeben, so hängt die Erlangung der Heimat für die Ehefrau und Kinder davon ab, daß sie die bayrische Staatsangehörigkeit erwerben (und die Bedingungen erfüllen, welche auch von dem Vater zu erfüllen gewesen wären). Man darf aber nicht fordern, daß die materielle Würdigung des Anspruches des verstorbenen Vaters davon abhänge, daß Ehefrau und Kinder vor Erhebung des Anspruches die bayrische Staatsangehörigkeit erwarben.

Beispiel: Der Oesterreicher A hat 6 Jahre in München gelebt und gemäß Art. 6/10 H.G. den Anspruch auf Heimatverleihung in München angemeldet. Hierauf ist er gestorben. Im Zeitpunkt des Todes besaß er einen selbständigen Sohn und zwei unselbständige Töchter. Der Stadtmagistrat M kann nun den Anspruch anerkennen, dann haben die Töchter, falls sie nicht ihrerseits den Anspruch zurückziehen, die Heimatgebühr zu entrichten und werden heimatberechtigt, sobald es ihnen gelungen ist, die Naturalisation in Bayern für ihre Person zu erhalten. Erkennt der Stadtmagistrat München den Anspruch nicht an und erhebt der selbständige Sohn die verwaltungsrechtliche Klage, so wird dieselbe abgewiesen. Erheben die Töchter die verwaltungsrechtliche Klage und erscheint dieselbe begründet, so wird rechtskräftig die Verpflichtung der Stadtgemeinde München, das Heimatrecht an A zu verleihen, ausgesprochen. Sobald die Töchter diejenigen Verpflichtungen erfüllt haben, von welchen nach der rechtskräftigen Entscheidung das Heimatrecht abhängig ist (Entrichtung der Heimatgebühr), und sobald die Töchter überdies die Staatsangehörigkeit erworben haben, sind sie heimatberechtigt in München und zwar auf Grund der gesetzlichen Heimatfolge. Haben demnach die Töchter die Staatsangehörigkeit schon vor Erhebung der öffentlichen Klage erworben gehabt, so sind sie von dem Tage der Anhängigmachung des verwaltungsrechtlichen Verfahrens an als heimatberechtigt zu erachten, sofern nicht die Bezahlung der Heimatgebühr zu einem späteren Zeitpunkt erfolgte.

2. Voraussetzung der Nachfolge in den Anspruch ist, wie bereits erwähnt, daß er angemeldet wurde. Mehr als die Anmeldung ist nicht erforderlich; insbesondere braucht noch keine Beschlußfassung der Gemeinde erfolgt zu sein; Reger S. 29 Anm. 19. Wann der Anspruch angemeldet ist, wird in § 44 näher dargelegt werden. Hier ist lediglich folgendes zu bemerken: Angemeldet ist der Anspruch, sobald ein Antrag auf Verleihung der Gemeinde, gegen welche der Anspruch erhoben ist, zugegangen ist. Der Antrag kann gestellt sein vom Vater des Kindes bezw. seinem Bevollmächtigten oder seinem gesetzlichen Vertreter. Da zufolge Art. 8 H.G. der in Art. 6 und 7 bezeichnete Anspruch auch von der bisherigen Heimatgemeinde des Berechtigten und in Beziehung auf Personen, welche eine vorläufige Heimat haben, vom k. Fiskus erhoben werden kann, so gilt der Anspruch auch dann als angemeldet, wenn ihn die bisherige Heimatgemeinde bezw. der Fiskus angemeldet hat. Auch in diesem Falle geht also der Anspruch auf die Witwe und die ehelichen, noch ursprünglich beheimateten Kinder über. V.G.H. Bd. 19 S. 197; Reger-Dyroff S. 210 unten[4]). Ist der Antrag von dem Berechtigten oder der Heimatgemeinde ausdrücklich auf heimatgebührenfreie Verleihung des Heimatrechtes gestellt worden, so können die Kinder bezw. die Witwe nach dem Tode des Berechtigten den Antrag nicht mehr dahin modifizieren,

---

[4]) Den Einwand, daß im Falle des Art. 8 H.G. der Berechtigte über den Antrag seiner Heimatgemeinde zu hören ist, daß ihm also die Möglichkeit eröffnet werden soll, seinen Willen kundzugeben, daß dies aber nicht mehr geschehe, wenn der Anspruchsberechtigte, ohne einvernommen zu sein, verstorben sei, hat V.G.H. als nicht ausschlaggebend erachtet. Es wird entgegengehalten, daß die Beiziehung des Berechtigten erst nach der Geltendmachung des Anspruches erfolge und daß dem Berechtigten überhaupt ein Verbietungsrecht (veto) nicht zukomme. Das sachlich beschränkte Einspruchsrecht könne im Falle des Ueberganges des geltend gemachten Anspruches auf Witwen und Kinder in gleichem Umfange und mit gleicher Wirkung auch von diesen ausgeübt werden. Vgl. hierzu Reger S. 42 Anm. 9.

Beispiel: A hat fünf Jahre als Werkmeister in M gelebt und den Anspruch auf Verleihung der Heimat in M erworben. Der Anspruch wird von ihm nicht geltend gemacht, sondern von seiner bisherigen Heimatgemeinde N. Ehe über den Anspruch von der Gemeinde entschieden wird, stirbt A mit Hinterlassung zweier, noch die ursprüngliche Heimat besitzenden Kinder. Die Gemeinde M ist nun verpflichtet, das Verfahren fortzuführen und nach Art. 8 die Kinder einzuvernehmen, falls der Vater noch nicht einvernommen war. Wird der Anspruch der Heimatgemeinde nach Art. 8 infolge Einspruchs des Berechtigten (bezw. der Kinder) abgelehnt, so können diese nachher den Anspruch ihres Vaters nicht weiter verfolgen, ebenso nicht, wenn der Einspruch verworfen wird. Wird jedoch kein Einspruch erhoben und lehnt die Aufenthaltsgemeinde den Anspruch ab, so kann nun sowohl die bisherige Heimat den Antrag im verwaltungsrechtlichen Verfahren stellen, (V.G.H. Bd. 20 S. 28) wie auch die Kinder und zwar jedes derselben. Auch der Verzicht der bisherigen Heimatgemeinde auf weiteres Vorgehen bezw. auf Einlegung von Rechtsmitteln bindet die Kinder nicht; sie sind Prozeßbeteiligte.

daß eventuell auch gegen Zahlung der Heimatgebühr das Heimatrecht in Anspruch genommen wird. Denn nur der Anspruch, so wie er gestellt ist, geht auf die Witwe und die ehelichen Kinder über. Ist der Anspruch in dieser Form unbegründet, so ist er auch den letzteren gegenüber abzuweisen. V.G.H. Bd. 23 S. 77.

3. Der Anspruch geht so über, wie er erhoben ist; vgl. Ziff. 2. War er unbegründet, so können die Kinder (die Witwe) keine Rechte aus demselben ableiten. Sie können die Mängel nicht ergänzen, die dem Antrage anhaften; dagegen kommt ihnen der Umstand zugute, daß zwischen Stellung des Anspruches und dem Tode des Berechtigten ein Mangel beseitigt wurde, dessen Beseitigung auch dem Berechtigten zugute gekommen wäre. Wenn beispielsweise die Zeit des Aufenthalts bei Erhebung des Anspruches noch nicht vollendet war, auch nicht zur Zeit des Todes des Berechtigten, so kann es nichts nützen, daß nun die Kinder den Aufenthalt fortsetzen; denn um ihren Aufenthalt handelt es sich nicht; sie können jenen Mangel nicht beseitigen. Würde aber zur Zeit des Todes des Berechtigten die Aufenthaltszeit sich erfüllt haben, so würde dies auch den Kindern nützen. Hat der Berechtigte rückständige Steuern nach Erhebung des Anspruches bezahlt, so kommt dies den Kindern (der Witwe) zugute; dagegen können diese den Mangel des bestehenden Rückstandes nicht dadurch beseitigen, daß nun sie oder die Heimatgemeinde nach dem Tode den Rückstand begleichen. Denn es kommt darauf an, ob die gesetzlichen Voraussetzungen des Anspruches, soweit sie auch nach der Anmeldung desselben erfüllbar sind, spätestens zur Zeit des Todes des Berechtigten erfüllt wurden.

Der Anspruch geht über (auf die Witwe) und die ehelichen Kinder. Er geht aber nicht über auf die Enkel oder die Ehegattin des Kindes, wenn dieses noch eine ursprüngliche Heimat besitzen sollte. Denn die vom Gesetze gewährte besondere Vergünstigung ist strenge auszulegen[5]).

4. Der Anspruch, welcher auf die Kinder (die Witwe) übergeht, ist der Anspruch des Berechtigten[6]). Dies gilt selbstverständlich

[5]) Wenn der Kaufmann A nach Anmeldung seines Anspruches gestorben ist und seine einzige Tochter, welche ein außereheliches Kind hat, vor dem Vater verstorben ist, so vererbt sie ihres Vaters Anspruch nicht auf das außereheliche Kind. Ueber den Fall des Todes der Tochter nach dem Ableben des Vaters bezw. die Wirkungen der gesetzlichen Heimatfolge für die Enkel vgl. Ziff. 5.

[6]) M. E. ist die Unterscheidung bei Reger S. 29 unten, wonach es beim Tode des Ehemanns (Vaters) nach Eintritt der Rechtshängigkeit sich um den Anspruch des Verlebten, beim Tode vor Eintritt der Rechtshängigkeit um den Anspruch der Hinterbliebenen handelt, nicht zutreffend. In beiden Fällen handelt es sich um den Anspruch des Verlebten; durch Art. 6 III H.G. ist ausnahmsweise die Geltendmachung des noch nicht rechtshängigen Anspruchs den Hinterbliebenen eröffnet. Die Entscheidung ist immer die, daß dem Verlebten die Heimat als verliehen zu gelten habe, — mag die Gemeinde den Anspruch anerkennen oder dieser sich im Streitverfahren durchsetzen.

dann, wenn der Berechtigte erst nach Erhebung der verwaltungsrechtlichen Klage starb; es gilt aber auch dann, wenn er nach bloßer Anmeldung des Anspruches mit Tod abging. Außer den in Ziff. 2 und 3 bereits erörterten Konsequenzen dieses Satzes besteht noch die weitere, daß die Voraussetzungen, ob der Anspruch besteht, nur nach der Person des Berechtigten beurteilt werden, nicht aber nach der Person der Kinder beziehungsweise der Witwe.

Es kommt also darauf nichts an, wo die Kinder (die Witwe) sich aufgehalten haben und aufhalten, ob sie mit Steuern veranlagt waren oder nicht, ob sie ihre Verpflichtungen gegen die Gemeinde- und Armenkassa erfüllt haben oder nicht, ob sie Armenunterstützung beanspruchten oder erhielten, oder nicht. Freilich kann, wie bereits in § 21 erörtert wurde, die Beanspruchung einer solchen Armenunterstützung dem Berechtigten zugerechnet werden und dann sein Anspruch unbegründet sein; wo aber dies nicht gilt, schadet es für den Uebergang des Anspruchs auf die Kinder (die Witwe) nichts, daß diese Unterstützung empfingen oder beanspruchten. Ebensowenig ist für die Beurteilung der Frage, ob dem Verlebten der Anspruch auf heimatgebührenfreie Verleihung zustand, etwas von den Verhältnissen der Kinder (Witwe) maßgebend; beispielsweise ist ihre Bestrafung bedeutungslos, obgleich nun lediglich sie die Früchte des gesetzlichen Privilegs ernten.

5. Aus dem vorher Angeführten erhellt, daß das „Uebergehen" des Anspruches auf die Witwe und die Kinder rechtlich nichts anderes bedeutet, als daß sie in der Lage sind, eine Entscheidung über den angemeldeten Anspruch herbeizuführen, in dem Verfahren als Beteiligte Anträge zu stellen, Rechtsmittel einzulegen und schließlich zu bewirken, daß zufolge der — von der in Anspruch genommenen Gemeinde freiwillig betätigten oder durch rechtskräftigen Entscheid bewirkten — Anerkennung des erhobenen Anspruches die Heimat an den Verstorbenen als verliehen erachtet wird und somit die gesetzliche Heimatfolge eintritt[7]).

Kraft dieser gesetzlichen Heimatfolge erlangen die Kinder die Heimat zu dem Zeitpunkt, in welchem nach den gesetzlichen Regeln die Heimat verliehen ist bezw. als verliehen gilt; sie erlangen die Heimat zu keinem früheren und zu keinem späteren Zeitpunkt (vgl. hierüber § 45). Demnach ist auch die etwa bestehende Heimatgebühr, falls nicht der heimatgebührenfreie Anspruch durchgesetzt wurde, zu entrichten und hängt die Erlangung des Heimatrechtes, wo dies gemäß Art. 12 H.G. statutarisch festgesetzt ist, von der vorherigen Zahlung der Gebühr ab. Da jedoch die vorherige Zahlung der Heimatgebühr keine Voraussetzung der Erwerbung des Heimat-

---

[7]) Daß der Anspruch auch abgewiesen werden kann, bedarf hier keiner näheren Erörterung.

anspruches bildet, so braucht diese Zahlung keineswegs durch den Berechtigten selbst (den Vater) bewirkt worden zu sein.

Der Zeitpunkt der Heimatverleihung ist im Zusammenhalte mit den Regeln der gesetzlichen Heimatfolge von erheblicher rechtlicher Bedeutung nicht nur in Ansehung von Aufenthaltsrechten und der Ersatzpflicht für Unterstützungen, sondern insbesondere auch wegen weiterer Uebertragung von Heimatrechten, und Erlangung der selbstständigen Heimat im Falle des Art. 3 H.G. [8]).

Kinder, welche nach dem Vater, aber vor dem erwähnten Zeitpunkt des Heimatübergangs verstorben sind, haben die neue Heimat nicht mehr erlangt, und können sie daher auf ihre Kinder nicht wieder übertragen [8]).

6. Wenn der vom Vater erhobene Anspruch auf Verleihung einer Heimat anerkannt wird, so erlangt das Kind, auch wenn es die Heimatgebühr aus seinen Mitteln bezahlt hat, in der betreffenden Gemeinde nur die väterliche, d. i. die ursprüngliche Heimat auf Grund gesetzlicher Heimatfolge, nicht aber die selbständige, erworbene Heimat. Allerdings ist nun diese Heimat, da sie infolge des Todes des Vaters nicht mehr durch eine andere ursprüngliche Heimat ersetzt werden kann, einer selbständigen sehr ähnlich, aber doch einer solchen nicht gleich. Falls nämlich der Sohn demnächst heiratet, so ist er nun verpflichtet, gemäß Art. 3 und 12 H.G. die Heimatgebühr für die Erwerbung der selbständigen Heimat zu entrichten. Ebenso kann der Sohn, falls er das Bürgerrecht in der Gemeinde anspricht, den Betrag der für das Heimatrecht seines Vaters, wenn auch von ihm, bezahlten Heimatgebühr an der Bürgerrechtsgebühr nicht zur

[8]) Wenn beispielsweise die Tochter des A, welche ein Kind außerehelich geboren hat, am 15. April 1904 verstorben ist, während der Antrag auf verwaltungsrechtliche Feststellung des Anspruches des A auf gebührenfreie Verleihung der Heimat an A am 16. April gestellt wurde, so ist, falls jener Anspruch durchdringt, die Heimat als dem A am 16. April 1904 verliehen anzusehen; da die Tochter des A diesen Zeitpunkt nicht erlebte, hat sie der väterlichen Heimat nicht mehr folgen können; somit hat auch ihr Kind die bisherige Heimat beibehalten. Gleiches gilt, wenn die Tochter des A zwar nach dem 16. April 1904, aber vor Bezahlung der Heimatgebühr gestorben wäre, falls der Anspruch nicht auf gebührenfreie Verleihung ging bezw. ein solcher Anspruch auch nicht zuerkannt wurde, die Gemeinde aber ein giltiges Gebührenstatut erlassen hat. Dagegen würde es im ersten Falle nicht schaden, wenn die Tochter des A zwar den 16. April, aber nicht mehr den Tag des rechtskräftigen Entscheides erlebt, weil, wie später darzulegen sein wird, es auf den Tag der Klagestellung ankommt. — Wenn der Sohn des A heiratet, der bis dahin noch die ursprüngliche Heimat besaß, so erlangt er da die selbständige Heimat, wo er am Tage der Eheschließung die ursprüngliche besaß. Schwebt ein Heimatanspruch auf Grund Anmeldung seitens oder für den inzwischen verlebten Vater, so kann sich möglicherweise erst nach der Eheschließung entscheiden, wo der Sohn an jenem Tage die Heimat hatte. Dies ist nicht nur von Bedeutung für die materielle Gültigkeit des Verehelichungszeugnisses, sondern auch für die Verpflichtung zur Entrichtung der Heimatgebühr bezw. für die Verpflichtung zum Rückersatz seitens der sie etwa mit Unrecht erhebenden Gemeinde.

Anrechnung beanspruchen. — Wenn dagegen das Kind vor dem Zeitpunkte, in welchem die Heimat des Vaters als erworben gilt, eine selbständige Heimat erworben hatte, so kann die Heimatfolge für dasselbe überhaupt nicht mehr in Frage kommen; das Verfahren gemäß Art. 6 III hat für dieses Kind keine Bedeutung; ein von ihm gestellter Antrag auf verwaltungsrechtliche Feststellung des väterlichen Anspruches wäre ohne materielle Würdigung abzuweisen; stellt sich während des Verfahrens der Erwerb einer selbständigen Heimat durch das Kind heraus, so ist das Verfahren durch Zurückweisung des Anspruches auch dann zu beenden, wenn es in höherer Instanz schwebt. Letzteres gilt jedoch nur, wenn lediglich ein nunmehr selbständig beheimatetes Kind den Anspruch erhoben hat und gilt nicht, wenn nach Einleitung des verwaltungsrechtlichen Verfahrens die selbständige Heimat durch Verehelichung nach Art. 3 I erworben erscheint; denn in diesem Falle entscheidet das Verfahren, in welcher Gemeinde der Sohn zu jener Zeit die ursprüngliche Heimat besaß und somit die selbständige Heimat erwarb.

7. Der Anspruch des Vaters geht nur dann auf die ehelichen Kinder (die Witwe) über, wenn er zur Zeit des Todes des Vaters noch bestand. Er geht also nicht über, wenn der Anspruch bereits rechtskräftig abgewiesen war, oder wenn der Vater (die Gemeinde) auf die Durchführung des erhobenen Anspruches verzichtet hatte. War der Anspruch vom Vater zwar angemeldet, aber nicht weiter verfolgt worden, so kommt es darauf an, ob in dem Verhalten des Vaters ein Verzicht auf die weitere Durchführung dieses Anspruches zu erblicken ist oder nicht. Läßt sich ein Verzicht nicht mit Sicherheit erkennen, so ist der Anspruch angemeldet, wenn auch noch so lange Zeit seit der Anmeldung verstrichen ist. Auf die seit der Anmeldung verflossene Zeit kommt also an sich gar nichts an.

8. Das Kind braucht, um den angemeldeten Anspruch durchzusetzen, zunächst nichts zu tun; eine Willenserklärung, daß es den vom Vater erhobenen Anspruch weiter verfolge, ist nicht erforderlich. Das Kind kann selbstverständlich den Anspruch des Vaters auch ausdrücklich aufnehmen, aber nötig ist es nicht. Wenn die in Anspruch genommene Gemeinde, welche von dem Ableben des Vaters erfährt, die Sache für erledigt hielte, so würde sie unrecht tun; das könnte nur geschehen, wenn eine Witwe oder in der bisherigen Heimatgemeinde ursprünglich beheimatete Kinder nicht vorhanden sind. Würde die Gemeinde gleichwohl den vorliegenden Anspruch nicht weiter beachten, das Kind (die Witwe) aber bliebe untätig, so würde freilich die Heimat nicht verliehen sein, aber der Anspruch fortbestehen. Das Kind kann also, so lange es keine selbständige Heimat erworben hat, den Anspruch des Vaters jederzeit aufnehmen, vorbehaltlich der Beachtung der Vorschriften über Einhaltung der Fristen bei Einlegung von Rechtsmitteln. Abgesehen von Fristversäumnissen

können nur solche Handlungen, in welchen ein Verzicht des Kindes auf die weitere Durchführung des erhobenen Anspruchs zu erblicken ist, zur Beseitigung desselben führen[9]).

Wird der vom Vater erhobene Anspruch von der Gemeinde nach seinem Tode abgelehnt, so ist allerdings eine Handlung des Kindes (der Witwe) stets notwendig, nämlich die Einleitung des verwaltungsrechtlichen Verfahrens[10]). Für diese Einleitung besteht jedoch keine Fristbestimmung. Der Anspruch des Vaters besteht also fort, auch wenn das Kind die Erhebung des Verwaltungsrechtsstreites zunächst unterläßt; es kann diesen jederzeit aufnehmen, solange es die ursprüngliche Heimat besitzt. Wenn der Anspruch beim Tode des Vaters schon im verwaltungsrechtlichen Verfahren schwebte, so wird dieses Verfahren fortgeführt, auch wenn seitens der Kinder (der Witwe) ein ausdrücklicher Antrag hierauf nicht gestellt wird. Die Vorschriften der Zivilprozeßordnung über die Unterbrechung des Verfahrens im Falle des Todes einer „Partei" können nach der Natur der Sache keine Anwendung finden.

Insoweit die „Prozeßpartei" eine Rolle spielt, treten nun die Kinder (die Witwe) an die Stelle (vgl. oben Ziff. 5). Von denjenigen, auf welche der väterliche Anspruch übergeht, mögen einzelne auf die Durchsetzung verzichten; dieser Verzicht schadet aber dem Anspruch der übrigen Beteiligten nichts. Insbesondere schadet es den Kindern nicht, wenn beispielsweise die Witwe der Gemeinde gegenüber erklären würde, sie ziehe den Anspruch des verstorbenen Mannes zurück, oder wenn die bisherige Heimatgemeinde solches erklärte (vgl. Anm. 4), denn der Anspruch des Verlebten geht auf jedes der Hinterbliebenen zu eigenem Rechte zur Ausübung über. Selbstverständlich kann für das Kind sein gesetzlicher Vertreter verzichten. Gesetzlicher Vertreter ist möglicherweise die Mutter (Witwe). Daß sie einen Verzicht nicht nur für sich, sondern auch für ihre Kinder erklären wolle, muß mindestens aus den Umständen ersichtlich sein.

Da die Folge der Durchsetzung des Anspruches jene ist, daß von einem bestimmten Zeitpunkte an die Heimat als dem Vater verliehen gilt, und da auf die gesetzliche Heimatfolge niemand verzichten kann, so wirkt der anerkannte Anspruch hinsichtlich aller Beteiligten,

---

[9]) Allerdings hat der Verzicht absolute Bedeutung nur, wenn er sich auf die Nichteinlegung von Rechtsmitteln bezieht, und begründet im übrigen ein Verzicht auf Durchführung eines Heimatverleihungsanspruches kein Hindernis, diesen doch geltend zu machen (vgl. § 43); im gegebenen Falle handelt es sich aber um die durch Verzicht erfolgende Zurücknahme einer vom Vater abgegebenen Erklärung; eine solche ist zulässig; nach der Beseitigung dieser Erklärung ist die Durchführung des väterlichen Anspruches tatsächlich ausgeschlossen.

[10]) Nur dann bedarf es einer Handlung des Kindes nicht, wenn die Heimatgemeinde (der Fiskus) ihrerseits Klage erhebt. Dies kann sie aber nur, wenn sie vor dem Tode des Mannes seinen Anspruch bei der Heimatgemeinde angemeldet hat. V.G.H. Bd. 24 S. 506.

auch jener, welche die verwaltungsrechtliche Klage nicht erhoben oder ausdrücklich auf die Geltendmachung des väterlichen Anspruches verzichtet haben. Auch diese erlangen von jenem Zeitpunkte ab die neue ursprüngliche Heimat. Haben sie schon eine selbständige oder erworbene Heimat, so sind sie am Verfahren nicht mehr beteiligt; vgl. Ziff. 6.

§ 28.

Eheliche und denselben gleichgeachtete Kinder.

Nur eheliche Kinder und solche, welche ehelichen Kindern gleichgeachtet werden, folgen der Heimat des Vaters. Dies gilt sowohl für die Heimatfolge nach Art. 1 als nach Art. 10 und 11 des H.G.

1. Wer eheliches Kind ist, entscheidet sich nach dem jeweiligen bürgerlichen Rechte und zwar nach demjenigen, welches für die sogen. Statusrechte maßgebend ist. Für das Deutsche Reich ist seit 1875 das Gesetz vom 6. Februar 1875, vom 1. Januar 1900 ab das Bürgerliche Gesetzbuch maßgebend. Vgl. auch v. Riedel S. 89 Note 9a. Zu einigen Rechtssätzen des neueren deutschen Rechts (B.G.B.) vgl. § 7.

2. Kinder, welche aus einer Ehe stammen, für welche ein distriktspolizeiliches Verehelichungszeugnis erforderlich gewesen wäre, ohne daß es wirksam erholt wurde, gelten in Ansehung der Heimatfolge nicht als eheliche Kinder. (Vgl. das Nähere § 20, S. 118.) Dies gilt jedoch nur für die Gesetzgebung seit 1868. Nach früherem Rechte erlangten jedenfalls die Kinder aus einer solchen Ehe die Heimat des Vaters. Nur die Kinder aus einer verbotswidrig im Ausland geschlossenen Ehe wurden dieser Heimat nicht teilhaftig.

3. Den ehelichen Kindern stehen jene gleich, welche nach den Vorschriften des bürgerlichen Rechtes wie eheliche Kinder zu behandeln sind, d. h. die rechtliche Stellung von ehelichen Kindern haben. Dies gilt für alle Zeiten der bayrischen Heimatgesetzgebung.

a) Für das ältere Recht sagt cap. I § 3 der Gerichtsordnung von 1753: „Wo der Vater seinen ständigen Wohnplatz hat, da sind auch seine „rechtmäßigen" Kinder domiziliert.

b) Das Heimatgesetz von 1825 spricht in § 3 davon, daß für „ehelich geborene", „adoptierte" oder „durch Einkindschaft angenommene Kinder" zunächst die Heimat des Vaters maßgebend sei; (wenn diese aber nicht zu ermitteln sei, jene der Mutter). Es fällt auf, daß das Heimatgesetz von 1825 von „legitimierten" Kindern nicht spricht. Allein wie schon in den Bl. f. a. Pr. Bd. I S. 309 dargelegt ist, sind die durch „nachfolgende Ehe legitimierten" Kinder den ehelichen Kindern auch für die Geltung des Heimatgesetzes von 1825 gleichzustellen[1]). Man wird aber im Hinblick darauf, daß nach ausdrück-

[1]) V.G.H. Bd. 5 S. 80 „Bei Anwendung der Bestimmungen des § 3 des Heimatgesetzes vom 11. September 1825 über die ursprüngliche Heimat sind die

licher Vorschrift des Gesetzes auch die (voll)[2]) adoptierten und die eingekindschafteten Kinder die Rechte der ehelichen Kinder genießen sollen und im Hinblick auf die Entstehungsgeschichte des Gesetzes, die auf andere Weise als durch nachfolgende Ehe[3]) legitimierten und die sonst den ehelichen gleichgeachteten Kinder gegen die erwähnten Kategorien nicht zurücksetzen dürfen, wobei freilich im einzelnen Falle stets zu prüfen ist, welche Bestimmungen das für die Statusrechte des Kindes maßgebende Zivilrecht traf. (S. unten Ziff. 4.)

c) Das Gesetz vom 16. April 1868 in seiner ursprünglichen Fassung stellte die legitimierten, voll adoptierten, arrogierten, durch Einkindschaft angenommenen und die in einer putativen Ehe erzeugten Kinder den ehelichen für die gewöhnlichen Fälle der Heimatfolge gleich. Dagegen sollten, wenn ein Nichtbayer das Heimatrecht erlange, nur die (unselbständigen) „ehelichen oder durch nachfolgende Ehe legitimierten Kinder“ der Heimat der Vaters unter bestimmten sonstigen Voraussetzungen folgen. Die voll adoptierten, arrogierten, eingekindschafteten, aus einer putativen Ehe hervorgegangenen Kinder des Ausländers (Nichtbayern) blieben von der Heimatfolge und zwar absichtlich ausgeschlossen. Vgl. V.G.H. Bd. 24 S. 557, v. Riedel S. 139 Note 11. Die Novelle vom 23. Februar 1872 hat dann die Heimatfolge der Kinder eines die bayrische Staatsangehörigkeit erwerbenden bisherigen Nichtbayern in derselben Weise geregelt, wie jene der Kinder des Bayern, wie denn auch diejenigen Kinder des heimatlosen Bayern als ehelich zu gelten haben, welche nach Art. 1. H.G. als ehelich erachtet werden. Immerhin hat die frühere Fassung des Art. 10 für Kinder solcher Bayern Bedeutung, die vor dem 27. Februar 1872 naturalisiert bezw. aufgenommen wurden.

d) Nach der Fassung des Ausführungsgesetzes vom 9. Juni 1899 werden nunmehr zufolge Art. 1 III H.G. den ehelichen Kindern jene Kinder gleichgeachtet, die nach dem bürgerlichen Rechte die Stellung von ehelichen Kindern haben. Dies gilt auch für Art. 10 und 11 des Gesetzes[4]).

---

durch nachfolgende Ehe legitimierten Kinder den ehelich geborenen gleichzuachten.“ Die Entscheidungsgründe legen dar, daß jene Kinder, welche nach zivilrechtlicher Fiktion in das Verhältnis kommen, als seien sie in rechtsgültiger Ehe geboren, auch in Ansehung der Heimat nicht als uneheliche, sondern als eheliche zu gelten hatten.

[2]) Bl. Bd. 1 S. 305 Anm. 3.

[3]) In Bl. Bd. 41 S. 92 wird dargelegt, daß ein vor dem 1. September 1868 im Gebiete des bayr. Landrechts durch Allerhöchstes Reskript legitimiertes Kind nicht die väterliche Heimat wie das durch nachfolgende Ehe legitimierte Kind, erlangt habe. Denn die Wirkung dieser Legitimation (per rescriptum) bestehe lediglich darin, daß der Legitimierte unter die väterliche Gewalt des Legitimanten komme und daß der Geburtsflecken ausgetilgt werde. M. E. liegt gerade hierin die wesentliche Bedeutung der Legitimation und kommt es nicht darauf an, ob die Legitimation per rescriptum auch im übrigen die volle Wirkung der Legitimation per subsequens matrimonium hatte.

[4]) Aus dem von einem Kinde tatsächlich geführten Familiennamen läßt sich nichts für seine rechtliche Stellung (ob eheliches oder uneheliches Kind) ab-

4. Die Bedeutung der in den verschiedenen Gesetzen gebrauchten Ausdrücke: „legitimiert, arrogiert“ bemißt sich nach den in den verschiedenen bayrischen Landesteilen jeweils geltenden Zivilrechten. v. Riedel S. 90 Note 11. Für die Frage, ob ein Kind legitimiert, arrogiert, in einer putativen Ehe erzeugt ist, kommen aber auch außerbayrische und außerdeutsche Rechte in Betracht. Denn die Wirkung jener rechtlichen Vorgänge für die Ehelichkeit des Kindes wird im allgemeinen nach dem Rechte des Wohnsitzes bestimmt, den zur Zeit des die Rechtswirkung hervorrufenden Ereignisses der Erzeuger (Adoptierende) inne hat. V.G.H. Bd. 19 S. 174. — Auf die Bedeutung der Art. 18 und 22 des Ausführungsgesetzes zum Bürgerlichen Gesetzbuch wurde bereits in § 7 und 8 hingewiesen[5]).

Im einzelnen ist noch folgendes beizufügen:

Die Legitimation durch nachfolgende Ehe der Erzeuger tritt nach gemeinem Rechte und nach den meisten Landesrechten von selbst ein; nach bayrischem Landrechte ist jedoch die Einwilligung des Kindes erforderlich, die indes bis zum eingelegten Widerspruch vermutet wird. Voraussetzung ist die Anerkennung der Vaterschaft durch den Erzeuger. Roth, Bayr. Zivilrecht Bd. 1 § 91[6]).

Auch durch landesherrliches Reskript ist Legitimation möglich. Dieselbe hat verschiedene Voraussetzungen, deren Vorhandensein aber nach erteiltem Reskript nicht weiter zu prüfen ist.

Auch durch richterlichen Ausspruch konnte im Gebiet des bayrischen Landrechtes die Legitimation erfolgen, wenn bei Auflösung des Verlöbnisses der Braut die Rechte der geschiedenen Ehefrau beigelegt wurden, oder wenn der Vater die Brautkinder gerichtlich anerkannte. In beiden Fällen war die Erzeugung nach gültiger Verlobung vorausgesetzt. Roth Bd. 1 § 72 Ziff. 3 und § 48 III Ziff 3.

Im übrigen werden nach gemeinem Rechte Brautkinder, d. h. von gültig verlobten, aber nicht verehelichten, Eltern erzeugte Kinder den ehelichen gleichgestellt, wenn die Ehe durch den Tod des einen Teils oder aus Veranlassung des Bräutigams ohne Schuld der Braut nicht vollzogen werden konnte. Die Fassung der Gesetze von 1825 und 1868 schließt jedoch aus, daß Brautkinder, wenn nicht

---

leiten. Die Führung des Namens ist nicht selten eine mißbräuchliche. — Ueber die Möglichkeit, Kindern den ihnen gebührenden Namen zu verschaffen, wenn sie im Standesregister als uneheliche vorgetragen sind — s. Bl. Bd. 37 S. 113 f.

[5]) S. auch Bl. Bd. 48 S. 29. Die obige Frage ist kontrovers. Nach anderen ist das Recht des Heimatstaates entscheidend. — Vgl. Gemeindezeitg. Bd. 12 S. 11.

[6]) Vgl. auch Note 8. — V.G.H. Bd. 17 S. 129: Nach den Bestimmungen des allgemeinen Bürgerlichen Gesetzbuches für das Kaisertum Oesterreich ist zur Legitimation unehelicher Kinder der Beweis notwendig, daß sie vom Ehegatten der Mutter erzeugt sind und ist dieser Beweis — außer dem Falle eines auf die Vaterschaft erfolgten richterlichen Ausspruches — nur dann als hergestellt anzusehen, wenn der uneheliche Vater des Kindes sich als solcher bei der Taufe oder später in das Tauf- oder Geburtsbuch hat eintragen lassen.

eine Legitimation durch richterlichen Ausspruch erfolgte, den ehelichen in Ansehung der Heimat als gleichgestellt zu erachten sind.

Die Anerkennung des Kindes seitens des außerehelichen Vaters allein genügt zur Legitimation nicht; die Anerkennung des Kindes als solche aber stellt nach den Gesetzen das Kind dem ehelichen nicht gleich[7]).

Nicht alle unehelich geborenen Kinder konnten nach bisherigen Rechten überhaupt legitimiert werden, so z. B. nach bayrischem Landrecht nicht die im Ehebruch erzeugten. — Gemäß Art. 105 des Gesetzes vom 9. Juni 1899, Uebergangsvorschriften zum Bürgerlichen Gesetzbuch betr., erlangen aber alle Kinder, deren Eltern sich verheiratet haben, mit dem Inkrafttreten des Bürgerlichen Gesetzbuches die rechtliche Stellung eines ehelichen Kindes; ist die Ehe nichtig oder ungültig, so erlangt das Kind die rechtliche Stellung eines Kindes aus der nichtigen oder ungültigen Ehe. Für die Abkömmlinge des Kindes treten die Wirkungen dieser Legitimation auch dann ein, wenn das Kind vor dem Inkrafttreten des Bürgerlichen Gesetzbuches gestorben ist, sofern der Vater oder die Mutter des Kindes noch lebt, oder seit dem Tode des Vaters oder der Mutter oder des Kindes 30 Jahre nicht verstrichen sind[8]). Vgl. unten Ziff. 6b. Für die Pfalz vgl. Art. 141 des Gesetzes.

Die Annahme an Kindes Statt bewirkt gleichfalls die Eigenschaft rechtmäßiger Kinder. Dieselbe unterschied sich in die Arrogation, wenn ein selbständiges, nicht unter väterlicher Gewalt stehendes,

---

[7]) Für das pfälzische Recht vor 1868 vgl. § 63.

[8]) Vgl. Oertmann, Bayrisches Landesprivatrecht, S. 621ff. — Das Gesetz hat erhebliche Wirkungen in Ansehung der Heimatrechte im Gefolge. Alle Kinder, auch solche ex damnato coitu, haben nun die Stellung legitimierter Kinder, wenn ihre Eltern geheiratet haben; war die Ehe der Eltern ungültig, aber eine Putativehe, so erlangen die Kinder wiederum die Heimatfolge in die väterliche Heimat. Das Gesetz legt sich, wie aus obigem zu ersehen, in sehr beträchtlichem Umfange rückwirkende Kraft bei, freilich erst mit Wirkung vom 1. Januar 1900 ab. An sich ist die Frage, ob eine vor dem 1. Januar 1900 vollzogene Eheschließung ein Kind legitimierte, auch heute noch nach früherem Rechte zu beurteilen. Vgl. z. B. Gemeindezeitg. Bd. 3 S. 224. Zufolge obiger Bestimmung braucht aber für zahlreiche Fälle nur mehr festgestellt zu werden, ob die Eltern des Kindes geheiratet haben. Die Feststellung, ob der Ehemann der Mutter der Vater des Kindes gewesen ist, bleibt nach wie vor zu treffen. Für diese Feststellung gelten für die vor dem 1. Januar 1900 geborenen Kinder die Regeln des Bürgerlichen Gesetzbuches nicht, sondern die einschlägigen Zivilrechte. — Die Vaterschaft des Ehemanns (der Beischlaf, sein Anerkenntnis der Vaterschaft) kann auch nach seinem Tode durch jedes Beweismittel z. B. durch Zeugen erwiesen werden; dies gilt auch für das heutige Recht. Vgl. Bl. Bd. 32 S. 7ff.

Ein vor der zuständigen Behörde seitens des Ehemannes erklärtes Vaterschaftsanerkenntnis hinsichtlich des unehelichen Kindes der Frau konnte nicht durch Widerruf, sondern nur durch Gegenbeweis entkräftet werden. Vgl. Bl. Bd. 23 S. 122. Nach dem Bürgerlichen Gesetzbuche begründet die Anerkennung die Vermutung der Vaterschaft. Vgl. § 1720 II B.G.B.

und in die Adoption, wenn ein unter väterlicher Gewalt stehendes Kind an Kindes Statt angenommen wurde. Vollzogen wurde die Arrogation nach gemeinem Rechte durch landesherrliches Reskript, nach bayrischem Landrecht durch gerichtliche Bestätigung, die Adoption nach gemeinem Rechte und nach bayrischem Landrecht durch gerichtliche Bestätigung. Die Adoption unehelicher Kinder seitens ihres natürlichen Vaters war unzulässig. Wenn die Adoption von einem anderen als von leiblichen Aszendenten des Adoptierten erfolgte, so war sie unvollkommen; die unvollkommene Adoption genügte zur Erwerbung der Heimat nicht (vgl. v. Riedel S. 90 Note 11 c[9]) [10]).

Im Gebiete des preußischen Landrechtes wird nicht zwischen vollkommener und unvollkommener Adoption unterschieden und dafür das Rechtsinstitut der „Annahme an Kindes Statt" ausgebildet. Dieselbe setzt einen schriftlichen Vertrag voraus, der von dem zuständigen Bezirksgericht bestätigt werden muß. —

Die Einkindschaftung ist ein Vertrag zwischen einem sich verehelichenden Ehegatten und dem Verlobten desselben einerseits und den Vorkindern andererseits, wonach diese wie in der neuen Ehe erzeugte Kinder rechtlich behandelt werden sollten. Die Einkindschaftung war im Gebiet des bayrischen Landrechts nicht zulässig. Dagegen ist sie in den meisten Statutarrechten zugelassen; auch in den sogen. Oberpfälzer Punkten ist sie anerkannt[11]).

---

[9]) V.G.H. Bd. 7 S. 167 „Die unvollständige Adoption nach Teil I Hauptstück IV § 28 und § 30 des vorderösterreichischen Landesrechtes ist nicht geeignet, die Heimat des Wahlvaters auf das Wahlkind zu übertragen." Das vorderösterreichische Landrecht kenne zwei Arten der Adoption, die unvollständige, wodurch der Vater zwar die väterlichen Rechte, das Wahlkind aber die nicht Familienrechte erhält und die vollständige, wonach das Wahlkind in alle Familienrechte des Wahlvaters eintritt . . . zu letzterer sei bei Personen niederen Standes die Zustimmung der Landesstelle (in Bayern: St.M. des Innern) erforderlich.

[10]) Die Heimat von sogen. Pflegekindern richtet sich nicht nach jener der Pflegeeltern. Vgl. Bl. Bd. 1 S. 305.

[11]) V.G.H. Bd. 14 S. 335. Im Herrschaftsgebiete des bayrischen Landrechtes, mit Ausnahme jener Gebietsteile, in welchen die Oberpfälzer Punkte gelten, kann durch Einkindschaftsvertrag die Heimat nicht begründet werden.

V.G.H. Bd. 16 S. 284. In jenen Gebietsteilen, in welchen die sogen. Oberpfälzer Punkte gelten, ist die Einkindschaftung zulässig. Dieselbe hat die Wirkung der Heimatfolge. Die Wiederaufhebung des Einkindschaftsvertrages ist ohne Einfluß auf die durch die Einkindschaftung begründete Heimat.

Bl. Bd. 40 S. 267. Allerdings soll nach bayrischem Landrecht ein Einkindschaftsvertrag nicht geschlossen werden; aber wenn ein solcher gültig (nach dem Wohnsitze zur Zeit des Abschlusses) in einem nicht der Herrschaft des bayrischen Landrechtes unterstehenden Orte abgeschlossen war, so übt er seine rechtlichen Wirkungen auch im Bereich des bayrischen Landrechtes. Zu diesen Wirkungen gehören auch die heimatrechtlichen. — S. nun auch Oertmann, bayrisches Landesprivatrecht S. 574 Anm. 3.

V.G.H. Bd. 13 S. 500. Nach deutschrechtlichen Grundsätzen ist, soweit nicht in einzelnen Partikularrechten anderes bestimmt ist, die Einkindschaftung außerehelicher Kinder unstatthaft. Das Bamberger Landrecht gestattet sie nicht. Vgl. zu dieser Frage auch P. v. Roth, Bayrisches Zivilrecht Buch I, Kap. 3 § 74 Anm. zu Ziff. 4; ferner Bl. Bd. 23 S. 116.

Art. 154 des bayrischen Ausführungsgesetzes zum Bürgerlichen Gesetzbuch schreibt vor: „die vor dem Inkrafttreten des Bürgerlichen Gesetzbuches vereinkindschafteten Kinder stehen in Ansehung der Heimat den ehelichen Kindern gleich." Dies gilt nur, soweit Einkindschaftsverträge nach bisherigem Rechte mit rechtlicher Wirksamkeit abgeschlossen werden konnten, beseitigt aber jeden Zweifel über die heimatrechtliche Wirkung gültiger Einkindschaftsverträge im ganzen Königreiche.

Sonstige im Bereich des Zivilrechtes sich abwickelnde ähnliche Vorgänge üben keinen Einfluß auf das dem öffentlichen Rechte angehörende Heimatrecht. Ein solcher Einfluß muß auf gesetzlicher Bestimmung beruhen. Darum hat die nach Würzburger Landrecht stattgehabte „Grundteilung" keinen Einfluß auf die Heimatverhältnisse. V.G.H. Bd. 9 S. 57.

Daß die aus einer putativen Ehe stammenden Kinder in Ansehung der Heimat als eheliche gelten, ist erst im Gesetze von 1868 ausdrücklich ausgesprochen. Gleichwohl sind auch für das frühere Recht Kinder aus solchen Ehen ebenso zu behandeln, sofern die einschlägigen Zivilrechte, was im allgemeinen der Fall ist, solche Kinder wie ehelich geborene behandeln. (Siehe oben)[12]). Die Aufnahme in das Gesetz von 1868 hat aber bewirkt, daß seither alle Kinder, die in einer ungültigen Ehe, welche von beiden Teilen oder wenigstens von einem derselben, in dem guten Glauben, daß sie gültig sei, abgeschlossen wurde, erzeugt sind, als ehelich hinsichtlich der Heimatfolge erachtet werden müssen[13]). —

Nach dem Bürgerlichen Gesetzbuch stehen den ehelichen Kindern gleich die legitimierten (durch nachfolgende Ehe der Eltern oder durch Ehelichkeitserklärung), ferner die an Kindes Statt angenommenen. Die früheren Beschränkungen der Legitimation sind weggefallen. Das Rechtsinstitut der Einkindschaft ist dem Bürgerlichen Gesetzbuch fremd[14]). Die Kinder aus putativer Ehe sind nach dem Rechte des Bürgerlichen Gesetzbuches als eheliche zu erachten. Wenn jedoch die Nichtigkeit der Ehe auf einen Formmangel beruht, und die Ehe überdies nicht in das Heiratsregister eingetragen wurde, so ist ein Kind trotz guten Glaubens eines Elternteils kein eheliches. (B.G.B. § 1699.)

---

[12]) Vgl. P. v. Roth, 2. Aufl. I S. 552—568. Die Grundsätze des bayrischen Landrechtes decken sich im wesentlichen mit jenen des Bürgerlichen Gesetzbuches; vgl. auch v. Riedel S. 91.

Nach preußischem Landrecht stehen Kinder aus nichtigen oder anfechtbaren Ehen den ehelichen gleich, wenn beide Eltern in gutem Glauben waren.

[13]) v. Riedel S. 90 Note 12.

[14]) „Einkindschaftsverträge" sind seit 1. Januar 1900 nicht mehr möglich. Verträge, welche die vermögensrechtliche Stellung in ähnlicher Weise regeln sollten, haben keine heimatrechtliche Wirkung. Dagegen dauert die Wirkung der vor 1. Januar 1900 gültig abgeschlossenen Einkindschaftsverträge fort.

5. Aus vorstehendem erhellt, daß Kinder, die an sich nicht ehelich geboren sind, die rechtliche Stellung von ehelich geborenen entweder zur Zeit der Geburt erhalten (Kinder aus Putativehen), oder zu einem späteren Zeitpunkte. In letzterem Falle werden die Kinder erst mit dem Zeitpunkte des Eintritts der bezüglichen Tatsache als eheliche Kinder des betreffenden Vaters behandelt. Die Legitimation begründet keine selbständige Heimat, sondern die ursprüngliche. Sie kann somit nicht mehr wirken, wo diese nicht mehr bestehen kann.

a) Die Voraussetzungen für die Heimatfolge müssen zu jenem Zeitpunkte noch bestanden haben. Wenn z. B. das durch die Eheschließung der Eltern legitimierte Kind vor der Eheschließung bereits selbst eine Heimat erworben hat, so kann es nicht mehr die Heimat des Vaters erlangen. In jenen Fällen, in welchen ein ehelich geborenes Kind der Heimat des Vaters erst von einem späteren Zeitpunkte ab als dem der Geburt folgt (vgl. § 26), gilt Gleiches auch bei dem auf andere Weise ehelich gewordenen Kinde. Wenn z. B. der Vater Bayer wird und kraft Art. 11 H.G. eine Heimat in Bayern erworben hat, später die nichtbayrische Mutter seines außerehelichen Kindes heiratet, so wird dieses durch die Ehe Bayer und folgt von diesem Zeitpunkte an der Heimat des Vaters. Nicht notwendig ist, daß der Vater den Zeitpunkt erlebt, in welchem das Kind die Eigenschaft eines ehelichen Kindes erlangt. Letzteres erhält dann die letzte Heimat das Vaters als ursprüngliche Heimat.

b) Eine Rückwirkung des Heimaterwerbes auf den Zeitpunkt der Geburt findet nicht statt. Um keine Rückwirkung handelt es sich, wenn die Konsequenz des § 1722 B.G.B. für das Heimatrecht gezogen wird. Dieser Paragraph schreibt vor, daß die Eheschließung zwischen den Eltern für die Abkömmlinge des unehelichen Kindes die Wirkung der Legitimation auch dann habe, wenn das Kind vor der Eheschließung gestorben ist. Art. 105 der bayrischen Uebergangsvorschriften vom 9. Juni 1899 hat, wie schon erwähnt, diese Wirkung der Eheschließung in gewissem Umfange auch für die Abkömmlinge von Kindern gewährt, welche die Eheschließung der Eltern nicht mehr erlebten und bereits vor dem Inkrafttreten des Bürgerlichen Gesetzbuches gestorben sind. Bei der jetzt gewählten Fassung des Art. 1 H.G.: „den ehelichen Kindern werden jene gleichgeachtet, welche nach dem bürgerlichen Rechte die rechtliche Stellung von ehelichen Kindern haben" dürfte anzunehmen sein, daß, weil das bürgerliche Recht den Kindern solcher Kinder, welche nur wegen zu frühen Ablebens nicht mehr die rechtliche Stellung ehelicher Kinder selbst erlangten, die aus dieser rechtlichen Stellung fließenden Vorteile gleichwohl zuwendet, auch die heimatrechtliche Stellung ihnen zugewendet sein soll. Wären § 1722 B.G.B. und Art. 105 l. c. nicht vorhanden, so würden sicherlich die Enkel aus dem Umstand keine Heimatrechte ableiten können, daß ihre Eltern eine Heimat erlangt haben würden, wenn sie ein gewisses Ereignis (Eheschließung ihrer Eltern) erlebt hätten.

Auch muß man zugeben, daß der gegenwärtige Wortlaut des Heimatgesetzes keineswegs zu einer solchen Auslegung **zwingt**, da er immerhin nur von „Kindern" spricht. Aber der Gesetzesabsicht dürfte es doch wohl entsprechen, solchen Enkeln, die **zivilrechtlich** die Früchte der Eheschließung ihrer Großeltern genießen, auch die **heimatrechtlichen** Folgen nicht zu verschließen. Praktische Bedeutung hat die Sache, da der uneheliche Sohn bei einer Verehelichung in der Regel eine selbständige Heimat gewinnt, in der Hauptsache für den Fall, daß die uneheliche, gewissermaßen im Grabe durch Eheschließung ihrer Eltern legitimierte Tochter unehelich geboren hat; immerhin ist es auch möglich, daß ein eheliches Kind eine Heimatänderung erfährt, bezw. eine Heimat erlangt.

Wenn **beispielsweise** der uneheliche Sohn A der Z, der durch seine Geburt heimatloser Angehöriger des bayrischen Staates ist, heiratet, so bleibt er gleichwohl heimatlos; sein Kind B erlangt gleichfalls keine Heimat in Bayern. Würde nun A durch die Eheschließung der Z mit dem in M beheimateten natürlichen Vater des A legitimiert worden sein, so würde er, falls er keine Heimat erworben hatte, die Heimat in M erlangt haben. Aus den angegebenen Gründen ist nun, auch wenn A vor der Eheschließung seiner Eltern ohne Heimaterwerb verstarb, anzunehmen, daß das Kind B, falls es nicht schon eine Heimat erworben hat, **mit dem Zeitpunkte der Eheschließung** seiner Großeltern die ursprüngliche Heimat in M gewinnt.

c) Kaum braucht hervorgehoben zu werden, daß die durch nachfolgende Ehe legitimierten Kinder die Heimat des Vaters nur dann erlangen, wenn die Eheschließung geeignet ist, auch dem in der Ehe geborenen Kinde die Heimat zu verschaffen. Ehen, welche ohne distriktspolizeiliches Verehelichungszeugnis abgeschlossen worden sind, haben diese Wirkung nicht.

6. **Die Scheidung** der elterlichen Ehe ist ohne Einfluß auf die Heimat des ehelichen Kindes[15]). Dies gilt selbstverständlich auch von der Aufhebung der ehelichen Gemeinschaft. Das Kind behält ferner bei **Lösung** der Ehe durch den **Tod** des Vaters die Heimat des Vaters zur Zeit des Todes bei, bis es selbst eine Heimat erwirbt. (§ 23).

7. **Die Auflösung** der Ehe infolge Nichtigkeit oder infolge Anfechtung sowie in beiden Fällen die Nichtigkeitserklärung der Ehe hat auf die Ehelichkeit und damit auf die Heimat Einfluß, wenn nicht „Putativehe" vorliegt.

a) Ist die Ehe eine Putativehe nicht gewesen, so ist die **Nichtigkeit** im Sinne des § 1323 B.G.B. gleichwohl ohne Einfluß auf die Ehelichkeit des Kindes und damit auch auf seine Heimatfolge, **solange nicht** die Ehe **durch Urteil** für nichtig erklärt **oder** aufgelöst ist. Ist die nichtige Ehe aufgelöst (durch Tod, Scheidung), so kann von **diesem Zeitpunkte** an das Kind nicht mehr als ehelich gelten, so-

[15]) Auch wenn die Ehe aus Verschulden des Mannes geschieden ist, die Mutter alle Erziehungsrechte besitzt, folgen die Kinder weiter der väterlichen Heimat. Vgl. v. **Riedel** S. 89 Note 9b.

fern nicht inzwischen die Nichtigkeit geheilt ist. Vgl. Dernburg Bd. 4 S. 64/65. Ist die Ehe nicht aufgelöst und nicht durch rechtskräftiges Urteil die Nichtigkeit derselben festgestellt, so kann im Heimatfeststellungsverfahren die Nichtigkeit nicht incidenter gewürdigt werden[16]). Nur die Nichtigkeit einer wegen Formmangels nichtigen Ehe, die überdies nicht in das Heiratsregister eingetragen wurde, kann auch während des scheinbaren Bestehens der Ehe in einem Verwaltungs- bezw. Verwaltungsrechtsverfahren festgestellt werden. B.G.B. § 1329 Satz 2[17]).

Wurde in einem Verfahren nach Art. 20 H.G. die Heimat des Kindes ohne Berücksichtigung der Nichtigkeit der Ehe rechtskräftig festgestellt, so ist von dem Augenblicke an, in welchem die Nichtigkeit der Ehe, welche nicht Putativehe ist, geltend gemacht werden kann, eine Wiederaufnahme des Verfahrens zulässig. Falls eine rechtskräftige Festsetzung noch nicht erfolgt ist, so ist im ferneren Verfahren die Heimat des Kindes unter Berücksichtigung der Nichtigkeit der Ehe zu beurteilen.

Wenn auch in keinem früheren Zeitpunkte die Nichtigkeit der Ehe, somit auch (bei nicht putativer Ehe) die Nichtehelichkeit des Kindes festgestellt werden kann, sohin bis zu diesem Zeitpunkte das Kind als eheliches zu gelten hat, so steht doch von dem Zeitpunkte an, in welchem die Nichtigkeit der Ehe richterlich ausgesprochen ist, oder in welchem infolge Auflösung der Ehe die Nichtigkeit geltend gemacht werden kann, zugleich fest, daß das Kind die Heimat des ehelichen Kindes niemals gehabt hat, daß es also stets der Heimat der Mutter folgte[18]). Der Fall der Nichtigkeit der Ehe ist übrigens

---

[16]) Denn bei formell „bestehender" Ehe ist eben nicht ein Tatbestand ausreichend, um die Nichtigkeit herbeizuführen, sondern nur der richterliche Ausspruch. Insofern besteht hier keine Ausnahme von dem Rechte des Verwaltungsrichters, auch zivilrechtliche Fragen zu würdigen. Der Verwaltungsrichter würdigt incidenter, ob ein rechtskräftiges Urteil vorliegt; ist die Ehe (durch Tod, Scheidung) gelöst, so kann er auch den Tatbestand selbst würdigen. — Anders lag die Sache vor Geltung des B.G.B. Hier begründeten bestimmte Merkmale die Gültigkeit oder Ungültigkeit der Ehe; daher konnten im allgemeinen auch die Verwaltungsbehörden incidenter hierüber entscheiden; sie durften sich aber nicht in Widerspruch mit einer in der Sache ergangenen rechtskräftigen Entscheidung der Gerichte setzen; vielmehr waren sie bei Vorhandensein eines solchen Urteils nicht mehr in der Lage, sich über die Gültigkeit der Ehe auszusprechen. Bl. Bd. 40 S. 238.

Seit 1. Januar 1900 kann auch die Ungültigkeit einer vor diesem Zeitpunkte abgeschlossenen Ehe nur mehr in den Formen des Bürgerlichen Gesetzbuches festgestellt werden.

[17]) Eine solche Ehe ist zweifellos von Anfang an kraftlos gewesen; auch der gute Glaube beider oder eines Ehegatten ändert hierin nichts. Das Kind hat niemals die Heimat des Vaters besessen, sondern ist stets jener der Mutter gefolgt, deren Heimat sich durch die scheinbare Eheschließung nicht geändert hat.

[18]) Bei formloser Ehe kann dies sogleich festgestellt werden (s. o.), bei sonst ungültiger, nicht putativer Ehe erst später — der schließliche Effekt ist stets der gleiche: das Kind war nie ehelich.

Die Streitfrage des Zivilrechtes, ob die Ehe von Anfang als nichtig in jeder Hinsicht zu gelten hat (vgl. Handausgabe des Bürgerlichen Gesetzbuches von

praktisch von minderer Bedeutung, als es scheinen möchte, weil eben recht häufig Putativehe und sohin Ehelichkeit des Kindes vorliegen wird — vgl. jedoch § 1328 B.G.B. —

b) Ist die Ehe nicht nichtig, sondern nur anfechtbar, so ist sie von Anfang an als nichtig anzusehen, falls sie gültig angefochten wurde[19]). (§ 1343 B.G.B.) In diesem Falle gilt das vorhin Gesagte. Kommt es zu einer Anfechtung nicht, so kann die Gültigkeit der Ehe von niemand und niemals, auch nicht nach Auflösung der Ehe in Zweifel gezogen werden; das Kind folgt der Heimat des Vaters.

c) Die Unehelichkeit eines Kindes, das während der Ehe oder innerhalb 302 Tagen nach Auflösung der Ehe geboren ist, kann nur in den Fällen des § 1593ff. B.G.B. geltend gemacht werden. Incidenter kann die Unehelichkeit des Kindes im Heimatvermittlungsverfahren nicht festgestellt werden[20]). Ist aber die Unehelichkeit festgestellt, so ist auch erwiesen, daß das Kind niemals der Heimat des Vaters gefolgt ist; bis dahin muß es wie ein eheliches behandelt werden.

§ 29.

Abgeleitete Heimat der außerehelichen Kinder.

1. a) Nach dem Rechte vor 1825 hatten außereheliche Kinder, solange sie nicht eine selbständige Heimat erwarben, die Heimat da, wo die Mutter dieselbe besaß oder besessen hatte. „Uneheliche Kinder folgen dem domicilio der Mutter.“ Bayrische Gerichtsordnung 1753 cap. I § 3. Bettelordnung 1780 Ziff. 8. Hat die Mutter eine selbständige Heimat nicht, so folgt das außereheliche Kind zwar einer sonstigen ursprünglichen Heimat der Mutter, nicht aber der sogen. Geburtsheimat der Mutter, sondern erlangt in diesem Falle in Ermanglung einer eigenen selbständigen Heimat die Heimat in seinem Geburtsorte[1]).

b) Nach § 3 des H.G. vom 11. September 1825 ist bei außerehelichen Kindern, wenn dieselben keine selbständige Heimat erworben

Fischer-Henle zu § 1329 Anm. 1; Dernburg Bd. 4 S. 66 IV) berührt unsere Frage im Hinblick auf die analoge Entscheidung in Ansehung der Heimat der Ehefrau in Art. 4 H.G. nicht.

[19]) Dies allein bildet den Gegenstand der inzidenten Würdigung im Heimatfeststellungsverfahren.

[20]) Es kann wiederum nur ermittelt werden, ob die Ehelichkeit gültig angefochten ist.

[1]) Dies ist zwar nur für eheliche Kinder ausdrücklich ausgesprochen, muß aber auch für außereheliche nach der Natur der Sache gelten. Vgl. v. Seydel Bd. 2 S. 49 Note 6 und die dort angeführten Behelfe. V.G.H. Bd. 4 S. 543: „Auch die Heimat außerehelicher Kinder wurde, falls das rechtmäßige Domizil der Mutter nicht zu erforschen war, subsidiär am Geburtsorte der Kinder begründet.“

haben, die Heimat da begründet, wo die Mutter die letzte Heimat gehabt hat oder noch hat. Die Heimat der Mutter ist nun unbeschränkt vererblich; die Geburtsheimat fällt weg.

c) Nach Art. 1 des H.G. von 1868 hat das außereheliche [2]) Kind seine ursprüngliche Heimat in jener Gemeinde, in welcher seine Mutter heimatberechtigt ist oder zuletzt gewesen ist. Das außereheliche Kind folgt demnach der Heimat der Mutter, bis es eine selbständige Heimat erwirbt.

2. „Kind" ist wie bei ehelichen Kindern lediglich im Sinne der Abstammung zu verstehen; Geschlecht, Alter, Wohnsitzgemeinschaft 2c. sind ohne Belang. Belanglos ist aber auch, ob die Mutter verheiratet ist oder nicht. Die Ehe der Mutter mit dem Erzeuger der Kinder macht diese unter Umständen zu ehelichen kraft Legitimation. Dieser Fall scheidet jedoch hier aus.

Zu betonen ist, daß außereheliche Kinder auch diejenige Heimat erlangen, welche die Mutter kraft Eheschließung [3]) erwirbt. Auch wenn die Heimatgemeinde des Mannes gegen seine Eheschließung keinen Einspruch erhob, weil sie von dem Vorhandensein eines außerehelichen Kindes nichts wußte, erlangt gleichwohl das letztere die neue Heimat der Ehefrau [4]). Die außerehelichen Kinder teilen demnach mit den ehelichen Kindern der Frau die ursprüngliche Heimat. Während aber die letzteren nach dem Tode des Vaters oder, falls dieser die Staatsangehörigkeit verliert, die letzte Heimat des Vaters beibehalten, ohne Rücksicht auf die Aenderung der Heimat der Mutter, folgen die außerehelichen Kinder der Heimat der Mutter auch fernerhin, erlangen demnach auch die Heimat, welche die, Witwe gewordene, Mutter erwirbt, — auch jene, welche sie infolge Wiederverheiratung erlangt. Diese Konsequenz, welche eine Gemeinde stark belasten kann, hat zu wiederholten gesetzgeberischen Anträgen geführt, welche jedoch keinen Erfolg hatten (s. v. Riedel S. 91 Note 14 [5]).

---

[2]) Außereheliches Kind ist jenes, welches nicht eheliches ist. Hierfür sind die einschlägigen Zivilrechte maßgebend. Vgl. § 28. Bei dem Kinde einer Witwe kommt es zunächst darauf an, ob es innerhalb der „kritischen Zeit" nach dem Tode des Ehemannes geboren wurde. Gleiches gilt von dem Kinde einer geschiedenen Ehefrau.

[3]) Insbesondere folgt auch das außereheliche volljährige, selbständige Kind, das noch keine Heimat erworben hat, derjenigen mütterlichen Heimat, welche diese durch Eheschließung erlangt. Vgl. Bl. Bd. 1 S. 241. — v. Seydel Bd. 2 S. 59 bei Note 25.

[4]) V.G.H. Bd. 8 S. 40: „Für uneheliche Kinder ist die Heimat der Mutter unbedingt entscheidend; sie hängt nicht von der Wissenschaft der betreffenden Gemeinde von der Existenz eines solchen Kindes ab." — Wäre übrigens das Verehelichungszeugnis materiell unwirksam, so wäre die Heimat der Kinder durch die Ehe der Mutter nicht geändert. Durch unrichtige Angaben (z. B. der Heimatgemeinde der Braut) können zivilrechtliche Haftungen entstehen.

[5]) Die Folge des Gesetzes ist, daß eine Frau mit vielen unehelichen Kindern nicht nur sich selbst, sondern auch diesen die Heimat in einer anderen Gemeinde

Auch wenn die Mutter des unehelichen Kindes eine Ehe, für welche das distriktspolizeiliche Verehelichungszeugnis notwendig gewesen wäre, aber nicht erholt wurde, eingegangen hat, so folgt das uneheliche Kind der Heimat der Mutter. Es ist kein Grund einzusehen, warum die außerehelichen Kinder einer Ehefrau verschieden behandelt werden sollten, je nachdem für die Ehe der Mutter ein distriktspolizeiliches Verehelichungszeugnis erholt wurde oder nicht. A. M. Reger S. 103 Anm. 14 [6]).

3. Stirbt die Mutter, so bleibt nun die Heimat, welche sie zur Zeit ihres Todes besaß, solange die Heimat des Kindes, bis dieses selbst eine Heimat erwirbt. Verliert die Mutter die bayrische Staatsangehörigkeit und damit die bayrische Heimat, so verliert das außereheliche Kind die Heimat nicht, es sei denn, daß es auch die Staatsangehörigkeit verliert [7]) [8]). Das außereheliche Kind behält

---

verschafft, wenn sie heiratet und der Mann anderswo beheimatet ist. Das ist begründet, wenn die Kinder legitimiert werden, nicht aber, wenn die Kinder den Ehegatten nichts angehen. Machenschaften einer Gemeinde, Müttern mit unehelichen Kindern die Heirat durch Beisteuern lediglich zu dem Zwecke zu ermöglichen, um die Kinder „abzuschieben," sind nicht selten. M. E. würde eine solche Gabe, wenn sie sonst nicht üblich ist und nur zu dem Zwecke erfolgt, nicht eine Verehelichung aus ethischen Gründen zu fördern, sondern die Armenlast auf eine andere Gemeinde abzuwälzen, gegen die guten Sitten verstoßen. Erwächst jener Gemeinde wirklich eine Armenlast, so würde eine Klage aus § 826 B.G.B. nicht unmöglich sein.

[6]) M. E. ist Art. 1 Abs. 2 H.G. fraglos auch auf außereheliche Kinder anzuwenden, deren Mutter ohne Verehelichungszeugnis geheiratet hat. Art. 31 II H.G. will doch nur eine Vorschrift geben für die aus der zeugnislosen Ehe entsprossenen Kinder, nicht aber die sonstigen Regeln hinsichtlich der Heimatfolge aufheben. Die unterschiedliche Behandlung wäre auch schwerlich irgendwie zu motivieren.

[7]) Ein interessantes Beispiel, das zugleich zeigt, welche Einwendungen gegenüber den klaren Bestimmungen des Gesetzes erhoben werden, findet sich in den Bl. Bd. 30 S. 70:

> Im Dezember 1868 hat Maria M., geborene N., Witwe des 1862 verstorbenen Max M., beheimatet in A, ein außereheliches Kind geboren, welchem der Name Alexander beigelegt wurde. Dieses Kind hat im Augenblick seiner Geburt die Heimat der Mutter in A erworben. Maria M. wurde im Jahre 1870 aus dem bayrischen Staatsverband entlassen und erwarb mit ihren beiden ehelichen Söhnen die preußische Staatsangehörigkeit. Die Heimat des Alexander N. wurde streitig. Die zuständige Behörde sprach aus, daß er seine ursprüngliche Heimat in A habe. Denn da er weder aus dem bayrischen Staatsverbande entlassen, noch in den preußischen aufgenommen worden sei, so habe er auch die Heimat seiner Mutter nach deren Abzug beibehalten. Außereheliche Kinder verlieren ihre Staatsangehörigkeit nur durch Legitimation, wenn der Vater einem andern Bundesstaate angehörte als die Mutter. Dieser Fall sei hier nicht gegeben. Sei er aber bayrischer Staatsangehöriger geblieben, so müsse er auch seine ursprüngliche Heimat in A behalten haben. — Die Gemeinde A erhob hiergegen Beschwerde, in welcher sie ausführte, daß die außereheliche Mutter des A mit dem bayrischen Indigenate zugleich die bayrische Heimat aufgegeben habe und

hierbei die letzte Heimat seiner Mutter. Wäre die Mutter bei Beibehaltung der bayrischen Staatsangehörigkeit einer anderen Heimat ihrer Eltern gefolgt, so ist dies ohne Einfluß für die Heimat des Kindes. — Vgl. hierher auch § 28, S. 191.

4. Die Heimatfolge der unehelichen Kinder ist zunächst nur für diejenigen Kinder zu behaupten, welche durch Geburt die Staatsangehörigkeit in Bayern besitzen und deren bayrische Mutter im Zeitpunkt der Geburt eine Heimat in Bayern besitzt.

Hat das uneheliche Kind bei der Geburt keine wirkliche Heimat in Bayern gewonnen, weil es Nichtbayer war, und hat die Mutter später die bayrische Staatsangehörigkeit erlangt, so folgt das Kind dieser Staatsangehörigkeit an sich nicht (§ 7 Seite 31). Dann kann eine Heimatfolge ohnehin nicht in Frage kommen. Es kann aber sein, daß auch das Kind in den bayrischen Staatsverband aufgenommen wird, gleichzeitig mit der Mutter oder früher oder später als diese. Hier ist nun zu unterscheiden:

Ist die Mutter zunächst heimatlose, dann aber heimatberechtigte bayrische Staatsangehörige geworden, so folgt das außereheliche Kind (nicht das eheliche Kind aus einer früheren Ehe), das nicht selbst eine Heimat erworben hat, dieser Heimat sogleich oder später, sobald es die Staatsangehörigkeit erlangte. Dies ist auch in dem Falle zutreffend, daß das außereheliche Kind schon bei seiner Geburt heimatloser Bayer war, weil seine Mutter diese Eigenschaft besaß. Die Heimatfolge ist hierbei nach Art. 11 v H.G. allerdings ausdrücklich nur dann anerkannt, wenn die Mutter durch 4- oder 7jährigen geeigneten Aufenthalt in einer Gemeinde kraft Gesetzes die

---

daß dieser ihr Heimatverlust auch den gleichen Verlust für den Sohn zur Folge gehabt habe. Denn wenn ein außereheliches Kind bloß die letzte Heimat seiner Mutter haben könne, so müsse es diese auch gleichzeitig mit der Mutter verlieren. Die einseitige Auswanderung der Mutter könne für die Gemeinde keine ungünstige Heimatwirkung erzeugen. Bei gegenteiliger Annahme würde jede Frauensperson, welche sich der Alimentationspflicht gegenüber ihren unehelichen Kindern entziehen wolle, nur um Entlassung aus dem Staatsverbande nachsuchen und das Vorhandensein unehelicher Kinder zu verschweigen brauchen. Hätte diese Verschweigung nicht stattgefunden, so wäre die Entlassung sicherlich nur unter der Bedingung genehmigt worden, daß sich dieselbe auch auf den außerehelichen Knaben zu erstrecken habe. Die Entlassung sei sozusagen erschlichen worden. Darum müsse der Knabe ebenfalls als ausgewandert betrachtet werden und habe derselbe einen Unterstützungswohnsitz in Preußen erlangt. — Selbstverständlich wurden diese durchaus unrichtigen Ausführungen von der höheren Instanz zurückgewiesen.

[8]) Da Verlust der Heimat seitens der Mutter nicht Verlustgrund für die Heimat des Kindes ist, so behält dieses seine Heimat auch dann bei, wenn die Mutter durch die Ehe oder aus einem anderen Anlasse heimatlose Angehörige des bayrischen Staates mit oder ohne vorläufige Heimat werden sollte. Vorläufige Heimat ist keine Heimat; ihr folgt das Kind, welches eine wirkliche Heimat hat, nicht.

Heimat erwirbt, muß aber durch Analogie aus den bereits in § 26 angeführten Gründen auch auf die übrigen Fälle des Heimaterwerbes [9]) bisher Heimatloser angewendet werden, insbesondere auch auf den Fall des Heimaterwerbes nach Art. 9 des Heimatgesetzes, wobei eine entgegenstehende Vereinbarung zwischen Mutter und Gemeinde, welche die Heimatfolge des Kindes ausschließen soll, unwirksam ist (vgl. § 26). Ebenso ist der Satz des Art. 11 v H.G. anzuwenden, wenn die heimatlose, aber bayrische Mutter durch Verehelichung eine Heimat in Bayern erwirbt [10]).

Anders liegt die Sache, wenn die Mutter bayrische Staatsangehörige und gleichzeitig heimatberechtigt wird, ohne also heimatlos gewesen zu sein. Dies ist insbesondere der Fall, wenn die außereheliche, bisher nichtbayrische Mutter einen Bayern heiratet [11]). In diesem Falle wird das uneheliche, durch die Ehe nicht legitimierte Kind nicht heimatberechtigt, gleichwohl ob es die bayrische Staatsangehörigkeit gleichzeitig mit der Mutter oder später erlangt, oder schon vorher erlangt hat. Das Kind bleibt in diesem Falle heimatlos [12]).

---

[9]) Auch wenn die Mutter z. B. als eheliche Tochter eines zunächst heimatloser Bayer, dann heimatberechtigter Bayer werdenden Vaters die ursprüngliche Heimat erlangt hat, und das Kind somit zunächst auch heimatloser Bayer gewesen ist, gewinnt es ebenfalls die mütterliche Heimat. Würde dagegen die Mutter als eheliche Tochter des gleichzeitig mit der Staatsangehörigkeit eine bayrische Heimat erwerbenden Vaters mit ihm gleichzeitig Indigenat und Heimat erlangt haben, so würde, auch wenn ihr außereheliches Kind die bayrische Staatsangehörigkeit ebenfalls besäße, dieses die mütterliche (ursprüngliche) Heimat nicht erringen. (S. unten.) — Denn Art. 10 muß auch angewandt werden, wenn die bisher nichtbayrische Mutter die ursprüngliche Heimat in Bayern erlangt.

[10]) Beispiel: Der Preuße A hat die B geheiratet und die Aufnahme in Bayern erlangt, ohne eine Heimat zu erwerben. Er stirbt; seine Witwe B gibt einem außerehelichen Kinde C das Leben, das nun auch heimatloser Bayer ist. B heiratet den in M beheimateten D. Dadurch erlangt B und mit ihr C die Heimat in M. — Würde B erst nach der Geburt des C (als Witwe) die bayrische Staatsangehörigkeit ohne Heimat erlangt haben, so daß C durch die Aufnahme der Mutter nicht Bayer geworden ist, dann B einen in M beheimateten Mann geheiratet haben, C aber, sei es vor oder nach dieser Eheschließung ebenfalls heimatloser bayrischer Staatsangehöriger geworden sein, so würde C nun ebenfalls der mütterlichen Heimat folgen. Denn es genügt, daß in irgend einem Zeitpunkte die Voraussetzungen des Art. 11 H.G. vorhanden sind.

[11]) v. Seydel Bd. 2 S. 59 bei Note 26.

[12]) Außer den in Anm. 9 und 10 bereits angeführten Beispielen mögen noch folgende zur Erläuterung dienen.

A, beheimatet zu N in Bayern, wird Mutter eines außerehelichen Kindes B. Sie heiratet einen Preußen, der nach Art. 6 und 10 H.G. Anspruch auf die Heimat in M erlangt, diesen Anspruch durchsetzt, die bayrische Staatsangehörigkeit erwirbt und mit ihr die Heimat in M. Nach V.G.H. bleibt das Kind in N beheimatet, m. E. in M (vgl. Ziff. 5). — Die Preußin A wird Mutter eines außerehelichen Kindes B; sie heiratet später den Preußen C. Das Kind wird nicht legitimiert. B wächst heran und wird heimatloser Bayer. C wird später auch

Dies ist ausdrücklich ausgesprochen in Art. 10 III H.G.[13]): „Die Kinder einer Nichtbayerin, welche durch Verehelichung die Heimat in Bayern erwirbt, folgen dieser Heimat nur dann, wenn sie durch jene Verehelichung legitimiert werden.“ Aber auch, wenn die Mutter durch Anstellung (als Beamtin, Lehrerin ꝛc.), oder durch Legitimation mit der Staatsangehörigkeit gleichzeitig die Heimat erlangt, ebenso wenn die Mutter vor ihrer Aufnahme in den Staatsverband einen Anspruch auf Grund des Art. 6, 7 H.G. durchgefochten hat, oder die Heimat kraft Art. 9 bedingungsweise verliehen erhielt, so daß ihr gleichzeitig mit der Erlangung der Staatsangehörigkeit eine Heimat zufällt, so zieht sie das uneheliche Kind, auch wenn dieses bayrischer Staatsangehöriger ist, nicht mit sich in ihre neue Heimat[14]). Denn wie schon oben hervorgehoben, ist Art. 1 H.G. hinsichtlich der ersten Erlangung der Heimat nur auf Personen anwendbar, welche als Kinder eines Heimatberechtigten geboren wurden; Art. 10 II u. III H.G. aber läßt offenbar nur für eheliche Kinder eine Heimatfolge zu.

Die Verschiedenheit der Behandlung, je nachdem die außereheliche Mutter vor der Heimaterwerbung heimatlose Bayerin oder Nichtbayerin gewesen ist, scheint des inneren Grundes zu entbehren; neben einer gewissen Rücksichtnahme auf die Gemeinden erklärt sich dieselbe daraus, daß Art. 10 älter ist als Art. 11; ursprünglich wollte man die Heimaterwerbung fremder außerehelicher Kinder erschweren, bezw. durch die Nichtgewährung einer Heimat auch die Erlangung des bayrischen Indigenats bei ihnen verhindern; später hat man zugunsten der deutschen, durch — unter Umständen nicht ablehnbare — Aufnahme Bayern werdenden unehelichen Kinder diesen Standpunkt verlassen, aber den neuen Standpunkt nicht konsequent für den Fall durchgeführt, daß ein Deutscher auf dem Wege des Art. 10 H.G. eine Heimat erwirbt.

5. Der in § 26 Ziff. 8 angeführte Fall gilt analog auch für die Heimatfolge außerehelicher Kinder. Wenn also eine bayrische Mutter beispielsweise durch Verheiratung mit einem Oesterreicher auf-

---

heimatloser Bayer, mit ihm A. Sodann erwerben C und A die Heimat in M. B wird nun gleichfalls in M (ursprünglich) beheimatet. Hat im gleichen Falle C zunächst in M eine Heimat verliehen erhalten und ist dann Bayer geworden, so wird B nicht in M beheimatet; es bleibt heimatlos, obgleich nun seine Mutter eine Heimat in Bayern hat.

[13]) Die Fassung des Gesetzes scheint etwas schief. Legitimierte Kinder folgen nicht der Mutter, sondern dem Vater in der Heimat. — Art. 10 III gilt übrigens nicht bloß für uneheliche Kinder, sondern auch für Kinder aus früherer Ehe. Da diese durch die Ehe niemals legitimiert werden können, so folgen sie der neuen Heimat der Mutter niemals.

[14]) Der Gesetzgeber ist damit seinen Prinzipien nicht ganz treu geblieben; er ist m. E. ohne inneren Grund hinsichtlich der Heimatfolge unehelicher Kinder von dem in Art. 1 aufgestellten Programm stark abgewichen; aber die Inkonsequenz ist begreiflich; sie erspart den bayrischen Gemeinden Armenlasten.

hört, bayrische Staatsangehörige zu sein und somit die Heimat verliert, welche sie auf ihr außereheliches Kind übertragen hat, das Staatsangehörigkeit und Heimat behält, — wenn dann später die Mutter wieder, etwa durch abermalige Eheschließung mit einem Bayern eine bayrische Heimat erwirbt, so fährt von nun an das Kind, wenn es noch die ursprüngliche Heimat besitzt, fort, der mütterlichen Heimat zu folgen [15]).

6. Der Anspruch, den die Mutter des außerehelichen Kindes oder für sie ihre bisherige Heimatgemeinde auf Verleihung der Heimat gemäß Art. 6 und 7 H.G. gegen die Aufenthaltsgemeinde gestellt hat, geht auf das Kind, welches selbst noch keine Heimat erworben hat, nur dann über, wenn vor dem Tode der Mutter der Antrag auf verwaltungsrechtliche Feststellung des Anspruchs der zuständigen Behörde zugegangen ist. Dann ist der Anspruch „rechtshängig"; das Verfahren wird durch den Tod der Mutter nicht beendet. Die zu gunsten des Antrages ergehende Entscheidung bewirkt die Heimatfolge des Kindes vom genannten Zeitpunkte an. Vgl. über die Voraussetzungen und Bedeutung dieser Heimatfolge § 27.

Ist dagegen der Anspruch noch nicht rechtshängig, wenn auch von der Mutter oder der bisherigen Heimatsgemeinde bei der Gemeinde geltend gemacht, so geht er **niemals** auf das außereheliche Kind über [16]).

§ 30.

Abgeleitete Heimat der Ehefrau.

A. In den alten bayrischen Landesteilen teilt die Ehefrau, sofern sie nicht eine selbständige Heimat erlangt (Heimatvorbehalt), vor dem Gesetze vom 11. September 1825 die Heimat des Ehemanns. Dies bestimmt cap. 1 § 14 der bayr. Gerichtsordnung von 1753.

B. Im **Heimatgesetze** vom 11. September 1825 findet sich eine ausdrückliche Bestimmung nicht; man hält an sich für selbst-

[15]) A.M. V.G.H. Bd. 5 S. 316. Vgl. § 26 Anm. 29.

[16]) V.G.H. Bd. 20 S. 135 „Die Bestimmung in Art. 16 III H.G. findet keine Anwendung, wenn eine Frauensperson nach der Anmeldung des Anspruches mit Hinterlassung außerehelicher Kinder stirbt. „Der Wortlaut des Gesetzes sei klar und unzweideutig." Die Auslegung, daß auch die Anmeldung des Anspruches seitens einer außerehelichen Mutter zugunsten des außerehelichen Kindes wirken solle, wäre gegenüber dem Wortlaute des Gesetzes, der von der „Witwe" und „ehelichen Kindern" spricht, nur zulässig, wenn eine solche Absicht des Gesetzgebers mit voller Sicherheit zu erkennen wäre Das sei **nicht der Fall**, wie aus den Gesetzgebungsverhandlungen erhelle. M. E. sind diese Darlegungen zutreffend. **Reger** (S. 29 Anm. 19) will aus der Vorgeschichte des Gesetzes folgern, daß auch uneheliche Kinder der Wohltat des Letzteren teilhaftig werden sollen. M. E. sind in der Novelle von 1896 gerade bei Neufassung des Art. 6 die Worte vorsichtig und mit Bedacht gewählt worden. Wollte man so weit gehen, wie **Reger** glaubt, so hätte man eine allgemeinere Fassung gesucht und gefunden.

verständlich, daß die Frau des Mannes Heimat teile — wenn nicht infolge besonderer Verträge der Frau eine selbständige Heimat gesichert ist (Heimatvorbehalt).

Ausdrücklich bestimmt ist, daß die Witwe die letzte Heimat des Mannes vor seinem Tode, die geschiedene Frau die letzte Heimat des Mannes vor der Scheidung teile; ist jedoch die Ehe aus dem Verschulden der Frau für immer getrennt worden, so erhält sie die Heimat wieder, welche sie vor geschlossener Ehe gehabt hatte [1]). Diese Heimat hat auch den Charakter, den sie vor der Eheschließung besaß.

C. Das Gesetz vom 16. April 1868 sagt in Art. 3: „Frauenspersonen erwerben durch Schließung einer gültigen Ehe die Heimat des Mannes." Dies gilt für alle Frauen, ob sie bisher Bayern waren oder nicht, welche im Augenblicke der Eheschließung oder durch dieselbe bayrische Staatsangehörige sind oder werden [2]). Ferner bestimmt Art. 4: „Die Ehefrau folgt der Heimat des Mannes." Beide Bestimmungen sind auch in der neuesten Fassung des Gesetzes geblieben.

Da nun aber auch Art. 10 Abs. II die Erwerbung des Heimatrechtes seitens des bisher nichtbayrischen Ehemannes auf die Ehefrau ausdehnt, außerdem Art. 11 den auf Ersitzung beruhenden Heimaterwerb durch einen bayrischen, aber heimatlosen Ehemann gleichfalls auf die Ehefrau erstreckt, — eine Regel, die nach der Tendenz des Gesetzes unbedenklich auf jede Art des Heimaterwerbes seitens eines heimatlosen Bayern ausgedehnt werden kann, (und da schließlich nach Art. 18 die Ehefrau auch in die angewiesene Heimat eintritt), so kann das für die Ehefrau geltende Recht folgendermaßen formuliert werden: Eine die bayrische Staatsangehörigkeit besitzende Ehefrau eines Bayern **teilt in der Regel** die Heimat des Mannes [3]).

Der formulierte Satz bedeutet aber nur die **Regel**.

---

[1]) Es muß hinsichtlich der **Ehefrau** wirkliche Scheidung vorliegen. Ein interessantes **Beispiel** geben Bl. Bd. 23 S. 71.

Die Eheleute A wurden aus alleinigem Verschulden der Ehefrau durch Erkenntnis des bischöflichen Konsistoriums vom Jahre 1849 auf unbestimmte Zeit von Tisch und Bett geschieden. 1851 trat der Ehemann A zum protestantischen Glauben über; nun wurde vom protestantischen Ehegericht die Ehe dem Bande nach getrennt. Die Ehefrau wurde irrsinnig und bedurfte Armenhilfe. Hat sie nun die Heimat in C, wo sie vor der Eheschließung beheimatet war, oder da, wo der Ehemann seine Heimat hat zur Zeit der Scheidung oder wo sonst? Die erste Instanz nahm an, C sei die Heimat, weil die Ehefrau als schuldiger Teil erkannt und die Ehe für immer getrennt sei. Bl. nehmen an, A d. h. der Heimatort des Ehemannes zur Zeit der Scheidung sei Heimat der Ehefrau, weil bezüglich der **Ehefrau** das Erkenntnis des Konsistoriums maßgebend sei, das eine lebenslängliche Trennung nicht ausspreche. Dies dürfte richtig sein; die **Scheidung** ist auch in diesem Falle gegeben, aber keine „für immer geschehene Trennung."

[2]) Vgl. v. **Riedel** S. 103 Note 5; **Reger** S. 10 Anm. 5.

[3]) v. **Seydel** Bd. 2 S. 59 bei Note 27.

Die Ehefrau erwirbt nach Art. 3 II H.G. die Heimat des Mannes. Diese Heimat ist für sie eine „erworbene“ im Sinne der Terminologie des Gesetzes. Also: durch die Eheschließung erwirbt die Ehefrau eine Heimat; hat sie in der Gemeinde schon die ursprüngliche Heimat gehabt, so erlischt diese Eigenschaft vorbehaltlich des Art. 4 III für alle Zeiten; die Eheschließung ist für die Frau der Erwerbstitel für eine neue, erworbene Heimat, gleichviel welche Heimat sie bisher hatte, ob sie nun eine ursprüngliche Heimat oder bereits eine Ehefrauenheimat oder eine Beamtenheimat oder eine verliehene Heimat besaß — es müßte denn sein, daß eine dieser Heimatgattungen kraft besonderer Bestimmungen durch die Ehefrauenheimat nicht verdrängt werden kann, was jedoch für keine dieser Heimatgattungen zutreffend ist.

Nach Art. 4 I folgt die Ehefrau der Heimat des Mannes. Sie nimmt also jede Heimat ebenfalls an, die der Ehemann erwirbt. Dieser Besonderheit der erworbenen Heimat der Ehefrau macht den neuen Heimattitel auch dann bedeutungsvoll, wenn dieselbe schon bisher in der nämlichen Gemeinde eine selbständige Heimat besessen haben sollte; sie erlangt jetzt eine besonders geartete Heimat. Die Heimat der Ehefrau ist nämlich zwar eine erworbene, aber doch eine abgeleitete oder abhängige. — Auch die Kinder „folgen“ der Heimat des Vaters. Die Heimatfolge der Kinder dauert, wie wir sahen, nur so lange, bis sie selbst eine Heimat „erworben“ haben. Gilt dies nun auch für die Ehefrau? Folgt auch sie der Heimat des Mannes nur insolange, als sie keine andere Heimat erworben hat oder aber: kann sie, weil sie der Heimat des Mannes folgt, eine andere Heimat gar nicht erwerben? Ist also etwa die Eigenschaft der Ehefrau ein Hemmnis für selbständige Heimatrechtserwerbungen?

Von vornherein muß betont werden, daß der Wortlaut „die Ehefrau folgt der Heimat des Mannes“ nicht dazu zwingt, die letzte Auffassung anzunehmen. Der Wortaut kann auch dahin verstanden werden: die Ehefrau folgt der Heimat des Mannes „so lange sie nämlich die Ehefrauenheimat besitzt“. Es kann also die Regel ausgesprochen, die Ausnahme stillschweigend gedacht sein.

Da aus dem Wortlaut des Art. 4 unmittelbar nichts mit Sicherheit entnommen werden kann, so ist es veranlaßt, zunächst die geschichtliche Entwicklung zu verfolgen. Hier muß zugegeben werden, daß man früher offenbar keine andere Vorstellung hatte, als daß die Frau die Heimat des Mannes stets teilen mußte. Die Frau hatte nicht die Möglichkeit einen Wohnsitz zu haben, verschieden von jenem des Mannes, und so mußte sie wohl auch das Aufenthaltsrecht da haben, wo es der Mann hatte. Auch die Unterstützungspflicht derjenigen Gemeinde schien angebracht, welcher der Mann zugehörte; denn nur seine Verarmung bewirkte regelmäßig jene der Frau; kann man ja selbst unter der Herrschaft des Bürgerlichen Gesetzbuches die dem Manne und die der Frau gewährte Armenunterstützung in vielen Fällen kaum trennen.

Indes: eine Ausnahme war doch auch nach früherem Rechte möglich und sogar häufig. Die Gemeinden ließen sich nicht selten nur dann bestimmen, der Verehelichung des Mannes (seiner Ansässigmachung) zuzustimmen, wenn sie die eventuelle Armenlast für die Frau nicht zu übernehmen brauchten, sondern diese der früheren Heimatgemeinde der Frau verblieb. Dies führte zu den sogen. Heimatvorbehalten, d. i. Verträgen, welche der Ehefrau im Hinblick auf die bevorstehende Heirat die selbständige Heimat in einer Gemeinde sicherten. In diesem Falle hatte also die Frau Aufenthalts-, und auch Unterstützungsrecht anderswo als der Mann.

Diese Bresche in das Prinzip: „Familiengemeinschaft = Heimatgemeinschaft" war m. E. eine sehr gewichtige und für unsere Frage entscheidende.

Das gegenwärtige Heimatrecht kennt eine größere Zahl von Erwerbsgründen der Heimat als das frühere, welche nach der Natur der Sache auch Frauen zugänglich sind. Daß Witwen alle möglichen Arten der Heimat erwerben können, daran zweifelt ohnehin niemand, obgleich die Worte in Art. 4 I: „dessen (des Mannes) letzte Heimat sie auch als Witwe beibehält", die Witwe ebenso an eine bestimmte Heimat zu fesseln scheinen, wie die vorhergehenden Worte: „die Ehefrau folgt der Heimat des Mannes" die Ehefrau.

Wie wir unten sehen werden, ist ein Heimatvorbehalt im bisherigen Sinn nach dem gegenwärtigen Rechte nicht mehr möglich. Daß aber das Gesetz die Sache habe unmöglich machen wollen, ist nicht anzunehmen; im Gegenteil wird man annehmen dürfen, daß vermöge einer allmählich sich Geltung verschaffenden Anschauung, welche den Frauen freieren Spielraum gewährt als in früheren Zeiten, der Gesetzgeber, wenn er die Ehefrauen prinzipiell hätte von anderen Arten der Heimat ausschließen wollen, dies deutlich zum Ausdruck gebracht hätte. Hiernach spricht m. E. nicht nur die Fassung des Art. 4 H.G. nicht absolut gegen die rechtliche Zulässigkeit der Erwerbung einer andern Heimat durch die Ehefrau — es spricht auch für diese Zulässigkeit, daß in den einschlägigen Bestimmungen nirgends einer Ehefrau der Erwerb einer bestimmten Heimatart versagt ist. Eine Ehefrau kann definitiv angestellte Beamte werden — also auch die Heimat nach Art. 2 erwerben —, sie kann, ohne daß ihr Mann diese Eigenschaft erlangt, Bürger und damit heimatberechtigt werden, (§ 31) — sie kann durch Aufenthalt Anspruch auf Verleihung der Heimat erwerben oder das Heimatrecht durch Vertrag verliehen erhalten, — nirgends ist im Gesetze bei Anführung der Voraussetzungen gesagt, daß der Erwerber nicht Ehefrau sein dürfe[4]).

---

[4]) v. Riedel S. 104 Note 9 „Die Frage, ob eine Ehefrau durch Vertrag eine besondere Heimat erwerben könne, ist zu bejahen, nachdem in Art. 9 ganz allgemein bestimmt ist, daß die Gemeindeverwaltung jedem Staatsangehörigen auf Ansuchen die Heimat verleihen kann." Vgl. die einschlägige Darstellung dieses Buches.

Freilich die Möglichkeit, die Voraussetzungen der betreffenden Erwerbsart zu erfüllen, mag den Ehefrauen manchmal schwerer fallen als den Männern oder unverheirateten Frauen. Aber das tut nichts zur Sache; überdies ist nach dem Rechte des Bürgerlichen Gesetzbuches jedenfalls diese rechtliche Möglichkeit eine bessere als früher; die Ehevogtei des Mannes ist aufgehoben. Demnach ist der obigen, tatsächlich auch heute ganz überwiegenden Regel die Ausnahme beizufügen:

Sofern jedoch die Ehefrau als solche gültig eine andere Heimat erworben hat, teilt sie die Heimat des Mannes hinfort nicht mehr[5]).

Wir dürfen sonach die Eheschließung für die Frau als einen Erwerbsgrund der Heimat erachten, wie jeden anderen auch, nur daß die Ehe als Familiengemeinschaft auch nach der Zeit ihres Abschlusses Wirkungen ausübt, eben jene Heimatfolge, die aber wiederum in der angedeuteten Weise beschränkt ist.

Weil die Ehe ein voller Erwerbsgrund der Heimat ist, so geht mit der Eheschließung jede andere Heimat verloren, auch die vertragliche[6]). Es ist auch nicht möglich, durch Willkür, Verzicht oder Vertrag auszuschließen, daß die Ehe für die Ehefrau die Heimat des Mannes begründet. Denn die Ehe wirkt ipso jure, kraft Gesetzes, als Heimaterwerbungsgrund. Ein Heimatvorbehalt im früheren Sinne ist nicht mehr möglich. Wohl kann zwischen der Frau und der Gemeinde schon vor der Eheschließung ein Vertrag abgeschlossen werden, demzufolge die Gemeinde der Frau die Heimat zu verleihen verspricht; dieser Vertrag, der übrigens rechtlich unverbindlich ist, erlangt erst durch die wirkliche Verleihung Wirksamkeit. Wäre aber

[5]) v. Riedel S. 105 Note 2 ist anderer Ansicht. „Jede Veränderung in den Heimatverhältnissen des Ehemannes erstreckt sich von Rechtswegen auch auf die Heimat der Ehefrau. Hiernach geht auch das vertragsmäßige Heimatrecht, welches einer Ehefrau etwa zusteht, verloren, wenn der Ehemann später eine neue Heimat erwirbt. (Art. 15 Ziff. 1.)“ Dagegen Reger S. 11 Anm. 1, der zur Stelle des Gesetzes „die Ehefrau folgt der Heimat“ bemerkt, der in Art. 4 Abs. 1 H.G. ausgesprochene Grundsatz werde nur unter dem Vorbehalte zur Anwendung zu kommen haben, daß nicht durch Vertrag bezw. Dienstvertrag (Art. 2) für die Ehefrau ein selbständiges Heimatrecht konstituiert sei. M. E. ist keine Möglichkeit vorhanden, wenn man einmal, wie v. Riedel, zugibt, daß durch Vertrag die Ehe-Heimat ausgeschaltet werden kann (was dann wohl für die anderen Arten des Heimaterwerbs ebenso gelten muß), das Wiederaufleben der ehelichen Heimatfolge durch eine Aenderung der Heimat des Ehemannes zu begründen. Aus Art. 15 H.G. folgt diese Wiederkehr nicht.

[6]) A. M. scheint ohne nähere Begründung zu sein Reger S. 11 Anm. 1, vgl.: „Uebrigens wird der ... in Art. 3 II ausgesprochener Grundsatz nur unter dem Vorbehalte zur Anwendung zu kommen haben, daß nicht durch Vertrag bezw. durch Dienstvertrag (Art. 2 I) für die Ehefrau ein selbständiges Heimatrecht konstituiert ist.“ Bei der absoluten Fassung des Art. 3 II wird man die Bedeutung der Eheschließung als Heimaterwerbstitels so wenig leugnen dürfen, wie etwa jene der Anstellung als Beamter nach Art. 2. In beiden Fällen weicht die frühere notwendig der neuen Heimat; in beiden aber auch diese neue einem späteren Heimaterwerbsgrund.

anzunehmen, daß diese Verleihung vor der Eheschließung erfolgt ist, so würde die hierdurch erworbene Heimat durch die Ehe wieder beseitigt (s. hierüber § 52).

Ist die Ehefrauenheimat einmal verloren, so lebt sie nur dann wiederum auf, wenn die Ehefrau andernfalls keine wirkliche Heimat hätte — vorausgesetzt, daß sie in jenem Zeitpunkt noch Ehefrau ist. Die kann geschehen, wenn z. B. die Ehefrau die bayrische Staatsangehörigkeit, etwa durch Entlassung, verloren, später aber dieselbe von neuem erworben hat, ohne gleichzeitig eine neue Heimat zu erwerben. Würde sie Heimat ihres Ehemannes nicht wieder erlangen, so wäre sie heimatlose Angehörige des bayrischen Staates. M. E. kann aber die Zusammengehörigkeit von Mann und Frau hinsichtlich der Heimat nur dann fehlen, wenn die Frau entweder eine selbständige Heimat besitzt, oder überhaupt keine solche besitzen kann[7]). Im obigen Falle aber müßte die Regel ihr Recht behaupten.

Im einzelnen ist noch folgendes zu bemerken:

1. Die Ehefrau teilt alle Arten der Heimat des Mannes, auch eine etwaige angewiesene Heimat; was gilt, wenn sie bisher eine wirkliche Heimat besessen hat, darüber vgl. § 55.

2. Eine Ehefrau, welche die bayrische Staatsangehörigkeit nicht besitzt, während dem Ehemanne dieselbe sowie eine Heimat zukommt[8]), hat in Bayern nach allgemeinen Grundsätzen keine Heimat. Eine Ehefrau, welche die bayrische Staatsangehörigkeit beibehält, während ihr Ehemann dieselben verloren hat, behält die Heimat, welche dieser zur Zeit des Verlustes besaß. Erlangt der Ehemann die Staatsangehörigkeit von neuem, so teilt die Ehefrau wiederum dessen Heimat.

3. Nur eine gültige Ehe hat unter allen Umständen die volle Bedeutung für die Erwerbung des Heimatrechtes seitens der Frau. Jedoch ist die Regel von Ausnahmen durchbrochen. — Ob die Ehe gültig ist, das bestimmt sich nach dem Rechte, welches zur Zeit der Eheschließung für den Mann maßgebend ist; dieses Recht ist im allgemeinen jenes, welches am Orte des Wohnsitzes gilt, den der Mann zur Zeit der Eheschließung hat. Seit dem 1. Januar 1900 ist, wenn auch nur einer der Eheschließenden Deutscher ist, das Recht

---

[7]) Die bisherige Nicht-Bayerin wird also heimatlose Angehörige des bayrischen Staates, wenn der Mann heimatloser Bayer ist.

[8]) Die Ehefrau kann durch zehnjährigen Aufenthalt im Auslande die Staatsangehörigkeit verloren haben, während der Ehemann im Lande geblieben ist. Würde die Ehefrau nach Bayern zurückkehren und bayrische Staatsangehörige werden, ohne eine andere Heimat gleichzeitig zu erwerben, so würde sie kraft Art. 4 I H.G. der Heimat des Ehemannes von neuem folgen, auch wenn sie die eheliche Gemeinschaft mit demselben nicht fortsetzt. Dies ergibt sich aus der heimatrechtlichen Kraft der Ehe. Wäre jedoch die Ehe bereits gelöst, z. B. durch Tod des Ehegatten, so kommt der Frau die Heimat nicht zu, welche der Mann zur Zeit der Auflösung der Ehe hatte.

des Staates entscheidend, dem jeder der eheschließenden Teile zur Zeit der Eheschließung angehört; die Form einer in Deutschland geschlossenen Ehe richtet sich nach deutschen Gesetzen. E.G. zum B.G.B., Art. 13.

Erscheint die Ehe als ungültig, so muß für das Recht vor 1825, das eine ausdrückliche Bestimmung nicht enthält, wohl angenommen werden, daß eine nichtige Ehe ohne heimatrechtliche Wirkung blieb, während eine bloß anfechtbare (ungültige) Ehe, die nicht angefochten war, volle heimatrechtliche Wirkung hatte. Die mit Erfolg angefochtene (ungültige) Ehe kam der nichtigen gleich. Die Wirkung der Gutgläubigkeit eines Ehegatten in Ansehung der Heimat dürfte je nach der Bedeutung zu beurteilen sein, welche das einschlägige Zivilrecht der Gutgläubigkeit für wichtige zivilrechtliche Verhältnisse beimaß.

Auch das Gesetz von 1825 spricht nicht ausdrücklich von nichtiger Ehe, trifft aber Bestimmung über die geschiedene Ehe; für die Zeit der Geltung dieses Gesetzes ist gleiches anzunehmen, wie für die vorangehende Zeit.

Das Gesetz von 1868 unterscheidet zwischen nichtig erklärter und bürgerlich ungültiger Ehe; der letztere Fall betrifft die Ehe, welche ohne distriktspolizeiliches Verehelichungszeugnis abgeschlossen ist, und ist daher nicht weiter zu behandeln; vgl. hierzu § 17. Die nichtig erklärte Ehe ist ohne Bedeutung für die Heimat; die Frau hat also stets die Heimat da, wo sie ihr zukäme, wenn sie die Ehe nicht geschlossen hätte, sie behält daher die ursprüngliche Heimat bei und folgt der Heimat der Eltern, wenn sie nicht schon zur Zeit der Eheschließung eine selbständige Heimat hatte, bezw. solange, bis sie eine solche erwirbt[9]).

Ist aber die nichtige Ehe seitens der Frau in gutem Glauben eingegangen worden (Putativehe), so behält sie diejenige Heimat, welche der Mann zur Zeit der Nichtigkeitserklärung der Ehe besitzt (Art. 4 III alte Fassung)[10]).

---

[9]) v. Seydel Bd. 2 S. 59 Note 27.

[10]) In Bl. Bd. 48 S. 379 ff. wird mit Recht darauf hingewiesen, daß die verschiedenen Landesrechte, so insbesondere das preußische Landrecht, zwischen absolut nichtigen Ehen und ungültigen Ehen unterscheiden, daß aber auch ungültige Ehen, wenn sie mit Erfolg angefochten waren, als nichtige Ehen behandelt wurden und daß demnach Art. 4 III im ersten Satz auch auf solche „ungültige" Ehen Anwendung zu finden hat. Nicht beistimmen kann man aber der genannten Ausführung, wenn sie „Putativehen" nur für möglich erklärt bei nichtigen Ehen, nicht aber bei ungültigen Ehen. Ist es richtig, daß auch die ungültige Ehe eine nichtige im Sinne des ersten Satzes ist, so muß sie auch eine nichtige im Sinne des zweiten Satzes sein; allerdings wird bei ungültigen Ehen die Nichtigkeit von dem einen Eheteil wegen Verletzung seines Privatinteresses angestrebt; allein dies hindert nicht, daß derselbe Eheteil bei Abschließung der Ehe im guten Glauben sich befand, die von ihm eingegangene Ehe sei eine vollkommene gültige. Z. B. sind Heiraten nach preußischem Landrecht II 1. Teil § 984 un-

Das Gesetz in seiner seit 1900 gültigen Fassung bestimmt das nämliche. Die nichtige Ehe ist ohne Bedeutung für die Heimat der Frau; diejenigen Tatsachen, welche ihre Heimat geändert hätten, wenn sie nicht geheiratet hätte, bewirken trotz der Eheschließung eine Aenderung der Heimat [11]).

---

gültig, wenn die Einwilligung desjenigen mangelt, dessen Konsens zur Gültigkeit der Ehe erforderlich ist; es ist nun möglich, daß keiner der beiden Eheteile von der Notwendigkeit dieses Konsenses wußte, und es ist ferner möglich, daß der eine oder der andere der Ehegatten glaubte, der Konsens sei erteilt. Hier ist also sicherlich guter Glaube denkbar. M. E. muß aber auch in solchen Fällen, in welcher die Frau bei der Eheschließung allerdings wußte, daß ein notwendiges Erfordernis der Eheschließung fehle, in analoger Weise der gute Glaube angenommen werden, wenn sie in einem Alter oder in einem Zustande sich befindet, der die volle Verantwortung für ihre Handlung ausschließt. So sind nach § 982 an der angegebenen Stelle Heiraten mit einer Person, die das mannbare Alter noch nicht erreicht hat, ungültig. Die Frau ist aber, wenn sie in jenem Alter steht, als besonders schutzbedürftig zu erachten, und deßwegen ist wohl auch die Anfechtbarkeit der Ehe ausgesprochen. Diese Schutzbedürftigkeit aber, wie die Motive zur neuesten Fassung des Art. 4 H.G. aussprechen, ist der eigentliche Grund der Bestimmung, daß bei Putativehen die Frau gleich einer geschiedenen Frau zu behandeln ist. Der Gesetzgeber wollte die gutgläubige (schutzbedürftige) Frau bevorzugen; ein solcher Vorzug ist darin zu erblicken, daß die Frau eine erworbene Heimat beibehält, während bei nichtigen Ehen, die nicht Putativehen sind, die Frau in der Regel wieder die ursprüngliche Heimat erhält und der Heimat ihrer Eltern auch in Zukunft folgt. Nach älterem Rechte wird demnach, falls die Ehe nicht nichtig, sondern ungültig war, es darauf anzukommen haben, ob guter Glaube im eigentlichen Sinne oder Schutzbedürftigkeit vorgelegen hat. — Nach dem Rechte des Bürgerlichen Gesetzbuches sind angefochtene anfechtbare Ehen nichtig; es gilt also gleiches wie bei angefochtenen ungültigen Ehen des älteren Rechtes. Indes ist jetzt der Begriff „guter Glaube" ersetzt durch „Unkenntnis der Nichtigkeit der Ehe", bezw. der Anfechtbarkeit der Ehe und zwar im Zeitpunkte der Eheschließung. Nur die eine Ausnahme ist gemacht und oben angegeben, indem bei einer wegen Drohung anfechtbaren Ehe der anfechtungsberechtigte Gatte einem solchen gleichsteht, der die Nichtigkeit nicht kannte. Daraus folgt, daß nach nunmehrigem Rechte in anderen Fällen die Kenntnis der Anfechtbarkeit bei Eingehung der Ehe unbedingt schadet. Uebrigens ist in den Fällen des § 1332—1334 des Bürgerlichen Gesetzbuches der Anfechtungsberechtigte nach der Natur der Sache stets im guten Glauben.

[11]) Beispiel: Die A hat mit dem verheirateten, in K beheimateten B Ehebruch getrieben. Die Ehe des B wird geschieden; er heiratet ohne Befreiung von der Vorschrift des § 1312 I B.G.B. die A. Die Ehe zwischen B und A wird auf Klage des Staatsanwalts für nichtig erklärt. A war zur Zeit der Eheschließung ursprünglich in M beheimatet, wo ihr Vater Lehrer war. Zur Zeit der Nichtigkeitserklärung hatte der Vater seine Heimat infolge Versetzung in N. A hat stets die Heimat des Vaters geteilt, ist also nun in N beheimatet. Würde A vor der Eheschließung Nichtbayerin gewesen sein, so wäre sie vom Augenblick der Verehelichung an heimatlose Angehörige des bayrischen Staates gewesen; doch ist dies bestritten (§ 9). Würde A bei ihrem vorehelichen Umgang mit B, bezw. zur Zeit der Eheschließung nicht gewußt haben, daß B verheiratet war, so würde sie vom Augenblicke der Rechtskraft des die Nichtigkeit der Ehe erklärenden Urteils die Heimat in K unabhängig von der späteren Heimat des B beibehalten. Würde Befreiung von der Vorschrift des § 1312 B.G.B. nachträglich

Daß die Ehe nichtig ist, kann geltend gemacht werden:

a) wenn die nichtige Ehe aufgelöst,

b) wenn die anfechtbare Ehe angefochten,

c) wenn die Ehe durch Urteil für nichtig erklärt worden ist.

Solange nicht eine dieser Voraussetzungen erfüllt ist, muß die Ehe als bestehend auch hinsichtlich der Heimat angesehen werden.

Ist eine der Voraussetzungen erfüllt, so steht fest, daß die Ehe von Anfang nicht bestanden hat. Ist jedoch der Frau bei der Eheschließung die Nichtigkeit der Ehe nicht bekannt gewesen (Putativehe), so gelten dieselben Regeln, welche bei Scheidung der Ehe aufgestellt sind; d. h. die Frau wird bis zu dem Zeitpunkt als wirkliche Ehefrau erachtet [12]), in welchem die Ehe rechtskräftig für nichtig erklärt ist, bezw. in welchem die Ehe durch Scheidung oder Tod aufgelöst ist [13]). Art. 5 III H.G. Von diesem Zeitpunkt an behält die Ehefrau die Heimat des Mannes, solange bis sie eine andere erwirbt. Erst mit diesem Zeitpunkt hört die Heimatfolge auf.

Nicht braucht dargelegt zu werden, daß, wenn die Frau zur Zeit der Nichtigkeitserklärung oder Auflösung der Ehe eine eigene selbständige Heimat (etwa kraft Art. 9 H.G.) erworben hat, die Regel des Art. 4 III auf sie keine Anwendung findet; denn diese hat nur Bedeutung für diejenige Ehefrau, welche der Heimat des Mannes an sich noch folgt.

Kennt die Ehefrau die Nichtigkeit nicht, so ist es ohne Belang, daß sie die Nichtigkeit hätte kennen müssen; auch in diesem Falle kennt sie die Nichtigkeit nicht. Der Unkenntnis über die Nichtigkeit der Ehe steht es gleich, wenn die Frau durch Drohung zum Eingehen der Ehe bestimmt worden ist (B.G.B. § 1704; H.G. Art. 4 III) [14]).

Nur dann, wenn die Nichtigkeit der Ehe auf einem Formmangel beruht und die Ehe überdies nicht in das Heiratsregister eingetragen ist, nützt der Umstand nichts, daß die Frau die Nichtigkeit nicht

---

bewilligt, so würde auch nach Auflösung der Ehe (durch den Tod) die Heimatfolge der A und zwar vom Beginn der Ehe an nicht mehr in Zweifel gezogen werden können. Hat A einen Nichtbayern geheiratet, so hat sie durch die Eheschließung, auch wenn die Ehe für nichtig erklärt wurde, die bayrische Staatsangehörigkeit und mit ihr die Heimat verloren. (§ 9; V.G.H. Bd. 12 S. 1.) Vgl. auch v. Riedel S. 106 Note 9—11.

[12]) V.G.H. Bd. 12 S. 1 „Die Putativehe hat in bezug auf die gutgläubige Frau den Verlust ihrer früheren Heimat zur rechtlichen Folge".

[13]) Vgl. hierzu auch Motive zum bayrischen Ausführungsgesetze, Landtagsverhandlungen 1898/99 Beil. Bd. XX S. 99. „Ist die Frau in Ansehung der Heimat wie eine geschiedene Frau zu behandeln, so ist für die Heimat an Stelle des Zeitpunkts der Nichtigkeitserklärung die Zeit der Auflösung der Ehe maßgebend."

[14]) In diesem Falle sei der Ehegatte, welcher die Nichtigkeit der Ehe kennt, so bemerken die Motive zum Ausführungsgesetz, ebenso schutzbedürftig, wie derjenige, welcher die Ehe in Unkenntnis der Nichtigkeit eingegangen ist. Vgl. Anm. 10.

kennt. § 1345 II B.G.B.; Art. 4 III H.G. In diesem Falle ist die Ehe nur eine Scheinehe; es braucht nicht die Nichtigkeitserklärung oder die Auflösung der Ehe abgewartet zu werden, um die Nichtigkeit und damit auch die Bedeutungslosigkeit der Ehe für die Heimat der Frau geltend zu machen [15]).

Ist bei Nichtigkeitserklärung oder Auflösung der Ehe die Frau nicht mehr bayrische Staatsangehörige, so kann sie selbstverständlich ihre Heimat nicht mehr zurückerlangen. Ist sie in diesem Zeitpunkt zwar bayrische Staatsangehörige, hatte sie aber zur Zeit der Eingehung der Ehe keine Heimat in Bayern, so steht nun fest, daß sie vom Zeitpunkt des Erwerbes der Staatsangehörigkeit an heimatlose Angehörige des bayerischen Staates gewesen ist.

Hat die gutgläubige bayrische Ehefrau im erwähnten Zeitpunkt eine Heimat nicht, so bleibt sie heimatlose Angehörige des bayrischen Staates auch dann, wenn sie bei Eingehung der Ehe eine Heimat besaß [16]).

4. Durch den Tod des Mannes ändert sich in den Heimatverhältnissen der Witwe nichts [17]); nur hört selbstverständlich von jetzt ab die Heimatfolge auf [18]).

Für den Fall der gesetzlichen Scheidung einer Ehe unter der Herrschaft des Gesetzes von 1825 vergleiche das eingangs Bemerkte. Die dort angeführten Regeln gelten auch jetzt noch für Heimatverhältnisse, bei welchen eine vor dem 1. September 1868 erfolgte Scheidung in Betracht kommt; v. Riedel S. 105 Note 5.

Das Gesetz von 1868 unterscheidet nicht zwischen einer aus dem Verschulden der Ehefrau und einer ohne Verschulden der Frau geschiedenen Ehe. Die Ehefrau behält vielmehr stets die Heimat, welche der Mann zur Zeit der Scheidung hatte, so lange bei, bis sie etwa eine andere Heimat (z. B. durch Wiederverehelichung) erwirbt, folgt also einer späteren Heimat des Mannes nicht mehr. Besitzt die Ehefrau zur Zeit der Scheidung die Heimat des Mannes nicht, so ist die Scheidung für ihre Heimatverhältnisse bedeutungslos. Was für die Scheidung bestimmt ist, gilt auch bei Trennung von Tisch und Bett für immer oder für unbestimmte Zeit, welch letztere Form vor Geltung des Reichsgesetzes vom 6. Februar 1875 möglich war. Dagegen hatte eine Trennung von Tisch und Bett für bestimmte

---

[15]) Z. B. die Ehe ist in Deutschland verbotswidrig abgeschlossen worden nur vor einem Geistlichen; eine Eintragung in das Standesregister hat nicht stattgefunden.

[16]) Die Ehefrau, welche bei Eingehung der Ehe die Nichtigkeit kannte, würde im gleichen Falle die Heimat wieder erlangen, vorbehaltlich der Aenderung, welche etwa durch spätere Ereignisse eingetreten sind.

[17]) Art. 4 I H.G. Die Ehefrau folgt der Heimat des Mannes, „dessen letzte Heimat sie auch als Witwe behält“.

[18]) v. Seydel Bd. 2 S. 60 Ziff. 2.

Zeit die heimatrechtliche Wirkung der Scheidung nicht; vgl. v. Seydel Bd. 2 S. 60.

Nach dem Rechte des Bürgerlichen Gesetzbuches bedeutet Scheidung immer die Trennung der Ehe dem Bande nach. Sie kann nur erfolgen durch richterliches Urteil und wirkt erst von der Rechtskraft des Urteils an.

Der Scheidung steht aber nach der neuesten Fassung des Art. 4 H.G. die durch das Bürgerliche Gesetzbuch, welches die beständige oder zeitliche Trennung von Tisch und Bett aufgehoben hat, neu eingeführte Aufhebung der ehelichen Gemeinschaft gleich. Dieselbe kann nur durch richterliches Urteil ausgesprochen werden[19].

Wenn nun die eheliche Gemeinschaft, was durch Uebereinstimmung der Ehegatten ohne irgendwelche Förmlichkeit zulässig ist, wieder hergestellt worden ist (vgl. Dernburg Bd. 4 S. 98/99), dann besteht die Ehe weiter. Der Zeitpunkt, von dem an diese Folge eintritt, läßt sich oft schwer feststellen, immerhin wird die Willensübereinstimmung nachgewiesen werden müssen. Der betreffende Zeitpunkt wird dann auch als Zeitpunkt zu gelten haben, von welchem an die Frau der Heimat des Mannes wiederum folgt. Es handelt sich hierbei nicht um einen neuen Heimaterwerb, der eine etwa vorhandene selbständige Heimat aufhebt. Denn die Wiedervereinigung der Gatten ist keine neue Eheschließung; es wird lediglich das Hindernis weggeräumt, das bisher der fortdauernden Heimatfolge der Ehefrau im Wege stand[20]). Wenn daher die Ehefrau eine selbständige Heimat erworben hat, so ist die Heimatfolge dauernd aufgehoben und ändert die Wiedervereinigung der Gatten an den Heimatverhältnissen der Ehefrau nichts[21]).

5. Für den Uebergang des Anspruches, welcher dem Ehemann auf Verleihung der Heimat gemäß Art. 6, 7 H.G. gegen die Aufenthaltsgemeinde zusteht, auf die Witwe gelten diejenigen Rechtssätze, welche oben in § 27 für den Uebergang des Heimatanspruches des Mannes auf die Kinder ausgesprochen wurden. Die Frau kann den Anspruch auch dann verfolgen, wenn die Kinder dies nicht tun, oder auf den Anspruch verzichten; der durchgesetzte Anspruch, sei er von der Heimatgemeinde, oder von den Kindern erhoben, bewirkt die gesetzliche Heimatfolge für die Ehefrau auch dann, wenn sie selbst den

---

[19]) Tatsächliche Trennung der Ehegatten ist bedeutungslos. S. auch Reger S. 11 Anm. 3.

[20]) Anders bei Wiederverehelichung geschiedener Ehegatten. Hier zerstört die neue Eheschließung gemäß Art. 3 II H.G. jede bisherige Heimat der Frau; sie erlangt jene des Ehemannes.

[21]) Die Bemerkung Regers S. 11 Anm. 4 „Im Falle der Wiederherstellung der ehelichen Gemeinschaft (§ 1587 B.G.B.) wird die Heimatfolge einer solchen Ehefrau wohl wieder nach Abs. 1 sich zu bemessen haben,“ ist richtig, sofern die Ehefrau nicht eine selbständige Heimat besitzt.

Anspruch nicht verfolgen wollte, oder auf ihn verzichtet hat. Die Frau, welche der Heimat des Mannes nicht mehr folgt, weil sie eine selbständige Heimat besitzt, kann weder den von dem Manne geltend gemachten Anspruch verfolgen, noch hat der (von den Kindern zc.) durchgesetzte Anspruch für sie rechtliche Wirkung.

Die durch den Uebergang des Anspruches auf die Ehefrau dieser gesicherte neue Heimat hat alle Eigenschaften einer ordentlichen (abgeleiteten) Heimat; es folgen daher dieser Heimat auch die außerehelichen Kinder der Frau.

5. Buch.

Heimaterwerb infolge inniger Beziehungen zur Gemeinde — im rechtsrheinischen Bayern.

§ 31.

1. Heimaterwerb durch Bürgerrechtserwerb.

Das Gesetz vom 16. April 1868 hat den bis dahin unbekannten Grundsatz aufgestellt, daß das Bürgerrecht das Heimatrecht in sich begreife. Das Bürgerrecht stellt im allgemeinen die engste Beziehung zur Gemeinde dar; diese Beziehung schließt die weitere, „Heimat" genannt, in sich.

1. Nach §§ 11 und 12 des revidierten Gemeindeediktes vom 17. Mai 1818 bezw. 1. Juli 1834 sind wirkliche „Mitglieder einer Gemeinde" (Bürger) in der Regel nur diejenigen, welche 1. in dem Bezirke derselben ihren ständigen Wohnsitz aufgeschlagen haben oder daselbst ein häusliches Anwesen haben und dabei 2. darin entweder besteuerte Gründe besitzen oder besteuerte Gewerbe ausüben [1]). Die Städte konnten auch andere Gemeindebewohner als wirkliche Bürger aufnehmen. § 16 des Gem.Ed. Abgesehen von diesem letzteren Fall wird also die Eigenschaft eines Gemeindegliedes kraft Gesetzes erworben. Dagegen wird die Ansässigkeit, mit welcher die Heimat gemäß § 1 Ziff. 2 des H.G. von 1825 verbunden ist, in der Regel nicht kraft Gesetzes, sondern durch einen Beschluß über das „Vorhanden-

---

[1]) Vgl. Brater in Bl. Bd. 1 S. 361 Anm. 2 (v. Seydel Bd. 2 S. 76, Abs. 2 und Note 6). Zur Gemeindegliedschaft gehört 1. eine persönliche Beziehung zum Gemeindeleben und 2. ein materielles Interesse an diesem. Das persönliche Interesse findet das Gesetz nicht nur im Aufenthalt in der Gemeinde, sondern auch (vermöge einer Fiktion) im Hausbesitz. Besteuerter Grundbesitz ist aber auch Beweis des materiellen Interesses; der Besitz eines besteuerten Wohnhauses genügt somit beiden Erfordernissen. — Es ergeben sich also drei Hauptfälle der Gemeindegliedschaft a) Besitz eines versteuerten Wohnhauses (mit oder ohne sonstigen Grundbesitz oder Gewerbebetrieb), b) Wohnsitz und Besitz versteuerter Grundstücke (ohne versteuertes Wohnhaus), c) Wohnsitz und Ausübung eines besteuerten Gewerbes. — Vgl. auch Lindner-v. Hauck S. 433.

sein der allgemeinen und besonderen Vorbedingungen" erworben [2]) (§ 5 des Gesetzes über Ansässigmachung und Verehelichung vom 11. September 1825).

Ein Gemeindeglied braucht nicht notwendig ansässig zu sein, insbesondere auch nicht in der Gemeinde seiner Gemeindegliedschaft. Demnach ist der Nachweis der Gemeindegliedschaft während der Zeit von 1818—1868 nicht zugleich der Nachweis der Heimatzugehörigkeit [3]) [4]).

Anders liegt die Sache, wenn jemand die Eigenschaft eines wirklichen Gemeindeglieds am 1. Juli 1869 in einer Gemeinde besaß. Denn gemäß Art. 201 der diesrheinischen Gemeindeordnung vom 29. April 1869 erwirbt derselbe kraft Gesetzes in dieser Gemeinde auch das Bürgerrecht, falls die Voraussetzungen des Art. 11 oder Art. 15 der Gem.O. zutreffen. Da aber nach Art. 5 des H.G. das Bürgerrecht auch das Heimatrecht gewährt, so ist ein solches Gemeindeglied auch heimatberechtigt in der betreffenden Gemeinde — falls nicht eine der unten darzulegenden Ausnahmen zutrifft [5]). Die Voraussetzungen sind demnach die folgenden:

---

[2]) V.G.H. Bd. 4 S. 139: „Nach den vor 1. Juli 1869 geltenden Bestimmungen hat zu den Voraussetzungen der Eigenschaft eines wirklichen Gemeindegliedes die Ansässigkeit in der Gemeinde nicht gehört." — Es konnte also jemand auch am 1. Juli 1869 in einer Gemeinde Mitglied sein, während er in einer anderen Gemeinde ansässig war. Vgl. v. Seydel Bd. 2 S. 76 Note 6. Vor 1. Juli 1869 beweist Gemeindegliedschaft nichts für die Heimat.

[3]) V.G.H. Bd. 4 S. 489. „Mit der Eigenschaft eines wirklichen Gemeindegliedes im Sinne des § 11 des revidierten Gemeindeediktes vom 17. Mai 1818 und 1. Juli 1834 war vor dem 1. Juli 1869 das Heimatrecht in der Gemeinde nicht verbunden." S. auch B. Gemeindeztg. Bd. 12 S. 216; Bl. Bd. 1 S. 352.

[4]) Beispiel aus Bl. Bd. 23 S. 82/83. Für die Heimat des A in M ist es wichtig, ob er mit der Gemeinde einen Vertrag im Sinne des § 1 Ziff. 1 H.G. 1825 abgeschlossen hat. Das „Kauf- und Pachtprotokoll" und das Bürgeraufnahmsverzeichnis weist nun nach, daß A in M eine Bürgeraufnahmsgebühr von drei Gulden bezahlt hat. Diese Zahlung beweist aber nichts, weil nach bekannter Praxis die Bürgeraufnahmsgebühr nicht für Ansässigkeit oder Heimaterwerb, sondern für den von der Ansässigmachung ganz unabhängigen Erwerb der Gemeindegliedeigenschaft durch Grundbesitz zu bezahlen war. (Allerdings war die Forderung einer Gebühr nur bei gleichzeitiger Ansässigmachung zulässig; in der Praxis aber wurde sie von allen wirklichen Gemeindegliedern gefordert, auch wenn sie sich nicht gleichzeitig ansässig machten und die Heimat erwarben Bl. Bd. 43 S. 30 Anm. 1.) Die Protokollbücher der Gemeinde M enthalten keinen Eintrag über Heimatverleihung; auch durch Zeugen kann nichts bewiesen werden. Die Tatsache, daß sich die Unterschrift des A unter einem Beschlusse der Gemeinde M gefunden hat, beweist nichts. — Möglicherweise haben A und die Gemeinde M geglaubt, daß A durch Zahlung der Aufnahmsgebühr die Heimat in M erworben hat; diese Meinung ersetzt aber einen Vertrag nicht.

[5]) Vgl. auch v. Seydel Bd. 2 S. 62 Note 62; Krais, Handbuch der inneren Verwaltung Bd. III S. 275; v. Riedel S. 109 Note 10; Reger S. 13 Anm. 1; Lindner-v. Hauck S. 433; V.G.H. Bd. 3 S. 246, Bd. 1 S. 435. Die Vorschrift des Art. 201 Gem.O. in der durch die Rechtsprechung des

a) Jemand, welcher am 1. Juli 1869 [6]) in einer bayrischen Gemeinde seinen ständigen Wohnsitz hatte und darin besteuerte Gründe besaß, ist Bürger und Heimatberechtigter dieser Gemeinde. Für den Besitz des Wohnsitzes sind die einschlägigen zivilrechtlichen Bestimmungen maßgebend [7]). Der Besitz an besteuerten Gründen ist gegeben, wenn ein Grundstück von irgendwelcher Größe und Werte, welches mit Steuern veranlagt ist [8]), im Eigentum oder nutzbaren Eigentum oder in Erbpacht (§ 15 des Gem.Ed.) des Betreffenden steht. Besitzt die Ehefrau ein besteuertes Grundstück, so wird dieser Besitz dem Ehemann zugerechnet [9]). Auch Miteigentum genügt.

b) Jemand, welcher am 1. Juli 1869 in einer bayrischen Gemeinde den ständigen Wohnsitz hatte und in derselben ein besteuertes Gewerbe ausübte, ist Bürger und Heimatberechtigter dieser Gemeinde.

Ein besteuertes Gewerbe übte aber nur derjenige aus, welcher ein besteuertes reales, radiziertes oder für diese Gemeinde konzessio-

---

V.G.H. ihr mit Recht für das Heimatrecht gegebenen Auslegung ist von größter Wichtigkeit für die Ordnung zahlloser Heimatverhältnisse. Bei Heimatfeststellungen, die auf jene Zeit zurückreichen, wird stets zu würdigen sein, ob nicht etwa am 1. Juli 1869 die Eigenschaft eines wirklichen Gemeindegliedes gegeben war.

Ueber die früher bestehende ministerielle Auffassung, welche mit dem Erwerb des Bürgerrechts auf Grund des Art. 201 Gem.O. nicht ohne weiteres den Heimaterwerb verbunden wissen wollte, siehe Bl. Bd. 21 S. 17 ff., S. 119 ff., S. 192, S. 321.

[6]) Die Gemeindegliedschaft ging unter der Herrschaft des revidierten Gemeindeedikts durch den Wegfall ihrer Voraussetzungen verloren. Wer am 1. Juli 1869 nicht mehr Gemeindeglied war, kann sich auf Art. 201 Gem.O. nicht berufen. Vgl. Bl. Bd. 43 S. 30.

[7]) Vgl. Bl. Bd. 1 S. 356.

[8]) Auf die wirkliche Zahlung kommt nichts an. v. Kahr Bd. 2 S. 302 d. Lindner-v. Hauck S. 433. Jedoch genügt es nicht, daß das Grundstück veranlagungsfähig ist, wenn es nicht veranlagt ist. Vgl. auch V.G.H. Bd. 8 S. 122.

Nach V.G.H. Bd. 17 S. 270 ist im Falle des § 11 Gemeindeedikt eine Vorbedingung der Gemeindegliedschaft der Besitz mit Steuer veranlagter, nicht bloß steuerpflichtiger Gründe. Wenn, so führt die Entscheidung aus, nach dem 1. Juli 1869 eine nachträgliche Veranlagung stattfand, die über diesen Zeitpunkt zurückgreift, so sei trotzdem am 1. Juli 1869 der Besitz „besteuerter Grundstücke" nicht gegeben gewesen. M. E. ist dies richtig; bei der Gemeindegliedschaft kann es nach der Natur der Sache keine Rückwirkung geben.

Auch Superfiziarbesitz genügt. V.G.H. Bd. 10 S. 108.

> Beispiel: A, ansässig und beheimatet zu O, ist 1867 ohne „Uebersiedlung" im Sinne des § 6 A.G. nach P verzogen, hat eine Frau geheiratet, welcher dort ein besteuertes Wohnhaus gehört. Er wird trotz Mangels jener rechtsförmlichen Uebersiedlung am 1. Juli 1869 Bürger in P und zugleich dort, ohne daß eine Erklärung nach Art. 5 II H.G. erforderlich ist (vgl. Ziff. 5) heimatberechtigt in P. Vgl. B. Gemeindeztg. Bd. 3 S. 342, und unten Anm. 17.

[9]) v. Kahr Bd. 2 S. 302, Lindner-v. Hauck S. 434; vgl. ferner unten Anm. 15.

niertes Gewerbe [10]) wirklich und befugt betrieb, nicht derjenige, welcher ein „freies Gewerbe" betrieb; v. Seydel Bd. 2 S. 76 Note 5.

Der Begriff des freien Gewerbes ergibt sich aus der Verordnung vom 10. Dezember 1814 „Die Leuteration des Ediktes über das Familenschutzgeld betreffend" und aus Art. 8 des Gewerbegesetzes vom 11. September 1825. Wenn auch solche freie Gewerbe nach Erlaß des Gewerbesteuergesetzes von 1852 steuerpflichtig wurden, so erscheinen sie doch nicht als „besteuertes Gewerbe" im Sinne des Rev. Gemeindediktes [11]).

Eine „Ausübung" findet nicht statt, so lange der Betrieb (nicht bloß vorübergehend) ruht (vgl. Art. 6 Ziff. 3 des Gew.G. vom 11. September 1825), ferner nicht, wenn die Ausübung einem Dritten pacht- oder vergünstigungsweise überlassen ist [12]). In diesem Falle ist auch der Dritte nicht „Ausüber eines besteuerten Gewerbes".

Wenn die Besteuerung, worunter wiederum die Steuerveranlagung zu verstehen ist, ruht, so ist ebenfalls die Gemeindegliedschaft nicht vorhanden.

Auch erlosch die Gemeindegliedschaft mit dem Erlöschen der Gewerbekonzession. S. Art. 6 des Gew.G. War aber eine persönliche Gewerbekonzession erlangt, so ging die Gemeindegliedschaft nicht dadurch verloren, daß der betreffende Gewerbebetrieb später ein freies Gewerbe wurde (siehe das Gewerbegesetz vom 30. Januar 1868); vgl. Anm. 10.

c) Auch wer (Mann oder Frau) in einer Gemeinde nicht wohnte, aber in derselben entweder am 1. Juli 1869 besteuerte Gründe besaß oder ein besteuertes Gewerbe (im obigen Sinn z. B. ein Realrecht) ausübte, ist Gemeindeglied und daher Bürger und heimatberechtigt, falls er in dieser Gemeinde auch ein häusliches An-

---

[10]) V.G.H. Bd. 4 S. 376. „Die Eigenschaft eines wirklichen Gemeindegliedes wurde gemäß § 11 Ziff. 2 des revidierten Gemeindeediktes durch Wohnsitz in der Gemeinde in Verbindung mit der Ausübung eines besteuerten realen, radizierten oder konzessionierten, nicht aber eines freien Gewerbes begründet."

Vgl. auch V.G.H. Bd. 12 S. 466. — Die Ausübung des konzessionierten Gewerbes in einer anderen als derjenigen Gemeinde, für welche die Konzession erteilt war, nützte weder, um in der einen, noch, um in der anderen die Gemeindegliedschaft zu erwerben. Durch Ausübung eines durch das Gewerbegesetz von 1868 freigegebenen Gewerbes konnte die Gemeindegliedschaft nicht mehr neu erworben werden; die bereits vor Erlaß dieses Gesetzes erworbene blieb bestehen.

[11]) Die M.E. vom 12. Oktober 1869 schien anzunehmen, daß zur Erlangung der Gemeindegliedschaft eine die Ansässigkeit gewährende Konzession erforderlich sei. Allerdings waren die Fälle einer Konzessionsverleihung ohne Ansässigmachung verhältnismäßig selten (§ 33). Indes ist auch in diesen Fällen gemäß § 11 und § 12 des Gemeindeediktes die Ansässigmachung, wie auch bei den anderen Titeln der Gemeindegliedschaft keine Voraussetzung der Letzteren. V.G.H. Bd. 13 S. 439/40.

[12]) Auch die Ausübung eines Gewerbes, dessen Inhaber ein minderjähriges Kind ist, durch den Vater würde diesem nicht nützen. — Vgl. auch B. Gemeindeztg. Bd. 3 S. 343.

wesen besaß. Demnach genügt auch ohne Wohnsitz der Besitz (Eigentum, Nutzeigentum, Erbpacht) eines besteuerten (d. i. mit Steuer veranlagten) häuslichen Anwesens oder anders ausgedrückt, eines „besteuerten Wohnhauses" für sich allein zur Erlangung der Bürgereigenschaft.

Es wäre aber auch der Besitz eines nicht besteuerten Wohnhauses in Verbindung mit besteuerten Grundstücken genügend. Auch der Fall ist denkbar, wenn auch selten, daß jemand, der ein nichtbesteuertes häusliches Anwesen in einer Gemeinde besitzt, in dieser, ohne in ihr zu wohnen, ein besteuertes Gewerbe ausübt.

Steht das besteuerte Wohnhaus im Miteigentum mehrerer, so waren in der Regel zwar alle Gemeindeglieder [13]); jedoch erwirbt nur einer und zwar derjenige, welcher von den Beteiligten der Gemeindeverwaltung bezeichnet worden ist, das Bürgerrecht. G.O. Art. 201 Abs. I Satz 2 [14]). Beteiligte sind die sämtlichen Miteigentümer, auch der Benannte selbst. Wenn eine solche Erklärung nicht abgegeben worden ist, ist keiner der Miteigentümer Bürger.

In allen obigen Fällen erfolgt die Erwerbung des Bürgerrechts kraft Gesetzes; es bedurfte daher weder eines Gesuches noch einer Anerkennung oder Verleihung der betreffenden Gemeinde. Zur Zahlung einer Aufnahmegebühr waren die Erwerber nicht verpflichtet; von einer solchen ist daher die Erlangung des Bürgerrechts nicht abhängig.

Die Erwerbung des Bürgerrechts tritt aber in allen Fällen nur ein, wenn am 1. Juli 1869 auch die Voraussetzungen des Art. 11 oder 15 der G.O. zutrafen. Sonach wirkt die Bestimmung vor allem nur für Inländer d. i. Bayern, während „die Gemeindegliedschaft" als solche an den Besitz der Staatsangehörigkeit nicht geknüpft war.

Soweit die Gemeindegliedschaft sich ausschließlich gründete auf Wohnsitz, verbunden mit Ausübung eines besteuerten Gewerbes oder Besitz besteuerter Gründe, zu welchen kein in der Gemeinde gelegenes besteuertes Wohnhaus gehört, — ist außerdem noch erforderlich

a) männliches Geschlecht,
b) Volljährigkeit,
c) Selbständigkeit im Sinne des Art. 11 der Gem.O.

Fehlte eine dieser Eigenschaften am 1. Juli 1869, so wurde

---

[13]) Ausnahme: Wenn Ehemann und Ehefrau Miteigentümer sind, so wird der ideelle Anteil der Letzteren ausschließlich dem Manne zugerechnet und ist dieser allein Eigentümer im Sinne des Gesetzes. v. Kahr Bd. 2 S. 305 Note 5. B.G.H. Bd. 8 S. 122/23. Lindner-v. Hauck S. 434 unten.

[14]) Der Satz ist nur für den Fall zu verstehen, daß ausschließlich Hausbesitz die Gemeindegliedschaft begründet. Die Bezeichnung mußte bis 1. Juli 1869 erfolgt sein; sonst erwarb keiner der Miteigentümer Bürger- und Heimatrecht. v. Seydel Bd. 2 S. 78 Note 17. v. Kahr Bd. 2 S. 305 Note 5. Lindner-v. Hauck S. 434.

das Bürgerrecht nicht erworben. Das Fehlen dieser Eigenschaften schadet jedoch nichts, wenn der Betreffende am 1. Juli 1869 in der Gemeinde mindestens in demselben Betrage wie einer der drei höchstbesteuerten Einwohner mit direkten Steuern angelegt war (Art. 15)[15].

Der Mangel der Befähigung im Sinne des Art. 11 Gem.O. hindert auch dann den Bürgerrechtserwerb nicht, wenn die Gemeindegliedschaft ausschließlich oder neben anderen Titeln auch auf den Besitz eines besteuerten Wohnhauses in der Gemeinde sich gründet; wohl aber muß auch in diesem Falle die Eigenschaft eines Inländers gegeben sein. Demnach wird auch ohne Wohnsitz in der Gemeinde Bürger: ein Minderjähriger, eine Frau, eine nicht selbständige Person, welche ein besteuertes Wohnhaus in der Gemeinde besitzt[15]. M. a. W.: Wer am 1. Juli 1869 Hauseigentümer war, wird allemal Bürger, wenn er nur an diesem Tage Bayer gewesen ist.

Ist von den Miteigentümern eines besteuerten Wohnhauses einer oder sind mehrere nicht im Besitze der Voraussetzungen des Art. 11 der Gem.O., so kann auch dieser von den Beteiligten als das Bürgerrecht erwerbend bezeichnet werden. —

Da die Gemeinde das Bürgerrecht nicht verleiht, sondern dasselbe kraft Gesetzes erworben wird, so können die Versagungsgründe des Art. 13 in keinem Falle dem Bürgerrechtserwerb aus Art. 201 Gem.O. entgegengesetzt werden[16].

---

[15]) Auch eine Frau, ein minderjähriges Kind (ein Dienstbote) rc. erlangte demnach das Bürgerrecht, wenn die Person am 1. Juli 1869 in der Gemeinde wohnte, dort besteuerte Gründe besaß und zu den Höchstbesteuerten gehörte — desgleichen, wenn sie am 1. Juli 1869 in der Gemeinde wohnte, ein besteuertes Gewerbe ausübte und zu den höchstbesteuerten zählte. Nach den Darlegungen von v. Kahr S. 169 und nach B.G.H. Bd. 4 S. 355, v. Seydel Bd. 2 S. 76 Note 4 (vgl. auch B. Gemeindeztg. Bd. 3 S. 343) ist, wenn Ehefrau bezw. Kinder ein Grundvermögen besitzen, dieses als im Besitze des Familienhauptes befindlich zu erachten. Demnach kann die Frau nur unverheiratet oder als Witwe Bürger werden, bezw. nach aufgelöster Ehe. Eine Ausnahme dürfte sich dann ergeben, wenn der Ehemann (das Familienhaupt) weder nach Art. 11 noch nach Art. 15 G.O. Bürger sein kann, weil er nämlich Nichtbayer ist. Dann ist Steuer und Grundbesitz dem Familienhaupte nicht anrechenbar, folglich dem wirklich Veranlagten bezw. dem wirklichen Besitzer.

Als Familienhaupt erscheint nach v. Kahr a. a. O. nur der Ehemann bezw. der Vater, nicht die verwitwete oder außereheliche Mutter. Es sei, sagt v. Kahr, abgesehen davon, daß der Mutter nach den Bestimmungen des bürgerlichen Rechts nur beschränkte elterliche Rechte zustehen, teils aus der sprachlichen Fassung des Art. 11 III Gem.O., teils aus dem Zusammenhange mit der Bestimmung des Abs. I dieses Artikels soviel zu entnehmen, daß der in Abs. III ausgesprochene Grundsatz in Uebereinstimmung mit der bestehenden Uebung nur auf den Familienvater bezogen werden wollte. Ebenso B. Gemeindeztg. Bd. 3 S. 140. M. E. ist in der Tat ausschlaggebend, daß die ganze Bestimmung nur in Zusammenhang mit Art. 11 I Gem.O. richtig verstanden werden kann. Freilich bedarf der Satz, daß Art. 11 III ein allgemeines für die ganze Gemeindeordnung geltendes Prinzip darstellt (v. Kahr S. 169), der näheren Begründung. — Nach obigem ist Grundbesitz des Kindes der Mutter nicht zuzurechnen.

[16]) Diese Frage ist bestritten. S. des näheren v. Kahr Bd. 2 S. 304 Note 4a. Reger S. 13 Note 1. Vgl. B.G.H. Bd. 12 S. 156: Von der Er-

2. Abgesehen von dem eben erörterten Falle wird nach geltendem Rechte das Bürgerrecht niemals kraft Gesetzes, sondern nur kraft Verleihung erworben [17] [18]). Die Verleihung setzt, wenn nicht die gesetzliche Pflicht zur Erwerbung des Bürgerrechts besteht, voraus, daß jemand um die Verleihung nachsuchte. Die Verleihung erfolgt durch Beschluß der Gemeindeverwaltung. Vgl. das Nähere hierüber in Art. 16 der Gem.O. Die amtliche Mitteilung dieses Beschlusses an denjenigen, der das Bürgerrecht erwirbt, oder an dessen Vertreter ist erforderlich. Die Ausfertigung einer Verleihungsurkunde ist nicht erforderlich; andererseits ist dieselbe auch nicht genügend, falls ein gültiger Beschluß der Gemeindeverwaltung nicht stattgefunden hat [19]).

Die Verleihung ist auch dann ungültig, wenn das Bürgerrecht

---

werbung des Bürgerrechts kraft Art. 201 I und 11 Gem.O. waren Personen ausgeschlossen, die am 1. Juli 1869 eine Zuchthausstrafe verbüßten. Dies gilt auch von Personen, die als Hausbesitzer wirkliche Gemeindeglieder waren. Des Einspruches im Sinne des Art. 13 Gem.O. bedurfte es nicht. — B.G.H. weist hinsichtlich des ersteren Falls mit Recht darauf hin, daß wer im Zuchthause sitzt, nicht im Sinne des Art. 11 in der Gemeinde wohnt. Den nach Art. 15 Gem.O. Erwerbenden aber dürften keine Versagungsgründe im Sinne des Art. 13 l. c. entgegenstehen. — B.G.H. Bd. 15 S. 71. „Die in Art. 13 II Gem.O. aufgeführten Versagungsgründe standen der Erwerbung des Bürgerrechts kraft des Gesetzes nach Art. 201 mit Art. 11 Gem.O. nicht im Wege."

[17]) Beispiel: A, ursprünglich beheimatet in N, heiratet 1880 die Witwe B, welche ein besteuertes häusliches Anwesen in M besitzt und Bürger in M ist; A nimmt seinen Wohnsitz in M. Durch die Eheschließung wird A selbständig in N beheimatet und hat dort die Heimatgebühr zu bezahlen. Seine Frau teilt die Heimat in N und verliert jene in M. A kann jedoch vor der Eheschließung sich die Heimat in M verleihen lassen; keinesfalls aber wird er als Ehegatte der B von selbst Bürger und heimatberechtigt in M. Er kann erst nach der Eheschließung das Bürgerrecht in M auf Grund Art. 15 Gem.O. ansprechen und erwirbt hierdurch auch die Heimat in M. (Für den Fall er in N wohnen bliebe, vgl. das unter Ziff. 5 Gesagte.)

[18]) Die Verleihung des Ehrenbürgerrechts (Art. 24 Gem.O.) begründet weder Rechte noch Pflichten, gibt also auch die Heimat nicht. v. Kahr S. 236 Note 5. Lindner-v. Hauck S. 83.

[19]) Immerhin begründet eine vom Bürgermeister gemäß Art. 101 III Gem.O. bezw. vom Bürgermeister und zwei Mitgliedern des Gemeindeausschusses in Landgemeinden gemäß Art. 145 VII Gem.O. unterzeichnete Ausfertigung die Vermutung, daß der Inhalt des Schriftstückes dem Willen der Gemeinde entspricht. Diese Vermutung weicht dem Gegenbeweise. Nach v. Kahr müßte die Gemeinde auch bei unrichtigen Bestätigungen für die Richtigkeit (?) einstehen. M. E. kann, was nicht ist, nicht durch die Bestätigung des Bürgermeisters Existenz erlangen. Untersucht muß im einzelnen Fall nur werden, ob der Bürgermeister nicht gemäß Art. 101 I Gem.O. zuständig gewesen ist, für die Gemeinde eine Willenserklärung abzugeben. Bei Heimat und Bürgerrechtsverleihungen ist dies zu verneinen. Eine andere Frage ist, ob die Gemeinde für den Schaden aufzukommen hat, den der Bürgermeister durch eine unrichtige und daher ungültige Ausfertigung anrichtet. Vgl. auch v. Seydel Bd. 2 S. 132 Note 8, Bl. Bd. 22 S. 248, Bl. Bd. 23 S. 17 ff.; B.G.H. Bd. 7 S. 297; B. Gemeindeztg. Bd. 3 S. 228; Bl. Bd. 23 S. 84. Lindner-v. Hauck S. 285 unten.

an einen Nichtbefähigten verliehen worden ist. — Befähigt ist nur ein bayrischer Mann, welcher volljährig und selbständig ist[20]), in der Gemeinde wohnt und dort mit einer direkten Steuer angelegt ist (Art. 16 d. Gem.O.). Das nähere s. v. Kahr S. 157ff.; Lindner-Hauck S. 56ff. Personen, welche diese Eigenschaften nicht besitzen, sind gleichwohl befähigt, wenn sie in der Gemeinde ein besteuertes Wohnhaus besitzen oder mit direkten Steuern wie einer der drei höchstbesteuerten Einwohner angelegt sind (Art. 15 l. c.). Demnach können insbesondere auch Frauen das Bürgerrecht auf Grund Hausbesitzes erwerben. Vgl. jedoch Anm. 15.

Die Verleihung ist, wenn die Gemeinde einen statutarischen Beschluß erlassen hat, welcher die Wirksamkeit der Verleihung des Bürgerrechts von der Bezahlung einer Aufnahmsgebühr abhängig macht (Art. 20 Gem.O.), unwirksam, sofern diese Gebühr noch nicht vollständig bezahlt wurde[21]). Insolange ist auch das Heimatrecht nicht erworben[22]).

Ist der „Verliehene" vor der Zahlung der Gebühr gestorben, so ist entschieden, daß die Verleihung keine Wirksamkeit geübt hat; das gleiche gilt, wenn die Befähigung zum Erwerb des Bürgerrechts verloren gegangen ist, ehe die Gebühr vollständig bezahlt ist[23]).

Wenn die Verleihung gemäß Art. 17 Gem.O. zwangsweise erfolgt, so wird das Bürgerrecht in dem Zeitpunkt erworben, in welchem der Verliehene sich dem Beschlusse unterwirft und das nach Art. 20 Gem.O. eingeführte Aufnahmegeld entrichtet, oder in welchem der Beschluß rechtskräftig geworden und wiederum das Aufnahmegeld entrichtet ist; beide Voraussetzungen müssen im einzelnen Falle vollendet sein. —

---

[20]) Ueber den Begriff „selbständig" siehe die neue, mit Art. 6 H.G. übereinstimmende Fassung, welche Art. 11 der Gemeindeordnung durch Art. 158 des Ausführungsgesetzes zum B.G.B. erhalten hat. Vgl. V.G.H. Bd. 10 S. 108.

[21]) Von nach Art. 201 Gem.O. Bürger Gewordenen kann eine Gebühr nicht erhoben werden. v. Seydel Bd. 2 S. 84 Note 69 und oben Ziff 1.

[22]) Ist die Gebühr bezahlt, so steht das Bürgerrecht erst von diesem Zeitpunkte ab zu, nicht etwa von dem früheren der Verleihung. V.G.H. Bd. 8 S. 77: „Ist in einer Gemeinde die Wirksamkeit des Bürgerrechts von der Bezahlung einer ordnungsgemäß festgesetzten Aufnahmsgebühr abhängig gemacht worden, so treten die rechtlichen Folgen einer unter der Bedingung der Bezahlung der Aufnahmsgebühr erteilten Bürgerrechtsverleihung, insbesondere der Heimaterwerb erst mit vollständiger Entrichtung der Aufnahmsgebühr ein." — Das Regulativ, welches die Aufnahmsgebühren feststellt, ist öffentlich bekannt zu machen. Art. 23 Gem.O. Davon hängt die Rechtswirksamkeit des Regulativs ab. Ist die Veröffentlichung unterblieben, so ist die Wirksamkeit der Verleihung nicht von der Zahlung der Aufnahmsgebühr abhängig. In der Bekanntmachung muß auch ausgesprochen sein, daß die Wirksamkeit der Aufnahme von der Zahlung der Gebühr abhängig gemacht ist. Vgl. v. Kahr S. 233 und 234 Note 4; Lindner-v. Hauck S. 77 unten; V.G.H. Bd. 7 S. 322.

Ueber die Höhe der Gebühr vgl. § 48.

[23]) V.G.H. Bd. 22 S. 170. „Ging das Bürgerrecht vor der Entrichtung der Aufnahmsgebühr verloren, so kann auf Grund desselben der Heimaterwerb infolge nachträglicher Zahlung der Aufnahmsgebühr nicht mehr eintreten."

Wird im Heimatfeststellungsverfahren die Verleihung streitig, so ist von Amtswegen festzustellen, ob alle Voraussetzungen derselben vorliegen. Der Mangel des notwendigen „Gesuches um Verleihung" kann dadurch beseitigt werden, daß aus anderen Umständen erhellt, der Verliehene sei mit der Verleihung einverstanden gewesen, so z. B. aus der Zahlung der Aufnahmsgebühr, oder aus der Teilnahme an den Gemeindewahlen und Ämtern 2c.

Die aus irgendwelchen Gründen unwirksame oder ungültige Verleihung des Bürgerrechts kann die Erwerbung des Heimatrechtes nicht bewirken. Nicht selten wird Bürgerrecht und Heimatrecht gleichzeitig verliehen. Hier ist zunächst wichtig, ob in der Tat das Heimatrecht für alle Fälle als selbständiges Recht neben dem Bürgerrecht verliehen werden wollte, oder ob nur die rechtliche Folge der Erwerbung des Bürgerrechts zum unschädlichen Ueberfluß ausdrücklich beigefügt werden sollte. Ersteren Falls ist die Heimatverleihung gültig, wenn für sie die Voraussetzungen vorliegen[24]).

Die Erwerbung des Bürgerrechts schließt, von den unten zu erörternden Ausnahmen abgesehen, die Erwerbung des Heimatrechtes in der betreffenden Gemeinde in sich. Die Heimat wird also unmittelbar und gleichzeitig mit dem Bürgerrecht erworben, ohne daß es einer Erklärung, Verleihung und Anerkennung bedarf. Diese Erwerbungsart ist ebenso selbständig wie jede andere. Sie wirkt gegenüber jeder Art der Heimat, nicht nur gegenüber der ursprünglichen und der durch Verleihung erworbenen, sondern auch gegenüber der durch Anstellung erworbenen (Beamten-) Heimat und auch gegenüber der durch Eheschließung erworbenen Heimat der Ehefrau. Wenn also beispielsweise eine geschiedene oder verwitwete Ehefrau, m. E. auch die bayrische Ehefrau eines Nichtbayern, in einer Gemeinde ein besteuertes Wohnhaus besitzt und das Bürgerrecht in dieser Gemeinde anspricht, so erlangt sie bei Erfüllung der Erfordernisse des Art. 5 II H.G. die Heimat in dieser Gemeinde; die bisherige, nach Art. 4 H.G. erlangte Heimat geht unter. Der Beamte, welcher in einem Vororte der Großstadt, in der er angestellt ist, wohnt, und dort das Bürgerrecht erwirbt, erlangt dadurch auch die Heimat.

Die Wirkung, daß das Bürgerrecht auch das Heimatrecht in sich schließt, kann nicht durch irgend welche Verwahrung abgewandt werden; sie ist eine gesetzliche Wirkung.

In denjenigen Fällen, in welchen das Gesetz eine Ausnahme macht, bedarf es der Verwahrung nicht, und genügt eine solche nicht,

---

[24]) Beispiel (vgl. B. Gemeindeztg. Bd. 2 S. 934). Dem A, der in die Gemeinde M neu zuziehen will und das dortige Anwesen seiner Braut übernehmen soll, wird schon vor der Verehelichung und Wohnsitznahme das Bürgerrecht in M verliehen. Diese Verleihung ist ungültig; dagegen wäre eine besondere Heimatverleihung wirksam, auch wenn dann die Ehe nicht zustande kommt. Vgl. auch B. Gemeindeztg. Bd. 5 S. 205; Bd. 3 S. 230.

sondern es bedarf einer ausdrücklichen Erklärung, um die Ausnahme abzuwenden.

3. Ueber den Anspruch auf Verleihung des Bürgerrechts s. unten § 48.

4. Der Verlust des Bürgerrechts hat nicht den Verlust des Heimatrechts zur Folge, auch wenn dieses lediglich durch Erwerbung des Bürgerrechts erlangt wurde. Daher ist es nicht erforderlich, die Fälle des Verlustes des Bürgerrechts hier zu erörtern. Eine andere Frage ist, ob nicht der fortdauernde Besitz des Bürgerrechtes den Verlust des Heimatrechtes hindert; vgl. hierüber § 55.

5. Die Vorschrift, daß die Erwerbung des Bürgerrechts in einer Gemeinde die Erwerbung des Heimatrechts in derselben zur gesetzlichen Folge habe, ist nicht ohne Ausnahme.

a) Eine Ausnahme ruht in der Natur der Sache: Juristische Personen können zwar das Bürgerrecht, nicht aber eine Heimat besitzen.

b) Die Regel kann ferner aus einem andern Grunde nicht ausnahmslos sein: Das Heimatgesetz stellt die ausnahmslose Regel auf, daß jemand nur in einer Gemeinde die Heimat besitzen kann, während die Gemeindeordnung den gleichzeitigen Besitz mehrerer, ja zahlreicher Bürgerrechte gestattet[25]). Wer in mehreren Gemeinden im Sinne der Gemeindeordnung wohnt (d. h. seinen ständigen Aufenthalt hat), kann bei Vorhandensein der übrigen Voraussetzungen des Art. 11 in mehreren Gemeinden Bürger sein; — aber auch wer nur in einer Gemeinde wohnt, kann in dieser und noch in einer oder in mehreren anderen Bürger sein, wenn er in der anderen Gemeinde ein besteuertes Wohnhaus besitzt oder mit Steuern wie einer der drei Höchstbesteuerten veranlagt ist (Art. 15); auch ist es möglich, daß jemand in seiner Wohnsitzgemeinde überhaupt nicht Bürger ist, dagegen in einer oder in mehreren anderen Gemeinden auf Grund der eben aufgeführten Tatsachen (Art. 15). Vgl. hierüber Art. 18 der Gem.O. und die Ausführungen bei v. Kahr S. 211 Note 1. Erwirbt jemand auf solche Weise zu dem bestehen bleibenden ersten noch ein zweites oder drittes Bürgerrecht, so behält er das mit dem ersten Bürgerrechte verbundene Heimatrecht bei. Art. 5 II H.G. Erstes Bürgerrecht in diesem Sinne ist dasjenige, mit dem bisher das Heimatrecht verbunden ist[26]) [27]).

---

[25]) v. Kahr S. 211 Note 1.

[26]) Gleichgültig ist, ob das erste oder ob überhaupt eines der Bürgerrechte in der Wohnsitzgemeinde besteht Es kann also dieses erste Bürgerrecht auch auf „bloßem Hausbesitze" beruhen. Anders liegt der Fall, wenn Jemand in der Gemeinde des zeitlich ersten Bürgerrichts die Heimat nicht besaß. Dieses Bürgerrecht zählt nicht. Wir haben darum den Begriff: erstes Bürgerrecht oben entsprechend formuliert. — Verliert jemand das erste Bürgerrecht vor oder gleichzeitig mit der Erwerbung des zweiten, so kann selbstverständlich ein Heimatvorbehalt nur dann sich ergeben, wenn dieses zweite Bürgerrecht bloß auf Hausbesitz beruht. (Vgl. c.)

[27]) v. Riedel S. 108 Note 7 will für den Fall, daß jemand zunächst das

Die Erwerbung eines weiteren Bürgerrechts ist also zunächst ohne Bedeutung für die Heimat. Der Inhaber kann jedoch, was sonst nicht zulässig ist, auf dieses bisherige Heimatrecht verzichten. In diesem Falle erwirbt er kraft Gesetzes von dem Zeitpunkte dieses Verzichtes ab das Heimatrecht in der Gemeinde des zweiten (dritten) Bürgerrechts.

Auf das Bürgerrecht selbst kann nicht verzichtet werden[28]). Unter Umständen liegt seitens des auf das Bürgerrecht verzichtenden nur ein Vergreifen im Ausdruck vor und wollte der Verzicht auf das Heimatrecht erklärt werden, während von Verzicht auf das Bürgerrecht gesprochen wurde. Hier ist der wirkliche Wille maßgebend.

Dieser Verzicht ist aber nur rechtswirksam, wenn er a) den Gemeindeverwaltungen (Magistrat, Gemeindeausschuß) der beiden in Betracht kommenden Gemeinden, d. i. der bisherigen Bürgerrechts- und Heimatgemeinde und der neuen Bürgerrechtsgemeinde erklärt wird und wenn b) überdies der Gemeindeverwaltung des zweiten 2c. Bürgerrechts ausdrücklich erklärt wird, daß das Heimatrecht in dieser Gemeinde angesprochen wird, d. i. daß der Bürger Heimatangehöriger dieser Gemeinde sein wolle. —

Die Erklärung muß den Gemeindeverwaltungen auch zugegangen sein; sie kann im übrigen mündlich zu Protokoll oder schriftlich erklärt werden.

Unter dieser Voraussetzung ist der Verzicht ohne weiteres rechtswirksam; es bedarf keiner Annahme desselben und keiner Verleihung oder Anerkennung der Heimat seitens der Verwaltung der zweiten Bürgerrechtsgemeinde[29]). — Die erforderlichen Erklärungen können auch von dem gesetzlichen Vertreter abgegeben werden. —

Bürgerrecht auf Grund des Art. 15 erworben hat und nun das Bürgerrecht in der Wohnsitzgemeinde erlangt, die Heimat sogleich in der Gemeinde des neuen Bürgerrechtes entstehen lassen, weil das Gegenteilige dem Prinzip des Gesetzes widerspreche und weil man bei den Beratungen des Gesetzes nur den umgekehrten Fall im Auge gehabt habe, daß nämlich das spätere Bürgerrecht auf Grund Art. 15 Gem.O. erworben wurde. Dagegen mit Recht v. Seydel Bd. 2 S. 62 Note 60 und besonders Luthardt in Bl. Bd. 19 S. 373 ff. Luthardt führt aus, das Gesetz lasse ja auch die Wahl, sich für die Gemeinde des Hausbesitzes oder des Wohnsitzes zu entscheiden; auch würde das System der Gemeindeordnung, wenn man überhaupt von einem solchen sprechen könnte, eher dazu führen, dem Bürgerrechte aus Art. 15 den Vorrang zu geben, weil ja dieses Bürgerrecht sogar „ohne Befähigung“ erworben werde.

[28]) Der Ausdruck im Gesetze „unter Beibehaltung seines bisherigen Bürgerrechtes“ (Art. 5 II H.G.) möchte zur entgegengesetzten Ansicht führen. Allein ein Verzicht auf das Bürgerrecht ist dem Gesetze fremd; vgl. v. Kahr Bd. 1 S. 212, Lindner-v. Hauck S. 72 gegen Bl. Bd. 19 S. 378. Der Ausdruck bedeutet in der Tat nur, daß, wer das Bürgerrecht in einer anderen Gemeinde erwirbt, „ohne daß es hierdurch in der ersteren Gemeinde wegfällt“ — das bisherige Heimatrecht beibehalte.

[29]) Die Heimat ist in dem Augenblick erworben, in welchem alle Erfordernisse erfüllt sind. Geht nach der Erwerbung des zweiten Bürgerrechtes das erste verloren, so wird hierdurch an den Heimatverhältnissen nichts geändert. v. Riedel S. 109 Note 9.

Weitere Anforderungen an die Verzichtserklärung als die obigen stellt das Gesetz nicht; insbesondere verlangt es nicht, daß die Erklärungen gleichzeitig abgegeben werden müssen, ebenso nicht, daß die Erklärung sogleich abgegeben werde, sobald der Erwerb des zweiten rc. Bürgerrechts stattgefunden hat. Lediglich die Wirksamkeit des Verzichts beginnt nicht vor dem Zeitpunkt, in welchem alle Voraussetzungen erfüllt sind [30]).

Auch aus dem Geiste des Gesetzes dürfte sich eine weitere Beschränkung des Verzichtes nicht ableiten lassen. Es ist sehr möglich, daß die persönlichen Beziehungen zur zweiten Bürgerrechtsgemeinde erst in einem späteren Zeitpunkte eintreten, als dem der Erwerbung des zweiten Bürgerrechtes, z. B. infolge späterer Verlegung des Wohnsitzes in diese Gemeinde. Selbstverständlich müssen alle Voraussetzungen zu dem Zeitpunkte der Verzichtserklärung noch vorhanden sein [31]).

---

[30]) Nach v. Seydel Bd. 2 S. 62 Note 61 kann das Wahlrecht nur beim Erwerb des neuen Bürgerrechtes geltend gemacht werden. Wer also keine Erklärung abgibt, behält das bisherige Heimatrecht bei und kann dies später nicht mehr ändern. Entscheidend ist nach v. Seydel, abgesehen von der Entstehungsgeschichte, der Wortlaut des Gesetzes. Dieses spreche in der gegenwärtigen Zeit und sage in Art. 5 am Ende „in welcher er Bürger wird", nicht „geworden ist". Der v. Seydelschen Ansicht pflichten bei Reger S. 15 Anm. 4, ferner Bl. Bd. 19 S. 170 unter Hinweis auf die Erklärungen des Ministerialkommissärs bei der Beratung des Gesetzes und auf das im Gesetz gebrauchte Präsens, ebenso Bl. Bd. 19 S. 362 ff. aus den nämlichen Gründen, ferner v. Riedel in Bl. Bd. 21 S. 326 Anm. 3, der die in seinem Kommentar vertretene entgegengesetzte Anschauung aufgibt und verlangt, daß die Erklärung „im unmittelbaren Anschluß an das Bürgerrecht" abzugeben sei, respektive „daß eine später abgegebene Erklärung von der Gemeinde zurückgewiesen werden könne." Letzteres deutet darauf hin, als ob, wenn die Gemeinde die spätere Erklärung nicht zurückweise, diese Geltung habe — eine Meinung, die etwas in das Belieben der Gemeinde stellen würde, was der Gesetzgeber nicht diesem Belieben anheimgibt. v. Riedel S. 109 Note 8 ist der oben im Texte ausgesprochenen Ansicht, in dem er darauf hinweist, daß die Fassung des Art. 5 bei den Gesetzgebungsverhandlungen zugunsten der betreffenden Personen geändert worden sei. Im Hinblick auf die engen Beziehungen desjenigen, welcher als Wohnhausbesitzer oder Höchstbesteuerter das Bürgerrecht erworben und im Hinblick darauf, daß die Bürgerrechtsgebühr auch die Heimatgebühr in sich schließe, daß ferner Art. 5 II den betreffenden Personen, nicht aber der Gemeinde ein Recht und eine Vergünstigung einräumen wolle, sei denselben die Befugnis, jederzeit auf dieses beneficium zu verzichten, kaum zu bestreiten. Ebenso Bl. Bd. 41 S. 263. M. E. dürfte die Auffassung des v. Riedelschen Kommentars zutreffend sein. Ein innerer Grund, zu verlangen, daß die Erklärung gleichzeitig mit dem Bürgerrechtserwerb abgegeben werde, besteht in der Tat nicht. Ist dies so, so kann der Gebrauch des Präsens im Gesetze nicht ausschlaggebend sein, zumal der Gebrauch des Präteritums auch dahin gedeutet werden könnte, daß der Verzicht auf die Heimat und das Ansprechen des Heimatrechtes dem Erwerb des neuen Bürgerrechtes vorangegangen sein müsse.

[31]) Die Gemeinde, in welcher jemand bisher seine Heimat hatte, wird nach Empfang einer Erklärung gut tun, bei der anderen Gemeinde anzufragen, ob auch bei ihr eine solche Erklärung eingelaufen ist. Gleiches empfiehlt sich für diese andere Gemeinde selbst. Dagegen dürfte sich keine Handhabe finden, den Nachweis der Erklärungsabgabe dem Erklärenden aufzuerlegen.

Erwirbt jemand mehrere Bürgerrechte gleichzeitig — ein Fall, der selten vorkommen wird, aber nicht undenkbar ist [32]) — und hat der Erwerber schon bisher ein auf Bürgerrecht beruhendes Heimatrecht, so steht dem Erwerber der mehreren Bürgerrechte, wenn er auf sein bisheriges Heimatrecht verzichten will, die Wahl zu, in welcher der Bürgerrechtsgemeinden er die Heimat erwerben will. Die Erklärung braucht nur an die bisherige und diese eine Gemeinde des Bürgerrechts abgegeben zu werden, nicht aber an die sonstigen Bürgerrechtsgemeinden, in welchen das Heimatrecht nicht „angesprochen" wird.

Hat der gleichzeitige Erwerber mehrerer Bürgerrechte bisher keine Heimat, oder keine auf Bürgerrecht beruhende Heimat — welche Heimat erwirbt er dann? Dieser Fall ist von dem Gesetz nicht entschieden. In analoger Anwendung des Art. 5 II H.G. wird dasjenige Bürgerrecht den Vorrang haben, das nicht nur infolge Hausbesitzes erworben wird. Vgl. hierzu das unter c Gesagte. Sind alle Bürgerrechte nur infolge Hausbesitzes erworben, so hat der Erwerber die Wahl. Trifft er die Wahl nicht, bezw. unterläßt er die in Art. 5 II vorgeschriebene Erklärung, so hat er das Heimatrecht in keiner Gemeinde erlangt [33]) [34]).

c) Wird das Bürgerrecht nur infolge Hausbesitzes erworben, so ist die durch die Heimat, gleichgültig ob dasselbe sich mit einem Bürgerrecht verbindet oder nicht, vermittelte ältere Zugehörigkeit zu einer Gemeinde zunächst stärker als die neue, durch das an sich stärkere Bindemittel der Gemeindemitgliedschaft zu einer anderen Gemeinde geschaffene. Das bisherige Heimatrecht bleibt bestehen [35]). Dies gilt gleichviel, auf welchem Titel die bisherige Heimat beruht. Auch die ursprüngliche Heimat des Kindes ist stärker als das neue Bürgerrecht. Die bloß durch Hausbesitz vermittelten

---

[32]) Der Bewerber kann mehrere Gemeinden, gegen welche er Anspruch auf Verleihung hat, ersuchen, ihm von dem nämlichen Zeitpunkte ab das Bürgerrecht zu verleihen; bezw. kann er gleichzeitig die Ausnahmsgebühr bezahlen.

[33]) Vgl. V.G.H. Bd. 19 S. 273: „Fand am 1. Juli 1869 ein Bürgerrechtserwerb in zwei Gemeinden statt, in der einen auf Grund bloßen Hausbesitzes, in der anderen auf Grund Wohnsitzes und Besitzes besteuerter Gründe, so ist nur mit dem letzteren der Heimaterwerb verbunden gewesen." — Die Entscheidung führt an der Hand der Entstehungsgeschichte des Art. 5 H.G. zutreffend u. a. aus: Zwei Ausnahmen bestehen vom Grundsatz des Art. 5 I: a) Bürgerrecht bloß auf Hausbesitz behält dem bisherigen Nichtbürger seine Heimat vor, b) ein zweites gleichzeitiges Bürgerrecht behält dem bisherigen Bürger die mit dem älteren Bürgerrecht verbundene Heimat vor. Wenn nun A, bisher beheimatet zu N, am 1. Juli 1869 gleichzeitig Bürger wird in N auf Grund bloßen Hausbesitzes und in O auf Grund Wohnsitzes und Besitzes eines häuslichen Anwesens, so konnte er in N im Hinblick auf die erste Alternative ein Heimatrecht nicht erwerben, vielmehr blieb der Heimaterwerb nur in O möglich. Einem mit Wohnsitz ausgestatteten Bürgerrecht gegenüber bestehe kein Wahlrecht zugunsten der bisherigen (bürgerrechtslosen) Heimatgemeinde.

[34]) Vgl. zum folgenden v. Riedel S. 108 Note 6.

[35]) Vgl. Bl. Bd. 19 S. 377.

Beziehungen zu einer Gemeinde erscheinen dem Gesetze, wenn sie auch Rechte in der Gemeinde gewähren, nicht so innig als die auf der bisherigen Heimat beruhenden.

Die bisherige Heimat bleibt jedoch dann nicht bestehen, wenn der Erwerber des nur auf Hausbesitz beruhenden Bürgerrechtes auf das bisherige Heimatrecht verzichtet. Es müssen jedoch dieselben Voraussetzungen erfüllt werden, welche unter b aufgeführt sind.

Es entsteht nun die Frage: Wer erwirbt nur infolge Hausbesitzes das Bürgerrecht?

Wer, ohne Anspruch auf das Bürgerrecht zu haben, um die Verleihung desselben nachsucht, der erhält das Bürgerrecht, weil er es erwerben, die Gemeinde es verleihen will; in diesem Falle kann keine Rede davon sein, daß das Bürgerrecht nur auf Grund Hausbesitzes erworben wird. — Hat jemand Anspruch auf Verleihung des Bürgerrechts, so kann sich dieser stützen auf Art. 13 oder auf Art. 15 Gem.O. Art. 13 verlangt entweder Befähigung und Besitz des Heimatrechtes — diese Alternative scheidet hier aus — oder Befähigung und zweijährigen Wohnsitz, Steuerveranlagung, Abgabenentrichtung; die Befähigung schließt neben der bayrischen Staatsangehörigkeit männliches Geschlecht, Volljährigkeit, Selbständigkeit, Steuerveranlagung, Wohnsitz in der Gemeinde in sich. Wer kraft dieses Titels das Bürgerrecht erwirbt, der erwirbt es offenbar nicht nur auf Grund Hausbesitzes; Hausbesitz kommt für Art. 13 überhaupt nicht in Frage. Art. 15 gibt den Anspruch demjenigen, der ein besteuertes Wohnhaus in der Gemeinde besitzt oder mit direkten Steuern mindestens in demselben Betrage wie einer der drei höchstbesteuerten Einwohner angelegt ist. In beiden Fällen braucht die sonst nach Art. 11 Gem.O. erforderliche Befähigung nicht vorhanden zu sein.

Wer nun lediglich auf Grund des Art. 15 und zwar als Hausbesitzer Anspruch hat auf Verleihung des Bürgerrechts, und diesen Anspruch erhebt, erwirbt es nur auf Grund Hausbesitzes. Hat er Anspruch sowohl auf Grund des Art. 15 als auf Grund des Art. 13, so erwirbt er das Bürgerrecht nicht nur infolge Hausbesitzes, auch wenn er lediglich Art. 15 als Grund seines Anspruches bezeichnet hat und die Gemeinde das Vorhandensein der Voraussetzungen des Art. 13 gar nicht gewürdigt hat. Man wird aber den Satz noch einschränken müssen. Wer nach Art. 15 als Hausbesitzer Anspruch hat, die Voraussetzungen des Art. 13 zwar nicht erfüllt, demnach keinen Anspruch auf Verleihung aufweisen kann, aber doch die Fähigkeit zur Erwerbung des Bürgerrechts nach Art. 11 Gem O. besitzt, insbesondere also einen Wohnsitz in der Gemeinde besitzt, der erwirbt auch das Heimatrecht nicht nur auf Grund Hausbesitzes. Würde man hier ausschließlich maßgebend erscheinen lassen, ob jemand einen Anspruch hat, so würde man verstoßen einmal gegen die offenbare Tendenz des Heimatgesetzes, ausnahmsweise die Heimat mit dem

Bürgerrechte dann nicht zu verbinden, wenn die durch das Bürgerrecht hergestellte Beziehung nicht bedeutsam genug erscheint, um das bestehende Heimatrecht zu beseitigen. Letzteres trifft zu, wenn jemand nur durch Hausbesitz an die Gemeinde gefesselt ist; hat der zum Bürgerrechtserwerb auch im übrigen Befähigte in derselben auch seinen Wohnsitz, so sind die Beziehungen innig genug, um den Uebergang auch des Heimatrechts zu begründen. Der zweite Grund ist der, daß die Gemeinde einem Befähigten das Bürgerrecht auch ohne Anspruch verleihen kann; in solchem Falle ist das Bürgerrecht, wie wir oben sahen, nicht nur durch Hausbesitz begründet. Würde das Bürgerrecht dessen, der es kraft Hausbesitzes beansprucht, nur nach diesem Titel beurteilt, so würde außer Betracht bleiben, daß die Gemeinde auch ohne diesen Anspruch es hätte verleihen können. Es muß aber hierbei die volle Fähigkeit verlangt werden, nicht bloß der Wohnsitz in der Gemeinde. Denn wer die Fähigkeit nicht hat, und das Bürgerrecht kraft Hausbesitzes erlangt, der kann es eben nur durch Hausbesitz erwerben[36]).

Einer Erörterung bedarf noch der Fall des Art. 17 Gem.O., wonach jemand verpflichtet sein kann, das Bürgerrecht zu erwerben. In der Regel haben solche Personen auch Anspruch auf Verleihung des Bürgerrechts; jedoch gilt dieser Satz nicht immer. Verpflichtet zur Erwerbung des Bürgerrechts ist nun lediglich der Befähigte, der in der Gemeinde wohnt und mit Steuern in bestimmten Beträgen angelegt ist. Es bedarf nach obigem keiner weiteren Darlegung, daß ein solcher nicht nur auf Grund Hausbesitzes das Bürgerrecht erwirbt. Im Gegenteil: Wer ohne befähigt zu sein, nur auf Grund Hausbesitzes Anspruch erheben kann auf Verleihung des Bürgerrechtes, der ist nie verpflichtet zur Erwerbung desselben. Wo eine wirkliche Verpflichtung besteht, kann Bürgerrechtserwerb „nur auf Grund Hausbesitzes“ nicht in Frage kommen.

Sonach ergibt die Regel: Nur auf Grund Hausbesitzes erwirbt das Bürgerrecht nur derjenige, welcher ohne die in Art. 11 Gem.O. geforderte Fähigkeit zu besitzen, Anspruch auf das Bürgerrecht gemäß Art. 15 I und zwar auf Grund Besitzes eines besteuerten Wohnhauses erhoben und diesen Anspruch durchgesetzt hat[37]).

---

[36]) Bl. Bd. 19 S. 373 sagen kurz: „Das nur infolge Hausbesitzes“ ist demgemäß zu verstehen als hieße es „ohne einen anderen Erwerbstitel und auch ohne die Befähigung.“ Bl. Bd. 21 S. 14 „Der zweite Satz des Art. 5 II H.G. wird (bei Bürgerrechtserwerb nach Art. 15 Gem.O.) praktisch, solange nicht Volljährigkeit, Selbständigkeit und Domizil dazu kommen, oder solange nicht der Steuerbetrag eines der drei höchstbesteuerten Einwohner erreicht ist“; vgl. auch V.G.H. Bd. 9 S. 188.

[37]) Nach Reger S. 14 Anm. 3 steht das von einem Höchstbesteuerten erworbene, nur auf diesen Titel sich gründende Bürgerrecht dem durch bloßen Hausbesitz erlangten in Ansehung der heimatrechtlichen Wirkung gleich. — Mir scheint es nicht zulässig, die Ausnahme des Art. 5 II H.G. noch auszudehnen; warum berief sich das Gesetz dann nicht einfach auf Art. 15 Gem.O.?

Ist das Bürgerrecht auf Grund des Art. 201 der Gem.O. erworben worden, so muß analog unterschieden werden, ob die Gemeindegliedschaft auf Wohnsitz in Verbindung mit Besitz besteuerter Gründe oder Ausübung besteuerter Gewerbe — oder ob sie lediglich auf dem Besitz eines häuslichen Anwesens beruht, oder endlich, ob sowohl der qualifizierte Wohnsitz als auch der qualifizierte Besitz eines häuslichen Anwesens gegeben sind[38]). Nur dann, wenn die Gemeindegliedschaft lediglich auf dem qualifizierten Besitz eines häuslichen Anwesens beruht, ist die Gemeindegliedschaft und demnach auch das Bürgerrecht nur infolge Hausbesitzes erworben. — Fehlt der Wohnsitz, so beruht die Gemeindegliedschaft auch dann auf bloßem Hausbesitz, wenn zum Eigentum am Wohnhaus jenes an sonstigen Liegenschaften tritt[39]).

Wurde das Bürgerrecht erworben „nur infolge Hausbesitzes" — kommen später aber noch die Fähigkeiten nach Art. 11 Gem.O. oder ein Anspruch aus Art. 13 Gem.O. hinzu, so ändert das an der Tatsache nichts, daß das Bürgerrecht nur auf Grund Hausbesitzes erworben wurde. Ist daher eine Erklärung unterlassen worden, so bleibt das frühere Heimatrecht fortbestehen. Die Erklärung kann aber nach obigem nachgeholt werden.

In den Fällen des Art. 201 Gem.O. ist stets auf den Tatbestand vom 1. Juli 1869 zu sehen. Ob die Gemeindegliedschaft kraft Gesetzes ursprünglich auf den Titel des qualifizierten Wohnsitzes oder auf den Titel des qualifizierten Hausbesitzes erlangt wurde, ist

---

[38]) Eine Frau, welche am 1. Juli 1869 in einer Gemeinde wohnte und dort ein besteuertes Wohnhaus besaß, hat nach richtiger Ansicht die Gemeindegliedschaft lediglich auf Grund Hausbesitzes erworben, weil ihr als Frau die Befähigung aus Art. 11 Gem.O. fehlte, der Wohnsitz also für sie irrelevant ist. Die Frau hat demnach die Heimat in ihrer Heimatgemeinde M durch den Erwerb der Gemeindegliedschaft in N nur dann verloren, wenn sie die Erklärung nach Art. 5 II H.G. abgab. Vgl. Bl. Bd. 43 S. 31; Bl. Bd. 21 S. 14 unten.

[39]) Die Frage war lange streitig, wie ja auch die Anwendung des Art. 201 Gem.O. in Beziehung auf das Heimatrecht überhaupt streitig gewesen ist. V.G.H. Bd. 1 S. 435 spricht aus: „jene Personen, welche auf Grund des Art. 201 I Gem.O. das Bürgerrecht in der Gemeinde nicht infolge bloßen Hausbesitzes erlangten, haben mit dem Bürgerrecht zugleich auch das Heimatrecht erworben." In Bd. 9 S. 188 ist dann weiter ausgesprochen, daß unter dem in der vorigen Entscheidung erwähnten bloßen Hausbesitz der Besitz eines Wohnhauses ohne Wohnsitz in der Gemeinde zu verstehen sei. „Der bloße Hausbesitz steht nicht einem mit weiteren Immobilienbesitz verbundenem Hausbesitze, sondern dem neben einem Realbesitz irgendwelcher Art vorhandenen Wohnsitz gegenüber; er ist also dann gegeben, wenn jemand am 1. Juli 1869 in einer Gemeinde, in welcher er keinen Wohnsitz hatte, ein Wohnhaus, sei es allein oder neben sonstigem Grundbesitze besaß. Sowohl nach dem Gemeindeedikt von 1818/34 als bei dem Vollzug der Gemeindeordnung kam nur bei solchen Personen, welche in der Gemeinde wohnten, ohne ein Wohnhaus daselbst eigentümlich inne zu haben, der Besitz besteuerter Liegenschaften anderer Art in Betracht, indem er alsdann die erforderliche reale Grundlage darstellte ..." v. Riedel S. 109/110 ist in eingehender Motivierung dieser Auffassung ebenfalls beigetreten. Ebenso v. Seydel Bd. 2 S. 62 Note 62.

gleichgültig; es kommt lediglich darauf an, ob die Gemeindegliedschaft am genannten Tage lediglich auf qualifizierten Hausbesitz sich gründete oder nicht. Nur ersterenfalls blieb die bisherige, in einer anderen Gemeinde bestehende Heimat aufrecht erhalten; jedoch kann auf dieselbe in der angegebenen Weise verzichtet werden.

2. Heimaterwerb kraft sonstiger inniger Beziehungen zur Gemeinde.

§ 32.

1. Aelteres Recht vor 1825.

a) In den altbayrischen Landesteilen.

In dem Rechte vor 1825 war der Rechtsbegriff der Heimat noch nicht voll entwickelt. Eine Verleihung der Heimat war noch unbekannt. Dafür, daß jeder, welcher verarmt, irgendwo unterstützt werde, und daß die Gemeinde, welche unterstützungspflichtig ist, ihn nicht wegweise, ist gesorgt. Es mußte aber auch nähere Bestimmung getroffen werden, daß die Armenfürsorge gegebenenfalls auf Gemeinden übergehe, zu welchen der zu Versorgende in solch innigere Beziehungen getreten ist, welche die Uebernahme der Lasten auf die Gemeinde als billig erscheinen lassen. Die neue Gemeinde mußte als „Heimatgemeinde erachtet werden[1]).

Innigere Beziehungen werden begründet:

1. durch die Wohnsitznahme in einer Gemeinde[2]). Einen Wohnsitz kann nur derjenige begründen, welcher nach den Bestimmungen des einschlägigen Zivilrechts hierzu fähig ist. Der Wohnsitz wird erworben nach Maßgabe der Bestimmungen des Zivilrechtes; es gehört hierzu die tatsächliche Wohnsitznahme und der Wille, den Wohnsitz zu begründen. Dieser Wille kann auch und wird regelmäßig aus den Umständen erkannt werden, z. B. aus der Erwerbung des Bürgerrechtes in der Gemeinde oder der Erwerbung von Immobiliarbesitz.

a) Der Wille, einen Wohnsitz, d. h. den ständigen Aufenthalt an einem Orte zu nehmen, war aber aus Gründen des öffentlichen Rechts nicht immer ausführbar[3]). Denn Aufenthaltsfreiheit bestand nach dem älteren Rechte nicht schlechthin. Wo aber jemand stets weggewiesen werden kann, kann er im allgemeinen einen Wohnsitz nicht begründen. Daher wird man v. Riedel S. 12 und 13 beistimmen müssen, wenn er die Fälle des Erwerbes des domicilium

---

[1]) Vgl. Bl. Bd. 23 S. 40.

[2]) Die rechtskräftige, wenn auch schon vor 1825 erfolgte, behördliche Festsetzung einer Gemeinde als Domizil (Heimat) ist auch für spätere Feststellungen einer Heimat bindend. Domizilsfeststellung ist Anerkenntnis der Heimat, nicht des Aufenthalts. Vgl. Bl. Bd. 23 S. 52.

[3]) Vgl. die Redewendung in der Bettelordnung Ziff. 7 „Der nicht rechtmäßigerweise ein domicilium an einem anderen Orte erhalten".

durch bloße Niederlassung einengt; er will die „Ansässigkeit“ mit heimatrechtlicher Wirkung beschränken auf die bereits angeführten Fälle: des Bürgerrechtserwerbes, des Erwerbes von Grundbesitz und ferner des Eintrittes in ein zünftiges Gewerbe. In solchen Fällen war auch der Nachweis der obrigkeitlichen Aufenthaltserlaubnis nicht notwendig[4])[5]).

Für Beamte und für andere öffentliche Diener kann man den Erwerb des domicilium in der Regel nicht annehmen, weil dieselben stets gewärtig der Abberufung sein mußten und demnach nach damaliger Auffassung einen festen Wohnsitz überhaupt nicht erwarben.

b) Der Aufenthalt konnte genommen werden mit ausdrücklicher obrigkeitlicher Aufenthaltsbewilligung. Dann war er auch ohne die in a aufgeführten Titel ein „rechtmäßiger“. Verband sich mit solcher obrigkeitlichen Bewilligung der Wohnsitz im zivilrechtlichen Sinne, so war auch das politische Domizil, die Heimat, in der Wohnsitzgemeinde begründet. Dies ergibt m. E. die Bettelordnung vom 3. März 1780 § 14, wo den Beamten, Stadt- und Marktobrigkeiten geboten wird, eine Aufenthaltsbewilligung unvermögenden Leuten, als welche „Leerhäusler, Innleute, Tagwerker, Handlanger“ ausdrücklich genannt werden, ohne Einstimmung der Gemeinde nicht zu erteilen; würde diesem Gebote zuwider gehandelt, so solle die beschwerte Gemeinde Anzeige erstatten; darauf war der Beamte ꝛc. zur Alimentierung solcher Leute anzuhalten. Aus der Gesetzesstelle folgt, daß die Aufenthaltsbewilligung in einer Gemeinde, verbunden mit Wohnsitznahme, die Heimat in sich schloß[6]), daß aber die Bewilligung nur erfolgen sollte, wenn entweder die Gemeinde zustimmte (Anfang einer Heimatverleihung), oder wenn (nach obrigkeitlichem Ermessen?) der Nahrungsstand gesichert war. Die Bewilligung, auch wo sie nicht erfolgen sollte, hatte doch die gleiche rechtliche Folge, wie die ordnungsmäßige Bewilligung, — machte aber den Beamten persönlich haftbar.

---

[4]) H. Rehm: Der Erwerb der Staats- und Gemeindeangehörigkeit, 1892, S. 89 hält die Aufenthaltsbewilligung auch in solchen Fällen für notwendig. Indes dürfte es doch an positiven Anhaltspunkten für diese Ansicht fehlen. Nach § 14 des Bettelmandats 1780 mußte wohl eine behördliche Prüfung bei jeder Ansässigmachung stattfinden; dies bedingt noch nicht, daß bei jenen Titeln in der Tat auch eine „Bewilligung“ zu erteilen war.

[5]) V.G.H. Bd. 2 S. 401 „Nach dem in den älteren bayrischen Provinzen vor 1825 in Geltung gewesenen Rechte wurde durch die bleibende Niederlassung in einer Gemeinde, insbesondere auf Grundbesitz, daselbst die Heimat erworben.“ — Für die Beurteilung des zu entscheidenden Falles kam es an auf die Heimat des S., welcher im Jahre 1815 zu Kelheim ein Haus gekauft und sich dort niedergelassen hatte. V.G.H. sagt: „Für die Beurteilung der rechtlichen Folgen dieses Vorganges sind die Bestimmungen des cap. I § 2 der bayrischen Gerichtsordnung von 1753 maßgebend, zufolge deren durch die bleibende Niederlassung in einer Gemeinde, insbesondere auf Grund Immobiliarbesitzes, das Domizil, d. i. die Heimat in dieser Gemeinde erworben wurde.“

[6]) Die Bewilligung allein war nicht ausreichend; vgl. auch Rehm a. a. O. S. 91; Aufenthalt ohne Wohnsitzabsicht genügte ebenfalls nicht.

c) Wer den Wohnsitz in der vorhin angegebenen Weise nicht begründet hat, der tritt dann in innigere Beziehungen zur Gemeinde, wenn er tatsächlich ungestört längere Zeit in der Absicht, in der Gemeinde seinen Wohnsitz zu nehmen, sich in derselben aufgehalten hat. Bei einem längeren ungestörten Aufenthalt wird eine stillschweigende Aufenthaltserlaubnis vermutet. Die für das Heimatrecht jener Zeit regelmäßig in Betracht kommenden Gesetze geben uns einen sicheren Anhaltspunkt in dieser Frage nicht. Allein mit Rehm, „Der Erwerb der Staats- und Gemeindeangehörigkeit“ (1892) ist anzunehmen, daß ein 10jähriger Wohnsitz genügte und erforderlich war. Denn im Bettelmandate vom 20. Juli 1726 ist angeordnet, daß „Auswendige, wenn sie sich nähren können und bereits 10 Jahre im Lande Aufenthalt haben, für Landesinwohner zu halten sind“. Bei den innigen Beziehungen nun, welche zwischen Erwerb der Staats- und Gemeindeangehörigkeit bestanden haben, wird man mit Rehm (a. a. O., S. 89) annehmen dürfen, „daß mit dem Satze, daß durch 10jährigen Aufenthalt die Staatsangehörigkeit erworben werde, sich auch der andere ausbildete, daß innerhalb der gleichen Zeit die armenrechtliche Zugehörigkeit zur Entstehung gelangte.“ Notwendige Voraussetzung — aber auch ausreichend — war:

α) Wohnsitznahme (nicht bloßer Aufenthalt),

β) daß der Wohnsitz 10 Jahre gedauert hat,

γ) daß während dieser 10 Jahre öffentliche Hilfe nicht in Anspruch genommen wurde [7] [8]).

[7]) A. M. V.G.H. Bd. 8 S. 24. „Für besitzlose Taglöhner war eine Heimaterwerbung durch Domizil nach den Bestimmungen in cap. I § 3 der bayrischen Gerichtsordnung von 1753 und Ziff. 7 der Bettelordnung vom 3. März 1780 ausgeschlossen.“ — V.G.H. schließt obigen Satz daraus, daß nach Ziff. 11 der Bettelordnung verehelichte unansässige Leute sich an das Ort zu begeben hatten, wo sie mit ordentlicher weltlicher Erlaubnis kopuliert worden. Unter unansässigen Leuten seien aber, wie aus Ziff. 14 sich ergebe, jedenfalls auch besitzlose Taglöhner zu verstehen gewesen, für welche eine spezielle Aufenthaltsbewilligung vorgeschrieben und diese nur mit Einwilligung der Gemeinde als zulässig erklärt war. M. E. beweist Ziff. 14 allerdings, daß an solche unansässige Taglöhner keine Heirats- und Aufenthaltserlaubnis ohne Einwilligung der Gemeinde erteilt werden sollte; ferner beweist Ziff. 11 in der Tat, daß verehelichte unansässige Personen in der erwähnten Gemeinde ihre Heimat hatten; — aber daß Ansässigkeit von solchen Personen überhaupt nicht erlangt werden konnte, das ist durch jene gesetzlichen Bestimmungen nicht bewiesen. Der Entscheidung ist auch darin beizustimmen, daß die Bettelordnungen die Bestimmungen der Gerichtsordnung modifizieren können; dazu gehört aber im einzelnen Falle eine Regelung durch die Bettelordnung, welche aber hier zu fehlen scheint. M. E. ergeben die allgemeinen Sätze der Gerichtsordnung sowie die angeführte Bestimmung im Bettelmandat von 1726, daß auch ein besitzloser Taglöhner durch 10jährigen ungestörten Aufenthalt das Domizil in einer Gemeinde erwerben konnte. — Der Ansicht des V.G.H. pflichtet bei v. Riedel S. 13: „Bei Leerhäuslern, Tagwerkern, Ehehalten und überhaupt bei unvermöglichen Leuten werden solche tatsächliche Momente nicht als gegeben erachtet, bei ihnen ist daher von dem selbständigen Heimaterwerb durch Domizil keine Rede.“ Das Domizil als solches habe nur für Personen, welche sich mit hinreichend gesichertem

2. Nicht von dem Erfordernis der längeren Dauer des Aufenthalts, wohl aber von der Begründung eines Wohnsitzes wird nach einer Sonderbestimmung abgesehen bei den Dienstboten und Arbeitern.

Wie das Bettelmandat vom 3. März 1780 bestimmt, genügt die Tatsache, daß jemand in einem Orte längere Jahre „gedient oder gearbeitet" hat, nicht, um ein jus domicilii zu begründen. Das ist begreiflich, denn das ältere Recht nimmt an, daß die Absicht einer Wohnsitzbegründung bei solchen, welche anderen persönliche Dienste leisten, und diesen also auch an einen anderen Ort zu folgen verpflichtet sind, gar nicht angenommen werden könne, wie sie ja auch bei den Beamten nicht angenommen wurde. Solche Personen würden demnach nie die Heimat in der Gemeinde ihrer Tätigkeit haben erlangen können und in der Tat schrieb das genannte Gesetz (§ 9) vor: „Sohin sind jene, welche nach verlorenen Kräften sich nicht mehr mit Dienen zu ernähren vermögen, an ihren durch die Geburt erlangten Aufenthaltsort zu verweisen." Es folgt jedoch eine Ausnahme: „Jene aber, welche nachweisen können, daß sie „in einer Stadt oder in einem Gericht" 15 Jahre ehrliche Dienste geleistet

---

Nahrungsstande ansässig machten, einen Titel des selbständigen Heimaterwerbs gebildet. Nach v. Riedel müßten wir unterscheiden: a) Ansässige, welche auf Bürgerrecht, Grundbesitz, zünftiges Gewerbe sogleich die Heimat erwerben; b) Ansässige, bei welchen vorstehende Titel nicht zutreffen, die aber gesicherten Nahrungsstand aufweisen können und durch 10jährige Aufenthaltsdauer die Absicht, sich ständig aufzuhalten, erkennen lassen; c) alle übrigen Personen, welche auf Ansässigkeit eine Heimat überhaupt nicht erwerben können.

Die Zahl der Heimaterwerber nach b würde hierbei eine sehr geringe sein, während offenbar dieser Titel kein seltener gewesen ist. v. Riedel argumentiert ebenfalls aus Ziff. 11 und 14 des Bettelmandats — wie ich glaube, nicht in zwingender Weise.

[8]) In Bl. Bd. 11 S. 146 wurde zum Beleg der von dem Jahre 1825 zugelassenen Erwerbung der Heimat durch (10jährige) Verjährung auf die Motive zum Gesetzentwurf von 1825 hingewiesen. „Jedermann wird ungestörter in einer Gemeinde wohnen und seinem erlaubten Nahrungsstande dort nachgehen können, wenn die Sicherheit besteht, daß aus seinem Aufenthalt der Gemeinde in keinem Falle ein Präjudiz erwachse. Dann werden nicht rechtschaffene Familien nach vieljährigem ruhigen Aufenthalt, Dienstboten nach vieljährigen treuen Diensten mit einem Male vertrieben und um die Mittel ihres Fortkommens gebracht werden." — Dortselbst ist zitiert eine M.E. vom 9. März 1821 (Döllinger Bd. 12 S. 31), welche einen 10jährigen Aufenthalt die Heimat geben läßt. Spätere nach 1825 ergangene Ministerialentschließungen haben diese Auffassung auch für das Recht vor 1825 widerrufen. — Die Abhandlung geht auf die Quellen näher ein und bezieht sich insbesondere auf Kreittmayrs Anmerkungen zur Gerichtsordnung, der den Heimaterwerb durch 10jährigen Aufenthalt unter Bezugnahme auf das Bettelmandat von 1726 unter der Bedingung anerkannt habe, daß die auf ein bleibendes Domizil gerichtete Absicht vorhanden gewesen und aus den Umständen ersichtlich sei. Vor Ablauf der 10 Jahre habe man auf bloßen Wohnsitz hin die Heimat nicht erlangen können; das beweisen die Heimatverhältnisse der Beamten, die auf den Wohnsitz am Orte des Amtes niemals das Domizil erwarben. — Mit Recht wird auch darauf hingewiesen, daß die Bettelordnung von 1780 nicht das Domizil als Heimattitel ausschließe. — Vgl. auch Bl. Bd. 23 S. 42, ferner Rehm a. a. O. S. 90.

haben, sollen „gleich den allda Geborenen" verpflegt und geduldet werden."

Der Text des Gesetzes berechtigt, nicht bloß eine Fürsorgepflicht der Dienstgemeinde anzunehmen, ähnlich derjenigen, welche jetzt die Dienstgemeinde zu üben hat, sondern die Erlangung der Heimat in derselben.

Voraussetzung ist also:

a) eine 15jährige, wie man annehmen muß, ununterbrochene oder doch nur vorübergehend unterbrochene Tätigkeit in der nämlichen Gemeinde oder dem nämlichen Gerichtsbezirke,

b) daß die Dienste zu einer Beanstandung hinsichtlich Treue und Ehrlichkeit keinen Anlaß gaben,

c) daß es sich um Dienste handelte, welche kraft eines Dienstmietevertrages geleistet wurden.

Demnach genießen Dienstboten, und wohl auch Handwerksgehilfen diesen Heimattitel[9]). Keine Voraussetzung ist, daß der Wohnsitz erlangt wurde — keine, daß die Dienste immer dem nämlichen Dienstherrn geleistet wurden. War der Dienstherr stets der nämliche, so wurde gleichwohl die Heimat nicht erworben, falls jener seinen Wohnort innerhalb der 15 Jahre außerhalb des Gerichtsbezirkes verlegt hat[10]).

---

[9]) „Selbständige" Taglöhner, welche in keinem dauernden Dienstverhältnisse stehen, erlangen die Heimat nicht. V.G.H. Bd. 8 S. 24.

[10]) Bl. Bd. 11 S. 194 suchen für die Bestimmung der Ziff. 9 des Bettelmandats, wonach jene, welche sich legitimieren können, in einer Stadt oder in einem Gericht 15 Jahre ehrliche Dienste geleistet zu haben, allda ihre Heimat haben sollen, eine Erklärung zu finden. Es soll bei Verarmung der Dienstbote einem bestimmten Distrikte überwiesen werden, so daß also eine Distriktsheimat bestünde. Dieser Meinung kann nicht beigetreten werden. Vielmehr hat der Dienstbote, welcher 15 Jahre in dem Gerichte tätig war, nach Ablauf dieser Zeit in jener Gemeinde die Heimat erlangt, in welcher er bei Vollendung der Zeit diente; wechselte er dann den Ort der Dienstleistung innerhalb des Gerichtes, so hat er in dem neuen Orte die Heimat, falls dieser nur innerhalb des nämlichen „Gerichtes" liegt.

In der erwähnten Abhandlung wird auch betont, daß Ziff. 9 als Ausnahme streng zu interpretieren sei und daher auf Personen nicht angewandt werden dürfe, welche nicht zur Klasse der Dienstboten gehören, namentlich nicht auf Lehrlinge oder Gesellen, noch auf selbständig lebende Taglöhner oder sonstige Lohnarbeiter; daran habe auch eine M.E. von 1836 (Döllinger XII, 34) erinnert; es sei am Begriffe des gebrödeten Dieners festzuhalten. Dagegen dürfte doch sprechen, daß der Eingang der Ziff. 9 von solchen spricht, „die in einer Stadt längere Jahre gedient oder gearbeitet haben"; allerdings sollte das allein nicht genügen zum Heimaterwerb; wenn es aber gegen den Schluß heißt, die Heimat soll denjenigen zugute kommen, welche 15 Jahre „ehrliche Dienste geleistet haben," so dürfte sich das auf die im Eingang gebrauchten Worte „dienen oder arbeiten" beziehen und ist es m. E. erlaubt, in dem im Texte angegebenen Umfange eine Heimatverleihung anzunehmen. Personen, welche selbständig heute diesem, morgen jenem Dienste leisten, kommen freilich schon deswegen nicht in Betracht, weil bei ihnen jenes Hindernis des Domizilerwerbes nicht besteht. — Vgl. auch die Eingangsworte der folgenden Ziff. 10 des Bettelmandats. Indes ist die Ansicht, daß nur Dienstboten im strengen Sinne die Heimat durch 15jährigen

3. Ist eine Verunglückung bei einer Hilfeleistung in Feuers- und anderer Gefahr ein Heimattitel? Auch ohne Aufenthaltsbewilligung und hierdurch erlangtes Domizil sollen Personen, welche „bei Wasser-, Feuer- und anderen Gefahren“ Hilfe leisten und zwar communitatis causa, d. h. im Interesse der Allgemeinheit und dabei verunglücken, von der Stadt oder Gemeinde, welcher sie „im allgemeinen Notfalle geholfen“, „die Verpflegung und der Unterhalt verschafft werden, solche mögen In- oder Ausländer sein.“ So Bettelmandat vom 3. März 1780 § 10 (Weber I S. 191).

Von den Schriftstellern wird dies als Heimaterwerb aufgefaßt, so daß also auch die Ehefrau und die Kinder diese Heimat erlangten[11]. M. E. geht diese Anschauung zu weit. Nach dem ganzen Zusammenhang soll nur denjenigen, welche an einem Orte arbeiten und gelegentlich einer oben beschriebenen Hilfeleistung verunglücken, von der betr. Gemeinde Verpflegung und Unterhalt verschafft werden. Diese Vorschrift belastet die betreffende Gemeinde in ähnlicher Weise, wie gegenwärtig die Aufenthaltsgemeinde auf gewisse Zeit zur Hilfeleistung verbunden ist. Der Verunglückte braucht nicht

---

Aufenthalt erwerben konnten, die herrschende. S. v. Riedel S. 14 Ziff. 3; V.G.H. Bd. 8 S. 24.

In Bl. Bd. 23 S. 43 ist ausgeführt, daß von gebrödeten Dienstboten, die mit der Dienstherrschaft von einem Orte zum andern wandern, im allgemeinen ein Domizil nicht erworben werde. Dies ist richtig. Folgendes Beispiel ist hierher zu erwähnen:

Die Eltern des Kilian A, dessen Heimat festzustellen ist und der eine selbständige Heimat nicht erworben hat, sind in der Gemeinde M mit obrigkeitlicher Bewilligung im Jahre 1802 getraut worden Sie besaßen zweifellos dort die Heimat 1812 verließen sie M und wohnten bis 1825 in dem herrschaftlichen Gute N, welches im Jahre 1818 der Gemeinde O einverleibt wurde. Der bloße Aufenthalt hat ihnen die Heimat in O keinesfalls verschafft Hätten die Eheleute A ein wirkliches Domizil in N (O) gehabt, so hätten sie daselbst im Jahre 1822 auf Grund 10jährigen Wohnsitzes die Heimat erworben, und wäre ihre bisherige Heimat in M verloren gegangen; daß in der Zwischenzeit N mit O vereinigt wurde, hätte nichts geschadet. Allein die Eheleute A waren auch nach ihrer Verehelichung gebrödete Dienstboten des Gutsherrn. Der Stand der Verehelichung übte auf dieses Rechtsverhältnis keinen Einfluß; denn auch in diesem Stande waren die Eltern des A nicht deshalb in N, weil sie an diesem Orte zu leben beabsichtigten, sondern weil ihre Herrschaft dort war und sie bei dieser zu bleiben wünschten. 1820 wurde das Dienstbotenverhältnis gelöst und die Eheleute A blieben in N. Bis 1825 konnte daher die 10jährige Ersitzung nicht mehr vollendet werden, nach 1825 war sie nicht mehr möglich. Ein anderer Heimattitel liegt nicht vor. Demnach hatten die Eheleute A bis zu ihrem Tode die Heimat in M und dort hat sie auch ihr Sohn.

Vgl. eine Entscheidung des Reichsgerichts vom 13. Mai 1880, wonach unter der Herrschaft der bayrischen Gerichtsordnung von 1753 ein Dienstbote seinen Wohnsitz am Domizilorte seiner Eltern solange hat, bis sein Wille, das alte Domizil aufzugeben und ein neues zu erwerben, dargetan wird. Bl. Bd. 33 S. 141/42.

[11] Vgl. Bl. Bd. 11 S. 212; v. Riedel S. 14 Ziff. 4.

an seinen durch „Geburt erlangten Aufenthaltsort verwiesen zu werden" (vgl. ebenda Ziff. 9), Heimat erlangt er aber m. E. nicht. Wenn er also aus dem Unfall wieder genest, und später unterhaltsbedürftig wird, ohne daß jener Unfall den Grund dieser Hilfsbedürftigkeit bildet, so muß er sich wiederum an seine eigene Heimat wenden. Das Gesetz hätte nach seiner sonstigen Ausdrucksweise einfach gesagt, „er erlangt das domicilium" — oder mindestens „er muß gleich den da Geborenen verpflegt und geduldet werden" (§ 9).

4. Heimat durch Verehelichung. Zur Verehelichung war nach Bettelmandat von 1780 § 11ff. der obrigkeitliche[12]) Konsens erforderlich[13]). Die Verheiratung mit obrigkeitlicher Erlaubnis[14]) bildete einen subsidiären Titel des Heimatrechts. Männer, welche ein ordentliches Domizil erlangt hatten, demnach nicht mehr die durch die Geburt erlangte Heimat als solche besaßen, erwarben durch die Heirat keine andere Heimat. Andere dagegen erwarben durch eine solche Heirat die Heimat in derjenigen Gemeinde, welche die Zustimmung erteilt hatte[15]); s. Bettelmandat 1780 Ziff. 11 und 14. Mangels einer solchen erwarben diese Personen die Heimat an dem Orte, wo sie mit ordentlicher, weltlicher, obrigkeitlicher Erlaubnis „kopuliert" worden sind, d. h. für welchen die Erlaubnis erteilt

---

[12]) Die Erteilung der Heirats- und Aufenthaltsbewilligung an Leerhäusler, Innleute, Taglöhner in Hofmarken stand der Hofmarksherrschaft mit Zustimmung der Hofmarksgemeinde zu. V.G.H. Bd. 11 S. 574. „Die Hofmarken waren besondere Jurisdiktionsbezirke, die innerhalb ihres geschlossenen Distriktes gegen jedes amtliche Eingreifen einer andern als der eigenen Obrigkeit nach Maßgabe ihrer Gerichtsprivilegien gefeit waren." Unmittelbare landesherrliche Ortschaften konnten einem geschlossenen ständischen Hofmarksdistrikt nicht einverleibt werden. „Wo die älteren Polizeiverordnungen von der Obrigkeit oder Gerichtsobrigkeit sprechen, schließen sie regelmäßig die Hofmarksobrigkeit in sich." Vgl. hierzu auch v. Seydel Bd. 1 S. 17, S. 35 Note 13. Hier ist auch bemerkt, daß in ungeschlossenen Hofmarken der Besitzer die Gerichtsbarkeit innerhalb des bestimmten Bezirkes nur über die eigenen Grundholden ausgeübt habe. Aus den Entscheidungsgründen obiger V.G.H.E.: Schloß und Dorf G waren eine Hofmark der Freiherren v. Cl. Die Hofmarksobrigkeit umfaßte neben dem Polizeiwesen, der Feuerschau, Lebensmittelpolizei auch die Direktion der Gemeindeangelegenheiten, Berufung der Gemeindeversammlungen, Bestätigung der Dorfführer und Hauptleute, insbesondere auch die Erteilung der Heirats- und Aufenthaltsbewilligungen.

[13]) Heiratete jemand ohne solchen Konsens im Auslande, so verlor er die bayrische Staatsangehörigkeit und damit auch die Heimat. Die Bewilligung zur Verheiratung sollte Personen nicht erteilt werden, welche unvermögend waren, sich zu ernähren, insbesondere nicht den Leerhäuslern, Innleuten ꝛc. (s. o.). Auch solchen Leuten konnte aber die Erlaubnis erteilt werden mit Zustimmung der Gemeinde, welche dadurch offenbar zur Heimatgemeinde wurde.

[14]) Für Unteroffiziere und Soldaten ersetzte die von der zuständigen Militärbehörde erteilte Bewilligung die sog. Heiratserlaubnis. V.G.H. Bd. 3 S. 111.

[15]) v. Riedel hält die Bestimmung in Ziff. 14 für eine armenrechtliche. M. E. gewährt die Zustimmung der Gemeinde zur Erteilung der Erlaubnis an eine bisher unansässige Person das „Domizil". Nimmt man dies an, so besteht kein Widerspruch mehr zwischen Ziff. 11 und Ziff. 14.

war. Ueber die Folgen der verbotenen Erteilung der obrigkeitlichen Erlaubnis für die Behörde s. Bettelmandat § 14. Die Erlaubnis kann aber nicht vermutet werden; daß die Geistlichen manchmal auch **ohne** solche Erlaubnis kopulierten, ergibt sich aus dem Bettelmandat 1780 Ziff. 13[16]). Erfolgte die Eheschließung ohne obrigkeitliche Erlaubnis, so änderte sich durch dieselbe an den bestehenden Heimatverhältnissen nichts[17]). (Nach dem Bettelmandat verlieren allerdings

---

[16]) Ein Beispiel aus Bl. Bd. 50 S. 282 zeigt, in welcher Weise die Bewilligung zur Verehelichung vor sich gehen konnte.

In einer Heimatfeststellungssache kam es darauf an, wo H, gestorben 1808, zuletzt seine Heimat gehabt hat. H war verheiratet; für die Eheleute H konnte nirgends ein geeignetes Domizil nachgewiesen werden. Er greift daher die Bestimmung Ziff. 11 des Bettelmandats Platz, wornach verehelichte Personen an dem Orte ihr Domizil beziehungsweise ihre Heimat haben, wo sie mit obrigkeitlicher Erlaubnis kopuliert sind. Ein strikter Beweis für die Erteilung dieser Bewilligung konnte nicht geführt werden. Allein genügende Anhaltspunkte lagen für eine solche vor. Ein Extrakt aus dem Sponsalienprotokoll des kurfürstlichen Landgerichts D stellt nämlich fest, daß im Jahre 1786 Michael H und Marie S sich das Versprechen der Verehelichung für die Gemeinde A gegeben haben, daß das Landgericht ausdrücklich dieses Eheversprechen „vor sich gehen ließ", und daß von dem Sponsalienprotokoll ein „Extrakt" erteilt wurde. Die Verehelichung hat wirklich stattgefunden; der Protokollextrakt wurde als „Konsens" in Abschrift in das pfarramtliche Trauungsbuch aufgenommen. Die Behandlung der Verehelichungsgesuche war damals eine sehr summarische; aus den angeführten Behelfen muß die obrigkeitliche Bewilligung für die Verehelichung als hinreichend festgestellt erachtet werden.

Bl. Bd. 23 S 49 führen ein anderes Beispiel an, demzufolge in der Pfarrei M im Jahre 1807 der Bauer A von M, Landgerichts O, mit der Bauerntochter B getraut wurde. In der Rubrik der Trauungsmatrikel: „Amtliche Heiratslizenz" ist deren Vorhandensein bestätigt; in der Rubrik: „Landgericht, Aufenthaltsort" ist das Landgericht O genannt Daß sonach die Verehelichung mit obrigkeitlicher Bewilligung stattgefunden hat, ist zweifellos. Aus dem Pfarrbuch geht zwar nicht hervor, auf welche Gemeinde die Heiratslizenz lautete; diesem Umstande kann aber eine Bedeutung nicht zugemessen werden, da in dem Orte des Wohnsitzes nach der Trauung gemäß § 11 der Bettelordnung von 1780 die Heimat begründet wird. Nach den Akten hatten die Eheleute in M ein häusliches Anwesen und wohnten dort selbst, so daß an ihrer Heimat in M kein Zweifel besteht. Die Eheleute gerieten später in Vermögensverfall, verließen M, zogen umher, erwarben aber nirgends Heimatrecht. Der Erwerb eines Anwesens in O im Jahre 1827 brachte ihnen die Ansässigkeit dort nicht, weil das gesetzliche Steuersimplum nicht gegeben war. Folglich hatten sie bis zu ihrem Tode die Heimat in M und haben auch ihre Kinder dort die ursprüngliche Heimat.

[17]) Zur Verehelichung, welche einen Heimattitel gewährt, gehört **a**) polizeiliche Bewilligung; b) kirchliche Trauung; beide müssen nachgewiesen werden. Die heimatrechtliche Bedeutung der polizeilichen Bewilligung beruht nur darauf, daß bei ihrem Mangel der subsidiäre Titel für die Heimat des Mannes fehlt; dagegen erwarben auch bei heimlicher (nicht im Auslande erfolgter) unerlaubter Verehelichung Ehefrau und Kinder die Heimat des Mannes (Bl. Bd. 11 S. 211).

die ohne obrigkeitliche Erlaubnis Heiratenden die Staatsangehörigkeit. Diese Bestimmung ist aber in der Verordnung von 1808 nicht aufrecht erhalten.) Aus der Verordnung vom 12. Juli 1808 ist zu schließen, daß die obrigkeitliche Erlaubnis für einen bestimmten Ort, nämlich für jenen erteilt wurde, wo die Heiratenden mit hinreichender Aussicht auf Nahrung ihren Wohnsitz nahmen; man darf annehmen, daß dies auch schon vor 1808 so gehandhabt wurde, und daß demnach dieser Ort, der ja mit dem Orte der Trauung zumeist identisch sein mußte, maßgebend für die Heimat war.

Nach der erwähnten Verordnung vom 12. Juli 1808 war bei Heiraten auf dem Lande die Einwilligung der Gemeinde auch bei unvermögenden Leuten nicht mehr erforderlich. Wurde die obrigkeitliche Erlaubnis zur Verehelichung einem noch nicht selbständig beheimateten Manne erteilt, so erlangte er die Heimat an dem in der Erlaubnis bezeichneten Orte, nämlich jenem, wo die Heiratenden mit hinreichender Aussicht auf Nahrung Wohnung nehmen. Allein der Heimattitel ist in diesem Falle nicht mehr die Verehelichung, sondern die Aufenthaltserlaubnis, welche mit der Heiratserlaubnis verbunden wurde. Die Verehelichung als solche hatte für Ehen auf dem Lande keine Bedeutung mehr (§ 13 l. c.). Nicht ausgeschlossen war, daß die Gemeinden die, wenn auch nicht erforderliche, Einwilligung doch ausdrücklich gaben, in welchem Falle es bei der obigen Regel (Heimaterwerb in der Gemeinde) ebenso blieb, wie für die vor dem 12. Juli 1808 abgeschlossenen Ehen.

b) Aelteres Recht nach dem fränkischen Kreisschlusse.

Für die fränkischen Gebietsteile (Gebiet des ehemaligen fränkischen Kreises) ist der fränkische Kreisschluß vom 24. März 1791 von Wichtigkeit. Die Bestimmungen desselben sind bis zum Erlaß des Gesetzes vom 11. September 1825 maßgebend. Darnach hat jeder seine Heimat zunächst da, wo sie sein Vater bezw. seine außereheliche Mutter hatte[18]), („er soll an seinen Geburtsort verwiesen werden").

Eine selbständige Heimat wird erworben:

1. durch die Eigenschaft eines Gemeindegenossen und eines Schutzverwandten, welche durch Verleihung seitens der Gemeinde erlangt wurde;

2. durch 6jährigen Aufenthalt an einem Orte[19]); durch diesen 6jährigen Aufenthalt wurde die ursprüngliche Heimat, ebenso eine frühere durch 6jährigen Aufenthalt erlangte Heimat verloren und ipso jure die neue Heimat gewonnen;

---

[18]) Vgl. Bl. Bd. 23 S. 55.

[19]) Es genügte bloßer Aufenthalt (Duldung); vgl. jedoch das unten über den Nachtrag zum Kreisschluß Bemerkte.

3. durch eine mit ausdrücklicher oder stillschweigender Genehmigung der Aufenthaltsgemeinde erfolgte Verehelichung.

Um die Folgen der Heimaterwerbung kraft 6jährigen Aufenthalts zu vermeiden, waren die Obrigkeiten, Gemeinden und guten Untertanen angewiesen, keinem Fremden auf längere Zeit und ohne obrigkeitliche Erlaubnis irgendwo einen Aufenthalt oder eine Unterkunft zu geben. Auch wurde, da es unbequem gewesen wäre, die bezügliche Person immer wieder auszuweisen, in dem Nachtrag zur Kreisordnung vom 2. Mai 1793 bestimmt, daß die unter b genannte Regel eine Ausnahme erleiden solle hinsichtlich der Beständner, Pächter, Knechte, Mägde und anderer Dienstboten, dann der Gemeindediener, als da sind Gemeindehirten, Schäfer, Flurer, Gemeindeschmiede u. dgl. Jedoch blieb auch hinsichtlich solcher Personen der unter c aufgeführte Titel der Verehelichung ausdrücklich aufrecht.

c) Ueber die **Rechte in anderen jetzt bayrischen Territorien** vgl. v. Riedel S. 23/24 Note 2. Dortselbst ist auch festgestellt, daß die Praxis bei Entscheidung älterer Heimatstreitigkeiten in Ermanglung positiver oder genügend bekannter Provinzialbestimmungen in der Regel auf das ältere bayrische Recht zurückgegriffen habe, da zwischen den einzelnen Provinzialrechten und den älteren bayrischen Gesetzen inhaltlich keine prinzipielle Verschiedenheit bestand[20]).

---

[20]) V.G.H. Bd. 2 S. 323: „In der ehemaligen Provinz Schwaben haben die Bestimmungen der bayrischen Gerichtsordnung von 1753 über das forum domicilii respektive forum accessorium von Einführung dieser Gerichtsordnung an bis zur Geltung des Heimatgesetzes von 1825 maßgebende Normen für die Begründung von Heimatverhältnissen gebildet." In den Gründen ist angeführt, daß die Gerichtsordnung gemäß Allerhöchster Verordnung vom 4. Oktober 1810 in der Provinz Schwaben eingeführt worden sei.

In B. Gemeindeztg. Bd. 11 S. 350 ist eine Entscheidung des V.G.H. vom 13. Juli 1900 angeführt, nach welcher die mit obrigkeitlicher Bewilligung erfolgte Verehelichung und Niederlassung in einer Gemeinde im Fürstbistum Passau wie in den altbayrischen Provinzen auch für bloße Inwohner schon vor der Mitte des 18. Jahrhunderts die Erwerbung der Heimat in der Niederlassungsgemeinde zur Folge gehabt hat. In den Entscheidungsgründen ist erwähnt, daß zwar erst im Jahre 1775 durch eine fürstbischöfliche Hofratsverordnung in völlig zweifelsfreier Weise die Zugehörigkeit zur Gemeinde des ersten ehelichen Wohnsitzes zum Ausdruck gelangte, doch diese Bestimmung kein neues Recht geschaffen habe, sondern auf einem bereits im bisherigen Rechte vorhandenen Grundgedanken beruhte.

Nach Bl. Bd. 23 S. 56 bestand eine fürstlich Würzburgische Verordnung vom 2. Mai 1793, welche bestimmte, daß ein 6jähriger Aufenthalt außerhalb des Würzburger Gebietes die frühere Heimat aufhebe. Im gegebenen Falle hatten die Eheleute R 1812 ihre Heimatgemeinde R verlassen. Da nun aber im Jahre 1814 Würzburg und damit auch R zu Bayern kamen, damals sechs Jahre noch nicht verflossen waren, die Eheleute R aber sich innerhalb des bayrischen Staatsgebietes aufhielten, so haben sie nicht auf Grund jener Verordnung die Heimat in R verlieren können.

§ 33.

2. Recht in der Zeit von 1825—1868[1]).

Das Recht vor 1825 hatte, wie wir sahen, einen selbständigen Heimaterwerb an die Ansässigkeit geknüpft. Die Grundbedingung derselben war, von einigen Ausnahmen abgesehen, das zivilrechtliche Domizil. Somit ward ein zunächst privatrechtlicher Vorgang von größter Bedeutung für das öffentlich-rechtliche Institut der Heimat. Im übrigen waren die Voraussetzungen des Heimaterwerbs nicht völlig klar zum Ausdruck gelangt. Der Erwerb einer neuen Heimat war in den meisten Fällen nicht durch einen nach außen ohne weiteres kenntlichen Vorgang bestimmt. Den Behörden war zwar die Möglichkeit gegeben, auch gegen den Widerspruch der Gemeinden Aufenthaltserlaubnis und damit indirekt eine Heimat zu erteilen, aber sie übernahmen dabei Haftungen, falls sie „unvermögenden" Leuten die Erlaubnis erteilten. Dazu kam die eigenartige Gesetzgebung des Jahres 1808, welche sich nicht einlebte. So sah sich der Gesetzgeber, der überdies die rechtlichen Verhältnisse der Gemeinden neu geordnet hatte, veranlaßt, auch die Zugehörigkeit zur Gemeinde neu zu regeln. Es erschienen das Gesetz vom 11. September 1825 über die Heimat und jenes vom gleichen Tage über die „Ansässigmachung und Verehelichung". Die Ansässigmachung, nun als formaler Rechtsvorgang ausgestaltet, bildete den Haupttitel der Heimat[2]).

1. Heimaterwerb durch Ansässigmachung. Die Heimat in einer Gemeinde wird nach § 1 Ziff. 2 des Heimatgesetzes vom 11. September 1825 erworben: „durch die Ansässigkeit in der Gemeinde nach Maßgabe der §§ 2—5 in dem Gesetz über die Ansässigmachung und Verehelichung." — Die Ansässigmachung wurde in der Regel von der zuständigen Verwaltungsbehörde „bewilligt," in anderen Fällen trat sie ohne Bewilligung kraft Rechtens von selbst ein. Mit dem Erwerb der „Ansässigkeit" ist jener der Heimat verbunden[3]). Der Verlust der Ansässigkeit bewirkte aber den Verlust der Heimat nur, wenn gleichzeitig eine neue Ansässigkeit genommen wurde[4]).

---

[1]) Das Heimatrecht für die Zeit von 1825—1868 kannte ebenso wie das spätere die wirkliche und die angewiesene Heimat und unterscheidet auch die ursprüngliche und die erworbene Heimat. Für die Erwerbung bestehen vier Wege: Ansässigkeit, Vertrag, Verehelichung, Nothilfe. Im folgenden sind drei dieser Titel des kurzen zu erörtern; die Erwerbung durch Vertrag ist in § 51 besonders behandelt. Vgl. zum folgenden auch v. Riedel S. 24—43; Bl. Bd. 3 S. 337 ff., Bd. 4 S. 11 ff.

[2]) Vgl. v. Riedel S. 34. — In der Pfalz wurden obige Gesetze nicht eingeführt.

[3]) In der nämlichen Weise etwa wie heute mit dem Bürgerrechte. Vgl. jedoch die Wirkung eines „Heimatvorbehaltes" in § 51; V.G.H. Bd. 5 S. 230 erklärt den Heimaterwerb als eine absolute Folge der Ansässigmachung.

[4]) In diesem Falle konnte die Heimat in der Gemeinde der bisherigen Ansässigkeit vertragsmäßig vorbehalten werden.

I. Die Bewilligung erfolgte nach einem in § 9 des Gesetzes geregelten Verfahren[5]) und auf einen der gesetzlichen Titel. Diese Titel sind:

Grundbesitz von bestimmtem Werte (§ 2 I des A.G.).

Erwerbung eines realen oder radizierten Gewerbes (§ 2 II)[6]).

Erlangung einer persönlichen Gewerbskonzession (§ 2 III)[7])[8]),

Ein auf sonstige Weise vollständig und nachhaltig gesicherter Nahrungsstand (§ 2 IV).

Letzterenfalls stand der Gemeinde bis zur Revision des Gesetzes, wie in allen übrigen Fällen ein Erinnerungsrecht zu, seit der Revision des Gesetzes aber (durch Gesetz vom 1. Juli 1834) das Recht des absolut hindernden Widerspruchs[9]).

---

[5]) Die Gemeindeverwaltung, der Armenpflegschaftsrat, die Bewerber um dieselbe Kategorie der Ansässigkeit, die Grund- und Gerichtsherrn waren zu hören.

[6]) Zufolge Landtagsabschiedes von 1856 hatte auch bei diesem Titel die Prüfung des erforderlichen Nahrungsstandes vorherzugehen. v. Riedel S. 43.

[7]) Die Erlangung dieser Konzession war an Voraussetzungen geknüpft, welche zu erfüllen, mitunter schwierig war. S. § 2 des Gewerbegesetzes vom 11. September 1825.

[8]) Der Betrieb eines sog. freien Erwerbes brachte die Ansässigkeit nicht. Aber auch die Konzession zur Ausübung einer Fabrik, einer Großhandlung, eines realen oder eines radizierten Gewerbes soll nach der Vollzugsinstruktion zum Gewerbegesetz die Ansässigkeit nicht schlechthin zur Folge haben; diese Folge soll vielmehr durch eine einfache Erklärung ausgeschlossen werden können. Liegt der Nachweis einer solchen nicht vor, so bleibt es bei dem Erwerb der Ansässigkeit. Bei den anderen besteuerten Gewerben ist die Ansässigkeit als Folge der Konzession nicht zu vermeiden. Vgl. hierzu Bl. Bd. 12 S. 378. Dort wird nun gesagt, daß gegenüber einer solchen Ansässigmachung ein vertragsmäßiger Heimatvorbehalt zwar zulässig sein solle, wenn ein bereits Ansässiger eine Konzession erlangen sollte; dieser könne sich in der Gemeinde seiner bisherigen Ansässigkeit die Heimat vorbehalten lassen; nicht aber solle, wenn jemand, der bereits eine erworbene Heimat hat, in einer dritten Gemeinde eine gewöhnliche Konzession (d. h. eine solche, welche die Ansässigkeit zur gesetzlichen Folge hat) erlange, ein vertragsmäßiger Heimatvorbehalt in ersterer Gemeinde zulässig sein, sondern es sei die heimatrechtliche Folge der wirklichen Ansässigmachung hier unabwendbar. Erst wenn mit der Ansässigkeit die Heimat in der Gemeinde des Gewerbesitzes erworben sei, dann könne jeder beliebige Vertrag über den Erwerb einer anderen Heimat geschlossen werden. — Ich kann diese Ansicht nicht teilen. Wenn man zugibt, daß mit der Ansässigkeit eine andere Heimat als in der Gemeinde der Ansässigmachung verbunden werden konnte, so stand m. E. auch nichts im Wege, der ersten Ansässigkeit die Wirkung der Heimatbegründung gemäß § 2 H.G. 1825 vorher zu nehmen. Vgl. § 51.

[9]) Nur wenn es sich bei diesem Titel um Niederlassung auf ein (1834) schon bestehendes, häusliches Anwesen handelte oder um den Nachweis des Titels der Ansässigmachung behufs Verehelichung eines noch nicht definitiv angestellten Dieners des Staates, der Kirche, der Gemeinde, hatte die Gemeinde ebenso wie in den anderen Fällen nur ein Erinnerungsrecht. Die Gemeinde konnte ihre Zustimmung auch an Bedingungen knüpfen, z. B. daß der Bewerber nach seiner erklärten Absicht eine bestimmte Braut heirate. Dann konnte auch die Ansässigmachung nur unter jener Bedingung bewilligt werden; fiel diese aus, so auch die Ansässigkeit. Dagegen war der Widerruf einer unbedingt, jedoch in bestimmter Annahme erteilten Bewilligung unzulässig. Vgl. Bl. Bd. 13 S. 349. — Der Nachweis der erfolgten Bewilligung kann in jeder Weise, also nicht bloß durch Vorlage der Urkunde

Bestimmte allgemeine Voraussetzungen der Ansässigkeit sind in § 1 des A.G. aufgeführt. Die Ansässigkeit ist nur Männern zugänglich; Frauen sind nicht fähig, ansässig zu werden. Bl. Bd. 1 S. 409.

Die Erteilung der behördlichen Ansässigkeitsbewilligung war in all diesen Fällen notwendige Voraussetzung der Ansässigkeit und damit der Heimat. Läßt sich erweisen, daß diese Bewilligung nicht erteilt wurde, so ist die Ansässigkeit nicht erlangt worden; wie anderseits der Nachweis der Aushändigung des Ansässigmachungsbeschlusses einen Schluß gestattet auf die erteilte Ansässigmachung. Es ist nicht geboten, an dieser Stelle die Voraussetzungen, unter welchen die Ansässigkeitsbewilligung erteilt werden durfte, in das einzelne zu verfolgen. Vgl. A.G. §§ 1—5.

Nur auf folgendes ist hinzuweisen:

a) die Ansässigmachung brauchte keine wahre zu sein[10]). Jemand konnte in einer anderen Gemeinde rechtlich ansässig werden, als in jener, in welcher er sich niederließ. Insbesondere konnte eine Gemeinde in dieser Weise die Ansässigkeit auf den Nachweis eines gesicherten Nahrungsstandes bewilligen. Bei der „tatsächlichen Ueber-

oder der Akten erbracht werden, vgl. V.G.H. Bd. 10 S. 104. — In Bl. Bd. 22 S. 74 ist darauf hingewiesen, daß bei auf Grundbesitz sich stützenden Gesuchen um Ansässigmachung und Verehelichung die Oberschreiber der Landgerichte nicht selten ein summarisches Verfahren einschlugen. Die gemeindliche Zustimmung wurde häufig bei den Beilagen des „Kontraktenprotokolls" aufbewahrt, der Trauschein (ohne Konzept) ausgestellt. So kommt es „daß bei Heimatnachforschungen so oft die gesuchten Ansässigmachungs- und Uebersiedlungsakten weder in den Registraturen, noch auch in den Repertorien zu finden sind."

[10]) Beispiel: W übersiedelte tatsächlich in die Gemeinde U; er richtete aber ein Uebersiedelungsgesuch an die Gemeinde K. Diese erklärte sich zustimmend auf das Gesuch, worauf die Uebersiedelungsbewilligung von Seite der Patrimonialgerichtsbehörde erfolgte. Es ist nicht ausgeschlossen, daß W glaubte, die Ortschaft, in welche er tatsächlich übersiedelte, gehöre zur Gemeinde K. möglich ist aber auch, daß er den Sachverhalt wußte und absichtlich seine Niederlassung in einer andern Gemeinde bewirkte als jener der Ansässigmachung. V. G. H. führt nun in Bd. 10 S. 203 aus, „Ansässigmachung sei die behördliche Anerkennung, daß für einen Mann die gesetzlichen Bedingungen gegeben gewesen seien, um in einer bestimmten Gemeinde einen ständigen Haushalt und eine Familie zu begründen." Dies folge aus nachstehenden, m. E. zutreffenden Erwägungen: Aus der bis 1825 geltenden Gleichstellung des Wohnsitzes (Domizils) mit der Heimat mag allerdings bei der Entstehung des Gesetzes von 1825 der Gedanke vorgewaltet haben, daß die tatsächliche Niederlassung mit der gesetzlichen Ansässigkeit in einer Gemeinde zusammenfallen solle. Wo die Ansässigkeit kraft Gesetzes erfolgt, trifft in der Tat beides zusammen. Gleichwohl ist der Grundsatz nirgends in zwingender Weise im Gesetze zum Ausdruck gelangt. Im Gegenteil enthält die Bestimmung des § 6 A.G. eine Anerkennung für jene Trennung. In der Praxis kam sie vielfach vor. Demnach bestand kein rechtliches Hindernis, daß W in K ansässig und heimatberechtigt wurde, während er in U sich tatsächlich niedergelassen hat.

siedelung“ brauchte die Ansässigkeit in der neuen Wohngemeinde nicht erworben zu werden. Die Tatsache der Uebersiedelung beweist also nichts. Ein Heimatvorbehalt ist überflüssig; er kommt nur dann in Betracht, wenn die Uebersiedelung „rechtlich“ d. h. mit Erwerb der Ansässigkeit erfolgen, die Heimat aber sich nicht ändern soll (vgl. lit. b).

b) die rechtliche „Uebersiedelung“ ansässiger Staatsbürger aus einer Gemeinde in eine andere ist eine etwas erleichterte Art der Ansässigmachung in dieser Gemeinde (§ 6 A.G.).

c) die Ansässigmachung gab neben der Heimat auch die Staatsangehörigkeit, wenn ein Nichtbayer dieselbe erlangte. Voraussetzung war, daß die Einwanderung mit behördlicher Bewilligung erfolgte[11]).

II. Ohne Bewilligung erfolgte die Ansässigmachung kraft Gesetzes:

a) bei dem Eintritt in ein öffentliches Amt des Staates, der Kirche oder der Gemeinde mit definitiver Anstellung und zwar durch die Anstellungsurkunde[12]).

Zufolge Gesetz vom 24. Dezember 1849 erwirbt jeder wirkliche Schullehrer, der in dieser Eigenschaft drei Dienstjahre zurückgelegt hat, kraft Gesetzes die Ansässigkeit mit allen ihren gesetzlichen Folgen in jener Gemeinde, in welcher er bei oder nach Ablauf der dreijährigen Frist angestellt ist. Bl. Bd. 36 S. 372.

b) bei Erlangung einer persönlichen, für diese Gemeinde erteilten Gewerbskonzession durch die Aushändigung der im Berufungsfalle bestätigten Konzessionsurkunde[13]);

c) nach dem Gesetz vom 11. September 1825 (§ 5) bis zum Erlaß des Gesetzes vom 1. Juli 1834 (siehe oben) hatte auch die amtliche Zuschreibung eines Grundstückes[14]) von einem bestimmten, an der Steuer gemessenen Werte die Ansässigkeit in der Gemeinde zur gesetzlichen Folge[15]).

---

[11]) Voraussetzung der Bewilligung war Entlassung aus dem fremden Staatsverband. Vgl. Bl. Bd. 11 S. 202 ff.

[12]) Ueber das frühere Recht, unter dem der Beamte in der Regel kein „Domizil“ erlangte, s. § 22. Ueber „definitive Anstellung“ siehe § 50. Die Ansässigkeit, somit auch die Heimat wurde gewonnen in der Gemeinde des Amtssitzes. Ueber den Amtssitz der Forstbeamten s. V.G.H. Bd. 12 S. 263. Siehe auch § 50.

[13]) V.G.H. Bd. 12 S. 466. — Beispielsweise brauchte der Bewerber um eine Wirtschaftskonzession nicht vorher die Heimat in der Gemeinde zu erwerben; die Konzession gab die Heimat. S. B. Gemeindeztg. Bd. 7 S. 297. — Realrecht gab nur einen Titel zur Begründung der Ansässigmachung (s. oben). Bl. Bd. 23 S. 91.

[14]) v. Riedel S. 35, 36. Bis 1834 gab der Kauf (die Zuschreibung) eines Gutes, das mit mindestens 45 Kreuzer Steuersimplum veranlagt und bis zum Kapitalsbetrage dieser Steuer schuldenfrei war, die Ansässigkeit und Heimat, nach 1834 nur einen Titel. Das Steuersimplum ergibt sich aus der Multiplikation der Tagwerkszahl mit der Bonitätszahl. — Vgl. Bl. Bd. 23 S. 625. B. Gemeindeztg. Bd. 2 S. 869.

[15]) In den Fällen der Ziff. II a u. c könnte man auch von einem Erwerb der Heimat kraft Gesetzes sprechen, wie jetzt im Falle des Art. 2 H.G.

III. Wie aus I und II erhellt, bedarf es zur Ansässigkeit immer einer öffentlichen Urkunde, entweder eines rechtskräftigen Beschlusses der Distriktsverwaltungsbehörde, welcher dieselbe ausspricht, oder aber der Anstellungs- oder der Konzessionsurkunde.

IV. Die Gemeinden waren zur Erhebung von Aufnahmsgebühren nach den näheren Bestimmungen des § 7 A.G. berechtigt[16]).

2. Heimaterwerb durch Aufenthalt? Die Bestimmungen über Erwerb der Heimat durch 10jährigen Aufenthalt und jene über den Heimaterwerb seitens der Dienstboten und Arbeiter sind aufgehoben. Durch Aufenthalt wird fortan die Heimat nicht mehr erworben[17]).

3. Die Hilfeleistung bei öffentlicher Not bildete nunmehr einen wirklichen Heimattitel. H.G. 1825 § 1 Ziff. 4. Voraussetzung war:

a) daß die Hilfe mit eigener Gefahr geleistet wurde;

b) daß es sich um eine Hilfe bei öffentlicher Not handelte;

c) daß bei der Hilfeleistung eine Beschädigung erlitten wurde, welche die Erwerbsunfähigkeit zur Folge hatte.

Waren diese Voraussetzungen gegeben, so wurde die Heimat in der Gemeinde, der, bezw. deren Angehörigen Hilfe geleistet wurde, ipso jure erworben. Der Beschädigte konnte aber erklären, und zwar ausdrücklich oder durch Handlungen, daß er seine bisherige Heimat beibehalten wolle[18]).

4. Die Verehelichung auf Grund obrigkeitlicher Bewilligung bildet auch nach dem Recht von 1825 einen subsidiären Titel des Heimaterwerbes. „Durch die von der zuständigen Obrigkeit[19]) erteilte Erlaubnis zur Verheiratung in der Gemeinde“ wird

---

[16]) Die Praxis erhob, wie schon in § 31 bemerkt, Aufnahmsgebühren von Gemeindegliedern, auch ohne daß dieselben ansässig waren. Sonach beweist die Zahlung einer Aufnahmsgebühr keineswegs die erfolgte Ansässigmachung und den Heimaterwerb. S. Bl. Bd. 29 S. 393; vgl. Bl. Bd. 8 S. 342; Bd. 3 S. 289.

[17]) Bl. Bd. 36 S. 362. — Allerdings hat das Gesetz von 1825 die Behörde angewiesen, den Nachweis eines gesicherten Nahrungsstandes, „wenn die Erfordernisse vorhanden sind“, auch bei Lohnerwerb anzunehmen, und ferner Dienstboten, welche ohne häufigen Dienstwechsel 10 Jahre hindurch mit Treue und Fleiß gedient und durch gemachte Ersparnisse Beweise von häuslichem Sinn gegeben haben, zu berücksichtigen; das revidierte Gesetz von 1834 verpflichtet die Gemeinden, Rücksicht zu nehmen auf erprobten Fleiß und bewährte Tüchtigkeit des Bewerbers und ferner solchen Dienstboten den Vorzug zu geben, welche ohne häufigen Dienstwechsel 15 Jahre hindurch mit Treue und Fleiß gedient haben. Allein diese Bestimmungen schaffen für die bezeichneten Kategorien ebensowenig ein Recht, wie sie längeren Aufenthalt in einer Gemeinde schlechthin begünstigen. Letzteres ist erklärlich, denn mittlerweile waren auch die Rechte der Gemeinden hinsichtlich der Ausweisung nicht ortsangehöriger Personen gemindert worden.

[18]) Vgl. Bl. Bd. 1 S. 311.

[19]) Die Verehelichung ohne Bewilligung ist nicht ungültig und hat auch heimatrechtliche Wirkung für (die Ehefrau und) die Kinder. Sie konnte aber

die Heimat erworben. H.G. 1825 § 1 Ziff. 3. Dieser Titel gilt für die Heimat des Mannes. Die Frau folgt dieser Heimat nach allgemeinen Grundsätzen. Der Mann erlangte aber die obrigkeitliche Erlaubnis nur auf einen zur Zeit der Bewilligung vorhandenen gesetzlichen Titel der Ansässigmachung hin, zumeist übrigens gleichzeitig mit dieser (A.G. § 8 Ziff. 2); somit ist die obrigkeitliche Erlaubnis zur Verehelichung nur dann von Wichtigkeit, wenn der Beschluß, bezw. die Urkunde über die Ansässigkeit selbst oder ein sonstiger Nachweis derselben nicht beigebracht und auch der Erwerb einer sonstigen Heimat nicht erwiesen werden kann. Vgl. Kammerverhandlungen 1825 Bd. 4 S. 11[20]).

---

nicht als Titel für den Heimaterwerb des Mannes verwertet werden. Vgl. V.G.H. Bd. 3 S. 647. — V.G.H. Bd. 6 S. 1.

[20]) Bl. Bd. 4 S. 306 ff., Bd. 36 S. 373/74. v. Seydel Bd. 2 S. 51 bei Note 37. — Die Bedeutung des § 1 Ziff. 3 H.G. ist keine zweifelsfreie. Feststeht, daß die Verehelichungsbewilligung gemäß § 8 Ziff. 2 A.G. nur demjenigen erteilt werden sollte, welcher einen gesetzlichen Titel der Ansässigkeit für sich hat; daher ist der Entscheidung V.G.H. Bd. 9 S. 57 beizutreten, daß eine von der Distriktsverwaltungsbehörde an einen in der Gemeinde noch nicht Ansässigen erteilte Verehelichungsbewilligung vorbehaltlich des Nachweises des Gegenteils die Annahme begründe, daß mit der Erteilung der Verehelichungserlaubnis auch die Ansässigmachungs- bezw. Uebersiedelungserlaubnis erteilt wurde. Feststeht auch, daß das Gesetz nicht eine Verehelichungsbewilligung für nichtig erklärt, weil die Vorschrift des § 8 Ziff. 2 nicht eingehalten wurde, daß ferner die Verehelichungsbewilligung die Ansässigkeit nicht gewährt, daß aber gemäß § 1 Ziff. 3 H.G. 1825 die Erlaubnis zur Verheiratung in der Gemeinde (wenn die Verehelichung wirklich erfolgte) einen Heimattitel abgibt. Der V.G.H. Bd. 10 S. 175 erkennt nun zwar an, daß die ministeriellen Erörterungen zum Gesetzentwurf 1825 diesen Heimattitel als Reservetitel für ungewisse Fälle bezeichnen, daß auch v. Pözl in Bl. Bd. 1 S. 411 diesen Heimattitel ausnahmsweise zulasse, wenn ein anderer Heimaterwerbstitel nicht nachgewiesen sei, verneint aber gleichwohl diese Bedeutung des § 1 Ziff. 3 l. c. als mit den Prinzipien des Gesetzes in Widerspruch stehend. Nur unter der Voraussetzung, daß für den Mann die Bedingungen des § 1 Ziff. 2 H.G. bestanden, könne von einer „in gesetzlicher Ordnung stattgehabten" Verheiratung in einer Gemeinde gesprochen werden. Letzteres ist nun allerdings richtig, aber das Gesetz macht in § 1 Ziff. 3 H.G. den Heimaterwerb nicht von einer in gesetzlicher Ordnung stattgehabten Verheiratung resp. von dem Nachweise einer solchen abhängig, sondern nur von der mit Erlaubnis der zuständigen Behörde erfolgten Verehelichung. Ist ein anderer Heimattitel nicht nachweisbar, so genügt der Nachweis dieser Erlaubnis und ist nicht mehr zu prüfen, ob diese Erlaubnis mit Beachtung der Vorschriften des § 8 Ziff. 2 A.G. oder ohne dieselbe erteilt wurde. Darin liegt m. E. die Bedeutung des § 1 Ziff. 3 H.G., der nach dem Verwaltungsgerichtshof für die Heimat des Ehemannes ohne jede Bedeutung wäre. Die praktische Bedeutung jenes Titels ist ja keine sehr erhebliche; aber ganz wertlos ist die Bestimmung auch heute nicht, zumal, wie aus Anm. 9 erhellt, förmliche Ansässigmachungsbewilligungen oft nicht mehr auffindbar sind, wohl aber Verehelichungsbewilligungen für eine bestimmte Gemeinde. Aber auch wenn in einem bestimmten Falle feststünde, daß die Ansässigkeit in der Gemeinde nicht erlangt wurde, so würde die Verehelichungsbewilligung an den noch ursprünglich beheimateten A für die Gemeinde N diesem die Heimat in N gemäß § 1 Ziff. 3 H.G. 1825 verschafft haben.

3. Geltendes Recht.

A. Der Anspruch auf Verleihung des Heimatrechts.

§ 34.

I. Allgemeines[1]).

1. Das Heimatgesetz von 1868 hat den Heimaterwerb auf Ansässigkeit nicht beibehalten. Zwar hatte die Staatsregierung dieses Rechtsinstitut fortbestehen lassen wollen, allein der Landtag war anderer Ansicht. Einer der gesetzlichen Titel der Ansässigkeit: definitive Anstellung im Dienste des Staates, der Gemeinde, der Kirche ist umgewandelt worden in einen gesetzlichen Titel des Heimatrechtes. Wie der Beamte früher die Ansässigkeit und mit ihr die Heimat kraft seiner definitiven Anstellung erwarb, so nun unmittelbar die Heimat. Hätte man nun im übrigen der Ansässigmachung schlechthin jede Bedeutung für das Heimatrecht abgesprochen, so hätte selbständig die Heimat, von dem erwähnten Fall abgesehen, nur durch Verheiratung oder Verleihung erworben werden können.

Damit wäre den Aenderungen der Beziehungen zu einer Gemeinde, die das Leben mit sich bringt, nicht Rechnung getragen worden. Man hat daher, wie früher einen Anspruch auf Ansässigmachung, so jetzt einen Anspruch auf Heimat gegeben und dabei das absolute Veto, welches die Gemeinde der Ansässigmachung entgegensetzen konnte, beseitigt. Dafür mußten die Voraussetzungen schärfer bestimmt werden, welche den Anspruch auf Heimatverleihung einschränken.

Man fand das Haupterfordernis in einem längeren Aufenthalt, gab daher den Anspruch nur gegen die Aufenthaltsgemeinde[2]), und machte ihn überdies noch abhängig von positiven und negativen Eigenschaften dieses Aufenthalts. Einerseits wollte man dadurch die Wahrscheinlichkeit verringern, daß der neue Heimatangehörige seiner nunmehrigen Gemeinde alsbald zur Last fallen würde und andererseits vorkehren, daß er in der Gemeinde eine genügend lange Zeit tätig zugebracht haben müsse, ehe er gegen sie Anspruch auf Armenunterstützung erwerbe, — so daß, wenn die Unterstützungsnotwendigkeit doch eintritt, die Belastung der Gemeinde ausgeglichen erscheint eben durch den Nutzen, welchen sie aus einer jahrelangen, regelmäßig in der Gemeinde geübten Tätigkeit gewinnen konnte.

2. Die Erwerbung der Heimat kraft Anspruches nähert sich der Erwerbung der Heimat kraft Gesetzes, weil das Gesetz die Voraussetzungen genau bestimmt, unter welchen die Heimat in einer Gemeinde einem Bewerber verliehen werden muß. Dieselbe nähert sich

---

[1]) Vgl. zum folgenden: v. Riedel S. 52 ff.; v. Seydel Bd. 2 S. 54; Bl. Bd. 46 S. 116.

[2]) v. Seydel Bd. 2 S. 63.

aber der Erwerbung kraft Vereinbarung, weil erstens bei dem Berechtigten der Wille vorhanden sein muß, eine Heimat zu erwerben, weil zweitens dieser Wille erklärt werden muß und weil drittens die Erklärung des Willens oder, wie man es auch ausdrückt, „die Geltendmachung des Heimatverleihungsanspruchs“ nichts nützt, wenn nicht die Verleihung der Heimat durch die zuständigen Organe der Gemeinde hinzukommt. Daß diese Verleihung erfolgt, kann erzwungen werden; aber bei einer Weigerung der Gemeinde müssen diese Zwangsmittel auch gebraucht werden, wenn die Erhebung des Anspruches Bedeutung haben soll. So sehen wir, daß die Heimatidee immerhin ihre Kraft zu einer Zeit behauptet, in der im übrigen Deutschland die Beziehungen des einzelnen zu einer Gemeinde sich auf den „Unterstützungswohnsitz“ zu beschränken beginnen. „Es steht im Ermessen des Berechtigten, ob er den Anspruch geltend machen will“; v. Seydel Bd. 2 S. 63. Gegen seinen Willen soll niemand seiner alten Heimat entfremdet werden. Ist durch wirtschaftliche Verhältnisse eine Entfremdung tatsächlich eingetreten, so soll doch das ideale Band bestehen bleiben, so lange nicht der Heimatberechtigte innigere Beziehungen zu einer anderen Gemeinde erkennt und die Konsequenzen hieraus ziehen will. Einen starken Stoß hat freilich das ideale Band zwischen der Gemeinde und dem Heimatberechtigten erlitten durch die Novelle vom 17. Juni 1896, welche auch der bisherigen Heimatgemeinde die Lösung des Heimatverbandes selbst gegen den Willen ihrer Heimatangehörigen ermöglicht. Wirtschaftliche Rücksichten — der Schutz der Landgemeinden gegen die Ueberbürdung mit Armenlasten, welche der Heimatgemeinde tatsächlich längst entfremdete Angehörige, die in fremden Gemeinden, namentlich in Städten in den jüngeren Jahren der Kraft tätig gewesen sind und im Alter zurückkehren sollen, verursachen können, erwiesen sich als stärker, als das historische und ideale Band.

Irgendeine Rücksicht auf ein solches Band entfällt naturgemäß dann, wenn derjenige, welcher einen Heimatanspruch zu erheben berechtigt ist, bisher keine Heimat in Bayern gehabt hat. Dies ist namentlich der Fall bei den früher nicht in Bayern staatsangehörigen Deutschen, welche nach Bayern wanderten und hier die Staatsangehörigkeit erwarben. Der Gesetzgeber hat auch die Konsequenz gezogen und gewährt da, wo er in Bayern Beheimateten nur einen Anspruch auf Verleihung einer neuen Heimat einräumt, „heimatlosen“ Bayern die Heimat kraft Gesetzes.

3. Zweifache Art des Anspruches. Die wirtschaftlichen Beziehungen, in welche der in einer Gemeinde Beheimatete durch den Aufenthalt zu einer anderen Gemeinde tritt, sind je nach den begleitenden Umständen stärkere oder weniger starke. Ersterenfalls wird nach einer kürzeren, letzterenfalls nach einer längeren Dauer des Aufenthalts der Anspruch auf Heimatverleihung gewonnen. Gewisse Eigenschaften müssen aber einem Aufenthalte in beiden Fällen innewohnen; sonst genügt der Aufenthalt zur Gewinnung eines Anspruches

überhaupt nicht. Wir haben uns im folgenden zunächst mit jenen unbedingt notwendigen Erfordernissen zu beschäftigen.

4. Vorher ist noch festzustellen, daß die Erwerbung der Heimat durch Hilfeleistung dem neuen Rechte fremd ist. Der subsidiäre Heimattitel der Verehelichung hat sich dahin umgestaltet, daß ein Mann, welcher zur Zeit des Abschlusses einer gültigen Ehe noch die ursprüngliche Heimat besitzt, durch die Eheschließung jene Heimat als selbständige erwirbt. Art. 3 I H.G.; vgl. S. 75.

II. Gemeinschaftliche Voraussetzungen beider Arten des Heimatanspruchs.

§ 35.

1. Ununterbrochener Aufenthalt.

1. Nur derjenige hat einen Anspruch, welcher in einer Gemeinde sich aufgehalten hat[1]). Art. 6 H.G., Art. 7 H.G. Was Aufenthalt ist, hat das Gesetz nicht bestimmt. Sicher ist, daß die Begriffe des bürgerlichen Rechtes: „Wohnsitz", „ständiger Aufenthalt" absichtlich außer Betracht geblieben sind. Aufenthalt ist daher nach dem gewöhnlichen Wortsinn aufzufassen. Der Aufenthalt bedeutet sohin lediglich die tatsächliche Anwesenheit in einer Gemeinde. Wer sich an einem Orte ständig niederläßt und diesen Ort als den Mittelpunkt seines wirtschaftlichen Daseins wählt, an demselben also seinen Wohnsitz hat, der hat dort zwar in der Regel auch seinen Aufenthalt, — denn der Wohnsitz schließt den Willen in sich, für gewöhnlich sich am Orte des Wohnsitzes aufzuhalten — aber die tatsächliche Aufenthaltsnahme an einem anderen Orte als dem Wohnsitze ist möglich. Die Tatsache, daß jemand während bestimmter Zeit an einem Orte seinen Wohnsitz hatte, beweist noch nicht, daß er dort auch seinen Aufenthalt hatte. Wohnsitz von bestimmter Dauer ist für die Erwerbung des Heimatanspruches einerseits nicht erforderlich, andererseits nicht ausreichend[2]).

Weitere Erfordernisse als das der körperlichen Anwesenheit für den Begriff „Aufenthalt" aufstellen zu wollen, dürfte verfehlt sein. Die besonderen Eigenschaften eines für einen Heimatanspruch geeigneten Aufenthalts ergeben sich aus den weiteren gesetzlich vorgeschriebenen

[1]) „Aufenthaltsgemeinde" nennt das Gesetz diese Gemeinde, welche m. E. auch die Heimatgemeinde des Inhabers einer abgeleiteten Heimat sein kann. Was man unter Aufenthaltsgemeinde zu verstehen hat, ergibt sich aus dem Begriff des Aufenthalts.

[2]) Vgl. v. Seydel Bd. 2 S. 63 Note 71. „Wohnsitz nach dem bürgerlichen Rechte ist auch ohne regelmäßige persönliche Anwesenheit möglich." v. Riedel S. 117 Note 12 sagt, der Aufenthalt im Sinne des gegenwärtigen Gesetzes sei derart qualifiziert, daß er in der Regel als „Wohnsitz" in der zivilrechtlichen Bedeutung des Wortes erscheine. Dies ist richtig, wenn „in der Regel" so viel bedeutet, wie „in der Mehrzahl der Fälle".

Merkmalen desselben, nicht aus dem Begriffe „Aufenthalt“ schlechthin. Man hat mit Recht davon abgesehen, in bloßem Aufenthalt von bestimmter Dauer allein genügende Beziehungen zu einer Gemeinde zu erblicken — darum sind eben die weiteren Erfordernisse jenes Anspruches beigefügt worden[3]).

Entgegen dem Berichte des besonderen Ausschusses der Abgeordnetenkammer 1895/96 Beilagen Bd. 8 S. 736 (Reger S. 23) muß daran festgehalten werden, daß in der Tat ein bloßes „Verweilen“ den Begriff des Aufenthalts erschöpft; die Absicht, in dieser Gemeinde zu wohnen, braucht mit der körperlichen Anwesenheit nicht verbunden zu sein; „der Besitz und die Benützung einer Wohnung, bei ledigen Personen wenigstens einer Schlafstelle“ und regelmäßig wenigstens auch „das Angezeigtsein“[4]) dieser Wohnung oder Schlafstelle bei der Behörde — sind nicht erforderlich[5]).

Ein Stromer, welcher in einer Großstadt die erforderliche Zeit sich aufhält, ohne eine Schlafstelle zu besitzen und ohne polizeilich gemeldet zu sein, wird vermutlich den langen Aufenthalt in der Großstadt nicht erweisen können, aber sollte ihm dies gelingen, so ist der Aufenthalt im Sinne des Art. 6/7 H.G. gegeben.

Schon daraus, daß die zur nämlichen Zeit beratene Gemeindeordnung in Art. 11, wo von der Fähigkeit zur Erlangung des Gemeindebürgerrechts geredet wird, das Erfordernis des „Wohnens in der Gemeinde“ aufstellt, während unser Heimatgesetz von „Aufenthalt“ spricht, ergibt sich, daß der Gesetzgeber von 1868 einen Unterschied zu machen wußte zwischen der Niederlassung, welche mit der Absicht zu wohnen verbunden ist, und dem Verweilen. Die Frage ist überdies nicht ohne praktische Bedeutung. Es wäre dann notwendig, stets festzustellen, daß jemand mit der Wohnabsicht den Aufenthalt begonnen hat. Diese Feststellung ist aber häufig un-

---

[3]) Weit weniger Erfordernisse als das bayrische Recht für den Heimatverleihungsanspruch, stellte das Reichsgesetz vom 6. Juni 1870 für Erwerbung des Unterstützungswohnsitzes auf. Dieses Band ist lockerer als die Heimatzugehörigkeit.

[4]) Vgl. das Beispiel in B. Gemeindeztg. Bd. 11 S. 194. Die Gemeinde wendet gegen den Heimatanspruch des N ein, ihr sei erst seit Uebergabe des Heimatscheines sein Aufenthalt amtlich bekannt. Darauf, ob der Gemeindebehörde der Aufenthalt amtlich oder sonst bekannt war, oder nicht, kommt es aber nicht an. S. auch Reger S. 23.

[5]) Allerdings hat v. Seydel Bd. 2 S. 63 darin tatsächlich Recht, daß es auf den Ort ankomme, „wo der Heimatsucher als an dem Mittelpunkte seiner Tätigkeit „gewöhnlich“ persönlich anwesend ist“. Denn ein Aufenthalt von so langer Dauer wird wohl immer der gewöhnliche sein. Aber er brauchte es nicht von Anfang zu sein. „Das äußere Kennzeichen dafür ist regelmäßig der Besitz einer Wohnstätte“. Dies zeigt, daß auch nach v. Seydel die Wohnstätte nicht ein wesentliches Merkmal des Aufenthaltes ist. Der Wohnort braucht nicht zugleich Arbeitsort zu sein, sagt v. Seydel weiter, — aber das sagt nicht, daß der Ort der Wohnung unter allen Umständen auch dann Aufenthaltsort ist, wenn die Arbeitsstätte anderswo liegt.

möglich, namentlich bei ledigen Arbeitern, — in Städten mit industrieller Bevölkerung selbst bei Arbeitern mit Familien. Gehört zum Begriff „Aufenthalt“ die Absicht, zu wohnen, so würde ohne diese Feststellung der Anspruch zurückgewiesen werden müssen[6])[7]).

[6]) Die Rechtsprechung und die Schriftsteller bekunden über den Begriff „Aufenthalt“ verschiedene Auffassungen. V.G.H. Bd. 2 S. 201: „Ein solcher Aufenthalt (im Sinne des Art. 7 H.G.) ist jedenfalls durch den Besitz einer Wohnstätte in der Gemeinde bedingt und kann nicht schon durch das Verweilen in derselben zur Ausübung der beruflichen Tätigkeit während der Arbeitszeit begründet werden.“ Die Entscheidung wendet sich gegen die Auffassung, daß Art. 6 und 7 H.G. einen ähnlichen Tatbestand im Auge habe, wie Art. 12 des Armengesetzes. Der Aufenthalt am Arbeitsorte sei nicht identisch mit dem Aufenthalt im Sinne des Heimatgesetzes. Dies ist richtig. Aber wenn in einem weiteren Satze bemerkt wird: „von einem Aufenthalt an einem Orte wird jedenfalls dann nicht gesprochen werden können, wenn jemand an diesem Orte keine Wohnstätte habe“ und wenn dieser Satz in der Sammlung als wichtigster Inhalt der Entscheidung gekennzeichnet wird, so ist doch der Beweis für dieses „jedenfalls“ nicht erbracht. — V.G.H. Bd. 13 S. 94 spricht unter Hinweis auf die Kammerverhandlungen aus, daß nur derjenige im Sinne des Heimatgesetzes an einem Orte sich aufhalte, der an demselben Wohnung genommen habe. Ohne eine solche anzunehmen, sei ein Beginn des Aufenthalts nicht denkbar.

Reger S. 23 führt aus, der Aufenthalt decke sich „im wesentlichen“ mit dem „Wohnen“ im Sinne des Art. 11 der rechtsrh. Gem.O. (so auch B. Gemeindezeitg. Bd. 12 S. 324) und falle nicht zusammen mit dem zivilrechtlichen Begriff des Wohnsitzes (Domizils) und auch nicht durchweg mit dem Begriffe des „gewöhnlichen Aufenthaltes“. Wenn Aufenthalts- und Arbeitsgemeinde nicht zusammenfallen, so komme für Art. 6 und 7 lediglich die erstere Gemeinde in Betracht. Auch für verheiratete Personen genüge der Besitz einer Schlafstelle regelmäßig. Die polizeiliche Anmeldung sei kein Requisit für den Aufenthaltsbegriff. Auch Reger gibt zu, daß der vom Ausschuß formulierte Aufenthaltsbegriff nur die Abgrenzung des Aufenthaltsbegriffes gegen den Domizilbegriff zum Gegenstande habe, daß aber dieser Begriff in Fällen, in welchen das Domizil in Gegensatz zu einer umherziehenden Lebensweise trete, oder in welchen nahezu gleichwertige Aufenthaltsbeziehungen zu zwei oder mehreren Gemeinden bestehen, nicht ohne weiteres verwendbar sei. Die letztere Darlegung führt zu der im Texte dargelegten Anschauung, mit welcher die oben mitgeteilten Darlegungen v. Seydels nicht in Widerspruch stehen. — Der Wohnsitz im Sinne des bürgerlichen Rechtes ist ständige Niederlassung. Dieser erfordert nach Dernburg Bd. 1 S. 143: tatsächliche Niederlassung; Umstände, welche den Willen, an einem Orte seinen ständigen Wohnsitz zu nehmen, dartun; (wann dies der Fall ist, ist nach Verkehrsauffassungen zu beurteilen; — „versuchsweise“ Niederlassung ist noch keine „ständige“ —); Geschäftsfähigkeit. Die Begründung eines solchen Wohnsitzes wird vom Gesetze zweifellos nicht gefordert, wenn sie auch in der Regel mit einem längeren Aufenthalte zusammenfällt. Aber in einem Heimatstreit braucht nicht ermittelt zu werden, zu welcher Zeit der Aufenthalt begonnen hat, sich mit der Absicht der Person zu verbinden, an dem Orte ständig sich niederzulassen.

Der gewöhnliche Aufenthalt setzt einen Willen, den Aufenthalt zum festen und dauernden zu gestalten, nicht voraus; hier genügt die objektive Tatsache längeren und öfteren Verweilens in der Gemeinde. Bl. Bd. 51 S. 86. Wer in der Tat durch vier bezw. sieben Jahre sich an einem Orte aufhält, muß während dieses Zeitraumes an diesem Orte den gewöhnlichen Aufenthalt gehabt haben. Das ist eine tatsächliche Folge des längeren Verweilens. Nur ist auch der fortgesetzte Aufenthalt am Beginne oft noch nicht der gewöhnliche Aufenthalt. Damals stellte jener Aufenthalt vielleicht die vorübergehende Unterbrechung eines

Der Aufenthalt muß, um gelten zu können, ein öffentlich-rechtlich **erlaubter** sein. Wer sich in einer Gemeinde aufhält, in welcher er kraft Vorschrift des öffentlichen Rechtes — eine aus dem Privatrecht sich ergebende Pflicht, deren Durchsetzung somit vom Willen des Berechtigten abhängt, kann diese Bedeutung nicht haben — sich nicht aufhalten **darf**, kann diesen Aufenthalt nicht zur Gewinnung eines Anspruches verwerten. Dies folgt aus allgemeinen Erwägungen. v. **Seydel** Bd. 2 S. 64 bei Note 81[8]).

---

andern bar; und doch ist er verwertbar. Jedenfalls läßt sich nicht schlechthin behaupten, daß der **gewöhnliche** Aufenthalt auch für die Anspruchsbegründung genügt. Es kann sein, daß ein Aufenthalt noch als gewöhnlicher bezeichnet werden kann, der m. E. im Sinne des H.G. **nicht** der ununterbrochene Aufenthalt ist. Es muß darauf verwiesen werden, was unten **über die Unterbrechung** des Aufenthalts und ihre Bedeutung gesagt ist.

Aufenthalt im Sinne des Heimatgesetzes ist an sich nichts anderes als Anwesenheit, losgelöst von jeder Absicht und von jeden begleitenden Umständen. Eine Wohnung (Schlafstätte) wird freilich sich tatsächlich mit dem längeren Aufenthalt in der Regel verbinden — aber notwendig, **wesentlich** ist sie nicht. Wenn Aufenthaltsbeziehungen zu mehreren Gemeinden bestehen, von welchen die eine die **überwiegende** ist, so kann dies auch jene zu **der** Gemeinde sein, in welcher sich die Wohnung **nicht** befindet.

[7]) Im Rechtsgebiete des Unterstützungswohnsitzes wird verlangt, daß jemand zwei Jahre lang **ununterbrochen** seinen „gewöhnlichen Aufenthalt" in einer Gemeinde gehabt habe (§ 10). Die hierzu ergangenen Entscheidungen des Bundesamtes für Heimatswesen verdienen auch zum Vollzug des Heimatgesetzes Beachtung. Ich entnehme einzelne aus dem Kommentar von **Wohlers-Krech** 9. Aufl. S. 17. Entscheidend ist also **regelmäßig** die **persönliche Anwesenheit**, nicht dagegen a) wo die betr. Person ihr Domizil im zivilrechtlichen Sinne gehabt, wo sie Staats- oder Kommunalsteuern gezahlt hat . . . b) ob sie an dem Aufenthaltsorte einen eigenen Hausstand geführt oder eine eigene Wohnung gehabt, ob sie mit der Familie **zusammen** oder ob diese an einem anderem Orte gewohnt hat; es genügt eine Gasthofswohnung, selbst unter Umständen das zwei Jahre hindurch fortgesetzte Nächtigen in Scheunen, **Ställen**, Erdhütten ꝛc. c) ob die betr. Person polizeilich an- oder abgemeldet war. Ein gleichzeitiger tatsächlicher Aufenthalt an zwei Orten ist unmöglich.

[8]) V.G.H. Bd. 5 S. 320: „Unter einem freiwilligen Aufenthalt . . . ist nur ein solcher zu verstehen, . . . bezüglich dessen die rechtliche Möglichkeit besteht, denselben beliebig zu ändern oder fortzusetzen. Die letzterwähnte Voraussetzung ist nicht gegeben, wenn jemand in gesetzmäßiger Weise aus der Aufenthaltsgemeinde ausgewiesen ist." — M. E. ergibt sich dies allerdings nicht aus dem Begriffe „Aufenthalt". Vgl. hierzu die Rechtssprechung im Gebiete des Unterstützungswohnsitzes. Aber jene Motive, welche die Aufstellung **anderer** Erfordernisse des Aufenthalts in Art. 6 und 7 H.G. bedingten, schließen m. E. auch die „Erlaubtheit" des Aufenthalts in sich, wenngleich dies nirgends ausdrücklich ausgesprochen ist. Eine rechtskräftige, nicht widerrufene **Ausweisung entwertet** den bisherigen Aufenthalt.

Der Aufenthalt in einer Gemeinde wird nicht dadurch zu einem unerlaubten, daß der Aufenthalt in einer **Wohnung** ein unberechtigter wird. Vgl. B. Gemeindeztg. Bd. 11 S. 194.

> **Beispiel**: Ein Taglöhner erhält die bisher von ihm benützte Wohnung in H gekündigt. Niemand vermietet ihm eine andere. Er bleibt „gewaltsam" in der Wohnung und somit in H. Die Gemeinde H glaubt, „weil er sich widerrechtlich in der Gemeinde aufhalte", sei der erhobene Heimatverleihungsanspruch hinfällig. — Dies ist irrig.

2. Der Aufenthalt muß während einer zur Begründung des Anspruches genügenden Zeitdauer ein zusammenhängender oder, wie das Gesetz sagt, ein „ununterbrochener" gewesen sein. Art. 6 u. 7 H.G. Jede Abwesenheit von dem Aufenthaltsorte, auch wenn ihr wieder Anwesenheit folgt, wäre an sich schädlich. Das körperliche Verweilen an einem bestimmten Orte müßte demnach die ganze Zeit über angedauert haben. Auch ein Spaziergang in eine benachbarte Gemeinde, die Erfüllung einer gesetzlichen Pflicht, z. B. der Zeugnispflicht, der Pflicht, als Schöffe oder Geschworener tätig zu sein, zu einer militärischen Uebung oder Kontrollversammlung zu erscheinen, würde genügen, um eine Voraussetzung des Heimatanspruches zu beseitigen. Da es heute geradezu eine Seltenheit ist, daß jemand einen Gemeindebezirk durch 4 bezw. 7 Jahre nicht verläßt, so würde die praktische Bedeutung des Heimatanspruches gleich Null sein. Hier tritt nun der Zweck der ganzen Einrichtung in seine Rechte. Aufenthalt von längerer Dauer ist ein Merkmal des Vorhandenseins so inniger Beziehungen zu einer Gemeinde, daß die Erwerbung der Gemeindezugehörigkeit gerechtfertigt ist. Die körperliche Anwesenheit darf daher nicht in einer Weise unterbrochen sein, daß die Innigkeit dieser Beziehungen Schaden leidet; eine andere Unterbrechung schadet nichts. In diesem Sinne ist die Rechtsprechung verfahren.

Die Novelle vom 17. Juni 1896 hat nun zwar nicht den Begriff „Unterbrechung des Aufenthalts" authentisch erläutert[9]), wohl aber Normen aufgestellt, bei deren Vorhandensein eine Unterbrechung des Aufenthalts nicht anzunehmen ist: Als Unterbrechung des Aufenthalts gilt nicht eine vorübergehende Entfernung, bei welcher aus den begleitenden Umständen erhellt, daß nicht beabsichtigt war, den Aufenthalt aufzugeben. Art. 6 IV H.G.[10]).

Die gesetzgeberische Erläuterung von 1896 ist beeinflußt von der Bestimmung des Aufenthaltsbegriffes, der im Ausschußbericht niedergelegt ist (s. Ziff. 1). Man wird unter Festhaltung an der ursprünglichen gesetzgeberischen Absicht immerhin die der Novelle für die „Unterbrechung des Aufenthaltes" zugrunde liegenden Anschauungen zu beachten haben.

Demnach ist: I. das tatsächliche[11]) Verlassen eines Aufenthaltsortes

---

[9]) Die „positive" Definition bei v. Riedel S. 115 Note 8c „Eine Unterbrechung des Aufenthalts wird nur durch solche Entfernungen bewirkt, mit welchen . . . die Aufenthaltsbeziehungen des Beteiligten gegenüber der Gemeinde vollkommen gelöst erscheinen" findet eine Stütze weder im Gesetze noch in der Rechtsprechung.

[10]) Die Gesetzgebung hat damit die schon vorhandene Praxis sanktioniert. Vgl. v. Seydel Bd. 2 S. 63 bei Note 74 und die dort angeführten Schriftsteller. Vgl. V.G.H. Bd. 3 S. 192; Bd. 9 S. 262.

[11]) Eine nicht ausgeführte Absicht ist natürlich ohne Belang, auch wenn jemand etwa seine Wohnung bereits aufgegeben hat und im Hotel wohnt, um demnächst den Ort zu verlassen.

im Prinzipe ausreichend, um den bisherigen Aufenthalt zu unterbrechen, d. h. ihn hinsichtlich des Heimatanspruches zu entwerten[12]). Wer sich beispielsweise, um Arbeit zu suchen, eine Woche in A aufgehalten hat, dann aber A verlassen hat, um in B den gleichen Versuch zu machen, nach kurzem Aufenthalt in B es von neuem in A versucht und hier nun Arbeit findet und bleibt, dessen Aufenthalt im Sinne des Art. 6/7 H.G. beginnt nicht mit dem ersten, sondern mit dem zweiten Aufenthalte in A.

II. Wer beim Verlassen eines Aufenthaltsortes die Absicht hatte, nach dem Aufenthaltsorte zurückzukehren, und diesen Ort als Aufenthaltsort beizubehalten, wer also m. a. W. diesen Ort als gewöhnlichen[13]) Aufenthaltsort beibehalten will, der entwertet durch seine Abwesenheit den Aufenthalt nicht. — Jedoch ist hierbei ein Willens- und ein tatsächliches Moment von Bedeutung.

a) Die Absicht muß vorhanden und eine unbedingte sein[14]). Wer also wegzieht in der Absicht, wiederzukommen, falls er nicht anderswo eine bessere Stellung findet, oder falls es ihm nicht anderswo besser gefällt, der behält den Aufenthaltsort nicht bei — selbst wenn er später wiederkommt.

b) Die Absicht wiederzukehren, muß aus den begleitenden Umständen erhellen; die bloße Erklärung nützt nichts[15]). Wer

---

[12]) Daß das körperliche Verweilen von Bedeutung ist, zeigt das Beispiel in B. Gemeindeztg. Bd. 7 S. 633. N hält sich von 1858—1891 in A als Mieter des O auf. 1891 muß O einen Gemeindearmen im Turnus aufnehmen; er mietet für ein Jahr in einem ganz nahe, aber im Bezirk der Nachbargemeinde gelegenen Hause für N eine Wohnung, der sein (des O) Mieter bleibt. 1892 wird der Gemeindearme in einem anderen Hause untergebracht; N kehrt zurück. — Wenn nicht ganz besondere Verhältnisse vorliegen, welche den Aufenthalt in der Wohnung für N als minder wichtig erscheinen lassen, wird in der Tat der Aufenthalt des N in A als unterbrochen zu gelten haben.

[13]) Eine vorübergehende, also unschädliche Unterbrechung des Aufenthalts ist allerdings nur denkbar, wenn jemand bereits einen „gewöhnlichen Aufenthalt" hat. Ein Hausierer kann einen solchen haben, vielleicht auch nicht; ein Handlungsreisender, der am Sitze seines Geschäftshauses nur zur Entgegennahme neuer Aufträge vorübergehend im Gasthofe wohnt, sonst reist, hat keinen ständigen Aufenthalt, meist auch nicht das Mitglied einer wandernden Schauspielertruppe, ein Artist, eine bettelnd oder vagabundierend umherziehende Person. Solche Personen „unterbrechen" bei ihrer Entfernung nicht den Aufenthalt, sondern nehmen einen neuen.

[14]) A. M. Reger S. 31 Anm. 21 unter c.

[15]) v. Seydel Bd. 2 S. 63 bei Note 73 „Der Wille zur Rückkehr ist nicht zu vermuten, sondern zu beweisen." Das Beibehalten einer Wohnung ist ein Anhaltspunkt zugunsten des Bestehens einer solchen Absicht, kein absoluter Beweis. Vgl. B. Gemeindeztg. Bd. 7 S. 202: Jemand verläßt Frau und Kind, welche die Wohnung in N beibehalten und zieht mit einer Frauensperson im Lande umher. Nach einem halben Jahre kommt er zurück. Der Aufenthalt in N wird in der Regel als schädlich unterbrochen gelten müssen. — B.G.H. Bd. 4 S. 116 „Der Aufenthalt eines Dienstboten in der Dienstgemeinde wird dadurch nicht unterbrochen, daß derselbe letztere alljährlich vorübergehend auf einige Zeit verläßt, um die Dienstherrschaft zu einem Landaufenthalte zu begleiten."

alles tut, was schließen läßt, daß er einen Aufenthalt aufgeben will, und er denkt sich nur, er kehre wieder, der genießt den Vorteil der gesetzlichen Milde nicht. Begleitende Umstände sind alle Tatsachen, welche auf die wirkliche Absicht des sich Entfernenden einen begründeten Schluß gewähren[16]). Aus den begleitenden Umständen kann sich aber auch ergeben, daß die kundgegebene Absicht, den Aufenthalt aufzugeben, gar nicht wirklich bestand. Wenn z. B. jemand von einer Gemeinde, die nicht wünscht, daß er einen Heimatanspruch erwerbe, bestimmt wird, den Aufenthalt zu unterbrechen und zwar in der Form, daß er scheinbar verzieht, nach kurzem aber wieder zurückkehrt, so kann aus den begleitenden Umständen die Absicht erhellen, den Aufenthalt beizubehalten[17]).

c) Die Entfernung darf nur eine vorübergehende sein. Ist sie keine vorübergehende, so nützt alle Absicht nichts, wiederzukehren, — der bisherige Aufenthalt ist entwertet. Was ist aber eine vorübergehende Entfernung? An sich jede, welche vorübergeht, d. h. welcher die Rückkehr folgt. Allein in diesem Sinne ist das Wort nicht gebraucht. Die Rückkehr selbst ist nicht einmal unbedingt geboten. Wer sich entfernt hat in der Absicht, wiederzukehren, dessen Aufenthalt wird bei Vorhandensein der sonstigen Voraussetzungen trotz dieser Entfernung als fortdauernd zu gelten haben, auch wenn er an der Rückkehr durch den Tod verhindert wurde. Ein von ihm in der Abwesenheit gestellter Antrag auf Heimatverleihung könnte also auf seine Kinder übergehen.

Vorübergehend[18]) ist vielmehr die Entfernung, wenn sie nicht

---

[16]) B.G.H. Bd. 3 S. 193 betont, daß die Absicht nur vorübergehender Abwesenheit von mehr oder minder begrenzter Zeitdauer vorhanden sein muß. „Die erwähnte Annahme wird insbesondere dann zutreffend erscheinen, wenn der Heimatbewerber die tatsächlichen Verhältnisse, welche seine persönliche Existenz in der Heimatgemeinde bisher vermittelten, unverändert fortbestehen läßt". Der Bewerber war unmittelbar, ehe er sein Gesuch stellte, weggegangen, um sich bei seinem Bruder zu erholen; er hatte jedoch seine Habseligkeiten zurückgelassen und sich den Wiedereintritt in sein Geschäft gesichert.

[17]) Vgl. beispielsweise B. Gemeindeztg. Bd. 11 S. 354. In der Gemeinde E wohnt seit vier Jahren der in G beheimatete Weber N. E zwang nun (wie?) den N, auf die Zeit von 14 Tagen E zu verlassen, damit ihm die Heimatzugehörigkeit in E nicht zuerkannt werden könne. N zog nach 14 Tagen wieder nach E. — Selbstverständlich besteht der Anspruch auf Heimatverleihung, wenn er sonst begründet war, fort. — Anders liegt der Fall, wenn, wie in B. Gemeindeztg. Bd. 8 S. 74 unterstellt, jemand durch Drohungen sich bestimmen läßt, einen Aufenthalt wirklich dauernd aufzugeben. Wenn er auch später zurückkehrt, so bleibt doch sein Aufenthalt entwertet.

[18]) Beispiele einer vorübergehenden Entfernung: Besuchsreise (zu unterscheiden: besuchsweise Rückkehr), Ferienreise, Studienreise (eines Malers — jedoch sechsjähriger Aufenthalt in Italien?); Vergnügungsreisen (jedoch solche, welche Jahr aus, Jahr ein $^3/_4$ Jahre vom Aufenthaltsorte ferne halten?); Reisen zur Universität (hier kann es fraglich sein, ob durch die Ferienreise der Aufenthalt in der Universitätsstadt, oder durch die Reise zur Universität jener in der „Wohnstadt" unterbrochen wird). Eine nach den Umständen nicht „vorübergehende"

von langer Dauer ist. Nicht darauf kommt an, in welcher Dauer die Entfernung beabsichtigt war, sondern welche Dauer die Entfernung wirklich hatte[19]). Was eine lange[20]) Dauer ist, das ist im einzelnen Falle verschieden. M. E. wird man nicht umhin können, die Zeit, welche jemand anwesend ist und diejenige, welche jemand abwesend ist, in Beziehung zu setzen und dabei auch hier an die Tendenz des Gesetzes sich zu erinnern, daß es darauf ankomme, ob innige Beziehungen zur Gemeinde nicht durch die Abwesenheit gestört werden[21]). Diese Beziehungen werden den Ausschlag namentlich dann geben, wenn die Entfernung immer wieder erfolgt und wenn sie schließlich an der Zeit gemessen länger ist als der Aufenthalt[22]).

Ein Arbeiter z. B., welcher in M ständig arbeitet und in S eine Schlafstelle hat, in welche er spät abends zurückkehrt, um sie am frühen Morgen zu verlassen, während er in M arbeitet, ißt und trinkt — unterbricht er immer wieder vorübergehend den Aufenthalt in M, um in S zu schlafen oder den Aufenthalt in S, um in M zu arbeiten, zu essen und zu trinken? M. E. käme für ihn die Arbeitsgemeinde eher in Betracht als jene der Schlafstätte; im allgemeinen wird aber ein Heimatanspruch weder gegen S noch gegen M entstehen. — Wie aber, wenn der Arbeiter in S nicht nur schläft, sondern

Abwesenheit wird nicht dadurch zu einer solchen, daß vorübergehend eine Rückkehr (z. B. besuchsweise) erfolgt. Vgl. Reger S. 31 Anm. 21 unter b. Andererseits ist jede Abwesenheit, wenn eine Rückkehr zur Fortsetzung des gewöhnlichen Aufenthaltes erfolgt ist, für sich zu betrachten (Reger S. 31 Anm. 21 am Schlusse); dies schließt nicht aus, daß bei Würdigung der Frage, ob ein gewöhnlicher Aufenthalt besteht, die Häufigkeit der Abwesenheit eine Rolle spielt.

[19]) Dabei ist nicht bloß der Zeitraum maßgebend, der etwa zwischen der Unterbrechung des Aufenthalts und dem Tage der Geltendmachung des Anspruches besteht, sondern die ganze Dauer der Abwesenheit. V.G.H. Bd. 20 S. 66. Am 30. Oktober wird A wegen Verdachts des Raubmords verhaftet — am 4. November macht die Heimatgemeinde den Anspruch auf Heimatverleihung geltend. Der Aufenthalt dauert am 4. November nicht mehr; es fragt sich nun, ob die gesamte Unterbrechung des Aufenthalts eine lange sein wird oder nicht. Unter Umständen kann die Entscheidung über den Anspruch ausgesetzt werden müssen. S. auch Reger S. 31 Anm. 21 unter d.

[20]) Vgl. zum folgenden auch die bei Wohlers-Krech „Unterstützungswohnsitzgesetz" S. 30—31 angeführten Beispiele. Indessen ist zu beachten, daß dieses Gesetz in § 13 keinen Unterschied macht zwischen vorübergehender und sonstiger Unterbrechung des Aufenthalts.

[21]) Eine Höchstfrist der Abwesenheit (etwa von 4½ Monaten) festzusetzen, wie Reger S. 30 Anm. 21 will, geht m. E. nicht an. Eine solche würde überdies verleiten, jede kürzere Abwesenheit für eine vorübergehende zu halten.

[22]) Vgl. Anm. 18. — Solche unterstützende Beziehungen vermögen durch Umstände dargetan zu werden, welche an sich für die Frage nicht ausschlaggebend wären. Wenn z. B. ein Arbeiter mit seiner Familie im eigenen Hause zu N lebt, die Familie auch stets in N wohnt, während der Arbeiter den größeren Teil des Jahres sich außerhalb N arbeitshalber aufhält, so mag die Fortdauer des Aufenthalts in N eher angenommen werden, als wenn diese „Ansässigkeit" nicht bestünde. Vgl. B. Gemeindeztg. Bd. 6 S. 590.

auch ißt, trinkt? Dann wendet er der einen Gemeinde seine Arbeitskraft zu, der andern seine Konsumtionskraft, seinen Arbeitsverdienst. Wenn nicht sonstige Umstände hindern, wird S als Aufenthaltsort erscheinen, die Unterbrechung zur Arbeit in M unschädlich sein. — Wenn ein Mann mit seiner Familie eine Wohnung in der Gemeinde A inne hat, die er immer wieder verläßt, um seiner Arbeit in B nachzugehen, während er täglich nach Arbeitsschluß nach A zurückkehrt, so ist wiederum A der Aufenthaltsort und die Entfernung aus A immer nur eine vorübergehende und unschädliche. — Der Lokomotivführer, der in T mit seiner Familie wohnt und immer wieder hinausfährt, ist vorübergehend von T abwesend, mögen auch die Stunden seiner Abwesenheit zahlreicher sein als die seiner Anwesenheit.

Immerhin läßt sich eine präzisere Regel als die, daß eine verständige Abwägung der Aufenthalts- und Entfernungszeit und der Beziehungen, welche der Aufenthalt mit der Gemeinde schafft, erforderlich sei, kaum aufstellen. In unserem obigen Beispiele würde, wenn Ehemann und Frau in S eine Art Wohnung besitzen, beide aber in M, oder der eine in M, die andere in N in Arbeit stehen und wenn nur eben die Nacht, weil man ein Unterkommen haben muß und dieses in S billiger ist als in M oder N, in S zugebracht wird, die Sachlage nicht anders sein, als wenn nur der ledige Arbeiter in S nächtigt. — Wenn ferner jemand einen Aufenthaltsort immer wieder für längere Zeit verläßt, etwa für ein ganzes halbes Jahr, wie dies z. B. die Italiener, welche bei uns arbeiten, aber auch unsere Saisonarbeiter tun, so dürfte die Entfernung keine vorübergehende mehr sein; der Mann hat eben im Winterhalbjahr seinen Aufenthalt in N, im Sommerhalbjahr in M. Es können aber besondere Beziehungen zu der einen Gemeinde bestehen; vgl. Anm. 22. Wenn endlich jemand nicht bloß vorübergehend, sondern für die Regel in einem Orte A arbeitet und in dem Orte B, in welchem seine Familie wohnt, nur ab und zu, etwa alle Sonntage erscheint, dann besucht er nur seine Familie, er verläßt vorübergehend seinen Aufenthaltsort A, um sich an den Ort des Aufenthalts seiner Familie (B) zu begeben[23]).

d) Kommt es auf den Zweck der Entfernung an? M. E. nur im Zusammenhalte mit der Rücksichtnahme auf die zur Gemeinde geschaffenen Beziehungen und nicht in dem Maße, daß ein zu begünstigender Zweck das Erfordernis „die Unterbrechung müsse vorübergehend sein" aufhebt[24]). Wer also, um Zeuge, Geschworener zu sein, oder zum Zwecke einer militärischen Uebung, zum Erholungs-,

---

[23]) A. M. B. Gemeindeztg. Bd. 7 S. 245. Dort wird A, dessen Familie in N wohnt, während er in O arbeitet und wohnt, und nur gelegentlich nach N kommt, mit Recht als in O sich aufhaltend erachtet, aber m. E. mit Unrecht bemerkt, wenn A die arbeitsfreien Tage mit Zwischennacht in N zubringe, so halte er sich in N auf. Vgl. auch B. Gemeindeztg. Bd. 7 S. 206.

[24]) S. auch Reger S. 30 Anm. 21 unter a.

Kuraufenthalte abwesend ist, der ist im allgemeinen nur vorübergehend abwesend, wenn sich nicht die Abwesenheit allzu lange — etwa gar Jahre lang — ausdehnt. Wenn aber jemand seiner militärischen Dienstpflicht während 2—3 Jahren genügt, so kann der Zweck ihn nicht davor schützen, daß diese Unterbrechung als **keine** vorübergehende galt[25]).

e) Wer an einem anderen Orte als dem seines gewöhnlichen Aufenthaltes in Untersuchungshaft genommen und aus derselben entlassen wird, ist im allgemeinen nur vorübergehend abwesend. Wer eine Strafe erleidet, ist an sich ebenfalls nur vorübergehend abwesend, falls die Strafe nicht von langer Dauer ist. Jedoch ist für beide Fälle und für ähnliche folgendes zu bemerken: der Aufenthalt in einer Gemeinde nützt nach Art. 6 u. 7 H.G. zur Anspruchsgewinnung nichts, wenn er nicht freiwillig ist. Würde nun die vorübergehende Entfernung nicht schaden, auch wenn sie unfreiwillig ist, so würde dem gegenüber, der an dem gewöhnlichen Aufenthaltsorte eine Zeitlang unfreiwillig sich aufhält, derjenige im Vorteil sein, der sich vorübergehend an einem **anderen** Orte unfreiwillig aufhält. Daher muß verlangt werden, daß auch der Aufenthalt in der anderen Gemeinde ein **freiwilliger** ist. Nur dann, wenn die Unfreiwilligkeit am gewöhnlichen Aufenthaltsort unschädlich wäre, ist sie es auch am fremden Orte[26]). Vgl. § 36.

III. Wer beim Verlassen seines Aufenthaltsortes die Absicht hatte, den Aufenthalt aufzugeben, dem nützt dieser frühere Aufenthalt dann nichts mehr, wenn er diese Absicht, nachdem der Aufenthalt aufgegeben ist, ändert und nach einer Zeit, die sonst die Abwesenheit nur als eine vorübergehende erscheinen ließe, **tatsächlich zurückkehrt**[27]). Eine wirkliche Aufgabe des Aufenthalts schadet auch bei noch so geringer Dauer.

3. Für den Aufenthalt in der Gemeinde ist es gleichgültig, ob er im gleichen Hause oder in der gleichen Ortschaft zugebracht wurde, wenn er nur innerhalb des nämlichen Gemeindebezirkes bestanden hat. Wanderungen innerhalb des Gemeindebezirks sind keine Unterbrechungen des Aufenthalts, sondern Aufenthalt in der Gemeinde.

Aufenthalt in **ausmärkischen** Bezirken kann, sofern es sich nicht um die vorübergehende Unterbrechung eines sonstigen Aufenthalts handelt, zu einem Heimatanspruch nicht verwertet werden.

---

[25]) B. **Gemeindeztg.** Bd. 6 S. 328, Bd. 12 S. 482.

[26]) B.G.H. Bd. 20 S. 147 „Die Bestimmung im Schlußsatze des Art. 6 IV ist auch in dem Falle sinngemäß anzuwenden, wenn die Verbüßung die Freiheitsstrafe **außerhalb** der Gemeinde des Aufenthaltsortes stattgefunden hat."

[27]) S. **Reger** S. 30 Anm. 21. Vgl. B. **Gemeindeztg.** Bd. 7 S. 229, Bd. 8 S. 405. Wenn jemand, von der Gemeinde ermuntert, die keinen Anspruch gegen sich entstehen lassen will, den Aufenthalt ernstlich aufgibt, so ist der Aufenthalt trotz jenes Motives unterbrochen oder beendet. S. auch Anm. 17. Vgl. **Reger** S. 39. Anm. 2 gegen den Schluß.

4. Die Folge der Aufgabe des Aufenthalts bezw. einer schädlichen Unterbrechung desselben ist, daß nun der frühere Aufenthalt in seinem ganzen Umfange nicht mehr verwertet werden kann für die Begründung des Heimatanspruches. Eine Zusammenrechnung einer früheren Aufenthaltszeit und der folgenden findet in keinem Falle statt. Beim späteren Aufenthalt fängt vielmehr die Frist immer wieder von neuem zu laufen an. Umgekehrt wird, wenn eine unschädliche Unterbrechung des Aufenthalts erfolgte, die ganze Zeit der Unterbrechung mit in die Aufenthaltszeit eingerechnet; die Zeit, die außerhalb des Aufenthaltsortes zugebracht wurde, ist so nützlich wie jene in der Gemeinde.

§ 36.

2. Ununterbrochen freiwilliger Aufenthalt.

Die Beziehungen, welche zwischen einer Gemeinde und demjenigen, der sich in ihr längere Zeit aufhält, entstehen können, werden sich in der Regel nicht bilden, wenn der Aufenthalt in der Gemeinde ein unfreiwilliger ist. Darum bestimmen Art. 6 und 7 H.G., daß nur derjenige den Anspruch auf Verleihung der Heimat erheben kann, welcher sich ununterbrochen freiwillig in der Gemeinde aufgehalten hat.

1. Ein Aufenthalt kann solange nicht für einen Heimatanspruch verwertet werden, solange er nicht ein freiwilliger ist.

a) Freiwillig kann einen Aufenthalt nur derjenige beginnen, welcher frei wollen kann.

Da es sich um Schaffung von Beziehungen einer Person zu einer Gemeinde handelt, so kann dieses freie Wollen näher dahin umschrieben werden, daß der Aufenthaltnehmende in der Lage sein muß, seinen Aufenthalt nach seinem freien Willen zu bestimmen. Derjenige, welcher nach den Vorschriften des Rechtes überhaupt nicht in der Lage ist, einen Willen zu haben, dessen Erklärung keine rechtliche Wirkung hat, kann auch einen Aufenthalt nicht nach seinem Willen beginnen. Demnach sind vor allem Geschäftsunfähige im Sinne des bürgerlichen Rechtes hierzu nicht in der Lage.

Wer geschäftsunfähig ist, bestimmt sich nach dem jeweils geltenden Zivilrecht[1][2]).

[1]) B.G.B. § 104. Geschäftsunfähig ist: 1. wer nicht das siebente Lebensjahr vollendet hat; 2. wer sich in einem die freie Willensbestimmung ausschließenden Zustande krankhafter Störung der Geistestätigkeit befindet, sofern nicht der Zustand seiner Natur nach ein vorübergehender ist; 3. wer wegen Geisteskrankheit entmündigt ist. — Ein nicht wegen Geisteskrankheit entmündigter Epileptiker ist nicht schon wegen dieses Leidens als unfähig zu erachten, einen Aufenthaltsort mit freier Selbstbestimmung zu wählen. Vgl. B. Gemeindeztg. Bd. 12 S. 571.

[2]) In der unten angeführten Entscheidung des V.G.H. Bd. 19 S. 162 wird auf die privatrechtlichen Bestimmungen gar kein Gewicht gelegt. Es komme

Für den Geschäftsunfähigen kann nun der gesetzliche Vertreter handeln. Nicht nur der Vater kann, was hier weniger in Betracht kommt, dem Kinde einen Aufenthalt anweisen, sondern auch der Vormund kann, wenn der Zweck der Vormundschaft es erforderlich macht, für den Vertretenen (z. B. den Geisteskranken) den Aufenthaltsort bestimmen. Es entsteht nun zunächst die Frage, ob ein solcher auf Anordnung des gesetzlichen Vertreters genommener Aufenthalt ein freiwilliger ist. Diese Frage ist zu verneinen[3]). Zwar vermag auch der unfreiwillige Aufenthalt z. B. eines Geisteskranken der Aufenthaltsgemeinde Vorteile zu bringen, und es wäre, würde die Heimat rein von diesem Gesichtspunkte aus betrachtet, und im Hinblick auf Art. 8 H.G. die Schlußfolgerung zulässig, daß die Aufenthaltsgemeinde nun später auch die möglicherweise eintretenden Lasten zu tragen habe. Allein Art. 6 und 7 stehen im Prinzipe doch noch auf dem Boden der Heimat als eines idealen Bandes zwischen Person und Gemeinde; darum wird beispielsweise auch der vor Beginn der Volljährigkeit zurückgelegte Aufenthalt vollständig vernachlässigt. So ist dem Verwaltungsgerichtshof durchaus beizupflichten, wenn er in Bd. 19 S. 162 den Satz aufstellt: „Der freiwillige Aufenthalt . . . hat zur Voraussetzung die persönliche Fähigkeit zur Selbstbestimmung und Willensfreiheit in bezug auf die Wahl des Aufenthaltsortes."

Was in der Geschäftsfähigkeit beschränkte Personen anlangt, so scheiden Minderjährige hier aus[4]). Es handelt sich vielmehr um

---

nur darauf an, ob im einzelnen Falle die Fähigkeit zur Selbstbestimmung und zur Umsetzung des eigenen Willens in die Tat gegeben ist. Auch jemand, dem die privatrechtliche Verfügungsfreiheit mangle, könne doch die Fähigkeit besitzen, seinen Aufenthaltsort zu wählen und diesen Willen in die Tat umzusetzen. M. E. ist diese Auffassung jedenfalls dem neuesten Rechte gegenüber nicht haltbar. In Betracht kommt nur § 104 Ziff. 3 B.G.B. Wenn nach einem, die Rechte der Person möglichst schützenden Verfahren durch Gerichtsbeschluß die Entmündigung wegen Geisteskrankheit verhängt ist, und wenn das bürgerliche Recht den so Entmündigten dem unmündigen Kinde in der Verfügungsfähigeit gleichstellt, so kann doch wohl nicht angenommen werden, daß eine solche, jeder Handlungsfähigkeit rechtlich bare Person den Aufenthalt nach eigenem, und wie man hinzusetzen muß, geordnetem Wollen wählt und nimmt. Man würde hierbei doch mit den Auffassungen des Lebens zu sehr in Widerspruch geraten. Daher ist m. E. jene Entscheidung in ihrem Satze „Ob der Aufenthaltsort eines Geisteskranken in diesem Sinne noch als unfreiwilliger erachtet werden kann, ist nach den Umständen des einzelnen Falles zu prüfen und zu entscheiden" nur dann richtig, wenn es sich um eine nicht wegen Geisteskrankheit entmündigte Person handelt. — Vgl. hierzu v. Seydel Bd. 2 S. 63; Reger S. 21; v. Riedel S. 117 Note 10.

B. Gemeindeztg. Bd. 11 S. 170 vertritt die Ansicht, daß ein volljähriger Mensch so lange als willensfähig zu erachten sei, als er nicht entmündigt oder wegen Geisteskrankheit in einer Heilanstalt ohne seinen Willen untergebracht sei. Dies ist, glaube ich, zu eng. Vgl. § 105 II B.G.B.

[3]) Dagegen kann einen bereits entstandenen Anspruch der gesetzliche Vertreter verfolgen. Vgl. B. Gemeindeztg. Bd. 7 S. 186.

[4]) Vgl. übrigens V.G.H. Bd. 14 S. 69 ergangen zu Art. 14 IV des Armengesetzes.

Personen, welche wegen Geistesschwäche oder wegen Verschwendung oder wegen Trunksucht entmündigt worden sind. Hat eine solche Person ihren Aufenthalt auf Anweisung des Vormundes genommen, so wurde der Aufenthalt nicht freiwillig gewählt. Hat die Person den Aufenthalt jedoch selbst gewählt, wozu sie, falls die Wahl nicht dem Zwecke der Vormundschaft widerstreitet, in der Regel sogar berechtigt ist, so ist der Aufenthalt auch dann kein unfreiwilliger, wenn der Vormund diesen Aufenthalt ausdrücklich gebilligt hat. Die Freiwilligkeit ist hier Tatfrage des einzelnen Falles. Würde ein in der Geschäftsfähigkeit Beschränkter gegen das Verbot seines Vormundes tatsächlich einen Aufenthalt gewählt haben, und nicht etwa bei dieser Wahl Störung der Geistestätigkeit vorliegen, so wäre der Aufenthalt zwar unberechtigt, aber doch nicht unfreiwillig im Sinne des Gesetzes[5]).

b) Freiwillig nimmt auch der seinen Aufenthalt nicht, welcher bei der Wahl desselben einem Zwange unterliegt. Dieser Zwang kann ein widerrechtlicher sein, z. B. wenn jemand widerrechtlich an einen Ort verbracht wird, oder ein erlaubter. Ein solcher ist z. B. der Zwangsaufenthalt im Gefängnisse, sei es zur Verbüßung einer Strafe (auch einer unschuldig erlittenen), sei es infolge Festnahme oder Haftbefehls im Ermittlungs- oder Voruntersuchungsverfahren. Ein solcher ist ferner die polizeiliche Verbringung an einen bestimmten Ort, z. B. in ein Irrenhaus, in ein Krankenhaus (behufs Zwangsheilung), in ein Arbeitshaus, auch an den Heimatsort infolge Ausweisung (ein Fall, der hier namentlich dann von Bedeutung sein kann, wenn der Ort irrtümlich für die Heimat gehalten wurde). Hierher gehört auch der Aufenthalt, der nicht gerade durch unmittelbaren physischen Zwang herbeigeführt wurde, der aber auf Grund einer öffentlich-rechtlichen Pflicht, der sich jemand nicht entziehen kann und darf, nicht anderswo genommen werden konnte. So ist unfreiwillig der zur Erfüllung der Wehrpflicht[6]) genommene Aufenthalt, einschließlich desjenigen, der durch militärische Uebungen veranlaßt ist, nicht minder der durch die Pflicht, als Zeuge, Schöffe, Geschworener tätig zu sein, bedingte Aufenthalt; endlich jener, welcher kraft einer Bestimmung des Inhabers der elterlichen Gewalt, des Erziehungsberechtigten, des Vormundes genommen werden mußte (s. o.). Ueber die Freiwilligkeit des Aufenthaltes einer Ehefrau s. unter c.

---

[5]) Daß der Gesetzgeber nicht den Entmündigten für unfähig hielt, einen Aufenthalt „freiwillig“ zu haben, geht daraus hervor, daß er ihn von dem Anspruch des Art. 6 H.G. ausdrücklich ausgeschlossen hat.

[6]) Vgl. B. Gemeindeztg. Bd. 12 S. 218. Der Aufenthalt eines Kapitulanten ist von Beendigung der aktiven Dienstpflicht an ein freiwilliger. B. Gemeindeztg. Bd. 7 S. 397. — S. auch Reger S. 21 oben; v. Riedel S. 115 Note 10. — Wer der Wehrpflicht vor dem regelmäßigen Zeitpunkte, also freiwillig Genüge leistet, ist doch infolge Ableistung der Wehrpflicht, nicht infolge Vertrags am Orte der Garnison. v. Seydel Bd. 2 S. 64 Note 78.

Der nach a und b nicht freiwillig begonnene Aufenthalt kann später mit freiem Willen fortgesetzt werden und sich so in einen freiwilligen verwandeln. Dies geschieht, wenn er beibehalten wird, obwohl die Unfreiheit weggefallen ist. So hat derjenige, welcher nach Erfüllung seiner Wehrpflicht im Garnisonsorte verbleibt, von diesem Augenblick an dort einen freiwilligen Aufenthalt; ebenso der bisher Entmündigte oder Minderjährige, wenn er nach Aufhebung der Entmündigung an dem Orte verbleibt, der ihm zum Aufenthalte angewiesen worden war. Die Freiwilligkeit des Aufenthalts beginnt sogleich, sobald der die Unfreiwilligkeit verursachende Umstand weggefallen ist. Von da an beginnt der Lauf einer Aufenthaltsfrist. Niemals aber kann, wenn der Beginn des Aufenthalts unfreiwillig ist, die Zeit dieses Zwangsaufenthalts, auch wenn sie eine kurze war, in die nach Art. 6/7 H.G. erforderliche Aufenthaltszeit ganz oder zum Teile eingerechnet werden.

c) Ein Zwang ist nicht anzunehmen, wenn zwar die Wahl des Aufenthalts einer Rechtspflicht entspringt, diese Pflicht selbst aber auf einem Vertrags- oder einem ähnlichen, freiwillig eingegangenen und durch den Willen der Kontrahenten lösbaren Verhältnis beruht. Wer sich verpflichtet hat, an einem Orte Dienste zu leisten und sich dorthin begibt, ist freiwillig dort, weil es Sache seines Beliebens gewesen ist, ob er den Vertrag eingehen wollte oder nicht und weil er sich, allerdings unter Verwirkung von Rechtsnachteilen, zumeist dieser Pflicht entziehen kann. Letzteres ist übrigens nicht wesentlich; auch wer sich einseitig der Pflicht nicht entziehen kann, vielmehr auf Grund der übernommenen Verpflichtung gezwungen werden kann, einen bestimmten Aufenthalt zu nehmen, hat diesen auf Grund einer freiwillig eingegangenen, aber — wenn auch nur unter beiderseitiger Zustimmung — lösbaren Pflicht. v. Seydel Bd. 2 S. 64 Note 79.

Wer als öffentlicher Beamter, Geistlicher, Offizier rc. einen Wohnsitz zu nehmen hat, ist doch freiwillig an demselben, weil er das Beamtenverhältnis freiwillig eingegangen hat und weil er überdies rechtlich nicht gehindert ist, es wieder aufzugeben[7]).

Die Ehefrau teilt den Aufenthalt des Mannes nicht freiwillig, sondern kraft Gesetzes; allerdings hat sie freiwillig die Ehe eingegangen, aber sie ist nicht in der Lage, die Ehe kraft ihres Willens oder im Einverständisse mit dem Manne zu lösen. — Teilt die Ehefrau den Aufenthalt des Mannes tatsächlich nicht oder nicht kraft seines Willens, so hat sie diesen ihren Aufenthalt freiwillig. Die Freiwilligkeit beginnt, sobald aus den Umständen erhellt, daß die Frau nach eigener Bestimmung ihren Aufenthalt inne hat, bezw. wählt[8]).

---

[7]) Vgl. v. Seydel Bd. 2 S. 63 und 64. — Reger S. 21; B. Gemeindeztg. Bd. 11 S. 85.

[8]) Nach v. Seydel Bd. 2 S. 63 bei Note 77 ist der Aufenthalt der Ehefrau kein freiwilliger, weil er genommen ist infolge des gesetzlichen Bestimmungsrechtes des Inhabers der ehelichen Gewalt. v. Riedel S. 116 erachtet ebenfalls

d) Aeußere Umstände, welche den Willen beeinflussen, ihn aber nicht ausschließen, tun der Freiwilligkeit des Aufenthalts keinen Ein=

den Aufenthalt der Ehefrau für keinen freiwilligen, weil sie zwar die Ehe freiwillig eingegangen hat, aber mit der Eheschließung der „eheherrlichen Gewalt des Ehemannes“ unterworfen und dadurch verpflichtet wird, sein Domizil zu teilen. Reger S. 21 erachtet die Freiwilligkeit des Aufenthaltes für gegeben, nicht aber die Selbständigkeit. Nach Reger wäre somit für die Frauen die Erwerbung einer Heimat nach Art. 7, welche Selbständigkeit nicht fordert, möglich; jedoch glaubt er, daß zufolge Art. 3 II und 4 I H.G., welche als Sonderbestimmung den Bestimmungen des Art. 6 und 7 vorgehe, Ehefrauen keinen Anspruch auf Heimatverleihung erwerben können. — Reger will an sich auch für die Ehefrauen in Anspruch nehmen, daß die Beschränkung in der Freiheit der Wahl des Aufenthaltsortes, welche nur die Folge eines freiwillig eingegangenen Verhältnisses sei, dem Aufenthalt nicht den Charakter der Freiwilligkeit benehmen würde. Er stellt also Ehefrauen und solche, welche vertragsmäßig Dienste leisten, in dieser Hinsicht gleich. Das Bürgerliche Gesetzbuch hat die eheherrliche Gewalt allerdings beseitigt, aber doch in § 1354 I dem Manne die Entscheidung in allen das eheliche Leben betreffenden gemeinsamen Angelegenheiten zuerkannt. Insbesondere steht dem Manne die Bestimmung des Wohnortes und der Wohnung zu. Vgl. Dernburg IV, S. 101, § 10 B.G.B. Man kann demnach die Unfreiwilligkeit des Aufenthaltes der Ehefrau auch nach neuem Recht auf das Recht des Mannes aufbauen, den Aufenthaltsort zu bestimmen, und ebendarauf die gesetzliche Pflicht der Frau, dieser Bestimmung sich zu fügen. Immerhin ist das Recht des Mannes nicht unbeschränkt, die rechtliche Möglichkeit, daß die Frau sich der Bestimmung des Mannes entzieht, eine größere als bisher. M. E. braucht man sich aber auf das Uebergewicht des Mannes nicht allein zu stützen. Wer ein rechtliches Verhältnis eingeht, das er auch mit dem Willen des andern und auch, wenn er die Rechtsnachteile einer Verletzung der übernommenen Pflichten auf sich nimmt, nicht lösen kann, der ist in dem, was ihm dieses Verhältnis nach dem jeweiligen Rechte auferlegt, allerdings nicht mehr frei. Die Frau, welche den Wohnsitz des Ehemannes teilt, weil sie Ehefrau ist, handelt somit nicht freiwillig.

Nun ist aber die Frau in ihrer Handlungsfreiheit nach dem Bürgerlichen Gesetzbuch durch die Ehe nicht so beschränkt, daß sie ganz außerstande wäre, freiwillig einen Aufenthalt zu haben. Denn sie kann nicht nur mit Zustimmung des Ehemannes einen von dem seinen verschiedenen Aufenthaltsort haben, sondern auch ohne diese Zustimmung, wenn sich nämlich die Bestimmung des Ehemannes über den gemeinsamen Aufenthalt als ein Mißbrauch seines Rechtes darstellt. § 1353 Abs. 2 B.G.B. Die Zustimmung aber braucht nicht ausdrücklich erklärt zu werden; sie kann auch aus den Umständen erhellen. Aber auch ohne Zustimmung des Mannes, ja gegen sein Verbot kann die Frau auch in anderen Fällen einen andern Aufenthaltsort wählen, als jenen des Mannes, falls sie die hieraus etwa erwachsenden Unannehmlichkeiten auf sich nimmt. Dieses Handeln gegen ein dem Manne zustehendes Recht verstößt nach dem Geiste des gegenwärtigen Rechtes nicht in dem Maße gegen die öffentliche Ordnung, daß man einen solchen, offenbar freiwilligen Aufenthalt als nicht geeignet zur Begründung eines Anspruches auf Verleihung des Heimatrechtes ansehen müßte. — Uebrigens kann die Frau in der nämlichen Gemeinde wie der Ehemann wohnen und doch den Aufenthalt freiwillig haben. Dies muß freilich aus äußeren Zeichen, z. B. aus dem Besitze einer eigenen Wohnung und der Trennung von dem Ehegatten hervorgehen; Vereinbarungen zwischen den Ehegatten, daß sie zwar gemeinschaftlich wohnen wollen, aber jedes aus eigenem Willen, würden keine Bedeutung beanspruchen können. — Sobald ein Ehemann die Frau auf die Dauer oder ohne die Absicht der Rückkehr verläßt, beginnt diese den Aufenthalt in der Regel freiwillig. Reist z. B. der Mann nach Amerika

trag. Wer z. B. sich freiwillig in ein Krankenhaus begeben hat, weil es ihm zur Heilung von einer Krankheit nützlich oder notwendig schien, hält sich freiwillig an dem Orte desselben auf; nicht minder, wer an einem Orte nur deswegen verbleibt, weil er nicht die Mittel hat, an einen andern Ort zu gehen.

So ist auch der Aufenthalt in einer Nerven- oder sonstigen Heilanstalt, in einem Trinkerasyl rc. keineswegs schlechthin der Beweis für die mangelnde Freiwilligkeit des Aufenthalts. Denn in solche Anstalten begeben sich Kranke häufig genug aus völlig freiem Willen. Das Reichsgesetz über den Unterstützungswohnsitz stellt allerdings den Satz auf: „durch den Eintritt in eine Kranken-, Bewahr- oder Heilanstalt wird der Aufenthalt nicht begonnen.“ — Dieser Satz gilt aber nicht schlechthin für das bayrische Heimatrecht[9]).

---

und vereinbart er mit seiner Frau, daß diese zurückbleibt, bis er sie ruft, so ist der Aufenthalt kein freiwilliger, bis die Absicht des Mannes sich ändert oder die Frau sich seiner Bestimmung entzieht; verläßt jedoch der Mann die Familie böslich, so würde der Aufenthalt schon deswegen kein unfreiwilliger mehr sein, weil nun der Ehemann kein Recht mehr hat, den Aufenthalt der Ehefrau zu bestimmen. S. auch B. Gemeindeztg. Bd. 9 S. 90.

Vgl. die Entscheidungen des V.G.H in Bd. 3 S. 544, Bd. 18 S. 137 und S. 145. S. auch B. Gemeindeztg. Bd. 12 S. 464. In Bd. 23 S. 164 sieht V.G.H. den Aufenthalt der Ehefrau als einen freiwilligen an, wenn die Ehefrau nach dem Bürgerlichen Gesetzbuch von der Pflicht befreit ist, den Wohnort des Ehemannes zu teilen und wenn sie infolgedessen an einem anderen Orte als dieser Aufenthalt nimmt. V.G.H. verneint hierbei mit Recht die Richtigkeit der obigen Reger schen Anschauung, als ob die Frau, sei es mit oder ohne Zustimmung des Ehemannes grundsätzlich keine andere Heimat erwerben könne als dieser. Wenn die Ehefrau nach dem Bürgerlichen Gesetzbuch selbst unberechtigten Anforderungen des Mannes gegenüber hinsichtlich der Wahl des Wohnortes ihren eigenen Willen zur Geltung bringen könne, um wie viel mehr, wenn der Mann die Frau böswillig verlasse, seine Familie dem Schicksal preisgebe, die eheliche Gemeinschaft löse rc. In solchen Fällen beruhe die Wahl des Aufenthaltortes, sei es, daß es sich um eine Fortsetzung oder eine Neubegründung handle, auf freier Entschließung der Ehefrau. — Das ist richtig: aber man darf noch weiter gehen, wie dies oben geschehen. — Vgl. nun auch V.G.H. Bd. 25 S. 218.

[9]) Nach dem Unterstützungswohnsitzgesetz ist zur Gewinnung eines Unterstützungswohnsitzes durch zweijährigen Aufenthalt erforderlich, daß der Aufenthalt mit freier Selbstbestimmung gewählt ist. Treten Umstände ein, welche die Annahme der freien Selbstbestimmung ausschließen, so ruht während ihrer Dauer der Ablauf der Frist. Anders nach bayrischem Recht — hier wird die ganze bisherige Zeit entwertet. Nach Wohlers-Krech (S. 24—25) bestehen u. a. folgende, auch für die bayrische Erwerbung eines Heimatanspruches beachtenswerte Entscheidungen des Bundesamts für Heimatwesen. Wenn jemand durch Maßregeln der Behörden bei der freien Wahl des Aufenthalts tatsächlich behindert war, so nützt der bezügliche Aufenthalt nichts; als solche erscheinen Zwangsheilung, Internierung infolge ansteckender Krankheit (Pocken). — Die auf Grund des § 23—26 R.St.G.B. (vorläufige Entlassung aus der Strafhaft) entlassenen Strafgefangenen entbehren der freien Selbstbestimmung bei der Wahl ihres Aufenthaltes, wenn sie verpflichtet sind, ihren Aufenthalt an einem ihnen angewiesenen Orte zu nehmen und wenn sie diesen ohne polizeiliche Erlaubnis nicht verlassen dürfen. — Die freie Selbstbestimmung ist nicht dann ausgeschlossen, wenn die betreffenden

2. Ein Aufenthalt kann nicht mehr für einen Heimatanspruch verwertet werden, wenn er aufgehört hat, ein freiwilliger zu sein. Er muß also während der ganzen Zeit ein freiwilliger gewesen sein. Wird z. B. der freiwillig begonnene oder mit freiem Willen fortgesetzte Aufenthalt nicht mehr mit freiem Willen oder auf Grund eigener Bestimmung beibehalten, verfällt also die Person der Geschäftsunfähigkeit, wird sie der persönlichen Freiheit beraubt, ist sie kraft rechtlichen oder widerrechtlichen Zwanges gehindert, den Aufenthaltsort zu ändern, so setzt sie den Aufenthalt nicht freiwillig fort, selbst wenn sie ohne den Eintritt jener zwingenden Verhältnisse an demselben geblieben wäre. Anders wenn tatsächliche, den Wechsel des Aufenthalts erschwerende, aber nicht absolut hindernde Verhältnisse eingetreten sind; so z. B. hemmen Gebrechlichkeit, schwere Krankheit die Freiwilligkeit nicht. Reger S. 21.

Hört sonach der Aufenthalt auf, freiwillig zu sein, so wird der ganze bisherige Aufenthalt entwertet; er ist für den Anspruch nicht weiter brauchbar. Nicht tritt, wie ja auch nicht bei der Unterbrechung des Aufenthalts schlechthin, so bei zeitweisem Aufhören der Freiwilligkeit desselben etwa ein Ruhen seiner Verwertbarkeit ein, wie dies im Reichsrechte zugelassen ist; nicht dürfen also der vor dem Eintritt der Unfreiwilligkeit zurückgelegte freiwillige Aufenthalt und der nach Wegfall des die Unfreiwilligkeit bedingenden Umstandes zurückgelegte Aufenthalt zusammengerechnet werden; vielmehr beginnt erst nach Wegfall dieses Umstandes von neuem jene Frist zu laufen, deren fehlerloser Ablauf den Heimatanspruch gewährt. Wenn demnach z. B. der aus seinem Heimatdorfe im Alter von 20 Jahren in die Stadt gezogene frühere Knecht, nunmehrige Arbeiter im Alter von $21^3/_4$ Jahren auf 2 Jahre in dieser nämlichen Stadt zum Heere eingezogen wurde und nach seiner Entlassung weiter in der Stadt verblieb, so ist der Aufenthalt, welcher der Entlassung aus der aktiven Dienstpflicht vorhergeht, für den Heimatanspruch wertlos.

Würde nun der obige Satz in seiner ganzen Strenge durchgeführt, so würde jeder Umstand, der, wenn auch nur vorübergehend, den Aufenthalt in einen unfreiwilligen verwandelt, einen zerstörlichen Einfluß auf die Erwerbung des Heimatanspruches üben. Dies ist aber nicht die Absicht des Gesetzes; wie eine vorübergehende Unterbrechung des Aufenthalts nichts schadet, so auch nicht eine vorübergehende Unterbrechung die Freiwilligkeit[10]). Dies steht zwar nicht ausdrücklich im Gesetze, ergibt sich aber aus seinem Zusammenhang und Zweck. (S. § 35.)

Personen nur an großer geistiger Beschränktheit, oder an Melancholie, an Wahnvorstellungen gelitten haben, die den geistigen Zustand nicht in dem Maße trübten, um ein richtiges Wollen und Erkennen hinsichtlich der Wahl des Aufenthaltsortes auszuschließen.

[10]) A. M. für das Recht vor 1896 v. Seydel Bd. 2 S. 64; Bl. Bd. 19 S. 172.

a) Der Begriff „vorübergehend“ ist hier kein anderer wie dort[11])[12]). In einer Hinsicht hat die Novelle vom 17. Juni 1896 bestimmte Anordnungen getroffen: die Verbüßung einer geringfügigen Freiheitsstrafe nämlich, sowie die Verbüßung einer Freiheitsstrafe, welche an Stelle einer uneinbringlichen Geldstrafe getreten ist, sollen außer Betracht bleiben.

Ersetzt Freiheitsstrafe eine uneinbringliche Geldstrafe, so kommt auf deren Art und Dauer nichts an; sie braucht nicht geringfügig zu sein. Im übrigen ist „Geringfügigkeit“ Bedingung. Eine nicht geringfügige Freiheitsstrafe unterbricht die Freiwilligkeit des Aufenthalts jedenfalls.

Wann ist nun eine Strafe geringfügig? Die Geringfügigkeit wollte vom Gesetzgeber nicht bloß nach der Dauer der Strafe[13]), sondern auch nach der Art der Strafe und der strafbaren Handlung beurteilt werden. Die Strafe muß, um geringfügig zu sein, sowohl von geringer Dauer, als auch wegen einer Handlung von geringer Schwere[14]) verhängt worden sein, insbesondere wegen einer solchen, welche nach den jeweilig herrschenden Anschauungen der Ehrenhaftigkeit des Täters keinen Abbruch tut.

In beiden Fällen hat das Ermessen einen weiten Spielraum. Im ganzen wird auch hier die Erwägung nicht bedeutungslos sein, ob die Innigkeit der Beziehungen zur Aufenthaltsgemeinde auch in ethischer Beziehung Schaden gelitten habe.

---

[11]) Daß eine nicht durch Abbüßung von Freiheitsstrafen verursachte Unterbrechung der Freiwilligkeit nur ca. 2 Monate betragen darf, während eine Unterbrechung des Aufenthalts ca. 4½ Monate solle dauern dürfen, ist doch wohl eine mehr willkürliche Annahme. Vgl. Reger S. 19 erster Absatz.

[12]) Z. B. die zeitweisen Störungen der geistigen Kraft eines nicht wegen Geisteskrankheit entmündigten Epileptikers begründen nur vorübergehende Unterbrechung der Freiwilligkeit, auch wenn dieser vorübergehend in eine Anstalt verbracht wird. Reger S. 22 Anm. 8 (Schluß). Andererseits schadet eine Geisteskrankheit von voraussichtlich langer Dauer nach dem zu § 35 Gesagten auch dann, wenn sie erst kurz vor Geltendmachung des Anspruches ausgebrochen ist; die vermutliche ganze Dauer der Unterbrechung ist entscheidend. — Vgl. auch B. Gemeindeztg. Bd. 8 S. 309.

[13]) Was die Dauer der Strafe anlangt, so hat V.G.H. Bd. 19 S. 251 ausgesprochen, daß der Vollzug von Strafen, welche die Dauer einer Woche nicht übersteigen, in der Regel als unschädlich zu erachten sei. Bei solchen kurzen Strafen würde nach den Entscheidungsgründen es weniger auf den Charakter der Straftat ankommen. — In der Tat werden in der Regel, aber nicht ausnahmslos, bei so geringer Strafe Umstände vorwalten, welche auch eine unehrenhafte Handlung milder erscheinen lassen. Bei Strafen von längerer Dauer ist sowohl Strafdauer wie Art der Straftat zu würdigen: nicht aber ist jede Strafe über eine Woche schädlich.

[14]) Vgl. V.G.H. Bd. 19 S. 251, woselbst auch die Geschichte der Entstehung jener Bestimmung näher dargelegt wird. v. Riedel S. 116 oben sagt: „namentlich im Bereich der Fahrlässigkeitsdelikte kommen Fälle vor, welche zu einer Strafe führen, ohne einen Flecken auf den Charakter des Delinquenten zu werfen; in derartigen Fällen und bei manchen anderen Reaten, z. B. Beleidigungen, Preßdelikten) wird u. a. auch eine höhere als eine einwöchige Freiheitsstrafe für die vorliegende Frage als geringfügig erachtet werden dürfen“.

b) Ob im übrigen die Ursache, warum der Aufenthalt aufhörte, freiwillig zu sein, der Person als Schuld anzurechnen ist, oder ob jener Umstand ganz außerhalb ihres Willens lag, darauf kommt anscheinend nichts an. Denn in beiden Fällen wird die Beziehung zur Gemeinde gestört. Jedoch wird eine unverschuldete Unterbrechung die Beziehungen zur Aufenthaltsgemeinde weniger beeinträchtigen als eine schuldhafte; daher kann hinsichtlich ersterer eine mildere Beurteilung stattfinden. Aber eine Unterbrechung der Freiwilligkeit von langer Dauer kann auch, wenn sie unverschuldet bezw. unbegründet ist, nicht außer Betracht bleiben, sondern entwertet den Aufenthalt. Wenn demnach ein Mann, der sich lange in einer Gemeinde aufgehalten hat, zwangsweise zur Heilung einer scheinbar gemeingefährlich auftretenden Geisteskrankheit in die Irrenanstalt verbracht worden ist, welche sich an dem gleichen Orte befindet, und die Geisteskrankheit und Gemeingefährlichkeit stellen sich schließlich als gar nicht vorhanden voraus, so wird zwar auch eine längere Verwahrung in der Anstalt nichts schaden, — eine im Verhältnis zum bisherigen Aufenthalt erhebliche aber doch, wenngleich die Verwahrung eine unbegründete gewesen ist. Eben darum muß die Einziehung zum aktiven Dienst im Heere den Aufenthalt entwerten; sollte aber nach verhältnismäßig kurzer Zeit z. B. wegen Krankheit Entlassung erfolgen, so schadet die Unterbrechung der Freiwilligkeit nichts. Ebenso kann eine im Verhältnis zum Aufenthalt lange Untersuchungshaft nicht gänzlich außer acht gelassen werden, auch wenn sie unverschuldet gewesen ist, bezw., wenn das Strafverfahren zur Freisprechung führte. Bestimmte zahlenmäßige Angaben lassen sich hier nicht machen; es kommt auf eine verständige Erwägung aller einschlägigen Verhältnisse, insbesondere, wie immer betont werden muß, darauf an, ob die Beziehungen zur Gemeinde durch die Unfreiwilligkeit des Aufenthalts erheblich gelockert werden mußten [15]).

---

[15]) Man kann nicht schlechthin unterscheiden, ob der Zwangsaufenthalt auf einem Verschulden beruhte oder, um mit Bl. Bd. 19 S. 174 zu sprechen, auf einem Unglück. Während der Dauer der Haft ist eben die Freiwilligkeit des Aufenthalts ausgeschlossen. Allerdings meint Luthardt, die Untersuchungshaft oder Festnahme sei nicht definitiv und absolut auf Entziehung der Freiheit gerichtet. Während einer Freiheitsstrafe sei zwar eine Freiwilligkeit des Aufenthalts „weder tatsächlich noch rechtlich möglich"; dagegen bezwecke eine Haftnahme bloß die Sicherstellung der Untersuchungszwecke und sei nur eine provisorische Maßnahme. Letzteres ist richtig, aber dies ändert daran nichts, daß die Freiwilligkeit des Aufenthalts fehlt. v. Seydel Bd. 2 S. 63 Note 76.

Durch den Zusatz in Art. 6 IV hat das Gesetz nicht die Unterbrechung der Freiwilligkeit durch Freiheitsstrafen privilegieren wollen, sondern es hat einen für die frühere Zeit allerdings bestrittenen Obersatz vorausgesetzt: „Vorübergehende Unterbrechung der Freiwilligkeit schadet nichts", oder vielleicht auch die Unterbrechung der Freiwilligkeit, da sie in der Regel mit der Unterbrechung des Aufenthaltes sich verbindet, unter letztere subsumiert. Sonach ist die Spezialbestimmung hinsichtlich der Freiheitsstrafen eher einschränkend. Insofern ist auch dem von V.G.H. in Bd. 20 S. 66 ausgesprochenen Grundsatz zuzustimmen „es sei unzulässig, eine unver-

§ 37.

3. Volljährigkeit; Unterstützungsfreiheit; Staatsangehörigkeit; sonstige Voraussetzungen.

1. Wer nicht volljährig ist, kann zwar vermöge der ihm gestatteten, auf Erwerb gerichteten Beschäftigung in Beziehungen zur Aufenthaltsgemeinde treten; man denke z. B an die Industriearbeiter, welche häufig schon im Alter von 16—18 Jahren von dem elterlichen Haushalte sich vollständig loslösen und in einer fremden Gemeinde Verdienst suchen und finden[1]). In Bayern (H.G. Art. 6,7) wünschte aber der Gesetzgeber nicht, daß die wirtschaftliche Selbständigkeit genüge; er ging vielmehr von der früher wohl auch zutreffenden Regel aus, daß erst mit der Volljährigkeit diejenige Unabhängigkeit beginne, welche die Erwerbung einer von der Familienheimat verschiedenen Heimat durch Aufenthalt rechtfertigt. Somit nützt hierzu der Aufenthalt in einer Gemeinde nur den Volljährigen; von dem Augenblick an, in welchem die Volljährigkeit erreicht ist, beginnt der Lauf der Aufenthaltsfrist[2]).

Nach § 3 B.G.B. kann ein Minderjähriger, der das 18. Lebensjahr vollendet hat, durch Beschluß des Vormundschaftsgerichtes für volljährig erklärt werden. Ist ein solcher noch nicht 21 Jahre

---

schuldete Untersuchungshaft nach den Grundsätzen zu beurteilen, welche Art. 6 IV H.G. hinsichtlich der Verbüßung von Freiheitsstrafen während der Ersitzungszeit aufgestellt habe". Diese Entscheidung führt aus, daß ein solcher unfreiwilliger Aufenthalt nicht anders beurteilt werden dürfe, wie etwa der Aufenthalt eines Militärpflichtigen, der während der Aufenthaltszeit zur Ableistung einer militärischen Uebung einberufen sei. Dies ist richtig; aus der nämlichen Entscheidung geht übrigens hervor, daß der Verwaltungsgerichtshof auch bei einer unverschuldeten Untersuchungshaft die durch sie verursachte lange, d. h. nicht mehr „vorübergehende" Unterbrechung der Freiwilligkeit als schädlich erachtet.

M. E. rechtfertigt die vorliegende Entscheidung nicht, den Satz aufzustellen (s. Reger S. 21), daß eine Freiheitsentziehung, „welche von der zuständigen Behörde als unbegründet wieder aufgehoben wurde (z. B. Enthaftung wegen nicht Vorliegens der erforderlichen Voraussetzungen)" regelmäßig nicht geeignet sei, die Freiwilligkeit des Aufenthalts zu unterbrechen, und daß man auch die Untersuchungshaft mit nachfolgender Freisprechung — vorausgesetzt, daß die Untersuchungshaft nicht gerade durch das Verhalten des Verhafteten veranlaßt war (wer soll das entscheiden?) — den Aufenthalt nicht unterbreche. Maßgebend ist vielmehr auch für solche Unterbrechungen der Freiwilligkeit — und das ist jede Haftnahme — hauptsächlich die Länge der Abwesenheit im Verhältnis zur Dauer des Aufenthalts. — Nach Reger dürfte schließlich auch eine unschuldig erlittene mehrjährige Zuchthausstrafe die Freiwilligkeit des Aufenthalts nicht aufheben. Man darf aber nicht übersehen, daß es sich in Art. 6—8 H.G. nicht um Entziehung eines Rechtes handelt, sondern darum, ob genügende Beziehungen zwischen einer Person und einer Gemeinde sich bildeten, die es rechtfertigen, eine Heimat zu ändern.

[1]) Dies hat wohl das Reich veranlaßt, im Unterstützungswohnsitzgesetz das Alter auf 18 Jahre herabzusetzen.

[2]) v. Riedel S. 114 Note 7. — Den Anspruch auf Erwerb des Bürgerrechtes hat ein Volljähriger auch dann, wenn die Aufenthaltszeit in die Zeit der Minderjährigkeit fällt.

alter Volljähriger in der Lage, einen Ersitzungsaufenthalt zu beginnen? Man mag geneigt sein, die Frage zu verneinen, weil das Gesetz von dem „Alter" der Volljährigkeit spricht. Allein das Gesetz will doch wohl nicht die „Volljährigkeit" und das „Alter der Volljährigkeit" in Gegensatz stellen, etwa wie es heute einen Gegensatz bedeutet, wenn statt „Volljährigkeit" gesagt wird „im Alter von 21 Jahren". Vielmehr ist „Alter der Volljährigkeit" nur eine Umschreibung für „volljährig". Wer „volljährig" sich in einer Gemeinde aufgehalten hat, hat sich dort im Alter seiner Volljährigkeit aufgehalten. Es läge auch kein Grund vor, Volljährige, die noch nicht 21 Jahre sind, in Ansehung des Heimaterwerbes anders zu behandeln als Volljährige, welche bereits 21 Jahre sind; sind sie doch auch ehemündig. B.G.B. § 1303[3]).

Verheiratung macht nicht volljährig. Eine minderjährige Witwe kann demnach vor erreichter Volljährigkeit den Ersitzungsaufenthalt nicht beginnen.

2. Empfang oder Beanspruchung einer Armenunterstützung entwertet den Aufenthalt. Der gesetzgeberische Grund dieser Bestimmung ist einleuchtend. Die wirtschaftlichen Beziehungen, welche einen Wechsel der Heimat rechtfertigen sollen, sind empfindlich gestört, wenn der sich in einer fremden Gemeinde Aufhaltende in Not geraten ist und seinen Lebensunterhalt nicht mehr zu erwerben vermag. Wenn früher das Rechtsinstitut der Ansässigkeit bei nicht gesichertem Nahrungsstand ein Veto einräumte, so glaubte der Gesetzgeber jetzt, wenigstens bei bereits zutage getretener Hilfsbedürftigkeit die Gemeinden vor einer Ansässigkeit neuerer Art schützen zu müssen. Jedoch wird die Notwendigkeit der Hilfe nicht schlechthin berücksichtigt, sondern nur der Empfang einer Unterstützung seitens der öffentlichen Armenpflege oder die Beanspruchung einer solchen[4]).

Wer eine solche Unterstützung empfängt oder beansprucht, das ist eingehend bereits zu der Frage erörtert worden, wann aus solchem Titel ein gemeindliches Einspruchsrecht gegen die Verehelichung sich ableitet[5]). Hier kann daher auf das in § 21 Gesagte lediglich Be-

---

[3]) A. M. v. Seydel Bd. 2 S. 63, v. Riedel S. 114 Note 7, welche die Frage allerdings nur für die bisherige „venia aetatis", nicht für die reichsrechtliche Volljährigkeitserklärung behandeln. Aber auch Reger S. 18 Note 6 hält daran fest, daß das 21. Lebensjahr vollendet sein müsse.

[4]) Von welcher Armenpflege die Hilfe empfangen oder erbeten wurde, ist auch hier gleichgültig. Auch die vom Staate oder einer öffentlichen Kassa gemäß Art. 14 H.G. gegebene oder erbetene Hilfe schadet. Armenhilfen, die von nichtbayrischen Korporationen flossen und von einer bayrischen nicht ersetzt zu werden brauchten, sind unschädlich. Vgl. jedoch V.G.H. Bd. 25 S. 110, und S. 125 Anm. 9 dieses Buches.

[5]) Wer nur des Scheines halber, ohne ernstlichen Willen, etwa veranlaßt durch die Gemeindebehörde, um Unterstützung nachgesucht hat, insbesondere damit kein Heimatanspruch entstehe, dem steht der Einwand der empfangenen Unterstützung nicht entgegen, ebensowenig der für ihn Antrag stellenden, bisherigen Heimatgemeinde.

zug genommen werden. Nur ein Unterschied ergibt sich aus der Natur der Sache: Der Empfang oder die Beanspruchung einer öffentlichen Armenunterstützung schaden für die Verehelichung nichts mehr, wenn seit der Gewährung drei Jahre verflossen sind. Für den Anspruch auf Verleihung des Heimatrechts gilt einfach, daß der ganze vor dem Zeitpunkt des Empfangs oder der Beanspruchung liegende Aufenthalt wertlos geworden ist. Nur derjenige Aufenthalt ist verwertbar, welcher nachher, d. h. nachdem die Unterstützung beendet oder die Bitte gestellt worden ist, zurückgelegt wurde. Wann eine Unterstützung beendet ist, wurde ebenfalls oben bereits erörtert.

Jede Unterstützung, jedes Gesuch um eine solche, entwertet also den ganzen vorhergehenden Zeitraum des Aufenthalts[6]). Diese Regel galt bis zur Novelle vom 17. Juni 1896 in ihrer ganzen Strenge. Durch diese Novelle ist sie gemildert worden. Sobald nämlich der Anspruch bereits begründet, wenn auch noch nicht angemeldet ist, schadet die nach dieser, durch Ablauf einer geeigneten Aufenthaltszeit bewirkten Erwerbung, aber vor Geltendmachung des Anspruchs erlangte oder erbetene öffentliche Armenunterstützung nichts. H.G. Art. 6 II, 7 II.

3. Der Besitz der bayrischen Staatsangehörigkeit ist keine Voraussetzung für die Erwerbung eines Heimatverleihungsanspruches; indes kann nur derjenige die Heimat wirklich sofort erwerben, der zur Zeit der Verleihung bezw. des die Verleihung ersetzenden Erkenntnisses Bayer ist. Erhebt also ein Nichtbayer Anspruch, so ist die Gemeinde zwar zur Verleihung der Heimat ebenso verpflichtet, wie wenn ein Bayer Anspruch erhebt, allein die Verleihung der Heimat wird erst dann wirksam, wenn die betreffende Person die bayrische Staatsangehörigkeit erworben hat. Art. 10 H.G.

Für denjenigen, der zu dem erwähnten Zeitpunkte heimatloser bayrischer Staatsangehöriger ist, gelten besondere Normen, welche des näheren unten (§ 49) erörtert werden sollen; er erlangt im allgemeinen die Heimat kraft Gesetzes.

Die herrschende Lehre verlangt mehr: nach ihr soll, wer einen Heimatverleihungsanspruch erhebt, nicht nur in diesem Zeitpunkte bayrischer Staatsangehöriger sein, sondern er muß dies auch die volle Zeit des Aufenthaltes hindurch gewesen sein; wer als Nichtbayer

[6]) Jede Gemeinde (Armenpflege) ist der anderen, rechtlich beteiligten, oder der Behörde gegenüber zur Auskunfterteilung verpflichtet. Die gegebene Auskunft verdient, weil von einer öffentlichen Behörde ausgehend, zunächst Glauben. Eine Beweispflicht, daß die Armenunterstützung wirklich gegeben oder verlangt wurde, obliegt z. B. der Aufenthaltsgemeinde nicht; es genügt, wenn sie Tatsachen anführt, welche bei den vorliegenden bezw. bei gewöhnlichen Verhältnissen die Annahme einer Armenunterstützung rechtfertigen. Nur wenn die Beweiserhebung ergibt, daß innerhalb der geeigneten Aufenthaltszeit die Unterstützung ꝛc. nicht erfolgte, so ist eventuell dem Heimatanspruche stattzugeben. Vgl. V.G.H. Bd. 21 S. 189.

gemäß Art. 10 Anspruch erhebt, der muß auch die ganze Zeit des Aufenthalts über Nichtbayer gewesen sein.

Dieser Ansicht ist nicht beizutreten. Der Besitz der bayrischen Staatsangehörigkeit ist in den Fällen des Art. 6, 7, 11 kein Merkmal des geeigneten Aufenthalts, sondern eine Voraussetzung des Heimaterwerbs; im Falle des Art. 10 ist der Nichtbesitz kein Merkmal des Aufenthalts, sondern ein Hindernis sofortigen Heimaterwerbs. Wer den geeigneten Aufenthalt nachweist und zur Zeit der Erhebung des Anspruches heimatberechtigter Bayer gewesen ist, hat den Anspruch nach Art. 6, 7, welche Staatsangehörigkeit er auch immer während dieses Aufenthalts gehabt hat; wer denselben nachweist und zur Zeit der Erhebung des Anspruches Nichtbayer ist, hat diesen — in seinem Erfolge gehemmten — Anspruch, auch wenn er während der Zeit des Aufenthalts Bayer gewesen sein sollte; wer endlich den geeigneten Aufenthalt vollendet hat und in diesem Augenblick heimatloser Angehöriger des bayrischen Staates ist, der hat die Heimat in der Aufenthaltsgemeinde kraft Gesetzes, gleichviel ob er während der Aufenthaltsdauer zeitweise heimatberechtigter bayrischer Staatsangehöriger oder heimatloser Staatsangehöriger oder Nichtbayer gewesen ist[7]).

---

[7]) Das Heimatgesetz sagt in Art. 6 und 7 „Anspruch auf Verleihung des Heimatrechtes haben jene Angehörigen des bayrischen Staates, welche . . . sich aufgehalten . . . haben.“ Man hat nun (vgl. Reger S. 18 Anm. 6) diese Worte dahin verstanden, daß die Eigenschaft eines bayrischen Staatsangehörigen dem Erheber des Anspruchs während der ganzen Zeit des Aufenthalts, also ununterbrochen, zugekommen sein müsse. Allein eines wird man zugeben müssen: der Wortlaut des Gesetzes nötigt zu dieser Auffassung nicht; er steht ihr eher entgegen. Jedenfalls steht er einer Auslegung nicht entgegen, welche die „Staatsangehörigkeit“ lediglich mit dem „Anspruch haben“ in Verbindung setzen, demnach die Eigenschaft des bayrischen Staatsangehörigen erst zur Zeit der Anspruchserhebung für notwendig erklären will. Zur Erforschung des Willens des Gesetzgebers müssen wir auf die geschichtliche Entstehung, auf sonstige Bestimmungen des Gesetzes und die Natur der Sache zurückgreifen.

Nach dem Heimatgesetz von 1825 ist mit der Ansässigkeit die Heimat verbunden; die Bewilligung der Ansässigkeit aber verlieh dem Ausländer unmittelbar die Staatsangehörigkeit. Der Ausländer ist in Ansehung der Ansässigmachung dem Inländer durchaus gleichgestellt. Vgl. § 6 A.G.

Einen Teil der durch Beseitigung der Ansässigmachung geschaffenen Lücke füllt das neue Institut des Anspruches auf Heimatverleihung aus. Es hebt das absolute Veto der Gemeinden gegen die Ansässigmachung auf den Titel des gesicherten Nahrungsstandes auf, aber auch die privilegierten Titel, die allerdings jetzt unter Umständen den Anspruch auf das Bürgerrecht geben, und stellt allgemeine Voraussetzungen auf, unter welchen jedermann einen Anspruch auf das Heimatrecht haben soll. Diesen Anspruch sollen wiederum, dem früheren Rechte entsprechend, Bayern ebenso haben wie Nichtbayern. Nur müssen Nichtbayern nach Art. 91 H.G. in der ursprünglichen Fassung von 1868, wie bisher bei dem Gesuche um Ansässigmachung, so jetzt bei der Geltendmachung des Anspruches nachweisen, daß sie den Bestimmungen des § 3 der ersten Beilage zur Verfassungsurkunde Genüge geleistet haben, d. h. daß sie die Entlassung aus dem fremden Staatsverbande erhalten haben. Ziff. 4 der M.E. vom 29. Juni 1868. Bl. Bd. 18 S. 288. Waren die gesetzlichen Bedingungen vorhanden, so mußte die

Distriktsverwaltungsbehörde den Beschluß der ihr untergeordneten Gemeinde bestätigen. Irgendeine unterschiedliche Behandlung der Bayern und Nichtbayern (abgesehen von der Höhe der Heimatgebühr) war dem Gesetze von 1868 ebenso fremd wie dem von 1825.

Nun trat Bayern in den Reichsverband ein; das bayrische Indigenatsedikt trat außer Kraft. H.G. Art. 9 (jetzt 10) erhielt infolge hiervon durch die Novelle vom 23. Februar 1872 eine neue Formulierung. Nichtbayern erlangen auch ferner den Anspruch wie Bayern; die Gemeinden müssen also auf Grund des Anspruches die Heimat verleihen; die Verleihung wird jedoch erst wirksam, wenn die betreffende Person die bayrische Staatsangehörigkeit erworben hat. Letzterer Zusatz war notwendig, da nun die Heimatverleihung nicht mehr ipso jure auch die Staatsangehörigkeit gewährte. Sonst besteht kein Unterschied gegen bisher. Man sah sich aber genötigt, noch einen Artikel 10 (nun 11) zu schaffen, der aus einem andern Bundesstaat in Bayern Aufgenommenen eine Heimat sichern will, indem er „sich an die Bestimmungen des Art. 6 und 7 anschließt und sich von ihnen nur dadurch unterscheidet, daß nicht bloß der Anspruch auf Verleihung, sondern die Heimat selbst kraft Gesetzes nach ... jährigem Aufenthalt erworben werden soll." „Da hiernach die Heimat lediglich als Folge des Aufenthalts erscheint, so wird die Erhebung von Heimatgebühren ... nicht Platz greifen können." (Motive zum Gesetz).

Wir sehen also: Der Nichtbayer erwirbt auf Grund Aufenthalts nur einen Anspruch auf Heimatverleihung, der heimatlose Bayer (d. i. im allgemeinen der frühere deutsche Nichtbayer) auf Grund desselben Aufenthalts die Heimat selbst.

Nach der geschichtlichen Entstehung und der Natur der Sache sind demnach folgende drei Fälle auseinander zu halten: Wer sich im Alter der Volljährigkeit ... Jahre lang freiwillig ... in einer Gemeinde aufgehalten hat, a) hat einen Anspruch auf Heimatverleihung, wenn er Bayer ist, der schon eine Heimat besitzt, b) erwirbt die Heimat ipso jure, wenn er Bayer ist, aber noch keine Heimat hat, c) hat einen Anspruch auf Heimatverleihung, wenn er Nichtbayer ist; die letztere ist aber in ihrer Wirksamkeit bis zur Erwerbung der Staatsangehörigkeit gehemmt. Nach all dem, möchte man meinen, müßte es lediglich auf den Zeitpunkt der Anspruchserhebung ankommen. Statt dessen wird behauptet: a) Wer nach Art. 6 und 7 Anspruch erheben will, muß die ganze Zeit des erforderlichen Aufenthalts Bayer gewesen sein. b) Wer nach Art. 10 einen Anspruch erheben will, muß die ganze Zeit des erforderlichen Aufenthalts über Nichtbayer gewesen sein. c) Wer nach Art. 11 die Heimat kraft Gesetzes erwerben soll, muß die ganze Zeit des erforderlichen Aufenthalts über Bayer, aber heimatloser gewesen sein. Bei konsequenter Durchführung müßte der Satz a) noch dahin schärfer gefaßt werden, daß der nach Art. 6/7 H.G. Anspruch erhebende sogar die ganze Zeit über „heimatberechtigter Bayer" gewesen sein muß, so daß, wer von vier geeigneten Jahren zuvor zwei heimatloser, dann zwei heimatberechtigter Bayer gewesen wäre, keinen Anspruch hätte; doch ist dies bisher noch nirgends behauptet. M. E. spricht gegen die vorstehende Auffassung schon der Umstand, daß es sich doch in den Art. 6—8, 10, 11, um Erwerbung der Heimat durch bestimmte Beziehungen zu einer Gemeinde handelt. Diese Beziehungen können ganz dieselben sein, ob der Betreffende Staatsangehöriger ist oder nicht, war oder nicht war. Das Gesetz hat mit gutem Grund nur den Staatsangehörigen zum Heimatberechtigten machen können, aber, weil für die Gemeinde keine unterschiedliche Behandlung sich rechtfertigt, je nachdem ein in ihr Wohnender Staatsangehöriger ist oder nicht, für Nichtstaatsangehörige nur die Wirkung der Heimatverleihung aufgeschoben.

Ueberdies ergeben sich aus der herrschenden Lehre eigentümliche Konsequenzen: 1. Wer die ganze Aufenthaltsdauer bayrischer Staatsangehöriger ist, hat einen Anspruch, oder erwirbt die Heimat im Falle des Art. 11 H.G. ipso jure — letzteres aber nur, wenn er die ganze Aufenthaltsdauer heimatloser Staatsangehöriger gewesen ist. 2. Wer die ganze Aufenthaltsdauer nichtbayrischer Staatsangehöriger ist, hat ebenfalls einen Anspruch. 3. Wer aber einen Teil der Aufenthaltsdauer bayrischer Staatsangehöriger ist, den anderen Teil nicht, hat keinerlei Anspruch, bezw. erwirbt die Heimat nicht. War er zuvor bayrischer Staatsangehöriger, dann nichtbayrischer, so nützt ihm die bayrische Zeit nichts; war er zuvor nichtbayrischer Staatsangehöriger, dann bayrischer, so nützt ihm die nichtbayrische Zeit nichts. Welche Gründe der Gesetzgeber gehabt haben sollte, solches zu wollen, ist mir nicht erfindlich.

Einige Beispiele mögen die Sache noch klarer machen:

1. Der außereheliche Sohn A der Bayerin B hat seine ursprüngliche Heimat in M. Volljährig geworden ist A Kaufmann in N geworden, wo er sich 1. November 1897 niedergelassen hat. Am 1. November 1900 heiratet seine Mutter seinen natürlichen Vater C, der die württembergische Staatsangehörigkeit besitzt. Durch diese Heirat verliert A die bayrische Staatsangehörigkeit und zugleich die ursprüngliche Heimat in M. Er bleibt aber nach wie vor in N und will nun Ende 1901, nachdem alle sonstigen Voraussetzungen gegeben sind, die Heimat in N erwerben.

Nach der als herrschend anzusehenden Lehre kann die Gemeinde N ihn abweisen; denn nach Art. 6 hätte er 4 Jahre lang Bayer sein müssen, nach Art. 10 4 Jahre lang Nichtbayer. Hätte die Mutter vor dem 1. November 1897 geheiratet, so würde er einen Anspruch haben; nun aber ist, obwohl in den Beziehungen des A zur Gemeinde N sich durch die Aenderung der Staatsangehörigkeit nicht das mindeste geändert hat, der Anspruch weggefallen. Erst am 1. November 1904 erlangt er wieder einen Anspruch nach Art. 10, falls er zu diesem Zeitpunkt noch die Voraussetzungen erfüllt.

M. E. hat A auch jetzt einen Anspruch nach Art. 10; höhere Heimatgebühren hat er nicht zu zahlen. Erwirbt A die bayrische Staatsangehörigkeit vor dem für die Heimatverleihung entscheidenden Zeitpunkt, so wird er in N nach Art. 11 heimatberechtigt.

2. Umgekehrt: A ist als Württemberger geboren. Er hält sich im Alter der Volljährigkeit als Kaufmann in N zu Bayern auf, wo er sich am 1. November 1897 niedergelassen hat. Die außereheliche Mutter heiratet am 1. November 1900 den natürlichen Vater, der die bayrische Staatsangehörigkeit besitzt und so erlangt der Sohn die ursprüngliche Heimat in M. Er bleibt aber in N wohnen und will im Jahre 1901 kraft Art. 6 die Heimat erwerben. Nach der herrschenden Lehre kann er es nicht; denn er ist nicht die 4 Jahre des Aufenthalts bayrischer Staatsangehöriger gewesen. Würde seine Mutter vor 1. November 1897 geheiratet haben, so würde er den Anspruch haben; freilich sind die Beziehungen zur Gemeinde genau die gleichen, im einen wie im anderen Falle. Erst am 1. November 1904 kann er einen Anspruch erlangen, wenn er die Voraussetzungen noch erfüllt.

M. E. hat A auch jetzt Anspruch nach Art. 6.

3. Heiratet in Beispiel 1 die Mutter erst am 1. Dezember 1901 und ist zwischen dem 1. November und 1. Dezember 1901 von C der Anspruch gegen die Gemeinde N nicht schon erhoben, so kann er nach der herrschenden Lehre nicht mehr erhoben werden (Reger S. 28 Anm. 18); es beginnt vom 1. Dezember 1901 eine neue Frist. M. E. kann in diesem Falle A den Anspruch erheben, jedoch nicht mehr nach Art. 6, sondern nach Art. 10.

4. Heiratet in Beispiel 2 die Mutter erst am 1. Dezember 1901 und hat A nicht schon vor dem 1. Dezember 1901 den Anspruch erhoben, so kann er ihn nach der herrschenden Lehre nicht mehr erheben. Denn er ist nicht mehr Nichtbayer, sondern Bayer. Allein der Sohn hat m. E. als Bayer den Anspruch aus Art. 6 und braucht nicht bis zum 1. Dezember 1905 zu warten.

5. Der Preuße B findet im Jahre 1897 (1. November) in der bayrischen Gemeinde N als Fabrikarbeiter dauernde Beschäftigung. Er bleibt in N, zahlt Steuern und gedenkt im Jahre 1900 zu heiraten Bei diesem Anlasse erwirbt er 1900 die bayrische Staatsangehörigkeit und ist nun heimatloser Angehöriger des bayrischen Staates. Am 1. Februar 1902 stirbt er; seine Witwe bedarf der Armenhilfe und geht die Armenpflege zu N an. Denn, behauptet sie, ihr verstorbener Mann sei am 1. November 1901 heimatloser Angehöriger des bayrischen Staates gewesen und habe kraft Gesetzes die Heimat erworben. Nach der herrschenden Lehre wird im Heimatfeststellungsverfahren die Heimat in N nicht anerkannt werden. Denn B habe vier Jahre lang heimatloser Angehöriger des bayrischen Staates sein müssen, während er es 1901 erst ein Jahr gewesen sei. Hätte er, so wird gesagt werden, die bayrische Staatsangehörigkeit erst nach dem 1. November 1901 erworben, so hätte er im richtigen Zeitpunkt einen Anspruch geltend machen können; so aber habe er erst im Jahre 1904 kraft Gesetzes die Heimat in N erlangen können.

M. E. ist die Behauptung der Witwe richtig. Der ordnungsmäßige und natürliche Weg, nämlich zuerst die Staatsangehörigkeit und dann die Heimat zu erwerben, kann nach der herrschenden Lehre für Erlangung einer Heimat gefährlich werden.

6. Wenn im vorigen Falle B die Staatsangehörigkeit erst erwirbt nach dem 1. November 1901, ohne jedoch den bereits erworbenen Anspruch aus Art. 10 geltend gemacht zu haben, so kann dieser Anspruch nicht mehr geltend gemacht werden, weil nach dem 1. November 1901 B nicht mehr „Nichtbayer" ist, aber auch Art. 11 kann frühestens erst in vier Jahren in Frage kommen! M. E. wird B sofort beim Erwerb der bayrischen Staatsangehörigkeit als nun heimatloser Bayer auch in N heimatberechtigt.

Man wird zugeben müssen, daß vorstehende Konsequenzen weder erfreulich sind, noch sich aus der Sache ergeben. Der Bayer wird schlechter gestellt als jener, welcher vorgezogen hat, Nichtbayer zu bleiben. Beim Anspruch aus Art. 10 H.G. schadet während der Aufenthaltsdauer der Besitz des bayrischen Staatsangehörigkeit!

Daß das vorstehend als herrschende Lehre bezeichnete in der Tat also angesehen werden darf, erhellt aus folgendem: Reger sagt auf S. 47 Anm. 2: Dagegen ist der Besitz der bayrischen Staatsangehörigkeit während der Ersitzfrist für die Anwendbarkeit des Art. 10 nicht erforderlich, sondern geradezu ausgeschlossen; da „wie die Ersitzfristen des Art. 6 und 7 lediglich bayrischen Staatsangehörigen eröffnet sind, so in die Ersitzfristen des Art. 10 lediglich Nichtbayern eintreten können." „Erwirbt sohin ein Nichtbayer während des Laufes der Ersitzfrist des Art. 10 die bayrische Staatsangehörigkeit, so hat dies zur Folge, daß die von ihm bisher zurückgelegte Aufenthaltszeit wertlos wird." Ferner bemerkt Reger auf S. 52 Note 3 zu Art. 11: Die „Frist beginnt . . . erst mit dem Staatsangehörigkeitserwerb; die vor diesem Zeitpunkt in Bayern zurückgelegte Aufenthaltszeit kommt daher nicht in Anrechnung." Vgl. bei Reger auch S. 18 Anm. 4 (gegen den Schluß); Anm. 6; S. 28 Anm. 18. — v. Riedel nimmt zu der Frage, was Art. 6, 7, 10 anlangt, keine ausdrückliche Stellung. Man könnte aus S. 114 Note 8a eher schließen, daß er den dauernden Besitz der bayrischen Staatsangehörigkeit für den Anspruch aus Art. 6/7 nicht für erforderlich hält. Allein für Art. 11 H.G. hält auch v. Riedel daran fest, daß der heimatlose Bayer die ganze Aufenthaltsdauer Bayer gewesen sein muß; folglich muß v. Riedel die analoge Auffassung doch wohl auch für Art. 6, 7, 10 haben. — v. Seydel Bd. 2 S. 62 bei Note 65 spricht den Grundsatz aus: „einen gesetzlichen Anspruch auf Heimatverleihung können sowohl Bayern als Landesfremde unter den gleichen Voraussetzungen erlangen", geht aber dort auf

4. Nicht erforderlich zur Erwerbung des Heimatanspruches ist ein bestimmtes Geschlecht[8]), ein Beruf, ein Zivilstand[8]) — nicht erforderlich ist, daß der Wille jemals bestand, an dem Orte ein Domizil zu begründen; gleichgültig ist auch, ob die bisherige Heimat die ursprüngliche war oder ob der Erheber des Anspruches bereits eine Heimat erworben hatte; gleichgültig auch, ob der Aufenthalt in der

---

die Frage im einzelnen nicht ein. Jedoch betont v. Seydel ebenda S. 67 unter Berufung auf die unten zu erörternde V.G.H.E. in Bd. 11 S. 126, daß zum Heimaterwerb heimatloser Staatsangehöriger „der Besitz der Staatsangehörigkeit während der ganzen Ersitzungsdauer" erforderlich sei. Die gleiche Behauptung stellt v. Seydel-Graßmann S. 213 auf. — V.G.H. hat in Bd. 11 S. 126 ff. die Frage erörtert, ob für den Heimaterwerb heimatloser Staatsangehöriger der Besitz der Staatsangehörigkeit während der ganzen Ersitzungsdauer erforderlich sei und diese Frage bejaht. Bei Auslegung des Art. 11 (früher 10) dürfe der unzweifelhafte Sinn wie Inhalt der Art. 6 und 7 nicht außer Betracht bleiben. „Da nun im Gegensatz zu Art. 9 (nun 10) die Art. 6 und 7 nur solche Personen im Auge haben, welche schon bisher bayrische Staatsangehörige waren und bei welchen daher die bayrische Staatsangehörigkeit nicht erst beim Heimaterwerb hinzutritt, so bildet nach diesen beiden Artikeln (6, 7) die bayrische Staatsangehörigkeit zweifellos ein Erfordernis, welches während des ganzen Aufenthalts vorhanden gewesen sein muß." Daraus schließt der Verwaltungsgerichtshof alles andere. Man muß aber eben aus der Entstehungsgeschichte der ganzen Bestimmungen das in Zweifel ziehen, was nach Verwaltungsgerichtshof zweifellos sein soll. — In Bd. 25 S. 180 hält V.G.H. an der in obiger Entscheidung entwickelten Ansicht fest.

Ferner stellt V.G.H. in Bd. 22 S. 215 den Satz auf, daß die Frist zur Ersitzung der Heimat erst mit dem Zeitpunkte beginne, in welchem der „Heimatlose" in den Besitz der vorläufigen Heimat gelangt ist. Daraus folgt, daß der heimatlose Bayer nicht bloß die ganze Zeit Bayer gewesen sein muß, sondern auch heimatloser Bayer. Ob übrigens in der Tat der Besitz einer vorläufigen Heimat unbedingt erforderlich ist, wird in § 49 zu erörtern sein.

In Bd. 25 S. 180 hat der Verwaltungsgerichtshof nunmehr wenigstens das eine anerkannt, daß der nach Art. 10 H.G. von dem Nichtbayern erworbene, aber noch nicht geltend gemachte Anspruch auch nach Erwerbung der bayrischen Staatsangehörigkeit noch geltend gemacht werden könne. Auch der Fiskus könne diesen Anspruch erheben. — Vielleicht führen die dieser Entscheidung zugrunde liegenden Erwägungen noch zu einer der hier vorgetragenen sich nähernden Rechtsanschauung. — In Bl. 47 S. 237 hat Karl Buchert die Zusammenrechnung des vor der Aufnahme in den bayrischen Staatsverband zurückgelegten Aufenthalts mit dem als Angehöriger des bayrischen Staates verbrachten Zeitraum für zulässig erklärt.

Wenn man in Art. 13 der diesrheinischen Gemeindeordnung statt „alle nach Art. 11 befähigten Personen" den Inhalt des Art. 11 einsetzt, so erhält man eine dem Art. 6 H.G. ähnliche Fassung: Anspruch auf Verleihung des Bürgerrechts haben nach erreichter Volljährigkeit alle selbständigen Männer, welche sich im Besitze des bayrischen Indigenats befinden . . ., wenn sie während der Zeit von zwei Jahren in der Gemeinde gewohnt . . . haben. Art. 11 IV und Art. 14 Gem.O. entsprechen zusammen dem Art. 10 H.G. Es hat aber m. W. noch niemand behauptet, daß wer das Bürgerrecht beanspruchen will, entweder zwei Jahre Bayer oder zwei Jahre Nichtbayer gewesen sein müsse. Vgl. Lindner-v. Hauck S. 61 Anm. 4.

[8]) Auch Frauen können den Anspruch erwerben; s. v. Riedel S. 113 Note 5a — ebenso auch Beamte; dagegen Reger S. 17 Note 4 „im Hinblick auf die Spezialbestimmung des Art. 2 H.G."; m. E. ist dies unrichtig; s. § 50.

Gemeinde der ursprünglichen Heimat oder in einer fremden Gemeinde genommen war. — Auch ob der Anspruchserheber in einer rechtsrheinischen oder in einer pfälzischen Gemeinde bisher beheimatet war, ist ohne rechtlichen Belang [9]).

5. Kein Hindernis entsteht dem Anspruch aus Art. 6—8 H.G. daraus, daß der Heimatsucher in der Gemeinde seiner bisherigen Heimat das Bürgerrecht besaß. Gründete sich dasselbe lediglich auf Art. 11 Gem.O., so ging es durch den langen Aufenthalt in einer fremden Gemeinde ohnehin verloren; besteht es infolge Art. 15 Gem.O. kraft Hausbesitzes fort, so hebt die durch Art. 6—8 H.G. erworbene neue Heimat nach Art. 15 H.G. die alte auf; das Bürgerrecht wird nun ohne Heimat besessen. In analoger Anwendung des Art. 5 II H.G. ist aber anzunehmen, daß der Erwerber der neuen Heimat durch eine an die Verwaltung der Heimat- und jene der Bürgerrechtsgemeinde gerichtete Erklärung die Heimat in der Gemeinde des Bürgerrechts wieder erwerben kann [10]), was selbstverständlich den Verlust der nach Art. 6—8 H.G. erworbenen, neuen Heimat herbeiführt.

III. Die besonderen Voraussetzungen der Erwerbung des Heimatanspruches durch vierjährigen Aufenthalt.

§ 38.

1. Dauer des Aufenthalts; Selbständigkeit.

I. Der nach § 35 notwendige Aufenthalt muß vier Jahre in der Gemeinde gedauert haben.

II. Der sich Aufhaltende muß während dieser ganzen Zeit ununterbrochen selbständig gewesen sein. Art. 6 I H.G. War er

[9]) Selbstverständlich hindert auch der Umstand die Entstehung des Anspruches nicht, daß die bisherige Heimatgemeinde während des Aufenthalts des Heimatsuchers Umlagen von demselben erhob; auch sie kann Art. 8 H.G. geltend machen. In einem Falle wohnte A in der Nachbargemeinde O seiner Heimatgemeinde P und zahlte seine Umlagen stets nach P. P stellte Antrag aus Art. 8 H.G. und setzt ihren Anspruch durch; vgl. B. Gemeindeztg. Bd. 11 S. 387. — Daß der Heimatbewerber in Konkurs geraten ist, kann gleichfalls seinem (oder der bisherigen Heimatgemeinde) Anspruch nicht entgegen gehalten werden; ebensowenig hindert die Entmündigung den nach Art. 7 bezw. 7 und 8 H.G. erhobenen Antrag; der Vormund tritt für den Entmündigten in das Verfahren ein. — Auch der Besitz einer Heimat aus Art. 2 H.G. hindert die Entstehung eines Anspruches nicht.

[10]) Hat die bisherige Heimatgemeinde nach Art. 8 H.G. den Antrag gestellt, so ist zwar der in der fremden Gemeinde sich Aufhaltende nicht in der Lage, aus dem erwähnten Grunde der Heimatverleihung zu widersprechen — aber der Heimaterwerber kann nachher die frühere Heimat zurückerwerben. Uebrigens werden die Fälle, daß eine Gemeinde, in welcher jemand nach Art. 15 G.O. Bürger ist, einen Antrag nach Art. 8 H.G. stellte, selten sein; eher ist möglich, daß eine Gemeinde den Antrag stellt, deren Heimatangehöriger auch in einer dritten Gemeinde Bürger ist: diese Gemeinde erlangt durch ihren Antrag dauernde Lösung des Heimatverhältnisses. — Vgl. auch § 52 u. 55.

eine Zeitlang unselbständig, so ist die bisherige Aufenthaltszeit zwar nicht für jeden Heimatverleihungsanspruch „entwertet"; sie kann aber nicht zur Begründung eines solchen Anspruchs durch vierjährigen Aufenthalt (Art. 6) verwertet werden, sondern nur für einen solchen durch siebenjährigen Aufenthalt. (Art. 7.)

Der Wegfall der Selbständigkeit schadet selbst dann noch, wenn er erst nach Vollendung von vier geeigneten Aufenthaltsjahren, aber vor Anmeldung des Anspruches eintritt. Auch in solchem Fall gibt erst siebenjähriger Aufenthalt den Anspruch. Dies mag hart erscheinen, da doch selbst Armenunterstützung nach Ablauf der vier Jahre nicht mehr schadet. Aber die Fassung des Gesetzes: „der in Abs. 1 bezeichnete Aufenthalt" und der Umstand, daß die Selbstständigkeit in einem Satze mit den übrigen Eigenschaften des Aufenthalts angeführt wird, geben einer anderen Auslegung keinen Raum[1]).

Jede Unterbrechung hat diese Wirkung, auch eine solche von noch so geringer Dauer. Immerhin muß die Eigenschaft der Selbstständigkeit, wenn auch nur kurze Zeit, verloren worden sein. Wenn beispielsweise ein Gewerbsgehilfe in die häusliche Gemeinschaft des Gewerbsmeisters aufgenommen wurde, so ist der ganze frühere Aufenthalt für den Anspruch aus Art. 6 wertlos geworden, auch wenn alsbald das bezügliche Vertragsverhältnis wieder gelöst wurde. Wenn dagegen der Gehilfe nur vorübergehend, etwa für die Dauer der Erkrankung eines anderen Gehilfen, wie von vornherein bestimmt wurde, in die häusliche Gemeinschaft eintrat, so tut dies seiner Selbständigkeit keinen Abbruch.

Wer selbständig ist, sagt das Gesetz nicht. Jedoch ist in Art. 6 v H G. bestimmt, welche Personen nicht als selbständig zu erachten sind.

1. Das Gesetz will solchen Personen die kürzere Erwerbungszeit nicht gewähren, die nicht ohne fremden Willen ihre Angelegenheiten zu ordnen in der Lage sind (sofern sie nicht schon durch andere Bestimmungen des Gesetzes ausgeschlossen werden); daher sind als selbständig nicht zu erachten „die entmündigten Personen" oder, wie das Gesetz vor 1896 inhaltlich gleich[2]) sagte, „Personen welche auf Grund richterlicher Verfügung unter Kuratel stehen". Solche Personen sind demnach von dem Anspruch aus Art. 6 ausgeschlossen, auch wenn sie willensfähig sind; es genügt die Tatsache der Entmündigung. Erforderlich ist, daß der die Entmündigung aussprechende Beschluß rechtskräftig ist; erst von diesem Zeitpunkte an hört der sich Aufhaltende auf, im Sinne des Art. 6 H.G. selbständig zu sein. Die „Einleitung eines Entmündigungsverfahrens" (Art. 32 I Ziff. 7 H.G.) reicht nicht aus. Ein wegen Trunksucht oder Verschwendung Entmündigter kann zwar in einer Gemeinde einen Aufenthalt begründen; er kann aber nach vier Jahren, in welche ein

---

[1]) Reger S. 28 Note 18; v. Riedel S. 119 Note 18.

[2]) Reger S. 34 Anm. 26; v. Riedel S. 123 Note 26.

Zustand der Entmündigung fällt, keinen Anspruch erlangen, auch wenn er mit Zustimmung des Vormundes den Aufenthalt genommen hat. Dagegen erlangt er nach sieben Jahren den Anspruch — vorausgesetzt, daß ein „freiwilliger" Aufenthalt nachgewiesen wird.

Die Eröffnung des Konkursverfahrens hat die Wirkung der Entmündigung nicht; sie beeinträchtigt die Selbständigkeit nicht. Aber auch die Bestellung eines Pflegers, selbst im Falle des § 1910 B.G.B. ist nicht Entmündigung.

2. Außerdem wollten Personen ausgeschlossen werden, welche, wie man annimmt, der wirtschaftlichen Selbständigkeit entbehren und vermöge dessen die zwar nicht ausdrücklich verlangte, aber doch für die Erwerbung eines Anspruches in kürzerer Frist gewünschte, volle Freiheit der Entschließung, einen Ort als gewöhnlichen Aufenthalt zu wählen, nicht aufweisen. Als Personen dieser Art erklärt das Gesetz

a) Dienstboten; d. i. männliche oder weibliche Personen, welche zum Gesinde zählen; das Gesinde bilden in das Haus[3]) des Dienstherrn aufgenommene, dauernd zum Dienste seines Hauses oder seiner Landwirtschaft auf Grund Vertrages verpflichtete Personen[4]) (Dernburg Bd. 2, 2. Abt. S. 411). Die vom Heimatgesetze außerdem besonders geforderte Aufnahme in die häusliche Gemeinschaft des Dienstherrn ist sonach ohnehin bereits ein Begriffsmerkmal des „Dienstboten".

Die Dienste müssen entweder häusliche, d. h. für die Person des Dienstherrn oder seiner Familienmitglieder oder sein Heim, seinen Garten[5]), seinen Park ꝛc. bestimmt sein, oder dem landwirtschaftlichen Betriebe des Dienstherrn oder aber diesem und dem Hause gelten. Dagegen ist Dienstleistung in einem sonstigen Berufe, insbesondere im Gewerbe des Dienstherrn nicht Gesindedienst[6]). (Dernburg S. 413.)

Der Dienstherr braucht nicht eine physische Person zu sein; auch Personen, welche entweder im landwirtschaftlichen Betriebe einer juristischen Person stehen, oder welche kraft Vertrages mit einer solchen oder einem Vereine einem Dritten persönliche Dienste leisten

---

[3]) „Haus" ist im weiteren Sinne gebraucht; bei städtischen Dienstboten handelt es sich zumeist um eine Wohnung in einem Hause; bei ländlichen Gütern ist umgekehrt auch eine Mehrzahl von Gebäuden „das Haus".

[4]) Ueber Kinder als Dienstboten vgl. das unter c Bemerkte.

[5]) Wenn jemand zwar vorwiegend zu seiner Freude, aber doch so, daß das Erträgnis in der Hauptsache veräußert wird, einen Gemüse- oder Obstgarten unterhält, so ist der „Gartengehilfe" nicht Dienstbote.

[6]) Der Koch, die Köchin, die Kellner und Kellnerinnen, aber auch die Aufwäscherinnen und sonstigen Hilfspersonen eines Restaurants sind keine Dienstboten, wohl aber Gewerbegehilfen. — Wenn jemand durch Vertrag die Reinhaltung eines Hauses übernimmt und hierzu die Dienstleistung von „Mägden" vertragsmäßig sich sichert, so dürften diese nicht als „Dienstboten" zu gelten haben, selbst wenn sie im übrigen wie solche gehalten werden.

und in dessen häusliche Gemeinschaft aufgenommen sind, haben als Dienstboten zu gelten.

In die häusliche Gemeinschaft ist aufgenommen, wer Wohnung und Verköstigung von dem Dienstherrn erhält[7]), so zwar, daß die Wohnung innerhalb des gesamten Umfanges der Haushaltung[8]) des Dienstherrn gelegen ist und die Verköstigung[9]) gewöhnlich innerhalb derselben gewährt wird. Dies ist noch schärfer zum Ausdruck gekommen in der früheren Fassung des Gesetzes, welche aber durch die jetzige vom Jahre 1899 inhaltlich nicht geändert wurde und lautete: „Dienstboten . . ., welche im Brote des Dienstherrn stehen und keine eigene Wohnung haben . . ." Wer vom Dienstherrn beispielsweise Zimmer und Verköstigung in einem Gasthaus angewiesen erhält, gehört nicht zur häuslichen Gemeinschaft, falls eine solche Trennung nicht etwa nur vorübergehend erfolgt[10]).

Auch muß die Entlohnung für die Dienste, mindestens teilweise, vertragsmäßig in der Gewährung von Wohnung und Kost bestehen; diese dürfen nicht außerhalb der Entlohnung aus einem anderen Grunde gereicht werden. Die Gewährung von Wohnung und Kost in der bezeichneten Art und Weise muß also unmittelbar eine vertragsmäßige Gegenleistung für die Dienste sein. Wenn zum Beispiel in einem Armenhause ein Insasse zu häuslichen Arbeiten herangezogen wird, so ist er noch nicht Dienstbote, da er nicht auf Grund Dienstvertrages in dieser Weise beschäftigt wird. Daß er etwa für solche Leistungen, die ihm nach dem Armengesetze auferlegt werden können, eine Gratifikation erhält, macht ebenfalls aus ihm noch keinen Dienstboten. Andererseits darf doch nicht gefragt werden, ob die Gegenleistung für die Dienste soviel wert ist als diese. Denn es steht im Belieben der Kontrahenten, auch eine den Wert der Dienste übersteigende Gegenleistung zu vereinbaren. Wenn z. B. ein bejahrter Dienstbote in der Tat recht wenig mehr leistet, aber doch von der Familie beibehalten wird, so ist er Dienstbote, solange man noch von einem Vertragsverhältnis sprechen kann[11]).

---

[7]) Reger S. 34 Anm. 28; v. Riedel S. 124 Note 28; Lindner=v. Hauck S. 57 Anm. 9. — Wenn ein männlicher Dienstbote hierbei die Wohnung mit seiner Ehefrau teilt, so ändert dies an der Sache nichts.

[8]) Es genügt nicht, daß sie im Bereiche des landwirtschaftlichen Betriebes liegt.

[9]) Die Verköstigung braucht weder am Tische des Dienstherrn gereicht zu werden, noch muß sie unbedingt in fertigen Speisen bestehen; auch die Gewährung von Materialien behufs Selbstbereitung der Kost genügt.

[10]) Laufburschen, Auswärter, Näherinnen, Taglöhner, welche im ständigen Dienste eines andern stehen, aber eigenen Hausstand haben, sind nicht Dienstboten. Auch eine „Zugeherin", selbst wenn sie nur eine Familie bedient, ist nicht Dienstbote. Der Gemeindehirte, welcher in einem Gemeindehause wohnt und bei den Bauern, deren Vieh er hütet, die Kost im Turnus erhält, ist kein Dienstbote; denn er ist nicht in einer bestimmten häuslichen Gemeinschaft. Darauf allein, daß die Entlohnung in natura gereicht wird, kommt es nicht an. Vgl. B. Gemeindeztg. Bd. 7 S. 144, S. 202.

[11]) Würde freilich die Gewährung der Kost und Wohnung als Akt reiner

Nicht immer ist es leicht zu unterscheiden, ob die Dienste häuslicher Art oder sonstigen Charakters sind. Der junge Mann, der einem Dienstherrn die Korrespondenz besorgt, ist fraglos kein Dienstbote, auch wenn er gelegentlich kleinere häusliche Arbeiten verrichtet; umgekehrt behält der Diener diese Eigenschaft, auch wenn er gelegentlich andere als häusliche Arbeiten erledigt. Eine Bonne, welche zur Wart und Pflege eines Kindes, zu häuslichen Arbeiten, aber auch zu unterrichtlicher Tätigkeit aufgestellt ist, dürfte als Dienstbote zu erachten sein; je mehr jedoch die erzieherische Tätigkeit vorwiegt, um so eher ist die Dienstboteneigenschaft zu verneinen. In solchen Fällen ist also entscheidend, ob die häuslichen Dienste überwiegen.

Mehr als die Hauszugehörigkeit in Wohnung und Kost darf man nicht als Begriffsmerkmal der „häuslichen Gemeinschaft" verlangen. Die Unterstellung unter die „häusliche Zucht" (Reger S. 34 Anm. 28) ist nicht erforderlich. Der Hausgenosse ist allerdings der Hausordnung unterstellt, denn er nimmt diese durch Eintritt in das Vertragsverhältnis ausdrücklich oder stillschweigend an; ein besonderes Recht aber der „häuslichen Zucht" liegt nicht im Begriffe. Auch Dernburg Bd. 2 Abt. 2 S. 394 erwähnt ein solches nicht[12]).

Wenn jemand sowohl in einem ständigen Dienstverhältnis steht, das ihm die Eigenschaft des „Dienstboten" verleiht, als auch anderen Dienste leistet, so ist maßgebend, welches Dienstverhältnis überwiegt. Ein landwirtschaftlicher Taglöhner zum Beispiel, der seine Dienste hauptsächlich einem Bauernhof widmet und in diesem Wohnung und Verköstigung empfängt, aber auch bei anderen mit Erlaubnis seines Dienstherrn Arbeiten annimmt, dürfte als Dienstbote zu gelten haben.

b) Gewerbsgehilfen sind an sich selbständig. Wenn sie jedoch „in die häusliche Gemeinschaft des Dienstherrn"[13]) aufgenommen sind, so sind sie unselbständig. Wann letzteres der Fall ist, ist nach den gleichen Grundsätzen zu beurteilen, wie bei den Dienstboten. Einer Erörterung aber bedarf, wer überhaupt „Gewerbsgehilfe" ist. Das Heimatgesetz erwähnt die Gewerbsgehilfen auch in Art. 12, wo es sich darum handelt, festzustellen, welche Kategorien für die Verleihung der Heimat auf Grund des Art. 7 eine Heimatgebühr nicht zu entrichten brauchen. Es handelt sich also auch dort um eine mit der Begründung des Heimatanspruches enge zusammenhängende Frage und so darf man wohl annehmen, daß der Ausdruck in beiden Bestimmungen im gleichen Sinne verstanden ist.

Schon in der Fassung von 1868 führt das Gesetz in beiden Artikeln die Gewerbsgehilfen auf. In Art. 12 sind aber neben den Ge-

---

Freigebigkeit erscheinen, so würde ein Dienstbotenverhältnis nicht mehr bestehen und somit anscheinend nichts im Wege stehen, daß vierjähriger Aufenthalt die Heimat erbringt. Solche Fälle sind jedoch selten.

[12]) Es können also auch Eltern Dienstboten der Kinder sein. Dagegen Reger S. 34 Anm. 28.

[13]) Die frühere Fassung des Gesetzes ist die bei a erwähnte.

werbsgehilfen noch die Fabrikarbeiter und Lohnarbeiter ausdrücklich genannt, während diese in Art. 6 fehlen. Man wird demnach das Wort „Gewerbsgehilfe" nicht in dem weiten Sinne nehmen dürfen, den das Wort „gewerbliche Arbeiter" heute erlangt hat. Als letztere erklärt Dernburg Bd. 2 Abt. 2 S. 400 „die im Handwerk oder für Fabriken beschäftigten Gesellen oder Gehilfen, sowie die Fabrikarbeiter und die Lehrlinge." Eher würde der Begriff zugrunde zu legen sein, welche sich für den Gewerbsgehilfen des § 29 des Unterstützungswohnsitzgesetzes nach seiner früheren Fassung gemäß der Rechtsprechung des Bundesamts für Heimatwesen ergibt: Gewerbsgehilfen sind diejenigen in einem Gewerbe tätigen Arbeiter, welche die zu dessen Betreibung erforderliche technische Ausbildung besitzen — im Gegensatze zu gewöhnlichen, bloß mechanische Arbeit verrichtenden Fabrikarbeitern, Güterladern, Handlangern, Taglöhnern, gewöhnlichen Pferdewärtern (so Wohlers-Krech S. 122 unter b).

Nach den Anschauungen des Sozialgesetzgebungsausschusses[14]) soll dem Ausdruck „Gewerbsgehilfe" der in dem bayrischen Gewerbe- und Gewerbsteuergesetz aufgestellte Begriff zugrunde liegen. Hierbei kommt in Betracht Art. 12 des Gewerbsteuergesetzes vom 1. Juli 1856: „Als Gewerbs- oder Geschäftsgehilfen werden alle jene Personen ohne Unterschied des Geschlechts oder Alters betrachtet, welche mit der erforderlichen Gewerbsfertigkeit, Sach- oder Geschäftskenntnis an den Arbeiten des Gewerbsgeschäftes selbst teilnehmen, gleichviel ob und welchen Lohn sie hierfür empfangen. Hierher gehören alle Gewerbsgesellen, Apothekergehilfen . . ., Handlungskommis, Handlungsreisende, Ladendiener oder Ladenmädchen, Faktoren, Buchhalter, Komptoiristen, Geschäfts- und Werkführer, sodann in Wirtschaften die Kellner, Köche oder Köchinnen u. s. w. Arbeiter, welche in einem Gewerbe bloß untergeordnete Geschäfte oder Dienstleistungen verrichten, werden zu den eigentlichen Geschäfts- oder Gewerbsgehilfen nicht gezählt." Wie v. Kahr S. 167 Note 8d mit Recht hervorhebt, ist mit dieser Aufzählung eine Begriffsbestimmung nicht gegeben, es handelt sich mehr um eine Abgrenzung zu steuertechnischen Zwecken. B.G.H. Bd. 12 S. 166.

Der Aufzählung scheint der Gedanke zugrunde zu liegen, daß alle in Gewerbe, Industrie und Handel beschäftigten Personen, welche nicht bloß rein mechanische Arbeiten leisten, unter jener Voraussetzung als unselbständig zu gelten haben. Da die Gehilfen in landwirtschaftlichen Betrieben zum großen Teile unter den Dienstboten begriffen sind, so würden die in den Haupterwerbsarten (mit Ausnahme der Wissenschaften und der Künste) in Hilfsstellung tätigen Personen, freilich nur unter der erwähnten Voraussetzung, als unselbständig erachtet. — Für den Gewerbsgehilfen im engeren Sinne läßt sich immerhin die obige, aus der Rechtsprechung des Bundesamts für Heimatwesen abgeleitete Begriffsbestimmung verwerten. Zweifellos gehören aber auch Handlungsgehilfen, ferner in Fabriken beschäftigte, technisch ausgebildete Personen hierher, dagegen nicht in der Landwirtschaft, sofern sie nicht industriell betrieben wird, im öffentlichen Dienste, in wissenschaftlicher, künstlerischer Tätigkeit, bei persönlichen Dienstleistungen beschäftigte Gehilfen[15]).

---

[14]) Vgl. v. Riedel S. 123 Note 27b, B.G.H. Bd. 9 S. 215; Bd. 12 S. 165; Bd. 13 S. 366.

[15]) Diese sind u. U. „Dienstboten".

Den Gehilfen stehen gegenüber die Unternehmer, ferner die betriebsleitenden Beamten und Angestellten, welche nach ihrer Vorbildung, ihren Aufgaben, ihrer Besoldung eine höhere soziale Stellung einnehmen, und daher den Gehilfen nicht beizuzählen sind. v. Kahr Bd. 1 S. 168.

Für unsere Frage ist die Entscheidung, wer zu den Gewerbegehilfen zählt, wer nicht, von geringerer praktischer Bedeutung als bei der Frage des gebührenfreien Heimaterwerbs (§ 42). Denn nur im Handwerk, dessen Angehörige zweifellos hierher gehören, ist die Aufnahme der „Gewerbsgehilfen" in die häusliche Gemeinschaft noch häufig; sonst wird sie immer seltener. Vgl. zu den obigen Fragen auch § 42.

Ueber die Aufnahme von „Gewerbsgehilfen" in die häusliche Gemeinschaft ist noch ergänzend beizufügen: Wenn ein Arbeitgeber den Gewerbsgehilfen besondere Wohnungen außerhalb des Bereiches seiner Haushaltung[16]) bereitstellt und etwa besondere Speisehallen errichtet, von welchen die Gehilfen ihre Beköstigung beziehen, so sind dieselben damit nicht in die häusliche Gemeinschaft aufgenommen; andererseits ist es nicht erforderlich, daß die Arbeiter am Tische des Arbeitgebers verköstigt werden.

Ist der Gewerbsgehilfe selbst in die häusliche Gemeinschaft aufgenommen, so ist er unselbständig, trotzdem seine Familie, etwa auf seine Kosten, eigenen Hausstand und eigene Wohnung hat[17]).

c) Kinder, eheliche und uneheliche, sind unselbständig, wenn sie sowohl dem elterlichen (mütterlichen) Hausstande angehören, als auch vom Familienhaupt (Vater, Mutter) unterhalten werden. Art. 6 v H.G. Beides muß zutreffen[18]). Die Bestimmung ist von praktischer Bedeutung nur hinsichtlich der volljährigen Kinder.

Das uneheliche Kind kann nur dem Hausstand seiner Mutter angehören, niemals dem des außerehelichen Vaters. Vgl. Dernburg Bd. 4 S. 235 Note 4. Das bevormundete Kind gehört nicht dem elterlichen Hausstande an, wenn es beim Vormund lebt. Das eheliche (legitimierte, adoptierte) Kind kann dem Hausstande des Vaters oder der Mutter angehören; darauf, ob derjenige, dessen Hausstand es angehört, das Familienhaupt ist, kommt nichts an; die Tochter also, welche bei der von dem Manne getrennt lebenden Mutter bleibt, gehört dem „elterlichen Hausstande" an. Auch der eheliche Sohn aus der ersten Ehe der Mutter, welcher im Hause des Stiefvaters weilt, kann als dem Hausstande der Mutter angehörend betrachtet werden.

[16]) Z. B. Arbeiterwohnungen, welche zum Lohne hinzu eingeräumt werden; Wohnungen, für welche Miete bezahlt wird, ein Mietvertrag abgeschlossen ist, würden ohnehin nicht „häusliche Gemeinschaft" begründen können.

[17]) Reger S. 34 Note 28. v. Riedel S. 124 Note 29. V.G.H. Bd. 10 S. 112. — Ueber Vereinigung sonstiger Dienste mit jenen eines Gewerbsgehilfen vgl. das unter a am Schlusse Bemerkte.

[18]) Die Fassung des Gesetzes vor 1900 sprach von „Haussöhnen", welche im Brote des Familienhauptes stehen und keine eigene Wohnung haben.

Ob ein Kind zum Hausstand seiner Eltern gehört, entscheidet sich nach den Bestimmungen des Zivilrechtes. Nach Dernburg Bd. 4 S. 235 ist erforderlich, daß das Kind in dem Hausstande der Eltern den Mittelpunkt seiner Lebensbeziehungen hat. „Ein Anzeichen hierfür ist das Wohnen im Hause der Eltern. Doch kann man dem Hausstande der Eltern angehören, wenn man z. B. wegen Beengtheit der Räume im elterlichen Hause sein Zimmer außerhalb desselben hat. Andererseits kann ein Kind bei den Eltern wohnen, ohne deren Hausstand zuzugehören." Hiernach gehört z. B. der Universitätsstudent, der während des Semesters an der Universität studiert, in den Ferien aber zu den Eltern zurückkehrt, in der Regel zum Hausstande der Eltern; anders, wenn er in den Ferien wirklich nur besuchsweise bei den Eltern weilt.

Zu der Zugehörigkeit zum Hausstande muß aber auch kommen, daß das Kind von dem Familienhaupte „unterhalten" wird. Da der Heimatverleihungsanspruch sich vorwiegend auf entstandene wirtschaftliche Beziehungen zur Gemeinde aufbaut, so darf die „Unselbstständigkeit" im Sinne des Art. 6 H.G. bei Kindern, die dem elterlichen Hausstande angehören, nur dann angenommen werden, wenn das Kind seinen Lebensunterhalt tatsächlich nicht aus eigener Kraft erwirbt, sondern auf die Gewährung desselben durch das Familienhaupt angewiesen ist. Ob das Kind den Unterhalt selbst verdienen könnte, ob etwa seine Arbeitsleistung den Wert des Unterhalts ausgleicht, ob nur der Mangel eines geeigneten Vertrages (z. B. mit dem Vater) das Kind auf den Unterhalt durch das Familienhaupt verweist, ist gleichgültig. Ist jedoch das Kind imstande, aus seinen wirklichen Einkünften den Lebensunterhalt in angemessener Weise zu bestreiten, hierzu aber infolge der Liberalität des Familienhauptes, der ihm ohne Verpflichtung das nötige gewährt, nicht veranlaßt, so ist es gleichwohl als selbständig anzusehen[19]).

Nur wenn der Unterhalt vom Familienhaupte gewährt wird, ist Unselbständigkeit gegeben. Die elterliche Gewalt kommt hier allerdings nicht mehr in Frage, da es sich um volljährige Kinder handelt; insofern gibt es für das Kind im Sinne des Art. 6 v H.G. kein „Familienhaupt" im strengen Sinne des bürgerlichen Rechtes. Das Gesetz hat den ehelichen Vater, sofern er nicht die väterliche Gewalt einem minderjährigen Kinde gegenüber verwirkt haben würde, im Auge, ferner die eheliche Mutter, sofern der Vater nicht mehr lebt oder die väterliche Gewalt verwirkt hat, endlich die Mutter gegenüber dem unehelichen Kinde. Wie schon vorhin angedeutet, kann das Kind bei

---

[19]) Vgl. hierzu auch S. 172 ff. Bei der Frage der Heimatfolge des „unselbständigen" Kindes (Art. 10 H.G.) spielt die Familiengemeinschaft eine größere Rolle, hier die wirtschaftliche Selbständigkeit. Daraus ergeben sich Verschiedenheiten der Begriffsmerkmale, indem dort ein tatsächlich vom Familienhaupte unterhaltenes Kind unselbständig ist, hier nur, wenn es auf den Unterhalt angewiesen erscheint.

dem einen Elternteil seinen Hausstand haben, von dem andern, dem „Familienhaupte“ unterhalten werden.

Keiner Darlegung bedarf, daß die Art der Gewährung des „Unterhalts“ ohne Bedeutung ist. Er kann in einer Geldrente, oder in Naturalien, oder in beiden geleistet werden. Der Sohn, der von seinem Vater angewiesen wird, im Restaurant zu speisen, steht ebenso im Unterhalte der Eltern, wie jener, welcher den Tisch der Eltern teilt. Er ist also unselbständig, sofern er zum elterlichen Hausstand gehört.

Nach § 1617 B.G.B. ist das Kind, welches dem elterlichen Hausstande angehört, und von den Eltern unterhalten wird, verpflichtet, in einer seinen Kräften und seiner Lebensstellung entsprechenden Weise den Eltern in ihrem Hauswesen und Geschäfte Dienste zu leisten. Diese Dienste sind unentgeltlich zu leisten. Dernburg Bd. 4 S. 236. Sie beeinträchtigen also „die Unselbständigkeit“ nicht. Wenn dagegen das Kind in ein Vertragsverhältnis zu den Eltern tritt und von diesen für seine Dienste entlohnt wird, so wird es im allgemeinen nicht „von dem Familienhaupte“ unterhalten, sondern von dem Dienstherrn entlohnt. Es ist also selbständig, wenn es nicht etwa als Dienstbote oder Gewerbegehilfe bei den Eltern (vertragsmäßig) tätig ist. — Ob die Dienste des Kindes den Eltern nach § 1617 B.G.B. oder auf Grund Dienstvertrages geleistet werden, ist eine Frage des einzelnen Falles, die zu entscheiden mitunter schwierig ist.

Beispiel: Der volljährige Sohn eines Großhändlers arbeitet als Angestellter und Stellvertreter seines Vaters (Handlungsbevollmächtigter) in dessen Geschäft; er ist im Hausstande und Unterhalt der Eltern, empfängt zwar nach Belieben seines Vaters Taschengeld, jedoch kein Gehalt. Für eine vertragsmäßige Abmachung findet sich kein Anhalt. Der Sohn ist unselbständig. — Der Großhändler hat im gleichen Falle seinem Sohn bei Eintritt der Großjährigkeit mitgeteilt, er betrachte ihn fortan als seinen ersten Angestellten; er solle ein anständiges Salär bekommen, das er, der Vater, für ihn anlegen werde. Im übrigen solle es beim alten bleiben, sein Taschengeld werde er ohnedies fortbeziehen. In diesem Fall ist der Sohn selbständig; als Gewerbsgehilfe ist er nicht zu erachten.

III. Ist die Aufzählung des Art. 6 v eine ausschließende oder gibt es noch andere unselbständige Personen? Kahr S. 165 Note 8 a ist der ersteren Ansicht, ebenso v. Riedel S. 123 Note 25, Reger S. 34 Anm. 25, v. Seydel-Graßmann S. 212. Der Wortlaut des Gesetzes spricht indes nicht gegen die letztere Annahme; auch wenn der Referent und der Vorstand des Sozialgesetzgebungsausschusses die Aufzählung der unselbständigen Personen für eine erschöpfende gehalten haben, so ist diese Anschauung doch nicht Gesetz geworden. Denn in Art. 6 I wird einfach ausgesprochen, daß nur „selbständige“ Personen einen Anspruch erwerben können, nach Art. 6 v sind dann bestimmte Personen als „selbständig nicht zu erachten“. Damit hat das Gesetz das freie Ermessen darüber, wer selbständig ist, zwar erheblich eingeschränkt, aber nicht aufgehoben. Es wäre eine Fassung leicht zu finden gewesen, wenn nur die in Art. 6 v bezeichneten Personen unselbstständig sein sollten. Feststeht allerdings, daß jedenfalls „Dienstboten“ unselbstständig sind, — aber nur, wenn die oben erörterte doppelte Voraussetzung zutrifft; daß ferner Gewerbegehilfen im gleichen Falle und nur in diesem unselbständig sind und daß endlich „Kinder“ nicht als selbständig gelten dürfen, wenn die beiden für sie aufgestellten Momente zutreffen. Es ist m. E. nicht angängig, einem Gewerbegehilfen, bei dem andere Anzeichen der „Unselbständigkeit“ gegeben sind, als die in Art. 6 v aufgeführten, die Selbständigkeit abzusprechen. Dagegen dürfte nichts im Wege stehen, auch andere Personen für unselbständig zu halten, die in ihren Beziehungen zur Gemeinde ähnlich unfrei sind, wie ein Dienstbote oder Gewerbegehilfe. Wenn z. B. ein Arzt, ein Rechtsanwalt, ein Künstler einen Diener häuslich aufnimmt, der vorzugsweise im Berufe der Genannten, etwa mit ähnlichen Diensten beschäftigt ist, wie sie ein Dienstbote im Hause leistet, oder wenn der Hausmeister eines öffentlichen Gebäudes zur Reinigung der Bureaus Mägde anstellt, so sind solche Personen m. E. zwar nicht Dienstboten oder Gewerbegehilfen, aber unselbständig.

Sind Ehefrauen bei Bestehen der Ehe selbständig? Im allgemeinen ist ihr Aufenthalt kein freiwilliger; daher wird die Frage gegenstandslos. Allein wie in § 36 erörtert wurde, kann der Aufenthalt doch ein freiwilliger sein; in solchem Falle ist dann zumeist auch die Selbständigkeit gegeben. Eine Ehefrau, welche ihrem Manne nicht an seinen Wohnsitz zu folgen braucht und auch nicht folgt, ist selbstständig, auch wenn der Ehemann für ihren Unterhalt aufzukommen hat und aufkommt. Selbständigkeit besteht auch dann, wenn die Ehefrau mit Zustimmung des Mannes oder ohne solche ein Erwerbsgeschäft betreibt, durch wissenschaftliche, künstlerische Tätigkeit, oder auch als Industriearbeiterin sich selbst fortbringt; teilt sie aber in solchen Fällen den Aufenthalt des Mannes, so nützt ihr, wie erwähnt, die Selbständigkeit zur Begründung eines Heimatanspruches nichts[20]).

§ 39.

2. Steuerzahlung; Erfüllung öffentlich-rechtlicher Verpflichtungen gegen die Aufenthaltsgemeinde.

I. Ein Anspruch auf Grund vierjährigen Aufenthalts besteht nur dann, wenn der Bewerber für vier geeignete Aufenthaltsjahre ununterbrochen mit einer direkten Steuer veranlagt war und wenn er überdies diese Steuern an den Staat bezahlt hat.

Als der Gesetzgeber an die Stelle des Heimaterwerbs durch Ansässigmachung jene kraft „Anspruchs“ setzte, mußte er, wie schon früher erwähnt, die früheren Merkmale des Anspruches auf Ansässigmachung

---

[20]) Vgl. auch V.G.H. Bd. 25 S. 220.

in Voraussetzungen des Anspruches auf Heimatverleihung geeignet umwandeln. Die Gemeinden sollten zwar kein Veto mehr haben, aber doch Personen nicht aufnehmen müssen, welche ihnen in Bälde oder ohne die in einer langjährigen Tätigkeit in der Gemeinde zu erblickende Gegenleistung zur Last zu fallen drohten. Für den auf kürzeren Aufenthalt sich stützenden Anspruch mußte zum Aufenthalt selbst eine positive, die wirtschaftliche Selbständigkeit wenn auch nicht beweisende, so doch bezeugende Voraussetzung aufgestellt werden. Diese fand man zunächst in der Veranlagung mit direkten Steuern[1]).

1. An direkten Steuern besitzt Bayern zur Zeit fünf Gattungen: die Grund- und die Haussteuer, für welche die Steuerpflicht in der Gemeinde begründet ist, in welcher das Grundstück (Haus) liegt; die Gewerbsteuer, für welche die Steuerpflicht in jener Gemeinde begründet ist, in welcher das Gewerbe betrieben wird (Art. 24 Gewerbsteuergesetz); die Einkommensteuer, zu welcher jeder am Orte seines Wohnsitzes oder in Ermanglung eines solchen am Orte seines gewöhnlichen Aufenthaltes oder Verdienstes herangezogen wird (Art. 17 des Einkommensteuergesetzes); die Kapitalrentensteuer, für welche das nämliche gilt wie für die Einkommensteuer (Art. 12 des Kapitalrentensteuergesetzes). Die Zahlung einer indirekten Steuer oder einer Gebühr (Besitzveränderungsabgabe) steht der Veranlagung mit direkter Steuer nicht gleich[2]).

2. Zwar würde die Vermutung, daß der Bewerber um das Heimatrecht die erforderliche wirtschaftliche Selbständigkeit besitze, auch begründet sein, wenn er nicht in der Gemeinde seines Aufenthalts mit Steuern veranlagt ist; allein nach dem ganzen Zusammenhang und weil das Gesetz offenbar besondere Beziehungen, welche zu dieser Gemeinde entstanden sind, begünstigen will, dürfte anzunehmen sein, daß, wenngleich Art. 6 I H.G. nicht so ausdrücklich wie Art. 11 der Gem.O. die Veranlagung in der Gemeinde fordert, doch diese Veranlagung notwendig ist[3]). Wer also außerhalb der Gemeinde des Aufenthalts ein Grundstück, ein Haus besitzt oder außerhalb dieser Gemeinde ein Gewerbe betreibt und dafür in einer andern Gemeinde mit Steuern veranlagt ist, würde den Anspruch auf Grund vierjährigen Aufenthalts nicht erheben können. Auch der, welcher in der Auf-

[1]) V.G.H. Bd. 13 S. 517: Der Gesetzgeber fordert . . . eine bereits länger dauernde und eine zur Zeit der Bewerbung noch fortbestehende . . . wirtschaftliche Beziehung, wie er auch eine besonders qualifizierte persönliche Beziehung fordert.

[2]) v. Riedel S. 118 Note 15.

[3]) Ebenso v. Seydel Bd. 2 S. 65 Note 88. v. Riedel S. 118 Note 15. V.G.H. Bd. 13 S. 516: „Der Anspruch . . . setzt die Steuerzahlung in der Aufenthaltsgemeinde voraus." . . . Aus inneren Gründen, ferner aus der Verwandtschaft zwischen Heimatgesetz und Gemeindeordnung, aber auch aus der Entstehungsgeschichte des Gesetzes ergebe sich, daß im H.G. Art. 6. die Zahlung direkter Steuern als Grundlage der Umlagenzahlung in Betracht kam. Hierzu sei aber Veranlagung in der Gemeinde erforderlich.

enthaltsgemeinde mit Steuer hätte veranlagt werden sollen, aber dort nicht veranlagt wurde, vielmehr beispielsweise in der Gemeinde seines früheren Aufenthalts die Steuern fortentrichtete, hat keinen Anspruch nach Art. 6 H.G.[4]). Dagegen darf man nicht verlangen, daß, falls ein Gewerbebetrieb an mehreren Orten stattfindet, und gemäß Art. 24 I u. II des Gewerbsteuergesetzes nur in einer Gemeinde die Veranlagung stattfindet, während für die Gemeinde des Aufenthalts ein Anteil ausgeschieden ist, der Anspruch nur begründet sei, falls die Veranlagung in der Aufenthaltsgemeinde stattfinde; vielmehr genügt, daß auf diese ein Anteil ausgeschieden wurde.

3. Die Veranlagung muß erfolgt sein und zwar gerade für jene vier Jahre erfolgt sein[5]), welche dem Anspruch auf Heimatverleihung zugrunde gelegt werden. Daß objektive Steuerpflicht[6]) bestand, genügt nicht; es muß auch die Veranlagung erfolgt sein. Die in Anspruch genommene Gemeinde kann sich nicht darauf berufen, daß die Veranlagung nicht hätte erfolgen dürfen, etwa weil die gesetzlichen Unterlagen einer Besteuerung fehlten. Auch im Verwaltungsrechtswege ist ein derartiger Einwand zurückzuweisen. Die Amtshandlungen der Finanzverwaltung bei der Steuerveranlagung unterliegen nicht der verwaltungsrichterlichen Nachprüfung[7]). Umgekehrt kann sich der Anspruchserheber (bezw. die bisherige Heimatgemeinde) nicht darauf berufen, daß eine Veranlagung hätte stattfinden müssen; auch die Bemängelung, daß die Aufenthaltsgemeinde z. B. bei Aufstellung des Verzeichnisses der Steuerpflichtigen Fehler gemacht und die Nichtveranlagung verschuldet habe, bleibt ohne Erfolg. War der Bewerber[8])[9]) auch nur für einen Bruchteil der vier Jahre nicht veranlagt gewesen, so ist der vorausgehende Aufenthalt für den Anspruch aus Art. 6 H.G. entwertet, für jenen aus Art. 7 dagegen verwertbar. Mit welcher Steuergattung der Bewerber veranlagt war, ob mit einer oder mehreren, in welcher Höhe, endlich ob die

---

[4]) S. B. Gemeindeztg. Bd. 8 S. 256. — Eine nachträgliche Veranlagung in der richtigen Gemeinde ist zulässig; auf diese Weise kann der Fehler gutgemacht werden, sofern der Pflichtige noch lebt. Vgl. Art. 60—67 des Einkommensteuergesetzes.

[5]) Dies folgt nicht daraus, daß „ununterbrochen" in Art. 6 I H.G. sich auf die Steuerzahlung bezieht, sondern weil die Steuerveranlagung „während der vier Jahre" bestanden haben muß.

[6]) V.G.H. Bd. 20 S. 157: „Eine Steuerzahlung im Sinne des Art. 6 I H.G. ist nur dann anzunehmen, wenn die Zahlung auf Grund einer von der Finanzverwaltung im Wege der Steuerveranlagung festgestellten Steuerpflicht erfolgt."

[7]) Vgl. V.G.H. Bd. 2 S. 249, Bd. 12 S. 309, Bd. 20 S. 159.

[8]) Wenn irrtümlich ein anderer statt des Bewerbers veranlagt war, z. B. jemand, der für den Eigentümer des Grundstückes galt, es aber nicht war, so war doch der Bewerber nicht veranlagt. Nachträgliche Veranlagung ist möglich.

[9]) V.G.H. Bd. 17 S. 333: Wenn in den Steuerlisten die Firma einer offenen Handelsgesellschaft eingetragen ist, so erscheinen hierdurch zugleich auch die im Handelsregister genannten einzelnen Gesellschafter als veranlagt.

Steuergattung während jener Zeit die nämliche gewesen ist, oder gewechselt hat, bleibt gleichgültig[10]).

Ohne Bedeutung ist, wann die Veranlagung stattgefunden hat, wenn sie nur für jene vier Jahre erfolgt ist. Auch die kraft Art. 82 II, IV des Einkommensteuergesetzes, Art. 42 des Kapitalrentensteuergesetzes, Art. 78 des Gewerbsteuergesetzes nachgeholten, bezw. nachgezahlten Steuern begründen eine Veranlagung. In diesen Artikeln ist überdies ausdrücklich ausgesprochen, daß bei Festsetzung der Steuernachholungen zu bestimmen ist, an welchem Orte und für welche Zeit die nachzuholenden Steuern zu veranlagen gewesen wären. —

4. Gemäß Art. 6 VI H.G. werden die Steuern der Ehefrau und der minderjährigen, im elterlichen Unterhalt stehenden Kinder „dem Familienhaupte" zugerechnet. Mit anderen Worten: direkte Steuern, mit welchen die Ehefrau oder die minderjährigen Kinder in der Aufenthaltsgemeinde während der Aufenthaltszeit des Familienhauptes veranlagt waren, gelten als diesem auferlegt. War der Ehemann, der Vater persönlich nicht veranlagt, so schadet das für die Zeit nichts, für welche Ehefrau oder Kinder veranlagt waren. Andererseits gilt in Ansehung des Art. 6 H.G. die Ehefrau und gelten die Kinder nicht für veranlagt. Sie können also selbst auf diesen Titel die Heimat nicht beanspruchen[11]).

Von erheblicher Bedeutung ist Art. 6 VI H.G. nicht mehr für Einkommen-, Kapitalrenten- und Gewerbsteuer, da zufolge Art. 4, Art. 8, Art. 9 der bzl. Gesetze vom 9. Juni 1899 das Einkommen, die Kapitalrenten und die Gewerbebetriebe der Ehefrau und der im Unterhalte des Haushaltungsvorstands stehenden Kinder diesem zuzurechnen sind, so daß erstere gar nicht veranlagt werden. Immerhin sind Kinder selbständig zu veranlagen, wenn sie der Verfügung des Haushaltungsvorstandes nicht unterliegendes Einkommen oder Kapitalrente beziehen, Ehefrauen auch mit den Kapitalrenten des Vorbehaltsgutes[12]). Bei den übrigen Steuergattungen findet getrennte Veranlagung statt. —

Wer Familienhaupt ist, wurde in § 38 bereits im Verhältnis zu den Kindern erörtert. Darnach kann auch die Mutter den Kindern gegenüber Familienhaupt sein. Im Verhältnis zur Ehefrau ist der geschäftsfähige Gatte „Familienhaupt" m. E. dann nicht, wenn die Ehegatten getrennt leben und die Ehefrau die Herstellung des ehe-

---

[10]) Eine gemäß Art. 15 des Einkommensteuergesetzes erfolgte Befreiung hebt die Veranlagung auf. Der Befreite kann also nicht durch nachträgliche Zahlung die Voraussetzung des Art. 6 H.G. erfüllen.

[11]) Minderjährige könnten ohnehin die Heimat nicht in Anspruch nehmen; Art. 6 I; Ehefrauen nicht, wenn sie unfreiwillig oder unselbständig den Aufenthalt haben.

[12]) Auch diese Veranlagung der Ehefrau und der Kinder kommt nach Art. 6 VI dem Familienhaupte zugute.

lichen Lebens verweigern darf und verweigert (§ 1361 B.G.B.)[13] [14]). Sobald die eheliche Gemeinschaft nach § 1575 B.G.B. aufgehoben ist, ist jeder Zweifel ausgeschlossen, daß der Gatte der Ehefrau gegenüber nicht als Familienhaupt anzusehen ist.

Welche Kinder im elterlichen Unterhalte stehen, ist ebenfalls in § 38 erörtert. Die Steuern, mit welchen minderjährige, nicht im elterlichen Unterhalte stehende Kinder veranlagt sind, werden dem Familienhaupte nicht zugerechnet. Auch ist zu beachten, daß hier die Zugehörigkeit zum elterlichen Hausstand nicht gefordert wird. Auch Steuern, mit welchen Kinder veranlagt sind, welchen die Eltern den Unterhalt gewähren, welche aber nicht bei ihnen wohnen, werden somit dem Familienhaupte zugerechnet.

Ob eine Steuer der Ehefrau oder eines Kindes dem Familienhaupte zuzurechnen ist, muß für den Zeitpunkt der Fälligkeit geprüft werden; d. h. zu dieser Zeit muß das Kind minderjährig gewesen sein, im elterlichen Unterhalt gestanden, die Ehefrau aber in ehelicher Gemeinschaft (oder nur unberechtigt nicht in solcher) sich befunden haben; sonst ist die Veranlagung dem Familienhaupte nicht anrechenbar[15]).

5. Die Steuern müssen aber nicht bloß veranlagt, sondern auch bezahlt sein. Immer handelt es sich um die Steuern für jene vier Jahre, nicht um die früheren, nicht um die späteren[16]), und um die Steuern nicht nur des Bewerbers selbst, sondern auch um jene, welche ihm zugerechnet werden — also der Ehefrau und der im elterlichen Unterhalt stehenden minderjährigen Kinder. Wenn zur Zeit der Erhebung des Heimatanspruches ein Kind bereits volljährig ist, oder die Ehefrau geschieden ist, so muß gleichwohl die Steuer, mit welcher die ungeschiedene Ehefrau für die Aufenthaltszeit veranlagt war, während welcher der Ehemann noch Familienhaupt gewesen ist, bezw. jene, mit welcher die Kinder während der Minderjährigkeit veranlagt wurden, ebenfalls bezahlt sein. Somit hat das Familienhaupt, wie aus der Zurechnung Vorteile, so auch den Nachteil, daß die nicht gezahlte Steuer des Familienmitgliedes seinen

---

[13]) Der geschäftsunfähige Gatte ist m. E. nicht Familienhaupt; vgl. auch V.G.H. Bd. 25 S. 218.

[14]) In diesem Falle, in welchem regelmäßig auch Freiwilligkeit des Aufenthalts und Selbständigkeit der Ehefrau zukommen, ist nur diese veranlagt; freilich wird sie zunächst für eigene Veranlagung zu sorgen haben, weil gemäß obigen Steuergesetzen jetzt der Ehemann auch mit den Einkünften der Frau veranlagt ist. S. o. und vgl. Abs. 2 der Ziffer I der erwähnten Gesetzesstellen; nach diesen muß die dauernd vom Ehemann getrennt lebende Ehefrau selbständig veranlagt werden.

[15]) Die Bestimmung des Art. 6 VI ist erst durch die Novelle von 1896 dem Gesetze beigefügt worden; aber auch für die Zeit vorher ist anzunehmen, daß die Steuern der Ehefrau und der minderjährigen Kinder, welche im elterlichen Brote standen, sowohl hinsichtlich der Veranlagung, wie hinsichtlich der Zahlung dem Familienhaupte zuzurechnen waren. Vgl. v. Seydel Bd. 2 S. 65 bei Note 92.

[16]) Vgl. V.G.H. Bd. 24 S. 468.

Anspruch aus Art. 6 H.G. beseitigt, auch wenn seine eigene Steuer bezahlt ist[17]). Selbstverständlich müssen aber nur jene Steuern bezahlt sein, welche bereits fällig sind. Die Steuern sind in Bayern am 1. Januar, 1. April, 1. Juli, 1. Oktober für das folgende Quartal im voraus fällig; mehr als die Steuer für ein Vierteljahr ist an diesen Zielen nicht fällig[18]).

6. Wenn das Gesetz sagt, daß Anspruch auf das Heimatrecht habe, wer direkte Steuern an den Staat bezahlt hat, so ergibt sich hieraus nicht, daß die Steuer freiwillig, d. i. nicht auf dem Wege der Zwangsvollstreckung und der sonstigen Zwangsmittel und nicht, daß sie aus den eigenen Mitteln des Anspruchserhebers bezahlt sein muß. Allerdings sollen die verschiedenen Erfordernisse des Art. 6 I H.G. die Probe bilden, ob die Befähigung zu selbständiger Lebenshaltung besteht, und wäre somit die Zahlung aus eigenen Mitteln zu verlangen; aber wie z. B. zwar Armenunterstützung ein Hindernis des Anspruchs bildet, nicht aber ausgiebige Unterstützung aus privater Wohltätigkeit, so ist auch bei unserem Erfordernis nur der regelmäßige Fall im Auge zu behalten. Ueberdies wäre die Ermittlung, wer im einzelnen Fall den Steuerbetrag gegeben hat, äußerst schwierig; äußerliche Merkmale könnten leicht umgangen werden. Daher ist es gleichgültig, nicht nur wer bezahlte, sondern auch, aus wessen Mitteln; es genügt, daß in den Listen die Steuer als bezahlt vorgemerkt ist. Auch die Zahlung aus einer Parteikassa oder aus der Kassa der antragstellenden bisherigen Heimatgemeinde ist somit ausreichend. Die Zwangsvollstreckung aber wendet sich nicht nur gegen das Unvermögen, aus liquiden Mitteln zu zahlen, indem nicht liquide Vermögensstücke verwertet werden, sondern auch gegen den mangelnden Willen, überhaupt oder jetzt zu zahlen. Kein innerer Grund streitet für die Vermutung eines Gesetzeswillens, daß Zahlung im Vollstreckungswege nicht ausreiche. Möglicherweise hat der Gepfändete sogar ein großes Vermögen. Der Besitzer eines Hauses, das nicht oder schlecht vermietet ist, und bei den besonderen Zeitverhältnissen schwer verkäuflich ist, ist, obwohl zahlungsunfähig, doch ein vermöglicher Mann, wenn der Wert des Hauses die Schulden und Lasten erheblich übersteigt. Der säumige Zahler, der sich, etwa um die Zinsen des Steuerbetrages zu sparen, das Geld pfänden läßt, mag ein schlechter, er kann aber ein sehr wohlhabender Bürger sein.

---

[17]) V.G.H. Bd. 20 S. 41 „Wie die Zahlung von Steuern durch die Ehefrau, so ist auch der Rückstand einer von der Ehefrau geschuldeten Steuer dem Ehemanne als Familienhaupt anzurechnen." — Daß die Zahlung aller Steuern erforderlich ist, mit welchen jemand veranlagt ist, insbesondere auch jener, welche aus dem Einkommen der Ehefrau und Kinder nach obigen Gesetzesstellen von dem Familienhaupte erhoben worden — auch wenn diese letztere Veranlagung zu Unrecht, aber rechtskräftig erfolgt ist — bedarf keiner Darlegung.

[18]) Vgl. V.G.H. Bd. 20 S. 44. — Reger S. 24 Anm. 13 fordert, daß „Verzug" bestehen müsse; m. E. genügt Fälligkeit; ein Verschulden braucht nicht vorhanden zu sein.

— Zu den Mitteln der Zwangsvollstreckung gehört auch die Subhastation eines Anwesens. Wenn hierbei die Steuer angemeldet und von dem Ansteigerer entrichtet wird, so ist sie immerhin aus dem Vermögen des Schuldners bezahlt worden[19]). Auch die im Konkurse des Schuldners bezahlte Steuer ist von diesem entrichtet worden.

Immerhin aber muß die Zahlung und zwar vollständig erfolgt sein. Denn das Gesetz verlangt Zahlung, nicht Erlöschen der Forderung. Aufrechnung, soweit sie zulässig ist, ist Zahlung. Nachlaß, Niederschlagung ist keine Zahlung im Sinne des Gesetzes; auch Verjährung gilt nicht der Zahlung gleich[20]). Ebenso genügt nicht Teilzahlung, oder die Zahlung der einen Steuer, wenn der Bewerber mit mehreren veranlagt ist[21]); die Gewährung einer Frist (Stundung) ersetzt ebenfalls die Zahlung nicht. Zur Zahlung der ganzen Steuer gehört auch die Zahlung der auf ihre Einhebung durch das Verhalten des Schuldners entstandenen Kosten und Gebühren. Mahn- und Vollstreckungsgebühren und Kosten sind mit der Steuer untrennbar verbunden.

7. Wann muß die Zahlung erfolgt sein? Ist erforderlich, daß der Bewerber mit keiner Zahlung jeweils in Verzug geraten ist? Mit anderen Worten: Wenn der Bewerber irgend einmal die Zahlung nicht an dem von der Steuerbehörde ausgeschriebenen Termine bewirkte, sondern ohne genügende Entschuldigung später, — ist dann der Aufenthalt, welcher vor dieser Zahlung oder etwa vor Ablauf des betreffenden Vierteljahres zurückgelegt wurde, für den Anspruch aus Art. 6 H.G. entwertet? Oder genügt es, daß die Zahlung aller Steuern, welche bis zu Ende der vier Aufenthaltsjahre fällig waren, bis zum Ablauf dieser vier Jahre bezahlt sind[22]), so daß, wenn dies nicht geschehen ist, der Aufenthalt während dieser vier Jahre ein fehlerhafter ist und für den Anspruch andere vier fehlerfreie Jahre,

---

[19]) A. M. V.G.H. Bd. 20 S. 41 „Die Zahlung an Steuern und Umlagen auf Grund des Art. 108 I der Subhastationsordnung hat nicht die rechtliche Wirkung einer Zahlung durch den Schuldner". So auch Reger S. 26 Anm. 14. V.G.H. legt den Nachdruck darauf, daß in solchem Falle die Zahlung nicht für den Schuldner geschehe, sondern kraft Art. 108 Abs. 1 der Subhastationsordnung. Das trifft aber m. E. nicht den Kern der Sache. Art. 108 I legt eben dem Ansteigerer die Leistung von Rückständen des Schuldners auf. Daß andere Gläubiger infolge dieser Leistung zu kurz kommen, ist nicht wesentlich, auch nicht immer zutreffend. Wer bei der Versteigerung eines Pferdes, das wegen Steuerrückständen gepfändet wurde, dem Exekutor das Geld gibt, zahlt auch nicht für den Schuldner. Subhastation ist nichts andres als eine Art der Zwangsvollstreckung.

[20]) V.G.H. Bd. 19 S. 299 „Der Nachlaß einer bestehenden Umlagenschuld ist der Erfüllung . . . im Sinne des Art. 6 I H.G. nicht gleichzuachten."

[21]) V.G.H. Bd. 20 S. 41 „Der Steuerzahlung gemäß Art. 6 I H.G. hat sich auf sämtliche direkte Steuern, mit welchen der Betreffende veranlagt ist, zu erstrecken."

[22]) Dieser Meinung scheint v. Riedel zu sein; vgl. S. 115 Note 8a am Schlusse.

die freilich teilweise mit den vorigen zusammenfallen könnten, nachgewiesen werden müssen? Oder aber genügt es, daß bis zur Geltendmachung des Anspruches, auch wenn sie erst geraume Zeit nach dem Ablauf jener vier Jahre erfolgt, die auf die vier Jahre treffenden und fälligen Steuern bezahlt sind, — oder endlich ist es sogar ausreichend, wenn nur die Steuern bis zur Entscheidung über den Anspuch, selbst bis zur letztinstanziellen bezahlt werden? — M. E. ist das letztere anzunehmen. Die Tatsache der Veranlagung und der erfolgten Zahlung sind ausreichend, wenn sie nur bis zur Entscheidung über den Anspruch nachgewiesen werden. „Während dieser Zeit (des Aufenthaltes)" sagt das Gesetz, soll der Anspruchserheber Steuer bezahlt haben. Das soll nichts anderes besagen als „für diese Zeit". Der Wortlaut vor der Novelle von 1896 ließ keinen Zweifel; denn da kamen nur die der Anspruchserhebung unmittelbar vorausgehenden Jahre des Aufenthalts in Betracht und für diese mußten auch die (fälligen) Steuern bezahlt sein. Jetzt können andere, frühere, Aufenthaltsjahre für die Begründung des Heimatanspruches gewählt werden; das „während dieser Zeit" ist aber stehen geblieben. Die Novelle von 1896 wollte jedoch die Heimatrechtserwerbung erleichtern, nicht erschweren[23])[24]).

[23]) V.G.H. Bd. 4 S. 234. „Zur Begründung des Anspruches . . . ist nicht erforderlich, daß der Bewerber für jedes einzelne der . . . Jahre die Steuern und Umlagen zur Verfallzeit pünktlich entrichtet habe, sondern es genügt, . . . wenn der Bewerber in dem Zeitpunkte, in welchem er das Heimatrecht erwerben will, sich mit Steuern und Umlagen aus jenem Zeitraum nicht im Rückstande befindet." V.G.H. Bd. 24 S. 465 „Eine während der Ersitzfrist (Art. 6 H.G.) fällig gewordene Steuer- oder Umlagenschuldigkeit kann auch noch nach Ablauf der Ersitzfrist, und zwar bis zur endgültigen Entscheidung über den Heimatverleihungsanspruch unter günstiger Rückwirkung für den letzteren beglichen werden, sofern nur der Aufenthalt mit seinen gesetzlichen Eigenschaften fortdauert". V.G.H. führt zutreffend aus, der Wortlaut des Gesetzes „während der Zeit . . . erfüllt hat" sei der gegnerischen Auffassung günstig, allein er zwinge nicht zu dieser und schließe die vom V. G. H. vertretene nicht aus. An der Hand der Entstehungsgeschichte und der gesetzgeberischen Motive wird sodann die Berechtigung der Auffassung des Verwaltungsgerichtshofes nachgewiesen. — Wenn die Zahlung sogar noch nach Stellung des Antrages auf verwaltungsrechtliche Entscheidung zugelassen werde, so sei hierfür entscheidend, daß nach modernem Prozeßrecht der Rechtsstreit nicht nach dem Stand der Sache zur Zeit des Prozeßbeginns, sondern nach jenem zur Zeit der Urteilsfällung zu beurteilen sei. Vgl. zu dieser letzteren Frage und zu jener, wann in solchen Fällen die Heimat als verliehen gilt, § 43. — Reger S. 24 Anm. 12 glaubt, daß „ununterbrochen" sich auf die Steuerzahlung beziehe, was schon aus der Stellung des Wortes im Gesetzestext hervorgehe. Dies kann ich nicht finden. „Während" sei nicht gleichbedeutend mit „für". — In Anm. 13 spricht Reger seine Anschauung dahin aus, daß der Rückstand bis zum Ablauf der Ersitzfrist getilgt sein müsse.

[24]) Beispiel. Für A weist die bisherige Heimatgemeinde O im Jahre 1901 für 1. Dezember 1895 bis 1. Dezember 1899 in N einen den Anforderungen des Art. 6 I H.G. genügenden Aufenthalt nach; nur ist die Steuer pro 1898 erst im Jahre 1901 (am 1. Mai) bezahlt worden. 1900 hat A Armenunterstützung erhalten. Der Aufenthalt

8. Die Steuerzahlung ist besondere Voraussetzung des Anspruches, nicht eine Eigenschaft des Aufenthalts. — Sind daher vier für den Anspruch geeignete Aufenthaltsjahre nachgewiesen, für welche die Steuer bezahlt ist, so schadet es dem Anspruche nun nicht mehr, daß für die ganze spätere, bis zur Geltendmachung des Anspruches noch verflossene Zeit oder für einen Teil derselben die Veranlagung oder Steuerzahlung nicht nachgewiesen werden kann. Ein für diese spätere Zeit nachgewiesener Rückstand mit Staatssteuern ist unschädlich. Art. 6 II H.G.

II. Der Bewerber muß seine Verpflichtungen gegen die Gemeinde- und Armenkassa erfüllt haben. Art. 6 I.

Nach Art. 32 H.G. gibt ein Rückstand des Mannes oder der Braut mit den der Gemeinde oder Armenkassa der Heimat gegenüber obliegenden Leistungen einen Einspruchsgrund. Diese Leistungen sind in § 22 näher erörtert. Daher kann im allgemeinen auf die dortigen Ausführungen auch hier Bezug genommen werden. Nur einiges ist noch beizufügen.

1. Die bestehenden Verpflichtungen (öffentlich-rechtlicher Art und soferne sie auf eine Geldforderung gerichtet sind) müssen sämtliche erfüllt sein[25]). Auch wenn der Schuldner nicht in Verzug geraten ist, hat er nicht erfüllt[26]). Andererseits aber muß die subjektive Verpflichtung des Schuldners begründet sein; soweit demnach für die Geltendmachung einer Forderung nicht bloß ein Gemeindebeschluß, sondern auch eine Zustellung desselben oder eine besondere Aufforderung erforderlich ist, muß diese erfolgt sein[27]).

---

in N dauert fort. Nach der hier vertretenen Meinung ist dem A in N die Heimat zu verleihen. Nach v. Riedel, Reger hätte die Steuer pro 1898 bis 1. Dezember 1899 bezahlt sein müssen. Da dies nicht geschah, so kann nur eine Zeit als Aufenthaltszeit in Betracht kommen, in welcher der 1. Mai 1901 liegt, also frühestens die Zeit vom 1. Mai 1897 bis 1. Mai 1901. In diese Zeit fällt aber die Armenunterstützung; folglich besteht nach den genannten Autoren für A gegen N kein Heimatanspruch, wohl aber nach der hier vertretenen Anschauung.

[25]) S. auch v. Seydel Bd. 2 S. 65 Note 89.

[26]) Wenn die Aufenthaltsgemeinde dem Heimatanspruch entgegensetzt, daß die Verbindlichkeiten nicht erfüllt seien, so kann dem von dem Bewerber oder der bisherigen Heimatgemeinde nicht entgegengehalten werden, daß erstere die Zahlung hätte erwirken können und dies schuldhafterweise versäumt habe. Es gibt wohl bei Säumnis in der Einhebung von Abgaben ein Verschulden gegen das Gesetz bezw. die Staatsaufsicht, nicht aber gegen einen Dritten. Diesem gegenüber besteht keine Verpflichtung zur Einhebung. — Man kann daher die Aufenthaltsgemeinde nicht auffordern, die Uneinbringlichkeit der Abgabe nachzuweisen; vielmehr hat der Bewerber (die bisherige Heimat) die Zahlung darzutun. Vgl. auch B. Gemeindeztg. Bd. 11 S. 29.

[27]) Gemeindeumlagen müssen beschlossen sein (Art. 42 Gem.O.); der Beschluß muß aber auch verkündet sein. Die Fälligkeit der Gemeindeumlagen kann nicht früher eintreten als jene der Staatssteuern; ist nichts besonderes bestimmt, so werden Steuern und Umlagen gleichzeitig fällig. Ist eine spätere Fälligkeit angeordnet, so besteht vor Eintritt des betr. Zeitpunktes keine Schuld.

2. Die Verpflichtungen, welche sich auf die vier Jahre des Aufenthaltes beziehen, die für den Heimatanspruch verwertet werden wollen, müssen erfüllt sein. Auf diese Zeit erstrecken sich jene Verpflichtungen, welche während dieser Zeit fällig geworden sind. Die Erfüllung von Forderungen, welche vor dieser Zeit und von solchen, welche nach dieser Zeit fällig wurden, ist ohne Bedeutung. Art. 6 II H.G. Ueber die Art der Erfüllung vgl. oben I Ziff. 6[28]).

3. Die Verpflichtungen müssen erfüllt sein bis zur Entscheidung über den Anspruch. Es ist nicht erforderlich, daß die Verpflichtungen bis zum Schluß der vier Jahre erfüllt wurden, so daß andernfalls ein anderer Zeitraum von vier Jahren nachgewiesen werden müßte, der diesen Mangel nicht aufzuweisen hat. Siehe hierzu das zu I Ziff. 7 und 8 Bemerkte[29]).

4. Da es sich um Begründung von Beziehungen zwischen dem Bewerber und der Aufenthaltsgemeinde handelt, so ist gleichgültig, ob die Verpflichtungen des Bewerbers gegenüber seiner Heimatgemeinde oder einer sonstigen Gemeinde erfüllt sind, wenn nur jene zur Aufenthaltsgemeinde getilgt wurden[30]).

§ 40.

IV. Die Voraussetzungen für den Heimatanspruch auf Grund siebenjährigen Aufenthalts.

Nach Art. 7 und 10 H.G. wird ein Anspruch auf Verleihung des Heimatrechtes erworben auf Grund der allgemeinen in § 35—37 erläuterten Voraussetzungen, falls der Aufenthalt volle sieben Jahre gedauert hat. Ein Heimatverleihungsanspruch auf Grund dieser Artikel besteht also nur, wenn ein Teil der Voraussetzungen erfüllt ist, welche den Anspruch schon nach vier Jahren gewähren.

Nachgewiesen muß werden: 1. ununterbrochener Aufenthalt; 2. Freiwilligkeit des Aufenthalts; 3. daß der Aufenthalt „im Alter

v. Seydel Bd. 2 S. 65 Note 90. „Wenn die Aufenthaltsgemeinde von dem ihr gesetzlich zustehenden Rechte der Umlagenerhebung mit Beachtung der desfallsigen gesetzlichen Vorschriften dem Heimatbewerber gegenüber keinen Gebrauch macht, seine individuelle Teilnahmspflicht also nicht in erkennbarer Weise begründet und diese in Anspruch genommen hat, so besteht keine Verpflichtung gegen die Gemeindekassa." So V.G.H. Bd. 11 S. 115. Im gegebenen Falle war der Bewerber „zu den Gemeindeumlagen nicht beigezogen, vielmehr hiervon freigelassen worden." Nur das letztere wäre von Bedeutung. Einer förmlichen „Beiziehung" bedarf es nicht. Vgl. v. Kahr Bd. 1 S. 489 ff.

[28]) Ein Nachlaß des Rückstandes ist der Zahlung nicht gleich. Dagegen vermöchte eine förmliche Schenkung im zivilrechtlichen Sinne die Schuldigkeit zu tilgen. In einem Erlaß ist eine solche in der Regel nicht zu erblicken.

[29]) Vgl. v. Seydel Bd. 2 S. 65 bei Note 91. — Die antragende Gemeinde kann den Rückstand selbst tilgen.

[30]) So kann die Aufenthaltsgemeinde nicht entgegenhalten, daß der bisherigen Heimatgemeinde die Heimatgebühr aus Art. 3 H.G. noch nicht bezahlt sei. B. Gemeindeztg. Bd. 7 S. 187.

der Volljährigkeit zurückgelegt wurde“; 4) daß während der Aufenthaltszeit Armenunterstützung weder empfangen noch erbeten wurde. Die ersten drei dieser Erfordernisse müssen bis zur Geltendmachung des Anspruches fortdauern; das vierte kann, wenn vorher ein geeigneter Aufenthalt vollendet wurde, ausfallen.

Nicht dagegen braucht für den Anspruch aus Art. 7 bezw. 10 H.G. nachgewiesen zu werden: Selbständigkeit während des ganzen Aufenthaltes; Veranlagung mit direkten Steuern; Erfüllung der Verpflichtungen gegen die Gemeinde- und Armenkassa[1]).

Dafür, daß durch Wegfall dieser Voraussetzungen die Erwerbung einer Heimat erheblich erleichtert ist, wird sie auf der andern Seite erschwert, indem die vorstehend unter 1—4 bezeichneten Voraussetzungen nicht nur vier, sondern sogar sieben Jahre lang vorhanden gewesen sein müssen. Wer also in kürzerer Zeit die „Probe auf die Befähigung zu selbständiger Lebenshaltung“ nicht voll besteht, muß eine längere, aber leichtere Probe aushalten. Nicht immer, wenn während eines Aufenthalts in einer Gemeinde eine der besonderen Voraussetzungen der kurzfristigen Erwerbung weggefallen ist, ist nun auf die längere Aufenthaltsdauer von sieben Jahren zu sehen. Es kommt darauf an, wie lange jenes Hindernis der rascheren Erwerbung gedauert hat.

Beispiele: a) Der Bäcker A aus M hält sich seit 1. Juli 1895 in O auf. Er erfüllt anfangs alle Voraussetzungen des Art. 6 H.G. Am 1. Oktober 1896 wird er Gehilfe eines Bäckermeisters von O und tritt in dessen häusliche Gemeinschaft ein. Diese Stellung verläßt er am 1. Mai 1897. Seither ist er wieder selbständig. Am 1. Juni 1902 erhebt er Anspruch. Dieser Anspruch ist nach Art. 6 begründet, weil seit 1. Mai 1897 vier geeignete Jahre verflossen sind. Nach Art. 7 ist er nicht begründet, weil seit 1. Juli 1895 noch nicht 7 Jahre verflossen sind.

b) Wenn Bäcker A am 1. Januar 1902 abermals Gehilfe eines Bäckermeisters geworden und in dessen häusliche Gemeinschaft getreten wäre, so würde der Anspruch weder aus Art. 6 noch aus Art. 7 begründet sein. Denn allerdings sind am 1. Mai 1901 vier geeignete Jahre verflossen; die Selbständigkeit muß aber nach Art. 6 II bis zur Geltendmachung des Anspruches fortdauern. A erhebt den Anspruch erst nach dem Verluste der Selbständigkeit; hiermit ist aber der ganze vorhergehende Aufenthalt für den Anspruch aus Art. 6 entwertet.

c) Wenn der Anspruch im Falle b erst am 1. Juli 1902 erhoben wird, so ist er nach Art. 7 begründet.

d) Der Bäcker A aus M hält sich seit 1. Juli 1895 in O auf. Er erfüllt alle Voraussetzungen des Art. 6 H.G., insbesondere ist er stets mit Steuer angelegt. Am 1. Oktober 1900 ist er genötigt, die Hilfe des Krankenhauses in O in Anspruch zu nehmen, was nach Lage des Falls als Armenunterstützung erscheint. Am 1. Dezember 1900 tritt er beim Bäckermeister als Gehilfe ein und wird in dessen häusliche Gemeinschaft aufgenommen. Am 1. Februar 1903 erhebt die Gemeinde

[1]) A. M. Bl. Bd. 19 S. 175 welche die Verpflichtung öffentlicher Abgaben auch für Art. 7 H.G. annehmen; siehe jedoch Luthardt ebendort, S. 176*. Vgl. v. Seydel Bd. 2 S. 65 Note 94.

M Anspruch gegen O auf Verleihung der Heimat. Der Anspruch ist weder nach Art. 6 noch nach Art. 7 begründet. Allerdings liegt siebenjähriger Aufenthalt vor, aber durch die im Oktober 1900 erhaltene Armenunterstützung ist die vorausgehende Aufenthaltszeit entwertet; seither sind weder 4 noch 7 Jahre verflossen. Aber auch nach Art. 6 liegt kein Anspruch vor. Zwar schadet diesem Anspruch, weil vom 1. Juli 1895 bis 1. Juli 1899, bezw. in irgend einem Zeitraum zwischen 1. Juli 1895 und 1. Oktober 1900 ein geeigneter vierjähriger Aufenthalt nachgewiesen ist, der Empfang der Armenunterstützung nichts. Auch der etwaige Wegfall der Veranlagung mit Steuern würde nichts geschadet haben. Dagegen zerstört den Anspruch aus Art. 6 der uns vielleicht weniger bedeutungsvoll scheinende Verlust der Selbständigkeit. Würde A den freiwilligen Aufenthalt fortgesetzt haben, und statt als Bäckergehilfe in irgend anderer Weise seinen Unterhalt gesucht haben, so würde der Anspruch trotz etwaiger zahlreicher Armenunterstützungen bestehen.

V. Heimatgebühren.

§ 41.

1. Die Verpflichtung zur Entrichtung von Heimatgebühren.

1. Das frühere Recht kannte keine Berechtigung der Gemeinden zur Erhebung einer Gebühr für Verleihung einer Heimat. Die Heimat entstand auf Grund armenpolizeilicher Maßnahmen des alten Reiches gegen das überhandnehmende Bettlertum. In der „Heimat" sollte der Bettler Ruhe und Versorgung finden. Damit wäre die Gebührenzahlung einigermaßen in Widerspruch gestanden. Allerdings wurde „ein Bürgergeld" oder wie man es sonst nannte, erhoben für die Verleihung des Bürgerrechts; was Rehm darauf zurückführt, daß wie ursprünglich Grundbesitz, so später Vermögen überhaupt eine Vorbedingung der Bürgerrechtsverleihung gewesen ist, wobei schließlich als Nachweis des Vermögens die Zahlung des Bürgergeldes genügte. In Bayern ist durch das revidierte Gemeindeedikt die Aufnahmegebühr geregelt worden; sie wurde von wirklichen Gemeindegliedern und von In- und Beisassen erhoben. Als die Gesetzgebung von 1868 eine engere Gemeindemitgliedschaft, das Bürgerrecht, und eine weitere, die in der engeren enthalten war, das Heimatrecht, unterschied, da wurde auch eine größere und eine kleinere Aufnahmegebühr eingeführt, erstere für das Bürgerrecht, letztere für das Heimatrecht. Die Motive bestanden darin, daß den Gemeinden für die Uebernahme der Armenlasten ein Entgelt[1]), ein Beitrag, zuteil werden sollte. Da aber jeder Bayer eine Heimat haben soll, so würde eine solche Gebühr wie eine Kopfsteuer wirken, wenn sie von jedem Heimatberechtigten zu einem bestimmten Zeitpunkt entrichtet werden müßte. Man hat daher in Art. 12 H.G. die Heimatgebühr nur dann zugelassen, wenn jemand auf Grund eines erworbenen Anspruches die Heimat verlangt, und dann, wenn ein

[1]) „Die Heimatgebühr soll eine Gegenleistung sein für die Vorteile, welche die Heimat gewährt." v. Seydel Bd. 2 S. 67 bei Note 115.

Mann, welcher noch die ursprüngliche Heimat hat, sich verehelicht[2]). Letzteres geschah in Erinnerung an die alte Ansässigmachung, die ja auch bei der Verehelichung begehrt werden mußte. Der Hauptfall ist aber der, daß jemand — ein Mann oder eine Frau — die Heimat kraft Art. 6, 7, 10 in der Aufenthaltsgemeinde in Anspruch nimmt. Daher ist es gerechtfertigt, die Heimatgebühr an dieser Stelle zu erörtern.

2. Die Erhebung einer Heimatgebühr ist somit nicht zulässig:

a) bei Erwerb einer abgeleiteten Heimat (auf Grund Abstammung, Verheiratung, Nachfolge in die Heimat eines anderen), auch in den Fällen des Art. 10 H.G. (v. Riedel S. 146 Note 4)[3]),

b) bei Erwerbung einer selbständigen Heimat, wenn es keiner Verleihung bedarf, demnach auf Grund Anstellung im öffentlichen Dienst, auf Grund Bürgerrechtes oder auf Grund geeigneten Aufenthalts eines heimatlosen Bayern,

c) bei Erwerbung einer vorläufigen Heimat; denn vorläufige Heimat ist keine Heimat[4]).

Die Heimatgebühr kann erhoben werden:

a) bei Erwerbung kraft Anspruches, sofern nicht gemäß Art. 12 IV H.G. (§ 42) eine Ausnahme besteht, von demjenigen, welcher den Anspruch geltend macht, d. i. von dem Erwerber oder der bisherigen Heimatgemeinde (dem Fiskus),

b) bei Verehelichung von dem Manne jedoch nur dann, wenn er zur Zeit der Verehelichung noch die ursprüngliche Heimat besitzt[5]). Die letztere verwandelt sich nun in die „selbständige" Heimat, Art. 3 H.G.; dies allein rechtfertigt die Gebühr, nicht die Tatsache der Verehelichung, wiewohl die Gebühr in diesem Falle häufig „Verehelichungsgebühr" genannt wird[6]). Bei einer späteren Wieder-

---

[2]) Andere Gebühren als die nach Art. 12 H.G. eingeführte Heimatgebühr kann eine Gemeinde anläßlich der Verleihung des Heimat- oder Bürgerrechtes nicht erheben. In den Gemeinden des vormaligen Fürstbistums Würzburg besteht die Uebung, das sog. Feuereimergeld zu fordern. Diese Abgabe ist keine Heimatgebühr und auch sonst unzulässig. Vgl. V.G.H. Bd. 18 S. 117.

[3]) Für diejenigen Personen, welche bei Verleihung der Heimat an einen Bewerber oder im Falle des Art. 3 H.G. der Heimat des Erwerbers folgen, darf keine Gebühr in Ansatz gebracht werden. Zahlungspflichtig ist nur derjenige, welcher die selbständige Heimat erwirbt; auch wenn dieser nicht zahlen kann, dürfen die durch Heimatfolge der neuen Heimat gleichfalls teilhaftigen Personen zur Zahlung nicht herangezogen werden; sie können höchstens als Erben bezw. im Falle des Art. 6 III, 7 II H.G. in Betracht kommen. Vgl. v. Seydel Bd. 12 S. 69 Note 130, v. Riedel S. 147 Note 8.

[4]) Vgl. Reger S. 54 Anm. 3.

[5]) Ein heimatloser Bayer hat keine Verehelichungsgebühr zu entrichten, ebenso nicht der „vorläufig Beheimatete". Auch der früher heimatlos gewesene Bayer, welcher gemäß Art. 11 H.G. eine Heimat erwarb, hat niemals eine Verehelichungsgebühr zu entrichten, da er nie eine urspüngliche Heimat besaß.

[6]) Einzelne Gemeinden haben auch die sog. Verehelichungsgebühr verschieden abgestuft, z. B. je nachdem die Braut eine Angehörige der Gemeinde oder

verehelichung, auch wenn sich die Heimat nicht geändert hat, kann die Gebühr nicht noch einmal erhoben werden[7]). Erhebungsberechtigt ist die Gemeinde der ursprünglichen Heimat des Mannes und nur diese. Vgl. S. 75 und 246.

Die bei Verleihung der Heimat auf dem Wege der Vereinbarung von der Gemeinde gemäß Art. 9 H.G. erhobene Gegenleistung ist nicht „Gebühr" und hier nicht weiter zu erörtern. Vgl. jedoch § 52.

Nur die Gemeinden, nicht auch die Ortschaften sind berechtigt, die Heimatgebühr zu erheben[8]).

3. Die festgesetzte Gebühr darf von dem Erwerber nur für seine Person, nicht etwa mehrfach erhoben werden, wenn sein Erwerb auch andern (Ehefrau, Kindern) die Heimat vermittelt. Die Berechtigung der Erhebung ist überdies davon abhängig, daß der Erfolg — Erwerb der selbständigen Heimat, und zwar durch Verleihung oder Verehelichung — auch wirklich eintritt. Die Gebühr ist die Gegenleistung für das Heimatrecht, bezw. für die Umwandlung der ursprünglichen in die selbständige Heimat. Ist die Heimat nicht wirklich erlangt worden, so ist die Zahlung zu Unrecht erfolgt, die Gebühr muß also zurückerstattet werden. Gleiches gilt, wenn die selbständige Heimat bereits erlangt war, als der Anspruch erhoben, die Verehelichung geschlossen wurde.

Wenn der Anspruchерheber, ehe die Verleihung erfolgt ist, den Anspruch zurücknimmt, oder wenn er die Heimat in der Gemeinde auf andere Weise als durch Verleihung, z. B. durch Anstellung oder kraft Art. 11 H.G. erwirkt, so muß ebenfalls die bereits bezahlte Gebühr zurückgegeben werden; dies gilt auch dann, wenn die Witwe des verstorbenen Bewerbers, bezw. die Kinder den bereits erhobenen Anspruch aufgeben — letzteres aber nur, wenn sämtliche berechtigte Hinterbliebene dies tun; ebenso ist, wenn der Anspruch rechtskräftig abgewiesen wird, die Gebühr zurückzuerstatten. Kommt es zur Ehe nicht, oder ist die Ehe, weil nichtig, nur eine scheinbare[9]),

---

eine Gemeindefremde ist. Selbstverständlich ist auch in solchem Falle die Heimatgebühr nur einmal und ein für allemal zu zahlen. Es geht nicht an, demjenigen, der bei Eingehung der zweiten Ehe, wenn diese seine erste wäre, mehr zu zahlen hätte, als er bei Eingehung der ersten wirklich bezahlt hat, eine Nachzahlung aufzuerlegen. Vgl. B. Gemeindeztg. Bd. 7 S. 312.

[7]) Die Meinung, daß bei der zweiten Verehelichung, namentlich wenn die neue Ehefrau bisher in der Heimatgemeinde des Mannes nicht beheimatet war, die „Verehelichungsgebühr" nochmals zu bezahlen sei, scheint viel verbreitet zu sein. Sie ist aber entschieden irrig. Vgl. B. Gemeindeztg. Bd. 9 S. 234.

[8]) Vgl. Reger S. 54 Anm. 2. V.G.H. Bd. 4 S. 599.

[9]) Nach dem klaren Wortlaute des Art. 3 H.G. ist eine gültige Ehe Voraussetzung des Erwerbes der selbständigen Heimat und somit auch der Gebührenpflicht. Auch wenn der Ehemann in gutem Glauben war, erlangt er die selbständige Heimat nicht; er behält die ursprüngliche Heimat bei. Die Frau teilt diese Heimat, wenn sie in gutem Glauben war (Art. 4 III H.G.), die Kinder ebenfalls, wenn eines der Eltern die Nichtigkeit der Ehe nicht kannte. So kann

so muß ebenfalls die Gebühr erstattet werden, ferner dann, wenn der Ehemann vor der Eheschließung noch die Heimat in einer andern Gemeinde erwirbt[10]). Die Gebühr ist stets demjenigen zu erstatten, der sie bezahlt hat (im Falle des Art. 8 H.G. der bisherigen Heimat, bezw. dem Fiskus). — Bestand Irrtum über die Heimatzugehörigkeit und hat die unrichtige Gemeinde die Gebühr aus Art. 3 und 12 H.G. erhalten, so hat diese zu erstatten, die richtige Gemeinde zu fordern. —

Kein Anspruch auf Rückerstattung der Gebühr kann erhoben werden, wenn nach der auf erhobenen Anspruch erfolgten Verleihung die Heimat aus einem anderen Erwerbsgrunde erworben worden wäre, oder wenn nach erfolgter Verehelichung eine andere Heimat erworben wird. Wenn im letzteren Falle vor der Verehelichung bezw. Erwerbung der neuen Heimat die Gebühr aus Art. 3 und 12 H.G. noch nicht bezahlt war, so ändert die Tatsache dieser Erwerbung an der Verpflichtung zur Zahlung der Gebühr an die frühere Heimatgemeinde nichts.

4. Die Gemeinden sind nur berechtigt, im einzelnen Falle eine Gebühr zu erheben, wenn sie den Willen, dies zu tun, generell in der vorgeschriebenen Weise bekundet haben[11]). Wie sich schon aus Art. 57 der Gem.O., aber auch aus der Natur der Sache ergibt, sind die Heimatgebühren öffentlich-rechtliche örtliche Abgaben. Solche Abgaben werden aber nur auf Grund einer von der Gemeinde autonom erlassenen Rechtsnorm geschaffen und zwar auf dem in Art. 84 bezw. 130 der rechtsrheinischen Gem.O. angegebenen Wege. Es müssen nämlich statutarische Bestimmungen erlassen werden und zwar in Städten und Märkten vom Magistrate mit Zustimmung der Gemeindebevollmächtigten (Art. 112 Ziff. 4), in Landgemeinden vom Gemeindeausschusse[12]). Ist in Landgemeinden gemäß Art. 147 I ein statutarischer Beschluß solchen Inhalts erlassen, so ist die Gemeindeversammlung zur Regulierung der Heimatgebühren zuständig. Werden in einer Landgemeinde Heimatgebühren und Aufnahmsgebühren in einem Regulativ geordnet, so muß ein gültiger Gemeindeversammlungsbeschluß vorliegen. Art. 23 Gem.O., V.G.H. Bd. 23 S. 33. — Eine auf anderem Wege eingeführte Gebühr hat keinen rechtlichen Boden; sie braucht nicht gezahlt zu werden und kann, wenn sie entrichtet ist, zurückgefordert werden.

Eine Verkündigung des statutarischen Beschlusses ist gesetzlich

---

die Gemeinde aus der Eheschließung neue Heimatzugehörige erlangen, ohne die Gebühr behalten zu dürfen. Uebrigens steht die Nichtgewinnung der selbständigen Heimat erst fest, wenn die Ungültigkeit der Ehe geltend gemacht werden kann; vgl. hierüber § 30; vorher kann auch die Gebühr nicht zurückgefordert werden.

[10]) Vgl. B. Gemeindeztg. Bd. 10 S. 138.

[11]) Entwürfe zu Regulativen für Heimat- und Bürgerrechtsgebühren sind abgedruckt in B. Gemeindeztg. Bd. 12 S. 297.

[12]) v. Seydel Bd. 2 S. 67 bei Note 118.

nicht vorgeschrieben[13]), daher auch dann nicht wesentlich, wenn die Verkündigung solcher Bestimmungen in einer Gemeinde üblich ist; immerhin ist eine solche öffentliche Bekanntmachung dringend anzuraten.

Der Beschluß gilt, solange er nicht aufgehoben ist, was auch durch einen ihn abändernden Beschluß geschehen kann. Derjenige, der einen Anspruch unter der Geltung eines älteren Gebührenregulativs geltend gemacht hat, hat die Gebühr nach den älteren, nicht nach den neueren Normen zu zahlen; der Heiratende nach jenen, welche zur Zeit der Verehelichung gelten.

Zur Fassung solcher statutarischen Beschlüsse, d. i. zur Einführung von Heimatgebühren sind die Gemeinden gesetzlich nicht verpflichtet, sondern lediglich berechtigt; sie können also hierzu auch nicht von Staatsaufsichts wegen angehalten werden. Die Verpflichtung besteht auch dann nicht, wenn die Gemeinde zur Einführung oder zur Erhöhung von Umlagen genötigt ist. Die Statuten bedürfen der staatsaufsichtlichen Genehmigung nicht. — Es liegt im Belieben der Gemeinden, ob sie von ihrer Befugnis, Heimatgebühren einzuführen, einen umfassenden oder einen beschränkten Gebrauch machen wollen. Sie können insbesondere die Gebührenerhebung auf einen der gesetzlichen Fälle einschränken, also beispielsweise von der Erhebung absehen, wenn ein Anspruch aus Art. 7 erhoben wird — oder auch für Verehelichungen die Gebühr nicht einführen, dagegen für Erwerbung kraft Anspruchs. Aber auch innerhalb der generellen Anordnung können Sonderbestimmungen im Beschlusse angeordnet werden; so ist nicht selten, daß Feuerwehrmännern von bestimmter Dienstzeit, oder Feldzugssoldaten die Heimat bei vorhandenem Anspruch unentgeltlich zugesichert wird. Auch können die Gebühren bei bestimmten Kategorien niedriger bemessen werden als bei andern. So z. B. ist es statthaft, daß die Gemeinde, je nach der Höhe der Steuer, mit der jemand veranlagt ist, die Gebühr höher oder niedriger bemißt[14]). Aber solche Bestimmungen müssen

---

[13]) A. M. V.G.H. Bd. 24 S. 117, welcher erklärt, ein Statut könne nur dann Anspruch auf Geltung erheben, wenn es öffentlich bekannt gemacht sei. Dies folge aus der rechtlichen Natur der Statuten als örtlicher Rechtsnormen, und aus zahlreichen Gesetzen und Vollzugsbestimmungen; — ebenso V.G.H. Bd. 23 S. 102 „zur Rechtsgültigkeit eines gemeindlichen Statuts über Heimatgebühren ist erforderlich, daß dasselbe im Gemeindebezirke öffentlich bekannt gemacht wurde." M. E. erfordert die „Natur die Sache" die Veröffentlichung nicht; es handelt sich nicht um eine allgemein verbindliche Rechtssatzung. Allerdings ist in Art. 25 v H.G. für die Pfalz die Veröffentlichung vorgeschrieben, ebenso in Art. 23 Gem.O. für die Bürgerrechtsgebühren; gerade diese besonderen Vorschriften lassen aber erkennen, daß der Gesetzgeber die ausdrückiche Anordnung für nötig hielt; vielleicht hat er sie in Art. 12 H.G. vergessen; jedenfalls besteht sie nicht. — Der Anschauung des Verwaltungsgerichtshofes folgt v. Riedel S. 147 Note 7; Reger S. 54 Anm. 1. — Vgl. Vollzugsvorschriften Ziff. 4.

[14]) M. E. können die Gesichtspunkte mannigfaltig sein. Nur werden sie nicht mit allgemeinen Grundsätzen des Staatsrechtes in Widerspruch treten dürfen. Denn die Heimatgebühr ist eine öffentlich-rechtliche Abgabe. Würde z. B. für

m. E. in dem statutarischen Beschluß so deutlich getroffen werden, daß man daraus im einzelnen Fall ohne weiteres die Höhe der Gebühr bestimmen kann. Ein Beschluß, der nur auf die Erhebung von Heimatgebühren gerichtet ist, nicht auf deren Höhe, also ein „Gebührenregulativ" nicht enthält, ist ungenügend und unwirksam. Ebenso ist eine zu allgemeine Fassung, welche dem Ermessen im einzelnen Falle Spielraum läßt, m. E. nicht angängig[15]). Solche Regulative können nicht nur von der Staatsaufsicht gemäß Art. 157 Gem.O. beanstandet werden; je nach den Umständen kann auch die bezügliche Ausnahmebestimmung oder die ganze Gebührenbestimmung ungültig sein.

Ist durch gültiges Regulativ in einer Gemeinde die Erhebung einer Heimatgebühr eingeführt, so ist die Gemeindeverwaltung nach Maßgabe des Statutes zur Erhebung auch verpflichtet[16]). Darum wird ja die Erlassung einer autonomischen Rechtsnorm vorgeschrieben, damit sie jeden treffe, auf den der Tatbestand zutrifft. Nur aus „erheblichen Gründen" darf nach Art. 58 Gem.O. ein Nachlaß auch von Heimatgebühren bewilligt werden. Freilich ist Art. 58 eine lex imperfecta; was „erhebliche" Gründe sind, ist ausschließlich in das Ermessen der Gemeindeverwaltung gelegt. Dieses unterliegt keiner Einschränkung; insbesondere ist nicht etwa ausschließlich ungenügende Leistungsfähigkeit des Pflichtigen ein erheblicher Grund. Die Gemeinde mag im einzelnen Falle pflichtwidrig handeln, wenn sie ohne objektiv erhebliche Gründe einen Nachlaß gewährte, aber sie würde unanfechtbar handeln[17]). Ein „Nachlaß" kann auch darin erblickt werden, daß Ratenzahlung oder Stundung gewährt wird, oder daß, wenn die Wirksamkeit der Verleihung von der Zahlung generell abhängig gemacht ist (vgl. Ziff. 5), im einzelnen Falle doch ausnahmsweise ohne vorgängige Zahlung oder auf Grund einer bloßen Teilzahlung die Wirksamkeit zuerkannt wird. Dies kann durch Beschluß „aus erheblichen Gründen" geschehen.

---

die Fälle des Art. 10 gesagt, daß ein Preuße mehr bezahlen müsse als ein Sachse, so wäre dies unzulässig. Auch kann nicht bestimmt werden, daß Angehörige oder Nichtangehörige einer politischen Partei, eines Vereins mehr zu leisten haben, als andere. Ebensowenig könnte festgesetzt werden, daß solche, welche in der Ortschaft A wohnen mehr bezahlen, wie jene der Ortschaft B; denn eine Regelung der Gebühr nach Ortschaften ist auch in dieser Form unstatthaft. Dagegen kann z. B. die Gebühr aus Art. 3 und 12 H.G. verschieden abgestuft sein, je nachdem die Braut eine Ortsangehörige oder eine Gemeindefremde ist. Vgl. B. Gemeindeztg. Bd. 3 S. 12. — Vollzugsvorschriften Ziff. 4.

[15]) In V.G.H. Bd. 18 S. 133 ist z. B. dargelegt, daß ein Beschluß, welcher lediglich ohne nähere Normierung der Gebührensätze bestimme, daß Heimatgebühren in 3 Klassen erhoben werden sollen, nicht ein rechtsgültiges Regulativ darstelle.

[16]) A. M. v. Seydel Bd. 2 S. 69 bei Note 135, der auch für das rechtsrheinische Recht den Nachlaß von Heimatgebühren im einzelnen Falle zuläßt, weil die Gemeinden „berechtigt" seien, . . . abhängig zu machen. Doch dürfte diese Berechtigung nur die Einführung als solche betreffen.

[17]) A. M. v. Kahr S. 653/54; vgl. auch Lindner-v. Hauck S. 228.

5. Wird durch ein gültiges Regulativ die Erhebung von Heimatgebühren angeordnet, so entsteht für die Gemeinde eine öffentlich-rechtliche Forderung gegen denjenigen, der kraft Anspruches die Heimat verliehen erhielt bezw. gegen den heiratenden, in der Gemeinde ursprünglich beheimateten Mann auf Zahlung der Gebühr. Vgl. Ziff. 6. Die Gemeinde hat aber nach Art. 12 H.G. auch das Recht, die Erwerbung des Heimatrechtes von vorheriger Zahlung der Gebühr abhängig zu machen. Dies muß aber entweder in dem die Heimatgebühr einführenden Beschlusse oder in einem besonderen generellen Beschlusse ausdrücklich bestimmt sein. Dieser Beschluß bedarf zu seiner Gültigkeit derselben Voraussetzungen, wie der erstere. Nach dem Wortlaute des Gesetzes würde dann die Erwerbung des Heimatrechtes auch im Falle des Art. 3 H.G. (Verehelichung) von vorheriger Zahlung der Gebühr abhängig sein. Dies widerspricht aber dem Art. 3 H.G., nach welchem die selbständige Heimat durch die Verehelichung von selbst erworben wird. Demnach erlangt die Gemeinde in letzterem Falle nur eine Forderung[18]; nur in den Fällen des Art. 6, 7, 8, 10 H.G. ist die Wirksamkeit der Verleihung des Heimatrechtes von vorheriger Zahlung der Gebühr abhängig[19].

6. Die Heimatgebühren sind nach dem vorstehenden öffentlich-rechtliche der Gemeinde geschuldete Abgaben, welche wie Gemeindeumlagen beigetrieben werden können. Art. 59, 48 Gem.O. Sie werden im Falle der Verehelichung geschuldet mit dem Zeitpunkte derselben, nicht vorher. Doch kann die Aushändigung des die Möglichkeit der Eheschließung eröffnenden Verehelichungszeugnisses von der Zahlung der Gebühr abhängig gemacht werden[20]. Schwieriger ist die Frage, wann die Heimatgebühr geschuldet ist, falls ein Anspruch auf Verleihung des Heimatrechtes gemäß Art. 6, 7, 8, 10 erhoben wird. Diese Frage ist zwar einfach zu lösen, wenn Heimatgebühren eingeführt sind, die Wirksamkeit der Verleihung des Heimatrechtes aber nicht von der Zahlung der Gebühr abhängig gemacht ist; dann entsteht eine Forderung, sobald die Heimat verliehen bezw. die Staatsangehörigkeit (im Falle des Art. 10 H.G.) erworben ist (vgl. Ziff. 5). Hat die Gemeinde aber, wie dies gewöhnlich geschieht,

[18]) Ebenso v. Riedel S. 146 Note 4, Reger S. 56 Anm. 5. V.G.H. Bd. 18 S. 131.

[19]) V.G.H. Bd. 24 S. 117: „Die nach Art. 12 I H.G. den Gemeinden eingeräumte Berechtigung begreift ein Doppeltes in sich: einerseits die Ermächtigung, eine Heimatgebühr zu erheben und andererseits die Befugnis, die Erwerbung des Heimatrechtes von der Bezahlung dieser Gebühr abhängig zu machen. Das eine wie das andere hat einen hierauf bezüglichen statutarischen Beschluß und dessen öffentliche Bekanntmachung zur Voraussetzung.“ Der Magistrat M hat nicht zur allgemeinen Kenntnis gebracht, daß die Erwerbung der Heimat von der Bezahlung der Gebühr abhängig gemacht sei; Verwaltungsgerichtshof nahm an, daß infolgedessen die Heimat trotz nicht erfolgter Zahlung erworben sei.

[20]) Ein Rückstand der Heimatgebühr ergibt einen Einspruchsgrund bei Eingehung der zweiten Ehe. V.G.H. Bd. 25. S. 110 — vgl. auch § 22.

die Wirksamkeit der Verleihung von der Zahlung abhängig gemacht, so ist, wenn dem nicht zurückgenommenen, oder auf andere Weise, z. B. durch Heimaterwerb gemäß Art. 2 H.G. gegenstandslos gewordenen Antrag die Verleihung der Heimat oder die rechtskräftige Entscheidung, daß die Gemeinde die Heimat verleihen müsse, gefolgt, die Gebühr aber noch nicht bezahlt ist, zweierlei möglich: der Gemeinde kann auch in diesem Falle eine Forderung auf Zahlung der Gebühr zustehen, oder aber, es kann ihr eine solche Forderung nicht zustehen, vielmehr lediglich das Abhängigkeitsverhältnis zwischen Wirksamkeit der Verleihung und Zahlung der Gebühr gegeben sein. Hätte die Gemeinde ihrerseits keinen Anspruch auf Zahlung, sondern hinge diese lediglich von dem Belieben des Bewerbers ab, so würde das Recht des letzteren, einen gestellten Antrag auf Heimatverleihung zurückzuziehen, tatsächlich noch über den Zeitpunkt hinaus verlängert, in welchem derjenige den Antrag angenommen hat, an den er sich richtet. Das wäre ein im Zivilrecht, aber auch im öffentlichen Recht ungewöhnlicher Vorgang. Die Gemeinde würde ihren Beschluß, ihren Willen, den Bewerber aufzunehmen, nicht zurückziehen können; dieser aber hätte zwar eine Willensäußerung der Gemeindeverwaltung hervorgerufen, brauchte von ihr aber keinen Gebrauch zu machen. M. E. ist dies nicht der Wille des Gesetzes gewesen; vielmehr muß, wer die Heimat kraft Anspruches verlangt, und sie erhält, auch die Folge seines Verlangens tragen und daher die Gebühr bezahlen. Andererseits wird die Gemeindeverwaltung, da erst die Zahlung der Gebühr die Heimat wirksam macht, in diesem Falle keine Verpflichtung haben, diese Zahlung zu erzwingen. Sie handelt im Interesse der Gemeinde, wenn sie sich Lasten nicht aufnötigt, deren wirtschaftliche Bedeutung viel erheblicher sein kann, als der aus der Vereinnahmung der Gebühr gewonnene Vorteil. Daher kann die Gemeindeverwaltung abwarten, bis die Zahlung erfolgt. Nimmt sie diese abwartende Stellung ein, so sind beide Teile in gleicher Lage: der Bewerber kann jeden Augenblick die Zahlung leisten und das Heimatrecht gewinnen, die Gemeinde die Zahlung fordern und die Wirksamkeit des Heimatrechts herbeiführen. Dagegen ist die Gemeindeverwaltung nicht in der Lage, infolge nicht erfolgter Zahlung der Heimatgebühr ihren Heimatverleihungsbeschluß gültig zurückzuziehen.

Die einmal fällig gewordene Gebühr bleibt geschuldet bis zur Zahlung, welche gegebenenfalls auch durch Aufrechnung erfolgen kann, dem Erlaß oder der Verjährung. Heimatgebühren verjähren gemäß Art. 124 des Ausführungsgesetzes zum B.G.B. mit dem Ablaufe von drei Jahren; „die Frist beginnt mit dem Schluß des Kalenderjahres, in welchem der Zeitpunkt eintritt, von dem an die Leistung auf Grund der festgestellten Tatsachen gefordert werden kann.“ Die Verjährung bewirkt zwar Beendigung des Schuldverhältnisses, sie steht aber der erfolgten Zahlung nicht gleich. — Von der Zahlung entbindet selbstverständlich der Umstand nicht, daß der Pflichtige an einen unrichtigen Empfänger, z. B. an die Verwaltung der vermeintlichen Heimatgemeinde bereits geleistet hat.

7. Die Höhe der Gebühr ist im Gesetze nach oben beschränkt.

a) An sogen. Verehelichungsgebühren[21]) dürfen

Gemeinden von mehr als	20000 Seelen	. . .	80 Mark
" " " "	5000 "	. . .	60 "
" " " "	1500 "	. . .	40 "
Kleinere Gemeinden	. . . .	. . .	20 "

als Höchstbetrag erheben. Unter Seelen ist die nach der letzten Volkszählung amtlich ermittelte[22]) Einwohnerzahl einschließlich der Militärpersonen zu verstehen.

b) Bei Verleihung der Heimat kraft Anspruches an einen Bayern oder einen nichtbayrischen Deutschen dürfen

Gemeinden von mehr als	20000 Seelen	. . .	40 Mark
" " " "	5000 "	. . .	30 "
" " " "	1500 "	. . .	20 "
Kleinere Gemeinden	. . . .	. . .	10 "

als Höchstbetrag erheben. Diese Sätze entsprechen der Hälfte der unter a mitgeteilten. Nicht aber sind die Gemeinden gehalten, immer für den Fall unter b gerade die Hälfte der Verehelichungsgebühr festzusetzen. Es ist vielmehr vollkommen zulässig, daß die Gemeinden bei der Verehelichung überhaupt nichts erheben, oder auch weniger als bei Verleihung kraft Anspruches.

c) Bei Verleihung der Heimat kraft Anspruches an einen Ausländer[23]) (Nichtdeutschen) dürfen

---

[21]) In seiner ursprünglichen Fassung kannte das Gesetz eine unterschiedliche Behandlung des Heimaterwerbs nach Art. 3 und nach Art. 6, 7, 10 nicht. Besteht in einer Gemeinde noch aus älterer Zeit ein Regulativ, das höhere Sätze zeigt, als nun zulässig sind, so sind diese ipso jure auf den nunmehrigen Maximalsatz ermäßigt.

[22]) Vgl. Bl. Bd. 23 S. 191. — Vgl. Gem.O. A. 203; v. Seydel Bd. 2 S. 67 Note 119; V.G.H. Bd. 11 S. 561, und § 48 Anm. 27.

[23]) v. Seydel Bd. 2 S. 67 will die Erhöhung der Höchstgebühr aufs Doppelte auch gegenüber nichtbayrischen Deutschen zulassen. Die von v. Riedel S. 148 Note 15 angezogene Erklärung der kgl. Staatsregierung zu Art. 5 der Novelle vom 23. Februar 1872 vermöge an einer Bestimmung des Gesetzes von 1868 nichts zu ändern, die überdies mit Art. 3 der Reichsverfassung verträglich sei. Ueberdies stehe es landesfremden Reichsangehörigen frei, zuerst die bayrische Staatsangehörigkeit zu erwerben und dadurch die Bestimmung auf sich unanwendbar zu machen. Auch Bl. Bd. 21 S. 142/43 vertreten diese Anschauung, während Reger S. 56 Anm. 8 der oben ausgesprochenen Meinung ist. M. E. ist es nicht gleichgültig, daß die Novelle von 1872 in Art. 10 H.G. die Worte „Ausländer" durch die Worte „Nichtbayern" ersetzt hat, ebenso in Art. 17, während in Art. 12 und an einigen anderen Stellen das Wort „Ausländer" stehen geblieben ist. Es unterliegt wohl keinen Zweifel, daß die Absicht bestand, in dem einen Fall alle „Nichtbayern" zu treffen, im andern Fall nur die nichtdeutschen Nichtbayern. Art. 12 ist auch später abermals geändet worden; auch da ist das Wort „Ausländer" stehen geblieben.

Als das Gesetz im Jahre 1868 entstand, konnte „Ausländer" nur die Be-

Gemeinden von mehr als 20000 Seelen	. . .	160 Mark
" " " " 5000 "	. . .	120 "
" " " " 1500 "	. . .	80 "
Kleinere Gemeinden	. . . .	40 "

als Höchstbetrag erheben. Sind jedoch mit dem Staate, dem der Bewerber angehört, Staatsverträge abgeschlossen worden, welche, sei es mittelbar, wie durch Zusicherung gleicher Behandlung mit den Einheimischen, oder unmittelbar durch Festsetzung der Gebührensätze, der Erhebung der höheren Gebühren entgegenstehen, so dürfen auch von Ausländern nur die gewöhnlichen Gebühren, bezw. die in den Staatsverträgen vereinbarten erhoben werden. — Wiederum sind die Gemeinden nicht gehalten, vom Ausländer das vierfache zu erheben, wie von Inländern; sie können im Regulativ auch von einer unterschiedlichen Behandlung des Ausländers und des Inländers absehen oder einen minder hohen Satz einführen. Erhebt die Gemeinde von dem Inländer weniger als den unter b mitgeteilten Höchstsatz, so kann sie gleichwohl von dem Ausländer die Maximalsätze unter c fordern, so daß die Heimatgebühr von Ausländern um mehr als das vierfache höher sein kann als jene, welche den Inländern auferlegt wird. —

8. Wenn derjenige, für dessen Heimaterwerb die Heimatgebühr bezahlt wurde, später in der Gemeinde das Bürgerrecht erwirbt, so ist die Heimatgebühr auf die Bürgerrechtsgebühr anzurechnen, d. h. es braucht nur mehr der Betrag bezahlt zu werden, um welchen die letztere höher ist. Art. 12 III H.G. Dies gilt nach dem Wortlaut und der Tendenz des Gesetzes auch dann, wenn der Erwerber der Heimat (der sich verehelichende Mann) später die Heimat in einer andern Gemeinde erworben hat, dann aber das Bürgerrecht in der ersteren Gemeinde erlangt. Auch dann findet die Anrechnung statt, wenn der Heimaterwerber die Gebühr nicht selbst bezahlt hat, sondern für ihn ein Dritter, insbesondere die bisherige Heimat-

---

deutung haben von Nichtbayer. Eine Aenderung des Willens des Gesetzgebers kommt nun allerdings gewöhnlich dadurch zum Ausdruck, daß eine „authentische Interpretation" oder ein Zusatz gesetzgeberisch gegeben bezw. beigefügt wird. Würde irgendwo ausdrücklich ausgesprochen sein, daß das Wort: Ausländer in bayrischen Verwaltungsgesetzen nunmehr in diesem oder jenem Sinne auszulegen sei, so läge die Sache einfach. M. E. ist es aber auch möglich, daß die Aenderung des Willens des Gesetzgebers auf sozusagen indirektem Wege zum Ausdruck kommt, — wenn nur diese Willensänderung zum Ausdruck kommt. Dies kann geschehen, indem ein Wort, das nach der Entstehung des Gesetzes mehrdeutig geworden ist, oder das es schon bei der Entstehung ist, an der einen Stelle durch ein eindeutiges ersetzt wird. Dann muß an jenen Stellen, an welchen der bisherige Ausdruck belassen ist, das Wort den Sinn haben, der sich aus dem Gegensatz zur Neufassung an anderer Stelle ergibt; der Gesetzgeber kann beanspruchen, daß man das Ergebnis seines Willens, nämlich das Gesetz in neuer Fassung, als ein Ganzes betrachte und den Ausdrücken die aus der Darstellungsweise des nunmehrigen Gesetzestextes logisch sich ergebende Bedeutung beilege.

gemeinde auf Grund ihres gemäß Art. 8 gestellten Antrages; Art. 12 II H.G. Erzwingt die Aufenthaltsgemeinde, daß derjenige, welcher auf eigenen oder auf Antrag der bisherigen Heimatgemeinde in der Aufenthaltsgemeinde das Heimatrecht erworben hat, nun nach Art. 17 Gem.O. das Bürgerrecht erwerbe, so ist die Heimatgebühr gleichfalls anzurechnen; die frühere Heimatgemeinde ist nicht zur Rückforderung der von ihr bezahlten Heimatgebühr berechtigt[24]).

Obige Sätze wird man mit v. Riedel S. 145 Note 19 noch dahin verallgemeinern dürfen, daß die von einer Person oder für dieselbe bezahlte Heimatgebühr von der nämlichen Gemeinde nur einmal beansprucht werden kann. Dieselbe ist also auch dann anzurechnen, wenn die Heimat erworben, verloren und wieder verliehen wird; ferner wird die Bürgerrechtsgebühr auf die später zu leistende Heimatgebühr (falls das Bürgerrecht verloren wurde) anzurechnen sein. Angerechnet wird aber nur was bezahlt ist; wurde die Heimat, etwa nach Art. 2 oder Art. 11, oder weil das Gebührenregulativ in diesem Falle Gebührenfreiheit zuerkannte, gebührenfrei erworben, so muß die spätere Gebühr voll bezahlt werden. Ferner ist die frühere Gebühr auf die spätere, und zwar absolut, nicht pro rata „anzurechnen"; es ist also im späteren Falle nach den zu dieser Zeit geltenden Regeln die Gebühr zu berechnen und davon das wirklich bezahlte abzuziehen. S. auch v. Seydel Bd. 2 S. 69 Note 131 u. 132.

§ 42.

2. Anspruch auf gebührenfreie Verleihung der Heimat.

Gewisse Personen sollen, vermöge langjähriger in der Aufenthaltsgemeinde geleisteter Dienste und guter Führung, wenn sie auf Grund des Art. 7 des Heimatgesetzes das Heimatrecht beanspruchen und erwerben, von der Zahlung einer Heimatgebühr befreit sein. Der Anspruch hierauf steht denjenigen zu, welche während desjenigen Zeitraumes von 7 Jahren, auf welchen der Anspruch gestützt wird, in der Aufenthaltsgemeinde durch bestimmte Beschäftigung sich „ernährt" haben und straffrei geblieben sind. Art. 12 IV H.G. Von einer Befreiung kann selbstverständlich nur da gesprochen werden, wo ein gültiges Regulativ Heimatgebühren eingeführt hat. Die Befreiung ist, wo sie eintritt, eine gesetzliche; eine Erwähnung im Statute (Regulative) ist nicht erforderlich. Das Statut kann die gesetzlichen Bestimmungen wiederholen, was überflüssig ist, oder sie erweitern, was zulässig ist, dagegen kann es dieselben nicht einschränken; solche Einschränkungen wären ungültig.

Im einzelnen sind die Bestimmungen die folgenden:

---

[24]) Wenn der Sohn eines Anspruchsberechtigten nach des letzteren Tode gemäß Art. H.G. 6 III die Heimatgebühr bezahlt hat, so kann er bei seiner Erwerbung des Bürgerrechts die Anrechnung der zwar von ihm, aber für seinen Vater bezahlten Gebühr nicht verlangen. — Vgl. S. 182.

1. Befreit ist nur, wer das Heimatrecht auf Grund des Art. 7 erwirbt; richtiger vielleicht, bei dessen Erwerb die Voraussetzungen des Art. 7 H.G. vorliegen. Denn es ist möglich, daß der nach Art. 7 H.G. gegebene Anspruch zugleich nach Art. 6 begründet ist und daß dieser Artikel von dem Bewerber geltend gemacht wurde[1]). Auch in diesem Falle würde die Heimat gebührenfrei zu verleihen sein. Bekanntlich sind die Voraussetzungen des Art. 7: ununterbrochener, freiwilliger, 7jähriger Aufenthalt einer während dieser Zeit volljährigen Person, die während des Aufenthalts Armenunterstützung nicht beansprucht oder erhalten hat, ferner, daß der freiwillige Aufenthalt ununterbrochen bis zur Anspruchsanmeldung fortdauert.

Befreit von der Zahlung der Heimatgebühr ist ebensowohl der Anspruchsberechtigte selbst, beziehungsweise dessen Hinterbliebenen (Art. 6 III H.G.) wie die bisherige Heimatgemeinde oder der Fiskus, wenn diese den Anspruch durchgesetzt haben[2]). Die Verleihung ohne Gebührenleistung bildet ein Recht, keine dem Mittellosen eingeräumte Vergünstigung; befreit ist daher der Berechtigte, gleichviel ob er Vermögen hat oder nicht, ob er die Heimatgebühr bezahlen könnte oder nicht; die „Prämie der Gebührenfreiheit" soll jeden lohnen, der durch 7 Jahre ein geeignetes Dienst- oder Arbeitsverhältnis aufweist[3]).

2. Wer nach Art. 7 anspruchsberechtigt sein soll, für den muß, wie oben bemerkt, ein 7jähriger fehlerfreier Aufenthalt im Bezirke derjenigen Gemeinde nachgewiesen werden, gegen welche der Anspruch erhoben wird. Häufig ist es möglich, den Anfang und damit auch das Ende dieses Zeitraumes von 7 Jahren verschieden anzusetzen. Wer z. B. vom 1. Oktober 1893 bis 1. Februar 1902 einen fehlerfreien Aufenthalt aufzuweisen hat, für dessen Anspruch kann ebensogut die Zeit vom 1. Februar 1895 bis 1. Februar 1902, wie etwa die Zeit vom 1. April 1894 bis 1. April 1901 zugrunde gelegt werden. Wer nun (s. u.) für irgend einen solchen fehlerfreien Zeitraum — vorausgesetzt, daß ihm ein ununterbrochener, freiwilliger Aufent-

---

1) Die Anmerkung bei Reger S. 36 Anm. 1 am Schluß „Ein weiterer wichtiger Unterschied zwischen Art. 6 und 7 ergibt sich aus Art. 12 Abs. 4, wonach im Falle des Art. 7 (nicht aber des Art. 6) die Bezahlung einer Heimatgebühr . . . nicht verlangt werden kann", ist nicht ganz klar. Es können die Voraussetzungen des Art. 6 immerhin gegeben sein; wenn nur auch jene des Art. 7 vorliegen. M. a. W.: Wer alle Voraussetzungen des Art. 6 H.G. erfüllt und dabei einen siebenjährigen Aufenthalt aufweist, der braucht bei Vorhandensein der übrigen Voraussetzungen des Art. 12 IV keine Heimatgebühr zu bezahlen.

2) v. Riedel S. 150 Note 22.

3) Wohnhausbesitz hebt das Recht auf gebührenfreie Verleihung der Heimat nicht auf. B. Gemeindeztg. Bd. 11 S. 620. S. v. Riedel S. 150 Note 21 b. Wenn die Gemeinde einem solchen vermöglichen Erwerber der Heimat früher oder später die Erwerbung des Bürgerrechtes auferlegt, so erlangt sie die volle Aufnahmsgebühr, da von letzterer nur eine bezahlte Heimatgebühr abgerechnet werden darf (§ 41 Ziff. 8). Sie kann sich also auf solche Weise schadlos halten.

halt bis zur Anspruchserhebung folgt — auch nachweisen kann, daß er sich in der Aufenthaltsgemeinde in bestimmter Stellung straffrei ernährt habe, der erhält das Heimatrecht gebührenfrei. Würden sich zwar ein oder mehrere fehlerfreie Zeiträume von 7 Jahren finden lassen, die zur Erwerbung des Heimatanspruches genügen, aber keiner, der zugleich den eben angedeuteten Anforderungen des Art. 12 IV H.G. entspricht, so ist Gebührenfreiheit nicht gegeben. Würden sich zwar Zeiträume von 7 Jahren finden lassen, in welchen jemand sich in der Aufenthaltsgemeinde durch bestimmte Beschäftigung straffrei ernährt hat, ferner andere, aber nur andere Zeiträume von 7 Jahren, in welchen er den Erfordernissen des Art. 7 genügte, so wäre wiederum kein Anspruch auf Gebührenfreiheit vorhanden.

Beispiel: A hält sich in M seit 1. Februar 1893 ununterbrochen, freiwillig auf. Er war bis 1. Mai 1895 Wirt, dann aber vom 1. Mai 1895 bis zur Erhebung des Anspruches Maurergehilfe; der Anspruch wurde erhoben am 1. März 1903; am 1. Februar 1901 war Armenunterstützung erbeten worden. In diesem Falle ist der Anspruch aus Art. 7 begründet, nicht aber kann die gebührenfreie Verleihung in Anspruch genommen werden, eben weil auf die für die Gebührenfreiheit in Betracht kommende Zeit vom 1. Mai 1895 bis 1. März 1903 kein Heimatanspruch nach Art. 7 gestützt werden kann.

Die vorstehende Auffassung ergibt sich aus den Worten des Gesetzes „daß jemand als Gewerbsgehilfe &c. sich während des dort (Art. 7) bezeichneten Zeitraumes von 7 Jahren ernährt haben müsse“; vor der Novelle von 1896 verlangte das Gesetz lediglich, daß jemand sich während voller 10 Jahre [4]) ernährt haben müsse. Da konnte man zweifelhaft sein, ob diese 10 Jahre nicht auch andere sein dürften als solche, welche zur Erwerbung des Anspruches auf Verleihung des Heimatrechtes geeignet sind; dieser Zweifel ist m. E. jetzt geschwunden; das Gesetz fordert, daß die besonderen Voraussetzungen der Gebührenfreiheit für einen Zeitraum erfüllt sind, der gleichzeitig für den Anspruch aus Art. 7 verwertet werden kann [5]). Mehr ist nicht erforderlich. Die Straffreiheit braucht nicht über jene 7 Jahre hinaus, etwa bis zur Anspruchserhebung

---

[4]) Vor Geltung der Novelle von 1896 waren 10 Jahre für Begründung des Heimatverleihungsanspruches aus Art. 7 H.G. verlangt.

[5]) Schon nach der früheren Fassung des Gesetzes war die Anschauung mit seinem Wortlaute wohl zu vereinbaren, daß der in Art. 11 IV bezeichnete Aufenthalt mit dem des Art. 7 identisch sein solle. Eine solche Anschauung dürfte doch auch der Natur der Sache entsprechen. Man gibt auf Grund 10jährigen, freiwilligen, im Alter der Volljährigkeit zurückgelegten, ununterbrochenen Aufenthalts einen Anspruch auf Heimatverleihung, legt aber für die Regel die Leistung einer Heimatgebühr auf. Wenn nun straffreie Führung und Gewinnung des Lebensunterhaltes aus einer von dem Gesetze begünstigten Beschäftigung noch hinzutreten, dann soll die Heimatgebühr erlassen sein. Ist es nicht etwas gekünstelt, wenn man hierbei unterlegt, daß von verschiedenen Aufenthalten im Gesetze die Rede sei, die verschiedene Merkmale an sich tragen? (vgl. Anm. 8).

Nun kommt aber hinzu, daß der neue Text des Gesetzes m. E. logisch gar nicht anders verstanden werden kann, als es von mir geschieht. In Art. 7 I H.G. wird ein Aufenthalt von 7 Jahren festgesetzt. Dieser Aufenthalt wird näher

fortgedauert zu haben, ebensowenig das sich „Ernähren“ aus bestimmter Beschäftigung in der Aufenthaltsgemeinde. So ist es durchaus möglich, daß die vom Gesetze begünstigten Umstände zu der Zeit längst beseitigt sind, in welcher der Anspruch sich durchsetzt[6]).

Dem obigen entgegen halten der Verwaltungsgerichtshof und v. Riedel auch heute noch daran fest, daß Art. 12 IV H.G. für die Gebührenfreiheit besondere Voraussetzungen aufstelle, die nur teilweise mit jenen des Art. 7 zusammenfallen. Daraus wird geschlossen, daß der nach Art. 12 IV erforderliche Aufenthalt zwar ein ununterbrochener gewesen sein müsse, wobei „ununterbrochen“ im Sinne des

---

charakterisiert. In Art. 7 II heißt es dann, „der in Abs. 1 bezeichnete Aufenthalt . . . muß fortdauern“; die gleiche Ausdrucksweise findet sich auch in Art. 6 II. Diese bedeutet: „ein Aufenthalt von denjenigen Eigenschaften, welche in Abs. 1 gefordert werden.“ Genau dieselben Worte werden nun im Art. 12 IV neu angeführt. „. . . Angehörige des bayrischen Staates, welche auf Grund des Art. 7 . . . das Heimatrecht erwerben, sind . . befreit, wenn sie während des dort bezeichneten Zeitraums von 7 Jahren ununterbrochen als . . . sich ernährt haben.“ Die gesperrt gedruckten Worte treten an die Stelle der früheren: „während voller 10 Jahre.“ Warum sagt das Gesetz nicht: „während des Zeitraums von 7 Jahren“? Weil der Zeitraum ebenso charakterisiert werden soll, wie in Art. 6 und 7 der Aufenthalt. Der „dort bezeichnete“ Zeitraum ist aber ein solcher, „während dessen jemand sich in einer Gemeinde im Alter der Volljährigkeit, freiwillig, ununterbrochen aufgehalten hat.“ Gerade daß das Gesetz noch hinzufügt: „von 7 Jahren“ verleiht den Worten: „während des dort bezeichneten Zeitraums“ besondere Bedeutung. Denn da das Gesetz die Zeit ohnehin ausdrücklich nennt, brauchte es nicht den Zeitraum zu charakterisieren, wenn es dies nicht eben wollte. Warum spricht der Gesetzgeber statt von dem Zeitraume nicht von dem Aufenthalte? — so mag man fragen. Erstens, weil in das Satzgefüge das Wort „Aufenthalt“ sich weniger leicht einfügt, sodann, weil auch „Zeitraum“ völlig deutlich ist, endlich weil man sonst hätte annehmen können, das Gesetz verlange auch die Fortdauer eines Aufenthaltes von den in Art. 12 IV bezeichneten Qualitäten bis zur Geltendmachung des Anspruchs. Das wollte man aber nicht; es soll ein für den Aufenthalt geeigneter Anspruch von 7 Jahren und während desselben die Ernährung als Dienstbote 2c. genügen. Gerade darum mußten übrigens die Worte „von 7 Jahren“ wiederholt werden, weil sonst die Auffassung, daß während des ganzen Aufenthaltes, der nach Art. 7 bis zur Geltendmachung erforderlich ist, auch die Eigenschaften des Art. 12 IV erforderlich seien, unvermeidbar gewesen wäre. — V.G.H. Bd. 19 S. 59 entscheidet: „Auch unter der Geltung der Novelle vom 17. Juni 1896 ist es für den Anspruch auf gebührenfreie Verleihung des Heimatrechtes nicht erforderlich, daß die vorgeschriebene Dauer der Arbeitstätigkeit mit der nach Art. 7 notwendigen Aufenthaltsdauer zeitlich zusammenfalle; die gesetzliche Arbeitsdauer kann auch in einem früheren Zeitraum zum Abschluß gelangt sein.“ Die Entscheidung geht in der Begründung davon aus, daß die Geschichte der Aenderung des Wortlautes von Art. 12 IV nicht ersehen lasse, daß man eine Aenderung des Inhalts gewollt habe. Das mag sein; allein Gesetze gelten, wie sie lauten, auch wenn die Faktoren der Gesetzgebung es nicht für gut befinden, in den Motiven oder in den Verhandlungen ihren Willen zu erläutern. Vgl. auch die zutreffenden Ausführungen bei Reger S. 58.

[6]) v. Riedel S. 151 Note 24b. v. Riedel gibt folgendes Beispiel:

> Wer sieben Jahre Gewerbsgehilfe war, dann ein eigenes Geschäft eröffnete, und erst im zwölften Aufenthaltsjahr das Heimatrecht erwirbt, kann gleichwohl Anspruch auf Gebührenfreiheit erheben.

Vgl. V.G.H. Bd. 3 S. 193.

Art. 6 H.G. auszulegen sei, daß er aber nicht ein freiwilliger zu sein brauche; daß er ferner nur während irgend welcher 7 Jahre nachgewiesen sein müsse, die für die Begründung eines Anspruches gemäß Art. 7 nicht geeignet zu sein brauchen; daß ferner, wenn der Bewerber sich für Art. 12 H.G. auf einen gänzlich vor der Novelle von 1896 liegenden Aufenthalt berufe, dieser 10 Jahre gedauert haben müsse[7]). Beizufügen ist, daß dann auch der für Art. 12 IV zu verwertende Aufenthalt nicht oder nicht vollständig im Alter der Volljährigkeit zurückgelegt zu sein braucht und, daß ein nach Art. 7 H.G. verwertbarer Aufenthalt auch ganz oder teilweise nach Beendigung des Zeitraumes liegen darf, welcher für Art. 12 IV verwertet wird. — Immerhin muß auch bei jener Anschauung in dem Zeitpunkte Anspruch auf Gebührenfreiheit bestehen, welcher für den Anspruch auf Heimatverleihung maßgebend ist[8]).

---

[7]) Die vor dem 1. September 1868 liegende Zeit der Arbeitstätigkeit darf nicht in Betracht gezogen werden. So V.G.H. Bd. 22 S. 69. Wie Reger S. 146/147 zutreffend ausführt, spricht diese Ansicht für das zeitliche Zusammenfallen des nach Art. 7 und des nach Art. 12 IV erforderlichen Aufenthalts.

V.G.H. Bd. 18 S. 146: „Wird eine Arbeitstätigkeit geltend gemacht, welche vor Erlaß der Novelle vom 17. Juni 1896 ihr Ende gefunden hat, so muß diese volle 10 Jahre gedauert haben; die erleichternden Bestimmungen des Art 12 IV H.G. in der Fassung der Novelle kann der Bewerber in diesem Falle nicht für sich geltend machen."

[8]) Beispiele: 1. A, geboren 1875, beheimatet zu N, hat als Dienstknecht in der Gemeinde M bei einem Bauern, seinem Onkel, in den Jahren 1890—1898 gedient; nachher hat er diesen Bauernhof im Erbweg übernommen und von demselben Steuern und Abgaben entrichtet. Im Jahre 1904 wird das Anwesen versteigert; für A ergibt sich die Notwendigkeit öffentlicher Armenunterstützung; die bisherige Heimatgemeinde N beantragt gebührenfreie Verleihung des Heimatrechtes. Nach meiner Auffassung kann sie allerdings die Verleihung der Heimat an A verlangen, aber nur gegen Zahlung der Heimatgebühr. Denn A weist nur für die Jahre von 1896 (Jahre seiner Volljährigkeit) bis 1904 einen geeigneten 7jährigen Aufenthalt auf; in diese Zeit fällt aber nur teilweise die von dem Gesetze begünstigte Beschäftigung als Dienstbote. Jene 7 Jahre, in welchen A Dienstbote war, liegen zum größten Teile noch in der Zeit seiner Minderjährigkeit und sind daher für den Heimaterwerb nicht verwertbar. Nach der Anschauung des Verwaltungsgerichtshofes und v. Riedels besteht Anspruch auf gebührenfreie Verleihung; denn einerseits ist ein Zeitraum (1896 bis 1904) nachgewiesen, während dessen Art. 7 erfüllt wurde — andererseits aber liegt ein Aufenthalt von genügender Dauer vor, während dessen A sich in der Gemeinde als Dienstbote ernährt hat. Daß dieser Zeitraum teilweise in die Minderjährigkeit des A fällt und mit der nach Art. 7 erforderlichen Aufenthaltszeit nicht zusammenfällt, schadet nichts.

2. Im vorigen Beispiel ist zu setzen, daß A als Dienstknecht vom 1. Mai 1889 bis 1. Juni 1896 tätig war und dann den Bauernhof übernommen hat. In diesem Falle ändert sich für unsere Auffassung nichts. Der Verwaltungsgerichtshof erachtet in diesem Falle die Gebührenfreiheit gleichfalls nicht für gegeben, weil dieser für Art. 12 IV nachzuweisende Aufenthalt vor die Zeit der Geltung der Novelle vom 17. Juni 1896 fällt und somit 10 Jahre nachgewiesen werden müßten. — M. E. muß man, wenn man die prinzipielle Anschauung des Ver-

3. a) Der Gebührenfreiheit Beanspruchende muß sich während des in Ziff. 2 näher erläuterten Zeitraumes, nach meiner Meinung also während eines auch für die Erwerbung eines Heimatanspruches geeigneten Aufenthalts von 7 Jahren, auch ununterbrochen in der Aufenthaltsgemeinde ernährt, d. i. seinen Lebensunterhalt verdient haben. Die Fassung des Gesetzes vor der Novelle 1896 ließ Zweifel, ob nicht auch in einer andern Gemeinde der Erwerb gewonnen sein könne, gleichwohl aber der Anspruch gegen die Aufenthaltsgemeinde bestehe. Dieser Zweifel ist nunmehr im Sinne der richtigen Auffassung gesetzlich entschieden[9])[10]). Art. 12 IV H.G.: „An-

waltungsgerichtshofes billigt, der letzteren Anschauung beitreten; Regers Bedenken S. 58 unten kann ich nicht teilen.

3. Marie A, geboren 1872, beheimatet zu M, tritt 1894 als Arbeiterin in eine Fabrik zu N ein. 1895 heiratet sie, setzt aber die Beschäftigung in der Fabrik bis 1902 fort; dann tritt sie aus der Fabrik aus, bleibt aber in N. Schon am 1. Februar 1897 ist sie Wittwe geworden. Am 1. März 1904 sucht die Heimatgemeinde N um gebührenfreie Verleihung der Heimat nach. M. E. ist dieser Anspruch unbegründet. Denn in der Zeit von 1895—1897 hatte sie einen freiwilligen Aufenthalt nicht gehabt. Vom 1. Februar 1897 bis 1. März 1904 ist allerdings ein nach Art. 7 genügender Aufenthalt nachgewiesen, der Anspruch auf Heimatverleihung sohin begründet. Aber während dieser Zeit ist A nur 5 Jahre in einer vom Gesetz begünstigten Beschäftigung gestanden; sohin ist Gebührenfreiheit nicht gegeben. Anders der Verwaltungsgerichtshof. Dieser findet in der von 1894—1902 geübten, also 8jährigen Beschäftigung eine Unterlage für den Anspruch auf Gebührenfreiheit. Der Umstand, daß während der Jahre 1895—1897 der Aufenthalt kein freiwilliger war, schadet für den Anspruch aus Art. 12 IV nichts, da dieser eben keinen freiwilligen Aufenthalt verlangt. — Vgl. besonders v. Riedel S. 150 Note 21 b.

4. A, geboren 1850, beheimatet zu M, hat sich in den Jahren 1871 bis 1881 zu N als Gewerbsgehilfe straffrei ernährt. Im Jahre 1882 wurde A zu einer 5jährigen Freiheitsstrafe verurteilt, er hat diese Strafe zu W abgesessen. Dann ist A herumgewandert und endlich 1896 nach N zurückgekehrt; er hält sich seitdem zu N auf und findet als Taglöhner, in Unterstützungen, welche die Heimatgemeinde M aus Stiftungsmitteln gewährt, durch Bettel 2c. seine Ernährung. Da nur kleine Aufenthaltsunterbrechungen behufs Erstehung geringfügiger Strafen vorliegen, muß die Gemeinde M mit ihrem im Jahre 1903 gestellten Antrage auf Heimatverleihung in N durchdringen. Dagegen kann sie m. E. Gebührenfreiheit nicht beanspruchen, da der Aufenthalt 1871—1881 mit jenem von 1897—1903 nichts zu tun hat. Anders nach Verwaltungsgerichtshof; der damalige ununterbrochene 10jährige Aufenthalt reicht aus, um dem A auch jetzt noch die Prämie der Gebührenfreiheit zu verschaffen. Daß der damalige Aufenthalt längere Zeit nicht fortgesetzt wurde, schadet nichts.

[9]) Ueber den bis 1896 herrschenden Streit vgl. v. Seydel Bd. 2 S. 70 Note 141. v. Seydel war in Uebereinstimmung mit dem Verwaltungsgerichtshof der Ansicht, daß Aufenthaltsgemeinde und Arbeitsgemeinde während des gesetzlichen Zeitraumes zusammenfallen mußten. Diese vom Gesetze gebilligte Anschauung ist auch für die Beurteilung eines Aufenthaltes, der vor dem 25. Juni 1896 liegt, zugrunde zu legen.

[10]) Ueber die Gründe der authentischen Interpretation s. v. Riedel S. 150/51 Note 23.

gehörige des bayrischen Staates, welche . . . das Heimatrecht in der Aufenthaltsgemeinde erwerben, sind . . . befreit, wenn sie . . . in dieser Gemeinde . . . sich ernährt haben." Wenn Aufenthalts- und Arbeitsgemeinde auseinander fallen, so kann von einer unentgeltlichen Erwerbung des Heimatrechts im allgemeinen nicht die Rede sein. Die Forderung hat einen guten Sinn; wenn der Anspruchsberechtigte in der Gemeinde sich nicht nur aufgehalten, sondern in derselben auch seinen Unterhalt verdient hat, ist mehr Grund gegeben, ihn zu bevorzugen.

In der Gemeinde ernährt sich im Sinne des Art. 12 IV H.G. derjenige, der aus einer in der Gemeinde sich vollziehenden Beschäftigung oder wenigstens aus der Beschäftigung in einem Betriebe, der in der Gemeinde seinen Sitz hat, den Unterhalt gewinnt. Nicht erforderlich ist, daß er seinen Lohn auch vorwiegend in der Gemeinde verzehrt; daß dies wenigstens in gewissem Umfange stattfindet, dafür sorgt das Erfordernis des „Aufenthaltes" in der Gemeinde. Hat der Betrieb den Sitz[11]) in der Aufenthaltsgemeinde des Anspruchsberechtigten, wobei „Betrieb" im weiten Sinne zu verstehen ist, so ist, sofern „der Aufenthalt" dabei noch bestehen kann, es gleichgültig, ob die Arbeiten vorwiegend im Gemeindebezirke des Aufenthaltes sich vollziehen. So wird beispielsweise der Bedienstete einer Transportgesellschaft, welche zwischen verschiedenen Gemeinden Transporte vermittelt, die Anforderungen des Art. 12 IV erfüllen, wenn der Sitz des Betriebes an seinem Aufenthaltsort liegt, nicht aber, wenn der Sitz in der Nachbargemeinde sich befindet. Dies gilt u. a. auch von den Angestellten einer Straßenbahn, deren Betrieb in zwei Städten liegt, es müßten denn seine Obliegenheiten nur oder fast nur auf das Gebiet einer Stadt sich tatsächlich erstrecken; in diesem Falle würde sich ohnehin ein genügender Aufenthalt in der Regel nur in der Gemeinde ergeben, in welcher er tätig ist. Der Dienstknecht, der die in einer Nachbargemeinde gelegenen Felder seines, in der gleichen Gemeinde, wie er, wohnhaften Arbeitgebers bestellt, genügt den Anforderungen des Art. 12 IV; aber auch jener Dienstknecht, der in dieser Nachbargemeinde wohnt und vorwiegend die in dieser gelegenen Teile des Gutes bedient. Aehnliches gilt von den Arbeitern eines Baugeschäftes, das Arbeiter in andere Gemeinden entsendet. Wird eine Beschäftigung ständig in einem der Aufenthaltsgemeinde benachbarten ausmärkischen Bezirke vorgenommen, wie das bei Holzfällern, Waldarbeitern der Fall sein mag, so genügt diese Beschäftigung für Erwerbung der Gebührenfreiheit nicht, wenn nicht der Betriebssitz in der Aufenthaltsgemeinde des Arbeiters liegt[12]) [14]).

---

[11]) Als Betriebssitz kommt in Betracht der Amtssitz desjenigen, dem die unmittelbare Aufsicht und Leitung des Arbeiters 2c. zusteht.

[12]) Siehe Reger S. 59 und 60 Anm. 17; V.G.H. Bd. 20 S. 28: „Bei dem Antrag auf gebührenfreie Heimatverleihung nach Art. 12 H.G. kann diejenige Zeit, während welcher der Bewerber außerhalb seiner Aufenthalts-

b) Die Beschäftigung und Ernährung in der Gemeinde muß ununterbrochen dauern. Indes ist es kaum geboten, das Wort ununterbrochen in anderem Sinne zu verstehen, als beim gesetzlichen Erfordernis des „ununterbrochenen Aufenthalts". Wir haben gesehen, daß unter Umständen vorübergehende Entfernung nicht als Unterbrechung des Aufenthaltes gilt und nichts schadet (Art. 6 IV H.G.). Wenn auch das Gesetz in Art. 12 dem „ununterbrochen" nicht ausdrücklich denjenigen Sinn beimißt, den die Worte in Art. 6/7 haben, so sind doch hier im Hinblick auf die Natur der Sache die gleichen Grundsätze anzuwenden. Vgl. v. Riedel S. 153 Note 25. Demnach schadet es der Gebührenfreiheit des Anspruches nichts, wenn der Anspruchsberechtigte während der 7 Jahre vorübergehend, d. i. eine verhältnismäßig kurze Zeit aufhörte, in der Aufenthaltsgemeinde seinen Erwerb zu finden[13]), sei es daß er entweder überhaupt nichts oder nicht genügend oder nicht aus einer begünstigten Beschäftigung „verdiente", sei es, daß er in einer andern Gemeinde verdiente[14]).

---

gemeinde sich . . . ernährt hat, auch dann nicht in Anrechnung kommen, wenn später die Arbeitsgemeinde mit der Aufenthaltsgemeinde zu einer Gemeinde vereinigt wurde."

[13]) Vgl. V.G.H. Bd. 4 S. 116: „Der Aufenthalt eines Dienstboten in der Dienstgemeinde wird dadurch nicht unterbrochen, daß derselbe letztere alljährlich vorübergehend auf einige Zeit verläßt, um die Dienstherrschaft zu einem Landaufenthalte zu begleiten."

V.G.H. Bd. 11 S. 145: „Eine Unterbrechung der . . . Ernährung ist nicht anzunehmen, wenn der . . . Fabrikarbeiter oder Gewerbsgehilfe wegen des üblichen Schlusses der Betriebssaison, jedoch mit Aussicht auf Wiederaufnahme bei dem Wiederbeginne derselben, entlassen und dadurch zum Uebergange zu einer nur zeitweisen anderweitigen, vom Gesetze nicht begünstigten Beschäftigung veranlaßt wurde." — Der Verwaltungsgerichtshof hat hierbei eine in mehreren Jahren wiederkehrende, je 5 Monate dauernde Unterbrechung als vorübergehende erachtet. Dies geht zu weit; wenn jemand wiederholt im Winter Brauer, im Sommer Feldhüter ist, so übt er eben zwei verschiedene Tätigkeiten aus — wobei es nicht darauf ankommt, ob die eine etwas längere Zeit im Jahre dauerte als die andere. Uebrigens ist m. E. auch nicht allein maßgebend, ob Aussicht auf Wiederaufnahme bestand, sondern ob eine solche in einem begünstigten Berufe wirklich erfolgte. Daher kann die Zeit der Unterbrechung erst dann in die gesetzliche Beschäftigungszeit eingerechnet werden, wenn schon feststeht, daß die Unterbrechung eine vorübergehende gewesen ist. Bei Unterbrechung des Aufenthalts mag die Absicht, wiederzukehren, genügen; bei Unterbrechung einer Beschäftigung hängt die Wiederaufnahme derselben auch von dem Willen eines Arbeitgebers ab. Nur wenn dieser rechtlich gebunden ist, mag schon vor Wiederbeginn der Arbeit die Zeit der Unterbrechung angerechnet werden.

[14]) Befindet sich der Betriebssitz in einer andern Gemeinde als in der Aufenthaltsgemeinde und findet neben der Tätigkeit in dieser letzteren auch noch eine Tätigkeit in Nachbargemeinden statt, so muß immerhin die Haupttätigkeit in der Aufenthaltsgemeinde geleistet werden. Vgl. V.G.H. Bd. 18 S 76: M hielt sich in der Gemeinde G auf; er war während der ganzen Zeit beim kgl. Kanalamt Nürnberg beschäftigt und zwar hatte er die an einer Kanalstrecke anfallenden Arbeiten zu verrichten. Ein Teil dieser Kanalstrecke liegt in G. Eine ausschließliche Tätigkeit des M in G war nicht gegeben; vielmehr war er berufsmäßig in ständigem Wechsel bald im Gemeindebezirk G, bald außerhalb

c) Sich „ernähren“ heißt im Zusammenhang des Gesetzes „seinen Lebensunterhalt verdienen“[15]). Wenn der Arbeiter zeitweise nicht arbeitet, aber von dem verdienten Lohne früherer Zeit lebt, so hat er auch für diese Zeit der Nichtarbeit seinen Lebensunterhalt verdient. Auch wer aus den Kassen von Verbänden, in welche er als Arbeiter einbezahlt hat, Unterstützungen bei Arbeitslosigkeit erhält, ernährt sich im Sinne des Gesetzes. Dies gilt auch bei Streiks bezw. bei Unterstützung aus Streikkassen. Auf den Grund der vorübergehenden Arbeitsunterbrechung kommt überhaupt nichts an. Vgl. dagegen V.G.H. Bd. 19 S. 38, der nur bei „unverschuldeter“ Arbeitsunterbrechung letztere nicht für schädlich hält, selbst wenn die Ernährung aus Ersparnissen genommen wird. Hierfür kann ein Nachweis aus dem Gesetze schwerlich erbracht werden. Bei sogen. Saisonarbeitern kommt die Unterbrechung der Arbeit und die Ernährung aus Ersparnissen besonders häufig vor. Freilich muß es sich bei Deckung des Lebensunterhaltes aus Ersparnissen m. E. um solche handeln, die aus einer nicht zu weit zurückliegenden Tätigkeit gewonnen sind; das Aufzehren von Ersparnissen, die etwa vor 10 Jahren gemacht, Kapital geworden sind, kann nicht mehr als „sich ernähren“ aus bestimmter Beschäftigung angesehen werden. Im einzelnen Falle wird es allerdings oft schwer sein, das Sachverhältnis genau zu erforschen. Es besteht hierzu auch kein Anlaß, wenn nicht die Ernährung aus anderen als Arbeitseinkünften wahrscheinlich gemacht ist.

Solange der Arbeiter aus seinem Verdienste lebt, schadet auch die längere Unterbrechung des Arbeitsverhältnisses überhaupt nichts, sofern nur die Absicht der Wiederaufnahme einer begünstigten Beschäftigung besteht (s. Ziff. 4). Besteht diese Absicht nicht mehr, oder ist eine solche nicht mehr ausführbar, so ist der Betreffende nicht mehr als Arbeiter rc. zu erachten.

Der Verwaltungsgerichtshof hält die Ernährung aus der reichs-

---

desselben, je nachdem gerade in dem einen oder anderen Punkte der Kanalstrecke Arbeiten anfielen, beschäftigt. Verwaltungsgerichtshof sagt nun mit Recht: Wenn auch nicht schon jede vorübergehende Arbeitsverrichtung außerhalb der Aufenthaltsgemeinde eine Unterbrechung des in letzterer bestehenden Arbeitsverhältnisses begründet, so kann von einem ununterbrochenen Arbeitsverhältnis dann nicht gesprochen werden, wenn, wie im vorliegenden Falle, die Arbeitsleistung in der Wohngemeinde regelmäßig und fortgesetzt nur einen Teil der gesamten Arbeitstätigkeit des Arbeiters ausmacht, während der andere Teil sich beständig in einer anderen Gemeinde vollzieht. Um in einem solchen Falle ein ununterbrochenes Arbeitsverhältnis annehmen zu können, mußte wenigstens der Mittel- und Schwerpunkt der Arbeitstätigkeit in dieser Gemeinde liegen und die Arbeitsverrichtung in dem auswärtigen Gemeindebezirke nur als nebensächlich sich darstellen. Diese Voraussetzung treffe bei M nicht zu. — Das vorstehende Beispiel kann auch auf Eisenbahnarbeiter und ähnliche Kategorien angewandt werden. Zu betonen ist aber, daß wenn der Betriebssitz sich in der Aufenthaltsgemeinde befindet, die Arbeit in auswärtigen Gemeinden nichts schadet.

[15]) V.G.H. Bd. 1 S. 215, Bd. 3 S. 657; vgl. v. Seydel Bd. 2 S. 70 Note 143; v. Riedel S. 153 Note 29.

gesetzlichen Arbeiterfürsorge nicht für eine solche aus Arbeitstätigkeit und erklärt daher eine längere Unterbrechung für schädlich[16]). M. E. ist diese Auffassung nicht zutreffend, sofern jemand die Arbeit wieder aufnehmen will und kann. Darum schadet auch z. B. ein Unfall, dessen Heilung längere Zeit erfordert, dem versicherten Arbeiter nicht.

Aber auch wenn ein Arbeiter seinen Lebensunterhalt eine Zeit lang nicht mehr aus der Arbeit gewinnt, diese Zeit aber eine verhältnismäßig kurze ist, so tut das seinem Anspruch keinen Eintrag. A. M. Reger S. 59 Anm. 16. Auch hierbei kommt nichts darauf an, ob die Arbeit freiwillig oder unfreiwillig (infolge Arbeitsmangel, Krankheit[17]), Unfall, Streiks) eingestellt wurde, — verschuldet oder unverschuldet. Nur darf nicht die Absicht bestehen, die Arbeit dauernd einzustellen. Ein älterer Arbeiter, der sich von Geschenken oder von Pensionen fortbringt, die ihm sein bisheriger Arbeitgeber gewährt, und die Absicht, wieder zu arbeiten, aufgegeben hat, ernährt sich nicht mehr durch die Arbeit.

Ob der Verdienst ein guter oder ein kümmerlicher ist, daran liegt zwar zunächst nichts. Aber immerhin muß dieser Verdienst tatsächlich ausreichen, um die Lebsucht des Anspruchsberechtigten zum überwiegenden Teil zu bestreiten. Ist der Verdienst so gering, daß der Unterhalt des Verdienenden und seiner von ihm zu unter-

---

[16]) V.G.H. Bd. 19 S. 38: „Eine ununterbrochene Ernährung als Dienstbote 2c. ist nicht mehr gegeben, wenn eine solche Person während eines längeren Zeitraumes sich statt durch Arbeitstätigkeit durch die reichsgesetzliche Arbeiterfürsorge (Krankenversicherung, Unfall-, Invalidenrente) in der Arbeits- oder Aufenthaltsgemeinde fortgebracht hat." — Es wird ausgeführt: Eine vorübergehende Unterbrechung des Arbeitsverhältnisses schließe die Vergünstigung nicht aus, wenn ein Arbeiter sich während solcher Pausen, wie sie sich als Folge geschäftlicher Konjunkturen, Krankheiten, Elementarereignisse 2c. leicht ergeben können, aus seinem vorhergehenden Arbeitsverdienste, aus Rücklagen oder Ersparnissen allein oder in Verbindung mit anderen Hilfsquellen, wenn nur noch ohne Inanspruchnahme der öffentlichen Armenpflege und ohne seinen Beruf aufzugeben, sich fortgebracht habe. Nicht aber dürfe der Umstand allein, daß ein Arbeiter zwischen dem Ende der Arbeit und dem Wiederbeginn sich aus Krankenunterstützung und Unfallrenten ernährt habe, als genügend erachtet werden, um eine Ernährung aus der Arbeit anzunehmen. Die Arbeiterversicherung sei kein Versicherungsgeschäft; in den Leistungen der Arbeiterfürsorge sei rechtlich kein Aequivalent für den Lohn zu erblicken; die Rente ersetze nicht den Lohn. Sonst müßte ein arbeitsunfähiger Empfänger einer Invalidenrente, der statt Arbeit während des ganzen gesetzlichen Zeitraumes sich aus der Rente fortbringe, Anspruch auf Gebührenfreiheit haben. . . . Es komme also auch bei Genuß einer solchen Rente auf die Dauer der Unterbrechung an: im vorliegenden Falle habe sie 9 Monate gewährt; dies sei keine kurze Unterbrechung. — M. E. genügt, daß der Arbeiter einen Rechtsanspruch hat, der mit dem Arbeitsverhältnisse aufs innigste zusammenhängt.

[17]) Z. B. eine Frauensperson ist wegen Entbindung genötigt „auszusetzen". Bei so kurzen Unterbrechungen ist bei Ernährung aus früherem Verdienste dies Fortbestehen des Anspruches aus Art. 12 IV H.G. ganz zweifellos; es ist aber auch dann anzunehmen, wenn jemand sich von Unterstützungen (z. B. eines Wöchnerinnenvereins) fortbringt. — Vgl. B. Gemeindeztg. Bd. 9 S. 42.

haltenden Familie zuzüglich der etwa von dieser verdienten Beträge aus diesem Verdienste in der Hauptsache nicht gedeckt werden kann, so kann man nicht sagen, daß der Anspruchsberechtigte sich als „Arbeiter" „ernährt". Fremde Hilfe in unerheblichem Maße, wenn auch längere Zeit in Anspruch genommen, schadet dem Anspruch; fremde Hilfe in erheblichem Maße beansprucht, schadet nur dann nicht, wenn dies während eines kurzen Zeitraumes geschieht[18]). Wiederholungen sind in Betracht zu ziehen. Geht der Anspruch verloren, weil fremde Hilfe in Anspruch genommen wird, so kann darauf nichts ankommen, ob der Verdienst an sich objektiv genügen würde, um den Arbeiter bezw. seine Familie zu ernähren. Wenn der Anspruchsberechtigte sich tatsächlich nicht aus der begünstigten Beschäftigung fortbringt, z. B. weil er Schulden zu zahlen hat, oder weil er seinen Lohn verspielt oder vertrinkt, „ernährt" er sich eben nicht als Arbeiter[19]). Ueber die Gewährung einer öffentlichen Armenunterstützung, welche nach der in Ziff. 2 mitgeteilten Anschauung des Verwaltungsgerichtshofes in die für Art. 12 IV H.G. verwertbare Aufenthaltszeit fallen sollte, vgl. Anm. 18.

4. Der Anspruchsberechtigte muß, um die Gebührenfreiheit zu erlangen, sich während des in Ziff. 2 näher bezeichneten Zeitraumes „als Dienstbote, Gewerbsgehilfe, Fabrikarbeiter oder Lohnarbeiter" ernährt haben[20]). Ueber die Begriffe „Dienstbote" und „Gewerbsgehilfe" wurde bereits bei § 38 S. 275 ff. eingehender gesprochen. Man darf annehmen, daß diese Begriffe in Art. 12 IV H.G. nicht anders zu verstehen sind als in Art. 6. Lohnarbeiter und Fabrikarbeiter ergänzen die obigen Kategorien. Alle Personen, deren Dienstleistung vorwiegend in mechanischer Arbeit besteht, ob dazu eine

---

[18]) Vorübergehende Hilfe d. h. solche von kurzer Dauer schadet nichts; an sich m. E. auch dann nicht, wenn sie von der öffentlichen Armenpflege stammt. Ein Unterschied zwischen privater und öffentlicher Hilfe ist m. E. nicht zu machen. A. M. ist der Verwaltungsgerichtshof; s. Bd. 1 S. 211; vgl. auch Anm. 16. — Nur darauf kommt es an, ob sich jemand „ernährt" bezw. nur vorübergehend sich nicht ernährt. Irgendein formelles untrügliches Kennzeichen der mangelnden Ernährung aus eigener Kraft gibt es nicht. — Nach der hier vertretenen Ansicht freilich zerstört eine im Laufe der 7 Jahre erbetene Armenhilfe, weil die Voraussetzung des Anspruchs nach Art. 7 I H.G. verloren geht, auch den Anspruch auf Gebührenfreiheit. Nach der Ansicht des Verwaltungsgerichtshofes kann beispielsweise ein Dienstbote, dessen nach Art. 7 verwertbare Aufenthaltszeit vom 1. Februar 1895 bis 1. Februar 1902 fällt, der aber in eine begünstigte Beschäftigung erst am 1. März 1897 getreten ist, und vom 1. Januar 1904 bis 15. Februar 1904 vorübergehend sich nicht mehr ernährt, am 1. März 1904 den Anspruch geltend machen; ist aber während dieser Zeit Armenhilfe verlangt worden, so soll die Gebührenfreiheit verloren sein. M. E. ist vom Standpunkte des Verwaltungsgerichtshofes (Ziff. 2) aus betrachtet, dieses Ergebnis nicht zu billigen.

[19]) Somit kann m. E. lüderlicher, wenn auch straffreier Lebenswandel eines Arbeiters, der seine Familie darben läßt, tatsächlich die Gebührenfreiheit ausschließen.

[20]) Das „sich ernähren" und das „als Dienstbote, Gewerbsgehilfe ꝛc." stehen in unlöslichem Zusammenhange.

besondere Kenntnis, Schulung, Fertigkeit, Genauigkeit, Sorgfalt notwendig ist oder nicht, sollen den Vorzug der Gebührenfreiheit genießen. Die „Arbeiterklasse“ im weiten Umfang ist begünstigt. Wohlwollende Auslegung entspricht dem Sinne des Gesetzes. Durch die Entwicklung entstehende neue Kategorien von Arbeitern dürfen unbedenklich einbezogen werden, auch wenn bei Entstehung des Gesetzes der mit einem Worte (z. B. Lohnarbeiter) sich verbindende Sinn ein engerer war[21])[22]).

Demnach sind hierunter auch solche Beschäftigungen eingeschlossen, welche der Tätigkeit der Dienstboten nahekommen, z. B. die Bureaudiener des Rechtsanwaltes, das Modell des Künstlers, die Aufwartefrau; dann gewerbeähnliche Beschäftigungen, so jene des Taglöhners, des Holzspalters, des Viehhüters[23]), des Schreibgehilfen.

---

[21]) M. E. ist es überflüssige Mühe, genaue Unterscheidungsmerkmale zwischen Dienstboten, Gewerbsgehilfen, Fabrikarbeitern und Lohnarbeitern aufzustellen und auszusprechen, welcher mechanische Dienste Leistende etwa zu gar keiner der genannten Kategorien gehört. Das Gesetz wollte doch wohl alle treffen, die mechanische Arbeiten kraft privatrechtlicher Dienstmiete verrichten, ohne an der Leitung eines Betriebes teilzunehmen. Ein genaues Unterscheidungsmerkmal gibt es nicht. Fabrikarbeiter sind nicht bloß diejenigen, welche technische Kenntnisse besitzen und Lohnarbeiter nicht bloß diejenigen, welche keine technischen Kenntnisse brauchen. Derjenige, welcher technische Kenntnisse hat und sie weder in einem Fabrik- noch in einem Gewerbebetrieb verwertet, kann Lohnarbeiter sein und derjenige, welcher einfache Handarbeit verrichtet, Fabrikarbeiter. Die in Anm. 31 erwähnte Entscheidung des V.G.H. Bd. 4 S. 319 erachtet Störnäherinnen für Unternehmerinnen, weil sie weder Gehilfen in einem Gewerbebetriebe seien, noch bloß gewöhnliche Handarbeiten verrichten. Diese Begründung ist also m. E. nicht zutreffend.

Die Entscheidung des V.G.H. Bd. 13 S. 364 erachtet es m. E. mit Recht für verfehlt, für den Begriff des Gewerbegehilfen mit dem Gewerbsteuergesetze zu operieren. In der Tat eignet sich für Art. 12 IV H.G. der Hinweis auf solche Personen besser, welche gemäß dem Einkommensteuergesetze nach ihrem Verdienst aus einfacher Tagesarbeit besteuert werden. Auch der in der gleichen Entscheidung versuchte Ausblick auf die Gewerbeordnung und die Sozialgesetzgebung des Reiches ist in der Tat angebracht. Die letzteren unterscheiden genau zwischen Betriebsbeamten und sonstigen Bediensteten eines Betriebes, nehmen aber nicht die Beschäftigungsweise des einzelnen zur Grundlage weiterer Unterscheidungen, wie auch Art. 12 IV H.G. heute schwerlich mehr einzeln Kategorien aufführte, wenn er jetzt neu redigiert würde. In der Tat kommt es, wie die erwähnte Entscheidung betont, in der Hauptsache darauf an, ob jemand der Klasse der „Arbeiterbevölkerung“ angehört oder nicht.

[22]) Auch Handlungsgehilfen (Ladenmädchen, Kontoristen) fallen unter Art. 12 IV H.G. Dies ist ausgesprochen in V.G.H. Bd. 20 S. 75. Denn sowohl im Sinne des Gewerbesteuergesetzes wie der Reichsgewerbeordnung fallen Verkaufsgeschäfte unter die Gewerbe. — Besondere technische Kenntnisse und Fertigkeiten gehören nicht zum Begriffe des Gewerbegehilfen; auch ist der Begriff nicht auf Personen beschränkt, welche mit der Herstellung der Erzeugnisse beschäftigt sind. — So mit Recht V.G.H. Bd. 20 S. 75. Vgl. auch Bl. Bd. 42 S. 281 ff. Dort ist dargelegt, daß bei der „Ladnerin“ das Moment der Handarbeit überwiegt. Auch wenn sie „Leiterin eines Zweiggeschäftes“ ist, bleibt sie Gewerbsgehilfe, sofern es sich nicht um die wirkliche intellektuelle Leitung und Beaufsichtigung handelt.

[23]) Vgl. V.G.H. Bd. 12 S. 171, wo der Viehhüter zu den Lohnarbeitern gerechnet ist.

Wird innerhalb der 7 Jahre mit den begünstigten Beschäftigungen gewechselt, so tut dieser Umstand selbstverständlich der Gebührenfreiheit keinen Eintrag. — Erforderlich ist, daß ein privatrechtliches Vertragsverhältnis über Dienstleistungen besteht. Nicht sind „Arbeiter" jene, welche Dienste nicht gegen Lohn leisten, sondern zufolge Familiengemeinschaft oder unentgeltlich[24]). Solche Personen würden ohnehin sich nicht als Arbeiter „ernähren[25]).

Nicht sind Arbeiter diejenigen, welche an der Leitung eines Betriebes sich beteiligen. Hierher gehört nicht nur der Leiter selbst und diejenigen (Betriebsbeamte, Angestellte), welche ihn hierbei unmittelbar unterstützen, indem ihnen, wenn auch nur unter Oberleitung des Leiters, ein Teil der Leitung übertragen ist[26]), (im Gegensatz zu

---

[24]) Dagegen schadet der Umstand, daß jemand als Dienstbote keinen Lohn, sondern nur Kost und Wohnung erhalten hat, seinem Anspruch auf Gebührenfreiheit nicht. B. Gemeindeztg. Bd. 12 S. 138.

[25]) Väter können aber bei ihren Söhnen, Söhne bei ihren Vätern „arbeiten."

[26]) Entscheidungen, zugleich Beispiele:

B.G.H. Bd. 13 S. 364: „Der Zugführer der pfälzischen Bahnen ist kein Gewerbegehilfe." — Allerdings sei der Betrieb einer Privateisenbahn ein Gewerbe. Im Gewerbsteuergesetz seien auch Personen als Gewerbegehilfen bezeichnet, welche mit der erforderlichen Fertigkeit, Sach- und Geschäftskenntnis an den Arbeiten des Geschäftes selbst teilnehmen, gleichviel, welchen Lohn sie erhalten — Voraussetzungen, welche hier zuzutreffen scheinen. Aber dieser Begriff sei nur zum Zwecke der Besteuerung eingeführt. Man müsse den gewöhnlichen Sprachgebrauch zu Hilfe nehmen. Hiernach sei der Zugführer kein Gewerbsgehilfe. Das Maß seiner Kenntnisse, seine Besoldung, die Teilnahme an der Ausübung der Bahnpolizei rechtfertige es, ihn zu den Angestellten der Bahn, zu ihren Beamten zu rechnen. Es wolle scheinen, daß dem Gesetzgeber die Kategorien von Dienstboten, Taglöhnern, Lohndienern und Gewerbegehilfen rc., welche das Einkommensteuergesetz nach ihrem Verdienste aus der einfachen Tagearbeit besteuert, vorgeschwebt habe, als er für die Kategorien eine Prämie einräumte.

B.G.H. Bd. 12 S. 163: „Als Fabrikarbeiter kann derjenige nicht erachtet werden, der in einem Fabrikbetriebe Dienste leistet, die ihrer Beschaffenheit nach in den Bereich der dem Unternehmer zukommenden Betriebsleitung gehören." — Der Chemiker Sp. ist als Leiter der Kontrollfärberei für Anilinfarben in der badischen Anilin- und Sodafabrik Ludwigshafen angestellt. Fabrikarbeiter sei jeder, der in der Fabrik unter Aufsicht und Leitung für technische Zwecke des Betriebes tätig sei. Personen, welche Dienstleistungen „höherer Art" zu verrichten haben, die in den Bereich der dem Unternehmer zufallenden Betriebsleitung fallen, können regelmäßig zu den Fabrikarbeitern nicht gerechnet werden. Sie seien sozial und dienstlich aus dem Kreise der Fabrikarbeiter ausgeschieden.

B.G.H. Bd. 9 S. 214: „Aufseher und Werkaufseher in den staatlichen Strafanstalten fallen nicht unter die . . . Kategorien." — Gewerbegehilfe sei der bei der Leineweberei der Strafanstalt angestellte Werkaufseher nicht, denn die Strafanstalten seien keine Gewerbebetriebe. Lohnarbeiter sei er nicht, weil er nicht lediglich durch mechanische Verwertung der physischen Kraft Lohn gewinne. Vielmehr gehe seine Tätigkeit über eine mechanische, physische Arbeitsleistung hinaus; die-

jener, welche der „Leitung" mechanische Dienste leisten) sondern auch diejenigen, welche mittelbar an der Leitung, z. B. durch Teilnahme an der Aufsicht, Führung des Rechnungswesens ꝛc. an den geschäftlichen Dispositionen beteiligt sind [27]).

Nicht selten übt das Aufsichtspersonal auch manuelle Dienste aus; es beteiligt sich an der Ausführung der Arbeiten. Dann kommt es darauf an, welche Tätigkeit überwiegt. Der Maschinenmeister wird zumeist nicht Lohnarbeiter sein; ebenso nicht der Polier auf einem Bau, obgleich er mitunter selbst angreift; auch der Werkmeister, der die Aufsicht übt, gehört nicht zu den Lohnarbeitern; anders wenn ein sogen. Vorarbeiter nur nebenbei die Aufsicht über einige Mitarbeiter führt, im übrigen aber vorwiegend Arbeiter ist [28]).

Nicht ist Arbeiter derjenige, welcher in einem öffentlich-rechtlichen Dienstverhältnis steht. Allerdings leistet ein staatlicher Bureau- oder Kassendiener oder ein Straßenwärter vorwiegend mechanische Dienste. Im Dienste des Staates und der Gemeinden stehen in der Tat eine große Anzahl von Personen, welche lediglich den Rechtsregeln der Dienstmiete unterstehen. Zahlreiche Dienststellungen aber unterwerfen den Inhaber dem öffentlichen Dienstrecht; dies gilt z. B. bei allen nach der Verordnung vom 26. Juni 1894 zu behandelnden nichtpragmatischen Staatsbediensteten [29]). Ein solcher hört auf, „Lohnarbeiter" zu sein; er genießt die Gebührenfreiheit nicht. Derselbe Dienst kann, sogar dem nämlichen Rechts-

---

selbe erfordere die Betätigung intellektueller und moralischer Eigenschaften und Fähigkeiten. . . .

V.G.H. Bd. 20 S. 93. Lebensversicherungsinspektoren, welche Versicherungsabschlüsse zu vermitteln und Agenten aufzustellen ermächtigt sind, sind nicht Gewerbegehilfen.

[27]) Der Buchhalter eines kaufmännischen oder Fabrikbetriebes, ebenso der Korrespondent, Disponent ꝛc. ist im allgemeinen nicht als Gewerbsgehilfe zu erachten. Vgl. B. Gemeindeztg. Bd. 11 S. 85. Dagegen werden der Kopist, Kanzlist und ähnliche Angestellte, auch der bloße Rechner, selbst dann zu den Arbeitern zählen, wenn sie monatlich entlohnt werden.

[28]) Die in Bl. Bd. 30 S. 87 mitgeteilte Ministerialentscheidung, nach welcher ein Fabrikmeister (sogen. Saalmeister), der nur ausnahmsweise Fabrikarbeit verrichtet, sondern hauptsächlich Anweisungen erteilt und Aufsicht übt, zu den Fabrikarbeitern zählt, ist kaum richtig; darauf daß er wöchentlich den Lohn bezieht, kommt nichts an.

[29]) Weber Bd. 22 S. 622 ff. — Vgl. hierzu die Ausführungen in V.G.H. Bd. 21 S. 97, wo mit festem Gehalte angestellte Distriktsstraßenwärter nicht als Lohnarbeiter erachtet werden. V.G.H. Bd. 23 S. 69: „Ein statusmäßig angestellter Eisenbahnvorarbeiter der k. b. Staatseisenbahnen gehört zu keiner der Arbeiterklassen im Sinne des Art. 12 Abs. 4 H.G." — Unter die Verordnung von 1894 fallen z. B. Straßenwärter, Flußwärter, Schleußenwärter, Diener der Landgestütsverwaltungen, Hausmeister, Pedelle, auch unteres Personal der Bergwerks-, Hütten- und Salinenverwaltung, Münzarbeiter, ferner Personal der Staatseisenbahnen wie z. B. Lokomotivführer, Stationsdiener, Heizer, Wagenwärter und Gehilfen, Briefträgergehilfen, Bremser, Bahnwärter, Stationswärter ꝛc. Unständiges, gegen Taglohn aufgenommenes Personal wird dagegen in der Regel zu den Lohnarbeitern zählen.

subjekt geleistet, rein privatrechtlichen Normen oder auch öffentlich-rechtlichen Normen unterliegen. Hiernach richtet sich die Zugehörigkeit unter Art. 12 IV H.G. Den Gemeinden wollte die Erhebung von Heimatgebühren seitens Staatsangestellter nicht entzogen werden.

Ist einem an sich nur im privatrechtlichen Dienstverhältnis Stehenden vorzugsweise die Wahrnehmung von Rechten, die Ausübung polizeilicher Befugnisse und ähnliches übertragen, so ist er nicht mehr Lohnarbeiter im gewöhnlichen Sinne. Dies würde bei Bediensteten des Staates auch dann gelten, wenn sie nicht unter die Verordnung vom 26. Juni 1894 fallen. — Schwieriger als bei Staatsbediensteten ist die Unterscheidung, ob Arbeiter oder öffentlicher Bediensteter, beim Gemeindedienste. Vielfach vollzieht sich mit der Festsetzung eines Jahres- oder Monatsgehaltes statt eines Taglohnes eine Aenderung der Rechtsstellung, ebenso mit der Leistung eines Diensteides. Wesentlich sind aber letztere Umstände für die Beurteilung nicht; immerhin bieten sie häufig Anhaltspunkte über die Willensmeinung der Parteien und den Charakter des Dienstes. — Der gemeindliche Feldhüter ist beispielsweise nicht Lohnarbeiter, weil er vorzugsweise polizeiliche Funktionen ausübt.

Nicht ist Arbeiter derjenige, welcher wissenschaftliche und künstlerische Arbeit leistet. Auch die unterrichtliche und erzieherische Tätigkeit gehört hierher. Bei einer Verbindung solcher Tätigkeit mit mechanischer Dienstleistung ist wiederum zu untersuchen, welche die vorwiegende ist.

Nicht ist hinsichtlich einer bestimmten Tätigkeit Fabrikarbeiter oder Gewerbsgehilfe ꝛc., wer Unternehmer ist. Unternehmer in diesem Sinn ist, wer einem Dritten die Ausführung eines Werkes verspricht, wogegen er für die Vollführung des Werkes eine Vergütung erhält. Dernburg Bd. 2, Abt. 2 S. 429. Beim Dienstboten, Gewerbsgehilfen, Fabrikarbeiter, Lohnarbeiter handelt es sich um einen Dienstvertrag; bei einem solchen besteht die Leistung des einen Kontrahenten in Diensten, jene des andern in der Bezahlung der Dienste. Wer Werkverträge abschließt, ist hinsichtlich der übernommenen Leistung Unternehmer. Der Werkvertrag unterscheidet sich von dem Dienstvertrag dadurch, daß bei ersterem die Vergütung für das Arbeitsergebnis, bei letzterem für die Arbeit bezahlt wird. „Für den Unterschied von Dienst- oder Werkvertrag ist die Weise der Berechnung der Vergütung und die Modalität der Zahlung kein sicheres Merkmal. Die Vergütung kann einesteils auch beim Werkvertrag nach den Maßen des Werkes zu entrichten sein, z. B. bei Bauten; oft wird anderenteils bei Dienstverträgen der Lohn nach dem Stücke oder dem Maße der Arbeit berechnet, namentlich in der Hausindustrie. Im Zweifel wird man sich für die Annahme eines Dienstvertrages zu entscheiden haben.“ Dernburg S. 431.

Danach ist der Möbeltransporteur kein Lohnarbeiter (allerdings sind es seine Gehilfen), sondern Unternehmer; der Teppichreiniger kein

Lohnarbeiter sondern Unternehmer, der Lohndiener, der auf der Straße seine Dienste anbietet, Lohnarbeiter; denn es ist, um Lohnarbeiter zu sein, nicht der Abschluß eines Arbeitsverhältnisses von längerer Dauer notwendig[30]), sondern jeder einzelne Dienst, der geleistet wird, wird kraft Dienstmiete geleistet; die Frau, welche sich als Köchin verdingt, um in Familien abwechselnd Speise zu bereiten, ist Lohnarbeiterin; ebenso die sogen. Zuspringerin; der Friseur, welcher täglich erscheint, seinen Kunden zu rasieren, ist Unternehmer; die Näherin[31]), welche heute hier, morgen dort arbeitet, ist Lohnarbeiterin; die Näherin dagegen, welche zu einem festen Satz die Herstellung der Arbeit übernimmt, ist Unternehmerin, auch wenn sie die Arbeit in der Wohnung desjenigen ausführt, dem das Arbeitsprodukt zugehört. Im einzelnen Falle mag der Unterschied schwierig sein, aber er ist für unsere Frage wichtig.

Wer eine vom Gesetz begünstigte Beschäftigung ausübt, geht der Vorteile des Art. 12 IV H.G. nicht dadurch verlustig, daß er gleichzeitig und regelmäßig auch eine nicht begünstigte Beschäftigung betreibt. So kann der Lohnarbeiter auch ein Grundstück landwirtschaftlich nutzen, der Gewerbegehilfe auch Korrespondent einer Zeitung sein; nur muß der Lebensunterhalt vorwiegend aus der begünstigten Beschäftigung fließen[32]).

5. Ist eine Voraussetzung des Anspruches auf gebührenfreie Verleihung des Heimatrechtes, daß der Bewerber die ganze Zeit der 7 Jahre Angehöriger des bayrischen Staates gewesen ist? Die

[30]) Auf die Beziehung zu einem bestimmten Arbeitgeber, bezw. auf ein ständiges Dienstverhältnis kommt es nicht an. V.G.H. Bd. 9 S. 267. v. Riedel S. 153 Note 28. — In Art. 12 des Armengesetzes allerdings wird zur Verpflichtung der Arbeitsgemeinde gefordert, daß Dienstboten, Gewerbsgehilfen, Lehrlinge, Fabrik- oder Lohnarbeiter in einer ständigen Arbeit stehen. Dies setzt ein Arbeitsverhältnis zu einem bestimmten Arbeitgeber voraus. Art. 12 IV H.G. enthält jedoch eine solche Bestimmung nicht.

[31]) V.G.H. Bd. 4 S. 319: „Näherinnen, welche ihr Geschäft selbständig auf eigene Rechnung betreiben, ... steht Gebührenfreiheit nicht zu." Ob der der Entscheidung des Verwaltungsgerichtshofes zugrunde liegende Fall wirklich zu obiger Entscheidung führt, lasse ich dahin gestellt. Es handelt sich um eine sog. Störnäherin. Wenn eine solche z. B. die Façon eines Damenkleides für einen fixen Geldbezug übernimmt und sich aus irgendwelchen Gründen, etwa wegen der bequemeren Anprobung, der Wohnung der Auftraggeberin als Arbeitsstätte bedient, so ist sie Unternehmerin. Wenn sie aber zum Satze von 2 Mk. oder 2 Mk. 50 Pfg. von 7 Uhr früh bis 7 Uhr abends arbeitet, um was ihr an Näharbeit gegeben wird, soviel ihr eben gelingt, zu verarbeiten, so ist sie Lohnarbeiterin.

[32]) Vgl. V.G.H. Bd. 19 S. 59. — Beispiel: A übernimmt den Verkauf von Zeitungen gegen eine bestimmte Vergütung für das Stück, und hat dabei das Recht, die nicht verkauften Stücke dem Verleger zurückzugeben; zugleich aber kauft er eine Anzahl von Stücken fest zum Wiederverkauf; aus beiden Arten von Beschäftigungen fließt sein Einkommen. Wenn nicht das aus dem eigenen Unternehmen Verdiente überwiegt, genießt A die Vergünstigung des Art. 12 IV.

herrschende Lehre behauptet dies allerdings[33]). M. E. sind die Worte in Art. 12 IV aus den in § 37 bereits dargelegten Gründen dahin zu verstehen, daß derjenige, welcher Gebührenfreiheit beansprucht, Angehöriger des bayrischen Staates sein müsse. Wer noch nicht bayrischer Staatsangehöriger ist zu der Zeit, da er den Anspruch erhebt, hat unter allen Umständen die Gebühr zu bezahlen. Dies würde, falls meine in § 37 dargestellte Anschauung richtig ist, allerdings zur Folge haben, daß ein nichtbayrischer Deutscher, welcher sich in einer Gemeinde 7 Jahre lang, z. B. als Gewerbsgehilfe ernährt hat, wohl immer zunächst die bayrische Staatsangehörigkeit erwerben würde. Dann wird er heimatloser Bayer und erlangt nach meiner Meinung die Heimat auf Grund des Art. 11 H.G. unentgeltlich kraft Gesetzes, während er nach der herrschenden Anschauung von diesem Zeitpunkte ab von neuem 4—7 Jahre um die Heimat dienen muß. Der Ausländer, welcher die bayrische Staatsangehörigkeit erwerben will, muß ja, ehe er die Naturalisation erlangt, in der Regel den Nachweis der gesicherten Heimat erbringen, wozu ihm Art. 10 dienlich sein kann. Er kann also nimmermehr gebührenfreie Verleihung durchsetzen, weil eben in Art. 12 dieses Recht dem bayrischen Staatsangehörigen vorbehalten ist. Würde dies nicht ausdrücklich vorgesehen sein, so hätte auch der Ausländer jenes Recht — somit hat die Anführung jener Worte in Art. 12 IV H.G. auch nach der hier vertretenen Auffassung Bedeutung.

---

[33]) V.G.H. Bd. 10 S. 36: „Nur derjenige Aufenthalt kann bei der Bewerbung um gebührenfreie Heimatverleihung angerechnet werden, welchen der Bewerber in seiner Eigenschaft als Bayer in der betreffenden Gemeinde zugebracht hat." H ist seit 1874 in Ludwigshafen als Buchdruckergehilfe beschäftigt, aber erst 1886 in den bayrischen Staatsverband aufgenommen. Er beanspruchte die unentgeltliche Verleihung des Heimatrechtes unter Berufung auf Art. 3 der Reichsverfassung. Der Verwaltungsgerichtshof führte mit Recht aus, daß dieser Hinweis im Hinblick auf Art. 3 Abs. 3 und Art. 4 Abs. 1 der Reichsverfassung und § 1 Ziff. III der Versailler Verträge nicht beweiskräftig sei. — In den ferneren Ausführungen gibt Verwaltungsgerichtshof zu, daß Art. 12 IV wie Art. 29 X die Auslegung nicht ausschließen, als sei die von einer Person als Nichtbayer zurückgelegte Aufenthaltszeit anzurechnen. Auch die Absicht, gewissen Kategorien eine Prämie zu schaffen, spreche nicht gegen die erweiternde Auslegung. Gleichwohl sei die Auffassung nicht haltbar. Die Verhandlungen des Sozialgesetzgebungsausschusses sprechen nicht für die Auffassung, als ob auch Nichtbayern schon einen Aufenthalt im Sinne von Art. 12 IV zurücklegen könnten. Die Entscheidung verweist dann auf die Analogie aus Art. 10 und darauf, daß sich die Bestimmungen des Heimatgesetzes in erster Linie nur mit solchen befassen, welche bayrische Staatsangehörige sind, während hinsichtlich der Fremden nur die besonderen Gesetzesbestimmungen maßgebend seien. — M. E. treffen dieselben Gründe gegen diese Anschauung zu, welche in § 37 bereits dargelegt wurden. Kann man sich zu der Ansicht bekennen, daß jemand nicht volle 7 Jahre entweder Bayer oder Nichtbayer gewesen sein müsse, um Anspruch nach Art. 7 bezw. 10 H.G. zu haben, dann wird man bei der Tendenz des Art. 12 IV, solche Anspruchsberechtigte, welche in gewissen Berufen in der Gemeinde tätig sind, zu begünstigen, unschwer auch den Schluß ziehen, daß es genügt, wenn der Begünstigte zur Zeit der Anspruchserhebung Bayer ist.

6. Um gebührenfreie Verleihung des Heimatrechts beanspruchen zu können, muß der Arbeiter ein weiteres Erfordernis erfüllen; er darf während des in Ziff. 2 bezeichneten Zeitraumes richterlich nicht zu einer Freiheitsstrafe verurteilt worden sein [34]). Lediglich auf die Verurteilung kommt es an [35]). Jede, auch die geringfügigste — selbst die wegen bloßer Uebertretung erlittene — Freiheitsstrafe [36]) schadet, selbst wenn dieselbe nicht vollstreckt oder in eine Geldstrafe im Gnadenwege umgewandelt oder ganz erlassen wurde. Die Tatsache der richterlichen Verurteilung bleibt bestehen. Jedoch muß es sich um die Verurteilung zu einer Strafe handeln, nicht um eine durch den Richter verfügte sonstige Freiheitsentziehung, z. B. ein Verfahren wegen Leistung des Offenbarungseides oder ein Zeugenzwangsverfahren, um eine Festnahme, um Erduldung einer Untersuchungshaft u. a. m. Ist eine Strafe erlitten, deren Vollstreckung auch die Freiwilligkeit des Aufenthalts im Sinne des Art. 7 H.G. aufhebt, so muß ohnehin ein späterer geeigneter Aufenthalt vorliegen, wenn überhaupt ein Anspruch auf Heimatverleihung bestehen soll. Handelt es sich um eine geringe Strafe, welche die Freiwilligkeit des Aufenthalts nicht aufhebt, so muß nach der herrschenden Lehre der allerdings nach diesem Zeitpunkt aufzuweisende neue Aufenthalt von 7 Jahren nur den Anforderungen des Art. 12 IV, nicht des Art. 7 entsprechen; nach unserer Anschauung muß derselbe auch dem Art. 7 genügen, um Gebührenfreiheit zu begründen.

7. Personen, welche einen Heimatanspruch geltend machen, brauchen die Freiheit von der Heimatgebühr nicht ausdrücklich anzusprechen. Denn, wenn die Voraussetzungen gegeben sind, sind sie kraft Gesetzes befreit. Die Gemeinden dürfen Gebühren von Personen nicht einheben, welche nach Art. 12 IV befreit sind. Werden solche Gebühren doch erhoben, so können sie zurückgefordert werden. Wird die Heimat solchen, die Anspruch auf gebührenfreie Verleihung haben, verliehen gegen Zahlung der Gebühr, so ist der

---

[34]) Strafen, welche ein Familienangehöriger erlitten hat, sind natürlich ganz ohne Einfluß, auch wenn diese durch die Heimatverleihung kraft gesetzlicher Heimatfolge die Heimat ebenfalls erlangen. Vgl. B. Gemeindeztg. Bd. 3 S. 284.

[35]) Strafen, zu welchen er früher oder später verurteilt wurde, mögen sie auch noch so schwere sein, schaden nichts. Auch die Verbüßung einer Strafe während der gesetzlichen Aufenthaltszeit schadet nicht, falls die Verurteilung nicht in diese fällt. Jedoch kann in diesem Falle der Aufenthalt unterbrochen bezw. nicht freiwillig sein. Zeitpunkt der Verurteilung ist jener, in welchem das Urteil in Rechtskraft erwächst. V.G.H. Bd. 17 S. 321: „Die richterliche Verurteilung zu einer Freiheitsstrafe . . . ist nur dann hinderlich, wenn dieselbe während des in Betracht kommenden Aufenthalts in der Gemeinde erfolgt ist."

[36]) Auch ist die Umwandlung einer Geldstrafe in Freiheitsstrafe der „Verurteilung" nicht gleichzustellen. v. Seydel Bd. 2 S. 70. V.G.H. Bd. 6 S. 53: „Für die Anwendung des Art. 12 IV H.G. ist nur der eigentliche Strafausspruch, nicht aber eine etwa auf Grund des § 28 R.St.G.B. wegen Uneinbringlichkeit der Geldstrafe verfügte Strafumwandlung maßgebend." Vgl. auch v. Riedel S. 153/54 Note 30.

Beschluß in diesem Teil unwirksam. Die Wirkung der Heimatverleihung ist demnach auch bei nicht erfolgter Zahlung sogleich eingetreten; denn sie kann nicht „abhängig" sein von der Zahlung der zu unrecht geforderten Gebühr[37]).

Es steht jedem frei, ausdrücklich die Gebührenfreiheit zu beanspruchen. Dann wird aber im Zweifel anzunehmen sein, daß er die Heimat nur dann verliehen wünsche, wenn er sie gebührenfrei erhält. Seine Geltendmachung des Anspruchs muß als bedingte gelten. Besteht die Gebührenfreiheit nicht, so ist der Anspruch auf Verleihung des Heimatrechts überhaupt nicht erhoben. Stirbt der die Heimat Ansprechende, so geht der Anspruch nicht auf die Witwe und die Kinder über, wenn er einen Anspruch auf gebührenfreie Verleihung nicht besaß. Es ist daher zu empfehlen, die gebührenfreie Verleihung immer nur in erster Linie, eventuell zugleich die Verleihung gegen Zahlung der Gebühren anzusprechen — es müßte denn sein, daß jemand eben willens ist, die Heimat nur zu erwerben, wenn er sie gebührenfrei erwirbt (z. B. weil ihm die Zahlung der Gebühr zu schwer fällt); vgl. § 43 Ziff. 5.

VI. Die Durchsetzung des Anspruches auf Heimatverleihung.

§ 43.

1. Entstehung und Verlust des Anspruches[1]).

1. Der Anspruch auf Verleihung des Heimatrechtes ist begründet, sobald alle Tatsachen[2]) erfüllt sind, welche nach dem Gesetze zur Entstehung des Anspruches gehören. Die Regel ist oder soll sein, daß der Anspruch erst erhoben wird, wenn er begründet ist. Von dieser Regel wird aber nicht selten abgewichen. Ansprüche, die zur verwaltungsrechtlichen Beurteilung gelangen, können zur Zeit der Stellung des Antrages bei der I. Instanz, ja sogar zur Zeit der erst- oder zweitinstanziellen Entscheidung unbegründet sein und daher Abweisung des Antrages veranlassen, in einem späteren Zeitpunkte aber, etwa erst bei Erlassung der letztinstanziellen Entscheidung begründet er-

---

[37]) Wer allerdings nichts sagt und der Gemeinde auch keine Behelfe an die Hand gibt, die seinen Anspruch auf Gebührenfreiheit erkennen lassen, darf nicht erwarten, daß eine Gebühr von ihm nicht gefordert wird. Vgl. v. Riedel S. 154 Note 31. Er kann aber die Tatsachen, die seinen Anspruch dartun, auch nachträglich geltend machen.

[1]) Für den Anspruch auf Verleihung der Heimat sind mehrere Zeitpunkte von Bedeutung, jener der Begründung des Anspruches, der Anmeldung desselben bei der Gemeindeverwaltung, der Heimatverleihung durch die Gemeinde, der Zahlung der Heimatgebühr, der Erhebung der verwaltungsrechtlichen Klage, der instanziellen Entscheidung.

[2]) Zu diesen Tatsachen gehört nicht, daß der Berechtigte Bayer ist. Auch ein Nichtbayer hat nach Art. 10 H.G. Anspruch; jedoch wird die Heimatverleihung erst wirksam im Zeitpunkte der Erlangung der bayrischen Staatsangehörigkeit.

scheinen. Dies ist möglich, indem entweder Hindernisse des Anspruches wegfallen, so jenes der Nichtveranlagung und Nichtentrichtung der Staatssteuern oder der Nichterfüllung der Abgaben an die Gemeindekassa, oder indem positive Erfordernisse sich erst später erfüllen. Der Antragsteller hat z. B. die Aufenthaltszeit vom 1. Dezember 1899 bis 1. Dezember 1903 berechnet, während er doch erst am 1. Mai 1900 volljährig wurde. Das Bezirksamt hat in seiner am 15. April 1904 ergehenden Entscheidung den Antrag mit Recht abgelehnt, die II. Instanz hat einen begründeten Antrag vor sich. In den Ausführungen des Verwaltungsgerichtshofes in Bd. 24 S. 465 ist nun mit Recht ausgesprochen, daß ein Mangel für das schließliche Obsiegen des erhobenen Anspruches nichts schadet, — wenn nur der Anspruch im Zeitpunkte der endgültigen Entscheidung in jeder Hinsicht begründet ist[3]). Wer die Kosten des bisherigen Verfahrens zu tragen hat, ist eine andere Frage.

Die den Anspruch begründenden Tatsachen sind in den vorhergehenden Paragraphen erörtert worden. Immerhin bedarf eine weitere Frage zunächst der Erörterung. Die Gesetzgebung hat sich bei Festsetzung der Voraussetzungen des Anspruches geändert. Die Gesetzgebung vor 1868 kannte, abgesehen von der ältesten, welche ja die unmittelbare Ersitzung der Heimat vorsah, die Anspruchserwerbung auf Grund Aufenthalts nicht. Kann nun der vor dem 1. September 1868 zurückgelegte Aufenthalt verwertet werden? Die für die Beantwortung dieser Frage maßgebenden Gesichtspunkte sind bereits in § 15 auf Seite 72 erörtert. Dort ist ausgeführt, daß an sich nichts hinderte, einen vorher zurückgelegten Aufenthalt zu verwerten, wenn

[3]) Die Entscheidung ist bereits in § 39 S. 289 erörtert worden. Sie führt in S. 471 aus, daß nach modernem Prozeßrecht ein Rechtsstreit nicht nach dem Stande der Sache im Zeitpunkt des Prozeßbeginnes, sondern nach jenem der Urteilsfällung zu beurteilen ist. Weiter wird gesagt: „So muß auch in Fällen der vorliegenden Art die Erfüllung der für die Gültigkeit des Anspruches erforderlichen Voraussetzungen, welche im Gesetze über Heimat, Verehelichung und Aufenthalt festgestellt und hinsichtlich ihres Eintrittes wie ihrer Wirkungen nach diesem Gesetze zu beurteilen sind, noch bis zum Zeitpunkt der endgültigen Entscheidung für zulässig erachtet und bis zu diesem Zeitpunkt dem Eintritt einer gesetzlichen Voraussetzung die Wirkung beigemessen werden, daß der vordem nicht begründete Anspruch nunmehr begründet erscheint (Bd. 18 S. 143), sofern nur, wie hier der Fall, der Aufenthalt . . . fortgedauert hat". M. E. braucht man sich gar nicht einmal auf die Analogie des Zivilprozesses zu berufen. Es ist eine aus der Natur der Sache sich ergebende Eigentümlichkeit des Verwaltungsprozesses, daß es in ihm darauf ankommt, das dem objektiven Tatbestande Entsprechende festzustellen. Zugeständnisse, Anerkenntnisse der Parteien sind für ihn ohne bindende Bedeutung, wie überhaupt dem Willen der Parteien ein beschränkter Spielraum gelassen ist. Nach dem Heimatgesetz ist zur Aenderung einer Heimat infolge Aufenthalts in einer Gemeinde erforderlich: a) Die Vollendung gewisser Tatsachen, b) Der Wille des bisher in einer Gemeinde Heimatberechtigten oder an seiner Stelle jener der Verwaltung dieser letzteren Gemeinde. Sobald beides gegeben ist, entspricht die Heimatänderung dem vom Gesetz im öffentlichen Interesse Gewollten und diesen Willen hat die Verwaltungsrechtspflege zu vollziehen, wo immer er vollziehbar ist.

nicht das Gesetz dies selbst in Art. 47 IV H.G. verbieten würde. Uebrigens ist diese Bestimmung heute von keiner Bedeutung mehr.

Eine ähnliche Frage ergibt sich nun zufolge der Novelle vom 17. Juni 1896. Bis dahin besaßen den Anspruch Personen, welche während der 5 bezw. 10 ihrer Bewerbung unmittelbar vorausgehenden Jahre sich in der Gemeinde geeignet aufgehalten hatten. Nach der Novelle ist ein 4jähriger Aufenthalt nach Art. 6, ein 7jähriger nach Art. 7 erforderlich. Derselbe braucht nicht mehr der Bewerbung unmittelbar vorher zu gehen. Da die Novelle sich eine weitergehende Kraft nicht beimißt, so ergibt sich, daß jeder nach dem 1. September 1868 zurückgelegte Aufenthalt von einer der Novelle von 1896 entsprechenden Dauer und Qualität für einen nach dem 24. Juni 1896 erhobenen Anspruch verwertet werden darf, sofern nicht dieser Anspruch an diesem Tage nach dem bis dahin geltenden Rechte bereits wieder verloren oder entwertet war; vgl. Ziff. 3. Vom 25. Juni 1896[4]) an, an welchem Tage die Novelle in Kraft trat, werden alle Ansprüche, die nicht schon nach altem Rechte zerstört sind, nach neuem Rechte bemessen. Zerstörte Rechte leben nicht wieder auf, wenngleich die Ursache der Zerstörung fortan nicht mehr oder nicht mehr unter diesen Umständen anerkannt wird; nicht zerstörte, wenngleich unter der Geltung des bisherigen Rechtes entstandene, Ansprüche bleiben erhalten, obschon Umstände eintreten, welche den Anspruch nach bisherigem Rechte zerstört haben würden. Wer demnach z. B. am 1. Juni 1892 einen nach Art. 6 H.G. der neueren Fassung geeigneten Aufenthalt begann, der hatte am 25. Juni 1896 sofort einen Anspruch auf Heimatverleihung begründet. Die vor dem 25. Juni zurückgelegte Aufenthaltszeit wird weder gar nicht, noch nur pro rata, sondern voll angerechnet[5]). Nach den eben dargelegten Grundsätzen war diese Regel selbst für die Beurteilung solcher Ansprüche anzuwenden, welche am 25. Juni 1896 bereits erhoben waren[6]).

---

[4]) Vgl. V.G.H. Bd. 21 S. 191; Reger S. 20 Anm. 7.

[5]) Vgl. hierzu v. Riedel S. 121 Note 21 a und b, Reger S. 19 und 20 Anm. 7.

V.G.H. Bd. 18 S. 135: „Bei Anwendung des Art. 6 und 7 H.G. in der Fassung der Novelle vom 17. Juni 1896 ist für den dort normierten 4- bezw. 7jährigen Aufenthalt auch die unter der Herrschaft des früheren Rechtes bereits zurückgelegte Aufenthaltszeit in Anrechnung zu bringen. Personen, welche bei dem Inkrafttreten der Novelle einen 4- bezw. 7jährigen Aufenthalt mit den sonstigen Erfordernissen des Art. 6 bezw. Art. 7 des H.G. älterer Fassung bereits zurückgelegt hatten, haben hiernach, sofern dieser Aufenthalt bis zur Geltendmachung des Anspruchs fortdauert, Anspruch auf Verleihung des Heimatrechtes in der Aufenthaltsgemeinde.“

[6]) V.G.H. Bd. 18 S. 136: „Es besteht kein prozessuales Hindernis, die vorstehenden (vgl. Anm. 5) Grundsätze für die Beurteilung der noch unter der Herrschaft des früheren Rechtes anhängig gewordenen Heimatstreitigkeiten zur Anwendung zu bringen“.

Noch bleibt die Frage zu erörtern, ob die den Anspruch begründenden Tatsachen unbedingt in einem Zeitpunkt alle zusammen vorhanden sein müssen. Diese Frage ist zu verneinen. Wie schon früher angedeutet, zerfallen jene Tatsachen in mehrere Gruppen. Einmal a) muß der ununterbrochene Aufenthalt von einem Menschen zurückgelegt worden sein, dem während der ganzen Aufenthaltszeit gewisse Eigenschaften zukommen, der also namentlich volljährig (selbständig) und stets in der Lage gewesen ist, seinen Aufenthalt selbst zu bestimmen; diese Eigenschaften der Personen sind zu Eigenschaften des Aufenthalts geworden; sie müssen zur Zeit der Begründung des Anspruches vollständig gegeben sein. Diese Eigenschaften ergeben nach dem Sprachgebrauch des Gesetzes (Abs. 2) „den in Art. 6 bezw. Art. 7 Abs. 1 bezeichneten Aufenthalt". Dann b) darf der Betreffende während der Aufenthaltszeit keine Armenunterstützung erhalten oder erbeten haben; diese Voraussetzung ist am Ende der Ersitzungszeit gegeben oder nicht gegeben; letzterenfalls ist eben keine gültige Ersitzung vorhanden; diese negative Eigenschaft muß also gleichzeitig mit den vorigen sich als vorhanden erweisen. Dann endlich aber c) soll im Falle des Art. 6 H.G. der Bewerber, wie oben in § 39 eingehend erörtert wurde, für den Ersitzungszeitraum mit Steuern veranlagt gewesen sein und die auf diesen Zeitraum treffenden Steuern und sonstigen öffentlichen Abgaben gezahlt haben. — Der Gesetzgeber hätte auch die Anforderungen unter c so behandeln können wie jene unter b. Dann hätte am Ende der 4 Jahre auch c erfüllt sein, m. a. W. es hätte zur Zeit der Erfüllung von c auch noch der geeignete Aufenthalt bestehen müssen. Dies ist aber nicht angeordnet, und so entsteht ein Anspruch zwar nur, wenn für den nämlichen 4- bezw. 7jährigen Zeitraum alles (a—c) Erforderliche nachgewiesen ist, aber die Erfordernisse unter c können, wenn auch für, so doch zeitlich außerhalb jener 4 Jahre erfüllt sein. Sie brauchen nicht gleichzeitig mit jenen unter a und b genannten erfüllt zu sein.

Der eben erörterte Unterschied der Voraussetzungen der Anspruchsbegründung ist noch von einer anderen Bedeutung. Ein begründeter, aber nicht geltend gemachter Anspruch ist zwar noch nicht entstanden; aber kommt die Geltendmachung hinzu, so ist jetzt im Gegensatz zu dem Recht vor der Novelle von 1896 lediglich gefordert, daß die unter a angegebenen Voraussetzungen fortdauern, d. h. daß dieselben noch bestehen bis zur Geltendmachung des Rechtes. Dagegen brauchen die unter b und c weiter bezeichneten Voraussetzungen für die der Begründung des Anspruches folgende Zeit nicht nachgewiesen zu werden. Dauern jedoch die unter a bezeichneten Erfordernisse bis zur Geltendmachung des Anspruches nicht fort, so ist der Anspruch zwar begründet gewesen, aber das nicht geltend gemachte Recht ist nun wiederum entschwunden, wie wenn es niemals bestanden hätte. Wie während der Ersitzungszeit der Umstand, daß dem Aufenthalt eine notwendige Eigenschaft abhanden kommt, den ganzen bisher zurückgelegten guten Aufenthalt entwertet, so hier das Nichtfortbestehen eines bestimmtes Teiles der Anspruchsvoraussetzungen den bereits begründeten Anspruch. Für die Beurteilung, ob die den Aufenthalt betreffenden Erfordernisse bestehen bleiben, sind die Regeln anzuwenden, welche in § 35—38 aufgestellt worden sind. — Vgl. Reger S. 28 Anm. 18.

2. Ein Anspruch ist erst entstanden, wenn er geltend gemacht wird. Zur Begründung eines Heimatverleihungsanspruches muß der erklärte Wille hinzutreten, von dem begründeten Rechte Gebrauch zu machen. Während im Zivilrechte die Geltendmachung des Rechtes zumeist nur dazu dient, es gegen Störungen zu schützen, hat hier das begründete, aber nicht geltend gemachte Recht keine Bedeutung; es ist noch nicht vollendet[7]). Der Tatbestand allein bewirkt nur für jene, welche zur Zeit seiner Vollendung heimatlose Bayern gewesen sind, unmittelbar die Erwerbung der selbständigen Heimat.

Wie der Anspruch geltend gemacht wird und wer ihn erheben kann, darüber vgl. § 44. Wer keinen Willen hat, kann auch den Anspruch nicht erheben. Für einen solchen muß gegebenenfalls der gesetzliche Vertreter auftreten[8]). Die Anmeldung des Anspruches bei der Verwaltung der Aufenthaltsgemeinde gestaltet ihn zum subjektiven Rechte und bewirkt seine Unverlierbarkeit. Der Eintritt von Umständen, welche die Entstehung des Anspruches gehemmt, den begründeten, aber nicht erhobenen Anspruch zerstört hätten, nimmt dem erhobenen Anspruch nicht mehr seine Kraft. Beispielsweise schadet die unmittelbar nach gültiger Anmeldung erfolgte Aenderung des Aufenthalts nichts mehr, auch wenn sie in schwerer geistiger Erkrankung oder in Verbüßung einer schweren Freiheitsstrafe ihren Grund hat.

3. Nach bisherigem Rechte (vom 1. September 1868 bis 25. Juni 1896) konnte sich allerdings ein Verlust auch des nur begründeten Anspruches im eigentlichen Sinn nicht ergeben; es mangelte eben der Unterschied zwischen dem nur begründeten und dem auch erhobenen Anspruche. Denn nach dem mitgeteilten Wortlaute wurde immer nur die Zeit in Betracht gezogen, welche in der vom Gesetz festgesetzten Dauer von 5 bezw. 10 Jahren der Anspruchserhebung unmittelbar voranging. Wer also am 1. Dezember 1895 einen Anspruch aus Art. 6 erhob, der mußte vom 1. Dezember 1890 bis 1. Dezember 1895, wer jenen aus Art. 7 erhob, mußte vom 1. Dezember 1885 bis 1. Dezember 1895 in geeigneter Weise in der Gemeinde sich aufgehalten haben. Die Zeit, welche vor den der Anspruchserhebung

---

7) Aehnliche Rechtsverhältnisse ergeben sich z. B. bei der Anfechtung. Alle Anfechtungsgründe nützen nicht, wenn nicht angefochten wird.

8) v. Riedel S. 113 Note 2b.

unmittelbar vorangehenden 5 bezw. 10 Jahren abgelaufen war, wurde in keiner Weise beachtet. Wer also z. B. am 1. Dezember 1895 einen Anspruch erhob, der konnte seinen Aufenthalt vom Jahre 1872 bis 1. Dezember 1885, mochte er auch noch so tadellos sein, hierbei nicht verwerten. Dies gilt nach neuem Rechte nicht mehr. Jede, wenn auch noch so weit zurückliegende Zeit, welche die gesetzlichen Erfordernisse erfüllt, kann an sich für den Anspruch verwertet werden. In der Ausdrucksweise des bürgerlichen Rechtes kann für das geltende Heimatrecht gesagt werden: Der durch Aufenthalt begründete Anspruch auf Verleihung einer Heimat unterliegt keiner Verjährung[9]. Nur muß zur Zeit der Anspruchserhebung der geeignete Aufenthalt noch fortbestehen (Ziff. 1). Keine Ausnahme im Rechtssinne, aber eine tatsächliche Einschränkung erfährt jener Satz aus der eben erläuterten Gestaltung des Rechtes vor dem 25. Juni 1896. Da nach Ziff. 1 ein bereits nach diesem Rechte entwerteter Aufenthalt entwertet bleibt, so kann eine vor dem 25. Juni 1886 liegende Aufenthaltszeit für keinen Heimatverleihungsanspruch mehr verwertet werden, für einen nur auf Art. 6 sich gründenden Anspruch auch nicht mehr diejenige, welche vor dem 25. Juni 1891 liegt. Da überdies nach neuem Rechte die Dauer der erforderlichen Aufenthaltszeit auf 4 bezw. 7 Jahre abgemindert wurde, so ist sogar die vor dem 25. Juni 1889 bezw. 1892 zurückliegende Zeit nicht mehr dienlich. Reger S. 20 Anm. 7. Folgt man der hier (in § 42) vertretenen Lehre, so kann auch für die Würdigung des Anspruches auf gebührenfreie Heimatverleihung die Aufenthaltszeit vor dem 25. Juni 1889 nicht in Betracht kommen; nach der herrschenden Lehre aber ist jede nach dem 1. September 1868 zurückgelegte Aufenthaltszeit für diesen Anspruch verwertbar. Für die Zeit nun, welche vor dem 25. Juni 1896 liegt, muß ferner gefragt werden, ob dieser Aufenthalt nicht etwa schon nach dem damaligen Rechte aus anderen Gründen entwertet, d. h. am 25. Juni 1896 für die Erhebung eines Anspruches nicht mehr brauchbar gewesen ist. Bei Würdigung dieser Frage muß ausschließlich das damalige Recht angewandt werden, nicht darf das neuere, etwa günstigere Recht in Betracht kommen. Demnach hat insbesondere jede Armenunterstützung, die vor dem 25. Juni 1896 erbeten oder verlangt wurde, den Wert des bisherigen Aufenthaltes vernichtet; erst von dem Zeitpunkte des Empfanges (des Verlangens) der Armenunterstützung ab läuft eine neue Frist[10]. Dagegen gilt für einen vor dem 25. Juni 1896 begonnenen, damals noch nicht entwerteten Aufent-

[9]) Vgl. v. Riedel S. 120 Note 20, wo mitgeteilt wird, daß die Festsetzung einer Zeitgrenze bei den Kammerverhandlungen angeregt, aber abgelehnt wurde. Man nahm an, daß die später schwierigere Feststellung der Voraussetzungen des Anspruches ohnehin Anlaß geben werde, ihn bald zu erheben.

[10]) Vgl. über die nicht rückwirkende Kraft der Novelle vom 17. Juni 1896 auch v. Riedel S. 120/22 Note 21a und b.

halt in allen Beziehungen das neue Recht, das sich von dem früheren, wie erwähnt, hauptsächlich dadurch unterscheidet, daß der Zeitpunkt der Erhebung des Anspruches nicht gleichzeitig der Endpunkt der Aufenthaltsfrist ist, und daß für die Zwischenzeit nur ein geeigneter Aufenthalt nachgewiesen werden muß[11]).

4. Auch der Anspruch auf gebührenfreie Verleihung des Heimatrechtes ist begründet, sobald für einen 7jährigen Aufenthaltszeitraum den Anforderungen des Art. 7 H.G. und zugleich jenen des Art. 12 IV H.G. genügt ist. Der Anspruch auf Gebührenfreiheit ist aber kein Recht für sich, sondern nur eine besondere Eigenschaft des Anspruches auf Heimatverleihung. Er braucht gar nicht, wie bereits oben dargelegt wurde, ausdrücklich erklärt zu werden. Genau besehen ist der Anspruch auf Gebührenfreiheit nichts als eine Vervollkommnung des Heimatverleihungsanspruches. Besteht dieser, so bei gegebenen Voraussetzungen jener. Irgendwelche weitere Anforderungen sind vom Gesetze nicht aufgestellt worden, insbesondere auch nicht hinsichtlich der Zwischenzeit zwischen Begründung des Anspruches aus Art. 7 und seiner Erhebung. Daher geht der einmal entstandene Anspruch auf Gebührenfreiheit nur verloren, wenn der Anspruch aus Art. 7 H.G. selbst verloren geht, nicht aber, wenn nach der Begründung des Anspruches die Eigenschaft eines Gewerbsgehilfen, Dienstboten, Lohnarbeiters Fabrikarbeiters wegfällt, oder wenn der Anspruchsberechtigte aufhört, sich selbst seinen Lebensunterhalt zu verdienen, auch nicht, wenn er nach Begründung des Anspruchs zu einer Freiheitsstrafe richterlich verurteilt wird, dies selbst dann nicht, wenn der Zeitpunkt der Begehung der strafbaren Handlung in die verwertete Aufenthaltszeit fällt[12]). Geht der Anspruch auf

[11]) Nach gegenwärtigem Rechte besteht das durch Erfüllung der gesetzlichen Voraussetzungen gewonnene Recht d. i. der begründete Anspruch fort, auch wenn er zunächst nicht geltend gemacht wird. Die Nichtgeltendmachung verschiebt nicht, wie nach bisherigem Rechte, von Tag zu Tag den zur Anspruchsbegründung verwertbaren Zeitraum. Der nicht geltend gemachte Anspruch wird aber verloren, wenn der Aufenthalt in der Gemeinde im Sinne des Gesetzes wegfällt; demnach, wenn dieser überhaupt aufhört, es sei denn, daß der Aufenthalt nur vorübergehend unterbrochen ist; oder wenn er aufhört, ein freiwilliger im Sinne der obigen Darlegungen zu sein, es sei denn, daß die Freiwilligkeit nur vorübergehend unterbrochen ist; oder — bei einem Anspruch aus Art. 6 — falls der sich Aufhaltende aufhört selbständig zu sein, wobei jedoch der Aufenthalt für den Anspruch aus Art. 7 verwertbar bleibt; dagegen geht der Anspruch nicht verloren, wenn bei Fortdauer des geeigneten Aufenthaltes nach der Erwerbung des Anspruches die Veranlagung mit Steuern aufhört, oder wenn Rückstände an Steuern und öffentlichen Abgaben entstehen, die sich auf eine nach der Vollendung des erforderlichen Aufenthalts liegende Zeit beziehen, oder wenn Armenunterstützung nachgesucht oder erlangt wird. In früherer Zeit war es etwas sehr gewöhnliches, daß gerade die Bitte um Armenunterstützung den bereits vorhandenen Anspruch zerstörte; das ist nun nicht mehr der Fall.

[12]) Nach der herrschenden Lehre ist ohnehin klar, daß nur für irgend einen Zeitraum, und nicht, auch nicht teilweise, für den auf ihn folgenden die Voraussetzungen des Art. 12 IV H.G. vorliegen müssen.

Verleihung der Heimat aus Art. 7 H.G. auf die Hinterbliebenen über und bestand für diese Verleihung Anspruch auf Gebührenfreiheit, so besteht diese Eigenschaft des Anspruches fort, auch wenn bei den Hinterbliebenen die Voraussetzungen für die Gebührenfreiheit in keiner Weise vorliegen; vgl. § 27.

5. Der Anspruch kann nicht bedingt erhoben werden. Der Wille, die Heimat erwerben zu wollen, muß vielmehr erklärt sein ohne Einschränkungen und Bedingungen. Insbesondere sind Vorbehalte irgendwelcher Art nicht zulässig. Unschädlich sind jedoch Bedingungen und Vorbehalte, welche ohnehin in der Natur der Sache liegen; so z. B. die Erklärung, die Heimat nur annehmen zu wollen, wenn auch die noch ursprünglich beheimateten Kinder der neuen Heimat teilhaftig werden. Unklarheiten der Willenserklärung sind tunlichst durch Einvernahme zu beseitigen. Dagegen würde eine wirkliche Bedingung, deren Erfüllung sich nicht aus der Sache ergibt, den Willen verneinen und würde daher den gestellten Antrag zu einem ungültigen machen. Wenn jemand z. B. sagen würde, er spreche die Heimat in A an, wolle aber das Aufenthaltsrecht in B, seiner bisherigen Heimat, sich vorbehalten, so läßt er erkennen, daß er einen Teil des Inhalts des Heimatrechtes in B beibehalten wolle; sein Antrag, in A die Heimat zu erwerben, würde den Verlust jenes Rechtes bewirken; da er dies nicht will, so will er offenbar die Heimat in A in dem allein möglichen Sinne nicht. Somit hat er keinen gültigen Antrag gestellt.

Nicht bedingt ist die Erklärung, die Heimat gebührenfrei erwerben zu wollen. Denn wie wir aus Ziff. 4 ersehen haben, handelt es sich um einen besonders geeigenschafteten Anspruch. Immerhin läßt der so Erklärende erkennen, daß er nur diesen besonderen Anspruch erheben wolle, nicht auch den gewöhnlichen Anspruch auf gebührenpflichtige Heimatverleihung. Der Antrag ist so, wie er gestellt ist, zu würdigen; muß er abgewiesen werden, weil die Voraussetzungen für die Gebührenfreiheit fehlen, während die Voraussetzungen des gebührenpflichtigen Anspruches nicht fehlen würden, so ist der Antrag gleichwohl vollständig zurückzuweisen; denn für die Erwerbung des nicht gebührenfreien Heimatrechtes liegt eine Willenserklärung nicht vor. Wenn also später der Anspruch aus Art. 7 verloren gegangen ist, so ist die Sachlage nicht anders, als wenn überhaupt der Anspruch nicht geltend gemacht worden wäre. Demnach ist folgendes zu beachten: Wer nur gebührenfreie Verleihung der Heimat beansprucht, und unter anderen Umständen die Heimat nicht wünscht, hat eine Erklärung solchen Inhalts abzugeben, da er sonst bei nicht bestehendem Anspruch auf Gebührenfreiheit verpflichtet ist, an die Gemeinde die Heimatgebühr zu entrichten; wer die Heimat für jeden Fall zu erwerben wünscht, braucht hinsichtlich der Gebühr gar nichts zu bemerken; sein etwaiger Anspruch auf Gebührenfreiheit ist nicht davon abhängig, daß er ausdrücklich geltend gemacht wird; will er jedoch betonen, daß er Anspruch auf gebührenfreie Verleihung zu haben glaube, so muß gebührenfreie Verleihung der Heimat beantragt, aber beigesetzt werden, daß, falls diesem Antrag nicht stattgegeben werden kann, der Antrag auf Verleihung schlechthin gestellt sein will[13]).

6. Nach neuem Rechte handelt es sich demnach bei der Prüfung eines Anspruches auf Verleihung des Heimatrechtes darum, ob ein genügender und geeigneter Zeitraum, und zwar bei dem Anspruch aus Art. 6 H.G. vom 24. Juni 1892 ab, bei jenem aus Art. 7 oder aus Art. 7 und 12 IV H.G. vom 24. Juni 1889 ab, sich feststellen läßt, ob der Anspruch erhoben wurde (§ 44) und ob zwischen dem Zeitpunkte der Erhebung des Anspruches und dem Endpunkte der Erwerbszeit ein geeigneter Aufenthalt fortgesetzt wurde. Liegt ein Teil des Zeitraumes vor dem 25. Juni 1896, so ist überdies zu ermitteln, ob nicht jener Aufenthalt nach damaligem Rechte bereits entwertet worden ist.

7. Der erhobene Anspruch ist unverlierbar. Diese in Ziff. 2 aufgestellte Regel gilt, abgesehen von dem Falle des Todes des Berechtigten vor Durchsetzung des Anspruches, ausnahmslos. Insbesondere ist, wie bereits erwähnt, der Anspruch keiner Verjährung unterworfen; er unterliegt aber auch nicht einer vertraglichen Einschränkung, nicht dem Verzichte

Wie wiederholt ausgeführt wurde, will das Gesetz, daß eine durch langjährigen Aufenthalt ermittelte Beziehung zwischen einer Person und einer Gemeinde dazu führe, daß letztere die Heimat des ersteren werde. Diese Regel ist vollständig durchgeführt, wo bisher keine Heimat bestand, die Person nämlich heimatloser Angehöriger des bayrischen Staates war; sie ist mit einer allerdings wesentlichen Einschränkung durchgeführt, wenn jemand bisher eine Heimat hatte. Dieser Einschränkung liegt die Absicht zugrunde, das ideale Band zwischen einer Person und seiner bisherigen Heimat nur dann zu zerreißen, wenn die Person (bezw. nunmehr auch die bisherige Gemeinde) es wolle. Nur darum ist zur Entstehung des Heimatanspruches auch die Geltendmachung, d. h. eine Willenserklärung not-

[13]) V.G.H. Bd. 23 S. 77: „Der lediglich auf gebührenfreie Heimatverleihung gerichtete Anspruch schließt nicht ohne weiters den Antrag auf Heimatverleihung gegen Entrichtung der gesetzmäßigen Heimatgebühr in sich, wenn nicht in demselben zugleich zum Ausdruck gebracht ist, daß wenigstens eventuell auch die Heimatverleihung gegen Entrichtung der Heimatgebühr angestrebt wird." Der Anspruch auf gebührenfreie Heimatverleihung sei nicht bloß hinsichtlich seiner Begründung, sondern seinem Inhalt und Gegenstand nach ein wesentlich anderer, als jener auf Heimatverleihung gegen Entrichtung der gesetzmäßigen Heimatgebühr. Nichts berechtige, wenn Antrag auf gebührenfreie Heimatverleihung gestellt sei, zu der Annahme, daß die Heimatverleihung auch um den Preis der Heimatgebühr erkauft werden wolle; m. a. W., der Antrag auf gebührenfreie Heimatverleihung schließe nicht ohne weiteres den Eventualantrag auf Heimatverleihung gegen Entrichtung der Heimatgebühr in sich.

wendig. Diese nur aus Gründen des öffentlichen Rechtes zugelassene Freiheit ist aber der Einengung durch Verträge entzogen[14]). Eine gültige Vereinbarung kann zwischen der Person und irgendeinem Dritten nicht mit dem Erfolg getroffen werden, daß nunmehr die Freiheit, den Anspruch zu erheben oder nicht zu erheben, rechtlich aufgehoben wäre. Ob dieser Dritte eine Privatperson ist, welche ein Interesse daran hat, daß der andere die Heimat gerade in der Gemeinde A behalte oder sie in B erwerbe, oder ob dieser Dritte die bisherige Heimatgemeinde ist, welche wünscht, daß jener die Heimat in B erwerbe, oder ob es die Aufenthaltsgemeinde ist, welche wünscht, daß er die Heimat nicht in B erwerbe, ist gleichgültig.

Werden Verträge doch geschlossen, so hindern dieselben die Willensfreiheit des Anspruchsberechtigten nicht. Wenn er auch versprochen hat, einen Anspruch nicht zu erheben, so kann er ihn doch erheben; hat er versprochen, den Anspruch zu erheben, so kann er dennoch die Geltendmachung unterlassen.

Dies gilt ebenso, wenn die Vereinbarung auf einen erst im Entstehen begriffenen Anspruch, wie, wenn sie sich auf einen bereits entstandenen Anspruch bezieht[15]). Ob das auf Grund solcher Verträge

---

[14]) V.G.H. Bd. 3 S. 452: „Das Recht dieses Anspruches ist ein rein persönliches, zu dessen Geltendmachung niemand gezwungen werden kann". — S. auch Reger S. 16 Anm. 1.

[15]) Ein Beispiel findet sich in V.G.H. Bd. 11 S. 74:

„Aus dem von dem Anspruchsberechtigten erklärten Verzicht auf einen Heimatanspruch gemäß Art. 6/7 kann die betreffende Gemeinde keine Versagungsgründe herleiten." St. hat einen Anspruch erhoben, weil er seit 20 Jahren in der Gemeinde I wohnte. Der Anspruch auf Heimatverleihung ist zweifellos begründet. Die Gemeinde I weist nun eine Protokollerklärung vor, mit welcher St. auf das Heimatrecht in der Gemeinde I auf alle Zeiten unter der Bedingung verzichtet, daß ihm auf ein Jahr die Wohnung im Armenhaus zu V (in der Gemeinde I) unentgeltlich überlassen werde und daß ihm aus der Armenkassa eine einmalige Unterstützung von 12 Mk. gewährt werde. — V.G.H. betont, daß der Anspruch aus Art. 6/7 ein rein persönlicher ist. Das Uebereinkommen beziehe sich nicht auf die Zurücknahme einer Klage, sondern auf die Verleihung des Heimatrechtes für alle Zeiten. Ein solcher Verzicht sei gesetzlich unzulässig. Allerdings sei ein Verzicht auf die Geltendmachung oder Ausübung eines bereits existent gewordenen Rechtes nicht unzulässig; aber hier handle es sich um ein Recht, welches unter Umständen für St. erst noch erwachsen werde. Dies sei eine Beschränkung der Willensfreiheit, welche gegen die guten Sitten verstoße. — Außerdem bemerkt der V.G.H. noch zutreffend: Die Verhältnisse des öffentlichen Rechtes seien im allgemeinen der Willkür der Beteiligten entrückt. Dies gelte insbesondere für Institutionen, welche im Gesetze selbst bestimmt geregelt sind. Der kraft Gesetzes ohne Willen einer Partei entstandene Anspruch könne nicht durch einseitige Verzichtserklärung beseitigt werden. — M. E. kann man noch schärfer sagen: Der Vertrag ist ohne alle Wirkung für den Anspruch auf Verleihung des Heimatrechtes. Nur die Erklärung des Anspruchsberechtigten nützt; vgl. Ziff. 8. Die Vorlage einer Vereinbarung, derzufolge er sich zur Zurücknahme des erhobenen Anspruches verpflichtet,

Geleistete zurückgefordert werden kann, bestimmt sich nach den Vorschriften des bürgerlichen Rechtes. — Die Regel gilt ferner ebenso, ob nun der Berechtigte selbst eine Vereinbarung abschließt oder ob die bisherige Heimatgemeinde des Berechtigten ein Abkommen trifft. Auch sie ist nicht gehindert, wenn sie z. B. der Aufenthaltsgemeinde versprochen hat, einen Anspruch nicht zu erheben, diesen Anspruch doch geltend zu machen. Hat jemand einen Anspruch erhoben, so kann nicht entgegengehalten werden, er habe ihn erhoben, weil er sich vertragsmäßig dazu verpflichtet hat. Sollte solches auch richtig sein, so ist dies doch belanglos. Auf das Motiv der Anspruchserhebung kommt nichts an, sondern nur auf den erklärten Willen.

8. Der erhobene Anspruch kann zurückgezogen werden[16]. Das Gesetz hat nicht bestimmt, daß der einmal erklärte Wille der endgültige und unabänderliche sein solle. Die Zurücknahme ist jederzeit möglich; sie muß entweder der Aufenthaltsgemeinde gegenüber oder derjenigen Behörde gegenüber erklärt werden, bei welcher der Anspruch zur Zeit schwebt oder geschwebt hat. Eine an einen Dritten gerichtete Erklärung ist gegenstandslos. Die Zurücknahme kann die Folge sein einer getroffenen Vereinbarung; dieses Motiv der Zurücknahme ist gleichgültig. Aber nur die Zurücknahme selbst, die man auch Verzicht nennt, ist wirksam, nicht die Vorlage einer Verabredung, nach welcher sich jemand zur Zurücknahme verpflichtet. Die Zurücknahme bewirkt, daß der Anspruch als nicht erhoben gilt. Das Sachverhältnis ist genau so, als ob der Anspruch niemals geltend gemacht worden wäre[17]. Keineswegs aber wird die Tatsache des Aufenthalts in der Gemeinde in ihren rechtlichen Folgen zerstört. Trotz der Zurücknahme kann der Anspruch von neuem erhoben werden; freilich muß in der Zwischenzeit zwischen Anspruchsbegründung und der neuen Anspruchserhebung der erforderliche Aufenthalt fortgedauert haben. —

---

nützt ebensowenig wie die Beibringung einer Erklärung, durch die er für alle Zeiten auf Geltendmachung eines gegenwärtigen oder künftigen Anspruches verzichtet.

Vgl. auch Bl. Bd. 41 S. 161 u. Anm., ferner die zutreffenden Bemerkungen Luthardts in Bl. Bd. 38 S. 376 ff.

[16]) v. Riedel S. 112 Note 2a.

[17]) Der begründet gewesene Anspruch bleibt nach wie vor begründet; er kann jederzeit wieder aufgenommen oder der Anspruch kann jeden Augenblick geltend gemacht werden. Nur muß die Zwischenzeit zwischen Vollendung einer geeigneten Aufenthaltszeit und der nunmehrigen Erhebung des Anspruches die eben geschilderten Merkmale tragen. Es besteht also die Gefahr, daß der Anspruch infolge Eintrittes von Tatsachen nicht mehr geltend gemacht werden kann. Wird der Anspruch in einem Augenblick zurückgezogen, in welchem der geeignete Aufenthalt bereits aufgehört hat, so steht sogleich fest, daß ein Anspruch aus dem bisherigen Aufenthalt nicht mehr geltend gemacht werden kann. Die Zurücknahme des erhobenen Anspruches kann auch als Verzicht bezeichnet werden; deswegen hat aber diese Zurücknahme keine anderen Wirkungen als die eben geschilderten. Auch wenn ein wirklicher Verzichtsvertrag abgeschlossen worden ist, so ändert das an dem Gesagten nichts; vgl. Ziff. 7.

Die Zurücknahme ist nicht mehr möglich, wenn die Aufenthaltsgemeinde die Verleihung bereits beschlossen und dies dem Antragsteller eröffnet hat.

§ 44.

2. Geltendmachung des Anspruches; Verleihung der Heimat.

1. Der Anspruch auf Verleihung des Heimatrechts wird geltend gemacht oder erhoben durch eine der Verwaltung der Aufenthaltsgemeinde zugegangene Erklärung des anspruchsberechtigten Mannes bezw. der anspruchsberechtigten Frau[1]), welche den Willen bekundet, die Heimat in dieser Gemeinde kraft Anspruches zu erwerben. Durch diese Erklärung kommt zugleich der Anspruch zum vollen rechtlichen Dasein (§ 43). Man spricht auch von Anmeldung des Anspruchs. Auch Nichtbayern können den Anspruch erheben[2]).

2. Die Erklärung muß von dem Anspruchsberechtigten ausgehen. Anspruchsberechtigt ist jeder, in dessen Person die Voraussetzungen des Anspruchs zutreffen[3]).

Mehrere Ansprüche können auch in einer Erklärung erhoben werden. Zunächst muß diese Erklärung die Unterschriften sämtlicher Anspruchserheber oder ihrer Stellvertreter tragen; sonst ist sie nur von jenen abgegeben, welche sie unterzeichneten. Sodann ist festzustellen, ob wirklich alle die selbständige Heimat oder ob nicht einzelne die abgeleitete Heimat kraft der Verleihung an den einen von ihnen wünschen. Sind Unterzeichner noch ursprünglich beheimatete Kinder oder die Ehefrau des einen Antragstellers, so ist zu vermuten, daß sie die Heimat nur als Folge seines Heimaterwerbes zu erwerben wünschen. Vgl. V.G.H. Bd. 18 S. 330. — Für den Berechtigten kann auch sein Bevollmächtigter oder sein gesetzlicher Vertreter den

---

[1]) Vgl. auch v. Riedel S. 113 Note 5a.

[2]) S. v. Riedel S. 114 Note 5b.

[3]) Anspruchsberechtigt ist nicht etwa nur das Familienhaupt. Wenn das Haupt einer Familie mit Frau und Kindern an einem Orte lebt und berechtigt wäre, einen Anspruch zu erheben, so schließt das nicht aus, daß auch eines der Kinder den Anspruch erhebt, wenn es in seiner eigenen Person die Voraussetzungen erfüllt. Würde das Familienhaupt den Anspruch erheben, so würde diesem (volljährigen) Kinde, das noch die ursprüngliche Heimat hat, allerdings von selbst die neue Heimat kraft der gesetzlichen Heimatfolge zuteil werden; — das Kind braucht aber nicht zu warten, ob der Vater für sich den Anspruch erhebt. — M. E. kann ferner das Kind, wenngleich der Vater den Anspruch erhoben und durchgesetzt hat, und es somit die ursprüngliche Heimat in der bisherigen Aufenthaltsgemeinde erworben hat, bei Vorhandensein der Voraussetzungen die selbständige Heimat ansprechen. — Die Ehefrau kann den Anspruch, wie oben in § 36 ausgeführt, nicht erheben, weil sie der Freiwilligkeit des Aufenthalts ermangelt. Hat sie aber einen von dem des Ehemannes unabhängigen Aufenthalt, so kann sie auch selbst einen Anspruch begründen. Von dem Augenblicke des Todes des Mannes an beginnt die volljährige Witwe unter allen Umständen einen Ersitzungsaufenthalt, sofern nur die übrigen Voraussetzungen gegeben sind.

Anspruch erheben[4]), nicht aber ein Vertreter ohne Auftrag. Auch die nachträgliche Genehmigung nützt nichts; es muß vielmehr eine Erklärung des Anspruchsberechtigten erfolgen, durch welche dann erst der Anspruch geltend gemacht wird.

Der Anspruch ist ein höchstpersönlicher. Wird er bis zum Tode des Berechtigten nicht erhoben, so ist er erloschen. Der nicht erhobene Anspruch ist in keiner Weise vererblich[5]). Er bildet seiner Natur nach kein Vermögensrecht. Er ist selbstverständlich unter Lebenden nicht übertragbar.

Eine nicht von dem Anspruchsberechtigten oder seinem Vertreter ausgegangene Erklärung begründet nicht die Erhebung des Anspruches mit ihren rechtlichen Folgen.

3. Kraft gesetzlicher Bestimmung (Novelle vom 17. Juni 1896) kann der Anspruch auch von der bisherigen Heimatgemeinde geltend gemacht werden. Dieser Fall ist näher in § 46 zu erörtern. An dieser Stelle ist jedoch Anlaß, folgendes hervorzuheben. Die bisherige Heimatgemeinde erhebt den Anspruch des Berechtigten, jedoch im eigenen Namen. Hat die Heimatgemeinde diesen Anspruch geltend gemacht, so hat sie den Willen ausgedrückt, ihr bisheriger Angehöriger möge in einer ihm jetzt näherstehenden Gemeinde heimatberechtigt werden und sie für ihn keine Lasten mehr zu tragen haben; der Berechtigte selbst hat aber nicht den Willen bekundet, seine bisherige mit einer neuen Heimat zu vertauschen; er selbst hat keinen

---

[4]) B.G.H. Bd 9 S. 262: „Der für einen Geisteskranken bestellte Kurator ist — vorbehaltlich der etwa erforderlichen obervormundschaftlichen Genehmigung — berechtigt, den Anspruch . . . für seinen Mündel geltend zu machen." — Nach dem B.G.B. kann der gesetzliche Vertreter manche Rechtshandlungen für den Vertretenen nicht vornehmen, so Verfügungen von Todeswegen; die Geltendmachung eines Heimatanspruches gehört, wenn sie auch den persönlichen Status des Vertretenen berührt, nicht hierher, denn der Vormund kann auch in anderen Statusfragen für den Vertretenen handeln. — Der Geschäftsunfähige muß von dem gesetzlichen Vertreter vertreten sein, der beschränkt Geschäftsfähige bedarf der Einwilligung seines gesetzlichen Vertreters, da er durch die Geltendmachung des Anspruches nicht lediglich einen rechtlichen Vorteil erlangt, sondern Rechte aufgibt. § 107, § 114 B.G.B. Wird nach § 1909 B.G.B. für bestimmte Angelegenheiten, zu denen auch Heimatrechte gehören können, ein Pfleger bestellt, so ist dieser gesetzlicher Vertreter; vgl. § 1794 B.G.B. Auch der nach § 1910 B.G.B. bestellte Pfleger ist gesetzlicher Vertreter; jedoch hindert die Bestellung den „Gebrechlichen" nicht, selbst den Antrag (ohne Einwilligung des Pflegers) zu stellen. Dernburg Bd. 24 S. 319. — Uebrigens wird das Vorhandensein eines Vormundes in vielen Fällen ein Zeichen sein, daß zur Zeit der Anspruchserhebung ein gesetzliches Erfordernis des Aufenthalts nicht mehr besteht. Bei einer Entmündigung wegen Geisteskrankheit wird es zumeist an der Freiwilligkeit des Aufenthaltes fehlen. Indes kann die Geisteskrankheit auch eine voraussichtlich vorübergehende sein. Bei Ansprüchen aus Art. 7 H.G. ist „Selbständigkeit" nicht gefordert; der Berechtigte kann also entmündigt sein.

[5]) Daß der rechtshängig gewordene Anspruch schlechthin, der angemeldete Anspruch bei Vorhandensein einer Witwe oder von Kindern fortwirkt (Art. 6 III H.G., § 27, 30) ändert hieran nichts; letzteres ergibt sich nur aus der angeführten besonderen Vorschrift.

Anspruch erhoben. Für ihn selbst treten demnach die Wirkungen des geltend gemachten Anspruches nicht ein. Wenn allerdings die bisherige Heimatgemeinde durchdringt (ev. die Heimatgebühr bezahlt), so erlangt er die Heimat in der Aufenthaltsgemeinde; wird dieses Ergebnis aber nicht herbeigeführt, sei es, daß die Gemeinde den Anspruch zurücknimmt, oder sich bei dem ablehnenden Beschluß der Aufenthaltsgemeinde oder bei einem ungünstigen instanziellen Bescheide beruhigt, so ist für den Berechtigten die Rechtslage so, als ob nichts geschehen wäre; für seinen Heimatverleihungsanspruch ist die Tatsache, daß die bisherige Heimatgemeinde gehandelt hat, ohne Bedeutung; demnach geht beispielsweise durch Aufhören der Freiwilligkeit des Aufenthalts der etwa begründet gewesene Anspruch für ihn unter [6]). Daran ändert sich nichts durch den Umstand, daß etwa der Anspruchsberechtigte sich mit dem Verfahren der bisherigen Heimatgemeinde einverstanden erklärt hat. Das genügt nicht; zur vorgeschriebenen Geltendmachung seines Anspruches gehört die Anmeldung bei der Gemeindebehörde. V.G.H. Bd. 23 S. 86 [6]). In einer Hinsicht allerdings ist das Verfahren, welches die bisherige Heimatgemeinde durchführt, auch für den Anspruchsberechtigten selbst nicht ohne Wichtigkeit. Da im Verwaltungsrechtsstreit die sogen. Offizialmaxime, d. h. Feststellung aller rechtserheblichen Tatsachen von Amts wegen herrscht, so ist die Würdigung der Tatsachen in diesem Streite auch für einen späteren Streit des Anspruchsberechtigten selbst von Bedeutung. Die Entscheidung wirkt aber nicht unmittelbar. Der Einwand der rechtskräftig entschiedenen Sache kann dem Berechtigten nicht entgegengesetzt werden, wenn die Heimatgemeinde mit ihrem Anspruche unterlegen ist [7]). Hat sowohl

---

[6]) Die Entscheidung spricht zunächst aus, daß eine Erklärung des Berechtigten, sich dem Antrage der Heimatgemeinde anzuschließen, nicht ausreicht, um ihm das Rechtsmittel der Beschwerde gegen einen diesen Antrag abweisenden Bescheid zu sichern. Dagegen läßt die Entscheidung offen, ob nicht die dem Bezirksamte gegenüber abgegebene Erklärung, sich dem Antrag der Gemeinde anzuschließen, zur Geltendmachung eines selbständigen Anspruches gegen die Aufenthaltsgemeinde genüge. M. E. ist dies zu verneinen. Es müßte doch wohl dieser Gemeinde gegenüber eine Erklärung vorliegen.

v. Riedel S. 132 Note 10b nimmt an, daß die Geltendmachung des Anspruches durch die Heimatgemeinde auch dem Berechtigten zugutekomme, demnach seinen Anspruch vor den Folgen eines späteren Wegzuges schütze. Dies wird daraus gefolgert, daß die Heimatgemeinde den Anspruch des Berechtigten geltend mache. Allein die Hauptsache ist doch wohl, daß der Berechtigte die Heimat erwerben will; das muß er erklären; sonst ist das Recht für ihn nicht entstanden.

[7]) Abgesehen von der prinzipiellen Seite der Sache kann es sich um einen andern Tatbestand (andere Aufenthaltszeit, Beseitigung der Hindernisse z. B. durch inzwischen erfolgte Zahlung von Rückständen) handeln.

Umgekehrt: Ist der Anspruch der Heimatgemeinde zwar durchgedrungen, die Heimat aber gleichwohl nicht erworben, weil die bisherige Heimatgemeinde die Heimatgebühr nicht bezahlt hat, so braucht deswegen nicht der Anspruch des Anspruchsberechtigten selbst durchzudringen. Zur Zeit seiner Anspruchserhebung können z. B. Voraussetzungen des Anspruchs weggefallen und somit der Anspruch unbegründet sein.

V.G.H. Bd. 20 S. 151: „Wenn von dem Berechtigten auf Grund Art. 6/7

die Gemeinde Anspruch erhoben, als der Anspruchsberechtigte selbst, so ist zwar eine prozessuale Verbindung beider Sachen möglich, aber es muß jede für sich entschieden werden.

Hat die Heimatgemeinde die Heimatgebühr bezahlt, so kann der Anspruchsberechtigte diese Tatsache zur Durchsetzung seines Anspruches nicht verwerten. Denn wenn die Heimatgemeinde den Anspruch zurücknimmt, muß ihr die Heimatgebühr zurückgegeben werden; ebenso, wenn sie im Verfahren unterliegt; es kann aber sein, daß sie unterliegt, während der Anspruchsberechtigte in seinem Verfahren durchdringt.

Es ist eine Anomalie, wenn V. G. H. Bd. 19 S. 197 ausspricht, der von der Heimatgemeinde erhobene Anspruch gehe auf die Witwe und die ehelichen, noch keine selbständige Heimat besitzenden Kinder des Anspruchsberechtigten über. Denn nach dem Wortlaut des Art. 6 III H.G. und nach der Natur der Sache geht nur der von dem Ehemann bezw. Vater erhobene Anspruch über. Gleichwohl wird man nach den Regeln der Gesetzanwendung per analogiam bei der offenbaren Tendenz des Gesetzes, die Witwe und die Kinder zu begünstigen, die Entscheidung billigen müssen.

4. Die Erklärung muß der Gemeindeverwaltung, dem Gemeindeausschusse, dem Magistrate zugegangen sein. Es nützt nichts, wenn die Erklärung an den Armenpflegschaftsrat oder dessen Vorstand oder an den Bürgermeister persönlich gerichtet ist. Wenn der unrichtige Adressat aber die Erklärung zur Kenntnis der Behörde bringt und diese die Erklärung annimmt, so ist der Mangel geheilt; denn sie ist dann immerhin der richtigen Behörde zugegangen. Jedoch ist die Gemeindeverwaltung dann in der Lage, die Annahme des nicht an sie gerichteten Schriftstückes zu verweigern, indem sie dasselbe dem Absender oder demjenigen zurückgibt, der es übermittelt hat. Freilich muß letzteres innerhalb der Frist geschehen, innerhalb deren die Ablehnung eines nicht ordnungsmäßig eingereichten Schriftstückes ordnungsgemäß erwartet werden darf; sonst würde ein Verzicht auf die Zurückweisung anzunehmen sein.

5. Die Erklärung kann schriftlich oder mündlich abgegeben werden. Mündlich kann dies in der Form geschehen, daß einem von der Gemeindeverwaltung mit der Entgegennahme solcher Erklärungen beauf-

H.G. Anspruch auf Heimatverleihung erhoben und . . . rechtskräftig als unbegründet erklärt wurde, so kann auf Grund dieses Umstandes dem später von der Heimatgemeinde gemäß Art. 8 bezüglich desselben Berechtigten erhobenen Anspruche der Einwand der rechtskräftig entschiedenen Sache nicht entgegengesetzt werden." — Dies gilt ebenso, wenn die Heimatgemeinde den Anspruch erhoben hat und später der Berechtigte selbst die Heimat erwerben will. Die Entscheidungsgründe besagen: Die Heimatgemeinde, welche den Anspruch auf Heimatverleihung gemäß Art. 8 H.G. erhebt, tritt nicht prozessual an die Stelle des Heimatberechtigten. Hingewiesen wird auch darauf, daß durch Verzicht, Streitabstand, Saumseligkeit in der Einlegung von Rechtsmitteln des Berechtigten die Gemeinde in der Verfolgung und Begründung des Anspruches beeinträchtigt werden könnte.
Vgl. auch V. G. H. Bd. 24 S. 221.

tragten Mitgliede des Gemeindeausschusses oder Gemeindebeamten oder Gemeindebediensteten der Wille, die Heimat kraft Anspruches zu erheben, behufs protokollarischer Niederschrift bekanntgegeben wird. Würde der Beamte rc. trotz des Ersuchens den Antrag nicht aufnehmen, sondern sich etwa mit der Erklärung begnügen, die Sache werde weiter verfolgt werden, so würde er, bezw. die Gemeinde zwar unter Umständen zivilrechtlich haftbar sein; der Antrag an die Gemeindeverwaltung wäre aber nicht gestellt, der Anspruch nicht erhoben. Etwaige Weigerungen einer Gemeindeverwaltung, Anträge entgegen zu nehmen, sind durch Beschwerde an die vorgesetzte Behörde zu zu beseitigen.

6. Die Erklärung muß die Erhebung eines Anspruches auf Verleihung der Heimat erkennen lassen. Der Anspruch braucht allerdings nicht „ausdrücklich" erhoben zu werden. Die Anführung von Tatsachen, welche geeignet sind, einen Anspruch zu begründen, verbunden mit der Willenserklärung, die Heimat erwerben zu wollen, würde als Erhebung eines Anspruches zu erachten sein, auch wenn etwa die Form der Bitte gewählt ist. Die Bezeichnung des Antrages als „Gesuch" ist sogar die übliche; vgl. Vollzugsvorschriften (M.E. vom 20. Dezember 1899) Ziff. 1. Die Anführung eines Artikels des Heimatgesetzes ist selbstverständlich nicht notwendig. Auch jede andere Erklärung, welche verständigerweise als eine Geltendmachung des Rechtes aufzufassen ist, genügt — nur wird sie zur Kenntnis der Gemeinde oder der zuständigen Behörde (wenn diese auch dem Antragsteller unbekannt ist) bestimmt sein müssen. Ist der Sinn der Erklärung schwierig festzustellen, nimmt aber die Gemeindeverwaltung tatsächlich in Uebereinstimmung mit der Absicht des Erklärenden an, daß er den Anspruch auf Heimatverleihung erheben wollte, so genügt dies ebenfalls. Kann objektiv erst durch Rückfrage die Bedeutung des Gesuches erkannt werden, so ist m. E. erst mit dem Eingang der aufklärenden (mündlichen oder schriftlichen) Antwort der Anspruch erhoben, nicht mit der ersten Erklärung; würde aber eine solche Rückfrage unterlassen und das (objektiv) unverständliche Schreiben z. B. einfach zu den Akten gelegt, so ist der Anspruch nicht erhoben. Die Erklärung braucht, damit der Anspruch erhoben ist, nicht anzugeben, ob die Heimat gegen Gebühr oder ob sie gebührenfrei beansprucht wird. Wird hierüber nichts bemerkt, so ist anzunehmen, daß der Antragsteller verlangt, was ihm zukommt (§ 43). Wird Verleihung der Heimat gegen Zahlung der Gebühr beansprucht, so ist damit nicht auf die Gebührenfreiheit verzichtet, wenn sie bestehen sollte. Wird dagegen die gebührenfreie Verleihung (was auch durch Anführung der bezüglichen Gesetzesstellen geschehen kann) verlangt, so ist der Anspruch nicht erhoben, falls der so gestellte Anspruch nicht durchdringt [8]). Ueber die Begründung des Anspruches

---

[8]) Wenn beispielsweise A, der Fabrikarbeiter in N ist, die gebührenfreie Verleihung des Heimatrechtes in N beansprucht hat, dieser Anspruch

vgl. § 45. Hier ist zu betonen, daß auch ein schlecht oder nicht begründeter Anspruch „erhoben" ist.

7. Kann der Anspruch sofort, d. h. ohne daß an die Aufenthaltsgemeinde ein Antrag gestellt wird, im verwaltungsrechtlichen Verfahren durch Anrufung der I. Instanz erhoben werden? Die Frage ist zu verneinen. Denn nach den Eingangsworten zu Art. 8 des Verwaltungsgerichtshofes sind Verwaltungsrechtssachen nur bestrittene Rechtsansprüche. Würde der Anspruch auf Verleihung sogleich ohne vorherige Angehung der Gemeinde bei der I. Instanz erhoben, so würde diese ihn als unzulässig abzuweisen haben. Ein solcher Antrag bewirkt m. E. nicht, daß der Anspruch als erhoben gilt. Vgl. Anm. 6 und § 45 Ziff. 2.

8. Will die Gemeinde des Aufenthalts den erhobenen Anspruch anerkennen, so „verleiht" sie die Heimat. Das Gesetz hat also zur Begründung der Heimat außer dem Vorhandensein der gesetzlichen Voraussetzungen und der Willenserklärung des Berechtigten (Anspruchserhebung) noch ein Drittes verlangt: die Anerkennung des Anspruchs in Form der Verleihung. Letztere bedarf zweifellos der kollegialen Beschlußfassung der Gemeindeverwaltung. Ueber die Frage, ob die Ausfertigung des Beschlusses durch den Bürgermeister genügt, wenn kein oder kein gültiger Beschluß zustande gekommen ist, vgl. § 31 S. 218. Die „Verleihung" ist nur die Form der Anerkennung des Anspruches; sie darf an irgendwelche Bedingungen außer an die der Zahlung der gesetzlich eingeführten Heimatgebühr, sofern nicht Anspruch auf Gebührenfreiheit besteht, nicht geknüpft werden; sonst wäre die Verleihung der Ablehnung des Anspruches gleich. Vgl. v. Riedel S. 113 Note 3.

Die förmliche „Zustellung" des Verleihungsbeschlusses ist zwar in den Vollzugsbestimmungen vorgeschrieben, aber zur Gültigkeit des Heimatüberganges nicht notwendig. Die selbständige Heimat in der Aufenthaltsgemeinde ist im Augenblick der Mitteilung des Beschlusses erworben. Wenn jedoch in der betreffenden Gemeinde die Zahlung einer Heimatgebühr gemäß Art. 12 H.G. gültig eingeführt und die Erwerbung der Heimat von Bezahlung der Gebühr statutarisch abhängig gemacht ist, die Gebühr aber nicht schon dem Gesuche beigelegen oder eingesandt wurde, somit zur Zeit der Beschlußfassung noch nicht bezahlt ist, so wirkt die Verleihung erst vom Augenblick der Zahlung der vollen Heimatgebühr an[9]). Die Gewährung von Ratenzahlungen

aber abgewiesen wurde, weil A während seines Aufenthalts in N eine geringfügige Freiheitsstrafe erlitten hat, so kann nun der nach Erhebung jenes Anspruches nach O verzogene A nicht mehr durch Zahlung der Gebühr die Heimat in N kraft Anspruches erwerben. Der Anspruch, wie er erhoben war, ist abgewiesen, und hierdurch als erhobener beseitigt. Der begründet gewesene Anspruch aber ist infolge Aufenthaltsverlegung nun nicht mehr begründet; vgl. § 42, 43.

[9]) Wir sehen somit zu den oben erwähnten drei Erfordernissen des Heimaterwerbs: begründeter, erhobener, gemeindlich anerkannter Anspruch, u. U. noch ein viertes treten: Zahlung der Heimatgebühr.

seitens der Gemeindeverwaltung bewirkt nicht den früheren Eintritt der Wirkung. Die Mitteilung der Gemeinde, daß die Heimat verliehen sei, soll den Hinweis auf die noch zu zahlende Gebühr enthalten.

Die Zahlung wirkt ex nunc d. i. vom Augenblicke der Zahlung an. Bis dahin hat der Gesuchsteller noch die bisherige Heimat.

Sind zwar Heimatgebühren eingeführt, besteht aber Gebührenfreiheit des Anspruches, so ist die Heimat sofort mit der Beschlußfassung erworben. Dies gilt auch dann, wenn der Beschluß die Gebührenfreiheit nicht ausdrücklich anerkennt, ja selbst dann, wenn er die Gebührenfreiheit verneint und ausdrücklich Gebührenzahlung fordert, so daß etwa erst in einem Streitverfahren (§ 47) die Gebührenfreiheit festgestellt wird. Denn die Gebührenfreiheit ist, wie schon erwähnt, nur eine Eigenschaft des Anspruches, die aber einer ausdrücklichen Anerkennung durch die Gemeinde nicht bedarf.

Aus dem Vorstehenden ergibt sich, daß die Verleihung nicht zurückwirkt auf den Tag des Eingangs der Anspruchserhebung[10]) — auch wenn die Beschlußfassung noch solange verzögert worden sein sollte.

Erlebt der Anspruchsberechtigte den Tag der Verleihung nicht mehr, so hat er die Heimat in der Aufenthaltsgemeinde nicht mehr erworben; die Gemeindeverwaltung kann, wenn sie von dem Tode vor der Beschlußfassung erfährt, den Antrag für gegenstandslos erachten. Hat der Antragsteller jedoch eine Witwe und eheliche, noch keine selbständige Heimat besitzende Kinder hinterlassen, so ist kraft besonderer gesetzlicher Vorschrift das Verfahren, ohne daß es einer ausdrücklichen Erklärung bedarf, fortzuführen. Art. 6 III H.G. § 27, 30. Die Heimatverleihung kommt nun der Ehefrau und den Kindern, aber nur in dieser ihrer Eigenschaft zugute. Der Verleihungsbeschluß sollte daher stets den Beisatz haben, daß die Heimat kraft des von dem Verstorbenen gestellten Antrages der Ehefrau und den Kindern „verliehen" werde. Diese erhalten die Heimat wie durch Heimatfolge als abgeleitete, nicht als selbständige. Vgl. S. 181.

Eine ausdrückliche Verleihung der Heimat an diejenigen, deren Heimat von der des Gesuchstellers abhängt, ist weder notwendig, noch den Gemeinden zu empfehlen. Es würde hierdurch nur Verwirrung entstehen, weil man später glauben möchte, es sei den einzelnen Personen die Heimat und zwar die selbständige verliehen worden. Dagegen empfiehlt es sich, in der Mitteilung an den Antragsteller zu bemerken, daß zufolge der Heimatverleihung an ihn nun auch sonstige bestimmte Personen die Heimat besitzen. Daher wird in der Ministerialentschließung vom 28. Dezember 1899 (Vollzugsvorschrift) auch angeordnet, daß das Gesuch die Familienangehörigen

[10]) V.G.H. Bd. 17 S. 75: „Der Erwerb der Heimat gemäß Art. 6 und 7 H.G. tritt erst dann ein, wenn der Heimatanspruch geltend gemacht und die Gemeindebehörde in Anerkennung desselben die Heimat verliehen hat."

bezeichnen soll, welche der Heimat des Antragstellers folgen. In den Heimatregistern sind geeignete Vormerkungen zu machen.

Der Beschluß, welcher die Heimat verleiht, ist gebührenfrei zu erlassen. Art. 13 H.G. Dagegen kann die verleihende Gemeinde eine Urkunde über Verleihung des Heimatrechtes ausstellen, für welche von dem Antragsteller 2 Mk. an die Gemeindekassa zu entrichten sind. Diese Gebühr ist eine öffentlich-rechtliche Abgabe. Die Urkunde kann ausgefertigt werden, auch wenn es der Antragsteller nicht beantragt oder wünscht — Art. 13 H.G.; auf seinen Antrag muß sie erteilt werden. Für die Familienangehörigen, welche der Heimat des Anspruchserhebers lediglich folgen, ist die Urkunde weder auszustellen, noch braucht, falls dies doch geschieht, die Gebühr für sie bezahlt zu werden.

Die Anerkennung des Anspruches bezw. die Verleihung der Heimat auf Grund Anspruches steht der Gemeindeverwaltung (Gemeindeausschuß, Magistrat) zu. Eine Zustimmung der Gemeindeversammlung (Gemeindebevollmächtigten) ist nicht erforderlich. Art. 9 H.G.

9. Verleiht die Gemeinde die Heimat auf den Anspruch des Anspruchsberechtigten selbst, so ist dem Willen des Antragstellers entsprochen. Er hat keinen Grund, gegen die Verleihung sich zu beschweren. Da die Verleihung auch keiner aufsichtlichen Prüfung oder Genehmigung unterliegt, so bewirkt der Verleihungsbeschluß den Heimaterwerb auch dann, wenn der Anspruch unbegründet ist. Die Gemeindeverwaltung hat es ja in der Hand, die Heimat demjenigen, der sie erwerben will, gemäß Art. 9 H.G. ohne Bestehen eines Anspruches zu verleihen; warum sollte sie nicht auch die mangelnde Begründung übersehen oder über dieselbe hinwegsehen dürfen?[11]). Hat die Gemeinde einen auf Grund Anspruches erhobenen Anspruch anerkannt, so steht für jeden fest, daß dieser Anspruch vorhanden war. Auch eine verwaltungsrichterliche Nachprüfung findet nicht statt. Wenn beispielsweise ein Anspruch auf gebührenfreie Verleihung der Heimat, eventuell auf Verleihung gegen Gebühr auf Grund Art. 7 erhoben wird, und die Gemeinde erkennt an, daß Art. 7 zutrifft, verleiht daher die Heimat, bestreitet aber, daß Art. 12 IV Anwendung findet und beansprucht die Heimatgebühr, so kann in dem hierüber entstehenden Streite der Verwaltungsrichter nicht feststellen, daß ein Anspruch aus Art. 7 nicht besteht; denn die Mängel dieses Anspruches sind durch Anerkennung bezw. die Verleihung der Heimat geheilt. Wohl

---

[11]) Eine andere Frage ist, ob die Gemeindeverwaltung dies für sich allein tun darf. Sobald die Gemeindeverwaltung für festgestellt erachtet, daß der Anspruch nicht begründet ist, bedarf es zur Verleihung der Heimat der Zustimmung der Gemeindebevollmächtigten, wenn es sich um städtisches Gemeinwesen handelt. — Der Magistrat kann sich auch nicht durch Erlassung von „Vollzugsbestimmungen“, in welchen er den Anspruch in Fällen für begründet erklärt, in welchen er es gesetzlich nicht ist, eine Zuständigkeit selbst verleihen, die er nicht hat. — Vgl. auch v. Riedel S. 125 Note 32.

aber kann der Verwaltungsrichter feststellen, daß es an einem 7jährigen Aufenthalte von den Eigenschaften des Art. 12 IV gebricht und diese Feststellung kann der Verwaltungsrichter eben auch damit begründen, daß es überhaupt an einem 7jährigen Aufenthalt mangle.

Die Gemeindeverwaltung kann aber auch dem Wunsche des Antragstellers willfahren und ihn die Heimat verleihen, ihm jedoch ausdrücklich mitteilen, daß sie ihm die Heimat nicht auf Grund Anspruches, welchen sie nicht anerkenne, sondern auf Grund Art. 9 verleihe. Sind in der Gemeinde Heimatgebühren nicht eingeführt, und macht die Gemeinde diese Verleihung nicht von Bedingungen abhängig, so wird man annehmen dürfen, daß auch durch solche Verleihung für den Gesuchsteller die Heimat erworben ist. Sind keine Heimatgebühren eingeführt, und macht die Gemeinde die Verleihung von Bedingungen abhängig, welche der Antragsteller nicht erfüllt, so bleibt der Antrag erhoben und unerledigt. Die Gemeinde hat lediglich ein Vertragsanerbieten gemacht, das der Antragsteller nicht angenommen hat. Sind Heimatgebühren eingeführt und war Gebührenfreiheit beantragt oder wenigstens nicht ausdrücklich die Verpflichtung zur Zahlung von Heimatgebühren anerkannt, so ist eine solche Erklärung der Gemeinde, wenn sie nicht ausdrücklich enthält, daß die Verleihung ohne jede Bedingung erfolge, keine gültige Verleihung der Heimat, sondern wiederum nur ein Vertragsanerbieten. Würde aber die Gemeinde erklären, die Heimat gemäß Art. 9 ohne jede Bedingung verleihen zu wollen, so ist dem Willen des Antragstellers Genüge geschehen und die Heimat verliehen. Erklärt sich jedoch die Gemeinde bereit, ohne Anerkennung des Anspruchs, sondern nach Art. 9 die Heimat gegen Zahlung einer Geldsumme von der Höhe der Heimatgebühr zu gewähren, so ist damit dem Antrage nicht Genüge geleistet. Denn eine nach Art. 9 H.G. geleistete Summe darf nicht auf die Bürgerrechtsgebühr angerechnet werden. Die Gemeinde ist daher nicht berechtigt, durch eine solche Erklärung den Anspruch auf Verleihung als erledigt zu erachten und die etwa bereits bezahlte Gebühr zu vereinnahmen. Vielmehr liegt in einer solchen Erklärung der Gemeinde wiederum nur ein Vertragsanerbieten, das der Annahme bedarf. Nur wenn die Gemeinde gleichzeitig erklärt, daß sie die Anrechnung auf die Bürgerrechtsgebühr gestatte, ist dem Antrag Rechnung getragen. Hat der Anspruchserheber die Gebühr nicht schon bei Stellung des Antrages einbezahlt und würde er auf den erwähnten Beschluß der Gemeinde, ihm die Heimat nach Art. 9 H.G. gegen Zahlung einer Summe in der Höhe der Heimatgebühr zu verleihen, zwar nicht ausdrücklich die Annahme erklären, jedoch den verlangten Betrag einbezahlen, so würde er hiermit die Annahme des Vertragsanerbietens bekundet haben; sein Anspruch wäre erledigt.

10. Die Verleihung der Heimat auf Grund erhobenen Anspruches ist in der Regel endgültig. Wie der Antragsteller seinen Antrag

nicht mehr zurücknehmen kann, sobald die Aufenthaltsgemeinde demselben durch Verleihung der Heimat entsprochen hat, so kann auch die Gemeinde ihren, dem Anspruchserheber eröffneten[12]) Beschluß auf Verleihung nicht widerrufen. Ein solcher Widerruf ist insbesondere auch dann nicht möglich, wenn die Zahlung der Heimatgebühr nicht erfolgt. Die Gemeinde hat zwar die Möglichkeit, die Zahlung zu erzwingen, nicht aber infolge der Nichtzahlung ihren Verleihungsbeschluß zurückzunehmen, vgl. § 41.

Es entsteht nun aber die Frage, ob die Verleihung auch dann endgültig ist, wenn die Gemeindeverwaltung den Anspruch durch Verleihung der Heimat anerkannt hat, obgleich der Anspruch nicht begründet war. Kein Zweifel kann darüber bestehen, daß die Heimat verliehen ist und bleibt, wenn die Gemeindeverwaltung in Kenntnis der Tatsache, daß der Anspruch nicht begründet war, oder wissend, daß die Begründung zweifelhaft sei, gleichwohl die Heimat verliehen hat. Wie aber, wenn die Gemeindeverwaltung des Glaubens war, daß die den Anspruch begründenden Tatsachen vorhanden seien[13]), und

---

[12]) Der nicht eröffnete Beschluß bildet ein Internum der Verwaltung, der abgeändert werden kann, wenn z. B. die Gemeindeverwaltung erkennt, daß der Beschluß nicht hätte gefaßt werden sollen. Auch ein in öffentlicher Sitzung gefaßter Beschluß kann in solcher Weise umgestoßen werden. Ebenso wird es zulässig sein, einen Beschluß, der abgesandt wurde, für widerrufen zu erachten, wenn der Widerruf spätestens gleichzeitig mit der Verleihung zugestellt worden ist.

[13]) Die im folgenden vorgetragene Ansicht ist bestritten. v. Seydel Bd. 2 S. 65 Note 96 sagt: „Die beschlossene Heimatverleihung auf Grund erhobenen Anspruches wirkt endgültig. Sie kann nachträglich nicht wegen mangelnder Voraussetzungen zurückgezogen werden, da das Gesetz die Möglichkeit hierzu nicht eröffnet." Ich stimme vollständig bei, daß nicht jeder Mangel der Voraussetzungen genügt, um die Verleihung rückgängig zu machen. Aber wenn im Verkehr, dessen Sicherheit doch der Gesetzgeber ebenfalls hat schützen wollen, unter bestimmten eng begrenzten Voraussetzungen eine Anfechtung einer Willenserklärung möglich ist, warum sollte die Gemeinde ausgeschlossen sein? Warum sollte sie arglistiger Täuschung schutzlos verfallen? Wenn im Privatrechte der Wille unter Umständen wie ein nicht vorhandener betrachtet werden darf, so besteht kein Grund, nicht gleiches anzunehmen für Willenserklärungen des öffentlichen Rechtes. Der Gesetzgeber kann solchen Erklärungen die Natur formaler Akte verleihen und ihre Wirksamkeit von der Entstehungsgeschichte des Willens gänzlich loslösen. Aber dann muß er es sagen. Schweigt er, so darf man nicht annehmen, daß Grundregeln des bürgerlichen Rechtes auf gleiche Vorgänge des öffentlichen Rechtes nicht anwendbar sein sollen.

V. G. H. Bd. 6 S. 28: „In zuständiger Weise beschlossene Heimatverleihungen können von den Gemeinden nicht einseitig zurückgenommen werden." Es handelt sich darum, daß der Armenpflegschaftsrat der Heimatgemeinde irrtümlich eine dem Sohne des Heimatbewerbers gewährte Armenunterstützung der Verwaltung der Aufenthaltsgemeinde nicht zur Kenntnis brachte, wodurch diese sich zur Anerkennung des Heimatanspruches und zur Verleihung der Heimat veranlaßt sah. Verwaltungsgerichtshof betonte, es habe sich gar nicht um einen Irrtum, sondern um eine ungenügende Sachinstruktion gehandelt; die Verwaltung der Aufenthaltsgemeinde hätte deutlicher und unter Hinweis auf das, worum es sich handelte, fragen sollen.

V. G. H. Bd. 10 S. 208: „Durch die in gesetzmäßiger Weise vollzogene formelle Aussertigung und die Hinausgabe eines Gemeindebeschlusses, worin die

darum die Heimat verlieh, während dieselben nicht vorhanden waren, wenn also ein Irrtum über das Vorhandensein eines Anspruches vorlag? M. E. ist die Heimat immerhin verliehen. **Rechtsbegründend** für die Heimat ist der Wille, die Heimat zu erwerben und der Wille, dieselbe zu verleihen. Wäre im Gesetze an einen Tatbestand unmittelbar die Folge der Heimatänderung geknüpft, so würde diese nur eintreten, wenn der Tatbestand in Wahrheit gegeben ist. So aber ist der Tatbestand nur ein Motiv für die Verleihung. Die Gemeinde verleiht die Heimat, weil sie zu müssen glaubt — aber sie verleiht. Eine solche Verleihung kann aber **anfechtbar** sein und zwar dürfen die Grundsätze des (jeweiligen) bürgerlichen Rechtes über die Anfechtbarkeit von Rechtsgeschäften herangezogen werden. Maßgebend ist jetzt insbesondere § 123 B.G.B.: „Wer zur Abgabe einer Willenserklärung durch arglistige Täuschung . . . bestimmt worden ist, kann die Erklärung anfechten." Es kann also zur Anfechtung führen, wenn derjenige, welcher die Heimat beansprucht, wissentlich falsche Angaben machte und wenn gerade die falschen Angaben die Gemeinde bestimmt haben, einen Anspruch anzuerkennen und die Heimat zu verleihen. Falsche Angaben macht auch der, welcher den wirklichen Sachverhalt verschleiert, z. B. der, welcher unter falschen Namen sich strafen läßt und so diesen für die Freiwilligkeit des Aufenthalts, die Unentgeltlichkeit der Verleihung bedeutsamen Umstand verhüllt. Aber auch wenn die bisherige Heimatgemeinde eine Erklärung abgab, z. B. der Gesuchsteller habe keine Armenunterstützung verlangt oder erhalten, so ist die Heimatverleihung anfechtbar, falls auch der Gesuchsteller diese Täuschung **kannte**; § 123 Abs. 2. Würde ihm also mitgeteilt

Erfüllung der Voraussetzungen eines gesetzlichen Anspruches auf Heimatverleihung anerkannt wurde, wird für die anspruchsberechtigte Person die Heimat in der betreffenden Gemeinde rechtswirksam erworben." Die Entscheidung behandelt in der Hauptsache die Bedeutung der formell richtigen Ausfertigung, berührt aber auch die obige Frage. Auch hier ist ausgesprochen „wenn bei der Beschlußfassung ein für die Beurteilung des vorliegenden Anspruches auf Heimatverleihung dienlicher Tatumstand unermittelt und unbekannt geblieben ist, so kann hierwegen der Beschluß nicht zurückgenommen werden, weil hierin nicht ein tatsächlicher Irrtum, sondern eine Unvollständigkeit der Sachinstruktion zu erblicken ist." V.G.H. Bd. 11 S. 115: „Die zufolge Anspruches verliehene Heimat kann nachträglich nicht dadurch angefochten werden, daß sich hierbei die Gemeindebehörde über einen die Person oder Familienangehörige des Heimatbewerbers betreffenden wesentlichen Tatumstand im Irrtum befand." Ein Magistrat hatte auf ein Gesuch, worin zugleich um Verleihung der Heimat an bestimmte Familienangehörige „ohne nähere Bezeichnung ihrer Eigenschaft" gebeten war, die Heimat all diesen verliehen, ohne sich irgendwie darum zu kümmern, ob diese letzteren wirklich einen Anspruch hatten. Es wurde mit Recht ausgesprochen, daß die rechtliche Wirksamkeit der Heimatverleihung nicht angefochten werden könne. — M. E. sprechen die vorerwähnten Entscheidungen nicht gegen die oben vorgetragene Anschauung. — Zugunsten der letzteren dürfte aber die Entscheidung in Bd. 5 S. 50 sprechen. „Ein Heimatvorbehalt, welcher von einer Gemeindeverwaltung einer anderwärts beheimateten Person infolge eines **entschuldbaren** tatsächlichen Irrtums über deren Heimat erteilt wird, ist von rechtswegen unwirksam." Für das heutige Recht freilich wäre dieser Ausspruch nicht in allen Fällen zutreffend.

worden sein, daß seine bisherige Heimatgemeinde erklärt hat, daß er Armenunterstützung nicht erhalten habe, und würde er diese Mitteilung nicht berichtigt haben, so wäre die Anfechtung begründet. Andere Anfechtungsgründe werden nicht leicht vorkommen. Ein Irrtum, welcher nicht durch Täuschung hervorgerufen wurde, berechtigt zur Anfechtung nicht. Denn es handelt sich nicht um den „Inhalt der Erklärung" im Sinne § 119 B.G.B. — Wurde der Antrag auf Heimatverleihung gestellt von der Verwaltung der bisherigen Heimatgemeinde, so macht eine von ihr bewirkte Täuschung die verleihende Gemeinde auch dann anfechtungsberechtigt, wenn derjenige, dem die Heimat verliehen werden soll, von dieser Täuschung nichts weiß.

Die Anfechtung muß innerhalb eines Jahres von dem Zeitpunkt der Entdeckung der Täuschung an erklärt werden; § 124 B.G.B. Sind seit der Verleihung der Heimat 30 Jahre verflossen, so ist die Anfechtung ausgeschlossen. Die Anfechtung ist zu erklären dem Anspruchsberechtigten gegenüber, wenn dieser den Anspruch erhoben hat, der bisherigen Heimatgemeinde gegenüber, wenn sie die Verleihung beantragte. Die Erklärung kann formlos erfolgen. § 143 B.G.B. Durch die Anfechtung wird die anfechtbare Heimatverleihung von Anfang an nichtig. Sie hat niemals und für niemand Wirkung gehabt. § 142 B.G.B. Entsteht Streit, ob die Anfechtung gültig ist, so handelt es sich nicht um einen Anspruch auf Verleihung der Heimat, sondern um eine Feststellung, wo jemand die Heimat hat; ob in derjenigen Gemeinde, welche die Heimat verliehen, die Verleihung aber angefochten hat, oder in jener Gemeinde, welche falls die Verleihung nichtig ist, sich als Heimatgemeinde betrachten muß. Demnach ist nicht Art. 26, sondern Art. 20 H.G. einschlägig.

§ 45.

3. Das Verfahren bei Geltendmachung des Anspruchs durch den Anspruchsberechtigten selbst.

1. Das Verfahren beginnt mit der Anmeldung des Anspruches und mit der Behandlung dieser Anmeldung durch die Aufenthaltsgemeinde.

Ueber das Verfahren hat das Staatsministerium des Innern unterm 28. Dezember 1899 folgende Vorschriften erlassen: Ziff. 1 (Abs. 1, 2, 3, 5, 6) „Die Gesuche um Verleihung der Heimat können bei dem Vorstande derjenigen Gemeinde, in welcher das Heimatrecht erworben werden will, entweder schriftlich eingereicht oder mündlich zu Protokoll erklärt werden.

Jedes Gesuch hat eine wahrheitsgetreue Angabe über Namen, Alter, Stand und bisherige Heimat des Bewerbers, sowie derjenigen Familienangehörigen, welche der Heimat desselben folgen sollen, zu enthalten; ferner ist anzuführen, auf welche Tatsachen der Heimaterwerb begründet werden will und endlich ist dem Gesuche der Betrag der Heimatgebühren, insofern solche in der Heimat bestehen, oder die Bitte um Nachlaß ꝛc. beizufügen.

Eignet sich das Gesuch zur sofortigen Bescheidung, so ist dieselbe ungesäumt zu veranlassen, außerdem aber der Sachverhalt von Amts wegen festzustellen, wobei namentlich Tatsachen, welche aus den der Gemeinde vorliegenden Akten und Verzeichnissen, z. B. aus den Einwohner-, Gewerbsgehilfen- und Dienstbotenlisten, aus den Steuer-, Umlagen-, Armenregistern oder den im Vollzuge der Reichsversicherungsgesetze zu führenden Listen zu entnehmen sind, keines besonderen Beweises bedürfen.

Wird die Heimat verliehen, so ist dem Beteiligten eine Urkunde hierüber auszufertigen; von abweisenden Beschlüssen, welche stets mit Gründen versehen sein müssen, ist derselbe geeignet in Kenntnis zu setzen. Die Heimatakten sind sorgfältig aufzubewahren." (Ziff. 2, Abs. 3 zu Art. 8 H.G.): „Der Beschluß der Aufenthaltsgemeinde ist dem Berechtigten schriftlich gegen aktenmäßigen Nachweis unter Belehrung über sein Recht, verwaltungsrechtliche Entscheidung anzurufen, und über die hierfür bestehende Frist zu eröffnen. Der Beschluß ist auch der Heimatgemeinde bezw. dem k. Regierungsfiskalate zuzustellen."

Zwingend sind die Vorschriften der M.E. vom 28. Dezember 1899 für die Gemeinden nicht. Daß die Heimatgebühr beigelegt werden muß, darf in Abrede gestellt werden[1]). Die Gemeinde riskiert m. E. die Kosten des Verfahrens, wenn sie den Anspruch auf Heimatverleihung wegen nicht erfolgter Einzahlung der Heimatgebühr abweist. In dem Gesuche braucht von der „Heimatgebühr" gar nichts gesagt zu werden. Es ist auch den Gemeinden zu raten, ein Gesuch nicht deshalb abzuweisen, weil es ungenügend begründet ist, wenn auch nähere Feststellungen bei einem offenbar unbegründeten Gesuche sich erübrigen. Zur Würdigung des Gesuches kann auch dem Gesuchsteller aufgegeben werden, gewisse Nachweise zu erbringen. Er ist jedoch hierzu nicht verpflichtet; wenn er die Nachweise nicht liefert oder die Lieferung verweigert, so ist sein Gesuch doch materiell zu würdigen[2]).

---

[1]) Die Vollzugsbestimmungen enthalten bindende Anordnungen nur für die Behörden, nicht für die Gemeinden; sie können nicht Rechte an mehr Voraussetzungen knüpfen, als das Gesetz.

[2]) Schon die Gemeindeverwaltung wird prüfen, ob der Anspruchserheber in der Gemeinde nicht schon jetzt selbständig beheimatet ist. Würde sich dies ergeben und auf gemachte Mitteilung der Anspruchserheber sich nicht beruhigen (was begreiflich sein kann, da die „Anerkennung" der Gemeindeverwaltung ihm die Heimat nicht verschafft, wenn er sie nicht schon hat), so würde zunächst ein Heimatfeststellungsverfahren Platz greifen.

Es wäre unzulässig, dem Anspruchserheber zu sagen, sein Antrag werde so lange als beruhend erklärt, bis er die Begründetheit seines Anspruches durch amtliche Zeugnisse über das Vorhandensein der einzelnen Voraussetzungen nachweise. Vgl. B. Gemeindeztg. Bd. 12 S. 89. M. E. kann man auch nicht von der Vorlage eines Geburtszeugnisses die Beschlußfassung abhängig machen. S. B. Gemeindeztg. Bd. 12 S. 481.

Die Gemeinde wird je nach den Umständen wissen müssen, wo der Antragsteller beheimatet ist, wie lange er sich in der Gemeinde aufhält, wie alt er ist, welche Beschäftigung er bisher gehabt, ob er bestraft und hierwegen von der Gemeinde abwesend oder nur unfreiwillig in ihr anwesend ist, ob er mit Steuern veranlagt ist, ob er Steuern bezahlt hat, ob er im Rückstande ist mit Gemeindeabgaben, ob er Armenunterstützung von anderen Gemeinden erhalten hat oder nicht. Zu diesem Behufe können Auskünfte auch von anderen Behörden oder Gemeinden, insbesondere von der bisherigen Heimatgemeinde erforderlich sein, welche diese zu erteilen verpflichtet sind. Unrichtige Auskünfte können zur Anfechtung der auf solchen beruhenden Heimatverleihung führen (§ 44 Ziff. 10).

2. Die in Anspruch genommene Gemeinde ist zu einer beschlußmäßigen Erklärung über den Anspruch verpflichtet. Sie darf sich der Behandlung der Angelegenheit nicht entziehen; es handelt sich um die Mitwirkung an der Ordnung eines öffentlich-rechtlichen, die Gemeinde betreffenden Verhältnisses. Die Gemeindeverwaltung ist öffentlich-rechtlich auch verpflichtet, die Sache förderlichst zu betreiben, d. h. ihre Aeußerung nicht mehr zu verzögern, als es die ordnungsgemäße Erledigung mit sich bringt. Gegen Verzögerungen und gegen Weigerungen, eine Erklärung abzugeben, ist Anrufung der Staatsaufsicht zulässig, deren Einschreiten gemäß Art. 157 I Ziff. 4 u. IX G.O. gerechtfertigt wäre. Auch würde m. E. eine beharrliche Weigerung der Ablehnung gleichzuachten sein und somit auch die verwaltungsrechtliche Klage offen stehen[3]). — Die Gemeinde ist aber zu nicht mehr verpflichtet, als über den erhobenen Anspruch und zwar über jeden sich zu erklären, d. h. entweder die Heimat zu verleihen oder sie abzulehnen. Eine Verpflichtung, den Fall aufzuklären, besteht nicht. Lehnt die Gemeinde den erhobenen Anspruch ab, ohne genügende Erhebungen zu pflegen, so wäre damit für sie in der Sache selbst kein Rechtsnachteil verbunden. Sie läuft nur Gefahr, daß ihr, im Falle der Abgewiesene Antrag auf verwaltungsrechtliche Entscheidung stellt und in diesem Verfahren durchdringt, die Kosten überbürdet werden. Ueber die Anerkennung des Anspruches vgl. § 44.

3. Die Gemeinde hat gegenüber dem Anspruchsberechtigten eine Parteirolle. Dieser behauptet ein Recht gegen die Gemeinde zu haben; letztere hat zu erklären, ob sie das Recht anerkennt oder nicht. Auch wenn die Gemeindeverwaltung zugleich Distriktsverwaltungsbehörde ist, so ist die auf den Anspruch ergehende Erklärung der Gemeinde keine behördliche, keine instanzielle[4]). Zu der Partei-

[3]) Freilich kann die Behörde, wenn ihr die Verzögerung keine übermäßige zu sein, eine Verweigerung der Erklärung nicht vorzuliegen scheint, die Verbescheidung ablehnen, weil ein bestrittener Anspruch noch nicht vorliege. § 44.

[4]) V.G.H. Bd. 1 S. 211: „Beschlüsse der unmittelbaren Magistrate über Ansprüche auf Verleihung des Heimatrechtes sind nicht instanzielle Bescheide, sondern nur Gemeindeverwaltungsbeschlüsse."

erklärung ist jedoch die Gemeindeverwaltung verpflichtet; vgl. hierzu das in Ziff. 2 Bemerkte. Zuständig zur ablehnenden Erklärung ist, wie zur zustimmenden, die Gemeindeverwaltung (Gemeindeausschuß, Magistrat). Eine Einvernahme der Gemeindebevollmächtigten findet nicht statt; vgl. jedoch § 44 bei Anm. 11.

4. Lehnt die Gemeinde den Anspruch ab, wovon sie den Anspruchserheber zu benachrichtigen hat[5]), so kann der Abgewiesene, bezw. falls er inzwischen verstorben ist, gemäß der besonderen Bestimmung in Art. 6 III H.G. seine Ehefrau oder eines seiner Kinder, die in Art. 24 H.G. bezeichnete Behörde anrufen. Er mag hierbei den Ausdruck „Beschwerde" wählen. Eine Beschwerde im eigentlichen Sinne ist aber diese Anrufung nicht. Vielmehr wird infolge der Weigerung einer Partei, das zu tun, was die andere Partei verlangt, der Rechtsweg beschritten. Die Anrufung der Behörde ist der Klagserhebung im Zivilprozeß ähnlich. Gemäß Art. 8 Ziff. 26 V.G.H. sind bestrittene Ansprüche auf Verleihung des Heimatrechtes Verwaltungsrechtssachen; sie gehören zu denjenigen, welche Reger-Dyroff Verwaltungsrechtssachen mit Regierungsinstanz nennt.

Irgendeine Frist, binnen welcher der Antrag auf instanzielle Verbescheidung erhoben sein muß, besteht nicht. Selbst nach Jahren kann dies noch geschehen[6]). Bis zur Stellung des Antrages auf verwaltungsrechtliche Entscheidung verbleibt die Rechtslage so, wie sie durch die Erhebung des Anspruches bei der Gemeindebehörde geworden ist. Die Ablehnung des Anspruches durch letztere beseitigt keineswegs die Rechtsfolge der Anspruchserhebung; es ist also nicht so, wie wenn der Anspruch nicht erhoben worden wäre. Daraus folgt, daß der Anspruch nach wie vor unverlierbar ist, daß seine Fortexistenz nicht abhängt von der Fortdauer eines geeigneten Aufenthalts. Sollen die Wirkungen der Anspruchserhebung wegfallen, so genügt nicht passives Verhalten, sondern ist die Zurücknahme des Anspruches, bezw. eine an die Gemeindeverwaltung gerichtete Erklärung notwendig, von seinem Begehren abzustehen. Die Aufenthaltsgemeinde kann versuchen, eine solche Erklärung herbeizuführen; doch hat sie kein Zwangsmittel. Insbesondere wäre es unzulässig, dem Anspruchserheber aufzutragen, innerhalb bestimmter Frist Antrag auf Einleitung des verwaltungsrechtlichen Verfahrens zu stellen, widrigenfalls angenommen werde, daß der Anspruch zurückgezogen sei.

Zuständig ist, wenn ein unmittelbarer Magistrat den Anspruch abgelehnt hat, die vorgesetzte k. Regierung, Kammer des Innern, sonst die der in Anspruch genommenen Gemeinde, also der Aufenthaltsgemeinde, vorgesetzte Distriktsverwaltungsbehörde. Art. 23 I, 24, 25

---

[5]) Eine Rechtspflicht, den Anspruchserheber über sein Recht zu belehren, verwaltungsrechtliche Entscheidung zu beantragen, besteht nicht.

[6]) Die Verzögerung der „Beschwerde" kann in einem Verzichte ihren Grund haben; von rechtlicher Bedeutung ist ein solcher aber nicht. Vgl. § 43.

H.G. Der Verwaltungsrechtsstreit ist erhoben mit Eingang der geeigneten Erklärung bei der zuständigen Behörde. Wird eine unrichtige Behörde angegangen, so hat dieselbe die Sache an die zuständige abzugeben. Die Gemeindebehörde ist verpflichtet, den Antrag des Abgewiesenen auf Entscheidung durch die verwaltungsrechtliche I. Instanz aufzunehmen und dieser vorzulegen. Erst mit Eingang bei dieser ist der Rechtsstreit anhängig. Für den Antrag ist eine Form nicht vorgeschrieben; es genügt, daß der Wille ersichtlich ist, die Entscheidung der höheren Behörde herbeizuführen.

5. Die Erhebung des Rechtsstreites, die Rechtshängigkeit, hat wie im allgemeinen, so auch hier, die Wirkung, daß die Rechtslage des Anspruchsberechtigten durch Umstände, welche nicht von ihm selbst hervorgerufen werden, nicht ungünstig beeinflußt werden kann. Zu diesen Umständen gehört vor allem, daß die richterliche Feststellung des Rechtes später erfolgt, als das Recht im Klageweg geltend gemacht wurde. Demnach wirkt die rechtskräftige Zuerkennung des Anspruches von dem Augenblick der Rechtshängigkeit ab; vgl. V.G.H. Bd. 20 S. 127: „Die Verpflichtung der auf Grund der Art. 7 und 8 H.G. zur Anerkennung des Anspruches auf Verleihung des Heimatrechtes im verwaltungsrechtlichen Verfahren verurteilten Aufenthaltsgemeinde zur Bezahlung von Kurkosten für den Heimaterwerber tritt mit demjenigen Zeitpunkte ein, an welchem die verwaltungsrechtliche Klage auf Anerkennung des bestrittenen Heimatanspruches bei der hierfür in I. Instanz zuständigen Verwaltungsbehörde erhoben worden ist." Es tritt also Rückwirkung auf den erwähnten Zeitpunkt ein. (Reger-Dyroff S. 345.) — Auch der Tod des Anspruchsberechtigten ist infolgedessen von minderer Bedeutung. Während bei nur geltend gemachtem, aber nicht klagweise erhobenem Anspruch der Tod des Anspruchsberechtigten nur die Ehefrau und die ehelichen noch nicht selbständig beheimateten Kinder zur Fortführung des Anspruchs ermächtigt — wird nach rechtshängigem Anspruch die Sache ohne Rücksicht darauf zu Ende geführt, wer nun die Heimat infolge jenes Anspruches erlangt. Spricht dann die Entscheidung die Verleihungspflicht der Gemeinde aus, so ist damit festgestellt, daß der Gestorbene zur Zeit des Eintritts der Rechtshängigkeit die neue Heimat bereits hatte; alle jenen, deren Heimat von jener des Antragstellers abhing, erlangen nun diese Heimat, wenn sie in der Zwischenzeit nicht eine selbständige Heimat erworben haben, demnach auch die unehelichen Kinder der den Anspruch erhebenden Frau [7]. Sind jedoch Voraus-

---

[7]) Beispiel: A hat Anspruch auf gebührenfreie Verleihung der Heimat in N erhoben, wurde jedoch abgewiesen. Am 20. Juni 1903 stellt er Antrag auf Entscheidung beim Bezirksamte O. Am 1. August 1903 stirbt A. Das Verfahren endet mit der rechtskräftigen Anerkennung seines Anspruches. A hat bei seinem Tode zwei noch ursprünglich beheimatete Söhne und eine unverehelichte Tochter, die ein uneheliches Kind besitzt, aber am 15. Juli 1903 ebenfalls verstarb. Da

setzungen des Anspruches zur Zeit des Todes des Anspruchserhebers nicht erfüllt, so ist der Anspruch in diesem Zeitpunkt unbegründet; die nachträgliche Erfüllung, auch wenn sie bei Lebzeiten des Heimatsuchers möglich wäre, kann nicht mehr geschehen; eine „Rückwirkung" schließt sich von selbst aus. Vgl. auch das Seite 181/82 bemerkte.

6. Als Beteiligte im verwaltungsrechtlichen Verfahren erscheinen gemäß Art. 26 H.G. die in Anspruch genommene Gemeinde und der Antragsteller, also die Parteien; dagegen sind die bisherige Heimatgemeinde bezw. der Fiskus nicht beteiligt[8]). Nicht sind beteiligt diejenigen, welche der Heimat desjenigen, dessen Anspruch im Streite befangen ist, lediglich folgen. Diese Personen brauchen daher im verwaltungsrechtlichen Verfahren gar nicht ermittelt zu werden. Sollte später Streit entstehen, ob sie in der Tat gefolgt sind, so handelt es sich um eine Heimatfeststellung, nicht um Streit über Verleihung des Heimatrechtes. Vgl. auch v. Seydel Bd. 2 S. 74 Note 24 und Reger S. 88/89 Anm. 11. Die Beteiligten müssen einvernommen werden, Art. 23 H.G. Die Entscheidung muß ihnen und zwar jedem in schriftlicher Ausfertigung zugestellt werden. Art. 21 IV V.G.H.G.

7. Im verwaltungsrechtlichen Verfahren wird das gesamte Sachverhältnis von Amts wegen ermittelt. Art. 20 Abs. 1 V.G.H.G. Obgleich bei Ansprüchen auf Heimatverleihung ohne Geltendmachung des Anspruches und Antrag das Verfahren nicht beginnen kann, und obwohl der Antrag zurückgenommen werden kann, sohin die Einleitung und der Fortgang des Verfahrens von dem Willen der Parteien abhängen, so ist das Verwaltungsgericht keineswegs an das Vorbringen, die Anträge und Beweismittel des Antragstellers gebunden[9]).

---

die Tochter am 20. Juni noch lebte, an welchem Tage dem Vater die Heimat zufiel, so besitzt nun auch der Enkel des letzteren neue Heimat; wäre die Tochter am 19. Juni gestorben, so würde der Enkel die bisherige Heimat des A beibehalten haben.

[8]) Reger-Dyroff S. 213 unten erachtet die bisherige Heimatgemeinde zwar nicht als Partei, aber als mitbeteiligt, weil eine Aenderung ihrer Heimatverbindlichkeiten in Frage sei; doch spreche die positive Vorschrift in Art. 26 Abs. 1 Ziff. 1 für den Rechtsgrundsatz des Verwaltungsgerichtshofes, der in Bd. 20 S. 153 ausspricht, im Verfahren auf den Anspruch des Heimatberechtigten sei die Heimatgemeinde in den Streit nicht einzubeziehen oder beizuladen.

[9]) Reger-Dyroff S. 340 II a. Der Verwaltungsrichter ist auch an Anerkenntnisse und Zugeständnisse im Prinzip nicht gebunden; ebenda S. 341, „er darf sie nur da gelten lassen, wo sie sich auf verzichtbare Ansprüche, bezw. Angriffs- oder Verteidigungsmittel beziehen, nicht aber wo das öffentliche Interesse mit in Frage steht 2c." M. E. können die Parteien allerdings Tatsachen (nicht rechtliche Folgerungen!) als vorhanden bindend anerkennen, deren Vorhandensein dem Anspruche nützt. Wie die Gemeinde den Anspruch in toto anerkennen kann, indem sie die Heimat verleiht, so auch anspruchsbegründende Umstände. Dagegen kann durch Zugeständnis, Anerkenntnis nicht festgestellt werden, daß ein anspruchsbegründender Umstand nicht vorhanden ist, so lange der Anspruch erhoben bleibt. Denn Sachverhalt vereint mit Geltendmachung führen nach

Aus der amtlichen Ermittlung des Sachverhältnisses folgt, daß das Gericht insbesondere die ganze Dauer des Aufenthalts feststellt und prüft, ob irgend ein geeigneter Aufenthalt vorhanden ist, der das Klagebegehren rechtfertigt. Wird der Anspruch auf bestimmte Tatsachen gestützt, so kann das Gericht prüfen, ob nicht auch andere Tatsachen vorhanden sind, welche denselben rechtfertigen. Daraus ergibt sich insbesondere, daß der aus Art. 6 erhobene Anspruch auch aus Art. 7 gewürdigt werden kann, und umgekehrt.

Das Klagebegehren ist entweder: Verleihung der Heimat oder: gebührenfreie Verleihung der Heimat. Diese beiden Anträge sind wesentlich verschieden: wie schon in § 43 ausgeführt wurde, will, wer gebührenfreie Heimat verlangt, wenn nichts anderes erhellt, nur diese Art der Heimat, nicht jene gegen Gebührenzahlung. Daher ist in diesem Falle lediglich das Sachverhältnis aus Art. 7 H.G. zu prüfen, nicht aus Art. 6 H.G. Vgl. auch Reger-Dyroff S. 342, vorletzter Absatz.

In der Regel wird das Verwaltungsgericht damit beginnen, festzustellen, ob nicht etwa der Anspruchserheber schon die selbständige Heimatgemeinde in der Aufenthaltsgemeinde besitzt. Wird diese Frage verneint, so ist wohl in der Regel zu erheben, ob der Aufenthalt bis zur Anmeldung des Anspruches bei der Gemeindeverwaltung gedauert hat. Wird dies bejaht, so ist zu ermitteln, ob der erforderliche Zeitraum, welcher unmittelbar vor diesem Zeitpunkt liegt, fehlerfrei ist. Sind innerhalb dieses Zeitraumes Fehler vorhanden, so müssen solche Fehler unterschieden werden, welche nicht mehr schaden, wenn der Anspruch im Sinne des Art. 6 bezw. 7 bereits begründet war. Der innerhalb des genannten Zeitraums frühest aufgetretene derartige Fehler dient zum Ausgangspunkt der weiteren Erhebung, ob diesem Zeitpunkt irgendein fehlerloser Aufenthalt von genügender Dauer vorausgeht. Hierbei ist die Bedeutung des 25. Juni 1896 zu beachten. Finden sich jedoch innerhalb der unmittelbar der Anspruchserhebung vorausgehenden erforderlichen Jahre solche Fehler, welche den Anspruch unter allen Umständen zerstören (z. B. Aufhören der Freiwilligkeit des Aufenthalts, schädliche Unterbrechung desselben), so ist der Anspruch unbegründet. — Wird gebührenfreie Heimat verlangt, so ist nur Art. 7 in Betracht zu ziehen und zu erforschen, ob ein genügend langer fehlerfreier Zeitraum sich findet, hinsichtlich dessen auch die Anforderungen des Art. 12 IV erfüllt sind; vgl. jedoch § 42 Ziff. 2.

Hinsichtlich der Feststellung des Sachverhalts ist der Tag der

---

dem Gesetze zur Heimatänderung. Der Verwaltungsrichter darf beispielsweise nicht als ausschlaggebend erachten, daß die Parteien einig sind oder der Anspruchserheber zugiebt, für die Zeit vom . . . bis . . . liege ein geeigneter Aufenthalt nicht vor; es könne nur jener von . . . bis . . . in Betracht kommen. Hat der Verwaltungsrichter Anlaß, auch den ersteren Aufenthalt für geeignet zu halten, so ist er hieran nicht durch das Zugeständnis gehindert. Man kann den Anspruch nicht auf eine bestimmte Begründung einschränken.

Anmeldung des Anspruchs bei der Gemeindeverwaltung von der bereits erörterten Bedeutung. Der nach diesem Tage zurückgelegte Aufenthalt darf nicht mehr gewürdigt werden. Auf genaueste Durchforschung dessen, was dem Anspruch entgegenstehen könnte, was aber nicht vorgebracht ist, hat die Behörde nicht zu sehen.

Im übrigen ist die genaue Darstellung des Verfahrens nicht Aufgabe dieses Buches. Eines ist noch zu betonen: Wenngleich keine Beweispflicht besteht, so ist doch der Umstand nicht ohne Bedeutung, daß der Anspruch die Aenderung eines bestehenden, die Begründung eines neuen Rechtsverhältnisses herbeiführen will. Nur wenn das Gericht die Ueberzeugung gewinnt, daß die gesetzlichen Voraussetzungen gegeben sind, so kann es die Aenderung des bestehenden Rechtszustandes aussprechen. Es braucht nicht überzeugt zu werden, daß die Voraussetzungen nicht vorhanden sind, um es bei dem bestehenden Heimatverhältnis zu belassen, sondern es genügt, daß das Gericht nicht genügend von deren Vorhandensein überzeugt ist. Unter den Voraussetzungen des Anspruches ist jedoch eine rein negativer Art: es darf Armenunterstützung nicht beansprucht oder erlangt sein. M. E., — und das wird durch die Novelle von 1896 wahrscheinlicher gemacht, — hat diese Voraussetzung doch mehr die Bedeutung einer exceptio, eines zerstörlichen Einrederechtes gegen den Anspruch, das allerdings ebenfalls von Amts wegen zu prüfen ist. Gibt man dies zu, so ist das Vorhandensein des Anspruches für das Gericht bei Vorliegen der übrigen Voraussetzungen festgestellt, wenn es nicht die Überzeugung erlangt hat, daß Armenunterstützung erlangt oder erbeten wurde; das Gericht braucht nicht die Ueberzeugung zu haben, daß Armenunterstützung nicht erlangt oder erbeten wurde. A.M. V.G.H. Bd. 21 S. 189[10]).

8. Die Entscheidung stellt fest, ob ein Rechtsanspruch auf Heimatverleihung besteht oder nicht und wirkt ersterenfalls, rechtskräftig geworden, wie ein Heimatverleihungsbeschluß, der zu dem oben Ziff. 6 angegebenen Zeitpunkt ergangen ist. Auf welche Personen die Verleihung der Heimat gemäß der gesetzlichen Heimatfolge wirkt, ist nicht mit zu entscheiden. V.G.H. Bd. 18 S. 328, Reger S. 16 Anm. 1. Die Frage, ob (in welcher Höhe) Heimatgebühren zu entrichten sind, ist mitzuentscheiden: a) wenn ein Antrag auf gebührenfreie Heimatverleihung vorliegt; b) m. E. auch ohne solchen Antrag, wenn sich ergeben hat, daß die Heimat gebührenfrei zu verleihen ist; c) im übrigen, wenn ein Ausspruch über die Gebührenfrage ausdrücklich beantragt ist.

[10]) „Ein Anspruch . . ., dem mit der Behauptung entgegengetreten wird, daß der Betreffende zu einer gewissen Zeit Armenunterstützung erhalten habe, kann . . . nur dann als begründet erachtet werden, wenn das Gesamtergebnis der Beweiserhebung zur Ueberzeugung führt, daß innerhalb . . . der Empfang der Armenunterstützung nicht stattgefunden hat." Ueber die sog. Beweislast vgl. auch v. Riedel S. 124 Note 31.

Mit dem Bescheide ist ein Beschluß über den Kostenpunkt zu verbinden. Art. 21 III V.G.H.G. Da der Heimatverleihungsstreit ein Streit zwischen zwei Parteien ist, so treffen die Kosten im allgemeinen den unterliegenden Teil. „Das Offizialprinzip als solches hat keinen Bezug auf die Frage der Gebührenfreiheit." Vgl. hierüber und darüber was zu den Kosten gehört, Reger-Dyroff S. 363ff. Art. 13 H.G. begründet nur, daß für die Verhandlungen der Gemeindebehörden Gebühren nicht erhoben werden; protokollarische Einvernahmen und sonstige Verhandlungen auch der Gemeindebehörden sind gebührenpflichtig, wenn sie auf Requisition der Verwaltungsgerichte erfolgen. Vgl. V.G.H. Bd. 1 S. 211. Wenn übrigens erst während des verwaltungsrechtlichen Verfahrens wirkliche Hindernisse des Anspruches beseitigt werden (Begleichung von Rückständen), bezw. erst während des Verfahrens der Anspruch ein begründeter wird, so sind die Kosten ganz oder teilweise in analoger Anwendung des § 278 R.Z.P.O. demjenigen aufzulegen, der während des Verfahrens die Aenderung der Rechtslage herbeigeführt hat.

Wird der Anspruch rechtskräftig abgewiesen, so gilt er als nicht erhoben. Die Vorteile, welche aus der Geltendmachung erwachsen, gehen unter. Es steht ja jetzt fest, daß diese Geltendmachung unberechtigt gewesen ist. Die Wirkung ist also eine andere als bei Abweisung des Anspruches durch die Gemeinde, — da bleibt die Tatsache der Anspruchserhebung bestehen. Dagegen wird auch durch die Abweisung im verwaltungsrechtlichen Verfahren an der Bedeutung der Tatsachen nichts geändert; es ist nur festgestellt, daß dieselben die verlangte Wirkung jetzt nicht äußern konnten.

9. Die Entscheidung der I. Instanz ist nach den Regeln des verwaltungsrechtlichen Verfahrens anfechtbar. Die Beschwerde geht zum Verwaltungsgerichtshof, wenn die Regierung I. Instanz ist, sonst an die Regierung, Kammer des Innern, gegen deren Entscheidung wiederum Beschwerde zum Verwaltungsgerichtshof zulässig ist. Ueber die Vorbringung von neuem Streitmaterial s. Reger-Dyroff S. 389.

10. Eine rechtskräftige Ablehnung des Anspruches hindert nicht, einen neuen Anspruch zu erheben. Diejenigen Tatsachen aber, welche bereits in der rechtskräftigen Entscheidung gewürdigt sind, z. B. ob eine Unterstützung Armenunterstützung ist, können in der nunmehrigen Entscheidung nicht anders hinsichtlich ihrer Bedeutung für den Anspruch gewürdigt werden, als im ersten Verfahren[11]).

[11]) V.G.H. Bd. 20 S. 90: „Die rechtskräftige Zurückweisung eines Anspruches im Sinne der Art. 6/7 steht der erneuten Geltendmachung dieses Anspruches nicht hindernd entgegen. Dagegen müssen die Feststellungen einzelner Zwischenfragen, welche etwa mit der vorhergehenden Entscheidung rechtskräftig geworden sind, allerdings auch im späteren Verfahren als zu Recht bestehend anerkannt werden."

„Ein Rechtsverhältnis wird von den Wirkungen der Rechtskraft nur in

§ 46.

4. Recht der bisherigen Heimatgemeinde auf Verleihung der Heimat; Verfahren.

1. Das ideale Band zwischen Heimatberechtigten und Heimatgemeinde, das bis zur Novelle vom 17. Juni 1896 nur durch den Willen des Heimatangehörigen gelöst werden konnte, legte der Gemeinde unter Umständen sehr beträchtliche reale Opfer auf — nämlich die Armenfürsorge für den Heimatberechtigten und seiner Familie. Diese Opfer erschienen materiell ungerechtfertigt, wenn das Band eben durch die Tatsachen erheblich gelockert war, d. h. wenn der bisher Beheimatete Jahre lang von der Gemeinde abwesend war und wenn er obendrein seine Kraft in einer anderen Gemeinde verwertete, die dann auch die öffentlichen Abgaben von ihm bezog und indirekte Vorteile aus seinem Erwerb gewann. Die Novelle von 1896 minderte daher nicht nur die Anforderungen, welche erfüllt werden müssen, um für den in einer Gemeinde sich dauernd Aufhaltenden den Anspruch auf Heimatverleihung zu schaffen, — sie trug auch Sorge, daß die erleichterte Erwerbung einer andern Heimat nicht mehr allein von dem Willen des Heimatberechtigten abhängt, dessen Interesse an einem Heimatwechsel erfahrungsgemäß ein geringes ist, der häufig sogar schon wegen der sonst entstehenden Verpflichtung, die Heimatgebühr zu entrichten, ein entgegengesetztes Interesse zeigt, sondern daß sie auch durch den bisherigen Verband bewirkt werden kann, — freilich unter Uebernahme der mit dem Erwerb verbundenen Lasten, — der ein materielles Interesse an dieser Aenderung hat. Dieser Verband ist bei einem bisher in einer bayrischen Gemeinde bereits Beheimateten diese Gemeinde, bei dem noch nicht bezw. vorläufig Beheimateten der Staat, vertreten durch das zuständige Regierungsfiskalat. Letzteres ist insbesondere auch berechtigt, Ansprüche aus Art. 10 H.G. geltend zu machen, wobei freilich der Erfolg der Maßnahme davon abhängt, ob der Anspruchsberechtigte gewillt ist, in den Staatsverband einzutreten, das Interesse an ihr davon, ob der Staat nach den Staatsverträgen für den Betreffenden Armenlasten zu tragen hat[1]). Im

---

dem Umfange erfaßt, in welchem es den Gegenstand der vorhergehenden Entscheidung gebildet hat; mit anderen Worten, die materielle Rechtskraft wirkt nur insoweit, als dieselbe Sache vorliegt." — Vgl. auch V.G.H. Bd. 13 S. 507, Bd. 14 S. 378, Bd. 15 S. 206; Bd. 24 S. 221. Ueber die Rechtskraft der Entscheidung vgl. Reger-Dyroff S. 212—214 unter Note 8.

[1]) Reger S. 39 Anm. 3 glaubt, daß nur für bayrische Staatsangehörige die Ersitzfrist laufe; daher werde der Fiskus nur ein Antragsrecht für Personen haben, welchen nach Art. 16 H.G. eine vorläufige Heimat angewiesen sei. Diese Personen sind jedoch m. E. heimatlose Bayern und erwerben daher die Heimat nach Art. 11 kraft Gesetzes, was freilich nach Reger nur zutrifft, wenn sie die ganze Zeit heimatlose Bayern gewesen sind. M. E. ist aber auch die Begründung Regers unzutreffend; denn nach Art. 10 H.G. können Nichtbayern „auf Grund der Art. 6 und 7 H.G." den Anspruch erlangen. Buchert, welcher auch für Nichtbayern den Erwerb eines Anspruches aus Art. 6 und 7 H.G. zugesteht, ist doch der Ansicht, daß der ganze nach Art. 11 H.G. für Er=

folgenden wird lediglich von der bisherigen Heimatgemeinde als Trägerin des Anspruches gehandelt; die Anwendung auf den Staat ergibt sich unschwer.

Der Heimatgemeinde ist durch die Novelle vom 17. Juni 1896 das Recht eingeräumt worden, den Anspruch geltend zu machen, welcher für einen ihrer Heimatangehörigen kraft Aufenthalts in einer fremden Gemeinde gemäß Art. 6, 7, 12 IV H.G. auf Verleihung der Heimat begründet ist[2]). Das Recht der Gemeinde geht dahin, daß

langung der Heimat kraft Gesetzes erforderliche Aufenthalt im Zustande der Heimatlosigkeit zurückgelegt sein müsse und erblickt darum als Hauptfall, in dem der Fiskus von seinem Antragsrecht nach Art. 8 Gebrauch machen könne, denjenigen, daß Personen, welche heimatlose Bayern sind, zwar noch nicht die Heimat kraft Gesetzes erworben, gleichwohl aber einen Anspruch bereits erworben haben, indem die vor der Erlangung der Staatsangehörigkeit zurückgelegten Aufenthaltsjahre zu den nach der Aufnahme verbrachten hinzutreten und so die erforderliche Gesamtzeit ergeben. Vgl. Bl. Bd. 47 S. 235 ff. M. E. hat ja auch in diesem Falle der Betreffende die Heimat kraft Gesetzes erworben; teilt man aber diese Anschauung nicht, so ist die Buchertsche sehr annehmbar. Sie hat aber bisher keine Anhänger gefunden, vielmehr soll der Aufenthalt entweder ganz von dem heimatlosen Bayern oder ganz vom Nichtbayern zurückgelegt sein müssen: vgl. § 37 Anm. 8.

[2]) Die Heimatgemeinde kann also den Anspruch erheben, wenn ein Aufenthalt ihres bisherigen Heimatangehörigen von geeigneter Dauer vorliegt, und wenn dieser Aufenthalt von dem Tage der Beendigung der Frist bis zum Tage der Anspruchserhebung fortgedauert hat. Eine in diese Zwischenzeit fallende Armenunterstützung hindert die Anspruchserhebung nicht; nicht selten ist gerade ein solches Gesuch der Anlaß, daß die bisherige Heimatgemeinde die Verleihung beantragt. Auch hindert der Umstand die Anspruchserhebung nicht, daß die Steuern oder öffentlichen Abgaben noch nicht bezahlt sind; dieser Mangel kann ja nachträglich noch ausgeglichen werden (s. § 43 Ziff. 1). Die Heimatgemeinde ist sogar m. E. (s. § 39 Ziff. 6) in der Lage, die rückständigen Beträge für den Aufenthaltszeitraum selbst zu bezahlen. Dagegen hat die Heimatgemeinde kein Recht, von der Aufenthaltsgemeinde zu fordern, daß sie die rückständigen Abgaben beitreibe; die Meinung, welche in Landgemeinden verbreitet zu sein scheint, daß die Aufenthaltsgemeinde die „Aufnahme" nur dann ablehnen dürfe, wenn rückständige Umlagen und ähnliche Abgaben auch nicht auf dem Wege der Zwangsbeitreibung eingebracht werden konnten, findet keinen Anhalt im Gesetz. — Allerdings ist hierdurch anscheinend „Machenschaften" Vorschub geleistet. Denn auch ein Anrufen der Staatsaufsicht, die Gemeinde zu veranlassen, ihre rückständigen Gefälle beizutreiben, wird bei der Fassung der Gemeindeordnung (Art. 58) schwerlich, jedenfalls nur selten Erfolg haben. Indes werden hier allgemeine Rechtsregeln aushelfen müssen. Die Bestimmung, daß nur derjenige das Heimatrecht in der Aufenthalsgemeinde ansprechen dürfe, der die öffentlichen Abgaben an diese bezahlt hat, ist lediglich im Interesse dieser Gemeinde aufgenommen. Wenn daher die Gemeinde diese Abgaben nicht erheben will, obgleich sie dieselben erheben kann, so wird sie die Abgaben als entrichtet gelten lassen müssen. Freilich braucht sich die Aufenthaltsgemeinde nicht etwa darüber auszuweisen, daß sie die Umlagen nicht beitreiben konnte, vielmehr muß die anspruchserhebende Gemeinde dartun, bezw. muß sich in dem Verfahren ergeben, daß die Gemeinde in der Tat keine erheblichen Gründe besaß, die Abgabe nicht zu erheben, außer etwa jene, keinen Verleihungsanspruch entstehen zu lassen. Würde aber beispielsweise aus Gründen der vorbeugenden Armenpflege von einer Beitreibung Umgang genommen worden sein, so bleibt es dabei, daß die Abgabe nicht entrichtet ist. Die Sache liegt etwas anders, als wenn der Abgabenpflichtige selbst den Anspruch erhebt; dieser kann

ihrem Angehörigen die Heimat verliehen werde; der Anspruch wird aber erhoben im eigenen Namen der Heimatgemeinde. Er kann nur geltend gemacht werden, wenn der Anspruch auch von dem Berechtigten noch geltend gemacht werden kann — also nicht mehr, wenn er zerstört ist — und nicht mehr, wenn der Berechtigte gestorben ist[3]), ohne selbst den Anspruch erhoben zu haben. Tritt

---

sich darauf, daß die Gemeinde gegen ihn nicht vorgegangen sei, nicht berufen, ohne gegen die guten Sitten zu verstoßen; vgl. S. 290 Anm. 26.

Auch andere Machenschaften sind nicht selten. Einzelne, z. B. scheinbare Unterbrechung des Aufenthaltes, sind schon an anderer Stelle erörtert worden. Daß der Verzicht auf den Anspruch der Aufenthaltsgemeinde nicht gegenüber dem Anspruchsberechtigten nützt, wurde schon oben hervorgehoben; noch weniger nützt er gegenüber der bisherigen Heimatgemeinde. Anlangend diese sogen. Machenschaften muß nun noch folgendes betont werden. Der Anspruchsberechtigte ist vollkommen frei in seinem Wollen, einen Heimatanspruch geltend zu machen oder nicht; er ist auch vollkommen frei in denjenigen Handlungen, welche einen solchen Anspruch etwa zerstören. Er ist hierin frei, obgleich solche Handlungen gleichzeitig das Recht der bisherigen Heimatgemeinde zerstören können. Wenn er also, ehe die Heimatgemeinde den Anspruch erhebt, etwa seinen Aufenthalt verlegt, vielleicht hierzu ermuntert von der bisherigen Aufenthaltsgemeinde, also selbst in der Absicht, einen Anspruch der Heimatgemeinde zu vereiteln, und wenn er dies sogar etwa tut, ohne klar zu erkennen, um was es sich handelt, so ist er hierin nicht gehindert und die Wegverlegung des Aufenthalts beseitigt, obgleich „Machenschaften" vorliegen, das Recht der bisherigen Heimatgemeinde; nur muß es sich um eine wirkliche, nicht nur um eine scheinbare Verlegung handeln. [Eine in den erforderlichen Aufenthaltszeitraum fallende Bitte um Armenunterstützung entwertet bekanntlich ebenfalls den Aufenthalt; ist aber die Bitte keine ernstliche gewesen oder wurde die Unterstützung gegeben, obgleich offenbar kein Anlaß vorlag, so schadet die Armenunterstützung dem Anspruch der Heimatgemeinde nicht, weil es sich eben um eine wirkliche Armenunterstützung gar nicht handelte; daß eine Gabe auf die Armenkassa verrechnet wird, macht dieselbe bekanntlich (§ 21) noch nicht schlechthin zu einer Armenunterstützung. Wurde aber eine Armenunterstützung gegeben, an deren Ernstlichkeit begründete Zweifel nicht bestehen können, so muß sie gelten, auch wenn sie einen Tag vor Begründung eines Heimatverleihungsanspruches gewährt wurde. — Reger S. 39 Anm. 2 glaubt, daß auch eine mißbräuchlicherweise aus Stiftungsmitteln erfolgende Bezahlung von Schulgeld einer Uebernahme des Schulgeldes auf die Armenkassa gleichwertig zu erachten sei. M. E. geht dies zu weit. Ist die Zahlung aus Stiftungsmitteln unerlaubt gewesen, so mag eine Erstattungspflicht des Bedachten und eine solche der Verwalter der Stiftung gegeben sein; aber Armenunterstützung liegt eben doch nicht vor. — Eine dolose Steuerabmeldung ist ebenfalls nach Reger dem Anspruche der Heimatgemeinde nicht schädlich. Richtig ist, daß eine unbegründete Steuerabschreibung insofern unschädlich ist, als eine nachträgliche Veranlagung für den betr. Zeitraum möglich ist; aber eine nicht auf diese Weise ausgeglichene Aufhebung der Veranlagung schadet dem Antrag aus Art. 6 H.G., wenn sie auch offenbar nur herbeigeführt wurde, um den Antrag abzuwehren.

[3]) V.G.H. Bd. 20 S. 28. Auch im Falle der Erhebung des Heimatverleihungsanspruches durch die Heimatgemeinde geht der Anspruch nach Art. 6 III H.G. auf die Witwe und die ehelichen . . . Kinder über, wenn der Ehemann nach Anmeldung des Anspruches stirbt.

Für den Fall des Todes des Berechtigten ist zusammenfassend zu bemerken: Ist der Anspruch rechtshängig geworden, so nimmt das Verfahren trotz des Todes seinen Fortgang, sofern irgendein rechtliches Interesse daran besteht;

die Gemeinde auf, so kommt ihr die jeweilige Rechtslage des Anspruches zugute, wie sie umgekehrt auch die ungünstige Rechtslage übernimmt. Die Geltendmachung des Anspruches durch den Berechtigten, welche, wie in § 44 dargelegt, die Unverlierbarkeit des Rechtes bewirkt, nützt also auch der Heimatgemeinde. Eine nach der Anmeldung des Anspruches sich ergebende Aenderung schadet auch ihrem Anspruche nichts mehr. Dies gilt so lange, als die Wirkung jener Geltendmachung dauert. Die Zurücknahme der Anmeldung, die rechtskräftige Abweisung des Anspruches hebt die Tatsache der Geltendmachung wieder auf, auch für die Heimatgemeinde. — Die Geltendmachung des Anspruches durch die Heimatgemeinde selbst hat für diesen (Anspruch) die nämliche Wirkung wie jene durch den Berechtigten selbst. Handlungen desselben schaden nun dem Anspruche der Heimatgemeinde nicht mehr.

Der Anspruch kann von der Gemeinde auch neben einem eigenen Anspruch des Berechtigten erhoben werden[4]). Die Heimatgemeinde kann den Anspruch auch dann erheben, wenn der Berechtigte den seinigen bereits geltend gemacht hat, aber nicht durchgedrungen ist. Der Einwand der rechtskräftig entschiedenen Sache kann hierwegen nicht entgegengesetzt werden. V.G.H. Bd. 20 S. 151. Der Anspruch kann selbstverständlich auch dann erhoben werden, wenn die Aufenthaltszeit vollständig in die Zeit vor dem 25. Juni 1896, d. h. in die Zeit vor der Novelle fällt, obgleich damals ein solches Recht der Heimatgemeinde noch nicht bestanden hat. — Die bisherige Heimatgemeinde hat völlig freies Ermessen, ob sie einen Antrag auf Heimatverleihung stellen will oder nicht; sie kann weder von der Aufsichtsbehörde hierzu angehalten werden, noch kann der Anspruchsberechtigte verlangen, daß seine bisherige Heimatgemeinde den Antrag stelle.

Nur die bisherige Heimatgemeinde[5]) ist berechtigt, den Anspruch aus Art. 8 H.G. zu erheben; nicht eine andere, welche glaubt,

ein solches ist vorhanden, wenn jemandes Heimat von jener des Berechtigten nach dem Stande des Tages der Rechtshängigkeit abhängt, oder wenn Ersatzforderungen für Armenhilfe bestehen. Ist der Berechtigte gestorben, ehe Antrag auf Entscheidung im Verwaltungsrechtswege gestellt war, so ist, falls nicht schon der Verleihungsbeschluß eröffnet war, an den Heimatverhältnissen nichts geändert und kann sich nichts mehr ändern. Jedoch wirkt der geltend gemachte Anspruch, sei es, daß er von dem Berechtigten selbst, sei es, daß er von der Heimatgemeinde erhoben wurde, für die Ehefrau und die ehelichen Kinder. Art. 6 III H.G. Der von dem Berechtigten selbst erhobene Anspruch wirkt aber nicht für die Heimatgemeinde, denn es ist eine singuläre und nicht der Verallgemeinerung fähige Vorschrift, daß trotz des Todes der erhobene Anspruch für Ehefrau und Kinder Wirkung hat; an sich würde das Verfahren gegenstandslos. V G.H. Bd. 24 S. 506.

[4]) Dies hat für den Fall Bedeutung, daß der Berechtigte seinen Anspruch zurücknimmt.

[5]) Es muß die Heimatgemeinde sein; die Schulgemeinde als solche ist für einen (pensionierten) Schullehrer trotz Art. 14 H.G. nicht berechtigt, den Anspruch zu erheben.

Heimatgemeinde zu sein. Ob die richtige Gemeinde auftritt, ist im Verfahren zu prüfen; der Anspruch einer anderen Gemeinde ist zurückzuweisen. Ist trotz Auftretens einer falschen Heimatgemeinde die Heimat verliehen oder zuerkannt worden, so ist die Heimat nicht wirklich, sondern nur scheinbar erworben worden; die bisherige Heimat ist bestehen geblieben. Vgl. Ziff. 8.

2. Dem Rechte der Heimatgemeinde, einen Angehörigen abzuschütteln, steht in gewissen Fällen das Recht des letzteren gegenüber, der bisherigen Gemeinde auch fortan anzugehören. Dies Recht, welches verwaltungsrechtlichen Schutz genießt, besteht, wenn die Heimatänderung dem Berechtigten einen erheblichen Nachteil brächte. Art. 8 II H.G.[6]). Die Nachteile können von der verschiedensten Art sein. Unter ihnen sind nicht bloß Rechtsgefährdungen verstanden, sondern auch der Verlust begründeter Hoffnungen und Vorteile, der Entgang von allgemein höher eingeschätzten Annehmlichkeiten u. a. Bestehen solche Nachteile, so brauchen sie nicht sofort einzutreten; auch künftige finden Beachtung[7]). Die Nachteile müssen vom Recht anerkannte Interessen betreffen[8]). Der Umstand, daß die Armenpflege der bisherigen Gemeinde besser für ihre Schutzbefohlenen zu sorgen pflegt, als jene der Aufenthaltsgemeinde, begründet einen erheblichen Nachteil nicht. Dagegen begründet z. B. die Aussicht, bei der wahrscheinlichen Unterstützungsbedürftigkeit in der bisherigen Gemeinde in einem Bürgerheim aus Stiftungsmitteln gut versorgt

---

[6]) Vgl. hierzu Reger S. 40/41 Anm. 7, woselbst auch auf die Kammerverhandlungen hingewiesen ist; v. Riedel S. 131 Note 8. — Der Plural im Gesetze „Nachteile" ist ohne rechtlichen Belang.

[7]) Der Antrag zu setzen „mit einem gegenwärtigen erheblichen Nachteil" wurde abgelehnt.

[8]) V.G.H. Bd. 19 S. 211: „Unter den Nachteilen des Art. 8 H.G. sind nur Nachteile materieller Art zu verstehen, und zwar nicht nur solche, welche mit der Heimatänderung sofort verbunden sind, sondern auch solche, welche erst in der Zukunft eintreten. Letzterenfalls müssen diese Nachteile jedoch in sicherer und nicht zu ferner Aussicht stehen. Aus dem Umstande, daß in der seitherigen Heimatgemeinde bessere Einrichtungen der öffentlichen Armenpflege bestehen, kann ein Einspruchsgrund nicht abgeleitet werden." V.G.H. Bd. 20 S. 33: „Als erheblicher Teil kann sich auch der Entgang eines solchen Vorteils darstellen, auf dessen Erlangung der beteiligten Person ein besonderer Rechtsanspruch nicht zusteht."

Beispiel dieser Entscheidung: In der Stadt Augsburg bestehen Stiftungen zugunsten protestantischer Angehöriger. Aus diesen Stiftungen hat der Berechtigte bereits 400 Mk. zur Erziehung seiner Kinder erhalten; er würde weitere Zuschüsse verlieren. Der Berechtigte hat 3 Söhne, im Alter von 17, 15, 9 Jahren, von denen der älteste das Gymnasium zu St. Anna in Augsburg besucht, während der zweite in kurzer Frist in dasselbe eintreten wird. Den Söhnen von Bürgern und Angehörigen der Stadt Augsburg steht bei Vergebung von Freistellen für das Kollegium zu St. Anna vorzugsweise Berücksichtigung, wenn auch nicht ausschließliche Anwartschaft zu. — Somit wäre die Heimatänderung mit erheblichen Nachteilen verbunden.

zu werden, ohne der eigentlichen Armenpflege zu verfallen, einen Vorteil, dessen Entziehung als ein erheblicher Nachteil erscheinen kann. Ebenso ist die Anwartschaft auf ein Stipendium, das z. B. dem Sohne des Anspruchsberechtigten kraft seiner Heimatzugehörigkeit zufallen würde, ein solcher Vorteil. Selbstverständlich muß der Vorteil wie der Nachteil von dem Heimatrecht abhängen[9]). Würde z. B. das Stipendium nur demjenigen zustehen, der in der Gemeinde heimatberechtigt ist und in ihr wohnt, so müßte, damit ein erheblicher Nachteil angenommen werden kann, von dem Anspruchsberechtigten glaubhaft dargetan werden, daß er die Absicht habe und ausführen könne, in die Heimatgemeinde zurückzukehren.

Der Nachteil ist erheblich, wenn schwerer Schaden droht, und wenn die Zufügung dieses Schadens gewiß oder mindestens sehr wahrscheinlich ist. Der Nachteil ist unerheblich, wenn entweder der Schaden kein schwerer ist (z. B. das Stipendium ist ein geringfügiges) oder wenn die Wahrscheinlichkeit des Schadens nur eine geringe ist[10]). Die Wahrscheinlichkeit ist insbesondere eine geringe, wo umgekehrt die Aussicht auf einen Vorteil nur eine geringe ist. Wenn beispielsweise der Anspruchsberechtigte einen Sohn von 3 Jahren hat, der, falls er später die Akademie der bildenden Künste besuchen sollte, die Aussicht auf ein Stipendium hat, wenn er nämlich unter den gewöhnlich zahlreichen Bewerbern ausgewählt werden sollte, so ist die Aussicht keine große, darum auch der Schaden ein unerheblicher. Im einzelnen Falle muß nach verständigem Ermessen geprüft werden, ob ein erheblicher Nachteil besteht[11]).

[9]) Der Betreffende kann z. B. nicht einwenden, die Aufenthaltsgemeinde drohe, wenn er heimatberechtigt würde, von Art. 17 Gem.O. Gebrauch zu machen, also ihn zum Erwerb des Bürgerrechtes zu zwingen. Denn einmal ist dieser Zwang auch schon gegen den sich in der Gemeinde Aufhaltenden begründet, andererseits liegt in der Erfüllung einer gesetzlichen, öffentlich-rechtlichen Pflicht kein Nachteil im Sinne des Art. 8 H.G. V.G.H. Bd. 18 S. 351.

[10]) Je fernerer Zeit der Nachteil droht, desto unsicherer wird er, weil ja niemand weiß, ob jener Zeitpunkt erlebt wird und ob nicht sonstige Umstände eintreten, welche den Nachteil beseitigen. Z. B. wird die Anwartschaft auf ein Stipendium für einen jetzt erst 3jährigen Sohn nicht ins Gewicht fallen, wenn es ihm nur zufallen kann, falls er Theologie studiert. Vielleicht eignet er sich hierzu nicht oder will er diesen Beruf nicht ergreifen. Oder, wenn das Stipendium nur dem zufällt, der hervorragende Begabung aufweist, so ist für den Dreijährigen die Aussicht gering, da man seine Begabung nicht kennt. Es muß sich also in der Tat, wenn ein in solcher Ferne liegender Vorteil winkt, jedenfalls um einen solchen Vorteil handeln, der bedeutend ist und der ohne besondere, bezw. schwer zu erfüllende Voraussetzungen gewonnen werden kann. Z. B.: in M heimatberechtigte Angehörige der Familie O erhalten stiftungsgemäß zum Studium 500 Mk. Dies müßte m. E. auch berücksichtigt werden, wenn ein Sohn noch klein ist; immerhin muß er wenigstens vorhanden sein.

[11]) Die Frage, ob ein solcher Nachteil vorliegt, ist präjudiziell für das Recht der Heimatgemeinde, die Heimatänderung zu bewirken. Sie ist zweifellos eine Rechtsfrage, welche der Verwaltungsrichter zu entscheiden hat. V.G.H. Bd. 18 S. 351. Vgl. auch die eingehende Darlegung bei v. Riedel S. 133 Note 12a und Reger S. 43 Anm. 15.

Das Gegenrecht des Heimatangehörigen muß geltend gemacht werden; dies muß im gesetzlich vorgeschriebenen Verfahren geschehen. Derjenige, der sich auf einen Nachteil nicht berufen will, wird nicht geschützt. Von Amts wegen dürfen auch offenkundige Nachteile nicht berücksichtigt werden. Das Gegenrecht ist überdies erloschen, wenn es nicht rechtzeitig geltend gemacht wird. Die gesetzliche Form der Geltendmachung des Gegenrechtes ist der Einspruch nach Art. 8 III H.G.

3. Die bisherige Heimatgemeinde (der Fiskus) hat das Recht, die Verleihung der Heimat an ihren bisherigen Angehörigen zu verlangen, nur dann, wenn ein Anspruch nach Art. 6—8 H.G. besteht. Besteht zwischen Aufenthalts- und Heimatgemeinde Uebereinstimmung über das Vorhandensein des Anspruches, m. a. W. ist die erstere bereit, auf das Verlangen der letzteren die Heimat zu verleihen, so scheint eine nähere Prüfung, ob die Voraussetzungen auch wirklich zutreffen, ebenso sich zu erübrigen, wie dies geschieht, wenn die Aufenthaltsgemeinde den Anspruch des Berechtigten anerkennt. Da jedoch die beiden Gemeinden nicht die einzigen Beteiligten sind, sondern einer Person eine neue Heimat gegeben werden soll und da diese Heimatänderung ohne, eventuell gegen den Willen dieses Hauptbeteiligten nur dann vom Gesetze zugelassen ist, wenn ein Anspruch im Sinne des Art. 6—8, 12 IV H.G. wirklich vorliegt, so ist klar, daß bei einem Widerspruch des Berechtigten die Verleihung der Heimat nur erfolgen darf, wenn das Bestehen des erwähnten Anspruches außer Zweifel ist. Auch dieser Widerspruch, der sich nicht auf Nachteile, sondern einfach darauf gründet, daß ein Anspruch nicht besteht, heißt Einspruch; ein auf Nachteile gegründeter Einspruch schließt diesen Widerspruch in sich. Dieser allgemeine Einspruch (Art. 8 II H.G.) muß ebenso geltend gemacht werden, wie der besondere; sonst ist das Widerspruchsrecht erloschen und kann die Heimatverleihung nicht mehr angefochten werden.

4. Der Anspruch wird erhoben von der Verwaltung einer bayrischen Gemeinde gegen eine andere bayrische Gemeinde; pfälzische Gemeinden können jedoch gegeneinander den Anspruch nicht erheben. Die Heimatgemeinde braucht zur Anmeldung des Anspruches nicht den Nachweis einer rechtsförmlich erfolgten Beschlußfassung der Heimatgemeinde zu führen[12]). Für die Anmeldung des Anspruches

---

[12]) A. M. V.G.H. Bd. 24 S. 25: „Ein lediglich vom Magistratsvorstande ohne vorausgegangenen magistratischen Sitzungsbeschluß gestellter Antrag auf Heimatverleihung kann rechtlich als ein Anspruch der Heimatgemeinde nicht in Betracht kommen Eine derartige Antragstellung kann auch durch eine nachträgliche Genehmigung mittels eines rechtsförmlichen magistratischen Sitzungsbeschlusses rechtliche Gültigkeit mit Rückwirkung auf den Zeitpunkt jener Antragstellung jedenfalls dann nicht erlangen, wenn inzwischen Tatsachen eingetreten sind, welche den Anspruch zu zerstören geeignet sind.“ Ist dies richtig, so kann allerdings

bei der Aufenthaltsgemeinde gelten dieselben Regeln wie für die Anmeldung des Anspruchsberechtigten selbst. Zufolge M.E. vom 28. Dezember 1899 Ziff. 2 brauchen die Heimatgebühren dem Antrag nicht beigelegt zu werden.

Die Heimatgemeinde hat Interesse daran, schon vor Erhebung des Anspruches und, um sich schlüssig zu machen, ob sie ihn erheben soll, Auskünfte, insbesondere auch von der Aufenthaltsgemeinde bezw. von der zuständigen Behörde zu erholen, welche erteilt werden müssen. Sie werden betreffen, ob etwa der Heimatangehörige ohnehin schon in der Aufenthaltsgemeinde die Heimat erworben hat, wenn nicht — seit wann er (sie) sich aufhält, ob und seit wann er (sie) mit Steuern veranlagt ist und diese sowie die Gemeindeumlagen (Abgaben) bezahlt hat; ob er (sie) Armenunterstützung beanspruchte oder erhalten hat; ob er (sie) sich ununterbrochen als Dienstbote 2c. ernährt hat; ob Familienangehörige bei einer etwaigen Aenderung in Frage kommen. Vgl. auch die Ratschläge in B. Gemeindeztg. Bd. 8 S. 457ff.

Die Heimatgemeinde kann den Antrag zurücknehmen; damit ist das ganze bisherige Verfahren hinfällig; der Anspruch gilt als nicht erhoben. Die Zurücknahme ist nicht mehr zulässig, wenn die Aufenthaltsgemeinde den Anspruch anerkannt hat oder dieser rechtskräftig festgestellt ist; wurde Einspruch erhoben, so ist die Zurücknahme nicht mehr zulässig, wenn der Einspruch rechtskräftig beseitigt ist. Vgl. B. Gemeindeztg. Bd. 7 S. 207.

So lange der Antrag nicht zurückgenommen ist, kann die Aufenthaltsgemeinde ihn annehmen. B. Gemeindeztg. Bd. 12 S. 250.

5. Die Verwaltung der Aufenthaltsgemeinde hat sich zunächst um die materielle Berechtigung des Anspruches nicht zu kümmern, sondern den erhobenen Anspruch demjenigen mitzuteilen, dessen Heimat geändert werden soll. Art. 8 III H.G. Wird für mehrere Personen die Verleihung der selbständigen Heimat in Anspruch genommen,

---

die Aufenthaltsgemeinde auch Abschrift des Sitzungsprotokolls verlangen. — Verwaltungsgerichtshof beruft sich zur Begründung auf Art. 102 Gem.O., wonach der Magistrat in allen zur kollegialen Beratung geeigneten Gegenständen in Sitzungen beschließt. — Zur kollegialen Beratung „geeignet" sind aber alle Angelegenheiten, in welchen ein Wille zu erklären ist. Denn dieser Wille kann immer durch Abstimmung zur Feststellung kommen. So ist die Sache aber von der Gemeindeordnung nicht gemeint. v. Seydel Bd. 2 S. 132 bemerkt, daß die Gemeindeverwaltung zunächst durch die Geschäftsordnung bestimmen könne, welche Angelegenheiten sich zur kollegialen Beratung eignen. Auch die bestehende Uebung braucht nicht außer acht gelassen zu werden. Würden in einer großen Gemeinde alle Gegenstände, die es können, kollegial erledigt werden, so müßte der Magistrat in Permanenz sitzen. — Verwaltungsgerichtshof beruft sich auch auf Art. 9 H.G. und dessen Vollzugsbestimmungen. — Art. 9 H.G. handelt aber von der Verleihung des Heimatrechtes, nicht von der Abschiebung eines bisherigen Angehörigen in eine andere Gemeinde. Diese ist wohl anders zu beurteilen.

so ist jedem Mitteilung zu machen und für jeden das Verfahren selbständig durchzuführen; wird nur für einen die selbständige Heimat beantragt, so ist nur diesem der Antrag bekanntzugeben, auch wenn die Aenderung seiner Heimat jene der Heimat anderer Personen kraft der gesetzlichen Heimatfolge mit sich bringt. Ist die Anmeldung der bisherigen Heimatgemeinde nicht deutlich, so ist eine deutliche Willenskundgabe anzustreben. Unterläßt die Aufenthaltsgemeinde die Mitteilung an den Berechtigten, so kann sie hierzu staatsaufsichtlich angehalten werden. — Die Mitteilung ist auch dann unerläßlich, wenn die Aufenthaltsgemeinde etwa willens ist, den Anspruch ihrerseits zurückzuweisen.

Die Mitteilung an den geschäftsfähigen Berechtigten ist jedenfalls gültig erfolgt, wenn sie den Vorschriften der Reichszivilprozeßordnung entsprechend zugestellt wurde; aber auch jede andere Form der Mitteilung, wenn nur feststeht, daß diese wirklich zuging, genügt. Demnach ist auch protokollarische Eröffnung nicht ausgeschlossen; vgl. v. Riedel S. 131 Note 9. Die Benachrichtigung des Anspruchsberechtigten soll nach Ziff. 2 der M.E. vom 28. Dezember 1899 in schriftlicher Form und gegen aktenmäßigen Nachweis erfolgen. — Ist der Berechtigte geschäftsunfähig oder in der Geschäftsfähigkeit beschränkt, so muß die Mitteilung an den gesetzlichen Vertreter ergehen [13]).

Mit der Benachrichtigung muß die Aufforderung sich verbinden, einen etwaigen Einspruch geltend zu machen. Ist dies bei der Benachrichtigung unterlassen worden, so kann es nachgeholt werden. Die Aufforderung muß ausdrücklich darauf gerichtet sein, daß ein Einspruch innerhalb einer ausschließenden Frist von 14 Tagen erhoben wird. Die Frist ist keine prozessuale, sondern ähnlich jener zur Erklärung eines Einspruches gegen Ausstellung des Verehelichungszeugnisses eine materiellrechtliche. Es gelten also bei Versäumnis der Frist nicht die Lehren von der Wiedereinsetzung in den vorigen Stand gegen das Versäumnis von Prozeßfristen. Ebensowenig kann von einer Wiederaufnahme des Verfahrens nach Art. 26 V.G.H.G. die Rede sein, wenn etwa der Berechtigte ohne sein Verschulden erst nach Ablauf der Frist von einem Umstand Kenntnis erlangt, der ein Einspruchsrecht wegen erheblicher Nachteile begründet hätte. Die Frist kann von niemand verlängert werden. Vgl. auch Reger S. 42 Anm. 10. Die M.E. vom 28. Dezember 1899 ordnet an, daß der Berechtigte auf die mit der Fristversäumnis verbundenen Rechtsnachteile hinzuweisen sei. Es empfiehlt sich durchaus, dies zu beachten. Würde indes die Aufforderung nur dahin gehen, „es sei etwaiger

---

[13]) Bei einem geisteskrank Gewordenen genügt also nicht, daß die Ehefrau die Erklärung abgibt, wie diese auch nicht für den Abwesenden handeln kann. Dagegen ist selbstverständlich zulässig, daß ein Bevollmächtigter (auch ein Rechtsanwalt) für den Anspruchsberechtigten auftritt. Vgl. B. Gemeindeztg. Bd. 7 S. 83.

Einspruch innerhalb einer ausschließenden Frist von 14 Tagen zu erheben," so wäre das Verfahren gültig.

Ist die Mitteilung nicht oder nicht sogleich tunlich, z. B. weil der Einspruchsberechtigte nun geisteskrank ist oder den Aufenthalt aufgegeben hat, so hat die Aufenthaltsgemeinde der Heimatgemeinde Kenntnis zu geben, damit diese die Schritte einleite[14]), welche die Mitteilung an den Berechtigten selbst oder an dessen Stellvertreter oder an den Pfleger ermöglichen.

Ist der Berechtigte vor der Geltendmachung des Anspruches gestorben, so ist das weitere Verfahren gegenstandslos. Starb er nachher, so sind die nach Art. 6 III H.G. Beteiligten, und zwar m. E. sämmtliche, einzuvernehmen. Sie können nun das Gegenrecht geltend machen, das dem Verlebten zugestanden wäre, das aber meistens mit ihren eigenen Interessen übereinstimmen wird. Es genügt, wenn nur einer dieser Beteiligten das Recht ausüben will.

Wirkungslos ist es, wenn die bisherige Heimatgemeinde selbst den Berechtigten in Kenntnis setzt, daß sie den Anspruch erhebe. Insbesondere kann die Heimatgemeinde dem Anspruchsberechtigten keinerlei Frist zur Erklärungsabgabe vorsetzen, auch nicht zur Abgabe einer Erklärung an die Aufenthaltsgemeinde. Die Mitteilung der Aufenthaltsgemeinde an den Anspruchsberechtigten ist jedoch m. E. trotz der bestimmten Fassung des Art. 8 III überflüssig, wenn der Anspruchsberechtigte bereits der Aufenthaltsgemeinde mitgeteilt hat, daß er Einspruch erhebe oder daß er keinen Einspruch erhebe[15]). Denn es kommt doch nur darauf an, eine solche Erklärung oder die Handhabe zu erlangen, die Nichterklärung in bestimmtem Sinne zu deuten. Hat daher der Anspruchsberechtigte seinerseits den Anspruch ebenfalls angemeldet, so erübrigt sich seine Einvernahme gleichfalls; denn dann hat er bereits in der zuverlässigsten Weise zu erkennen gegeben, daß er die Heimat erwerben will.

6. Die 14tägige Frist beginnt mit der Zustellung der Aufforderung an den Berechtigten und endet am Abend des 14. auf die Zustellung folgenden Tages, und falls dieser ein Sonntag ist, am nächstfolgenden Werktage. Der Einspruch kann schriftlich oder zu Protokoll erklärt werden. Ist bis zum Ablauf der Frist an die Verwaltung der Aufenthaltsgemeinde keine Erklärung gelangt, daß Einspruch erhoben wird, so ist das Einspruchsrecht erloschen. Andern-

---

[14]) Man wird nicht der Aufenthaltsgemeinde dies auferlegen können, sondern die Wegschaffung der Hindernisse ist wohl Sache des betreibenden Teiles. Das Verfahren ruht, bis die Heimatgemeinde von der erfolgten Aufstellung eines Vormundes ꝛc. Kenntnis gibt. — Uebrigens ist es Sache der Aufenthaltsgemeinde, sich zu überzeugen, ob die Mitteilung an den Anspruchsberechtigten selbst erfolgen kann oder nicht; sie darf ersteres zunächst vermuten. Vgl. B. Gemeindeztg. Bd. 8 S. 532, wo auch auf die Folgen hingewiesen wird, welche eine zur Zeit der Erhebung des Anspruches vorhandene geistige Erkrankung zu haben pflegt.

[15]) Vgl. Reger S. 41 Anm. 8.

falls ist der Einspruch in gesetzmäßiger Weise zu erledigen. Einspruch ist Widerspruch gegen die beantragte Heimatänderung; das Verfahren hat nur den Zweck, festzustellen, ob diesem Widerspruch auch ein Widerspruchsrecht entspricht. Die Feststellung wird aber dann überflüssig, wenn die antragstellende Heimatgemeinde infolge des Widerspruches auf ihrem Antrage nicht beharrt. Darum obliegt es zunächst der Aufenthaltsgemeinde, die antragstellende Heimatgemeinde (bezw. den Fiskus) zu verständigen (Art. 8 IV H.G.), was durch Mitteilung des betreffenden Schriftstückes geschehen kann. Die Verständigung der Heimatgemeinde (des Fiskus) ist unbedingt geboten, auch wenn der Einspruch offenbar unbegründet ist oder sich nur in die Form des Wunsches kleidet, die antragstellende Gemeinde möge aus Billigkeits- oder sonstigen Erwägungen von der Durchführung ihres Antrages abstehen[16]).

Die Heimatgemeinde (der Fiskus) kann nun dreierlei tun: sie kann ausdrücklich erklären, daß sie auf dem Antrage beharrt, oder ausdrücklich erklären, daß sie nicht beharrt; sie kann endlich auch keine Erklärung abgeben. Die Aufenthaltsgemeinde wird nur dann wieder tätig, wenn die Heimatgemeinde auf ihrem Anspruch trotz des Widerspruches beharrt. Die bezügliche Erklärung ist an keinerlei Frist gebunden; auch für diesen Anspruch läuft keine Verjährung. Eine Frist darf von der kenntnisgebenden Aufenthaltsgemeinde nicht vorgesteckt werden; würde es dennoch geschehen, so wäre dies rechtlich völlig bedeutungslos.

Erklärt die Heimatgemeinde auf ihrem Antrage nicht beharren zu wollen, so gilt derselbe als zurückgezogen. Es gelten dann die rechtlichen Folgen dieser Erhebung des Anspruches als niemals eingetreten; vgl. v. Riedel S. 131 Note 10a. Erklärt die Heimatgemeinde zunächst nichts, so bleiben diese rechtlichen Folgen bestehen. Sie kann dann jederzeit die Erklärung abgeben und damit das Verfahren wieder in Fluß bringen.

7. Beharrt die Gemeinde (der Fiskus) auf ihrem Anspruch, so liegen der Aufenthaltsgemeinde nunmehr der Antrag der Gemeinde auf Verleihung der Heimat an ihren Angehörigen und jener des letzteren vor, ersteren Antrag abzuweisen.

a) Die Gemeinde hat sich daher vor allem schlüssig zu machen, ob sie ihrerseits den Anspruch der Gemeinde anerkennt oder nicht. Hierfür gelten die in § 45 aufgestellten Regeln. Der über diese Frage zu fassende Beschluß ist also eine Parteierklärung, kein instanzieller Bescheid[17]). Erkennt die Aufenthaltsgemeinde den Anspruch

[16]) Vgl. v. Riedel S. 130 Note 7.

[17]) Es handelt sich für die Aufenthaltsgemeinde immer um die Stellung zum Anspruche der Heimatgemeinde, nicht um eine Entscheidung über den Einspruch. Dieser soll zunächst die Gemeinde veranlassen, den Anspruch abzulehnen. Allerdings kann die Gemeinde in eine eigentümliche Lage kommen; vgl. weiter unten im Texte. S. auch v. Riedel S. 132 Note 11; Bl. Bd. 47 S. 237.

auf Heimatverleihung nicht an, so braucht sie weiter nichts zu würdigen; sie teilt vielmehr ihre Ablehnung der antragstellenden Gemeinde (dem Fiskus) und dem Einsprechenden unter Angabe der Gründe mit.

b) Kommt die Gemeinde zur Ansicht, daß zwar ein Anspruch der Gemeinde an sich gemäß Art. 6—8 H.G. bestünde, daß aber auch das Gegenrecht des Berechtigten existiert[18]), so sieht sie sich in der nämlichen Lage; sie lehnt den Anspruch ab und teilt dies den Beteiligten mit. Es empfiehlt sich für die Gemeinde jedoch, ausdrücklich zu erklären, daß nur der als begründet zu erachtende Einspruch wegen erheblicher Nachteile die Ablehnung verursache. Die Gemeinde ist dann andererseits gebunden; beim Wegfall des Einspruches gilt die Heimat als verliehen.

c) Die antragstellende Heimatgemeinde (der Fiskus) kann nun, ohne an irgendeine Frist[19]) im einen wie im anderen Falle gebunden zu sein, die verwaltungsrechtliche Klage erheben; in diesem Verfahren ist der Einsprechende beteiligt und sind seine Einspruchsgründe als den Anspruch hindernd instanziell zu würdigen. Der Einsprechende selbst kann auf die Mitteilung der Gemeinde, daß sie den Anspruch der Heimatgemeinde ablehne, weiter nichts tun; seinem Verlangen ist ja vorläufig entsprochen; er bleibt jedoch am Verfahren beteiligt. Selbstverständlich kann er seinen Standpunkt jederzeit ändern; dies ist aber, wenn er sich nicht auf die Förderung der Sache durch die bisherige Heimatgemeinde verlassen will, nur dadurch möglich, daß er selbst den Anspruch erhebt. Er ist auch nicht gehindert, seinen Einspruch zurückzuziehen; dies hat die Bedeutung, daß die Einspruchsgründe nicht mehr gewürdigt zu werden brauchen. Vgl. oben unter b am Schlusse.

d) In dem auf die Abweisung des Anspruches folgenden Verwaltungsrechtsstreit ist Klägerin die bisherige Heimatgemeinde; Beklagte ist die Aufenthaltsgemeinde; prozeßbeteiligt ist aber auch der Berechtigte, welcher Einspruch erhoben hat. Er kann Anträge stellen

---

[18]) Bei der Würdigung des Gegenrechtes hat sich die Gemeinde auf den Tatbestand zu beschränken, der vorgebracht ist; sie darf nicht untersuchen, ob irgendwelche erheblichen Nachteile bestehen. Denn wie es Sache des Berechtigten ist, das Gegenrecht geltend zu machen oder nicht, so auch, diese oder jene begründenden Tatsachen anzuführen. Daraus folgt auch, daß die bloße Behauptung, es bestehen Nachteile, oder die bloße Erklärung, man erhebe Einspruch, nicht genügt; vielmehr müssen innerhalb der 14 Tage die Tatsachen angeführt sein; sonst ist das Einspruchsrecht aus dem Titel der erheblichen Nachteile erloschen. Das Material, diese Tatsachen zu erhärten, kann immerhin später beigebracht werden. Die Aufenthaltsgemeinde soll den Einspruch würdigen und die zur Aufklärung erforderlichen Erhebungen pflegen.

[19]) v. Riedel S. 133 Note 12b. V.G.H. Bd. 18 S. 345: „Die in Art. 8 V H.G. bestimmte Frist von 14 Tagen hat nur für jenen Fall zu gelten, in welchem einem Heimatberechtigten gegen seinen Einspruch . . . eine neue Heimat zugewiesen wird, und von demselben hingegen die Entscheidung im Verwaltungsrechtswege beantragt wird."

und Rechtsmittel einlegen. Die Kosten trägt der unterliegende Teil; unterliegt die Aufenthaltsgemeinde, welche ihrerseits den Anspruch anerkennen wollte, aber durch den Einspruch, welchen sie für begründet erachten mußte, hierin sich gehindert sah, so können die Kosten auch ganz oder zum größeren Teile dem Einspruchserheber überbürdet werden. V.G.H. Bd. 22 S. 65ff. Die Aufenthaltsgemeinde spielt in einem solchen Falle die Rolle des Beklagten nur notgedrungen; sie ist auch nicht in der Lage, ihrerseits Rechtsmittel gegen die Abweisung des Einspruches einzulegen. V.G.H. Bd. 22 S. 65.

e) Gelangt die Aufenthaltsgemeinde zu dem Ergebnisse, daß der Anspruch der Heimatgemeinde besteht und daß das behauptete Einspruchsrecht **nicht** besteht, so ergibt sich für sie, als Partei, die Folge, die Heimat zu verleihen. Sie beschließt in diesem Sinne, wie sie es tun würde, wenn der Berechtigte selbst den Anspruch erhoben hätte; der Heimatverleihungsbeschluß hat, sofern er nicht durch das folgende Verfahren umgestoßen wird, die nämliche Wirkung wie sie in § 44 erörtert wurde. Der Verleihungsbeschluß, für welchen übrigens eine bestimmte Form nicht vorgeschrieben ist, der aber jedenfalls in kollegialer Beratung zu fassen ist, muß dem Antragsteller, d. i. der Heimatgemeinde, sowie dem Einspruchserheber zugestellt werden. Es empfiehlt sich, den Einsprechenden über sein aus Art. 8v H.G. sich ergebendes Recht zu belehren, gegen diesen Beschluß innerhalb einer ausschließenden Frist von 14 Tagen die Entscheidung im Verwaltungsrechtswege zu beantragen; die M.E. vom 28. Dezember 1899 schreibt es vor; geschieht es nicht, so macht es das Verfahren nicht nichtig. — Durch diese gesetzliche Fristvorsetzung soll verhütet werden, daß die Wirkung der Heimatverleihung auf eine nach dem Belieben des widerstrebenden Heimatempfängers lange Zeit hinaus ins Ungewisse gerückt werde.

Der Beschluß der Aufenthaltsgemeinde ist, wie erwähnt, auch in diesem Falle kein instanzieller Beschluß, sondern die Erklärung, die Heimat verleihen zu wollen; die Zurückweisung des Einspruches ergibt sich hieraus, auch ohne die allerdings wünschenswerte ausdrückliche Hervorhebung, von selbst. Der Beschluß ergeht gebührenfrei; Art. 13 H.G. — Beschreitet der Berechtigte durch Einreichung eines Antrages den Verwaltungsrechtsweg[20]), so sind in diesem Verfahren

[20]) Die Frist von 14 Tagen ist gewahrt, wenn binnen 14 Tagen nach der Zustellung des Beschlusses der Antrag auf Entscheidung im Verwaltungsrechtswege der I. Instanz zugeht. I. **Instanz** ist die der Verwaltung der Aufenthaltsgemeinde vorgesetzte Behörde. Die kgl. Deklaration vom 15. Juni 1898, die Wahrung der Beschwerdefrist in Verwaltungsrechtssachen betr., wonach die Beschwerdefrist auch dann als gewahrt anzusehen ist, wenn die **Beschwerde** innerhalb der gesetzlichen Frist bei einer unrichtigen Instanz angebracht wurde, findet keine Anwendung, weil es sich nicht um eine **Beschwerde** handelt. Die Fristversäumnis begründet de jure die Vermutung, daß der Anspruchsberechtigte nunmehr die Heimatverleihung als wirksam verliehen anerkennt. **Reger** S. 43 Note 14. Ueber den Charakter der Frist des Art. 8 v H.G. s. auch Bl. Bd. 47 S. 239ff.

beteiligt die bisherige Heimatgemeinde, welche die Verleihung betreibt und derjenige, welcher der Verleihung widerspricht, ferner die Aufenthaltsgemeinde, weil sie die Heimat verliehen hat. Ueber die Kosten vgl. das oben Bemerkte. Obsiegt der Einspruchserheber, so steht fest, daß er die Heimat nicht erwirbt; obsiegt die Heimatgemeinde, so steht fest, daß jener durch den Verleihungsbeschluß der Aufenthaltsgemeinde die Heimat erworben hat, bezw. sie durch Zahlung der Heimatgebühr, zu welcher die Heimatgemeinde verpflichtet ist, erwirbt.

8. Wird der Einspruch nicht oder verspätet erhoben, so sind die Gegenrechte desjenigen, dessen Heimat geändert werden soll, erloschen. Er ist an der Sache zwar noch beteiligt, weil es sich um seine Heimat handelt; jedoch ist er an der Streitsache nur insoweit mit dem Recht, Anträge zu stellen, Beschwerde einzulegen 2c., beteiligt, als es sich um die Frage handelt, ob er Einspruch eingelegt hat, oder ob er rechtzeitig Einspruch eingelegt hat. Da ihm Gelegenheit gegeben sein muß, in dieser Hinsicht seine Rechte geltend zu machen, ist er zu den Verhandlungen zu laden und sind ihm die Entscheidungen und Beschlüsse zuzustellen[21]). Dagegen ist er unbeteiligt an den übrigen formellen und materiellen Fragen des Verfahrens. — Der Berechtigte kann jederzeit selbst den Anspruch auf Heimatverleihung erheben. Diesem Anspruch kann nicht die Einrede der rechtskräftig entschiedenen Sache entgegengehalten werden; denn sein Recht und jenes der Heimatgemeinde sind nicht identisch. Auch im Rechtsstreite der Heimatgemeinde festgestellte Tatsachen, welche für den Anspruch des Berechtigten von Bedeutung sind, gelten nicht für diesen als festgestellt[22]). Die beiden Streitsachen können auch gleichzeitig laufen;

[21]) Daraus folgt, daß das unter 7e beschriebene Verfahren auch einzuhalten ist, wenn kein Einspruch eingelaufen ist oder wenn er nach Ansicht der Aufenthaltsgemeinde nicht rechtzeitig einging. Der Verleihungsbeschluß ist also dem Berechtigten zuzustellen; im Verwaltungsrechtsverfahren ist dann vor allem zu prüfen, ob Einspruch fristgerecht eingelegt wurde. Vgl. auch die allgemeine Fassung des Art. 8 v H G.

[22]) Beispiel: Die Heimatgemeinde F hat die Aufenthaltsgemeinde G um Verleihung der Heimat an A angegangen. G hat abgelehnt und die Klage von F ist in I. Instanz abgewiesen worden. Es kam hauptsächlich darauf an, ob eine dreimonatliche Unterbrechung des Aufenthalts, welche durch eine wegen Kollusionsgefahr vom Untersuchungsrichter verhängte Untersuchungshaft hervorgerufen war, schädlich sei oder nicht. Die I. Instanz stellt sich auf den Standpunkt, die Verhängung der Haft sei durch ein Verschulden des A veranlaßt gewesen und darum habe die Unterbrechung des Aufenthalts den vorhergegangenen Aufenthalt zerstört, obgleich A außer Verfolgung gesetzt worden war. Vgl. Reger S. 21 Anm. 8 am Schlusse des 1. Absatzes. Die Entscheidung der I. Instanz hat die Rechtskraft beschritten. Nun erhebt A den Anspruch gegen G selbst Dieser Anspruch kann nun, wenn es zur verwaltungsrechtlichen Entscheidung kommt, vor allem nicht, weil res judicata vorliege, abgewiesen werden. Die I. Instanz ist, wenn es wieder genau auf dieselbe Frage ankommt, nicht gehindert, nun eine andere Rechtsanschauung zu haben, oder auch durch

eine Verbindung derselben ist dann zweckmäßig, aber nicht notwendig. Auch dann muß jede Sache für sich erledigt werden. Da die Parteien verschiedene sind, so kann der Ausgang derselben ein verschiedener sein; die eine Sache gelangt beispielsweise zum Verwaltungsgerichtshof, die andere nicht.

9. Ist der Anspruchsberechtigte auf den von der Heimatgemeinde bezw. dem Fiskus gestellten Antrag hin von der Aufenthaltsgemeinde gar nicht wirklich gehört worden, sei es, daß unter Verletzung der Gesetze die Heimatverleihung unmittelbar erfolgte, oder daß die Mitteilung der Aufenthaltsgemeinde dem Anspruchsberechtigten, falls sie erforderlich war, nicht zuging, oder daß die Mitteilung, denselben im Stande der Geschäftsunfähigkeit traf, ein Vertreter aber nicht bestellt war oder nicht gehört wurde, so ist das Verfahren nichtig. Es liegt dann zwar der Wille vor, die Heimat zu verleihen, aber nicht ein genügender Wille, die Heimat zu erwerben. Denn der Wille der bisherigen Heimatgemeinde (des Fiskus) hat nur dann die Kraft, gegen den Willen desjenigen, dem die Heimat verliehen werden soll oder ohne Erklärung dieses Willens den Heimatübergang zu bewirken, wenn das gesetzliche Verfahren eingehalten ist. Die nachträgliche Bestätigung des Heimaterwerbs, die Erklärung des Einverständnisses seitens des nicht gehörten Berechtigten heilt den wesentlichen Mangel des Verfahrens nicht; der Berechtigte kann nur jetzt erklären, die Heimat kraft Anspruchs erwerben zu wollen und die Aufenthaltsgemeinde dann die Heimat verleihen — wenn sie jetzt noch muß und will. Jedenfalls wirkt diese Verleihung nicht auf die Zeit der Verleihung zurück, durch welche der Antrag der Heimatgemeinde erfüllt wurde. — Sonst bleibt nichts übrig, als das ganze Verfahren fehlerfrei nachzuholen; hierbei sind die nunmehrigen Verhältnisse maßgebend. Die Nichtigkeit des Verfahrens bewirkt übrigens nicht, daß die Geltendmachung des Anspruchs mit ihren rechtlichen Folgen als nicht erfolgt gilt. — Daß das bisherige Verfahren infolge obigen Mangels nichtig ist, kann sowohl im Verwaltungsrechtsstreite von dem Beteiligten geltend gemacht (vgl. Ziff. 8), als auch in einem Heimatfeststellungsverfahren, zu dem der Mangel Anlaß bieten kann, festgestellt werden.

10. Ist Einspruch nicht erhoben worden, so nimmt das Verfahren denselben Gang, wie oben in § 45 geschildert[23]). Die Aufenthaltsgemeinde kann den Anspruch anerkennen — dann ist die

ergänzende Erhebungen festzustellen, daß jene Verhängung der Untersuchungshaft nicht auf Verschulden des A beruhte. Auch die höhere Instanz, an die jene erste Sache gar nicht gelangte, ist in gleicher Lage. Somit kann A durchdringen, während F unterlag. — Anders liegt die Sache, wenn A den ersten Streit selbst führte, und unterlag, nun aber den Anspruch zum zweitenmal erhebt. — Vgl. hierher auch die Darlegungen in V.G.H. Bd. 19 S. 122.

[23]) Vgl. v. Riedel S. 132 Note 10b.

Heimat verliehen, die Verleihung ist jedoch solange nicht wirksam, als nicht die Heimatgebühr, falls eine solche gültig eingeführt ist, bezahlt wurde; geht der Anspruch dahin, einem Nichtbayern die Heimat zu verleihen, so muß auch die Verleihung der Staatsangehörigkeit hinzutreten, um die Heimat dem Anspruchsberechtigten zu verschaffen. Erkennt die Aufenthaltsgemeinde den Anspruch nicht an, so kann die antragstellende Gemeinde oder der Fiskus Klage im verwaltungsrechtlichen Verfahren stellen; die Instanzen sind dieselben, wie wenn der Anspruchsberechtigte selbst den Antrag durchführte. Dieser ist in dem Rechtsstreite nur in dem in Ziff. 8 angegebenen Sinne beteiligt[24]). V.G.H. Bd. 19 S. 122. S. auch Reger-Dyroff S. 213. An eine Frist ist der Antrag auf Entscheidung im Verwaltungsrechtswege nicht gebunden.

11. Sobald die Heimat verliehen ist, bezw. ein rechtskräftiger Bescheid ergangen ist, welcher den Verleihungsbeschluß ersetzt, ist die Heimatgemeinde der Aufenthaltsgemeinde gegenüber verpflichtet, die gesetzlich eingeführte Heimatgebühr zu entrichten. Vgl. § 41. Dem Berechtigten gegenüber besteht eine Verpflichtung nicht. Ist der Antrag auf gebührenfreie Verleihung gestellt worden, so gelten analog die in § 45 aufgestellten Regeln. Hat auch der Anspruchsberechtigte den Antrag auf Heimatverleihung gestellt, so besteht m. E. die Verpflichtung der Heimatgebühr für die bisherige Heimatgemeinde nur, wenn von jenem die Gebühr nicht zu erlangen ist. Denn der Antrag der Heimatgemeinde sollte doch wohl nur für den Fall gestellt sein, daß der regelmäßige Fall, der Erwerbung der Heimat durch den Berechtigten, nicht eintritt[25]).

---

[24]) Hinsichtlich der Beteiligung im verwaltungsrechtlichen Verfahren ist zusammenfassend zu bemerken: 1. Erhebt der Berechtigte selbst den Anspruch, so ist die bisherige Heimatgemeinde an dem Verfahren nicht beteiligt. 2. Erhebt die bisherige Heimatgemeinde (der Fiskus) den Anspruch, so sind prozeßbeteiligt: a) Falls Einspruch nicht erhoben wird: Die Heimatgemeinde und die Aufenthaltsgemeinde, der Berechtigte in beschränktem Umfange (vgl. Ziff. 8). b) Falls Einspruch erhoben wird und die Aufenthaltsgemeinde sowohl den Anspruch der Heimatgemeinde als auch den Einspruch für berechtigt anerkennt: Die Aufenthaltsgemeinde, der Einspruchserheber, die Heimatgemeinde; die erstere ist jedoch in diesem Falle zur Einlegung von Rechtsmitteln nicht befugt, sondern nur formell am Prozeß deshalb beteiligt, weil die Anerkennung des Einspruchsrechtes in der Form der Ablehnung des Verleihungsanspruches sich vollzieht; wegen der Kosten vgl. Ziff. 7c. c) Falls Einspruch erhoben wird und die Aufenthaltsgemeinde den Anspruch der Heimatgemeinde nicht für berechtigt anerkennt: die Aufenthaltsgemeinde, der Einspruchserheber, die Heimatgemeinde. Der Einspruchserheber ist am Verfahren beteiligt, weil die Verwaltungsrechtsinstanzen möglicherweise den Anspruch an sich für begründet halten und dann der Einspruch zu verfechten ist. d) Falls Einspruch erhoben wird und die Aufenthaltsgemeinde den Anspruch der Heimatgemeinde für berechtigt, den Einspruch für nicht berechtigt hält: wiederum die Aufenthaltsgemeinde, weil sie die Heimat verliehen hat, der Einspruchserheber als beantragender Teil, die Heimatgemeinde, um ihren Anspruch auf Verleihung zu verteidigen.

[25]) Wenn dagegen der Berechtigte keinen Anspruch erhoben (aber etwa auch

Die Urkunde über Verleihung des Heimatrechtes auszustellen, ist die Gemeinde berechtigt und auf Verlangen verpflichtet. Die Gebühr von 2 Mk. ist von der antragstellenden Gemeinde zu entrichten. Den Anspruch auf die Urkunde hat der Heimatberechtigte.

12. Ueber die Anfechtbarkeit einer Heimatverleihung infolge Täuschung vgl. § 44 Ziff. 10.

§ 47.

5. Verfahren bei Streitigkeiten über die Heimatgebühr.

Der Anspruch des Anspruchsberechtigten oder der Heimatgemeinde auf Heimatverleihung kann ohne Erklärung darüber erhoben werden, ob die Heimat gegen Gebühr bezw. gebührenfrei verlangt werde.

Wird nun der Anspruch anerkannt, die Heimat also verliehen, so besteht in der Hauptsache kein Streit; nunmehr kann sich aber herausstellen, daß über die Gebühr keine Uebereinstimmung besteht. Wenn der Anspruch erst im Verwaltungsrechtswege zur Feststellung gelangt, und weder Gebührenfreiheit beantragt noch ausdrücklich die Verpflichtung zur Zahlung der regulativmäßigen Heimatgebühr anerkannt ist, so kann zwar die rechtsprechende Behörde auf die Klarstellung dieses Punktes wirken, — aber immerhin ist möglich, daß sich die Entscheidung auf die Feststellung des Anspruches beschränkt und somit nach Erledigung der Hauptfrage Zweifel und Streit hinsichtlich der Zahlung der Heimatgebühr ergeben. Auf diese Weise können selbständige Gebührenstreitigkeiten entstehen, während allerdings die Regel ist, daß sich dieselben mit dem Hauptanspruch verbinden[1]). Wird eine Heimatgebühr eingefordert aus Anlaß der durch die Verehelichung bewirkten Erwerbung einer selbständigen Heimat, so ist der Gebührenstreit stets ein bloßer Gebührenstreit. Mit dem Anspruch auf Ausstellung des Verehelichungszeugnisses kann sich derselbe nicht verbinden, wenn er auch aus diesem Anlaß entstehen kann. Der selbständige Gebührenstreit kann betreffen die Verpflichtung zur Zahlung überhaupt, sohin insbesondere die Gültigkeit des Regulativs, die Zugehörigkeit des Berechtigten zu einer im Regulative von der Gebührenpflicht befreiten Kategorie, die gesetzliche Befreiung von der Gebührenpflicht nach Art. 12 IV H.G., dann aber die Höhe der zu zahlenden Gebühr, insbesondere somit, ob dieselbe nach Art. 6—8 H.G. oder nach Art. 3 H.G. zu bezahlen sei, ferner welche Seelenzahl der Gemeinde zuzurechnen ist, ob der Berechtigte in eine Kategorie gehört, der ermäßigte Sätze zugestanden sind, ob der Berechtigte als Ausländer zu erachten ist, ob besondere Vereinbarungen

---

keinen Einspruch eingelegt) hat — und die Gemeinde hat von ihm die Gebühr eingehoben, so hätte er bezahlt, was er nicht schuldete und könnte den Betrag zurückfordern.

[1]) Vgl. V.G.H. Bd. 6 S. 269.

betr. die Heimatgebühr gültig sind 2c. Aehnliche Fragen können streitig werden bei Verleihung des Bürgerrechtes, hier insbesondere auch jene der Anrechenbarkeit der Heimatgebühr. Auch Streitigkeiten wegen Rückgabe einer angeblich zu Unrecht bezahlten oder aus anderen Gründen zu erstattenden Heimatgebühr (Aufnahmsgebühr) gehören hierher[2]). Bei allen solchen Gebührenstreitigkeiten ist zuständig in I. Instanz die der Gemeinde, welche die Gebühr beansprucht, zunächst übergeordnete Verwaltungsbehörde — demnach das Bezirksamt, bei unmittelbaren Städten aber die Regierung, Kammer des Innern; in II. Instanz ist zuständig der Verwaltungsgerichtshof Art. 8 Ziff. 27, 9 V.G.H.G. Handelt es sich darum, ob von der Zahlung der Gebühr die Erwerbung des Heimatrechtes, die Wirksamkeit des Bürgerrechtes abhängig ist, ob Ratenzahlungen genügten, um diese Wirkung herbeizuführen, welche Bedeutung die Stundung hatte, ob ein Erlaß der Gebühr gültig war, ob die Gebühr nicht durch Aufrechnung bezahlt wurde, so handelt es sich entweder gar nicht um einen Gebührenstreit, sondern ausschließlich um eine Feststellung der Heimat (Art. 20 H.G. bezw. des Bürgerrechts, oder es verbindet sich mit einer solchen ein Gebührenstreit.

§ 48.

VII. Anspruch auf Verleihung des Bürgerrechts.

1. In diesem Zusammenhang ist auch der Anspruch auf Verleihung des Bürgerrechtes zu erörtern. Denn das Bürgerrecht schließt das Heimatrecht in sich. Wer Anspruch auf das Bürgerrecht hat, hat damit auch einen Anspruch auf das Heimatrecht. Dieser Satz darf aber nicht zu einer Mißdeutung führen. Wer das Bürgerrecht in Anspruch nimmt, der erklärt damit keineswegs, daß er gegebenenfalls auch das Heimatrecht beanspruche, so daß ihm, wenn auf Verleihung des Bürgerrechtes ein Anspruch nicht besteht, während gegenüber dem Heimatrechte ein Versagungsgrund nicht vorhanden ist, nun dieses verliehen werden müßte. Vielmehr sind Bürgerrecht und Heimatrecht zwar vielfache Beziehungen zueinander zeigende, aber doch selbständige Rechte. Wer nun das höhere Recht nicht erlangen kann, der will nicht schon das geringere. Dies ist nicht ohne praktische Bedeutung, die sich insbesondere in Gemeinden geltend machen wird, welche für die Erwerbung des Bürger- und des Heimatrechtes gleiche oder annähernd gleiche Gebühren eingeführt haben. Wenn beispielsweise jemand das Bürgerrecht anspricht, dasselbe aber nicht erwerben kann, weil er vor der Erteilung aufgehört hat, in der Gemeinde sich aufzuhalten, so ist nun auch der Anspruch auf das Heimatrecht verloren. Dem erhobenen Heimatanspruch, schadet zwar

---

[2]) Vgl. Lindner-v. Hauck S. 78 Anm. 4, v. Kahr S. 219 Anm. 2.

die nachherige Wegverlegung des Aufenthaltes nichts; dieser Anspruch ist aber nicht dadurch erhoben worden, daß man das Bürgerrecht begehrte[1]). Aehnliches gilt, wenn vor beschlußmäßiger Verleihung des Bürgerrechtes der Bewerber stirbt. Würde er gleichzeitig das Heimatrecht, wenigstens eventuell geltend gemacht haben, so würde sein Anspruch auf die Ehefrau und Kinder gemäß Art. 6 III H.G. übergehen, so aber ist der Heimatanspruch auch für diese hinfällig.

2. Das Bürgerrecht fällt niemand ohne Verleihung zu[2]). Der Anspruch auf diese Verleihung kann zunächst nach Art. 13 der Gem.O. geltend gemacht werden; hierbei scheidet jedoch der Fall, daß jemand auf Grund Heimatrechts anspruchsberechtigt ist, aus unserer Betrachtung aus. Hiernach haben Anspruch volljährige, selbständige Männer, welche in der Gemeide seit 2 Jahren wohnen, für diese Zeit mit einer direkten Steuer in der Gemeinde angelegt waren, und diese Steuer sowie die sie für die nämliche Zeit treffenden Gemeindeabgaben entrichtet haben.

Der Anspruch ist vor allem auf Männer beschränkt und zwar ohne Unterschied der Staatsangehörigkeit. Nichtbayern haben also den nämlichen Anspruch wie Bayern; nur wird gemäß Art. 14 Gem.O. die Verleihung erst wirksam, wenn sie Bayern geworden sind. Wir finden also die nach dem Heimatgesetze bestehenden Grundsätze wieder.

Auch im übrigen decken sich die Erfordernisse des Bürgerrechtsanspruches vielfach mit jenen des Heimatanspruches auf Grund des Art. 6 H.G. Mehr wird insofern verlangt, als der (männliche) Bewerber in der Gemeinde „wohnen“ muß. Unter Wohnsitz ist jedoch nicht der Wohnsitz im Sinne des bürgerlichen Rechtes, sondern der dauernde, ständige Aufenthalt[3]) zu verstehen, der mit dem Willen[4]) verbunden ist, am Orte dauernden Aufenthalt zu nehmen. Zum Wohnen gehört ferner notwendig das Innehaben einer Wohnstätte; nur in der Gemeinde dieser Wohnstätte kann man wohnen; endlich muß der Aufenthalt ein erlaubter sein; erst wenn diese Momente zusammentreffen, beginnt das Wohnen. Im Hinblick auf diesen Wohnbegriff war es nicht notwendig, daß das Gesetz ausdrücklich ein „ununterbrochenes“ Wohnen verlangte, wie es einen ununterbrochenen Aufenthalt für das Heimatrecht fordert; solange

[1]) Vgl. V.G.H. Bd. 22 S. 170: „Ging das Bürgerrecht vor der Entrichtung der Aufnahmsgebühr verloren, so kann auf Grund desselben der Heimaterwerb infolge nachträglicher Zahlung der Aufnahmsgebühr nicht mehr eintreten.“

[2]) v. Seydel Bd. 2 S. 78 Note 16.

[3]) Siehe v. Kahr Bd. 1 S. 163/64 Note 6; Lindner-v. Hauck S. 56 Anm. 5; V.G.H. Bd. 10 S. 112 u. a. — Bekanntlich fordern viele diese Merkmale auch für den Aufenthalt im Sinne des Art. 6 und 7 H.G., m. E. freilich ohne ausreichende Begründung.

[4]) Der Willensunfähige kann im Sinne der bayrischen Sozialgesetze nicht „wohnen“; er kann in der Fassung des Willens nicht vertreten werden. Uebrigens ermangelt er zumeist der Selbständigkeit. Vgl. auch die Ausführungen auf S. 257.

jemand in einer Gemeinde wohnt, d. h. den ständigen Aufenthalt dortselbst nicht aufgegeben hat, ist er befähigt zum Bürgerrechtserwerb; eine Unterbrechung, welche nach Art. 6, 7 H.G. schaden würde, braucht nach Art. 13 Gem.O. nicht zu schaden. So ist die strengere Bestimmung zugleich milder, als die weniger strenge.

Ein Weniger wird verlangt, insofern die Freiwilligkeit des Wohnens nicht ausdrücklich gefordert wird. Immerhin würde sich mit der zum Wohnen gehörigen Absicht, an dem Orte dauernden Aufenthalt zu nehmen, manchmal auch mit dem Erfordernis eigener Wohnstätte ein unfreiwilliger Beginn des Aufenthalts nicht vereinigen lassen. Erst wer freiwillig sich aufhält, „wohnt". Eine Unterbrechung der Freiwilligkeit dürfte jedoch in der Tat, wie v. Kahr Bd. 1 S. 173 Note 3a andeutet, das „Wohnen" nicht beeinträchtigen. Wer an einem Orte wohnt und eingesperrt ist, hört nicht schlechthin auf zu „wohnen"; hierbei ist aber m. E. an sich gleichgültig, in welcher Gemeinde jemand im Gefängnisse sitzt[5]). Längere Freiheitsstrafen sind jedoch zwar mit dem zivilrechtlichen, nicht aber mit dem „Wohnen" im obigen Sinne verträglich; der ständige Aufenthalt soll Beziehungen begründen, die ein langer Zwangsaufenthalt nicht ermöglicht.

Ein Weniger wird ferner verlangt, da zwei Jahre des Wohnens genügen. Ein Mann also, der das Heimatrecht in einer Gemeinde erwerben will, hat einen kürzeren Weg als den des Art. 6 H.G. Die Gemeindeordnung hat auf das höhere Recht in kürzerer Frist einen Anspruch gewährt, als das Heimatgesetz auf das geringere. Dies geschah, weil die Voraussetzungen im übrigen teilweise strenger sind und insbesondere eine Reihe von Versagungsgründen gelten, welche dem Heimatrechte fremd sind.

Ein Weniger wird außerdem insofern verlangt, als nicht gefordert wird, daß die Fähigkeit zum Erwerb des Bürgerrechtes, d. i. hier Volljährigkeit und Selbständigkeit, die ganzen zwei Jahre des Wohnens ununterbrochen vorhanden gewesen sein muß; es genügt vielmehr, daß diese Eigenschaften in jenem Zeitpunkte dem Bewerber zukommen, welcher für Beurteilung des Vorhandenseins der Anspruchsvoraussetzungen maßgebend ist, d. i. nach richtiger Anschauung der Zeitpunkt der endgültigen Entscheidung über denselben[6]). Ebenso braucht zweifellos der Besitz der Staatsangehörigkeit nicht die vollen 2 Jahre vorhanden gewesen zu sein[7]). Art. 11 IV,

[5]) Dagegen kann man, wie bemerkt, im Gefängnisse nicht den Wohnsitz begründen. — Vgl. auch Lindner=v. Hauck S. 61 Anm. 3, und v. Seydel Bd. 2 S. 78 Note 30.

[6]) S. v. Kahr S. 177 Note 5b; Lindner=v. Hauck S. 60 Anm. 1a; v. Seydel Bd. 2 S. 78 Note 2b.

[7]) Vgl. v. Kahr S. 189 Anm. 2; Lindner=v. Hauck S. 63. Niemand fordert, obwohl Art. 11 IV mit Art. 14 Gem.O. zusammen für das Bürgerrecht nichts anderes besagen, als was Art. 10 H.G. für das Heimatrecht bestimmt,

14 Gem.O. Wenn beispielsweise ein als Minderjähriger zugewanderter Sachse zur Zeit der Erreichung der Volljährigkeit bereits 2 Jahre in der Gemeinde A wohnt und die übrigen Voraussetzungen erfüllt, so kann er, volljährig geworden, entweder Bayer werden und dann das Bürgerrecht ansprechen, oder noch als Sachse das Bürgerrecht beanspruchen, das aber erst wirksam wird, wenn er Bayer geworden ist. Wegen des Einflusses von Armenunterstützung siehe Ziff. 3. — Die im vorstehenden nicht erörterten Voraussetzungen des Anspruches: Volljährigkeit, Selbständigkeit, Veranlagung mit Steuern, Entrichtung der Steuern und der öffentlichen Abgaben, sind ihrem Inhalt nach identisch mit den bezüglichen Voraussetzungen des Heimatanspruches; es gilt daher das bei dem Anspruch auf Verleihung der Heimat in § 38 u. 39 Gesagte. Anders geregelt ist die Frage, wie der Zeitraum von 2 Jahren zu bemessen ist. Die Gemeindeordnung hält an dem früher auch im Heimatrecht eingeführten Prinzipe fest, daß nur jener Zeitraum zu berücksichtigen ist, welcher der Anspruchserhebung bezw. der Entscheidung über den Anspruch unmittelbar vorausgeht. Dies spricht sich in den Worten aus: Anspruch haben ... Personen, wenn sie ... seit 2 Jahren in der Gemeinde wohnen[8]). Der Zeitraum, der dem Beginne dieser 2 Jahre vorausging, kommt für die eigentlichen Anspruchsvoraussetzungen nicht in Betracht.

Während also das neuere Heimatrecht zwischen dem begründeten und dem erhobenen Anspruch unterscheidet, und für die Zeit zwischen Anspruchsbegründung und -erhebung nur Fortdauer eines geeigneten Aufenthaltes verlangt und somit ermöglicht, daß bei Erhebung des Anspruches irgendeine völlig geeignete, wenn auch zurückliegende Zeit des Aufenthalts dem Anspruch nützt, entwertet nach den Bestimmungen der Gemeindeordnung der Anspruchsberechtigte mit jedem Tage, an welchem er von seinem Rechte keinen Gebrauch macht, die 2 Jahre zurückliegende geeignete Zeit des Wohnens in der Gemeinde. Jedoch kommt für die Beurteilung des Bürgerrechtsanspruches nicht gerade der Zeitraum in Betracht, welcher dem Tage der Erhebung des Anspruchs vorausgeht, sondern auch jener, welcher dem Verleihungsbeschlusse, oder bei instanzieller Verbescheidung desselben dem Tage der endgültigen Entscheidung vorausgegangen ist[9]).

Anders geregelt, und zwar ebenfalls im Sinne der früheren Heimatgesetzgebung, ist auch die Frage, ob der erhobene, aber noch nicht durchgesetzte Anspruch sich auf dritte Personen übertragen kann und ob etwa ein anderer als der Berechtigte selbst, nämlich die bisherige Heimatgemeinde (der Fiskus) den Anspruch erheben kann. Beide Fragen sind zu verneinen.

in Art. 11 I Gem.O. aber ebenso zur „Befähigung" das Indigenat verlangt wird, wie in Art. 6, 7 H.G., daß der Bewerber entweder 2 Jahre Bayer oder 2 Jahre Nichtbayer gewesen sein müsse. M. E. gilt das nämlich auch für das Heimatrecht.

[8]) Vgl. v. Seydel Bd. 2 S. 78 Note 30.

[9]) v. Seydel Bd. 2 S. 80 bei Note 40.

3. Der Anspruch auf Verleihung des Bürgerrechts besteht nicht, wenn gegen die wirtschaftliche Selbständigkeit oder gegen die Ehrenhaftigkeit der Person des Bewerbers gewisse Einwendungen entgegenstehen. Art. 13 II Gem.O. Es ist aber lediglich Sache des freien Ermessens der Gemeinde, ob sie diese Einwendungen entgegensetzen will oder nicht.

Dies ist nicht von Bedeutung für den Beschluß der Gemeinde selbst; lehnt sie den Anspruch ab, so braucht dies nicht damit begründet zu werden, daß Einwendung erhoben wurde; es bestand eben kein Anspruch. Schon in der Regelung der Zuständigkeit macht sich dies geltend. Der Magistrat ist für sich allein befugt, den Anspruch anzuerkennen; will er aber trotz eines Versagungsgrundes aus Art. 13 II Gem.O. das Bürgerrecht verleihen, so bedarf der Beschluß gemäß Art. 16 Gem.O. ebenso der Zustimmung der Gemeindebevollmächtigten, wie bei Verleihung an einen auch nicht aus Art. 13 I Gem.O. Anspruchsberechtigten. Dagegen kommt die Natur der Versagungsgründe aus Art. 13 II Gem.O. zur Geltung im Streitverfahren. Hier haben dieselben die rechtliche Bedeutung eines Einrederechtes, das, geltend gemacht, den Anspruch zerstört, das aber, nicht vorgebracht, den Anspruch nicht berührt. Die Fähigkeit zum Erwerb wird durch Versagungsgründe aus Art. 13 II Gem.O. nicht beeinträchtigt[10]).

Der Verwaltungsrichter darf den Versagungsgrund nicht würdigen, auch wenn er ihn kennt, ja wenn er aus dem Vorbringen des Anspruchserhebers sich ergibt, — falls die Gemeinde ihn nicht geltend macht. In welcher Form dies geschehen kann, darüber bestehen Vorschriften nicht; jede deutliche Willenskundgebung genügt. Auch ist nicht vorgeschrieben, daß die Einwendung in dem Verfahren vor der I. Instanz vorgebracht werden müßte; auch der vor Verkündung der endgültigen Entscheidung vorgebrachte Versagungsgrund kann den Anspruch zerstören. Auch ist nicht verlangt, daß der Versagungsgrund etwa zur Zeit der Erhebung des Anspruches oder des Antrages auf Entscheidung im Verwaltungsrechtswege vorhanden gewesen sei; wie das Vorhandensein der Anspruchsvoraussetzungen, so wird auch die Existenz eines Einrederechtes nach dem Zeitpunkte der endgültigen Entscheidung beurteilt[11]). Wenn z. B. der Bewerber während des Verfahrens von dem Verwaltungsgerichtshofe in Konkurs gerät, so kann dies als anspruchshindernd noch geltend gemacht werden.

Die Prozeßführung steht stets der Gemeindeverwaltung zu. Der Magistrat ist daher befugt, Versagungsgründe nicht geltend zu machen, ohne hierzu die Zustimmung der Gemeindebevollmächtigten zu erholen, während er außerhalb des Prozesses zur Verleihung trotz Bestehens von Versagungsgründen jener Zustimmung allerdings bedarf. Art. 16 Gem.O.

---

[10]) v. Seydel Bd. 2 S. 79 bei Note 32.
[11]) v. Kahr Bd. 1 S. 178 Note 6.

Die Einwendungen sind:

a) Der Genuß von öffentlicher Armenunterstützung während der der Bewerbung vorhergehenden zwei Jahre oder das Gesuch um solche. Was öffentliche Armenunterstützung ist, wurde in § 21 erörtert[12]).

b) Daß dem Bewerber rechtskräftig die bürgerlichen Ehrenrechte aberkannt sind und daß diese Aberkennung zur Zeit noch wirkt[13]).

c) Daß die Stellung des Bewerbers unter Polizeiaufsicht für zulässig erklärt oder er der Landespolizeibehörde überwiesen ist, sofern nicht seit der Beendigung dieser Zulässigkeit oder Maßregel 2 Jahre verflossen sind[14]); — „hat der Bewerber innerhalb des letzteren Zeitraumes irgendeine kriminell strafbare Handlung begangen, so beginnt die 2jährige Frist neuerdings vom Tage der verbüßten oder erlassenen Strafe an zu laufen, sofern nicht diese Strafe für sich schon den Anspruch auf Bürgerrechtsverleihung ausschließt." v. Seydel Bd. 2 S. 79.

d) Daß zur Zeit der Bewerbung die öffentliche Klage gegen den Bewerber erhoben ist wegen einer Handlung, wegen deren die unter b und c erwähnten Straffolgen verhängt werden können.

e) Daß der Bewerber die Straffolge des Verlustes eines öffentlichen Dienstes durch richterliches Urteil verwirkt hat und daß seit Beendigung des Strafvollzuges 2 Jahre nicht verflossen sind

f) Daß gegen den Bewerber das Entmündigungsverfahren eingeleitet ist[15]).

g) Daß gegen ihn ein gerichtliches Konkursverfahren eingeleitet und noch nicht beendigt ist[16]).

4. Anspruch auf Verleihung des Bürgerrechts haben nach Art. 15 Gem.O. auch solche Inländer[17]), welche in der Gemeinde

---

[12]) Vgl. auch v. Kahr Bd. 1, S. 179 Note 7; Lindner=v. Hauck S. 61 Anm. 7. — Rückständige Leistungen an öffentliche Kassen aus früherer Zeit (d. h. für die um mehr als 2 Jahre zurückliegende Zeit) geben kein Einspruchsrecht.

[13]) Vgl. hierzu, insbesondere auch über die Wiedereinsetzung in die verlorenen Ehrenrechte durch königliche Gnade v. Kahr S. 183 Note 8b; Lindner=v. Hauck S. 62 Anm. 8.

[14]) v. Kahr S. 184 Note 9 glaubt, daß klagloses Verhalten in den beiden der Bewerbung vorhergehenden Jahren vorliegen müsse. M. E. ist die v. Seydelsche Ansicht die gerechtere.

[15]) Vgl. hierzu S. 151 die Entmündigung selbst würde die Selbständigkeit und damit die Befähigung zum Bürgerrechtserwerb ausschließen.

[16]) Die Subhastation eines Anwesens gilt nicht als „Gant", welchen Ausdruck das Gesetz gebraucht. Lindner=v. Hauck S. 63 Anm. 9. v. Kahr S. 188 Note 13.

[17]) M. E. wollte das Gesetz in Art. 15 mit „Inländer" in kürzerer Fassung nichts anderes sagen, als es durch Art. 11 IV und Art. 14 für den gewöhnlichen Fall ausgesprochen hat. Wer in der Gemeinde ein Haus hat rc., kann das Bürgerrecht ansprechen; ist er Nichtbayer, so wird die Verleihung erst wirksam, wenn er die bayrische Staatsangehörigkeit erworben hat. — Im Prinzip ist gleicher Anschauung v. Kahr, S. 191 Note 1b, der aber nur Deutsche als „Inländer" zum Anspruchserwerb zulassen will. S. auch Lindner=v. Hauck S. 64 Anm. 2; ferner v. Seydel Bd. 2 S. 80, Note 41, 42.

ein besteuertes Wohnhaus besitzen, oder mit direkten Steuern mindestens in demselben Betrage wie einer der drei höchst besteuerten Einwohner angelegt sind. Dieser Anspruch besteht auch dann, wenn die Befähigung (männliches Geschlecht, Volljährigkeit, Selbständigkeit, Wohnen in der Gemeinde, Veranlagung mit direkten Steuern) nicht vorhanden ist. Dagegen kann die Gemeinde dem Anspruch die Einwendungen entgegensetzen, welche unter 3. aufgeführt sind, mit Ausnahme jener des eingeleiteten Entmündigungsverfahrens[18]). Ueber die Bedeutung der Erwerbung des Bürgerrechts kraft Art. 15 Gem.O. für die Erwerbung des Heimatrechtes vgl. § 31.

5. Wird der Anspruch von der Gemeindeverwaltung beschlußmäßig anerkannt, bezw. durch Mitteilung des auf Grund erfolgter Anerkennung ergehenden Verleihungsbeschlusses, so ist hierdurch das Bürgerrecht verliehen, falls in diesem Zeitpunkte die Befähigung zum Erwerbe noch vorhanden ist[19]) Sind jedoch in der Gemeinde Aufnahmegebühren eingeführt, und ist die Wirksamkeit des Bürgerrechts von der Zahlung dieser Gebühr abhängig gemacht, so wird die Verleihung erst wirksam, wenn die regulativmäßig zu entrichtende Gebühr bezahlt ist[20]). Erst mit diesem Augenblick besitzt der Bewerber ein wirksames Bürgerrecht, demnach auch das Heimatrecht. Kann die Zahlung nicht mehr stattfinden, weil der Bewerber vorher gestorben ist, so wurde das Bürgerrecht niemals erworben. Hat bis zum Augenblick der völligen Zahlung die Fähigkeit zum Erwerb aus Art. 11 und 15 Gem.O. aufgehört, so kann das Bürgerrecht gleichfalls nicht mehr erworben werden.

Dagegen ist das Eintreten eines Versagungsgrundes aus Art 13 II Gem.O. nunmehr unschädlich. Denn der Verlust der Fähigkeit wirkt von selbst; der Versagungsgrund müßte durch Ablehnung des Anspruches geltend gemacht werden; das ist, weil der gefaßte und mitgeteilte Beschluß für unwiderruflich zu erachten ist, nicht mehr möglich.

6. Der Anspruch ist als ein höchstpersönlicher unverzichtbar in dem in § 44 Ziff. 10 erläuterten Sinne.

7. Der von der Gemeindeverwaltung abgewiesene Anspruch kann im Verwaltungsstreitverfahren verfolgt werden, in welchem

---

[18]) Da Selbständigkeit nicht für die Erwerbung des Rechtes gefordert wird, so hindern seine Erwerbung Handlungen nicht, welche den Verlust der Selbständigkeit vorbereiten.

[19]) Ist die Gemeindeverwaltung zwar der Anschauung, daß der Anspruch unbegründet ist, will sie aber bei vorhandener Befähigung das Bürgerrecht gleichwohl verleihen, so hat der Anspruchserheber kein Interesse, daß gerade sein Anspruch anerkannt wird, wenn er nur dessen Ziel erreicht. Da auch bei Verleihung ohne Anspruch keine höheren Bürgerrechtsgebühren erhoben werden und sonstige rechtliche Nachteile nicht bestehen, so ist die Verleihung sofort wirksam; nur bedarf sie nach Art. 16 Gem.O. der Zustimmung der Gemeindebevollmächtigten.

[20]) Vgl. V.G.H. Bd. 8 S. 77, Bd. 14 S. 50, Bd. 22 S. 170.

auch ein bereits vorhandener Streit über die Höhe der eventuellen Gebühr gleichzeitig zum Austrag gebracht wird. Die Zuständigkeiten sind dieselben wie bei dem Verfahren über Anerkennung eines bestrittenen Heimatverleihungsanspuches. Ueber besondere Gebührenstreitigkeiten vgl. § 47.

Der Zeitpunkt des Antrages auf Entscheidung im verwaltungsrechtlichen Verfahren hat zwar, wie oben und auch bei den Erörterungen über den Heimatverleihungsanspruch hervorgehoben wurde, nicht die Bedeutung, daß der Anspruch unter allen Umständen zu diesem Zeitpunkt in jeder Hinsicht begründet sein muß; dagegen schadet dem zu diesem Zeitpunkte begründeten Anspruch nicht, daß eine der Voraussetzungen des Anspruchserwerbes aus Art. 13 Gem.O. nicht bis zur endgültigen Verbescheidung fortdauert. Allerdings können, wie bereits betont wurde, neu entstehende Versagungsgründe den Anspruch zerstören, wie ihn erst jetzt sich erfüllende Voraussetzungen stützen; allein, falls die Befähigung zum Bürgerrechtserwerb fortbesteht, schadet die Nichtzahlung der auf die Zeit zwischen Anspruchserhebung und Entscheidung treffenden Steuern und Gemeindeabgaben nichts[21]). Der Zeitpunkt der Erhebung der öffentlichen Klage ist auch maßgebend für den Beginn der Wirksamkeit des Bürgerrechtes, demnach auch des Heimatrechtes, wenn

[21]) A. M. V.G.H. Bd. 11 S. 322 „Ein Hindernis für die verwaltungsrichterliche Zuerkennung eines bestrittenen Anspruchs auf Verleihung des Bürgerrechtes begründet auch der im Laufe des Verfahrens eingetretene Wegfall einer der in Art. 13 Abs. I bezw Art. 15 der Gem.O. bestimmten besonderen Voraussetzungen desselben." Dieser Auffassung scheint sich auch anzuschließen v. Seydel Bd. 2 S. 80 Note 40; ebenso v. Kahr S. 177 Note 5. M. E. geht obige Forderung zu weit. Der Anspruchsberechtigte soll nach allgemeinen Rechtsgrundsätzen nicht dadurch schlechter gestellt werden, daß seinem Rechte nicht sofort Genüge geschieht. Darum ist bekanntlich der Zeitpunkt der Erhebung der verwaltungsrechtlichen Klage maßgebend für den Beginn der Wirksamkeit des in diesem Verfahren anerkannten Bürgerrechtsanspruches. Allerdings ist es ausreichend, wenn die besonderen Voraussetzungen zur Zeit der endgültigen Entscheidung vorliegen, wie umgekehrt der Verlust der allgemeinen Befähigung im Zeitpunkte dieser Entscheidung zur Abweisung führt. Denn im ersteren Falle müßte, sofern lediglich der Zeitpunkt der Erhebung des Anspruches maßgebend wäre, sofort auf erhobenen Antrag in einem zweiten Verfahren die Berechtigung des Anspruches anerkannt werden, im zweiten Falle würde das zugesprochene Recht doch sofort verloren sein; es ist aber Aufgabe der Verwaltungsrechtspflege, den wirklichen Rechtszustand festzustellen. Diese Erwägungen sprechen aber nicht dafür, einen zur Zeit der Klageerhebung vorhandenen Anspruch deshalb abzuweisen, weil die besonderen Voraussetzungen des Art. 13 I Gem.O in der Zwischenzeit zwischen der Erhebung der Klage und der Entscheidung verloren gegangen sind. Würde die Gemeinde in jenem Zeitpunkt das Bürgerrecht, wie sie müßte, verliehen haben, so würde dieser nachträgliche Verlust der besonderen Voraussetzungen nichts mehr haben schaden können, weil das Bürgerrecht bleibt, wenn nicht die allgemeine Befähigung verloren ist. Nur dann, wenn das Bürgerrecht sich auf Art. 15 Abs. I Gem.O. stützt, geht nach besonderer Vorschrift des Art. 18 II Gem.O. das erworbene Bürgerrecht bei Wegfall der Voraussetzungen verloren, nicht aber bei Wegfall der besonderen Voraussetzungen des Art. 13 II Gem.O.; nur ersterer Verlust darf also auch zur Abweisung des Anspruchs führen.

durch rechtskräftige Entscheidung die Gemeinde für verflichtet erklärt wird, das Bürgerrecht zu verleihen[22]). Ist jedoch die Bürgerrechtsgebühr erst nach diesem Zeitpunkte bezahlt worden, so gilt das Bürgerrecht erst von diesem letzteren Zeitpunkte an als verliehen. Der Zahlung steht die Hinterlegung im Sinne der Vorschriften des bürgerlichen Rechtes gleich. Der rechtskräftig zugunsten des Anspruches ergangene Bescheid hat im übrigen die Wirkung eines Beschlusses über Verleihung des Bürgerrechts. — In jedem Stadium des Verfahrens führt die eingetretene Unfähigkeit zum Erwerb des Bürgerrechtes zur Abweisung des Anspruches[23]).

Das Verfahren vor der Gemeinde ist nicht gebührenfrei. Eine Urkunde gegen besondere Gebühren auszufertigen, ist die Gemeinde nicht berechtigt. Im Verwaltungsstreitverfahren treffen die Kosten im allgemeinen den unterliegenden Teil. Sind jedoch die Voraussetzungen des Anspruchs erst nach dessen Erhebung eingetreten, so können dieselben ganz oder teilweise auch dem Anspruchserheber aufgebürdet werden.

8. Die Wirksamkeit des Bürgerrechts kann nach obigem abhängig gemacht werden von der Zahlung einer Bürgerrechtsgebühr, welche im Gesetze Aufnahmsgebühr genannt wird. Hinsichtlich dieser Gebühr gelten in den meisten Beziehungen gleiche Grundsätze, wie sie für die Heimatgebühr erörtert wurden.

In der Hauptsache identisch ist die Regelung in folgenden Punkten:

1. Es sind nur die Gemeinden, nicht die Ortschaften befugt — nicht verpflichtet — eine Aufnahmsgebühr einzuführen[24]).

2. Dies geschieht durch eine statutarische Bestimmung, welche nach ausdrücklicher Vorschrift des Art. 23 der Gem.O. öffentlich bekannt zu machen ist; der Beschluß bedarf in den Gemeinden mit städtischer Verfassung der Zustimmung der Gemeindebevollmächtigten, in den übrigen Gemeinden ist ein Beschluß der Gemeindeversammlung erforderlich; eine aufsichtliche Genehmigung ist dagegen nicht zu erholen.

3. Durch eine weitere, in der Regel gleichzeitig mit vorstehender, erlassene statutarische Bestimmung kann bestimmt werden, daß die Wirkung des Bürgerrechts von der Zahlung der Gebühr ab-

---

[22]) Beim Anspruch auf Verleihung des Bürgerrechtes sind verschiedene Zeitpunkte von Bedeutung: Die Befähigung nach Art. 11 oder 15 muß im Augenblicke der endgültigen Entscheidung bezw. der Verleihung vorhanden sein; das Indigenat kann auch später hinzutreten; nur ist dann die Wirkung der Verleihung aufgeschoben; die besonderen Voraussetzungen aus Art. 13 I bezw. Art. 15 müssen erfüllt sein entweder zum gleichen Zeitpunkt, oder (soweit sie nicht zugleich die Befähigung einschließen), zur Zeit der Erhebung der öffentlichen Klage; letzterer Zeitpunkt sowie derjenige der Verleihung bezw. der Zahlung der Gebühr sind maßgebend für den Zeitpunkt des Erwerbs des Bürgerrechtes.

[23]) V.G.H. Bd. 11 S. 109.

[24]) Vgl. V.G.H. Bd. 4 S. 599; v. Kahr Bd. 1 S. 218 Note 2a und b.

hängig ist; hierfür bestehen die gleichen Kompetenzbestimmungen wie unter Ziff. 2; die Veröffentlichung dieser Bestimmung ist ebenfalls gesetzlich vorgeschrieben[25]).

4. In dem unter Ziff. 2 bezeichneten Beschlusse muß auch eine Bestimmung über die Höhe der Aufnahmsgebühren enthalten sein. Im Gesetze sind Maximalsätze angegeben, nämlich

100 fl. = 171 Mk. 43 Pfg. in Gemeinden von mehr als 20000 Seelen[26])
75 „ = 128 „ 57 „ „ „ „ „ „ 5000 „
50 „ = 85 „ 71 „ „ „ „ „ „ 1500 „
25 „ = 42 „ 86 „ in kleineren Gemeinden.

Innerhalb dieser Höchstsätze sind die Gemeinden frei und können die Gebühr nach ihrem Ermessen festsetzen. Sie sind auch befugt, nach objektiven Merkmalen die Gebühren in verschiedener Höhe anzuordnen, und auch nur bestimmte Gruppen der Aufzunehmenden zur Gebühr heranzuziehen, andere nicht[27]).

Verschieden ist aber die Regelung in folgenden Punkten:

1. Als Gebühr erscheint auch die Gegenleistung, welche die Gemeinde bei einer Verleihung des Bürgerrechtes beansprucht, auf die der Aufzunehmende keinen Anspruch hat. Den Gemeinden ist es nicht freigestellt, in diesem Falle „die Bedingungen mit dem Bewerber zu vereinbaren, von deren Erfüllung die Verleihung des Bürgerrechtes abhängig gemacht werden soll" (vgl. Art. 9 H.G.). Daher kann auch keine höhere als die im Regulativ festgesetzte Gebühr erhoben werden[28]).

2. In ähnlicher Weise, wie Art. 12 H.G. bei vorhandenem Anspruch nur die Hälfte der sonst zugelassenen Höchstbeträge der Heimatgebühr zuläßt, verbietet die Gemeindeordnung, bei gering bemittelten Personen, d. i. solchen, welche jährlich mit nicht mehr als 4 fl. und, falls Gemeinden unter 20000 Seelen in Frage sind, bei solchen, welche jährlich mit nicht mehr als 3 fl. direkten Steuern angelegt sind, falls sie einen Anspruch auf Verleihung des Bürgerrechts infolge Besitzes der Heimat haben, mehr als die Hälfte des obigen Höchstsatzes, falls sie aber einen solchen Anspruch nicht haben, mehr als zwei Dritteile zu erheben. Nicht verlangt ist, daß, „Minderbemittelte" überhaupt niedrigere Sätze bezahlen als andere,

---

[25]) S. Lindner-v. Hauck S. 77 unten.

[26]) Nach V.G.H. Bd. 11 S. 561 ist für die Bemessung der Aufnahmsgebühren im einzelnen Falle das Ergebnis der letzten amtlichen Volkszählung mit der von dem k. statistischen Bureau endgültig festgestellten Seelenzahl einer Gemeinde und zwar unter Rückwirkung auf den Tag der Volkszählung maßgebend. Dagegen v. Seydel Bd. 2 S. 87 Note 72, wonach das Ergebnis erst von dem Zeitpunkt wirkt, in welchem es amtlich festgestellt ist. M. E. ist diese Auffassung richtig.

[27]) V.G.H. Bd. 16 S. 73. „Die Gemeinden sind bei Festsetzung der Bürgeraufnahmsgebühren befugt, einzelne Kategorien von Gemeindeangehörigen ganz oder teilweise von der Entrichtung derselben zu befreien." Vgl. auch v. Seydel Bd. 2 S. 85, v. Kahr S. 219 unten und 220, Lindner-v. Hauck S. 78 Anm. 2.

[28]) S. v. Kahr S. 220 Note 4c; Lindner-Hauck S. 78 Anm. 2.

sondern nur, daß nicht mehr als die erwähnten Bruchteile der gesetzlichen Maximalsätze erhoben werden. v. Seydel Bd. 2 S. 84 Note 76. Von dem so bezeichneten Satz geht dann immer noch der Betrag der bereits bezahlten Heimatgebühr in voller Höhe ab.

3. Bei Ausländern[29]) (Nichtdeutschen, soweit Staatsverträge nicht entgegenstehen) kann nicht die Gebühr bis zum Doppelten der für Inländer zulässigen Höchstbeträge erhöht, sondern darf nur das Doppelte der für Inländer (der betreffenden Kategorie) im Regulativ wirklich festgesetzten Gebühr erhoben werden. Auch unbemittelten Ausländern kommt eine Ermäßigung im Sinne der Ziff. 2 zu, freilich berechnet von dem bei ihnen zugrunde zu legenden Höchstsatz. v. Seydel Bd. 2 S. 84 Note 75.

4. Eine Befreiung von der Aufnahmsgebühr, wie in Art. 12 IV H.G. angeordnet, ist der Gemeindeordnung fremd.

Im übrigen ist die rechtliche Natur der Aufnahmsgebühr die nämliche wie jene der Heimatgebühr und kann auf das in § 41 Gesagte Bezug genommen werden. Daß von Gewerbetreibenden gemäß § 13 der Gewerbeordnung eine Aufnahmsgebühr nicht erhoben werden darf, ist hier ohne Belang, weil dies nur gilt, wenn solche zum Bürgerrechtserwerb herangezogen werden sollen, während, falls sie das Bürgerrecht beanspruchen, auch sie sich der Zahlung der Aufnahmsgebühr nicht entziehen können (v. Kahr S. 205, Lindner-Hauck S. 69, v. Seydel Bd. 2 S. 84 Note 71). — „Wer an die Gemeinde bereits eine Heimatgebühr entrichtet hat, darf den bezahlten Betrag an der ihn treffenden Aufnahmsgebühr abrechnen." Art. 20 III Gem.O. Wer nichts bezahlt hat, sondern das Heimatrecht kraft Gesetzes erwarb, darf auch nichts abrechnen[30]).

Vgl. auch Art. 18 III mit 21, ferner Art. 201 IV Gem.O.

§ 49.

B. Erwerb der Heimat kraft Gesetzes seitens heimatloser Angehöriger des bayrischen Staates.

1. Das Heimatgesetz vom 11. September 1825 brauchte Bestimmungen über den Erwerb der Heimat durch staatsangehörige Heimatlose nicht zu enthalten. Denn nach dem Indigenatsedikt erwarb kaum jemand die bayrische Staatsangehörigkeit, der nicht auch eine Heimat hatte. Wer durch Geburt Bayer wurde, hatte bayrische Eltern und somit auch eine bayrische Heimat. Die Frau, welcher durch Eheschließung die bayrische Staatsangehörigkeit zufiel, erlangte die Heimat des Mannes; die Fremden, welche in Bayern sich ansässig machten, erlangten

---

[29]) Vgl. V.G.H. Bd. 15 S. 131. „Als Ausländer im Sinne des Art. 20 III Gem.O. sind nur Angehörige eines nichtdeutschen Staates zu verstehen." Vgl. v. Kahr S. 220 Note 4, Lindner-v. Hauck S. 78 Anm. 3.

[30]) V.G.H. Bd. 10 S. 263 „Personen, welche die Heimat nach Art. 12 IV H.G. unentgeltlich erlangten, können bei späterem Erwerb des Bürgerrechtes keinen entsprechenden Abzug von der Bürgeraufnahmsgebühr beanspruchen."

damit die Heimat und Staatsangehörigkeit. Nur die Verleihung durch k. Dekret (§ 3c des Indigenatsediktes) hätte Staatsangehörigkeit ohne Heimat gewähren können, aber tatsächlich geschah dies nicht. Somit trat der Fall nicht ein, daß jemand, der Staatsangehöriger war, keine Heimat hatte; es konnte nur vorkommen, daß die Heimat einer Person nicht „ergründet" werden konnte; in diesem Fall wurde eine Heimat „angewiesen" (§ 4 des Heimatgesetzes von 1825). Zufolge des Gothaer Vertrages sah der Staat sich allerdings zuweilen genötigt, frühere Untertanen wieder zu übernehmen (§ 1), solche wurden aber dadurch nicht wieder Staatsangehörige und erhielten auch keine Heimat in Bayern. — Die Gesetzgebung von 1868 hat nun die Ansässigkeit beseitigt. Ein Ausländer, der einwandern wollte, konnte aber gemäß Art. 9 H.G. durch Verleihung eine Heimat oder durch Aufenthalt einen Anspruch auf Heimat und sodann bei Geltendmachung dieses Anspruches auch die Heimat erlangen. Beides sollte jedoch nur möglich sein, wenn der Ausländer den Bestimmungen des § 3 des Indigenatsediktes „Genüge leistete" d. i. durch Naturalisation das Indigenat erlangte. Die Naturalisation bestan daber eben in der Ansässigmachung, verbunden mit der Entlassung aus dem bisherigen, fremden Staatsverbande. Brachte der Bewerber ein Zeugnis über diese Entlassung bei, so wurde die Heimatverleihung von der Distriktsverwaltungsbehörde bestätigt; unmittelbare Magistrate erklärten zugleich mit dem Heimatverleihungsbeschluß die Voraussetzungen des § 3 des Indigenatsediktes für erfüllt und der bisherige Ausländer erwarb somit Staatsangehörigkeit und Heimat. Art. 9 II H.G. in älterer Fassung; M.E. vom 29. Juni 1868 A, II, Ziff. 4 (Weber Bd. 7 S. 353 unten). Wie die zitierten Vollzugsvorschriften vom 29. Juni 1868 zum Heimatgesetz beweisen, legte man die Bestimmung des § 3 l. c. dahin aus, daß unter Umständen von der Beibringung der Entlassung aus dem fremden Staatsverbande abgesehen werden dürfe und die protokollarische Verzichtleistung auf das fremde Staatsbürgerrecht genüge. Die Praxis hätte somit, wie der Ministerialkommissär bei den Verhandlungen über Art. 9 Ziff. 5 in älterer Fassung des Heimatgesetzes betonte (s. Bl. Bd. 39 S. 408) diese von der Kammer beschlossene und dann auch Gesetz gewordene Bestimmung gar nicht nötig gehabt, welche lautete: „Ausländer, welchen eine vorläufige Heimat in Bayern deshalb angewiesen worden ist, weil deren Wegweisung aus dem Staatsverbande nicht möglich war, sind bezüglich der Erwerbung einer wirklichen Heimat wie Inländer zu behandeln." Mit dieser Bestimmung wollte man also für derartige Ausländer mit angewiesener Heimat den für die „Bestätigung" der Heimatverleihung vorgeschriebenen Nachweis der Entlassung aus dem fremden Staatsverbande entbehrlich machen. In der Tat würde aber die Praxis auch ohne diese Bestimmung angenommen haben, daß „bei den fraglichen Personen der Staatsverband mit dem Heimatstaate schon dadurch gelöst sei, daß der letztere die Uebernahme absolut verweigere, weshalb auch kaum mehr von dem Erfordernisse einer Auswanderungsbewilligung die Rede sein könne." Wie man sieht, handelte es sich hauptsächlich um den Vollzug der Gothaer Konvention. Da für die Naturalisation früher die Ansässigmachung, nun aber die Heimat Voraussetzung war, so sollten jene früheren Staatsangehörigen, welche von Bayern auf Grund dieser Konvention wieder übernommen werden mußten, deren „Wegweisung aus dem Staatsverbande" also nicht möglich war, eine wirkliche Heimat ohne Schwierigkeiten erlangen können, damit mit dieser wirklichen Heimat sich dann nach obigem die Staatsangehörigkeit verbinde. Das Ziel der Bestimmung in Art. 9 V war nicht das, staatsfremden Personen eine Heimat, sondern ihnen durch Vermittlung der Heimat uno actu die Staatsangehörigkeit zu verschaffen. Niemand dachte bei den damaligen Gesetzgebungsverhandlungen daran, daß ein Nichtstaatsangehöriger dauernd heimatberechtigt sein könne. Als dann das B.St.A.G. in Bayern in Kraft trat, da fiel die Naturalisation, erworben durch Ansässigkeit, bezw. durch Heimaterwerb weg. Es war daher durchaus folgerichtig, daß man auch den Abs. 5 des Art. 9 beseitigte, weil man der Erwerbung einer wirklichen Heimat für den Staatsangehörigkeitserwerb nicht mehr bedurfte.

Diese Einleitung ist nötig zum Verständnis der Bedeutung des gegenwärtigen Gesetzestextes.

2. Wie früher wiederholt bemerkt wurde, erwerben Nichtbayern den Anspruch auf Heimat kraft Aufenthalts ebenso wie Bayern. Zufolge der Reichsgesetzgebung werden jetzt Personen bayrische Staatsangehörige, ohne zunächst eine Heimat zu erwerben. Dies geschieht bei Aufnahme in den bayrischen Staatsverband, auf welche Angehörige anderer Bundesstaaten, welche sich in Bayern niederlassen, im allgemeinen ein Recht haben [1]). Man hätte nun solche Bayern ebenfalls die Heimat auf Grund Art. 6 und 7 erwerben lassen können, aber dann hätte abgewartet werden müssen, ob dieselben einen Antrag auf Verleihung der Heimat stellen und überdies wäre bei Unterlassung eines solchen Antrages durch jede Aenderung des Aufenthaltes der erworbene Anspruch wieder verloren gegangen. Da man damals auch nicht daran dachte, dem Fiskus das Recht einzuräumen, die Verleihung der Heimat zu beantragen, da andererseits der Fiskus gegen Armenlasten geschützt werden sollte, da man endlich den einfachsten Weg, jedem die Heimat da zu geben, wo er sich zuerst in Bayern niederläßt, bei dem zu diesem Zeitpunkte noch bestehenden Mangel innigerer Beziehungen zur Gemeinde nicht beschreiten wollte, so bestimmte man durch die Novelle vom 23. Februar 1872 [2]), um nicht den Satz, daß jeder Bayer eine Heimat haben solle, in bedenklichstem Umfange durchbrochen zu sehen, daß heimatlose (männliche oder weibliche) [3]) Angehörige des bayrischen Staates kraft Gesetzes die Heimat in derjenigen Gemeinde erwerben [4]), in welcher sie ohne diese besondere Bestimmung auf Grund 5- bezw. 10-, nunmehr 4- bezw. 7jährigen Aufenthalts einen Anspruch auf Verleihung der Heimat begründet haben würden. (Art. 11 H.G. [5])

---

[1]) Die Vorschrift der Novelle (Art. 11 H.G.) ist aber selbstverständlich nicht bloß auf solche bisherige nichtbayrische Deutsche anwendbar, sondern auf alle, für welche der Wortlaut des Gesetzes paßt. Vgl. das Beispiel in Anm. 10.

[2]) Zur Entstehungsgeschichte der Novelle von 1872 vgl. Reger S. 50 Anm. 1, v. Riedel S. 141 Note 1b.

[3]) S. v. Riedel S. 143 oben.

[4]) Es bedarf also keiner Geltendmachung. Entsteht später Zweifel, so braucht natürlich der Heimatangehörige keinen Aufenthalt mehr in der Gemeinde zu haben. B.G.H. Bd. 4 S. 491.

[5]) Das Rechtsinstitut ist freilich nicht nach allen Seiten erfreulich:

1. beläßt es das Institut der heimatlosen Bayern in ziemlichem Umfang, da überall, wo ein Aufenthalt in der nämlichen Gemeinde durch volle 4 Jahre bezw. 7 Jahre mit allen Erfordernissen nicht stattgefunden hat, für den zugewanderten Bayern, dessen Frau und Kinder die wirkliche Heimat fehlt;

2. gibt es Anlaß zu schwierigen Heimatfeststellungen, da es später, namentlich nach dem Tode des Eingewanderten oft recht schwer ist, festzustellen, wann der erforderliche Aufenthalt begonnen hat und an welchem Tage ein einwandfreier Aufenthalt beendet wurde;

3. begünstigt es für die Erwerbung einer Heimat durch Aufenthalt den früheren Nichtbayern vor dem Bayern, weil letzterer eine Heimatgebühr zu zahlen hat, ersterer nicht.

Wer nun heimatloser Angehöriger des bayrischen Staates[6]) ist, das scheint völlig klar zu sein. Man möchte meinen, er müsse bayrischer Staatsangehöriger sein und keine bayrische Heimat haben. Die Rechtsprechung und Theorie haben aber teilweise abweichende Ansichten aufgestellt.

a) Der Verwaltungsgerichtshof legt den Nachdruck darauf, daß es sich um Personen mit vorläufiger Heimat handle und zwar α) nur um diese, und β) um alle diese. „Heimatlos sind, sagt V.G.H. Bd. 11 S. 591, bayrische Staatsangehörige nur dann, wenn sie entweder schon bei ihrer Aufnahme durch das Gesetz selbst oder abgesehen hiervon durch Verfügung der zuständigen Verwaltungsbehörde aus dem Grunde einer Gemeinde nur vorläufig zugewiesen wurden, weil bei dem Feststehen der bayrischen Staatsangehörigkeit ihre wirkliche Heimat nicht ermittelt werden konnte.“ Eine nähere Begründung wird nicht beigegeben.

In V.G.H. Bd. 22 S. 218 wird diese Auffassung wiederholt. Die „Heimatlosigkeit“ sei keineswegs ein bloß tatsächlicher Zustand, sondern ein Rechtsbegriff, der sich aus zwei Begriffsmerkmalen, dem Mangel einer wirklichen Heimat als Ursache der Heimatanweisung und, abgesehen von den Fällen, in welchen die vorläufige Heimat kraft Gesetzes erlangt werde, der vorläufigen Zuweisung an eine bestimmte Gemeinde als Wirkung des Heimatmangels zusammensetze und nur dann erschöpft sei, wenn diese beiden Merkmale in einer Person zusammentreffen. v. Riedel S. 141/142 teilt diese Auffassung des Verwaltungsgerichtshofes lediglich mit, scheint sie demnach zu billigen; Reger kommt mit Recht S. 52 zu der Anschauung, daß es keinen Unterschied machen könne, ob ein Bayer eine vorläufige Heimat angewiesen erhalten habe oder nicht. — Allerdings ist Heimatlosigkeit ein Rechtsbegriff, aber eben nur des Inhalts, daß ein Bayer keine Heimat hat. Woraus will geschlossen werden, daß zu dem Nichthaben einer Heimat noch hinzukommen muß, daß man eine angewiesene Heimat haben müsse? Die Frage ist praktisch keineswegs ohne Bedeutung. Allerdings erwerben nach Art. 16 H.G. Bundesangehörige, welche Bayern werden, die vorläufige Heimat in der Gemeinde ihrer Niederlassung kraft Gesetzes. Dieser Heimat folgen die Ehefrau und die Kinder, welche noch keinen eigenen Hausstand haben. Jene Personen aber, welche durch Naturalisation die Staatsangehörigkeit erwerben und entgegen der Regel keine Heimat sich gesichert haben, erwerben keine vorläufige Heimat kraft Gesetzes. Jene Kinder ferner, welche noch in elterlicher Gewalt stehen, aber bereits einen eigenen Hausstand besitzen (also zahlreiche Arbeiter im Alter von 16 bis 21 Jahren) erwerben zwar die Staatsangehörigkeit der Eltern, aber nicht die vorläufige Heimat (Art. 18 H.G.). Sie alle wären von der Erwerbung einer Heimat durch Ersitzung zunächst ausgeschlossen[7]); denn an dem Orte

---

[6]) Selbstverständlich kommt darauf nichts an, ob der heimatlose Staatsangehörige auch noch Angehöriger eines anderen Staates ist und in demselben eine Heimat oder eine Gemeindeangehörigkeit besitzt. Heimatlos ist, wer in Bayern keine Heimat hat. Vgl. Bl. Bd. 38 S. 249, wo über einen Fall berichtet wird, in welchem der Württemberger N aus der dortigen Gemeinde B Bayer wird und mehr als 10 Jahre in A wohnt. Der Magistrat A erkannte seine Heimat in A nicht an, weil er in B Gemeindebürger sei. Mit Recht ist diese Anschauung zurückgewiesen worden.

[7]) Wenn man die Meinung des Verwaltungsgerichtshofes teilt, so kann natürlich die Ersitzungsfrist frühestens mit dem Zeitpunkte beginnen, in welchem der Heimatlose in den Besitz einer vorläufigen Heimat gelangt ist. So ausdrücklich V.G.H. Bd. 22 S. 215.

ihrer Niederlassung erwerben sie die vorläufige Heimat kraft Gesetzes nicht; zur behördlichen Anweisung einer Heimat ergibt sich aber nicht immer ein Anlaß.

b) Der V.G.H. will Art. 11 H.G. anwenden auf solche Personen, welchen gemäß Art. 17 H.G. eine vorläufige Heimat deshalb angewiesen worden ist, weil ihre Wegweisung aus dem Staatsgebiete absolut nicht möglich ist (vgl. Gothaer Vertrag), welche aber zweifellos bayrische Staatsangehörige nicht sind.

V.G.H. Bd. 10 S. 199 bemerkt, nach der früheren allgemeinen Rechtsanschauung haben jene Personen, deren Wegweisung aus dem Staatsgebiete nicht zu betätigen war, immer als „Angehörige" desjenigen Staates gegolten, in dessen Gebiet sie sich seit längerer Zeit aufgehalten hätten oder geboren waren. Diese Anschauung habe auch in Art. 9 v H.G. älterer Fassung Ausdruck gefunden; in die Novelle vom 23. Februar 1872 sei diese Bestimmung allerdings nicht übergegangen; sie sei aber durch die Bestimmungen in Art. 11 I, II vollständig ersetzt. Dieselbe Ansicht findet sich in Bd. 11 S. 592. Die Verteidigung dieser Ansicht in Bl. Bd. 39 S. 405 gibt zu, daß der Verwaltungsgerichtshof die Begründung seiner Auffassung schuldig bleibe und versucht nun ihrerseits eine Begründung zu geben, die darin gipfelt, daß der Gesetzgeber der Novelle von 1872 bei Weglassung des Abs. 5 aus dem damaligen Art. 9 von einer unrichtigen Voraussetzung ausgegangen sei, daß man aber den bestehenden Rechtszustand nicht beseitigen wollte. M. E. wird bei dem zu Eingang dieses Paragraphen dargelegten früheren Zwecke der Bestimmungen des Art. 9 v diese Ansicht sich nicht halten lassen; aber auch, wenn sie zuträfe, so würde doch v. Seydel Recht behalten, der in Bd. 2 S. 67 Note 112 bemerkt, „M. E. ist nicht darüber wegzukommen, daß Art. 9 v H.G. früherer Fassung aufgehoben ist." Das Gesetz in seinem jetzigen Wortlaut gibt „heimatlosen Angehörigen des bayrischen Staates" die Ersitzung. Man wird nicht beweisen können, daß in Art. 11 H.G. „Angehörige des bayrischen Staates" etwas anderes seien als „Staatsangehörige". Oder sind auch in Art. 1, Art. 6, 7, 9, 12 „unter Angehörigen des bayrischen Staates" jene mitverstanden, welche aus Bayern nicht weggewiesen werden können, aber Bayern nicht sind? — Wenn das Gesetz solchen Personen die Ersitzungsmöglichkeit hätte gewähren wollen, so hätte es dies sagen müssen. Man kann aber m. E. eine solche Absicht gar nicht vermuten; denn es würde dem Gesetzgeber ein bedenklicher Einbruch in den das ganze Gesetz sonst beherrschenden Grundsatz unterschoben, in jenen nämlich, daß nur ein Bayer die Heimat besitzen könne. Mit diesem Grundsatz steht auch Art. 9 v der früheren Fassung nicht in Widerspruch. — Eine Folge der Auffassung des Verwaltungsgerichtshofes wäre, daß es zahlreiche wirkliche heimatberechtigte Nichtbayern gebe, die man nicht zu Bayern machen kann. v. Riedel S. 142 teilt wiederum die Auffassung des Verwaltungsgerichtshofes lediglich mit; Reger S. 52 teilt die hier vertretene Ansicht[8]).

---

[8]) V.G.H. Bd. 24 S. 411 beharrt auf der bisherigen Auffassung; die Entscheidung gibt zu, daß der Anschauung v. Seydels und Regers nicht unwichtige Gründe zur Seite stehen. Allein nach Abwägung aller für und wider sprechenden Gründe sei keine genügende Veranlassung zu finden, von der bisherigen Gesetzesauslegung abzugehen. Der Gerichtshof legt die geschichtliche Entstehung der Novelle vom 23. Februar 1872 dar und betont, daß in keiner Weise erhelle, daß man an dem in Art. 9 v H.G. älterer Fassung habe rütteln wollen. Nirgends finde sich eine Andeutung der Absicht, die Ausländer fortan schlechter zu stellen. Eine solche ungünstigere Lage würde sich aber regeln: bisher haben Ausländer Anspruch auf die Heimat wie Inländer gehabt und zugleich mit der Verleihung der Heimat das Indigenat von selbst erworben; nun sei ihnen auf die Naturalisation kein Anspruch mehr gegeben und so würden Ausländer mit angewiesener Heimat nach der Novelle 1872 wesentlich ungünstiger gestellt als vorher. — Man könnte vieles gegen das vorstehende einwenden; vor allem, daß die Beseitigung

c) Sind heimatlos auch jene, welche eine wirkliche Heimat haben, deren Heimat aber nicht ermittelt werden kann, namentlich also jene Personen, welche die bayrische Staatsangehörigkeit durch Abstammung besitzen, deren wirkliche Heimat aber aus irgendwelchen Gründen unbekannt ist? Heimatlos im strengen Sinne sind sie nicht. Aber wenn jemand zwar eine Heimat hat, seine Rechte aus dieser Zugehörigkeit aber nicht ausüben kann, weil er letztere nicht kennt, so ist er doch auch heimatlos. Wie auch Bl. Bd. 38 S. 380 zugeben, besteht kein prinzipielles Hindernis, „heimatlos" in diesem Sinne aufzufassen. Die ratio legis dürfte dafür sprechen, daß dies geschieht. V.G.H. Bd. 13 S. 92 spricht aus „Unter heimatlosen Angehörigen sind auch diejenigen bayrischen Staatsangehörigen zu verstehen, deren wirkliche Heimat nicht zu ermitteln gewesen ist und welchen daher eine Heimat vorläufig angewiesen worden ist." Auch v. Seydel a. a. O., ebenso v. Riedel S. 142 billigen diese Auffassung, zu deren Gunsten auch angeführt wird, daß das Gesetz sonst unbilligerweise den bisherigen Nichtbayern günstiger stellen würde als den Bayern [9]). Auch darin wird man dem Verwaltungsgerichtshofe recht geben müssen, daß die Anweisung einer vorläufigen Heimat, genauer die rechtskräftige, zu einer solchen Anweisung führende Feststellung, daß eine Heimat nicht ermittelt werden kann, die Voraussetzung für diese Ersitzung ist. Denn auf die subjektive Meinung eines Bayern, seine Heimat sei nicht zu ermitteln, kann es nicht ankommen [10]).

---

einer Vorschrift nicht dadurch ungeschehen gemacht wird, daß Gedankenlosigkeit obwaltete. Allein liegen nicht in den Ausführungen des Verwaltungsgerichtshofes selbst Gründe dafür, daß die Weglassung des Art. 9 v einen guten Grund hatte? Eben weil die Ausländer durch Verleihung der Heimat infolge der geänderten Gesetzgebung über den Erwerb der bayrischen Staatsangehörigkeit nicht mehr die Staatsangehörigkeit ipso jure erlangen, konnte man ihnen nicht die Heimat zugestehen, die man auch sonst, selbst bei vorhandenem Anspruch, erst mit Erwerb der Staatsangehörigkeit wirksam werden läßt.

[9]) Allerdings sind die von Englert in Bl. Bd. 38 S. 377 f. dafür angeführten Gründe, daß es der logischen Auslegung des Gesetzes mehr entspricht, die Ersitzung nur für Personen zuzulassen, welche nachweislich keine Heimat besitzen, als auch für solche, welche keine nachweisliche Heimat haben, sehr beachtenswert. Allein die Auslegung des Verwaltungsgerichtshofes, Luthardts, v. Seydels, ist möglich und hat den Vorzug größerer Billigkeit für sich. — Auch Reger S. 52 Anm. 2 will Bayern ohne wirkliche Heimat, jedoch gleichviel, ob solche eine vorläufige Heimat angewiesen erhalten haben oder nicht, zur Ersitzung zulassen.

[10]) Ein interessantes Beispiel läßt sich nach den Bl. Bd. 48 S. 400 konstruieren:

> Ein Bayer G verehelichte sich im Jahre 1861 nach mennonitischem Ritus zu U in Bayern ohne distriktspolizeiliche Erlaubnis. Die Ehe war gültig und demnach für die aus der Ehe hervorgehenden Söhne, welche noch keine selbständige Heimat erworben hatten, die Heimat des Vaters maßgebend, die nun zu ermitteln war. Die Eltern und die Großeltern des G waren nun im Anfang des 19. Jahrhunderts von Elsaß nach Bayern gezogen und hatten sich in Bayern als Gutspächter niedergelassen. Es konnte nicht bezweifelt werden, daß dieselben nach der im Anfang des 19. Jahrhunderts geltenden Indigenatsgesetzgebung

3. Nach Art. 11 H.G. erwerben heimatlose Angehörige des bayrischen Staates (s. Ziff. 2) nach 4= bezw. 7jährigem Aufenthalt in der Gemeinde die Heimat unter denselben Voraussetzungen, unter welchen sonst der Anspruch auf Heimatverleihung erworben wird. v. Seydel Bd. 2 S. 67.

a) Der Beginn der Ersitzung soll nach übereinstimmender Meinung der Schriftsteller und der Praxis nicht vor dem 27. Februar 1872, d. i. dem Tage des Inkrafttretens der Novelle vom 23. Februar 1872 liegen. Zwar würde, wie in Bl. Bd. 23 S. 131 mit Recht ausgeführt ist, die Regel, daß Gesetze nur dann rückwirkende Kraft haben sollen, wenn sie sich dieselbe selbst beilegen, die Verwertung auch einer vor jenem Tage liegenden Zeit nicht hindern. Allein, wie die Entstehungsgeschichte des Gesetzes ergebe, sollte die Erwerbung der Heimat seitens heimatloser Bayern nur eine Ergänzung zu den Bestimmungen des Art. 6 und 7 H.G. bilden. Die Gemeinden sollten durch die neue Bestimmung nicht schlechter gestellt werden, als nach bisherigem Rechte, nur daß es eben nicht erst der Geltendmachung des Anspruches bedürfen sollte, sondern die Heimat von selbst erworben würde. Da nun das Gesetz vom 16. April 1868 in Art. 47 IV die vor dem Beginn seiner Geltung, d. i. vor dem 1. September 1868 liegende Aufenthaltszeit ausdrücklich für die Verwertung nach Art. 6 und 7 ausschließe, so müsse auch die vor Geltung der Novelle, d. i. vor dem 27. Februar 1872 liegende Aufenthaltszeit für die Begründung der durch diese Novelle angeführten Ersitzung außer Betracht bleiben. S. Bl. Bd. 23 S. 131/134; v. Seydel Bd. 2 S. 67 Note 113, V.G.H. Bd. 9 S. 152; v. Riedel S. 143. M. E. ist vorstehende Ansicht nicht begründet, vielmehr die ganze seit dem 1. September 1868 verbrachte Aufenthaltszeit anzurechnen[11]).

die bayrische Staatsangehörigkeit erlangt hatten. Allein es fehlte jeder Anhaltspunkt dafür, in welcher bayrischen Gemeinde sie Heimatrechte erworben hatten, insbesondere waren auch die Voraussetzungen des Art. 201 Gem.O. für G nicht gegeben. Auch die Heimat der Mutter, der Ehefrau des G, stand nicht fest. Zu vermuten war, daß G bezw. dessen Eltern irgendwo in Bayern die Heimat erworben hatten, dagegen konnte, wie erwähnt, nicht ermittelt werden, wo. Es wurde zwar behauptet, daß G durch den Aufenthalt in verschiedenen Gemeinden auf Grund des Art. 11 H.G. eine wirkliche Heimat erworben habe. Dem war jedoch entgegenzuhalten, daß G nicht als heimatloser Angehöriger des bayrischen Staates zu erachten war, da demselben eine vorläufige Heimat nicht angewiesen worden ist; somit erübrigte nichts, als der Witwe und den Kindern des G eine vorläufige Heimat anzuweisen. In dem obigen Aufsatz ist allerdings der Fall in anderer Weise zugrunde gelegt. Hiernach fehlt jeder Anhaltspunkt dafür, daß G in irgend einer bayrischen Gemeinde Heimatrecht erworben hat. Wird solches zugrunde gelegt, so bestand m. E. allerdings kein Hindernis, daß G mit dem 1. September 1868 einen Ersitzungsaufenthalt begann, ohne daß die Anweisung einer vorläufigen Heimat voranging.

[11]) Zweifellos konnte nach der Gesetzgebung von 1868 ein Nichtbayer den nach dem 1. September 1868 liegenden Aufenthalt voll für den Anspruch aus

b) Die Ersitzung beginnt, wenn jemand im Alter der Volljährigkeit freiwillig einen „Aufenthalt" in einer bayrischen Gemeinde nimmt. Die Ersitzungszeit wird unterbrochen, d. h. der bisherige Aufenthalt wird entwertet, wenn der Aufenthalt oder die Freiwilligkeit desselben in schädlicher Weise unterbrochen wird, oder wenn der Ersitzende Armenunterstützung verlangt oder erhält. Sobald die Armenunterstützung beendet ist, oder die Freiwilligkeit des Aufenthalts wieder hergestellt, der alte Aufenthalt wieder aufgenommen oder ein neuer begründet wird, beginnt eine neue Frist zu laufen. Ein so fortgesetzter Aufenthalt gibt nach 7 Jahren dem heimatlosen Bayern die Heimat. Art. 11 II H.G. Ist überdies für einen solchen fehlerlosen Aufenthalt „Selbständigkeit" und „Veranlagung mit direkten Steuern" vorhanden, so entsteht die Heimat schon nach 4 Jahren, falls auch die Verpflichtungen gegen die Gemeinde und Armenkassa erfüllt sind. Art. 11 I H.G. Hört während der genannten Zeit die Selbständigkeit auf oder entfällt die Veranlagung mit direkten Steuern, so ist der vorhergehende Zeitraum und der Zeitraum der Unselbständigkeit, sowie der Nichtveranlagung mit Steuern für den Heimaterwerb kraft 4jährigen Aufenthalts unbrauchbar, er bleibt aber brauchbar für den Heimaterwerb kraft 7jährigen Aufenthalts. Die Veranlagung mit Steuern für einen sonst fehlerfreien 4jährigen Aufenthalt, ebenso die Entrichtung der Steuern für diesen Zeitraum, endlich die Erfüllung der auf die 4 Jahre treffenden Abgaben an die Gemeindekassa kann auch nachgeholt werden. Es kann somit der Fall eintreten, daß ein 4jähriger geeigneter Aufenthalt vorliegt, der aber überhaupt oder als geeigneter fortzudauern aufhört und daß obige Erfordernisse noch fehlen, aber nach Beendigung des geeigneten Aufenthalts nachgeholt werden. Dann ist die Heimat erworben, sobald die letzte der Voraussetzungen erfüllt ist.

Art. 6 und 7 verwerten (Art. 9 H.G. älterer Fassung); mag man darum, wie ich darzulegen versuchte, der Meinung sein, daß es sich für den Erwerb oder Anspruchserwerb durch Ersitzung immer nur darum handle, welche Eigenschaft — geeignete Aufenthaltszeit vorausgesetzt — der Bewerber oder Erwerber zur Zeit der Geltendmachung des Anspruches bezw. der Vollendung der Ersitzungszeit besitzt — oder mag man darauf Gewicht legen, daß jemand die ganze Zeit über immer die nämliche Eigenschaft eines heimatberechtigten Staatsangehörigen, Nichtstaatsangehörigen, heimatlosen Staatsangehörigen inne gehabt habe — immer wäre es eine Benachteiligung des heimatlosen Bayern, wenn ihm ein Aufenthalt nicht angerechnet werden könnte, der auch dem Nichtbayern zugute käme. Gerade die Absicht, die Gemeinden zwar nicht zu benachteiligen, aber auch nicht zu bevorzugen, spricht dagegen, daß erst mit dem 27. Februar 1872 ein Ersitzungsaufenthalt beginnen könne. Wenn man zugibt, daß nur die ausdrückliche Bestimmung des Art. 47 IV, die Anrechnung der vor dem 1. September 1868 liegenden Zeit auszuschließen vermochte, so muß man auch zugeben, daß ohne eine solche ausdrückliche Bestimmung die Anrechnung der vor dem 27. Februar 1872 liegenden Zeit nicht ausgeschlossen ist. Ausgeschlossen ist nur, eben weil die Bestimmung in Art. 11 die Natur einer Ergänzungsbestimmung hat, die Verwertung der Zeit vor 1. September 1868. Tatsächlich kommt ja wohl hauptsächlich die Zeit nach dem 13. Mai 1871 (Tag der Einführung des B.St.A.G. in Bayern) in Betracht.

Man wird nicht fordern dürfen, daß analog Art. 6 II und Art. 7 II der Aufenthalt fortdauern müsse; denn eine „Geltendmachung“ entfällt eben; wenn derjenige keinen Anspruch mehr erheben kann, der die Beziehungen abgebrochen hat, so beweist dies nicht, daß da, wo das Gesetz selbst den Anspruch pünktlichst erhebt, Erfordernisse schon erfüllt sein müssen, die nur für eine Zeit gehören, denen aber nicht während derselben genügt sein muß. Auch bei Heimaterwerb durch Anspruch kann während des Streitverfahrens, wie in § 43 dargelegt wurde, noch jenen Anforderungen Genüge geschehen, also zu einer Zeit, in welcher der Aufenthalt nicht mehr vorhanden sein muß[12]).

Ueber die Erfordernisse des Aufenthalts und die sonstigen Voraussetzungen vgl. § 35—40, ferner Art. 11 III H.G.

c) Die obige Angabe, daß 4- bezw. 7jähriger Aufenthalt erforderlich sei, bedarf einer Ergänzung. Unter der Geltung des Gesetzes von 1872 bis zum 25. Juni 1896 ist nämlich ein 5- bezw. 10jähriger Aufenthalt erforderlich gewesen. Durch die Novelle vom 17. Juni 1896 ist die Ersitzungsfrist für den Heimaterwerb ebenso verkürzt worden, wie jene für den Anspruchserwerb. Wer demnach bis zum 24. Juni 1896 eine Heimat erworben haben will, der muß an sich 5jährigen bezw. 10jährigen Aufenthalt aufweisen. Seit 25. Juni 1896 genügt für den seit Geltung dieses Gesetzes vollendeten Aufenthalt eine Dauer von 4 bezw. 7 Jahren. Wer demnach am 1. Februar 1892 einen Aufenthalt begonnen hat, der alle Voraussetzungen des Art. 6 H G. erfüllt, wurde am 25. Juni 1896 heimatberechtigt. Vgl. V.G.H. Bd. 25 S. 227.

4. Die Heimat wird von demjenigen erworben, welcher im Augenblick der Vollendung einer geeigneten Ersitzungszeit[13]) heimatloser

---

[12]) Beispiel: Wer in der Zeit vom 1. Februar 1897 bis 31. Januar 1901 alle Voraussetzungen des Gesetzes durch einen Aufenthalt in N bis auf die eine erfüllt, daß er die für diese Zeit treffenden und fälligen Umlagen noch nicht ganz bezahlt hat, und nun am 1. April 1901 diese Umlagen bezahlt, der erwirbt an diesem Zeitpunkt kraft des erwähnten Aufenthaltes die Heimat. Es muß nicht erst erforscht werden, ob der Aufenthalt vom 1. April 1897 bis 1. April 1901 ein genügender war und ob nun auch die für diesen Zeitraum treffenden und fälligen Steuern und Umlagen bezahlt sind.

[13]) Diese Eigenschaft kann allerdings nicht später hinzutreten; sonst wäre derjenige, dessen Anspruch nach Art. 10 H.G. verloren ging, in der Lage, im Augenblick des Erwerbes der Staatsangehörigkeit heimatberechtigt zu werden. Man kann nur jene Zeit verwerten, während welche man Bayer war oder die dem Erwerb der Staatsangehörigkeit unmittelbar vorherging.

Beispiel: A wohnt seit 1. Februar 1897 in N, anfänglich als Badenser, seit 1. März 1899 als Bayer. Er erfüllt die Voraussetzungen des Art. 6 bezw. 11 I H.G. bis zum 1. Mai 1902; dann verfällt er in Geisteskrankheit. Er ist so am 1. Februar 1901 Heimatangehöriger in N geworden. Würde er aber am 1. Juni 1902 z. B. durch Legitimation Bayer geworden sein, so wäre die Heimat in N nicht erworben, weil der geeignete Aufenthalt am 1. Mai 1902 aufhörte.

Angehöriger des bayrischen Staates ist[14]), wenn er diese Eigenschaft auch während der Ersitzungszeit selbst nicht immer gehabt haben mag. Sie wird erworben kraft Gesetzes, ohne daß es der Erhebung eines Anspruches oder eines Ausspruches bedarf. Keinerlei Aenderung des Aufenthalts kann der erworbenen Heimat schaden. Entsteht Streit, so ist dieser nicht ein Streit von der Art des oben in § 45 und 46 geschilderten, nämlich zwischen Parteien, von welchen die eine eine Forderung zu stellen, die andere eine solche zu erfüllen hat, sondern ein Streit darüber, wo eine Person heimatberechtigt ist, — ein Heimatfeststellungsverfahren. Freilich kann dieses nach Art. 20 H.G. sich ergebende, unten näher darzulegende Verfahren durch den Streit über einen Heimatanspruch hervorgerufen werden, namentlich wenn irrigerweise die Parteien oder eine derselben glauben, es sei nur ein Anspruch gegeben, der der Anerkennung der Aufenthaltsgemeinde bedürfe, während in Wahrheit die Heimat kraft Gesetzes erworben ist, was die Parteien anzuerkennen nicht geneigt sind.

Heimatgebühren können von der Heimatgemeinde nicht beansprucht werden. Der Uebergang der Heimat ist gebührenfrei wie jener auf Grund Anstellung (Art. 2 H.G.); Art. 12 IV H.G. kommt demnach nicht in Frage. In Art. 12 H.G., welcher die Fälle aufführt, in welchen Berechtigung zur Erhebung von Gebühren besteht, ist Art. 11 nicht aufgeführt. Allerdings entsteht hierdurch die Ungleichheit, daß Personen, welche schon eine Heimat in Bayern hatten, bei Erwerbung einer selbständigen Heimat in der Regel die Gebühr bezahlen müssen, bisherige Nichtbayern nicht. Die Heimat ist eine selbständige. Daher kann selbstverständlich bei der Verheiratung eines so heimatberechtigt gewordenen Mannes eine Gebühr aus Art. 3 H.G. nicht beansprucht werden; dieser Artikel trifft auf sie nicht zu.

5. Ueber die Heimatfolge der Ehefrau und der Kinder vgl. §§ 26, 30.

§ 50.

C. Erwerb der Heimat durch Anstellung im öffentlichen Dienste.

1. Vor dem Jahre 1825 bildete die Berufung in ein öffentliches Amt nur den Titel eines rechtmäßigen Aufenthalts in der Gemeinde, nicht aber gewährte sie als solche das Domizil, die Heimat[1]).

Nach dem A.G. von 1825 (§ 4) bildet der Eintritt in ein öffentliches Amt des Staates, der Kirche oder der Gemeinde mit definitiver Anstellung einen Titel der Ansässigkeit; diese wurde durch

---

[14]) A. M. die herrschende Lehre, welche verlangt, daß die Eigenschaft des bayrischen Staatsangehörigen während der ganzen Ersitzungszeit vorhanden gewesen sein muß. Vgl. V.G.H. Bd. 11 S. 126, v. Seydel Bd. 2 S. 67 Note 114. — Die Frage ist eingehend bereits in § 37 erörtert worden; hier kann auf das dort Gesagte lediglich Bezug genommen werden.

[1]) Vgl. das Beispiel in Bl. Bd. 23 S. 33 ff.

die Anstellungsurkunde erworben und mit ihr die Heimat. Auch mittelbare[2]), definitive Beamte erlangten diesen Titel an den Orten ihrer Amtssitze, Ober-Offiziere und definitive Militärbeamte in ihren ständigen Garnisons- und Berufsorten[3]).

Nach dem Gesetze vom 24. Dezember 1849 erwarb jeder wirkliche Schullehrer, welcher in dieser Eigenschaft drei Dienstesjahre zurückgelegt hat, kraft Gesetzes die Ansässigkeit mit allen ihren gesetzlichen Folgen in jener Gemeinde, in welcher er bei Ablauf jener Frist angestellt war.

Nach Art. 2 des H.G. von 1868 erwerben „definitiv angestellte Beamte und Diener des Staates, der Kirche, der Gemeinde, einer öffentlichen Korporation oder Stiftung die Heimat in der Gemeinde ihrer Anstellung, Schullehrer in der Gemeinde des Schulsitzes, Offiziere, Aerzte im Offiziersrang und Oberbeamte der Militärverwaltung in der Gemeinde ihrer Garnison oder ihrer Amtssitze." Zufolge der Novelle vom 17. März 1892 wurde ein zweiter Absatz hinzugefügt, „zu den definitiv angestellten Beamten des Staates zählen auch die Notare." Ueber den Abs. III des Art. 2 vgl. unten Ziff. 8 und § 16 Ziff. 5.

2. Definitive Beamte, Lehrer, Offiziere, erwerben die Heimat in einer Gemeinde. Diese Heimat ist eine Art der selbständigen Heimat, welche erworben wird, sobald der gesetzliche Tatbestand sich erfüllt.

„Der Zeitpunkt des Heimaterwerbes ist jener, von welchem die Anstellung wirkt oder das Definitivum eintritt." v. Seydel Bd. 2 S. 61.

Wie die Ehefrau mit Notwendigkeit die Heimat des Mannes erwirbt, der heimatlose Bayer nach einem Aufenthalt von bestimmter Dauer die Heimat in der Aufenthaltsgemeinde, das Kind die Heimat seines Vaters, ebenso der Beamte 2c. die Heimat in der Gemeinde der Anstellung.

---

[2]) Mittelbare Beamte waren nach Bl. Bd. 4 S. 24 jene, welche ein staatliches Amt im Namen des Königs mittelbar verwalteten; die Domänenbeamten der Standesherrn zählen hierher nicht. Seit 1848 gab es keine mittelbaren Beamten mehr, welche hierher gezählt werden konnten, mit Ausnahme der von dem Haupte der fürstlichen Familie Thurn und Taxis ernannten Gerichtsbeamten. S. auch v. Seydel Bd. 1 S. 333, S. 327; Bl. Bd. 4 S. 24 f., Bd. 7 S. 77, Bd. 48 S. 412. — Zu den definitiven Beamten (Dienern) der Kirche zählen nach Bl. Bd. 4 S. 25 nach dem A.G. nur die definitiv angestellten Geistlichen der katholischen, protestantischen, reformierten Kirche.

[3]) V.G.H. Bd. 12 S. 263: „Nach den Verwaltungsgrundsätzen, welche zur Zeit der Forstorganisationsverordnung vom 22. Dezember 1821 bestanden haben, war mit der unter Genehmigung der Forstverwaltungs-Zentralstelle erfolgten Verlegung des persönlichen Wohnsitzes eines Revierförsters auch eine Verlegung des dienstlichen Wohnsitzes, des Amtssitzes, verknüpft. Eine derartige Verlegung des Amtssitzes in eine andere Gemeinde zog auch die Verlegung der Ansässigkeit in die Gemeinde des neuen Amtssitzes und damit den Erwerb der Heimat in dieser Gemeinde nach sich."

Diese Erwerbung ist eine unabwendbare. Ob der Erwerber bisher die ursprüngliche oder abgeleitete oder eine selbständige Heimat besaß, ist gleichgültig. Kein Vertrag kann gegen diese Erwerbung schützen. Der Staat kann bei der Anstellung, die Gemeinde bei der Einräumung unwiderruflicher Anstellung nicht bedingen, daß der Beamte seine bisherige Heimat beibehalte; eine solche Vereinbarung wäre nichtig. Wird eine Ehefrau Beamter, so erlangt auch sie die Beamtenheimat. — Erworben wird die Heimat allerdings dann nicht, wenn sie in der Gemeinde bereits besteht. Nur verwandelt sich die etwa noch vorhandene ursprüngliche in eine selbständige. § 16 Ziff. 5. — Hat der Beamte in einer anderen Gemeinde das Bürgerrecht und bewirkt die Anstellung den Verlust dieses Bürgerrechtes aus dem Grunde nicht, weil er den Wohnsitz in der Gemeinde beibehält, so kann der Beamte die Heimat in der Anstellungsgemeinde solange nicht erwerben, als jenes Bürgerrecht nicht lediglich infolge Hausbesitzes beibehalten wird. Denn solange kann sich die Heimat nicht von jenem Bürgerrechte lösen; vgl. Art. 5 H.G.; eine doppelte Heimat aber kann niemand besitzen.

Die Beamtenheimat wird demnach mit Notwendigkeit erworben, aber sie bildet keine aus der Beamtenstellung sich ergebende notwendige, ständige Beigabe der Anstellung[4]). M. a. W. sie muß erworben werden, aber sie muß nicht beibehalten werden. Sie unterliegt der Aenderung wie jede andere Heimat. Jeder Tatbestand, der sich später erfüllt und an den die Erwerbung einer Heimat geknüpft ist, wirkt auch gegenüber der bisherigen Beamtenheimat, und zwar auch dann, wenn die Beamtenstellung bleibt. Die Beamteneigenschaft zerstört also nicht sogleich eine andere sich darbietende Heimat. Eine Frau, welche Beamtin ist und sich verheiratet, erwirbt die Heimat nach Art. 4 H.G.[5]). Der Beamte kann sich von einer beliebigen Gemeinde die Heimat verleihen lassen; er kann, wenn er in einer andern Gemeinde, als in jener, in welcher er angestellt ist, sich ständig aufhält, einen Anspruch nach Art. 6 bezw. 7 auf Verleihung der Heimat gegen die Aufenthaltsgemeinde erlangen und diesen durchsetzen[4]). Wenn dann gegenüber einer solchen erworbenen Heimat der Tatbestand der Beamtenheimat sich von neuem einstellt, was durch die Berufung in ein anderes Amt geschieht, das in einer anderen Gemeinde zu übernehmen ist, — so verliert der Beamte wiederum die bisherige Heimat und erwirbt die neue in der Gemeinde

---

[4]) Vgl. v. Riedel S. 97 Note 12b. — v. Seydel Bd. 2 S. 66 Note 102: „Zweifellos besteht ferner die Möglichkeit, die nach Art. 2 begründete gesetzliche Heimat durch Vertrag zu ändern.“ Reger S. 17 Anm. 4 glaubt, daß definitiv angestellte Staatsdiener, Offiziere rc. während der Dauer ihrer Dienstesaktivität einen Anspruch auf Verleihung der Heimat nach Art. 6 H.G. im Hinblick auf „die Spezialbestimmung“ des Art. 2 H.G. nicht ersitzen könnten, während er zugibt, daß Art. 2 der Erwerbung der Heimat als Folge des Bürgerrechtserwerbes nicht entgegenstehe.

[5]) A. M. anscheinend Reger S. 6 Anm. 1 am Schlusse.

seiner jetzigen Anstellung[6]), um vielleicht auch diese wieder mit einer verliehenen zu vertauschen. Er kann aber nicht in der Gemeinde, in welcher er sich etwa nach seiner ersten Anstellung die Heimat verleihen ließ, eine Vereinbarung treffen, wonach er diese Heimat auch bei einer Versetzung mit der Wirkung beibehalte, daß er die Heimat in der Gemeinde seiner neuen Anstellung gar nicht erlange. Vielmehr muß er die liebgewonnene Heimat neu erwerben.

Die Beamtenheimat hört nicht auf, wenn das Amt endet, es sei denn, daß gleichzeitig eine andere Heimat sich ergibt. Auch der aus dem Amt Scheidende, in den Ruhestand Tretende behält die Heimat bei. Verlust des Amtes ist kein Verlustgrund der Heimat.

3. Daß auch Frauen die Beamtenheimat erwerben können, ist ganz zweifellos. Das Gesetz spricht in Art. 2 weder von Männern, noch von Frauen, sondern allgemein. Nach dem allgemeinen Sprachgebrauch sind „Beamte" männliche wie weibliche Beamte. Man braucht nicht zu sagen, „Beamte und Beamtinnen". Daß, weil nach dem A.G. nur Männer der Ansässigmachung teilhaftig werden konnten, auch das Gesetz von 1868 nur Männer im Auge gehabt habe, ist schwer zu beweisen, wäre aber auch gleichgültig. Denn der gesetzgeberische Grund des Art. 2 trifft auch für Frauen zu; der Wortlaut widerspricht nicht; eine Benachteiligung der Frauen ist nicht zu vermuten. Auch v. Seydel Bd. 2 S. 61 Note 54 pflichtet dem bei. v. Riedel S. 99 hält seine frühere entgegengesetzte Ansicht nicht mehr unbedingt aufrecht[7]).

4. Daß der Beamte, um die Beamtenheimat zu erwerben, bayrischer Staatsangehöriger sein müsse, ist in Art. 2 H.G. allerdings nicht ausdrücklich gesagt, aber gleichwohl zutreffend. Der Fall, daß ein Nichtbayer unwiderruflicher Beamter, z. B. einer Gemeinde ist, kann sehr wohl sich ereignen. Denn Art. 9 B.St.A.G. findet nur auf diejenigen Beamten Anwendung, welche eine von der höheren Verwaltungsbehörde vollzogene oder bestätigte Bestallung (Anstellungsurkunde) besitzen. Solche „nichtbayrische" Beamte können definitive Anstellung haben, werden aber nicht heimatberechtigt[8]). Denn die

[6]) v. Riedel S. 97 Note 12b.

[7]) Bl. Bd. 44 S. 177 machen darauf aufmerksam, daß bei der gänzlichen Beseitigung des Instituts der Ansässigkeit und bei dem Willen, materielles Recht neu zu schaffen, die Frage, ob das Prinzip des A.G., welches die Frauen nicht zulasse, auf Art. 2 H.G. übernommen worden sei, zu verneinen ist. Man wollte aber auch positiv die Frauen zum Heimaterwerb zulassen, wie die Aeußerung des Abgeordneten Fischer bei Einbringung seines Gesetzentwurfes vor dem besonderen Ausschusse beweise. Dem Gesetzgeber sei es bei Einreihung des Art. 2 nicht mehr darauf angekommen, eine Ausscheidung zwischen Männern und Frauen zu treffen; er wollte vielmehr feststellen, daß die Erlangung gewisser Aemter und Anstellungen oder einer Lehrstelle an einer Schule ein Rechtstitel zum Erwerb der Heimat sei. Es komme lediglich darauf an, ob Frauen solche Stellen erwerben können.

[8]) Z. B. ein von einer Stadtgemeinde aus Sachsen berufener und unwider-

allgemeine Voraussetzung des Besitzes einer bayrischen Heimat ist der Besitz der bayrischen Staatsangehörigkeit; siehe v. Seydel Bd. 2 S. 58; vgl. auch § 13 Ziff. 7.

5. Wie in Ziff. 2 bereits erwähnt wurde, wird die Heimat erworben, sobald der gesetzliche Tatbestand sich ergibt. Jede Versetzung eines definitiven Beamten in ein an einem andern Ort auszuübendes Amt bringt den Wechsel der Heimat mit sich. Würde ein definitiver Beamter in eine zunächst nicht pragmatische Stellung versetzt (ein Amtsrichter wird Bezirksamtsassessor), so behält er die bisherige Beamtenheimat bei, bis er in der neuen Stelle definitiv angestellt ist.

6. Die Heimat wird erworben in der Gemeinde der „Anstellung", des „Schulsitzes", der „Garnison", des „Amtssitzes". Nichts kommt, wie aus den gesetzlichen Bezeichnungen ebensowohl wie aus dem Zweck der gesetzlichen Bestimmung ersichtlich ist, auf den Wohnsitz des Beamten an. Im allgemeinen ist ja der Wohnsitz mit dem Amtssitz identisch; es kann sogar eine Verpflichtung bestehen, zum Wohnsitz den Amtssitz zu wählen. Wie dem aber tatsächlich sei — der Wohnsitz, der Ort, an welchem der Beamte wohnt, kommt nicht in Betracht[9]).

a) Gemeinde der Anstellung und des Amtssitzes sind identisch. Als solche erscheint die Gemeinde, in welcher nach den Anordnungen des Zuständigen das „Amt" errichtet ist, dem der Beamte zugehört. Verschieden hiervon kann sein die Gemeinde, der Bezirk, welchem die Tätigkeit des Beamten gilt. Ein Bezirksamtmann, ein Richter, dessen Amtssitz in einer Gemeinde ist, welche außerhalb seines Bezirkes liegt, hat gleichwohl die Heimat in dieser Gemeinde. Ein Forstmeister, dessen ganze Tätigkeit Waldungen dient, die außerhalb der Gemeinde des Forstamtssitzes liegen, ist in der letzteren heimatberechtigt. Umgekehrt erhält ein unwiderruflich angestellter Gemeindeförster, dessen Amtssitz in derjenigen Gemeinde liegt, in welcher die Waldungen liegen, während die Eigentümerin der Wälder eine benachbarte Gemeinde ist, die Heimat nicht in der Gemeinde, welcher

---

ruflich angestellter Baurat, oder auch ein mit unwiderruflicher Anstellung ausgestatteter Polizeibeamter, der aus Baden stammt, werden nicht in der Gemeinde heimatberechtigt. In dem Augenblicke freilich, in welchem sie z. B. durch Aufnahme die bayrische Staatsangehörigkeit erlangen, werden sie kraft Art. 2 (also auch wenn Art. 11 nicht zutrifft) heimatberechtigt, falls sie die definitive Anstellung noch besitzen. Nach meiner Auffassung des Art. 11 H.G. kann es kommen, daß in dem Augenblick des Erwerbs der Staatsangehörigkeit sowohl der Titel für den gesetzlichen Heimaterwerb in der Gemeinde A (z. B. München), als Gemeinde der Anstellung, und in der Gemeinde B (z. B. Pasing), als Gemeinde des ununterbrochenen Aufenthalts, vorliegt. Da niemand in zwei Gemeinden gleichzeitig heimatberechtigt sein kann, dürfte die Beziehung zur Gemeinde der Anstellung als die überwiegende anzusehen sein und somit die Heimat in A erworben werden.

[9]) v. Seydel Bd. 2 S. 61 Note 48; v. Riedel S. 96 Note 12a; s. auch Bl. Bd. 11 S. 219, Bl. Bd. 35 S. 211 Anm. 1.

die Waldungen gehören, sondern in jener seines „Amtssitzes“. — Das Amt ist da errichtet, wo die Einrichtungen getroffen sind, deren Vorhandensein die nächste Voraussetzung der Ausübung der dienstlichen Obliegenheiten des Beamten bildet. Zu einem Bezirksamte gehören Bureaux, zu einem Forstamte ebenso, wie überhaupt zu den meisten staatlichen und gemeindlichen Aemtern. Der Pfarrer hat seinen Amtssitz da, wo der Pfarrhof liegt. Auf den Namen des Amtes kommt es nicht an[10]. Wenn z. B. ein Forstamt nach dem Namen der Gemeinde benannt ist, in welcher die Waldungen liegen, ein Bezirksamt nach dem größten Orte des Bezirks benannt würde, während die Einrichtungen, das „Amt“ sich in einer andern Gemeinde, der dem Bezirke benachbarten Stadt befindet, so ist der Amtssitz nicht da, wo ihn der Name andeutet. Der Amtssitz pflegt sich unmittelbar mit dem Gebiete zu verbinden, auf welchem sich die Amtseinrichtung, insbesondere das etwa dem Zwecke dienende Gebäude befindet. Wird demnach dieser Teil des betreffenden Gemeindebezirkes von dem bisherigen Gemeindeverband abgetrennt und mit einer andern Gemeinde verbunden, so ändert sich, da nun der Amtssitz einer andern Gemeinde zugehört, die Heimat des Beamten, er mag auch in der bisherigen Gemeinde wohnen bleiben. Andererseits ist die Erwerbung der Beamtenheimat tatsächlich unmöglich, wenn der Amtssitz sich außerhalb des Bezirkes einer Gemeinde, nämlich in einem ausmärkischen Bezirk liegen sollte. — Uebrigens ist eine besondere staatliche Anordnung denkbar, welche als Amtssitz einer staatlichen Behörde den Bezirk einer anderen Gemeinde erklärt, als jener, in der das dem Amte dienende Gebäude liegt.

Von dem Amtssitze zu unterscheiden ist der dienstliche Aufenthalt. Wenn ein Beamter angewiesen ist, seine Dienststunden stets oder vorwiegend in dem Bezirk einer Gemeinde zu verbringen, so ist in dieser Gemeinde nicht sein Amtssitz, wenn nicht auch die Einrichtungen des Amtes sich dort befinden. Unter Umständen kann es zweifelhaft sein, ob die Pflicht, in diesem Bezirk auch zu wohnen, mittelbar einen „Amtssitz“ begründet. Wenn ein Förster ein Forsthaus zugewiesen erhält, in dem er wohnt und von welchem aus er seine dienstlichen Obliegenheiten ausführt, so kann dieses Forsthaus auch Amtssitz sein, sofern er nämlich dort gewisse Geschäfte zu erledigen, die unmittelbare Verwaltung des Forstes zu leiten hat; vgl. Anm. 3. Es kann aber auch sein, daß die unmittelbare Verwaltung in der Hauptsache nicht in diesem Forsthaus, das hauptsächlich Wohnhaus ist, geführt wird, sondern etwa im Rathaus der benachbarten Stadt, welcher der Forst gehört. Dann hat der Förster zwar seine dienstliche Anwesenheit ausschließlich dem Gemeindebezirke zu widmen, in welchem er auch wohnt — der Sitz des Amtes

---

[10]) Vgl. Bl. Bd. 23 S. 81, wo ausgesprochen ist, daß es bedeutungslos ist, wenn eine k. Revierförsterei ihre Bezeichnung nach einem früheren Amtssitze beibehalten hat.

aber, dem er zugehört, ist die benachbarte Stadt; in dieser ist er dann heimatberechtigt. Wenn aber nur die höhere Verwaltung in dieser Stadt, die unmittelbare aber vom Forsthaus aus geführt würde, so würde das Forsthaus den Amtssitz im obigen Sinne darstellen. —

Ein Beamter, der einem „Amte" zugehört und vorübergehend, wenn auch auf längere Zeit zur Dienstleistung an einen andern Ort berufen wird, erlangt an diesem nicht seinen Amtssitz. Beispiel: Der Langerichtsrat von Traunstein, der während des dem Oberamtsrichter in Reichenhall gewährten einjährigen Urlaubs zur Wahrnehmung der Geschäfte nach Reichenhall beordert wird, bleibt in Traunstein beheimatet. Er hat seinen Amtssitz in Traunstein. Dagegen hat der „exponierte Assessor" eines Bezirksamts nicht seinen Amtssitz am Sitze des Bezirksamtes, sondern am Orte seiner Tätigkeit.

b) Die Gemeinde des Schulsitzes ist jene, in welcher das „eigentliche Schulhaus" liegt. Seiler, Schulbedarfsges. S. 98. Der Begriff „Schulsitzgemeinde" steht, sofern es sich um Sprengelschulen handelt, in gewissem Gegensatz zur Schulgemeinde. Durch das Schulbedarfsgesetz von 1902 ist nun festgestellt, daß die zu einer Sprengelschule vereinigten politischen Gemeinden Träger der Vermögensrechte der Schule sind. Die Leitung steht in der Regel der verstärkten Verwaltung der Schulsitzgemeinde zu. Durch ausdrückliche Vereinbarung der vereinigten Gemeinden und mit Genehmigung der vorgesetzten Behörde kann auch die verstärkte Verwaltung einer andern Gemeinde zur vermögensrechtlichen Verwaltung der Sprengelschule berufen werden. Geschieht dies, so bleibt und wird gleichwohl die Gemeinde des Schulsitzes die Heimatgemeinde des Lehrers, nicht jene, welche die Verwaltung der Sprengelschule führt. Vorkommen kann auch, daß die Schule im Bezirke einer andern Gemeinde liegt; dann ist diese Gemeinde die Schulsitzgemeinde, sonach die Heimatgemeinde des Lehrers — nicht jene, für welche die Schule bestimmt ist.

c) Die Gemeinde der Garnison ist jene, in welcher der Truppenteil, zu welchem der Offizier, Militärarzt, Militärbeamte unmittelbar gehört, seinen Standort hat. Ist die Zuteilung zu einem bestimmten Truppenteil nicht in Frage (z. B. bei Garnisonsverwaltungen), so kommt auch hier der Amtssitz in Betracht. — Der Standort ist nicht schlechthin mit der Lage der Kaserne identisch; im einzelnen Falle kommt es auf die einschlägige Verfügung der Militärverwaltung an[11]). Schwierigkeiten können entstehen, falls ein Truppenteil seinen Garnisonsort zu wechseln hat, was insbesondere von Teilen eines Regimentes gilt, die abwechselnd in kleineren Orten garnisonieren. Zur Entscheidung, wo ein zu einem solchen Truppenteil gehöriger Offizier, Militärarzt rc. seine Heimat hat, ist unterm

---

[11]) Vgl. v. Riedel S. 99 Note 16, Reger S. 8 Anm. 7.

28. Januar 1873 eine Entschließung des Ministeriums des Innern ergangen, welche eine Aeußerung des Kriegsministeriums mitteilt, wonach alle Abteilungen, welche mit jährlicher oder kürzerer Ablösungszeit von ihrem Regimentsstab getrennt stehen, zur Garnison desjenigen Truppenkörpers einzureihen sind, aus welchem sie entsendet sind — sämtliche übrige Abteilungen aber zur Garnison ihres Standortes zählen. Weber Bd. 9 S. 693. — Wenn also der Truppenteil beispielsweise von 2 zu 2 Jahren wandert, so wechselt der Offizier alle 2 Jahre seine Heimat.

7. Das Gesetz unterscheidet die Personen, welche die Beamtenheimat erlangen, in 3 Gruppen.

a) Die erste ist jene der definitiv angestellten Beamten und Diener des Staates, der Kirche, der Gemeinde, einer öffentlichen Korporation oder Stiftung. Im Dienste „des Staates" sind nur bayrische Beamte angestellt. Ein anderer „Staat" oder auch das „Reich" sind in Art. 2 H.G. nicht verstanden. Ein Bayer, welcher Reichsbeamter wird, erlangt nicht die Heimat an dem etwa in Bayern gelegenen Amtssitze, aber auch nicht in der aus Art. 2 III H.G. sich ergebenden Gemeinde. Ein bayrischer Beamter dagegen, welcher diese Eigenschaft beibehält, aber im Reichsdienste beschäftigt ist (wie die Reichsbevollmächtigten für Zölle und Steuern) erwirbt die Heimat nach Art. 2 H.G.

Das Gesetz spricht von „Beamten und Dienern". Der Ausdruck Beamte und „Diener" ist tautologisch[12]). Nur berufsmäßige

---

[12]) A. M. Rehm in Bl. Bd. 50 S. 131, welcher ausführt: „Staatsbeamte" sind „die wirklichen Staatsbeamten" im Sinne von Titel 3 § VII Abs. 1, die „öffentlichen Diener" sind die „übrigen königlichen Diener" im Sinne von Titel 3 § VII Abs. 2 der Konstitution von 1808, also diejenigen Staatsdiener, welche den Bestimmungen der Pragmatik von 1805 nicht unterliegen. Im Sinne des modernen Rechtes gesprochen, sind die Beamten und Diener des Art. 2 H.G. also auch andere Staatsdiener als solche, welche die Vorteile der Pragmatik genießen. Ist dies der Fall, so muß „definitiv" eine Eigenschaft bedeuten, welche auch nicht pragmatische Staatsdiener erwerben können und dies ist „definitiv" im Sinne von „dauernd". Definitiv angestellt in Art. 2 H.G. heißt dauernd angestellt". Ich kann vorstehenden Ausführungen nicht beitreten. Es ist richtig, daß zur Zeit der Konstitution von 1808 man zwischen „Staatsbeamten" im engeren Sinne und den übrigen königlichen „Dienern" unterschied. Was man unter letzteren verstand, wird von Rehm nicht dargelegt. Daß alle darunter verstanden gewesen sein sollten, welche dem Staate Dienste leisten, ist aber nicht anzunehmen. Gerade daß der Satz sich im dritten Teil der Konstitution findet, gestattet einen Schluß, daß nur Beamte der eigentlichen Staatsverwaltung verstanden waren. Jedenfalls aber spricht schon die Pragmatik von 1805 da von Staatsdienern, wo an einen Gegensatz zu Staatsbeamten nicht gedacht sein kann, ebenso die IX. Beilage zur Verfassung. Wenn in § 10 dortselbst von „Staatsbeamten und öffentlichen Dienern" die Rede ist, so mag dabei an die frühere Unterscheidung gedacht sein; von rechtlicher Erheblichkeit ist sie nicht. Die zahlreichen Bestimmungen, in welchen von Dienern und Dienstgehalt in der IX. Verfassungsbeilage die Rede ist, beziehen sich auch auf die Beamten im Sinne jener Stelle der Konstitution von 1808. Die fernere Gesetzgebung hat ebenfalls einen Unterschied nicht mehr

Beamte kommen in Betracht — nicht aber Dienste, welche im Ehrenamte oder auf Grund gesetzlicher Verpflichtung geleistet werden. Nicht genügt, daß jemand einem Stande angehört, dessen Mitglieder einer staatlichen Ordnung unterliegen, wie die Rechtsanwälte und Aerzte, oder vom Staate oder in dessen Auftrag ernannt werden (die früheren k. Advokaten); die Dienstleistung an den Staat bzw. an öffentliche Korporationen ist vielmehr eine wesentliche Voraussetzung des „Beamten" im Sinne des Art. 2 H.G.

Keine Voraussetzung der Beamteneigenschaft ist der Bezug einer Besoldung[13]). Zwar liegt es im Wesen des öffentlichen Dienstes, daß die Dienste nicht ungelohnt bleiben; aber die Entlohnung kann auch in der Befugnis liegen, staatlich festgesetzte Gebühren für sich zu vereinnahmen. Dies ist beispielsweise bei den Notaren der Fall. So kommt ferner auch darauf nichts an, wer die Besoldung leistet, — ob der öffentliche Verband, dem Dienste geleistet werden, oder ein anderer (wie bei den Universitätsprofessoren).

Definitiv angestellter Beamter ist derjenige, dessen Anstellung nicht nach dem Belieben des Anstellenden widerruflich ist, sondern der bei Wegfall seiner Rechte nur aus bestimmten, außerhalb dieses Beliebens liegenden Gründen aus dem öffentlichen Dienste entfernt werden kann. Welches die Gründe der Entfernbarkeit sind, ergibt sich aus dem Dienstvertrage oder aus allgemeinen gesetzlichen Bestimmungen[14]). —

---

aufrecht erhalten, der ohne jede praktische Bedeutung war. Sicherlich hat das Heimatgesetz, das in Art. 2 sich an § 4 des A.G. von 1825 anlehnt, der von dem Eintritt in ein öffentliches Amt des Staates ꝛc. spricht, jenen Unterschied nicht im Auge gehabt.

[13]) Vgl. auch Reger S. 5 Anm. 1, v. Seydel Bd. 2 S. 237.

[14]) Die verschiedenen Phasen des früheren Streites näher zu beleuchten, ist ohne besonderen Wert. Vgl. v. Riedel S. 94 und die dort angeführten Aufsätze, Entschließungen, Entscheidungen. Mit v. Riedel muß man den Nachdruck legen, daß die provisorische, widerrufliche Anstellung, die funktionsweise Verwendung, keinen Heimaterwerb begründen sollte. Unwiderruflich ist nur angestellt, wer entweder bei einer in das Belieben des Anstellenden gelegten Entfernung aus dem Amte (vgl. auch Art. 159 II der diesrheinischen Gemeindeordnung), einen Anspruch hat auf einen Teil der Einkünfte, welcher den standesmäßigen Lebensunterhalt verbürgt (sog. Standesgehalt des Staatsdieners), oder (ohne diese Aufrechthaltung des Dienerstandes) nicht nach dem Belieben, sondern nur nach objektiven, in dem Verhalten oder den Leistungen des Angestellten begründeten Merkmalen, über deren Vorhandensein der Anstellende nicht endgültig entscheidet, aus dem Amte entfernt werden kann. Dagegen ist m. E. nicht notwendig, daß der Beamte nur durch strafrichterliches Erkenntnis oder auf dem Wege der Dienststrafe entfernt werden kann. Allerdings gilt dies für Staatsbeamte, deren Rechtsverhältnisse das Gesetz zunächst im Auge hat. Allein für andere Kategorien sind sonstige Regelungen schon deshalb zuzulassen, weil es an dem „Dienststrafrecht" gebricht. Für solche muß es genügen, wenn vertragsmäßig oder satzungsmäßig (was auf das gleiche herauskommt) die Gründe bestimmt sind, welche die Entlassung rechtfertigen und wenn zugleich bei Bestreitung dieser Voraussetzungen eine unparteiische Entscheidung gesichert ist. Also entweder Recht auf das Amt oder wie v. Seydel im Hinblick auf die bayrische Beamtengesetzgebung sagt, auf den Dienerstand, — wie man allgemeiner sagen kann, auf den

Ob der Beamte Anspruch auf Gehalt und Pension hat, ist für den Begriff des definitiven Beamten gleichgültig. Der hierüber früher herrschende Streit ist nun durch die Bestimmung in Art. 2 II H.G. beseitigt, welche durch die Novelle vom 17. März 1872 eingeschoben wurde; dieselbe erklärt, daß zu den definitiv angestellten Beamten des Staates auch die Notare zählen — welche bekanntlich Pensionsansprüche nicht haben. Diese authentische Interpretation des Abs. I erklärt, welchen Sinn das Gesetz von Anfang an gehabt und hat daher rückwirkende Kraft.

Im bayrischen Staatsdienste können in diesem Sinne definitiv angestellt werden nur die sogen. pragmatischen Beamten. Ihre Rechtsverhältnisse sind geregelt durch die Verfassungsurkunde und zwar durch die 9. Verfassungsbeilage. Hiernach wird der Stand des Staatsdieners durch das Anstellungsreskript, sei es mit einem besonderen Ernennungsdekrete verbunden oder nicht, erworben. Das Reskript ist ein wesentliches Erfordernis der Anstellung. Es kann nur vom König ausgehen und bedarf der Gegenzeichnung des Ministers[15]. „Die Entschließung muß die Berufung zur Dienstleistung für den Staat enthalten und darf keinen Inhalt haben, aus welchem die Absicht hervorgeht, den Ernannten nicht zum pragmatischen Dienst zu berufen." v. Seydel Bd. 2 S. 196. „Definitiv" sind aber nur jene pragmatischen Beamten, welche Richter oder Notare sind, oder welche bereits 3 Jahre von dem Tag der Anstellung an gerechnet, angestellt sind, oder welche infolge des Anstellungsvertrages bezw. der Anstellungsentschließung nach kürzerer Dienstzeit oder sofort definitive Rechte erlangen. Die bereits erlangte definitive Eigenschaft geht durch die Berufung auf ein anderes pragmatisches Staatsamt nicht verloren, sofern nicht ein entgegengesetzter Vorbehalt gemacht wird. Die definitiven Rechte bestehen darin, daß der Staatsbeamte nur durch strafrichterliches oder disziplinäres Erkenntnis gegen seinen Willen ohne Fortgewährung des Standesgehaltes des Dienstes enthoben werden kann.

Den Gegensatz zu den pragmatischen Beamten bilden die nichtpragmatischen, deren Rechtsverhältnisse durch die Allerhöchste Verordnung vom 26. Juni 1894 geordnet sind. Ihr Dienstverhältnis ist ein widerrufliches.

Die Anstellungsentschließung macht den Berufenen nur dann zum Staatsdiener, wenn er will. Dieser Wille wird häufig nicht

standesmäßigen Gehalt. Vgl. v. Seydel Bd. 2 S. 61, der eine engere auf den Staatsdienst berechnete Fassung wählt, welche lautet: „Definitive Anstellung ist jede, welche den Angestellten ein Recht auf das Amt oder auf den Dienerstand gewährt, das ihm gegen seinen Willen nur durch strafrichterliches Erkenntnis oder im Wege der Dienststrafe entzogen werden kann".

[15]) V.G.H. Bd. 18 S. 22 erachtet mit Recht den wirklichen Lehrer an der k. Zentralanstalt für Erziehung und Bildung krüppelhafter Kinder in München nicht für einen pragmatischen Staatsbeamten, weil er nicht durch Allerhöchstes Anstellungsreskript angestellt sei.

ausdrücklich ausgesprochen, sondern kann auch aus den Umständen gefolgert werden. Er wird vermutet, wenn nicht eine Ablehnung erfolgt. Nach bayrischem Recht muß der Wille des Königs, zum Staatsdiener zu berufen, vorhergehen. Die Bitte um Verleihung eines Amtes ist nicht Bekundung eines Vertragswillens, welcher durch die Annahme seitens des Staates zum Vertrag wird. Vielmehr kann die Annahme des Amtes an sich erst erfolgen, wenn dem Berufenen die Anstellungsentschließung bekannt geworden ist, sei es durch persönliche Zustellung, sei es durch das Amtsblatt. Die Annahme der Anstellung wird aber vermutet. Erfolgt also keine Ablehnung, so wirkt die Anstellungsentschließung zugunsten des Berufenen, demnach auch zugunsten seines Heimatrechtes, schon vom Tage der Ausfertigung ab, nicht erst mit dem späteren Tage der Eröffnung oder der ausdrücklichen Annahme. v. Seydel Bd. 2 S. 195. v. Riedel S. 96 Note 11. Erfolgt die Anstellung von einem bestimmten Tage an, so muß auch dieser Tag begonnen haben. Erlebt der Berufene diesen Tag nicht, oder lehnt er das Amt ab, so ist die Ernennung zum Beamten nicht erfolgt. Dagegen ist der Tag des tatsächlichen Dienstantrittes (die Amtseinführung, Installation) nicht entscheidend. Vgl. des näheren v. Riedel S. 96 Note 11.

Die Versetzung eines pragmatischen definitiven Staatsdieners in ein anderes Amt wirkt mit dem Tage, von welchem an die Versetzung kraft staatlicher Entschließung erfolgt [16]). Ist kein Datum bestimmt, so wirkt sie sofort. An diesem Tage wird der pragmatische Beamte in der nunmehrigen Gemeinde seiner Anstellung heimatberechtigt, auch wenn er dieselbe noch nicht betreten hat, oder wenn er demnächst (aber nicht vorher) die Zurücknahme der Versetzung erwirkt, oder wenn er nach diesem Tage seine Entlassung aus dem Staatsdienste genommen hat. Daß der Beamte von der Versetzung Kenntnis hat, ist dann nicht erforderlich, wenn er seine Zustimmung zur Versetzung nicht zu geben hat; vgl. v. Seydel Bd. 2 S. 201. Richter und Notare können gegen ihren Willen nicht versetzt werden. Andere Staatsbeamte müssen sich eine nur räumliche Aenderung ihres Wirkungskreises unter allen Umständen gefallen lassen. Eine geänderte Verwendung in dem nämlichen Dienstzweig kann der Beamte ebenfalls nicht ablehnen, wenn sein Gehalt nicht gemindert wird und die neue Stelle der früheren angemessen ist. In solchen Fällen aber, in welchen die Zustimmung des Beamten erforderlich ist, gilt gleiches wie von der Neu-Anstellung des Beamten.

Für die unter der Regentschaft angestellten Beamten ist im Gesetze vom 26. Oktober 1887 besondere Bestimmung getroffen. Wenngleich nach der Verfassung der Reichsverweser alle erledigten

[16]) V.G.H. Bd. 13 S. 530 „Das Verhältnis des Staatsdieners bedingt gegenüber dem Staatsoberhaupte eine besondere Dienst- und Gehorsamspflicht, demzufolge von dem nichtrichterlichen Beamten vermutet wird, daß er sich auch der Anweisung eines anderweitigen Dienstortes unterwerfe.“

Aemter mit Ausnahme der Justizstellen nur provisorisch besetzen kann, so bestimmt doch das Gesetz, daß die von dem Reichsverweser provisorisch ernannten Beamten während der Reichsverwesung nach Maßgabe der IX. Verfassungsbeilage zu behandeln seien und insbesondere nach Ablauf der 3jährigen Dienstzeit das Definitivum erlangen. Von dem Reichsverweser ernannte Beamte, welche sich bei Beendigung der Reichsverwesung im Besitze des Definitivums befinden, können zwar vom Könige entlassen werden, behalten aber die Pension und ihre Heimatrechte bei.

Welche Aemter mit einem pragmatischen Beamten besetzt werden, das hängt von der jeweiligen Aemterorganisation ab. In dem Anhang ist eine Uebersicht der gegenwärtigen pragmatischen Stellen gegeben.

Beamte des K. Hofes sind als solche nicht Beamte des Staates. —

Im Dienste der politischen Gemeinden sind definitiv angestellt vor allem die nach Art. 74 der Gem.O. infolge Wiederwahl in die Verhältnisse und Rechte der im Verwaltungsdienst definitiv angestellten Staatsdiener tretenden rechtskundigen Bürgermeister und rechtskundigen Magistratsräte[17]). Der Tag des Heimaterwerbs ist jener, an welchem die Wiederwahl die Bestätigung erlangt hat. Wurde, was nach Art. 74 II l. c. statthaft ist, durch Vertrag die Anwendung der staatlichen Dienstespragmatik ausgeschlossen, so erwerben die Beamten die Heimat gleichwohl, falls die Bestimmungen, welche für die pragmatischen Staatsbeamten gelten, nur in einzelnen, nicht wesentlichen Punkten vertraglich geändert wurden, oder wenn eine anderweitige Regelung der Verhältnisse stattfindet, welche die Anstellung als eine definitive erscheinen läßt[18]). Die nicht rechts-

---

[17]) Vgl. Reger S. 6 Anm. 3.

[18]) Was Rechtens ist, wenn ein rechtskundiges Magistratsmitglied nach 3 Jahren nicht schlechthin wiedergewählt, sondern mit ihm ein Vertrag abgeschlossen wird, der die Rechtsverhältnisse nach erfolgter Wiederwahl regelt, ist zweifelhaft. Art. 74 Gem.O. bestimmt, der Wiedergewählte trete analog in die Verhältnisse und Rechte der im Verwaltungsdienste definitiv angestellten Staatsdiener, „sofern nicht durch besondere Dienstverträge eine andere Bestimmung getroffen ist". Das scheint zu besagen, daß jeder Dienstvertrag die analoge Anwendung der Normen für die Staatsdiener ausschließt. So ist aber das „insofern" nicht zu verstehen; vielmehr ist es wohl im Sinne von „insoweit" auszulegen Daher schaden einzelne Abweichungen von der Staatsdienerpragmatik ohnehin nicht. Wird aber ein Vertrag geschlossen, welcher wesentliche Aenderungen vornimmt, so ist nicht zu folgern, daß nun die Heimaterwerbung ausgeschlossen sei, weil ein Staatsbeamter nur, wenn er pragmatisch angestellt, die Heimat erwirbt. Denn das Gesetz läßt eben auch den Heimaterwerb von Beamten der Gemeinde, der Kirche, Korporationen, Stiftungen zu „wenn sie definitiv angestellt sind", während die analoge Anwendung der Staatsdienstpragmatik nicht gefordert wird. Die oben in Anm. 14 für den Begriff „definitiv" aufgestellten Voraussetzungen treffen auch hier zu. Dem Bürgermeister, Magistratsrate, auch Baurate, Schulrate, ferner dem mit unwiderruflicher Anstellung ausgestatteten Gemeindebeamten fällt auch die Heimat zu, wenn entweder der Widerruf der Dienststellung ohne Fort-

kundigen Bürgermeister und Magistratsräte erlangen die Heimat nicht; sie werden dieselbe aber in der Regel bereits besitzen, weil sie Bürger der betreffenden Gemeinde sein müssen. Technische Magistratsmitglieder können durch Dienstvertrag, und zwar auch ohne daß ein 3jähriges Provisorium vorausgeht, unwiderrufliche Anstellung erhalten, auch kann nach Art. 77 l. c. einzelnen Gemeindebediensteten von dem Magistrat durch Vertrag oder durch besondere Verleihung unwiderrufliche Anstellung gewährt werden. Die Regelung dieser Anstellung kann in verschiedenster Weise erfolgen; auf was es ankommt, ist immer, ob die Unwiderruflichkeit des Dienstes in dem in dieser Ziffer angegebenen Sinne gegeben ist. Daß auch Pensionsrechte gewährt werden, ist nicht erforderlich[19]. — Die Heimat wird von dem Tage an erworben, von welchem an die unwiderrufliche Anstellung gewährt wird. Ist kein Termin bestimmt, so ist anzunehmen, daß dieselbe in dem Augenblick beginnt, in welchem die erforderlichen Willenserklärungen gültig zustande gekommen sind.

Die Beamten der Distriktsgemeinden (Distriktstierärzte, Distriktsbaumeister, Verwalter der Distriktsanstalten, Aerzte an Distriktskrankenhäusern) können vertraglich gleichfalls unwiderruflich angestellt werden und sind dann in der Gemeinde der Anstellung heimatberechtigt. — Die Beamten des Kreises sind als Staatsbeamte zu erachten; vgl. v. Seydel Bd. 2 S. 191; sie haben daher als definitiv angestellt zu gelten, wenn ihnen pragmatische Rechte eingeräumt werden, wie dies nicht selten in Landratsabschieden geschieht.

Unter den definitiven Beamten und Dienern der Kirche sind nur Beamte und Diener der vom Staat anerkannten öffentlichen Glaubensgesellschaften zu verstehen[20].

In der katholischen[21] Kirche sind solche Beamte und Diener nicht schlechthin die Kleriker, sondern nur jene, welche im Genuß einer Pfründe (beneficium) stehen. Diese sind der Dienststrafgewalt der Bischöfe unterworfen, welche die von dem Konzilium von Trient

---

gewährung eines die Führung eines standesgemäßen Lebensunterhaltes ermöglichenden Gehaltsteiles nur auf Grund von Verfehlungen des Beamten erfolgen kann, oder wenn der Widerruf des Dienstes zwar beliebig, sei es sogleich und jederzeit, sei es nach Ablauf einer gewissen Zeit und periodisch, zulässig ist, aber auch dann jener Gehaltsteil den Beamten kraft Rechtsanspruches verbleibt. — S. auch Anm. 19.

[19]) v. Riedel S. 96 Note 9 verlangt, daß den Betreffenden Stabilität gleich den nach der IX. Verfassungsbeilage definitiv angestellten Beamten im Dienstvertrage ausdrücklich eingeräumt ist. M. E. kommt es auf die Sache, weniger auf die Form an. Wenn bei pensionsloser Entfernung der Beamten aus dem Dienste jede Willkür ausgeschlossen ist, sind die Beamten stabil, wenngleich die Beurteilung von die Entlassung rechtfertigenden Dienstwidrigkeiten auf anderem Wege als dem des Disziplinarverfahrens erfolgen sollte.

[20]) S. oben S. 13; v. Seydel Bd. 2 S. 61; v. Riedel S. 95 Note 8: „Nur die Diener der vom Staate anerkannten öffentlichen Glaubensgesellschaften bekleiden eine öffentliche Funktion".

[21]) Vgl. hierher auch Bl. Bd. 35 S. 244, Bd. 44 S. 8, Bd. 50 S. 219.

bestimmten oder ihnen sonst zweckmäßig erscheinenden Strafen unter Vorbehalt des kanonischen Rekurses über Geistliche verhängen können, die Ahndung verdienen; hierbei steht den Bischöfen insbesondere die Versetzung in die Seminarien oder andere dazu bestimmte Häuser — und hiermit die Absetzung des Geistlichen zu. Als Pfründeinhaber erscheinen die Pfarrer und die Benefiziaten einschließlich der Kuratbenefiziaten. Dagegen sind die Hilfsgeistlichen, falls sie keine Pfründe versehen, demnach die gewöhnlichen Kapläne, Kuraten, Kooperatoren, ebenso die Pfarrverweser (Vikare), da sie ad nutum episcopi amovibel sind, in dieser Eigenschaft keine definitiven Kirchenbeamten.

Die Kanoniker (als Inhaber einer Präbende) sind definitive Kirchendiener, ebenso die Bischöfe selbst. Die Heimat wird erworben, wenn dem Bepfründeten sowohl die kirchliche Einsetzung als die staatliche Installation erteilt ist. Ordensgeistliche, Klosterobere, Prioren, Aebte sind als solche nicht Beamte der Kirche; sie können aber zugleich Inhaber von Pfründen und damit eines geistlichen Amtes sein und erlangen dann auch die Heimat. Die Beamten kirchlicher Anstalten, namentlich die Vorstände und Lehrer bischöflicher Seminarien, sind „definitiv", wenn sie im einzelnen Falle gegenüber der Kirche ähnliche Rechte haben, wie die Beamten gegenüber dem Staat. —

Zu den öffentlichen Glaubensgesellschaften gehören auch die protestantischen[22]) Kirchen (die lutherische, die reformierte, die vereinigte protestantische Kirche der Pfalz). Die Mitglieder des protestantischen Oberkonsistoriums und der Konsistorien sind pragmatische Staatsbeamte. Die protestantischen Dekane und Pfarrer sind definitive Diener der Kirche. Die M.E. vom 4. Februar 1869 (Weber Bd. 7 S. 584) spricht aus, daß als Zeitpunkt der Erwerbung der Heimat der protestantischen Pfarrer nicht der Zeitpunkt der Installation, sondern der Zeitpunkt der Allerhöchsten Verleihung der Pfarrstelle, bezw. der Bestätigung der Präsentation entscheidend sei. Die protestantischen Vikare sind Hilfsgeistliche und auf Ruf und Widerruf angestellt, demnach nicht „definitiv".

Die Israeliten, die Mennoniten, Irvingianer, die Bekenner der griechischen Kirche bilden in Bayern eine staatlich anerkannte öffentliche Glaubensgesellschaft nicht. —

Auch definitive Beamte einer öffentlichen Korporation[23]) oder einer öffentlichen Stiftung erwerben mit der Anstellung die Heimat. Die definitive Eigenschaft ist auch bei diesen Beamten in analoger Weise, wie bei den staatlichen Beamten zu beurteilen; es kommt

---

[22]) Vgl. hierher Bl. Bd. 35 S. 247, Bd. 37 S. 360, Bd. 44 S. 8.

[23]) Es ist nicht immer leicht, zu unterscheiden, ob eine Anstalt Staats- oder Korporations-, bezw. Stiftungsanstalt ist. Vgl. auch B.G.H. Bd. 18 S. 21. Der Unterschied ist wesentlich, da der Beamte der Staatsanstalt nach den Merkmalen des Staatsbeamten zu beurteilen ist, der Stiftungsbeamte aber nach den obigen allgemeinen Grundsätzen.

also darauf an, ob durch den Dienstvertrag die Entfernbarkeit ohne Belassung des Gehaltes oder wenigstens eines Hauptteiles des Gehaltes auf bestimmte Fälle, die im Streitfall durch den Richter (Schiedsrichter) festzustellen sind und in dienstlichen Verfehlungen des Beamten ihren Grund haben, beschränkt ist. Soweit die Korporationen und Stiftungen Bedienstete aufstellen, welche nach den mit ihnen abgeschlossenen Dienstverträgen lediglich mit Angelegenheiten nicht öffentlich-rechtlicher Art beschäftigt sind, haben diese nicht als Beamte im Sinne des Art. 2 H.G. zu gelten.

Zu öffentlichen Korporationen zählen auch die israelitischen Kultusgemeinden; Seydel Bd. 3 S. 616. Definitiv angestellte Rabbiner[24]) und Beamte der Kultusgemeinden erwerben daher die Heimat. — Daß die Universitäten öffentlich-rechtliche Korporationen sind, ist ebenfalls nicht zu bezweifeln. Jedoch sind die Professoren und die Beamten der Universitäten, ebenso wie jene der technischen Hochschule, welche keine Korporation ist, Staatsbeamte[25]).

Oeffentlich-rechtliche Korporationen sind die Ortskrankenkassen, die Bau-, Betriebskrankenkassen, nicht aber Verbände solcher Kassen, ferner die Berufsgenossenschaften, nicht aber die Versicherungsanstalten[26]). Es steht nichts im Wege, daß die Beamten solcher Kassen „definitiv“ werden und damit die Heimat erwerben.

Oeffentlich-rechtliche Körperschaften sind auch die Zwangsinnungen, im Falle des § 104g der R.G.O. auch die Innungsverbände. Dieselbe Eigenschaft haben die Handwerkskammern. Die Handels- und Gewerbekammern sind öffentlich-rechtliche Korporationen nicht; ihre Sekretäre sind daher nicht Beamte im Sinne des Art. 2 H.G.[27]). Auch die Kreislehrerpensionsvereine sind Korporationen des öffentlichen Rechtes, ebenso der Pensionsverein bayrischer Notare und jener der Witwen und Waisen der bayrischen Notare. — Den Charakter öffentlich-rechtlicher Stiftungen können Zweckvermögen aller Art besitzen; es kommt auf die Organisation im einzelnen Falle an. Beamte von Krankenhäusern, Waisenhäusern, öffentlichen Heilstätten u. s. w. können öffentliche Beamte sein, wenn eine öffentliche Stiftung Eigentümerin der Anstalten ist. — Dagegen verleiht die „Oeffentlichkeit“ einer Einrichtung den Beamten der Privatgesellschaft, welche sie betreibt, nicht den Charakter von Beamten einer öffentlichen

---

[24]) A. M. Bl. Bd. 50 S. 230. Es ist in der Tat nicht zu bestreiten, daß die Rabbiner nicht Beamte einer vom Staate anerkannten, öffentlichen Kirchengesellschaft sind; aber sie sind Beamte einer öffentlichen Korporation.

[25]) v. Riedel S. 96 Note 10 bezeichnet die Universitätsprofessoren als Beamte der Universität. Vgl. v. Seydel Bd. 2 S. 191 Note 40.

[26]) Ueber die Beamten der Versicherungsanstalten vgl. § 98 des Invalidenversicherungsgesetzes.

[27]) Zu den öffentlich-rechtlichen Korporationen zählt auch die Reichsbank; Dernburg Bd. 1 S. 190; allein ihre Beamten sind nicht als bayrische Beamte anzusehen.

Korporation, so insbesondere nicht den Beamten einer Eisenbahngesellschaft. v. Riedel S. 96 Note 10.

b) Schullehrer erwerben die Heimat in der Gemeinde des Schulsitzes[28]). Nach der Redeweise des neuen Schulbedarfsgesetzes vom 28. Juli 1902 sind als Schullehrer die Volksschullehrer und die Volksschullehrerinnen[29]) zu erachten, nicht aber die Schulverweser, Verweserinnen, Hilfslehrer und Hilfslehrerinnen. Nur die Lehrer an Volksschulen im Sinne des Art. 1 des Volksschulbedarfsgesetzes kommen in Betracht[30]). Andere Lehrer sind häufig Staatsbeamte oder Gemeindebeamte und als solche auch in Ansehung der Heimat zu beurteilen[31]). Die Schullehrer besitzen nicht die definitiven Rechte der im Vorstehenden genannten Beamten[32]). Gleichwohl ist der Heimaterwerb auf sie ausgedehnt worden. — Die Eigenschaft als Volksschullehrer ist erlangt, sobald die Anstellungsverfügung der zuständigen Behörde (Kreisregierung, Kammer des Innern) ergangen ist, falls der Ernannte die Berufung annimmt. Ist dabei ein Anfangszeitpunkt festgesetzt, so wird die Eigenschaft des Volksschullehrers nicht vor diesem Zeitpunkt erworben. Das gleiche gilt auch bei Versetzungen eines Volksschullehrers.

c) Offiziere, Aerzte im Offiziersrang und obere Beamte der Militärverwaltung erwerben die Heimat in der Gemeinde der Garnison oder ihres Amtssitzes. Vor 1892 lautete die Fassung: „Offiziere und im Offiziersrange stehende Militärbeamte“. Die jetzige Fassung ist veranlaßt durch die neue Formation des Heeres; eine materielle Aenderung ist nicht eingetreten. Offiziere sind zwar im

[28]) V.G.H. Bd. 18 S. 211: „Schullehrer erwerben die Heimat in der Gemeinde des Schulsitzes, auch wenn sich der letztere außerhalb des Schulsprengels befindet.“

[29]) Reger S. 7 Anm. 6 erachtet die bisherigen wirklichen Lehrerinnen nicht als Schullehrer und daher der Heimat des Art. 2 H.G. nicht teilhaftig. Ich habe einen durchschlagenden Grund für diese Ansicht, welche auch in der ministeriellen Denkschrift vom 7. April 1900 geteilt wird (vgl. Landtagsverhandlungen 1899/1900, Beil. Bd. 2 S. 681) nicht finden können.

[30]) Vgl. V.G.H. Bd. 18 S. 21: „Schullehrer im Sinne des Art. 2 H.G. sind nur solche Lehrer, welche an einer gemeindlichen Elementarschule (nun: öffentlichen Volksschule) angestellt sind.“

[31]) Z. B. Lehrer an Gefängnissen; auch von der Gemeinde aufgestellte, in den Volksschulen wirkende Fachlehrer, ebenso Lehrer an anderen als Volksschulen. Das Statut der Schule ist für die Diensteigenschaft des Lehrers nicht ohne Bedeutung. Vgl. noch v. Seydel Bd. 2 S. 61 Note 50, v. Riedel S. 97 Note 13. — Nach V. G. H. Bd. 18 S. 21 ist der wirkliche Lehrer an der k. Zentralanstalt für Erziehung und Bildung krüppelhafter Kinder Staatsbeamter, aber nicht pragmatischer. Daß ein solcher Lehrer in Ansehung des Gehaltes, der Alterszulagen ꝛc. wie ein Volksschullehrer behandelt werden soll, macht ihn nicht zum Volksschullehrer.

[32]) Vgl. V.G.H. Bd. 18 S. 27; v. Seydel Bd. 3 S. 662. Daraus darf übrigens nicht mit Rehm (an der in Anm. 12 bezeichneten Stelle) gefolgert werden, daß „definitiv“ auch für die Beamten in dem Sinne zu nehmen ist, wie, wenn man von definitiven Lehrern spricht, nämlich gleich „auf die Dauer“ bezw. „nicht mit der Absicht des Widerrufs“ angestellt.

juristischen Sinne Staatsbeamte, aber keine „definitiven" Staatsbeamten. Daher mußten auch sie besonders aufgeführt werden. Die Offizierseigenschaft wird erworben durch die Ernennung zum Offizier und die Mitteilung derselben an den Ernannten, falls dieser die Ernennung annimmt[33]). Ist ein Anfang bestimmt, so wird die Offizierseigenschaft erst von diesem Tage an erworben. Bei Versetzungen und Beförderungen wird die Heimat in der neuen Gemeinde ebenfalls mit dem Tag der Ernennung, gegebenenfalls von dem bestimmten Tage an erworben. Daß der Ernannte von der Versetzung bereits Kenntnis erlangt habe, ist auch hier nicht erforderlich. Offiziere erwerben aber die Heimat nur, wenn sie berufsmäßig in den Militärdienst getreten sind — nicht aber dann, wenn sie als „Offiziere des Beurlaubtenstandes" einem Bestandteil der Armee zugeteilt wurden. Die Enthebung des Offiziers von der Stelle ändert an der Heimat nichts, wenn nicht mit der Enthebung die Ernennung zu einer andern Stelle erfolgt, welche eine neue Heimat begründet. Pensionierte Offiziere behalten demnach die bisherige Heimat bei, ebenso ohne Gehalt beurlaubte Offiziere. Versehen Offiziere nicht eine Kommandostelle, sondern sind sie zur Verwaltung des Heeres berufen, so erwerben sie die Heimat in der Gemeinde ihres Amtssitzes. Dies geschieht in der Regel, indem à la suite gestellte Offiziere eine solche Stelle ohne Ausscheiden aus dem aktiven Dienste übernehmen[34]). Werden pensionierte Offiziere zu Dienstleistungen berufen, so ändert sich hierdurch an der Tatsache nichts, daß sie als pensionierte Offiziere eben nicht mehr „Offiziere" im Sinne des Heimatgesetzes sind; sie erwerben also eine neue Heimat nicht — falls sie nicht unter die oberen Beamten der Militärverwaltung einzureihen sind. Was von Offizieren gesagt wurde, gilt auch von Aerzten im Offiziersrange. Die Beamten der Militärverwaltung mit Ausnahme der zum Richteramt berufenen Auditeure, welche durch Gesetz ohnehin als pragmatische Staatsbeamte zu erachten wären, sind an sich nicht „definitive Beamte" im Sinne der Staatsdienstespragmatik[35]). Deshalb sind sie ausdrücklich in Art. 2 H.G. als die Heimat erwerbend aufgeführt worden. — Wer oberer

[33]) V.G.H. Bd. 9 S. 133. „Die Stellung als Offizier bildet ein vertragsähnliches Verhältnis, welches durch die Ernennung als Offizier von Seite des Staatsoberhauptes und deren Annahme durch den Ernannten begründet wird." — Der Zeitpunkt der Beendigung der Offizierseigenschaft kann von Bedeutung sein, wenn der Truppenteil eine andere Garnison erhält. Nach der vorstehenden Verwaltungsgerichtshofsentscheidung wird das Dienstverhältnis noch nicht gelöst durch das Gesuch um Enthebung, auch nicht durch den Erlaß der dieses Gesuch genehmigenden Entschließung, sondern erst mit Zustellung der letzteren an den Offizier.

[34]) Vgl. Reger S. 7 Anm. 7. — Zu den pensionierten Offizieren sind auch die mit Pension zur Disposition gestellten zu zählen. Ihre Berufung auf eine etatsmäßige Friedensstelle kommt einer Wiederanstellung nicht gleich. Bl. Bd. 54 S. 126.

[35]) v. Seydel Bd. 3 S. 726 ff.

Beamter der Militärverwaltung ist, wird durch die Rangklasseneinteilung bestimmt, welche zuletzt mit M.E. vom 22. Dezember 1894 bekanntgegeben worden ist. (Weber Bd. 22 S. 770.) Hiernach werden höhere Beamte, Titularräte bezw. Subalternbeamte und Unterbeamte unterschieden. Sämtliche 3 Gruppen zerfallen wieder in Militärbeamte und Zivilbeamte der Militärverwaltung (bezw. Zivilbeamte bezw. Zivilbedienstete). Nur die höheren Beamten beider Gruppen erwerben die Heimat kraft Gesetzes. Zu den höheren Militärbeamten zählen beispielsweise der Generalauditeur, die Intendanten, Intendanturräte und Assessoren; zu den Zivilbeamten der Militärverwaltung: die Kriegsräte, Oberbau- und Bauräte, Garnisonsbauinspektoren, Oberingenieure, Ingenieure. Von dem Zeitpunkt der Erwerbung der Heimat bei Ernennung und Versetzung gilt gleiches wie bei den Staatsbeamten.

8. Eine besondere Bestimmung trifft Art. 2 III H.G. für den Fall, daß die Gemeinde der Anstellung, der Garnison, des Amtssitzes nicht in Bayern liegt[36]). Werden Bayern, welche schon eine Heimat haben, auf eine solche Stelle berufen, so behalten sie die bisherige Heimat bei; ist diese noch die ursprüngliche, so verwandelt sie sich in die selbständige; vgl. S. 75 Ziff. 5a. Werden Bayern, welche noch keine Heimat haben (also insbesondere solche, welche erst durch die Anstellung Bayern werden) auf eine solche Stelle berufen, so erwerben sie die selbständige Heimat in derjenigen Gemeinde, in welcher die nächsthöhere, in Bayern befindliche Dienstbehörde ihren Sitz hat.

[36]) Die Bestimmung des Art. 2 III H.G. ist erst durch die Novelle vom 17. März 1892 geschaffen worden. Sie enthält eine authentische Interpretation zu Art. 2 I und hat daher rückwirkende Kraft. Von Bedeutung ist die Bestimmung besonders für die Offiziere 2c. von Truppenteilen, welche ihren Standort im Reichsland haben, für Beamte des diplomatischen Dienstes, Zollbeamte, Eisenbahnbeamte (in Salzburg, Eger, Kufstein).

Anhang zu § 50[1]).

Verzeichnis derjenigen Zivilstellen des Staatsdienstes, mit welchen pragmatische Rechte verbunden sind.

Die eingeklammerten Stellen ( ) bedeuten die neuen Benennungen; mit * sind solche Bedienstungen bezeichnet, deren Inhaber die Rechte der pragmatischen Staatsdiener nur genießen, soweit sie ihnen besonders verliehen werden.

a) Verzeichnis der Beamten.

Abteilungsingenieur der Verkehrsanstalten (s. Eisenbahnassessor)
Abteilungsmaschineningenieur (s. Eisenbahnassessor, Postassessor)
Adjunkt bei dem Generalkonservatorium der wissenschaftlichen Sammlungen des Staates
Adjunkt bei der meteorologischen Zentralstation
Aktuar der Universität
Amtsrichter
Assessor bei der Generaldirektion der Staatseisenbahnen (s. Direktionsrat)
Assessor bei der Verwaltung der Arbeitshäuser
Assessor bei der Verwaltung der Strafanstalten
Assessor beim Statistischen Bureau
Aufschlagsverwalter
Bahnamtsverwalter (s. Inspektoren)

[1]) Die Bedienstungen des Staates, der Kreise, sonstiger öffentlicher Korporationen 2c. sind auch zu ersehen in den Zusammenstellungen in Bl. Bd. 35 S. 209 ff., Bd. 39 S. 353 ff., Bd. 44 S. 1 ff., Bd. 50 S. 191 ff., Bd. 54 S. 113 ff. Dort ist auch auf die bezüglichen organischen Bestimmungen verwiesen und dargelegt, welche Stellen zu den nicht pragmatischen zählen.

Bahnverwalter (s. Inspektoren)
Bahnhofverwalter (s. Inspektoren)
Bankdirektor der k. Hauptbank
I. Bankier u. Vorstand der k. Hauptbank
II. Bankier der k. Hauptbank
Bankkonsulent der k. Hauptbank
Bauamtmann
Bauamtsassessor
Bauführer bei der Post- u. Telegraphenverwaltung
Bergamtskassier
Bergamtsmarkscheider
Bergamtsschreiber
Bergoffiziant
Berginspektor
Bergmeister
Betriebsingenieur (s. Direktionsassessor)
Betriebsingenieur beim Salzamt Rosenheim
Betriebsmaschineningenieur (s. Direktionsassessor, Maschineninspektoren)
Bezirksamtmann
Bezirksamtsassessor
Bezirksarzt I. Klasse
„ II. „
Bezirksarzt I. Klasse } bei den Strafanstalten
„ II. „ }
Bezirksgeometer I. Klasse
„ II. „
Bezirksingenieur der Verkehrsanstalten (s. Oberpostassessor, Direktionsrat, Oberbauinspektor, Oberpostinspektor)
Bezirkskassakontrolleur der Verkehrsanstalten (s. Inspektor, Postinspektor)
Bezirkskassier der Verkehrsanstalten (s. Oberinspektor, Oberpostinspektor)
Bezirkskulturingenieur
Bezirksmaschineningenieur (s. Direktionsrat, Obermaschineninspektor)
Bezirkstierarzt*
Bibliothekar der Bibliothek in Bamberg
Bibliothekar der Hof- und Staatsbibliothek
Bibliothekar der Technischen Hochschule
Bibliothekar der Universität
Bibliotheksekretär der Universität
Bibliothekar und Sekretär des Nationalmuseums
Buchhalter der General-Bergwerks- und Salinenadministration
Buchhalter der k. Filialbank
Buchhalter der k. Hauptbank
Buchhalter der Staatsschuldentilgungskassen
Direktionsassessor
Direktionsrat
Direktor bei der Generaldirektion der Staatseisenbahnen
Direktor der Akademie der bildenden Künste
Direktor der Akademie für Landwirtschaft und Brauerei in Weihenstephan
Direktor der Arbeitshäuser
Direktor der Forstlehranstalt Aschaffenburg
Direktor der General-Bergwerks- und Salinenadministration
Direktor der Hof- und Staatsbibliothek
Direktor der Kunstgewerbschule
Direktor der meteorologischen Zentralstation
Direktor der Musikschule in Würzburg
Direktor der Rechnungskammer
Direktor der Schullehrerseminare
Direktor der Strafanstalten
Direktor der Tierärztl. Hochschule
Direktor der Zentral-Gemäldegalerie
Direktor des Germanischen Museums in Nürnberg
Direktor des Hauptmünzamtes
Direktor des Hofbräuamtes
Direktor des Kupferstich- und Handzeichnungskabinetts
Direktor des Nationalmuseums
Direktor des protest. Konsistoriums in Speyer
Direktor des Verwaltungsgerichtshofes
Druckereiwerkmeister beim Katasterbureau
Eisenbahnassessor
Eisenbahnbetriebsdirektor
Eisenbahngeometer (s. Obergeometer)
Eisenbahnobergeometer (s. Verwalter im Geometerdienst)
Eisenbahnsekretär
Eisenbahnverwalter (s. Eisenbahnsekretär)
Etatsbuchhalter der Obersten Baubehörde
Fabriken- und Gewerbeinspektor
Förster neuer Ordnung
Forstamtsassessor
Forstamtsassistent I. Klasse
Forstbuchhalter bei den Regierungsforstabteilungen
Forstbuchhaltungsoffiziant
Forstmeister
Forstrat
Geheimer Haus- und Staatsarchivar
Geheimer Legationsrat I. Klasse
Geheimer Legationsrat II. Klasse
Geheimer Ministerialrechnungskommissär
Geheimer Registrator des Ministeriums
Geheimer Sekretär des geheimen Haus- und Staatsarchivs
Geheimer Sekretär des Ministeriums
I. Gemälderestaurator bei der Zentral-Gemäldedirektion
II. Gemälderestaurator bei der Zentral-Gemäldedirektion
General-Bergwerks- und Salinen-Hauptkassakontrolleur
General-Bergwerks- und Salinen-Hauptkassier
Generaldirektionsrat
Generaldirektor der Posten und Telegraphen
Generaldirektor der Staatseisenbahnen
Generaldirektor der Zölle und indirekten Steuern
Generalstaatsanwalt am Obersten Landesgericht
Geometer I. Klasse der Flurbereinigungskommission
Geometer II. Klasse der Flurbereinigungskommission
Gerichtssekretär früherer Ordnung
Gesandter
Gesandtschaftskanzleisekretär
Gesang- und Musiklehrer an der Universität Erlangen
Gestütsdirektor
Grenzoberkontrolleur
Grubenverwalter bei den ärarialischen Berg- u. Salzwerken
Güterverwalter der Verkehrsanstalten (s. Inspektoren)
Gymnasiallehrer
Hauptbuchhalter der Generaldirektion der Zölle
Hauptbuchhalter der k. Hauptbank
Hauptbuchhalter der Staatsschuldentilgungskommission
Hauptkassakontrolleur der Universität
Hauptkassier der k. Hauptbank
Hauptkassier der Staatsschuldentilgungsanstalt
Hauptkassier der Universität
Hauptlehrer an den Präparandenschulen
Hauptmünzamtskassier
Hauptmünzamtskontrolleur
Hauptsalzamtskassier
Hauptsalzamtsschreiber
Hauptzollamtskontrolleur
Hauptzollamtsoffizial
Hauptzollamtsverwalter
Hausarzt beim Zellengefängnis Nürnberg
Hausgeistlicher beim Zellengefängnis Nürnberg
Hüttenamtskassier
Hüttenoffiziant
Hüttenverwalter bei den ärarialischen Berg- u. Salzwerken

Hufbeschlaglehrer an der Tierärztlichen Hochschule
Inspektor bei den Verkehrsanstalten
Inspektor bei der Untersuchungsanstalt für Nahrungs- und Genußmittel
Inspektor beim Generalkonservatorium der wissenschaftlichen Sammlungen des Staates
Inspektor beim Strafvollstreckungsgefängnis München
Inspektor der Akademie für Tonkunst
Inspektor der Erzgießerei zu München
Inspektor der lithographischen Anstalt beim Finanzministerium
Inspektor der Gerichtsgefängnisse Nürnberg u. Regensburg
Inspektor der Staatserziehungsanstalten
Inspektor der Verkehrsanstalten (s. Direktionsrat, Oberinspektor)
Inspektor des Naturalienkabinetts
Inspektionskommissär der Grenzzollwache
Kanalamtsdirektor
Kanzleisekretär der Obersten Baubehörde
Kanzlist bei der Generaldirektion der Staatseisenbahnen
Kanzlist bei der Generaldirektion der Zölle
Kanzlist des Konsistoriums
Kanzlist der Ministerial-Forstabteilung beim Finanzministerium
Kanzlist der Rechnungskammer
Kanzlist der Staatsschuldentilgungskommission
Kanzlist der Versicherungsanstalt f. Oberfranken
Kanzlist des Oberkonsistoriums
Kanzlist des Obersten Rechnungshofes
Kassenkontrolleur der Universität Erlangen
Kassen- und Konservatoriumskontrolleur beim Katasterbureau
Kassen- und Rechnungsführer der Akademie der bildenden Künste
Kassen- und Rechnungsführer der Akademie der Wissenschaften
Kassen- und Rechnungsführer der Technischen Hochschule
Kassier der k. Filialbank
Kassier der k. Hauptbank
Kassier der landwirtschaftlichen Zentralschule Weihenstephan
Kassier des Katasterbureaus
Katastergeometer
Konrektor des humanistischen Gymnasiums
Konrektor der Industrieschule
Konrektor des Realgymnasiums
Konservator bei dem Generalkonservatorium der wissenschaftlichen Sammlungen des Staates
Konservator bei der Zentral-Gemäldedirektion
Konservator der Filialgemäldegallerien
Konservator des Katasterbureaus
Konservator des Nationalmuseums
Konsistorialrat
Kontrolleur d. Staatsschuldentilgungshauptkassa
Kontrollstenograph
Kreisarchivar
Kreisarchivsekretär
Kreisbeamte, soferne ihnen pragmatische Rechte eingeräumt sind, z. B.:
Verwalter der Kreis-Kranken- und Pflegeanstalt Frankenthal
Lehrkräfte an Kreislehrerinnenbildungsanstalten
Beamte an Kreisirrenanstalten: Direktor, Oberarzt, Verwalter (Rendant, Ökonomieverwalter)
Oberinspektor der landwirtschaftl. Kreisversuchsstation
Rektor der Kreisbaugewerbschule
Kreisbauassessor
Kreisbaurat
Kreisgeometer
Kreiskassakontrolleur
Kreiskassazahlmeister
Kreiskassier
Kreiskulturingenieur
Kreismedizinalrat
Kreisobergeometer
Kreisschulinspektor*
Kreistierarzt
Kustos an der Hof- u. Staatsbibliothek
Kustos bei dem Generalkonservatorium der wissenschaftlichen Sammlung des Staates
Landesgeolog bei der geognost. Abteilung des Oberbergamts
Landesinspektor für Tierzucht
Landeskulturingenieur
Landestierarzt
Landgerichtsarzt
Landgerichtsdirektor
Landgestütstierarzt
Landstallmeister
Landtagsarchivar
Landwirtschaftliche Wanderlehrer*
Landwirtschaftslehrer*
Legationsrat
Legationssekretär I. Klasse
Legationssekretär II. Klasse
Lithographie-Oberrevisor beim Katasterbureau
Maschinenbauführer
Maschineningenieur des k. Wasserversorgungsbureaus*
Maschineninspektor
Maschinenoberbauführer
Maschinenverwalter
Materialverwalter bei den ärarialischen Berg-, Hütten- u. Salzwerken
Materialverwalter bei der Generaldirektion der Zölle
Materialverwaltungskontrolleur der Generaldirektion der Zölle
Medailleur des Hauptmünzamtes
Ministerialdirektor
Ministerialforstbuchhalter b. Finanzministerium
Ministerialkanzleisekretär
Ministerialrat
Ministerialrechnungskommissär
Ministerialregistrator
Münzwardein
Nebenzollamtskontrolleur
Notar
Oberamtsrichter
Oberbahnamtsdirektor (s. Eisenbahnbetriebsdirektor)
Oberbahnamtssekretär (Direktionsassessor, Inspektor)
Oberbaudirektor
Oberbauführer bei der Post- u. Telegraphenverwaltung
Oberbauinspektor
Oberbaurat
Oberbeamter der k. Filialbank
Oberbergamtsmarkscheider
Oberbergamtssekretär
Oberbergdirektor
Oberberg- und Salinenrat
Oberbergrat
Oberbibliothekar der Universität
Oberbuchhalter der Staatsschuldentilgungshauptkassen
Obereinfahrer bei den ärarialischen Berg- und Salzwerken
Oberexpeditor der Verkehrsanstalten
Oberförster älterer Ordnung
Oberforstrat
Obergeometer bei d. Flurbereinigungskommission
Obergeometer bei der Generaldirektion der K. b. Staatseisenbahnen (s. Oberverwalter im Geometerdienst)

Obergeometer bei der Staatseisenbahnverwaltung
Obergeometer beim Katasterbureau
Oberingenieur der Verkehrsanstalten (s. Regierungsrat, Oberpostrat)
Oberinspektor bei der Generaldirektion der Staatseisenbahnen (s. Regierungsrat)
Oberinspektor der Verkehrsanstalten
Oberinspektor bei der Untersuchungsanstalt für Nahrungs- und Genußmittel
Oberinspektor bei der Versicherungskammer
Oberkonsistorialrat
Oberlandstallmeister im Staatsministerum des Innern
Obermaschineningenieur der Verkehrsanstalten (s. Regierungsrat)
Obermaschineninspektor
Obermaschinenmeister
Obermedizinalrat im Staatsministerium des Innern
Oberpostamtsdirektor
Oberpostassessor
Oberpostinspektor
Oberpostrat
Oberrechnungsrat
Oberregierungsrat
Oberrevisor der Verkehrsanstalten
Obersekretär des Landgerichts
Obersekretär des Oberlandesgerichts
Obersekretär des Obersten Landgerichts
Oberstaatsanwalt am Oberlandesgericht
Oberstaatsanwalt am Verwaltungsgerichtshof
Obersteuerrat
Oberverwalter im Geometerdienst der Staatseisenbahnverwaltung
Oberwerkführer der Verkehrsanstalten (s. Maschinenbauführer, Bauführer)
Oberzollassessor
Oberzollinspektor
Oberzollrat
Observator bei dem Generalkonservatorium der wissenschaftlichen Sammlungen des Staates
Offizial der Verkehrsanstalten (s. Eisenbahnassessor, Postassessor)
Offiziant der Kreiskasse
Offiziant, kontrollierender, beim Stiftungsamt Aschaffenburg
Offiziant, kontrollierender, des Hofbräuamts
Offiziant der Staatsschuldentilgungskassen
Offiziant der Zentralzollkassa
Pfarrer, k., bei den Arbeitshäusern und Staatserziehungsanstalten*
Pfarrer, k., bei den Strafanstalten mit gemeinschaftlicher Haft*
Polizeiassessor
Polizeibezirkskommissär älterer Ordnung
Polizeidirektor
Polizeioffiziant älterer Ordnung
Polizeirat
Postamtsdirektor
Postassessor
Postinspektor
Postkassier (s. Postmeister)
Postmeister
Postrat
Postrat I. Klasse (s. Oberpostrat)
Postrat II. Klasse (s. Postrat, Oberpostinspektor)
Präfekt an den Lehrerbildungsanstalten
Präsident des Landgerichts
Präsident des Oberkonsistoriums
Präsident des Oberlandesgerichts
Präsident des Obersten Landesgerichts
Präsident des Obersten Rechnungshofes
Präsident des Verwaltungsgerichtshofs
Pragmatischer Lehrer an der Musikschule
Pragmatischer Lehrer der Industrieschule
Professor an der Akademie für Landwirtschaft und Brauerei in Weihenstephan
Professor der Akademie der bildenden Künste
Professor, ordentlicher, der Forstlichen Hochschule Aschaffenburg
Professor, außerordentlicher, der Forstlichen Hochschule Aschaffenburg
Professor der Industrieschule
Professor der Kunstgewerbschule
Professor, ordentlicher, der Lyzeen
Professor, außerordentlicher, der Lyzeen
Professor, ordentlicher, der Technischen Hochschule
Professor, außerordentlicher, der Technischen Hochschule
Professor, ordentlicher, der Tierärztlichen Hochschule
Professor, außerordentlicher, der Tierärztlichen Hochschule
Professor, ordentlicher, der Universität
Professor, außerordentlicher, der Universität
Professor des Gymnasiums
Professor des Realgymnasiums
Rat bei der Generaldirektion (s. Generaldirektionsrat) der Staatseisenbahnen
Rat des Landgerichts
Rat des Oberlandesgerichts
Rat des Obersten Landesgerichts
Rat der Versicherungskammer
Rat des Verwaltungsgerichtshofs
Reallehrer
Rechnungskommissär
Rechnungskommissär am Obersten Rechnungshof
Rechnungskommissär der General-Bergwerks- und Salinen-Administration
Rechnungskommissär der Generaldirektion der Zölle
Rechnungskommissär der Konsistorien
Rechnungskommissär der Rechnungskammer
Rechnungskommissär der Staatsschuldentilgungskommission
Rechnungskommissär der Versicherungsanstalten
Rechnungskommissär der Verkehrsanstalten (s. Inspektor, Postinspektor)
Regierungsassessor
Regierungsdirektor
Regierungsdirektor bei der Generaldirektion der Staatseisenbahnen
Regierungsforstassessor
Regierungskanzlist
Regierungspräsident
Regierungsrat
Regierungsrat bei d. Staatseisenbahnverwaltung
Regierungsregistrator
Regierungssekretär
Registrator bei der Direktion der Posten und Telegraphen
Registrator I—IV der Generaldirektion der Zölle
Registrator des Katasterbureaus
Registrator des Oberkonsistoriums
Registrator der Obersten Baubehörde
Registrator der Rechnungskammer
Registrator der General-Bergwerk- und Salinenadministration
Registraturgehilfe des Ministeriums
Reichsarchivassessor
Reichsarchivrat
Reichsarchivsekretär
Rektor des humanistischen Gymnasiums
Rektor der Industrieschule
Rektor der Lyzeen
Rektor der Progymnasien
Rektor der Realschule
Rektor des Realgymnasiums
Rentamtmann
Rentamtsassessor
Rentamtssekretär
Repartitor beim Katasterbureau
Revisionsgeometer der Flurbereinigungskommission

Salineninspektor
Salinenoffiziant
Salinenverwalter bei den ärarialischen Berg- und Salzwerken
Salzsteuerkontrolleur
Salzwerkskassier
Sekretär bei der Generaldirektion der k. Staatseisenbahnen (s. Direktionsassessor, Inspektor, Oberpostassessor, Postinspektor)
Sekretär bei der Generaldirektion der Post und Telegraphen
Sekretär beim Katasterbureau
Sekretär beim Landesversicherungsamt
Sekretär beim Statistischen Bureau
Sekretär der Akademie der Wissenschaften
Sekretär und Kassier der Akademie für Tonkunst
Sekretär der k. Bankdirektion
Sekretär der Bibliothek in Bamberg
Sekretär der General-Bergwerks- und Salinenadministration
Sekretär I. der Generaldirektion der Zölle
Sekretär II. der Generaldirektion der Zölle
Sekretär der Hof- und Staatsbibliothek
Sekretär der Rechnungskammer
Sekretär der Staatsschuldentilgungskommission
Sekretär der Technischen Hochschule
Sekretär und Kassier der Tierärztlichen Hochschule
Sekretär der Universität
Sekretär der Versicherungsanstalten*
Sekretär des Amtsgerichts
Sekretär des Geheimen Haus- u. Staatsarchivs
Sekretär des Konsistoriums
Sekretär des Landgerichts
Sekretär des Oberkonsistoriums
Sekretär des Oberlandesgerichts
Sekretär des Obersten Landesgerichts
Sekretär des Obersten Rechnungshofes
Sekretär I. und II. des Verwaltungsgerichtshofes
Seminarlehrer an den Lehrerbildungsanstalten
Senatspräsident des Oberlandesgerichts
Senatspräsident des Obersten Landesgerichts
Spezialkassier der Verkehrsanstalten (s. Inspektor)
Staatsanwalt I.—III. am Landgericht
Staatsanwalt am Oberlandesgericht
Saatsanwalt am Obersten Landesgericht
Staatsanwalt II. des Verwaltungsgerichtshofes
Staatsminister
Staatsrat
Steuerassessor
Steueroberkontrolleur
Steuerrat
Stiftungsamtmann beim Stiftungsamt Aschaffenburg
Stiftungskassier beim Stiftungsamt Aschaffenburg
Studienlehrer der Lateinschule
Studienlehrer der Akademie für Landwirtschaft und Brauerei in Weihenstephan
Subrektor der Lateinschule
Taxbeamter der Polizeidirektion
Telegraphenamtsdirektor
Telegraphenbauführer
Telegraphenkassier (s. Postmeister)
Telegrapheninspektor (s. Oberpostinspektor)
Telegraphenoberbauführer
Telegraphenoberwerkführer (s. Telegraphenbauführer)
Telegraphenwerkmeister (s. Telegraphenoberbauführer)
Telephonamtsdirektor (s. Telegraphenamtsdirektor)
Trigonometer beim Katasterbureau
Universitätsbauinspektor
Universitätsforstmeister
Verwalter im Geometerdienst der Staatseisenbahnverwaltung
Verwaltungsbeamter des Landgestüts
Vorstand der agrikulturbotanischen Anstalt
Vorstand der größeren Berg- und Hüttenämter
Vorstand der Eisenbahnzentralkasse (s. Zentralkassier)
Vorstand der Hebammenschule in Bamberg
Vorstand der Moorkulturanstalt
Vorstand der Sektion für Wildbachverbauungen
Vorstand der Staatsschuldentilgungskommission
Vorstand der Versicherungskammer
Vorstand der Zentral-Turnlehrerbildungsanstalt
Vorstand der Zentralwerkstätten (s. Zentralwerkstättedirektor)
Vorstand des Kanalamts (s. Kanalamtsdirektor)
Vorstand des Katasterbureaus
Vorstand des Landesversicherungsamts
Vorstand des Reichsarchivs
Vorstand des Statistischen Bureaus
Vorstand des Stenographeninstituts
Vorstand eines Rentamts mit Kassenabteilung
Vorstand für die geognostische Untersuchung
Weingutsinspektor und Kellermeister
Werkmeister der Verkehrsanstalten (siehe Maschinenoberbauführer, Oberbauführer)
Werkstättenverwalter der Verkehrsanstalten (s. Maschinenverwalter)
Zahlmeister bei den Staatsschuldentilgungshauptkassen
Zahlmeister der Verkehrsanstalten (s. Inspektor)
Zentralimpfarzt
Zentralinspektor für Fabriken und Gewerbe
Zentralkassakontrolleur der Verkehrsanstalten (s. Oberinspektor, Oberpostinspektor)
Zentralkassier der Verkehrsanstalten
Zentralstaatskassabuchhalter
Zentralstaatskassaoffiziant
Zentralstaatskassier
Zentralstaatskassakontrolleur
Zentralstaatskassazahlmeister
Zentralwerkstättedirektor
Zentralzollkassakontrolleur
Zentralzollkassier
Zollinspektor
Zollrechnungskommissär
Zoll- und Revisionsinspektor
Zollverwalter

b) **Verzeichnis der Behörden.**

Agrikulturbotanische Anstalt:

Vorstand

Akademie der bildenden Künste:

Direktor der Akademie der bildenden Künste
Kassa- und Rechnungsführer der Akademie der bildenden Künste
Professor der Akademie der bildenden Künste

Akademie für Landwirtschaft:

Direktor der Akademie für Landwirtschaft und Brauerei in Weihenstephan
Sekretär und Kassier der Akademie für Landwirtschaft und Brauerei in Weihenstephan
Professor der Akademie für Landwirtschaft und Brauerei in Weihenstephan
Studienlehrer der Akademie für Landwirtschaft uud Brauerei in Weihenstephan

Akademie für Tonkunst:

Inspektor der Akademie für Tonkunst
Sekretär und Kassier der Akademie für Tonkunst

Akademie der Wissenschaften:

Kassa- und Rechnungsführer der Akademie der Wissenschaften
Sekretär der Akademie der Wissenschaften

Arbeitshäuser und Staatserziehungsanstalten:

Assessor
Direktor
Pfarrer*

Archive:

Kreisarchivar
Kreisarchivsekretär
Landtagsarchivar
Reichsarchivassessor
Reichsarchivrat
Reichsarchivsekretär
Vorstand des Reichsarchivs

Königliche Bank:

Bankdirektor der k. Hauptbank
I. Bankier und Vorstand der k. Hauptbank
II. Bankier der k. Hauptbank
Bankkonsulent der k. Hauptbank
Buchhalter der k. Hauptbank
Buchhalter der k. Filialbank
Hauptbuchhalter der k. Hauptbank
Hauptkassier der k. Hauptbank
Kassier der k. Hauptbank
Kassier der k. Filialbank
Oberbeamter der k. Filialbank
Sekretär bei der k. Bankdirektion

Baubehörden:

Bauamtmänner
Bauamtsassessoren
Etatsbuchhalter der Obersten Baubehörde
Kanzleisekretär der Obersten Baubehörde
Kreisbauräte
Kreisbauassessoren
Oberbaudirektor
Oberbauräte
Registrator der Obersten Baubehörde
Vorstand der Sektion für Wildbachverbauungen

Bergbehörden

(Oberbergamt und Berginspektionen)
zur Ausübung der Staatshoheit über die Bergwerke:

Berginspektor
Oberbergamtsmarkscheider
Oberbergamtssekretär
Oberbergdirektor
Oberbergrat
Vorstand für die geognostische Untersuchung
Landesgeologe

Bergwerk- und Salinenverwaltung:

Bergamtskassier
Bergoffiziant
Bergmeister
Bergamtsschreiber
Betriebsingenieur bei dem Salzwerk Rosenheim
Buchhalter der General-Bergwerks- und Salinenadministration
Direktor der General-Bergwerks- und Salinenadministration
General-Bergwerks- und Salinen-Hauptkassakontrolleur
General-Bergwerks- und Salinen-Hauptkassier
Grubenverwalter bei den ärarialischen Berg- und Salzwerken
Hauptsalzamtskassier
Hüttenamtskassier
Hüttenoffiziant
Hüttenverwalter
Materialverwalter bei den ärarialischen Berg-, Hütten- und Salzwerken
Oberberg- und Salinenrat
Obereinfahrer
Rechnungskommissär der General-Bergwerks- und Salinenadministration
Registrator der General-Bergwerks- und Salinenadministration
Salinenoffiziant
Salineninspektor
Salinenverwalter
Salzwerkskassier
Sekretär der General-Bergwerks- und Salinenadministration
Vorstand der Berg- und Hüttenämter

Fabriken- nnd Gewerbeinspektion:

Fabriken- und Gewerbeinspektor
Zentralinspektor für Fabriken und Gewerbe

Flurbereinigungskommission:

Geometer I. Klasse
Geometer II. Klasse
Obergeometer
Revisionsgeometer

Forstwesen:

Direktor der Forstlehranstalt Aschaffenburg
Förster neuerer Ordnung
Forstamtsassessor
Forstamtsassistent
Forstbuchhalter bei den Regierungsforstabteilungen
Forstbuchhaltungsoffiziant
Forstmeister
Forstrat
Oberförster früherer Ordnung
Oberforstrat
Professor (ordentl.) der forstlichen Hochschule Aschaffenburg
Professor (außerordentl.) der forstlichen Hochschule Aschaffenburg
Regierungsforstassessor

Geheimes Haus- und Staatsarchiv:

Geheimer Haus- und Staatsarchivar
Geheimer Sekretär des geheimen Haus- und Staatsarchivs
Sekretär des geheimen Haus- und Staatsarchivs

Gerichte.

Oberstes Landgericht:

Präsident
Obersekretär
Rat
Senatspräsident
Sekretär

Oberlandesgericht:

Präsident
Obersekretär
Rat
Senatspräsident
Sekretär

Landgericht:

Direktor
Landgerichtsarzt
Präsident
Obersekretär
Rat
Sekretär

Amtsgericht:

Amtsrichter
Gerichtssekretär früherer Ordnung
Oberamtsrichter
Sekretär

Gestüte:

Gestütsdirektor
Landgestütstierarzt
Landstallmeister
Oberlandstallmeister im Staatsministerium des Innern
Verwaltungsbeamter des Landesgestüts

Gesandtschaft:

Gesandter
Gesandtschaftskanzleisekretär
Legationsrat
Legationssekretär

Gymnasien, Progymnasien, Realgymnasien und Lateinschulen:

Gymnasiallehrer
Konrektor des humanistischen Gymnasiums
" " Realgymnasiums
Professor des humanistischen Gymnasiums
Professor des Realgymnasiums
Rektor des humanistischen Gymnasiums
Rektor des Progymnasiums
Rektor des Realgymnasiums
Subrektor der Lateinschule
Studienlehrer der Lateinschule

Hebammenschule:

Vorstand der Hebammenschule in Bamberg

Hofbräuamt:

Direktor des Hofbräuamts
Kontrollierender Offiziant des Hofbräuamts

Hof- und Staatsbibliothek:

Bibliothekar der Bibliothek in Bamberg
Bibliothekar der Hof- nnd Staatsbibliothek
Direktor der Hof- und Staatsbibliothek
Kustos der Hof- und Staatsbibliothek
Sekretär der Bibliothek in Bamberg
Sekretär der Hof- und Staatsbibliothek

Industrieschule:

Professor der Industrieschule
Pragmatischer Lehrer der Industrieschule
Konrektor der Industrieschule
Rektor der Industrieschule

Kanalamt:

Kanalamtsdirektor

Kreisbeamte*

Direktor bei den Kreisirrenanstalten
Lehrkräfte an Kreislehrerbildungsanstalten
Oberarzt bei den Kreisirrenanstalten
Oberinspektor der landwirtschaftlichen Kreis-Versuchsstation
Rektor der Kreisbaugewerbschule
Verwalter (Rendant, Ökonomieverwalter) bei den Kreisirrenanstalten
Verwalter der Kreis-Kranken- und Pflegeanstalt Frankenthal

Kulturingenieure:

Bezirkskulturingenieur
Kreiskulturingenieur
Landeskulturingenieur

Kunstgewerbschule:

Direktor der Kunstgewerbschule
Professor der Kunstgewerbschule

Kupferstich- u. Handzeichnungenkabinett:

Direktor des Kupferstich- und Handzeichnungenkabinetts

Landesversicherungsamt:

Ministerialrat
Regierungsassessor
Sekretär

Landwirtschaftliches Unterrichtswesen:

Landwirtschaftliche Wanderlehrer*
Landwirtschaftslehrer*

Lehrerbildungsanstalten:

Hauptlehrer an den Präparandenschulen
Direktor der Schullehrerseminarien
Präfekt an den Lehrerbildungsanstalten
Seminarlehrer an den Lehrerbildungsanstalten

Lyzeen:

Professor (ordentlicher)
Professor (außerordentlicher)
Rektor

Medizinalbehörden:

Bezirksarzt I. Klasse
Bezirksarzt II. Klasse
Kreismedizinalrat
Obermedizinalrat im Staatsministerium des Innern
Zentralimpfarzt

Meteorologische Zentralstation:

Adjunkt der meteorologischen Zentralstation
Direktor der meteorologischen Zentralstation

Ministerien [1]):

Bezirksamtsassessor
Geheimer Legationsrat (I. u. II. Klasse)
Geheimer Ministerialrechnungskommissär
Geheimer Registrator des Ministeriums
Geheimer Sekretär des Ministeriums
Inspektor der lithographischen Anstalt beim Finanzministerium
Kanzlist der Ministerialforstabteilung beim Finanzministerium
Landeskulturingenieur
Landestierarzt
Legationsrat
Legationssekretär (I. u. II. Klasse)
Ministerialdirektor
Ministerialforstbuchhalter b. Finanzministerium
Ministerialkanzleisekretär
Ministerialrechnungskommissär
Ministerialregistrator
Ministerialrat
Oberbaudirektor
Oberbaurat
Oberlandstallmeister
Obermedizinalrat
Oberregierungsrat
Regierungsassessor
Regierungsrat
Registraturgehilfe des Ministeriums
Staatsminister
Staatsrat
Zentralinspektor für Fabriken und Gewerbe

K. b. Moorkulturanstalt:

Vorstand

Museen und Sammlungen:

Adjunkt bei dem Generalkonservatorium der wissenschaftlichen Sammlungen des Staates
Bibliothekar und Sekretär des Nationalmuseums
Direktor der Zentralgemäldegalerie
Direktor des Germanischen Museums in Nürnberg
Direktor des Nationalmuseums
I. Gemälderestaurator bei der Zentralgemäldedirektion

---

[1]) In die Ministerien sind häufig auch im folgenden nicht aufgeführte Beamte untergeordneter Stellen und Behörden zur Dienstleistung einberufen.

II. Gemälderestaurator bei der Zentralgemäldedirektion
Inspektor der Erzgießerei in München
Inspektor bei dem Generalkonservatorium der wissenschaftlichen Sammlungen des Staates
Konservator bei dem Generalkonservatorium der wissenschaftlichen Sammlungen des Staates
Konservator bei der Zentralgemäldedirektion
Konservator der Filialgemäldegalerie
Konservator des Nationalmuseums
Kustos bei dem Generalkonservatorium der wissenschaftlichen Sammlungen des Staates
Observator bei dem Generalkonservatorium der wissenschaftlichen Sammlungen des Staates

Musikschule:

Direktor der Musikschule in Würzburg
Pragmatischer Lehrer an den Musikschulen

Münze:

Direktor des Hauptmünzamts
Hauptmünzamtskassier
Hauptmünzamtskontrolleur
Medailleur des Hauptmünzamts
Münzwardein

Nahrungsmittel-Untersuchungsanstalt:

Inspektor
Oberinspektor

Naturalienkabinett:

Inspektor

Notare.

Oberkonsistorium und Konsistorien:

Direktor des protestantischen Konsistoriums in Speyer
Kanzlist der Konsistorien
Kanzlist des Oberkonsistoriums
Konsistorialrat
Oberkonsistorialrat
Präsident des Oberkonsistoriums
Rechnungskommissär der Konsistorien
Registrator des Oberkonsistoriums
Sekretär der Konsistorien
Sekretär des Oberkonsistoriums

Rechnungswesen:

Direktor der Rechnungskammer
Kanzlist der Rechnungskammer
Kanzlist des Obersten Rechnungshofes
Oberrechnungsrat
Präsident des Obersten Rechnungshofes
Rechnungskommissär
Rechnungskommissär der Rechnungskammer
Registrator der Rechnungskammer
Sekretär des Obersten Rechnungshofes
Sekretär der Rechnungskammer

Realschulen:

Reallehrer
Rektor

Regierungen (beider Kammern):

Kreisbauassessor
Kreisbaurat
Kreismedizinalrat
Kreisschulinspektor*
Rechnungskommissär
Regierungsassessor
Regierungsdirektor
Regierungskanzlist
Regierungspräsident
Regierungsrat
Regierungsregistrator
Regierungssekretär

Rentämter:

Regierungsrat und Vorstand eines Rentamts mit Kassenabteilung
Rentamtmann
Rentamtsassessor
Rentamtssekretär

Staatsanwaltschaft:

Generalstaatsanwalt am Obersten Landesgericht
Oberstaatsanwalt am Oberlandesgericht
Staatsanwalt am Obersten Landesgericht
Staatsanwalt am Oberlandesgericht
Staatsanwalt I.—III. am Landgericht

Staatserziehungsanstalten:

Inspektor der Staatserziehungsanstalten

Staatskassen:

Kreiskassakontrolleur
Kreiskassazahlmeister
Kreiskassier
Offiziant der Kreiskasse
Zentralstaatskassabuchhalter
Zentralstaatskassakontrolleur
Zentralstaatskassaoffiziant
Zentralstaatskassazahlmeister
Zentralstaatskassier

Staatsrat:

Staatsrat

Staatsschuldentilgung:

Buchhalter der Staatsschuldentilgungskassen
Hauptbuchhalter der Staatsschuldentilgungskommission
Hauptkassier der Staatsschuldentilgungsanstalt
Kanzlist der Staatsschuldentilgungskommission
Kontrolleur der Staatsschuldentilgungshauptkasse
Offiziant der Staatsschuldentilgungskassen
Oberbuchhalter der Staatsschuldentilgungshauptkassen
Rechnungskommissär der Staatsschuldentilgungskommission
Sekretär der Staatsschuldentilgungskommission
Vorstand der Staatsschuldentilgungskommission
Zahlmeister bei den Staatsschuldentilgungshauptkassen

Statistisches Bureau:

Assessor
Sekretär
Vorstand

Stiftungsamt Aschaffenburg:

Kontrollierender Offiziant
Stiftungsamtmann
Stiftungskassier

Strafanstalten:

Assessor bei der Verwaltung der Strafanstalten
Bezirksarzt I. u. II. Klasse bei den Strafanstalten
Direktor der Strafanstalten
Hausarzt beim Zellengefängnis Nürnberg
Hausgeistlicher beim Zellengefängnis
Inspektor beim Strafvollstreckungsgefängnis München
Inspektor der Landgerichtsgefängnisse (Nürnberg u. Regensburg)
Pfarrer* bei den Strafanstalten mit gemeinschaftlicher Haft

Stenographeninstitut:

Vorstand
Kontrollstenograph

Technische Hochschule:

Bibliothekar der Technischen Hochschule
Kassa- und Rechnungsführer der Technischen Hochschule
Professor (ordentl.) der Techn. Hochschule
Professor (außerordentl.) der Techn. Hochschule
Sekretär der Technischen Hochschule

Tierärzte:

Bezirkstierarzt*
Kreistierarzt
Landesinspektor für Tierzucht
Landestierarzt

Tierärztliche Hochschule:

Direktor der Tierärztlichen Hochschule
Hufbeschlaglehrer an der Tierärztl. Hochschule
Ordentl. Professor der Tierärztl. Hochschule
Außerordentl. Professor d. Tierärztl. Hochschule
Sekretär und Kassier der Tierärztl. Hochschule

Turnlehrerbildungsanstalt:

Vorstand der Zentral-Turnlehrerbildungsanstalt

Universität:

Aktuar der Universität
Bibliothekar der Universität
Bibliotheksekretär
Gesang- und Musiklehrer an der Universität Erlangen
Hauptkassakontrolleur der Universität
Hauptkassier der Universität
Kassenkontrolleur der Universität Erlangen
Professor (ordentl.) der Universität
Professor (außerordentl.) der Universität
Oberbibliothekar der Universität
Sekretär
Universitätsbauinspektor
Universitätsforstmeister

Verkehrsanstalten (Staatseisenbahnverwaltung, Posten- u. Telegraphenverwaltung):

Bauführer
Direktionsassessor
Direktionsrat
Eisenbahnassessor
Eisenbahnbetriebsdirektor
Eisenbahnsekretär
Generaldirektionsrat
Generaldirektor der Posten und Telegraphen
Generaldirektor der Staatseisenbahnen
Inspektor
Kanalamtsdirektor
Kanzlist bei der Generaldirektion
Maschinenbauführer
Maschineninspektor
Maschinenoberbauführer
Maschinenverwalter
Oberbauführer
Oberbauinspektor
Oberexpeditor
Obergeometer
Oberinspektor
Obermaschineninspektor
Oberpostamtsdirektor
Oberpostassessor
Oberpostinspektor
Oberpostrat
Oberregierungsrat bei der Generaldirektion
Oberrevisor
Oberverwalter im Geometerdienst
Postamtsdirektor
Postassessor
Postinspektor
Postmeister
Postrat
Regierungsdirektor bei der Generaldirektion der Staatseisenbahnen
Regierungsrat
Registrator bei der Generaldirektion der Posten u. Telegraphen
Telegraphenamtsdirektor
Telegraphenbauführer
Telegraphenoberbauführer
Verwalter im Geometerdienst
Zentralkassier der Verkehrsanstalten
Zentralwerkstättendirektor

Vermessung:

Bezirksgeometer I. Klasse
Bezirksgeometer II. Klasse
Druckereiwerkmeister beim Katasterbureau
Kassa- und Konservatoriumskontrolleur bei dem Katasterbureau
Kassier des Katasterbureaus
Katastergeometer
Konservator des Katasterbureaus
Kreisgeometer
Kreisobergeometer
Lithographie-Oberrevisor beim Katasterbureau
Obergeometer beim Katasterbureau
Obersteuerrat
Repartitor beim Katasterbureau
Registrator des Katasterbureaus
Sekretär beim Katasterbureau
Steuerassessor
Steuerrat
Trigonometer beim Katasterbureau
Vorstand des Katasterbureaus

Versicherungsanstalten:

Einzelnen Anstaltsbeamten können zufolge Ministerialentschließung vom 1. März 1901 die Rechte und Pflichten pragmatischer Staatsbeamter übertragen werden. Dies ist hinsichtlich einzelner Rechnungskommissäre und Sekretäre geschehen.

Versicherungskammer:

Oberinspektor
Rat
Vorstand

Verwaltungsbehörden, untere:

Bezirksamtmann
Bezirksamtsassessor
Polizeiassessor
Polizeibezirkskommissär älterer Ordnung
Polizeidirektor
Polizeioffiziant älterer Ordnung
Polizeirat
Taxbeamter der Polizeidirekton

Verwaltungsgerichtshof:

Direktor
Präsident
Oberstaatsanwalt
Rat
I. Sekretär
II. Sekretär
II. Staatsanwalt

Weingut:

Weingutsinspektor und Kellermeister

K. Wasserversorgungsbureau: (beigegeben dem Staatsministerium des Innern)

Bauamtsassessor
Bauamtmann
Regierungsrat
Maschineningenieur*

Zölle und indirekte Steuern:
Aufschlagverwalter
Generaldirektor der Zölle und indirekten Steuern
Grenzoberkontrolleur
Hauptbuchhalter der Generaldirektion der Zölle
Hauptzollamtskontrolleur
Hauptzollamtsoffizial
Hauptzollamtsverwalter
Inspektionskommissär der Grenzzollwache
Kanzlist bei der Generaldirektion der Zölle
Materialverwalter der Generaldirektion der Zölle
Materialverwaltungskontrolleur der Generaldirektion der Zölle
Nebenzollamtskontrolleur
Oberzollassessor
Oberzollinspektor
Oberzollrat
Offiziant der Zentralzollkassa
Rechnungskommissär der Generaldirektion d. Zölle
Registrator I—IV der Generaldirektion d. Zölle
Salzsteuerkontrolleur
Sekretär I und II der Generaldirektion d. Zölle
Steueroberkontrolleur
Zentralzollkassakontrolleur
Zentralzollkassier
Zoll- und Revisionsinspektor
Zollinspektor
Zollrechnungskommissär
Zollverwalter

3. Der Heimaterwerb durch Vertrag.

§ 51.

a) Älteres Recht.

1. Das ältere Recht vor dem Jahre 1825 kannte eine in das Belieben der Vertragsteile gesetzte Regelung der Heimat nicht. Die Heimat entsprang der Armenfürsorge; für die vertragliche Regelung derselben bestand kein Bedürfnis; tatsächliche Momente entschieden. Immerhin war auch vor 1825 der Wille der Gemeinde nicht ganz ohne Bedeutung; vgl. hierzu Seite 229.

2. Das Gesetz vom 11. September 1825 läßt die Erwerbung der Heimat durch einen besonderen rechtsgültigen Vertrag — diesen Titel an erster Stelle nennend, § 1 Ziff. 1 H.G. 1825 — mit der Gemeinde zu, wobei die Vorschriften der Verordnung vom 17. Mai 1818 über das Gemeinwesen (§ 106) zu beachten waren[1]). Die Verleihung der Heimat war eine eigentliche Gemeindeangelegenheit; die Gemeindeverwaltung allein und unbeeinflußt sollte entscheiden, ob genügende Beziehungen vorhanden seien, um jemand in die Gemeinde aufzunehmen; eine staatliche Bestätigung der Verleihung war nicht Bedingung ihrer Gültigkeit[2]) (V.G.H. Bd. 3 S. 647). Vgl. im allgemeinen Bl. Bd. 13 S. 192 ff.; Bl. Bd. 40 S. 39; v. Seydel Bd. 2 S. 51.

3. Ueber den Vertrag selbst fehlen im Gesetz nähere Angaben. Eines scheint sicher: daß der Vertrag nur geschlossen werden kann zwischen demjenigen, welcher die Heimat erwerben soll und der Gemeinde. Der Vertrag ist insbesondere auch zulässig zwischen Frauen[3]) und einer Gemeinde, zwischen dem bisher ursprünglich

---

[1]) „Wo ein besonderer Vertrag über die Heimat rechtsgültig in Mitte liegt, da ist dieser, wie sich von selbst versteht, die erste Quelle alles Rechts und aller Verpflichtung (Kammerverhandlungen 1825 Beil. Bd. IV S. 10)," Bl. Bd. 36 S. 363.

[2]) Bl. Bd. 36 S. 363; Bl. Bd. 13 S. 198, wo der entgegengesetzten Uebung der Praxis gedacht ist.

[3]) Bl. Bd. 36 S. 363; V.G.H. Bd. 2 S. 18.

Beheimateten und seiner Heimatgemeinde, nicht aber zwischen einer Gemeinde und einer andern Gemeinde.

Ein Vertrag muß vorliegen, nicht bloß eine Erklärung des einen Vertragsteiles[4]). Vor allem muß daher derjenige, dessen Heimat in Frage steht, einen geeigneten Willen erklärt haben[5]). Namens desselben kann nur derjenige handeln, welcher hierzu befugt ist. Wer das ist, das richtet sich nach dem bürgerlichen Rechte, welches zur Zeit des Vertragsabschlusses an demjenigen Orte gilt, an welchem der Heimaterwerber seinen Wohnsitz hat. Ob die Vertretungsmacht eingeschränkt ist, richtet sich nach dem nämlichen Recht. So ist für das Gebiet des preußischen Landrechts gemäß V.G.H. Bd. 4 S. 99 zum Abschluß eines rechtsgültigen Vertrages für einen unehelich geborenen Minderjährigen die Einwilligung des Vormundes und des Obervormundschaftsgerichtes für notwendig erklärt worden; im Geltungsbereich des bayrischen Landrechts genügt die Zustimmung des Vormundes[6]), während die obervormundschaftliche Genehmigung nicht erforderlich ist. V.G.H. Bd. 23 S. 71. Der Bräutigam ist nicht befugt, ohne Vollmacht der Braut mit deren bisheriger Heimatgemeinde zu vereinbaren, daß erstere die bisherige Heimat beibehalte. V.G.H. Bd. 18 S. 98.

Der andere Kontrahent, die Gemeinde, muß einen gültigen Beschluß über die Verleihung gefaßt haben. Unter der Herrschaft der Geschäftsordnung für die Verwaltung von Ruralgemeinden vom 24. September 1818 bedurften die Ausfertigungen in wichtigeren Gemeindeangelegenheiten, als welche die Heimatverleihungen zu gelten haben, der Unterschrift der sämtlichen Ausschußmitglieder[7]). Wenn keine Beschlußfassung stattgefunden hat, so genügte auch nach diesem Gesichtspunkte ein Zeugnis (Anerkenntnis)[8])[9]) über einen Heimat-

[4]) V.G.H. Bd. 10 S. 170.

[5]) Beispielsweise steht im Falle des V.G.H. Bd. 2 S. 18 zwar fest, daß die Gemeinde M die Heimat der S verleihen wollte, aber weder aus der Urkunde noch aus den Akten ist zu entnehmen, daß die S dem „Heimatvorbehalte“ ihre Zustimmung erteilte. Nicht einmal, daß sie Kenntnis von dem Beschlusse erlangte, steht fest; es konnte daher ein Vertrag nicht angenommen werden.

[6]) Dieselbe war erforderlich, wenn ein unehelich geborener Minderjähriger eine Heimat vertragsmäßig erlangen sollte; die Erklärung der Mutter genügte nicht. Vgl. V.G.H. Bd. 10 S. 170.

[7]) Die Eintragung in das Beschlußbuch war zwar vorgeschrieben, jedoch keine Voraussetzung der Gültigkeit des wirklich gefaßten Beschlusses. Daß dies geschehen, kann also auch in anderer Weise nachgewiesen werden. Insbesondere können zu den Verehelichungsakten in geeigneten Formen abgegebene gemeindliche Erklärungen ausreichen. Vgl. V.G.H. Bd. 5 S. 196; Bl. Bd. 36 S. 366.

[8]) V.G.H. Bd. 3 S. 346; Bl. Bd. 23 S. 84. Eine solche Bestätigung kann prozessualisch von Bedeutung sein; „aber sie kann an den aktenmäßigen Tatsachen keine Aenderung hervorrufen.“ Ueber den beweisbehelflichen Wert oder Unwert solcher Zeugnisse bezw. die formellen Erfordernisse einer gültigen Aufnahmeerklärung vgl. auch Bl. Bd. 23 S. 85 und S. 89.

[9]) Eine Heimatanerkennung (Heimatschein) hatte auch im früheren Rechte nicht die Bedeutung der Heimatverleihung. Vgl. Bl. Bd. 30 S. 49 und die Darlegungen in B. Gemeindeztg. Bd. 10 S. 584.

vorbehalt (s. u.), das von dem Gemeindevorsteher allein unterzeichnet war, nicht, um heimatrechtliche Wirkung zu üben; vgl. V.G.H. Bd. 5 S. 346. Dagegen war eine kuratelamtliche Genehmigung nicht erforderlich. In Stadtgemeinden bestand die Verpflichtung zur Einvernahme der Gemeindebevollmächtigten. Bl. Bd. 36 S. 368; § 82 Abs. 1 des rev. Gemeindeediktes vom 17. Mai 1818 (Weber Bd. 1 S. 569).

4. Der Vertrag mußte auch wirklich eine Heimatverleihung betreffen. Die Zusicherung, welche eine Gemeinde einer heiratenden Frauensperson erteilte, „daß sie im Falle des Todes des Mannes sich wieder in ihrer früheren Heimatgemeinde aufhalten dürfe", kann als eine Heimatverleihung (Heimatvorbehalt) nicht schlechthin angesehen werden; V.G.H. Bd. 3 S. 111; dagegen braucht nicht gerade von der „Verleihung" der Heimat die Rede zu sein, wenn nur die Absicht mit Sicherheit erhellt[10]).

---

[10]) Beispiele: In dem der Entscheidung des V.G.H. Bd. 3 S. 645 zugrunde liegenden Falle — vgl. S. 652 — erklärte die Gemeinde A, den S behufs Ermöglichung seiner Verehelichung solange als „einen ihrer Angehörigen" betrachten zu wollen, als er sich nicht auswärts Heimatsrechte erwerben sollte. Die Zustimmung des S wurde aus der Tatsache entnommen, daß derselbe von dem Zeugnisse zur Ermöglichung seiner Eheschließung tatsächlich Gebrauch machte.

Der Entscheidung des V.G.H. Bd. 2 S. 18 (vgl. S. 23) liegt folgender Fall zugrunde: In der Beurkundung hat die Gemeindeverwaltung M nicht ausdrücklich das Heimatrecht als Gegenstand der Uebereinkunft bezeichnet, sondern die allenfallsige Armenversorgung. „Die ledige G wird, wenn sie sich mit dem S verehelichen sollte, im Falle ihrer Verarmung mit ihren beiden Söhnen in der Gemeinde M wieder an- und aufgenommen werden." Die Beurkundung trägt jedoch die Aufschrift „Rückschein". Unter dieser Bezeichnung wurden die Gemeindebeschlüsse über Heimatvorbehalte allenthalben ausgefertigt. Die Fassung, der gesamte Inhalt im Zusammenhalt mit dem Vertragsmotive lassen keinen Zweifel bestehen, daß die Gemeinde M die Absicht hatte, der G auch nach ihrer Verehelichung die Heimat in M vertragsmäßig vorzubehalten.

Dagegen kann nicht in jeder Vereinbarung, welche die Absicht ersehen läßt, in einer Gemeinde zu wohnen, ein Heimatvertrag erblickt werden. So ist die vertragsmäßige Einräumung eines Wohnrechtes in einem Gemeindegebäude kein solcher.

Auch die nachgesuchte und von der Gemeinde bewilligte „Aufnahme" ist als solche kein Vertrag über Heimatverleihung, sondern gehört zum Verfahren über die Ansässigmachung. Vgl. den in Bl. Bd. 13 S. 405 erzählten Fall; ferner Bl. Bd. 23 S. 85. An letzterer Stelle ist von einem Streit berichtet, der zwischen zwei Gemeinden über die Bedeutung der von der einen im Jahre 1843 abgegebenen Erklärung, daß die B in den Gemeindeverband „an- und aufgenommen" sei, entstand. Während die erste Instanz aussprach, daß hierdurch die Heimat habe verliehen werden wollen, erkannte die zweite Instanz, daß darunter nur die zum Verehelichungsgesuche abgegebene Erklärung zu verstehen sei, daß die Gemeinde gegen die Verehelichung des A mit der B nichts zu erinnern habe.

Die Zahlung einer „Aufnahmsgebühr" beweist nichts für den Abschluß eines Heimatvertrages. Vgl. Bl. Bd. 23 S. 83 und Seite 213 u. 242 dieses Buches.

5. Die Heimatgesetzgebung setzte eine Form für den Heimatverleihungsvertrag nicht fest; wie hinsichtlich des Inhalts, so mußte der Vertrag auch nach seiner Form den Vorschriften des bürgerlichen Rechtes und der Gemeindegesetzgebung entsprechen. V.G.H. Bd. 2 S. 18. Im allgemeinen waren besondere Formen durch das bürgerliche Recht nicht angeordnet. Gewöhnlich wurde die eigentliche Vertragsform beim Heimatvorbehalt nicht eingehalten; auf die Bitte um den Vorbehalt der Heimat erging der genehmigende Beschluß; die Ausfertigung oder ein Zeugnis hierüber wurde dem Gesuchsteller eingehändigt. Vgl. Bl. Bd. 13 S. 204.

6. Der Vertrag unterliegt der Anfechtung nach den Bestimmungen des einschlägigen, zur Zeit des Vertragsabschlusses geltenden bürgerlichen Rechtes. So spricht V.G.H. Bd. 5 S. 51 aus, daß ein entschuldbarer Irrtum über tatsächliche Verhältnisse, demnach auch der unrichtige, aber entschuldbare Glaube, eine Braut habe bisher die Heimat in der Gemeinde gehabt, den von der Verwaltung dieser Gemeinde eingegangenen Heimatvertrag (Heimatvorbehalt), wonach die Braut auch nach der Heirat die Heimat behalten soll, nichtig macht[11]).

7. Wirkung des Heimatvorbehaltes. Wie in Bl. Bd. 1 S. 310 ausgeführt ist, ist gleichgültig, ob jemand durch den Vertrag ein Heimatrecht erst begründen, oder anstatt des bisher besessenen ein anderes erwerben, oder statt des künftig ihm zufallenden das bisherige behalten will. — Besonders das letztere ist wichtig. Es konnte also vertragsmäßig ausgeschlossen werden, daß eine Heimatänderung, welche zufolge bestimmter Vorgänge sonst hätte erfolgen müssen, Platz greife. Es mochte geschehen auch gegenüber einer durch Ansässigkeit zu erwerbenden Heimat[12]), am häufigsten aber galt es

---

[11]) Der Vertrag mit seinen Rechtsfolgen wird nach dem damals geltenden bürgerlichen Rechte durch den entschuldbaren Irrtum in der Regel ipso jure beseitigt; die bei nicht vorbehaltener Heimat z. B. aus der Eheschließung sich ergebende Rechtsfolge tritt von selbst ein. Uebrigens kommt im Falle des V.G.H. Bd. 5 S. 50 m. E. auf den Irrtum und seine Motive nichts an; die Gemeinde D wollte nicht eine neue Heimat verleihen, sondern die vorhandene ursprüngliche „vorbehalten" d. h. in die selbständige umwandeln. Diesen Erfolg konnte aber die Vereinbarung nicht haben, eben weil die ursprüngliche Heimat fehlte.

[12]) A. M. V.G.H. Bd. 5 S. 230: „Die rechtliche Folge der Ansässigkeit nach Maßgabe des § 2—5 des A.G., wonach im Hinblick auf § 1 des H.G. vom 11. September 1825 in der betreffenden Gemeinde auch die Heimat erworben wurde, war eine absolute und waren Verzichte auf diese rechtliche Folge der Ansässigmachung oder dieselbe ausschließende Vereinbarungen unzulässig." — In den Entscheidungsgründen ist ausgeführt, daß nach § 1 des H.G. in einer Gemeinde auch durch Ansässigkeit die Heimat erworben werde. Diese rechtliche Folge der Ansässigkeit sei eine absolute gewesen. „Nach § 2 des H.G. und § 6 des A.G. konnte gegenüber einem an sich nach dem Gesetze die Heimat begründenden Akte die Beibehaltung der seitherigen Heimat nur dann bewirkt werden, wenn die neue Heimat an die Stelle einer früher erworbenen treten

gegenüber der durch Verehelichung für die Braut zu begründenden neuen Heimat. Der Vertrag wurde abgeschlossen mit der bisherigen Heimatgemeinde; die ausgeschaltete neue brauchte nicht mitzuwirken. Verträge solchen Inhalts nannte man „Heimatvorbehalt“[13]), die Bescheinigung hierüber auch Rückschein, Rückattest. Der Name tut übrigens nichts zur Sache. Nicht der von der bisherigen Gemeinde ausgesprochene „Vorbehalt“, daß der bisherige Heimatgenosse die Heimat behalte, demnach nicht die Bescheinigung, das Attest, für sich bewirken die Fortdauer der bisherigen Heimat, sondern der Vertrag. Dieser Vertrag hat die Wirkung, daß die Heimat in der vertragschließenden Gemeinde erworben wird; er ändert, wenn die Heimat bis dahin eine ursprüngliche war (er war auch gegenüber einer bereits selbständigen möglich) den Charakter der Heimat; die ursprüngliche Heimat verwandelt sich nun in die selbständige[14]), der so Beheimatete folgt nicht mehr der Heimat der Eltern. Die für die Braut „erworbene“ vertragsmäßige d. i. selbständige Heimat hat auch die Kraft, die Heimatfolge der Ehefrau aus dieser bestimmten Ehe aufzuheben[15]). Das Charakteristische ist aber, daß dieser Heimat-

---

sollte, sohin bei Uebersiedelungen bereits ansässiger Staatsbürger“. Dem Verwaltungsgerichtshof ist darin beizutreten, daß die ursprüngliche Heimat durch die Ansässigkeit in allen Fällen beseitigt wurde. Eine Vereinbarung, nach welcher die ursprüngliche Heimat als solche beibehalten und die heimatrechtliche Wirkung der Ansässigmachung beseitigt werden sollte, wäre in der Tat ungültig. Anders jedoch, wenn diese ursprüngliche Heimat durch Vertrag in eine erworbene umgewandelt ist. Dieser „erworbenen“ Heimat gegenüber kann allerdings auch die aus der Ansässigkeit an sich gewonnene ausgeschlossen werden. Es wäre nicht einzusehen, warum § 2 H.G.: „Eine früher erworbene Heimat wird durch die später erworbene in der Regel aufgehoben, wenn nicht diesfalls durch ausdrückliche Erklärung und Uebereinkunft besondere Vorsehung getroffen worden ist. Das Heimatverhältnis solcher Personen, welche zu gleicher Zeit an mehreren Orten einen gesetzlichen Titel der Heimat (§ 1) für sich haben, richtet sich ebenfalls nach ausdrücklicher Erklärung und Uebereinkunft“ — nicht auch in diesem Falle Anwendung finden sollte.

[13]) V.G.H. Bd. 2 S. 18: „Durch einen solchen Vertrag konnte festgesetzt werden, daß einer Frauensperson bei der Eheschließung die kraft des Gesetzes begründete Heimat nicht zuteil werde, sondern die ursprüngliche Heimat als vertragsmäßige verblieb“.

[14]) V.G.H. Bd. 2 S. 24 scheint der Meinung zu sein, daß die ursprüngliche Heimat bleibt. S. dagegen B. Gemeindeztg. Bd. 9 S. 428, Bd. 10 S. 587; Luthardt in Bl. 41 S. 340ff.

[15]) Bl. Bd. 36 S. 367 sagen: „Das vertragsmäßige Heimatrecht, welches einer Ehefrau etwa zusteht, geht zweifellos dann verloren, wenn der Ehemann später eine neue Heimat erwirbt“. Das ist mir nicht zweifellos. M. E. handelt es sich gemäß § 2 H.G. 1825 um die Meinung der Kontrahenten. Im Zweifel ist wohl gemeint, daß die vertragsmäßige Heimat jede Heimatfolge dieser Ehe ausschließen sollte. Im geltenden Recht schließt eine, allerdings nach der Eheschließung, erworbene selbständige Heimat die Heimatfolge dieser Ehe aus; dagegen begründet eine neue Ehe für die Frau wiederum die Heimat des Mannes. S. auch die zutreffenden Darlegungen in B. Gemeindeztg. Bd. 10 S. 587/88; hier ist der Fall behandelt, daß eine außereheliche Mutter, für deren Kind vor Abschluß der ersten Ehe die Heimat vorbehalten wurde, zum zweitenmal heiratet;

vertrag die Wirkungen gar nicht eintreten läßt, welche das heimatändernde Ereignis, insbesondere die Eheschließung an sich gehabt haben würde. Bei Heimatvorbehalt erwarb die Frau überhaupt nicht einen Augenblick die Heimat des Ehemannes, sondern behielt die bisherige Heimat bei. Die so erworbene Heimat hat volle rechtliche Geltung auch hinsichtlich ihres Einflusses auf die Heimat anderer Personen. Die unehelichen Kinder einer Braut, welcher die Heimat vorbehalten blieb, folgten ohne weiteres der Heimat der Mutter kraft allgemeiner gesetzlicher Vorschrift. Für sie wäre der Abschluß eines besonderen Vertrages nicht notwendig gewesen; die gesetzliche Folge hätte von der bisherigen Gemeinde anerkannt werden müssen. Häufig wurde jedoch im Vertrage der vorehelichen Kinder ausdrücklich gedacht und die aus dem Heimatvorbehalte der Mutter sich für die Kinder ergebende Folge ausdrücklich festgestellt. Vgl. Bl. Bd. 15 S. 300. Nötig war dies nicht. -- Eine vertragliche Ausschließung der Kinder von den Wirkungen eines Heimatvorbehaltes war auch nach früherem Rechte unzulässig. Häufig geschah es, daß für die unehelichen Kinder ein besonderer Vertrag mit deren bisheriger Heimatgemeinde abgeschlossen wurde, wonach sie die neue Heimat der heiratenden und der Heimat des Mannes folgenden Mutter nicht erlangten, sondern die bisher ursprüngliche Heimat als selbständige in der Heimatgemeinde erwarben; nicht dagegen war — außer durch besonderen Verleihungsvertrag — möglich, daß die Mutter die bisherige Heimat behielt, die außerehelichen Kinder aber diejenige Heimat erwarben, welche der Mutter ohne den Vorbehalt zugekommen wäre, nämlich die Heimat des Gatten der Mutter[16]). Vgl. V.G.H. Bd. 18 S. 101.

Weil Heimatvorbehalte vertragsmäßige Heimatverleihungen sind, so ergibt sich, daß eine Vereinbarung des Inhalts, es sollten die künftigen Kinder aus einer Ehe die Heimat der Mutter erwerben, unzulässig sind. Denn ein noch nicht Vorhandenes kann keinen Vertrag abschließen, auch nicht vertreten werden[17]).

---

es wird ausgeführt, daß der Heimatvorbehalt die ursprüngliche Heimat des Kindes in eine selbständige verwandelt habe und daß somit im Zweifel, d. h. wenn nichts anderes früher vereinbart war, das Kind der Mutter auch nicht in die Heimat der zweiten Ehe folgt.

[16]) Ein Heimatvorbehalt wurde häufig zugestanden, um dadurch, daß der Braut und damit auch deren vorehelichen — durch die Ehe nicht legitimierten Kindern — die frühere Heimat erhalten blieb, eine andere Gemeinde leichter zu bestimmen, die Einwilligung zur Ansässigmachung zu erteilen und damit auch die Gemeinde davor zu bewahren, daß den schon vorhandenen außerehelichen Kindern noch weitere folgten.

[17]) Vgl. jedoch V.G.H. Bd. 5 S. 51, wo auf eine hiervon abweichende Praxis hingewiesen wird. Hiernach waren in der Form des Austausches von Gemeindeerklärungen zu den Verehelichungs- und Ansässigmachungsakten getroffene Vereinbarungen, denen die Eheteile zustimmten, üblich etwa des Inhaltes: Die Gemeinde D behält der L samt ihren vier außerehelichen und den aus der Ehe mit M hervorgehenden Kindern weiblichen Geschlechts die Heimat in D vor. Die Gemeinde P übernimmt die künftigen ehelichen Kinder männlichen Geschlechts. Verwaltungs-

8. Ein Vertrag zwischen einer Gemeinde und einem beliebigen Dritten (z. B. einer andern Gemeinde) des Inhalts, daß eine Gemeinde verpflichtet sein soll, die Heimat einem andern zu verleihen, hatte m. E. auch nach älterem Rechte keine rechtliche Bedeutung. Verträge sind zulässig zwischen dem Heimaterwerber und der Gemeinde. Im übrigen ist die Heimatverleihung eine Angelegenheit des öffentlichen Rechtes und rechtlich geordnet; über die gesetzlichen Grenzen hinaus haben die Parteien keine Freiheit, in die rechtliche Ordnung einzugreifen.

9. Konnte die Heimatgemeinde die Heimat unter Bedingungen vertragsmäßig verleihen? Eine ausdrückliche Ermächtigung, wie sie in Art. 9 H.G. von 1868 erteilt wurde, fehlt. Da aber das Gesetz zwischen dem Erwerber und der Gemeinde einen Vertrag, dessen Inhalt es nicht einengt, zuläßt, so muß die Zulässigkeit solcher Bedingungen, wenn sie nicht gegen besondere Gesetze oder gegen die Natur der Sache verstoßen, angenommen werden. Man muß nun unterscheiden zwischen Bedingungen im strengen Rechtssinne und Gegenleistungen, wie sie Art. 9 H.G. 1868 im Auge hat. Letztere unterliegen einer Einschränkung aus der „Natur der Sache" nicht. Dagegen können eigentliche Bedingungen, denen auch bedingungsgleiche Befristungen gleichstehen, nicht gesetzt werden. Die Gemeindeverwaltungen können zwar jetzt die Heimat verleihen, nicht aber die Wirksamkeit ihres Willens von dem Eintritt unsicherer Ereignisse abhängig machen[18]. Eine solche Verfügung über eine für das öffentliche Recht so wichtige Eigenschaft einer Person steht den Beteiligten nicht zu; die vom Gesetze eingeräumte Verfügung ist strenge auszulegen.

Bedingungen, welche die Heimatverleihung (den Heimatvorbehalt) lediglich von dem Eintritt des Ereignisses abhängig machen, das zu Heimatänderung führen würde (z. B. Verehelichung der A mit dem B), sind zulässig[19].

Nicht verboten dürfte nach früherem Rechte ein Vertrag sein, welcher dahin geht, daß die Wirkung der Verleihung des Heimatrechtes nur Platz greifen sollte, um die durch ein Ereignis an sich eintretende Heimatänderung, also den Heimaterwerb in einer be-

---

gerichtshof glaubt, die Gültigkeit solcher Vereinbarungen können nicht bestritten werden. — M. E. können die kommenden Kinder trotz aller früheren Praxis, ehe sie erzeugt sind, nicht vertreten werden. Die frühere Praxis behandelte die Heimat in diesem Falle wie eine künftige Sache, die man ja veräußern kann; aber erstens ist sie das nicht; zweitens kann auch die künftige Sache nur ihr „Eigentümer" weggeben.

[18]) V.G.H. Bd. 5 S. 233.

[19]) Die Vereinbarungen über die Heimat (Heimatvorbehalte) pflegten in den polizeilichen Beschluß über die Verehelichungsbewilligung aufgenommen zu werden, zumal nicht selten die irrige Meinung bestand, daß der Vorbehalt der kuratelamtlichen Bestätigung bedürfe. Eine solche Erwähnung ist ein Beweisbehelf, wenn der Beschluß der Gemeinde nicht mehr aufzufinden ist; notwendig war sie aber nicht. A. M. Bl. Bd. 36 S. 368 unten.

stimmten Gemeinde auszuschließen, daß aber die der Regel entsprechenden künftigen Wirkungen (Heimaterwerb in einer anderen, dritten Gemeinde) nicht ausgeschlossen sein sollen. Solches mußte aber gewollt und erklärt sein; zu vermuten war es nicht; vgl. Anm. 15.

Die Heimat wurde bei gültig vereinbarter Bedingung erworben, wenn die Bedingung erfüllt war; war die Bedingung ungültig, so bestand auch eine gültige Vereinbarung nicht.

§ 52.

b) Gegenwärtiges Recht.

1. Nach Art. 9 H.G. kann auch nach heutigem Recht die Heimat — und zwar die selbständige Heimat — jedem Angehörigen des bayrischen Staates, nach Art. 10 auch Nichtbayern, diesen nur mit Wirkung vom Zeitpunkte der Staatsangehörigkeitserwerbung an, verliehen werden[1]).

2. Die Verleihung erfolgt nach dem Gesetz auf Ansuchen, d. h.: es muß jemand den Willen ausgesprochen haben, das Heimatrecht zu erwerben und die Gemeinde muß den Willen erklären, diesen als Heimatberechtigten anzunehmen[2]). Man kann demnach auch sagen, die Heimat wird durch „Vertrag" oder „zweiseitiges (gegenseitiges) Rechtsgeschäft" erworben.

3. Die Gemeinde ist nur zum Abschlusse eines solchen Vertrages befugt, welcher zum Inhalte hat, die Heimat zu erwerben und die Heimat zu gewähren; dagegen ist der vertraglichen Regelung die Ordnung künftiger Heimatverhältnisse und die Regelung der Heimatverhältnisse dritter Personen entrückt. Dies ergibt sich aus der öffentlich-rechtlichen Natur der Heimat.

Würde das Gesetz über vertragsmäßige Verleihung der Heimat schweigen, so wäre „Vertrag" kein Erwerbsgrund der Heimat. Das Gesetz ermächtigt nur zur „Verleihung" der Heimat, nicht dazu, die künftige Verleihung bindend zu versprechen. Ueber öffentliche Statusrechte soll nur nach den klar liegenden Verhältnissen der Gegenwart

---

[1]) v. Seydel Bd. 2 S. 66 bei Note 101. — Ein Anspruch auf eine solche Verleihung steht naturgemäß niemand zu. Die bisherige Heimatgemeinde kann sich aber darum bemühen, die Verleihung anzubahnen; ist ein Vertrag zwischen einer Gemeinde und einem Heimatbewerber unter einer Bedingung (s. unten) zustande gekommen, so kann die bisherige Gemeinde durch Erfüllung dieser Bedingung, soweit deren Natur es gestattet, den Heimaterwerb sicher stellen. Vgl. v. Riedel S. 135 Note 6. — Weil kein Anspruch besteht, so besteht für die Gemeinde auf ein solches Gesuch keine Verpflichtung zu einer Erklärung.

[2]) Erwerbsgrund ist nicht ein geltend gemachter Anspruch, sondern die erklärte Willenseinigung beider Teile. Dadurch unterscheidet sich diese Verleihung von jener aus Art. 6—8 H.G. — v. Seydel Bd. 2 S. 65 bei Note 97. Auch V.G.H. Bd. 11 S. 124 spricht von einem „Uebereinkommen"; s. auch v. Riedel S. 134 Note 5.

und von der jetzt verantwortlichen Verwaltung Bestimmung getroffen werden. Das Recht, einen künftigen Heimaterwerb schon jetzt vertraglich zu ordnen, ergibt sich für die Gemeindeverwaltung keineswegs aus allgemeinen Grundsätzen des Gemeinderechtes, etwa aus Art. 1 Gem.O. Denn Heimatrechte unterliegen nicht, etwa wie Bestandteile des Gemeindevermögens, der Disposition der Korporation.

Aus dem vorstehenden ergibt sich im einzelnen:

a) Verträge sind nur zwischen den beiden Parteien selbst, d. h. der Gemeinde und dem Erwerber (Bewerber) möglich, nicht zwischen der Gemeinde und Dritten. Ueber eine Ausnahme von dieser Regel im Hinblick auf eine gesetzliche Anordnung vgl. § 14 Seite 60 und 61. Die Gemeinde N kann dem A allerdings versprechen, dem B die Heimat zu verleihen; aber dieses Versprechen bindet sie nicht. Verleiht die Gemeinde dem B die Heimat doch, so handelt sie nicht auf Grund einer rechtlichen Verpflichtung. Hat A die Gemeinde N durch eine Leistung oder durch das Versprechen einer solchen dazu bestimmt, die Heimat an B zu verleihen, so hat er etwas ohne Rechtsgrund gegeben[3]). So wenig wie ein Privater, kann auch eine andere Gemeinde mit einer Gemeinde über die Heimat eines Dritten eine Vereinbarung treffen.

b) Ohne rechtliche Wirkung sind Vorverträge, d. h. Vereinbarungen, daß die Gemeinde sich verpflichtet, später die Heimat zu verleihen, also nach Ablauf einer Zeit oder Eintritt bestimmter Ereignisse[4]). A hat beispielsweise sich von der Gemeinde N versprechen lassen, falls er die Tochter des Bürgers dieser Gemeinde B heiraten sollte, ihm die Heimat in N zu verleihen. Ein solcher Vorvertrag bindet die Gemeinde nicht. Er gibt dem A eine gewisse Aussicht auf Heimatverleihung; wenn aber die Gemeinde nach Abschluß jener Ehe einer anderen Meinung geworden ist, so ist sie nicht gehindert, nach ihrem jetzigen Ermessen zu verfahren[5]). Wenn A, der Aussicht hat, Amtsrichter zu werden, mit seiner bisherigen Gemeinde N verabredet, daß er die durch diese Anstellung verlorne Heimat dann wieder bei ihr haben solle, so bindet eine solche Verabredung die Gemeinde N nicht.

c) Künftige Verhältnisse können auch nicht in der Weise gegenwärtig geregelt werden, daß statt eines Vorvertrages ein Vertrag über die Verleihung der Heimat abgeschlossen wird, welcher die Wirk-

---

[3]) Läßt sich die Gabe nicht im einzelnen Falle als Schenkung auffassen, oder als Hingabe einer Gegenleistung für Verleihung der Heimat an Stelle des von B zu Leistenden, so muß sie auf Verlangen zurückgewährt werden.

[4]) Somit kann ein Anspruch auf Verleihung einer Heimat aus einem solchen Versprechen nicht erhoben und etwa analog einem Anspruch aus Art. 6—8 H.G. gemäß Art. 23 H.G. durchgeführt werden. Denn aus einem solchen Versprechen ist „im Gesetze ein Anspruch nicht begründet“.

[5]) Wenn also die Mitglieder der Kollegien in anderer Weise zusammengesetzt oder anderen Sinnes geworden sein sollten, so haben sie volle rechtliche Freiheit zu beschließen, was ihnen beliebt.

samkeit dieser Verleihung von dem Eintritte unsicherer Ereignisse abhängig macht. Verträge, welche im eigentlichen Sinne bedingt sind, erscheinen somit als unverbindlich. Die in Art. 9 ausdrücklich zugelassenen „Bedingungen" haben eine andere rechtliche Bedeutung[6]. Die Bedingung, daß die Heimat nur erworben werden solle, wenn die vereinbarte Gegenleistung erfüllt sei, wird vom Gesetze ausdrücklich zugelassen. Dies kann in der Tat zur Folge haben, daß es lange Zeit zweifelhaft ist, ob eine Aenderung der Heimatverhältnisse eintritt oder nicht[7]. Kein Bedenken besteht auch dagegen, daß der Vertragswille von einem bereits eingetretenen, aber unbekannten Ereignisse abhängig gemacht wird. Die Zufügung von sonstigen „uneigentlichen" Bedingungen hat gleichfalls die ihnen nach den Grundsätzen des bürgerlichen Rechtes zukommende Bedeutung. Vgl. Dernburg Bd. 1 § 151.

d) Die Verleihung der Heimat kann nicht zeitlich hinausgeschoben werden. Die Wirkung der Heimatverleihung muß eintreten, sobald der Vertrag perfekt ist, bezw. die Gegenleistung des Erwerbers erfüllt ist. Höchstens zu dem Zwecke, um klarzustellen, von welchem Zeitpunkte an die Verleihung der Heimat wirksam geworden ist, ist die Beifügung einer Zeitbestimmung zulässig. Dieselbe darf nur um einige Tage, höchstens Wochen hinter dem obigen Zeitpunkt zurückliegen.

4. Ein Vertrag ist zulässig über Erwerbung der Heimat. Daraus folgt, daß der Vertrag keinen Inhalt haben darf, welcher dem Wesen der Heimat widerspricht. Der gesetzliche Inhalt der Heimat kann vor allem in keiner Weise geändert werden. Vgl. hierüber § 13 Ziff. 3 S. 57. Würde eine vertragsmäßige Einengung des

---

[6]) B.G.H. Bd. 5 S. 194: „Unter Bedingungen im Sinne des Art. 9 H.G. sind nur Gegenleistungen des Bewerbers für die Heimatverleihung zu verstehen, nicht aber auch Bedingungen, welche mit Leistungen des Bewerbers nicht zusammenhängen, namentlich nicht Festsetzungen, welche dem Eintritt des gesetzlichen Heimatüberganges unter gewissen, in ihrer Erfüllung ganz unsicheren Voraussetzungen die Wirkung benehmen, nur zu ganz unbestimmbarem Zeitpunkt eine Aenderung des Heimatbesitzes bezwecken wollen. Ein Heimatrecht kann nicht mit Zeitbeschränkung erworben werden, dasselbe dauert vielmehr so lange fort, bis auf Grund eines neuen Titels eine andere Heimat erlangt wird." In den Entscheidungsgründen heißt es „Unter „den Bedingungen" sind nach dem Sinne und Wortlaut des Art. 9 H.G., dann nach den Erläuterungen des Art. 2 des ursprünglichen Regierungsentwurfes, ferner den Bemerkungen des Ausschußreferenten der Kammer der Abgeordneten nur Gegenleistungen des Bewerbers für die Heimatverleihung zu verstehen, nicht aber auch Bedingungen, welche mit Leistungen des Bewerbers nicht zusammenhängen . . ." Die von der Gemeinde S bei Verehelichung des A abgegebene Erklärung, der K und ihrem Sohne L nach dem Tode des Ehemannes die Heimat in S vorzubehalten, kann für sich die auf Grund des Gesetzes eingetretene Heimaterwerbung für die beiden Letztgenannten nicht wieder in Frage stellen.

[7]) Die Gemeinde kann, muß aber nicht die Erfüllung der Gegenleistung erzwingen. Ist die Forderung der Gemeinde verjährt, so ist auch die Möglichkeit erloschen, durch Leistung die obige Bedingung zu erfüllen.

Heimatinhaltes unternommen, so wäre dieser Teil des Vertrages nicht gültig. Nach allgemeinen Rechtsgrundsätzen wäre dann nach Lage des Einzelfalles zu beurteilen, ob der übrige Vertragsinhalt noch aufrecht erhalten werden kann oder ob die ganze Vereinbarung nichtig ist. Vgl. Dernburg § 119. Unschädlich sind Beisätze, welche bestehende gesetzliche Anordnungen ausdrücklich zum Vertragsinhalt machen wollen — z. B. indem bei Verleihung der Heimat an einen definitiven Beamten bestimmt wird, daß die Unterstützungspflicht bei Wegfall des Pensionsanspruches dem Staate obliege [8]). (Vgl. § 12 Art. 14 H.G.)

Zum Inhalt der Heimat gehören auch die rechtlichen Folgen derselben. Die wichtigste ist, daß dritte Personen, welche die Heimat des Erwerbers teilen, ebenfalls die neue Heimat erhalten. (Art. 1—4 H.G.). Diese Folge kann nicht ausgeschlossen werden [9]) [10]). — Würde ein Vertrag zwischen dem Erwerber und der Gemeinde abgeschlossen, demzufolge ersterer die Heimat allein unter Ausschluß der gegenwärtig oder künftig die Heimat teilenden Personen erwerben solle, so wäre ein solcher Vertrag, sofern die Bestimmung nicht gegenstandslos ist oder geworden ist, unwirksam; denn es handelt sich bei solchen Verabredungen offenbar stets um einen wesentlichen Teil des ganzen Vertrages [11]). Der Vertrag mag dann als eine Zusage angesehen werden, daß der Bewerber die Heimat erhalten solle, wenn er den von der Gemeinde gewünschten rechtlichen Zustand gesichert hat; diese Zusage ist aber, wie erwähnt, ohne rechtliche Bedeutung.

---

[8]) Nach der Meinung v. Riedels tritt bei „verliehener" Heimat die staatliche Unterstützungspflicht nicht ein. Folgt man dieser Ansicht, so wäre im obigen Falle eine unzulässige Aenderung des Heimatinhalts vereinbart; wenn auch die obige Bestimmung nicht den Staat verpflichten kann, so will sie doch die Heimatgemeinde entlasten, was eben nicht angeht.

[9]) Ein dem Vater, der schon bisher eine Heimat besaß, verliehenes Heimatrecht muß auch den ehelichen Kindern, welche im Zeitpunkte der Wirksamkeit der Verleihung noch keine selbständige Heimat haben, die Heimat bringen; eine dem bisherigen heimatlosen Vater verliehene Heimat wirkt notwendig für die ehelichen, noch unselbständigen Kinder (Art. 10 II). Gleiches gilt von der Heimatfolge der eine selbständige Heimat nicht aufweisenden Ehefrau; ebenso kann die Heimatfolge der außerehelichen Kinder in die neue Heimat der Mutter im gleichen Falle nicht ausgeschlossen werden. Sollten die Ehefrau und die Kinder die neue Heimat nicht teilen, so ist dies daher nur in der Weise zu ermöglichen, daß dieselben, ehe die Verleihung wirksam wird, eine selbständige Heimat erwerben. Dies kann geschehen, wenn die bisherige Heimatgemeinde der Ehefrau bezw. der Kinder oder eine andere Gemeinde denselben die selbständige Heimat verleiht.

[10]) Vgl. v. Seydel Bd. 2 S. 66 Note 103. v. Riedel S. 134 Note 5 hält den vertragsmäßigen Ausschluß der Heimatfolge im Prinzip für zulässig; in Note 8 am Schlusse wird jedoch die Rechtswirksamkeit eines solchen Vertrages davon abhängig gemacht, daß die bisherige Heimatgemeinde dem Vorbehalte für die Familienangehörigen zustimmt oder sonst über die Heimat der Kinder eine besondere Vereinbarung getroffen ist.

[11]) „Die Beisetzung unzulässiger Bedingungen macht den Vertrag unwirksam." v. Seydel Bd. 2 S. 66 bei Note 105. Es hat also auch das Familienhaupt, das der Ausschließung der Heimatfolge zustimmt, die Heimat nicht erworben.

Zu dem notwendigen Inhalt der Heimat gehört auch, daß sie die einzige ist. Wird somit vereinbart, daß neben der neuen auch die bisherige bestehen bleiben soll, so wäre dies ein unmöglicher Vertragsinhalt; da er überdies auch als wesentlicher Bestandteil des Willens der Parteien anzusehen wäre, so würde die ganze Vereinbarung ungültig sein.

Nach dem Heimatgesetz gehört zum Wesen der Heimat, daß sie bleibt, bis eine andere erworben ist. Schon aus diesem Grunde kann der Vertrag nicht mit einem Endtermin seiner Geltung oder mit einer Bestimmung beschwert werden, daß die Heimat wieder aufhören solle, wenn ein ungewisses Ereignis eintrete. Die Beifügung einer Resolutivbedingung ist also unstatthaft. Gleiches ergibt sich aus der Erwägung, daß der Eintritt einer neuen Heimat vertragsmäßig nicht befristet oder bedingt sein kann, so daß eine Vereinbarung im obigen Sinne selbst dann unstatthaft wäre, wenn die dritte Gemeinde ihr beiträte, in welcher nach jener Zeit oder jenem Ereignis die Heimat wieder erlangt werden soll. Vgl. Anm. 6.

5. Der Vertrag muß diejenigen Anforderungen erfüllen, welche das Recht an Verträge stellt[12]). Zwar ist er öffentlichen Rechts; aber soweit das öffentliche Recht selbst nicht ein anderes ergibt, sind auch auf öffentlich-rechtliche Einrichtungen die Grundsätze des bürgerlichen Rechtes anzuwenden. Demnach unterliegen die Verträge, welche seit 1. Februar 1900 abgeschlossen wurden, den Bestimmungen des Bürgerlichen Gesetzbuches. — Eine Form für den Abschluß der Verträge ist nicht vorgeschrieben[13]), auch nicht die schriftliche Abfassung. Notwendig ist, daß übereinstimmend der Wille vorhanden und daß er erklärt ist. Auf die dabei gewählten Worte kommt es nicht an, wenn nur der Wille die Heimat zu verleihen und zu geben feststeht[14]). Daher schließt beispielsweise auch der Gebrauch des Wortes „Anerkennung einer Heimat" nicht die Verleihung der Heimat aus, wenngleich bei diesem Ausdrucke der Verleihungswille nicht vermutet werden kann. Also: ohne Verleihungs- und Erwerbungswillen keine Verleihung trotz Wahl dieses Wortes —; trotz Nichtgebrauch des Wortes „Verleihung" Heimaterwerb bei vorhandenem Willen, zu verleihen und zu erwerben.

Den Heimatverleihungsvertrag kann jeder (bereits geborene) Mensch abschließen, der rechtsfähig ist, auch Ehefrauen, Kinder; niemand ist ausgeschlossen, auch derjenige nicht, welcher eine Heimat kraft

---

[12]) v. Seydel Bd. 2 S. 66 Note 99.

[13]) v. Seydel Bd. 2 S. 66 bei Note 99; v. Riedel S. 135 Note 7.

[14]) V.G.H. Bd. 2 S. 166: „Aus der Tatsache, daß eine Gemeinde, welche sich irrtümlich für die Heimatgemeinde des Mannes hält, zur Verehelichung des letzteren ihre Zustimmung erklärt hat, kann für diesen ein Heimaterwerb in jener Gemeinde ebensowenig abgeleitet werden, als aus dem Umstande, daß besagte Gemeinde von dem betreffenden Manne die Heimatgebühr bezahlt erhalten hat."

Art. 2 H.G. erlangt hat[15]). Für den Geschäftsunfähigen handelt der gesetzliche Vertreter; der in der Geschäftsfähigkeit Beschränkte handelt gültig nur mit Zustimmung des Inhabers der elterlichen Gewalt oder des Vormundes; der gesetzliche Vertreter kann auch für ihn handeln[16]). Die Ehefrau kann einen Vertrag ohne Zustimmung des Ehemannes schließen. Irgendwelche Voraussetzungen oder Ausnahmen sind nicht zu verzeichnen. Denn fähig, eine Heimat zu haben, ist jeder Mensch, gleichviel welchen Geschlechtes, Alters, Berufes. Bezüglich des Nichtbayern s. Ziff. 1.

Der Vertrag wird immer nur geschlossen von demjenigen, welcher die Heimat selbständig erwirbt; die Zustimmung derjenigen, welche seiner Heimat nur folgen, ist nicht erforderlich, vielmehr eher zu Mißverständnissen Anlaß bietend. Vgl. § 51 Ziff. 7.

Die Gemeinde wird vertreten durch die Gemeindeverwaltung (Gemeindeausschuß, Magistrat). Diese muß einen gültigen Verleihungsbeschluß gefaßt haben. In Gemeinden mit städtischer Verfassung ist zu einer Verleihung die Zustimmung der Gemeindebevollmächtigten erforderlich. Art. 9 II H.G. Ein nach den Bestimmungen der Gemeindeordnung ungültiger[17]) Beschluß ist kein Beschluß. Auch die Ausfertigung des Vorstandes der Gemeindeverwaltung deckt einen ungültigen Beschluß nicht. Sie bescheinigt allerdings, daß der ausgesprochene Wille jener der Gemeinde ist; aber der Gegenbeweis bleibt stets offen[18]).

Nicht zu verwechseln mit dem Beschluß ist die Bescheinigung, daß die Heimat vorhanden ist. Eine solche Bescheinigung (Heimat-

---

[15]) v. Riedel S. 134 Note 4.

[16]) v. Seydel Bd. 2 S. 66 Note 100; v. Riedel S. 134 Note 4. — Gesetzlicher Vertreter eines unehelichen Kindes ist der Vormund, nicht die Mutter, es sei denn, daß sie Vormund wäre. B.G.B. § 1707.

[17]) Ungültig ist ein Beschluß nicht deshalb, weil die protokollarische Beurkundung unterlassen oder das Protokoll mangelhaft geführt ist. V.G.H. Bd. 7 S. 295; vgl. auch V.G.H. Bd. 17 S. 308. — Die Rechtmäßigkeit der Verleihung eines Heimatrechtes durch eine in ihr Amt vorschriftsmäßig eingewiesene Gemeindeverwaltung kann nicht aus dem Grunde angefochten werden, daß die Wahl, aus welcher dieselbe hervorging, nachträglich infolge einer Beschwerde vernichtet wurde. V.G.H. Bd. 12 S. 395.

[18]) A. M. V.G.H. Bd. 11 S. 123: „Die Rechtsgültigkeit eines Gemeindeverwaltungsbeschlusses über Heimatverleihung kann nicht hinterher aus dem Grunde angefochten werden, weil bei der Beschlußfassung gesetzliche Formvorschriften außer acht gelassen wurden." Die Vorschriften, daß zu einer Beschlußfassung des Magistrats und der Gemeindebevollmächtigten die Mitwirkung einer bestimmten Anzahl von Mitgliedern und die Einhaltung bestimmter Förmlichkeiten erforderlich sei, betreffen nicht die Beziehungen der Gemeinde nach außen. Die Nichteinhaltung von Förmlichkeiten könne Haftungsverbindlichkeiten begründen, nicht aber aus dem Uebereinkommen erworbene Rechte beeinträchtigen. — Vgl. hierher auch Bl. Bd. 38 S. 296, wo dargelegt wird, daß die mangelnde Zustimmung der Gemeindebevollmächtigten zum Magistratsbeschlusse nichts schade, wenn der Magistratsvorstand eine Heimatrechtsurkunde ausgefertigt habe; ferner Bl. Bd. 23 S. 1 ff.; dagegen in einer ähnlichen Frage v. Seydel Bd. 2 S. 22 Note 26; s. auch oben S. 218 Anm. 19.

schein oder besonderes Zeugnis) braucht natürlich nicht auf dem Wege einer Beschlußfassung ausgestellt zu werden; sie begründet keine Heimat[19]).

6. Auch der Heimatvertrag kommt zustande durch einen Vertragsantrag[20]) und dessen Annahme. Hierfür gelten die Regeln des bürgerlichen Rechtes. Vgl. insbesondere § 145 ff. B.G.B. Das Gesetz sagt nun zwar in Art. 9, daß die Gemeinde „auf Ansuchen" das Heimatrecht verleihe; damit wollte aber nichts anderes als die Vertragsnatur dieser Verleihung festgestellt und betont werden, daß eine solche Heimat niemand aufgezwungen werden kann — nicht aber wollte gesagt werden, daß der Vertragsantrag gerade von demjenigen ausgehen muß, der die Heimat erwerben will. Ein geeigneter Antrag ist nur jener, welcher alle wesentlichen Teile des Vertrages umfaßt, so daß durch die Annahme der Vertrag unmittelbar fertig werden kann. Dernburg Bd. 1 S. 386. In der Regel wird A um Verleihung der Heimat in der Gemeinde N nachsuchen; die Gemeindeverwaltung N wird die Heimat unter „Bedingungen" verleihen; sie hat dann den Antrag gestellt, der von A angenommen werden muß; die Annahme wird sehr häufig durch die Erfüllung der verlangten Leistung, die Ablehnung stillschweigend geschehen. Eine Annahme, welche wesentliche Teile des Vertrages ablehnt und einen Gegenvorschlag macht, ist Ablehnung des Antrages, verbunden mit einem neuen Antrage.

7. Sonstige besondere Voraussetzungen bestehen nicht. Insbesondere ist nicht erforderlich, daß der Heimaterwerber zur neuen Heimatgemeinde irgendwelche Beziehungen unterhält, daß er also in der Gemeinde wohnt, sich aufhält, Grund besitzt, Geschäfte betreibt, Steuern bezahlt. Allerdings werden zumeist vorhandene Beziehungen den Anlaß zum Abschlusse des Heimatvertrages bieten, aber rechtlich ist es möglich, daß die Heimat von einer Person erworben wird, welche den Bezirk der Gemeinde nicht betreten hat noch je betreten wird.

Zwar kein Hindernis der Verleihung, aber ein Hemmnis der Wirksamkeit dieser Verleihung besteht in der Regel, wenn der Heimaterwerber zur Zeit des Erwerbes des Heimatrechtes das Bürgerrecht in einer anderen bayrischen Gemeinde mit dem Heimatrechte besitzt. Denn das Bürgerrecht schließt das Heimatrecht in sich; nur

---

[19]) Uebrigens ist nach dem Obigen zu beachten, ob der Heimatverleihungsbeschluß wirklich den Willen enthält, die Heimat zu verleihen, oder ob nicht lediglich eine Zusicherung für spätere Zeit oder bestimmte Fälle gegeben werden wollte. In solchen Fällen müßte später abermals ein Beschluß gefaßt werden, der die Heimat wirklich verleiht.

[20]) Der Antrag erlischt nach der Natur der Heimat auch durch den Tod desjenigen, der die Heimat erwerben soll. Irgendwelcher Uebergang auf die Hinterbliebenen vor erfolgter Erwerbung des Heimatrechtes ist nicht möglich.

in den Fällen des Art. 5 II H.G. ist ein Bürgerrecht ohne Heimatrecht denkbar. In analoger Anwendung der letzteren Bestimmung wird bei fortbestehendem Bürgerrechte in der einen Gemeinde die Verleihung des Heimatrechtes in der anderen Gemeinde nur in jenen Fällen wirksam, in welchen in den Fällen des Art. 5 II H.G. das Bürgerrecht ohne Heimatrecht bestehen kann; vgl. hierzu § 31. Einer Erklärung zugunsten der neuen Heimatgemeinde, wie in Art. 5 II am Schlusse gefordert, bedarf es in diesem Falle nicht. — In allen übrigen Fällen ist m. E. zwar die Heimatverleihung gültig; sie kann aber, da niemand eine zweifache Heimat besitzen kann, erst Wirkung äußern, wenn das Hemmnis beseitigt, d. i. entweder das Bürgerrecht verloren oder in ein solches umgewandelt wurde, das ohne Heimat bestehen kann. Stirbt der Heimaterwerber vorher oder erwirbt er nach der Verleihung ein neues Heimatrecht, so hat der Vertrag keine Wirkung geäußert. Gleichwohl wird die Gemeinde die Gegenleistung nicht zurückzugewähren haben, da es Sache des Erwerbers war, das Hemmnis z. B. durch Verlegung seines Wohnsitzes zu beseitigen.

Beispiel: A, wohnhaft zu N und Bürger dieser Gemeinde, in welcher er ein besteuertes Wohnhaus besitzt, schließt mit der Gemeinde O, in welcher seine Braut ein Anwesen inne hat, einen Heimatverleihungsvertrag. A bezahlt nach O die Heimatgebühr, verlegt aber nach seiner Heirat den Wohnsitz nicht nach O, sondern bleibt in A. Er ist trotz der Verleihung nicht in O heimatberechtigt. Verliert aber A später, weil er nach Verkauf des Hauses zu N von dort wegzieht, das Bürgerrecht in N, oder behält er zwar das Bürgerrecht in N bei, aber kraft Art. 18 I Gem.O. nur, weil er dort ein besteuertes Wohnhaus besitzt, so tritt nun sein gemäß Art. 9 H.G. erworbenes Heimatrecht in Wirksamkeit, sofern nicht inzwischen A etwa kraft Art. 2 H.G. oder zufolge Art. 9 H.G. eine andere Heimat erworben hat. Ist A schon in dem Zeitpunkte, in welchem die Wirkungen der Heimatverleihung an sich eintreten, nur mehr kraft Hausbesitzes Bürger in O, wo er den Wohnsitz aufgegeben hat, so tritt das neue Heimatrecht sofort in Kraft.

8. Ist es möglich, daß derjenige einen Vertrag über Verleihung der Heimat abschließt, der in der Gemeinde bereits heimatberechtigt ist? Diese Frage ist für solche zu bejahen, die bisher in der Gemeinde nur ursprünglich beheimatet waren[21]). Denn diese erwerben durch die Verleihung eben die selbständige Heimat; ihre Heimat ist nicht weiter mehr von den Schicksalen einer anderen Heimat abhängig. Heimatverleihungen solcher Art sind angebracht, wenn ein Ereignis demnächst eintreten wird, das die Heimat desjenigen ändert, der noch keine selbständige Heimat besitzt, während die Heimat dessen, der schon selbständig beheimatet ist, durch dies Ereignis unangetastet bleibt. Weil durch eine solche Heimatverleihung die bisherige Heimat gegenüber einer anderen, an sich zu erwerbenden, erhalten werden soll,

[21]) So ausdrücklich v. Seydel Bd. 2 S. 66; für das Recht von 1825—1868 ist es ausgesprochen vom V.G.H. in Bd. 2 S. 18.

nennt man jenen Vertrag in solchen Fällen „Heimatvorbehalt“[22]) (vgl. § 51).

9. Der Heimatverleihungsvertrag ist Vertrag. Seine Gültigkeit und sein dauernder Bestand richten sich nach den einschlägigen Regeln des bürgerlichen Rechtes, soweit nicht das öffentliche Recht besondere Normen aufstellt oder sich aus der Natur der Heimat als eines öffentlichen Rechtes ein anderes ergibt. In gewissen Fällen zeigt sich, wie ohne weiteres einleuchtet, nur der Schein eines Rechtsgeschäfts; so z. B., wenn jemand die Heimat zu erwerben glaubt, die Gemeinde aber nur eine Heimat, welche sie bereits vorhanden glaubt (z. B. im Falle des Art. 3 II H.G.) anerkennen will; oder wenn jemand die Heimat unentgeltlich zu erhalten glaubt, während die Gemeinde Bedingungen gesetzt hat, deren Mitteilung an den Bewerber versehentlich unterblieb. Ebensowenig besteht ein gültiges Rechtsgeschäft, wenn ein Geschäftsunfähiger gehandelt hat, oder wenn eine juristische Person die Heimat erwerben will, oder wenn eine von dem Gesetze verbotene Gegenleistung vereinbart wurde.

Aber auch der Anfechtung im Sinne des bürgerlichen Rechtes kann der Vertrag unterliegen. Anfechtbar ist er insbesondere z. B. dann, wenn die Gemeinde den Worten nach die Heimat „verliehen“ hat, aber die Heimat nicht verleihen, sondern nur anerkennen wollte (§ 119 B.G.B.), ferner bei unrichtiger Uebermittlung der Willenserklärung eines der beiden Vertragsteile (§ 120 B.G.B.), dann wenn einer der beiden Vertragsteile durch arglistische Täuschung oder widerrechtlich durch Drohung zur Abgabe der Willenserklärung bestimmt wurde (§ 123 B.G.B.)[23]). Die Anfechtung muß innerhalb

[22]) Ein solcher Heimatvorbehalt, der früher (vor 1868) sehr gebräuchlich war, kann auch heute noch vorkommen, wenn es sich z. B. darum handelt, die außerehelichen Kinder einer Braut mit selbständiger Heimat auszustatten und hierdurch die einspruchsberechtigte Gemeinde des Mannes zu bewegen, gegen die beabsichtigte Verehelichung Einspruch nicht zu erheben. Unter der Geltung des neueren Rechts sind Heimatvorbehalte allerdings seltener als vor 1868. Ein solcher „Heimatvorbehalt“ ist also nichts anderes, als eine Heimatverleihung, welche daher auch alle Voraussetzungen einer solchen erfüllen muß. Der Heimatvorbehalt wirkt nur, weil und wenn er eine gültige Heimatverleihung ist und weil er eine ursprüngliche in eine selbständige Heimat umwandelt. Die Bestimmung des § 2 II H.G. 1825 ist aufgehoben. Der Heimatvorbehalt ist darum nach jetzigem Recht nicht in der Lage, einen Heimaterwerb auszuschließen, welcher auch denjenigen betrifft, der bisher eine selbständige Heimat hatte. Durch keinen Heimatvorbehalt kann z. B. der definitive Beamte hindern, daß er die Heimat in der Gemeinde seiner Anstellung erwirbt; er kann nur nachher einen Heimatverleihungsvertrag schließen, der ihm die bisherige Heimat aufs neue verschafft und der Geneigtheit der Gemeinde hierzu schon vorher (unverbindlich) sich versichern. — Vgl. Reger S. 44 Anm. 2 u. 4. — Wenn jemand die selbständige Heimat in einer Gemeinde bereits hat, so kann er sie nicht mehr durch Verleihung erwerben.

[23]) Es genügt, daß der Erklärende durch den Irrtum bestimmt ist. B.G.B. § 123. Wenn beispielsweise die Gemeinde von dem Heimatbewerber erfuhr, daß er ein vermögender Mann sei, während er ein Bettler ist, und hat diese

der vom Gesetz angeordneten Fristen und in der gesetzlichen Form erfolgen; sie bewirkt dann ebenso wie die Nichtigkeit, daß von Anfang an ein gültiger Vertrag und damit auch ein Heimaterwerb nicht vorliegt; ist der Vertrag nicht nichtig, sondern anfechtbar, aber nicht angefochten, so ist die Heimat ebenso verliehen wie bei einem fehlerlosen Vertrage. Die Anfechtung darf nur der nach dem Gesetze Berechtigte geltend machen. Entsteht Streit über die Gültigkeit des Vertrages, bezw. ob derselbe anfechtbar und angefochten ist, so enthält dieser Streit zugleich einen Streit über die Heimat und hat somit ein Heimatfeststellungsverfahren zur Folge[24])[25]).

In einem wichtigen Punkte unterscheidet sich der Heimatvertrag infolge der rechtlichen Natur der Heimat von anderen Verträgen. Dieselben können im allgemeinen durch gegenseitige Uebereinstimmung wieder aufgehoben werden. Dagegen ist der Heimatvertrag, welcher bereits eine Aenderung der Heimat, bezw. ihres Charakters herbeiführte, in der Hauptsache der Verfügung der Parteien entrückt, wie auch ein einseitiger Widerruf unzulässig ist[26]). Denn Beseitigung des die Heimat begründenden Uebereinkommens ist ebensowenig ein Verlustgrund der Heimat, wie der Wegfall eines anderen Erwerbsgrundes. Dagegen kann solange, als nicht die Heimat erworben ist (z. B. wegen Nichterfüllung der Gegenleistung) der Heimatvertrag wieder aufgehoben werden. Aenderungen der Nebenbestimmungen, insbesondere über die Leistungen des Heimatbewerbers, sind jederzeit

---

Täuschung die Gemeinde bestimmt, so ist der Vertrag anfechtbar. Hat die Gemeindeverwaltung nur geglaubt, jener sei reich, ohne daß er diesen Glauben hervorrief oder bestärkte, so ist Anfechtung nicht möglich. Denn Irrtum im Beweggrunde, der nicht auf Täuschung beruht, berechtigt nicht zur Anfechtung. Eine Täuschung in einem Punkte, der für den Willen nicht wesentlich ist, gibt ebenfalls kein Anfechtungsrecht. Vgl. auch B. Gemeindeztg. Bd. 4 S. 408—411. Vgl. auch V.G.H. Bd. 11 S. 115; V.G.H. Bd. 6 S. 28; Reger S. 44 Anm. 2.

[24]) Keine Nichtigkeit oder Anfechtbarkeit des Vertrages besteht, wenn jemand denselben abgeschlossen hat, dem ein Anspruch auf Verleihung gemäß Art. 6, 7, 10, 12 IV H.G. zugestanden wäre. Dagegen kann möglicherweise eine ungerechtfertigte Bereicherung der Gemeinde eingetreten sein.

[25]) Ist der Heimatvertrag nichtig, z. B. weil ein Minderjähriger ohne Zustimmung des Vormundes gehandelt hat, so kann auch die verleihende Gemeinde selbst diesen Umstand geltend machen, selbst wenn sie ihn kannte. Vgl. Bl. Bd. 23 S. 89.

[26]) Ein interessantes Beispiel findet sich in Bl. Bd. 49 S. 107. Ein Katholik A wollte eine Israelitin heiraten. Die Gemeinde D verlieh ihm gegen Zahlung einer Heimatgebühr zu 30 fl. die Heimat. Das Verehelichungszeugnis wurde verweigert, weil der Ehe infolge der konfessionellen Verhältnisse ein zivilrechtliches Hindernis entgegenstand. Nun erstattete die Gemeinde D dem A die bezahlte Heimatgebühr wieder zurück. Später wurde die Heimat streitig. Die Gemeinde D bestritt die Heimat, weil die bereits bezahlte Heimatgebühr wieder zurückgegeben wurde. Der Fall wird mit Recht dahin entschieden, daß der letztere Umstand keinen Verlust der einmal erworbenen Heimat begründet hat, daß demnach D die Heimat des A ist. Man könnte beisetzen, daß auch ein förmlicher Vertrag (der übrigens offenbar stillschweigend abgeschlossen wurde), die Heimatverleihung rückgängig zu machen, diese Wirkung nicht haben kann.

zulässig. Ob vor dem Zeitpunkte des Heimaterwerbs eine der Parteien zurücktreten kann, z. B. wegen Aenderung der Verhältnisse, die vorausgesetzt wurden, oder wegen Verzögerung der Erklärung des anderen Teiles, richtet sich nach den Bestimmungen des bürgerlichen Rechtes.

10. Die Heimat bringt dem Beheimateten Rechte, der Gemeinde Pflichten und Lasten. Wenn daher selbst bei vorhandenem Anspruch auf Verleihung des Heimatrechtes dem Heimaterwerber die Zahlung einer Heimatgebühr obliegen kann, so mußte um so mehr die Möglichkeit geschaffen werden, die freiwillige Verleihung der Heimat von Gegenleistungen des Heimatempfängers abhängig zu machen. Dies geschah im Heimatgesetz — abweichend von den für die Erwerbung des Bürgerrechtes aufgestellten Regeln — dadurch, daß die Bestimmung der Gegenleistung der freien Vereinbarung zwischen den Vertragsschließenden anheimgegeben wurde. H.G. Art. 9: „Die Gemeindeverwaltung kann hierbei . . . mit dem Bewerber die Bedingungen vereinbaren, von deren Erfüllung die Verleihung des Heimatrechtes abhängig gemacht wird".

Es ergibt sich demnach folgendes: Die Verleihung des Heimatrechtes kann ohne Gegenleistung erfolgen; sie kann aber auch unter Vereinbarung von Gegenleistungen geschehen; diese Gegenleistungen werden in jedem Vertrage besonders vereinbart; sie können daher in jedem Vertrage verschieden sein. Die Gemeinden sind in keiner Weise in ihrem Ermessen hinsichtlich der Art und der Höhe der Gegenleistungen beschränkt. Die Gegenleistungen haben nicht den Charakter einer Gebühr im Sinne des Art. 57 Gem.O.; sie werden nur geschuldet, wenn im Vertrag über die Heimatverleihung eine Vereinbarung hierüber getroffen ist und nur auf Grund dieser Vereinbarung. Die Gemeinden können Regulative aufstellen und bekanntmachen, und darin angeben, unter welchen Bedingungen sie in den Fällen des Art. 9 die Heimat zu verleihen bereit sind; allein diese Regulative haben nicht die Bedeutung eines Ortsgesetzes. Die Gemeindeverwaltung kann ihrerseits jeden Augenblick von ihnen abgehen und andere „Bedingungen" vereinbaren. Niemand braucht dies Regulativ zu kennen; allerdings kann dies Regulativ auch ausdrücklich oder durch aus den Umständen hervorgehende Bezugnahme auf dasselbe zum Inhalt des Vertrages werden; dann wird aber die in dem Tarif festgesetzte „Gebühr" nur geschuldet auf Grund des Vertrages, nicht auf Grund des Regulativs. Wenn jemand unter Bezugnahme auf das Regulativ einen Antrag stellt und die Gemeinde denselben annimmt, so ist der aus dem Tarif sich ergebende Satz der Gegenleistung vereinbart. Wenn jemand die Heimat erwerben will und die Gemeinde das Ansuchen annimmt, so ist die in einem Regulativ festgesetzte Gebühr dann nicht vereinbart, wenn der erstere von dem Vorhandensein des Regulativs keine Kenntnis hatte.

Die Gegenleistung kann in Geld oder in anderem bestehen. Ist sie Geld, so ist ihre Höhe völlig unbeschränkt, insbesondere darf sie den Höchstsatz des Art. 12 übersteigen[27]); die sonstigen Gegenleistungen können von mannigfacher Art sein und auch in der Uebernahme einer Verpflichtung bestehen, z. B. in der Uebernahme der Unterhaltung eines Weges, der Leistung von Hand- und Spanndiensten, der Verpflichtung zur Begründung einer Stiftung, der Ueberlassung eines Grundstücks. Ist freilich für die Uebernahme dieser Leistungen nach ihrer besonderen Art eine Form vorgeschrieben (z. B. die notarielle), so muß diese Form eingehalten werden. Die Gegenleistung kann auch in Bestellung einer Sicherheit dafür bestehen, daß der Gemeinde aus der Verleihung des Heimatrechtes keine Lasten erwachsen und kann die Gemeindeverwaltung für berechtigt erklärt werden, aus der Sicherheit etwaige Armenlasten zu decken. Die bezügliche Vertragsbestimmung muß natürlich in sich gültig sein und darf insbesondere der erforderlichen Bestimmtheit nicht ermangeln; vgl. v. Riedel S. 136 oben.

Als Gegenleistungen erscheinen auch von der Gemeindeverwaltung gemachte, von dem Heimaterwerber „angenommene" Auflagen, denn sie begründen eine Verpflichtung des letzteren. Gegenleistungen, welche nach anderen Gesetzen verboten sind, dürfen auch in einem Heimatverleihungsvertrag sich nicht finden, sonst würde dieser Vertrag ungültig werden[28]).

Die Gegenleistung kann nicht nur nach ihrem Gegenstande, sondern auch nach Ort und Zeit und ähnlichen Beziehungen geregelt werden. So z. B. kann bestimmt werden, daß der Heimaterwerber eine Summe Geldes binnen 14 Tagen bei der Kassa der Stadt ... in Gold einzubezahlen hat; ausdrücklich kann vereinbart sein, daß bei Nichteinhaltung der Zahlungsfrist oder Vernachlässigung sonstiger Bestimmungen der Vertrag als nicht geschlossen gelten solle. Ist eine solche Vereinbarung über die Bedeutung des bezüglichen Vertragsinhaltes nicht getroffen, so gelten die allgemeinen Regeln über die Auslegung der Verträge. An der Norm, daß von der Erfüllung der Gegenleistung die Wirkung der Heimatverleihung abhängig ist, ändert eine Fristvorsetzung nichts. Die Bestimmung über die Gegenleistungen bildet einen wesentlichen Inhalt des Vertrages; Nichtübereinstimmung

---

[27]) Auch den Höchstsatz der Bürgerrechtsgebühr: Allerdings ist die Höhe der Bürgerrechtsgebühr nach Art. 20 Gem.O. auch bei vertragsmäßiger Verleihung beschränkt; man hat nun, weil das Bürgerrecht das majus ist gegenüber der Heimat, geschlossen, es dürfe auch die Heimatgebühr nicht höher sein als die höchste Bürgerrechtsgebühr Bl. Bd. 24 S. 250. Allein die beiden Gesetze haben eben prinzipiell verschiedene Regelungen vorgenommen; die Gegenleistung aus Art. 9 H.G. ist keine „Gebühr". — Siehe auch v. Riedel S. 135/36, Bl. Bd. 24 S. 250ff.; v. Seydel Bd. 2 S. 66.

[28]) So z. B. würde die Bestimmung, daß der Heimatbewerber nicht heiraten dürfe, oder daß er seinen Kindern den Unterhalt nicht gewähren dürfe, unzulässig sein und dem Vertrag gleiches Schicksal bereiten.

des Willens in einem wesentlichen Punkte dieses Vertragsteiles vereitelt das Zustandekommen des Ganzen.

11. Ist der Vertrag zustande gekommen, so ist hierdurch die Heimat erworben und zwar in dem Zeitpunkt, welcher in dem Vertrag bestimmt ist, und wenn kein solcher Zeitpunkt bestimmt ist, sobald die Annahme des Antrages erklärt ist; vgl. jedoch Ziff. 7. Die Heimat ist verliehen mit allen Rechtsfolgen. Sie bewirkt den Verlust der bisherigen Heimat, gleichviel auf welchem Titel die letztere beruht; sie bewirkt insbesondere auch den Verlust der durch Anstellung und durch Eheschließung erworbenen Heimat.

Wird jedoch, was die Regel bildet, die Heimat unter Bedingungen (Gegenleistungen) verliehen, so entstehen besondere Rechtswirkungen. Erstens tritt die Rechtswirkung der Heimatverleihung erst ein, wenn die Gegenleistung erfüllt ist. Die Leistung der Gemeinde „Heimat" wird nicht eher gewährt, als die Gegenleistung, oder erstere ist von letzterer „abhängig". Wenn auch das Gesetz nur davon spricht, daß von der Erfüllung die Verleihung des Heimatrechtes abhängig gemacht werden kann, so ist doch daran nicht zu zweifeln, daß die Verleihung als solche erfolgen darf[29]), dabei aber die Wirksamkeit der Verleihung, d. i. der Heimaterwerb, abhängig gemacht werden kann, daß aber die Gemeinde, welche ja sogar ohne Gegenleistung die Heimat zu verleihen berechtigt ist, auch davon Umgang nehmen kann, die Verleihung bezw. deren Wirkung von der Erfüllung der Bedingungen abhängig zu machen. In letzterem Falle wird dann das Heimatrecht sofort mit der Vollendung des Vertrages erworben. Die Sache liegt also ähnlich, wie bei der Verleihung der Heimat auf Grund Anspruches, wenn Heimatgebühren legal eingeführt sind. (Art. 12 H.G.) Nur muß dort durch Beschluß der Gemeinde ausdrücklich festgestellt sein, daß die Erwerbung des Heimatrechtes von der Zahlung einer Gebühr abhängig sein soll, während in unserem Falle, wenn nicht das Gegenteil bestimmt wird, die Abhängigkeit der Verleihung von der Erfüllung der Bedingung anzunehmen ist.

Zweitens entsteht durch den Vertrag auch ein Schuldverhältnis hinsichtlich jener Gegenleistung; forderungsberechtigt ist die Gemeinde, verpflichtet ist der Heimaterwerber. Wie ebenfalls für die Heimatgebühr im Sinne des Art. 12 bereits dargelegt wurde, ist nicht etwa die Erfüllung der „Bedingungen" nur eine Voraussetzung für die Verleihung des Heimatrechtes, so daß die Gemeinde zu warten

---

[29]) Selbstverständlich kann die Gemeinde auch so verfahren, daß sie zunächst verhandelt und dem Bewerber um die Heimat lediglich die Geneigtheit ausspricht, die Heimat zu verleihen, wenn er die ihm bezeichnete Leistung macht, daß ihm ferner anheimgegeben wird, vorerst dieser Bedingung zu genügen und daß, erst wenn dies geschehen, der Beschluß über die Verleihung, d. i. die Annahme des von dem Bewerber auf diese Aufforderung gemachten Antrages erfolgt. Vgl. auch v. Seydel Bd. 2 S. 66.

hätte, ob erfüllt wird oder nicht, und letzterenfalls die Heimat nicht erworben wäre — sondern es entsteht ein selbständiges Forderungsrecht der Gemeinde auf Erfüllung. Ob die Gemeinde dieses Forderungsrecht geltend machen will oder nicht, ist Sache ihres Beliebens. Wird die Leistung ohne Verschulden unmöglich, so wird der Schuldner befreit; er erlangt aber auch in diesem Falle in der Regel die Heimat nicht, da ja die Heimatverleihung zugleich durch die wirkliche Erfüllung bedingt ist. — Der vertragsmäßigen Regelung, daß ein Forderungsrecht der Gemeinde nicht entstehen soll, sondern daß lediglich das Heimatrecht in seinem Entstehen von der Erfüllung der Bedingungen abhängig sein soll, steht nichts im Wege.

Der Vertrag hat einen öffentlich-rechtlichen Charakter. Die vereinbarte Gegenleistung kann daher, wenn Streit entsteht, oder wenn die übernommene Verpflichtung nicht gehalten wird, nicht im Zivilrechtsweg geltend gemacht werden. Es steht für sie nur der Verwaltungsweg offen, jedoch nicht der Verwaltungsrechtsweg, da weder Art. 8 Ziff. 26 noch Ziff. 27 V.G.H.G. zutreffen.

12. Die Beschlüsse, welche die Gemeinden über die Verleihung einer Heimat fassen, sind gebührenpflichtig; ebenso die aufgenommenen Protokolle. Auslagen sind zu erstatten.

Nach Art. 225 des Gebührengesetzes vom 11. November 1899 bleibt die nähere Bezeichnung der Angelegenheiten, in welchen bei den einer Distriktspolizeibehörde untergeordneten Gemeindebehörden die in Art. 199 bezeichneten Gebühren (für Protokolle, Beschlüsse, Verfügungen, Bescheide, Zeugnisse) zur Erhebung gelangen, königlicher Verordnung vorbehalten, die Gebühren dürfen dann nur in der Hälfte der in Art. 199 (früher 165) bestimmten Höhe erhoben werden. Die hier einschlägige Verordnung vom 20. September 1879 (Weber Bd. 13 S. 568 ff.) bestimmt in § 3 Ziff. 1 a, daß bei Gesuchen um Verleihung des Heimatrechts, wenn ein gesetzlicher Anspruch nicht besteht, die Gebühr erhoben werden darf. Demnach kann die „Beschlußgebühr" in der Höhe von 1—25 Mk. nach Maßgabe der in Art. 280 des Gesetzes getroffenen Bestimmungen erhoben werden. Magistrate unmittelbarer Städte können 2—50 Mk. erheben.

Dadurch, daß eine Beschlußgebühr erhoben wird, erleidet die rechtliche Natur des Beschlusses als Erklärung eines Vertragswillens keinen Abbruch. Kommt die Verleihung der Heimat deshalb nicht zustande, weil ein Vertrag nicht zustande kommt, so kann m. E. eine Beschlußgebühr nicht erhoben werden; wohl aber dann, wenn zwar der Vertrag zustande kommt, die Gegenleistung aber nicht bewirkt wird. Für Ausfertigungen des Beschlusses sind Gebühren nicht zu erheben.

§ 53.

c) **Die vertragsmäßige Verleihung des Bürgerrechts im besonderen**[1]).

Wer das Bürgerrecht erwirbt, erlangt auch die Heimat. Darum ist auch für die Erwerbung des Heimatrechtes von Bedeutung, daß

---

[1]) Vgl hierzu v. Kahr S. 196—198, Lindner-v. Hauck S. 66.

das Bürgerrecht ohne Vorhandensein eines gesetzlichen Anspruches durch einen zwischen dem Erwerber und der Gemeinde geschlossenen Vertrag erlangt werden kann. Art. 12 Gem.O. Zur Ergänzung des in § 31 bereits Gesagten ist hier noch folgendes beizufügen.

Auf den Verleihungsvertrag finden im allgemeinen die Regeln Anwendung, welche eben für den Heimatverleihungsvertrag aufgestellt worden sind. Insbesondere gilt auch hier, daß eine Vereinbarung, wonach das Bürgerrecht unter einer Bedingung im eigentlichen Sinne oder von einem bestimmten Ereignisse an oder bis zu einem solchen verliehen werden soll, keine rechtliche Bedeutung hat, vielmehr nur dasjenige Rechtsgeschäft, welches den Willen, das Bürgerrecht zu erwerben und dasselbe zu verleihen, bedingungslos enthält[2]). Eine vertragliche Einschränkung des Inhalts des Bürgerrechts ist unzulässig. — Zuständig ist wiederum die Gemeindeverwaltung, in Gemeinden mit städtischer Verfassung der Magistrat mit Zustimmung der Gemeindebevollmächtigten. Art. 16 Gem.O. Der Beschluß ist kein instanzieller, sondern die Erklärung einer Vertragspartei.

In einigen Punkten weichen die Regeln über diesen Vertrag von jenen über den Heimatvertrag ab. Vor allem ist der Vertrag nur dann gültig, wenn eine zur Erwerbung des Bürgerrechts fähige Person ihn abschließt. Nur die Fähigkeit nach Art. 11 Gem.O. kommt hier in Frage; jene nach Art. 15 gewährt ohnehin einen Anspruch auf Verleihung. — Sodann ist die Gemeinde nicht in der Lage, im einzelnen Falle die Verleihung vertragsmäßig von Gegenleistungen abhängig zu machen. Sind in der Gemeinde Aufnahmegebühren gültig eingeführt und ist die Wirksamkeit des Bürgerrechtes von der Zahlung der Aufnahmegebühr abhängig, so beruht bei Abschluß des Vertrages über Verleihung des Bürgerrechtes die Verpflichtung zur Zahlung der Gebühr auf dem statutarischen Beschlusse, und ergibt sich aus diesem Beschlusse die erwähnte Abhängigkeit, nicht aus dem Vertrage. Ist ein solches Regulativ erlassen, so bedarf es einer Erwähnung im Verleihungsbeschlusse oder in der Eröffnung desselben nicht[3]). Die Höhe der Gebühren ist nach Art. 20 der Gem.O. begrenzt. Irgendwelche andere Leistungen können nicht auferlegt werden[4]). Würde in dem Verleihungsbeschluß gleichwohl eine Leistung verlangt werden und der Bewerber darauf eingehen, so würde der Wille, das Bürgerrecht zu erwerben und zu verleihen, vorhanden sein; daneben aber wäre Unzulässiges verlangt und ohne Grund versprochen; die besondern Leistungen würden also zurückgefordert werden können, das Bürgerrecht aber erworben sein[5]).

---

[2]) Die Bedingung der Zahlung der Bürgerrechtsgebühr ist eine condicio juris.

[3]) Die doch erfolgte Erwähnung bezw. die Beifügung, daß das Bürgerrecht gegen eine Gebühr von bestimmter Höhe verliehen werde, ist jedoch unschädlich, wenn diese Gebühr der regulativmäßigen entspricht.

[4]) v. Seydel Bd. 2 S. 78 Note 25; Bl. Bd. 26 S. 398.

[5]) Anders dürfte die Sache liegen, wenn die Gemeinde in Vorverhandlungen ihre Bereitwilligkeit zur Verleihung des Bürgerrechts von Handlungen

Die für die Verleihung des Heimatrechtes auf Grund Art. 9 H.G. gemachte Leistung ist auf die Gebühr für die Verleihung des Bürgerrechts auch dann nicht anrechenbar, wenn dieselbe den Namen „Gebühr“ trägt und im gemeindlichen Heimatgebührenregulativ zugleich mit wirklichen Heimatgebühren festgesetzt ist. Der Beschluß, das Bürgerrecht zu verleihen, ist gebührenpflichtig. Ueber die Höhe der Gebühren gilt das am Schluß des § 52 Gesagte.

§ 54.

4. Bürgerrechts-(Heimat-)Erwerb zufolge Anspruches der Wohngemeinde[1]).

1. Die innigen Beziehungen, welche sich zwischen einem Fremden und einer Gemeinde bilden, können, wie wir sahen, zum Erwerb der Heimat kraft Gesetzes, und zum Erwerb eines Anspruches führen, den der Fremde oder für ihn die bisherige Heimatgemeinde geltend machen kann. Dagegen hat das Heimatgesetz der Gemeinde kein Recht eingeräumt, einen ihr tatsächlich aber nicht rechtlich Angehörigen auch zum Heimatangehörigen zu machen. Allein es bietet sich durch die Gemeindeordnung ein Weg, einen Befähigten auch gegen seinen Willen zum Bürger der Gemeinde zu machen; diese Maßregel, verursacht durch die Beseitigung der früheren Erwerbung der Gemeindegliedschaft auf Grund von ipso jure wirkenden Tatsachen, bewirkt in den meisten Fällen auch den Erwerb des Heimatrechtes und ist daher in Kürze im folgenden zu erörtern.

2. Wenn jemand im Augenblicke der sofort zu erwähnenden Beschlußfassung oder, falls Streit entsteht, zur Zeit der endgültigen Entscheidung dieses Streites Bayer und nach Art. 11 Gem.O. befähigt zum Erwerb des Bürgerrechtes ist, ferner seit 5 Jahren — d. h. während der dem Verleihungsbeschluß (oder der Entscheidung) unmittelbar vorangehenden 5 Jahre — in der Gemeinde wohnt, d. i. sich in derselben ständig aufhält (vgl. § 48 Ziff. 2), endlich für diese Zeit mit einer direkten Steuer im jährlichen Betrag von 6 Mk. 86 Pfg. bezw. von 5 Mk. 14 Pfg., je nachdem die Gemeinde mehr als

---

oder Leistungen des Bewerbers abhängig machen würde, und wenn nach ihrer Bewirkung dann ein unbedingter Verleihungsbeschluß erfolgte. Wenn z. B. die Gemeinde mitteilen würde, sie werde das Bürgerrecht verleihen, wenn A für die Armen 100 Mk. gebe, A nun diese 100 Mk. schenkt und dann die Gemeinde das Bürgerrecht verleiht — so ist die Leistung nicht mehr zurückzufordern. Würde allerdings die Leistung an die Gemeinde selbst zu eigentlichen Gemeindezwecken erfolgt sein, und in untrennbarem Zusammenhang mit der Bürgerrechtsverleihung stehen, so daß eine Umgehung des Gesetzes beabsichtigt erschiene, so würde die Leistung als ohne gesetzlichen Grund bewirkt angesehen werden müssen.

[1]) Vgl. zum folgenden auch v. Seydel Bd. 2 S. 82–84, v. Kahr S. 200 Note 2a; Lindner-v. Hauck S. 68; B. Gemeindeztg. Bd. 9 S. 497 ff., 516 ff., 536 ff., 551 ff.

20000 Seelen (Art. 203 Gem.O.) oder weniger zählt, veranlagt ist, so muß er Bürger dieser Gemeinde werden, falls diese es will, was in einem Beschlusse der Gemeindeverwaltung zum Ausdrucke zu kommen hat. In Gemeinden mit magistratischer Verfassung ist eine Zustimmung der Gemeindebevollmächtigten zu diesem Beschlusse nicht erforderlich. Steuern, mit welchen die Ehefrau und minderjährige, im elterlichen Unterhalte stehende Kinder veranlagt sind, sind dem Familienhaupte zuzurechnen. Vor allem ist also der Wille der Gemeinde und eine Erklärung dieses Willens erforderlich. Es liegt ganz im freien Ermessen der Gemeinde, ob sie diese Erklärung abgeben will oder nicht. Beispielsweise kann sie gegenüber Personen, welche Besorgnis erregen, daß sie verarmen könnten, von einer Heranziehung Umgang nehmen. Das freie Ermessen der Gemeindeverwaltung ist auch in keiner Weise durch die Staatsaufsicht eingeschränkt.

Der erklärte Wille der Gemeinde allein genügt aber noch nicht. Wie beim Anspruch auf Verleihung des Heimat- oder Bürgerrechts die Gemeinde den Anspruch anerkennen muß, so hier beim Anspruch der Gemeinde der in Anspruch genommene. Vgl. v. Kahr S. 154 Anm. 3. Daher muß sich mit dem Beschluß gemäß Art. 17 Gem.O. die Aufforderung an den Pflichtigen verbinden, das Bürgerrecht zu erwerben. Auf den Wortlaut dieser Aufforderung kommt jedoch nichts an; es genügt, daß die Gemeindeverwaltung jemand für verpflichtet erklärt, das Bürgerrecht zu erwerben und ihm dies mitteilt. Das weitere hängt von dem Verhalten des Verpflichteten ab.

Dieser kann sich dieser Aufforderung, welche übrigens bis zur Abgabe einer Erklärung durch den Pflichtigen widerrufen werden kann, ausdrücklich oder durch Handlungen unterwerfen; dann besteht Uebereinstimmung zwischen Gemeinde und Person; das Bürgerrecht wird erworben, sobald diese Uebereinstimmung hergestellt und gegebenenfalls die Bürgeraufnahmsgebühr entrichtet ist. Diese Anerkennung der Verpflichtung ist jederzeit möglich[2]), solange nicht die Aufforderung zurückgenommen ist. War die Aufforderung im Gesetz nicht begründet, so bewirkt die Anerkennung der Verpflichtung durch den Pflichtigen gleichwohl den Erwerb des Bürgerrechtes, vorausgesetzt, daß er die „Fähigkeit" im Sinne des Art. 11 Gem.O. besitzt; daß die Zustimmung des Kollegiums der Gemeindebevollmächtigten beigebracht wird, ist auch in diesem Falle nicht nötig.

Der Verpflichtete kann sich aber auch ausdrücklich ablehnend verhalten; dann steht es im Belieben der Gemeinde, die Erwerbung zu erzwingen durch Antrag auf Entscheidung im verwaltungsrechtlichen Verfahren. Obsiegt in dem Streite die Gemeinde, so gilt das Bürgerrecht erworben im Zeitpunkt der Einreichung des Antrages bei der I. Instanz; ist die Verpflichtung zum Erwerb erst während des Ver-

---

[2]) Die Gemeinde braucht aber nicht zu warten, bis es dem Aufgeforderten beliebt, sich zu erklären. Vgl. das im Texte Folgende.

fahrens eingetreten[3]), so kann der Erwerb nicht früher eintreten; ist der Pflichtige auch zur Zahlung einer Bürgeraufnahmsgebühr verpflichtet, so entscheidet der in der Regel spätere Zeitpunkt der Zahlung der Gebühr. Ob die Gemeinde das Streitverfahren einleitet, ist Sache ihres Ermessens; unterläßt sie es, so verzögert sich der Bürgerrechtserwerb; auch kann wegen Aenderung der die Voraussetzung bildenden Tatsachen die Verpflichtung überhaupt entfallen. Denn der Beschluß der Gemeinde, einen Pflichtigen zur Erwerbung des Bürgerrechtes heranzuziehen, hat keineswegs die Folge, daß die zur Zeit vorhandene Verpflichtung nun fortwirkt; erst der Erhebung der verwaltungsrechtlichen Klage kommt diese Bedeutung zu (vgl. § 48). Eine Verjährung des Rechts auf verwaltungsrechtliche Entscheidung tritt jedoch nicht ein[4]).

Der Aufgeforderte kann auch die Verpflichtung zum Erwerb des Bügerrechtes anerkennen, dagegen jene zur Zahlung einer Bürgerrechtsgebühr bestreiten. Da das Bürgerrecht bei gesetzlich eingeführten Aufnahmsgebühren von dieser Zahlung abhängt, so ist es nun Sache der Gemeinde, die Anerkennung auch in dieser Hinsicht im verwaltungsrechtlichen Verfahren durchzusetzen. Die Beitreibung der Gebühr wäre unzulässig, da nach Art. 57 Gem.O. nur liquide Abgaben beigetrieben werden dürfen. Würde die Gebühr indes beigetrieben sein, so würde das Bürgerrecht als erworben gelten müssen. Tut die Gemeinde auf die Weigerung zur Zahlung nichts, so ist das Bürgerrecht erworben, falls der Anspruch auf Gebührenzahlung unbegründet war. Wurde die Zahlung der Gebühr zu Unrecht gefordert, so ist überhaupt das Bürgerrecht erworben, sobald nur die Verpflichtung zum Erwerb anerkannt ist. Die Aufforderung der Gemeinde kann ja nicht bedingt an den Pflichtigen gerichtet werden; die Gebührenpflicht ist eine Folge des örtlichen Statuts, nicht der Unterwerfung unter das ergangene Gebot. War die Aufforderung zur Zahlung der Gebühr begründet, so schließt die Ablehnung der Zahlung den einstweiligen Nichterwerb des Bürgerrechts in sich, falls dieser statutarisch von der Zahlung der Erwerb abhängt.

Der Aufgeforderte kann auch die Anerkennung seiner Erwerbungspflicht ablehnen, die Gebühr aber zur Vermeidung einer etwaigen zwangsweisen Beitreibung unter Protest bezahlen. In diesem Falle ist Uebereinstimmung nicht erzielt, daher auch das Bürgerrecht nicht erworben; die Zahlung kann jeden Augenblick zurückgefordert werden; die Gemeinde kann die Verpflichtung nur im verwaltungsrechtlichen Verfahren zur Anerkennung bringen.

Der Aufgeforderte kann endlich gar nichts tun, also eine Erklärung, ob er seine Verpflichtung anerkenne oder nicht, in keiner Richtung, weder durch Worte noch durch Handlungen abgeben. Auch

---

[3]) In diesem Falle kann die Gemeinde zur Tragung der Kosten verurteilt werden.

[4]) Es braucht also bei Fortdauer der Verpflichtung nicht später die Aufforderung wiederholt zu werden.

in diesem Falle ist die Gemeinde, da die Anerkennung notwendig ist, um den Erwerb des Bürgerrechtes zu bewirken, genötigt, das verwaltungsrechtliche Verfahren durchzuführen; tut sie dies nicht, so wird das Bürgerrecht nicht erworben.

Zuständig im Streit über die Anerkennung der Erwerbungspflicht gemäß Art. 8 Ziff. 26 und Art. 9 V.G.H.G. ist in I. Instanz die Distriktsverwaltungsbehörde, welche der den Anspruch erhebenden Gemeinde vorgesetzt ist, in II. Instanz die Kreisregierung (Senat), in III. Instanz der Verwaltungsgerichtshof; erhebt eine unmittelbare Stadt den Anspruch, so entscheidet die Kreisregierung (Senat) in I., der Verwaltungsgerichtsof in II. Instanz. Betrifft der Streit lediglich die Verpflichtung zur Zahlung einer Aufnahmegebühr, so ist gemäß Art. 8 Ziff. 27 und Art. 9 V.G.H. in I. Instanz dieselbe Behörde zuständig, welche im Streit über die Erwerbungspflicht zuständig erscheint, in II. Instanz stets der Verwaltungsgerichtshof.

3. Von dem Vorstehenden ergaben sich einige Ausnahmen zufolge besonderer gesetzlicher Bestimmungen.

a) Nicht die Verpflichtung zur Erwerbung des Bürgerrechtes, wohl aber jene zur Zahlung einer Aufnahmegebühr entfällt, wenn ein Gewerbetreibender im Sinne der Reichsgewerbeordnung zum Bürgerrechtserwerb herangezogen wird; ist derselbe aber mit Gewerbsteuer entweder überhaupt nicht veranlagt gewesen, oder war er neben einer solchen die 5 Jahre hindurch auch mit anderen Steuergattungen, und zwar für diese mindestens in dem oben genannten Betrag von 6 Mk. 86 Pfg. bezw. 5 Mk. 14 Pfg. veranlagt, so ist er auch zur Zahlung der Aufnahmegebühr verpflichtet; s. das Nähere bei v. Kahr zu Art. 17 Note 7; Lindner-v. Hauck S. 69 Anm. 3; B. Gemeindeztg. Bd. 9 S. 500/502.

b) Ueber die Ausnahme zugunsten von Personen, welche sich infolge eines öffentlichen Dienstverhältnisses in der Gemeinde aufhalten, oder früher in einem solchen Dienstverhältnisse standen, vgl. Gem.O. Art. 17 II, v. Kahr S. 209 Note 9, Lindner-v. Hauck S. 69/71 Anm. 4, B. Gemeindeztg. Bd. 9 S. 516 ff.

4. Der Beschluß, welcher die Verpflichtung zum Bürgerrechtserwerb ausspricht, ist ebenso gebührenpflichtig wie jener, welcher bei der vertragsmäßigen Verleihung gefaßt wird[5]).

[5]) Die Verordnung vom 20. September 1879 spricht in Art. 3 Ziff. 1b allerdings nur von Gesuchen um Verleihung des Gemeindebürgerrechtes; da aber Art. 17 Gem.O. ausdrücklich angeführt wird, so soll doch wohl eine gemeindliche Beschlußfassung gebührenpflichtig sein.

6. Buch.

Der Verlust der Heimat.

§ 55.

I. 1. In den Zeiten des 18. Jahrhundert war die Zugehörigkeit zum Staate nicht von der wesentlichen Bedeutung für den Besitz der Heimat als heute. Vgl. hierüber die bereits erwähnte Untersuchung von Rehm[1]). Die Bettelordnung vom 3. März 1780 beruht dagegen schon auf dem Grundsatze, daß die Heimat (das Domizil) nur dem Untertanen zukomme; vollends ist dieser Gedanke in aller Schärfe zum Ausdruck gebracht in der Verordnung vom 22. Februar 1808, die Armenpflege betreffend, worin der Anspruch auf Armenpflege davon abhängig gemacht ist, daß das Individium entweder durch die Geburt oder durch das Domizil oder durch Verehelichung dem Reiche angehöre. Man wird sonach auch für das ältere Recht, jedenfalls für die Zeit nach 1780 annehmen dürfen, daß der Verlust des Indigenats die Heimat zerstörte.

2. Der armenpolizeiliche Charakter der Heimat berechtigt zur Annahme, daß auch nach älterem Recht jeder im allgemeinen nur eine Heimat, eine Zufluchtsstätte haben sollte. Zum Ausdruck kommt dies in der Bettelordnung von 1780, welche in Ziff. 7 die ursprüngliche Heimat ausdrücklich nur so lange gewährt, bis an einem Orte ein Domizilium gemäß den Rechten und Landesgesetzen erworben ist. Auch die nicht durch Domizil erlangte Heimat, so die der obrigkeitlich bewilligten Eheschließung, hebt die ursprüngliche Heimat auf. Jede nicht durch Wohnsitz begründete „Heimat“ ist aber eine subsidäre, welche offenbar erlischt, wenn eine ordentliche Heimat durch Domizil begründet wird. Man kann daher für jene Zeit behaupten, daß jede Heimat erlischt, sobald eine Heimat durch einen rechtmäßigen Wohnsitz begründet ist. Diese Heimat erlischt nicht durch die Aufgabe des Wohnsitzes. — Unmöglich ist es nun nicht, daß jemand einen mehrfachen rechtmäßigen Wohnsitz hat; vgl. Kap. I § 3 der Gerichts-

---

[1]) „Der Erwerb der Staats- und Gemeindeangehörigkeit“ von Hermann Rehm, erschienen in den Annalen des Deutschen Reichs 1892, auch in Separatabdruck.

ordnung von 1753: „Da nun dieses an mehr Orten zugleich in obiger Absicht geschieht, so wird auch selbiger Orten überall das Domizilium erlangt". Man wird für solche Fälle in der Tat nach damaligem Rechte eine mehrfache Heimat annehmen können (vgl. S. 58), aber zugleich nach dem Geist der ganzen Einrichtung für jene Zeit den Satz aufstellen dürfen: Die Heimat durch Wohnsitz geht nicht verloren, wenn auch an einem andern Orte ein rechtmäßiger Wohnsitz unter Beibehaltung des früheren begründet wird. Vielmehr besteht in solchen Fällen eine mehrfache Heimat. Wird jedoch der eine von mehreren solchen Wohnsitzen aufgegeben, so wird in diesem auch die Heimat verloren.

II. 1. Für die Zeit von 1825—1868 läßt sich gemäß § 7 H.G. von 1825 in erster Linie behaupten, daß nur der Bayer eine Heimat haben kann und darum der Verlust des Indigenats den Verlust der Heimat bedingt.

2. Eine früher erworbene Heimat wird durch die spätere in der Regel aufgehoben. § 2 H.G. Dies gilt nur, wenn diese spätere Heimat eine bayrische Heimat ist. Hätte jemand auch in einem andern Staat[2]) nach den dortigen Gesetzen eine Heimat erworben, so würde er die bayrische Heimat beibehalten haben. A. M. Pözl in Bl. Bd. 1 S. 410. — Die Heimat konnte nach dem Rechte von 1825—1868 nur in einer bayrischen Gemeinde bestehen. Die neue Heimat bedingte also den Verlust der älteren. Doch hatte nicht jeder Heimattitel und nicht in jedem Falle die Kraft, die bisherige Heimat aufzuheben; so war der Heimattitel der Verehelichung nur ein subsidiärer, jener der Hilfeleistung in öffentlicher Not wirkte nur, wenn kein entgegengesetzter Wille geäußert wurde. Hierzu ist das bei den einzelnen Erwerbsgründen Gesagte zu vergleichen; nach den betreffenden Umständen bemißt sich, ob eine Heimat bestehen bleibt oder verloren geht.

Das Heimatgesetz von 1825 enthält aber einen generellen Satz, welcher dem Verlust der bisherigen Heimat trotz Erwerbes einer neuen vorzubeugen scheint. Die früher erworbene — im Gegensatz zur ursprünglichen — Heimat soll nämlich durch die später erworbene aufgehoben werden, „wenn nicht diesfalls durch ausdrückliche Erklärung und Uebereinkunft besondere Vorsehung getroffen worden ist." (§ 2 Abs. 1 H.G.) Man deutet diese Gesetzesstelle dahin, daß sie den Besitz einer mehrfachen Heimat ermöglichte. Vgl v. Riedel S. 160 Note 2a. Diese Deutung ist jedoch nicht die einzig mögliche und scheint auch in der früheren Praxis nicht angewandt worden zu sein. Vielmehr wird diese Stelle aufzufassen sein, als ob sie lautete: „Eine früher erworbene Heimat wird durch die später erworbene in der Regel aufgehoben". „Wenn

[2]) Ohne dessen Staatsangehöriger zu werden; denn hierdurch wäre bayrisches Indigenat und bayrische Heimat verloren gegangen.

jedoch durch ausdrückliche Erklärung und Uebereinkunft bestimmt worden ist, daß die frühere Heimat bleiben solle, so wird trotz Vorhandenseins eines Titels eine neue Heimat nicht erworben." M. a. W.: § 21 H.G. gibt dem vertragsmäßigen, eine selbständige Heimat begründenden, Heimatvorbehalt auch gegenüber einer zu „erwerbenden" Heimat, nicht bloß gegenüber einer abgeleiteten Heimat die Kraft, die Heimaterwerbung auszuschließen, die an sich kraft § 1 H.G. 1825 eintreten würde. Vgl. hierüber § 51. Immer handelt es sich um Abwendung des Heimaterwerbs aus einer bestimmten Tatsache. Der Vertrag hat also die Bedeutung eines neuen Titels für die bisherige Heimat, der stärker ist, als jeder andere. Für eine solche Auslegung spricht auch § 2II H.G. 1825, der in Anwendung des in § 2I Gesagten auf einen besonderen Fall ausführt: „Das Heimatsverhältnis solcher Personen, welche zu gleicher Zeit an mehreren Orten einen gesetzlichen Titel der Heimat (§ 1) für sich haben, richtet sich ebenfalls nach ausdrücklicher Erklärung und Uebereinkunft"[3]).

Der Vertrag schließt die Erwerbung einer anderen Heimat nur aus, wenn die bisherige Heimat eine erworbene war oder durch den Vertrag sich in eine erworbene verwandelt[4]); dagegen kann nicht die „ursprüngliche" Heimat als solche beibehalten werden, wenn eine neue Heimat „erworben" werden soll.

III. Das geltende Recht hält die Grundgedanken des bisherigen Rechtes aufrecht, beseitigt aber jedes Wahlrecht[5]) zugunsten der bisherigen Heimat. Der Verlust tritt immer kraft Gesetzes ein. Ist der Verlust zweifelhaft, so ist die Heimat von Amts wegen zu ermitteln. (Vgl. § 57.)

1. a) Jede Heimat geht verloren durch Verlust der bayrischen Staatsangehörigkeit[6]). „Die Heimat geht verloren ... 2. mit dem Verluste des bayrischen Indigenates". H.G. Art. 15 Es genügt der Verlust als solcher; nicht braucht die Erwerbung einer neuen hinzu zu treten. Ein Staatsloser kann keine Heimat in Bayern haben. Die Gründe des Verlustes der Staatsangehörigkeit sind in § 5—9 eingehender dargelegt. Hier soll nur nochmals betont werden, daß derjenige, welcher der Heimat eines anderen folgt, keineswegs stets den Verlust der Staatsangehörigkeit mit diesem teilt. Wo dies nicht der Fall, wo also Ehefrau oder Kinder bayrische Staatsangehörige

---

[3]) Für die Auffassung, daß die aus der Ansässigkeit hervorgehende Heimat nicht durch Uebereinkunft und Erklärung zugunsten einer bereits erworbenen abgewehrt werden könne, bietet obige Auslegung des § 2I H.G. 1825 keinen Raum; s. S. 417.

[4]) Diese Bedeutung kommt dem Vertrage im Zweifel immer zu, wenn die Heimat bisher eine ursprüngliche gewesen ist. Vgl. näheres, auch über nach früherem Rechte zulässige Einschränkungen in § 51.

[5]) Vgl. unten Ziff. III. 2f.

[6]) v. Seydel Bd. 2 S. 71; Seydel-Graßmann S. 213; v. Riedel S. 162—167; Reger S. 68/69 Anm. 2.

bleiben, während der Gatte (Vater) aufhört, es zu sein, behalten erstere die Heimat bei.[7]) Die Heimat nähert sich dann einer selbstständigen; sie ist aber rechtlich keine solche; vgl. § 16 S. 74 unten. Daß der Erwerb einer weiteren Staatsangehörigkeit für die Heimat ganz bedeutungslos ist, falls die bayrische beibehalten wird, bedarf kaum der Erwähnung. Er ist bedeutungslos auch dann, wenn in dem anderen Staate ebenfalls eine Heimat oder eine ähnliche Zugehörigkeit zu einer Gemeinde erworben wird, z. B. der Unterstützungswohnsitz. Vgl. V.G.H. Bd. 2 S. 582 und II 2 oben.

Eine spätere Wiedererwerbung der verloren gewesenen Staatsangehörigkeit läßt die verlorene Heimat nicht wieder aufleben, beseitigt also den Verlust derselben nicht.

Ein nur scheinbarer Verlust der Staatsangehörigkeit bewirkt den Verlust der Heimat nicht; zivilrechtliche Gründe können jedoch zwingen, den Verlust der Staatsangehörigkeit und damit der Heimat anzunehmen; wird in solchem Falle später festgestellt, daß ein Verlust der Staatsangehörigkeit niemals eingetreten ist, so ist auch die Heimat niemals verloren gewesen[8]).

Beispiele: Nach v. Seydel und anderen Autoren bewirkt die Schließung einer nichtigen (nicht putativen) Ehe mit einem Nichtbayern für eine bayrische Staatsangehörige den Verlust der bayrischen Staatsangehörigkeit nicht. Folgt man dieser Lehre, so kann immerhin die Nichtigkeit der Ehe nach dem Bürgerlichen Gesetzbuche nur unter bestimmten Voraussetzungen geltend gemacht werden. So lange dies nicht zulässig ist, muß die Heimat „der Ehefrau" als verloren gelten; nachher gilt sie als niemals verloren.

Eine geschiedene Ehefrau eines Bayern wird unmittelbar nach der Scheidung aus dem bayrischen Staatsverbande entlassen. Sie gibt dann, innerhalb der ersten 10 Monate nach der Scheidung, einem Kinde das Leben; dieses ist Bayer und teilt die Heimat des Vaters. Wird aber die Ehelichkeit mit Erfolg angefochten (jedoch nur dann), so verliert das Kind seine Heimat; richtiger: es stellt sich heraus, daß es bayrische Staatsangehörigkeit und Heimat niemals hatte.

b) Jede Heimat geht verloren, wenn das Gebiet der Heimatgemeinde von dem bayrischen Staatsgebiete losgelöst wird. v. Seydel Bd. 2 S. 71. Dann fehlt die bayrische Gemeinde, in welcher allein die Heimat im Sinne unseres Heimatgesetzes bestehen kann. Ein Angehöriger dieser Gemeinde, welcher bayrischer Staatsangehöriger bleibt, wird heimatloser Angehöriger des bayrischen Staates. Bleibt ein

---

[7]) Schon hier muß betont werden, daß, wenn Ehefrau oder Kinder eine wirkliche Heimat in Bayern haben, sie dem Manne oder Vater, welcher nur eine vorläufige Heimat in Bayern erlangt, in diese nicht folgen. Art. 18 H.G. hat eine andere Bedeutung. Die Erwerbung einer vorläufigen Heimat seitens desjenigen, dessen wirklicher Heimat, wenn ihm eine solche zustünde, andere folgen würden, ist für diese anderen kein Verlustgrund ihrer wirklichen Heimat. Vorläufige Heimat ist keine Heimat. Vgl. hierzu auch § 60.

[8]) Es kann durch diese Feststellung jemand auch eine bayrische Heimat gewinnen, während er bisher keine hatte, weil jetzt eine Heimatfolge zu einem bayrischen Staatsangehörigen sich ergibt.

Teil einer Gemeinde bei Bayern und als selbständige Gemeinde bestehen, während ein anderer Teil der Gemeinde einem anderem Staate einverleibt wird, so behalten alle Angehörigen dieser Gemeinde, welche Bayern bleiben, die Heimat in dieser Gemeinde, selbst wenn sie in dem abgetretenen Gebiete wohnen, Grundbesitz haben, ein Gewerbe betreiben.

c) Jede Heimat geht verloren, wenn eine Gemeinde zu bestehen aufhört und nicht ein neues Heimatrecht erworben wurde. Nach Art. 4 IV beider Gemeindeordnungen soll letzteres geschehen; vgl. § 14. Der Heimatberechtigte wird heimatloser Angehöriger des bayrischen Staates. S. v. Seydel Bd. 2 S. 71 Note 149.

2. a) Die bisherige Heimat geht verloren und zwar ebenfalls von selbst, ohne daß es eines Ausspruches oder einer Entlassung bedarf, sobald eine neue Heimat in Bayern, sei sie eine selbständige oder unselbständige, eine ursprüngliche oder erworbene, erlangt wird. Zeitpunkt des Verlustes der einen ist der Zeitpunkt des Erwerbes der anderen Heimat. Der Grundsatz, daß niemand eine doppelte Heimat haben kann, ist vollständig durchgeführt. Soll jemand durch Vertrag mit mehreren Gemeinden die Heimat in verschiedenen Gemeinden erwerben, so bringt trotz anderer Absicht die später anfallende Vertragsheimat die frühere zum Verlust[9]). Tritt nach den Vereinbarungen der Erwerb in den verschiedenen Gemeinden gleichzeitig ein, so ist m. E. die Heimat in keiner Gemeinde erworben, sondern es besteht die alte Heimat fort. — Die bisherige Heimat geht nur verloren mit der Erwerbung einer neuen; nicht schon wenn ein Anspruch auf Verleihung einer solchen begründet und geltend gemacht ist[10]).

Die neue Heimat muß aber wirklich erworben sein. In einzelnen, allerdings seltenen Fällen kann die neue Heimat eben darum nicht erworben werden, weil die Erwerbsgründe der alten Heimat fortbestehen und den Besitz dieser Heimat zur gesetzlichen Folge haben. Dies gilt bei einer durch Bürgerrecht erworbenen Heimat, wenn das Bürgerrecht bei Fortdauer der Befähigung gemäß Art. 11 Gem.O. bestehen bleibt. In diesem Falle kann sich das Heimatrecht vom Bürgerrechte nicht trennen. Dies kann geschehen, wenn ein Bürger in einer anderen Gemeinde im Sinne des Art. 2 H.G definitiv angestellt wird, aber in der Gemeinde des Bürgerrechts wohnen bleibt, ferner wenn ein Bürger, gleichfalls ohne letztere Gemeinde zu verlassen, in einer anderen Gemeinde durch Vertrag (Art. 9 H.G.) die Heimat erwirbt. In beiden Fällen kann die Bürgerrechtsheimat nur verloren gehen, wenn das Bürgerrecht verloren geht oder nur kraft Art. 15 Gem.O. zufolge Hausbesitzes beibehalten wird; eben so lange kann das neue Heimatrecht nicht wirksam werden.

---

[9]) v. Riedel S. 161 Note 2g.

[10]) v. Riedel S. 161 Note 2b.

b) Nur die Erwerbung einer neuen Heimat bringt die alte zum Verlust, nicht aber der Wegfall derjenigen Gründe, welche zum Erwerb der früheren Heimat führten. Der Wegfall der Ehe durch Scheidung zerstört nicht die Heimat der Ehefrau, der Wegfall der Beamteneigenschaft nicht jene des Beamten, der Verlust des Bürgerrechts nicht die aus ihm erflossene Heimat[11]).

c) Kein Verlust im eigentlichen Sinne liegt vor, wenn eine scheinbare Heimat als nicht vorhanden festgestellt wird. Dies kann z. B. geschehen, wenn sich ergibt, daß die Staatsangehörigkeit nicht wirklich erworben wurde, daß eine Ehe ohne gültiges Verehelichungszeugnis abgeschlossen, wenn ein Heimatverleihungsvertrag von einem Geschäftsunfähigen ohne Vertreter abgeschlossen wurde, wenn die Ehelichkeit eines Kindes oder die Gültigkeit der Ehe angefochten wird, oder wenn die vertragsmäßige oder auf gesetzlichen Anspruch erfolgte Verleihung einer Heimat angefochten ist[12]). Vgl. auch oben III 1a.

d) Die bisherige Heimat geht nicht verloren, wenn die Erwerbungsgründe für eine neue Heimat die nämliche Gemeinde betreffen. Jedoch verwandelt sich unter Umständen die abgeleitete Heimat in eine selbständige.

e) Die bisherige Gemeinde und ihr Heimatangehöriger können nach neuem Rechte einen Verlust, der durch einen gesetzlich eine neue, „erworbene" Heimat begründenden Umstand eintritt (Eheschließung der Frau, Anstellung), nicht dadurch abwenden, daß sie vereinbaren, die bisherige Heimat solle bestehen bleiben; vgl. § 52. Uebrig bleibt nur die vertragsmäßige Wiederverleihung der durch Erwerbung einer gesetzlichen Heimat verloren gegangenen früheren Heimat. Dagegen kann der Verlust einer ursprünglichen Heimat, welcher durch Erlangung einer anderen ursprünglichen Heimat, und der Verlust der zufolge der Eheschließung seitens der Frau erworbenen Heimat, welcher durch Erwerb einer neuen Heimat seitens des Mannes droht, dadurch abgewendet werden, daß vertragsmäßig in der bis-

[11]) Der Beamte hört also nicht dadurch auf, heimatberechtigt in der Gemeinde seiner Anstellung zu sein, daß er etwa eine Anstellung im Dienste des Reiches, eines anderen Staates, einer außerbayrischen Gemeinde ꝛc. annimmt. Siehe auch v. Riedel S. 161 Note 2b.

[12]) Eine instanzielle Feststellung (H.G. Art. 20) darüber, daß eine solche scheinbare Heimat, die aber bis zum Eintritt des die Scheinbarkeit aufdeckenden Ereignisses unter Umständen als eine wirkliche angenommen werden mußte, nicht besteht, ist nicht erforderlich. Ist z. B. die Ehelichkeit eines Kindes angefochten, dessen Mutter zur Zeit der Geburt eine andere Heimat (in B) hatte als deren Gatte (beheimatet in A), und wurde das Kind von der Gemeinde A unterstützt, so kann die Gemeinde B den Rückersatz der Armenunterstützung nicht etwa aus dem Grunde ablehnen, daß das Kind bisher als in A beheimatet gegolten habe und erst durch einen behördlichen Akt erklärt werden müsse, es sei stets in B beheimatet gewesen. Freilich kann es zum Streite kommen, ob das Kind wirklich in A beheimatet ist; dann muß das Verfahren nach Art. 20 H.G. eintreten.

herigen Gemeinde die Heimat (als selbständige) erworben wird; vgl. S. 204.

f) Die Heimat geht nicht verloren durch Verzicht[13]). Daß eine einseitige Erklärung der Gemeinde, einen bisherigen Heimatangehörigen nicht mehr als solchen behalten zu wollen, oder die einseitige Erklärung des Heimatangehörigen, die Heimat in der Gemeinde aufgeben zu wollen, keinen Verlustgrund bildet, bedarf keiner Erörterung; aber auch ein vertragsmäßiger Verzicht ist unzulässig und wirkungslos. Wirkungslos ist daher auch ein Vertrag, demzufolge eine vertragliche oder auf Grund Anspruches erworbene Heimat wieder zu bestehen aufhören soll, bezw. ein Vertrag, welcher die frühere Verleihung aufhebt. Ein solcher Vertrag wurde auch nicht durch die Zustimmung der vor der Verleihung vorhandenen Heimatgemeinde wirksam. Möglich ist nur eine neue Verleihung der Heimat, die aber dann erst von dem Zeitpunkte der Verleihung wirkt. Der Vertrag über Heimatverleihung kann durch gegenseitige Willensübereinstimmung nur dann beseitigt werden, wenn er noch nicht zur Erwerbung der Heimat geführt hat; vgl. hierzu S. 430.

Ein Verzicht auf das Heimatrecht, richtiger ein Wahlrecht zwischen zwei Heimatrechten ergibt sich im Falle des Art. 5 II H.G., wenn jemand bei Erwerbung eines Bürgerrechtes kraft jener gesetzlichen Bestimmung in der Lage ist, zu wählen, ob er auf sein bisheriges Heimatrecht „verzichten" und das mit dem neuen Bürgerrechte verbundene ansprechen, oder das erstere behalten will. Vgl. hierzu § 31.

g) Wie kein Verzicht, so kann auch keine Anerkennung eine wirklich vorhandene Heimat beseitigen. Wirkungslos ist daher die Erklärung dessen, der behauptete, in einer Gemeinde beheimatet zu sein und nun zugibt, daß er in dieser Gemeinde nicht beheimatet sei. Auch die Anerkennung der Gemeinde, daß jemand in ihr die Heimat habe, als welche auch der Heimatschein zu erachten ist, begründet nicht den Erwerb einer neuen, den Verlust einer bisherigen Heimat.

Die Anerkennung wirkt nur dann, wenn sie einen Anspruch auf Verleihung des Heimat- oder Bürgerrechtes oder auf Erwerb des Bürgerrechtes (Art. 17 Gem.O.) betrifft. In diesem Falle ist es aber nicht die Anerkennung einer Heimat, sondern des Anspruches und dieser selbst, welcher den Verlust der bisherigen Heimat herbeiführt.

Von Anerkennung wird mitunter gesprochen, wo es sich um vertragsmäßige Verleihung handelt. Ein falscher Ausdruck schadet der Sache nichts; hier ist die „Verleihung" Verlustgrund, wie sie es umgekehrt nicht ist, wenn man zwar von „Verleihung" spricht, eine solche jedoch nicht will.

h) Aehnliches wie von Anerkennung gilt von einem Vergleich, falls die Heimat zweifelhaft geworden. Ein „Vergleich" hat im

---

[13]) Vgl. zum folgenden auch Reger S. 68 Anm. 1, v. Riedel S. 161 Note 2f, v. Seydel Bd. 2 S. 71 bei Note 150 u. 151, Krais Bd. 3 S. 280.

Heimatfeststellungsverfahren keinen Sinn, da das Bestehen einer Tatsache nicht im Wege einer Willenserklärung festgestellt werden kann. Darum wird hier ein Vergleich gewöhnlich die Bedeutung haben, daß die Heimat durch einen Vertrag neu begründet werden soll. Denn der neue Erwerbstitel macht dann die Nachforschung nach einem früheren überflüssig. Sollte aber der Vergleich nach Lage der Umstände wirklich nur die Bedeutung haben, daß die Heimat einer Person nicht weiter bestritten wird, so würde ein solcher Vergleich von keiner Bedeutung sein für Heimaterwerb und -Verlust.

i) Die Heimat geht nicht verloren durch eine wenn auch noch so lange Abwesenheit vom Bezirke der Gemeinde, auch nicht durch Auswanderung, falls die Staatsangehörigkeit bestehen bleibt[14]). Die Gemeinden haben zwar Mittel, solche Heimatangehörige abzuschütteln, die in gewisse nähere Beziehungen zu einer anderen bayrischen Gemeinde getreten sind, — nicht aber die Macht, solche Gemeindemitglieder dieser Eigenschaft zu entkleiden, welche entweder zu nichtbayrischen Gemeinden in Beziehung traten oder zwar zu bayrischen, aber so, daß zwar völlige Entfremdung zur bisherigen, jedoch keine genügende Annäherung an eine neue Gemeinde eingetreten ist.

k) Da das Heimatrecht im Gegensatze zum Bürgerrechte von dem Vorhandensein irgendwelcher Eigenschaften nicht abhängt, so geht es auch durch den Verlust solcher (abgesehen der Staatsangehörigkeit) nicht verloren.

l) Die Heimat geht nicht dadurch verloren, daß sie unbekannt geworden ist und auch im Wege des Art. 20 H.G. nicht ermittelt werden konnte. Die unbekannte Heimat vermag zwar tatsächlich keine Wirkungen zu üben, aber sie besteht fort. Sobald der Schleier ordnungsmäßig sich lüftet, ist auch die Wirkung wieder gegeben. Die Anweisung einer vorläufigen Heimat hebt ebenfalls die bisherige Heimat nicht auf. Die Erlangung einer solchen vorläufigen Heimat ist nicht die Erwerbung einer Heimat, denn vorläufige Heimat ist nicht Heimat. Dagegen wird die frühere Heimat dadurch verloren, daß der Heimatlose im Wege des Art. 11 H.G. oder auf andere Weise eine neue Heimat erwirbt.

IV. Die Gemeinde welche nach objektiven Merkmalen als Heimat einer Person erscheint, muß so lange als solche gelten, bis die wirkliche Heimat ermittelt ist. Wenn z. B. ein Mann mit formell gültigem Verehelichungszeugnis geheiratet hat, aber noch vor Eingehung der Ehe ein Einspruch erhoben wurde, so ist, solange das Einspruchsverfahren schwebt, die Heimat der Ehefrau und Kinder in Frage. Das Aufenthaltsrecht besteht aber da, wo nach den vorliegenden Merkmalen die Heimat vorhanden ist, d. i. in der Heimatgemeinde des

---

[14]) v. Riedel S. 162 Note 2i.

Mannes. Aehnliches kann sich bei Rechtsstreitigkeiten über Statusfragen ergeben, z. B. über die Gültigkeit einer Legitimation[15]).

V. Ueber die Beseitigung des Verlustes der Heimat bezw. Wiederaufleben der verlorenen Heimat im Falle des § 18 II B.St.A.G. vgl. § 6 S. 18.

---

[15]) Wenn die Ehelichkeit eines Kindes, die Nichtigkeit einer Ehe in Frage sind, so kann vor Erledigung des bez. Rechtsstreites, bezw. dem Eintritt der vom Bürgerlichen Gesetzbuche bestimmten sonstigen Tatsache, der Umstand, der den Verlust der Heimat bedingen würde, ohnehin nicht geltend gemacht werden.

7. Buch.

Feststellung der Heimat.

§ 56.

1. Die Nachweise und Aufzeichnungen über die Heimatverhältnisse.

1. Der Heimatberechtigte kann die Heimatzugehörigkeit nachweisen durch den „Heimatschein", auf dessen Ausstellung er ein Recht[1]) hat. Nach Art. 22 H.G. ist die Ausstellung der Heimatscheine Sache der Gemeindebehörde, d. i. der Verwaltung jener Gemeinde, in der die Heimat besteht. „Die Ausstellung der Heimatscheine darf ohne Angabe von Gründen weder verweigert noch verzögert werden." Art. 22 II H.G. Heimatscheine sind Urkunden oder „amtliche Bestätigungen"[2]) über den Besitz der Heimat in einer Gemeinde; die Gemeinde erkennt an, daß eine Person ihr Heimatangehöriger sei. Daß dieses Anerkenntnis eine Heimat nicht begründen kann, wurde schon oben hervorgehoben.[3]).

Mehr ist der Heimatschein nicht; er genießt nicht etwa öffentlichen Glauben für die Richtigkeit seines Inhaltes; es braucht nicht der Gegenbeweis geführt zu werden, daß der Inhalt unrichtig ist. Der Heimatschein bezeugt amtlich, daß die Gemeinde N die Heimat des A anerkenne; aber diese Anerkennung gibt nicht die Heimat. Vgl. hierzu v. Riedel S. 193 Note 3. Immerhin ist der Heimatschein von großer Bedeutung für denjenigen, dessen Heimat bescheinigt werden soll. Denn er bekundet jedenfalls, daß über die Heimat kein Streit besteht[4]), denn sonst würde die Gemeinde den Schein nicht

---

[1]) Auf die Ausstellung hat jeder ein Recht, der eine Heimat besitzt, auf welchem Titel sie auch beruht und welcher Art immer sie ist. Der Inhaber einer ursprünglichen Heimat kann also nicht auf seinen Vater, seine Mutter verwiesen werden.

[2]) v. Seydel Bd. 2 S. 75 Note 31.

[3]) Die Gemeindeverwaltung braucht bei Ausstellung des Heimatscheines nicht kraft kollegialer Beschlußfassung zu handeln; die Ausstellung zählt vielmehr zu den Gegenständen, welche sich zu letzterer im allgemeinen nicht eignen.

[4]) Dies ist zwar auch für das Heimatrecht bedeutungslos; aber man darf annehmen, daß die Gemeinde, welcher aus dem Heimatrecht Lasten erwachsen können, ein Anerkenntnis nicht erteilen würde, wenn nicht genügende Anhaltspunkte für das Bestehen der Heimat vorlägen.

ausstellen, der Dritte ihn nicht erholen oder von ihm Gebrauch machen. Wo ein Heimatschein vorliegt, braucht in einem Verfahren, bei welchem die Heimat von Wichtigkeit ist, eine Heimatermittlung nicht stattzufinden, falls nicht aus anderem Grunde Zweifel über die Heimat entstehen; vielmehr darf die im Heimatscheine (neuesten Datums) genannte Gemeinde als Heimatgemeinde erachtet werden. Demjenigen, auf dessen Namen der Heimatschein lautet, verschafft er einen Ausweis über die wichtigsten Personalien einschließlich der Staatszugehörigkeit, zugleich gibt er den Behörden, welchen er vorzulegen ist, die Möglichkeit, über den Inhaber näheres zu erfahren[5]).

Die Ausstellung der Heimatscheine ist eine eigentliche Gemeindeangelegenheit; bei ungerechtfertigter Verweigerung kann die Staatsaufsicht angerufen werden. Ungerechtfertigt ist die Verweigerung, wenn zwar die Gemeinde die Heimat anerkennt oder diese rechtskräftig festgestellt ist, auch über die Person des Gesuchstellers Zweifel nicht bestehen, endlich die Gebühr für den Heimatschein, nämlich 1 Mk. erlegt wird, die Gemeindeverwaltung aber aus sonstigen Gemeinden, z. B. weil Rückstände gegen gemeindliche Kassen bestehen, oder weil irrigerweise die Ausstellung des Heimatscheines für gleichbedeutend gehalten wird mit der „Genehmigung" einer Eheschließung, den Schein nicht ausstellt. Gerechtfertigt ist die Verweigerung insbesondere dann, wenn die Identität des Gesuchstellers mit dem Heimatberechtigten nicht nachgewiesen wird; vgl. Bl. Bd. 23 S. 118; ebenso, wenn die Gemeinde die Heimat nicht anerkennt. In letzterem Falle kann die Ermittlung der Heimat nach Art. 20 H.G. veranlaßt sein. Einen im verwaltungsrechtlichen Verfahren verfolgbaren Anspruch auf Ausstellung des Heimatscheines hat der Heimatberechtigte nicht; er ist lediglich auf Anrufung der Staatsaufsicht angewiesen; ob er diese anrufen oder sich bei der Abweisung seines Gesuches beruhigen will, ist Sache seines Ermessens. Die angerufene Behörde kann sich veranlaßt sehen, nach Art. 20 H.G. zu verfahren.

2. Nach Art. 22 III H.G. wird die Form der Heimatscheine durch ministerielle Vorschrift geregelt. Nähere Anordnungen sind erlassen worden in Ziff. 10 der M.E. vom 20. Dezember 1899, den Vollzug des Gesetzes über Heimat, Verehelichung und Aufenthalt betreffend. Hiernach wird „Heimatschein" in mehrfachem Sinne gebraucht. Im weiteren Sinne ist Heimatschein ein Ausweis über den Besitz der bayrischen Staatsangehörigkeit und zum Gebrauch außerhalb des Deutschen Reiches bestimmt. Er ist auszustellen von der Distriktsverwaltungsbehörde der Heimatgemeinde. Die Ausstellung unterliegt einer Gebühr von 1 Mk.[6]). Innerhalb des deutschen Reichsgebietes

[5]) Die nach B. Gemeindeztg. Bd. 5 S. 253 vorkommende Ansicht, daß die vor Beendigung der Anspruchsersitzung (Art. 6, 7 H.G.) erfolgende Erneuerung des Heimatscheines die Ersitzung unterbreche, ist selbstverständlich völlig grundlos.

[6]) Art. 207 des Gebührengesetzes vom 11. November 1899.

ist zum gleichen Zwecke zu verwenden der „Staatsangehörigkeitsausweis“ (Ziff. 3 a. a. O.), den die nämliche Behörde gegen 1 Mk. Gebühr ausstellt. — Der Heimatschein im engeren, hier gebrauchten, Sinne ist ein Ausweis lediglich über die Heimat; er ist bestimmt zum Gebrauch innerhalb des Königreichs Bayern. Der Schein unterliegt einer Gebühr von 1 Mk.[6]), welche in die Gemeindekasse fließt. Das Formular ist nach Vorschrift der M.E. vom 19. Februar 1885 (M.A.Bl. S. 56) zu beziehen.

Der Schein lautet:

Von der unterzeichneten Gemeindeverwaltung (Magistrat, Gemeinderat) wird dem

N. N. (Vor= u. Zuname)
(Stand)
wohnhaft in . . .
geboren am . ten . . . . . 18 . .
zu . . . . (Geburtsort)

hierdurch bescheinigt, daß er (nebst seiner Ehefrau N. N. — Vor= und Zuname — und seinen Kindern N. N. — Vor= und Zunamen —) in der Gemeinde N. N. heimatberechtigt ist.

Gegenwärtige Bescheinigung gilt nicht zum Zwecke des Aufenthalts außerhalb des Königreichs.

. . . . den . ten . . . . 18 . .

Die Gemeindeverwaltung (Magistrat, Gemeinderat) N. N.
(L. S.) N. N. Bürgermeister.

Der Schein bestätigt also neben der Heimat auch den genauen Namen, den Stand, den Wohnort, den Geburtsort, den Geburtstag, ferner den Namen der Ehefrau und der Kinder.

Aus der Pflicht, die Heimatscheine mit dem bezeichneten Inhalte auszustellen, ergibt sich für die Gemeindeverwaltung die Pflicht der Aufzeichnung und Ermittlung derjenigen Tatsachen, welche in dem Heimatschein bescheinigt werden sollen. Nach Art. 131 Abs. 3 lit. e Gem.O. hat der Bürgermeister einer Landgemeinde ein Verzeichnis der Heimatberechtigten zu führen. Für die Magistrate der Städte fehlt diese Vorschrift. M. E. ergibt sie sich aber aus der Vorschrift des Heimatgesetzes und zwar wird dieser Pflicht durch bloße Führung eines Verzeichnisses der Heimatberechtigten nicht genügt.

3. Die Verzeichnisse der Heimatberechtigten sind von den Gemeinden so zu führen, daß die in dem Heimatschein zu bescheinigenden Tatsachen tunlichst aus den Verzeichnissen unmittelbar sich ergeben und so die Heimatverhältnisse möglichst der Wirklichkeit entsprechend aufgezeichnet sind. Nähere Vorschriften hierüber fehlen. Im folgenden sollen einige Anhaltspunkte über diese Aufzeichnungeu gegeben werden.

Für alle jene Personen, welchen die Heimat verliehen wird kraft Art. 6, 7, 8, 9, 10 H.G. oder welche die selbständige Heimat gemäß Art. 3 H.G. erlangen, werden Listen anzulegen sein, welche Rubriken enthalten für Name, Stand, Wohnort des Heimatberechtigten, Geburtsort, Geburtszeit, Rechtstitel und Zeit des Heimaterwerbs, ferner über Namen und früheren Namen der Ehefrau, deren frühere Heimat, sodann den Namen der Kinder, die Geburtszeit der Ehefrau und

Kinder und deren Aufenthaltsort; auch empfiehlt es sich Rubriken anzulegen über die Steuerveranlagung. Wird bekannt, daß eine derjenigen Personen, welche als Ehefrau und Kinder vorgetragen sind, selbständig die Heimat in der nämlichen oder in einer andern Gemeinde besitzt oder erwirbt, so ist Vormerkung zu machen, und falls die bisherige Gemeinde Heimatgemeinde bleibt, gleichzeitig eine besondere Liste für diesen Heimatberechtigten anzulegen; so daß für jeden selbständig Beheimateten ein besonderes Blatt geführt wird, in dem diejenigen nach obigen Gesichtspunkten vermerkt sind, die seiner Heimat folgen; auch sind Sterbefälle und Aufenthaltsverlegungen mit Angabe des nunmehrigen Aufenthaltsortes vorzumerken. Die Liste wird allerdings eine absolute Zuverlässigkeit niemals beanspruchen können, weil keine Vorschriften bestehen, nach welchen die Standesämter an die Gemeinden Mitteilung zu machen haben über Geburten, Eheschließungen und Sterbefälle ihrer Heimatangehörigen.

Die Gemeinden können sich die Kenntnis der einschlägigen Tatsachen hauptsächlich verschaffen

a) durch gelegentliche Befragung der Heimatangehörigen, die aber zu einer Auskunft nicht schlechthin verpflichtet sind;

b) durch Nachforschung, ob die beabsichtigte Eheschließung des Mannes, von welcher die Gemeinde bei dem Verfahren wegen Ausstellung des Verehelichungszeugnisses Kenntnis erlangt haben muß, zustande gekommen ist;

c) durch Nachforschung, ob die Eheschließung einer in der Gemeinde beheimateten Frauensperson, über welche bei Verbescheidung des Gesuches um Ausstellung des Verehelichungszeugnisses Auskunft erholt wurde, stattgefunden hat;

d) bei Wohnungsänderungen durch Feststellung, ob die in den polizeilich vorgeschriebenen Anzeigen aufgeführten Familienangehörigen auch in dem Heimatverzeichnis aufgeführt sind — und wenn nicht, wo sich dieselben befinden;

e) durch Anzeigen über den Eintritt in ein Dienst- oder Arbeitsverhältnis;

f) durch die Abmeldungen infolge Wegverlegung des Aufenthaltes und durch periodische Anfragen bei den betr. Gemeindeverwaltungen darüber, ob der Aufenthalt in der anderen Gemeinde noch besteht.

Die Zuverlässigkeit der Register kann dadurch erheblich gesteigert werden, daß die Gemeinden durch Vereinbarungen oder übungsgemäß über Vorkommnisse, welche das Heimatrecht berühren, sich gegenseitig Mitteilung machen. Hier kommt insbesondere in Betracht die Mitteilung von dem Tode des in einer fremden Gemeinde verstorbenen Heimatberechtigten; Mitteilung von dem Zuzuge und dem Abzuge eines anderswo Heimatberechtigten (ersterenfalls Rückfrage an die angebliche Heimat); Mitteilung von Verehelichungen, Geburten fremder Heimatberechtigter; Mitteilung von Heimatverleihungen an bisher in fremden Gemeinden beheimatete Personen.

Würden solche Mitteilungen, die ja teilweise tatsächlich in Uebung sind, generell eingeführt, so würden die Heimatregister tatsächlich als Familienbögen die hohe Bedeutung bekommen, welche in den Bl. Bd. 35 S. 59 gekennzeichnet ist. Aus diesen Verzeichnissen können die Gemeinden auch Anhaltspunkte dafür gewinnen, welche ihrer Angehörigen nach Art. 6 u. 7 H.G. Anspruch auf Verleihung der Heimat in einer andern Gemeinde haben. Zur Zeit kann es leicht geschehen, daß eine Gemeinde trotz aller Mühe Personen, welche kraft Heimatfolge ihr zugehören, nicht kennt und Personen in ihren Registern als ihre Angehörigen führt, welche in einer andern Gemeinde heimatberechtigt sind. Bedauerlich ist übrigens, daß Heimatangehörige, welche zum Aufenthalt in die Gemeinde zurückkehren, zu einer Anzeige gemäß Art. 38 H.G. nicht verpflichtet sind; hier kann aber durch besondere Vorschriften insbesondere über Meldepflicht bei Wohnungsnahme rc. abgeholfen werden.

Besonders notwendig ist es, daß die Gemeinden die durch Art. 38 H.G. ermöglichten Anzeigen von Zu- und Abgängen Fremder sich erstatten lassen. Sie erfahren dadurch, welche fremde Personen in ihrem Bezirke sich aufhalten und wie lange der Aufenthalt dauert. Für solche fremde Personen empfiehlt es sich ebenfalls, Bögen anzulegen, in welchen auch spätere Veränderungen aufgenommen werden und welche jedenfalls Geburtsort und -Zeit, Staatsangehörigkeit, Heimat, Stand, Ankunftszeit, Abgangszeit und das Arbeits- und Dienstverhältnis enthalten. In diesen Bögen wären auch Familienangehörige rc. zu verzeichnen.

Diese „Fremdenbögen" sind insbesondere zu vergleichen und zu ergänzen rc. bei An- und Abmeldung von Beschäftigungsverhältnissen, bei Wohnungsänderungen, Staatsangehörigkeitserwerbungen, Wegverlegung des Aufenthalts. Die Gemeinden können daraus ersehen, welche Personen allmählich Heimatanspruch gegen sie erwerben und welche Familienangehörigen dabei mit in Betracht kommen. Auch können sie daraus ermitteln, welche Personen gemäß Art. 11 H.G. kraft Gesetzes die Heimat erwerben. Sobald letzteres der Fall ist, empfiehlt es sich, die Betroffenen zu verständigen und dieselben in die Liste der Heimatberechtigten aufzunehmen.

Die gemäß Art. 2 H.G. die Heimat kraft Gesetzes erwerbenden Personen werden bei genügender Achtsamkeit richtig vorgetragen werden können. Allerdings sind Beamte, welche als definitiv in die Gemeinde ziehen und demnach sofort in ihr heimatberechtigt sind, zur Anzeige gemäß Art. 38 H.G. nicht verpflichtet. Es wird in größeren Städten nicht immer ohne Mühe möglich sein, die Familienangehörigen solcher Heimatberechtigten richtig in den Listen aufzuführen.

§ 57.

2. Ermittlung der Heimat in Zweifelsfällen[1]).

1. Nach Art. 20 H.G. ist die Ermittlung der Heimat Amtssache. Nach Art. 21 H.G. darf keine Polizeibehörde Personen, deren Heimat zweifelhaft oder streitig ist, aus dem Polizeibezirke ausweisen, ehe die Heimat solcher Personen ausgemittelt oder ihnen eine vorläufige Heimat angewiesen wurde. Ebensowenig darf eine Polizeibehörde solche Personen, die ihr von einer andern inländischen Polizeibehörde zugewiesen werden, unter dem Vorwande des Mangels der Heimatberechtigung wegweisen. Diese Vorschriften beruhen auf der Notwendigkeit, daß jeder Bayer eine Heimat habe und daß sie schleunigst festgestellt werde, falls sie zweifelhaft geworden ist.

2. Die Ausmittlung der Heimat hat zu erfolgen, sobald sich Zweifel über die Heimat ergeben haben. Art. 20 II H.G. Zweifel ist Ungewißheit, wo jemand seine Heimat hat, nicht Ungewißheit, ob jemand einen Anspruch auf Verleihung der Heimat besitze[2]). Der Zweifel kann sich ergeben, weil über die Heimat einer Person überhaupt nichts zu erfahren ist, oder weil nicht feststeht, ob die Heimat, welche früher für eine bestimmte Gemeinde nachgewiesen ist, sich nicht seither geändert hat. Nachträgliche Verleihungen sind allerdings, wenn die Person, welcher verliehen wurde, noch lebt, unschwer festzustellen, und dann mag der Zweifel behoben sein. Aber oft liegt

---

[1]) Vgl. die eingehenden Darlegungen in Bl. Bd. 41 S. 257—267 und S. 273—282; s. auch Krais III S. 282/83.

[2]) Ueber das bezügliche Verfahren vgl. § 45, 46. In dem Verfahren über einen Heimatanspruch wird die Behörde nur auf Anrufen tätig; im Heimatfeststellungsverfahren kann sie durch einen Antrag wohl angeregt werden; erforderlich aber ist ein solcher nicht; manchmal reicht er nicht aus, um das Verfahren in Gang zu bringen.

zwar der Anschein einer Verleihung vor, während die Verleihung selbst bestritten ist[3]). Zweifelhaft ist häufig, ob durch Art. 2 und Art. 11 eine Heimat kraft Gesetzes erworben wurde oder nicht. Recht häufig entsteht Zweifel über die Heimatfolge einer Person. Ist bei einer Heimatverleihung das Kind der Heimat des Vaters oder der Mutter gefolgt? Liegt eine gültige Legitimation, Einkindschaftung vor? Ist die Ehe mit gültigem Verehelichungszeugnisse abgeschlossen und folgten die Kinder der Heimat des Vaters oder nicht? Solche Ungewißheit kann sich bei den mannigfachsten Gelegenheiten ergeben. Der häufigste Fall ist wohl der, daß jemand Armenunterstützung von seiner angeblichen Heimatgemeinde erbittet, aber abschlägig verbeschieden wird, weil er nicht heimatberechtigt ist, bezw. daß die Gemeinde den Ersatz einer anderwärts geleisteten Armenhilfe verweigert, weil sie nicht die Heimatgemeinde sei. Auch im Verfahren wegen Ausstellung des Verehelichungszeugnisses, ferner bei Gesuchen um Ausstellung eines Heimatscheines, bei Meldungen fremder Personen, welche in der Gemeinde Aufenthalt nehmen, bei Stellung eines Antrages auf Verleihung des Heimatrechtes seitens der angeblichen bisherigen Heimatgemeinde, im Verfahren wegen Feststellung der Staatsangehörigkeit, kann sich die Ungewißheit ergeben.

Die Ungewißheit kann möglicherweise behoben werden, ohne daß es zu einem förmlichen Feststellungsverfahren durch die zuständigen Behörden kommt. Wenn z. B. derjenige, der nach Art. 38 H.G. seine Heimatgemeinde angeben soll, erklärt, nicht zu wissen, wo er beheimatet ist, ob in N oder in M, so können Anfragen bei den betreffenden Gemeinden die Ungewißheit beseitigen, dann nämlich, wenn nicht die Person selbst darauf besteht, gerade in einer bestimmten der beiden Gemeinden ihre Heimat zu haben[4]). Wenn feststeht, daß nach Ausstellung des Verehelichungszeugnisses die Heimat des Mannes sich noch vor der Eheschließung geändert hat, und die neue Heimatgemeinde nicht zur Abgabe einer Erklärung über Einspruchsrecht aufgefordert wurde, und wenn außerdem die Ehefrau zugibt, in der Gemeinde des Mannes die Heimat nicht zu besitzen, die beiden beteiligten Gemeinden ebenfalls eines Sinnes sind, so ist ebenfalls nichts ungewiß. Zweifel bestehen also nur dann, wenn a) eine bayrische Behörde, welche mit einer die Heimat einer Person berührenden[5]) Frage befaßt ist, auch

[3]) Möglich ist auch, daß die wirklich erfolgte Verleihung durch Erklärung der verleihenden Gemeinde angefochten ist; dann ist vielleicht zweifelhaft, ob die Anfechtung eine begründete ist und wo nun die Heimat besteht.

[4]) Oder: eine Gemeinde hat erklärt, daß sie über eine Eigenschaft des Aufenthalts einer Person getäuscht worden sei und daß sie daher die Verleihung der Heimat anfechte. Wenn nun diese Person die Täuschung und die Ungültigkeit der Verleihung anerkennt, ferner die frühere Heimatgemeinde erklärt, sie betrachte sich noch als die Heimatgemeinde, so ist nichts ungewiß und bedarf es keines Feststellungsverfahrens.

[5]) Ein Zweifel, der den Beamten beim Studium irgendeines Aktes beschleicht, wo wohl jemand die Heimat haben möge, braucht noch nicht zur „Ausmittlung" zu führen.

nach etwa versuchter summarischer Aufklärung über die Heimat im ungewissen bleibt; b) wenn eine Person ihre Heimat in einer Gemeinde zu haben behauptet, deren Verwaltung dieselbe nicht anerkennt; c) wenn eine Gemeinde die Heimatzugehörigkeit einer Person bestreitet, diese Zugehörigkeit aber von jemand, der an der Feststellung der Heimat ein rechtliches Interesse hat, behauptet wird (insbesondere auch von einer anderen Gemeinde). In den Fällen b und c kann das förmliche Ermittlungsverfahren in Wegfall kommen, wenn es der Behörde, welche selbst nicht im Zweifel ist, gelingt, den „Streit" zu beseitigen. Ungewißheit besteht aber dann, wenn nach Lage der Sache der Zweifel der Behörde nicht behoben ist, wenngleich die eigentlichen Beteiligten übereinstimmen. Denn eine Anerkennung begründet keine Heimat; die Behörde aber hat die wirkliche Heimat, nicht die vermeintliche festzustellen. — Irgendein gelegentlicher Zwiespalt der Anschauungen über eine Heimatzugehörigkeit einer Person braucht m. E. ein Heimatfeststellungsverfahren nicht zu veranlassen, wenn ein rechtliches Interesse an der Beilegung jenes Zwiespaltes zur Zeit nicht vorliegt.

3. Die Ausmittlung der Heimat erfolgt im staatlichen Interesse. Die Heimat soll nicht zweifelhaft sein, weil sonst staatliche Einrichtungen nicht richtig gehandhabt werden können. Wo nach dem pflichtgemäßen Ermessen der Behörde eine Feststellung erforderlich ist, hat dieselbe zu erfolgen — dann aber von Amts wegen, ohne daß es eines Antrages bedarf. Auch eine im Heimatfeststellungsverfahren nicht zuständige Behörde hat gegebenenfalls die Einleitung des Verfahrens bei der zuständigen Behörde anzuregen. In dem Verfahren gibt es nicht Kläger noch Beklagte; die Aufklärung des Sachverhaltes obliegt der Behörde. Das Vorgehen desjenigen, der eine Heimat zu haben behauptet, sieht einer Klageerhebung häufig ähnlich, wenn er sich über die Verweigerung eines Heimatscheines beschweren unternimmt; weniger leicht wird die Gemeinde dem einzelnen gegenüber in die scheinbare Rolle des Klägers geraten; ein Antrag, eine der Gemeinde *zweifelhaft* dünkende Heimat zur Feststellung zu bringen, wird, wenn im übrigen kein Streit besteht, nur dann Erfolg haben, wenn die Behörde selbst in Zweifel gerät [6]). — Da Parteirollen nicht vorhanden sind, so kommt

[6]) Der bloße Wunsch einer Gemeinde, eine ihr zweifelhafte Heimat z. B. behufs Vereinigung ihrer Heimatregister zu klären, wird ein Verfahren nicht veranlassen können. — Z. B.: In den Heimatregistern der Gemeinde findet sich A, der Sohn des in der Gemeinde zweifellos beheimateten B. A ist vor 15 Jahren fortgezogen, man weiß aber nicht, wo er sich befindet. Vermutet wird, daß er ins Ausland gegangen ist und die bayrische Staatsangehörigkeit bereits verloren hat. Die Gemeinde hat nun m. E., wenn nicht ein besonderer Grund vorliegt (ein solcher wäre, daß A in einer bayrischen Gemeinde wieder aufgetaucht ist und Unterstützung beansprucht hat oder daß er im Auslande mit bayr. Verehelichungszeugnis heiraten will), kein Recht, bloß zur Vereinigung ihres Registers oder um späteren Ansprüchen gegenüber Klarheit geschaffen zu haben, ein Feststellungsverfahren herbeizuführen.

es nicht auf die Parteifähigkeit eines „Antragstellers“ an. Auch die Heimat Minderjähriger, Irrsinniger ꝛc. kann und muß, wenn sie objektiv zweifelhaft wird, festgestellt werden; allerdings müssen die gesetzlichen Vertreter im Verfahren vernommen werden[7]). Sogar die Heimat verstorbener Personen kann zweifelhaft sein und festgestellt werden müssen.

4. Zuständig zur Feststellung der zweifelhaften Heimat ist die Distriktsverwaltungsbehörde zunächst nicht derjenigen Gemeinde, in welcher die Person die Heimat zu haben behauptet — sondern jenes Bezirkes, in welchem die Person ihren festen Wohnsitz genommen hat. Art. 20 II H.G. Hat sie keinen festen Wohnsitz, so ist die Behörde des Aufenthaltsortes[8]) zuständig; hat die Person in Bayern einen Wohnsitz und Aufenthalt nicht, so entscheidet der Ort, an welchem die Person gefunden oder zuletzt in Bayern betreten wurde, und erst wenn auch hiernach eine Zuständigkeit sich nicht ergibt, diejenige Behörde, in deren Bezirk die Gemeinde liegt, welche die Person oder ein anderer Beteiligter als Heimatgemeinde bezeichnet. Was fester Wohnsitz ist, ergibt sich m. E. aus dem Sinn, den die Sozialgesetze im übrigen mit diesen Worten verbinden. Danach ist der Wohnsitz der Ort, in welchem jemand eine Wohnstätte in der Absicht hat, dort ständigen Aufenthalt zu nehmen[9]). Handelt es sich um eine verstorbene Person, so kommt der Ort in Betracht, an welchem sie zur Zeit des Todes ihren festen Wohnsitz oder in Ermanglung eines solchen den Aufenthalt hatte[10])[11]). In

---

[7]) Sind solche noch nicht vorhanden, die der Vertretung bedürftigen aber als beteiligt im eigentlichen Sinne zu erachten, so muß die Behörde die Aufstellung eines Vertreters betreiben. S. Bl. Bd. 41 S. 266.

[8]) Unter Aufenthalt ist hier nicht jede Anwesenheit einer Person an einem Orte zu verstehen, sondern es wird ein gewisses absichtliches Verweilen von einiger Dauer vorausgesetzt. V.G.H. Bd. 22 S. 10. Dies erhellt, weil die „Betretung“ ohne Anwesenheit nicht möglich ist, dieselbe aber in einen gewissen Gegensatz zum „Aufenthalt“ gestellt ist.

[9]) Für die Zuständigkeit kommt nur jener Wohnsitz in Betracht, den der Betreffende zu der Zeit hat, in welcher das Feststellungsverfahren eingeleitet wird; auf den früheren Wohnsitz ist nicht zurückzugreifen, wenn ein Aufenthalt oder ein Betretungsort vorliegen. S. Reger S. 78 Anm. 5 am Schlusse.

[10]) Die einmal begründete Zuständigkeit wird nicht dadurch beseitigt, daß der Heimatsucher aus dem Bezirke der Behörde verzieht. Bl. Bd. 41 S. 263. Die Aenderung des Bezirkes der mit der Sache befaßten Behörde kann die Uebernahme durch eine andere Behörde zur Folge haben.

[11]) Hinsichtlich der Zuständigkeitsbestimmungen ergeben sich Meinungsverschiedenheiten. a) Nach V.G.H. Bd. 22 S. 9 ist Wohnsitz in Art. 20 II H.G. im Sinne des bürgerlichen Rechtes zu verstehen. Derselbe sei nach dem bisherigen Rechte wie nach dem Bürgerlichen Gesetzbuche an demjenigen Orte begründet, an welchem eine Person sich ständig niederläßt. Dem tritt auch Reger S. 77 Anm. 5 bei. M. E. ist Wohnsitz an dieser Stelle nicht anders zu verstehen, als an anderen Stellen der bayrischen „Sozialgesetze“. Diese Bedeutung ist von v. Kahr Bd. 1 S. 163/64 eingehend und zutreffend erörtert worden. Sie deckt sich in den meisten Fällen mit dem Wohnsitz des bürgerlichen Rechtes (§ 7 B.G.B.), aber nicht immer. Insbesondere wird der gesetzliche Wohnsitz der Militärpersonen ꝛc. nicht immer dem Wohnsitz im Sinne v. Kahrs entsprechen. M. E. wäre für

Fällen, in welchen keines der Merkmale des Gesetzes zutrifft, ist nach verständiger Würdigung der dem Gesetze zugrunde liegenden Absicht zu entscheiden; vgl. V.G.H. Bd. 22 S. 6. Uebrigens ist das Verfahren nicht deshalb nichtig, weil eine örtlich unzuständige Behörde das Verfahren durchgeführt hat.

Zuständig ist die Distriktsverwaltungsbehörde; daher auch ein unmittelbarer Magistrat und zwar selbst dann, wenn die eigene Gemeinde in Frage kommt[12]). Denn der Magistrat entscheidet als Behörde, nicht als Gemeindeverwaltung. In München ist die k. Polizeidirektion zuständig.

Die Behörde, die mit einer Sache, welche die Ausmittlung einer Heimat verursacht, befaßt, aber selbst nicht zuständig ist, hat die zuständige Distriktsverwaltungsbehörde in Kenntnis zu setzen und ihr die einschlägigen Akten abzugeben[13]). Nach den Zuständigkeitsbestimmungen ist es leicht möglich, daß eine Behörde in I. Instanz zuständig ist, in deren Bezirk die als Heimatgemeinde bezeichnete Gemeinde nicht liegt, daß ein Magistrat die Heimat einer Landgemeinde

---

die Entscheidung des in V.G.H. Bd. 22 S. 6 gewürdigten Falles nicht zu untersuchen gewesen, ob ein solcher „gesetzlicher" Wohnsitz bestand. — b) Nach Art. 20 II entscheidet für die Zuständigkeit Wohnsitz oder bei Ermanglung eines festen Wohnsitzes der Aufenthalt oder der Ort der Auffindung oder letzten Betretung. v. Riedel S. 188 Note 9a nimmt nun an, daß, wenn ein Wohnsitz nicht bestehe, dann entweder die Behörde des regelmäßigen Aufenthaltsortes oder die Behörde, in deren Bezirk der Betreffende gefunden oder betreten wurde, die Recherchen durchzuführen habe; es sollen also beide zuständig sein. Reger S. 78 Anm. 5 läßt den Ort der letzten Betretung erst nach dem Aufenthaltsort in Betracht kommen; ebenso, wie es scheint, der V.G.H. Bd. 22 S. 6. M. E. ist letztere Auffassung richtig. Schon nach dem Satzgefüge ist Aufenthalt mit Wohnsitz innig verbunden, so daß, wenn man eine doppelte Zuständigkeit aus dem Worte „oder" ableiten will, auch die Behörde des Wohnsitzes mit jener der „Betretung" zu konkurrieren hätte. Aber auch die Entstehungsgeschichte des Satzes spricht dafür, daß das forum domicilii, dann der lieu de residence, und dann erst das forum deprehensionis entscheidet, vgl. B. Gemeindeztg. Bd. 9 S. 99. — c) Ist die Behörde, in deren Bezirk die Person zuletzt betreten wurde, jene, in deren Bezirk der Betreffende in dem Zeitpunkt, als die Heimat zweifelhaft wurde, sich befand (so v. Riedel S. 188 Note 9a) oder ist dies die Behörde jenes Bezirkes, in welchem sich der Betreffende zuletzt aufhielt, ehe er Bayern verließ? (so Reger S. 78 Anm. 6). Nach der letzteren Ansicht kommt die durch die Novelle vom 17. März 1892 eingefügte Zuständigkeitsbestimmung, wonach eventuell die Distriktsverwaltungsbehörde zuständig ist, in deren Bezirk die Heimat angesprochen wird, nur dann in Frage, wenn die Person zu keiner Zeit in Bayern gewohnt oder sich aufgehalten hat. Die bezügliche Bestimmung der Novelle verdankt nun ihre Entstehung einem in der Kommission gestellten Antrag; die Motivierung durch den Berichterstatter läßt in der Tat ersehen, daß die neue Zuständigkeitsbestimmung nur für den Fall getroffen werden sollte, daß die Person niemals in Bayern gewohnt oder sich aufgehalten hat; vgl. die eingehende Darlegung in B. Gemeindeztg. Bd. 9 S. 98—101. Da der Wortlaut des Gesetzes diese Auffassung nicht ausschließt, wird der Regerschen Anschauung beizutreten sein.

[12]) Reger S. 77 Anm. 4; v. Seydel Bd. 2 S. 74 Note 10.

[13]) v. Riedel S. 188 Note 9b, vgl. auch Vollzugsbestimmungen zum Heimatgesetze Ziff. 9.

zuerkennt, oder daß ein Bezirksamt eine unmittelbare Stadt als Heimatgemeinde erstinstanziell bezeichnet. Auch eine pfälzische Behörde kann auf Heimatzugehörigkeit einer Person zu einer rechtsrheinischen Gemeinde erkennen[14]).

Eine Behörde, welche zuständig ist, die Heimat einer Person festzustellen, ist auch zuständig, die Heimat derjenigen Personen festzustellen, von welcher die Heimat der ersteren abhängt (Gerichtsstand der Konnexität)[15]).

5. Wie schon aus Ziff. 2 ersichtlich, ergibt sich die Notwendigkeit einer behördlichen Feststellung nicht selten bei Verwaltungs- oder Verwaltungsrechtsfragen, bei welchen die Heimat einen Inzidentpunkt für die Entscheidung bilden würde. Allein nach Art. 20 H.G. ist die Heimat, sobald sie zweifelhaft geworden ist, von Amts wegen auszumitteln, d. i. festzustellen. Dies geschieht in dem gesetzlich geordneten Verfahren. Daraus erhellt, daß die Heimatfeststellung im allgemeinen keinen Inzidentpunkt in einer andern Sache bilden kann[16]). In dieser andern Sache kann nur die nichtstreitige Heimat oder die festgestellte Heimat von Belang sein, nicht aber eine zweifelhafte Heimatfrage nebenher gelöst worden. „Die Heimat ist ein selbstständiges, nach verschiedenen anderen Seiten hin wirksames Rechtsinstitut, welches rechtskräftig entschieden sein muß, ehe eine verwaltungsrechtliche Folgerung daraus gezogen werden kann". So Luthardt in den Bl. Bd. 30 S. 21 ff.[17]). Es folgt, daß das andere Verfahren ausgesetzt werden muß, bis die Heimat festgesetzt ist; möglich ist je nach den Umständen, daß die andere Streitfrage als Inzidentpunkt des Heimatfeststellungsverfahrens erledigt wird. So ist die Frage, ob jemand die Staatsangehörigkeit noch besitzt, Inzidentstreitpunkt in der anderen Frage, ob er im Hinblick hierauf eine Heimat besitzt oder nicht. V.G.H. Bd. 9 S. 95.

6. In dem Verfahren sind sämtliche Beteiligte zu vernehmen; sie haben Anspruch auf rechtliches Gehör. Als Beteiligte erscheinen nach Art. 26 H.G.:

---

[14]) v. Riedel S. 188 Note 9c.

[15]) Wenn die Heimat des A, wohnhaft im Bezirk des Bezirksamts N streitig wird, und seine Heimat davon abhängt, ob seine außereheliche Mutter durch ihre Verehelichung mit B die Heimat in M erworben hat, so darf nicht das Bezirksamt N, weil primär die Heimat der Mutter festzustellen ist, diese aber im Bezirke der Stadt G wohnt, die Sache zur Entscheidung an den Magistrat G abgeben. S. Bl. Bd. 41 S. 245, Bd. 42 S. 416; vgl. Reger-Dyroff S. 328/29; Krais, Handbuch Bd. 3 S. 283.

[16]) V.G.H. Bd. 5 S. 234: „Die Heimatangelegenheit ist verwaltungsrechtlich selbständig zu bescheiden und kann nicht nebenbei in den Entscheidungsgründen des im Verfahren über eine Ersatzpflicht gefaßten Beschlusses miterledigt werden."

[17]) Vgl. auch v. Seydel Bd. 2 S. 75 Note 25; § 11 dieses Buches. — Auch im Verfahren über einen Anspruch aus Art. 6, 7 H.G. kann die Frage, ob der Anspruchserheber nicht schon die (selbständige) Heimat in der Gemeinde besitzt, zunächst zu entscheiden sein.

a) Die Gemeinden, welche als Heimatgemeinde in Frage kommen können. Jedenfalls darf eine Entscheidung, welche die Heimat in einer Gemeinde ausspricht, nicht ergehen, ehe auch diese Gemeinde gehört ist. Die Gemeinde wird vertreten durch die Gemeindeverwaltung (nicht durch den Armenpflegschaftsrat)[18]; hat jedoch der Magistrat einer unmittelbaren Stadt zu entscheiden, so steht die Vertretung der Interessen dieser Stadt den Gemeindebevollmächtigten zu. Art. 26 II H.G.[19][20].

b) Der Fiskus, wenn es sich um Anweisung einer vorläufigen Heimat handelt. Um eine solche handelt es sich aber immer, wenn die Behörde entscheiden will, jemand habe keine Heimat oder die Heimatgemeinde sei nicht zu ermitteln. Ehe also eine solche Entscheidung ergeht, muß jedenfalls der Fiskus, vertreten durch das einschlägige Regierungsfiskalat, gehört werden.

c) Jene Personen, deren Heimat „in Frage ist". Art. 26 I Ziff. 4 H.G. Wenn diese Personen geschäftsunfähig oder in der Geschäftsfähigkeit beschränkt sind, so ist der gesetzliche Vertreter beizuziehen; vgl. Anm. 7. Welches sind aber die Personen, deren Heimat in Frage ist? Zunächst offenbar diejenige (N), deren Heimat zweifelhaft geworden ist; dann diejenigen, welche der Heimat dieser Person folgen, sei es unmittelbar, wie die Ehefrau (des N) und die Kinder (des N), — sei es mittelbar, so diejenigen, welche als selbständige Heimat gemäß Art. 3 H.G. die bisherige ursprüngliche Gemeinde besitzen, und diejenigen, deren Heimat wieder von dieser abhängt; ferner diejenigen, welche von einer Tochter (des N), die noch die ursprüngliche Heimat besitzt, außerehelich abstammen und deren außereheliche Kinder, und wenn solche Kinder (Enkel des N) wiederum nach Art. 3 H.G. die selbständige Heimat erworben haben, sie selbst, ihre Frauen, Kinder 2c. „In Frage" sind außerdem alle Personen, welche mit demjenigen, dessen Heimat „in Streit" ist, der Heimat eines Dritten folgen und alle jene, deren Heimat direkt oder indirekt von diesem Dritten abhängt. So kann eine endlose Schar von Personen „in Frage" kommen, welche vielleicht in allen Teilen der Erde wohnen und deren Staatsangehörigkeit möglicher Weise inzidenter festzustellen ist. Diese Personen müssen zunächst vielleicht mühsam ermittelt und dann gehört werden, was häufig nur auf dem Wege des Ersuchens nichtbayrischer Behörden geschehen kann — wenn sie in

[18]) Dies sagt ausdrücklich V.G.H. Bd. 3 S. 197.

[19]) Ist jedoch die unmittelbare Stadt an einem Streite beteiligt, den nicht der Magistrat dieser Stadt entscheidet, so steht die Vertretung der Gemeinde dem Magistrate zu. In München haben daher die Gemeindebevollmächtigten niemals in Heimatstreitigkeiten aus Art. 20 H.G. die Stadtgemeinde zu vertreten, da die erstinstanzielle Zuständigkeit der k. Polizeidirektion zukommt. S. v. Riedel S. 202 Note 8.

[20]) Die Tatsache, daß ein Magistrat entscheidet, läßt übrigens für sich allein noch keinen Schluß darauf zu, daß nur die Stadt, welche dieser Magistrat verwaltet, in dem Streite beteiligt sei; vgl. Ziff. 4.

der Tat als Beteiligte erachtet werden sollen. Nun führt der V.G.H. in Bd. 16 S. 223[21]) allerdings gute Gründe an, welche für eine einheitliche Entscheidung aller solcher Heimatverhältnisse sprechen; aber es ist doch zu untersuchen, ob der Verwaltungsgerichtshof nicht zu weit geht, indem er verlangt, daß alle Personen, über deren Heimat sich im Zusammenhange mit der zunächst zweifelhaft gewordenen Zweifel ergeben, als Beteiligte einvernommen werden sollen und daß ihrer aller Heimat beschlußmäßig festgestellt werden soll. Der Wortlaut des Gesetzes verlangt eine solche Auslegung nicht. „In Frage sein" kann allerdings so aufgefaßt werden, wie der Verwaltungsgerichtshof es tut; man kann aber auch die Auffassung v. Seydels nicht als sprachwidrig bezeichnen, welcher nur jene Personen als beteiligt erachtet, über deren Heimat zu entscheiden ist, nicht aber jene, welche der Heimat solcher Personen lediglich folgen, — falls über diese Heimatfolge nicht ebenfalls Streit besteht[22]). Diese Auffassung hat den praktischen Vorzug, das ein Heimatermittlungsverfahren nicht ungebührlich lang verzögert

[21]) Es sei Grundsatz des verwaltungsrechtlichen Verfahrens, streitige Angelegenheiten in ihrer Gesamtheit zu erfassen und sie nicht ohne dringende Veranlassung getrennter Verbescheidung in gesondertem Verfahren zu unterstellen. Bei getrennter Behandlung der Heimatfrage Familienangehöriger entstünden nicht nur Verluste an Zeit, Mühe und Kosten, sondern auch der Grundsatz der Familienzusammengehörigkeit werde gefährdet. Daher müsse bei Heimatstreitigkeiten das verwaltungsrechtliche Verfahren, wenn nicht besondere Verhältnisse eine Ausnahme begründen, sich auf sämtliche Personen erstrecken, über deren Heimat sich im Zusammenhange mit der zunächst anhängig gewordenen Streitsache Zweifel ergeben. — Aus diesen Erwägungen wies der Verwaltungsgerichtshof das Verfahren in die I. Instanz zurück, weil es sich nicht auf die Kinder des Heimatsuchers, die vorehelichen Kinder seiner Ehefrau, seine Mutter und seine Geschwisterte erstreckt hatte.

M. E. ist dagegen zu erinnern, daß die Heimatfeststellung nicht bloß für die Beteiligten, sondern für jedermann Recht schafft (s. Ziff. 10), also die Heimat derjenigen Personen, deren Heimat von der festgestellten abhängt, nicht anders festgestellt werden kann, als diese. Es besteht keine Gefahr für die Familienzusammengehörigkeit in heimatlicher Hinsicht. Zweifelhaft kann ja einmal werden, ob die Heimat einer Person von der einer anderen abhängt. Die Abhängigkeit kann heute noch gegeben, morgen geschwunden sein; warum heute diese Frage entscheiden, sofern heute keine Ungewißheit besteht?

V.G.H. Bd. 7 S. 287: „Bei Streitigkeiten über die ursprüngliche Heimat eines ehelichen Kindes, dessen Vater noch lebt, ist zunächst die Heimat des Vaters, wenn sie streitig ist, beschlußmäßig (und zwar im Urteilssatze) festzustellen." — V.G.H. Bd. 8 S. 160: „Im Falle der Bestreitung der Heimatberechtigung einer Ehefrau kann bei Ungewißheit darüber, ob der Ehemann sich noch am Leben befindet, die Verhandlung und Entscheidung auf Feststellung der Heimat der ersteren beschränkt werden."

[22]) Reger S. 88 Anm. 11 erachtet, daß überwiegende Gründe dafür sprechen, nur jene als beteiligt zu erachten, deren Heimat im Streite befangen ist; bei Familien werde der Streitgrund regelmäßig aus den persönlichen Verhältnissen des Familienhauptes sich ergeben, während ebenso regelmäßig die Heimatfolge der Ehefrau und Kinder außer Streit liege; daher seien Ehefrau und — selbst volljährige — Kinder nur dann beizuziehen, wenn ihre Heimat in selbständiger Weise bestritten sei. Selbstverständlich sei dann auch die Beschlußfassung auf das Familienhaupt zu beschränken.

werden muß. Würde in der Tat die Einvernahme aller jener Personen als gesetzlich geboten erscheinen, so würde m. E. ein Verfahren, welches sich über diese Vorschrift hinwegsetzt, — und das wäre auch der Fall, wenn einer der „Beteiligten" der Behörde nicht bekannt würde — als nichtig zu erachten sein. Man dürfte sich dann nicht, wie Verwaltungsgerichtshof es zulassen will, für besondere Verhältnisse eine Ausnahme zuerkennen; s. Anm. 21. Das Verfahren wäre in nicht seltenen Fällen in der gesetzlichen Form undurchführbar; ein nicht allen solchen „Beteiligten" zugestellter instanzieller Beschluß könnte nicht in Rechtskraft erwachsen.

Es ist daher der Auffassung beizutreten, wonach nur jene Person „in Frage kommt", über deren Heimat zu entscheiden ist[23]); wenn aber die Heimat dieser Person von jener einer andern abhängt, so ist zugleich über die Heimat dieser letzteren Person unter Würdigung der Heimatfolge zu entscheiden. Die Heimat einer ursprünglich beheimateten Person ist also immer nur als Folge der Heimat einer andern noch lebenden Person auszusprechen. — Lebt derjenige nicht mehr[24]), von dessen Heimat die in Streit befangene abhängt, so ist allerdings zu empfehlen, aber m. E. nicht vorgeschrieben, das Verfahren auch tunlichst auf diejenigen auszudehnen, deren Heimat von jener des Verstorbenen vermutlich ebenfalls abhängt. Dann ist im Tenor die Heimat dieser Personen festzustellen; das Verfahren ist gültig, wenn diese, die nun wirklich Beteiligte geworden sind, rechtliches Gehör fanden.

7. Im Verfahren ist zunächst die Persönlichkeit desjenigen festzustellen, dessen Heimat ermittelt werden soll; besteht über diese kein Zweifel mehr, so empfiehlt es sich, zunächst zu erforschen, ob derjenige, dessen Heimat in Streit ist, eine selbständige Heimat erworben hat; hierbei ist von der jüngsten[25]) Zeit auszugehen und nach der vergangenen allmählich zurückzuschreiten. Steht fest, daß eine selbständige Heimat[26]) erworben wurde, so bedarf es weiterer Nachforschungen

---

[23]) So v. Seydel Bd. 2 S. 74 Note 20.

[24]) Die Heimat eines Verstorbenen kann jedoch nicht mehr „festgestellt" werden. Sie kann nur einen Entscheidungsgrund im Verfahren über die Heimat eines Lebenden geben. Nur wenn zu Beginn des Verfahrens eine Person noch lebte, wird über ihre Heimat im Tenor zu entscheiden sein; dies schon aus dem Grunde, weil die Frage seiner Heimatzugehörigkeit präjudiziell ist für jene des Ersatzes entstandener Kurkosten. S. Bl. Bd. 41 S. 273. — Ist jemand tot, als der Zweifel entsteht, so bildet die Heimat einen Inzidentpunkt einer anderen Frage (z. B. eines Ersatzes); hängt aber von seiner Heimat jene eines anderen ab, so besteht Anlaß, diese festzustellen und hiernach die andere Frage zu entscheiden.

[25]) Vgl. hierzu die Ausführungen in der nicht veröffentlichten Entscheidung des Verwaltungsgerichtshofs vom 1. Oktober 1888, mitgeteilt in den Bl. Bd. 43 S. 27/28.

[26]) Liegt der Anschein vor, daß eine selbständige Heimat erworben wurde, so sind die Erwerbungstitel zu prüfen; Tatsachen, worüber die Beteiligten etwa

hinsichtlich des Bestehens einer abgeleiteten Heimat nicht mehr, es sei denn, daß die selbständige Heimat nichts anderes als die umgewandelte ursprüngliche ist, was für Männer gilt, welche zur Zeit des Abschlusses der Ehe noch ihre ursprüngliche Heimat besaßen, auch für Beamte, welche gemäß Art. 2 III H.G. (Schlußsatz) die Heimat erwerben, oder daß ein späterer Heimaterwerb einer Frau durch Verehelichung in Frage kommt. Sobald es auf die abgeleitete Heimat ankommt, ist auf die Heimat der Person zurückzugreifen, von welcher die streitgegenständige abhängt[27]). Alsdann ist hinsichtlich der Heimat solcher Personen ebenso zu verfahren, wie hinsichtlich der streitgegenständigen selbst; zunächst also ist wiederum festzustellen, ob diese Person eine Heimat erworben hat oder nicht; eventuell ist dann auf den Heimatvorgänger dieser Person zurückzugreifen. So oft auf einen solchen Heimatvorgänger zurückgegangen wird, so muß, wie in Ziff. 6 bemerkt ist, dessen Heimat und zugleich die Heimatfolge gewürdigt werden[28]). Gegebenenfalls ist das Verfahren auf noch weitere Personen zu erstrecken. (Ziff. 6.)

Die Ermittlung der Tatsachen erfolgt durch alle im Verwaltungsprozeß zulässigen Beweismittel.

8. Hinsichtlich der Würdigung zivilrechtlicher Fragen, welche für die Entscheidung der Heimat von Bedeutung sind, gilt das zu § 11 Gesagte. Vgl. auch Reger S. 76 Anm. 2[29]).

9. Gegen die Entscheidung in I. Instanz ist gemäß Art. 8 V.G.H. Beschwerde zur k. Regierung, Kammer des Innern, zulässig, welche in

---

nicht im Streite sind, sondern welche zugegeben werden, brauchen minder eingehend gewürdigt zu werden, falls nicht Zweifel über die Bedeutung dieser Tatsachen sich ergeben.

[27]) Zunächst ist die Abstammung der Person zu ermitteln, wobei wiederum Nachforschungen entbehrlich sind, wenn über diese Abstammung kein Streit besteht. Kommt die Heimat einer Ehefrau in Frage, so ist die Person des Mannes und die heimatrechtliche Wirkung der Eheschließung zu ermitteln.

[28]) Nach dem Gesagten ist es möglich, daß der Streit sich um irgendeinen bestimmten Vorgang dreht; z. B. ob A der eheliche Sohn des B ist, ob C beim Heimaterwerb seines Vaters D (Art. 10 H.G.) selbständig gewesen ist, ob E am 1. Juli 1869 in der Gemeinde O ein besteuertes Anwesen besaß, ob die Verleihung der Heimat als am 24. oder am 25. Mai 1901 als erfolgt anzusehen ist, ob die Legitimation des F durch G nach französischem oder nach deutschem Rechte zu beurteilen ist u. s. w. Vgl. auch Reger S. 75 Anm. 1.

[29]) Einige Entscheidungen des Verwaltungsgerichtshofs sind zu dieser Frage ergangen. So bestimmte V.G.H. Bd. 9 S. 123, daß die Verwaltungsbehörden entscheiden könnten, ob die aus dem Bestande einer gültigen Ehe entstehende Vermutung der ehelichen Erzeugung eines Kindes nach der Beschaffenheit des Falles als beseitigt zu erachten sei. Dies gilt seit Einführung des Bürgerlichen Gesetzbuches mit der auf Seite 44 bereits erörterten Modifikation, daß, wo das Gesetz die Geltendmachung eines Tatbestandes verlangt, damit dieser rechtliche Wirkungen habe, oder wo es hierzu ein Urteil verlangt, diese Erfordernisse gegeben sein müssen; sonst kann auch der Verwaltungsrichter jenen Tatbestand nicht würdigen. Vgl. auch die Darlegungen Graßmanns in Bl. Bd. 48 S. 244 f.

II. Instanz entscheidet, während der Verwaltungsgerichtshof in III. Instanz erkennt. Beschwerdeberechtigt ist jeder Beteiligte, d. i. jeder, über dessen Heimat entschieden wurde. Vgl. Art. 25, 26, 2 v H.G. Jedem Beteiligten sind also die Entscheidungen zuzustellen[30]). Hat der Magistrat einer unmittelbaren Stadt in I. Instanz entschieden, so sind zur Ergreifung der Beschwerde, falls die Gemeinde beteiligt ist, die Gemeindebevollmächtigten ausschließlich zuständig und zwar auch gegen die in II. Instanz ergangenen Entscheidungen[31]).

10. Die Entscheidung[32]) spricht entweder aus, daß die Person, deren Heimat zweifelhaft ist, die Heimat in einer bestimmten Gemeinde besitzt, oder daß die Person keine bayrische Heimat besitzt, oder daß ihre Heimat nicht ermittelt werden kann. Gegebenenfalls ist gleichzeitig die Person einer Gemeinde vorläufig zuzuweisen. — Hängt die Heimat einer Person von der Heimat einer dritten ab, so wird die Heimat dieser Person in der nämlichen Weise festgestellt und zugleich ausgesprochen, daß die streitgegenständige Heimat sich aus dieser Heimat ergebe.

„Rechtskräftigen Entscheidungen über den Besitz der Heimat kommt eine über den Kreis der Prozeßparteien hinausgehende Wirksamkeit zu, solche Urteile schaffen Recht gegen jedermann." V.G.H. Bd. 20 S. 152; s. auch V.G.H. Bd. 13 S. 481[33]).

Wird in einem späteren Verfahren festgestellt, daß eine Person der jetzt festgestellten Heimat folge, so darf diese letztere Heimat nicht mehr zum Gegenstand der Feststellung gemacht werden; denn diese Heimat ist auch für alle Zeiten festgestellt.

Die rechtskräftige Entscheidung wirkt, wie man zu sagen pflegt, deklaratorisch, nicht konstitutiv; d. h. sie begründet nicht die Heimat von dem Zeitpunkt der Rechtskraft der Entscheidung bezw. etwa der Rechtshängigkeit an, sondern es spricht aus, daß jemand die Heimat hat, nämlich seitdem der in den Urteilsgründen erörterte Erwerbungsgrund eintrat. V.G.H. Bd. 9 S. 372[34]).

---

[30]) Wenn von mehreren Beteiligten einer gegen die Entscheidung der I. Instanz nicht Beschwerde erhoben hat, so kann er, falls von einem anderen Beteiligten die II. Instanz angegangen wird, nur dann gegen deren Entscheidung die Beschwerde zum Verwaltungsgerichtshof einlegen, wenn der Beschluß der I. Instanz nicht bestätigt worden ist. V.G.H. Bd. 16 S. 119.

[31]) Ueber die Beschwerde s. auch Bl. Bd. 41 S. 281 ff. — Auf die Einlegung einer Beschwerde kann verzichtet, die eingelegte Beschwerde kann zurückgenommen werden.

[32]) Die Entscheidung soll auch die Tragung der Kosten regeln; vgl. hierzu Ziff. 11.

[33]) Auch Heimatfeststellungen, welche vor dem Inkrafttreten des Verwaltungsgerichtsgesetzes von 1878 durch die damals zuständigen Behörden ergangen sind, sind der gleichen Rechtskraft fähig und beanspruchen gleiche Bedeutung; vgl. V.G.H. Bd. 2 S. 695. Dies gilt selbstverständlich auch dann, wenn die der damaligen Entscheidung zugrunde liegende Rechtsanschauung vom Verwaltungsgerichtshofe verlassen wurde. V.G.H. Bd. 3 S. 42.

[34]) Im Tenor der Entscheidung kann auch der Beginn der Heimat dem Datum nach festgestellt werden.

Ueber die Wiederaufnahme des Verfahrens vgl. Art. 26 V.G.H.[35]).

Die Entscheidung, daß die Heimat einer Person nicht ermittelt werden kann, ist zwar als eine Entscheidung in der Sache nicht zu betrachten und kann also jeden Augenblick durch eine Heimatfeststellung umgestoßen werden. Da jedoch eine rechtskräftige Entscheidung vorliegt, welche sagt, daß jemand keine Heimat habe, so bleibt nur der Weg der Wiederaufnahme des Verfahrens übrig, um eine anderweitige Feststellung treffen zu können[36]).

11. Das Verfahren ist, weil es „unabhängig von einer Anregung durch die Beteiligten" durchgeführt wird[37]), gebührenfrei; und zwar auch dann, wenn das Verfahren tatsächlich durch Anträge einer Partei veranlaßt worden ist[38]). Nach Art. 233 des Gebührengesetzes vom 11. November 1899 kann jedoch die Behörde von Amts wegen die Erhebung von Gebühren nach Maßgabe des Gebührengesetzes beschließen, wenn ein an sich gebührenfreies Verfahren nach freier Ueberzeugung der Behörde durch offenbar unbegründete Anträge, Einwendungen oder Beschwerden veranlaßt ist[39]). Nach diesen Grundsätzen können auch für das Verfahren in einer höheren Instanz Gebühren angesetzt werden, wenn auch jenes der niederen Instanz gebührenfrei geblieben ist. — Die erwachsenen Kosten treffen die Staatskassa; ist jedoch ein Verfahren durch eine Beschwerde verursacht worden, so treffen die Kosten dieses Verfahrens den Beschwerdeführer, falls er unterliegt[40]).

---

[35]) Daß die der Inzidentfeststellung im Verwaltungsrechtsverfahren entgegengesetzte rechtskräftige zivilrichterliche Entscheidung eine Wiederaufnahme begründen kann, wurde bereits auf S. 44 bemerkt; s. auch Bl. Bd. 41 S. 261. — Im übrigen vgl. hierher Bl. Bd. 41 S. 278—281 und die dort aufgeführten Entscheidungen des Verwaltungsgerichtshofes.

[36]) Es muß also der Behörde, welche den rechtskräftig gewordenen Endbescheid erlassen hat, glaubhaft dargetan werden, daß eine neue Tatsache vorliegt, deren Berücksichtigung zu einem anderen Bescheide führen kann. Art. 26 V.G.H.G. Die Wiederaufnahme kann auch von Amts wegen erfolgen; die untere Behörde hat dieselbe anzuregen, wenn ein öffentliches Interesse vorliegt, was bei Heimatfeststellungen immer der Fall ist. Vgl. V.G.H. Bd. 15 S. 138, Reger-Dyroff S. 407 II.

[37]) v. Seydel Bd. 2 S. 73 Note 6.

[38]) Art. 31 Gebührengesetz; Art. 201 H.G.

[39]) S. v. Riedel S. 187 Note 7.

[40]) Reger S. 77 Anm. 3.

8. Buch.

Vorläufige oder angewiesene Heimat.

§ 58.

Geschichtliche Entwicklung — Bedeutung — Inhalt.

1. Bei seiner Gestaltung des Heimat- und Indigenatsrechtes und infolge der Einführung der Geburtsheimat als Reservetitels bedurfte das ältere Recht vor 1825 des Rechtsinstitutes der angewiesenen Heimat nicht.

2. Das Gesetz vom 11. September 1825 hat die subsidiäre Heimat des Geburtsortes nicht beibehalten und einen neuen subsidiären Titel allgemeiner Art nicht geschaffen. Da es aber den Grundsatz, daß jeder Bayer eine Heimat haben solle, durchführen wollte, so mußte es für die Fälle zweifelhafter Heimatzugehörigkeit an die Stelle der wirklichen eine „vorsorgliche" Heimat setzen, indem eine Gemeinde „angewiesen" wurde, „welche einstweilen statt der Heimat solange gilt, bis die ursprüngliche Heimat entdeckt, oder eine neue erworben wird" [1] [2]. § 4 H.G. 1825.

---

[1] V.G.H. Bd. 15 S. 137: „Den Beschlüssen der zuständigen Behörden über Heimatanweisungen nach den Bestimmungen des H.G. 1825 ist der Charakter einer der Rechtskraft fähigen Entscheidung beizumessen."

[2] Ausländern wurde nach dem Wortlaute des Heimatgesetzes von 1825 keine Heimat angewiesen. Solchen Ausländern, welchen es an einem Titel des Indigenatserwerbs fehlt und deren Zurückweisung in ihre ausländische Heimat kraft eines Staatsvertrages oder wegen eines anderen nicht zu beseitigenden Hindernisses unausführbar ist, „soll diejenige Gemeinde, in welcher sie sich am längsten ununterbrochen aufgehalten haben, als Wohnort bezeichnet werden". § 7 H.G. 1825. Die Praxis machte aber zwischen der „Anweisung einer Gemeinde" im Sinne des § 4 und der „Bezeichnung als Wohnort" im Sinne des § 7 l. c. keinen Unterschied und sprach in beiden Fällen von „angewiesener Heimat". — Bl. Bd. 1 S. 415: „Auch bei der angewiesenen Heimat wird der Besitz des bayr. Indigenats erfordert." „Wenn aber das Indigenat bezüglich einer Person, welche sich in Bayern aufhält, zweifelhaft und unerweisbar ist, wenn auch der Beweis eines fremden Indigenats nicht zu erbringen ist, oder wenn die Zurückweisung in den betr. Staat kraft eines in Mitte liegenden Staatsvertrages oder wegen eines anderen nicht zu beseitigenden Hindernisses unausführbar ist, dann kommen die Regeln über Anweisung einer Heimat auch in bezug auf

3. Die gleiche Bedeutung ist der „angewiesenen vorläufigen Heimat" auch heute noch geblieben: Art. 16 I und Art. 17 I H.G. bestimmen, daß eine Person, deren Heimat nicht ermittelt werden kann, bezw. deren Wegweisung aus Bayern nicht möglich ist, vorläufig einer Gemeinde zuzuweisen sei, „welche dann solange als Heimatgemeinde gilt, bis die wirkliche Heimat festgestellt oder eine neue erworben ist," bezw. bis die Wegweisung aus dem Staatsgebiete möglich ist.

4. Die Rechtseinrichtung der angewiesenen Heimat hat vorwiegend einen polizeilichen Charakter. M. E. würde dieselbe kaum mehr eingeführt werden, wenn sie nicht schon bestünde. Um die Bedeutung der angewiesenen Heimat zu erkennen, muß man sich der Gesetzgebung vor Einführung des Freizügigkeitsgesetzes erinnern. Ausweisungen auch Staatsangehöriger waren aus zahlreichen Gründen zugelassen, so insbesondere, wenn eine Person nicht innerhalb 4 Wochen genügenden Nachweis über ihre Heimatberechtigung lieferte, ferner bei Beanspruchung von Armenhilfe, Rückständen an öffentlichen Abgaben, bei mangelndem Besitz hinreichender Unterhaltsmittel, Teilnahme an einer Ruhestörung, bei gewerbsmäßiger Unzucht und aus anderen Gründen. Die Ausweisung erfolgte aus dem Gemeindebezirke bezw. den benachbarten Gemeindebezirken; Art. 41 H.G. Wer eine anerkannte Heimat besaß, war dagegen geschützt, daß er bald von dieser, bald von jener Gemeinde vertrieben wurde; er konnte die Heimatgemeinde aufsuchen. Demjenigen Bayern aber, dessen Heimat unbekannt war, mußte ebenfalls eine Zufluchtsstätte geboten werden, zumal er aus Bayern nicht weggewiesen werden konnte. Das B.St.A.G. brachte zahlreiche heimatlose Bayern, bisherige Angehörige eines anderen Staates; für diese empfahl es sich, einen solchen Aufenthaltsort kraft Gesetzes zu bestimmen, was durch die Novelle von 1872 geschah. Vor Erlaß des Freizügigkeitsgesetzes waren ferner die Ausweisungsbefugnisse der deutschen Staaten Deutschen gegenüber weit umfassendere; ein gemeinsames Indigenatsrecht bestand nicht; dies führte nach dem Gothaer Vertrag zu „Uebernahmen" auch Nichtstaatsangehöriger, wodurch wieder die Bestimmung eines Aufenthaltsortes sich als notwendig erwies. Da nun die Heimat ein Aufenthaltsrecht gewährt, lehnte man sich an dieses Rechtsinstitut an und gab nicht nur dem heimatlosen Bayern, sondern jetzt auch ausdrücklich dem im Lande zu behaltenden Nichtbayern die vorläufige Heimat. Zwar wurde ein Recht auf eine solche Heimat nicht eingeräumt[3]), wohl aber die Pflicht der Behörde begründet, eine

solche Personen zur Anwendung." S. auch Bl. Bd. 1 S. 73. Ein Fall war, daß eine Ausländerin einen Bayern heiratete, dadurch eine bayrische Heimat erlangte, welche sie bei einer Scheidung der Ehe aus ihrem alleinigen Verschulden gemäß § 1 Ziff. 3 H.G. 1825 wieder verlor. Lebte die fremde Staatsangehörigkeit nicht wieder auf, so war eine Heimat anzuweisen.

[3]) V.G.H. Bd. 16 S. 154: „In Bayern betretenen Personen, deren Heimat nicht ermittelt werden kann, steht ein Rechtsanspruch auf Anweisung einer vorläufigen Heimat nicht zu." v. Seydel Bd. 2 S. 58. —

Der vorläufig beheimatete Nichtdeutsche (Ausländer) genießt in Bayern

solche vorläufige Heimat anzuweisen. Der Inhaber einer solchen Heimat hat aber ein Recht des Aufenthalts in der ihm zugewiesenen Gemeinde, so gut wie der wirkliche Heimatangehörige; polizeiliche Rücksichten irgendwelcher Art können dieses Recht ebensowenig beeinträchtigen, wie jenes des wirklich Heimatberechtigten[3]). Auch die Gemeinde kann einen ihr Angewiesenen nicht ausweisen. Nur bei Verlust der angewiesenen Heimat entfällt der Schutz, welchen sie gewährt[4]).

Gleichwohl ist die vorläufige Heimat keine wirkliche Heimat[5]). Man würde sie besser „Notwohnsitz" oder ähnlich benennen. Der Inhaber einer angewiesenen Heimat ist von der vorläufigen Heimatgemeinde nicht zu unterstützen. Sofern eine Gemeinde als Aufenthaltsgemeinde verpflichtet ist, gegen Ersatzanspruch zu helfen, muß sie dies auch tun gegenüber dem in ihr vorläufig Beheimateten; die endgültige Unterstützungspflicht aber obliegt dem Staate. Art. 19 H.G.[6]).

Der vorläufig Beheimatete ist nicht „Angehöriger" der Gemeinde, auch nicht vorläufiger Angehöriger. Wenn eine gesetzliche Bestimmung von Heimatberechtigten spricht, sind die vorläufig Beheimateten darunter nicht mitverstanden[7]). Der vorläufig Beheimatete hat keinen Anspruch auf Verleihung des Bürgerrechts. Die Gemeinde des vorläufig Be-

---

nicht nur Wohnrecht in der „Heimat", sondern auch das Aufenthalts- bezw. Freizügigkeitsrecht des bayrischen Staatsangehörigen; Art. 37 III H.G. Er kann also aus den Gründen, aus welchen vor 1871 auch der Bayer, seither nur der Ausländer aus einer bayrischen Gemeinde (die nicht seine Heimat ist) ausgewiesen werden konnte bezw. kann, nicht ausgewiesen werden. Aufenthaltsverbote sind gegen ihn nur mehr nach Art. 39, V, VI H.G. und § 3 II des Freizügigkeitsgesetzes möglich.

[4]) Immerhin erleidet das Wohnrecht eine Ausnahme. Nach Art. 19 II H.G. kann bei Unterstützungsbedürftigkeit die Staatsbehörde den vorläufig Beheimateten auch außerhalb der vorläufigen Heimatgemeinde unterbringen. Da sich niemand einer notwendigen Unterstützung entziehen kann, so kann diese Unterbringung auch zwangsweise geschehen. Vgl. v. Seydel Bd. 2 S. 58 Note 8.

[5]) v. Seydel Bd. 2 S. 58. „Wer die vorläufige Heimat besitzt, ist nach wie vor heimatlos." Der Verwaltungsgerichtshof erachtet ebenfalls die vorläufig Beheimateten für heimatlos, ja er hält nur sie für heimatlos im Sinne heimatrechtlicher Bestimmungen. Vgl. V.G.H. Bd. 11 S. 591: „Heimatlos im Sinne des Art. 11 H.G. sind diejenigen Personen, welche die nur vorläufige Heimat in einer Gemeinde besitzen" . . ., auch Bd. 13 S. 92. Daß die letztere Ansicht nicht zu billigen ist, wurde in § 49 dargelegt.

[6]) Die Verpflichtung der Staatskassa besteht aber nicht bloß gegenüber vorläufig Beheimateten. Armengesetz Art. 16 II; V.G.H. Bd. 25 S. 232: „Die in Art. 19 I H.G. festgesetzte staatliche Unterstützungspflicht bezieht sich gegenüber den in Art. 16 I H.G. erwähnten Personen unterschiedslos auf alle in Bayern betretenen Personen, im besonderen auch auf alle bayrischen Staatsangehörigen, deren Heimat nicht ermittelt werden kann, gleichviel ob diesen Personen eine vorläufige Heimat bereits angewiesen ist oder nicht."

[7]) v. Seydel Bd. 2 S. 58 bei Note 10. — Wenn in einer Stiftungsurkunde den Heimatangehörigen Vorteile zugewandt werden, so haben die vorläufig Beheimateten keinen Teil daran; denn als Wille des Stifters ist nicht der zu vermuten, daß diese vorläufig Beheimateten den wirklich Beheimateten gleichstehen sollen.

heimateten hat kein Einspruchsrecht gegen seine Verehelichung. Dieses Einspruchsrecht steht vielmehr dem Staate zu. Art. 32 III H.G.

Von dem Besitz einer vorläufigen Heimat hängt weder der Anspruch auf Verleihung der wirklichen Heimat nach Art. 10 H.G., noch die Ersitzung derselben nach Art. 11 H.G. ab; solche Rechte entstehen nur auf Grund bestimmter Tatsachen, deren Vorhandensein den Anspruch begründet, auch wenn keine vorläufige Heimat gegeben ist[8]).

Der vorläufig Beheimatete ist als solcher nicht Angehöriger des bayrischen Staates[9]). Art. 11 H.G. findet auf den vorläufig Beheimateten nur dann Anwendung, wenn er wirklich Staatsangehöriger ist (vgl. § 49).

5. Die rechtliche Natur der vorläufigen Heimat kann nach dem Vorgesagten dahin zusammengefaßt werden, daß sie das Recht begründet, aus dem Bezirke der angewiesenen Gemeinde nicht aus (präventiv) polizeilichen Rücksichten weggewiesen zu werden[10]). Art. 37 III H.G.; vgl. v. Seydel Bd. 2 S. 58 bei Note 8.

6. Ueber die Dauer der vorläufigen Heimat s. § 62. Generell ist zu sagen, daß die vorläufige Heimat nach ihrer Bedeutung untergehen muß, sobald eine wirkliche Heimat besteht.

Bis zu ihrem durch bestimmte Vorgänge bewirkten Untergang besteht die „vorläufige" Heimat. Sie ist „vorläufig", nicht weil immer eine definitive wirkliche Heimat folgen müßte, sondern weil sie nicht die (wirkliche) Heimat ist. — Die Dauer kann also eine sehr lange sein; die vorläufige Heimat kann sich auf Generationen vererben[11]); vgl. auch v. Seydel am angegebenen Orte.

§ 59.

Fälle, in welchen eine vorläufige Heimat angewiesen wird.

I. a) Hat sich in einem Heimatfeststellungsverfahren ergeben, daß ein Bayer keine erweisliche Heimat hat, so ist durch die zuständige

---

[8]) Nach der herrschenden Meinung kann nur der vorläufig Beheimatete eine Heimat gemäß Art. 11 H.G. ersitzen, — übrigens auch in einer anderen Gemeinde, als in jener der vorläufigen Heimat. Anm. 5. Vgl. v. Riedel S. 141/42 Note 2; § 49 dieses Buches.

[9]) In früherer Zeit sprach man einem Quasiindigenat solcher, welche nach den Staatsverträgen übernommen werden mußten, ohne Staatsangehörige zu sein.

[10]) v. Riedel S. 169 Note 1: „Der Heimatlose kann sich in der betreffenden Gemeinde ungestört aufhalten und gilt in polizeilicher Hinsicht als dort zu Hause."

V.G.H. Bd. 25 S. 46: „Ausländer (Nichtdeutsche), welchen in Bayern eine vorläufige Heimat angewiesen ist, sind bezüglich des Aufenthalts den Inländern gleichgestellt; Streitigkeiten über ihren Aufenthalt sind Verwaltungsrechtssachen".

[11]) v. Riedel S. 169 Note 1: „In diesem eingeschränkten Sinne erscheint die einmal begründete „angewiesene" Heimat gerade so wie die wirkliche Heimat als ein definitives Rechtsverhältnis."

Behörde eine vorläufige Heimat anzuweisen, falls jener Bayer sich in Bayern „aufhält“ [1]). Zu diesem Behufe sind von Amts wegen die Akten an die zuständige Behörde (§ 60) abzugeben, falls nicht schon im Feststellungsverfahren Heimatermittlung und Heimatzuweisung verbunden waren.

b) Hat sich ergeben, daß ein sich in Bayern aufhaltender Bayer keine Heimat hat [2]), so ist durch die zuständige Behörde (§ 60) eine vorläufige Heimat anzuweisen, falls nicht schon kraft Gesetzes eine solche besteht oder eine solche bereits angewiesen ist. Im Heimatfeststellungsverfahren ist demnach auch zu prüfen, ob jemand eine vorläufige Heimat hat. Die Heimatzuweisung verbindet sich, wenn erforderlich, in der Regel unmittelbar mit dem Heimatfeststellungsverfahren.

Besteht Uebereinstimmung zwischen den Beteiligten und der Behörde, daß jemand keine Heimat hat und daß auch eine vorläufige Heimat nicht besteht, so kann durch die Behörde zur Anweisung einer Heimat geschritten werden, auch ohne daß ein Feststellungsverfahren stattgefunden hat.

II. Durch das Gesetz wird eine vorläufige Heimat an bisher nichtbayrische Deutsche angewiesen, welche in den bayrischen Staatsverband aufgenommen wurden. Der nunmehrige Bayer hat, solange er nicht eine wirkliche Heimat hat, die vorläufige Heimat da, wo er sich zur Zeit der Aufnahme niedergelassen hat. Der Ort dieser Niederlassung ergibt sich von selbst aus der Aufnahmsurkunde; die Aufnahme soll nur erteilt werden auf Grund der erfolgten Niederlassung. Eine spätere Aenderung der Niederlassung ist ohne Belang für den Ort der vorläufigen Heimat. Art. 16 III H.G. [3]) [4]) [5]) [6]).

---

[1]) Hierbei ist an einen längeren Aufenthalt, nicht an einen nur vorübergehenden zu denken. Einem sich in Bayern nicht aufhaltenden heimatlosen Bayern braucht eine Heimat nicht angewiesen zu werden.

[2]) Der Umstand, daß er eine Heimat zweifellos gehabt, aber verloren hat, ändert nichts. S. v. Riedel S. 170 Note 6.

[3]) Die Heimat erlangt also jeder, welcher Aufnahme gefunden hat. Ob Ehefrau und Kinder die vorläufige Heimat teilen, hängt zunächst davon ab, ob sie die bayrische Staatsangehörigkeit erworben haben bezw. gleichzeitig erwerben. Im übrigen vgl. §§ 26, 29, 30. Wer aber selbst nach § 7 B.St.A.G. aufgenommen ist, nicht nach § 11 l. c. die Staatsangehörigkeit erlangt, der gewinnt, und sei er auch Ehefrau, unter elterlicher Gewalt stehendes Kind, minderjährig, entmündigt, die vorläufige Heimat als „selbständige“, auch wenn er gleichzeitig mit dem Manne, Vater rc. aufgenommen wird.

[4]) Hat jemand die bayrische Staatsangehörigkeit durch „Naturalisation“ erlangt, so mußte er sich nach den bestehenden bayrischen Vorschriften bereits eine Heimat gesichert haben. Ist dies in einem Falle übersehen worden, oder wurde von dieser Vorschrift ausnahmsweise abgewichen, so würde ein solcher Bayer kraft Gesetzes eine vorläufige Heimat nicht erlangt haben; es kann aber der Fall der Ziff. I gegeben und eine behördliche Anweisung einer vorläufigen Heimat veranlaßt sein, falls der nunmehrige Bayer Aufenthalt in Bayern genommen hat.

[5]) Die Wiederaufnahme eines früheren Bayern in den bayrischen Staatsverband im Sinne des § 21 V B.St.A.G. ist keine „Auf-

Hat jemand die bayrische Staatsangehörigkeit infolge Anstellung im öffentlichen Dienste erlangt[7]) (§ 9 B.St.A.G.), so erlangt er die vorläufige Heimat ebenfalls kraft Gesetzes, jedoch nicht in der Gemeinde des ersten Niederlassungsortes, sondern in jener der Anstellung, und wenn letztere nicht in Bayern liegt, in derjenigen Gemeinde, in welcher die nächsthöhere, in Bayern befindliche Dienstbehörde ihren Sitz hat. Art. 16 IV H.G. Der Satz gilt selbstverständlich nur für solche Angestellte, welche durch die Anstellung zwar die Staatsangehörigkeit, nicht aber zugleich eine Heimat kraft Art. 2 H.G. erwarben.

Kraft Gesetzes erhalten Ehefrauen, welche erst durch die Verheiratung mit einem Bayern die Staatsangehörigkeit erworben haben, falls die Ehe ohne das erforderliche distriktspolizeiliche Verehelichungszeugnis abgeschlossen worden ist, mit den Kindern dieser Ehe und den durch die Ehe legitimierten Kindern die vorläufige Heimat in der Heimatgemeinde des Mannes. Art. 31 II H.G.; s. § 20; v. Seydel Bd. 2 S. 73.

III. Ein Nichtbayer erhält eine Heimat vorläufig angewiesen, wenn

a) seine Wegweisung aus dem Staatsgebiete nicht möglich ist, und wenn

b) Anlaß besteht, ihm einen Aufenthaltsort in Bayern zu sichern.

Ob ein solcher Anlaß besteht, ist aber Sache des behördlichen Ermessens; er besteht in der Regel, wenn eine Armenunterstützung im Sinne des Armengesetzes erforderlich wird, und wenn eine Ausweisung verhängt werden soll. Art. 21 I H.G.; v. Seydel Bd. 2

---

nahme" gemäß Art. 16 III H.G. Nicht Reichsangehörige, sondern Ausländer werden „wieder aufgenommen". Der Ort und die Art der Anweisung einer vorläufigen Heimat richten sich daher nach Art. 16 II, nicht nach Art. 16 III H.G. Auch Art. 17 H.G., welcher Nichtbayern eine Heimat zunächst in der früheren Heimatgemeinde zuweist, ist nicht anwendbar. Bl. Bd. 48 S. 410; Bd. 40 S. 1 ff.

[6]) Wird einem früheren Bayern, der infolge Abwesenheit die Staatsangehörigkeit verloren hat, die bayrische Staatsangehörigkeit nach Art. 21 IV B.St.A.G. wieder verliehen, so erlangt er hierdurch weder kraft Gesetzes eine vorläufige Heimat in Bayern, noch besteht, da eine Niederlassung in Bayern nicht stattfindet, vorerst Anlaß, eine solche anzuweisen. S. auch Bl. Bd. 46 S. 399. Eine solche Anweisung ist sogar unzulässig und unter Umständen undurchführbar, weil die Gemeinde fehlt, die angewiesen werden könnte. S. B. Gemeindztg. Bd. 9 S. 327; vgl. Bl. Bd. 48 S. 409; Bl. Bd. 40 S. 1 ff. — In der Regel wird die Wiederverleihung der Staatsangehörigkeit, welche sich rechtlich als Naturalisation, nicht als Aufnahme qualifiziert, von der vorgängigen Sicherung einer Heimatverleihung von seiten einer bayrischen Gemeinde abhängig zu machen sein. Vgl. Bl. Bd. 40 S. 8. S. auch Bl. Bd. 43 S. 154 u. S. 393—398.

[7]) S. Bl. Bd. 49 S. 106: „Ein württembergischer Staatsangehöriger wurde 1890 mit Entschließung der k. Generaldirektion der Staatseisenbahnen zum Eisenbahn-Adjunkten in M ernannt. Durch diese Anstellung hat derselbe die bayrische Staatsangehörigkeit und die vorläufige Heimat in M erlangt." — Ueber die Geschichte der Fassung des Art. 16 IV H.G. vgl. v. Riedel S. 172/73 Note 19.

S. 72. Ein Anlaß besteht nur, wenn die Person sich in Bayern aufhält[8]).

Die Frage, ob die Wegweisung eines Nichtbayern aus dem Staatsgebiete unmöglich und ob darum die Anweisung einer Heimat zulässig ist, ist eine Rechtsfrage und unterliegt der Anfechtung im verwaltungsrechtlichen Verfahren. Es ist daher notwendig, die Frage zu prüfen, unter welchen Voraussetzungen ein Nichtbayer aus dem Staatsgebiete ausgewiesen werden kann, unter welchen nicht. Hierbei ist zu unterscheiden zwischen dem nichtbayrischen Angehörigen eines nichtdeutschen Staates, dem Staatslosen und dem nichtbayrischen Angehörigen eines deutschen Staates[9]).

1. Ein Ausländer, welcher in einem nicht zum Deutschen Reiche gehörigen Staate die Staatsangehörigkeit besitzt, (aber einem deutschen Staate nicht zugehört), kann gemäß Art. 44 II H.G. durch Verfügung des Staatsministeriums des Innern aus Rücksichten auf die öffentliche Wohlfahrt aus dem Staatsgebiete verwiesen werden. Eine reichsgesetzliche Ermächtigung zur Ausweisung von Ausländern geben strafgesetzliche Bestimmungen, z. B. § 361 Ziff. 3—8 in Verbindung mit § 362 R.St.G.B.; § 284 R.St.G.B.; in diesen Fällen kann die Ausweisung aus dem Reichsgebiete erfolgen. Die Distriktspolizeibehörde kann gemäß Art. 44 I H.G. die Ausweisung aus dem Königreich nur dann und zwar auf die Dauer des Aufenthaltsverbotes aussprechen, wenn ein solches in einem der Fälle des Art. 39 H.G. ergangen ist. Da aber bei Ausländern auf dem Wege des Art. 44 II die Ausweisung stets möglich ist, so ist ein rechtliches Hindernis, Ausländer auszuweisen, nur dann vorhanden, wenn in einem Staatsvertrage die Voraussetzungen der Ausweisung von Angehörigen des betreffenden Staates geregelt sind und daher in einem bestimmten Falle eine Ausweisung unzulässig wäre[10]). Ein solcher Vertrag besteht mit Luxemburg[11]), das dem Gothaer Vertrag beigetreten ist.

Dagegen können tatsächliche Umstände die Ausweisung unmöglich machen. Solche liegen in Krankheit, Gebrechlichkeit, Irrsinn, auch in der geographischen Lage des Heimatstaates[12]). Zufolge der meisten der unter 2 aufgeführten Verträge ist die Durchführung einer Ausweisung bei Krankheit auch vertragsmäßig unzulässig. In solchen Fällen ist daher eine vorläufige Heimat anzuweisen[13]).

---

[8]) Ein längerer Aufenthalt in Bayern für sich allein ist in der Regel kein ausreichender Anlaß. Der Preuße, welcher seinen Wohnsitz in Bayern genommen hat, kann bekanntlich nur aus bestimmten Gründen aus Bayern ausgewiesen werden; gleichwohl wird ihm eine Heimat nur angewiesen, wenn ein besonderer Anlaß besteht.

[9]) Vgl. zum folgenden insbesondere Krais Bd. 2 S. 24—35, v. Seydel Bd. 3 S. 20—28; S. 99 ff.

[10]) Reger S. 141 Anm. 4.

[11]) Krais Bd. 2 S. 34 unten. Ein Luxemburger kann also nur dann ausgewiesen werden, wenn nach diesem Vertrag die Ausweisung zulässig ist (s. unten).

[12]) Vgl. Bl. Bd. 1 S. 418.

[13]) Dieselbe fällt weg, sobald das Hindernis behoben ist.

Tatsächliche Umstände können auch die Durchführung einer verfügten Ausweisung unmöglich machen[14]); ist dies genügend bekannt, so wird von vorne herein von der Ausweisung Umgang zu nehmen sein. Hierher gehört, daß der Staat, welchem die Person zugehört, sie mit dem Erfolge nicht duldet, daß die Person in das Gebiet, aus dem sie gekommen, zurückkehren muß. So lehnt Schweden zufolge M.E. vom 13. Mai 1887 (Weber Bd. 18 S. 347) die Uebernahme von Personen ab, welche vor mehr als 10 Jahren Schweden verlassen haben, ohne inzwischen, wenn auch nur vorübergehend, dorthin zurückgekehrt zu sein.

Ist somit eine Ausweisung ins Ausland undurchführbar, so kann doch die Ausweisung des Ausländers in einen anderen deutschen Staat vermöge des Gothaer Vertrages[15]) möglich sein. Andererseits aber kann nach den Bestimmungen dieses Vertrages Bayern genötigt sein, einen Ausländer aufzunehmen, den ein anderer deutscher Staat nicht ins Ausland auszuweisen vermag. In letzterem Falle sowohl, wie in jenem, daß sowohl die Ausweisung ins Ausland wie die Ueberweisung in einen anderen deutschen Staat unmöglich sind, besteht Anlaß zur Anweisung einer vorläufigen Heimat.

Die Grundsätze, welche für die Uebernahme solcher Personen zufolge des erwähnten Vertrages bestehen, sind die folgenden[16]):

a) Ein im Gebiet des Deutschen Reiches sich aufhaltender Ausländer, dessen Ausweisung aus dem Reiche nicht durchführbar ist[17]), ferner ein Ausländer, der aus einem deutschen Staate ausgewiesen, zu dessen Uebernahme aber kein außerdeutscher Staat verpflichtet ist[18]), muß von demjenigen Staate übernommen werden, dessen Angehöriger er früher gewesen ist (Gothaer Vertrag § 1^{b}). Wenn demnach ein staatsloser früherer Bayer oder ein von seinem ausländischen Heimatsstaat zurückgewiesener früherer Bayer in Bayern „betreten" wird, so ist seine Ausweisung nicht durchführbar und ihm daher eine vorläufige Heimat anzuweisen. Gleiches gilt, wenn diese

---

[14]) Die britische Regierung verhält sich nach Bl. Bd. 32 S. 3 den auf Uebernahme Geisteskranker und Unterstützungsbedürftiger gestellten Anträgen gegenüber ablehnend, weil die Landesgesetzgebung nicht gestatte, mittellose oder in Irrsinn verfallene Ausländer aus dem Lande zu entfernen. Da sie somit Reziprozität nicht in Anspruch nehmen könne, überläßt sie hilfsbedürftige Landesangehörige der Fürsorge des fremden Staates.

[15]) Gothaer Vertrag vom 15. Juli 1851. (Weber Bd 4 S. 268—273.) Schlußprotokolle der Gothaer Konferenz vom 15. Juli 1851, 25. Juli 1854, 29. Juli 1858 (Weber Bd. 4 S. 273—275).

[16]) Die Frage, welchem Staate ein in Bayern betretener Nichtbayer zuzuweisen ist, ist somit im Verfahren wegen Zuweisung einer vorläufigen Heimat häufig zu prüfen. Vgl. die interessanten Fälle in Bl Bd. 31 S. 280—287 und Bd. 32 S 1—6. — Zum folgenden vgl. insbesondere v. Riedel S. 174 ff.; v. Seydel Bd. 3 S. 34 ff.

[17]) Die Ausweisung muß nicht versucht worden und erfolglos geblieben sein; es genügt auch, daß sie nach Lage der Umstände erfolglos sein würde.

[18]) Vgl. v. Seydel Bd. 3 S. 34.

Person in einem andern deutschen Staate betreten und von diesem Staat nach Bayern überwiesen wird[19]).

b) Auch der in Bayern betretene Ausländer, dessen jemalige Zugehörigkeit zu einem deutschen Staate nicht erwiesen werden kann, muß unter obigen Voraussetzungen von Bayern behalten werden, wenn er sich in Bayern aufhält. G.V. § 6. Ausnahmen von b):

1. Diese Verpflichtung entfällt aber dann, wenn die Person entweder nach zurückgelegtem 21. Lebensjahre sich zuletzt 5 Jahre hindurch ununterbrochen und freiwillig in einem andern Bundesstaate tatsächlich aufgehalten hat (§ 2 a), wobei jedoch die Dauer eines unfreiwilligen Aufenthaltes nicht in Anrechnung zu bringen ist, der Aufenthalt vielmehr während der Unterbrechung der Freiwilligkeit als ruhend (nicht als unterbrochen) zu erachten ist — (Sch.P. Ziff. 3); oder wenn die Person sich verheiratet und mit der Ehefrau zusammen unmittelbar nach der Eheschließung eine gemeinschaftliche Wohnung mindestens 6 Wochen innegehabt hat (§ 2 b, vgl. auch Sch.P. Ziff. 4). Wird der Person sowohl ein 5jähriger Aufenthalt in einem Staat, als geeignete Verheiratung in einem andern Staat nachgewiesen, so entscheidet das „neuere Verhältnis" (G.K. § 2 am Schlusse)[20]).

---

[19]) War jemand nacheinander Angehöriger verschiedener Staaten, so ist derjenige Staat zur Uebernahme verpflichtet, dessen Untertan er zuletzt gewesen ist. (Schl.Pr. Ziff. 2 c.) Ist jemand gleichzeitig Angehöriger verschiedener Staaten gewesen und hat er entweder gleichzeitig oder nacheinander die Staatsangehörigkeit in den sämtlichen Staaten verloren (ersteres z. B. durch Verjährung § 21 B.St.A.G.), so hat derjenige Staat, welcher in die Lage kommt, die Person auszuweisen, die Wahl, zu bestimmen, welcher dieser Staaten übernehmen soll. (Schl.Pr. Ziff. 2 d.) Wenn demgemäß ein früherer Bayer, der aber gleichzeitig Preuße und Sachse gewesen ist, in Bayern betreten wird, und die Ausweisung nicht möglich ist, so muß ihn Bayern behalten und ihm eine vorläufige Heimat anweisen; wird er in Preußen betreten, so muß ihn Preußen behalten. Wird er aber in Württemberg betreten, so kann er nach Bayern verwiesen werden; Bayern muß dann diese Person behalten und es ergibt sich die Notwendigkeit der Anweisung einer vorläufigen Heimat.

[20]) Wenn demnach z. B. eine Person im Jahre 1900 in Bayern betreten wurde, die in den Jahren 1894—1899 in Bayern sich aufgehalten hat, so muß sie nur dann von einem andern deutschen Staate übernommen werden, wenn sie nach Beendigung dieses Aufenthaltes geheiratet und unmittelbar nach der Eheschließung in einem andern Staate mindestens 6 Wochen mit der Ehefrau gemeinschaftliche Wohnung hatte. Würde dagegen Heirat und Wohnungsnahme in die Zeit vor Beginn des 5jährigen ununterbrochenen Aufenthalts fallen, so müßte Bayern die Person behalten. Würde der noch nicht 5jährige Aufenthalt in Bayern durch einen unmittelbar nach der Heirat genommenen Aufenthalt in einem andern Staate unterbrochen und ein neuer 5jähriger Aufenthalt in Bayern noch nicht vollendet sein, so würde der andere Bundesstaat zu übernehmen haben. — Nach Schlußprotokoll vom 15. Juli 1851 gilt auch „eine solche Wohnung für eine gemeinschaftliche, welche der Ehemann zunächst und hauptsächlich für seine Ehefrau und seine Familie bestimmt hat, während ihm selbst nach seinem Berufsverhältnisse wie z. B. bei Dienstboten eine für seine Person bestimmte Wohnung oder Schlafstätte anderwärts angewiesen worden ist". —

2. Hat jemand in einem deutschen Bundesstaat weder den oben bezeichneten 5jährigen Aufenthalt noch den Besitz der gemeinschaftlichen Wohnung unmittelbar nach seiner Verheiratung aufzuweisen, so muß derjenige Bundesstaat ihn behalten, in dem er geboren ist. Bayern kann also einen solchen in seinem Gebiete betretenen Ausländer demjenigen Vertragsstaate zuweisen, in dessen Gebiet er geboren ist; Bayern muß einen solchen in einem andern Bundesstaat aufgegriffenen Nichtdeutschen übernehmen, falls er in Bayern geboren ist.

c) Nach dem zu a und b Gesagten könnte es kommen, daß Familienangehörige vom Familienhaupte getrennt würden [21]). Gemäß § 3 G.V. sind aber Ehefrauen, was auch in ihrer eigenen Person zutreffen möge, immer von demjenigen Staate zu übernehmen, welchem der Ehemann zufällt [22]). Dies gilt sowohl dann, wenn die Uebernahme der Ehefrau gemeinsam mit jener des Ehemannes in Frage kommt, als auch, wenn es sich nur um die Uebernahme der Ehefrau allein handelt. Ist der Ehemann nur wegen tatsächlichen Aufenthalts (§ 6 l. c.) von einem Staat zu behalten, während die Ehefrau nach den in ihrer Person vorhandenen Merkmalen von einem anderen Staate zu übernehmen wäre, so braucht der für den Ehemann übernahmspflichtige Staat die Frau nur so lange zu behalten, als nicht die Ehe durch den Tod oder sonst gelöst ist. Sch. P. Ziff. 5. Ist aber eine Ausländerin betreten, deren Ehe gelöst ist, so ist sie von Bayern zu behalten bezw. zu übernehmen, wenn ihr Mann im Zeitpunkte der Auflösung der Ehe von Bayern hätte übernommen werden müssen [23]). Sobald und soferne jedoch für diese Frau gemäß § 2 G.V. ein selbstständiger Uebernahmstitel sich ergibt, ist der betreffende Staat übernahmspflichtig.

Eheliche Kinder, als welche auch durch nachfolgende Ehe legitimierte Kinder gelten, sind, wenn sie zur Zeit des Uebernahme-

---

Würde eine Person in Bayern betreten, welche in einem andern Bundesstaat zwar längere Zeit sich aufgehalten hat, aber niemals 5 Jahre, oder welche in einem andern Bundesstaat unmittelbar nach der Heirat gewohnt hat, aber weniger lang als 6 Wochen, so würde Bayern die Person behalten und ihr eine vorläufige Heimat anweisen müssen; vgl. jedoch die folgende Ziff. 2.

[21]) Denn möglicherweise ist der Ausländer in einem Bundesstaate 5 Jahre lang in Aufenthalt gewesen, die Ehefrau, die Kinder nicht; der Vater ist in einem Bundesstaat nicht geboren, wohl aber die Kinder. Es mußten daher für das Quasiindigenat, welches sich durch die Konvention herausgebildet hat, ähnliche Grundsätze aufgestellt werden hinsichtlich der Folge der Ehefrau und der Kinder wie für das wirkliche Indigenat.

[22]) Vorausgesetzt ist, daß die Ehe eine gültige ist; ob dies der Fall ist, wird nach den Vorschriften des § 3 Abs. 3 des Gothaer Vertrages beurteilt.

[23]) Die Anweisung einer vorläufigen Heimat entfällt, wenn die Ehefrau ohnehin die vorläufige Heimat des Mannes teilt. Doch ist letzteres nicht immer der Fall. Wenn z. B. die staatslose Ehefrau eines Mannes, der 5 Jahre sich in Bayern aufgehalten hat, nach Bayern überwiesen wird, während der Mann nun in Amerika lebt, so erlangt nur die Ehefrau die vorläufige Heimat.

falles noch nicht 21 Jahre alt sind, von demjenigen Staate zu übernehmen bezw. zu behalten, welcher den Vater zu übernehmen hat oder hätte (§ 4). Sie verbleiben diesem Staate auch, wenn sie später das 21. Lebensjahr erreichen. Wird jedoch der Vater nur[24]) vermöge des Umstandes, daß er in einem Staat sich aufhält, von diesem behalten, so sind die Kinder, wenn für sie an sich ein anderer Staat übernahmepflichtig wäre[25]), vom gleichen Staate, wie der Vater, nur dann zu behalten, wenn sie zur Zeit der Uebernahme noch nicht 16 Jahre alt sind (§ 6). Sobald sie 16 Jahre alt geworden sind, oder sobald der Vater gestorben ist, können sie dem Staate überwiesen werden, der aus anderen Gründen zu ihrer Uebernahme verpflichtet ist[26]).

Uneheliche Kinder einer vormaligen Deutschen sind, solange sie Ausländer bleiben, nach der Staatsangehörigkeit der Mutter zur Zeit der Geburt zu beurteilen. Sie müssen also von demjenigen Vertragsstaate übernommen und behalten werden, dessen Angehörige sie zur Zeit der Geburt waren. Spätere Aenderungen in der Staatsangehörigkeit der Mutter kommen nicht in Betracht. Gehörte die Mutter zur Zeit der Geburt des unehelichen Kindes keinem Vertragsstaat an, so bemißt sich die Uebernahmepflicht hinsichtlich des ausländisch verbliebenen Kindes nach den allgemeinen Grundsätzen[27]). v. Seydel Bd. 3 S. 35.

Kinder (eheliche oder uneheliche), welche eine deutsche Staatsangehörigkeit erworben haben, sind stets nach dem Freizügigkeitsgesetze zu behandeln, vgl. M.E. vom 1. Februar 1852 (Weber Bd. 4 S. 277); Schlußprotokoll der Eisenacher Konferenz vom 25. Juli 1854 (Weber Bd. 4 S. 279). Hat nach dem Vorstehenden Bayern ein Kind zu übernehmen oder zu behalten, so wird demselben eine vorläufige Heimat anzuweisen sein, falls es nicht schon die vorläufige Heimat seiner Eltern teilt, was wiederum nicht immer der Fall ist.

d) Auch wenn feststeht, daß ein Nichtdeutscher nach Vorstehendem aus Bayern an sich weggewiesen werden kann, so können sich nach den bestehenden Verträgen zunächst Hindernisse ergeben, welche wiederum zur Anweisung einer vorläufigen Heimat führen.

---

[24]) Ist also ein Ausländer in Bayern geboren und in Aufenthalt, so kann die Wegweisung der Kinder nicht erfolgen.

[25]) Z. B. weil das Kind in diesem Staate geboren ist, oder weil es früher Angehöriger eines anderen Staates gewesen ist.

[26]) Kinder, welche zur Zeit der Uebernahme der Eltern 21 Jahre alt sind, oder, falls die Uebernahme der Eltern wie oben mehrfach erwähnt, nur aus dem Grunde des tatsächlichen Aufenthalts erfolgt, auch Kinder, welche bereits 16 Jahre alt sind, sind unabhängig von der Uebernahme des Vaters von demjenigen Staat zu übernehmen, welchem sie nach den in ihrer Person liegenden Gründen zufallen. Trennung solcher Kinder von den Eltern und von minderjährigen Geschwistern ist also zulässig. Vgl. Sch.P. Ziff. 5.

[27]) Von der Mutter sollen die Kinder unter 16 Jahren nicht im Wege der Uebernahme getrennt werden können.

1. Die Zuführung einer Person an den zur Uebernahme verpflichteten (Vertrags-)Staat darf nämlich nach § 8 G.V. erst erfolgen, wenn dieser Staat zugestimmt hat. Nur dann, wenn die Person sich im Besitze eines von der Behörde ihres Wohnortes ausgestellten Reisepapieres (Heimatscheines) befindet, seit dessen Ablauf noch nicht ein Jahr verstrichen ist, kann die Zuführung auch ohne die Zustimmungserklärung erfolgen. Ein Reisepapier, welches nicht auf bestimmte Zeit ausgestellt ist, gilt als dauernd gültig. — Würde der nach Meinung Bayerns verpflichtete Staat den Ausgewiesenen nicht übernehmen, so müßte Bayern denselben vorläufig wieder übernehmen, — in welchem Falle es wiederum zur Anweisung einer vorläufigen Heimat kommen wird. Ist die nach Meinung Bayerns verpflichtete Regierung zur Anerkennung ihrer Pflicht nicht zu bewegen, so tritt schiedsrichterliche Entscheidung ein. § 12 G.V. Bis sie ergeht, besteht das erwähnte Hindernis der Ausweisung.

2. Zufolge der Eisenacher Uebereinkunft vom 11. Juli 1853 (Weber Bd. 4 S. 580 ff.) müssen Personen, welche wegen Krankheit der Kur und Verpflegung bedürfen, so lange von dem Staate, in welchem sie sich befinden, hinsichtlich der Behandlung und Verpflegung als Inländer betrachtet werden, bis die Reise in den zur Uebernahme verpflichteten Staat ohne Nachteil für ihre oder anderer Gesundheit möglich ist. Auch hierdurch kann sich die Notwendigkeit der Anweisung einer vorläufigen Heimat ergeben.

e) Personen, welche der bayrische Staat auf Grund der Gothaer Uebereinkunft vom 15. Juli 1851 behalten muß, können einen durch die Distriktsverwaltungsbehörde auszustellenden Uebernahmeschein erhalten[28]). Vgl. M.E. vom 28. Dezember 1899 Ziff. 10 Nummer 4.

---

[28]) Der Uebernahmeschein hat folgenden Wortlaut:

Uebernahmeschein.

Die unterzeichnete Distriktsverwaltungsbehörde (Bezirksamt, Stadtmagistrat) bescheinigt hierdurch, daß der N. N. (Name und Stand), welcher in N geboren und . . . Jahre alt ist, nach den Bestimmungen des § 2 des Vertrages wegen gegenseitiger Verpflichtung zur Uebernahme der Auszuweisenden d. d. Gotha den 15. Juli 1851, obwohl er nicht diesseitiger Untertan ist, dennoch bayrischerseits beibehalten, bezw. übernommen werden muß. Damit demselben der Aufenthalt in den anderen, bei diesem Vertrage beteiligten Staaten bewilligt werde, verpflichtet sich die unterzeichnete Behörde, aus diesem Aufenthalte, auch wenn er 5 Jahre fortgesetzt werden sollte, eine Uebernahmepflicht nicht herzuleiten, diesen Aufenthalt vielmehr während eines 5jährigen Zeitraumes vom Tage der Ausstellung dieses Scheines an gerechnet, ebenso anzusehen, als ob derselbe auf bayrischen Gebiete stattgefunden hätte. Auf den Fall der Verheiratung des Inhabers außerhalb Bayerns ist dieser Uebernahmeschein nicht zu beziehen.

. . . den . ten . . . . 19 . .

Kgl. bayr. Bezirksamt N. N.
(Magistrat der Stadt N. N.)

(L. S.) N.

Wie aus dem Wortlaute zu ersehen, kann die bayrische Regierung die Uebernahme von Personen nicht ablehnen, für welche dieser Uebernahmeschein gilt, auch wenn sie nach sonstigen Bestimmungen von dem andern Staate zu übernehmen sein würden. Solche Personen erhalten, wenn sie nach Bayern kommen, bei gegebener Veranlassung eine vorläufige Heimat[29]). —

Ausländer oder staatslose Personen haben auch dann kein Recht[30]) auf Anweisung einer Heimat, wenn nach den Bestimmungen der Gothaer und Eisenacher Vereinbarungen Bayern dieselben nicht ausweisen darf. Gegen Ausweisungsverfügungen können sie allerdings die vorgesetzten Behörden anrufen, ohne jedoch ein Beschwerderecht zu besitzen; daher ist eine solche Anrufung auch ohne aufschiebende Wirkung. In dem durch die Staatsverträge geordneten Verfahren sind die Personen nur Objekte, nicht aber subjektiv beteiligt.

2. Ein staatsloser Ausländer kann an sich ebenso ausgewiesen werden, wie ein staatsangehöriger Ausländer. Allein zwischen dem Deutschen Reiche und fremden Staaten sind eine Reihe von Staatsverträgen abgeschlossen worden, welche Deutschland verpflichten, frühere Staatsangehörige wieder zu übernehmen, wenn sie in dem andern Staat noch nicht Staatsangehörige geworden sind. Der Gothaer Vertrag bestimmt auch für diese Fälle, welcher deutsche Staat zur Uebernahme des Staatslosen verpflichtet ist. Ist hiernach Bayern übernahmepflichtig, oder muß Bayern eine Person behalten, so kann sich die Notwendigkeit der Anweisung einer vorläufigen Heimat ergeben.

Die mit einzelnen ausländischen Staaten abgeschlossenen Verträge sind die folgenden[31]):

a) Oesterreich und das Deutsche Reich haben sich zufolge M.Bek. vom 19. September 1875 (Weber Bd. 9 S. 151) gegenseitig verpflichtet, auf Verlangen des andern Teils ihre Angehörigen wieder zu übernehmen, auch wenn dieselben die Staatsangehörigkeit nach der inländischen Gesetzgebung bereits verloren haben. Gemäß M.Bek. vom 23. Juni 1890 (Weber Bd. 20 S. 97) ist Bayern ermächtigt, dem Deutschen Reich nicht angehörige Personen, welche kurz vor ihrer Betretung in Bayern unmittelbar aus Oesterreich nach Bayern gekommen sind, und deren Aufenthalt in Bayern zu beanstanden ist, über die Grenze nach Oesterreich auch dann zurückzuweisen, wenn dieselben die österreichische oder ungarische Staatsbürgerschaft nicht besitzen. Hinsichtlich solcher Personen besteht also ein rechtliches Hindernis der Ausweisung nicht.

b) Gleichen Inhalt, wie der zwischen Deutschland und Oesterreich abgeschlossene Vertrag hat der Vertrag vom 8. August 1873 (Art. IV), welcher zwischen Deutschland und Italien abgeschlossen wurde (Weber Bd. 10 S. 79).

c) Ganz analog lautet Art. IV des unterm 11. Dezember 1873 zwischen dem Deutschen Reich und Dänemark abgeschlossenen Vertrages (Weber Bd. 10 S. 171); vgl. auch die Zusatzdeklaration vom 25. August 1881 (Weber Bd. 15 S. 420 ff.).

---

[29]) Zumeist werden sie eine solche schon besitzen.

[30]) V.G.H. Bd. 14 S. 333: „Ausländern (Nichtdeutschen) steht ein im Verwaltungsrechtswege verfolgbares Recht auf Aufenthalt in Bayern nicht zu."

[31]) S. auch v. Riedel S. 178—180.

d) Gemäß Art. IV der Deklaration zwischen Deutschland und Belgien vom 7. Juli 1877 (Weber Bd. 12 S. 191) darf der Antrag auf Uebernahme nicht aus dem Grunde abgelehnt werden, weil der betreffende Hilfsbedürftige seiner früheren Staatsangehörigkeit verlustig gegangen ist, sofern er nicht eine andere Staatsangehörigkeit erworben hat.

e) Zufolge des Niederlassungsvertrages zwischen dem Deutschen Reich und der schweizerischen Eidgenossenschaft vom 31. Mai 1890 (Weber Bd. 20 S. 167) müssen Angehörige des einen Teiles, welche aus dem Gebiete des andern Teiles ausgewiesen wurden, wieder übernommen werden, und zwar auch dann, wenn sie das Staatsbürgerrecht nach der inländischen Gesetzgebung bereits verloren haben.

f) Durch das Uebereinkommen vom 10. Februar 1894 zwischen dem Deutschen Reich und Rußland (Weber Bd. 22 S. 385) verpflichten sich beide Teile, diejenigen ihrer früheren Angehörigen, welche ihre Staatsangehörigkeit durch Abwesenheit im Ausland oder durch förmliche Entlassung oder auf andere Weise verloren haben, zu übernehmen, falls dieselben nicht eine andere Staatsangehörigkeit erworben haben. Diese Uebernahmepflicht soll sich nicht erstrecken auf Personen, welche die von ihren Eltern verlorene Staatsangehörigkeit ihrerseits niemals besessen haben.

3. Die Ausweisung Deutscher richtet sich zunächst nach dem Freizügigkeitsgesetz.

a) Die Ausweisung ist in erster Linie eine sicherheitspolizeiliche und bei bestraften Personen zulässig als Folge landesrechtlicher Aufenthaltsbeschränkungen. § 3 Ziff. 1 F.G. Wenn nämlich jemand solchen Aufenthaltsbeschränkungen in einem Bundesstaate unterliegt, d. h. wenn jemand einer solchen Beschränkung zufolge einer erlittenen Bestrafung unterworfen worden ist (v. Seydel Bd. 3 S. 27), so kann ihm der Aufenthalt in jedem anderen Bundesstaate mit Ausnahme seines Heimatstaates untersagt werden. Ein nichtbayrischer Deutscher kann demnach in solchen Fällen aus Bayern ausgewiesen werden, gleichviel ob die bayrische Behörde oder eine andere die Aufenthaltsbeschränkungen verfügt hat. Die Ausweisung kann aber nicht länger dauern, als die Aufenthaltsbeschränkung, selbst wenn diese für längere Zeit hätte verhängt werden können (v. Seydel Bd. 3 S. 27). Nach Ablauf dieser Zeit besteht also die rechtliche Möglichkeit, einen nichtbayrischen Deutschen aus Gründen der Sicherheitspolizei auszuweisen, nicht mehr. Das bayrische Recht enthält in Art. 39 Ziff. 5 und 6 H.G. die Bestimmungen, welche ein solches Aufenthaltsverbot infolge Bestrafung begründen. Welches Gericht — ob ein bayrisches oder ein nichtbayrisches — die Strafe verhängt hat, ist gleichgültig; ebenso, wo die strafbare Handlung begangen wurde. Die angeführten Personen können also, wenn sie nichtbayrische Deutsche sind, und wenn die Aufenthaltsbeschränkung — ob von Bayern oder einem anderen deutschen Staate ist gleichgültig — verfügt worden ist, frühestens also gleichzeitig mit dem Erlaß dieser Verfügung auf solange aus Bayern ausgewiesen werden, als ihnen der Aufenthalt in einem Gemeindebezirk untersagt ist[32]).

[32]) Es bedarf keiner Ausweisung aus dem die Aufenthaltsbeschränkung verfügenden Staate, um die Zulässigkeit der Ausweisung aus Bayern zu begründen.

Solche Personen bedürfen demnach einer vorläufigen Heimat nicht und können eine solche nicht erhalten, solange die Ausweisungsmöglichkeit besteht. — Liegt zwar eine Strafe vor, welche die Befugnis zur Aufenthaltsbeschränkung begründet, ist aber (vgl. Art. 43 H.G.) ein Aufenthaltsverbot nicht erfolgt, so ist ebenfalls die Ausweisung unzulässig. Der Titel für diese ist nicht die Bestrafung, sondern die Aufenthaltsbeschränkung (v. Seydel Bd. 3 S. 27 Note 145). — Die Ausweisung erstreckt sich aber nur auf die Person, gegen welche ein gesetzlicher Ausweisungsgrund vorliegt, nicht auf die Angehörigen. Diese letzteren können, falls nicht gleichzeitig ein Ausweisungsgrund auch gegen sie besteht, nicht ausgewiesen werden und müssen daher unter Umständen eine vorläufige Heimat erhalten [33] [34]).

b) Kraft Reichsrechtes können (§ 3 II F.G.) nichtbayrische Deutsche, welche in Bayern oder einem andern Bundesstaate innerhalb der letzten 12 Monate wegen wiederholten Bettels oder wegen wiederholter Landstreicherei bestraft worden sind, des Landes verwiesen werden; vgl. hierzu v. Seydel Bd. 3 S. 27. Die Verweisung wirkt auf nicht länger als 12 Monate, gerechnet von der Verbüßung der letzten Strafe, wegen welcher die Ausweisung verfügt wurde (v. Seydel Bd. 3 S. 28). Da die Möglichkeit eines Aufenthaltsverbotes auf Grund Verurteilung wegen Bettelei und Landstreicherei in Bayern kraft Landesrechtes (H.G. Art. 39 v) besteht, so ist die reichsrechtliche Bestimmung scheinbar für Bayern ohne Bedeutung. Für die Frage der Anweisung einer vorläufigen Heimat ist jedoch zu bemerken: Die Ausweisung eines nichtbayrischen Deutschen aus Bayern wegen Bettelei wäre ohne die besondere reichsrechtliche Bestimmung nur zulässig, wenn ein Bundesstaat eine Aufenthaltsbeschränkung infolge dieser Verurteilung wirklich verfügt hat. Zufolge der reichsrechtlichen Anordnung und in den dort bestimmten Fällen und für die dort bestimmte Zeit ist sie nun aber zulässig, auch wenn eine Aufenthaltsbeschränkung nicht angeordnet ist oder wird. Die Landesverweisung gründet sich in diesem Falle auf die Bestrafung, nicht auf die Aufenthaltsbeschränkung. Demnach ist die Anweisung einer vorläufigen Heimat an einen nichtbayrischen Deutschen, welcher im Sinne des § 3 II l. c. wegen wiederholten Bettels oder wiederholter Landstreicherei bestraft worden ist, niemals zulässig. Auch nach Reichsrecht ist nur die Ausweisung des Bestraften zulässig, nicht die seiner Familie.

c) Aus anderen als sicherheitspolizeilichen Gründen kann die Ausweisung eines nichtbayrischen Deutschen aus Bayern nur er-

[33]) Ein Deutscher, der mit einer anderen Staatsangehörigkeit die bayrische verbindet, kann aus Bayern nicht ausgewiesen werden.

[34]) Zufolge M.E. vom 27. Juli 1894 (Weber Bd. 22 S. 668) hat auch Bayern sich verpflichtet, anläßlich einer nach einmaliger Bestrafung wegen Bettels oder Landstreicherei verfügten Aufenthaltsbeschränkung eine Ausweisung nicht zu verfügen.

folgen in den Fällen des § 4, 5 in Verbindung mit § 7 und § 11 des Freizügigkeitsgesetzes. Voraussetzung ist demgemäß,

α) daß entweder ein in einer Gemeinde Wohnsitz oder Aufenthalt nehmender („anziehender") Nichtbayer, der seinen Unterhalt aus eigenem Vermögen nicht bestreiten kann, denselben auch nicht von unterhaltspflichtigen Verwandten hat, von der Gemeinde abgewiesen wird, weil er nicht hinreichende Kräfte[35]) besitzt, um sich und seinen nicht arbeitsfähigen Angehörigen (d. i. Ehefrau und Kindern, sofern sie im Familienverbande stehen) den notdürftigen Lebensunterhalt zu verschaffen[36]), oder

β) daß, nachdem der Nichtbayer in einer Gemeinde ständigen oder vorübergehenden (V.G.H. Bd. 2 S. 191) Aufenthalt genommen hat, ihm oder einem im Familienverbande stehenden, unterhaltsberechtigten Angehörigen infolge eingetretener Notwendigkeit eine öffentliche Armenunterstützung — wenn auch aus anderen als aus Mitteln der abweisenden Gemeinde (V.G.H. Bd. 3 S. 267) — gewährt worden ist, und daß infolge hiervon, weil die Gemeinde nachgewiesen hat (V.G.H. Bd. 4 S. 357), daß die Unterstützung aus anderen Gründen, als einer nur vorübergehenden Arbeitsunfähigkeit, demnach aus solchen Gründen notwendig[37]) geworden ist, „welche auf eine länger dauernde Notwendigkeit der Unterstützung schließen lassen" (V.G.H. Bd. 5 S. 112), die Fortsetzung des Aufenthalts versagt worden ist.

---

[35]) Unter „Kräften" ist die körperliche Arbeitskraft verstanden; v. Seydel Bd. 3 S. 100; Grill S. 149 Anm. 4. Der vorübergehende Mangel der Kräfte schadet nicht. Besorgnisse, Rückstände ꝛc. begründen die Abweisung nicht. Die Tatsache, daß Personen, welche zum Unterhalt nicht verpflichtet sind, diesen reichen, hebt das Abweisungsrecht nicht auf.

[36]) Die „Beweislast", daß jemand „hinreichende Kräfte" nicht besitzt, obliegt der Gemeinde; der Einwand, daß trotz dieses Mangels infolge vorhandenen Vermögens oder Unterstützung durch Verwandte die Ausweisung unzulässig ist, muß vom „Anziehenden" begründet werden. S. Grill S. 147 Anm. 1, 3.

[37]) V.G.H. Bd. 2 S. 71: „Die Offenbarung der Notwendigkeit einer öffentlichen Unterstützung" (Sprache des Gesetzes) ist nicht als gegeben zu erachten: 1. wenn eine mit dem Auszuweisenden verwandte Person, zu deren Alimentation jener gesetzlich nicht verpflichtet ist, eine öffentliche Unterstützung erhalten hat, 2. wenn Familienmitglieder des Auszuweisenden den Bettel betreiben."

V.G.H. Bd. 2 S. 374: „Auf Grund des § 5 F.G. kann eine Ausweisung nicht verfügt werden, wenn die auszuweisende Person nur als unterstützungsbedürftig zu erachten ist, aber eine öffentliche Armenunterstützung noch nicht erhalten hat."

V.G.H. Bd. 4 S. 357: „Die Notwendigkeit einer öffentlichen Unterstützung ist nur dann als geoffenbart im Sinne des § 5 F.G. zu erachten, wenn nach öffentlichem Rechte die Verpflichtung der öffentlichen Armenpflege zur Unterstützung des Bedürftigen eingetreten und dem letzteren von den mit der Armenpflege betrauten Behörden aus öffentlichen Mitteln eine Unterstützung wirklich verabreicht worden ist." Diese Voraussetzung ist nicht gegeben, wenn eine Person sich mit der Bezahlung von Schulgeld oder von Krankenkosten im Rückstande befindet, ohne daß der Rückstand definitiv auf die Armenkassa übernommen worden ist. — Vgl. auch V.G.H. Bd. 5 S. 111.

Die Abweisung im Falle der Ziff. α und die Versagung des Aufenthalts im Falle der Ziff. β ist **nur** zulässig auf Antrag der kollegialen (**Grill** S. 148) **Gemeindeverwaltung** (des Magistrats, Gemeindeausschusses); zuständig ist die Distriktsverwaltungsbehörde, welche der Gemeinde vorgesetzt ist, in unmittelbaren Städten der Magistrat. — Die Ausweisung darf nicht auf bestimmte Zeit erfolgen; sie erlischt, wenn die Gründe weggefallen sind, welche zu ihrer Anordnung geführt haben; vgl. V.G.H. Bd. 4 S. 259, 450[38])[39]).

§ 60.

Anweisende Behörde; Heimatsort.

1. Die Anweisung einer vorläufigen Heimat erfolgt in den Fällen des Art. 16 III, IV H.G. durch das Gesetz; vgl. hierüber § 59; nur

[38]) Die Ausweisung kann auf diejenigen unselbständigen Familienangehörigen erstreckt werden, auf welche die Voraussetzungen der Ausweisung zutreffen. Vgl. V.G.H. Bd. 4 S. 450: „Der Ausweisungsbeschluß nach § 5 F.G. erstreckt sich auch auf die unselbständigen Familienangehörigen des der Ausweisung unterliegenden Familienhauptes." Die Ausweisung kann auf diejenigen Familienangehörigen **nicht** erstreckt werden, welche bayrische Staatsangehörige sind; die Ausweisung ist erst möglich, wenn die Entscheidung der Distriktsverwaltungsbehörde ergangen und rechtskräftig ist. Das Verfahren ist das **verwaltungsrechtliche**. Gegen die Entscheidung der I. Instanz ist Beschwerde zur vorgesetzten Regierung, Kammer des Innern, gegen deren Entscheidung jene zum Verwaltungsgerichtshof zulässig.

Solange ein rechtskräftiger Entscheid **nicht** vorliegt, ist demnach die Ausweisung tatsächlich nicht möglich und daher die Anweisung einer vorläufigen Heimat zulässig.

Liegt ein rechtskräftiger Bescheid vor, welcher auf Ausweisung lautet, so muß gemäß § 7 des Freizügigkeitsgesetzes das Verfahren nach Maßgabe des obenerwähnten Gothaer Vertrages und der späteren zur Ausführung dieses Vertrages getroffenen Verabredungen durchgeführt werden. Uebernahmepflichtig ist derjenige Staat, in welchem der Auszuweisende **staatsangehörig** ist. Gehört der Auszuweisende mehreren Staaten an, so hat der ausweisende Staat die Wahl. Die Zuführung darf erst erfolgen, wenn die Behörde des übernehmenden Staates zugestimmt hat; ohne solche nur, wenn der Auszuweisende sich im Besitze eines Reisepapieres befindet. Erkennt der nach Ansicht des ausweisenden Staates übernahmepflichtige Staat die Uebernahmepflicht nicht an, so erfolgt schiedsrichterliches Verfahren (§ 12 G.K.). Kranke Personen, bei welchen die Uebernahme nicht ohne Nachteil für ihre oder anderer Gesundheit erfolgen kann, sind nicht zuzuführen (s. oben). — Solange die **Ausweisung nicht durchführbar ist**, ist der bayrische Staat auch kraft Reichsgesetzes (in bestimmten Fällen gegen Ersatz) zur Fürsorge verpflichtet. Demnach kann sich auch die Notwendigkeit der Anweisung einer vorläufigen Heimat ergeben.

[39]) Ehefrauen und Kinder, welche als Angehörige von der Ausweisung mitbetroffen werden, folgen dem Familienhaupte nicht schlechthin, sondern soweit sie Angehörige des nämlichen Staates, wie dieser, sind. Es ergibt sich also aus dem Grunde allein, daß ein Bayer kraft § 4 oder 5 des Freizügigkeitsgesetzes aus einem andern Bundesstaat nach Bayern ausgewiesen worden ist, für Bayern nicht die Notwendigkeit, der Ehefrau oder Kindern dieses Bayern, falls sie eine andere deutsche Staatsangehörigkeit, nicht aber die bayrische besitzen, eine vorläufige Heimat anzuweisen (v. **Seydel** Bd. 3 S. 36).

wenn eine gesetzliche vorläufige Heimat nicht besteht, erfolgt die Anweisung durch jene Distriktsverwaltungsbehörde, welche gemäß § 57 zur Ausmittlung einer Heimat zuständig ist. Keine Polzeibehörde darf Personen, deren Heimat zweifelhaft oder streitig ist, aus dem Polizeibezirke ausweisen, ehe die Heimat solcher Personen ausgemittelt oder ihnen eine vorläufige Heimat angewiesen wurde. Art. 21 H.G. Die Anweisung einer vorläufigen Heimat seitens einer unzuständigen Behörde ist zwar ein Mangel im Verfahren; es kann daher auf erhobene Beschwerde die Angelegenheit an die zuständige Behörde zurückverwiesen werden; bei der Natur der vorläufigen Heimat begründet aber der Mangel der örtlichen Zuständigkeit nicht die Ungültigkeit der rechtskräftigen Heimatzuweisung.

2. Die behördliche Anweisung einer Heimat hat nur dann die Kraft, daß der Angewiesene nun eine vorläufige Heimat in der zugewiesenen Gemeinde besitzt, wenn er nicht schon eine wirkliche oder eine andere vorläufige Heimat inne hat. Würde trotzdem eine Anweisung rechtskräftig erfolgt sein, so ist dieselbe durch Wiederaufnahme des Verfahrens gemäß Art. 26 V.G.H.G. zu beseitigen. Dies kann sowohl von Amts wegen als auf Antrag eines Beteiligten geschehen. Vgl. §. 57 bei Note 36.

Die behördliche Anweisung *gibt* vom Augenblicke ihrer Rechtskraft an die vorläufige Heimat; sie hat *konstitutive* Bedeutung. Die vorläufige Heimat ist mit dem Tage der Rechtskraft der Anweisung erworben. Ist die Anweisung infolge eines Wiederaufnahmeverfahrens beseitigt, so war diese Heimat überhaupt nicht angewiesen. — Die Anweisung gibt stets eine *selbständige* „vorläufige Heimat“.

Verschieden von der Anweisung der Heimat ist die Feststellung, wo jemand eine vorläufige Heimat besitzt; diese Feststellung ist nicht konstitutiver, sondern deklaratorischer Bedeutung; sie kann sowohl eine selbständige, wie eine abgeleitete „vorläufige Heimat“ betreffen.

3. Welche Gemeinde durch die Behörde vorläufig als Heimatgemeinde anzuweisen ist, richtet sich nach folgenden Grundsätzen.

a) Ist die Person ein *Nichtbayer*[1]) welcher früher eine wirkliche Heimat in Bayern besessen hat, so ist die Gemeinde dieser Heimat zu bestimmen, gleichviel auf welchem Titel jene Heimat beruhte und ob sie eine selbständige oder abgeleitete Heimat gewesen ist[2]). Hatte die Person in verschiedenen Gemeinden die Heimat, so ist diejenige Gemeinde anzuweisen, in welcher sie die Heimat zuletzt hatte. Art. 17 H.G.

---

[1]) Dies muß aber feststehen; besteht Ungewißheit, so kann die Gemeinde der früheren Heimat nicht angewiesen werden, sondern jene des Aufenthalts bezw. der Betretung. — Wenn der Nichtbayer früher Bayer war, wie z. B. eine Ehefrau, die später einen Ausländer heiratete, darf auf eine *frühere* Heimat nicht zurückgegriffen werden; vgl. v. *Riedel* S. 170 Note 6.

[2]) Die Gemeinde ist in der Lage, unter den Voraussetzungen des § 4 des Freizügigkeitsgesetzes einen neu anziehenden Deutschen abzuweisen, nicht aber einen Deutschen oder Nichtdeutschen, der ihr zugewiesen wird.

b) Findelkinder, d. i. alsbald nach der Geburt aufgefundene Kinder unbekannter Eltern, erhalten die vorläufige Heimat in jener Gemeinde, in deren Bezirk sie gefunden wurden. Art. 16 II a H.G. Liegt dieser Platz nicht in der Markung einer Gemeinde, sondern ist er ausmärkisch, oder kann nicht mehr festgestellt werden, in welcher Gemeindemarkung das Kind aufgefunden wurde, so wird von der Behörde irgendeine Gemeinde des Verwaltungsbezirkes bestimmt, in welchem das Kind gefunden wurde[3]).

c) Bei sonstigen Personen bayrischer Staatsangehörigkeit[4]) ist zunächst zu erforschen, ob sie in den dem Beginne der „Heimatrecherchen", d. i. der amtlichen Kenntnisnahme von dem Sachverhalt, welcher das behördliche Verfahren notwendig macht, unmittelbar vorausgehenden 5 Jahren[5]) sich in irgendeiner bayrischen Gemeinde 6 Monate oder länger freiwillig und ununterbrochen aufgehalten haben. Ob ein „Aufenthalt" besteht, ob derselbe ein ununterbrochener und ein ununterbrochen freiwilliger ist, bestimmt sich nach denjenigen Grundsätzen, welche für die Erwerbung eines Heimatanspruches auf Grund Aufenthaltes aufgestellt worden sind[6]). Findet sich eine solche Gemeinde, so ist sie als Heimatgemeinde vorläufig anzuweisen[7]). Finden sich mehrere solcher Gemeinden, so ist ohne Rücksicht auf die sonstige Dauer des Aufenthaltes diejenige zu bestimmen, in welcher ein solcher Aufenthalt zuletzt stattgefunden hat. Daraus folgt, daß wenn für einen näher liegenden Zeitraum ein mindestens 6monatlicher geeigneter Aufenthalt nachgewiesen wurde, der zurückliegende Zeitraum nicht mehr durchforscht zu werden braucht. Der um mehr als 5 Jahre zurückliegende Zeitraum ist gänzlich außer Betracht zu lassen. Hat die Person innerhalb der letzten 5 Jahre einen solchen Aufenthalt nicht gehabt, oder läßt sich ein solcher nicht feststellen, so ist nach dem freien Ermessen der Behörde irgendeine Gemeinde desjenigen Verwaltungsbezirkes zu bestimmen, in welchem die Person zuletzt „betreten" wurde[8]). Betreten wurde die Person

---

[3]) Die Gemeinde, in deren Eigentum jene Grundfläche steht, kann also nicht bestimmt werden, wenn diese Gemeinde nicht im Verwaltungsbezirke des Fundortes gelegen ist.

[4]) Genauer: Bei welchen nicht feststeht, daß sie Nichtbayern sind.

[5]) Vgl. v. Riedel S. 171 Note 13. — Die Person braucht sich aber nicht die ganzen 5 Jahre in Bayern aufgehalten zu haben.

[6]) „Der sechsmonatige Aufenthalt muß an demjenigen Tage, an welchem die Heimat der betr. Person von der Behörde als zweifelhaft erkannt wurde, bereits vollendet sein." v. Riedel S. 172 Note 14.

[7]) Für die Bestimmung der Gemeinde ist von Bedeutung nur, ob der Aufenthalt ein freiwilliger gewesen ist während der erwähnten 6 Monate; nicht, ob er auch zur Zeit der Zuweisung vorhanden ist bezw. freiwillig vorhanden ist.

[8]) Eine Beschwerde der zugewiesenen Gemeinde kann nicht damit begründet werden, daß die Zuweisung einer anderen Gemeinde zweckmäßiger gewesen wäre. Vgl. V.G.H. Bd. 13 S. 436. Ueber die bei Auswahl der Gemeinde zu beachtenden Gesichtspunkte vgl. v. Riedel S. 172 Note 18. — Das Recht der vorgesetzten Stelle, eine andere Gemeinde auszuwählen, als die Unterbehörde, ist nicht zweifelhaft.

in jener Gemeinde, in welcher sie sich zu dem Zeitpunkt aufhielt, als infolge irgendwelchen Umstandes eine behördliche Nachforschung nach ihrer Heimat eingeleitet wurde.

4. Derjenige, in dessen Person ein Grund vorhanden ist, erhält eine vorläufige Heimat angewiesen, welchen Geschlechtes und Alters er auch sei, ob er willensfähig, geschäftsfähig ist oder nicht. Ist er nicht geschäftsfähig, so ist im Verfahren gegebenenfalls für Aufstellung eines Vertreters zu sorgen. Das Verfahren soll sich tunlichst auch auf diejenigen erstrecken, von deren vorläufiger Heimat jene des Betretenen abhängen würde, wenn auch ihnen eine solche zustünde (vgl. § 61). Wenn z. B. ein 15jähriger Nichtdeutscher, der gemäß § 4 des Gothaer Vertrages nicht ins Ausland und auch keinem anderen deutschen Bundesstaat überwiesen werden kann, da sein Vater in Bayern geboren ist, in Bayern betreten wird, so ist zu ermitteln, ob Anlaß besteht, dem Vater eine vorläufige Heimat anzuweisen. Wenn ja, so geschieht dies; liegt ein Anlaß nicht vor, so erhält nur der Sohn die vorläufige Heimat[9]).

5. Der Beschluß, daß eine vorläufige Heimat anzuweisen sei und welche Gemeinde anzuweisen sei, stellt sich als eine Entscheidung im Sinne des Art. 20 I, III H.G. dar und ergeht daher im verwaltungsrechtlichen Verfahren. V.G.H.G. Art. 8 Ziff. 26. Die Beteiligten müssen vernommen werden und sind beschwerdeberechtigt. Beteiligt sind die Personen, welchen eine Heimat angewiesen werden soll, und zwar dergestalt, daß, wenn eine Person der vorläufigen Heimat der andern folgt, nur diese letztere als beteiligt gilt. Art. 26 I Ziff. 4 H.G. Ferner ist stets beteiligt der Fiskus (Art. 26 I Ziff. 2 H.G.), endlich die Gemeinde, in welcher die Heimat angewiesen werden soll. Art. 26 I Ziff. 1 l. c.[10]).

Häufig ist, daß das Verfahren wegen Anweisung einer Heimat mit dem Verfahren wegen Feststellung der Heimat verbunden wird.

Wie schon in § 58 hervorgehoben, hat die heimatlose Person keinen Anspruch auf Zuweisung einer vorläufigen Heimat. Sie kann allerdings eine solche anregen, hat aber kein Rechtsmittel, wenn dieser Anregung nicht Folge gegeben wird.

Beantragt jemand, daß ihm eine vorläufige Heimat angewiesen werde, so kann ein Verfahren erforderlich werden, um festzustellen, ob der Antragsteller nicht schon eine vorläufige oder wirkliche Heimat

---

[9]) Er behält sie, bis (etwa nach Vollendung seines 21. Lebensjahres) die Möglichkeit besteht, ihn einem anderen Staate zu überweisen.

[10]) V.G.H. Bd. 13 S. 436: „Durch eine solche Maßregel wird das rechtliche Interesse der Gemeinde in einem Maße berührt, daß ihr auch aus diesem Gesichtspunkte die Streitberechtigung nicht wird abgesprochen werden können." — Die Beschwerde der Gemeinde kann z. B. darauf sich gründen, daß A nicht im Bezirke des Bezirksamtes N. sondern in jenem von M betreten worden sei und daher nur eine Gemeinde dieses Bezirkes hätte angewiesen werden dürfen.

hat. Ist jedoch zwar nicht ungewiß, daß der Antragsteller eine solche nicht besitzt, findet aber die Behörde keinen Anlaß, eine vorläufige Heimat anzuweisen (z. B. der Antragsteller ist Ausländer, dessen Ausweisung oder gegebenenfalls Ueberweisung an einen anderen Staat keinem Hindernisse begegnen würde, oder er ist zwar heimatloser Bayer, hält sich aber in Bayern nur vorübergehend auf), so weist sie den Antrag beschlußmäßig ab. Der Beschluß ist nur im Verwaltungswege mit Beschwerde an die vorgesetzte Stelle anfechtbar, nicht im Verwaltungsrechtswege. Auch der Fiskus oder eine Gemeinde haben kein Recht darauf, daß einer Person eine Heimat angewiesen werde; auch sie können gegen den ablehnenden Bescheid nur Verwaltungsbeschwerde einlegen. Die Entscheidung hingegen, daß eine vorläufige Heimat angewiesen wird, kann sowohl hinsichtlich der Frage, ob eine Voraussetzung hierfür vorliegt, als auch hinsichtlich der anderen, welche Gemeinde anzuweisen ist, von jedem Beteiligten im Verwaltungsrechtswege angefochten werden.

6. Für die Verleihung der vorläufigen Heimat ist keine Heimatgebühr zu entrichten. Eine solche wäre auch innerlich nicht gerechtfertigt; denn Armenlasten erwachsen der Gemeinde nicht, welche vorläufige Heimatgemeinde wird. Die Beschlüsse über Zuteilung einer vorläufigen Heimat sind gebührenfrei, auch wenn diese Zuteilung von dem Empfänger der vorläufigen Heimat angeregt wurde; denn die Anweisung einer vorläufigen Heimat ist „Amtssache“, Art. 20 H.G. Dagegen kann unter Umständen, wenn das beantragte Verfahren nicht zur Anweisung einer vorläufigen Heimat führt, eine Gebühr auferlegt werden, wie auch bei Beschwerden dem unterliegenden Beschwerdeführer die Beschlußgebühr zur Last fallen kann. (Art. 233 Gebührengesetz.)

§ 61.

Unselbständige vorläufige Heimat; selbständige vorläufige Heimat.

1. Wird die vorläufige Heimat erworben kraft Gesetzes auf Grund Aufnahme eines Deutschen in den bayerischen Staatsverband oder auf Grund Anstellung im öffentlichen Dienste, so erlangt zweifellos die bisher nichtbayrische, ungeschiedene Ehefrau diese vorläufige Heimat ebenfalls und zwar als eine abgeleitete vorläufige Heimat (Art. 18 H.G.). Heiratet der Aufgenommene, so erlangt zweifellos die Frau, welche durch die Ehe bayrische Staatsangehörige wird, die nämliche abgeleitete vorläufige Heimat[1]). Eine solche Ehefrau folgt der vorläufigen und (wirklichen) Heimat des Mannes, wenn die Ehe auf Grund materiell gültigen Verehelichungszeugnisses abgeschlossen wurde; sie folgt nicht, falls für die Ehe das Verehelichungszeugnis

[1]) Erwirbt der Ehemann eine wirkliche Heimat, so folgt die Ehefrau in dieselbe gemäß Art. 10 II, 11 IV H.G. Vgl. § 30.

nicht erholt wurde, behält vielmehr bis zur Erlangung einer wirklichen Heimat diejenige Heimat als vorläufige, welche der Mann zur Zeit der Eheschließung als wirkliche oder vorläufige besaß.

Die Ehefrau[2]) folgt aber nur solange der vorläufigen Heimat des Mannes, bis sie eine wirkliche Heimat erlangt, was durch Verleihung, Anspruchserwerbung, Ersitzung gemäß Art. 11 H.G., Bürgerrechtserwerb gemäß Art. 15 Gem.O., 5 II H.G., Anstellung nach Art. 2 H.G. geschehen kann.

Besaß die Ehefrau schon vor ihrer Verheiratung bezw. vor der Aufnahme eine vorläufige Heimat, z. B. als Tochter vorläufig beheimateter Eltern oder als Witwe eines vorläufig beheimateten Mannes[3]), oder weil ihr als nicht ausweisungsfähiger Nichtbayerin eine Heimat angewiesen wurde, so erlangt sie durch die Eheschließung, bezw. die Aufnahme, die vorläufige Heimat des eine solche Heimat auf Grund Art. 16 III, IV. H.G. innehabenden Mannes.

Kann über vorstehendes kein Zweifel bestehen, so sind doch solche möglich darüber, ob eine Frau, welche im Zeitpunkt der Eheschließung oder der Aufnahme des Mannes in den bayrischen Staatsverband eine wirkliche Heimat in Bayern hat, diese Heimat verliert und die vorläufige Heimat des Mannes teilt. Die Frage ist zu verneinen; die Frau, welche bereits eine wirkliche Heimat hat, teilt die vorläufige Heimat des Mannes nicht[4]).

---

[2]) Eine solche Ehefrau kann eine selbständige vorläufige Heimat nicht erlangen. Denn eine Möglichkeit, ihr eine Heimat selbständig anzuweisen, besteht nicht, da sie schon eine vorläufige Heimat besitzt.

[3]) S. v. Riedel S. 181 Note 3c.

[4]) Für diejenigen, welche der von mir vertretenen Auffassung beipflichten, daß die Ehefrau, welche nach der Eheschließung eine selbständige Heimat erworben hat, diese auch dann beibehält, wenn der Mann nach diesem Zeitpunkte eine neue Heimat erworben hat, kann wohl kein Zweifel bestehen, daß die vor der Aufnahme des Mannes, jedoch nach der Eheschließung, bayrische Staatsangehörige und Inhaberin einer selbständigen Heimat gewordene Frau nicht durch die Aufnahme des Mannes eine vorläufige Heimat erlangt und die bisherige wirkliche verliert. Zweifelhafter ist, was gilt, wenn die Ehefrau vor der Eheschließung eine wirkliche Heimat hatte und nun einen heimatlosen Bayern heiratet. v. Seydel Bd. 2 S. 70 Ziff. 1 glaubt, daß die Frau durch Verheiratung mit einem Heimatlosen die Heimat verliere und bezieht sich auf Art. 18 I H.G. und 3 II H.G.; desgleichen v. Riedel S. 104 Note 8, ebenso Reger S. 74 Anm. 1a. Auch der Verwaltungsgerichtshof hat in einer nicht veröffentlichten Entscheidung vom 30. Dezember 1889 laut Bl. Bd. 43 S. 28/29 ausgesprochen, daß die Ehefrau, der eine wirkliche Heimat zustand, die vorläufige Heimat des Mannes erwerbe und daß das uneheliche Kind dieser neuen vorläufigen Heimat der Mutter folge, trotzdem es bisher eine wirkliche Heimat gehabt. Die herrschende Ansicht ist also, daß auch die bisher eine wirkliche Heimat besitzende Frau die vorläufige Heimat des Mannes teilt. Für die herrschende Ansicht spricht der Wortlaut des Art. 18 H.G. und der Umstand, daß das Gesetz die Familienangehörigen in Ansehung der Heimat nicht trennen will, vielleicht auch die beim Gesetzgeber anzunehmende Rücksicht auf die bisherige Heimatgemeinde der Frau. Gegen die herrschende Ansicht spricht: In Art. 15 H.G. ist die Verehelichung einer Frau mit einem Heimatlosen nicht als Verlustgrund angeführt, sondern nur die Erwerbung einer wirklichen Heimat und der

Kinder [5]), welche geboren werden, nachdem der Vater (die außereheliche Mutter) eine vorläufige Heimat im Sinne des Art. 16 III, IV H.G. erlangt hat [6]), erlangen diese Heimat zweifellos und zwar als eine abgeleitete vorläufige Heimat. — Kinder, welche bereits geboren waren, als der Vater (die außereheliche Mutter) diese vorläufige Heimat auf Grund Art. 16 III, IV H.G. erlangte, erhalten die vorläufige Heimat, wenn sie auch die wirkliche Heimat teilen würden (die Tochter also z. B. nicht, wenn sie bereits verheiratet ist), jedoch nur unter vier Voraussetzungen. Die eine ist, daß das Kind die bayrische Staatsangehörigkeit besitzt [7]). Die zweite ist, daß das Kind nicht schon selbst eine Heimat besitzt. Hat es eine selbständige Heimat, so ist die Heimatfolge ohnehin ausgeschlossen; besitzt es aber noch die ursprüngliche, so gilt gleichwohl, daß der Erwerb einer vorläufigen Heimat seitens der Eltern keinen Verlustgrund für die Heimat des Kindes bilden kann [8]). Fällt das Hindernis weg, verliert etwa

---

Verlust des Indigenats. Beides trifft im gegebenen Falle nicht zu. Wird Art. 18 so ausgelegt, wie die herrschende Lehre will, so besteht ein Widerspruch zwischen verschiedenen Artikeln des Gesetzes, der dann unter Anwendung der das Gesetz im übrigen beherrschenden Prinzipien gelöst werden müßte. Hier dürfte nun doch wohl entscheidend sein, daß jeder Bayer eine wirkliche Heimat haben soll und daß die vorläufige Heimat nur ein Notbehelf ist. Eine Not, diesen Behelf hier heranzuziehen, besteht aber nicht. Auch die ohne Zeugnis heiratende Ehefrau behält die bisherige Heimat bei; ebenso behält die im Lande gebliebene Frau des Ausgewanderten, der kraft § 21 B.St.A.G. die Staatsangehörigkeit verlor, Staatsangehörigkeit und Heimat: ein Analogon findet sich also im Gesetz. — Ein Widerstreit der beiden Artikel muß übrigens nicht unbedingt angenommen werden. Es ist wohl möglich, daß Art. 18 den regelmäßigen Fall im Auge hatte, daß nämlich der die vorläufige Heimat Erwerbende eine Ehefrau in dem Zeitpunkt schon besitzt, in welchem er dieser vorläufigen Heimat teilhaftig wird.

Man mag auch folgendes geltend machen: Die Art. 1—15 H.G. haben die wirkliche Heimat geregelt; Art. 16—19 H.G. regeln die vorläufige; auf Personen, welche eine bekannte wirkliche Heimat haben, beziehen sich diese letzteren Artikel nicht. — Man sollte nicht vergessen, daß vorläufige Heimat keine Heimat ist, und daß das Gesetz nur den der Heimat beraubt, dem es dieselbe entziehen muß.

[5]) In der folgenden Erörterung sind Kinder nur im Sinne der Abstammung zu verstehen; ob das Kind minderjährig oder volljährig, männlichen oder weiblichen Geschlechtes ist, bei den Eltern weilt oder nicht, darauf kommt, vorbehaltlich besonderer Bestimmungen, nichts an.

[6]) Damit ist schon gesagt, daß der Vater zur Zeit der Geburt die vorläufige Heimat noch haben muß.

[7]) Da das Gesetz den Eltern auf Grund des Besitzes der Staatsangehörigkeit die vorläufige Heimat gibt, so kann es nicht wollen, daß Kinder dieselbe erhalten und dadurch vor der Wegweisung aus dem Königreich geschützt werden sollen, wenn sie nicht Staatsangehörige sind.

[8]) Wenn z. B. der Vater die Staatsangehörigkeit verloren hat, das Kind nicht, der Vater nun später die bayrische Staatsangehörigkeit, aber keine wirkliche Heimat wieder erwirbt, so behält das Kind seine wirkliche Heimat bei; anders, wenn der Vater später eine wirkliche Heimat erwerben sollte (§ 26). Nach der in Anm. 4 angeführten Entscheidung des Verwaltungsgerichtshofes hat es den Anschein, daß der Verlust der wirklichen Heimat anzunehmen sein soll, wenn der Vater (die außereheliche Mutter) eine vorläufige Heimat erhält.

das Kind die Staatsangehörigkeit, um später heimatloser Bayer zu werden, so kann es die vorläufige Heimat der Eltern erlangen. Die dritte Voraussetzung ist, daß das Kind nicht in eigener Person eine vorläufige Heimat angewiesen erhalten hat; dies kann auch dadurch geschehen, daß das Kind gleichzeitig mit den Eltern, aber durch besondere Aufnahme die bayrische Staatsangehörigkeit erwirbt[9]). Bei dem nichtbayrischen, gemäß Art. 17 H.G. einer Gemeinde zugewiesenen Kinde (z. B. einer bayrischen heimatlosen außerehelichen Mutter) fehlt es an der ersten und dritten Voraussetzung. Die vierte Voraussetzung ist, daß das Kind noch keinen eigenen Hausstand hat. Art. 18 II H.G. Einen eigenen Hausstand haben solche Kinder nicht, welche unselbständig im Sinne des Art. 10 H.G. sind; die hierzu in § 26 gegebenen Erläuterungen treffen auch in diesem Falle zu[10]). Keine Voraussetzung ist, daß das Kind sich in Bayern aufhält[11]). Kinder, welche die abgeleitete vorläufige Heimat erlangten, folgen derselben so lange[12]), bis sie entweder die Staatsangehörigkeit verlieren, oder eine wirkliche Heimat oder durch Heirat die vorläufige Heimat des Ehemannes erwerben[13]). Die Erwerbung eines eigenen Hausstandes hindert m. E. nicht, daß ein Kind auch fernerhin der elterlichen vorläufigen Heimat folgt[14]). Ueber die Um-

---

[9]) Es ist aber auch möglich, daß das Kind als Angehöriger eines anderen Staates Veranlassung gegeben hat, ihm eine Heimat gemäß Art. 17 I H.G. selbständig zuzuweisen.

[10]) Es handelte sich in Art. 18 II H.G. offenbar um solche Kinder, auf welche sich, wenn die Eltern später einen Anspruch auf Verleihung einer wirklichen Heimat erlangen, dieser Heimaterwerb mit erstreckt. Art. 18 hätte geändert werden sollen, als Art. 11 dem Gesetze beigefügt wurde; es ist jetzt möglich, daß Kinder, welche die wirkliche Heimat auf Grund des elterlichen Heimaterwerbs erlangen, vorher die vorläufige Heimat nicht besessen haben, weil sie „selbständig" sind, was aber den Erwerb der wirklichen Heimat nach Art. 11 IV nicht hindert. — Fällt der „eigene Hausstand" später weg, so wird nunmehr bei Vorhandensein der übrigen Voraussetzungen die vorläufige Heimat erlangt. — Vgl. auch v. Riedel S 182 Note 5; Reger S. 74 Anm. 3; v. Seydel Bd. 2 S. 71.

[11]) Das Kind ist ja Bayer und kann aus Bayern nicht ausgewiesen werden; wäre dies nicht der Fall, so müßte man Bedenken tragen, dem Kinde, das die Niederlassung der Eltern nicht teilt, die vorläufige Heimat zuzuerkennen.

[12]) Praktisch hat die Folge keine große Bedeutung, denn die Eltern erlangen die vorläufige Heimat am Orte der ersten Niederlassung ein für allemal. Der Hauptfall ist, daß vorläufig beheimatete, außereheliche Kinder auch die vorläufige Heimat der Mutter teilen, welche diese durch Verehelichung mit einem vorläufig Beheimateten erlangt.

[13]) Der Verlust der vorläufigen Heimat seitens der Eltern an und für sich bringt hier den Kindern keinen Verlust. Wenn die Eltern die Staatsangehörigkeit verlieren, dann hängt bei den Kindern der Verlust der vorläufigen Heimat davon ab, ob auch sie derselben verlustig gehen. — Tatsächlich verwandelt sich die abgeleitete vorläufige Heimat in eine selbständige durch den Tod des Familienhauptes und durch dessen Staatsangehörigkeitsverlust. Würde jedoch das Familienhaupt die Staatsangehörigkeit und mit ihr eine vorläufige Heimat wieder erwerben, so würde das Kind fortfahren, derselben zu folgen (vgl. § 26).

[14]) A. M. v. Seydel Bd. 2 S. 72, v. Riedel S. 182 Note 5 bemerkt

wandlung einer unselbständigen vorläufigen Heimat in eine selbständige vorläufige Heimat, vgl. Ziff. 5; über den Fall des Art. 31 II H.G. siehe § 20. — Die unselbständige vorläufige Heimat wird selbstverständlich kraft Gesetzes erlangt, sobald die Voraussetzungen vorliegen; einer Erklärung, Anerkennung, Ausspruches einer Behörde bedarf es nicht.

2. Die vorläufige Heimat wird erworben durch Anweisung der Behörde, wenn ein Bayer erweislich keine Heimat in Bayern hat. Dieser Fall ist dem unter 1 erörterten ähnlich; nur die Begründung der vorläufigen Heimat ist eine verschiedene. Es gelten gleiche Grundsätze hinsichtlich der Heimatfolge von Ehefrau und Kindern.

3. Die vorläufige Heimat wird erworben durch Anweisung der Behörde, wenn ein Bayer keine erweisliche Heimat in Bayern hat. Auch in diesem Falle gelten die erwähnten Regeln.

4. Die vorläufige Heimat wird erworben durch Anweisung der Behörde, wenn ein Nichtbayer aus dem Staatsgebiete nicht weggewiesen werden kann. Hier ergeben sich aus der Natur der Sache teilweise andere Regeln. Denn die Heimatanweisung hat nur den Zweck, einem solchen Nichtbayern irgendeine Aufenthaltsstätte zu sichern und zwar nur so lange, als die Ausweisung aus dem Königreich nicht möglich ist. Dieser Zweck kann bei Beurteilung, ob und wie lange Familienangehörige diese „Heimat" teilen, nicht außer Betracht bleiben. Er bedingt, daß ein Familienmitglied nur dann und nur so lange der vorläufigen Heimat teilhaftig wird, als auch dieses Familienmitglied nicht aus dem Königreich weggewiesen werden kann. Dies ist m. E. die stillschweigende, aber selbstverständliche Voraussetzung des Art. 18 H.G.

Die Ehefrau desjenigen Nichtbayern, dem eine vorläufige Heimat angewiesen wird, teilt vorbehaltlich des folgenden, die vorläufige Heimat des Mannes (Art. 18 H.G.), wenn sie auch dessen wirkliche Heimat teilen würde. Sie teilt dieselbe jedoch m. E. dann nicht, wenn zufolge von Staatsverträgen die Uebernahme einer solchen Frau von einem andern Staat verlangt werden kann, demnach kein Hindernis besteht, sie auszuweisen[15]). Gleiches gilt von der Frau, welche

---

mit Recht, daß die Ausnahme nur bezüglich derjenigen Kinder stattfinde, welche zur Zeit, da die Anweisung einer vorläufigen Heimat für die Eltern notwendig wird (bezw. durch das Gesetz erfolgt), bereits einen eigenen Hausstand haben. — Zweifellos hindert bei solchen Kindern, deren Eltern nach Art. 10 IV H.G. die wirkiche Heimat erwerben, die spätere Erlangung der Selbständigkeit die Heimatfolge nicht, wie denn diese stets so lange dauert, bis eine selbständige Heimat zusteht. Nun ist richtig, daß die Erwerbung einer selbständigen vorläufigen Heimat nicht geregelt ist, wohl, weil man dachte, es handle sich um einen vorübergehenden Zustand; gleichwohl wird nicht anzunehmen sein, daß der Gesetzgeber hier von den allgemeinen Grundsätzen des Heimatrechtes abgehen wollte, wo er solches nicht ausgesprochen hat.

[15]) Zur Zeit bestehen meines Wissens solche Verträge nicht. Es ist aber

einen in Bayern vorläufig beheimateten Nichtbayern heiratet. Die Heimatfolge der Ehefrau ist ebenso geordnet, wie in Ziff. 1 dargelegt.

Eine Frau, welche in Bayern eine wirkliche Heimat hat und einen Nichtbayern heiratet, verliert die Staatsangehörigkeit und damit die Heimat; sie erlangt daher auch die vorläufige Heimat des Mannes. Eine Ehefrau, welche die bayrische Staatsangehörigkeit und eine wirkliche Heimat in Bayern zu der Zeit hat, in welcher ihr Mann als Nichtbayer eine vorläufige Heimat angewiesen erhält, teilt diese letztere nicht. — Eine Ehefrau, welche, während der Ehemann jede deutsche Staatsangehörigkeit verlor, derselben nicht verlustig ging, und eine außerbayrische deutsche Staatsangehörigkeit erlangte, die sie noch besitzt, teilt die vorläufige Heimat des Ehemannes (aus Art. 17 H.G.) aus obigem Grunde ebenfalls nicht. Denn diese vorläufige Heimat entspringt aus der Uebernahmspflicht, eine solche besteht aber für die nichtbayrische, aber deutsche Ehefrau nicht. Vgl. v. Seydel Bd. 3 S. 35.

Kinder — eheliche, wie außereheliche — welche geboren wurden, nachdem die Eltern (die Mutter) eine vorläufige Heimat im Sinne des Art. 17 I H.G. erlangt haben, erlangen die unselbständige vorläufige Heimat, sofern sie nicht weggewiesen werden können. Letzteres ist im allgemeinen nicht möglich. Jedoch kann beispielsweise nach dem Gothaer Vertrag ein außerhalb Bayerns geborenes Kind, dessen nichtbayrischer Vater bei der Geburt bereits verstorben ist, dann weggewiesen werden, wenn der Vater nur infolge Aufenthalts in Bayern die Heimat angewiesen erhalten hatte. — Kinder, welche bereits geboren waren, als die Eltern die vorläufige Heimat erlangten, teilen diese Heimat, wenn sie auch die wirkliche Heimat teilen würden, und nur unter folgenden Voraussetzungen: a) Ihre Wegweisung aus dem Staatsgebiet muß unmöglich, die Zuweisung einer vorläufigen Heimat erforderlich sein. Sofern der Gothaer Vertrag anzuwenden ist, kann ein bereits 16jähriges Kind dann weggewiesen werden, wenn die Eltern nur wegen Aufenthalts eine Heimat angewiesen erhalten; ein bereits 21jähriges eheliches Kind aber, und ein 16jähriges uneheliches dann, wenn nach den Regeln der Konvention für dasselbe ein anderer Staat übernahmepflichtig ist. Ein Kind, das vor der Uebernahme der Eltern bereits selbständig ein anderes Staats-

---

möglich, daß eine Ehe, welche nach unseren Gesetzen gültig ist, von anderen Staaten nicht als gültig anerkannt wird. Wenn der Heimatstaat einer Frau z. B. wegen mangelnder polizeilicher Bewilligung die Ehe nicht anerkennt und somit Bayern nicht gehindert ist, die Frau auszuweisen, so erlangt die Frau die vorläufige Heimat des Mannes nicht. Wenn ein Staat den Satz nicht aufstellen würde, daß eine Frau durch die Eheschließung mit einem Ausländer die Staatsangehörigkeit verliert und wenn somit die Frau Angehörige dieses Staates geblieben wäre, der Ausweisung der Frau somit nichts im Wege stünde, so ist dieselbe auch nicht dadurch gehindert, daß die Ehefrau nun eine vorläufige Heimat in Bayern erlangt hätte. Ueber die Abmachungen des Gothaer Vertrages s. § 60.

angehörigkeitsverhältnis begründet hat, und weggewiesen werden kann, erlangt die vorläufige Heimat nicht; b) sie dürfen nicht bereits die bayrische Staatsangehörigkeit und eine wirkliche Heimat besitzen[16]); c) sie dürfen nicht bereits für ihre Person eine vorläufige Heimat in Bayern angewiesen erhalten haben; d) sofern die Eltern eine deutsche Staatsangehörigkeit nicht besitzen, dürfen die Kinder einer solchen nicht teilhaftig sein; e) sie dürfen noch keinen eigenen Hausstand besitzen; vgl. hierzu das unter a und unter Ziff. 1 Bemerkte; f) sie müssen sich in Bayern aufhalten[17]), falls ihnen jedoch ein Uebernahmeschein erteilt ist, teilen sie auch dann die vorläufige Heimat der Eltern, wenn sie einen ständigen Aufenthalt in Bayern nicht haben.

Kinder folgen der nach Art. 17 H.G. erlangten vorläufigen Heimat der Eltern so lange, bis sie diese vorläufige Heimat verlieren (§ 62) oder eine selbständige vorläufige Heimat kraft Gesetzes, sei es durch Verheiratung mit einem in Bayern vorläufig beheimateten Mann, sei es durch Aufnahme in den bayrischen Staatsverband und Erwerb der gesetzlichen vorläufigen Heimat aus Art. 16 III, IV H.G. erwerben.

5. Verwandelt sich die unselbständige vorläufige Heimat in eine selbständige vorläufige Heimat? Die Frage ist von minderer Erheblichkeit, weil der Wechsel der vorläufigen Heimat viel seltener ist als jener der wirklichen Heimat. Immerhin ist sie nicht ohne alle Bedeutung. Wenn der außereheliche Sohn einer Bayrin, welcher mit ihr infolge unbekannter Heimat eine vorläufige Heimat erlangte, heiratet, erlangt er dann mit seiner Ehefrau und seinen Kindern diejenige vorläufige Heimat, welche seine Mutter durch Eheschließung mit einem vorläufig Beheimateten später erwirbt, oder behält er jene vorläufige Heimat bei, welche er zur Zeit der Eheschließung hatte? Die Frage ist im Gesetze nicht beantwortet. Man kann sie nicht aus Art. 18 II H.G. unmittelbar beantworten, weil es sich dort um Kinder handelt, welche zur Zeit der Begründung der vorläufigen Heimat noch keinen eigenen Hausstand haben. Wohl aber wird sie in Analogie des

[16]) Wenn der Vater, welcher die Staatsangehörigkeit durch 5jährige Abwesenheit und Erwerb der amerikanischen Staatsangehörigkeit verloren hat, später nach Aufgabe dieser Staatsangehörigkeit zurückkehrt und nicht ausgewiesen werden kann, so behält das Kind, das Bayer geblieben ist und noch die ursprüngliche Heimat hat, diese bei.

[17]) Bayern hat keine Veranlassung, einem Nichtbayern, der nicht in Bayern sich aufhält, ein Aufenthaltsrecht in Bayern einzuräumen. Kinder, auch minderjährige, welche nicht mit den Eltern nach Bayern kommen, teilen deren vorläufige Heimat nicht. Sollte sich später der Uebernahmefall ergeben, so würden sie, falls die Voraussetzungen noch vorliegen, allerdings die Heimat der Eltern teilen. Die Sache ist von praktischer Erheblichkeit, da nach dem Gothaer Vertrag eheliche Kinder dauernd nach dem Verhältnis des Vaters zu beurteilen sind, wenn sie zur Zeit der „Uebernahme" das 21. Lebensjahr nicht überschritten haben. Würden solche Kinder auch dann als übernommen gelten, wenn sie nicht nach Bayern kommen, so würde der bayrische Staat sich ihrer später nicht mehr entedigen können.

Art. 18 II und 3 I H.G. dahin zu entscheiden sein, daß der unselbständig vorläufig beheimatete Mann durch die Eheschließung die selbständige vorläufige Heimat erwirbt.

§ 62.

Verlust der vorläufigen Heimat; Feststellung der vorläufigen Heimat.

I. 1. Personen, welche die vorläufige Heimat, sei es durch unmittelbaren Erwerb oder durch Heimatfolge gemäß Art. 16 III, IV H.G. bezw. Art. 31 II H.G. erlangt haben, verlieren dieselbe a) durch Erwerb einer wirklichen bayrischen Heimat — vgl. Art. 16 I H.G.; b) durch Verlust der bayrischen Staatsangehörigkeit. Nicht dagegen wird diese Heimat verloren durch Begründung eines eigenen Hausstandes (wenn ein Kind der vorläufigen Heimat der Eltern folgte), auch nicht durch Wegverlegung des Aufenthalts aus Bayern, ebenso nicht durch Verzicht, Vergleich, Erwerb einer Heimat außerhalb Bayerns, Erwerbung noch einer andern Staatsangehörigkeit[1]).

2. Gleiches gilt, wenn ein Bayer, der keine erweisliche Heimat oder erweislich keine Heimat hatte, eine Heimat angewiesen erhielt. Stellt sich heraus, daß die Annahme, eine Heimat sei nicht vorhanden, eine irrige war, so ist die vorläufige Heimat niemals erlangt worden[2]); denn ihre Anweisung war nur zulässig, falls eine wirkliche Heimat nicht bestand; — wird jedoch die Heimat, welche nicht bekannt war, bekannt[2]), so geht die vorläufige Heimat erst im Zeitpunkt der rechtskräftigen Feststellung der wirklichen Heimat unter; denn jene

---

[1]) Allerdings hat für den Bayern, der in A eine vorläufige Heimat hat und nach Preußen übersiedelt, sich dort niederläßt und auch Preuße wird, die vorläufige Heimat in Bayern keine sehr erhebliche Bedeutung; immerhin braucht ihm, wenn er nach Bayern zurückkehrt und sich Anlaß ergibt, keine neue angewiesen zu werden.

Der Verlustgrund muß immer in der eigenen Person des vorläufig Beheimateten gegeben sein; wenn z. B. die außereheliche Mutter die bayrische Staatsangehörigkeit durch Heirat mit einem Nichtbayern verliert, so verbleibt dem durch diese Ehe nicht legitimierten Kinde die vorläufige Heimat, da es die Staatsangehörigkeit behält.

Daß einseitige Erklärungen, aber auch Vereinbarungen zwischen der vorläufigen Heimatgemeinde und dem Beheimateten die vorläufige Heimat nicht beseitigen können, ergibt sich aus der Natur der Sache und gilt auch für die unter 2 und 3 angeführten Fälle. Vgl. auch § 55; v. Riedel S. 171 Note 10.

[2]) Zur Feststellung dieses Umstandes bedarf es eines Wiederaufnahmeverfahrens (vgl. § 57). v. Riedel S. 171 Note 10 glaubt, bei späterer Ermittlung der wirklichen Heimat bedürfe es der formellen Aufhebung des früheren Anweisungsbeschlusses nicht; die angewiesene Heimat werde ipso jure verloren. Dies gilt zweifellos bei Erwerb einer wirklichen Heimat, dagegen wird die rechtskräftige Feststellung, daß eine Heimat nicht ermittelt werden könne, doch wohl nur durch die Feststellung, daß sie ermittelt sei, zu entkräften sein. Die Wiederaufnahme der Heimatsrecherchen ist Pflicht der Behörde, wenn Tatsachen, welche für die Ermittlung der wirklichen Heimat von entscheidender Wichtigkeit sind, zu ihrer Kenntnis gelangen. v. Riedel S. 170 Note 9.

Heimat war angewiesen, nicht weil man irrig glaubte, es bestehe keine Heimat, sondern weil man in der Tat nicht wußte, welches die wirkliche Heimatgemeinde sei.

Wurde nach Art. 16 H.G. eine Heimat angewiesen, weil man glaubte, ein Bayer habe keine erweisliche oder keine Heimat, während der Zugewiesene gar nicht Bayer war, so war die Heimatanweisung ohne rechtliche Wirkung[3]).

3. Diejenigen Personen, welche eine vorläufige selbständige oder unselbständige Heimat deshalb besitzen, weil die Wegweisung aus dem Staatsgebiete nicht möglich ist (Art. 17 I H.G.), verlieren diese Heimat, sobald die Wegweisung möglich geworden ist. Die Wegweisung braucht nicht verfügt und nicht erfolgt zu sein; es genügt, daß sie im Sinne des Gesetzes ausführbar ist. — Der Verlust erstreckt sich auch auf die der Heimat folgenden Familienangehörigen, wenn nicht bei ihnen die Hindernisse der Wegweisung bestehen bleiben; umgekehrt können auch Familienangehörige der Heimat verlustig gehen, während das Familienhaupt dieselbe behält[4]).

---

[3]) Ein solcher hat also gar keine vorläufige Heimat; es muß ihm erst eine solche nach Feststellung der Unmöglichkeit der Wegweisung gemäß Art. 17 I H.G. und unter Beachtung des Art. 17 II H.G. zugewiesen werden. Da jedoch die Zuweisung der vorläufigen Heimat nach Art. 16 II H.G. diesen Status der Person für alle feststellt, so ist auch hier ein Wiederaufnahmeverfahren unerläßlich. Die Entscheidung wirkt ex tunc, deklaratorisch. Vgl. hierher Bl. Bd. 51 S. 79 Anm. 2.

[4]) Die Verlustgründe sind sehr mannigfach. Einige sollen hier angeführt werden:

a) Der staatslose Nichtbayer erwirbt eine fremde Staatsangehörigkeit; er kann jetzt in seinen nunmehrigen Heimatsstaat ausgewiesen werden.

b) Die Staatsverträge, welche die Ausweisung nicht gestatten, laufen ab oder werden geändert.

c) Die Lage des Heimatsstaates im Weltverkehr wird eine andere; es wird möglich, den vorläufig Beheimateten ohne übermäßige Kosten dorthin zu verbringen.

d) Der Nichtbayer wird geheilt und transportfähig.

e) Der Schiedsspruch, der wegen Uebernahme einer Person gefällt werden mußte, lautet zugunsten Bayerns.

f) Eine vorläufig Beheimatete heiratet den Angehörigen eines anderen Staates.

g) Der Mann, welcher nur kraft Aufenthaltes die vorläufige Heimat in Bayern erhalten mußte, stirbt. Die Ehefrau kann nun demjenigen Staat überwiesen werden, dem sie gemäß § 1 und 2 des Gothaer Vertrages im Sinne dieses Vertrages angehört.

h) Ein Kind, dessen Vater nur kraft Aufenthalts in Bayern eine vorläufige Heimat in Bayern erhalten mußte, wird 16 Jahre alt. Dasselbe kann nun demjenigen Staate überwiesen werden, dem es durch Geburt im Sinne des Gothaer Vertrages angehört.

i) Die vorläufige Heimat wird beispielsweise dadurch **nicht** verloren, daß ein Kind, welches nach seinen eigenen Verhältnissen einem anderen Staat zuzuteilen gewesen wäre, dessen Eltern aber die vorläufige Heimat in Bayern erlangten, ehe das Kind das 21. Lebensjahr vollendet hatte, nun das 21. Lebensjahr überschreitet.

Ein weiterer Grund des Verlustes der vorläufigen Heimat ist auch hier der Erwerb einer wirklichen, ferner der Erwerb einer vorläufigen Heimat kraft Gesetzes gemäß Art. 16 III, IV H.G., aber auch der Erwerb der bayrischen Staatsangehörigkeit für sich allein[5]).

4. Der Verlust der vorläufigen Heimat tritt in allen Fällen kraft einer begründenden Tatsache ein, ohne daß es einer Erklärung oder eines behördlichen Anspruches darüber bedarf, daß die vorläufige Heimat verloren wurde. Insbesondere ist kein Ausspruch darüber erforderlich, daß die Wegweisung aus dem Staatsgebiete nicht mehr unmöglich ist. Verschieden hiervon ist die Notwendigkeit, festzustellen, daß eine angewiesene Heimat mangels der Voraussetzungen nicht gültig angewiesen war.

II. Wird die vorläufige Heimat ungewiß, demnach zweifelhaft, entweder ob jemand eine vorläufige Heimat besitzt oder wo er dieselbe hat, so wird dieselbe festgestellt in dem nämlichen verwaltungsrechtlichen Verfahren, das sich bei Ungewißheit über die wirkliche Heimat ergibt[6]). Wie schon öfter bemerkt, verbindet sich häufig mit einem Heimatermittlungsverfahren auch jenes, ob nicht eine vorläufige Heimat besteht. Beteiligt ist, wenn eine vorläufige Heimat in Frage kommt, stets neben der Person, deren vorläufige Heimat in Frage kommt, der Fiskus und die Gemeinde, in welcher die vorläufige Heimat besteht, bezw. welche zugewiesen werden soll. Vgl. das Nähere in § 57.

Anhang zum 8. Buche.

§ 63.

Die Aufenthaltsbeschränkungen[1]).

Das Recht der Aufenthaltsbeschränkungen ist für ganz Bayern einheitlich geregelt. Auf S. 46—48 ist bei Darstellung des Inhaltes der Heimat auch das Recht auf Aufenthalt in der Heimat erörtert worden; in § 58 wurde gesagt, daß dieses Recht auch dem nur

---

[5]) Wenn ein nichtausweisungsfähiger Nichtbayer Preuße wird und dann durch Aufnahme Bayer, so kann er nicht die gesetzliche vorläufige Heimat und die ihm früher angewiesene behalten. Niemand kann eine doppelte vorläufige Heimat besitzen. Die durch Art. 16 erworbene vorläufige Heimat ist aber die günstigere und überdies am Ort der Niederlassung begründete; sie hat den Vorrang vor jener aus Art. 17. Vorstehende Erwägungen sind jedoch nicht ausschlaggebend, weil m. E. der Erwerb der bayrischen Staatsangehörigkeit für sich allein die vorläufige Heimat aus Art. 17 H.G. aufhebt. Außer aus allgemeinen Erwägungen ergibt sich dies schon daraus, daß nach Art. 17 II H.G. unter Umständen eine andere Gemeinde als Heimat anzuweisen ist, als nach Art. 16 II—IV H.G. Siehe hierüber v. Seydel Bd. 2 S. 73 Note 21.

[6]) Ein Anspruch auf Anweisung einer vorläufigen Heimat besteht nicht; das Verfahren nach Art. 26 ff. H.G. kann also nicht in Frage kommen.

[1]) Vgl. zum folgenden auch B. Gemeindeztg. Bd. 5 S. 256, 278, 294, 311 ff., ferner Bl. Bd. 22 S. 148 ff.; Krais Bd. 2 S. 24 ff.

vorläufig in der Gemeinde Beheimateten zusteht, selbst wenn er Nichtbayer ist. — Dem Rechte, sich in der Heimatgemeinde aufzuhalten, steht jetzt nicht mehr die Rechtlosigkeit hinsichtlich des Aufenthalts in andern Gemeinden gegenüber, vielmehr ist auch der Aufenthalt in andern Gemeinden rechtlich geschützt, jener des Deutschen nun durch das Reichsgesetz über die Freizügigkeit vom 1. November 1867; nur ist das reichsgesetzlich gewährleistete Aufenthaltsrecht kein absolutes, wie das im Heimatrecht beruhende. Der Aufenthalt von Ausländern in Bayern ist nicht durch Reichsgesetz geordnet, sondern durch die bayrische Landesgesetzgebung, nämlich durch das Heimatgesetz.

Im folgenden ist darzulegen, in welcher Weise der Aufenthalt von Ausländern, nichtbayrischen Deutschen und Bayern in bayrischen Gemeinden beschränkt ist. Jedoch soll nicht dargestellt werden, wie Privatrechte, auch wenn sie im öffentlichen Rechte wurzeln, den Aufenthalt beschränken können (z. B. das Recht des Ehemanns gegenüber der Ehefrau, das Inhabers der elterlichen Gewalt gegenüber den Kindern, des Dienstherrn gegenüber dem Bediensteten ꝛc.), auch nicht, inwieweit öffentlich-rechtliche Pflichten einen Aufenthalt an einem bestimmten Orte fordern (z. B. Wehrpflicht, Zeugen-, Geschwornenpflicht), oder die Straf- und Schutzgewalt des Staates einen solchen Aufenthalt erzwingen, bezw. in Verbindung mit Staatsverträgen (Auslieferungsverträgen) die Fortschaffung eines Ausländers in einen fremden Staat herbeiführen kann[2]), sondern inwiefern Verfügungen der Polizeibehörde den Aufenthalt an bestimmten Orten, bezw. im Gebiete des Königreiches Bayern verwehren können.

Die polizeilichen Aufenthaltsbeschränkungen haben gemeinsam, 1. daß sie nötigenfalls mit Zwang verwirklicht werden, 2. daß sie nur auf Unterlassung des Aufenthalts sich richten, nicht den Aufenthalt an einem bestimmten Orte gebieten.

I. Ausländer[3]) (Nichtdeutsche) haben kein Recht des Aufenthalts in Bayern. Die Behörden sind aber durch gesetzliche Verwaltungsvorschriften angewiesen, den Aufenthalt von Ausländern nur in bestimmten Fällen zu verhindern. Diese Regel ist ausgesprochen in Art. 37 II H.G. „Auch Ausländern ist vorbehaltlich der in den nachfolgenden Artikeln zugelassenen Beschränkungen der Aufenthalt in jeder Gemeinde des Königreichs gestattet, wenn sie sich über ihre Staatsangehörigkeit und Heimat genügend ausweisen und ihrem Auf-

---

[2]) Ueber solche gesetzliche Hindernisse des Aufenthalts in Bayern oder bayrischen Gemeinden vergleiche die eingehende Aufzählung bei v. Riedel S. 276—279.

[3]) Behauptet der Auszuweisende, er sei Inländer, so ist sein Aufenthaltsrecht in Frage. Es ergibt sich dann ein Streitfall im Sinne des Art. 8 Ziff. 3 V.G.H.G. Solange diese Vorfrage nicht im gesetzlichen Instanzenzuge entschieden ist, ist ein lediglich auf die Ausländereigenschaft gegründeter Ausweisungsbeschluß verfrüht; die Beibringung der Heimatanerkennung seitens einer ausländischen Gemeinde ist nicht ausreichend; vgl. V.G.H. Bd. 23 S. 137 ff.

enthalt ein sonstiges gesetzliches Hindernis nicht im Wege steht." Ein gesetzliches Hindernis, welches in einer Aufenthaltsbeschränkung wurzelt, ist die Reichsverweisung, welche von der zuständigen Polizeibehörde über den richterlich unter Polizeiaufsicht gestellten und über den richterlich der Landespolizeibehörde überwiesenen, ebenso über den wegen gewerbsmäßigen Glücksspiels verurteilten Ausländer verhängt werden kann; vgl. v. Seydel Bd. 3 S. 26. In Bayern sind zur Verhängung der Reichsverweisung zuständig die Distriktsverwaltungsbehörden (des Aufenthaltsortes, eventuell der Straferstehung oder der Verurteilung). Die Reichsverweisung ist zugleich die weitestgehende Maßnahme, welche bayrischen Behörden in den obigen gesetzlichen Fällen gegenüber Ausländern hinsichtlich der Aufenthaltsbeschränkung zu Gebote steht.

A. a) Im übrigen unterliegen Ausländer zunächst in bestimmten Fällen einer Beschränkung hinsichtlich ihres Aufenthalts in bestimmten Gemeinden. Solche Aufenthaltsbeschränkungen sind nur in den gesetzlich bezeichneten Fällen zulässig; sie werden in diesen Fällen nur verhängt, wenn sich dies als notwendig erweist[4]).

Die gesetzlich zulässigen Aufenthaltsbeschränkungen beruhen

a) auf sicherheitspolizeilichen Erwägungen, begründet in ergangenen rechtskräftigen strafrechtlichen Verurteilungen[5]).

Es können ausgewiesen werden:

1. Personen, welche wegen Raubes, Diebstahls, Unterschlagung, Betrugs, Hehlerei, Fälschung oder Zuwiderhandlungen gegen die Sittlichkeit zu einer Freiheitsstrafe von mehr als 6 Wochen oder wegen einer sonstigen strafbaren Handlung zu einer Zuchthausstrafe von mehr als 5 Jahren verurteilt worden sind (vgl. hierüber auch § 24);

2. Personen, welche innerhalb Jahresfrist wiederholt wegen Entwendung von Feldfrüchten, wegen Feld- oder Forstfrevels oder wegen unberechtigten Jagens verurteilt worden sind[6]);

---

[4]) Vgl. über diesen Punkt das unten folgende und im allgemeinen die Ausführungen bei v. Riedel S. 291 Note 29.

[5]) Das Gesetz gibt nicht die Ermächtigung, Ausländer, welche sicherheitsgefährlich erscheinen, auszuweisen; es setzt in dieser Hinsicht an die Stelle des freien Ermessens der Behörde bestimmte Voraussetzungen. Es erachtet gewisse strafbare Verfehlungen als eine Vermutung sicherheitsgefährlichen Verhaltens begründend und führt diese Verfehlungen einzeln auf. Sache der Behörde ist es, im einzelnen Falle (Strafakten!) zu ermessen, ob die Straftat in der Tat nach Lage des Umstandes diese Vermutung begründet und ob auch jetzt noch eine Gefährdung der Sicherheit anzunehmen ist. Sind strafbare Handlungen begangen worden, welche im Gesetze nicht genannt sind, so können diese, auch wenn im einzelnen Falle eine Gesinnung hervorgetreten ist, welche Schlimmes befürchten läßt, zu einer Ausweisung nicht führen; in diesem Falle erübrigt nur der Weg des Art. 44 II H.G. (s. u.).

[6]) v. Riedel S. 292 Note 34 hält auch in Fällen unter 2 die Verurteilung zu einer Freiheitsstrafe für geboten; ebenso Reger S. 135 Anm. 21. A. M. v. Seydel Bd. 3 S. 22, Bl. Bd. 48 S. 257 ff.; die in letzterer Abhandlung angeführten Gründe scheinen mir überzeugend.

3. Personen, welche wegen Arbeitsscheu[7]), Landstreicherei, Bettels[8]), Gaukelei oder gewerbsmäßiger Unzucht[9]) zu einer Freiheitsstrafe verurteilt worden sind.

Die Ausweisung kann in den Fällen 1—3 (Art. 39 H.G.) nur erfolgen

a) wenn — mit Ausnahme[6]) des Falles 2 — das Urteil (der Strafbefehl) auf eine Freiheitsstrafe, nicht bloß auf Geldstrafe, welche in Freiheitsstrafe umgewandelt wurde, lautete. V.G.H. Bd. 15 S. 42: „Wenn bei der Beurteilung der Zulässigkeit einer Ausweisung nach Art. 39 v H.G. eine wegen Zusammentreffens mehrerer strafbarer Handlungen verhängte Gesamtstrafe in Frage kommt, so hat als Strafe für jede einzelne strafbare Handlung diejenige zu gelten, welche im Urteile als durch dieselbe verwirkt erklärt wurde";

b) wenn das Urteil (der Strafbefehl) rechtskräftig ist;

c) wenn seit dem Vollzuge der Strafe 2 Jahre noch nicht verflossen sind. Erlaß der Strafe steht dem Vollzuge gleich. Ueber vorläufige Entlassung, Verjährung, Nebenstrafen vgl. § 24. V.G.H. Bd. 15 S. 44: „Ein Strafvollzug . . . ist aber erst dann gegeben, wenn die ausgesprochene Strafe (bei Verhängung einer Gesamtstrafe) ihrem ganzen Umfange nach zum Vollzug gelangt ist."

Gleichgültig ist in den Fällen 1—3, wo die strafbare Handlung begangen wurde[10]), auch wann die Straftat geschah; ebenso ob die Person als Täter, Anstifter oder Teilnehmer verurteilt wurde. Auch Verurteilungen durch ausländische Gerichte begründen im allgemeinen die Zulässigkeit der Ausweisung. Vgl. zu dieser Frage das zu § 24 S. 153 Gesagte; s. auch V.G.H. Bd. 6 S. 204[11]).

---

[7]) V.G.H. Bd. 14 S. 330: „Für die Beurteilung des Tatbestandes der Arbeitsscheue im Sinne des Art. 39 v H.G. sind die Bestimmungen in § 361 Ziff. 5, 7, 8 R.St.G.B. maßgebend."

[8]) V.G.H. Bd. 4 S. 477: „In bezug auf die Zulässigkeit einer Ausweisung gemäß Art. 39 v H.G. ist die Verurteilung wegen Anleitens oder Ausschickens von Kindern zum Bettel oder wegen Nichtabhaltens der in väterlicher Gewalt stehenden Kinder vom Bettel der Verurteilung wegen eigenen Bettels gleich zu achten." V.G.H. Bd. 2 S. 70: „Die Bestrafung einer Ehefrau wegen Bettels kann nicht gegen deren Ehemann als Ausweisungsgrund im Sinne des Art. 39 v H.G. geltend gemacht werden."

[9]) V.G.H. Bd. 24 S. 245: „Als Bestrafung wegen gewerbsmäßiger Unzucht ist auch die Verurteilung wegen Zuwiderhandlungen gegen die zur Sicherung der Gesundheit, der öffentlichen Ordnung und des öffentlichen Anstandes erlassenen polizeilichen Vorschriften durch der Unzuchtsaufsicht unterstellte Weibspersonen nach § 361 Ziff. 6 R.St.G.B. zu erachten."

[10]) Vgl. Reger S. 135 Anm. 17.

[11]) Begnadigung hebt die Verurteilung nicht auf; dagegen können zufolge Gesetzes vom 10. Juli 1861 „die Aufhebung der Straffolgen betreffend" (Weber Bd. 5 S. 246) die bürgerlichen und politischen Rechte, welche jemand infolge der rechtskräftigen Verurteilung gemäß der hierüber im Strafgesetzbuche oder in anderen Gesetzen enthaltenen Bestimmungen verloren hat, durch königliche

Ferner können ausgewiesen werden

4. Personen, welche nach § 148 Abs. 1 Nr. 5 oder 7 oder nach § 149 Abs. 1, 3 oder 5 der Reichsgewerbeordnung verurteilt worden sind[12]);

Gnade zurückgewährt werden. Daher ist auf diesem Wege auch die Beseitigung der Ausweisung und der Ausweisungszulässigkeit möglich. Vgl. B. Gemeindeztg. Bd. 7 S. 310 ff.

[12]) § 148 Abs. 1 Nr. 5 R.G.O. lautet: 5. wer dem § 33b oder außer den im § 149 Ziff. 1 vorgesehenen Fällen den §§ 42a bis 44a zuwiderhandelt, oder seine Legitimationskarte (§ 44a) oder seinen Wandergewerbeschein (§ 55) einem andern zur Benutzung überläßt;

§ 148 Abs. 1 Nr. 7 R.G.O. lautet: 7. wer ein Gewerbe im Umherziehen ohne den gesetzlich erforderlichen Wandergewerbeschein, imgleichen wer eines der im § 59 Ziff. 1—3 bezeichneten Gewerbe der nach § 59a ergangenen Untersagung zuwider betreibt;

§ 149 Ziff. 1, 3 und 5 R.G.O. lauten: 1. wer den im § 42b vorgesehenen Erlaubnisschein oder den im § 43 vorgesehenen Legitimationsschein während der Ausübung des Gewerbebetriebes nicht bei sich führt oder den Bestimmungen des § 44 Abs. 2 zuwiderhandelt;

3. wer ein Gewerbe im Umherziehen, für welches ihm ein auf einen bestimmten Bezirk lautender Wandergewerbeschein erteilt ist, unbefugt in einem anderen Bezirke betreibt;

5. wer bei dem Gewerbebetrieb im Umherziehen unbefugt Personen mit sich führt, oder einen Gewerbetreibenden, zu welchem er nicht in dem Verhältnis eines Ehegatten, Kindes oder Enkel steht, unbefugt begleitet.

§ 33b l. c. lautet: Wer gewerbsmäßig Musikaufführungen, Schaustellungen, theatralische Vorstellungen oder sonstige Lustbarkeiten, ohne daß ein höheres Interesse der Kunst oder Wissenschaft dabei obwaltet, von Haus zu Haus oder auf öffentlichen Wegen, Straßen, Plätzen darbieten will, bedarf der vorgängigen Erlaubnis der Ortspolizeibehörde.

§ 42a l. c. handelt von dem Verbot, Gegenstände, welche von dem Ankauf oder Feilbieten im Umherziehen ausgeschlossen sind, innerhalb des Gemeindebezirks des Wohnorts oder der gewerblichen Niederlassung von Haus zu Haus oder auf öffentlichen Wegen, Straßen, Plätzen oder an anderen öffentlichen Orten feilzubieten oder zum Wiederverkauf anzukaufen.

§ 42b l. c. handelt von der unter Umständen nötigen Erlaubnis zum Feilbieten von Waren, Ankauf von Waren zum Wiederverkauf oder Aufsuchen von Warenbestellungen, Anbieten gewerblicher Leistungen auf öffentlichen Wegen, Straßen, Plätzen oder an anderen öffentlichen Orten, oder ohne vorgängige Bestellung von Haus zu Haus.

§ 43 l. c. bestimmt, daß, wer gewerbsmäßig Druckschriften oder andere Schriften oder Bildwerke auf öffentlichen Wegen, Straßen, Plätzen oder an anderen öffentlichen Orten ausrufen, verkaufen, verteilen, anheften oder anschlagen will, hierzu eines von der Ortspolizeibehörde auszustellenden Erlaubnis-(Legitimations-)Scheins bedarf, den er stets bei sich zu führen hat.

§ 44 und 44a l. c. handelt von der Befugnis des Inhabers eines stehenden Gewerbebetriebes, persönlich oder durch in seinem Dienste stehende Reisende für die Zwecke seines Gewerbebetriebes bei Kaufleuten oder Produzenten oder in offenen Verkaufsstellen Waren aufzukaufen und Bestellungen auf Waren zu suchen und von dem Erfordernisse einer Legitimationskarte für den Ausübenden, die er stets bei sich zu führen hat.

§ 55 l. c. bestimmt, daß wer ohne Begründung einer gewerblichen Niederlassung und ohne vorgängige Bestellung in eigener Person 1. Waren feilbieten, 2. Warenbestellungen aufsuchen oder Waren bei anderen Personen, als bei Kaufleuten oder an anderen Orten als in offenen Verkaufsstellen zum Wiederverkauf

5. Personen, welche nach § 284—286 R.St.G.B. (strafbarer Eigennutz durch gewerbsmäßiges Glücksspiel, Gestattung oder Verheimlichung von Glücksspielen, Veranstaltung öffentlicher Lotterien ohne Erlaubnis) oder nach § 360 Ziff. 14 R.St.G.B. als Veranstalter eines verbotenen Glücksspiels verurteilt worden sind;

6. Personen, welche innerhalb eines Jahres wiederholt wegen Zuwiderhandlungen gegen § 153 Reichsgewerbeordnung verurteilt worden sind[13]);

7. Personen, welche innerhalb eines Jahres wiederholt wegen Uebertretung in Bezug auf das Dienstbotenwesen (Art. 106 P.S.G.B.) oder wegen Feierns des sog. blauen Montags verurteilt worden sind.

---

ankaufen, 3. gewerbliche Leistungen anbieten, 4. Musikaufführungen, Schaustellungen, theatralische Vorstellungen oder sonstige Lustbarkeiten, ohne daß ein höheres Interesse der Kunst oder der Wissenschaft dabei obwaltet, darbieten will, eines Wandergewerbscheins bedarf, soweit nicht für die in Ziff. 2 bezeichneten Fälle in Gemäßheit des § 44a eine Legitimationskarte genügt.

§ 59 Ziff. 1—3 l. c. lautet: Eines Wandergewerbscheins bedarf nicht: 1. wer selbstgewonnene oder rohe Erzeugnisse der Land- und Forstwirtschaft, des Garten- und Obstbaues, der Geflügel- und Bienenzucht, sowie selbstgewonnene Erzeugnisse der Jagd und Fischerei feilbietet; wer in der Umgegend seines Wohnorts bis zu 15 km Entfernung von demselben selbstverfertigte Waren, welche zu den Gegenständen des Wochenmarktverkehrs gehören, feilbietet, oder gewerbliche Leistungen, hinsichtlich deren dies Landesgebrauch ist, anbietet; wer selbstgewonnene Erzeugnisse oder selbstverfertigte Waren, hinsichtlich deren dies Landesgebrauch ist, zu Wasser anfährt oder von dem Fahrzeuge aus feilbietet;

§ 59a l. c. lautet: In den Fällen des § 59 Ziff. 1—3 kann der Gewerbebetrieb untersagt werden, wenn die Voraussetzungen des § 57 Ziff. 1—4 vorliegen.

§ 57 Ziff. 1—4 l. c.: der Wandergewerbeschein ist zu versagen:

1. wenn der Nachsuchende mit einer abschreckenden Krankheit behaftet oder in einer abschreckenden Weise entstellt ist;

2. wenn er unter Polizeiaufsicht steht;

3. wenn er wegen strafbarer Handlungen aus Gewinnsucht, gegen das Eigentum, gegen die Sittlichkeit, wegen vorsätzlicher Angriffe auf das Leben und die Gesundheit der Menschen, wegen Land- und Hausfriedensbruchs, wegen Widerstands gegen die Staatsgewalt, wegen vorsätzlicher Brandstiftung, wegen Zuwiderhandlung gegen Verbote oder Sicherungsmaßregeln betreffend Einführung oder Verbreitung ansteckender Krankheiten oder Viehseuchen zu einer Freiheitsstrafe von mindestens 3 Monaten verurteilt ist und seit der Verbüßung der Strafe 3 Jahre noch nicht verflossen sind;

4. wenn er wegen gewohnheitsmäßiger Arbeitsscheu, Bettelei, Landstreicherei, Trunksucht übel berüchtigt ist.

[13]) § 153 R.G.O. lautet: Wer andere durch Anwendung körperlichen Zwanges, durch Drohungen, durch Ehrverletzung oder durch Verrufserklärung bestimmt oder zu bestimmen versucht, an solchen Verabredungen (§ 152: zum Behufe der Erlangung günstiger Lohn- und Arbeitsbedingungen) teilzunehmen, oder ihnen Folge zu leisten, oder andere durch gleiche Mittel hindert oder zu hindern versucht, von solchen Verabredungen zurückzutreten, wird mit Gefängnis bis zu 3 Monaten bestraft, sofern nach dem allgemeinen Strafgesetze nicht eine härtere Strafe eintritt.

In den Fällen 4—7 (Art. 39 VI H.G.) wird zur Zulässigkeit der Ausweisung vorausgesetzt

a) daß das Urteil (der Strafbefehl) rechtskräftig ist;

b) daß seit Beendigung des Strafvollzuges ein Jahr noch nicht verflossen ist. Ueber den Strafvollzug bei Gesamtstrafen siehe das oben Bemerkte;

c) daß in der Gemeinde, aus welcher die Ausweisung zunächst erfolgen soll, die strafbare Handlung — in den Fällen 6 und 7 wiederholt — verübt wurde; gleichgültig ist, auf welche Strafe das Urteil lautete, wann die Straftat begangen wurde und welches Gericht verurteilt hat, und ob die Person als Täter, Anstifter oder Teilnehmer verurteilt wurde.

b) Sicherheitspolizeiliche Erwägungen sind es ferner, welche die Ausweisung einer Person gestatten, die an gemeingefährlichen Sicherheitsstörungen oder an ihren Vorbereitungen teilgenommen oder hierzu aufgefordert hat; Art. 39 VIII H.G. Gemeingefährlich sind jene Sicherheitsstörungen, „zu deren Unterdrückung das Aufgebot der bewaffneten Macht erfolgte oder gesetzlich zulässig war“ [14]). Die Ausweisung kann demnach auch erfolgen, wenn zwar die bewaffnete Macht nicht aufgeboten wurde, wenn aber die gewöhnlichen Polizeimachtmittel nicht ausreichten, um die Sicherheitsstörungen zu unterdrücken. Kann einer Person zwar nicht nachgewiesen werden, daß sie sich an den Ruhestörungen beteiligte, erscheint sie aber einer solchen Beteiligung nach dem Ermessen der Behörde als dringend verdächtig, so darf die Ausweisung ebenfalls erfolgen, jedoch nur dann, wenn die Person „weder ständigen Arbeitsverdienst noch ausreichende Unterhaltsmittel“ besitzt. Die Verhängung der Ausweisung ist nicht mehr statthaft, wenn die Ruhestörungen aufgehört haben und eine Wiederholung derselben nach dem Ermessen der Behörde nicht zu befürchten ist; bereits verhängte Ausweisungen bleiben aber in Kraft. Bestrafung bildet keine Voraussetzung der vorstehenden Ausweisung; die Einleitung und Durchführung des Strafverfahrens und das Ausweisungsverfahren erfolgen vielmehr unabhängig voneinander.

c) Im Interesse der öffentlichen Ordnung und Sicherheit können ausgewiesen werden

1. Ausländer, welche nicht binnen 4 Wochen nach ergangener amtlicher Aufforderung genügenden Nachweis über ihre Staatsangehörigkeit liefern [15]). Art. 39 I H.G. Die Ausweisung erlischt, sobald der Nachweis erbracht wird.

---

[14]) Ueber die gesetzliche Zulässigkeit vgl. v. Seydel-Graßmann S. 264/65.

[15]) Mit v. Riedel S. 275 Note 7 ist anzunehmen, daß gemäß dem allgemeinen Satz in Art. 37 II H.G. die Ausweisung von Ausländern durch die Polizeibehörde auch dann zulässig ist, wenn von vorneherein feststeht, daß die Lieferung jenes Nachweises unmöglich ist, oder wenn die Lieferung verweigert wird. Dagegen dürfte die Meinung, daß bei Gefährdung staatlicher Interessen, insbesondere aus gesundheitlichen und sicherheitspolizeilichen Er-

2. Ausländische Studierende oder Zöglinge von Unterrichtsanstalten, welche aus dieser Anstalt entweder zur Strafe entlassen oder ohne Vorwissen der Erziehungsberechtigten ausgetreten sind; ebenso ausländische Lehrlinge, welche aus der Lehre entwichen sind oder entlassen wurden. Art. 39 IX H.G. Voraussetzung ist

a) daß die Ausweisung aus jener Gemeinde erfolgen soll, in welcher der Ausländer in der Unterrichtsanstalt oder in der Lehre sich befand,

b) daß die Familie, welcher der Ausländer angehört, nicht in dieser Gemeinde ihren Wohnsitz hat,

c) daß seit der Entfernung von der Anstalt oder aus der Lehre 3 Monate noch nicht verflossen sind.

Die Ausweisung erlischt, wenn die Familie, welcher der Ausländer angehört, während der Dauer der verhängten Ausweisung ihren Wohnsitz in der Gemeinde genommen hat.

3. Ausländische Minderjährige, welche sich ohne Bewilligung des Erziehungsberechtigten in einer Gemeinde aufhalten. Voraussetzung ist, daß der Erziehungsberechtigte den Antrag auf Ausweisung stellt. Art. 39 X H.G.

4. Ausländische Blödsinnige oder Geisteskranke, welche sich der Obhut der Personen, denen ihre Bewachung obliegt, entzogen haben. Art. 39 X H.G. Das Gesetz fügt bei, daß solche Personen auf Weisung der Polizeibehörde denjenigen übergeben werden können, welchen ihre Bewachung obliegt, bezw. deren Bevollmächtigten [16]).

5. Ausländische Frauenspersonen, welche offenkundig mit ihrem Körper ein unzüchtiges Gewerbe treiben und die Gelegenheit dazu auf öffentlicher Straße aufsuchen, ferner jene Ausländer, welche offenkundig an dem Erträgnis des unzüchtigen Gewerbes Anteil haben [17]). — Daß die Gemeinde, aus welcher ausgewiesen werden soll, jene ist, in welcher die Frauensperson Unzucht getrieben hat, ist nicht erforderlich. Art. 39 VII H.G.

---

wägungen auch Personen sofort ausgewiesen werden können, bei welchen die Staatsangehörigkeit innerhalb jener 4 Wochen klargestellt werden kann, nicht zutreffen. Die dort angeführten Erwägungen würden auch für die Ausweisung des sich sofort ausweisenden Ausländers gelten. M. E. bleibt in solchen Fällen nichts übrig, als eine Anordnung des Staatsministeriums des Innern im Sinne des Art. 44 II zu erwirken. — Vgl. auch Vollzugsbestimmungen Ziff. 22; Bl. Bd. 18 S. 377 ff.

[16]) Auch die Ablieferung solcher Geisteskranker unmittelbar an die Gemeindebehörde des Wohnsitzes ist zulässig. Von dieser Bestimmung, welche ursprünglich ja auch gegenüber bayrischen und deutschen Personen galt, wird Ausländern gegenüber kein Gebrauch gemacht werden können; die Uebergabe wird vielmehr durch den Heimatstaat der Person erfolgen.

[17]) Gemeint sind Zuhälter und Beherberger (wenn sie Ausländer sind), aber auch Kinder, Eltern 2c.

6. Ausländer, welchen von der Polizeibehörde eine Frist gewährt wurde[18]), innerhalb deren sie ein ständiges Unterkommen (ein vermutlich dauerndes Verdienstverhältnis) oder eine ihren Unterhalt sichernde Beschäftigung (z. B. im Taglohn oder Fabrikarbeit) finden sollten, welche aber innerhalb dieser Frist weder eine solche Beschäftigung, noch hinreichende Unterhaltsmittel gefunden haben. Die Anmeldung eines ständigen Gewerbebetriebes gilt als eine den Unterhalt sichernde Beschäftigung, jedoch nur dann, wenn der Betrieb innerhalb der gewährten angemessenen Frist wirklich begonnen wurde.

Voraussetzung ist

a) daß der Ausländer sich in einer Gemeinde aufhielt, um in derselben Dienst oder Arbeit zu suchen; hält er sich aus anderen Gründen in der Gemeinde auf, z. B. um Angehörige zu besuchen, Studien zu obliegen rc., so wäre aus diesem Titel die Ausweisung nicht zulässig.

b) Daß die Ausweisung aus jener Gemeinde erfolgen soll, in welcher der Ausländer Dienst oder Arbeit suchte, aber nicht fand.

Die Ausweisung erlischt, sobald für die Person ein „Unterkommen" oder eine solche Beschäftigung gefunden wurde, wenn auch in einer andern Gemeinde als derjenigen, aus welcher ausgewiesen wurde[19]). Art. 39IV H.G.

d) Aus armenpolizeilichen Erwägungen können ausgewiesen werden

1. Ausländer, welche von der Aufenthaltsgemeinde Armenunterstützung beanspruchen oder erhalten. Ueber den Begriff „Armenunterstützung" vgl. § 21. Auch die erfolglose Bitte um Armenunterstützung gibt einen Ausweisungsgrund[20]). Dagegen würde ein an eine Staatsbehörde gerichtetes Ersuchen um Unterstützung zur Ausweisung nicht berechtigen. Art. 39II H.G. Voraussetzung ist, daß die Aufenthaltsgemeinde einen Antrag auf Ausweisung stellt; ohne solchen Antrag ist letztere unzulässig. Die Ausweisung darf nicht erfolgen

a) wenn der Ausländer für[21]) die beiden, dem Gesuche um

---

[18]) Eine solche Frist soll nur dann gesetzt werden, wenn eine Gefährdung der öffentlichen Interessen nahe liegt; grundlos soll niemand mit einer derartigen Untersuchung behelligt werden. v. Riedel S. 290 Note 23.

[19]) Der Ausgewiesene ist nach dem Gesetz unter dieser Voraussetzung zur Rückkehr befugt; d. h. er braucht die Ausweisung nicht weiter zu beachten und nicht erst die Aufhebung derselben zu beantragen.

[20]) v. Riedel S. 288 Note 10.

[21]) v. Riedel S. 288 Note 13. — Offenbar soll eine solche Zahlung die Leistung der Armenunterstützung aufwiegen. Reger S. 134 Anm. 12 hat daher Recht, wenn er die Ausweisung für zulässig hält, falls Umlagen in den letzten Jahren in der Gemeinde überhaupt nicht erhoben wurden.

Unterstützung unmittelbar vorausgehenden Jahre in der Gemeinde Gemeindeumlagen bezahlt oder Gemeindedienste geleistet hat,

b) wenn seit dem Tage, an welchem zuletzt Armenunterstützung erlangt oder erbeten wurde, volle 6 Monate verflossen sind.

Die Ausweisung erlischt, wenn der Ausgewiesene den „Besitz zureichender Unterhaltsmittel" dartut. Sie tritt also gar nicht in Wirkung, wenn, trotzdem Armenunterstützung beansprucht wurde, der Ausländer in der Lage ist, für sich und seine Familie zu sorgen. Die gesetzlichen Bestimmungen, nach welchen in Krankheits- oder in sonstigen Fällen dringender Not Hilfe geleistet werden muß und somit die Ausweisung nicht vollzogen wird, werden durch vorstehendes nicht berührt.

2. Ausländer, welche mit ihren der Aufenthaltsgemeinde schuldigen öffentlichen Abgaben länger als ein Jahr im Rückstande bleiben. Voraussetzung ist, daß die Aufenthaltsgemeinde einen Antrag auf Ausweisung stellt. Die Ausweisung erlischt, sobald der schuldige Betrag bezahlt ist; der Rückstand, welcher zur Ausweisung Anlaß gibt, ist daher im Ausweisungsbeschluß zu bezeichnen. Art. 39 III H.G.

A. b) In all den erwähnten Fällen ist die Ausweisung immer nur gegen die Person zulässig, gegen welche der gesetzliche Ausweisungsgrund besteht, demnach hinsichtlich welcher die erwähnten gesetzlichen Voraussetzungen vorliegen; Art. 40 H.G. Soweit es sich also um Ausweisung auf Grund einer Bestrafung handelt, kann nur die bestrafte Person ausgewiesen werden, nicht deren Familie. Auch der infolge gemeingefährlicher Sicherheitsstörungen Ausgewiesene zieht nicht den nichtbeteiligten Familienmitgliedern die Ausweisung zu. Die Ausweisung wegen mangelnden Nachweises der Staatsangehörigkeit trifft in der Regel die sämtlichen in Familiengemeinschaft lebenden Personen. Auch in den Fällen unter c 2—5 ergibt sich aus der Fassung des Gesetzes unschwer, wer ausgewiesen werden kann. Schwieriger ist die Entscheidung im Falle c 6. Man wird annehmen dürfen, daß die Ausweisung sich auf diejenigen Familienmitglieder erstreckt, welche zu ihrer Ernährung auf den Verdienst des Auszuweisenden angewiesen sind und demnach die Ausweisung hinsichtlich der Familienmitglieder nur erlischt, wenn auch diese „ein Unterkommen" gefunden haben, oder auf den Unterhalt seitens des Ausgewiesenen nicht mehr angewiesen sind. In den unter d 1 bezeichneten Fällen ergibt sich einerseits, daß die Armenunterstützung eines Familienmitgliedes unter Umständen dem Familienhaupte anzurechnen ist, andererseits, daß die Familienmitglieder, welche auf den Unterhalt durch das Familienhaupt angewiesen sind, von seiner Ausweisung mitbetroffen werden. Hinsichtlich des Erlöschens der Ausweisung gilt das eben Bemerkte. Von dem Falle d 2 werden m. E. nur die Personen betroffen, welche

Rückstände haben — nicht deren Familie. — Soll sich die Ausweisung auf mehrere Personen erstrecken, so müssen diese Personen im Ausweisungsbeschlusse sämtlich bezeichnet sein. — Die zivilrechtlichen Folgen der Ausweisung einer Person, z. B. hinsichtlich der Verpflichtung der Ehefrau, dem Manne zu folgen, werden durch das Gesetz ausdrücklich als nicht berührt erklärt.

A. c) Die nach Vorstehendem zulässige Ausweisung ist zeitlich beschränkt. Die Beschränkungen, welche darin gründen, daß die Ausweisungsverfügung nur innerhalb bestimmter Zeit nach Eintritt eines Ereignisses (Vollzug der Strafe, Entfernung aus der Erziehungsanstalt oder Lehre, Beanspruchung von Armenunterstützung[22]) erlassen werden darf, wurden oben bereits erwähnt. In andern Fällen ergibt sich einerseits eine Einschränkung, indem die Ausweisung nur verfügt werden darf, solange ein gewisser Tatbestand gegeben ist, andererseits ist sie unbeschränkt, da sie verhängt werden kann, solange derselbe vorhanden ist. So kann die Ausweisung eines Minderjährigen aus der fremden Gemeinde erfolgen, solange der Minderjährige „minderjährig" ist und in der Gemeinde sich ohne die Bewilligung des Erziehungsberechtigten aufhält; die Ausweisung des an Sicherheitsstörungen Beteiligten, solange diese Störungen dauern oder Wiederholungen zu befürchten sind; die Ausweisung einer der Prostitution Ergebenen, solange sie diesem Gewerbe nachgeht; die Ausweisung des seine Staatsangehörigkeit nicht nachweisenden Ausländers, solange die Unkenntnis währt; die Ausweisung des mit öffentlichen Abgaben Rückständigen, solange der Rückstand währt. Die Ausweisung verjährt also nicht; auch wenn der Rückstand seit Jahren besteht, kann Ausweisung erfolgen, wenn nur der Rückstand selbst nicht verjährt ist.

Diesen zeitlichen Beschränkungen der Verhängung steht gegenüber die Beschränkung der Dauer. Bis zur Dauer von 3 Jahren kann sie verhängt werden im Falle d 1 (Art. 39 II); bis zur Dauer von 2 Jahren in den Fällen unter a (Art. 39 V, VI), c 5 (Art. 39 VII); bis zur Dauer von einem Jahre in den Fällen unter c 2 (Art. 39 IX), b (Art. 39 VIII); bis zur Dauer von 3 Monaten in den Fällen unter c 6 (Art. 39 IV). — In denjenigen Fällen, in welchen die Ausweisung verfügt werden kann, solange ein gewisser Tatbestand vorhanden ist, ergibt sich anscheinend aus der Natur der Sache, daß die Ausweisung nicht auf bestimmte Zeit, sondern auf die Dauer des Fortbestehens des unerwünschten Verhaltens bezw. Zustandes verfügt wird; dies trifft in der Tat auch für die Regel zu. Eine Ausnahme bildet jedoch die Ausweisung wegen Prostitution einer Ausländerin c 5 (Art. 39 VII), welche bis zur Dauer von 2 Jahren währen kann und die Ausweisung wegen gefährlicher Sicherheits-

---

[22]) Die Frist, innerhalb deren die Ausweisung erfolgen muß, wird berechnet zum Tage der Erlassung des Ausweisungsbeschlusses der I. Instanz; v. Riedel S. 288 Note 14.

störungen (b Art. 39 VIII), welche auf 1 Jahr verfügt werden kann[23]).

Die Ausweisung beginnt mit dem in dem Beschlusse bezeichneten Tage, bezw. mit dem späteren Tage der Zustellung des rechtskräftigen Beschlusses; ist kein Tag bestimmt, so beginnt sie sofort, d. i. mit der Zustellung des rechtskräftigen Beschlusses. Tritt infolge der Bestimmung, daß einer Beschwerde aufschiebende Wirkung nicht zukommen soll (vgl. unten; Art. 46 III H.G.) der Beschluß sofort in Vollzug, so beginnt die Frist sogleich, bezw. mit dem im Beschlusse bezeichneten Tage.

Die Dauer der Ausweisung bestimmt sich nach dem Beginne der Wirksamkeit der Ausweisungsverfügung; dagegen dürfte der Zeitpunkt des wirklichen Verlassens der Gemeinde nicht in Betracht kommen. A. M. v. Riedel S. 288 Note 11. In den unter a bezeichneten Fällen (Art. 39 V, VI H.G.) wird in die Dauer der Ausweisung diejenige Zeit nicht eingerechnet, während welcher der Ausgewiesene zur Verbüßung der Freiheitsstrafe, welche ihm wegen der die Ausweisung begründenden Straftat zuerkannt worden war, sich in Haft befand[24]). Ist gegen den Ausländer wegen dieser Straftat und wegen anderer auf eine Gesamtstrafe erkannt worden, so wird in die Ausweisungsdauer diese ganze Strafe nicht eingerechnet. V.G.H. Bd. 15 S. 44, a. M. Reger S. 136 Anm. 21. — Die Folge dieser Regelung der Ausweisungszeit ist, daß die Strafe auf recht erhebliche Zeit hinaus Wirkungen hinsichtlich des Aufenthalts äußern kann; z. B. kann in den Fällen unter a 2 Jahre zugewartet werden, bis die Ausweisung verhängt wird und diese dann 2 Jahre währen; — um so mehr ist veranlaßt, daß stets die Notwendigkeit der Ausweisung streng geprüft wird.

A. d) Sofern die Zeit, innerhalb deren die Ausweisung verfügt werden kann, nach obigem noch nicht abgelaufen ist, ist die abermalige (und dritte) Verhängung einer Ausweisung rechtlich zulässig; nur darf die gesamte Dauer der Ausweisungen die gesetzlichen Grenzen nicht überschreiten. Z. B.: ein Gewohnheitsdieb wird, während er die Strafe verbüßt, zunächst auf die Dauer von 6 Monaten ausgewiesen, im 7. Monat nach seiner Entlassung aus dem Gefängnis, d. i. im ersten nach der Beendigung der Aufenthaltsbeschränkung, gibt er abermals zu Befürchtungen Anlaß; er kann nun auf weitere 17 Monate ausgewiesen werden.

---

[23]) Die Prostituierte darf also die Gemeinde auf die Dauer des Aufenthaltsverbotes nicht mehr betreten, auch wenn sie der Prostitution abschwört (z. B. einen unverdächtigen Mann ehelicht), der Teilnehmer an Ruhestörungen nicht, obschon vollständige Ruhe eingetreten ist und er Garantien eines guten Verhaltens gibt. Es bedarf in beiden Fällen der im Ermessen der Behörde gelegenen Aufhebung der Ausweisung.

[24]) Die Ausweisungsverfügung kann während des Strafvollzugs, vor Beginn desselben oder nach Beendigung desselben erlassen werden. v. Riedel S. 292 Note 35.

A. e) Das Aufenthaltsverbot betrifft zunächst den Bezirk einer bestimmten Gemeinde[25]). Eine Ausweisung lediglich aus einer Ortschaft ist nicht angängig. Daß in bestimmten Fällen die Ausweisung lediglich aus einer bestimmten Gemeinde, in anderen aus allen Gemeinden möglich ist, wurde oben bereits bemerkt. Generell ist noch beizufügen, daß die Zulässigkeit einer Ausweisung aus einem bestimmten Gemeindebezirke nicht davon abhängt, daß der Betroffene sich wirklich zur Zeit der Verfügung dort aufhält oder vor seiner Verhaftung dort sich aufgehalten hat. Das Verbot kann auf Gemeindebezirke erstreckt werden, welche der Ausweisungsgemeinde nahe liegen[26]); es soll dies aber nur unter bestimmten Voraussetzungen geschehen (s. Art. 41 I).

A. f) Ist nach dem Vorstehenden eine Ausweisung zulässig, so ist die zuständige Behörde durch das Gesetz angewiesen, sie zu verfügen, wenn es sich um die Fälle unter d handelt; an den Antrag der Gemeinde hinsichtlich der Dauer der Ausweisung im Falle d 1 ist die Behörde nicht gebunden[27]). Ist die Behörde der Magistrat einer unmittelbaren Stadt, so liegt in dem Beschluß, welcher die Ausweisung verfügt, auch der erforderliche Antrag der Gemeindeverwaltung[28]). — In allen andern Fällen kann die Ausweisung verfügt werden; dieselbe kann aber auch unterbleiben, dies auch dann, wenn die Gemeinde, wozu sie ein Recht hat, die Ausweisung beantragt. Art. 43 II H.G.

Für die Frage, ob die Ausweisung verhängt werden soll, gegebenenfalls, ob sie wiederholt zu verhängen ist, ferner auf wie lange Zeit sie zu verhängen ist, endlich ob das Aufenthaltsverbot auf die Bezirke nahegelegener Gemeinden erstreckt werden soll, ist gemäß Art. 43 II, 41 I H.G. entscheidend, ob besondere Verhältnisse die Annahme begründen, daß die öffentliche Sicherheit oder

---

[25]) Aus einem ganzen Distriktsverwaltungsbezirke darf, abgesehen von den Fällen des Art. 41 II H.G., die Ausweisung nur erfolgen, wenn die Gemeinde mit dem Bezirk zusammenfällt, was bei unmittelbaren Städten der Fall ist. v. Riedel S. 286 Note 6.

[26]) Das Gesetz spricht von „benachbarten" Gemeindebezirken. V.G.H. Bd. 20 S. 1: „Als benachbarte Gemeindebezirke im Sinne des Art. 41 I H.G. sind auch die Bezirke solcher Gemeinden zu erachten, welche an die betreffende Aufenthaltsgemeinde nicht angrenzen." Die benachbarten Gemeinden können auch dem Bezirke einer andern Distriktsverwaltungsbehörde angehören; in diesem Falle ist dieser von der verhängten Ausweisung Kenntnis zu geben. Vollzugsbestimmungen Ziff. 20.

[27]) Im Falle d 2 wird nicht auf bestimmte Zeitdauer ausgewiesen. — Die Dauer wird demnach nach dem Ermessen der Behörde bestimmt, welche dabei auch würdigen kann, ob die Unterstützung eine Folge vermutlich länger dauernder Verhältnisse oder mehr vorübergehender Umstände ist. Dies zugrunde zu legen, ist um so mehr veranlaßt, als der Ausgewiesene schon nach dem Gesetz bei Besitz zureichender Unterhaltsmittel zurückkehren darf, was ihm durch die formell bestehende Ausweisung nicht erschwert werden sollte.

[28]) S. Vollzugsbestimmungen Ziff. 21 II; v. Riedel S. 298 Note 2b.

Sittlichkeit durch die Anwesenheit der betreffenden Person in der Gemeinde gefährdet wird, bezw. daß ohne Ausdehnung des Verbotes auf die benachbarten Gemeinden der Zweck der Ausweisung vereitelt werde[29]). Das Verbot, in einer Gemeinde sich aufzuhalten, soll eine gewisse Gewähr dafür bieten, daß der Betroffene außerhalb der ihm wohlbekannten Stätte und außer der Berührung mit verderblicher Gesellschaft die Wege zu einem geordneten Leben finde. Hiernach wird sich auch die Dauer des Aufenthaltsverbotes richten. Die Polizeibehörde hat daher keineswegs in allen Fällen, in welchen eine der gesetzlichen Voraussetzungen der Ausweisung gegeben ist, eine Ausweisung auch wirklich zu verfügen, vielmehr hat immer die Erwägung Platz zu greifen, ob mit Rücksicht auf die besonderen Verhältnisse des Aufenthaltsortes und auf die Beziehungen der Personen zu diesem Aufenthaltsorte eine Ausweisung als geboten erscheint. Vgl. v. Riedel S. 299 Note 5a, Vollzugsbestimmungen Ziff. 19.

B. Die rechtskräftig verhängte Ausweisung aus einer Gemeinde kann noch weitere Folgen haben. Ist in einem Bezirke das Standrecht verkündigt, so kann die Ausweisung auf diesen ganzen Bezirk ausgedehnt werden; Art. 41 II H.G.; wichtiger ist, daß die Aufenthaltsbeschränkung nach A die zuständige Polizeibehörde ermächtigt, den Ausländer auch aus dem Königreiche Bayern wegzuweisen. Art. 44 I H.G. Vorausgesetzt ist in beiden Fällen, daß dem Ausländer der Aufenthalt in der Gemeinde bereits untersagt ist oder mindestens gleichzeitig versagt wird.

Die somit gesetzlich zulässige Landesverweisung — für welche der Gemeinde ein Antragsrecht nicht zusteht — soll nach dem Gesetze nur verhängt werden, wenn dies nach dem Ermessen der Behörde im öffentlichen Interesse geboten erscheint[30]). Die Landesverweisung kann nur auf so lange Zeit verhängt werden, als das Aufenthaltsverbot, weder auf kürzere noch längere Zeit. Art. 44 I H.G. Selbstverständlich ist eine Landesverweisung nicht zu verhängen, wenn sie nicht durchführbar ist; vgl. oben § 59, auch v. Riedel S. 300; Vollzugsbestimmungen Ziff. 22 III[31]). Gegen-

---

[29]) Z. B. ist bei Ausweisungen auf Grund gefährlicher Sicherheitsstörungen auch der Aufenthalt in denjenigen benachbarten Gemeinden zu verbieten, von welchen aus die Bewegung geschürt werden kann. Eine solche Erstreckung ist übrigens auch in denjenigen Fällen zulässig, in welchen an sich nach dem Obigen nur die Ausweisung aus dem Bezirke einer bestimmten Gemeinde zulässig ist (a 4—7). Aus dem Zwecke der Ausweisungen unter d ergibt sich, daß hier eine Ausdehnung des Aufenthaltsverbots auf benachbarte Gemeindebezirke nicht angängig ist.

[30]) Die Fassung ist eine weitere als bei Erstreckung des Verbotes auf benachbarte Gemeinden; Landesverweisung kann gegen den einem Aufenthaltsverbote Unterliegenden verfügt werden aus irgendwelchen Rücksichten des öffentlichen Wohles. Somit ist die Landesverweisung auch in den Fällen unter d (Art. 39 II, III) zulässig.

[31]) Ueber die Mitteilungen an die Redaktion des Zentralpolizeiblattes s. Vollzugsbestimmungen Ziff. 22 V.

über ausländischen Bettlern und Landstreichern ist die Landesverweisung, weil im öffentlichen Interesse geboten, zufolge der Vollzugsbestimmungen Ziff. 22 II, wo es zulässig ist, stets zu verfügen, soweit nicht die Reichsverweisung herbeigeführt werden kann. Diese Anordnung ist für die Behörden bindend.

C. Zuständig zur Verhängung der Orts- und Landesverweisung gegen Ausländer ist niemals die Gemeindebehörde, sondern nach Art. 45 H.G. die Distriktsverwaltungsbehörde jener Gemeinde, aus welcher ausgewiesen werden soll, in München die k. Polizeidirektion. Dieselbe entscheidet im Verwaltungs-, nicht im Verwaltungsrechtsverfahren. Denn da der Ausländer kein Aufenthaltsrecht in Bayern besitzt, kann, wenn er unzulässiger- oder unnötigerweise ausgewiesen wird, zwar eine gesetzliche Weisung an die Behörden verletzt werden, nicht aber ein Recht des Ausländers[32]). Darum ist der Verwaltungsrechtsweg für ihn ausgeschlossen. „Ausländern steht ein im Verwaltungsrechtsweg verfolgbares Recht auf Aufenthalt in Bayern nicht zu". V.G.H. Bd. 14 S. 333, Bd. 21 S. 28. Aber auch den Gemeinden wollte, wenngleich die Behörden angewiesen sind, in bestimmten Fällen ihrem Antrag auf eine gesetzlich zulässige Ausweisung zu entsprechen, kein verwaltungsrechtlich geschütztes Recht eingeräumt werden, vielmehr sollten nur dem Ermessen der Behörde Schranken gezogen werden; vgl. V.G.H. Bd. 2 S. 70, 4 S. 202, 21 S. 27 ff., Reger-Dyroff S. 180[33]). Jedoch ist sowohl dem Ausländer, dessen Aufenthalt in Frage steht, wie den Gemeinden, deren Antrag auf Ausweisung einer Person abgelehnt wurde[34]), das Recht der Beschwerde[35]) gegen den Beschluß der I. Instanz binnen einer Notfrist von 14 Tagen eingeräumt, über welche die Kreisregierung, Kammer des Innern, in kollegialer Beratung entscheidet. Gegen die Entscheidung der II. Instanz ist weitere, an gleiche Notfrist gebundene Beschwerde an das Staatsministerium des Innern in letzter Instanz zulässig. Die Beschwerde kann die ergangene Verfügung sowohl hinsichtlich des Vorhandenseins der gesetzlichen Voraussetzungen, wie hinsichtlich der richtigen Würdigung der Ermessensgründe angreifen. — Den Beschwerden kann die aufschiebende Wirkung, wenn ein sofortiger Vollzug des Beschlusses im öffentlichen Interesse geboten erscheint,

[32]) „Soweit es sich um Ausländer handelt, sind die bezüglichen Bestimmungen Verwaltungsvorschriften in Gesetzesform". v. Seydel Bd. 3 S. 23; v. Riedel S. 275 Note 6.

[33]) Der Verwaltungsrechtsweg ist also, sofern die Ausweisung oder Nichtausweisung eines Ausländers in Frage steht, stets ausgeschlossen. v. Seydel Bd. 3 S. 25 Note 119.

[34]) Eine Beschwerde der Gemeinde, weil ohne ihren Antrag eine Person ausgewiesen wurde, ist unzulässig; ebenso die Beschwerde einer Gemeinde, daß nicht Landesverweisung erfolgte, oder daß nicht das Aufenthaltsverbot auf benachbarte Gemeindebezirke ausgedehnt wurde.

[35]) V.G.H. Bd. 3 S. 360: „Gegen die Ausweisung einer unter Vormundschaft stehenden Person ist der Vormund zur Beschwerdeführung berechtigt."

versagt werden. Art. 46 III H.G. Dies kann schon in dem Beschluß geschehen, gegen den Beschwerde zulässig ist. — „Erscheint ein Aufenthaltsverbot veranlaßt, so ist dasselbe in einem förmlichen, mit Gründen versehenen Beschlusse auszusprechen. In dem Beschlusse ist die Person, welche ausgewiesen werden soll, sowie die Zeit, innerhalb deren sich dieselbe aus der Gemeinde zu entfernen hat und endlich die Dauer des Aufenthaltsverbots genau zu bezeichnen; aus den Gründen aber müssen sowohl die entscheidenden Beweisresultate, als auch die maßgebenden Gesetzesstellen zu entnehmen sein". „Hat eine Gemeinde den Antrag auf Ausweisung gestellt, so ist auch dann, wenn der letztere nicht gerechtfertigt befunden wird, förmlicher Bescheid zu erlassen." „Die Beschlüsse sind den Beteiligten unter Belehrung über das Beschwerderecht und in den Fällen des Art. 46 Abs. 3 H.G. unter dem ausdrücklichen Beifügen, daß der Beschwerde keine aufschiebende Wirkung zukomme, entweder schriftlich oder zu Protokoll zu eröffnen[36])". Vollzugsbestimmungen Ziff. 19 III—IV.

D. Die Ausweisung wird beendet durch Ablauf der Zeit, für welche sie ausgesprochen ist; durch Eintritt von Umständen, unter welchen sie kraft Gesetzes erlischt (vgl. das oben zu den einzelnen Fällen Bemerkte[37]); durch Zurücknahme oder Aufhebung des Ausweisungsbeschlusses; durch späteren Wegfall einer Voraussetzung der Zulässigkeit der Ausweisung, z. B. Beseitigung des Strafurteil's zufolge einer Wiederaufnahme des Verfahrens. Ferner wird die Ausweisung beendet durch Erwerbung der Heimat oder des Bürgerrechts in der Gemeinde, in welcher der Aufenthalt verboten ist. Die Reichsverweisung wird beendet durch Erwerbung einer deutschen Staatsangehörigkeit; jedoch dauert die in der Reichsverweisung enthaltene Landesverweisung aus dem sie verhängenden Bundesstaate fort. Die Landesverweisung wird beendet durch Erwerb der bayrischen Staatsangehörigkeit. Die Ortsverweisung wird nach dem Ebengesagten beendet durch Erwerbung der Gemeindezugehörigkeit.

E. Gleichviel, ob nach dem Vorstehenden die Ausweisung eines Ausländers zulässig und notwendig ist oder nicht, steht auch dem

---

[36]) Die Behörden sind hinsichtlich ihrer Beschlüsse den Weisungen der vorgesetzten Stelle unterworfen. Diese können auch außerhalb des Beschwerdeverfahrens angerufen werden, um eine Ausweisung anzuordnen, die Außerkraftsetzung einer verhängten Ausweisung zu verfügen oder die Ausweisung im Hinblick auf geänderte Verhältnisse zurückzunehmen. Die höhere Stelle kann auch unmittelbar verfügen. Ein Recht auf solche nochmalige Prüfung der Sache hat niemand.

[37]) M. E. bedarf es einer förmlichen Aufhebung des Ausweisungsbeschlusses nicht; vgl. z. B. den Wortlaut in Art. 39 III u. IV „zur Rückkehr befugt". Jedoch wird der Ausgewiesene die Aufhebung des früheren Beschlusses verlangen können, um der Notwendigkeit, auf Verlangen die Voraussetzungen nachzuweisen, unter welchen er zur Rückkehr befugt war, enthoben zu sein. War der Ausgewiesene zur Rückkehr befugt und zurückgekehrt, und tritt ein neuer Ausweisungsfall ein, so muß dieselbe neu verhängt werden, auch wenn der frühere Beschluß nicht förmlich aufgehoben ist.

k. Staatsministerium des Innern das Recht zu, „Ausländern aus Rücksicht auf die öffentliche Wohlfahrt den Eintritt in das Königreich zu versagen oder dieselben aus dem Staatsgebiete zu verweisen". Art. 44 II H.G. Das Staatsministerium handelt ganz nach eigenem freiem Ermessen. Es soll aber lediglich die Landesverweisung, nicht die Ortsverweisung von dem Staatsministerium unmittelbar angeordnet werden. Die Maßnahme kann sowohl einzelne Personen wie Familien und Personenkategorien treffen, z. B. ausländische Zigeuner. Den unteren Behörden obliegt der Vollzug solcher ministerieller Aufenthaltsbeschränkungen; sie sind überdies gemäß Ziff. 22 IV der Vollzugsbestimmungen verpflichtet, unter Vorlage der Akten an das k. Staatsministerium des Innern Bericht zu erstatten, wenn die Wegweisung eines Femden nach Maßgabe des Art. 44 II H.G. veranlaßt erscheint. Ueber ergangene generelle Anweisungen des Ministeriums siehe v. Riedel S. 301 Note 5.

Beschränkungen der Ausländer hinsichtlich des Aufenthalts in Bayern ergeben sich unter Umständen aus dem Retorsionsrechte der bayrischen Staatsregierung. Die Ausübung desselben ist dem Verordnungswege vorbehalten. Art. 44 III H.G., v. Riedel S. 302 Note 6.

II. 1. Deutsche Nichtbayern können aus Bayern bezw. einer bayrischen Gemeinde nur aus den im Freizügigkeitsgesetze vom 1. November 1867 angeführten Gründen weggewiesen werden (§ 12). Eine Verweisung aus dem Reiche ist unzulässig; v. Seydel Bd. 3 S. 25. Der Schutz des genannten Gesetzes ist aber nach § 2 davon abhängig, daß der Behörde auf ihr Verlangen der Nachweis der Reichsangehörigkeit erbracht wird. Hierzu dienen die in § 56 bereits erörterten Staatsangehörigkeitsausweise; vgl. Vollzugsbestimmungen Ziff. 10, 3. Wer diesen Nachweis innerhalb angemessener Frist nicht erbringen kann, kann insolange wie ein Ausländer behandelt werden. Reichsangehörige, welche unter elterlicher Gewalt stehen, genießen überdies die Freizügigkeit nur, wenn sie hinsichtlich ihres Aufenthaltes den Nachweis der Genehmigung ihres gesetzlichen Vertreters, Ehefrauen, wenn sie die erforderliche Genehmigung des Ehemannes beibringen (§ 2). Solange dieser Nachweis fehlt, können solche Personen wie Ausländer behandelt werden. — Im übrigen unterliegen Reichsangehörige Beschränkungen aus sicherheitspolizeilichen und aus armenpolizeilichen Gründen.

a) Sicherheitspolizeilichen Aufenthaltsbeschränkungen sind nur bestrafte[38]) Personen nach Maßgabe der Landesgesetze[39]) unterworfen;

[38]) Vgl. v. Seydel Bd. 3 S. 21 Note 89. Die Stellung unter Polizeiaufsicht und die Ueberweisung an die Landespolizeibehörde für sich allein genügen zu einer Orts- oder Landesverweisung nicht.

[39]) Daß das Landesrecht neue derartige Beschränkungen nicht mehr einführen könne, wie Grill S. 141 Anm. 5 sagt, dürfte nicht zutreffend sein. Bayern hat Art. 39 V u. VI H.G. nicht bloß für die Ausweisung von Ausländern erweitert.

zu diesen tritt eine reichsgesetzliche Beschränkung hinzu. In Bayern sind nur die in Art. 39 v und vi H.G. vorgesehenen Aufenthaltsbeschränkungen, welche eine Bestrafung zur Grundlage haben, für deutsche Nichtbayern anwendbar; diese Beschränkungen sind unter I Aa aufgeführt. Bei Vorhandensein der unter I Aa angeführten Voraussetzungen können also auch Deutsche auf die unter I Aa angegebene Dauer aus den oben angegebenen Gründen ausgewiesen werden. Die Erstreckung des Aufenthaltsverbotes auf benachbarte Gemeindebezirke, bezw. auf den Bezirk, für welchen Standrecht verkündet ist, ist unter denselben Voraussetzungen zulässig. Auch gegen Deutsche soll die Ausweisung nur verhängt werden, wenn sie notwendig ist, oder, wie das Gesetz sagt, „wenn besondere Verhältnisse die Annahme begründen, daß die öffentliche Sicherheit oder Sittlichkeit durch die Anwesenheit der betreffenden Personen in der Gemeinde gefährdet werde." — Die Landesverweisung ist nicht auf Grund des Heimatgesetzes, wohl aber auf Grund § 3 des Freizügigkeitsgesetzes zulässig; vgl. Art. 37 I H.G. Sie setzt voraus, daß eine Aufenthaltsbeschränkung von einer deutschen Behörde verhängt worden ist; während gegen Ausländer die Landesverweisung von den Polizeibehörden nur verhängt werden kann auf Grund einer gemäß Art. 39 H.G., demnach von einer bayrischen Behörde erfolgten Untersagung des Aufenthaltes in einer Gemeinde, darf gegenüber Deutschen die Landesverweisung auch eintreten, wenn eine nichtbayrische deutsche Behörde die Aufenthaltsbeschränkung ausgesprochen hat, selbst dann, wenn in Bayern die bezügliche strafbare Handlung zu einer Aufenthaltsbeschränkung nicht hätte führen können — Die Landesverweisung darf auch gegenüber Deutschen nicht länger dauern, als das Aufenthaltsverbot. — Die oben erwähnte reichsgesetzliche Beschränkung richtet sich gegen Personen, welche innerhalb der letzten 12 Monate wegen wiederholten Bettels oder wegen wiederholter Landstreicherei bestraft worden sind. Vgl. hierüber oben (§ 59 S. 479).

b) Die armenpolizeilichen Gründe der Ausweisung eines Deutschen sind in den § 4, 5 des Freizügigkeitsgesetzes niedergelegt. Dieselben wurden bereits oben § 59 S. 480 erörtert. Die Ausweisung darf hierbei niemals auf bestimmte Zeit ausgesprochen werden; sie dauert so lange und nur so lange, als die Voraussetzungen bestehen. Die armenpolizeiliche Aufenthaltsbeschränkung darf nicht durchgeführt werden vor der Uebernahme des Auszuweisenden in einen anderen Staat, bezw. vor Erlassung einer Entscheidung über die Fürsorgepflicht. § 6 II Freizügigkeitsgesetz; vgl. v. Seydel Bd. 3 S. 32. Ueber die Frage, ob die Uebernahme auch vorherzugehen hat in den Fällen der Ausweisung aus sicherheitspolizeilichen Gründen vgl. v. Seydel Bd. 3 S. 31[40]).

[40]) Nach der bayrischen Praxis ist auch im Falle des § 3 Fr.G. nach den Bestimmungen des Gothaer Vertrages zu verfahren. S. Grill S. 146.

2. Während der Ausländer einen vergönnten Aufenthalt im Inlande hat, besitzt der Deutsche ein Recht auf Freizügigkeit und Aufenthalt. Dieses Recht ist mit verwaltungsrechtlichem Schutze umgeben; Art. 8 Ziff. 3 V.G.H. Zuständig zur Aufenthaltsbeschränkung und Landesverweisung ist in I. Instanz wiederum die Distriktsverwaltungsbehörde jener Gemeinde, aus welcher zunächst eine Person ausgewiesen werden soll, in München die k. Polizeidirektion, Art. 45 H.G.; die Beschlußfassung erfolgt im verwaltungsrechtlichen Verfahren. Der Beschluß hat einen doppelten Inhalt. Er muß entscheiden a) ob die gesetzlichen Voraussetzungen einer Aufenthaltsbeschränkung vorliegen, bezw. derjenigen Ausweisung, welche verfügt werden will, und b) ob sie und auf welche Zeit (innerhalb des gesetzlichen Rahmens) als notwendig erscheint[41]). Die letztere Feststellung entfällt bei Ausweisungen aus armenpolizeilichen Gründen. In II. Instanz entscheidet die Kreisregierung, Kammer des Innern, im verwaltungsrechtlichen Senat; in III. Instanz ist zuständig, sofern die Beschwerde damit begründet wird, daß die gesetzliche Voraussetzung der Ausweisung nicht vorhanden ist, der Verwaltungsgerichtshof[42]), sofern aber die Beschwerde damit begründet wird, daß die Ausweisung nicht, oder nicht auf so lange Zeit, oder nicht in dieser Weise notwendig ist, das k. Staatsministerium des Innern[43]). — Hinsichtlich der Versagung der aufschiebenden Wirkung der Beschwerde gilt das unter I Gesagte; v. Seydel Bd. 3 S. 25.

In Fällen des § 4 und 5 des Freizügigkeitsgesetzes hat die ausweisende bezw. den Aufenthalt versagende Gemeinde ein Recht auf diese Maßnahme, deren Verhängung durch die nämliche Behörde erfolgt, welche zur Ausweisung aus anderen Gründen zuständig ist. Gegen den Beschluß, welcher ihrem Antrag nicht stattgibt, hat daher die Gemeinde auch das Recht der Beschwerde zur Regierung, Kammer des Innern, sodann zum Verwaltungsgerichtshof. — In den Fällen des Art. 39 v, vi H.G. hat die Gemeinde ebenfalls ein Antrags-

---

[41]) Mindestens die Feststellung, daß die Aufenthaltsbeschränkung verfügt wurde, weil besondere Verhältnisse die Annahme begründen rc., ist notwendig. Der Mangel dieser Feststellung macht den Beschluß ungültig. Reger S. 140 Anm. 7. Die besonderen Verhältnisse sollten dargelegt werden.

[42]) Erstreckt sich die Ausweisung zugleich auf das Gebiet einer andern Gemeinde (Art. 41 H.G.), so ist die Entscheidung darüber, ob die gesetzliche Voraussetzung einer Erstreckung, nämlich, daß die Gemeinde eine benachbarte ist, gegeben ist, zugleich die Entscheidung der gesetzlichen Voraussetzung dieser Ausweisung; demnach ist der Verwaltungsgerichtshof letztinstanziell zuständig. V.G.H. Bd. 2 S. 718. Dagegen ist die Frage, ob ohne die Ausdehnung der Ausweisung auf den benachbarten Bezirk der Zweck der Ausweisung vereitelt würde, mit der Frage identisch, ob diese Ausweisung notwendig ist, und somit der Entscheidung des Verwaltungsgerichtshofes entrückt. V.G.H. Bd. 1 S. 105.

[43]) Vgl. V.G.H. Bd. 1 S. 105: „Die Frage, ob besondere Verhältnisse die Annahme begründen, . . . ist der Zuständigkeit des Verwaltungsgerichtshofes entrückt und von den Verwaltungsbehörden nach ihrem Ermessen zu entscheiden;“ vgl. auch Bd. 2 S. 71 u. 374.

recht (Art. 43 II H.G.). Gegen den Beschluß, welcher den Antrag ablehnt, weil die Ausweisung unzulässig ist, steht aber der Gemeinde ein Beschwerderecht im verwaltungsrechtlichen Verfahren nicht zu; gegen den Beschluß, welcher die Notwendigkeit der Ausweisung (oder deren Erstreckung 2c.) verneint, kann die Gemeinde Verwaltungsbeschwerde (in letzter Instanz zum Ministerium des Innern) einlegen. Vgl. des näheren v. Seydel Bd. 3 S. 24/25; Reger S. 145; V.G.H. Bd. 8 S. 289[44]).

III. Bayern können ausgewiesen werden aus denselben Gründen wie nichtbayrische Deutsche, demnach sowohl aus armenpolizeilichen Erwägungen (§ 4, 5 Freizügigkeitsgesetz), wie infolge einer Bestrafung im Falle des Art. 39 V, VI H.G. Aus Bayern können bayrische Staatsangehörige niemals ausgewiesen werden; Landesverweisung ist somit gegen sie nicht zulässig, sondern lediglich Ortsverweisung[45]). Der Ausweisung muß die Feststellung der Heimat, bezw. die Anweisung einer vorläufigen Heimat vorangehen (Art. 21 H.G.). Der armenpolizeilichen Ausweisung muß auch die Uebernahme durch eine andere Gemeinde, bezw. den bayrischen Staat vorangehen. Aus der Gemeinde der Heimat oder des Bürgerrechts kann niemand ausgewiesen werden, ebenso nicht aus der Gemeinde der vorläufigen Heimat, solange diese besteht (Art. 16, 14, 42 H.G.)[46]). Bayern können aus einer Gemeinde nicht weggewiesen werden, in welcher sie sich auf Grund öffentlich-rechtlicher Verpflichtungen[47]) befinden, sei es zufolge Anstellung im Dienste des Staates, der Kirche, der Gemeinde, einer öffentlichen Körperschaft oder Stiftung oder zur Erfüllung sonstiger öffentlich-rechtlicher Obliegenheiten, wie zur Erfüllung der Wehrpflicht, der Zeugen- oder Geschworenenpflicht 2c. (Art. 42 H.G.). In solchem

[44]) V.G.H. Bd. 23 S. 2: „Nach Art. 43 II H.G. sind die Gemeinden allerdings befugt, in den Fällen des Art. 39 V H.G. eine Ausweisung zu beantragen. Allein . . . von einem Rechte der Gemeinde, ein Aufenthaltsverbot zu verlangen, kann nicht die Rede sein, ein derartiges Recht steht vielmehr den Gemeinden nur in den Fällen des § 4 und 5 des Freizügigkeitsgesetzes zu."

[45]) V.G.H. Bd. 19 S. 165: „Reichsangehörigen, welche einer Aufenthaltsbeschränkung nach § 3 des Freizügigkeitsgesetzes unterliegen, kann der Aufenthalt in jedem Bundesstaate mit Ausnahme des Heimatstaates durch die Landespolizeibehörde verweigert werden." Vgl. v. Seydel Bd. 3 S. 27.

[46]) Dagegen ist die Ausweisung zulässig aus einer Gemeinde, gegen welche ein Anspruch auf Verleihung des Heimatrechtes oder Bürgerrechtes zusteht oder erhoben ist; vgl. V.G.H. Bd. 3 S. 270. Allerdings kann, wenn bereits ein Rechtsstreit anhängig ist, sich später ergeben, daß der Auszuweisende zur Zeit der Ausweisung bereits in der Gemeinde Heimat- bezw. Bürgerrecht gehabt hat; nicht immer hindert ja die Bestrafung die Entstehung eines solchen Anspruches; allein da die Ausweisung eine von dem öffentlichen Wohl geforderte Maßregel ist, so kann man mit der Verhängung nicht zuwarten, bis der Streit entschieden ist. Das Ausweisungsverfahren muß also nicht ausgesetzt werden bis zur Entscheidung des Heimatstreites. Erlangt dann der Ausgewiesene wirklich die Heimat in der Gemeinde, so erlischt die Ausweisung von selbst.

[47]) v. Seydel Bd. 3 S. 21 Note 95.

[48]) v. Seydel Bd. 3 S. 22.

Falle ist auch die Wegweisung von Familienmitgliedern, welche im elterlichen Unterhalte stehen, sofern es sich nicht bloß um einen vorübergehenden Aufenthalt des Familienhauptes handelt, unzulässig[48]). Jedoch ist das Ausweisungsrecht einer Gemeinde, wenn § 5 des Freizügigkeitsgesetzes zutrifft, auch dann gegeben, wenn jemand sich infolge einer auf Vertrag beruhenden Verpflichtung in einer Gemeinde aufhält, sei dieselbe auch gegenüber einer öffentlichen Korporation eingegangen. Denn § 5 des Freizügigkeitsgesetzes läßt einer landesrechtlichen Einschränkung dieses Rechtes der Gemeinde keinen Raum[49]). — Die Erstreckung der Ortsverweisung auf benachbarte Gemeinden bezw. auf den Standrechtsbezirk ist unter den aus dem Vorstehenden sich ergebenden Einschränkungen auch gegen Bayern zulässig. — Hinsichtlich des Instanzenzuges vgl. das unter II Bemerkte.

[49]) Die Frage ist streitig. Vgl. hierüber v. Seydel Bd. 3 S. 101 Note 51. A. M. V.G.H. Bd. 2 S. 423.

9. Buch.

Das pfälzische Heimatrecht.

§ 64.

Das Heimatrecht vor dem Gesetze vom 16. April 1868.

1. Zufolge Art. 47 v des H.G. sind die vor dem 1. September 1868 erworbenen Heimatrechte nach den bisherigen Bestimmungen zu beurteilen. Erst mit diesem Tage ist eine gewisse Gemeinsamkeit des pfälzischen und des rechtsrheinischen Heimatrechtes eingetreten[1]); es ist daher jedenfalls erforderlich, das frühere pfälzische Recht einer kurzen Betrachtung zu unterstellen.

2. Die französische Okkupation zur Revolutionszeit brachte für die Pfalz die Geltung der französischen Gesetzgebung. Diese zerstörte die Selbständigkeit der Ortsgemeinden und damit auch die Gemeindeangehörigkeit. Als die Pfalz durch den Wiener Kongreß an Bayern zurückfiel, bestand dort ein Heimatrecht und eine gesetzliche Verpflichtung der Gemeinden zur Armenunterstützung nicht. Im übrigen muß hinsichtlich der französischen Gesetzgebung auf v. Seydel Bd. 2 S. 54 und 55, v. Riedel S. 44 f., Bl. Bd. 2 S. 169 ff. verwiesen werden.

3. Bei älteren pfälzischen Heimatfragen kann nur auf den durch die Verordnung der bayrischen Landesadministration l. d. Rheins vom 9. August 1816, „Wiedereinführung des Bürgergeldes betreffend" geschaffenen Rechtszustand zurückgegriffen werden[2]).

Die erwähnte Verordnung bestimmt, daß jeder Ausländer, welcher Staatsbürger geworden ist, in jeder Gemeinde der Pfalz Wohnsitz nehmen könne; „er muß aber das Gemeindebürgerrecht in dieser Gemeinde durch Bezahlung des hiernach bestimmten Bürgergeldes erwerben". Jeder Inländer könne seinen Wohnsitz ändern und verlegen wohin er wolle; er müsse aber bei jeder Aenderung in der Gemeinde, in welcher er sich niederläßt, das für diesen Fall bestimmte Bürgergeld entrichten. Für Beamte wurden besondere Be-

[1]) Vgl. § 15, S. 66—68.

[2]) Das Gesetz vom 11. September 1825 ist nur für die 7 rechtsrheinischen Kreise des Königreiches Bayern erlassen worden.

stimmungen getroffen und die Höhe des Bürgergeldes begrenzt. — Aus diesen Bestimmungen wurde nun durch die Praxis gefolgert[3]), daß das Heimatrecht in einer Gemeinde mit dem Bürgerrecht erworben würde und daß die Gemeinden auch zur Armenunterstützung der Heimatangehörigen verbunden seien. Dies wurde bekräftigt durch die ministerielle Instruktion über die Behandlung des Armenwesens vom 29. November 1834 und den Landtagsabschied vom 17. November 1837[4]) (v. Riedel S. 48, 49).

Wohnsitz im Sinne der Verordnung vom 9. August 1816 ist der Wohnsitz des bürgerlichen Rechtes, — nicht der domicile de secours im Sinne des Gesetzes vom 24. Vendémiaire II[5]). Personen, welche keinen selbständigen Wohnsitz haben, sondern den Wohnsitz

[3]) In der Verordnung von 1816 ist „der Grundsatz nicht eigentlich ausgesprochen, aber vorausgesetzt, daß der Anspruch auf Anteilnahme an den in den Gemeinden vorhandenen Almosen, Hospitälern, Waisenhäusern und anderen Vorteilen eine Folge des Gemeindebürgerrechtes sei. In der Praxis wurde bald vielfach angenommen, daß unter den anderen Vorteilen ... das Heimatrecht zu verstehen sei." „So wurde allmählich der Satz, daß das Heimatrecht eine Folge des Ortsbürgerrechtes sei, die Grundlage des ganzen Heimatwesens". Bl. Bd. 2 S. 178.

[4]) Vgl. zu den Bestimmungen des Landtagsabschiedes 1837, welcher den Gemeinden das Recht gab, das einfache Bürgereinzugsgeld bis zum Maximalbetrage von 200 fl. zu erhöhen, sofern der Eintritt in „bestimmte Gemeindenutzungen" verbunden war, Bl. Bd. 2 S. 185.

[5]) Loi contenant des mesures pour l'extinction de la mendicité, Tit. V. Vgl. Verhandlungen der Kammer der Abg. 1837 Beil. Bd. III S. 565. — Das Gesetz vom 24 Vendémiaire II ist nur in einem Teil der Pfalz verkündet worden. „Das Gesetz muß als durch das Recht der Verordnung vom 9. August 1816 beseitigt erachtet werden." „Dessen Bestimmungen über den Erwerb des domicile de secours sind so unvereinbar mit jenen der Verordnung von 1816 und des Code civil, daß die Vereinigung beider zu der heillosesten Verwirrung führen müßte und auch geführt hat, die überhaupt sich erdenken läßt." v. Seydel Bd. 2 S. 56. — v. Riedel S. 49 erachtet ebenfalls das Vendémiaire-Gesetz als nur in sehr beschränktem Umfang in Geltung getreten und tritt im übrigen v. Seydels Anschauungen bei. Vgl. S. 48 und Anm. 2 dortselbst. Ueber den Inhalt des erwähnten Gesetzes vgl. insbesondere Bl. Bd. 2 S. 169 ff. Dortselbst ist auch dargelegt, wie das alte Vendémiaire-Gesetz neben der neuen Grundlage des Heimatwesens, welche durch die Verordnung von 1816 geschaffen war, nur noch eine sehr untergeordnete Rolle spielen konnte; nur in Fällen, die sich nach den sehr allgemeinen Andeutungen der Verordnung nicht wohl entscheiden ließen, sei auf das alte Gesetz zurückgegangen worden; so habe namentlich Art. 11 dieses Gesetzes „nul ne pourra exercer en même temps dans deux communes le droit de domicile de secours" fortwährend ein Hauptgrundsatz des Heimatrechtes bleiben müssen. Der im folgenden, S. 181 ff., versuchten Scheidung hinsichtlich der Anwendbarkeit der Lehre vom bürgerlichen Wohnsitz und jener von der Heimat, ferner den Darlegungen über die Bedeutung der Zahlung des Bürgerrechtsgeldes kann nicht zugestimmt werden. Vgl. v. Seydel Bd. 2 S. 56 bei Note 93. Interessant sind aber die Darlegungen über die in der Pfalz herrschende Verwirrung im Heimatwesen. — Auch Bl. Bd. 17 S. 424 ff halten an der Geltung des Vendémiaire-Gesetzes fest. — V.G.H. Bd. 8 S. 102 bekennt sich ebenfalls zu der Anschauung, daß das Vendémiaire-Gesetz in der Pfalz niemals zur vorschriftsmäßigen Verkündigung und somit auch nicht zur rechtlichen Geltung gelangt sei; auch vermöge der Ministerial-Entschließung vom 29. November

eines andern teilen (Kinder, Ehefrau), folgten der Heimat dieser Personen (der Eltern, des Ehemannes.). Für den Begriff des Wohnsitzes sind des näheren entscheidend die Art. 102—109 des Code civil.

4. Hiernach ergibt sich folgendes: Es ist zu unterscheiden zwischen dem selbständigen und dem unselbständigen Heimatrecht.

a) Die selbständige Heimat wird erworben durch das Bürgerrecht. Das Bürgerrecht aber wird von einem Pfälzer von selbst begründet durch die Begründung eines Wohnsitzes in der Gemeinde[6]). Die Erwerbung des Bürgerrechtes verpflichtet zur Zahlung des Bürgergeldes, ist aber von dieser nicht abhängig; v. Riedel S. 49, v. Seydel Bd. 2 S. 55 Note 92, V.G.H. Bd. 2 S. 29[7]), Bl. Bd. 40 S. 36. Insbesondere ist auch die Eintragung in die Bürgerliste keine Voraussetzung für den Heimaterwerb in einer pfälzischen Gemeinde; V.G.H. Bd. 8 S. 101; ebenso nicht die Ausstellung eines Heimatscheines, welche andererseits auch nach pfälzischem Rechte nicht ausreichte. Bl. Bd. 40 S. 36.

Den Wohnsitz hat nach Art. 102 des Code civil jeder am Orte seiner Hauptniederlassung (établissement principal)[8]). Ehefrauen und Minderjährige können einen selbständen Wohnsitz nicht begründen. Voraussetzung zur Begründuung des Wohnsitzes ist Willensfähigkeit und Geschäftsfähigkeit. Geisteskranke, Entmündigte, Minderjährige können einen Wohnsitz nicht begründen[9]). Eine be-

1834 über die Behandlung des Armenwesens weder die Eigenschaft einer Verkündigung der Bestimmungen dieses Gesetzes noch einer authentischen Interpretation bestehender Gesetzesvorschriften beigelegt zu werden.

[6]) Wer also zur Zeit der Verordnung von 1816 einen selbständigen Wohnsitz in einer Gemeinde besaß, erlangte durch diese Verordnung die Heimat, ebenso die Angehörigen, d. i. Ehefrau und minderjährige Söhne bezw. unverheiratete Töchter. — Auf das Gesetz vom 22. frimaire VIII kann nicht zurückgegriffen werden, weil sein Bürgerrecht eine andere Bedeutung hatte, als das 1816 geschaffene. A. M. Bl. Bd. 2 S. 296; Bl. Bd. 36 S. 354. S. auch V.G.H. Bd. 9 S. 121, ferner die Kritik der Anschauung v. Wands, der eine Heimat vor 1816 zuläßt, bei v. Seydel Bd. 2 S. 55 Note 88.

[7]) V.G.H. Bd. 2 S. 29: „In der Pfalz war vor 1868 für die Erwerbung des Heimatrechtes in der Gemeinde die Verordnung vom 9. August 1816 maßgebend. Nach den Bestimmungen dieser Verordnung wurde das Heimatrecht in der Gemeinde mit dem Bürgerrecht erworben und war der Erwerb des letzteren von Rechts wegen an den Ort der Niederlassung in der Gemeinde geknüpft, ohne durch die Entrichtung des vorgeschriebenen Bürgergeldes bedingt zu sein. Die Bezahlung des Bürgergeldes war nur die rechtliche Folge dieses Erwerbes."

[8]) V.G.H. Bd. 2 S. 29: „Unter welchen Voraussetzungen die Niederlassung in einer Gemeinde anzunehmen war, hatte sich nach den Art. 102—105 des Code civil zu bemessen."

[9]) V.G.H. Bd. 12 S. 478: „Festgestelltermaßen war St. wegen Blödsinns auf die Unterhaltung seitens seiner Angehörigen angewiesen, besuchte niemals eine Schule" 2c. . . ., es kann demnach nicht behauptet werden, daß St. im Zustande der Willensfähigkeit seinen Wohnsitz nach K verlegt habe"; es bildet gerade die Willens- und Handlungsfähigkeit die erste Voraussetzung für die Annahme einer Niederlassungsabsicht im Sinne Art. 102 bis 108 Code civil.

Von der Hauptniederlassung ist die Nebenniederlassung zu unterscheiden.

sondere Bestimmung enthält Art. 109 l. c. für Dienstboten (majeurs qui servent ou travaillent habituellement chez autrui). Diese haben denselben domicile, wie die Person, bei der sie arbeiten, solange sie mit dieser im nämlichen Hause wohnen. Dieser Wohnsitz ist also abgeleitet von jenem des Arbeitsherrn. Wie V.G.H. Bd. 14 S. 361 mit Recht ausführt, kann ein unselbständiger Wohnsitz um deswillen keine Heimat begründen, weil diese von dem Bürgerrecht, dieses aber nach der offenbaren Absicht der Verordnung vom 9. Mai 1816 von der selbständigen Begründung eines Wohnsitzes abhängt[10]). Dies erhellt schon daraus, daß mit jeder Wohnsitzbegründung oder Aenderung die Verpflichtung zur Zahlung des Bürgergeldes begründet wird — eine Verpflichtung, welche auch die Praxis niemals auf Dienstboten ausgedehnt hat.

Zur Begründung eines Wohnsitzes gehört, wie sich aus Art. 103 l. c. ergibt, der wirkliche Aufenthalt in einer Gemeinde, verbunden mit der Absicht, dort die Hauptniederlassung zu begründen. Diese Absicht kann erhellen entweder aus einer ausdrücklichen, der Gemeindebehörde des bisherigen und des neuen Wohnortes abgegebenen Erklärung, nur bei Mangel einer solchen Erklärung aus den begleitenden Umständen (konkludenten Handlungen rc.). Die Absicht, die Hauptniederlassung zu begründen, ist nach V.G H. Bd. 8 S. 117 mit der Absicht, „dauernden, in seiner zeitlichen Erstreckung unbeschränkten Verweilens" identisch[11]). Sobald diese Absicht[12]) besteht und der Wohnsitz genommen ist, ist der Erwerb der Heimat vollendet. Daß seit Beginn des Aufenthaltes eine bestimmte Zeit verflossen sei wird nicht gefordert. Die begleitenden Umstände (circonstances), aus welchen der Wille gefolgert werden kann, können der ver-

---

Eine solche war insbesondere der auswärtige Arbeitsort des Familienhauptes, wogegen die erstere da begründet war, wo die Familie wohnte, der Mittelpunkt des Hausstandes sich befand und wohin auch das Familienhaupt stets zurückkehrte. So V.G.H.E. 22. März 1889 in Bl. Bd. 43 S. 33.

[10]) „Namentlich ist Art. 109 wohl nie auf Heimatsachen angewandt worden" Bl. Bd. 2 S. 181. Dies wird an dieser Stelle damit begründet, daß Heimat und Wohnsitz „domicile de secours" und „domicile civil" zwei ganz verschiedene Begriffe seien. S. dagegen Anm. 5.

[11]) Vgl. auch V.G.H. Bd. 2 S. 489 und Bd. 9 S. 117. — In Bl. Bd. 43 S. 33/34 sind unveröffentlichte, hier einschlägige Verwaltungsgerichtshofentscheidungen mitgeteilt. Nach der einen hat derjenige, welcher in einer Gemeinde Wohnung genommen, sich daselbst verehelicht, eine Familie und eigenen Hausstand begründet hat, in der Regel dort nicht eine bloß vorübergehende Wohnsitznahme im Auge. Nach der anderen entkräftet der Umstand, daß jemand, der sich verheiratete und eigenen Hausstand gründete, aber zu selbständigem Gewerbebetrieb nicht gelangte, sondern Geselle blieb, nicht die Annahme, daß er dort seine Hauptniederlassung besaß, da die persönliche Selbständigkeit vorhanden war.

[12]) Der Beweis dieser Absicht kann mit allen prozessualischen Mitteln geführt werden. Im Heimatfeststellungsverfahren wird von Amts wegen erforscht, ob dieselbe vorhanden war. Auch aus Begebenheiten einer späteren Zeit kann unter Umständen ein Schluß auf das frühere Bestehen der Absicht gezogen werden. Vgl. V.G.H. Bd. 9 S. 245.

schiedensten Art sein. Als solche Umstände erscheinen beispielsweise der Aufenthalt, verbunden mit der Eröffnung eines selbständigen Gewerbebetriebes (V.G.H. Bd. 2 S. 489), der Aufenthalt verbunden mit Erwerbung von Grundbesitz. Jedoch ist selbstverständlich der Erwerb der Heimat keineswegs an den Erwerb von liegendem Eigentum geknüpft[13]). — Die begleitenden „Umstände" können sich sofort ergeben; möglicherweise zeigt sich aber erst aus späteren Handlungen die schon ursprünglich vorhandene Absicht. „Das Gebiet der Tatfragen ist natürlich hier ein großes". v. Riedel S. 50. — Bei Lehrern war die Begründung eines Wohnsitzes (Hauptniederlassung) am Orte des Schuldienstes gegeben; denn aus der Uebernahme eines Schuldienstes gibt sich die Absicht zu erkennen, sich am Schulorte niederzulassen, zumal die Lehrer in der Pfalz auf ihr Ansuchen von der Gemeinde präsentiert werden. (V.G.H. Bd. 4 S. 168.) Dagegen hat die Verwendung als Schulgehilfe die Begründung eines Domizils zufolge V.G.H. Bd. 4 S. 512 nach Art. 107 des Code civil nicht zur Folge und berechtigt im allgemeinen und ohne besondere Nebenumstände auch gemäß Art. 105 l. c. nicht zu einer Schlußfolgerung auf die Absicht der Niederlassung am Orte des Schulsitzes; vgl. auch V.G.H. Bd. 9 S. 245. Demnach wird auch die Frage, ob Beamte das Heimatrecht erwerben, nach dem Wohnsitz beurteilt. Deutlich kommt dies in den einschlägigen besonderen Bestimmungen des Code civil zum Ausdruck[14]).

---

[13]) V.G.H. Bd. 3 S. 731: „. . . Der Erwerb der Heimat war nicht an den Erwerb liegenden Eigentums geknüpft; indessen kann ein solcher Erwerb als Beweismittel für die Absicht der die Heimat begründenden Niederlassung in Betracht kommen . . ."

[14]) Nach Art. 107 des Code civil begründet die Annahme eines auf Lebenszeit verliehenen Amtes den Wohnsitz an dem Orte seiner amtlichen Tätigkeit, während nach Art. 106 die Uebernahme eines widerruflichen Amtes einen solchen Wohnsitz nur dann begründet, wenn die Absicht zu erkennen ist, den Wohnsitz zu begründen; andernfalls wird der bisherige Wohnsitz beibehalten. Ein Amt erscheint als auf Lebenszeit verliehen, wenn es die Staatsregierung (die Gemeinde) nicht nach Gutdünken widerrufen kann, während Bedienstete, welchen ein Recht auf dauernde Belassung in ihrer Dienststellung oder eine Gewähr dafür nicht zukommt, daß sie nur durch disziplinären oder strafrichterlichen Spruch ihres Amtes entsetzt werden konnten, nicht nach Art. 107, sondern nach Art. 106 zu beurteilen sind. V.G.H. Bd. 19 S. 109. Oeffentliche Bedienstete der letzteren Art müssen also, wie vorhin erwähnt, die Absicht, an dem Dienstorte eine Hauptniederlassung zu begründen, noch besonders an den Tag gelegt haben; sonst behalten sie ihren bisherigen Wohnsitz und mit ihm ihre bisherige Heimat bei.

Bei einer durch Anstellung im Privatdienste bedingten Wohnsitznahme ist ebenfalls auf die Wohnsitzbegründung und die Absicht zu sehen, die Niederlassung dauernd beizubehalten. So wurde nach Bl. Bd. 43 S. 35 die Anstellung im pfälzischen Eisenbahndienst vom Verwaltungsgerichtshof in der Entscheidung vom 20. September 1888 für einen genügenden Beleg dieser Absicht erachtet, da der Bedienstete dienstordnungsgemäß am Orte der Anstellung den Wohnsitz zu nehmen hatte; die Möglichkeit der Aenderung des Domizils stehe dieser Annahme nicht entgegen.

Wird eine Hauptniederlassung wirklich begründet, so kann der Wohnsitz und mit ihm Bürgerrecht und Heimat durch keine entgegengesetzte Erklärung, Rechtsverwahrung oder einen Heimatvorbehalt ausgeschlossen werden. Die Tatsachen und der wirkliche Wille entscheiden. V.G.H. Bd. 6 S. 118[15]). — Das Heimatrecht beginnt, sobald die „Niederlassung" bewirkt ist.

Jeder kann nur an einem Orte ein principal établissement besitzen, mehrfache Heimat ist daher ausgeschlossen.

Andere Erwerbsgründe der selbständigen Heimat als Begründung eines Wohnsitzes, insbesondere aber die „Verleihung" sind dem pfälzischen Rechte unbekannt.

b) Das selbständige Heimatrecht geht verloren durch Erwerbung eines anderen. Dies ist jedoch nur möglich durch Erwerbung eines neuen Wohnsitzes, durch „changement de domicile", wirkliche Aenderung der Hauptniederlassung. Die Aenderung des Wohnsitzes erfordert die nämlichen Voraussetzungen wie die Begründung eines ersten Wohnsitzes[16]). — Die selbständige Heimat geht auch verloren durch Verlust der Staatsangehörigkeit.

5. Die Ehefrau eines in der Pfalz beheimateten Mannes konnte nur den Wohnsitz ihres Mannes teilen. Sie folgt der Heimat des Mannes unbedingt, vorausgesetzt, daß die Ehe gültig ist[17]) und so-

---

Auch die durch Anstellung als Waldhüter im Gemeindedienste veranlaßte Wohnsitznahme wurde nach Bl. Bd. 43 S. 37 vom V.G.H. (25. Januar 1889) für ausreichend erachtet, da die Niederlassung, obgleich die Anstellung eine widerrufliche war, doch „nach den besonderen Verhältnissen die Gewähr einer Dauer und Ständigkeit geboten habe."

[16]) In V.G.H. Bd. 12 S. 477 liegt der Tatbestand zugrunde, daß eine Witwe die Bedingungen für ihren und ihrer Familie Unterhalt in der bisherigen Heimatgemeinde S nicht mehr fand, in dieser Erkenntnis ihr Wohnhaus veräußerte, die Gemeinde verließ und nach K übersiedelte. Sie erklärte, daß sie damals die Heimatangehörigkeit in S habe beibehalten wollen, weil sie keine Mittel gehabt habe, das Bürgerrecht in K zu erwerben. Verwaltungsgerichtshof bemerkt mit Recht, es komme nicht darauf an, ob die Witwe die Absicht hatte, in S die Heimat beizubehalten, sondern auf die Tatsachen.

[16]) Der Verlust des früheren Heimatrechtes wird also nicht schon herbeigeführt durch Aufgabe des Aufenthaltes, auch nicht durch die Absicht, den Wohnsitz aufzugeben, sondern erst durch die Begründung eines neuen pfälzischen Wohnsitzes; die Begründung eines Wohnsitzes im rechtsrheinischen Bayern gab dort eine Heimat nicht und hob die pfälzische nicht auf. V.G.H. Bd. 12 S. 245. Aus dem Obigen erhellt insbesondere, daß auch die Uebernahme eines widerruflichen Amtes den „Wohnsitz" nicht aufhebt, sofern nicht die Erfordernisse einer Wohnsitznahme gegeben sind.

[17]) Hinsichtlich der Gültigkeit der Ehe entscheidet das Recht des Wohnsitzes, welchen der Mann zur Zeit der Eheschließung innehat. Zumeist entscheidet also der Code civil. Derselbe enthält in Art. 171 die Vorschrift, daß die (von einem Pfälzer) im Auslande eingegangene Ehe in den ersten 3 Monaten nach der Rückkehr ins Inland in das Heiratsregister des Wohnortes einzuschreiben ist. Die Außerachtlassung dieser Vorschrift macht aber die Ehe nicht ungültig. V.G.H. Bd. 4 S. 576. Ebensowenig machte die Nichtbeachtung der nun aufgehobenen Vorschrift des Art. 38 H.G., demzufolge ein Pfälzer bei Abschluß einer

lange die Ehe besteht. Ist die Ehe gelöst, so verbleibt der Ehefrau die Heimat als selbständige; sie kann aber auch ein eigenes Domizil begründen, wie auch ledige Frauen ein solches erwerben können. Die Frage, ob solche Frauen auch das Heimatrecht erwerben konnten, war streitig, Bl. Bd. 2 S. 300 ff. Der Verwaltungsgerichtshof hat jedoch dies in mehrfachen Entscheidungen mit Recht bejaht. Vgl. V.G.H. Bd. 12 S. 476.

Die ehelichen und diesen gleichgeachteten[18]) Kinder, minderjährige Söhne und minderjährige, unverheiratete Töchter teilen die Heimat des Vaters, — sie können eine selbständige Heimat nicht erwerben. Nach dem Tode des Vaters behalten sie die Heimat bei und folgen nicht der neuen Heimat der Mutter[19]). Bl. Bd. 2 S. 24, Bd. 4 S. 73, Bd. 9 S. 120. Uneheliche Kinder folgen der Heimat der Mutter; vgl. S. 26. Wenn jedoch der uneheliche Vater das Kind als sein eigenes anerkennt, so folgt es der pfälzischen Heimat des Vaters[20]).

Ehe in den Landesteilen diesseits des Rheins ein Zeugnis der Distriktsverwaltungsbehörde beizubringen hatte des Inhalts, daß der Eheschließung kein gesetzlich begründetes Hindernis entgegenstehe, die Ehe bürgerlich ungültig. V.G.H. Bd. 9 S. 132.

Wenn eine Pfälzerin einen Angehörigen der rechtsrheinischen Landesteile im Ausland ohne Genehmigung der Distriktspolizeibehörde des Mannes heiratete, so erlangte sie die Heimat des Mannes nicht, behielt vielmehr die pfälzische Heimat bei, der auch die Kinder folgten. Vgl. Bl. Bd. 24 S. 253 und oben S. 80.

[18]) Diese sind die gemäß Art. 331 Code civil durch nachfolgende Ehe legitimierten Kinder. Die Legitimation mußte vor oder beim Eheabschluß bewirkt werden; ein später anerkanntes Kind behält seine Heimat bei; vgl. B. Gemeindeztg. Bd. 4 S. 482.

Die eheliche Geburt wird nach dem Code civil durch die Geburtsurkunde, in Ermanglung einer solchen durch den beständigen und begründeten Besitz des Standes eines ehelichen Kindes erwiesen. Die eheliche Geburt von Kindern, deren Eltern als Eheleute lebten und starben, kann selbst dann nicht bestritten werden, wenn die Heirat der Eltern urkundlich nicht zu erweisen ist, sofern nur der Besitzstand nicht hiermit sich in Widerspruch befindet. So nach Bl. Bd. 43 S. 34/35 V.G.H. in einer Entscheidung vom 28. Juli 1888.

[19]) V.G.H. Bd. 12 S. 121 Anm. **: „Der Art. 108 des Code civil, welcher bis zur Wirksamkeit des Gesetzes von 1868 die maßgebenden Vorschriften für die Pfalz über die Feststellung der ursprünglichen Heimat enthielt, . . . kann bei richtiger Auslegung nicht anders aufgefaßt werden, als daß das Domizil des Vaters für die ehelich geborenen minderjährigen Kinder bis zum Erwerb einer selbständigen Heimat durch dieselben entscheidend sei."

[20]) Vgl. hierüber S. 68 Anm. 3. — V.G.H. Bd. 15 S. 74: „Die Heimat, welche eine in den rechtsrheinischen Landesteilen beheimatete Frauensperson in einer pfälzischen Gemeinde vor dem 1. September 1868 durch Verehelichung erwarb, ging auch auf ihre außerehelichen, nicht legitimierten Kinder über." — V.G.H. Bd. 12 S. 479 läßt unentschieden, ob nach der Absicht des französischen Rechtes der nicht emanzipierte Minderjährige nach dem Ableben des Vaters den Wohnsitz der Mutter teilt und ob der Schwerpunkt der Domizilfrage bei Minderjährigen „in die Frage der Vermögensverwaltung" falle — es sei jedenfalls gerade wegen der Verschiedenheit des Inhaltes des privatrechtlichen domicile und des öffentlichen Heimatrechtes unstatthaft, jene Grundsätze für sich allein und ohne weiteres auf dieses Gebiet zu übertragen und zur Anwendung zu bringen.

„Nichtanerkannte Kinder unverheiratеter Töchter eines Ortsbürgers folgen der Heimat dieses ihres Großvaters, nichtanerkannte Kinder von Witfrauen folgen der Heimat des verstorbenen Ehemannes der Mutter." Bl. Bd. 2 S. 302/03. Bd. 35 S. 43.

Die unselbständige Heimat geht verloren, sobald eine selbständige erworben wurde; eine Umwandlung der unselbständigen Heimat in eine selbständige durch Verheiratung, ähnlich wie gemäß Art. 3 H.G., findet nicht statt. Gegenüber dem rechtsrheinischen Recht ist dabei die Verschiedenheit zu beachten, daß nach diesem die Kinder der Heimat der Eltern folgen, bis sie eine selbständige Heimat erworben haben, während nach pfälzischem Recht gemäß Art. 108 Code civil die Kinder nur bis zur Erreichung der Volljährigkeit bezw. bis zur früheren Beendigung der elterlichen Gewalt dieser Heimat folgen, während sie nach diesem Zeitpunkt von Aenderungen der Heimat der Eltern nicht mehr ergriffen werden[21]). Die unselbständige Heimat ging auch nach pfälzischem Recht nicht verloren, wenn zwar die Eltern (der Ehemann) die Heimat verloren, der Verlustgrund aber für die Kinder nicht zutraf[22]).

6. Wie aus der oben angeführten Verordnung vom 9. August 1816 sich ergibt, wird dem Ausländer nur, wenn er das bayrische Staatsbürgerrecht erworben hat, die Befugnis eingeräumt, seinen Wohnsitz in der Pfalz zu nehmen und das Ortsbürgerrecht mit der Heimat zu erwerben. Wie aus Bl. Bd. 2 S. 297 hervorgeht, hat die Praxis

---

Allerdings bemesse sich die Niederlassung nach Art. 102 l. c.; allein durch die Niederlassung und Begründung eines Wohnsitzes werde die Heimatberechtigung nicht unmittelbar, sondern erst durch die Bürgereigenschaft vermittelt. Das Heimatrecht habe mit den Angelegenheiten der Vermögensverwaltung überhaupt nichts zu tun; ebensowenig seien vormundschaftliche Verhältnisse maßgebend; die Heimat sei vielmehr im wesentlichen auf die Abstammung zurückzuführen, insofern die öffentlich-rechtlichen Beziehungen des ehelichen Vaters und bezw. der unehelichen Mutter zu einer Gemeinde auf deren Nachkommenschaft von Rechts wegen übergehen. — Auch die Entscheidung vom 4. November 1889 (Bl. Bd. 43 S. 38/39) betont, daß in der französischen Praxis die mütterliche Domizilsfolge nur für außereheliche Kinder als gesetzlich begründete erachtet worden sei trotz des Wortlautes von Art. 108 Code civil. Daher konnte die Wiederverehelichung der Mutter für deren ehelichen Sohn eine Veränderung der Heimatverhältnisse nicht bewirken.

[21]) Vielmehr bleibt ihnen die unselbständige Heimat, welche sie zu diesem Zeitpunkte erlangt hatten. De facto ist also diese unselbständige Heimat von erreichter Großjährigkeit an eine selbständige. Rechtlich bleibt es die ursprüngliche; Bürgergeld ist nicht zu bezahlen; vgl. v. Riedel S. 51 Anm. 1. V.G.H. Bd. 2 S. 24: „In der Pfalz hatten uneheliche, vom Vater nicht anerkannte Kinder ohne selbständige Niederlassung nur bis zum Eintritt in das Alter der Großjährigkeit der Heimat der Mutter zu folgen. Eine Aenderung ihrer ursprünglichen Heimat trat demnach nicht ein, wenn nach dem erwähnten Zeitpunkt die Mutter durch Eheschließung eine neue Heimat erworben hat." Ebenso V.G.H. Bd. 4 S. 73; vgl. auch Bl. Bd. 43 S. 38.

[22]) Dagegen verband sich mit dem eigenen Verlust der Staatsangehörigkeit auch jener der unselbständigen Heimat.

diese Bestimmung dahin verstanden, daß für das Staatsbürgerrecht die Begriffsbestimmung der bayrischen Verfassungsurkunde maßgebend sein soll, welche das Staatsbürgerrecht in gewissem Umfange als eine höhere Stufe der „Staatsangehörigkeit", des „Indigenats" geschaffen hat. Nach § 8 der ersten Verfassungsbeilage war zum Erwerb des Staatsbürgerrechtes neben dem Indigenat bei Neueinwandernden „ein Zeitlauf von 6 Jahren" erforderlich. Hieraus folgerte die Regierungsentschließung vom 11. Januar 1833, daß kein Neueinwandernder „in den ersten 6 Jahren nach der Einwanderung in einer Gemeinde bürgerlich einziehen könne, wenn nicht die Gemeinde, in welche er ziehen will, ihre Einwilligung dazu gebe". Bis zum Ablauf dieser 6 Jahre würde also das Recht der Freizügigkeit beschränkt gewesen sein[23])[25]).

7. Die Heimat eines Pfälzers ging an sich auch dann verloren, wenn er im rechtsrheinischen Bayern eine Heimat erwarb; denn im Königreich Bayern kann niemand zweifache Heimat haben. Jedoch konnte die rechtsrheinische Heimat ihren Bestand nicht behaupten, wenn die Voraussetzungen der selbständigen pfälzischen fortdauerten. Wer also seine Hauptniederlassung in einer pfälzischen Gemeinde selbständig begründet hatte und dieselbe beibehielt, konnte zwar an sich Angehöriger einer rechtsrheinischen Gemeinde werden, aber diese erworbene Heimat ging sofort wieder unter. Daraus ergibt sich der Satz, daß, solange jemand eine selbständige Hauptniederlassung in einer pfälzischen Gemeinde hatte, er eine rechtsrheinische Heimat nicht erlangen konnte. Diese Unmöglichkeit besteht aber nur gegenüber einer fortbestehenden selbständigen Hauptniederlassung[24]).

Ein rechtsrheinischer Bayer konnte nicht dadurch Pfälzer werden, daß er sich in einer pfälzischen Gemeinde niederließ und dort den Wohnsitz im Sinne des Art. 102 Code civil begründete. Dies war nur bisherigen Pfälzern möglich. Vielmehr mußte gemäß

---

[23]) M. E. ist jedoch „Staatsbürgerrecht" im Sinne der Verordnung von 1816, nicht im Sinne des technischen Ausdruckes in der Verfassungsurkunde auszulegen, vielmehr im Sinne von Staatsangehörigkeit, wie ja auch in der Verfassungsurkunde selbst an mehreren Stellen unter „Staatsbürgern" die „Staatsangehörigen" verstanden sind. Vgl. v. Seydel Bd. 1 S. 295 Note 14.

[24]) Demnach konnte jemand, der seine ursprüngliche Heimat in der Pfalz hatte, ohne dort einen Wohnsitz selbst begründet zu haben, die rechtsrheinische Heimat so gut erwerben, wie derjenige, welcher eine selbständige Heimat in der Pfalz erworben, den Wohnsitz in der Pfalz aber aufgegeben hat. Nicht daß ein Heimatrecht in der Pfalz bestand, hinderte die Erwerbung der rechtsrheinischen Heimat, sondern daß zu einer pfälzischen Gemeinde Beziehungen bestanden, welche kraft Gesetzes dort eine selbständige Heimat begründeten. Umgekehrt ging die pfälzische Heimat nicht schon deshalb verloren, weil der Heimatberechtigte in Beziehungen zu einer Gemeinde des rechtsrheinischen Bayern trat, welche zwar in der Pfalz die Erwerbung einer neuen Heimat begründeten, nicht aber im rechtsrheinischen Bayern. Vgl. S. 66, V.G.H. Bd. 10 S. 120.

V.G.H. Bd. 6 S. 195 zur Niederlassung „einerseits die erst nach vorgängiger Sachinstruktion, insbesondere nach Einvernahme der Niederlassungsgemeinde zu erteilende Genehmigung der zuständigen Distriktsverwaltungsbehörde, anderseits die Bezahlung des Bürgergeldes“ kommen, falls nicht etwa der Gemeinderat nach Art. IV der Verordnung von 1816 mit Genehmigung der vorgesetzten Behörde ausdrücklich diese Gebühr ganz oder zum Teil erlassen hatte[25])[26]).

Geltendes pfälzisches Heimatrecht.

§ 65.

1. Allgemeine Grundsätze.

1. Seit dem 1. September 1868 besteht für das rechtsrheinische Bayern und die Pfalz ein in der Hauptsache gleiches Heimatrecht[1]). Jedoch mußten, insbesondere im Hinblick auf die eigenartige Ausbildung des Rechtes der Gemeindemitgliedschaft und des Verehelichungs-

---

[25]) Ausländer, als welche auch Rechtsrheiner galten (vgl. S. 67), konnten sich in der Pfalz nur mit Genehmigung der Gemeindebehörden „ansässig“ machen, d. h. den Wohnsitz nehmen. Daraus entwickelte die Praxis den Satz, daß, obwohl das pfälzische Recht den Begriff der Ansässigmachung nicht kannte, „mit der Bewilligung zur Ansässigmachung auch die Bürgerrechtsverleihung verbunden werden könne, welche wirksam werde, sobald die Staatsangehörigkeit erlangt werde, während ohne solche „Verleihung“ das „Staatsbürgerrecht“ im Sinne der 1. Verfassungsbeilage die Voraussetzung zum Erwerb der Heimat durch Niederlassung bilde. Eine solche Verleihung sollte auch statthaft sein, wenn der Betreffende sich im Bezirke der verleihenden Gemeinde niemals niedergelassen hatte. V.G.H. Bd. 5 S. 303. Durch obige Folgerung brachte man in das pfälzische Recht ein demselben sonst nicht bekanntes Element; die Verleihung der Heimat, welche gegenüber Pfälzern unmöglich war.

[26]) v. Seydel Bd. 2 S. 57: „Da Ausländer in der Pfalz nur mit Genehmigung der Gemeindebehörden sich ansässig machen konnten, so ergab sich, wie auch eine ständige Uebung anerkannte, daß Angehörige der sieben älteren Regierungsbezirke des freien Niederlassungsrechtes, welches in der Pfalz galt, sich nicht zu erfreuen hatten.“

[1]) Für die Pfalz sind damit grundlegende Aenderungen geschaffen worden; vgl. hinsichtlich der Neuerungen insbesondere v. Riedel S. 204, der folgendes anführt: 1. Regelung der ursprünglichen Heimat, insbesondere Bestimmung der Heimat des unehelichen Kindes nach jener der Mutter; 2. Regelung des Heimaterwerbes der öffentlichen Angestellten (Art. 2); 3. Rechtsrheiner sind in der Pfalz nicht mehr wie Ausländer zu behandeln; 4. Heimaterwerb wird in der Regel von einer Förmlichkeit abhängig gemacht; 5. selbständige Frauen werden fähig, die Heimat zu erwerben (vgl. jedoch für das bisherige Recht § 64); 6. Recht der Gemeinden, eine erworbene Heimat unter Umständen wieder aufzuheben; 7. Verleihung der Heimat durch Vertrag; 8. Nichtbayern erwerben die Heimat nach Erlangung der Staatsangehörigkeit sofort, nicht erst nach Erwerb des Staatsbürgerrechts (s. § 64); 9. Einführung der angewiesenen Heimat; 10. im Feststellungsverfahren sind die Behörden von ganz Bayern bei gegebener Zuständigkeit in der Lage, Entscheidung zu treffen, demnach auch pfälzische Behörden über die Heimat eines Rechtsrheiners; 11. Herabsetzung der Bürgerrechtsgebühren und Befreiung gewisser Kategorien von denselben.

rechtes für die Pfalz Sonderbestimmungen in Art. 27—30 H.G. getroffen werden. Einzelne Artikel des Heimatgesetzes sind außerdem ausdrücklich als nur für rechtsrheinisch beheimatete Personen geltend bezeichnet. Soweit im folgenden nicht ausdrücklich besondere Rechtsregeln für die Pfalz aufgestellt werden, gelten die einschlägigen Bestimmungen des rechtsrheinischen Rechtes.

2. Inhalt der Heimat. a) In der Pfalz begründet die Heimat die Gemeindeangehörigkeit in höherem Grade wie im rechtsrheinischen Bayern. „Gemeindeangehöriger ist, wer das Bürgerrecht oder auch bloß das Heimatrecht in der Gemeinde besitzt.“ Pf. Gem.O. Art. 9. Zwar hängt das Recht, bei den Beratungen und Abstimmungen über Gemeindeangelegenheiten mitzuwirken, zu Gemeindeämtern zu wählen oder gewählt zu werden, von dem Besitze des Gemeindebürgerrechtes ab; aber das Gemeindebürgerrecht steht jedem kraft Gesetzes zu (Art. 10 Pf. Gem.O.), der in der Gemeinde heimatberechtigt ist, wenn er nur die besonderen Voraussetzungen des Bürgerrechts erfüllt — die ihrerseits wiederum mit den politischen Rechten des Bürgerrechts zusammenhängen. Diese Voraussetzungen sind: männliches Geschlecht, Selbständigkeit, Volljährigkeit, Veranlagung mit einer Steuer[2]), Wohnsitz in der Gemeinde.

Das Heimatrecht ist im pfälzischen Recht auch insofern der Kern der Gemeindezugehörigkeit, als das Bürgerrecht nicht wie nach rechtsrheinischem Rechte erlischt mit dem Wegfalle irgendeiner seiner Voraussetzungen, sondern mit dem Verluste der Heimat. v. Seydel Bd. 2 S. 87.

In der Pfalz sind die Heimatberechtigten Gemeindeangehörige auch in Ansehung der Gemeindenutzungen. „Soferne nicht durch besondere Rechtstitel eine Ausnahme begründet ist, haben alle in der Gemeinde Heimatberechtigten, welche daselbst seit Jahresfrist wohnen und einen eigenen Herd besitzen, gleichheitlichen Anspruch auf die Teilnahme an den Gemeindenutzungen.“ Art. 25 der Pf. Gem.O.[3]).

b) In Ansehung des Aufenthaltsrechtes eines Heimatberechtigten in der Heimatgemeinde unterscheidet sich das pfälzische Recht von dem übrigen bayrischen Rechte nicht.

c) Die pfälzische Heimatgemeinde hat keinerlei Einspruchsrechte gegen die Verehelichung eines ihr durch Heimat angehörigen Mannes. Denn die polizeilichen Beschränkungen der Eheschließung sind für die Pfalz nicht eingeführt; Verehelichungszeugnisse im Sinne des Art. 31 ff. werden in der Pfalz nicht ausgestellt. Wenn jedoch eine pfälzische

---

[2]) V.G.H. Bd. 9 S. 170: „Als mit einer Steuer im Sinne des Art. 13 der pfälzischen Gemeindeordnung angelegt hat eine Person dann zu gelten, wenn dieselbe im Wege des vorschriftsmäßigen Verfahrens in die amtliche Steuerliste eingetragen ist.“

[3]) Im rechtsrheinischen Bayern sind im allgemeinen nur die Gemeindemitglieder, d. h. die Bürger berechtigt zur Teilnahme an den Gemeindenutzungen; zugunsten vormaliger Bürger, Witwen und Kinder nutzungsberechtigter Bürger sind besondere Bestimmungen getroffen. Art. 32 Gem.O.

Gemeinde Heimatgemeinde der Braut ist, und die Gemeinde- oder Armenkassa noch Ansprüche gegen letztere hat, kann die rechtsrheinische Heimatgemeinde des Mannes Einspruch gegen die Ausstellung des Verehelichungszeugnisses erheben[4]).

d) Die Verpflichtung der Heimatgemeinde zur Leistung von Armenunterstützung ist dieselbe wie in den Gemeinden rechts des Rheins.

3. Hinsichtlich der rechtlichen Natur, der Einheitlichkeit und Unteilbarkeit der Heimat, ihrer Verbindung mit einer Gemeinde als Korporation, des Einflusses von Aenderungen des Gemeindebezirkes, der Arten der Heimat und ihrer Bedeutung, gilt jetzt das nämliche, was oben im allgemeinen und für die Heimat des rechtsrheinischen Bayern bemerkt wurde[5]). Für die selbständige Heimat kommt noch zu bemerken, daß sie sich leichter als nach rechtsrheinischem Recht und unmittelbar aus der unselbständigen entwickelt. Denn wie oben bemerkt, erwirbt der Heimatberechtigte, auch der ursprünglich Beheimatete, bei Vorhandensein der Befähigung von selbst das Bürgerrecht in der Gemeinde seines ständigen Aufenthalts und damit auch von selbst die selbständige Heimat. Die Rechtseinrichtung der vorläufigen Heimat ist auch für die Pfalz übernommen worden.

§ 66.

2. Erwerb der pfälzischen Heimat.

1. Für die abgeleitete Heimat der Kinder gelten dieselben Grundsätze, welche für das rechtsrheinische Bayern oben entwickelt sind. Wird erforscht, wo ein Bayer seine ursprüngliche Heimat hat, so sind also die anzuwendenden Grundsätze für die Zeit nach dem 1. September 1868 ganz die gleichen, ob es sich um die Heimat in einer rechtsrheinischen oder einer pfälzischen Gemeinde handelt[1]). Die zahlreichen, für Beurteilung der abgeleiteten Heimat wichtigen zivilrechtlichen Fragen beurteilen sich zumeist nach dem Rechte, welches am Orte des Wohnsitzes gilt, den die Person zur Zeit der Begrün-

[4]) Die pfälzische Gemeinde kann die rechtsrheinische des Bräutigams ersuchen, den Einspruch geltend zu machen; nur dieser indirekte Weg steht der pfälzischen Gemeinde offen, selbstverständlich braucht aber die rechtsrheinische dem Ersuchen nicht zu willfahren. Vgl. auch § 64 Anm. 17.

[5]) Durch Verehelichung erwirbt seit 1868 der bisher ursprünglich beheimatete Mann die selbständige Heimat in der pfälzischen Heimatgemeinde. Art. 3 H.G. Dies ist von Bedeutung, wenn der Mann nicht die Befähigung zum Erwerb des Bürgerrechtes besitzt oder wenn er den Wohnsitz nicht in einer pfälzischen Gemeinde nimmt. Heimatgebühren sind im Falle des Art. 3 H.G. nicht zu entrichten.

[1]) Zur Erforschung ist nach Art. 20 H.G. zunächst die Behörde des Wohnsitzes zuständig. Somit kann eine pfälzische Behörde die Heimat eines rechtsrheinisch Beheimateten, die diesseitige Behörde die Heimat eines Pfälzers zu ermitteln haben.

dung des Rechtsverhältnisses inne hatte. Somit ist sehr häufig die Gültigkeit der Ehe, die Ehelichkeit des Kindes, die Selbständigkeit desselben 2c. nach französischem Rechte zu beurteilen[2]). Nach ihm entscheidet es sich gegebenenfalls, ob eine Legitimation, Adoption, Arrogation gültig ist. Einkindschaftung ist dem Code civil unbekannt. Ueber die seit dem 1. Januar 1900 geltenden Grundsätze des Bürgerlichen Gesetzbuches vgl. auch § 26. — Die unehelichen Kinder folgen der Heimat der Mutter; unehelich sind auch die vom Vater anerkannten Kinder[3]).

Da ein Verehelichungszeugnis nicht zu erholen ist, bezw. die Nichteinholung des in der Zeit vom 1. September 1868 bis 1. Januar 1900 nach Art. 38 H.G. vorgeschriebenen Zeugnisses keine heimatrechtlichen Folgen hatte, so braucht für die Kinder, wenn der Mann zur Zeit der Eheschließung in einer pfälzischen Gemeinde beheimatet war, in Ansehung ihrer Heimat nicht festgestellt zu werden, ob die Ehe eine „konsentierte" war oder nicht.

Die Kinder folgen so lange, bis sie selbst eine Heimat erwerben; das Alter der Volljährigkeit ist für die Heimatfolge nach neuerem Rechte nur insofern von Bedeutung, als volljährige Männer bei Vorhandensein der Befähigung nach Art. 10 der Pf. G.O. das Bürgerrecht und damit die selbständige Heimat erwerben. Ein von dem Ehemann angemeldeter Anspruch auf Verleihung der Heimat geht auf die Kinder und die Witwe über. Wie jedoch unten darzulegen ist, kann ein Anspruch auf Heimatverleihung in einer pfälzischen Gemeinde nur zugunsten eines in einer rechtsrheinischen Gemeinde beheimateten Bayern oder eines Nichtbayern entstehen. Das Kind eines Pfälzers kann demnach in einen Anspruch seines verstorbenen Vaters auf Heimatverleihung in einer rechtsrheinischen Gemeinde eintreten, nicht aber in einen Anspruch gegen eine pfälzische Gemeinde. Besonders hervorzuheben ist noch: Da die für die Heimatfolge rechtlich bedeutsamen Tatsachen (Ehelichkeit 2c.) ein für allemal feststehen, so macht es in Ansehung dieser Heimatfolge keinerlei Unterschied, ob die Heimat des Vaters bezw. der Mutter zwischen pfälzischen und rechtsrheinischen Gemeinden wechselt[4]).

---

[2]) Auch vor 1900 ist für das Kind pfälzischer Eltern nicht schlechthin der Code civil maßgebend, wie auch umgekehrt für Angehörige des rechtsrheinischen Bayern die Bestimmungen des Code zugrunde gelegt werden müssen, wenn der Wohnsitz sich in der Pfalz befindet.

[3]) Vor dem 1. September 1868 verschaffte sich allerdings der Satz Geltung, daß ein von dem natürlichen Vater anerkanntes Kind den Wohnsitz des Vaters teile; infolge hiervon folgte es auch der Heimat des Vaters. Die Anerkennung ist aber nicht der Legitimation gleich.

[4]) Wenn z. B. die rechtsrheinisch beheimatete außereheliche Mutter eines Kindes einen Pfälzer heiratet, so wird das außereheliche Kind dadurch in der pfälzischen Gemeinde beheimatet und zwar selbst dann, wenn das Kind nach einschlägigem pfälzischen Zivilrecht gar kein außereheliches Kind wäre. Umgekehrt folgt das eheliche Kind eines Pfälzers, der eine Heimat in einer Gemeinde rechts des Rheins erwirbt, der Heimat des Vaters, wenn es auch

2. Eine bisher im rechtsrheinischen Bayern oder in der Pfalz beheimatete oder bisher nichtbayrische Frau wird durch Verheiratung mit einem Pfälzer beheimatet in der Gemeinde, in welcher der Mann beheimatet ist. Für die Ehe eines Pfälzers besteht nicht das Erfordernis des distriktspolizeilichen Verehelichungszeugnisses, auch wenn die Braut bisher im diesseitigen Bayern beheimatet war; jede gültige Ehe hat die volle Wirkung hinsichtlich des Heimatrechts der Frau und der Kinder. — Heiratet eine Pfälzerin, so sind selbstverständlich die allgemeinen Regeln zu beachten; ihre Ehe mit einem Mann, der im rechtsrheinischen Bayern beheimatet ist, hat die Wirkung in Ansehung ihres Heimatrechtes und desjenigen ihrer Kinder nur, sofern für die Ehe das distriktspolizeiliche Verehelichungszeugnis erholt ist; — wurde es nicht erholt, so bleibt sie Pfälzerin[5]) und werden ihre Kinder Angehörige der pfälzischen Heimatgemeinde der Mutter. Im übrigen gelten für die abgeleitete Heimat der Ehefrau die Grundsätze, welche in § 30 dargelegt wurden.

3. Die selbständige Heimat[6]) wird erworben:

I. Durch Erwerbung des Bürgerrechtes.

a) Personen, welche in einer pfälzischen Gemeinde heimatberechtigt sind, sei es, daß sie eine selbständige oder noch die ursprüngliche Heimat in dieser Gemeinde besitzen, erwerben das Bürgerrecht in dieser Gemeinde kraft Gesetzes, sobald sie die Befähigung hierzu erlangt haben. Zur Befähigung gehören männliches Geschlecht, Volljährigkeit, Selbständigkeit im Sinne des Art. 6 H.G., ständiger Aufenthalt[7]) in der Gemeinde, Veranlagung mit einer direkten Steuer, wobei Steuern der Ehefrau und der minderjährigen, im elterlichen Unterhalt stehenden Kinder dem Familienhaupte zugerechnet werden. Die Befähigung hängt also nach pfälzischem Recht von den nämlichen Voraussetzungen ab, wie nach diesrheinischem. Dagegen ist diesem der Erwerb kraft Gesetzes d. i. ohne Förmlichkeit fremd. Eine Befähigung auch anderer Personen zum Erwerb des Bürgerrechtes auf Grund Grundbesitzes oder Steuerzahlung im Sinne des Art. 15 der Gem.O. ist dem pfälzischen Rechte unbekannt. Eine Frau oder juristische Person kann also niemals Gemeindebürger sein. Nach pfälzischem Rechte erwirbt beispielsweise ein nicht mehr dem elter-

---

nach dem in dieser Gemeinde geltenden Zivilrechte gar kein eheliches wäre. — Wenn die Witwe eines rechtsrheinischen Bayern einen Pfälzer heiratet, so bleibt den erstehelichen Kindern derselben selbstverständlich ihre bisherige Heimat ebenso, wie dies gilt, wenn die Mutter eine Heirat eingeht, welche sie zur Angehörigen einer rechtsrheinischen Gemeinde macht.

[5]) Die Pfälzerin, welche eine ursprüngliche Heimat zur Zeit der Eheschließung besitzt, erwirbt durch diese im obigen Falle keine Heimat, sondern behält die ursprüngliche bei und folgt auch weiterhin der Heimat der Eltern.

[6]) Vgl. v. Seydel Bd. 2 S. 86/87.

[7]) „Wohnen" bedeutet für die pfälzische Gemeindeordnung nichts anderes als für die Gemeindeordnung der diesrheinischen Landesteile; s. v. Seydel Bd. 2 S. 86 Note 97.

lichen Hausstand angehöriger, volljähriger Sohn, der in der Gemeinde seiner ursprünglichen Heimat wohnt, sobald er mit einer direkten Steuer veranlagt ist, kraft Gesetzes das Bürgerrecht und damit das selbständige Heimatrecht. Sofern also die männlichen Abkömmlinge einer Familie in der Heimatgemeinde verbleiben, findet die Ergänzung der Bürgerschaft und der selbständigen Beheimatung von selbst statt.

b) Personen, welche in einer rechtsrheinischen Gemeinde das abgeleitete oder selbständige Heimatrecht besitzen, haben gegen die pfälzische Gemeinde ihres ständigen Aufenthalts, falls sie zum Bürgerrechtserwerb befähigt sind, Anspruch auf Verleihung des Bürgerrechts, wenn sie in den der Erhebung des Anspruchs unmittelbar vorausgehenden zwei Jahren in der Gemeinde gewohnt (ständigen Aufenthalt gehabt) haben, und für diese ganze Zeit in der Gemeinde mit einer direkten Steuer veranlagt waren (Veranlagung der Ehefrau und der minderjährigen im elterlichen Unterhalte stehenden Kinder wirken wiederum zugunsten des Familienhauptes) und die sie für diese Zeit treffenden, bereits fälligen öffentlich-rechtlichen Gemeindeabgaben entrichtet haben[8]). Art. 11 I Pf. Gem.O.

Heimatlose Angehörige des bayrischen Staates[9]) haben bei Vorhandensein der Befähigung einen Anspruch auf Verleihung des Bürgerrechts wie rechtsrheinisch Beheimatete. Das ist zwar in der pfälzischen Gemeindeordnung nicht gesagt, ergibt sich aber aus der sonstigen Behandlung dieser Personen. Ist der heimatlose Staatsangehörige in einer pfälzischen Gemeinde vorläufig beheimatet, so eröffnet sich hier auch der in Ziff. IV bezeichnete Weg, um das Heimatrecht in einer pfälzischen Gemeinde zu erwerben.

Nichtbayern haben bei Vorhandensein der Befähigung ebenfalls einen Anspruch auf Verleihung wie rechtsrheinische Heimatangehörige. Jedoch wird die Verleihung erst wirksam, wenn die betreffende Person die bayrische Staatsangehörigkeit erworben hat. Art. 12 Pf. Gem.O. in der Fassung der Novelle vom 19. Januar 1872.

Ein Anspruch besteht nicht, wenn einer der in Art. 11 II Pf. Gem.O. aufgeführten Versagungsgründe vorhanden ist und daher

---

[8]) Ueber die Bürgerrechtsverleihung beschließt der Gemeinderat. — Die Voraussetzungen sind also die gleichen wie nach Art. 13 I Gem.O. für den Anspruch gegen Gemeinden rechts des Rheins; nur fällt weg, daß Personen, welche in einer Gemeinde das Heimatrecht besitzen, einen Anspruch auf Verleihung des Bürgerrechts haben, — weil solche ohnehin kraft Gesetzes das Bürgerrecht erwerben. Den Anspruch haben jedoch bei Vorhandensein der Voraussetzungen nur solche Personen, welche bisher in einer rechtsrheinischen Gemeinde beheimatet gewesen sind. Der Pfälzer selbst gelangt auf einfachere Weise in den Besitz des Bürgerrechtes; er erwirkt die Heimat kraft Niederlassung und Erklärung; vgl. unten Ziff. IV; besitzt er so die Heimat, so kommt ihm kraft Gesetzes bei Vorhandensein der Voraussetzungen auch das Bürgerrecht zu; der Pfälzer braucht also nicht eine bestimmte Dauer des ständigen Aufenthaltes und der Steuerveranlagung, auch nicht die Entrichtung der Gemeindeabgaben nachzuweisen. Art. 28 II H.G.

[9]) Ueber den Begriff vgl. § 49.

der Gemeinderat den Anspruch zurückweist. Diese Versagungsgründe sind die nämlichen, wie die dem Anspruch auf Verleihung des Bürgerrechts in einer rechtsrheinischen Gemeinde auf Grund Art. 13 II Gem.O. entgegenstehenden. Es kann daher auf § 48 hingewiesen werden — Ueber die Zahlung einer Gebühr vgl § 67. Hinsichtlich des Verfahrens bei Erhebung des Anspruches, des Verwaltungsstreitverfahrens und hinsichtlich der Instanzen vgl. § 48, 45 und 69.

c) Zum Erwerb des Bürgerrechts befähigte Personen, welche in einer anderen bayrischen (pfälzischen oder rechtsrheinischen) Gemeinde heimatberechtigt sind, seit 5 Jahren in der Gemeinde wohnen und seit dieser Zeit mit Haus-, Grund- oder Gewerbesteuer im Gesamtbetrage von mindestens 5 Mk. 14 Pfg. veranlagt sind, können durch Beschluß des Gemeinderates zur Erwerbung des Bürgerrechtes und „zur Zahlung der Heimatgebühr“ angehalten werden[10]). Ueber die rechtliche Natur der Heranziehung zum Bürgerrechtserwerb, die Anrechnung der Steuern der Ehefrau und Kinder[10a]), das Verfahren, den Zeitpunkt der Erlangung des Bürgerrechts vgl. § 54. Wird die Heimatgebühr mit Genehmigung des Gemeinderates in Raten bezahlt, so ist das Bürgerrecht mit Zahlung der ersten Rate erworben.

d) Nach ausdrücklicher Bestimmung des Art. 27 H.G. ist Art. 5 Abs. II H.G. für die Pfalz nicht anwendbar. Mit dem Bürgerrechte ist also in der Pfalz das Heimatrecht ausnahmslos verbunden. v. Seydel Bd. 2 S. 62. Denn nach der pfälzischen Gemeindeordnung ist nicht das Heimatrecht vom Bürgerrecht, sondern das letztere von dem ersteren abhängig; Art. 14 Pf. Gem.O. Bürgerrecht ohne Heimatrecht ist dem pfälzischen Recht nach den ganzen Grundlagen seines Systems fremd. — Möglich aber wäre, daß jemand ein Bürgerrecht und zwar mit Heimatrecht in einer Gemeinde der Pfalz und ein Bürgerrecht ohne Heimatrecht in einer Gemeinde rechts des Rheines hat. Dieser Fall kann eintreten, wenn jemand in der Pfalz wohnt, in einer bayrischen Gemeinde r. d. Rh. ein besteuertes Wohnhaus besitzt und in dieser Gemeinde gemäß Art. 15 Gem.O. das Bürgerrecht anspricht. In einem solchen Falle steht Art. 27 H.G. dem Besitze eines doppelten Bürgerrechtes nicht ent-

---

[10]) Die pfälzischen Gemeinden haben somit ein Mittel, denjenigen, welcher zugewandert ist und die Erklärung im Sinne des Art. 28 II H.G. nicht abgibt, zum Gemeindeangehörigen zu machen.

[10a]) Vgl. V.G.H. Bd. 25 S. 45: „Die Bestimmung des Art. 10 III der pfälzischen Gemeindeordnung hat für die Verpflichtung zum Bürgerrechtserwerb nach Art. 13 a. a. O. ebenso Anwendung zu finden, wie Art. 11 III der rechtsrheinischen Gemeindeordnung für die Verpflichtung zum Bürgerrechtserwerbe nach Art. 17 des letzteren Gesetzes.“ In den Entscheidungsgründen heißt es, daß die pfälzische Gemeindeordnung auf der Grundlage der rechtsrheinischen ausgearbeitet worden sei und, soweit beide Gesetze wörtlich übereinstimmen, den betr. Vorschriften auch der gleiche Sinn und die gleiche Tragweite inne wohne und die Auslegungsbehelfe des einen auch für das andere Gesetz Maß zu geben haben.

gegen; die Erklärung aber, daß man auf das bisherige Heimatrecht verzichten wolle, ist wirkungslos, weil eine pfälzische Heimat auf dem Wege des Art. 5 II H.G. nicht verloren werden kann[11]).

e) Eine Verleihung des Bürgerrechtes durch freie Vereinbarung (Art. 12 Gem.O.) ist dem pfälzischen Rechte fremd; dagegen ist Verleihung des Heimatrechtes möglich.

II. Definitiv angestellte Beamte und Diener des Staates, der öffentlichen Glaubensgesellschaften, der Gemeinde, einer öffentlichen Korporation oder Stiftung, Schullehrer, Offiziere, Aerzte im Offiziersrang, Oberbeamte der Militärverwaltung, Notare, erwerben die Heimat in der pfälzischen Gemeinde ihrer Anstellung, des Schulsitzes, der Garnison, des Amtssitzes nach den nämlichen Grundsätzen, wie solche Beamte die Heimat in einer rechtsrheinischen Gemeinde erwerben. Die Beamten ꝛc. erwerben jedoch nur ein gemindertes Recht, da sie kein Recht der Teilnahme an den zum Privatvorteile der Gemeindeangehörigen verwendeten Nutzungen des Gemeindevermögens besitzen; andererseits haben sie wie im rechtsrheinischen Bayern eine Heimatgebühr nicht zu entrichten[12]). Der Beamte, welcher die Heimat kraft Art. 2 H.G. erworben hat[13]), kann, wenn er seit 2 Jahren in der Gemeinde mit Haus- oder Grund- oder Gewerbsteuer in irgendwelchem Betrage in der Gemeinde angelegt ist, zur Zahlung der Heimatgebühr herangezogen werden und genießt dann selbstverständlich auch die Gemeindenutzungen[14]). Auch der Beamte genießt alle Heimatrechte, der freiwillig die Gebühr entrichtet. Art. 29 II Ziff. 2 H.G.

III. Auch die pfälzischen Gemeinden können das Heimatrecht unter Vereinbarung der Bedingungen verleihen, auch an Nichtbayern; letzterenfalls wird die Verleihung erst mit der Erwerbung der bayrischen Staatsangehörigkeit wirksam. Art. 9 H.G. Das über die Verleihung oben (§ 52) Bemerkte gilt auch für die pfälzischen Gemeinden[15]). Zuständig zur Verleihung ist der Gemeinderat[16]).

---

[11]) Wenn umgekehrt jemand auf Grund des Art. 15 Gem.O. ein Bürgerrecht und Heimatrecht in einer rechtsrheinischen Gemeinde besitzt und nun auf Grund Wohnsitzes das Heimatrecht und Bürgerrecht in einer pfälzischen Gemeinde erwirbt, so verliert er ohne Zweifel das Heimatrecht in der rechtsrheinischen Gemeinde; er kann dies durch keine Erklärung vorbehalten; dagegen bleibt das Bürgerrecht gemäß Art. 18 I Gem.O bestehen.

[12]) Besaß der Beamte die Heimat schon vor seiner Anstellung, so behält er selbstverständlich die vollen Rechte derselben bei.

[13]) Nicht derjenige, der die Heimat schon besaß; vgl. Art. 29 II Ziff. 2 H.G. „eine neue Heimat".

[14]) Es genügt, wenn der Beamte bei Vollendung der zwei Jahre die neue Heimat kraft Art. 2 H.G. erworben hat.

[15]) Die vereinbarte Gegenleistung ist keine Heimatgebühr im Sinne des Art. 29 H.G.

[16]) Die Beschlußfassung des Gemeinderates ist unbedingt erforderlich; s. v. Riedel S. 205 Note 7.

IV. Eine in einer pfälzischen Gemeinde beheimatete[17]) Person, ohne Unterschied des Geschlechtes, welche im Sinne des Art. 6 H.G. selbständig[18]) und volljährig ist, kann in jeder anderen pfälzischen Gemeinde, in welcher sie sich „niedergelassen“ [19]), d. h. ihren „ständigen Aufenthalt“ genommen hat und noch hat, die Heimat erwerben. Art. 28 I—III H.G. Der Heimaterwerb wird bewirkt durch eine an das Bürgermeisteramt der bisherigen und an jenes der neuen Heimatgemeinde gerichtete und bei denselben eingelaufene schriftliche oder mündliche Erklärung[19])[20]); die Erklärung hat aber nur dann Wirkung, wenn die in der Gemeinde eingeführte, und geschuldete[21]) Heimatgebühr entweder bezahlt[22]) oder ausdrücklich nachgelassen ist. Nach Erfüllung der Bedingungen[23]),

---

[17]) Auch vorläufige Heimat genügt, wenn der Inhaber Bayer ist; v. Seydel Bd. 2 S 66; v. Riedel S. 206 Note 4. — Ein Nichtpfälzer hat den Weg des Art. 6, 7, 8, 10 H.G. und jenen der vertragsmäßigen Verleihung (Art. 9 H.G.).

[18]) v. Seydel Bd. 2 S. 66. — Unselbständige Personen, demnach auch entmündigte, können die Heimat bei Niederlassung nur erwerben durch Vertrag (Art. 9); s. v. Riedel S. 206 Note 3. — Soweit Ehefrauen sich „niederlassen“ können, erlangen auch sie die Heimat. A. M. Reger S. 91 Anm. 2.

[19]) Zur Zeit, als die Niederlassung erfolgte, brauchte der sich Niederlassende noch nicht selbständig und volljährig zu sein; diese Eigenschaften müssen vorhanden sein bei Abgabe der Erklärung; der Aufenthalt muß zur Zeit der Erklärung noch bestehen. Ein Zeitraum, binnen dessen die Erklärung erfolgen müßte, ist nicht vorgeschrieben. Hinsichtlich der Eigenschaften der Niederlassung genügt die Hinweisung auf das in § 64 für das ältere Recht Bemerkte. Zur Niederlassung gehört also auch Geschäftsfähigkeit und Willensfreiheit. Nicht erforderlich ist die Veranlagung mit direkter Steuer; auch hindert ein Rückstand an öffentlichen Abgaben, oder aber Empfang von Armenunterstützung den Heimaterwerb nicht.

[20]) Gleichzeitig brauchen diese Erklärungen nicht abgegeben zu werden bezw. einzugehen.

[21]) v. Seydel Bd. 2 S. 66. — Im Falle des Art. 29 x H.G. ist keine Heimatgebühr geschuldet. Ein Pfälzer, welcher 7 Jahre in einer pfälzischen Gemeinde sich ununterbrochen geeignet aufgehalten hat und noch aufhält, erlangt daher die Heimat lediglich durch Abgabe der vorgeschriebenen Erklärungen kraft Gesetzes. Vgl. hierüber § 67.

[22]) Die mit Unrecht zurückgewiesene Zahlung ist der wirklich erfolgten in Ansehung der heimatrechtlichen Wirkungen gleich; ebenso ist die Verweigerung der Entgegennahme der Erklärung für den Erklärenden unschädlich. Die Heimatbegründung bedarf ja keines gemeindlichen Willensaktes; die Erklärung eines entgegengesetzten gemeindlichen Willens kann die Wirkung der heimatbegründenden Tatsachen nicht hemmen. Die „Zurückweisung“ seitens des Gemeinderates oder Bürgermeisters muß daher von dem Erklärenden nicht mit Beschwerde angefochten werden, wie v. Riedel S. 207 Note 6a und S. 208 Note 9 anzunehmen scheint; vielmehr ist dieselbe in der Regel ein Zeichen, daß über die Heimat Zweifel bezw. Streit besteht und ist sohin Anlaß zur Ermittlung der Heimat nach Art. 20 H.G. gegeben. Vgl. § 69; V.G.H. Bd. 18 S. 191.

[23]) Nach dem pfälzischen Heimatrecht kann bei Abgabe der Erklärung einer Person, der nicht Gebührenfreiheit nach Art. 29 x zur Seite steht, die Gemeinde, solange nicht die Gebühr bezahlt ist, völlig untätig sein. Da sie keinen Anspruch anzuerkennen, keine Heimat zu verleihen hat, sondern da lediglich gewisse Handlungen des Dritten bei Vorhandensein der Voraussetzungen die

d. h. mit dem Zeitpunkt, in welchem alle gesetzlichen Voraussetzungen erfüllt sind, tritt Heimaterwerb kraft Gesetzes[24]) ein.

Durch die Entgegennahme der Erklärung und der Heimatgebühr entsteht kein Vertrag zwischen der Gemeinde und demjenigen, der die Heimat erwerben will; die Handlungen des letzteren sind vielmehr nur dann von Wirksamkeit, wenn die Voraussetzungen gegeben sind. Fehlt es an der ordentlichen Niederlassung, so wird trotz Erklärung und Zahlung die Heimat nicht erworben. Dies gilt auch dann, wenn der Bürgermeister, bezw. der Gemeinderat die Voraussetzungen für gegeben hielten; in diesem Fall kann nur die Rückzahlung der Heimatgebühr verlangt werden. Die ausdrückliche Anerkennung des Vorhandenseins der Voraussetzungen bezw. des Heimaterwerbes durch den Gemeinderat ersetzt ebenfalls den Mangel der gesetzlichen Voraussetzung nicht, da die Anerkennung in unserem Falle keine Voraussetzung des Heimaterwerbs ist. Nur wenn in der Anerkennung ein Heimatverleihungsvertrag gelegen sein sollte, würde die Heimat, falls die gesetzlichen Voraussetzungen dieses Vertrages erfüllt sind, erworben.

Die vorstehende Erwerbungsart ist dem rechtsrheinischen Rechte vollständig fremd; das alte pfälzische Niederlassungssystem ist hier noch in Kraft geblieben. Nur hat man, um eine bessere Klarheit über den Stand der Heimatberechtigten zu haben, die Abgabe einer Erklärung verlangt und Zahlung der etwa eingeführten Heimatgebühr gefordert. Andererseits wird, da niemand zur Abgabe der Erklärung gezwungen werden kann, doch das Prinzip: Niederlassung gibt Heimat, wiederum stark durchlöchert. Die Gemeinde kann nur dann, wenn die oben unter I c geschilderten Voraussetzungen zutreffen, ihrerseits die Erwerbung des Bürgerrechtes und damit des Heimatrechtes erzwingen.

V. Die Heimat kann erworben werden durch Wiederaufleben[25]) einer früheren. Dieser dem rechtsrheinischen Recht ebenfalls unbekannte Rechtsvorgang schließt sich an die unter Ziff. IV erwähnte Heimaterwerbung an. Der Gemeinderat der neuen Heimatgemeinde kann nämlich unter bestimmten Voraussetzungen die Wiederaufhebung des neuen Heimatrechtes beschließen. Sobald dieser Beschluß rechtskräftig geworden ist, tritt das frühere Heimatrecht

---

Heimat begründen, so steht der Gemeinde auch kein Anspruch auf Vornahme jener Handlungen zu; die Gebührenzahlung ist somit nach pfälzischem Recht im Falle des Art 281—III nur Voraussetzung eines Rechtes, keine Pflicht.

[24]) Eine Beschlußfassung des Gemeinderates hat nicht zu erfolgen; er braucht nicht eine der Voraussetzungen entbehrende Erklärung abzuwehren. Der Bürgermeister wird jedoch prüfen, ob und wann die Heimat erworben wurde, die Register ergänzen, der bisherigen Heimatgemeinde Mitteilung machen, gegebenenfalls die Feststellung der Heimat anregen. Vgl. v. Riedel S. 207 Note 6a—c, S. 208 Note 9. S. auch Vollzugsbestimmungen (M.E. 28. Dezember 1899) Ziff. 14.

[25]) v. Seydel Bd. 2 S. 71.

wieder in Wirksamkeit; doch nicht etwa von Anfang, wie wenn eine neue Heimat nicht erworben gewesen wäre, sondern erst von dem Tage der Rechtskraft des Beschlusses an. -- Art. 28 IV, V. Vgl. noch unter „Verlust der Heimatrechtes".

VI. Die selbständige Heimat wird im Zeitpunkt der Verehelichung von demjenigen pfälzischen Manne erworben, der bis dahin noch die ursprüngliche Heimat in der Gemeinde besitzt; vgl § 65.

VII. Heimatlose Angehörige des bayrischen Staates erwerben in derjenigen pfälzischen Gemeinde, in welcher sie 4 Jahre den in Art. 11 I H.H.(§ 35—39) bezeichneten Aufenthalt genommen haben, oder in derjenigen, in welcher sie 7 Jahre lang in der in Art. 11 II bezeichneten Weise sich aufgehalten haben, die Heimat kraft Gesetzes. Vgl. hierüber § 49.

VIII. Angehörige einer Gemeinde des rechtsrheinischen Bayern[26]) und Nichtbayern erlangen unter denselben Voraussetzungen gegen die pfälzische Gemeinde, in welcher sie sich aufhalten, einen Anspruch auf Verleihung des Heimatrechtes, unter welchen sie einen Anspruch auf Verleihung gegen eine rechtsrheinische Gemeinde erlangen würden. Der Anspruch kann auch geltend gemacht werden von der bisherigen Heimatgemeinde bezw. dem Fiskus. Hierfür gelten dieselben Rechtssätze wie im rechtsrheinischen Bayern. Die Anerkennung des Anspruches (Verleihung der Heimat) erfolgt durch Beschluß des Gemeinderates. Der Anspruch ist ebenso und in der nämlichen beschränkten Weise wie jener gegen eine rechtsrheinische Gemeinde vererblich.

§ 67.

Heimatgebühren in der Pfalz.

I. Die Heimatgebühr ist in der Pfalz identisch mit der Bürgerrechtsgebühr[1]). Es gibt rechtlich nur eine Heimatgebühr. Wer also die Heimatgebühr bezahlt hat, braucht bei Erwerbung des Bürgerrechts an diese Gemeinde nichts mehr zu leisten. Eine Heimatgebühr kann von pfälzischen Gemeinden nicht erhoben werden:

a) beim Erwerb einer abgeleiteten Heimat;

b) beim Erwerb der selbständigen Heimat auf Grund Art. 2 H.G.;

---

[26]) Dagegen erlangt der Angehörige einer pfälzischen Gemeinde einen solchen Anspruch gegen eine andere pfälzische Gemeinde nicht; s. v. Seydel Bd. 2 S. 62; er bedarf eines solchen Anspruches gar nicht; vgl. Ziff. IV. Der Pfälzer erwirbt aber einen Anspruch aus Art. 6, 7 H.G., die pfälzische Heimatgemeinde aus Art. 8 H.G. gegen die rechtsrheinische Aufenthaltsgemeinde ebensogut, wie ein rechtsrheinisch Beheimateter.

[1]) Das frühere Bürgereinzugsgeld ist beseitigt, was aber den Bestand bereits erworbener Ansprüche nicht berührt. v. Seydel Bd. 2 S. 68 Note 123; B.G.H. Bd. 3 S. 629.

c) beim Erwerb der selbständigen Heimat in der Gemeinde der bisherigen ursprünglichen Heimat bei Verehelichung auf Grund Art. 3 H.G.;

d) bei Wiedererwerbung der früheren Heimat nach rechtskräftiger Aufhebung einer durch Niederlassung und Erklärung erworbenen neuen Heimat; Art. 28 IV, V H.G.;

e) beim Erwerb der Heimat seitens heimatloser Angehöriger des bayrischen Staates auf Grund Art. 11 H.G.;

f) beim Erwerb der (selbständigen) Heimat durch Bürgerrecht in jener Gemeinde, in welcher der Erwerbende bisher bereits beheimatet war (Art. 29 II Ziff. 1 H.G., Art. 10 Pf. Gem.O.);

g) beim Erwerb der selbständigen Heimat auf Grund Niederlassung (Art. 28 I H.G.), falls der Erwerber schon bisher in der Gemeinde (ursprünglich) beheimatet war;

h) beim Erwerb einer Heimat auf Grund Anspruches (seitens eines rechtsrheinisch Beheimateten) oder kraft Art. 28 H.G., falls die Voraussetzungen des Art. 29 X zutreffen; hierüber vgl. des näheren unter V.

Heimatgebühr kann erhoben werden

1. wenn das Bürgerrecht erworben wird auf Grund Heranziehung der Gemeinde, Art. 13 Pf. Gem.O., Art. 29 II Ziff. 1 H.G. Wird von der Gemeinde die Heranziehung zum Bürgerrechtserwerb gemäß Art. 13 Pf. Gem.O. beschlossen, gleichzeitig aber, d. i. ehe dieses Verfahren beendet ist, von dem Aufgeforderten (oder der bisherigen Heimatgemeinde) der Anspruch auf Verleihung des Heimatrechtes gemäß Art. 6, 7, 8 H.G. erhoben, so entscheidet für die Pflicht zur Zahlung der Heimatgebühr und für deren Höhe der erhobene Heimatverleihungsanspruch; vgl. Reger S. 96 Anm. 13. Entrichtet der Aufgeforderte nur Gewerbsteuer in beliebiger Höhe oder ergibt sich nur bei Einbeziehung der Veranlagung zu dieser Steuergattung der nach Art. 13 Pf. Gem.O. normierte Mindestbetrag von 5 Mk. 14 Pfg. Steuersumme, so besteht bei Heranziehung seitens der Gemeinde keine Verpflichtung zur Entrichtung einer Heimatgebühr[2]);

2. wenn das Bürgerrecht erworben wird auf Grund Anspruches von einem Angehörigen einer rechtsrheinischen Gemeinde, bezw. einem Nichtbayern. Art. 11 Pf. Gem.O.; Art. 29 II Ziff. 1 H.G.;

3. wenn das Heimatrecht erworben wird durch einseitige Erklärung auf Grund Niederlassung und in einer Gemeinde, in welcher der Erwerber das Heimatrecht nicht schon (als ursprüngliches) besessen hat; Art. 28 I und Art. 29 II Ziff. 1 H.G.; jedoch tritt in den Fällen des Art. 29 X H.G. Befreiung von der Gebühr ein;

4. wenn das Heimatrecht erworben wird auf Grund Anspruches gemäß Art. 6—8, 10 H.G. von einem bisherigen Angehörigen einer Gemeinde rechts des Rheins oder von einem Nichtbayern und (ersterenfalls) Gebührenfreiheit nicht zusteht;

---

[2]) Vgl. v. Seydel Bd. 2 S. 68 Note 123; v. Riedel S. 213 Note 9.

5) wenn die Heimat in der Gemeinde kraft Art. 2 H.G.[3]) erworben wird und wenn der Erwerber entweder die Teilnahme an den zum Privatvorteile der Gemeindeangehörigen verwendeten Nutzungen des Gemeindevermögens anspricht oder wenn er seit 2 Jahren in der Gemeinde mit Haus-, Grund- oder Gewerbsteuer angelegt ist.

Die im Falle der Verleihung des Heimatrechtes auf Grund Art. 9 H.G. vereinbarte Gegenleistung ist keine Gebühr im Sinne des Art. 29 H.G.[4]).

Es empfiehlt sich, eine Uebersicht über die verschiedenen Möglichkeiten der Erwerbung der Heimat in einer pfälzischen Gemeinde mit Angabe über die Verpflichtung zur Entrichtung einer Heimatgebühr aufzustellen.

1. Heimaterwerb der Pfälzer.

a) Eine in einer Gemeinde der Pfalz ursprünglich beheimatete Person erwirbt die Heimat des Ehemannes kraft Verehelichung, folgt im übrigen der Heimat des Vaters (der Mutter); Gebührenpflicht besteht nicht.

b) Eine selbständige Heimat in der Gemeinde seiner ursprünglichen (pfälzischen) Heimat erlangt ein Mann, wenn er in dieser sich ständig aufhält, sobald er die Fähigkeit zum Bürgerrechtserwerb erlangt hat, dadurch, daß er kraft Gesetzes letzteres erwirbt; eine Verpflichtung zur Zahlung der Heimatgebühr besteht nicht (Art. 10 Pf.Gem.O.).

c) Eine selbständige Heimat erlangt gebührenfrei durch Erklärung an das Bürgermeisteramt eine selbständige und volljährige Person männlichen oder weiblichen Geschlechtes in der Gemeinde ihrer ursprünglichen pfälzischen Heimat, wenn sie sich in dieser ständig aufhält, jedoch die Fähigkeit zur Erwerbung des Bürgerrechtes nicht besitzt (z. B. wegen weiblichen Geschlechtes, mangelnder Veranlagung mit Steuern); vgl. Art. 28I, 29II Ziff. 1 H.G.[4a]).

---

[3]) V.G.H. Bd. 12 S. 245: „Die Berechtigung der pfälzischen Gemeinden zur Erhebung der gesetzmäßig eingeführten Heimatgebühr ist gegenüber denjenigen Personen, welche infolge ihrer definitiven Anstellung im Staatsdienst eine neue Heimat in der Gemeinde erworben haben, durch Art. 13 der Gem.O. für die Pfalz vom 29. April 1869 nicht aufgehoben worden." Ein gegensätzliches Verhältnis zwischen Art. 29II H.G. und Art. 13 Gem.O. bestehe nicht. Dieser behandle nur den Ausnahmefall, daß abweichend von der für die Pfalz sonst geltenden Regel, wonach der Pfälzer das Bürgerrecht kraft Gesetzes in seiner Heimatgemeinde erwirbt, ein fremder Heimatangehöriger in einer dritten pfälzischen Gemeinde zur Erwerbung des Bürgerrechtes und somit zugleich zur Erwerbung der Heimat angehalten werden könne. Der Beisatz in Art. 13 „und zur Bezahlung der Heimatgebühr angehalten werden" hätte weggelassen werden können; es hätte dann die Entrichtung der Gebühr nach Art. 29 H.G. ohnehin gefordert werden können; der Beisatz sei aber andererseits unschädlich und bedinge kein gegensätzliches Verhältnis beider Gesetzesstellen.

[4]) Sie kann also auch höher sein, als nach Art. 29 H.G. zulässig ist; vgl. v. Riedel S. 212 Note 7b.

[4a]) Ausdrücklich ist dies im Gesetz nicht gesagt. Es folgt aber a potiori ad minus; vgl. S. 76. Warum sollte derjenige, der in der ursprünglichen Heimat selbständig wohnt, gerade in dieser nicht selbständig beheimatet werden können (außer durch Bürgerrechtserwerb und Vertrag), wohl aber in jeder anderen? Wer in der Gemeinde der ursprünglichen Heimat das Bürgerrecht kraft Gesetzes erwirbt, hat keine Heimatgebühr zu entrichten — so auch, wer das Heimatrecht durch Erklärung erlangt; Art. 29II Ziff 1 gibt den Gemeinden das Recht, eine Heimatgebühr von Personen zu erheben, die eine neue Heimat

d) Eine selbständige Heimat erlangt der **Mann**, welcher zur Zeit seiner Verehelichung noch die ursprüngliche Heimat in einer pfälzischen Gemeinde hat, durch die Verehelichung (gleichviel, in welcher Gemeinde er sich aufhält); Verpflichtung zur Zahlung einer Heimatgebühr besteht nicht. Art. 3 H.G.

e) Eine selbständige Heimat erlangt die bisher in einer andern pfälzischen Gemeinde beheimatete, selbständige, volljährige Person, gleichviel welchen Geschlechtes, in der pfälzischen Gemeinde ihres ständigen Aufenthaltes durch die in Art. 28 II vorgesehene Erklärung an die Bürgermeisterämter, verbunden mit der Entrichtung der Heimatgebühr. Im Falle des Art. 29 X H.G. ist die Gebühr nicht zu entrichten. Im Falle der Befähigung erwirkt der Mann gleichzeitig das Bürgerrecht in der Gemeinde. Wird die Erklärung nicht abgegeben, so verbleibt es bei der bisherigen (ursprünglichen, selbständigen) Heimat.

f) Ist eine in einer andern Gemeinde heimatberechtigte Person befähigt, das Bürgerrecht in der Gemeinde ihres ständigen Aufenthaltes zu erwerben, so muß sie im Falle des Art. 13 Pf.Gem.O. das Bürgerrecht und mit ihm das Heimatrecht erwerben und die Heimatgebühr entrichten.

g) Eine selbständige Heimat (und mit ihr im Falle der Befähigung das Bürgerrecht) in der pfälzischen Gemeinde des Amtssitzes, des Schulsitzes, der Garnison rc. erlangt der im Sinne des Art. 2 H.G. in der Pfalz definitiv angestellte Beamte, der Lehrer, Offizier rc; Heimatgebühr hat er nicht zu entrichten. Ist aber er (oder seine Ehefrau, eines seiner minderjährigen, im elterlichen Unterhalte stehenden Kinder) 2 Jahre mit Haus-, Grund-, Gewerbsteuer veranlagt, so ist er verpflichtet, Heimatgebühr zu zahlen.

h) Eine selbständige Heimat in einer pfälzischen Gemeinde erwirbt die Person (gleichviel welchen Geschlechtes), welche mit dieser Gemeinde einen gültigen Vertrag über die Verleihung des Heimatrechtes abschließt und die Leistungen erfüllt hat, von welcher die Verleihung kraft der abgeschlossenen Vereinbarung abhängt. —

Ein Pfälzer (eine Pfälzerin) kann eine neue pfälzische Heimat **nicht** erwerben auf Grund Anspruches, sei es auf Verleihung des Heimatrechtes oder auf Verleihung des Bürgerrechtes.

2. Pfälzischer Heimaterwerb des bisher in einer Gemeinde rechts des Rheins Heimatberechtigten.

a) Eine solche Person kann die Heimat in einer pfälzischen Gemeinde erlangen als abgeleitete auf Grund gesetzlicher Heimatfolge, z. B. durch Verehelichung, Erwerb der Heimat seitens der Eltern, Legitimation rc. Heimatgebühr ist nicht zu zahlen.

b) Ein solcher erwirbt die selbständige pfälzische Heimat kraft Anstellung als Beamter, Lehrer, Offizier rc. Heimatgebühr ist nicht zu zahlen. Jedoch erwächst die Verpflichtung zur Zahlung einer solchen bei 2jähriger Veranlagung mit Haus-, Grund-, Gewerbsteuer (s. o.) Bei vorhandener Befähigung wird das Bürgerrecht gleichzeitig mit der Heimat erworben.

c) Ein solcher erwirbt die selbständige Heimat durch Verleihung auf Grund Anspruches nach Art. 6, 7, 8 H.G. und zwar in der Regel gegen Zahlung der Heimatgebühr, im Falle des Art. 29 X H.G. jedoch gebührenfrei.

d) Ein solcher erwirbt das Bürgerrecht und mit ihm die selbständige Heimat in einer pfälzischen Gemeinde bei vorhandener Befähigung durch Verleihung auf Grund Anspruches gemäß Art. 11 Pf.Gem.O. (2jähriger Wohnsitz); er ist zur Zahlung der Heimatgebühr verpflichtet.

e) Ein solcher muß, wenn er befähigt ist, im Falle des Art. 13 Pf.Gem.O. auf Aufforderung der Gemeinde das Bürgerrecht erwerben und die Heimatgebühr bezahlen.

---

erlangen. Die Erklärung an das Bürgermeisteramt der bisherigen Heimatgemeinde fällt im obigen Falle mit jener an das Amt der neuen Heimatgemeinde zusammen.

f) Ein solcher erwirbt die selbständige Heimat in einer pfälzischen Gemeinde durch Abschluß eines gültigen Vertrages und Erfüllung der vereinbarten Leistungen.

Nicht dagegen erwirbt ein rechtsrheinisch beheimateter Bayer das Heimatrecht in der pfälzischen Gemeinde der Niederlassung durch Abgabe einer Erklärung nach Art. 28 I—III H.G.

3. Pfälzischer Heimaterwerb eines heimatlosen Staatsangehörigen.

a) Ein heimatloser Angehöriger des bayrischen Staates erwirbt die pfälzische abgeleitete Heimat durch gesetzliche Heimatfolge (einschließlich der Verehelichung); Heimatgebühr ist nicht zu entrichten.

b) Er erwirbt die selbständige Heimat gemäß Art. 2 H.G. durch Anstellung in einer pfälzischen Gemeinde, bezw. durch Anstellung in einer außerbayrischen Gemeinde, wenn die höhere Dienstbehörde in der Pfalz ihren Sitz hat (Art. 2 I und 2 III H.G.); vgl. oben 1g.

c) Er erwirbt die selbständige Heimat gemäß Art. 11 H.G. durch geeigneten, 4- oder 7jährigen Aufenthalt in einer pfälzischen Gemeinde; hierbei genügt es, daß er im Augenblick der Vollendung jenes Zeitraumes heimatloser Angehöriger des bayrischen Staates ist[5]); Heimatgebühr ist nicht zu entrichten. Bei vorhandener Befähigung verbindet sich das Bürgerrecht sofort mit dem Heimatrecht.

d) Er erwirbt gegen Zahlung der Heimatgebühr die selbständige Heimat in analoger Anwendung des Art. 11 Pf.Gem.O. durch Erwerbung des Bürgerrechtes auf Grund Anspruches infolge 2jährigen ständigen Aufenthaltes in der Gemeinde; er ist verpflichtet, Heimatgebühr zu entrichten;

e) Er erwirbt die selbständige Heimat in analoger Anwendung des Art. 13 Pf.Gem.O. durch Verleihung des Bürgerrechts infolge Aufforderung der Gemeinde bei 5jährigem geeigneten Aufenthalt[5a]).

f) Er erwirbt die selbständige Heimat durch Verleihung auf Grund gültigen Vertrages und Erfüllung der vereinbarten Leistungen. Bei vorhandener Befähigung verbindet sich das Bürgerrecht mit dem Heimatrecht.

4. Pfälzischer Heimaterwerb des Nichtbayern.

Ein bisheriger Nichtbayer erwirbt mit dem Vorbehalte, daß die Wirkung erst gleichzeitig mit Verleihung der bayrischen Staatsangehörigkeit beginnt, in einer pfälzischen Gemeinde:

a) die abgeleitete Heimat kraft gesetzlicher Heimatfolge bezw. Verehelichung; Heimatgebühr ist nicht zu entrichten;

b) die selbständige Heimat kraft Anstellung in der Pfalz gemäß Art. 2 H.G.; vgl. oben 1g und 3b;

c) die selbständige Heimat kraft Verleihung infolge Anspruchs gemäß Art. 6—8 und 10 H.G.; hierbei besteht Verpflichtung zur Zahlung der Heimatgebühr; bei vorhandener Befähigung verbindet sich das Bürgerrecht mit dem Heimatrecht;

d) die selbständige Heimat durch gültige Verleihung des Bürgerrechtes nach Art. 11 und 12 Pf.Gem.O. auf Grund Anspruches infolge 2jährigen ständigen Aufenthaltes in der Gemeinde; die Verpflichtung zur Zahlung der Heimatgebühr ist gegeben;

e) die selbständige Heimat durch Verleihung auf Grund gültigen Vertrages und Erfüllung der vereinbarten Leistungen. Bei vorhandener Befähigung verbindet sich das Bürgerrecht mit dem Heimatrecht.

---

[5]) Ueber die gegenteilige herrschende Anschauung vgl. § 37 u. 49 insbes. S. 267 ff.

[a]) Dies trifft regelmäßig nur zu, wenn man fordert, daß zur Ersitzung der Heimat gemäß Art. 11 H.G. jemand die 4 Jahre hindurch bayrischer Staatsangehöriger gewesen sei; vgl. Anm. 5.

II. Höhe der Gebühr. Für die Heimatgebühr ist gesetzlich ein Höchstbetrag — 170 Mk. — festgesetzt, welcher sich aber auf 85 Mk. ermäßigt, wenn auf Grund der Art. 6, 7 und 8 H.G. eine neue Heimat erworben wird[6]). Erwirbt jedoch die Heimat ein Ausländer, d. h. Nichtdeutscher, so kann die Gebühr doppelt so hoch gegriffen werden, als sie Inländern gegenüber festgesetzt ist. Art. 29 IV. In rechtsrheinischen Gemeinden darf die Gebühr für Ausländer bis zum Doppelten des Höchstbetrages erhöht werden; in der Pfalz nur bis zum Doppelten der durch den Tarif festgesetzten Gebühr[7]).

Für die Bemessung der Gebühr innerhalb des Höchstbetrages stellt Art. 29 III feste Grundsätze auf[8]):

Die Heimatgebühr darf hiernach innerhalb der für Bayern zulässigen höchsten Gebühr nicht höher sein als das Zehnfache desjenigen Betrages, mit welchem eine nutzungsberechtigte Familie an den Renten oder Nutzungen des Gemeinde- und Stiftungsvermögens, sei es unmittelbar, sei es mittelbar, jährlich teilnimmt. Hierbei sind die durchschnittlichen Jahreserträgnisse dieses Vermögens maßgebend. Wenn also festzustellen ist, ob die in einer Gemeinde eingeführte Heimatgebühr zulässig ist, so ist zu fragen:

a) welche Erträgnisse des Gemeinde- und Stiftungsvermögens sind für öffentliche Zwecke oder zum Privatvorteile von Gemeindeangehörigen in den letzten Jahren durchschnittlich verwendet worden[9])? Es handelt sich nur um wirkliche Erträgnisse, nicht um Anschläge für unmittelbare Nutzungen zu öffentlichen Zwecken. Würde also z. B. das Erdgeschoß eines Rathauses zu Läden oder zu einem Ratskeller verwertet sein, so müßten die Renten berücksichtigt werden — nicht aber der Wert der Amtsräume des Hauses, auch dann nicht, wenn etwa in den Etats oder Rechnungen solche Ansätze durchgeführt

---

[6]) Dies wurde durch die Novelle vom 17. Juni 1896 im Hinblick auf die für das Gebiet rechts des Rheins geltenden Vorschriften eingefügt. Der Pfälzer hat gegenüber einer Gemeinde der Pfalz niemals Anspruch auf Ermäßigung der Gebühr, da er nach Art. 6, 7, 8 H.G. die Heimat in einer pfälzischen Gemeinde nicht erwerben kann; vgl. § 66. Dagegen hat er Anspruch auf die in Art. 12 H.G. festgesetzten niedrigeren Gebühren gegenüber einer rechtsrheinischen Gemeinde. — Die zulässige Heimatgebühr des pfälzischen Rechtes ist, da sie auch die Bürgeraufnahmsgebühr in sich schließt, höher bemessen als nach diesrheinischem Rechte; vgl. auch v. Riedel S. 211 Note 5.

[7]) v. Seydel Bd. 2 S. 68 Note 128. — Ist keine Erhöhung für Ausländer vorgesehen, so richtet sich die Gebühr nach den einschlägigen Normen des Tarifs; dann haben Ausländer, welche die Heimat kraft Anspruchs nach Art. 10 H.G. erwerben, nicht mehr als 85 Mk. zu bezahlen. S. v. Riedel S. 212 Note 7 c. Vgl. auch S. 379.

[8]) Vgl. zum folgenden v. Riedel S. 213—218. — Der Gesetzgeber will die Leistung dessen, der in den Gemeindeverband eintritt, den Vorteilen anpassen, welche ihm der Verband bietet.

[9]) Ist gar nichts verwendet worden, so darf auch keine Heimatgebühr erhoben werden. v. Riedel S. 214 Note 13 am Schlusse.

sind[10] [11]). Alle Erträgnisse, welche zur Deckung von Gemeindebedürfnissen irgendwelcher Art verwendet wurden, kommen hier in Betracht, ebenso aber alle Erträgnisse, welche zum Privatvorteile der Gemeindeangehörigen dienten[12]), also alle Nutzungen an Gemeindegut. — In Ansatz kommen aber nur die Reinerträgnisse: von den Bruttoeinnahmen müssen also vorweg die Ausgaben abgerechnet werden, welche dieser Einnahme entgegenstehen: demnach z. B. bei Mieten aus Gebäuden die Ausgaben auf den Unterhalt der Gebäude, die Steuern ꝛc. — bei Mieten aus Teilen dieser Gebäude die verhältnismäßigen Teile dieses Aufwandes — bei Einnahmen aus Waldnutzungen die Ausgaben auf die Gewinnung der letzteren. Insbesondere muß der einschlägige personelle und sachliche Aufwand einschließlich der Verzinsung und Tilgung der Schulden von den Einnahmen der Anstalt abgerechnet werden, für deren Benützung Gebühren erhoben werden[13]). Ausgaben, welche eine Kapitalsansammlung zum Zwecke haben, brauchen nicht abgerechnet zu werden. — Diese Berechnung mag oft recht schwierig sein, sie muß aber gemacht werden. Der Gesamtbetrag des Reinerträgnisses ist per Jahr festzustellen; die Durchschnittssumme derjenigen

[10]) Vgl. hierzu v. Riedel S. 215 Note 16c, der die Frage als zweifelhaft erachtet, aber doch zum gleichen Ergebnisse kommt.

[11]) Das unrentierliche sogenannte öffentliche Eigentum muß vor allem außer Betracht bleiben; demnach z. B. öffentliche Wege, Straßen, Plätze, aber auch für die Allgemeinheit bestimmte öffentliche Einrichtungen. Wenn jedoch Nutzungen aus dem öffentlichen Eigentum anfallen, z. B. infolge Gestattung der Aufstellung von Trinkhallen, Blumenkiosken, Anschlagsäulen, ferner infolge Gestattung der Benützung öffentlicher Straßen für Straßenbahnen ꝛc., so sind diese Einnahmen in Ansatz zu bringen. Die Anfälle aus öffentlich-rechtlichen Abgaben müssen außer Betracht bleiben, sofern die Abgabe nicht den Charakter der Gegenleistung für eine gemeindliche Einrichtung bildet; solche Gegenleistungen dürfen in Ansatz kommen. So z. B. dürfen zwar indirekte Steuern, Gemeindeumlagen, Heimatgebühren, Besitzveränderungsgebühren, Gebühren aus der Amtsführung nicht in Betracht gezogen werden, wohl aber die Einnahmen aus Wasserleitungen, Kanalisation, öffentlichen Badeanstalten, Straßenbahnen, Gas- und Elektrizitätswerken, auch wenn die Abgaben den Charakter von öffentlich-rechtlichen Benützungsgebühren tragen. Indes ist nur das Reinerträgnis dieser Anstalten (Einrichtungen) zu berücksichtigen (s. das oben folgende).

[12]) Als Erträgnisse erscheinen insbesondere die Nutzungen aus Brandholz, Pfründen, Almenden, Bau- und Lesholzberechtigungen, Weide und Streuwerk, sowie die Ansprüche an Spitäler und Stiftungen. Vgl. Landtagsabschied 1837, v. Riedel S. 215 Note 17.

[13]) Den einzelnen Einnahmegruppen braucht nur die dieser Gruppe entgegenstehende Ausgabe gegenübergestellt werden. Z. B. den Einkünften der Wasserleitung sind entgegenzuhalten die Ausgaben auf die Verwaltung, Unterhaltung, Erhebung und die Verzinsung und Tilgung des Teiles der Gemeindeschuld, der auf Herstellung der Wasserleitung angefallen ist. Wenn die Kanalisation mit Defizit arbeitet, so braucht nicht die Heimatgebühr im Hinblick darauf eingeschränkt werden, daß das Erträgnis des Wasserwerkes von dem Defizit der Kanalisation (den Zinsen der Kanalschuld) absorbiert werde. Es brauchen also nicht die gesamten Ausgaben auf Verzinsung ꝛc. der Gemeindeschulden von den Erträgnissen des Gemeindevermögens (im weiten Sinne) abgerechnet zu werden, sondern die Zinsen für die Schulden, welche auf Anschaffung jenes Vermögens erwuchsen. A. M. dem Anscheine nach v. Riedel S. 215 Note 16d.

Jahre, welche der Berechnung zugrunde gelegt werden, wird dann nach b als unter die Familie verteilt gedacht. Wie viele Jahre bei der Durchschnittsberechnung verwertet werden, steht der Gemeinde frei; nur müssen es der Natur der Sache nach die letzten Jahre sein; ein abgeschlossenes Rechnungsjahr, dessen Rechnung geprüft ist, darf nicht übergangen werden. Ebensowenig dürfte irgendein Jahr übersprungen, d. i. auf ein früheres Jahr gegriffen werden, ohne das spätere mitzuberücksichtigen. Mindestens müssen 2 Jahre in Betracht gezogen werden, da sonst ein Durchschnitt sich nicht gewinnen läßt.

b) Der für jedes Jahr berechnete Reinertrag des Gemeinde- und Stiftungsvermögens ist „durch die Zahl der zur Anteilnahme berechtigten Familien" zu teilen. Welche Familien sind nun zur Anteilnahme berechtigt?

Man könnte sagen, alle, welchen die Nutzungen des Gemeindevermögens zugute kommen. Da nun nach gesetzlicher Vorschrift (Art. 30 Pf.Gem.O.) Gemeindeumlagen, Verbrauchssteuern und sonstige örtliche Abgaben nur erhoben werden dürfen, soweit die Renten des Gemeindevermögens nicht ausreichen, so nehmen alle Umlagenpflichtigen an den Nutzungen des Gemeindevermögens teil. Umlagenpflichtig sind aber alle, welche in der Gemeinde mit einer direkten Steuer angelegt sind, auch wenn sie nicht im Gemeindebezirke wohnen. Dem steht nun aber zunächst entgegen, daß die Zahl der anteilberechtigten Familien in Betracht kommt. Das Gesetz hat dabei an den namentlich in früheren Zeiten die Regel bildenden Fall gedacht, daß die Gemeinden sich aus Familien zusammensetzen. Nach der gesetzgeberischen Absicht müßten wirtschaftlich selbständige Personen, welche mit Umlagen angelegt sind, als Familien erachtet werden, auch wenn solche Personen keine Familien begründet haben. Von den „Umlagenpflichtigen" mußten sonach alle in Betracht gezogen werden, welche wirtschaftlich selbständig sind — diejenigen also nicht, welche noch in der Familiengemeinschaft eines anderen Familienhauptes leben und von demselben unterhalten werden. Zu diesen müßten dann jene Familien, d. h. jene wirtschaftlich selbstständigen Personen treten, welche an den zum Privatvorteile verwendeten Nutzungen des Gemeindevermögens Anteil haben, ohne mit Steuern veranlagt zu sein. Demnach wäre bei Berechnung des Anteils einer Person so zu verfahren: Zunächst wären die zu öffentlichen Zwecken dienenden reinen Renten des Gemeindevermögens festzustellen und deren Betrag durch die Zahl der umlagenpflichtigen Familienhäupter im weiteren Sinne zu teilen; sodann wären die privaten Nutzungen des Gemeindevermögens festzustellen und deren Betrag durch die Zahl der nutzungsberechtigten Familienhäupter zu teilen. Die Summe dieser Einzelbeträge würde den Jahreswert des Heimatrechtes für denjenigen ergeben, der in der Gemeinde umlagenpflichtig ist.

Es ist aber zu bezweifeln, ob das Gesetz ein solches Verfahren mit seinen oben angeführten Worten im Auge gehabt hat. Vermutlich hat man unter den zur Anteilnahme berechtigten Familien diejenigen verstanden, welche nach Art. 25 Pf. Gem.O. Anspruch auf Teilnahme an den Gemeindenutzungen haben oder haben würden. Diese sind alle in der Gemeinde Heimatberechtigten, „welche daselbst seit Jahresfrist wohnen und einen eigenen Herd besitzen." Den eigenen Herd hat nur das Familienhaupt. Daher der Ausdruck „Familie"[14]. Demnach muß ermittelt werden die

[14]) Nach v. Riedel S. 216 Note 19a ist der Ausdruck „zur Anteilnahme berechtigt" in weiterem Sinne zu nehmen; jede Familie (d. i. jeder Einwohner,

Zahl der heimatberechtigten Familienhäupter, welche mindestens seit Jahresfrist in der Gemeinde wohnen und einen eigenen Haushalt führen[15]). Die Zahl dieser Familienhäupter ist für jedes Jahr zu ermitteln. Ist die Zahl während des Jahres eine wechselnde, so wird man entweder je nach Länge der Zeit, welche die einzelnen Familienhäupter während des Jahres nutzungsberechtigt waren, wiederum einen Durchschnitt bilden können, oder die zu einem bestimmten Zeitpunkt eines jeden Jahres, z. B. am Schlusse desselben vorhandene Zahl der Familienhäupter zugrunde legen dürfen. Mit deren Zahl ist die Summe der Erträgnisse des betreffenden Jahres zu teilen; hierdurch ist der für dieses Jahr geltende Jahreswert eines Anteiles am Gemeindevermögen ermittelt. Die Summe dieser Jahreswerte ist sodann durch die Zahl der Jahre zu teilen. Mehr als das Zehnfache und mehr als 170 Mk. darf die Heimatgebühr nicht betragen. Ist für keines der Durchschnittsjahre ein Erträgnis des Gemeindevermögens nachweisbar, so kann eine Heimatgebühr nicht erhoben werden. Für den Fall eine Gemeinde aus mehreren Ortschaften besteht, von welchen einzelne ein gesondertes, nur den Ortsbewohnern zugute kommendes Vermögen besitzen, will v. Riedel nach Chelius[16]) eine Heimatgebühr für die Gesamtgemeinde mit Zuschlägen für die Ortschaften auf Grundlage besonderer Berechnung, jedoch so, daß Heimatgebühr und Zuschläge innerhalb der Maximalgebühr bleiben, als notwendig und zulässig erklären. v. Riedel S. 216 Note 19 b. Diese Anschauung scheint nicht bloß schwierig im Vollzuge, sondern auch ohne Begründung im Gesetze. Das Heimatgesetz kennt keine Ortsheimat, sondern nur eine Gemeindeheimat und demnach wohl auch keine Ortsheimatgebühr, sondern nur eine Gemeindeheimatgebühr. Gemeindegebühren in verschiedener Höhe für die einzelnen Ortschaften sind im Gesetze nicht erwähnt und daher wohl auch nicht zulässig[17]).

---

der eine eigene, vom elterlichen Heimatverbande unabhängige Heimat in der Gemeinde besitzt), welche, wenn sie neu anziehen würde, die volle Heimatgebühr entrichten müßte, sei unter die Zahl aufzunehmen, dagegen nicht die Familien der von der Heimatgebühr befreiten öffentlichen Beamten, sowie die auswärts wohnenden Heimatberechtigten und die Fremden.

[15]) Alle übrigen Personen, demnach auch auswärts wohnende Heimatberechtigte, einzeln stehende beheimatete Personen bleiben außer Betracht. Es macht auch keinen Unterschied, ob die heimatberechtigten Familienhäupter eine Gebühr bezahlt haben, oder ob sie die Heimat entweder gebührenfrei erlangten, oder ob sie die ursprüngliche Heimat in der Gemeinde besitzen. — Familienhäupter, welche z. B. wegen einer durch besonderen Rechtstitel begründeten Ausnahme keinen Anteil an den zum Privatvorteile dienenden Nutzungen des Gemeindevermögens haben oder haben würden, bleiben ebenfalls außer Betracht. So auch jene Beamten, die nach Art. 2 H.G. zwar die Heimat erlangt haben, aber keinen Anspruch auf Nutzungen (s. o.).

[16]) Unterricht über die Amtsverrichtungen der Ortsvorstände von Chr. Chelius (1853).

[17]) Insbesondere scheint für Nachzahlungen bei einem Wechsel des Aufenthaltsortes kein gesetzlicher Boden vorhanden zu sein; es müßten dann wohl auch Rückzahlungen stattfinden.

III. Heimatgebühren dürfen nur erhoben werden auf Grund eines von dem Gemeinderate beschlossenen, von der vorgesetzten Distriktsverwaltungsbehörde genehmigten und öffentlich bekannt gemachten Tarifs[18]). Art. 29 v H.G. Die Genehmigung durch die vorgesetzte Verwaltungsbehörde hat zu erfolgen, wenn die Prüfung das gesetzmäßige Zustandekommen des Tarifs ergibt. Vgl. Ziff. 15 der Vollzugsbestimmungen (M.E. 28. Dezember 1899): „Die k. Bezirksämter ... haben allen übertriebenen und ungerechtfertigten Ansätzen entgegenzutreten." „Der k. Regierung, Kammer des Innern, der Pfalz bleibt anheimgegeben, den Vollzug des Art. 29 durch weitere Vorschriften zu regeln und insbesondere Fürsorge zu treffen, daß die ... Höchstbeträge der Heimatgebühren nicht überschritten werden." Die Genehmigung liegt nicht im freien Ermessen der Behörde; sie ist nichts anderes als die Erklärung, daß zu einer staatsaufsichtlichen Beanstandung des Tarifs kein Anlaß besteht[19]). Die Verweigerung der Genehmigung oder die Genehmigung unter Abänderungen ist, wie ein sonstiger staatsaufsichtlicher Beschluß, anfechtbar, demnach auch gemäß Art. 10 Ziff. 2 V.G.H.G. zum Verwaltungsgerichtshof[20]). — Die Befugnis der Gemeindeverwaltung, Heimatgebühren zu erheben oder nicht[21]), die Gebühr abzustufen, für gewisse Gattungen von Pflichtigen von Erhebung einer Gebühr ganz abzusehen, ist die gleiche, wie sie rechtsrheinischen Gemeinden zusteht; ebenso gelten auch für das pfälzische Recht die dort aufgestellten allgemeinen Regeln, insbesondere über die Person des Pflichtigen und den Zeitpunkt des Beginnes der Verpflichtung[22]). Ohne gültigen Tarif kann eine Heimatgebühr nicht erhoben werden.

Während im rechtsrheinischen Bayern ein Nachlaß an tarifmäßigen Gebühren nur aus „erheblichen" Gründen gestattet ist, ist der pfälzische Gemeinderat ermächtigt, nach seinem Ermessen „die tarifmäßigen Gebühren ganz oder teilweise zu erlassen oder Fristenzahlungen zu gestatten." Art. 29 VIII H.G.

Die Zahlung der geschuldeten Gebühr ist auch in der Pfalz mit einer Ausnahme Voraussetzung des Heimat- bezw. Bürgerrechtserwerbs, wenngleich Art. 29 G.H. im Gegensatze zu Art. 12 H.G. eine ausdrückliche bezügliche Bestimmung nicht enthält[23]).

---

[18]) v. Seydel Bd. 2 S. 68. Ueber die rechnerische, tabellarische Grundlage dieser Tarife vgl. v. Riedel S. 216 Note 21.

[19]) Die vorgesetzte Behörde kann die Revision des Tarifs anordnen, wenn durch wesentliche Aenderung an den Grundlagen der Berechnung eine nachhaltige Minderung der zulässigen Heimatgebühr bewirkt wird. Art. 29 VII H.G.

[20]) S. Reger S. 95 Anm. 7.

[21]) Vgl. v. Riedel S. 211 Note 4.

[22]) Verpflichtet ist also nur derjenige, welcher die Heimat selbständig erwirbt, nicht der Familienangehörige, welcher ihr folgt. v. Seydel Bd. 2 S. 69.

[23]) Die geschichtliche Entwicklung (vgl. das in § 64 über das Bürgereinzugsgeld Gesagte) würde allerdings zulassen, daß die Heimatgebühr nur als Folge des Heimaterwerbs, nicht als Voraussetzung derselben erachtet wird;

Eine Ausnahme scheint zu bilden, daß die von Beamten, Offizieren ꝛc. im Falle des Art. 29 II Ziff. 2 H.G. geschuldete Heimatgebühr erst nach dem Heimaterwerb zu entrichten ist. Allein die Beamten ꝛc. besitzen die kraft Art. 2 erworbene Heimat als eine Heimat minderen Rechtes; dafür, daß die Heimat ungeminderten Rechtes erlangt wird, ist die Gegenleistung (Gebühr) zu bewirken. Eine wirkliche Ausnahme ergibt sich, wenn der Gemeinderat von der Befugnis Gebrauch macht, die Bezahlung der Heimatgebühr in Raten zu gestatten. In diesem Falle wird kraft Gesetzes das Heimat-(Bürger-)recht mit der Bezahlung der ersten Rate erworben (Art. 29 VIII H.G.)[24]. Auch kann der Gemeinderat in allen Fällen durch einen generellen Beschluß, der in dem Tarife oder zu demselben zum Ausdruck kommen muß, anordnen, daß die Gebühr stets nur die Bedeutung einer sich aus dem Heimaterwerb ergebenden Verpflichtung haben solle, nicht die Bedeutung einer Voraussetzung zur Erlangung des Heimatrechtes[25].

IV. Das pfälzische Recht kennt in gewissen Fällen im Gegensatz zum rechtsrheinischen Recht eine Verpflichtung der Gemeinde zur Rückzahlung der bezahlten Heimatgebühr. Gemeinsam ist beiden Rechten die allgemeine Rechtsregel, daß eine zu Unrecht erhobene Heimatgebühr zurückgegeben werden muß; nach pfälzischem Rechte hat aber auch derjenige, welcher die Heimatgebühr mit Grund bezahlt hat, bezw. dessen Erben, den Anspruch auf Rückerstattung des Geleisteten, nämlich:

a) nach Art. 28 V H.G., wenn durch rechtskräftigen Beschluß die durch Niederlassung, Erklärungsabgabe und Zahlung der Heimatgebühr begründete Heimat wieder aufgehoben wurde. Die Gemeinde ist aber zur Rückzahlung bis zu dem Betrage nicht verpflichtet, welchen sie zur Armenunterstützung an den früheren Heimatberechtigten oder zu ihm anrechenbaren Armenunterstützungen an dessen Angehörige aufgewendet hat. Ist demnach der Unterstützungsbetrag höher oder gleich hoch, als die bezahlte Heimatgebühr, so findet eine Rückvergütung überhaupt nicht statt.

b) nach Art. 15 der Pf. Gem.O., falls ein zwangsweise zur Erwerbung des Bürgerrechtes herangezogener Bürger innerhalb 2 Jahren nach Erwerbung des Bürgerrechtes von der Gemeinde wegzieht und

allein innere Gründe, namentlich die grundsätzliche Uebereinstimmung der Rechtsinstitute, dann aber insbesondere die Fassung des Art. 11 Pf.Gem.O.: „Haben gegen Entrichtung der sie treffenden Heimatgebühr Anspruch,“ und der Art. 28 III H.G. „nach Erfüllung dieser Bedingungen tritt die Erwerbung der neuen Heimat kraft Gesetzes ein“, berechtigten zur Annahme, daß, falls nicht der Gemeinderat eine Ausnahme zuläßt, der Erwerb der Heimat von der Zahlung der Gebühr abhängt.

[24]) v. Riedel S. 207 Note 7.

[25]) In diesem Falle ist der Gemeinderat an die generelle Ordnung bis zur Aufhebung des Beschlusses gebunden; die Erleichterung des Heimatrechtserwerbs im einzelnen Falle ist aber von einer generellen Ermächtigung im Tarife nicht abhängig.

das Heimatrecht für sich und seine Familienangehörigen in einer andern Gemeinde erwirbt. Innerhalb der genannten 2 Jahre, von dem Zeitpunkt der Erwerbung an gerechnet, muß der Wegzug und der Heimaterwerb in der andern Gemeinde vollendet sein. Eine andere Art des Verlustes des Bürgerrechtes berechtigt zu einem Rückerstattungsanspruch nicht. Behalten einzelne Familienangehörige, welche durch die Heranziehung zum Bürgerrecht das Heimatrecht erlangten, letzteres in der bisherigen Gemeinde bei (z. B. ein mittlerweile volljährig gewordener Sohn hat nach Art. 10 Pf. Gem.O. das selbständige Heimatrecht erworben), so wird die Heimatgebühr nicht zurückerstattet. Ueberdies wird im Falle des Art. 15 Pf. Gem.O. immer nur die Hälfte der bezahlten Gebühr zurückgewährt; dagegen findet eine Anrechnung etwa gewährter Armenunterstützungen nicht statt[26]).

V. Eine Heimatgebühr kann von der Gemeinde, auch wenn sie an sich gefordert werden könnte, nicht erhoben werden

a) — Art. 14 Pf. Gem.O. — wenn das Bürgerrecht, bei dessen Erwerbung die Heimatgebühr bezahlt wurde, erloschen ist und nun das Heimatrecht (Bürgerrecht) wieder erworben wird. Eine zweimalige Zahlung der Heimatgebühr soll nicht stattfinden[27]). Ist die Heimatgebühr ganz rückvergütet worden, so ist die Heimatgebühr nicht als bezahlt anzusehen; ist die Heimatgebühr zur Hälfte rückvergütet worden, so kann auch nur die halbe Gebühr verlangt werden. Der Rechtssatz geht nicht dahin, daß die früher bezahlte Gebühr auf die neugeschuldete angerechnet werden müßte, so daß, wenn später eine höhere Gebühr eingeführt ist, der Unterschied von dem Heimaterwerber zu leisten wäre; vielmehr besteht für denjenigen, der die damals festgesetzte Heimatgebühr bezahlt hat, eine Zahlungspflicht überhaupt nicht mehr, für den, welcher nur die Hälfte bezahlt hat, demnach nur die Zahlungspflicht auf die andere Hälfte — freilich der nunmehr geltenden Gebühr[28]).

b) Personen, welche auf Grund des Art. 7 bezw. 8 u. 27 H.G. einen Anspruch auf Verleihung des Heimatrechtes haben, sind von der Entrichtung der Heimatgebühr befreit, wenn sie während eines für die Erhebung des Anspruches verwertbaren Zeitraumes von 7 Jahren[29]) ununterbrochen in der Gemeinde sich als Dienstboten, Gewerbsgehilfen, Fabrikarbeiter oder Lohnarbeiter ernährt haben,

---

[26]) Ob in diesem Falle bei Vorhandensein eines Ersatzanspruches nach Art. 5 des Armengesetzes Aufrechnung möglich ist, beurteilt sich nach zivilrechtlichen Grundsätzen.

[27]) v. Seydel Bd. 2 S. 69.

[28]) Anders nach rechtsrheinischem Rechte; hier kann Daraufzahlung des Mehrbetrages verlangt werden; vgl. Art. 18 III Gem.O.

[29]) Die herrschende Meinung, insbesondere der Verwaltungsgerichtshof erachten es nicht für erforderlich, daß der Zeitraum von 7 Jahren für die Erwerbung eines Anspruches aus Art. 7 H.G. geeignet ist, vgl. hierüber § 42.

Bis zum 25. Juni 1896 war ein 10jähriger Aufenthalt erforderlich, die Novelle vom 17. Juni 1896 ermäßigte auch für die Pfalz die Aufenthaltsdauer.

und zu einer Freiheitsstrafe richterlich nicht verurteilt worden sind. Art. 29 x H.G. Vgl. hierüber das oben § 42 Bemerkte. Einen Anspruch gemäß Art. 7 können nur im rechtsrheinischen Bayern beheimatete Personen bezw. Nichbayern erheben; letztere kommen aber für die gebührenfreie Verleihung der Heimat nicht in Betracht.

c) Personen, welche in einer Gemeinde der Pfalz beheimatet sind und in einer anderen Gemeinde der Pfalz sich niedergelassen haben, können, wie in § 66 erörtert, falls sie selbständig und volljährig sind, durch Abgabe einer bezüglichen Erklärung die Heimat kraft Gesetzes erwerben. Die Zahlung der Gebühr bildet nun für sie eine Voraussetzung des Heimaterwerbes dann nicht, wenn sie während eines 7jährigen Aufenthaltes in dieser Gemeinde die unter b bezeichneten Voraussetzungen erfüllt haben, d. i. den Gewinn des Lebensunterhalts vorwiegend aus einer bestimmten Beschäftigungsart in der Aufenthaltsgemeinde und völlige Freiheit von Freiheitsstrafen nachweisen. Hinsichtlich dieser Erfordernisse kann auf § 42 Bezug genommen werden.

Fraglich ist aber, ob der 7jährige Aufenthalt dieselben Eigenschaften haben muß, wie sie für den Aufenthalt vorgeschrieben sind, der nach Art. 7 H.G. zur Begründung eines Anspruches auf Heimatverleihung dient: M. a. W.: Muß der Aufenthalt die 7 Jahre hindurch ein ununterbrochener und ein ununterbrochen freiwilliger gewesen sein?, muß er ganz in die Volljährigkeit des sich Aufhaltenden fallen?, dürfen Armenunterstützungen während dieser Zeit beansprucht oder erlangt worden sein?

Das Heimatgesetz sagt von diesen Erfordernissen im Art. 29 x nichts; es verlangt einen 7jährigen Aufenthalt und die besondere Tätigkeit als Quelle des Lebensunterhaltes. Soweit nun die Erfordernisse dieser Tätigkeit mit den Erfordernissen des Aufenthaltes zusammentreffen, kann ein Zweifel nicht bestehen: Wer sich in der Gemeinde 7 Jahre ununterbrochen als Dienstbote ernährt, der muß sich nach unseren früheren Darlegungen dort auch 7 Jahre im Sinne des Gesetzes aufhalten; Arbeitsgemeinde und Aufenthaltsgemeinde müssen auch nach pfälzischem Rechte identisch sein; daß „Aufenthalt" an sich in Art. 29 H.G. nicht wohl anders verstanden sein kann, als in Art. 6, 7, ist ebenfalls nicht zweifelhaft. — Die ununterbrochene Freiwilligkeit des Aufenthalts ist aber ebenfalls als erforderlich zu erachten; das ergibt sich aus der Natur des hier in Frage stehenden Heimaterwerbs. Nur ein selbständiger Angehöriger der Pfalz, welcher sich in der Gemeinde niedergelassen hat und diese Niederlassung noch besitzt, kann nach Art. 28 H.G. die Heimat erwerben. Es ist nun nicht anzunehmen, daß das Gesetz einen Aufenthalt durch Gebührenfreiheit begünstigen wollte, der in einem Teile seiner Dauer nicht zum Heimaterwerb hätte verwertet werden können; es ist auch nicht anzunehmen, daß ein früherer Aufenthalt, der aber aufgegeben wurde, später nach abermaliger Niederlassung in der Gemeinde zugunsten der Gebührenfreiheit verwertet werden kann. Eine Niederlassung im Sinne des Gesetzes kann aber ein selbständiger Pfälzer jeweils nur freiwillig innehaben; verliert er die freie Willensbestimmung, so hört er auf selbständig zu sein. Unbedenklich kann man zwar solche Unterbrechungen der Freiwilligkeit, welche nach Art. 6 H.G. außer Betracht zu lassen sind, auch nach pfälzischem Recht als unschädlich erachten; Unterbrechungen durch Verbüßung von Strafen heben ohnehin den Anspruch auf Gebührenfreiheit auf; aber im Prinzip muß die Freiwilligkeit des Aufenthalts ebenso gefordert werden, wie nach Art. 7, 12 IV H.G.; aus den nämlichen Erwägungen auch die Zurücklegung des ganzen 7jährigen Aufenthaltes im Alter der Volljährigkeit; ferner, daß der Aufenthalt als geeigneter bis zur Abgabe der Erklärung nach Art. 28 II H.G. fortgedauert hat. Zweifelhaft bleibt, ob Armenunterstützung den Aufenthalt entwertet. Indessen würde nach Art. 28 H.G. Armenunterstützung die Niederlassung entwertet haben, da ja in solchem Falle der Gemeinderat die Wiederaufhebung des Heimatrechtes beschließen kann. Sonach wird in Art. 29 X unter einem 7jährigen Aufenthalt wiederum nur ein unterstützungsfreier zu verstehen sein[30].

Somit sind aus Gründen, welche in der Eigenart des einschlägigen pfälzischen Erwerbstitels der Heimat liegen, die sämtlichen in § 42 geforderten Voraussetzungen der Gebührenfreiheit auch hier zutreffend. Ja, es kommt noch eine hinzu: der Aufenthalt muß während der ganzen 7 Jahre ein selbständiger im Sinne des Art. 6 H.G. gewesen sein[31]; vgl. Art. 28 I H.G.

§ 68.

Verlust der pfälzischen Heimat.

Die Gründe des Heimatverlustes sind die nämlichen wie im rechtsrheinischen Bayern; vgl. § 55. Außerdem geht die Heimat verloren durch einen nach Art. 28 IV H.G. ergehenden Beschluß auf Wiederaufhebung des Heimatrechtes; vgl. § 66. Ein solcher Beschluß des Gemeinderates ist nur unter einer dreifachen Voraussetzung zulässig.

a) Die Heimat muß von einer Person, welche bisher in einer andern pfälzischen Gemeinde die Heimat besaß, erworben worden sein durch Niederlassung, Erklärung an das Bürgermeisteramt und, sofern nicht Gebührenfreiheit zustand, Zahlung der Heimatgebühr. In allen

---

[30]) Die Frage ist immerhin zweifelhaft. Beachtenswerte Gründe für die gegenteilige Ansicht s. in B. Gemeindeztg. Bd. 6 S. 567 ff.

[31]) Reger S. 96 Anm. 11 erachtet die Worte „nach 7jährigem Aufenthalte“ für inhaltlich gleich mit den in Art. 12 IV H.G. gebrauchten Worten „auf Grund des Art. 7“. Die geänderte Ausdrucksweise finde ihre Erklärung darin, daß die Pfälzer „auf Grund“ des Art. 7 Heimatrechte nicht erwerben. Ich stimme zwar Reger im Ergebnisse bei, nicht in der Begründung.

sonstigen Erwerbsfällen ist die Wiederaufhebung unzulässig; insbesondere auch dann, wenn die ursprüngliche Heimat im Wege des Art. 28 H.G. oder Art. 10 Pf. Gem.O. sich in die selbständige verwandelt.

b) Der neue Heimatangehörige muß innerhalb eines Jahres seit dem Tage des Heimatrechterwerbes[1]) (§ 66) öffentliche Armenunterstützung angesprochen oder erlangt haben; — eine Unterstützung, welche nicht von dem neuen Heimatangehörigen, sondern von dessen Angehörigen angesprochen oder erlangt wurde, ist eine Unterstützung des neuen Heimatangehörigen, wenn sie ihm angerechnet werden kann (s. § 21); eine Anrechnung ist jedenfalls dann nicht möglich, wenn der Erwerber der Heimat zu der Zeit, in welcher die Unterstützung erbeten oder erlangt wurde, nicht mehr am Leben ist[2]). Eine Notlage, welche etwa gerade durch den Tod des Erwerbers entstanden ist, kann also nicht zugunsten der Wiederaufhebung der Heimat verwertet werden.

c) Der Beschluß des Gemeinderats auf Wiederaufhebung der Heimat muß innerhalb der gleichen Frist eines Jahres erfolgen[3]). Weitere Voraussetzungen bestehen nicht. Insbesondere ist nicht erforderlich, daß zur Zeit des Beschlusses der Heimaterwerber noch am Leben sei[4]). Der Gesetzgeber gewährte der Gemeinde, welche die

---

[1]) Es entscheidet also der Zeitpunkt, in welchem alle Voraussetzungen erfüllt sind.

[2]) S. Reger S. 92 Anm. 6.

[3]) Nicht braucht der Beschluß innerhalb dieses Jahres rechtskräftig geworden zu sein. v. Riedel S 208 Note 10. Dagegen wird die Zustellung des Beschlusses innerhalb des Jahres noch erfolgt sein müssen (Reger S. 92 Anm. 6), denn der Beschluß des Gemeinderates bewirkt nur die Entstehung eines Willens der Gemeinde; dieser Wille muß auch erklärt sein. Lebt der neue Heimatangehörige nicht mehr, so muß die Zustellung an alle erfolgen, welche von ihm ihre Heimat ableiten.

[4]) A. M. V G.H. Bd. 20 S. 171: „Das Heimatrecht, welches ein Angehöriger der Pfalz nach Art. 28 I—III H.G. in der Gemeinde seiner Niederlassung erworben hat, kann nach Maßgabe des Abs. IV nur bei Lebzeiten des neuen Heimaterwerbers wieder aufgehoben werden.“ Abs. IV enthalte eine Abweichung von dem Grundsatze der freien Selbstbestimmung hinsichtlich der Erwerbung der Heimat in der Gemeinde der Niederlassung; die Ausnahme müsse streng interpretiert werden. Der Zusammenhang der Bestimmungen in Art. 28 II—V mit jener in Art. 28 I H.G. weise ferner darauf hin, daß erstere nur für jene Person gelten können, von welcher in Abs. I die Rede sei. Diese Ausführungen sind zutreffend, aber sie beweisen m. E. nicht, was sie sollen. Die strenge Auslegung führt dazu, daß nur dann Wiederaufhebung möglich ist, wenn „der neue Heimatangehörige“ eine Unterstützung erbat oder erlangte, nicht dann, wenn nach seinem Tode, aber innerhalb der Frist sein Angehöriger sie empfing. Aber auch die strengste Auslegung und die grammatikalische Logik führen nicht zur Einengung, die der Verwaltungsgerichtshof vornimmt. Diese macht Zufälligkeiten ausschlaggebend. Wenn der Gemeinderat aus Wohlwollen, weil er abwarten will, ob dauernde Unterstützungsbedürftigkeit vorliegt oder eine mehr vorübergehende Notlage, oder weil zur Zeit die Sache keine Eile hat, nicht handelt, so soll der Tod des Beheimateten ihm die Ausübung seines Rechtes unter-

Niederlassung und den Heimatrechtserwerb nicht abwehren konnte, das Recht, wenn innerhalb der sehr kurzen Zeit eines Jahres die Niederlassung als eine wirtschaftlich offensichtlich unbegründete sich herausstellt, eine Heimat, allerdings ohne Rückwirkung, zu beseitigen, welche ohne ihre Mitwirkung erworben worden war. Die Heimat besteht innerhalb des Jahres „auf Probe“. Ist nun innerhalb der gesetzlichen Frist dem Heimaterwerber gegenüber ein Aufhebungsrecht der Gemeinde entstanden, so ist die Geltendmachung dieses Rechtes von der Fortdauer des Lebens des Erwerbers unabhängig. Nach dem Wortlaute des Gesetzes beschließt der Gemeinderat, „das neue Heimatrecht wieder aufzuheben“. Dieser Beschluß trifft, wenn der Heimaterwerber tot ist, ferner wenn er selbst aus irgendeinem Grunde z. B. wegen Aufgabe der Staatsangehörigkeit, die Heimat verloren hat, während die Familienmitglieder oder einzelne derselben sie beibehielten, jene, welche die Heimat in dieser Gemeinde von derjenigen des Erwerbers ableiten. Sie sind dann auch am ferneren Verfahren beteiligt.

Der Beschluß, welcher die Heimat wieder aufhebt, kann angefochten werden[5]). Anfechtungsberechtigt ist: 1. derjenige, welcher die Heimat erworben hat und nun verlieren soll; an seiner Stelle auch sein gesetzlicher Vertreter, und falls er nicht mehr am Leben ist, oder falls er selbst aus einem andern Grunde nicht mehr heimatberechtigt ist, diejenigen Personen und zwar jede für sich, welche von seiner Heimat ihre Heimat ableiten (Ehefrauen und Kinder); 2. diejenige frühere Heimatgemeinde, welche zufolge der Wiederaufhebung wieder Heimatgemeinde würde.

Die Beschwerde muß innerhalb 14 Tagen von der Zustellung des Beschlusses des Gemeinderates an erhoben werden; zuständig zur Entscheidung über die Beschwerde ist die dem beschließenden Gemeinderat vorgesetzte Distriktsverwaltungsbehörde, in II. Instanz entscheidet die

---

binden? Ist die Bestimmung in Art. 28 IV H.G. nicht zum Schutz der Gemeinden eingefügt und muß nicht die Verwirklichung dieses Zweckes innerhalb der klaren gesetzlichen Grenzen gesichert werden? Vgl. auch Reger S. 92 Anm. 6.

[5]) Das Beschwerdeverfahren ist in Art. 28 V H.G. besonders geregelt. Darin liegt eine gewisse Anomalie gegenüber sonstigen Bestimmungen des Heimatgesetzes. Denn: entweder der Wiederaufhebungsbeschluß ist gültig oder nicht. Ersterenfalls ist die frühere Heimat wieder erworben, letzterenfalls besteht die neue fort. Entsteht eine Ungewißheit, so ist die Heimat nach Art. 20 H.G. festzustellen; dies kann sogleich oder nach Jahren bei gegebenem Anlaß geschehen. Statt so zu verfahren, ordnet das Gesetz ein besonderes Beschwerdeverfahren an, und bindet die Beschwerdeerhebung an eine Frist. Damit erhält der Wiederaufhebungsbeschluß erhöhte Bedeutung. Er verleiht die frühere Heimat, auch wenn er ungerechtfertigt war, sofern er nicht angefochten wurde; er hat also dann, obgleich er an sich nur eine Parteierklärung ist, die Bedeutung eines rechtskräftigen Urteiles, welches dahin lautet, daß die Wirkung der Erklärung im Sinne des Art. 28 II H.G. wieder erloschen ist. Eine weitere Bedeutung kommt dem Beschlusse aber nicht zu; bezeichnet er auch die nunmehrige Heimatgemeinde, so spricht er in dieser Hinsicht nur eine Meinung des Gemeinderates aus.

Regierung, Kammer des Innern (verwaltungsrechtlicher Senat), in letzter Instanz der Verwaltungsgerichtshof. Bis zu dem Tage, an welchem der Beschluß rechtskräftig geworden ist — also falls keine Beschwerde erhoben wurde, bis zum Ablauf der Beschwerdefrist, bezw. falls die Beschwerdeberechtigten auf die Beschwerde verzichten, bis zum Tage des Verzichtes des später Verzichtenden — falls Beschwerde erhoben wurde, bis zum Tage der Rechtskraft des verwaltungsrechtlichen Entscheides, bezw. wenn der Verwaltungsgerichtshof erkennt, bis zum Tage der Verkündigung des Urteils, bleibt die Heimat in der neuen Gemeinde mit allen ihren Folgen bestehen[6]), sowohl für denjenigen, der sie erworben hat, als für diejenigen, welche sie von ihm ableiten. Erst von jenem Tage ab ist die Heimat verloren; das frühere Heimatrecht lebt von dem gleichen Zeitpunkte ab wieder auf[7]). Eine Rückbeziehung findet also nicht statt. Ueber die Rückzahlung von Gebühren (s. § 67).

§ 69.

Feststellung der Heimat; Heimatstreitigkeiten; angewiesene (vorläufige) Heimat.

1. Die Grundsätze, welche oben über die Ausstellung und Bedeutung der Heimatscheine, die Aufzeichnungen über die Heimatverhältnisse, die Ausmittelung der Heimat entwickelt worden sind, gelten auch für die pfälzischen Gemeinden; ebenso jene, welche für das Verfahren wegen Verleihung einer Heimat auf Grund Anspruchs und über die Verpflichtung zur Zahlung der Heimatgebühr gelten. So oft es sich um die Heimat eines Pfälzers handelt, der stets Pfälzer gewesen ist, kann ein Streit im Sinne des Art. 23 I Ziff. 1 H.G. wegen Anspruchs auf Verleihung einer Heimat nicht vorliegen; denn die pfälzische Heimat wird niemals kraft Anspruches eines bisherigen Pfälzers auf Verleihung einer anderen pfälzischen Heimat erworben[1]). Insbesondere kann daher auch ein Streit einer pfälzischen Gemeinde gegen eine andere pfälzische Gemeinde auf Verleihung einer Heimat nicht entstehen. Auch Zweifel, welche sich darüber erheben, ob ein bisheriger Pfälzer sich in einer andern pfälzischen Gemeinde niedergelassen und

---

[6]) Wenn beispielsweise der Sohn inzwischen nach Art. 3 H.G. in der neuen Gemeinde die selbständige Heimat erwarb, so behält er diese bei.

[7]) V.G.H. Bd. 20 S. 175: „Mit dem Tage, in welchem der Beschluß rechtskräftig geworden ist, tritt das frühere Heimatrecht wieder in Wirksamkeit."

[1]) Der Streit, ob jemand durch Abgabe einer Erklärung im Sinne des Art. 28 II die Heimat erworben hat, obwohl er die Heimatgebühr nicht bezahlte, da er Befreiung gemäß Art. 29 X H.G. in Anspruch nimmt, ist ein Streit, ob die Heimat besteht, kein Gebührenstreit. Vgl. V.G.H. Bd. 1 S. 307, v. Riedel S. 207 Note 7. V.G.H. Bd. 18 S. 191: „Der Anspruch auf Befreiung von der Heimatgebühr (in der Pfalz) bildet eine Vorfrage für die Entscheidung über den Erwerb einer neuen Heimat."

durch Abgabe der erforderlichen Erklärungen und Zahlung der Heimatgebühr Angehöriger dieser Gemeinde geworden sei, kann niemals die Natur eines Streites über Verleihung der Heimat annehmen, sondern nur den Anlaß zur Ausmittelung der bestehenden Heimat bieten[2]). Die „Zweifel" begründen ein Ermittelungsverfahren; nicht aber ist die Erhebung einer verwaltungsrechtlichen Klage seitens eines Beteiligten möglich. — Ein Anspruch auf Verleihung steht dem Pfälzer auch hinsichtlich des Bürgerrechtes nicht zu; auch über das Bürgerrecht kann daher nur Zweifel hinsichtlich des Bestandes sich ergeben. Ein solcher Zweifel ist aber infolge Art. 14 Pf. Gem.O. „Das Bürgerrecht erlischt (nur) mit Verlust des Heimatrechtes" häufig auch ein Zweifel über das Bestehen des Heimatrechtes und dann von Amts wegen zu erledigen. Ein Streit zwischen Gemeinde und einer Person kann sich im Grunde nur erheben über die Verpflichtung, das Bürgerrecht nach Art. 13 Pf. Gem.O. zu erwerben, ferner über die Verpflichtung zur Entrichtung und über die Höhe der Heimatgebühr. Vgl. hierüber § 47 u. § 54.

Dagegen kann ein Anspruch auf Verleihung eines Heimatrechtes oder des Bürgerrechtes bestritten sein zwischen dem Angehörigen einer rechtsrheinischen Gemeinde bezw. dieser Gemeinde selbst (Art. 8 H.G.), einem Heimatlosen, einem Nichtbayern (bezw. dem Fiskus) einerseits und einer pfälzischen Gemeinde andererseits; vgl. §§ 45—48.

2. Eine vorläufige Heimat wird in einer Gemeinde der Pfalz in den nämlichen Fällen erlangt, welche auch zur Anweisung einer Heimat in einer Gemeinde rechts des Rheines führen. Jedoch kann eine Frau, welche einen Pfälzer heiratet und dadurch bayrische Staatsangehörige wird, nicht durch die Eheschließung eine vorläufige Heimat erlangen, wenn der Mann eine wirkliche besitzt. Das Verfahren und die Grundsätze der Zuweisung sind die gleichen. Auch die rechtlichen Folgen sind nicht verschieden.

Wenn gesetzliche Bestimmungen für den „Angehörigen der Pfalz" Anwendung finden, so gelten sie für den in einer pfälzischen Gemeinde vorläufig Beheimateten dann, wenn er Bayer ist. Der Nichtbayer, welcher aus Bayern nicht weggewiesen werden kann, ist weder Angehöriger des bayrischen Staates noch der Pfalz.

---

[2]) V.G.H. Bd. 18 S. 191: „Für Streitigkeiten über Erwerbung der Heimat in einer pfälzischen Gemeinde gemäß Art. 28 I—III, bezw. 29 X H.G. hat sich die Zuständigkeit und das Verfahren nach Art. 20 H.G. zu bemessen."

Gesetz
über Heimat, Verehelichung und Aufenthalt*)

in der Fassung der Bekanntmachung des k. Staatsministeriums des Innern vom 30. Juli 1899.

(Gesetz- und Verordnungsblatt 1899 Nr. 40.)

Titel I.

Von der Heimat.

Art. 1. (1.)

Jeder Angehörige des bayerischen Staats hat seine ursprüngliche Heimat in jener politischen Gemeinde, in welcher seine Eltern heimatberechtigt sind oder zuletzt heimatberechtigt waren.

Bei ehelichen Kindern entscheidet die Heimat des Vaters, bei außerehelichen die Heimat der Mutter.

Den ehelichen Kindern werden die Kinder gleichgeachtet, welche nach dem bürgerlichen Rechte die rechtliche Stellung von ehelichen Kindern haben.

Rechtliche Natur der Heimat S. 56ff.
Nur Bayern können die Heimat besitzen 1, 383.
Erwerb der Staatsangehörigkeit vor Erlaß des Indigenatsediktes 1812 2; — in der Zeit von 1812—1818 3; in der Zeit von 1818—1871 3—5. seit 1871:
Erwerb durch Verleihung 9—14; — infolge Abstammung 24—26; — infolge Staatsangehörigkeitserwerbs der Eltern 26—31; — infolge Legitimation 32—35; — infolge Verheiratung 35—40.
Mehrfache Staatsangehörigkeit 40—43.
Feststellung der Staatsangehörigkeit 43—44.
Ursprüngliche, abgeleitete und selbständige Heimat 74, 162.
Politische Gemeinde im Gegensatz zu Kreis-, Distriktsgemeinden und Ortschaften 58.
Heimat und Gemeindebezirk; Einfluß der Aenderungen des letzteren auf die Heimat 59—66.
Geschichtliche Entwickelung der ursprünglichen Heimat 160—62; — nach pfälzischem Rechte 521ff.
Geburtsheimat nach älterem Rechte 160.
Heimatfolge des ehelichen Kindes 162ff.; — nach pfälzischem Rechte 526ff.

---

*) Die Bemerkungen zu den einzelnen Artikeln weisen auf die Seiten hin, auf denen im Buche die Materie erörtert wird.

Art. 2. (2.)

Definitiv angestellte Beamte und Diener des Staats, der Kirche, der Gemeinde, einer öffentlichen Korporation oder Stiftung erwerben die Heimat in der Gemeinde ihrer Anstellung, Schullehrer in der Gemeinde des Schulsitzes, Offiziere, Aerzte im Offiziersrange und obere Beamte der Militärverwaltung in der Gemeinde ihrer Garnison oder ihres Amtssitzes.

Zu den definitiv angestellten Beamten des Staats zählen auch die Notare.

Ist die Gemeinde der Anstellung, der Garnison oder des Amtssitzes nicht in Bayern gelegen, so behalten diejenigen Angestellten, welche eine Heimat bereits besitzen, diese bei und erwerben solche Angestellte, welche eine Heimat noch nicht besitzen, dieselbe in derjenigen Gemeinde, in welcher die nächsthöhere, in Bayern befindliche Dienstbehörde des Angestellten ihren Sitz hat. Ist ersteren Falls die Heimat des Angestellten noch seine ursprüngliche Heimat, so erwirbt er dieselbe durch die im Sinne des Abs. 1 erfolgte Anstellung als selbständige Heimat.

Art. 3. (3.)

Männer, welche zur Zeit des Abschlusses einer bürgerlich giltigen Ehe noch ihre ursprüngliche Heimat besitzen, erwerben durch die Eheschließung jene Heimat als selbständige Heimat.

Frauenspersonen erwerben durch Schließung einer giltigen Ehe die Heimat des Mannes.

Art. 4. (4.)

Die Ehefrau folgt der Heimat des Mannes, dessen letzte Heimat sie auch als Wittwe behält.

Einer geschiedenen Frau bleibt die Heimat, welche der Mann zur Zeit der Scheidung hatte. Die Aufhebung der ehelichen Gemeinschaft nach § 1575 des Bürgerlichen Gesetzbuchs wird der Scheidung gleichgeachtet.

Ist die Ehe nichtig, so behält die Frau die Heimat, die der Mann zur Zeit der Nichtigkeitserklärung oder der Auflösung der Ehe hat, wenn ihr die Nichtigkeit der Ehe bei der Eheschließung nicht bekannt war; die Vorschriften des § 1345 Abs. 2 und des § 1704 des Bürgerlichen Gesetzbuchs finden entsprechende Anwendung.

Abgeleitete Heimat der Ehefrau 74, 200—11.
Erworbene Heimat der Ehefrau 74.
Heimat der Ehefrau nach früherem Rechte 200—01; s. auch 234 ff., 242 ff.
Heimat der geschiedenen Frau nach früherem Rechte 201; — nach neuem Rechte 209 ff.; — Aufhebung der ehelichen Gemeinschaft 210; — Wiederherstellung der ehelichen Gemeinschaft 211.
Rechtliche Natur der Heimat der Ehefrau 202.
Erwerb einer selbständigen Heimat durch die Ehefrau 202 ff.
Heimatvorbehalte der Ehefrau 202.
Beendigung der Heimatfolge 204.
Erwerb einer neuen Heimat seitens des Mannes 204.
Lebt die verlorene Ehefrauenheimat wieder auf? 205.
Gültigkeit der Ehe, Voraussetzung des Heimaterwerbs 205 ff.
Geltendmachung der Nichtigkeit der Ehe 208 ff.
Tod des Mannes 209.
Uebergang des Anspruches auf Heimatverleihung auf die Ehefrau 210—11.
Heimat der Ehefrau bei zeugnisloser Ehe 116—20.
Heimatfolge des außerehelichen Kindes, wenn die bisher heimatlose bayrische Mutter eine Heimat durch Verehelichung erwirbt 198; — wenn die bisher nicht staatsangehörige Mutter eine Heimat durch Verehelichung erwirbt 199.
Heimat der Ehefrau nach älterem pfälzischen Recht 520—21.
Heimaterwerb der Ehefrau nach neuerem pfälzischen Recht 528.

Art. 5. (5.)

Mit dem Bürgerrechte wird das Heimatrecht in der Gemeinde erworben.

Wer das Bürgerrecht in einer andern Gemeinde nur in Folge Hausbesitzes oder unter Beibehaltung seines bisherigen Bürgerrechts erwirbt, erlangt das Heimatrecht in jener Gemeinde nur dann, wenn er durch eine an die Verwaltungen beider Gemeinden abgegebene Erklärung auf sein bisheriges Heimatrecht verzichtet und das Heimatrecht in der Gemeinde anspricht, in welcher er zuletzt Bürger wird.

Aenderung des Charakters der Heimat bei Erwerb des Bürgerrechts in der Gemeinde der bisherigen Heimat 76.
Gemeindegliedschaft nach früherem Recht 212 ff.
Ansässigkeit gibt Gemeindegliedschaft nicht 213.
Das nach Art. 201 Gem.O. erworbene Bürgerrecht gibt die Heimat 213 ff.
Das Bürgerrecht wird kraft Verleihung erworben 218—20.
Verlust des Bürgerrechts hat nicht den Verlust der Heimat zur Folge 221.
Wo hat der Besitzer mehrerer Bürgerrechte die Heimat? 221 ff.
Aelteres Heimat- und neues, nur „auf Grund Hausbesitzes“ erworbenes Bürgerrecht 224 ff.; — spätere Erlangung der Befähigung zum Bürgerrechtserwerb nach Art. 11 Gem.O. 227.

Art. 6. (6.)

Anspruch auf Verleihung des Heimatrechtes in der Aufenthaltsgemeinde haben jene Angehörigen des bayerischen Staates, welche im Alter der Volljährigkeit ununterbrochen vier Jahre lang freiwillig und selbständig in der Gemeinde sich aufgehalten, während dieser Zeit direkte Steuern an den Staat bezahlt, ihre Verpflichtungen gegen die Gemeindekasse und Armenkasse erfüllt, Armenunterstützung aber weder beansprucht noch erhalten haben.

Der in Abs. 1 bezeichnete Aufenthalt muß bis zur Geltendmachung des Anspruches fortdauern; der letztere wird jedoch dadurch nicht ausgeschlossen, daß die sonstigen Voraussetzungen des Abs. 1 nicht mehr gegeben sind.

Stirbt der Ehemann nach Anmeldung des Anspruches, so geht letzterer auf die Wittwe und auf die ehelichen, noch keine selbständige Heimat besitzenden Kinder über. Die Vorschriften des Art. 1 Abs. 3 und des Art. 4 Abs. 2 Satz 2 finden Anwendung.

Als Unterbrechung des Aufenthaltes gilt nicht eine vorübergehende Entfernung, bei welcher aus den begleitenden Umständen erhellt, daß nicht beabsichtigt war, den Aufenthalt aufzugeben; bei Beurtheilung der Freiwilligkeit des Aufenthaltes ist die Verbüßung geringfügiger Freiheitsstrafen sowie solcher Freiheitsstrafen, welche an die Stelle uneinbringlicher Geldstrafen getreten sind, nicht in Betracht zu ziehen.

Als selbständig sind nicht zu erachten:

1. entmündigte Personen;
2. Dienstboten und Gewerbsgehilfen, die in die häusliche Gemeinschaft des Dienstherrn aufgenommen sind, sowie Kinder, die dem elterlichen Hausstand angehören und von dem Familienhaupt unterhalten werden.

Steuern der Ehefrau, sofern nicht die eheliche Gemeinschaft nach § 1575 des Bürgerlichen Gesetzbuchs aufgehoben ist, und der minderjährigen im elterlichen Unterhalte stehenden Kinder sind dem Familienhaupte zuzurechnen.

Heimaterwerb auf Grund inniger Beziehungen vor 1825 228—36; — domicilium; Aufenthaltsbewilligung; Verjährung 228—30; — Heimat der Dienstboten und Arbeiter 231—32; — Heimat infolge Verunglückung? 233; — Heimat durch Verehelichung 234—35; — Recht des fränkischen Kreisschlusses 236 ff.; — Heimaterwerb kraft inniger Beziehungen nach dem Gesetz von 1825 238—43; — Heimat kraft Ansässigmachung 238 ff.; — Heimat kraft Hilfeleistung bei öffentlicher Not 242; — Heimat kraft Verehelichung 242—43.
Geltendes Recht. Allgemeines 244—46.
Erwerbung der selbständigen Heimat seitens eines bisher ursprünglich Beheimateten in der Aufenthaltsgemeinde 76.
Begriff des Aufenthalts 246—48; — Erlaubtheit des Aufenthalts 249; — Unterbrechung des Aufenthalts 250 ff.; — Unschädliche Unterbrechung 251—55; Aufenthalt in ausmärkischen Bezirken 255; — Folge der Aufgabe des Aufenthalts oder seiner schädlichen Unterbrechung 256.
Freiwilligkeit des Aufenthalts 256—64.
Aufenthalt des Geschäftsunfähigen oder in der Geschäftsfähigkeit Beschränkten 256—57.
Zwang 258—59.
Rechtliche Verpflichtung zur Wahl eines Aufenthaltsortes 259.
Hat die Ehefrau einen freiwilligen Aufenthalt? 259.
Aeußere Umstände, welche den Willen beeinflussen, ohne ihn aufzuheben 260—61.
Beendigung der Freiwilligkeit 262 ff.
Unterbrechung der Freiwilligkeit; schädliche, unschädliche 263 ff.
Freiheitsentziehung 263—64.
Volljährigkeit 265—66.
Empfang oder Beanspruchung einer Armenunterstützung 266—67.
Besitz der bayrischen Staatsangehörigkeit 267—71.
Bildet der Besitz des Bürgerrechts ein Hindernis der Anspruchserwerbung? 273.
Geschlecht, Beruf, Zivilstand, bisherige Heimat — sind für Erwerbung des Anspruchs gleichgültig 272.
Selbständigkeit 273—82; — Entmündigung 274; — Konkursverfahren 275; Bestellung eines Pflegers 275; — Dienstboten 275—77; — Gewerbsgehilfen 277—79; — Kinder 279—81.
Sind noch andere Personen unselbständig als die in Art. 6 v aufgeführten? 281—82.
Steuerzahlung; Erfüllung öffentlich-rechtlicher Verpflichtungen 281—91; — Veranlagung in der Aufenthaltsgemeinde 283; — Veranlagung für die 4 Aufenthaltsjahre 284—85; — Zurechnung von Steuern an das Familienhaupt 285—86; — Bezahlung der Steuern 286; — in welcher Weise muß die „Bezahlung" erfolgt sein? 287; — wann muß die Bezahlung erfolgt sein? 288—89; — Steuerzahlung keine Eigenschaft des Aufenthalts 290.
Erfüllung sonstiger öffentlich-rechtlicher Verpflichtungen 290—91.
Wann ist der Anspruch begründet? 321.
Aufenthalt vor dem 1. September 1868 72 f. Art. 47 IV.
Wert des Aufenthalts vor dem 25. Juni 1896 323.
Müssen die anspruchsbegründenden Tatsachen in einem Zeitpunkt zusammentreffen? 324
Wann ist der Anspruch entstanden? 325.
Anmeldung des Anspruchs 325, 332 ff.
Wer muß die Anmeldung betätigen? 332 ff.
Abgabe der Erklärung an die Gemeindeverwaltung 335.
Form der Erklärung 335—36.

Inhalt der Erklärung 336.
Verjährung des Anspruchs auf Heimatverleihung? 326.
Bedingte Erhebung des Anspruchs 328.
Unverlierbarkeit des Anspruchs 329.
Vertragliche Einschränkung des Anspruchs 329ff.
Verzicht auf den Anspruch 329.
Zurücknahme des erhobenen Anspruchs 331.
Verfahren bei Anmeldung des Anspruchs durch den Berechtigten 343ff.
Erklärung der Gemeinde auf den Anspruch 345.
Weigerung der Gemeinde, eine Erklärung abzugeben 345.
Rechtliche Stellung der Gemeinde gegenüber dem Antragsteller 345—46.
Ablehnung des Anspruchs seitens der Gemeinde 346.
Der rechtskräftig abgewiesene Anspruch gilt als nicht erhoben 351.
Rechtskräftige Ablehnung des Anspruchs hindert nicht, einen neuen Anspruch zu erheben 351.
Anspruch auf Verleihung der pfälzischen Heimat 534.
Unvererblichkeit des Anspruchs 333.
Uebergang des Heimatverleihungsanspruchs auf eheliche Kinder 176—185.
Bedeutung der Novelle vom 17. Juni 1896 176—77.
Voraussetzung der Nachfolge in den Anspruch ist die Anmeldung desselben 179.
Begründetheit des Anspruchs zur Zeit des Todes des Berechtigten 180.
Ob der Anspruch begründet war, wird nach der Person des Verstorbenen beurteilt 181.
Rechtliche Bedeutung des Uebergangs des Heimatanspruchs 181.
Zeitpunkt des Heimaterwerbs seitens der Kinder 181.
Bezahlung der Heimatgebühr 181—82.
Uebergang der Heimat auf die Enkel? 182
Das Kind erlangt auch kraft Nachfolge in den Anspruch nur die „ursprüngliche" Heimat 182.
Ein nicht mehr vorhandener Anspruch kann nicht übergehen 183.
Willenserklärung seitens des Kindes? 183ff.
Eintritt des Kindes in den Prozeß 184—85.
Begriff der Ehelichkeit eines Kindes 185—94 vgl. zu Art. 1.
Uebergang des Heimatverleihungsanspruchs auf ein außereheliches Kind? 200.
Uebergang des Heimatverleihungsanspruchs auf die Ehefrau 210—11.

Art. 7. (7.)

Anspruch auf Verleihung des Heimatrechtes in der Aufenthaltsgemeinde haben auch jene Angehörigen des bayerischen Staates, welche im Alter der Volljährigkeit ununterbrochen sieben Jahre lang freiwillig in der Gemeinde sich aufgehalten und während dieser Zeit Armenunterstützung weder beansprucht noch erhalten haben.

Der in Abs. 1 bezeichnete Aufenthalt muß bis zur Geltendmachung des Anspruches fortdauern; der letztere wird jedoch dadurch nicht ausgeschlossen, daß der Berechtigte nach Ablauf der siebenjährigen Frist Armenunterstützung beansprucht oder erhalten hat.

Die Bestimmungen des Art. 6 Abs. 3 und 4 finden hier gleichmäßige Anwendung.

Voraussetzungen im einzelnen s. zu Art. 6; 246—273, 291—293.
Uebergang des Heimatverleihungsanspruches auf eheliche Kinder 176—185, vgl. bei Art. 6.

Art. 8. (7a.)

Der in Art. 6 und 7 bezeichnete Anspruch kann auch von der

bisherigen Heimatgemeinde des Berechtigten und in Beziehung auf Personen, welche eine vorläufige Heimat besitzen, vom k. Fiskus erhoben werden.

Hiegegen kann der Berechtigte Einspruch erheben; seinem Einspruche muß stattgegeben werden, wenn die gesetzlichen Voraussetzungen des Anspruches nicht vorliegen oder wenn die Heimatänderung für ihn mit erheblichen Nachtheilen verbunden wäre.

Von der erfolgten Erhebung des Anspruches hat die Aufenthaltsgemeinde den Berechtigten zu benachrichtigen und ihm zur Geltendmachung des Einspruches eine ausschließende Frist von vierzehn Tagen vorzusetzen.

Wird Einspruch erhoben, so ist die Heimatgemeinde beziehungsweise der k. Fiskus hievon in Kenntnis zu setzen; wird der Anspruch aufrecht erhalten, so hat darüber die Gemeindeverwaltung der Aufenthaltsgemeinde Beschluß zu fassen.

Gegen den Beschluß der Aufenthaltsgemeinde kann binnen vierzehn Tagen nach der Eröffnung desselben die Entscheidung im Verwaltungsrechtswege (Art. 23 ff.) beantragt werden.

Art. 9. (8.)

Die Gemeindeverwaltung kann jedem Angehörigen des bayerischen Staates das Heimatrecht auch dann, wenn ein gesetzlicher Anspruch nicht besteht, auf Ansuchen verleihen und hiebei mit dem Bewerber die Bedingungen vereinbaren, von deren Erfüllung die Verleihung des Heimatrechts abhängig gemacht wird.

In Gemeinden mit städtischer Verfassung ist zu einer solchen Verleihung die Zustimmung der Gemeindebevollmächtigten erforderlich.

Bedeutung der „Verleihung" im allgemeinen 57.
Inhalt der Heimat ist der vertraglichen Regelung entrückt 57.
Heimaterwerb durch Vertrag nach älterem Recht 414—21; — Gültigkeit des Vertrages 415; — Der Vertrag muß eine Heimatverleihung betreffen 416; — Form des Vertrages 417; — Anfechtung desselben 417; — Heimatvorbehalt und seine Wirkung 417 ff. — Heimatverleihung an dritte Personen 420; — Bedingungsweise Verleihung der Heimat 420.
Gegenwärtiges Recht 421—34.
Vertragliche Natur der Verleihung nach Art. 9 421.
Nur gegenwärtige Heimatverhältnisse können geregelt werden, nicht künftige 421.
Verträge sind nur möglich zwischen der Gemeinde und dem Heimatbewerber, nicht Dritten 422.
Vorverträge sind ohne rechtliche Wirkung 422.
Bedingte Verträge; betagte Verträge 423.
Verträge, welche dem Wesen der Heimat widersprechen sind ungültig 423.
Abänderung der gesetzlichen Heimatfolge durch Verträge zwischen der Gemeinde und demjenigen, dessen Heimat andere folgen, ist nicht zulässig 424.
Durch Vertrag kann niemand eine mehrfache Heimat erlangen 425.
Endtermin bei Heimaterwerb durch Vertrag unzulässig 425.
Der Heimatverleihungsvertrag muß den Bestimmungen über Verträge entsprechen 425—26.
Zustimmung der Gemeindebevollmächtigten in Städten 426.
Bescheinigung über Vorhandensein der Heimat 426.
Vertragsantrag und Annahme desselben 427.
Besondere Voraussetzungen des Erwerbs durch Vertrag? 427.
Bürgerrecht: Hemmnis der Wirkung eines Heimatvertrags 427—28.
Vertrag eines in der Gemeinde bereits ursprünglich Beheimateten über Verleihung der selbständigen Heimat 76, 428—29.
Anfechtung des Vertrags 429—30.
Gegenleistungen des Heimaterwerbers 431.
Inhalt der Gegenleistung 432.
Abhängigkeit der Heimatverleihung von der Erfüllung der Gegenleistung 433.
Anspruch der Gemeinde auf die Gegenleistung 433 ff.
Beschlüsse über Verleihung der Heimat sind gebührenpflichtig 434.
Heimatfolge des Kindes, wenn der bisher heimatlose Vater durch Vertrag eine Heimat verliehen erhält 168—69.
Was gilt, wenn das Kind früher oder später als der Vater bayrischer Staatsangehöriger geworden ist, aber keine selbständige Heimat erworben hat? 166—67.
Heimatfolge des außerehelichen Kindes, wenn die bisher heimatlose Mutter durch Vertrag eine Heimat verliehen erhält 198.
Heimatfolge des außerehelichen Kindes, wenn die bisher nicht staatsangehörige Mutter eine Heimat durch Vertrag verliehen erhielt 198—99.
Verleihung der Heimat bei geltend gemachtem, aber unbegründetem Anspruch 339 ff.
Verleihung der Heimat nach neuerem pfälzischen Recht 531.
Vertragliche Verleihung des Bürgerrechts s. Art. 5.

Art. 10. (9.)

Nichtbayern können auf Grund der vorstehenden Art. 6 und 7 den Anspruch auf Verleihung der Heimat in einer bayerischen Gemeinde erlangen; desgleichen sind die Gemeinden befugt, die Heimat nach Maßgabe des vorstehenden Art. 9 einem Nichtbayern zu verleihen; die Verleihung der Heimat wird jedoch in allen diesen Fällen erst wirksam, wenn die betreffende Person die bayerische Staatsangehörigkeit erworben hat.

Die Erwerbung des Heimatrechtes erstreckt sich auch auf die Ehefrau und auf die noch unselbständigen — ehelichen oder denselben nach Art. 1 Abs. 3 des Gesetzes gleichgeachteten — Kinder, wenn dieselben die bayerische Staatsangehörigkeit erworben haben.

Die Kinder einer Nichtbayerin, welche durch Verehelichung die Heimat in Bayern erwirbt, folgen dieser Heimat nur dann, wenn sie durch jene Verehelichung legitimirt werden.

Bestehen in einem nicht zum Deutschen Reiche gehörigen Staate Bestimmungen, welche die Erwerbung des Heimatrechtes dortselbst den Angehörigen des bayerischen Staates mehr erschweren, als es durch gegenwärtiges Gesetz Ausländern gegenüber geschieht, so können auf dem Wege der Verordnung die Angehörigen eines solchen Staates denselben Beschränkungen unterworfen werden.

Geschichte der Fassung des Art. 10 268 ff.
Art 10 in seinem Verhältnis zu Art. 6 und 7 268 ff.
Ist Nichtbesitz der Staatsangehörigkeit während der Aufenthaltszeit Voraussetzung des Anspruchs? 268.
Heimatfolge des Kindes, wenn der bisher nicht-bayrische Vater eine Heimat kraft Art. 10 erwirbt 168—70.
Was gilt, wenn das Kind früher oder später als der Vater bayrischer Staatsangehöriger geworden ist, aber keine selbständige Heimat erworben hat? 171.
Ist spätere Gewinnung der Selbständigkeit von Bedeutung? 171.
Welches Kind ist „unselbständig“ im Sinne des Art. 10 II H.G.? 172 ff.
In welchem Zeitpunkt muß die Selbständigkeit vorhanden sein, um die Heimatfolge auszuschließen? 174.
Selbständige Kinder können auch in keinen Anspruch des Vaters auf Heimatverleihung eintreten 178.
Begriff der Ehelichkeit eines Kindes 185—94; s. zu Art. 1.
Folgt das außereheliche Kind, dessen Mutter bisher nicht Staatsangehörige war, aber kraft Art. 10 die Heimat in Bayern erwirbt, der mütterlichen Heimat? 198 ff.
Die Ehefrau folgt der Heimat des bisher Nicht-Staatsangehörigen, welcher eine Heimat erwirbt 201.
Vertragliche Verleihung der Heimat an Nichtbayern 421.
Heimaterwerb des Nichtpfälzers in der Pfalz nach älterem Recht 522—23.

Art. 11. (10.)

Heimatlose Angehörige des bayerischen Staates, welche sich im Alter der Volljährigkeit vier Jahre ununterbrochen freiwillig und selbständig in einer bayerischen Gemeinde aufgehalten, während dieser Zeit direkte Steuern an den Staat bezahlt, ihre Verpflichtungen gegen die Gemeinde- und Armenkasse erfüllt, Armenunterstützung aber weder beansprucht noch erhalten haben, erlangen in dieser Gemeinde kraft des Gesetzes die Heimat.

Heimatlose Angehörige des bayerischen Staates, welche den vorstehend erwähnten Bedingungen nicht vollständig genügten, erlangen, wenn sie sich im Alter der Volljährigkeit ununterbrochen sieben Jahre lang freiwillig in einer bayerischen Gemeinde aufgehalten und während dieser Zeit Armenunterstützung weder beansprucht noch erhalten haben, kraft des Gesetzes die Heimat in dieser Gemeinde.

Die Bestimmungen des Art. 6 Abs. 4, 5 und 6 finden hier gleichmäßige Anwendung.

Die auf Grund der vorstehenden Bestimmungen erworbene Heimat erstreckt sich auch auf die Ehefrau und die ehelichen oder denselben nach Art. 1 Abs. 3 des Gesetzes gleichgeachteten Kinder, welche zwar die bayerische Staatsangehörigkeit, aber keine Heimat in einer bayerischen Gemeinde besitzen.

Heimatlose uneheliche Kinder einer Frauensperson, welche auf Grund des gegenwärtigen Artikels die Heimat erlangt, folgen der Heimat der Mutter, wenn sie die bayerische Staatsangehörigkeit besitzen.

Den Gemeinden bleibt es anheimgegeben, den auf dem Heimatrechte beruhenden Genuß an den örtlichen Stiftungen und Gemeindenutzungen für die auf Grund des gegenwärtigen Artikels Heimatberechtigten von der Bezahlung der Heimatgebühr abhängig zu machen.

Geschichtliche Entwickelung des Heimaterwerbs Heimatloser 379—81.
Wer ist heimatloser Angehöriger des bayrischen Staates? 382—83.
Können Nichtbayern heimatlose Angehörige des bayrischen Staates sein? 383 ff.
Ist ununterbrochener Besitz der bayrischen Staatsangehörigkeit eine Voraussetzung des Erwerbs? 268 ff.
Sind heimatlos auch solche, welche eine unbekannte Heimat haben? 384.
Beginn der Ersitzung 385.
Ersitzung vor dem 27. April 1872 385.
Ersitzungsaufenthalt 386—87.
Aufenthalt vor 25. Juni 1896 387.
Wann muß die Eigenschaft des heimatlosen Staatsangehörigen gegeben sein? 387.
Heimatfolge des Kindes, wenn der Vater erst nach der Geburt des Kindes eine Heimat in Bayern erwirbt 166 ff.
Im Falle des Art. 11 besteht kein Anspruch auf Heimatverleihung, daher auch kein Uebergang des Anspruchs auf Kinder 178.
Begriff der Ehelichkeit eines Kindes 185—194 s. zu Art. 1.
Heimatfolge des außerehelichen Kindes, wenn die Mutter die Heimat kraft Art. 11 H.G. erwirbt? 197.
Die Ehefrau teilt die Heimat des bisherigen heimatlosen Bayern 201.
Genuß der örtlichen Stiftungen und Gemeindenutzungen 55.
Heimaterwerb Heimatloser in der Pfalz 534.

Art. 12. (11.)

Die Gemeinden sind in den Fällen der Art. 3 Abs. 1, Art. 6, 7 und 8 berechtigt, die Erwerbung des Heimatrechtes von Bezahlung einer Gebühr abhängig zu machen, welche im Falle des Art. 3 Abs. 1

in Gemeinden von mehr als 20000 Seelen . . . 80 ℳ,
in Gemeinden von mehr als 5000 Seelen . . . 60 ℳ,
in Gemeinden von mehr als 1500 Seelen . . . 40 ℳ,
in kleineren Gemeinden . . . . 20 ℳ,

in den Fällen der Art. 6, 7 und 8 die Hälfte dieser Beträge nicht übersteigen, für Ausländer aber, soweit nicht Staatsverträge entgegenstehen, bis zum Doppelten erhöht werden darf.

Im Falle des Art. 8 ist diese Gebühr, wenn nicht die Voraussetzungen des nachfolgenden Abs. 4 vorliegen, von der bisherigen Heimatgemeinde beziehungsweise vom k. Fiskus zu entrichten.

Wer in einer Gemeinde, an welche er selbst oder im Falle des Abs. 2 seine frühere Heimatgemeinde beziehungsweise der k. Fiskus die Heimatgebühr bezahlt hat, später das Bürgerrecht erwirbt, darf den bezahlten Betrag an der Bürgeraufnahmsgebühr in Abzug bringen.

Angehörige des bayerischen Staates, welche auf Grund des Art. 7 oder Art. 7 mit 8 das Heimatrecht in der Aufenthaltsgemeinde erwerben, sind von Entrichtung der Heimatgebühr befreit, wenn sie während des dort bezeichneten Zeitraumes von sieben Jahren ununterbrochen in dieser Gemeinde als Dienstboten, Gewerbsgehilfen, Fabrikarbeiter oder Lohnarbeiter sich ernährt haben und zu einer Freiheitsstrafe richterlich nicht verurtheilt worden sind.

Verlust des Anspruchs auf gebührenfreie Heimatverleihung 327.
Verzicht, Zurücknahme rc. 329 ff.
Uebergang des Anspruchs auf unentgeltliche Verleihung der Heimat auf die ehelichen Kinder 176—85.
Entscheidung über die Verpflichtung zur Zahlung von Heimatgebühren im verwaltungsrechtlichen Verfahren über den Anspruch 350.
Verpflichtung der Gemeinde (des Fiskus) zur Zahlung der Heimatgebühr im Falle des Art. 8 367.
Streitigkeiten über die Heimatgebühr 368.
Bürgerrechtsgebühren 377.
Bei Ersitzung der Heimat kraft Art. 11 können Heimatgebühren nicht erhoben werden 388.
Für Verleihung einer vorläufigen Heimat ist keine Heimatgebühr zu entrichten 485.

Art. 13. (12.)

Für Verhandlungen über den Vollzug der Art. 6 bis 8 wird eine andere als die Gebühr, welche für die Urkunde über die Verleihung des Heimatrechts zu entrichten ist, nicht erhoben.

Gebührenfreiheit des Beschlusses, welcher die Heimat verleiht 339.
Urkunde über die Heimatverleihung; Gebühr hierfür 339.
Gebühren bei instanzieller Entscheidung über den Anspruch 351.
Gebührenfreiheit des Beschlusses der Heimatgemeinde im Falle des Art. 8 364.
Verträge über Verleihung des Heimatrechts sind gebührenpflichtig 434.
Gebühren im verwaltungsrechtlichen Verfahren über das Bestehen einer Heimat 464.

Art. 14. (13.)

Die Heimat in einer Gemeinde gewährt:

a) das Recht im Gemeindebezirke sich aufzuhalten,

b) für den Fall eintretender Hilfsbedürftigkeit Anspruch auf Unterstützung durch die Gemeinde nach Maßgabe des Gesetzes über die Armenpflege.

Definitiv angestellte Beamte und Diener des Staats, der Kirche oder der Gemeinde, einer öffentlichen Korporation oder Stiftung, Offiziere, Aerzte im Offiziersrange und obere Beamte der Militärverwaltung sind, wenn sie den Pensionsanspruch durch freiwilligen Verzicht auf ihre dienstliche Stellung oder zur Strafe verloren haben, bei eintretender Hilfsbedürftigkeit gleich ihren Frauen oder Wittwen und Kindern nach Maßgabe des Gesetzes über die Armenpflege aus derjenigen Kasse zu unterstützen, aus welcher sie unter anderen Umständen eine Pension zu beziehen gehabt hätten. Notare, welche ihre dienstliche Stellung durch freiwilligen Verzicht oder zur Strafe verloren haben, sind gleich ihren Frauen oder Wittwen und Kindern bei eintretender Hilfsbedürftigkeit nach Maßgabe des Gesetzes über die Armenpflege aus der Staatskasse zu unterstützen.

Verehelicht sich eine der im vorstehenden Absatze benannten Personen erst nach dem Ausscheiden aus dem Diensteverbande, so haben die Ehefrau und die Kinder dieser Ehe sowie die durch die Ehe legitimirten Kinder lediglich den oben unter lit. b erwähnten Anspruch auf Unterstützung durch die Gemeinde.

Schullehrer, deren Frauen oder Wittwen und Kinder sind, so lange die nach Art. 2 begründete Heimat besteht, bei eintretender Hilfsbedürftigkeit von der Schulgemeinde, in welcher der Schullehrer zuletzt angestellt war, zu unterstützen.

Verehelicht sich ein Schullehrer erst nach dem Ausscheiden aus dem Dienstesverbande, so haben die Ehefrau und die Kinder dieser Ehe sowie die durch die Ehe legitimirten Kinder den oben unter lit. b erwähnten Anspruch an jene politische Gemeinde, in welcher der Mann heimatberechtigt ist oder zuletzt heimatberechtigt war.

Inhalt der Heimat 45—56.
Geschichtliche Entwickelung 45.
Aufenthaltsrecht 46 ff.
Aufenthaltsrecht und Freizügigkeit 47—48.
Unterstützungspflicht der Gemeinde 48; — Ausnahmen 49.
Unterstützungspflicht besteht nur, solange der Bedürftige in Bayern weilt 49.
Pflicht der Uebernahme eines außerhalb Bayerns befindlichen Bayern 49—50.
Unterstützungspflicht gegenüber ehemaligen Beamten und ihren Angehörigen 50—52.
Unterstützungspflicht gegenüber Schullehrern und ihren Angehörigen 52—53.
Streit zwischen Heimatgemeinde und öffentlicher Kasse 53—54.
Heimatrecht gibt Anspruch auf das Bürgerrecht 54—55.
Inhalt der Heimat nach pfälzischem Recht 525.
Recht auf Gemeindenutzungen nach pfälzischem Rechte 525.
Einspruchsrecht pfälzischer Gemeinden gegen Verehelichung? 525—26.

Art. 15. (14.)

Die Heimat geht verloren:

1. durch Erwerbung der Heimat in einer andern bayerischen Gemeinde;
2. mit dem Verluste des bayerischen Indigenats.

Verlust des bayrischen Indigenats: vor 1812 5; 1812—18 5; 1818—71 6—9.
Erwerb eines fremden Indigenats 6; — Auswanderung 7—8; — Heirat 8—9; — Entlassung? 9.
Seit 1871 14—24; — Entlassung 14—18; — Ausspruch der Behörde 18; — Verjährung 18 ff.; — Verlust seitens der Eltern 27, 29.
Legitimation 32—35; — Verheiratung 35—40.
Nur in einer Gemeinde kann jemand die Heimat haben 57—58.
Einfluß der Aenderungen des Gemeindebezirks auf die Heimat 59—66.
Verlust der Heimat bis 1825 440—41; — 1825—1868 441—42.
Verlust der Staatsangehörigkeit 442—43.
Wiedererwerb der Staatsangehörigkeit beseitigt nicht den Verlust der Heimat 443.
Loslösung der Heimatgemeinde vom Staatsgebiete 443.
Aufhören der Existenz der Gemeinde 444.
Verlust der Heimat durch Verleihung einer anderen 444 ff.
Wegfall der Gründe, welche den Erwerb der Heimat herbeigeführt hatten, bringt keinen Verlust 445.
Vereinbarung, daß Umstände, welche den Erwerb einer anderen Heimat bedingen, diese Wirkung nicht haben sollen? 445.
Heimat geht nicht verloren durch Verzicht 446; — durch Anerkennung, daß die wirkliche Heimatgemeinde nicht Heimatgemeinde sei 446.
Vergleich über die Heimatangehörigkeit 446—47.
Abwesenheit allein bedingt keinen Verlust der Heimat 447.
Unbekanntheit der Heimat 447.

Verlust der vorläufigen Heimat 492—94.
Verlust der Heimat in der Pfalz nach älterem Recht 520, 523 ff.
Verlust der Heimat in der Pfalz nach neuem Recht 547 ff.

Art. 16. (15.)

Kann die Heimat einer in Bayern betretenen Person nicht ermittelt werden, so ist diese Person durch die zuständige Behörde vorläufig einer Gemeinde zuzuweisen, welche dann so lange als Heimatgemeinde gilt, bis die wirkliche Heimat festgestellt oder eine neue erworben worden ist.

Hiebei ist nach folgenden Grundsätzen zu verfahren:

a) Findelkinder sollen ihre vorläufige Heimat in jener Gemeinde haben, in deren Markung sie gefunden wurden;

b) andere heimatlose Personen sind derjenigen Gemeinde zuzuweisen, in welcher sie sich während der den Heimatrecherchen unmittelbar vorausgehenden fünf Jahre zuletzt mindestens sechs Monate freiwillig und ununterbrochen aufgehalten haben;

c) wenn die unter a und b erwähnten Voraussetzungen nicht gegeben sind, insbesondere auch dann, wenn der Platz, wo ein Findelkind gefunden wurde, keiner Gemeindemarkung angehört, so ist eine Gemeinde des Verwaltungsbezirkes, in welchem das Kind gefunden oder der Heimatlose zuletzt betreten wurde, als vorläufige Heimat zu bestimmen.

Bundesangehörige, welche in den bayerischen Staatsverband aufgenommen worden sind, besitzen, so lange sie nicht eine wirkliche Heimat nach Maßgabe des Gesetzes erworben haben, die vorläufige Heimat in jener Gemeinde, in welcher sie sich zur Zeit ihrer Aufnahme niedergelassen hatten.

Beamte und öffentliche Diener, welche gemäß § 9 des Gesetzes über die Erwerbung und den Verlust der Bundes- und Staatsangehörigkeit vom 1. Juni 1870 die bayerische Staatsangehörigkeit erlangten, besitzen, solange sie nicht eine wirkliche Heimat erworben haben, die vorläufige Heimat in der Gemeinde ihrer Anstellung und, wenn der Ort der Anstellung nicht in Bayern gelegen ist, in derjenigen Gemeinde, in welcher die nächsthöhere, in Bayern befindliche Dienstbehörde des Angestellten ihren Sitz hat.

Vorläufige Heimat im allgemeinen 57, 74.
Bedeutung der vorläufigen Heimat kraft Art. 11 H.G. 382.
Geschichtliche Entwicklung der vorläufigen Heimat 465.
Rechtlicher Charakter der vorläufigen Heimat 466—68.
Voraussetzung der Anweisung einer vorläufigen Heimat 469.
Anweisung einer Heimat durch Gesetz an „aufgenommene" Bayern 469 ff.
Anweisende Behörde 481—82.
Konstitutive Bedeutung der Heimatanweisung 482.
Welche Gemeinde ist anzuweisen? 482.
Eine Heimat erhält derjenige angewiesen, in dessen Person ein Grund vorhanden ist 484.

Der Beschluß ergeht im verwaltungsrechtlichen Verfahren 484 ff.
Wann erlangen Ehefrau und Kinder eine selbständige vorläufige Heimat? 489—91.
Verlust der vorläufigen Heimat 492—94.
Anweisung einer vorläufigen Heimat in einer pfälzischen Gemeinde 551.

Art. 17. (16.)

Die Bestimmungen des Abs. 1 und 2 des vorstehenden Artikels finden auch auf Nichtbayern Anwendung, so lange deren Wegweisung aus dem Staatsgebiete nicht möglich ist.

Falls solche Personen früher in Bayern heimatberechtigt waren, sind sie jener Gemeinde zuzuweisen, in welcher sie zuletzt das Heimatrecht hatten.

In welchen Fällen ist Wegweisung eines Nichtbayern aus Bayern nicht möglich? 471 ff.
Wegweisung des Ausländers 471 ff.
Uebernahme eines Ausländers durch Bayern nach dem Gothaer Vertrag 471—77.
Wegweisung eines Staatslosen 477.
Wegweisung eines deutschen Nichtbayern 478—80.
Verlust der nach Art. 17 angewiesenen Heimat 493—94.
Bestimmung der anzuweisenden Gemeinde 482.

Art. 18. (17.)

Der auf Grund der Art. 16, 17 einem Manne angewiesenen vorläufigen Heimat folgt auch seine Ehefrau, es sei denn, daß die eheliche Gemeinschaft nach § 1575 des Bürgerlichen Gesetzbuchs aufgehoben ist.

Kinder, die noch keinen eigenen Hausstand haben, theilen die ihren Eltern angewiesene Heimat.

Die Ehefrau teilt die angewiesene Heimat 201, 205.
Vorläufige Heimat der Ehefrau, welche bisher Nichtbayerin war oder eine vorläufige Heimat hatte 485, 486, 489.
Die Ehefrau, welche eine wirkliche Heimat hatte, erlangt nicht die vorläufige des Ehemanns 486.
Voraussetzungen, unter welchen die Kinder die vorläufige Heimat der Eltern teilen 487, 489.
Teilen Ehefrau und Kinder die aus Art. 17 angewiesene Heimat des nichtbayerischen Ehemanns und Vaters? 489—91.
Verwandlung der unselbständigen vorläufigen Heimat in eine selbständige? 491.

Art. 19. (18.)

Unterstützungen, welche den in Art. 16 bis 18 erwähnten Personen nach Maßgabe des Gesetzes über die Armenpflege gewährt werden, fallen dem Staate in dem Umfange zur Last, in welchem sie sonst von der Heimatgemeinde zu tragen wären.

Die Staatsbehörden sind jedoch berechtigt, solche Personen auch außerhalb der vorläufigen Heimatgemeinde unterzubringen.

Verpflichtung des Staates zur Unterstützung 467.
Ausnahme vom Aufenthaltsrecht in der Gemeinde der vorläufigen Heimat 467.

Art. 20. (19.)

Die Ausmittlung der Heimat, sowie die Anweisung einer vorläufigen Heimat ist Amtssache.

Zuständig ist jene Distriktsverwaltungsbehörde, in deren Bezirk die Person, über deren Heimat sich Zweifel ergeben haben, ihren Wohnsitz oder bei Ermanglung eines festen Wohnsitzes den Aufenthalt hat, oder in deren Bezirk die betreffende Person gefunden oder zuletzt betreten wurde und, wenn keine dieser Voraussetzungen zutrifft, jene Distriktsverwaltungsbehörde, in deren Bezirk die Heimat angesprochen wird; in München ist die k. Polizeidirektion zuständig.

Die Entscheidung ist nach Vernehmung sämmtlicher Betheiligten zu erlassen.

Ermittlung der Heimat anläßlich des Gesuches um Ausstellung des Verehelichungszeugnisses 96.
Ermittlung der Heimat in Zweifelsfällen 453—64.
Zweifel über die Heimat 453.
Ausmittlung der Heimat von Amts wegen 455—56.
Parteirollen 455.
Zuständigkeit 456 ff.
Wohnsitz; Aufenthalt; Betretung 456.
Heimatfeststellung kann nicht einen Inzidentpunkt eines anderen Verfahrens bilden 458.
Verfahren 461—63.
Instanzenzug 462 ff.
Die Entscheidung über die Heimat schafft Recht gegen jedermann 463.
Umstoßung einer rechtskräftigen Entscheidung über die Heimat 464.
Gebühren 464.
Beschluß der Anweisung einer vorläufigen Heimat 484.
Verfahren über den Verlust der pfälzischen Heimat durch Wiederaufhebung seitens des Gemeinderats 549—50.
Feststellung der pfälzischen Heimat 550.

Art. 21. (21.)

Keine Polizeibehörde darf Personen, deren Heimat zweifelhaft oder streitig ist, aus dem Polizeibezirke ausweisen, ehe die Heimat solcher Personen ausgemittelt oder ihnen eine vorläufige Heimat angewiesen wurde.

Ebensowenig darf eine Polizeibehörde solche Personen, die ihr von einer anderen inländischen Polizeibehörde zugewiesen wurden, unter dem Vorwande des Mangels der Heimatberechtigung vor desfalls ergangener Entscheidung wegweisen.

Zuwiderhandelnde Beamte haften für alle durch die Zuwiderhandlung entstehenden Kosten und Schäden.

Unzulässigkeit der Ausweisung vor Ermittlung der Heimat 453.

Art. 22. (22.)

Die Verleihung von Heimatrechten nach den Bestimmungen des gegenwärtigen Gesetzes, sowie die Ausstellung der Heimatscheine, in=

sofern nicht auf Grund von Staatsverträgen eine andere Vorschrift getroffen wird, ist Sache der Gemeindebehörden.

Die Ausstellung der Heimatscheine darf ohne Angabe von Gründen weder verweigert noch verzögert werden.

Die Form der Heimatscheine wird durch Ministerialvorschrift geregelt.

Heimatschein als Beleg des Gesuches um Ausstellung des Verehelichungszeugnisses 96.
Nachweise und Aufzeichnungen über Heimatverhältnisse 449—53.
Rechtliche Natur der Heimatscheine 449.
Form der Heimatscheine 450—51.
Verleihung der Heimat auf Grund Art. 6—7, 8 337, 364, 367.
Zustellung des Verleihungsbeschlusses 337.
Zeitpunkt des Erwerbs der Heimat bei Verleihung kraft Art. 6, 7, 8 337—39.
Verleihung auf Grund erhobenen Anspruchs bei unbegründetem Anspruch 339 ff.
Anfechtung der Verleihung, welche bei erhobenem, aber unbegründetem Anspruch erfolgte 341 ff.

Art. 23. (23.)

Streitigkeiten

1. über das Vorhandensein eines gesetzlichen Anspruchs auf Verleihung des Heimatrechtes,
2. über das Vorhandensein eines im gegenwärtigen Gesetze begründeten Anspruchs gegen die Heimatgemeinde oder gegen die deren Stelle bezüglich der Armenunterstützungspflicht vertretende Kasse

sind nach summarischer Verhandlung und nach Vernehmung aller Betheiligten durch die zuständige Verwaltungsbehörde zu entscheiden.

Antrag auf instanziellen Bescheid ohne vorherige Anmeldung des Heimatanspruchs? 337, 345.
Beschreitung des Rechtsweges auf die Ablehnung der Gemeinde gegenüber dem Heimatanspruch 346.
Form und Name der Anrufung des Rechtsweges 346.
Besteht eine Frist zur Beschreitung des Rechtsweges? 346.
Rechtshängigkeit; Bedeutung derselben 347—48.
Verfahren im Verwaltungsrechtswege 348—49.
Inhalt der Entscheidung 350.
Entscheid über den Kostenpunkt 351.
Der rechtskräftig abgewiesene Anspruch gilt als nicht erhoben 351.
Instanzielle Würdigung des Antrages der bisherigen Heimatgemeinde (des Fiskus) auf Verleihung der Heimat 362 ff., 367.
Frist zur Erhebung des bezüglichen Antrages an die I. Instanz? 363.
Prozeßrollen im Streit über den Anspruch aus Art. 8 H.G. 363—64, 367.
Erhebung der Klage seitens desjenigen, dem wider seinen Willen auf Grund Art. 8 H.G. die Heimat verliehen werden soll 364.
Nichtigkeit des Verfahrens im Falle der Verletzung der Vorschriften des Art. 8 366.
Streitigkeiten über Heimatgebühren 368.
Erhebung des Anspruchs auf Verleihung des Bürgerrechts 375—77.
Streit über die vertragsmäßige Gegenleistung bei Heimatverleihung 434.
Anspruch auf Anweisung einer vorläufigen Heimat 484.
Streitigkeiten über den Anspruch auf Verleihung einer pfälzischen Heimat 550—51.
Anspruch gegen Staats- und öffentliche Kassen 54.

Art. 24. (24.)

Zuständig in erster Instanz ist:

1. die Kreisregierung, Kammer des Innern, wenn ein derselben unmittelbar untergeordneter Magistrat einen auf Grund dieses Gesetzes verfolgten Anspruch anerkannt oder zurückgewiesen hat;
2. außerdem im Falle des Art. 23 Ziff. 1 die der Gemeinde, gegen welche der Anspruch erhoben wird, vorgesetzte Distriktsverwaltungsbehörde, im Falle des Art. 23 Ziff. 2 die vorgesetzte Distriktsverwaltungsbehörde jener Gemeinde, in welcher die betreffende Person ihre wirkliche oder vorläufige Heimat hat.

Zuständige I. Instanz 346—47.
Bei Streitigkeiten über die Heimatgebühren 368—69.

Art. 25. (25.)

Gegen die Entscheidung der ersten Instanz kann jeder Betheiligte binnen einer Nothfrist von vierzehn Tagen Beschwerde an die vorgesetzte Verwaltungsstelle ergreifen, welche in letzter Instanz entscheidet, — unbeschadet dessen, was das Gesetz vom 8. August 1878, betreffend die Errichtung eines Verwaltungsgerichtshofes und das Verfahren in Verwaltungsrechtssachen, bestimmt.

Anfechtung der Entscheidung über die Heimatfeststellung 462—63; — über die Anweisung einer vorläufigen Heimat 494; — über den Anspruch auf Verleihung der Heimat 351; — über die Heimatgebühr 368—69.

Art. 26. (27.)

Als Betheiligte im Sinne der Art. 20 Abs. 3, Art. 23 und 25 erscheinen:

1. die Gemeinden, welchen eine Verpflichtung auf Grund gegenwärtigen Gesetzes aufgelegt werden soll oder durch die Entscheidung erster Instanz aufgelegt worden ist, sowie diejenigen Gemeinden, welche den in Art. 8 bezeichneten Anspruch erhoben haben;
2. der k. Fiskus, wenn es sich um Anweisung einer vorläufigen Heimat, um einen von ihm gestellten Antrag im Sinne des Art. 8 oder um Ansprüche handelt, welche gegen die Staatskasse auf Grund gegenwärtigen Gesetzes erhoben werden;
3. die Vertreter der in Art. 14 Abs. 2 erwähnten Kassen, wenn auf Grund gegenwärtigen Gesetzes ein Anspruch gegen jene Kassen erhoben wird;
4. jene Personen, deren Heimat in Frage oder welchen eine vorläufige Heimat anzuweisen ist, dann jene Personen, welchen die Anerkennung ihrer im gegenwärtigen Gesetz begründeten Ansprüche versagt wird.

Die betheiligten Gemeinden werden durch die Gemeindeverwaltungen vertreten; hat jedoch auf Grund des Art. 20 Abs. 2 der Magistrat einer der Kreisregierung unmittelbar untergeordneten Stadt zu entscheiden, so steht die Vertretung der Interessen dieser Stadt den Gemeindebevollmächtigten zu.

Beteiligte im Verfahren nach Art 6, 7 348.
Beteiligte im Verfahren nach Art 8 364—65.
Beteiligte bei Anweisung einer vorläufigen Heimat 484—85.
Beteiligte bei Feststellung einer Heimat 458—61.
Wessen Heimat ist in Frage? 459.
Gemeindebevollmächtigte 459
Fiskus 459.

Art. 27. (28.)

Der Art. 5 Abs. 2 ist für die Pfalz nicht anwendbar; die Art. 6, 7 und 8 finden in der Pfalz nur dann Anwendung, wenn von einem Angehörigen der rechtsrheinischen Landestheile oder für denselben von seiner Heimatgemeinde beziehungsweise vom k. Fiskus die Verleihung der Heimat in einer pfälzischen Gemeinde beansprucht wird.

Sonderbestimmungen für die Pfalz im allgemeinen 66.
Territorialprinzip hinsichtlich der Geltung der Gesetze 66.
Pfalz im Verhältnis zum rechtsrheinischen Bayern früher Ausland und umgekehrt 67.
Pfälzisches Recht und polizeiliches Eherecht 67, 68.
Zivilrechtliche Bestimmungen, Einfluß auf die Heimat 68, 69.
Aelteres pfälzisches Recht 515—24.
Uebersicht über den Heimaterwerb in der Pfalz 536—38.
Bürgerrechtserwerb in der Pfalz 528—31.
Anspruch von rechtsrheinischen Bayern und Nichtbayern auf Heimatverleihung 534.

Art. 28. (29.)

Jeder selbständige volljährige Angehörige der Pfalz ist berechtigt, in jeder pfälzischen Gemeinde, in welcher er sich niedergelassen hat, die Heimat zu erwerben.

Dieser Heimaterwerb ist bedingt durch die Abgabe einer hierauf bezüglichen Erklärung bei dem Bürgermeisteramte der bisherigen und der neuen Heimatgemeinde, sowie durch Entrichtung der Heimatgebühr, wenn eine solche in der Gemeinde eingeführt ist und soferne diese Gebühr nicht ausdrücklich nachgelassen wurde.

Nach Erfüllung dieser Bedingungen tritt die Erwerbung der neuen Heimat kraft des Gesetzes ein.

Binnen Jahresfrist nach dem Eintritte dieses Heimaterwerbes kann durch den Gemeinderath der neuen Heimatgemeinde die Wiederaufhebung des neuen Heimatrechts beschlossen werden, wenn der neue Heimatangehörige während jener Frist öffentliche Armenunterstützung angesprochen oder erhalten hat.

Gegen einen solchen Beschluß steht sowohl der betreffenden Person, als auch der früheren Heimatgemeinde innerhalb vierzehntägiger Frist die Beschwerde zu, welche unter Anwendung der Art. 23

Ziff. 1, Art. 24 Ziff. 2 und Art. 25 zu bescheiden ist. Mit dem Tage, an welchem der Beschluß rechtskräftig geworden ist, tritt das frühere Heimatrecht wieder in Wirksamkeit; in diesem Falle ist aber die Gemeinde zur Rückzahlung der empfangenen Heimatgebühren verpflichtet, soweit solche nicht zur Unterstützung der betreffenden Person verwendet worden sind.

Heimaterwerb durch Niederlassung und Erklärung 532, 533.
Nichtpfälzer können auf diesem Wege die Heimat nicht erwerben 532.
Selbständigkeit 532, 273—282.
Auch der in einer Gemeinde bisher unselbständig Beheimatete kann auf solche Weise die selbständige Heimat erwerben 536.
Heimaterwerb erfolgt kraft Gesetzes, nicht durch Vertrag 533.
Zurückweisung der Erklärung durch den Gemeinderat? 532 Anm. 22.
Verlust der Heimat durch Wiederaufhebung 533, 547—50.
Wiederaufleben der früheren Heimat 533, 534, 548—50.
Rückzahlung der Heimatgebühr bei Wiederaufhebung der Heimat 544.
Verfahren bei Wiederaufhebung der Heimat 549—50.

Art. 29. (30.)

Anstatt des Art. 12 gelten für die Pfalz folgende Bestimmungen:

Die Gemeinden der Pfalz sind berechtigt,

1. von Personen, welche auf Grund des Art. 5 Abs. 1 oder des Art. 28 eine neue Heimat selbständig erwerben,
2. von Personen, welche auf Grund des Art. 2 eine neue Heimat erworben haben, wenn dieselben die Theilnahme an den zum Privatvortheile der Gemeindeangehörigen verwendeten Nutzungen des Gemeindevermögens ansprechen, oder wenn sie seit zwei Jahren in der Gemeinde mit Haus-, Grund- oder Gewerbsteuer angelegt sind, eine Heimatgebühr bis zum Höchstbetrage von 170 ℳ und
3. von Personen, welche auf Grund der Art. 6, 7 oder 8 eine neue Heimat selbständig erwerben, eine Heimatgebühr im Höchstbetrage von 85 ℳ zu erheben.

Innerhalb dieses Maximalbetrages wird die Heimatgebühr nach den durchschnittlichen Jahreserträgnissen des Gemeinde- und Stiftungsvermögens, soweit dessen Renten oder Nutzungen für öffentliche Zwecke oder zum Privatvortheile der Gemeindeangehörigen verwendet werden, in der Art berechnet, daß die Heimatgebühr in keinem Falle das Zehnfache des Betrages übersteigen darf, welcher sich bei Theilung der Summe jener Erträgnisse durch die Zahl der zur Antheilnahme berechtigten Familien ergibt.

Für Ausländer können, soweit nicht Staatsverträge entgegenstehen, die für Inländer festgesetzten Beträge bis zum Doppelten erhöht werden.

Die Erhebung einer Heimatgebühr ist nur zulässig, wenn ein Tarif festgestellt und öffentlich bekannt gemacht worden ist.

Zuständig zur Feststellung dieses Tarifs ist der Gemeinderath, für dessen Beschluß die Genehmigung der vorgesetzten Distrikts-verwaltungsbehörde erforderlich ist.

Ergeben sich an den Grundlagen der Berechnung wesentliche Aenderungen, welche eine nachhaltige Minderung der Heimatgebühren zur Folge hätten, so kann die vorgesetzte Behörde eine Revision des Tarifs anordnen.

Dem Gemeinderathe steht es frei, die tarifmäßigen Gebühren ganz oder theilweise zu erlassen oder Fristenzahlungen zu gestatten, in welchem letzteren Falle das Heimatrecht mit Bezahlung der ersten Rate erworben wird.

Wenn in einer Gemeinde die eventuelle Antheilnahme an Stiftungen oder Wohltätigkeitsanstalten bei Feststellung des Tarifs in Anschlag gekommen ist, so hat ein verhältnismäßiger Theil der Heimatgebühr in die Kassen der betreffenden Stiftungen oder Anstalten zu fließen.

Angehörige des bayerischen Staates, welche nach siebenjährigem Aufenthalte in der Gemeinde das Heimatrecht erwerben, sind von der Entrichtung der Heimatgebühr befreit, wenn sie während des bezeichneten Zeitraumes ununterbrochen in dieser Gemeinde als Dienstboten, Gewerbsgehilfen, Fabrikarbeiter oder Lohnarbeiter sich ernährt haben und zu einer Freiheitsstrafe richterlich nicht verurteilt worden sind.

Im Falle des Art. 8 ist die Heimatgebühr, wenn nicht die Voraussetzungen des vorstehenden Abs. 10 vorliegen, von der bisherigen Heimatgemeinde beziehungsweise vom k. Fiskus zu entrichten.

Heimatgebühren in der Pfalz 534—47.
Heimatgebühr und Bürgerrechtsgebühr 534.
In welchen Fällen kann Heimatgebühr erhoben werden, in welchen nicht? 534—35.
Uebersicht über den Heimaterwerb in der Pfalz nebst Bestimmungen über die Heimatgebühr 536—38.
Höhe der Gebühr 539 ff.
Erträgnis des Gemeinde- und Stiftungsvermögens 539—41.
Zur Anteilnahme berechtigte Familien 541.
Oeffentliche Bekanntmachung des Tarifs 543.
Heimatgebühr eine Voraussetzung des Heimaterwerbs 543.
Staatsaufsicht bei Festsetzung des Tarifs 543.
Rückzahlung der Heimatgebühr 544.
Befreiung von der Heimatgebühr 546—47.

Art. 30. (31.)

Der aus dem Heimatrechte in einer pfälzischen Gemeinde fließende Anspruch auf den Mitgenuß an Gemeindeanstalten und auf die Theilnahme an den Nutzungen des Gemeinde- und lokalen Stiftungs-Vermögens bemißt sich nach den Bestimmungen der Gemeindeordnung.

Art. 30 ist keine Beschränkung des Heimatinhalts 55.

Titel II.

Von der Verehelichung.

Art. 31. (33.)

Ein in den Landestheilen rechts des Rheins heimatberechtigter Mann darf eine Ehe erst eingehen, wenn durch ein von der zuständigen Behörde ausgestelltes Zeugnis festgestellt ist, daß der Eheschließung das im Art. 32 bestimmte Einspruchsrecht nicht entgegensteht.

Auf die Rechtsgiltigkeit der geschlossenen Ehe ist der Mangel dieses Zeugnisses ohne Einfluß; die Ehe hat aber so lange, als die Ausstellung des Zeugnisses nicht nachträglich erwirkt wurde, für die Ehefrau und die Kinder dieser Ehe sowie die durch die Ehe legitimirten Kinder in Bezug auf die Heimat nicht die Wirkungen einer giltigen Ehe. Die Ehefrau behält ihre bisherige Heimat und die Kinder folgen der Heimat der Mutter. Erlangt die Ehefrau erst durch die Verheirathung die bayerische Staatsangehörigkeit, so besitzt sie mit den Kindern dieser Ehe sowie den durch die Ehe legitimirten Kindern die vorläufige Heimat in der Heimatgemeinde des Mannes. Auf Unterstützungen, welche denselben während der Dauer der vorläufigen Heimat nach Maßgabe des Gesetzes über die Armenpflege gewährt werden, findet Art. 19 Anwendung.

Vorstehende Bestimmungen sind unbeschadet erworbener Rechte Dritter auch auf diejenigen Ehen anzuwenden, welche nach den bisherigen Fassungen des Art. 31 Abs. 2 oder nach den entsprechenden älteren Vorschriften als ungiltig zu behandeln waren.

Zuständig zur Ausstellung des Zeugnisses ist die Distriktsverwaltungsbehörde jener Gemeinde, in welcher der Mann seine Heimat hat.

Das Zeugnis verliert seine Kraft, wenn die Ehe nicht binnen sechs Monaten nach der Ausstellung des Zeugnisses geschlossen wird.

Zeitpunkt, nach welchem der Antrag auf nachträgliche Ausstellung zu würdigen ist 91.
Wirkung der nachträglichen Ausstellung 92.
Ablauf der Wirksamkeit des Zeugnisses 92.
Das Zeugnis gilt für die Ehe mit einer bestimmten Person 94—95.
Bedeutung des Einspruchsrechtes im allgemeinen 104.
Einspruchserhebung steht im Belieben der Gemeinde 105.
„Ausstellung" des Zeugnisses 108.
Aushändigung des Zeugnisses 108—09.
Verwaltungsrechtliche Entscheidungen 109.
Kraftlosigkeit des Zeugnisses 113.
Heimaterwerb der Ehefrau und der Kinder bei zeugnisloser Ehe 116 ff.
Werden die Kinder wie uneheliche betrachtet? 118 ff.
Erwerb einer pfälzischen Heimat seitens des Mannes 120.
Gesetzliche Anweisung einer vorläufigen Heimat 118, 470.
Einspruchsrecht pfälzischer Gemeinden? 525.

Art. 32. (36.)

Die Gemeinde, in welcher der Mann seine Heimat hat, kann gegen die Ausstellung des Verehelichungszeugnisses Einspruch erheben:

1. wenn und solange gegen den Mann oder die Braut wegen Verbrechens oder Vergehens öffentliche Klage erhoben ist;
2. wenn der Mann oder die Braut wegen Verbrechens oder Vergehens verurtheilt worden ist und sich weder über Abbüßung noch Nachlaß der Strafe auszuweisen vermag;
3. wenn der Mann oder die Braut zu einer Zuchthausstrafe oder wegen Verbrechens oder Vergehens gegen die Sittlichkeit oder wegen Raubes, Diebstahls, Unterschlagung, Betrugs, Hehlerei, Fälschung, Gaukelei zu einer Freiheitsstrafe von wenigstens vier Wochen verurtheilt worden ist und seit Abbüßung oder Nachlaß der Strafe drei Jahre noch nicht verflossen sind, sowie wenn der Mann oder die Braut innerhalb der unmittelbar vorhergehenden drei Jahre mindestens drei Mal wegen Arbeitsscheue, Landstreicherei oder Bettels verurtheilt worden ist;
4. wenn die Braut wegen gewerbsmäßiger Unzucht verurtheilt worden ist und seit Abbüßung oder Nachlaß der Strafe drei Jahre noch nicht abgelaufen sind, sowie wenn die Braut innerhalb der unmittelbar vorhergehenden drei Jahre wegen gewerbsmäßiger Unzucht polizeilicher Aufsicht unterstellt war;
5. wenn der Mann innerhalb der unmittelbar vorhergehenden drei Jahre öffentliche Armenunterstützung beansprucht oder erhalten hat;
6. wenn und solange der Mann oder die Braut sich mit den der Gemeindekasse oder Armenkasse der Heimatgemeinde gegenüber obliegenden Leistungen im Rückstande befindet;
7. wenn und solange der Mann unter Vormundschaft steht oder das Entmündigungsverfahren gegen ihn eingeleitet oder über sein Vermögen das Konkursverfahren eröffnet ist.

Die Geltendmachung des Einspruchsrechtes steht in Landgemeinden dem Gemeindeausschusse zu. In Gemeinden mit städtischer Verfassung ist der Magistrat befugt, das Nichtvorhandensein gesetzlicher Einspruchsgründe anzuerkennen, wenn dieses vollständig nachgewiesen oder amtsbekannt ist. In zweifelhaften Fällen, sowie bei dem Vorhandensein eines unzweifelhaften Einspruchsgrundes haben die Gemeindebevollmächtigten zu beschließen, ob Einspruch erhoben werden soll.

Hat der Mann eine vorläufige Heimat, so steht die Erhebung des Einspruchs dem Fiskalate jenes Regierungsbezirkes zu, in welchem die vorläufige Heimatgemeinde liegt.

Rückstand zur Schulkassa 149.
Verwaltungsrichterliche Beurteilung des Rückstands 150.
Einspruchsgrund der mangelnden Geschäftsfähigkeit und des Konkurses 150—52.
Bestehen einer Vormundschaft 150.
„Einleitung“ der Entmündigung 151.
Eröffnung des Konkursverfahrens 152.
Wie lange besteht das Einspruchsrecht? 152.
Einspruchsgrund des schlechten Leumunds 152—58.
Verurteilung des Mannes oder der Braut 152.
„Verbüßung“ der Strafe 153.
Nebenstrafen, Straffolgen 153, 157.
Verurteilung zu Zuchthausstrafe 154
Gesamtstrafe 154.
Verurteilung im Auslande 154—55.
Verurteilung wegen bestimmter Verbrechen und Vergehen 155—56.
Verurteilung wegen bestimmter Uebertretungen 156—57.
Unterstellung unter Unzuchtsaufsicht 157.
Einspruchsgrund des nicht beendigten Strafverfahrens und der nicht verbüßten Strafe 158—59.

Art. 33. (37.)

Wenn der Gesuchsteller nicht durch eine von der Verwaltung seiner Heimatgemeinde ausgefertigte schriftliche Erklärung sofort nachweist, daß ein im Art. 32 begründetes Einspruchsrecht nicht besteht oder nicht geltend gemacht werden will, so hat die Distriktsverwaltungsbehörde an die Heimatgemeinde von dem Gesuche Mittheilung zu machen unter der Aufforderung, einen etwaigen Einspruch binnen ausschließender Frist von 14 Tagen zu erheben.

Ist der Magistrat der Heimatgemeinde zugleich die Distriktsverwaltungsbehörde und ist die Zuständigkeit der Gemeindebevollmächtigten nach Art. 32 Abs. 2 begründet, so wird das Gesuch mit obiger Aufforderung sofort den Gemeindebevollmächtigten zugestellt.

Die Mittheilung und Aufforderung ergeht von Amtswegen an das Kreisfiskalat, wenn der Gesuchsteller eine vorläufige Heimat hat.

Ueber die gesetzliche Zulässigkeit des erhobenen Einspruchs entscheidet die Distriktsverwaltungsbehörde.

Von der getroffenen Entscheidung ist den Betheiligten Kenntnis zu geben.

Die Ausstellung des Verehelichungszeugnisses darf erst dann erfolgen, wenn der Beschluß, welcher einen auf Grund von Art. 32 erhobenen Einspruch zurückweist, die Rechtskraft beschritten hat.

Bedeutung der Einhaltung der Vorschriften des Art. 32 88.
Antrag auf Ausstellung des Zeugnisses 93.
Anbringung des Gesuches 95 ff.
Belege des Gesuches 96.
Feststellung der Staatsangehörigkeit 97.
Feststellung der Heimat 97, 454, 455.
Ueberweisung an die zuständige Behörde 98.
Sachliche und örtliche Zuständigkeit 98.
Ermittlung der Einspruchsrechte 98 ff.

Wann ist Befragung der Heimatgemeinde des Mannes notwendig? 99—100.
Aufforderung der Heimatgemeinde zur Erklärungsabgabe 100
Erklärung ohne vorherige Aufforderung 100.
Aufgabe der Gemeindebevollmächtigten 100, 104.
Charakter der 14tägigen Frist 101.
Wiederaufnahme des Verfahrens? 102, 116.
Fristgerechter Eingang der Erklärung 104.
Begründung des Einspruchs 105 ff.
Beweispflicht hinsichtlich der Einspruchstatsachen? 106—07.
Ausstellung des Zeugnisses 108—09.
Instanzielle Entscheidung 109.
Wesentliche Förmlichkeiten des Verfahrens 109.
Zustellung der Entscheidung 110.
Erneutes Gesuch 111.
Nachträgliches Gesuch 112.
Verfahren bei materieller Ungültigkeit des Zeugnisses 112 ff.
Nachträglicher Einspruch 114 ff.
Zurücknahme des Zeugnisses infolge Anfechtung 115—16.

Art. 34. (39.)

Ausländer, welche auf bayerischem Gebiete, ohne nach Bayern förmlich eingewandert zu sein, eine Ehe schließen wollen, haben der Distriktsverwaltungsbehörde des Ortes, an welchem der das Aufgebot anordnende zuständige Standesbeamte seinen Sitz hat, den Nachweis vorzulegen, daß nach den im Heimatlande des Mannes geltenden Gesetzen diese Eheschließung zulässig ist und dieselben Wirkungen hat, wie wenn sie im Heimatlande selbst erfolgt wäre.

Ist dieser Nachweis geliefert, so hat die Distriktsverwaltungsbehörde ein Zeugniß auszustellen, daß der Eheschließung kein Hinderniß im Wege stehe.

Vgl. S 94.

Art. 35. (40.)

Hinsichtlich der Beschwerden gegen Beschlüsse der Distriktsverwaltungsbehörde, durch welche das nach Art. 31 auszustellende Verehelichungszeugniß verweigert oder gegen einen auf Grund des Art. 32 erhobenen Einspruch ertheilt wird, bestimmt sich die Zuständigkeit und das Verfahren nach dem Gesetze vom 8. August 1878, betreffend die Errichtung eines Verwaltungsgerichtshofes und das Verfahren in Verwaltungsrechtssachen. Im Uebrigen können die Betheiligten gegen die Beschlüsse der Distriktsverwaltungsbehörde innerhalb einer Nothfrist von 14 Tagen Beschwerde an die vorgesetzte Kreisregierung, Kammer des Innern, ergreifen, welche nach kollegialer Berathung in zweiter und letzter Instanz zu entscheiden hat.

Als Betheiligte sind zu erachten:

1. derjenige, dem die Ausstellung des Zeugnisses verweigert wird;
2. die gesetzlichen Vertreter der Gemeinden oder des Fiskus, wenn ein auf Grund des Art. 32 von ihnen erhobener Einspruch zurückgewiesen wurde.

Art. 36. (41.)

Angehörige der rechtsrheinischen Landestheile werden, wenn sie außerhalb Bayerns eine Ehe schließen, ohne vorher das im Art. 31 vorgeschriebene Zeugniß erhalten zu haben, mit Geld bis zu einhundertfünfzig Mark oder mit Haft bis zu dreißig Tagen gestraft.

Die Verjährung dieser Strafe beginnt von dem Tage, an welchem die außerhalb Bayerns Getrauten ihren Wohnsitz in Bayern genommen haben.

Eine Strafverfolgung findet nicht statt, wenn vor Eröffnung eines Verfahrens das vorgeschriebene Zeugniß erwirkt oder die Ehe für nichtig erklärt oder aufgelöst worden ist.

Vgl. S. 85.

Titel III.

Vom Aufenthalte.

Art. 37. (43.)

Gegen Angehörige des bayerischen oder eines anderen deutschen Bundesstaates sind Aufenthaltsbeschränkungen auf Grund des § 3 Abs. 1 des Reichsgesetzes über die Freizügigkeit vom 1. November 1867 nur nach Maßgabe des Art. 39 Ziff. 5, 6, dann Art. 40—43 zulässig.

Auch Ausländern ist vorbehaltlich der in den nachfolgenden Artikeln zugelassenen Beschränkungen der Aufenthalt in jeder Gemeinde des Königreichs gestattet, wenn sie sich über ihre Staatsangehörigkeit und Heimat genügend ausweisen und ihrem Aufenthalte ein sonstiges gesetzliches Hinderniß nicht im Wege steht.

Ausländer, welchen in Bayern eine vorläufige Heimat angewiesen ist, sind bezüglich des Aufenthaltes wie Inländer zu behandeln.

Ausländer haben kein Recht des Aufenthalts in Bayern 495.
Ausländer mit angewiesener Heimat haben das Aufenthalts- und Freizügigkeitsrecht des Inländers 467.
Ausweisung deutscher Nichtbayern 510—11, 478—81.

Art. 38. (44.)

Wer sich in einer fremden Gemeinde aufhält, hat binnen 8 Tagen nach der Ankunft hievon der Ortpolizeibehörde, in München der k. Polizeidirektion, nach Maßgabe der oberpolizeilichen oder ortspolizeilichen Vorschriften Anzeige zu erstatten.

Nichtbeachtung dieser Vorschrift, welche auf die in Art. 42 bezeichneten Personen keine Anwendung findet, wird an Geld bis zu achtzehn Mark bestraft.

Ueber die erfolgte Anzeige hat die Ortspolizeibehörde gebührenfreie Bescheinigung zu ertheilen, welche den zur Leistung von Krankenkassabeiträgen gesetzlich verpflichteten Personen erst dann behändigt werden soll, wenn sie die erstmalige Bezahlung des treffenden Beitrages nachgewiesen haben.

Die k. Polizeidirektion München ist verpflichtet, von den nach Abs. 1 ihr erstatteten Anzeigen wenigstens einmal wöchentlich dem Magistrate vollständige Mittheilung zu machen.

Verwertung der Vorschriften des Art. 38 zur Gewinnung geeigneter Heimatregister 452.

Art. 39. (45).

Unter Vorbehalt der Vorschrift des Art. 21 kann durch die zuständige Polizeibehörde der Aufenthalt in einer fremden Gemeinde nach Maßgabe folgender Bestimmungen verboten werden:

1. Personen, welche nicht binnen 4 Wochen nach ergangener Aufforderung genügenden Nachweis über ihre Heimatberechtigung liefern, kann der Aufenthalt für so lange untersagt werden, als jener Nachweis nicht geliefert wird.
2. Personen, welche von der Gemeinde Armenunterstützung beanspruchen oder erhalten, können auf Antrag der Gemeindeverwaltung für die Dauer von drei Jahren aus der Gemeinde weggewiesen werden, wenn sie nicht während der zwei unmittelbar vorhergehenden Jahre in der Gemeinde Abgaben für Armenzwecke bezahlt oder Gemeindedienste geleistet haben und wenn seit dem Tage, an welchem sie zuletzt Armenunterstützung beansprucht oder erhalten haben, noch nicht volle 6 Monate verflossen sind.

   Will die ausgewiesene Person vor Ablauf von 3 Jahren ihren Aufenthalt wieder in der Gemeinde nehmen, so hat sie den Besitz zureichender Unterhaltsmittel darzuthun.

   Die gesetzliche Verbindlichkeit der Aufenthaltsgemeinde, in Krankheitsfällen oder in sonstigen Fällen dringender Noth die unentbehrliche Hilfe zu leisten, wird durch gegenwärtige Bestimmung nicht aufgehoben.
3. Personen, welche mit ihren der Aufenthaltsgemeinde schuldigen Abgaben länger als ein Jahr, vom Verfalltermine an gerechnet, im Rückstande bleiben, können auf Antrag der Gemeindeverwaltung ausgewiesen werden, sind jedoch nach erfolgter Zahlung des schuldigen Betrages zur Rückkehr befugt.
4. Personen, welche sich in einer Gemeinde aufhalten, um daselbst Dienst oder Arbeit zu suchen, können aus der Gemeinde, wenn sie innerhalb der ihnen gewährten angemessenen Frist weder ein ständiges Unterkommen oder eine ihren Unterhalt sichernde Beschäftigung finden, noch den Besitz hinreichender Unterhaltsmittel darzuthun vermögen, für die Dauer von drei Monaten weggewiesen werden, sind jedoch schon früher zur Rückkehr befugt, wenn für sie ein solches Unterkommen oder eine solche Beschäftigung gefunden ist.

Auf Personen, welche in der Gemeinde einen selbständigen Gewerbsbetrieb angemeldet und innerhalb der ihnen gewährten angemessenen Frist wirklich begonnen haben, ist vorstehende Bestimmung nicht anwendbar.

5. Personen, welche wegen Raubes, Diebstahls, Unterschlagung, Betrugs, Hehlerei, Fälschung oder einer Zuwiderhandlung gegen die Sittlichkeit zu einer Freiheitsstrafe von mehr als sechs Wochen oder wegen einer sonstigen strafbaren Handlung zu einer Zuchthausstrafe von mehr als fünf Jahren, desgleichen Personen, welche innerhalb Jahresfrist wiederholt wegen Entwendung von Feldfrüchten oder wegen Feld- oder Forstfrevels oder unberechtigten Jagens, endlich Personen, welche wegen Arbeitsscheue, Landstreicherei, Bettels, Gaukelei oder gewerbsmäßiger Unzucht zu einer Freiheitsstrafe verurtheilt worden sind, können in der Zeit von der Rechtskraft des Urtheils bis zum Ablaufe zweier Jahre nach Beendigung des Strafvollzuges für die Dauer von zwei Jahren, in welche jedoch die Zeit der Einsperrung nicht eingerechnet wird, ausgewiesen werden.

6. Personen, welche wegen einer im Gemeindebezirke verübten strafbaren Handlung nach § 148 Abs. 1 Nr. 5 oder 7 oder § 149 Abs. 1 Nr. 1, 3 oder 5 der Gewerbeordnung oder nach § 284—286 des Strafgesetzbuches für das Deutsche Reich oder als Veranstalter eines verbotenen Spieles nach § 360 Ziff. 14 dieses Strafgesetzbuches, desgleichen Personen, welche binnen Jahresfrist wiederholt wegen einer im Gemeindebezirke verübten Zuwiderhandlung gegen die Art. 106 oder 155 des Polizeistrafgesetzbuches oder § 153 der Gewerbeordnung verurtheilt worden sind, können in der Zeit von der Rechtskraft des Urtheils bis zum Ablaufe eines Jahres nach Beendigung des Strafvollzuges für die Dauer von zwei Jahren, in welche jedoch die Zeit der Einsperrung nicht eingerechnet wird, ausgewiesen werden.

7. Weibspersonen, welche offenkundig mit ihrem Körper ein unzüchtiges Gewerbe treiben und die Gelegenheit hiezu auf öffentlicher Straße aufsuchen, dann jene Personen, welche offenkundig an dem Erträgnisse des unzüchtigen Gewerbes Antheil haben, können für die Dauer von zwei Jahren aus der Gemeinde weggewiesen werden.

8. Ist im Gemeindebezirke die öffentliche Sicherheit durch eine Handlung gestört worden, zu deren Unterdrückung das Aufgebot der bewaffneten Macht erfolgte oder gesetzlich zulässig war, so können Personen, welche an der Sicherheitsstörung oder an den Vorbereitungen hierzu Theil genommen oder hiezu aufgefordert haben — unbeschadet der Strafverfolgung — für die Dauer eines Jahres aus der Gemeinde weggewiesen werden.

Die Erlassung eines solchen Aufenthaltsverbots ist aber nur statthaft, so lange die Ruhestörung dauert oder deren Wiederholung zu befürchten ist.

Ebenso können Personen, welche einer Betheiligung an den Ruhestörungen dringend verdächtig sind, innerhalb desselben Zeitraumes und für die gleiche Zeitdauer ausgewiesen werden, wenn sie weder ständigen Arbeitsverdienst, noch ausreichende Unterhaltsmittel haben.

9. Studierende oder Zöglinge einer Unterrichtsanstalt, welche zur Strafe entlassen worden oder ohne Vorwissen ihrer Eltern oder Vormünder ausgetreten sind, dann entwichene oder entlassene Lehrlinge können binnen drei Monaten nach der Entfernung von der Anstalt oder Lehre für die Dauer eines Jahres aus der Gemeinde weggewiesen werden, wenn die Familie, welcher sie angehören, nicht in dieser Gemeinde ihren Wohnsitz hat.

10. Minderjährige Personen, welche sich ohne Bewilligung ihrer Eltern oder Vormünder in einer fremden Gemeinde aufhalten, können auf Antrag des Inhabers der elterlichen oder vormundschaftlichen Gewalt ausgewiesen werden. Blödsinnige oder Geisteskranke, welche sich der Obhut jener Personen, welchen ihre Bewachung obliegt, entzogen haben, können diesen Personen oder deren Bevollmächtigten übergeben oder an die Gemeindebehörde des Wohnsitzes der gedachten Personen abgeliefert werden.

Aufenthaltsbeschränkungen von Ausländern (ohne angewiesene Heimat) und Staatslosen 494—510.
Art. 39 I 500, 504 ff.
„ 39 II 502, 504 ff.
„ 39 III 503, 504 ff.
„ 39 IV 502, 504 ff.
„ 39 V 496—97, 504 ff.
„ 39 VI 498—500, 504 ff.
„ 39 VII 501, 504 ff.
„ 39 VIII 500, 505.
„ 39 IX 501, 504 ff.
„ 39 X 501, 504 ff.
Aufenthaltsbeschränkung von Deutschen 510 ff., von Bayern 513 ff.; — wiederholte Ausweisung 505; — Beschränkung der Dauer 504—05; — aus welchem Gebiete darf ausgewiesen werden? 506; — wann ist die Ausweisung zu verhängen? 506; — Beendigung der Ausweisung 509.

Art. 40. (46.)

Die Ausweisung erstreckt sich — vorbehaltlich ihrer zivilrechtlichen Folgen — nur auf diejenigen Personen, gegen welche ein gesetzlicher Ausweisungsgrund vorliegt.

Vgl. S. 503, 504.

Art. 41. (47.)

Das Aufenthaltsverbot kann auch auf benachbarte Gemeindebezirke erstreckt werden, wenn ohne solche Ausdehnung eine Vereitlung des Zweckes der Ausweisung zu befürchten wäre.

Ist in einem Bezirke das Standrecht verkündigt, so kann die auf Grund des Art. 39 verfügte Ausweisung einer Person, welche in keiner Gemeinde des Verwaltungsbezirkes Bürgerrecht oder Heimatrecht besitzt, auf diesen ganzen Bezirk ausgedehnt werden.

Vgl. S. 506.

Art. 42. (48.)

Angehörige des bayerischen Staates, welche auf Grund ihrer Anstellung im Dienste des Staates, der Kirche, der Gemeinde, einer öffentlichen Körperschaft oder Stiftung, oder zur Erfüllung einer gesetzlichen Pflicht in einer Gemeinde sich aufzuhalten genöthigt sind, oder welche in der Gemeinde das Bürgerrecht ohne Heimatrecht besitzen, können aus dieser Gemeinde nicht weggewiesen werden.

Vgl. S. 513.

Art. 43. (49).

In den Fällen des Art. 39 Ziff. 2 und 3 kann eine Ausweisung nur auf Antrag der Gemeindeverwaltung erfolgen und muß dieselbe von der Polizeibehörde verfügt werden, wenn jener Antrag vorliegt.

In allen übrigen Fällen kann das Aufenthaltsverbot auf Antrag der Gemeindeverwaltung oder von Amtswegen erlassen werden, jedoch nur dann, wenn besondere Verhältnisse die Annahme begründen, daß die öffentliche Sicherheit oder Sittlichkeit durch die Anwesenheit der betreffenden Personen in der Gemeinde gefährdet wird.

Unter welchen Voraussetzungen muß die Ausweisung verfügt werden? 506.
Recht der Gemeinde auf Ausweisung? 508.
Prüfung der Notwendigkeit der Ausweisung, ihres Umfangs und ihrer Dauer 506—07.

Art. 44. (50.)

Die zuständige Polizeibehörde ist befugt, gegen jeden Ausländer, dem auf Grund des Art. 39 der Aufenthalt in einer Gemeinde untersagt wird, für die Dauer des Aufenthaltsverbotes auch die Wegweisung aus dem Königreiche zu verfügen, wenn es im öffentlichen Interesse geboten erscheint.

Außerdem ist das Staatsministerium des Innern berechtigt, Ausländern aus Rücksicht auf die öffentliche Wohlfahrt den Eintritt in das Königreich zu versagen oder dieselben aus dem Staatsgebiete zu verweisen.

Endlich hat die Staatsregierung das Recht, die Aufenthaltsbefugniß von Ausländern in Bayern durch Verordnung denselben weiter gehenden Beschränkungen zu unterwerfen, welchen bayerische

Staatsangehörige rücksichtlich ihres Aufenthaltes im Heimatlande jener Ausländer unterworfen sind.

Landesverweisung von Ausländern durch die Polizeibehörde 494—510; vgl. Art. 39.

Verbot des Aufenthalts in Bayern durch das Ministerium des Innern 509—10. Retorsion 510.

Art. 45. (51.)

Zuständig zur Erlassung eines Aufenthaltsverbots auf Grund des Art. 39 und zur Wegweisung aus dem Königreiche auf Grund des Art. 44 Abs. 1 ist in erster Instanz die Distriktspolizeibehörde jener Gemeinde, aus welcher zunächst eine Person ausgewiesen werden soll, in München die k. Polizeidirektion.

Vgl. S. 508, 512, 513, 514.

Art. 46. (52.)

Beschwerden gegen die Beschlüsse erster Instanz werden von der Kreisregierung, Kammer des Innern, nach kollegialer Berathung in zweiter und vom Staatsministerium des Innern in letzter Instanz entschieden, — unbeschadet dessen, was das Gesetz vom 8. August 1878, betr. die Errichtung eines Verwaltungsgerichtshofes und das Verfahren in Verwaltungsrechtssachen, bestimmt.

Zur Beschwerdeführung sind berechtigt:

1. die Personen, deren Aufenthalt in Frage ist;
2. die Gemeindeverwaltungen, deren Antrag auf Ausweisung einer Person abgelehnt wurde.

Die Beschwerden sind an eine Nothfrist von 14 Tagen gebunden und haben, wenn ein sofortiger Vollzug des Ausweisungsbeschlusses im öffentlichen Interesse geboten erscheint, keine aufschiebende Wirkung.

Die Beschwerden können bei der ersten Instanz schriftlich eingereicht oder mündlich zu Protokoll gegeben werden.

Alle durch Erlassung eines Aufenthaltsortes hervorgerufenen Verhandlungen sind gebührenfrei.

Instanzenzug bei Ausweisung von Ausländern 508, 509; — bei Ausweisung von Deutschen 512, 513.

Versagung der aufschiebenden Wirkung der Beschwerde 505, 508.

Titel IV.

Schlußbestimmungen.

Art. 47. (53.)

Gegenwärtiges Gesetz tritt mit dem ersten September 1868 in Wirksamkeit.

Mit demselben Tage erlöschen alle entgegenstehenden Gesetze und Verordnungen, insbesondere:

das Gesetz vom 11. September 1825, die Heimat betr.;

die Gesetze vom 11. September 1825 und vom 1. Juli 1834, die Ansässigmachung und Verehelichung betr.;

das Gesetz vom 24. Dezember 1849, die Ergänzung des revidirten Gesetzes über Ansässigmachung und Verehelichung bezüglich der Schullehrer betr.;

der Art. 81 des Polizeistrafgesetzbuches vom 10. November 1861;

die Verordnung vom 12. Juli 1808, unerlaubte Verehelichung im Auslande betr.;

alle Ausnahmsbestimmungen in Bezug auf die Einwanderung von Juden.

Alle am 1. September 1868 vorliegenden und noch nicht erledigten Gesuche um Erlaubnis zur Ansässigmachung sind als gegenstandslos zu betrachten; Gesuche um Erlaubnis zur Verehelichung oder um Verleihung des Heimatrechts sind nach den Bestimmungen dieses Gesetzes zu behandeln.

Bei Anwendung der Art. 6 und 7 wird die vor dem 1. September 1868 zurückgelegte Aufenthaltszeit nicht in Berechnung gezogen.

Die an diesem Tage bereits erworbenen Heimatrechte sind nach den bisherigen Bestimmungen zu beurtheilen.

Bis zur Einführung der Gemeindeordnung sind die Gemeinden berechtigt, von Personen, welche durch den Besitz eines Wohnhauses die Gemeindegliedeigenschaft erwerben, die nach § 7 des revidirten Ansässigmachungsgesetzes vom 1. Juli 1834 zulässigen Aufnahmsgebühren zu erheben, wovon jedoch die etwa auf Grund des Art. 12 gegenwärtigen Gesetzes bezahlte Heimatgebühr abgerechnet werden darf.

Ueber das ältere rechtsrheinische Recht vergleiche: Allgemeines 66—73.
Polizeiliche Beschränkungen der Eheschließung 76—80.
Abgeleitete Heimat des ehelichen Kindes, Geburtsheimat 160—62.
Ehelichkeit 185 ff.
Abgeleitete Heimat außerehelicher Kinder 194—95.
Abgeleitete Heimat der Ehefrau 200—01.
Gemeindegliedschaft und Heimat 212.
Heimaterwerb vor 1825: durch Wohnsitz 228—30; — der Dienstboten 231—32; — durch Hilfeleistung 233; — durch Verehelichung 234—36; — nach dem fränkischen Kreisschluß 236—37.
Heimaterwerb 1825—1868 durch Ansäßigmachung 238—42; — durch Hilfeleistung 242; — durch Verehelichung 242—44.
Heimaterwerb von Nichtbayern vor 1868 379—80; — der Beamten und öffentlichen Diener vor 1868 388—89; — durch Vertrag nach älterem Rechte 414—21.
Verlust der Heimat nach früherem Rechte 440—42.
Erwerb der vorläufigen Heimat nach früherem Rechte 465.
Aelteres pfälzisches Heimatrecht 515—24.
Aufenthalt vor dem 1. September 1868 322—23, 385.

Sachregister.

(Die Zahlen bedeuten die Seiten; die beigesetzten kleinen Zahlen weisen zugleich auf die Anmerkungen hin.)

Kolibri 360 GmbH
Ferdinand-Jühlke-Straße 7
99095 Erfurt, Deutschland
produktsicherheit@kolibri360.de